科学出版社“十三五”普通高等教育本科规划教材

微生物生物学

（第二版）

李　颖　李友国　主编

科学出版社
北　京

内 容 简 介

本书是引领本科生进入微生物学领域的基础教材，围绕微生物形态、生理、遗传、生态和应用等方面知识进行了全面阐述，并对每章内容的发展趋势及前沿信息提供了相关拓展阅读的内容。全书包括13章，即绪论、细菌、古菌、真核微生物、病毒、微生物的营养、微生物的代谢、微生物的生长与环境条件、微生物遗传和变异、微生物生态、微生物的感染与免疫、微生物的分类及微生物的应用。叙述简明扼要、概念清晰，可读性强。

本书可供农林院校和综合型院校作为微生物学课程教材，也可作为科研人员的参考书。

图书在版编目（CIP）数据

微生物生物学 / 李颖，李友国主编. —2版. —北京：科学出版社，2019.4

科学出版社“十三五”普通高等教育本科规划教材

ISBN 978-7-03-060869-7

Ⅰ. ①微…　Ⅱ. ①李…　②李…　Ⅲ. ①微生物学－高等学校－教材　Ⅳ. ①Q93

中国版本图书馆CIP数据核字（2019）第049066号

责任编辑：王玉时　刘　畅 / 责任校对：严　娜

责任印制：赵　博 / 封面设计：迷底书装

科学出版社 出版

北京东黄城根北街16号

邮政编码：100717

http://www.sciencep.com

北京中石油彩色印刷有限责任公司印刷

科学出版社发行　各地新华书店经销

*

2004年8月第　一　版　开本：787×1092　1/16

2019年4月第　二　版　印张：32　插页：4

2025年7月第五次印刷　字数：819 000

定价：108.00元

（如有印装质量问题，我社负责调换）

编 者 名 单

主　　编　李　颖（中国农业大学）

　　　　　　李友国（华中农业大学）

编写人员（以编写章节为序）

李友国（华中农业大学）

文　莹（中国农业大学）

崔中利（南京农业大学）

李　颖（中国农业大学）

王献兵（中国农业大学）

王　磊（中国农业大学）

陈雯莉（华中农业大学）

封文海（中国农业大学）

陈文峰（中国农业大学）

第二版序言

在科学出版社的支持下，《微生物生物学》（第二版）由中国农业大学、华中农业大学和南京农业大学具有多年教学经验的教师合作完成，这是在第一版的基础上，结合目前微生物学科不断发展的趋势和当前国内教学需要进行规划和编写的，并得到了国内外相关领域专家、学者的热情帮助。该书的编写不仅保留了三所农业院校一贯遵循的“尊重历史，注重基础，着眼未来，为农业生产服务”的教学理念，而且在每章后开辟了“拓展阅读”板块，希望能引领学生进一步通过阅读、思考，开阔思路，不断提高服务于社会的意识和能力。

李季伦

中国科学院院士

2018年11月8日

第一版序言

微生物在当代生命科学发展过程中，扮演了重要角色。由于它们形体微小，结构简单，生长繁殖迅速，便于大量培养，因而成为研究生物科学和技术的首选对象。生物的生命活动基本规律许多是在微生物中先被阐明，而后扩展到高等动植物中得到验证，说明不同生物具有同一性。分子生物学的研究也已指出，所有生物（包括最小的病毒颗粒）编码各种氨基酸的遗传密码子基本都可通用，因此将合成人胰岛素的基因引入原本不能产生该物质的大肠杆菌，使后者也能产生人胰岛素，从而人类进入了生物技术的新时代。目前人们可按照自己的愿望，利用基因操作技术，改造某种生物成为人类所需要的新物种。另一方面，正是由于生物有多样性，才组成了五彩缤纷、生机勃勃的世界。微生物虽小，但它们的多样性却表现得异常突出。在一般高等动植物不能存活的强酸、强碱、高温、低温、高盐、高压或缺氧等极端环境中，往往有适应该极端环境的各式各样的微生物生长和繁殖，从而开辟了研究极端环境中生命活动特殊规律的新领域。

此外，微生物在自然界物质循环中起着重要作用，同时也和人类社会的关系非常密切。有些微生物是高等动植物和某些微生物传染病的病原；有些微生物可产生毒素，毒害人类和家畜；有些微生物则产生各式各样的抗生素，可用以防治人或动植物的病虫害；有些微生物可产生促生物质，有利于人或动植物的生长；有些微生物的代谢产物是重要的化工原料；有些微生物可用于食品加工和酿造；有些微生物可用于污水或垃圾处理、修复被污染的土壤等等。消灭有害的和利用有益的微生物属于应用微生物学（如医药微生物学、工业微生物学、农业微生物学、食品微生物学以及土壤和环境微生物学等）的范畴。

综上所述，微生物个体虽小，但所起的作用甚大，不仅涉及到生命科学各个领域，而且已得到广泛应用，形成了庞大的行业，与人类社会的发展密切相关。大学生们对微生物的基本知识应有所了解。

由杨苏声和周俊初两位教授主编的《微生物生物学》系统全面、简明扼要、图文并茂地介绍了微生物的形态与分类、生理、遗传以及生态等当代微生物的生物学基础知识和技术，并展望了该学科的发展前景，适合作为我国高等院校生物学科的基础微生物学教材，并为广大学生进一步学习和研究应用微生物学以及其他相关学科提供坚实的基础。

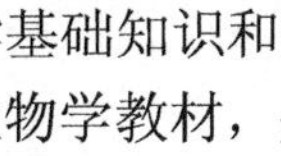

中国科学院院士

2004-8-10

第二版前言

本书第一版由中国农业大学生物学院杨苏声教授和华中农业大学生命科学技术学院周俊初教授主编，于2004年9月由科学出版社出版，重印多次，至今已经沿用了15年，在教学实践中发挥了重要作用。

接过前辈的接力棒，我们承担了本书的编写任务。根据教学学时的要求，经过详细研讨，我们制订了本书的大纲，将原书16章的内容缩编为13章。分别为绪论、细菌、古菌、真核微生物、病毒、微生物的营养、微生物的代谢、微生物的生长与环境条件、微生物遗传和变异、微生物生态、微生物的感染与免疫、微生物的分类及微生物的应用。在每个章节后提供了一定数量的思考题，全书末提供了参考文献。为了引导学生自学微生物领域新知识，了解前沿动态，我们在每章后开辟了“拓展阅读”板块，根据章节内容，选择性地介绍了重要进展和知识热点，并提供了相关参考文献，旨在本书有限的版面中为学生提供更多的信息，从而激发和延伸学生的兴趣，启迪和拓展探究式的学习思路。

本书由中国农业大学、华中农业大学、南京农业大学长期工作在教学一线的教师合作完成。第一、九章由李友国编写，第二章由文莹编写，第三、十三章由崔中利编写，第四、八章由李颖编写，第五章由王献兵编写，第六章由王磊编写，第七、十章由陈雯莉编写，第十一章由封文海编写，第十二章由陈文峰、李颖编写。全书由李颖、李友国统稿。

我们的编写宗旨是注重基础知识和技能，指导学生在掌握基本概念的同时，提高思考、分析的能力，为后续的学习奠定牢固的基础。本书的特色主要有三个方面：其一，微生物学是农业类高校传统的优势学科，总结并融合了三所学校的教学经验，确定和优化了本书各个章节的结构体系。本着夯实基础的原则，对本书体系和内容进行了科学组织，做到结构上循序渐进，内容上深入浅出；从个性到共性，从理论到应用。同时，参阅了国内外最新版本的微生物学相关专著、文献和教材，扩充和加强了病毒、免疫学、基因操作、代谢调控等方面的重点知识和技术。其二，根据三所学校的微生物学科优势，突出特色内容，反映了农业微生物领域的最新知识和动态，包括微生物在自然界物质转化中的重要作用、菌（包括病毒）植互作及其相关机制、土壤及环境修复等。其三，在本书编写过程中，得到了国内外相关领域专家的热情帮助，特别是在拓展阅读部分增加了前沿领域的新信息，尽可能地把微生物学的新知识、新技术和新思想，及时地融入本书，体现其新颖性和先进性。作为高等农业院校生物学科的基础课程，本书是引领学生进入微生物学世界的钥匙，在编写中力求做到概念准确，语言描述清楚、严谨。

衷心感谢李季伦院士为本书撰写序言，感谢徐孝华教授、杨苏声教授、周俊初教授等在以往长期的教学实践和教材写作过程中打下的良好基础，感谢于嘉林教授和李大伟教授（中国农业大学）、肖天研究员（中国科学院海洋研究所）、吴龙飞教授（法国科研中心地中海微生物研究所）、刘杏忠研究员和郭惠珊研究员（中国科学院微生物研究所）、王风平教授和王寅炤博士（上海交通大学）、张维佳副研究员（中国科学院深海科学与工程研究所）和王旭博士（中山大学）等热心地提供最新资料，认真地审核相关章节并提供综合作图，希望我们共同合作及努力的成果，能充分运用到今后的教学工作中并激发学生对科学探究的兴趣。感谢科学出版社刘畅编辑及其团队为本书出版所付出的努力。

由于我们的能力和水平有限，书中难免会出现不足之处，希望广大读者给予批评和指正，我们将不断改进。

编　者

2019年1月

目　录

1 第一章　绪　论

一、微生物及其特点

生物，无论是动物、植物，还是微生物，虽然有多种多样的类型和特征，但是归纳起来，它们有着共同的特点。第一，绝大多数生物的基本组成单位是细胞；第二，主要化学组分相同，尤其是大分子化合物如蛋白质、核酸、多糖和脂类等；第三，新陈代谢等生理活动相似；第四，遗传机制是受基因控制的；第五，具有繁殖能力。但是，微生物的个体微小，其直径小于1mm，肉眼不易看见，而且结构简单，必须借助于显微镜才能观察清楚。它们包括单细胞个体、简单的多细胞个体和没有细胞结构的低等生物，类群庞杂。例如，具有原核细胞结构的细菌、古菌，具有真核细胞结构的真菌、藻类和原生动物，以及病毒等。但是，也有少数微生物是肉眼可见的，如一些藻类和真菌。近年来，人们还发现两种细菌的个体较大，显微镜也可以观察到，它们是纳米比亚嗜硫珠菌（*Thiomargarita namibiensis*）和费氏刺骨鱼菌（*Epulopiscium fishelsoni*）。随着对生物科学的深入研究，人们逐渐认识到，微生物不是一个独立的分类类群。由于它们个体微小，形态简单，生长繁殖快，代谢类型多样，分布广泛，容易发生变异，生物学特性比较接近，而且对它们的研究方法颇为特殊，一般都要采用显微镜观察、分离、灭菌和培养等技术，在其实际应用方面也有许多类似的地方，如发酵生产等。因此，人们就把这些简单的低等生物统归于微生物学的范畴来研究。另外，微生物的这些特征使它们成为研究许多基本生命过程的理想材料。它们大多数能够生长在试管或锥形瓶中，且便于保存。它们生长迅速，如有些细菌在24h内几乎能繁殖100代。微生物的代谢过程也与高等动植物的模式相同，如酿酒酵母的酒精发酵机制和脊椎动物肌肉的糖酵解十分相似，可见其酶系统是相同的。过去已有许多有关生命机制的著名成果是用微生物作为材料得到的，尤其在遗传学方面。例如，在深入研究肺炎链球菌的基础上，发现遗传物质是DNA，明确了生物遗传物质基础的问题。近年来，微生物的研究在基础理论上和应用上都发展迅速。当前，微生物已不仅是一个研究生物学基本规律的理想材料，而且它们本身就是重要而独具特色的生物群体。微生物的应用与人类生活密切相关，范围十分广泛，如在医学、农业、工业、环境、食品和生物技术的利用等方面都有应用。这些都促使微生物学不断地发展壮大，日益受到重视，使微生物学成为生物学的重要学科。目前，微生物生产已成为与动物生产、植物生产并列的第三大产业，用以生产面包、奶酪、啤酒、抗生素、疫苗、维生素和酶等重要产品，为人类的生活和健康做出重要贡献。

二、微生物在生物界中的地位

生物分类工作是在200多年前瑞典植物学家Linnaeus Carolus（1707～1778）的工作基础上建立起来的。他将生物划分为动物界和植物界，二者在概念上是十分明确的。自从发现了微生物以后，科学家习惯地把它们分别归入动物和植物的低等类型。例如，原生动物没有细胞壁，能运动，不进行光合作用，归入动物界；藻类有细胞壁，进行光合作用，则归于植物界。但是，有些微生物具有动物和植物共同的特征，将它们归入动物界或植物界都不合适。因此，1866 年，Haeckel 提出三界系统，把生物分为动物界、植物界和原生生物界（protista），他将那些既非典型动物，也非典型植物的单细胞微生物归属于原生生物界中。在这一界中，包括细菌、真菌、单细胞藻类和原生动物，并把细菌称为低等原生生物，其余类型则称为高等原生生物。到 20 世纪 50 年代，人们利用电子显微镜观察微生物细胞的内部结构，发现典型细菌的核与其他原生生物的核有很大不同。前者的核物质不被核膜包围，后者全都有核膜，进一步揭示两类细胞的不同，随后提出了原核生物与真核生物的概念。在此认识的基础上，1969 年 Whittaker 提出生物分类的五界系统，其中包括原核生物界、原生生物界、真菌界、植物界和动物界。微生物分别归属于五界中的前三界，其中原核生物界包括各类细菌，原生生物界包括单细胞藻类和原生动物，而真菌界包括真菌和黏菌。虽然无细胞结构的病毒不包含在这五界中，但微生物学家一直在研究它们。

20 世纪 60 年代末，Woese 采用寡核苷酸编目法比较各类生物的 rRNA 特征序列，并用序列分析方法，确认 16S rRNA 和类似的 rRNA 基因序列为合适的系统发育指标。他在测定了原核生物的 16S rRNA 和真核生物的 18S rRNA 的寡核苷酸顺序谱的基础上，从序列差异计算出它们之间的进化距离，绘制出系统发育树（universal phylogenetic tree）。1977 年，Woese 通过对产甲烷细菌的 16S rRNA 的序列测定，揭示了古菌这个第三种生命形式的存在。根据 Woese 的系统发育树，地球上所有细胞生命沿着三个主要谱系进化，又称为域（domain），即细菌（bacteria）、古菌（archaea）和真核生物（eukarya），如图 1-1 所示。1996 年，对属于古菌的詹氏甲烷球菌（*Methanococcus jannaschii*）的全基因组序列的分析结果表明，这个古菌不同于已知的任何细菌。1997 年，对嗜热自养甲烷杆菌（*Methanobacterium thermoautotrophicum*）和闪烁古生球菌（*Archaeoglobus fulgidus*）这两种古

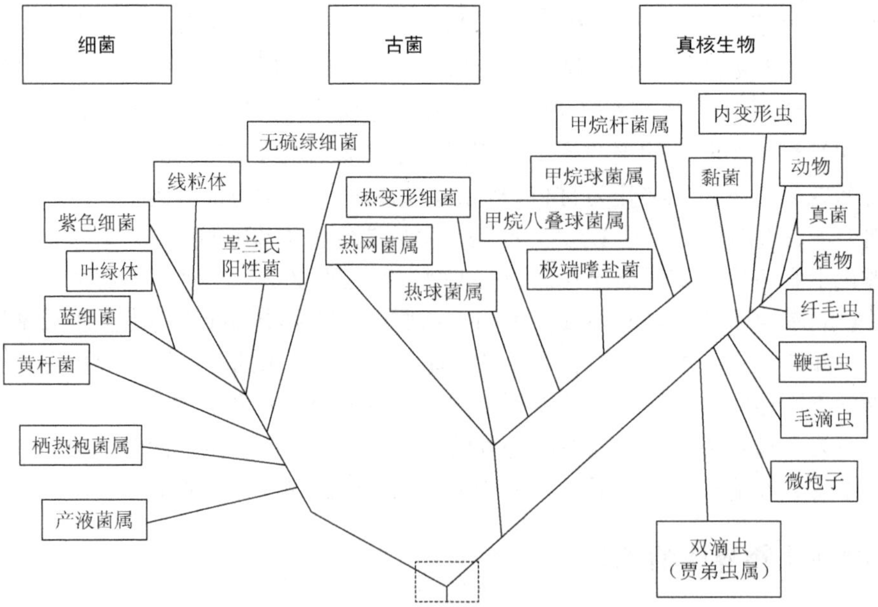

图 1-1　Woese 的系统发育树

菌的全基因组序列的测定进一步证实了古菌域的正确性。古菌域的提出是近年来微生物学的一个重大的进展。从图 1-1 可以看出，这三个域有共同的祖先，它们向两个不同的方向演化，细菌和古菌虽然同属于原核生物，但古菌和真核生物的关系比它与细菌的关系更近。研究表明，古菌和真核生物享有一些共同的性状，基本上不同于细菌。

三、微生物学的研究范畴

微生物学是研究微生物及其生命活动规律和应用的学科，其研究领域十分广阔。随着科学知识的增长，专业化的研究越来越有必要，并导致微生物学的进一步分科：从基本理论上来看，可分为微生物形态学、微生物生理学、微生物遗传学、微生物生态学、微生物分类学、细胞微生物学和分子微生物学等；根据研究对象的类群划分，可分为病毒学、细菌学、藻类学、真菌学和原生动物学等；从应用上来看，根据从事的工作范围可分为农业微生物学、工业微生物学、医学微生物学、食品微生物学和地质微生物学等；根据生态环境的不同，可分为环境微生物学、土壤微生物学、海洋微生物学和宇宙微生物学等。每项学科的研究内容也十分广泛，如微生物遗传学可包括微生物的细胞遗传、分子遗传和遗传工程等。工业微生物学包括研究微生物的酶、医药产品（如抗生素）和发酵产品的生产等。微生物学无论在理论上还是在应用上都是一门与国计民生密切相关的学科。近年来，微生物学与遗传学和生物化学学科互相渗透，促进了分子生物学的形成和生物技术的发展，对人类社会产生了重大的影响，而且在探讨生命活动规律、生命起源和进化等方面有着重要的意义。

四、微生物学的发展历程

（一）我国古代对微生物的利用

由于大多数微生物的个体很小，需要在显微镜下才能观察到，因此在古代，人们并不知道什么是微生物。但是在长期的生产活动和日常生活中，人类对微生物的认识和利用有着悠久的历史，并积累了丰富的经验。早在 8000 年前，我国人民就已发明了制曲酿酒工艺。酿酒是酵母菌活动的结果，需要菌种、原料和控制条件，这些内容在古书中均有详细的叙述。除文字记载外，在出土文物中，常常出现酿酒和盛酒用具，甚至发现酒坊遗址。并且，自古以来，我国不乏名酒，可见当时对掌握这项微生物技术是有丰富经验的。此外，在 2500 年前的春秋战国时期，我国人民就已经知道制醋和制酱。

在农业上，我国农民一向以利用有机肥为主。他们对于制作堆肥和厩肥有一套完整的技术，这个过程就是将有机质在微生物的作用下，腐解为简单的可供植物吸收的营养。这实际上就是控制环境条件，使不同生态群的微生物相继分解有机质的过程。这一技术的历史可以追溯到春秋战国时代，在著名的农业著作《齐民要术》中已有详细论述。我国农民还懂得如何利用豆科植物与粮食作物进行轮作和间作，实际上是利用根瘤菌与豆科植物的共生固氮作用，以提高土壤肥力。

在古医书中，也有许多防止病原菌侵染和治病的措施，均涉及消毒灭菌和增强抗菌力的问题。较突出的是种痘防天花，这一技术自宋朝就已经广泛应用了。不过当时采用的是人痘法，后来英国医生发明了牛痘法。所以，免疫接种法预防疾病在我国的历史更为悠久。此外，利用微生物作为强身和治病的药剂，如灵芝、茯苓和麦角等，一向被古人视为“灵丹妙药”。

（二）微生物的发现

1676 年，荷兰人 Antoni van Leeuwenhoek（1632～1723）利用他自制的简单显微镜首次发现了一个神奇的微小生物世界。当时他所用的显微镜可以放大到 300 倍。利用这个工具，他观察了雨水、污水、血液和牙垢等，描绘了细菌和原生动物等的形态和活动方式。在微生物学的发展史上，他的发现具有划时代的意义。但是，在 Leeuwenhoek 之后，对微生物的研究有一段沉寂时期，这是因为一方面没有更精密的显微镜出现；另一方面人们对微生物的研究还停留在形态描述的水平上，而没有对它们的生理活动及其与人类的关系加以研究。直到 1861 年 Louis Pasteur 的工作说明了这个关系后，微生物才开始受到重视。

（三）微生物学的奠基时期

微生物学作为一门学科，是在 19 世纪中期才发展起来的。这是由于当时在欧洲一些国家中占有重要经济地位的酿酒工业发生了酒变质和蚕丝业发生了蚕病危害等问题，促进了对微生物学的研究。首先，应归功于以法国人 Louis Pasteur（1822～1895）和德国人 Robert Koch（1843～1910）为代表的科学家，他们研究了微生物的生理活动，并与生产和预防疾病联系起来，为微生物学奠定了理论和技术基础。

Pasteur 的主要贡献之一是他彻底地否定了统治长久的微生物“自然发生”学说。该学说认为一切的生物是自然发生的，可以从一些没有生命的材料产生。例如，烧瓶中的有机物浸汁的腐败，究竟是自然发生的，还是空气中的微小生物造成的？Pasteur 设计了具有细长弯曲的长颈的玻璃瓶，内装有机浸汁（图 1-2）。将浸汁煮沸灭菌后，瓶口虽然开放，但保持不腐败。由于空气虽能进入玻璃瓶，但其中所含有的微小生物不能从弯曲的细管进

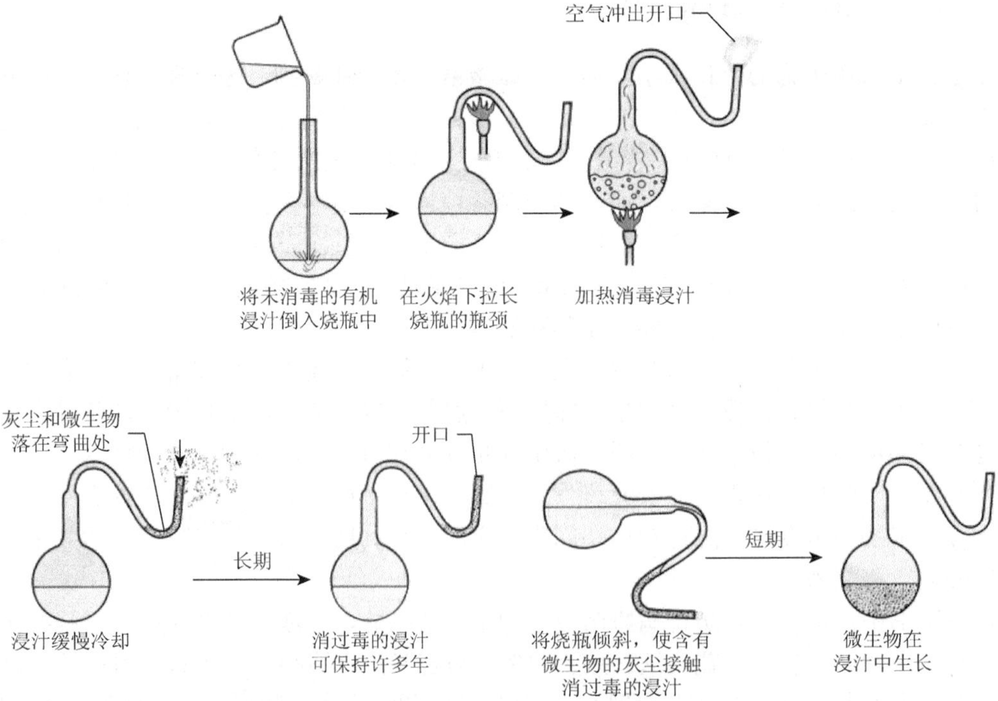

图 1-2　Pasteur 的鹅颈（曲颈）瓶试验

入瓶内，而附着在管壁上。一旦将瓶颈打破，或将瓶内的浸汁倾湿管壁，再倒回去，则瓶内浸汁才有了微生物而腐败。这个试验证明了空气中含有微生物，可引起有机质的腐解。否定了“自然发生”学说后，人们对疾病和某些自然界的现象才开始有了正确的认识。

Pasteur 的主要贡献之二是对发酵的研究。他所工作的法国里尔（Lille）大学位于盛产啤酒和葡萄酒的城市，当时这些酒类的腐败变质问题干扰着生产的发展。他的研究证明了糖在酵母菌的作用下可以转变为乙醇，而在其他细菌的作用下可以转变成乳酸和乙酸等。不同微生物所要求的条件不同，发酵过程不同，因而产物也不相同。他在研究丁酸发酵时，发现这是在没有氧气的条件下进行的，并证明酵母菌的发酵作用也是在缺氧条件下进行的，因此提出发酵作用不需氧参加。他在这方面的大量工作为微生物生理学打下了基础。Pasteur 在研究各种物质发酵的同时，为了防止产品的腐败，他提出了著名的巴氏消毒法，主要采用 50～65℃的温度处理产品一定时间，则可以达到防腐的目的。直到今天，他的方法在乳制品和酒制品等食品工业上仍被采用。但是，在设备和具体方法上都有所改进，灭菌的条件为 63℃、30min 或 71℃、15min。

此外，Pasteur 还首先发现用钝化的鸡霍乱病原体可以预防鸡霍乱病，后来他还研究了炭疽病和狂犬病的疫苗，为免疫学打下了基础，促进了医学微生物学的发展。

Koch 对传染病的病原菌学说有重要的贡献，他提出了 Koch（科赫）法则，确证了炭疽病、结核病和霍乱病等严重传染病的病原菌，并建立和改进了微生物学的研究技术和方法。

在微生物学的研究和发展中，技术始终是个重要的问题。由于微生物个体小，肉眼不可见，而且在自然界中许多种类混杂栖息，因此研究动植物的常规方法不适用于微生物。在 19 世纪 70 年代，受人类疾病的威胁，人们迫切需要解决病害发生来源的问题。Koch 早期的工作曾首先指出细菌是疾病的来源，他从患有炭疽病的死羊的血和脏器中发现了一种杆状细菌，但并未证实这种细菌就是引致病害的病原菌。随后他根据自己的工作经验和接受他的前辈 Henle 的看法，提出了一套科学验证的方法，成功地证实了细菌与病害的关系。这个方法被称为 Koch 法则（图 1-3），其内容包括：①病原微生物只出现于患病的动物，而不存在于健康的个体；②该微生物可以从寄主分离出来，并进行纯培养；③将分离的微生物回接到健康的寄主，可产生相同的疾病；④相同的该微生物可从患病的寄主中重新分离出来。

实践证明，Koch 法则对大多数病原菌的确定是实用的。在以后的年代中，这个法则得到了某些修正和丰富。例如，植物病理学家在确定植物病原菌时，提出了用于人工接种的寄主必须不曾感染过这种病害，也适用于其他生物。至今，这个法则仍是行之有效的确定未知病原菌的常规方法。

在微生物的培养方面，Koch 的助手 Petri 做出了重要的贡献。Petri 设计出玻璃培养皿，称为 Petri 皿。这种培养皿既便于容纳培养基，也便于观察细菌等微生物的菌落，同时它还可以达到通气而不易污染杂菌的目的。迄今，这种培养皿仍是微生物学中广泛使用的器材之一。培养基的使用也对微生物培养意义重大。培养基成分中的凝固剂最初使用的是明胶，但明胶在 28℃以上就会熔化，因此对于培养人类的病原菌（最适温度为 35～37℃）极不合适。此外，有些细菌可以分解明胶，使它失去作为培养基支撑物的作用。为此，Koch 的另一名助手 Hesse 在他妻子的启发下，用她做果冻的琼脂（俗称洋菜）作为固体培养基的支撑物。琼脂是从一种海藻中提取出来的，在 100℃左右熔化为液体，在 42℃以下则凝固为固体，且不为微生物所分解。所以，是一种优良的凝固剂。

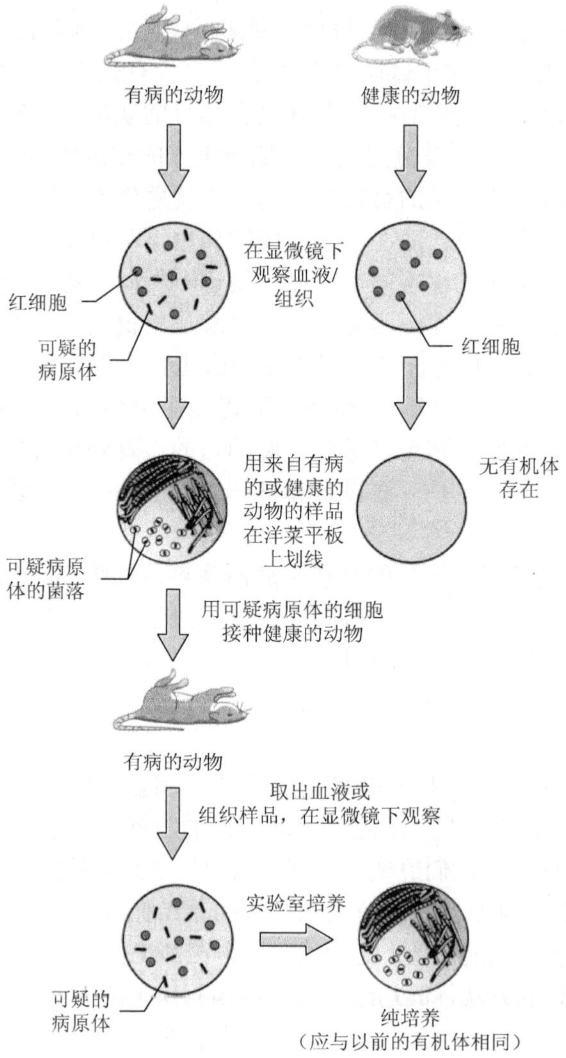

图 1-3　Koch 法则示意图

在早期，微生物学的发展速度比较缓慢，主要是受到研究方法的限制，但是，无论如何，初期的工作打开了微生物世界的大门，奠定了微生物形态学、微生物生理学、微生物分类学及医学微生物等各方面的基础。

（四）微生物学的发展时期

从 19 世纪后期到 20 世纪初期是微生物学全面发展的时期，其中包括微生物生物化学、医学微生物学、土壤微生物学和病毒学的发展，现概述如下。

1897 年，德国人 Büchner 用酵母菌无细胞滤液进行酒精发酵取得成功，建立了现代酶学，开创了微生物生物化学研究的新时代。

土壤微生物学的发展与俄国微生物学家 Sergei Winogradsky（1856～1953）的贡献是分不开的。他发现在土壤中存在一类化能自养菌，它们只需氧化无机物就可以存在。他还着重研究了在温泉中生活的一种硫细菌，证明这种细菌能将 H_2S 氧化成 S，并在菌体内积累硫颗粒。其后他还研究了铁细菌和硝化细菌，从而肯定了细菌中的这种化能无机营养类型。

这一工作不仅丰富了细菌的种类，而且揭示了新的一类代谢类型。由于自养菌的培养方法与异养菌不同，他创造了一套用硅酸凝胶法培养自养菌的技术。此外，他还第一个从土壤中分离获得了厌氧的自生固氮菌——巴斯德梭菌（*Clostridium pasteurianum*）。Winogradsky一生的工作开辟了研究微生物生态和微生物在自然界物质循环中的作用等重要课题，奠定了土壤微生物学的基础。

Martinus Beijerinck（1851～1931）是荷兰的微生物学家，他首先发现了自然界存在固氮细菌这一特殊类型的微生物。他最初分离到好氧的固氮菌，即现在大家所熟知的褐球固氮菌（*Azotobacter chroococcum*）。1888 年，他还成功地自豆科植物的根瘤中分离出根瘤菌，揭示了这种共生固氮现象。他采用选择培养基的方法多方面寻找了这类微生物。其研究范围非常广泛，还涉及硫酸还原菌和发光细菌等。Beijerinck 不仅是土壤微生物学的奠基人之一，在发展普通微生物学方面也做出很大的贡献。

抗生素的发现在疾病的化学治疗上具有重大的意义。1929 年，英国细菌学家 Fleming 在培养葡萄球菌的培养皿中，发现在污染有青霉菌菌落的周围完全不长葡萄球菌。进一步的研究发现，这种抑菌物质存在于青霉菌的培养液中，他称这种物质为青霉素。奇怪的是，这种物质对动物没有毒性，因此使人联想到将它用于治疗疾病的可能性。后来，Florey 提纯了青霉素，用于治疗革兰氏阳性菌所引起的疾病，为医疗方面开辟了一个新的途径，随后，科学家纷纷从微生物中寻找这类抗生素物质。1944 年，美国土壤微生物学家 Waksman 等找到了由链霉菌所生产的链霉素，并陆续找到了氯霉素、土霉素、四环素和金霉素等数百种抗生素。这些工作使抗生素的研究从筛选发酵到提纯、包装全面地展开，并形成了一套完整的抗生素工业系统，抗生素的应用范围也越来越广泛。其至今在人畜医药治疗上仍是有效的药剂，挽救了无数人的生命。目前，抗生素也应用于植物病害的防治上。

生物学家借助于显微镜，使肉眼不可见的微生物种类的名录逐渐增多。但是，某些人类和动植物的病害却始终找不到病原物，采用分离细菌或真菌的方法和在显微镜下观察的方法都不能成功，这个问题困扰着许多微生物学和病理学工作者。直到 1892 年，Ivanowsky 用烟草花叶病株的汁液接种健康植株，证明了在病株汁液中存在一种可以通过细菌过滤器的生物，当时称其为过滤性病毒，他的工作吸引了许多微生物学家的注意力。随后，还发现一些动植物病害是由这种因子传染的，如动物口蹄疫等。1935 年，Stanley 从烟草花叶病株的汁液中提取出一种蛋白质结晶，具有侵染性，可以使健康植物发生同样症状的病害。进一步分析证明，这种结晶不但含有蛋白质，而且含有核酸。科学家依靠电子显微镜确定病毒的形态，并通过生化技术来确定病毒的特性，再结合动植物病理学的研究，逐步建立了现在的病毒学科。

（五）现代微生物学的发展

20 世纪 30 年代以来，由于电子显微镜和同位素示踪技术的运用，人们将微生物学、生物化学、遗传学、生物物理学和计算机科学综合起来，深入分子水平探究微生物的特点，分子生物学也由此诞生。

微生物学在分子水平上的发展起始于分子遗传学的研究。1941 年，Beadle 和 Tatum 用粗糙脉孢菌（*Neurospora crassa*）分离到几个营养缺陷型突变株，根据研究结果，提出了“一个基因一个酶”的假说，使细胞遗传学进入生化遗传学阶段。更重要的成果是，1944 年 Avery 在研究细菌的转化因子时发现了 DNA 的作用，揭露了基因的化学特性，从而证实了遗传的物质基础。1953 年，Watson 和 Crick 发表了 DNA 的双螺旋结构，大大地促进了分子遗传学的发展。此后的工作主要集中在细菌和病毒的DNA结构和功能的研究上。例如，Jacob和Monod在1961年提出乳糖操纵子学说，证明大肠杆菌乳糖代谢的调节是由一套调节基因控制的，建立了研究微生物代谢调控的基础。Nirenberg在1965年破译了DNA碱基组成的三联密码，揭示了生物同一性的本质。此外，DNA序列分析、DNA复制机制、DNA分子杂交、蛋白质生物合成和PCR技术等方面均以惊人的速度发展。目前，分子遗传学的研究已扩展到真菌和高等生物的领域。

分子遗传学在理论上的进展使科学家有可能大胆地设想遗传工程。在20世纪70年代初，科学家利用分子遗传学的技术，将某一特定的基因结合于某一生物细胞，达到创造新种和治疗疾病的目的。1973年，Cohen等首次将两个不同的质粒DNA进行体外重组，转化大肠杆菌获得成功，此后，遗传工程的工作已获得多方面的成就。1979年，将人的胰岛素A链和B链基因转入大肠杆菌，并得到表达，使高等生物的遗传信息能在原核生物细胞表达，为人工合成胰岛素创造了条件，使转基因微生物生产多肽药物成为可能。不仅在微生物菌种的改良上，而且在植物和动物育种上也采用了基因工程的方法，构建成转基因植物和转基因动物，使生物技术得到全面发展。

20世纪80年代以后，微生物学在分子水平上的研究得到迅速发展，在短期内取得了突破性的进展，如生命三域学说的提出和微生物基因组的研究，形成了分子微生物学。1995年，美国首先测定了流感嗜血杆菌（*Haemophilus influenzae*）的全基因组序列，从此微生物基因组的研究范围不断扩大。随着测序和分析技术的快速发展，测序成本的不断降低，愈来愈多的微生物完成了全基因组序列测定，这些海量的微生物基因信息加快了人们对微生物多样性和功能的深刻认识。这些菌株分别属于Woese的系统发育树的细菌、古菌和真核微生物，如大肠杆菌（*Escherichia coli*）、枯草芽孢杆菌（*Bacillus subtilis*）、酿酒酵母（*Saccharomyces cerevisiae*）和詹氏甲烷球菌（*Methanococcus jannaschii*）等。微生物基因组研究是人类基因组计划的一部分，作为该庞大计划的模式生物，测序的对象包括重要的病原微生物及对阐明生物学基本问题有价值的微生物。微生物基因组的数据对Woese的系统发育树提出了挑战。由于Woese等注重单个rRNA（或其基因的rDNA）在生物演化中的地位和作用，而很少考虑整个基因组的演化，忽略了从别的生物个体所获得的基因对整个基因组演化的影响。例如，海栖热袍菌（*Thermotoga maritima*）是一种细菌，但在它的基因组中，1/4具有古菌的性质，表明这种细菌与古菌之间存在着横向的基因转移，也说明在研究微生物的系统演化时应分析整个基因组的演化。此外，微生物基因组研究也为生命科学开辟了新的研究领域，如生物信息学和比较基因组学，也为微生物学、医学和免疫学的研究提供了新思路和新方法。在已完成的微生物基因组序列中，仅有1/2的基因功能是已知的。所以，了解基因和基因组的功能将是后基因组研究的重要内容。蛋白质组（proteome）概念的提出及其研究的深入展开将在后基因组时代对研究生物的基因与功能之间的关系起着重大的作用。

综上所述，我们可以看到，在20世纪生物学发展的关键阶段，即DNA双螺旋结构的发现、遗传工程的发展和人类基因组的研究，微生物学都发挥了不可替代的独特的作用。

五、微生物学的最新趋势

微生物学的发展简史充分说明，微生物学对人类社会和生命科学的发展已经产生了深远的影响。在21世纪，展望微生物学的未来，我们可从其学科的任务和实际意义来探讨微生物学的发展趋势。

（一）微生物基因组和后基因组研究将全面展开

已有许多微生物的基因组被测序，它们主要包括模式微生物、病原微生物和特殊微生物。今后，人们将把视野扩大到与工农业和环境有关的重要微生物，而且研究基因组与细胞结构的关系，关注哪些最少的基因种类是生活所必需的。同时，采用生物信息学的方法来分析基因组及其功能，并深入蛋白质组学研究。

（二）微生物多样性的研究将广泛和深入地发展

据估计，地球上能被培养的微生物种类还不到自然界微生物数量的百分之一。所以，微生物学家应发展新的分离技术，大力开展分类工作。尤其要加强在实验室还不能培养的微生物和在极端环境中生长的微生物的研究，以发现新的微生物，进一步促进微生物的工业化生产。

（三）微生物和环境治理的重要性将更加受到重视

在21世纪，人们应采用各种不同的新方法来开发和利用微生物，生产高质量的食品，制造其他实用的微生物产品，如新的工业用酶。此外，利用微生物来降解土壤和水域的污染物及有毒废料，以微生物作为载体来提高农业的产量和防治病虫害，并应继续防止食品和作物遭受微生物的侵害。

（四）微生物、宿主及环境之间的相互作用将进一步加强研究

加强微生物生态学的研究能更有效地控制污染，更深入地了解微生物与高等生物之间的共生关系，而且能够改善植物、家禽和人类的健康。

（五）微生物致病性和寄主免疫机制的研究将继续受到重视和加强

新传染病的发生和旧传染病的复发与传播，如艾滋病、出血热和肺结核病等是突出的例子。微生物学家应设法制造新药和寻求新的途径来延缓或阻止抗药性的发生和传播，研究出新的疫苗来防治严重危害人类健康的疾病，如艾滋病和传染性非典型肺炎（严重急性呼吸综合征，SARS），而且有必要采用分子生物学和重组 DNA 的技术来解决这些问题。

（六）利用微生物个体小、结构简单等特性研究生物学基本问题

例如，复杂的细胞结构如何发育，细胞之间和细胞与环境之间如何进行信号传递等。

（七）微生物组研究

微生物组（microbiome）是指一个特定环境中的微生物群，它们生活在一定环境空间，相互影响并彼此平衡，从而形成了相对稳定的生态环境。微生物不仅能保持生态系统的健康功能，还影响人类健康、气候变化、粮食安全等。部分功能性微生物还与人类的慢性疾病相关，如肥胖、糖尿病、哮喘等。它们在农业生产力、生物燃料的生产及食品加工等领域也发挥着重要作用。事实上，得益于低成本高通量基因测序技术的发展、计算和成像技术的改进，

以及用于数据分析的生物信息学工具的革新等进展，微生物组学正在迅速发展为促进经济增长的一个新兴学科。

在 20 世纪，微生物学已经给生物学的研究带来了理论、技术和方法的革命，也为医药、农业和环境的生物技术发展带来了动力，而且微生物资源本身也为推动社会生产的发展发挥了重要的作用。可以预计，在 21 世纪，微生物学仍将是领先的学科，也将为人类的健康和社会经济的发展做出更大的贡献。

表 1-1 列出了从 1676 年至今在微生物学领域中所发生的重大事件，以回顾和总结微生物的发展进程。

表 1-1　微生物学发展中的大事一览表

年份	重大事件
1676	Leeuwenhoek 用可以放大 300 倍的显微镜看到“微动体”
1798	Jenner 发明牛痘预防天花
1857	Pasteur 指出乳酸发酵是由微生物引起的
1861	Pasteur 推翻了“自然发生”学说
1864	Pasteur 发明巴氏消毒法
1877	Koch 证明炭疽病是由炭疽芽孢杆菌引起的
1884	Koch 建立纯培养技术，提出确证病原微生物的 Koch 法则
	Metchnikoff 描述吞噬细胞
	Gram 发明革兰氏染色法
1885	Escherich 发现大肠杆菌
1887	Petri 发明了培养皿
1888	Winogradsky 研究各类土壤细菌，发现自养细菌
	Beijerinck 从豆科植物根瘤中分离到根瘤菌，认识了共生关系
1892	Ivanowsky 对烟草花叶病进行了观察
1897	Büchner*发现酵母菌无细胞培养液可进行酒精发酵
1899	Beijerinck 发现和命名烟草花叶病毒
1915，1917	D'Herelle 和 Twort 分别发现噬菌体
1923	Bergey 等编写的《伯杰氏鉴定细菌学手册》（第一版）问世
1928	Griffith 发现肺炎双球菌的转化现象
1929	Fleming*发现青霉素
1933	第一台电子显微镜问世
1935	Stanley*首次提纯了烟草花叶病毒，获得病毒结晶
1941	Beadle*和 Tatum*建立了“一个基因一个酶”的学说
1944	Avery 等证明遗传物质是 DNA
	Waksman 发现链霉素
1946～1947	Lederberg*和 Tatum*证明细菌的有性生殖——接合作用，以后发现基因的连锁现象，后来又发现细菌质粒 F 因子
1952	Hereshey 和 Chase 阐明噬菌体的生活循环
1953	Lederberg*和 Zinder 发现噬菌体的转导现象
	Watson 和 Crick 提出 DNA 结构的双螺旋模型

续表

年份	重大事件
	Pontecorvo Roper 提出构巢曲霉的准性生殖周期
	Epharussi 证明酵母小菌落的产生为染色体外遗传
1957	发现干扰素
1958	Meselson 和 Stahl 提出 DNA 的半保留复制机制
1961	Jacob*和 Monod*提出了基因调节的操纵子模型
1961～1966	Holley*、Khorana*和 Nirenberg*用大肠杆菌的离体酶系证实了三联体遗传密码的存在
1969	Delbruck*、Hershey*和 Luria*研究病毒的复制和遗传结构
	Whittaker 提出生物分类的五界系统
1970	Arber*、Smith*和 Nathans 发现和提纯限制性内切酶
1971	Diener 在研究马铃薯纺锤形茎病时发现类病毒
	Temin 和 Baltimore 发现逆转录酶
1973	Ames 等建立了检测致癌物的细菌测定法
	Cohen 等将质粒转入大肠杆菌，并得到复制和表达
1974	Buchanan 和 Gibbons 等编写的《伯杰氏鉴定细菌学手册》(第八版）问世
1975	Köhler 和 Milstein*建立产生单克隆抗体的技术
1977	Sanger*等对 ΦX174 噬菌体的 DNA 进行全序列分析
	Woese 提出古菌的概念
1979	用细菌的重组 DNA 生产人的胰岛素
1981	证实获得性免疫缺陷综合征［即艾滋病（AIDS)］的第一个病例
1982	Prusiner*发现朊病毒
1983～1984	Gallo 和 Montagnier 分离和鉴定人类免疫缺陷病毒（HIV）
	Mullis*建立 PCR 技术
1984	Krieg 等编写的《伯杰氏系统细菌学手册》(第一卷）出版
1995	第一个细菌基因组序列——流感嗜血杆菌全基因组序列测定完成
1996	詹氏甲烷球菌全基因序列测定完成
	第一个真核生物基因组序列——酿酒酵母全基因序列测定完成
1997	大肠杆菌全基因序列测定完成
2000	发现霍乱弧菌细胞内含有 2 个独立的染色体
	Delong 发现海洋古菌和视紫红质蛋白
2002	天蓝色链霉菌全基因组序列测定完成
2003	粟酒裂殖酵母全基因组序列测定完成
	发现核小 RNA（small nuclear RNA）的新功能
2005	发现和揭示了幽门螺杆菌的致病机理
2006	针对人乳头瘤病毒（human papillomavirus，HPV）的新疫苗产品研制成功
2008	哈拉尔德·豪森*被授予诺贝尔奖，因为他发现人乳头状瘤病毒导致子宫颈癌
2012	公布人类微生物组项目（Human Microbiome Project）的主要成果
2014	CRISPR 被《麻省理工科技评论》评为 10 项突破技术之一

* 为诺贝尔奖获得者

复习思考题

1. 什么是微生物？它具有什么特点？

2. 根据 Woese 的系统发育树，地球上所有的含细胞的生物可分为哪三个域？它们之间有何关系？

3. 简述以下 5 位科学家对微生物学发展的主要贡献：Leeuwenhook、Pasteur、Koch、Winogradsky 及 Beijerink。

4. 你认为微生物学发展中最重要的发现是什么？为什么？

5. 在 21 世纪，你认为微生物学最重要的研究领域是什么？试述理由。

拓展阅读

科赫法则的局限和发展

科赫（Koch）法则是伟大的德国细菌学家罗伯特·科赫（Robert Koch，1843～1910）提出的一套科学验证方法，用以验证细菌与病害的关系，被后人奉为传染病病原鉴定的黄金法则。它为病原微生物学系统研究方法的建立奠定了基础，使其成为一门独立的学科。它作为一种研究方法，虽然已经受到现代研究方法的冲击，但是科赫法则作为一种研究思路，对人们建立严谨的思考习惯是具有重要意义的。

科赫法则在确定一种新的病原体时非常重要，但其存在一定的理论缺陷，因而该法则具有一定的局限性，某些情况并不符合该法则。例如，存在健康带菌或隐性感染；有些病原菌迄今仍无法在体外人工培养；有的则没有可用的易感动物。另外，该法则只强调了病原微生物一方面，忽略了它与宿主的相互作用。

随着分子生物学的发展，“基因水平的科赫法则”（Koch’s postulates for genes）应运而生。其要点是：①应在致病菌株中检出某些毒力或其产物，而无毒力菌株中则无。②如毒力菌株的某个基因被损坏，则菌株的毒力应减弱或消除。或者将此基因克隆到无毒菌株内，后者成为有毒力菌株。③将细菌接种动物时，这个基因应在感染的过程中表达。④在接种动物中应检测到这个基因产物的抗体，或产生免疫保护。该法则也适用于细菌以外的微生物，如病毒。

目前微生物病原快速鉴定的首选方法均以核酸序列测定为基础，通常不再依赖于细胞培养或动物模型。这使得科赫法则更难直接套用，因此有必要对该法则进行修订。美国斯坦福大学医学及微生物学与免疫学教授戴维·雷尔曼（David Relman）和同事提出了基因组时代的科赫法则，具体如下。

1）属于假定病原体的核酸序列应该出现在特定传染病的大多数病例中。在已知的患病器官或明显的解剖学部位，应能发现该微生物的核酸，而在与相应疾病无关的器官中则不会发现。

2）在未患病的宿主或组织中，与病原体相关的核酸序列的拷贝数应当较少或完全检测不到。

3）随着疾病的缓解，与病原体相关的核酸序列的拷贝数应减少或检测不到。如果临床上有复发，则应该发生相反的情况。

4）当序列检测预示疾病将发生，或序列拷贝数与疾病的严重程度有相关性，则序列与疾病的联系极可能构成因果关系。

5）从现有序列推断出的微生物特性应符合该生物类群的已知生物学特性。

6）应在细胞水平探求患病组织与微生物的关系：用原位杂交来显示发生了组织病理变化的特定区域，以证明微生物的存在，或显示微生物应存在的区域。

7）这些以序列分析为基础获得的上述证据应当是可重复获得的。

如果有兴趣进一步了解这方面的信息，可参考以下文献。

Belay ED，Schonberger LB. 2005. The public health impact of prion diseases. Annu Rev Public Health，26：191-212.

Frank T. 2011. Koch's postulates，carnivorous cows，and tuberculosis today. Hawaii Medical Journal，70：144-148.

Fredericks DN，Relman DA. 1996. Sequence-based identification of microbial pathogens：a reconsideration of Koch's postulates. Clinical Microbiology Reviews，9（1）：18-33.

http://www.virology.ws/2010/01/22/kochs-postulates-in-the-21st-century/.

Lipkin W. 2008. Microbe hunting in the 21st century. Proceedings of the National Academy of Sciences，106（1）：6-7.

2

第二章 细　　菌

细菌（bacteria）是微生物中的一个重要类群，绝大多数是单细胞生物，少数种类形成多核细胞或多细胞丝状体。其细胞核在构造上称为原核，不含组蛋白，没有核膜，细胞内也不含任何由单位膜包裹的细胞器，它们是目前已知的结构最简单并能独立生活的一类细胞生物。细菌是长期以来对所有原核生物的统称，也是在系统发育上与古菌不同的相关的原核生物类群。本章将先介绍它们共同的形态、结构和功能，再分别介绍主要类群的特点。

第一节　细菌的形态

细菌是原核生物中种类最多、数量最大、分布广和适应性强的类群。本节将介绍它们的主要形态。

一、细菌的个体形态和大小

由于细菌个体微小，其个体形态要借助于光学显微镜和电子显微镜来观察和研究。

（一）形态和排列

尽管细菌的种类繁多，但细胞形态主要有以下三种，即球状、杆状和螺旋状（图 2-1）。

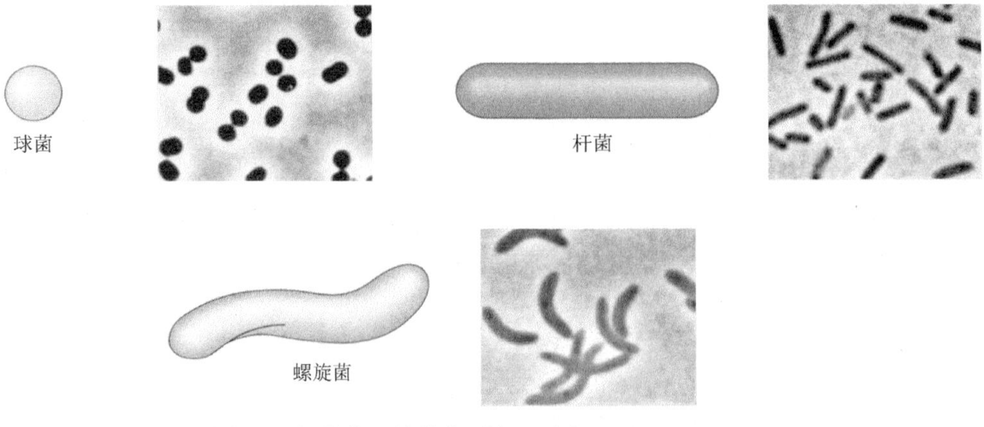

图 2-1　细菌的三种基本形态（引自 Madigan，2015）

1. 球菌　　球菌（coccus）细胞呈球形或椭圆形。依据细胞分裂面的数目和分裂后新细胞的排列方式，又可区分为以下 6 种主要类型（图 2-2）：①单球菌，细胞分裂后产生的两个子细胞立即分开，如脲微球菌（*Micrococcus ureae*）；②双球菌，细胞分裂一次后产生的两个子细胞不分开而成对排列，如肺炎双球菌（*Diplococcus pneumoniae*）；③链球菌，细胞按一个平行面多次分裂产生的子细胞不分开，并排列成链，如乳酸链球菌（*Streptococcus lactis*）；④四联球菌，细胞按两个互相垂直的分裂面各分裂一次，产生的4个细胞不分开，并连接成四方形，如四联微球菌（*Micrococcus tetragenus*）；⑤八叠球菌，细胞沿三个互相垂直的分裂面连续分裂三次，形成含有8个细胞的立方体，如尿素八叠球菌（*Sarcina ureae*）；⑥葡萄球菌，细胞经多次不定向分裂形成的子细胞聚集成葡萄状，如金黄色葡萄球菌（*Staphylococcus aureus*）。

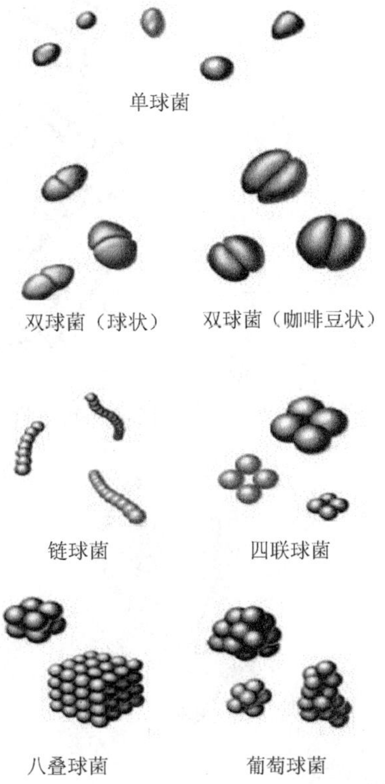

图 2-2　球菌的形态和排列方式

扫一扫　看彩图

2. 杆菌　　杆菌（bacillus）细胞呈杆状或圆柱状。杆菌的长度与直径的比值差异较大，有的较粗短而近于球状，有的细长而近于丝状。杆菌的直径一般较为稳定而长度则变化较大。不同杆菌的端部形态各异，一般钝圆，有的平截，如炭疽芽孢杆菌（*Bacillus anthracis*）；有的较尖，如鼠疫杆菌[也称为鼠疫耶尔森氏菌（*Yersinia pestis*）]。杆菌由于只有一个与长轴垂直的分裂面，只有单生和链状两种排列方式。鉴于杆菌的排列方式既少又不稳定，因而很少用于分类鉴定。

3. 螺旋菌　　螺旋菌（spirilla）细胞呈弧状或螺旋状。一般单生，能运动。按弯曲程度可区分为三类：弧菌（vibrio），其弯曲度小于一周，呈“C”状，如霍乱弧菌（*Vibrio cholerae*）；螺菌（spirillum），弯曲度2～6圈，旋转圈数和螺距大小因种类而异，一般菌体僵硬，借鞭毛运动，如迂回螺菌（*Spirillum volutans*）；螺旋体（spirochaeta），是一类特殊的螺旋状细菌，旋转圈数多，通常大于6圈，菌体长而柔软，通常借轴丝收缩运动，如苍白密螺旋体（*Treponema pallidum*）。

在细菌的三种主要形态中，杆菌的种类多，作用也最大，球菌次之，螺旋菌则最少。除以上三种基本形态外，某些细菌还具有特殊的形态。例如，放线菌能形成分枝菌丝和分生孢子（图 2-3）；鞘细菌在多个呈链排列的杆状细胞外有一个共同的鞘，形成不分枝的丝状体；柄细菌呈杆状、类弧状或梭状，一端具有由细胞包被物衍生的细柄，可附着在基质上（图 2-4）。此外，有些细菌的细胞呈星状，如星状菌属（*Stella*）。有人从盐场分离出一种特殊的近似正方形的、扁平的细菌（图 2-5）。

图 2-3　放线菌的形态（引自 Madigan，2015）

a. 单轮生孢子丝；b. 螺旋状孢子丝

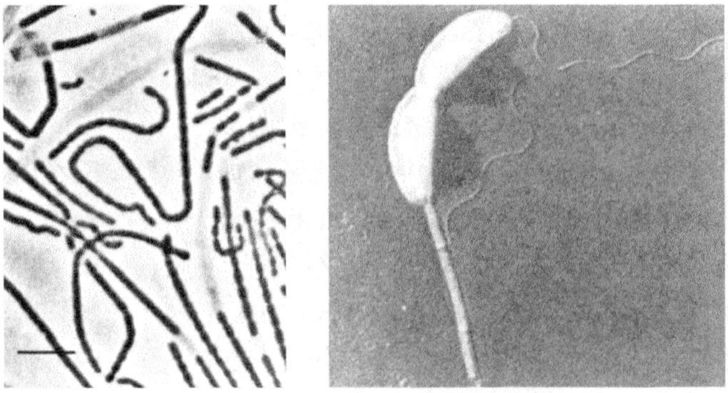

a　　　　　　b

图 2-4　鞘细菌（a）和柄细菌（b）的形态（引自 Willey et al.，2008）

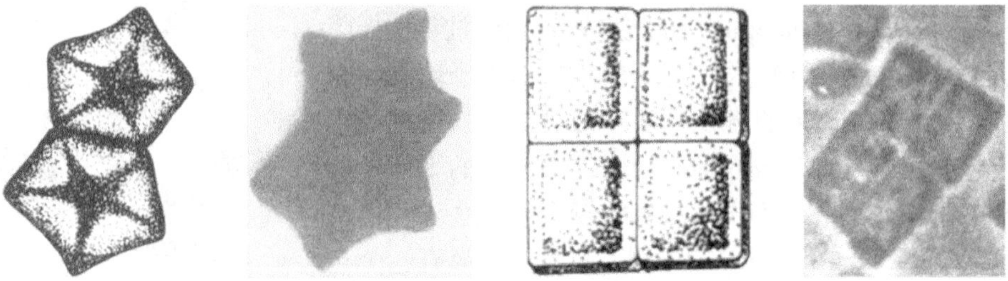

图 2-5　星形和方形细菌的形态

（二）大小和体积

由于细菌细胞在干燥固定和染色过程中会收缩，因此其大小和体积的准确测定应当用活细胞进行。

1. 细菌的大小　　细菌的种类繁多，细胞大小各异。例如，支原体的直径为 0.1～0.25μm，而与棕色刺尾鱼共生的费氏刺骨鱼菌（*Epulopiscium fishelsoni*）的直径为 80μm，长度为 600μm，比一般的真核细胞大。但是，大肠杆菌（*Escherichia coli*）的平均大小约为 1μm×3μm，而典型的真核生物细胞的直径为 2～200μm。还有一些更小的细菌，其直径约为 0.2μm，甚至小于 0.05μm。这些微小的细菌除少数菌株外，大多数不能培养。目前所知最大的细菌，是德国科学家 1999 年在纳米比亚海岸的海底沉积物中发现的，细胞呈球形，直径为 0.1～0.3mm，有些可达 0.75mm，能清楚地用肉眼看见。这种细菌属于硫细菌，细胞中含有微小的硫黄颗粒，并发出闪烁的白色，像珍珠一样，因此被科学家形象地命名为“纳米比亚嗜硫珠菌”。

细菌细胞的大小一般用显微测微尺或电子显微镜来观察和测量，并以多个菌体的平均值或变化范围来表示。其中，球菌大小以直径来表示，杆菌和螺旋菌以宽×长表示，长度单位为微米（μm）。不过螺旋菌的长度是菌体两个端点间的距离，并不是真正的长度。一般球菌的大小为 0.5～1μm，杆菌为(0.5～1)μm×(1～3)μm。几种代表性细菌的大小见表 2-1。

表 2-1　细菌的大小

菌名	直径或宽度×长度/μm
酿脓链球菌（*Streptococcus pyogenes*）	0.6～1
金黄色葡萄球菌（*Staphylococcus aureus*）	0.8～1
最大八叠球菌（*Sarcina maxima*）	4～4.5

续表

菌名	直径或宽度×长度/μm
大肠杆菌（*Escherichia coli*）	0.5×（1～3）
伤寒沙门氏菌（*Salmonella typhi*）	（0.6～0.7）×（2～3）
嗜酸乳细菌（*Lactobacterium acidophilus*）	（0.6～0.9）×（1.5～6）
枯草芽孢杆菌（*Bacillus subtilis*）	（0.8～1.2）×（1.2～3）
炭疽芽孢杆菌（*B. anthracis*）	（1～1.5）×（4～8）
土拉巴斯德氏菌（*Pasteurella tularensis*）	0.2×（0.3～0.7）
霍乱弧菌（*Vibrio cholerae*）	（0.3～0.6）×（1～3）
迂回螺菌（*Spirillum volutans*）	（0.5～2）×（10～20）

2. 细菌的体积　尽管细菌的不同类群在体积上有很大差异，但与真核细胞相比较，细菌细胞的体积要小得多，如单个细菌细胞的体积为 0.1～5μm^3，酵母菌为 20～50μm^3，单细胞藻类为(5～15)×10^{3}μm^3，而原生动物细胞可高达(1～5)×10^{4}μm^3。微小的细菌在大小上已接近于能独立生活的细胞大小的理论最低限度。一般认为，细胞要进行正常的生理活动就需要一定数量的基因和酶来调控，若在普通细菌大小的基础上进一步减小体积势必影响到细胞独立生活的能力。例如，蛭弧菌、支原体和衣原体等小型细菌已难以在自然环境中独立生活，而只能寄生在其他生物活细胞内。反之，是否细胞体积越大就越对进化有利呢？研究表明，细胞的代谢活性与单位体积中膜的面积或比表面积成正比，在膜结构相同时，细胞愈小，其比表面积愈大，代谢活性也愈强；反之，细胞愈大，代谢活性愈弱。这或许也是我们迄今仍难以培养迂回螺菌等大体积细菌的原因，同时也是真核细胞需要在细胞内分化产生许多由单位膜包裹的细胞器的原因。

细菌的大小和形态除随种类而变化外，同一种细菌的大小和形态还受到环境条件（如培养基成分、浓度、培养温度和时间、染色方法等）的影响。在适宜的生长条件下，幼龄细胞或对数期培养物的形态一般较稳定，因而适于进行形态特征的描述。在非正常条件下生长或衰老的培养物，常表现出膨大、分枝或丝状等退化类型。例如，巴氏醋酸杆菌（*Acetobacter pasteurianus*）在高温下可以由短杆状转变为纺锤状、丝状或链状，干酪乳酸杆菌（*Lactobacillus casei*）的老龄培养物可从长杆状转变为分枝状等。经干燥固定染色的菌体往往小于实际大小，而用媒染法染色的菌体往往大于实际大小。少数细菌类群（如芽孢细菌、鞘细菌、黏细菌和放线菌）具有几种不同形态的生长阶段，共同构成一个完整的生活周期，应作为一个整体来描述研究。

二、细菌的繁殖和群体形态

（一）细菌的繁殖

在自然环境或培养基中生活的细菌，从环境中获取能量和营养物质，经代谢转化后形成新的细胞物质，菌体亦随之长大，最后从一个母细胞产生两个或多个子细胞的过程称为繁殖。细菌的繁殖方式主要为裂殖，即从一个母细胞分裂产生两个子细胞的过程。杆菌中最普遍的方式是与长轴垂直的横分裂，裂殖的过程包括细胞膨大或加长，染色体 DNA 复制，横隔膜与壁的形成，以及子细胞分离等步骤（图 2-6）。

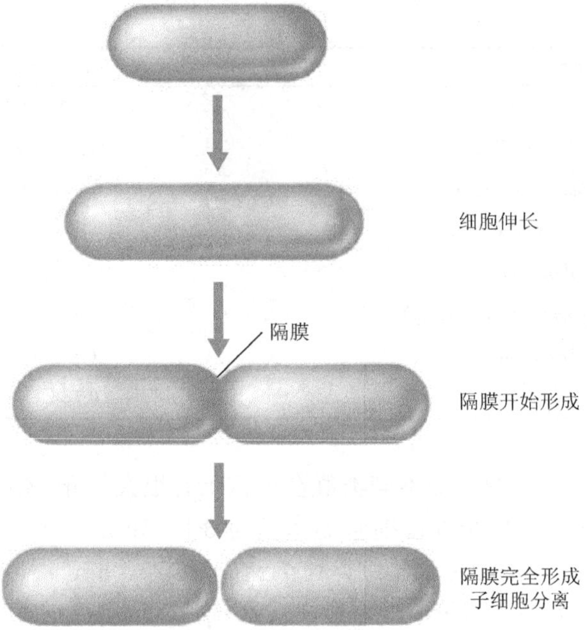

扫一扫　看彩图

图 2-6　杆菌的裂殖（同型分裂）（引自 Madigan et al.，2012）

首先，绝大多数细菌在分裂时产生大小相等和形态相似的两个子细胞，称为同型分裂（图 2-6）。个别种类如柄细菌，分裂后产生一个有柄不运动和一个无柄有鞭毛的子细胞，称为异型分裂（图 2-7）。此外，蛭弧菌在侵入寄主细菌细胞后，先在壁与膜间的空隙生长变长，最后在分裂过程中同时产生多个子细胞，称为多次分裂（详见本章第五节）。

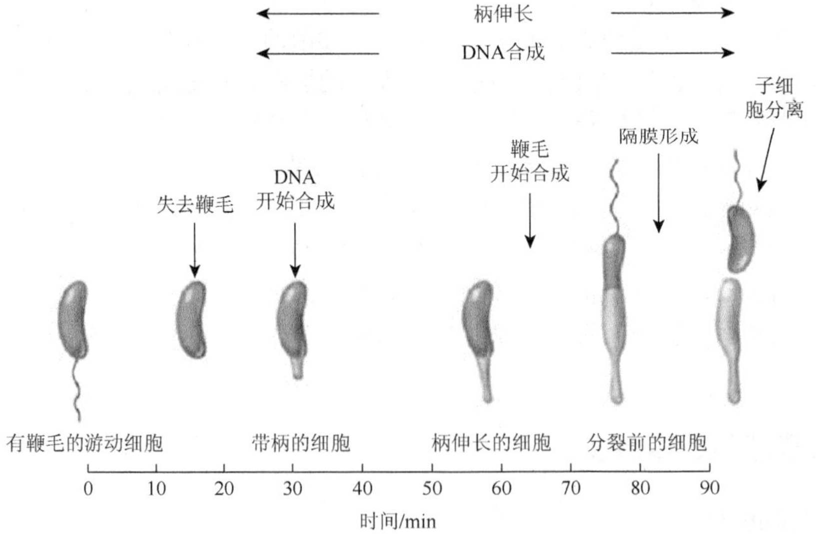

扫一扫　看彩图

图 2-7　柄细菌的异型分裂（引自 Madigan et al.，2015）

其次是芽殖，即通过出芽方式来繁殖，是少数芽殖细菌特有的繁殖方式。有些为直接出芽，如巴斯德菌属（*Pasteuria*）和芽生杆菌属（*Blastobacter*）在母细胞上直接长出芽细胞；另一些为间接出芽，如生丝微菌属（*Hyphomicrobium*）先由细胞长出细丝，然后在细丝端部形成芽细胞。

最后是劈裂（snapping division），它是少数细菌特有的一种繁殖方式，其特点是细胞壁有两层，而只有内层壁参与分裂时横隔壁的形成，所以两个子细胞形成后仍由外层壁连在一起，当分裂时常在外层壁的一端崩裂，从而产生呈“V”形排列的两个子细胞（图 2-8），如节杆菌属（*Arthrobacter*）。

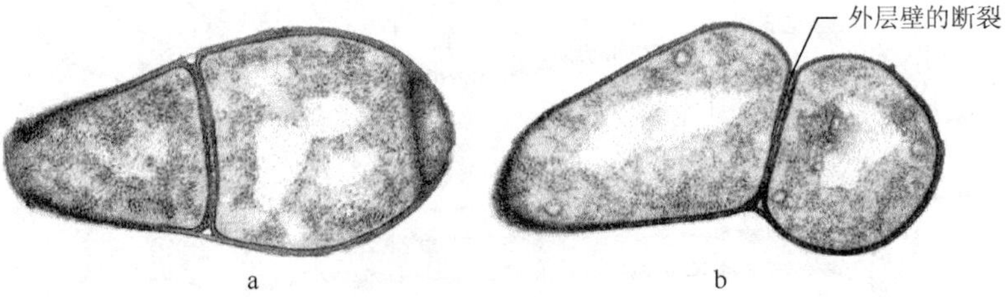

图 2-8　节杆菌的劈裂（引自 Madigan et al.，2015）

a. 劈裂前；b. 劈裂后

（二）细菌的群体形态

细菌在自然环境或培养基上大量繁殖，形成肉眼可见的群体，其中在固体培养基上由单个或少数细胞长出的群体称为菌落（colony）；而在固体培养基表面联合生长的由多个细胞长出的群体称为菌苔（lawn）。细菌在一定条件下形成的菌落和菌苔特征具有一定的专一性和稳定性，可以作为分类鉴定的依据。菌落形态是细胞排列方式、表面状况、代谢产物、运动性和需氧性等特征的综合表现，同时也受到培养基成分、培养条件和时间等因素的影响。

细菌在静止的液体培养基上生长的群体形态随菌种及需氧性等而异。好氧细菌在表面生长形成菌膜，亦称菌醭或菌圈；厌氧细菌只在底层生长，并产生沉淀；兼性厌氧细菌能在全层生长，并使培养液浑浊。有些细菌在生长时还可同时产生气泡、酸、碱和色素等。

第二节　细菌的结构和功能

常见细菌细胞的最外层为坚韧的细胞壁（cell wall），壁内有细胞质膜（cytoplasmic membrane），膜内为细胞质（cytoplasm），细胞质中含有拟核（nucleoid）、质粒（plasmid）、间体（mesosome）、核糖体（ribosome）和内含物（inclusion）。某些细菌的壁外还有荚膜（capsule）、鞭毛（flagellum）、菌毛（fimbria）和在细胞内分化产生的芽孢（endospore）等特殊结构，其模式细胞结构见图 2-9，但不是每个细菌都包含上述所有的结构。

一、细胞壁

细胞壁是细菌外表面的一种坚韧而具弹性的结构层，厚 10～80nm，占细胞干重的 10%～25%。当细胞在高渗溶液中时，由于原生质体失水浓缩而产生质壁分离现象，经染色后很容易在普通光学显微镜下观察到细胞壁。用超声波或加压后突然减压等方法破碎细胞，再用差速或梯度离心等方法，可以分离出细胞壁，并可用电子显微镜深入研究壁的微细构造。细胞壁的主要功能是：①抵抗因渗透作用产生的膨压和外界的机械破坏，并保持菌体的特定外形；②作为细胞内外物质交换的第一道屏障，能阻止胞内外大分子或颗粒状物质的通过而不妨碍溶液和小分子或小颗粒的进出；③为细胞生长、分裂和鞭毛运动所必需；④决定细菌的抗原性、致病力和对噬菌体的特异敏感性。

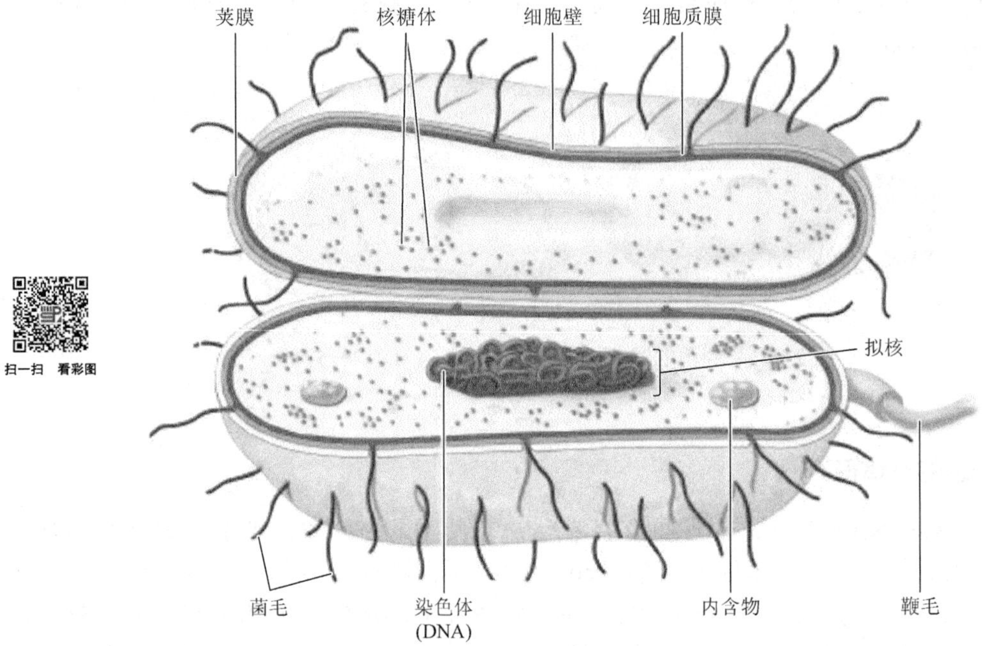

图 2-9　细菌细胞的模式结构（引自 Willey et al.，2014）

丹麦人 Gram（1884）用差别染色法将细菌区分为革兰氏阳性（G^+）和革兰氏阴性（G^-）两大类型。进一步的研究表明这两大类细菌的主要区别在于细胞壁。由图 2-10 可见 G^+细菌的细胞壁较厚并只有一层，而 G^-细菌的细胞壁是较薄的多层结构。

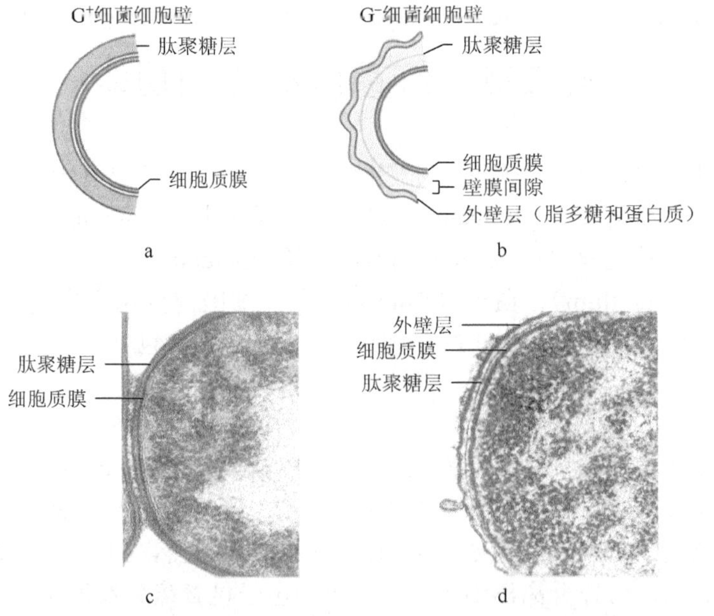

图 2-10　细菌细胞壁（引自 Madigan et al.，2009）

a. G^+细菌细胞壁模式图；b. G^-细菌细胞壁模式图；c. G^+细菌细胞壁的电镜照片；d. G^-细菌细胞壁的电镜照片

（一）革兰氏阳性细菌的细胞壁

G^+细菌的细胞壁厚20～80nm，所含肽聚糖（peptidoglycan）占干重的50%～80%；其次是磷壁酸（teichoic acid），后者是G^+细菌细胞壁特有的成分（图2-11）。

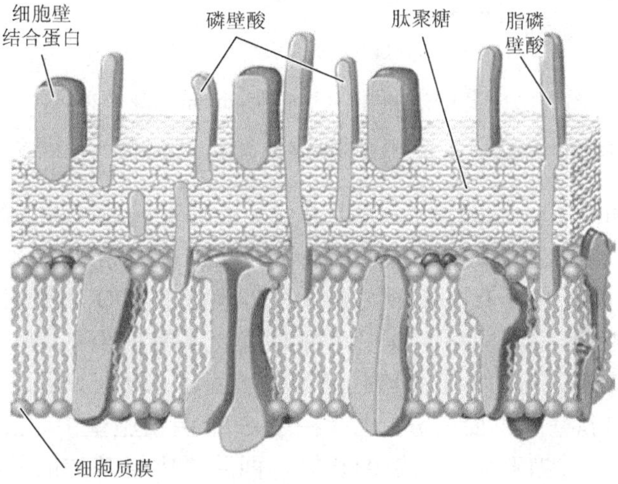

图2-11 G^+细菌的细胞壁结构（引自Madigan et al.，2015）

1. 肽聚糖　　该物质是细菌特有的一类大分子复合物，由肽和聚糖组成。以金黄色葡萄球菌为例，它是由两种糖的衍生物*N*-乙酰葡糖胺（NAG）、*N*-乙酰胞壁酸（NAM），以及一种四肽尾（或四肽侧链）和一种甘氨酸五肽间桥（或肽桥）等4个亚单位交联而成的多层次网状结构（图2-12）。

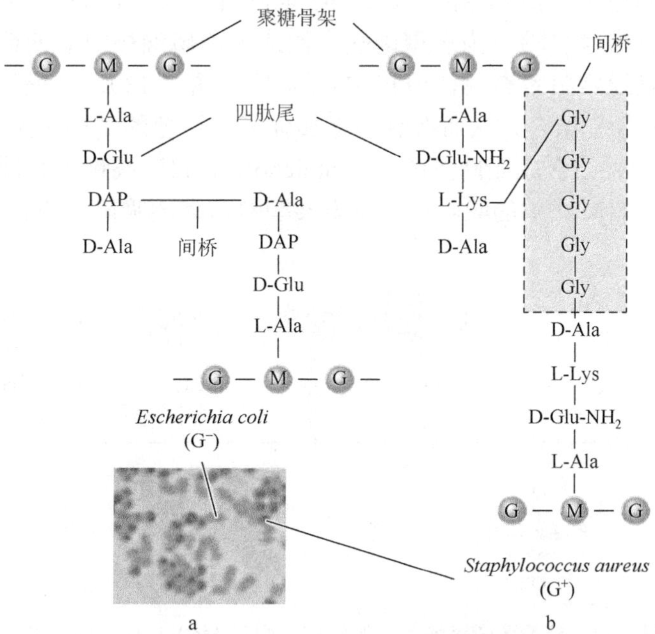

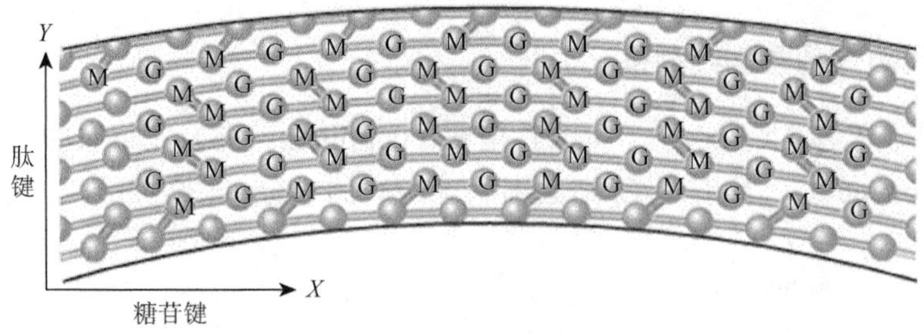

c

图 2-12　肽聚糖的结构（引自 Madigan et al.，2015）

a. 大肠杆菌的肽聚糖；b. 金黄色葡萄球菌的肽聚糖；c. 肽聚糖的整体结构模式图

扫一扫　看彩图

二糖单位 NAG 和 NAM 相间排列，并以 β-1, 4 糖苷键连成肽聚糖的主链，由 L-丙氨酸、D-谷氨酸、L-赖氨酸和 D-丙氨酸组成的四肽尾与 NAM 上的乳酰基结合，甘氨酸五肽组成的肽间桥起到桥梁作用，将两个相邻四肽尾中的 L-赖氨酸和 D-丙氨酸连在一起，由此而形成了坚硬而有弹性的三维空间网络。其中两种 D 型氨基酸很少见，一般只出现在细菌细胞壁上。连接 NAG 和 NAM 间的 β-1, 4 糖苷键可被溶菌酶水解，从而导致细菌细胞壁裂解。肽聚糖既是 G^+细菌细胞壁的主要成分，也存在于 G^-细菌细胞壁中。已知不同类群细菌肽聚糖的主要差异表现在：二糖亚单位主链的长短，四肽尾中氨基酸的种类和顺序，甘氨酸肽间桥的有无及其交联度和网状结构的层次数等方面。一般来说，G^+细菌的肽聚糖层较厚，为多层网状结构。例如，枯草芽孢杆菌为 40 层，而且交联度高，金黄色葡萄球菌的交联度可达 75%。与之相比，G^-细菌如大肠杆菌的肽聚糖只有 1～2 层，没有五肽间桥，由四肽尾在主链间完成的交联度也只有 25%。青霉素的作用机制是干扰细菌细胞壁的合成，通过抑制四肽尾和五肽间桥的结合而阻碍细胞壁合成，造成细胞壁的缺损，使细菌失去细胞壁的保护屏障，从而发挥杀菌作用。青霉素对 G^+细菌有效，由于 G^-细菌缺乏五肽间桥，因而青霉素对其作用不大。

2. 磷壁酸　　磷壁酸［或称壁酸（teichoic acid）］是 G^+细菌特有的化学成分，在细胞壁中含量少，是一种酸性多糖，为多聚磷酸甘油或多聚磷酸核糖醇的衍生物。这些多元醇与磷酸酯相连，而且通常附着有其他糖和 D-丙氨酸（图 2-13）。磷壁酸的作用：①磷壁酸与 NAM 第 6 位上的羟基结合，从而在纵向上加强了肽聚糖的结构（图 2-11）；②与细胞膜中的糖脂（glycolipid）结合成脂磷壁酸（lipoteichoic acid）或称为膜磷壁酸，可增强膜的负电荷和养料离子（如 Mg^{2+}）的吸收；③作为某些噬菌体的吸附位点，并具有半抗原作用；④贮藏磷元素。

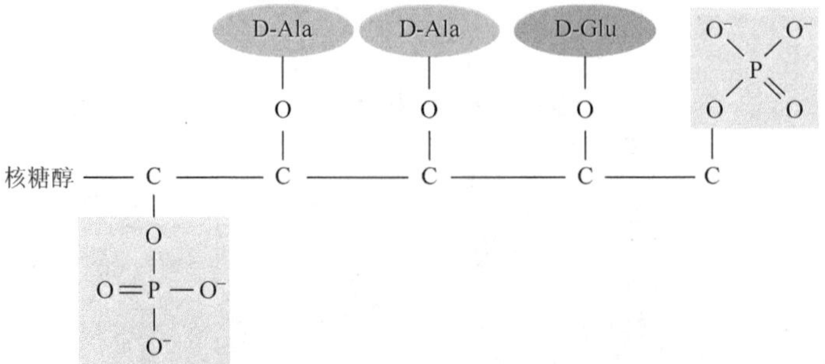

图 2-13　核糖醇磷壁酸单体的结构（引自 Madigan et al.，2015）

（二）革兰氏阴性细菌的细胞壁

G^-细菌细胞壁的结构和成分比G^+细菌复杂。在结构上，G^-细菌的细胞壁有外壁层和内壁层两层（图 2-14）。内壁层是一层到少数几层的肽聚糖，紧贴细胞质膜，厚 1～3nm，占细胞壁干重的 5%～10%，以大肠杆菌为例，其特点是没有甘氨酸肽间桥和四肽尾中的 L-赖氨酸，后者多被二氨基庚二酸（DAP）所取代，并直接与另一个四肽尾中的 D-丙氨酸连接（图 2-12），但交联度较低，只有 25%，形成较稀疏、机械强度较差的肽聚糖网套。外壁层呈波形覆盖在内壁层外，厚 8～10nm，在结构和化学组成上与细胞质膜相似，在磷脂双层中嵌有脂多糖、脂蛋白和蛋白质，因此外壁层又称为外膜层（outer membrane）。

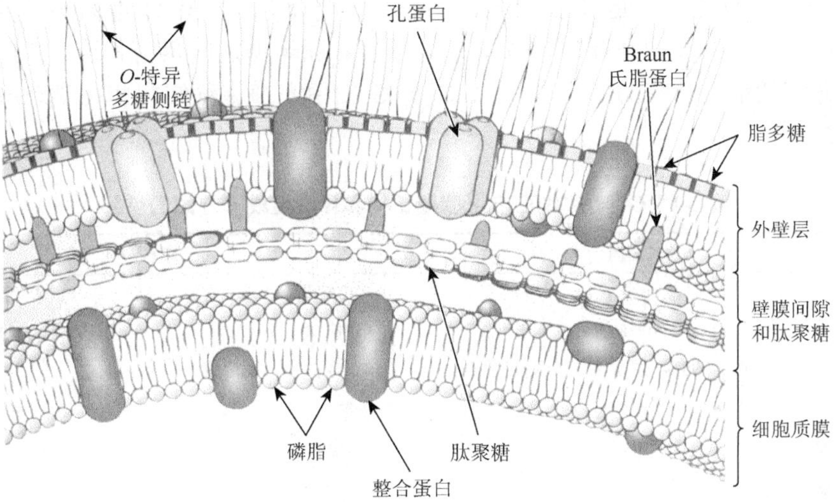

图 2-14　G^-细菌的细胞壁结构（引自 Willey et al.，2014）

1. 脂多糖　　脂多糖（lipopolysaccharide，LPS）是G^-细菌细胞外壁层中特有的一种化学成分，分子质量大于 10 000Da，结构复杂，在不同类群甚至菌株之间均有差异。以沙门氏菌为例，其脂多糖由核心多糖、*O*-特异多糖侧链（又称 *O*-抗原）和类脂 A 组成（图 2-15）。核心多糖含有 2-酮-3-脱氧辛糖酸（KDO）、α-庚酮糖（Hep）、葡萄糖（Glu）、半乳糖（Gal）和 *N*-乙酰葡糖胺（Guc-Nac）。*O*-特异多糖侧链较长，通常由 4 种单糖的聚合物重复排列而成，内含半乳糖、葡萄糖、鼠李糖和甘露糖等，并含有一个或多个不常见的双脱氧糖。单糖的种类和排列亦随菌株而异，所以菌株的表面抗原特异性主要由 *O*-特异多糖侧链决定。类脂 A 不含甘油类脂，它含有 5 种不同链长（C_6、C_{12}、C_{14}、C_{16}和 C_{18}）的脂肪酸，并与由 *N*-乙酰葡糖胺磷酸（GlcN）组成的二糖上的胺基相连，具有疏水性。这个二糖通过 KDO 与核心多糖连接。在外壁层中，脂多糖与不同的蛋白质形成单位膜结构的外面部分。

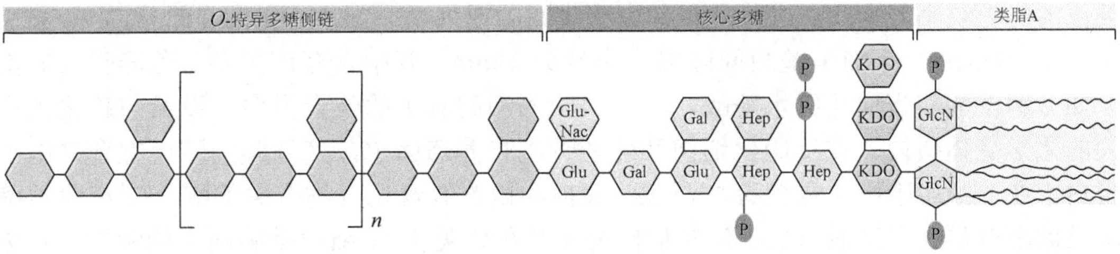

图 2-15　脂多糖的结构（引自 Madigan et al.，2015）

脂多糖的作用是：①类脂 A 是 G^-细菌致病物质内毒素的物质基础；②具有强负电荷，能够吸附 Mg^{2+}、Ca^{2+}等二价阳离子，功能与磷壁酸类似；③多变的化学结构决定了 G^-细菌表面抗原决定簇的多样性，可用于传染病的诊断；④是许多噬菌体的吸附受体；⑤具有控制某些物质进出细胞的部分选择性屏障作用，可透过水、气体和小分子物质，如二糖、氨基酸等，但能阻拦抗生素（青霉素等）、去污剂和某些染料等大分子进入细胞。G^-细菌因为具有脂多糖外膜，比 G^+细菌更能抵抗毒物和抗生素。例如，利福平虽然可以抑制 G^+和 G^-细菌的 RNA 聚合酶，但因 G^+细菌细胞壁上没有脂多糖，对利福平的敏感性比 G^-细菌高 1000 倍。维持脂多糖的结构稳定性，需有足够的 Ca^{2+}。用 EDTA 等螯合剂去除 Ca^{2+}后，会使脂多糖解体，暴露出内壁层的肽聚糖，从而易被溶菌酶破坏。

2. *脂蛋白和蛋白质*　脂蛋白（lipoprotein）主要存在于一些 G^-细菌的外壁层的内面，是一种小蛋白质，分子质量约为 7200Da，使外壁层和肽聚糖之间紧密相连。其结构和化学组成与后面要介绍的细胞质膜的脂蛋白相似。G^+与 G^-细菌在细胞壁结构和化学组成等方面的差异见表 2-2。

表 2-2　G^+与 G^-细菌在细胞壁结构和化学组成等方面的差异

项目	G^+细菌	G^-细菌	
结构层次	单层	内壁层	外壁层
厚度/nm	20～80	1～8	8～10
肽聚糖	占 40%～90%，层次多，交联度高	占 5%～10%，层次少，交联度低	–
磷壁酸	+	–	–
蛋白质	+ 或–	–	+
脂多糖	–	–	+
脂蛋白	–	+ 或–	+
对青霉素	敏感	不敏感	
对溶菌酶	敏感	敏感	

在 G^-细菌细胞壁的外壁层中还含有一种孔蛋白（porin），可作为亲水性低分子质量物质进出细胞的通道，分为非特异性和特异性两种。非特异性孔蛋白形成充水性的孔道，任何类型的小分子物质都能通过。相反，一些孔蛋白具有高度特异性，它们对一种或少数几种物质具有特殊的结合位点。孔蛋白横跨外膜，由三个相同的亚单位组成，而且连接形成直径约为 1nm 的小膜孔。

（三）壁膜间隙

在 G^-细菌中，细胞壁和细胞质膜之间存在着狭小的空间。在 G^+细菌中有时也可以观察到类似的但更狭小的空间。这种空间称为壁膜间隙或周质空间（periplasmic space），又称为周质（periplasm）。G^-细菌壁膜间隙的大小约为 15nm，其中含有许多参与营养吸收的蛋白质，如分解核酸和蛋白质的水解酶，与养料输入细胞有关的结合蛋白，以及与趋化性反应有关的化学受体蛋白。在反硝化细菌和化能无机自养细菌中，其壁膜间隙经常含有电子运输蛋白。在壁膜间隙中，也含有与合成肽聚糖和修饰有毒化合物有关的酶。G^+细菌的壁膜间隙虽然没有那么多周质蛋白，但它们能分泌几种常见于 G^-细菌壁膜间隙的酶类，常称为胞外酶（exoenzyme）。

（四）原生质体、原生质球和 L 型细菌

它们均是细菌的无壁（原生质体和 L 型细菌）或壁不完整（原生质球）的类型。用人工方法在细菌生长的培养基中加入青霉素、甘氨酸或丝裂霉素 C 等均能抑制细菌细胞壁的合成，也可以用溶菌酶破坏肽聚糖中 *N*-乙酰葡糖胺和 *N*-乙酰胞壁酸之间的 β-1, 4 糖苷键，分解掉细菌的细胞壁。从处理 G^+细菌获得的去壁完全的球形体，称为原生质体（protoplast）；而从处理 G^-细菌获得的去壁不完全的近球形体，称为原生质球（spheroplast）。原生质体或原生质球由于失去了细胞壁的保护，在适宜的条件下（等渗或高渗培养液中）虽然也能继续生长，并表现出原有类型的部分生物活性，但对低渗、振荡、离心和通气等处理十分敏感，而且细胞不能分裂，有鞭毛也不能运动，对噬菌体不敏感。原生质体在适宜的条件下能恢复产生新的细胞壁，并转入正常的生长繁殖，这一过程称为再生。

L 型细菌是某些细菌在特定环境条件下因基因自发突变而产生的无壁类型，其亲本细胞属于 G^+或 G^-细菌。一般形态多变，并能通过细菌过滤器。L 型细菌在低渗条件下生长缓慢，在固体平板培养基上可形成特殊的煎鸡蛋状的小菌落。在一定条件下，L 型细菌也能发生回复突变而恢复为有壁的正常细菌。

（五）革兰氏染色的原理

革兰氏染色是微生物学中极其重要的鉴别染色法，不仅可鉴别细菌，还可鉴别古菌，但直到该法发明一个世纪后才明确它的原理，即细菌对革兰氏染色的反应不同主要与其细胞壁的结构和成分有关。该方法分为 4 个基本步骤：结晶紫初染，碘液媒染，95%乙醇脱色，番红复染。其中碘作为媒染剂，可与结晶紫结合形成结晶紫-碘的复合物，增强染色剂与细菌的结合力。经初染和媒染后，G^+或 G^-细菌细胞都被染成紫色。G^+细菌由于细胞壁较厚，肽聚糖含量和交联度较高，细胞壁间隙较小，当用乙醇脱色处理时，肽聚糖网孔因脱水而明显缩小，而且它不含类脂，乙醇处理时不会在细胞壁上出现缝隙，细胞通透性降低，媒染后形成的结晶紫-碘复合物不易脱出细胞壁，细胞仍呈紫色。相反，G^-细菌的细胞壁薄，肽聚糖含量与交联程度较低，结构松散，而外壁层的类脂含量高，因而在乙醇脱色时，肽聚糖网孔不易收缩，由于乙醇将类脂溶解，细胞壁上出现较大缝隙，结晶紫-碘复合物很容易脱出细胞壁，使细胞呈无色。再经番红复染，G^-细菌被染成红色，而 G^+细菌仍保持原来的紫色（实际上是紫加红色）。

二、细胞质膜

细胞质膜又称为原生质膜（plasma membrane）或质膜（plasma lemma），是细胞壁以内包围着细胞质的一层柔软而具有弹性的半透膜，是生物体生存所必需的细胞结构。当细胞在高渗溶液中发生质壁分离时，可以在光学显微镜下看到细胞质膜的界面。在细胞超薄切片的电镜观测中，细胞质膜表现为两条平行的致密线，中间为稍亮的透明层，总厚度为 8～10nm，其中两个电子致密层各厚 2nm，透明层为 2～5nm。在原核生物和真核生物细胞中，这种膜结构统称为单位膜（unit membrane），它由双层磷脂和镶嵌于其中的蛋白质组成。将用溶菌酶等制取的原生质体在低渗溶液中裂解，经差速离心等方法可以分离并纯化出细胞质膜。细胞质膜一般占细胞干重的 10%，其中脂类占 20%～50%，蛋白质占 50%～75%，糖类占 1.5%～10%，并有微量金属离子和核酸等。

（一）化学组成

1. *脂类*　脂类主要是磷脂，是由脂肪酸和甘油磷酸组成的甘油磷脂，为两性化合物。磷酸基常与胆碱等含氮碱或丝氨酸、乙醇胺等结合而成不同类型。磷酸与含氮碱等是磷脂亲水的头部或极性端，两个脂肪酰基为疏水的尾部或非极性端。磷脂在水溶液中很容易形成高度定向的双分子层：极性端向外而非极性端向内的平行排列就形成了膜的基本结构（图 2-16）。磷脂中的脂肪酸有饱和与不饱和两种，膜的流动性高低主要取决于它们的相对含量和类型，如低温型微生物的膜中含有较多的不饱和脂肪酸，而高温型微生物的膜中则富含饱和脂肪酸，从而保持了膜在不同温度下的正常生理功能。有 20%～30%的磷脂因与蛋白质结合而称为界面脂，它们对膜上酶的活性有调节作用。

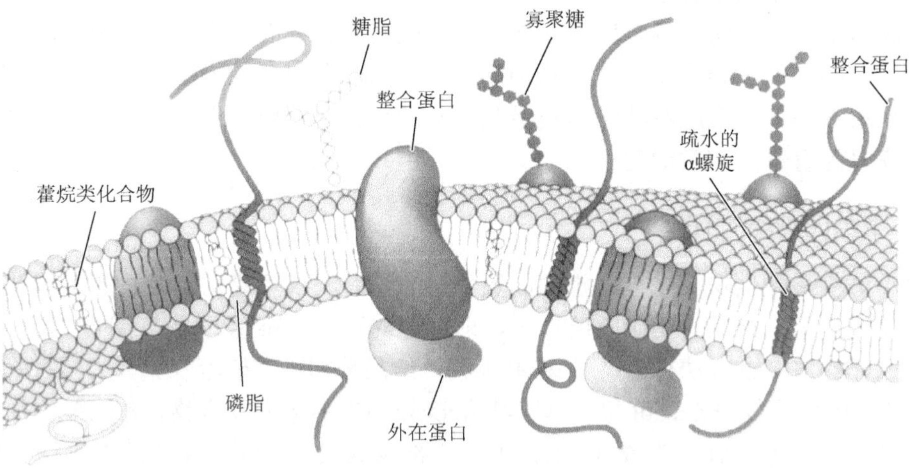

图 2-16　细菌细胞质膜的结构（引自 Willey et al.，2014）

2. *蛋白质*　膜中的蛋白质依其存在的位置可分为外在蛋白和内在蛋白两大类，外在蛋白又称为周边蛋白，存在于膜的内或外表面，是水溶性蛋白，占膜蛋白总量的 20%～30%，可用改变 pH、离子强度或加入螯合剂等温和处理法，从膜上将水溶性蛋白分离下来。内在蛋白又称为整合蛋白或结构蛋白，镶嵌于磷脂双分子层中，多为非水溶性蛋白，占膜蛋白总量的 70%～80%，只有用表面活性剂或有机溶剂等剧烈条件处理才能分离出来，但在处理条件消失后又能重新与磷脂结合而恢复成为膜的结构蛋白。蛋白质除作为膜的结构成分之外，许多蛋白质本身就是转运养料的透性酶或具催化活性的酶蛋白，在细胞代谢过程中起着重要的作用。

3. *糖和其他成分*　膜中所含的糖类以糖蛋白和糖脂为主。糖类对蛋白质和膜的理化特性有较大影响，并与细胞的抗原特性、细胞免疫及识别等有密切关系。膜中含有的微量金属离子一般参与膜蛋白和磷脂的结合作用，并与酶在膜上的催化活性有关。由于膜通常是原核细胞 DNA 复制时的附着位点，因而分离的细胞膜也常含有微量的核酸。与真核生物不同的是，原核生物的细胞质膜上一般不含有胆固醇等甾醇（没有细胞壁的支原体除外），但有些细菌的细胞质膜上含有类似于甾醇的藿烷类化合物（hopanoid），具有稳定细胞膜结构的作用。

（二）特性与功能

细胞质膜的特性可以归纳为以下三类：①磷脂双分子层排列的有序性、运动性和不对称性。Jain 和 White（1977）在提出脂质结构的“板块模型”时，认为脂质双层中存在着有序与无序结构间的动态平衡。②膜蛋白分布的镶嵌性、运动性和不均匀性。③负电荷性，由于磷脂和蛋白质中极性基团的解离和因呼吸等作用使 H^+向膜外排出等原因，细胞质膜具有电位差。

细胞质膜的主要生理功能包括：①作为细胞内外物质交换的主要屏障和介质，有选择吸收和运送物质的功能。水、水溶性气体和小的极性分子物质可借膜内外浓度差进入细胞，而糖、氨基酸及离子型电解质一般需要通过特殊的运输机制才能进入细胞。②是原核生物细胞能量转换的主要场所。细胞膜上含有许多氧化磷酸化和电子传递磷酸化酶类，由膜折叠形成的类囊体是蓝细菌的特殊膜结构和光合磷酸化中心。③传递信息，膜上的某些特殊蛋白质能接受光、电及化学物质等产生的刺激信号，并发生构象变化，从而引起细胞内的一系列代谢变化和产生相应的反应。④参与细胞壁的生物合成，已知膜上的类脂可作为细胞壁中肽聚糖合成前体物的载体，并帮助其合成。⑤是鞭毛的着生部位，并为鞭毛运动提供能量。

三、拟核和质粒

细菌不像真核生物那样具有完整的细胞核。电镜和生化的研究结果表明，细菌没有明显的细胞核，其核物质没有特定的形态和结构，也不为核膜所包裹，仅较集中地分布在细胞质的特定区域内，即拟核（nucleoid），也称核区（nuclear region）、原核（prokaryon）。在用电镜观察超薄切片时，拟核的电子密度较低，并呈现出丝状结构（图 2-17）。拟核多呈球形、棒状或哑铃状，除多核丝状的菌体外，在正常情况下一个细胞内只含有一个拟核，当旺盛成长时，由于 DNA 复制提前，也可在一个细胞内发现多个拟核。在化学组成上拟核不含有组蛋白，DNA 约占 60%，RNA 为 30%，其余 10%是蛋白质。拟核在电镜下实质上是一条紧密而有规律缠绕的环状双螺旋 DNA 链。已知大肠杆菌的细胞长度仅有 2～6μm，但初步估算的 DNA 丝的长度却可达 1400μm，分子质量为 3×10^9Da。目前已知大肠杆菌 K12 含有 4.64×10^6 个碱基对，4288 个基因。细菌类群的 DNA 分子质量差异不大，一般均在$(1～6)\times10^9$Da，其中蓝细菌略高，而支原体稍低。拟核携带了细菌绝大多数的遗传信息，是细菌生长发育、新陈代谢和遗传变异的控制中心。

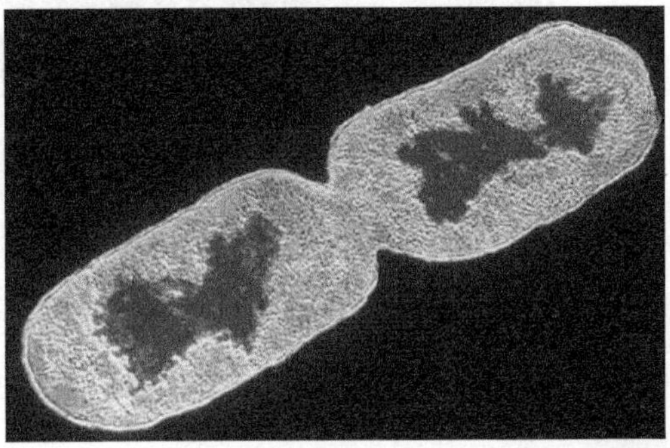

图 2-17　细菌的拟核（引自 Willey et al.，2014）

扫一扫　看彩图

质粒（plasmid）是细菌染色体以外的遗传物质，能独立复制，通常为共价闭合环状超螺旋双链 DNA 分子，少数为线状的双链 DNA 分子。其分子质量比染色体小，通常在$(1～100)\times10^6$Da，含有几个到上百个基因。质粒能够独立复制，消除后生长不受影响，常可以转移至其他细菌并具有重组性。有关知识将在第九章中介绍。

四、间体及其他内膜结构

细菌细胞尽管没有由单位膜包裹形成的复杂的细胞器，如线粒体和叶绿体，但许多细菌类群也演化出一类由细胞质膜凹陷和折叠形成的特殊结构。由于它们中的大多数在结构上没有与细胞质膜完全脱离，因而与真核生物的细胞器不同。

（一）间体

间体（mesosome）或称中间体，是由细胞质膜内陷折叠形成的袋状或颗粒状结构。在细胞超薄切片的电镜照片中呈不规则的层状、管状或囊状，常见于革兰氏阳性细菌细胞中部（图 2-18），也存在于有些革兰氏阴性细菌中。间体的生理功能有：①由于它们在细胞分裂时常位于细胞中部，因此认为它们在横隔膜和壁的形成及细胞分裂中有一定的作用；②可能是细菌 DNA 复制时的结合位点，参与 DNA 的复制和细胞分裂；③可能作为细胞呼吸时的氧化磷酸化中心，起着“拟线粒体”的作用；④可能参与细胞内物质和能量的传递及芽孢的形成。

扫一扫 看彩图

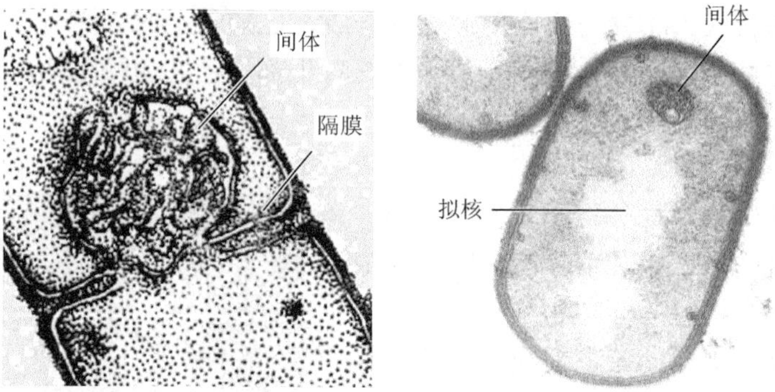

图 2-18 细菌的间体

（二）类囊体

类囊体（thylakoid）是由蓝细菌（cyanobacteria）的细胞质膜经多次重复折叠而形成的片层状结构，多与细胞质膜没有直接的联系，是原核生物中唯一独立的囊状体（图 2-19）。叶绿素和藻胆色素等光合色素呈颗粒状，依次附着在其表面，并含有光合作用的酶系，是蓝细菌进行光合作用的场所。

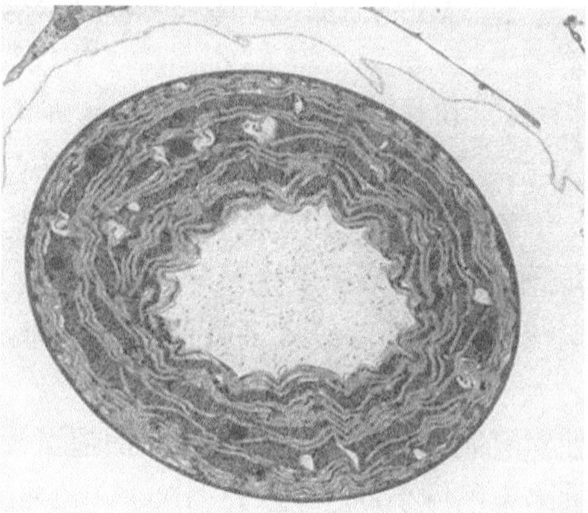

图 2-19 蓝细菌的类囊体

（引自 Madigan et al.，2012）

（三）载色体

载色体（chromatophore）或称色素体（chlorosome），是光合细菌的细胞质膜多次凹陷折叠而形成的片层状、微管状或囊状的结构。载色体含有菌绿素、类胡萝卜素等光合色素，还含有光合磷酸化所需要的酶类和电子传递体，因而是光合细菌进行光合作用的中心，其作用相当于真核细胞中的叶绿体（图 2-20）。

（四）羧酶体

羧酶体（carboxysome）或称多角体（polyhedral body），是许多能同化 CO_2 的自养细菌特有的一种多面体形结构（图 2-21）。羧酶体（见箭头所指）由以蛋白质为主的单层膜包围，厚约 3.5nm，内含固定 CO_2 所需的 1, 5-二磷酸核酮糖羧化酶和 5-磷酸核酮糖激酶，是自养细菌固定 CO_2 的场所。

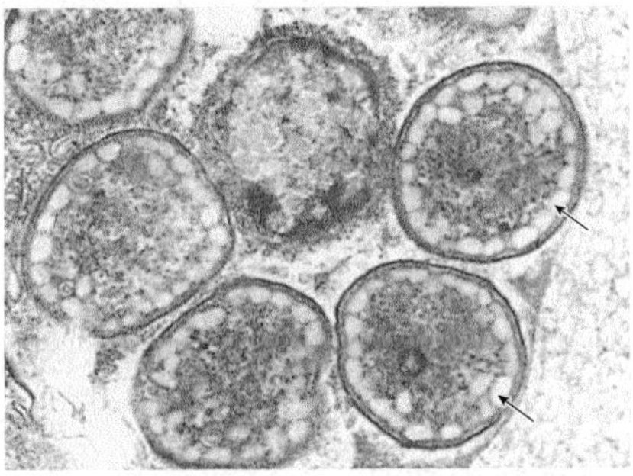

图 2-20　绿硫细菌的载色体（引自 Madigan et al., 2015）

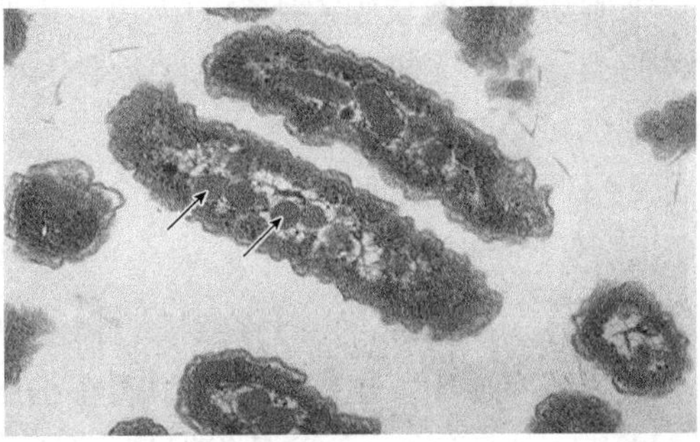

图 2-21　硫杆菌的羧酶体（引自 Madigan et al., 2015）

（五）气泡

在某些水生的无鞭毛的细菌，如蓝细菌、紫色与绿色光合细菌，以及一些盐杆菌属（*Halobacterium*）和发硫菌属（*Thiothrix*）的细胞内含有气泡（gas vesicle）。气泡是贮存气体的特殊结构，也是一种运动的工具，可使细胞在水体中浮上来和沉下去，有助于调节细菌生活在含有它们所需要的光强度、氧浓度和营养的水层位置。气泡是由蛋白质组成的梭形结构，中空而坚硬。其长度为 300～700nm，宽度为 60～110nm，但大小相对是恒定的。它们存在于细胞质中，每个细胞含有几个到几百个（图 2-22）。气泡的膜仅由蛋白质组成，约 2nm 厚。水和溶质不能渗透，但大多数气体可以透过，于是气泡就成为充满气体的结构，存在于细胞质组分的包围之中。然而，气泡的膜不能耐受高的静水压，可被压扁，使之失去浮力，它们一旦被压扁后就不能再膨胀。

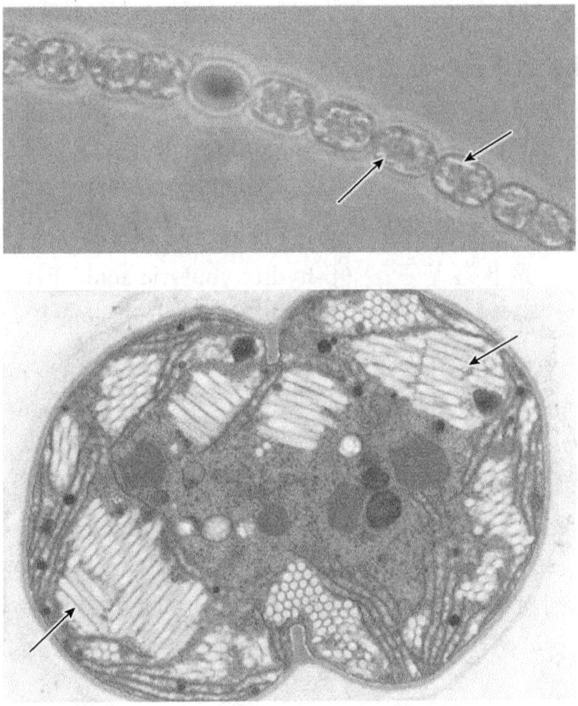

扫一扫　看彩图

图 2-22　蓝细菌的气泡（引自 Madigan et al., 2015）

五、细胞质及其内含物

细胞质是细胞质膜内所含的无色、透明黏稠的胶状物质，其主要成分为水、蛋白质、核酸、脂类、糖、无机盐，并含有核糖体和一些颗粒状内含物。细菌的基本代谢活动都在细胞质中进行。

（一）核糖体

核糖体（ribosome）由核糖核酸和蛋白质构成，呈颗粒状的亚显微结构。常以游离态分散于细菌细胞质中，也能松散地附着在细胞质膜上，数量可达上万个。核糖体中的核糖核酸（rRNA）一般占65%，其余是蛋白质。细菌的核糖体沉降系数为70S，当Mg^{2+}浓度＜1mmol/L时可解离为30S和50S两个亚基，但在＞2mmol/L时又能重新结合，在＞20mmol/L时还可形成二聚体。上述两个亚基还可以进一步分离成5S、16S和23S三种rRNA和52种蛋白质亚基。

对大肠杆菌核糖体的电镜研究表明，核糖体呈椭圆形，体积为13.5nm×20nm×40nm。在30S亚基上有一个较深的凹陷部位而呈Y形，50S亚基则有2个凹陷而使顶部呈W形。结合时30S亚基的两个突起正好嵌入50S亚基的凹陷处，并在其交界面上留有较大的空隙，这里就是蛋白质生物合成的场所。细胞质中的核糖体所合成的蛋白质留在细胞内，而位于细胞质膜的核糖体所产生的蛋白质则输送到细胞外。

（二）内含物

内含物（inclusion）是细胞质中的颗粒性贮藏物质，其种类和数量随菌种和环境条件而异。颗粒性贮藏物质的形成能防止细胞内渗透压或酸度过高，在环境养料缺乏时又可被分解利用。颗粒状内含物的大小和化学性质各异，主要类型有如下几种。

1. *糖原和淀粉*　糖原（glycogen）和淀粉（starch）是细菌细胞内主要的碳素和能源贮存物质。与碘液作用后，糖原呈红褐色而淀粉呈蓝色。肠道细菌常积累糖原，以小颗粒状均匀分布在细胞质中，大小为20～100nm，而多数其他细菌和蓝细菌则以淀粉为贮藏物质。当培养基或环境中的碳氮比高时，会促进碳素养料颗粒体的累积。

2. *聚β-羟基丁酸*　聚β-羟基丁酸（β-hydroxybutyric acid，PHB）是细菌特有的一种与类脂相似的碳源和能源贮存物，由β-羟基丁酸以酯键相连，形成长链的PHB多聚体，并聚集成颗粒，直径为0.2～0.7μm（图2-23）。PHB易为脂溶性染料（如苏丹黑）着色而不易为普通碱性染料染色。根瘤菌属（*Rhizobium*）、固氮菌属（*Azotobacter*）、红螺菌属（*Rhodospirillum*）和假单胞菌属（*Pseudomonas*）的细菌常积累PHB。

近年来，又在一些细菌中发现了多种PHB类化合物，其单体为含有3～18个碳原子并带有羟基的羧酸，统称为聚羟链烷酸（或聚羟基烷酸酯，polyhydroxyalkanoate，PHA），它们与PHB的区别仅在甲基上，若甲基被其他基团取代，即为PHA。由于PHB和PHA具有热可塑性，可用于生产“生物塑料”，而且与传统的化学合成塑料相比，具有易降解、良好的生物相容性、气体分子不易通过等优良特性，在环境保护、医用材料、食品包装等方面具有广阔的应用前景。

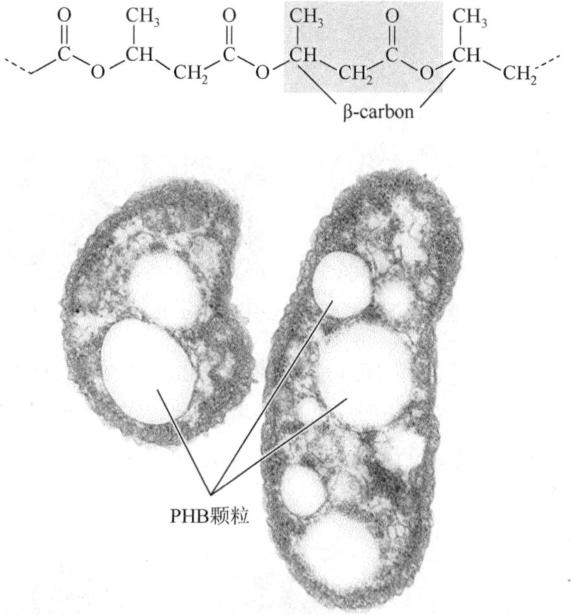

图 2-23　细菌的 PHB（引自 Madigan et al.，2012）

3. *异染粒*　异染粒（metachromatic granule）是细菌特有的磷素养料贮藏颗粒（图 2-24），因由蓝色染料（如亚甲基蓝或甲苯胺蓝）染成紫红色而得名。颗粒直径为 0.5～1.0μm，主要成分是多聚偏磷酸盐，由酯键相连，分子呈线状，一般在含磷丰富的环境中形成。最早发现于迂回螺菌（*Spirillum volutans*）中，故又称为迂回体（volutin granule）。也存在于多种细菌中，如白喉棒杆菌（*Corynebacterium diphtheriae*）和鼠疫耶尔森氏菌细胞中。鼠疫耶尔森氏菌的异染粒排列于细胞两端，又称为极体，是其重要的鉴别特征之一。

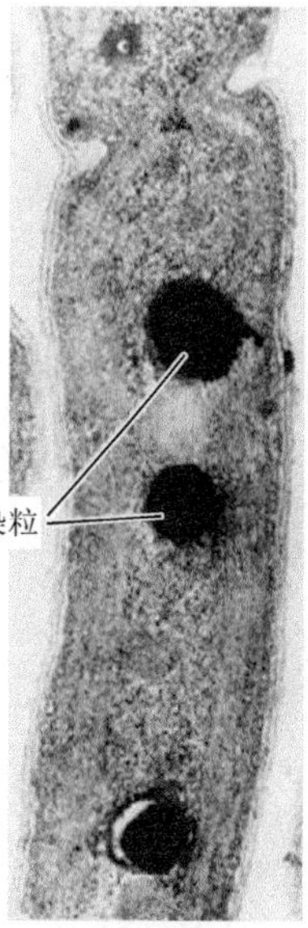

图 2-24　细菌的异染粒（引自 Willey et al.，2008）

4. *硫滴和硫粒*　硫滴（sulfur droplet）和硫粒（sulfur granule）是某些化能无机营养型的硫细菌贮存的能源物质（图 2-25）。例如，贝氏硫菌属（*Beggiatoa*）和发硫菌属（*Thiothrix*）能在氧化 H_2S 的过程中获得能量，并在细胞内以硫粒（固态）或硫滴（液态）的形式贮存元素硫。当环境中缺少 H_2S 时，它们能通过进一步氧化硫来获取能量，通常形成硫酸盐。在反应过程中，硫粒或硫滴缓慢地消失。

5. *磁小体*　磁小体（magnetosome）主要存在于磁螺菌属（*Magnetospirillum*）和嗜胆球菌属（*Bilophococcus*）等趋磁细菌（magnetotactic bacteria）细胞内，含有磁铁矿晶体颗粒（Fe_3O_4 或 Fe_3S_4），沿细胞长轴排列成链状，使细胞具有永久的两极磁性，感应于地球磁场，并能按地球磁场线定向地移动。磁小体的形状因菌种而不同，呈方形、长方形或子弹头状（图 2-26），直径为 35～125nm，其外面包被着含有磷脂、蛋白质和糖蛋白的膜，每个细胞内有 2～20 颗磁小体。趋磁细菌主要分布在水生环境，目前已经发现约 50 种，除单细胞的杆状、球状和弧状外，近年还发现了多细胞（原核）类型。它们有些存在于营养丰富的沉积物中，或

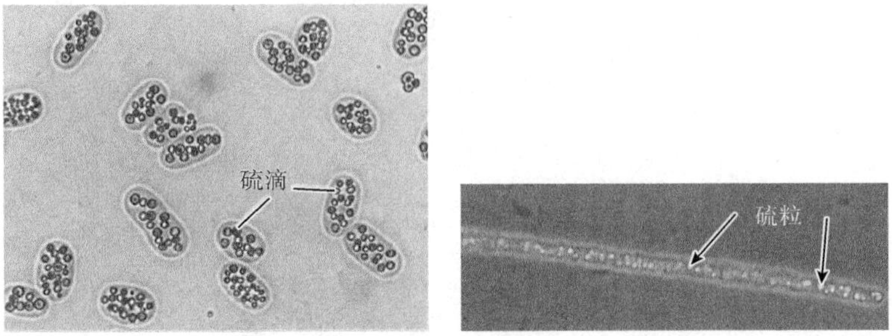

图 2-25　细菌的硫滴和硫粒（引自 Madigan et al.，2015）

位于淡水和海水中最适宜的深度。磁小体是细菌合成的磁性纳米材料，具有种属特异性。颗粒大小均一，晶形稳定，有磷脂双分子膜包被，鉴于此，它们便于连接抗体、酶、药物等，在固定化酶、食品检测、病原菌诊断、靶向治疗等方面有着广泛的开发应用前景。有兴趣可参考本章“拓展阅读”的内容。

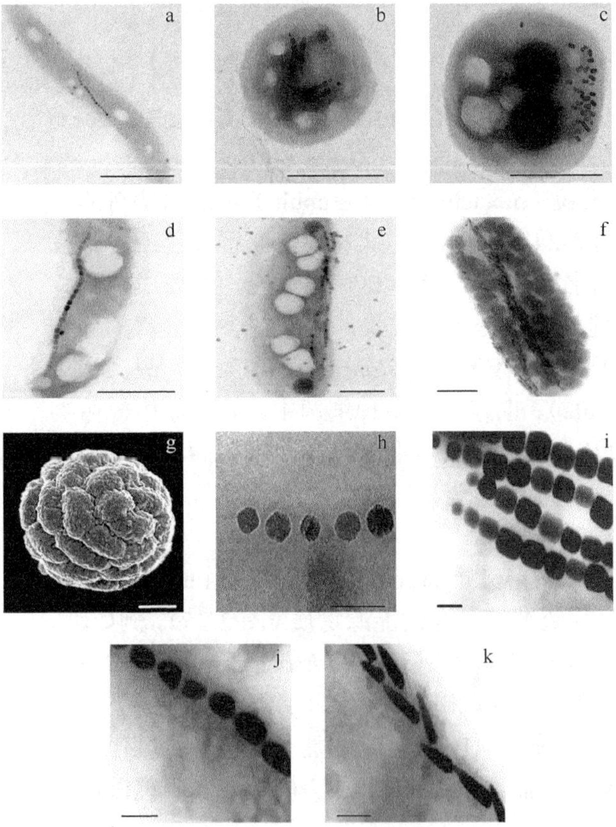

图 2-26　几种不同形态趋磁细菌和磁小体电镜照片（引自 Abreu et al.，2007；Faivre and Schüler，2008；Schüler and Frankel，1999；Uebe and Schüler，2016）

a～f 为趋磁细菌透射电镜图片，g 为扫描电镜图片。标尺：1μm。a. 螺菌；b，c. 球菌；d，e. 弧菌；f. 杆菌；g. 多细胞菌。h～k 为磁小体透射电镜图片。标尺：100nm。h. 立方八面体型；i. 延长棱柱型；j. 牙齿型；k. 子弹头型

6. 细胞骨架　过去一直认为细胞骨架（cytoskeletal）是真核生物细胞中特有的蛋白纤维网架体系，由微管、肌动蛋白丝和中间丝三种蛋白纤维丝组成。近年来发现，这三种蛋白质成分的同源物也存在于细菌中，而且细菌的细胞骨架蛋白在结构和功能上与真核生物相似，

参与细胞分裂、蛋白质定位和维持细胞的形态。目前研究得最为详细的三种细菌细胞骨架蛋白是 FtsZ（微管蛋白同源物）、MreB（肌动蛋白同源物）和 CreS（中间丝同源物），其中 FtsZ 广泛存在于细菌中，它在分裂细胞的中间产生一个环（图 2-27a），该环是形成横隔膜以使子细胞分离所必需的。目前发现 MreB 只存在于杆菌中，它们在细胞内形成螺旋状纤维而参与维持细胞的形态（图 2-27b）。CreS 是在柄细菌中发现的，用于维持弯曲的细胞形态（图 2-27c）。

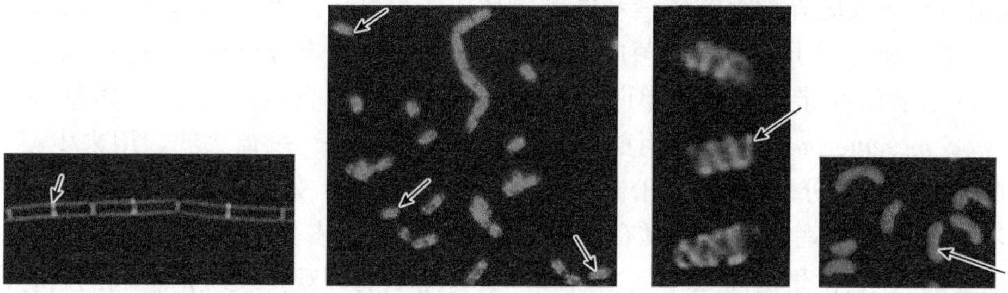

a　　b　　c

图 2-27　细菌的细胞骨架（引自 Prescott et al.，2014）

a. FtsZ；b. MreB；c. CreS

扫一扫　看彩图

六、细菌细胞的特殊结构

某些细菌在生长的特定阶段还能形成荚膜、鞭毛和芽孢等特殊结构，它们一般在不同的生长期中出现。

（一）荚膜、黏液层和 S 层

某些细菌在一定的营养条件下，能在细胞壁外形成无色透明或不透明的黏液状分泌物。荚膜（capsule）一般具有外缘，并稳定地附着在壁外（图 2-28）。黏液层（slime layer）没有明显的外缘，结构松散并能向环境基质扩散。由于这两种结构的主要成分是胞外多糖，因此常又统称为糖被（glycocalyx）。荚膜的厚度不同，为 0.2μm 至数微米。厚度小于 0.2μm 的称为微荚膜（microcapsule），在光学显微镜下不易看到，只能用免疫学的方法证实其存在。每一个具荚膜的细菌通常被它自己产生的荚膜所包裹，但有些细菌在细胞分裂后，其子细胞不立即分开，或多个具荚膜细胞的荚膜互相融合，从而产生多个细胞包围在一个共同的荚膜之中，这种情况下称为菌胶团（zoogloea）。荚膜的折光率低，且不易着色，所以常用碳素墨水作负染色而将它们衬托出来。荚膜的化学组成因菌种而异，主要是多糖，有些类群还含有一定量的多肽、少量的蛋白质、脂类及其复合物。荚膜的形成也与环境条件有关，碳氮比高有利于荚膜的形成，而炭疽芽孢杆菌只在动物体内才产生荚膜。产荚膜细菌的菌落表面湿润、有光泽并呈黏液状，称为光滑型（S 型）菌落；非荚膜细菌的菌落则因表面干燥、无光泽而称为粗糙型（R 型）菌落。

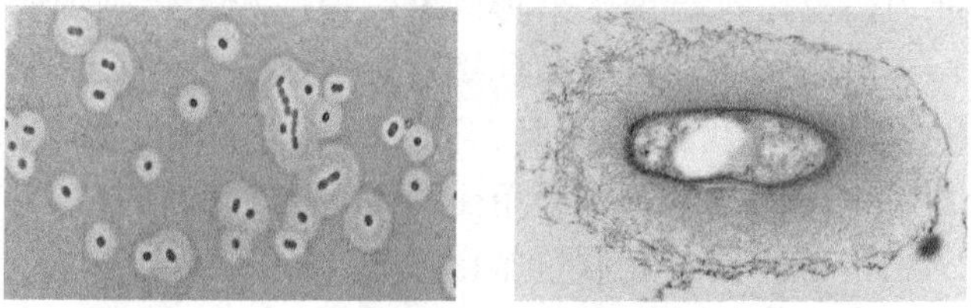

a　　b

图 2-28　细菌的荚膜（引自 Madigan et al.，2015）

a. 不动细菌；b. 根瘤菌

荚膜虽不是细菌的必需结构，但能提高细菌对干燥的抵抗力。荚膜有黏附作用，有利于细菌在寄主体内定居和生存。例如，引起龋齿的唾液链球菌（*Streptococcus salivarius*）和变异链球菌（*S. mutans*）可将蔗糖转变为荚膜中的果聚糖，它可使细菌牢牢黏附于牙齿表面，由细菌发酵糖类产生的乳酸在局部积累后，可腐蚀齿表珐琅质层，引起龋齿。荚膜可增强某些病原细菌如肺炎链球菌（*S. pneumoniae*），也称为肺炎双球菌的毒力，不易为巨噬细胞所吞噬。荚膜也可作为细胞外贮存的碳素和能源物质以备急需。此外，荚膜化学组成的差异和某些荚膜的抗原性还可用于种以下细菌血清型的分类鉴定。产荚膜细菌一方面会给制糖工业、食品工业和化学治疗带来麻烦，但另一方面有些荚膜具有生产价值，如肠膜明串珠菌（*Leuconostoc mesenteroides*）能利用蔗糖合成大量荚膜物质——葡聚糖，用来生产右旋糖苷（作为代血浆的主要成分），还可用于制备葡聚糖生化制剂如 Sephadex。

许多 G^+和 G^-细菌在细胞表面具有蛋白质结构层，称为表面层（surface layer）或 S 层（S layer）（图 2-29）。它由蛋白质或糖蛋白组成，具有结晶的外观，表现出不同的对称，如六角形、四角形和三角形，这取决于其组成的蛋白质或糖蛋白亚单位的数目和结构，其外表呈网格状，类似于地板瓷砖的图案。在 G^+细菌中，S 层存在于细胞壁的肽聚糖层表面，且有些细菌还具有两层 S 层（由相同或不同亚基构成），而 G^-细菌的 S 层则直接黏附在细胞壁的外膜层上。在许多古菌中，S 层直接贴在细胞质膜外，由它代替了细胞壁。S 层可以保护细胞抵御离子和 pH 的变动、渗透压和酶，抵抗蛭弧菌（*Bdellovibrio*）的侵入，而且能促使细胞吸附。在一些细菌中，S 层也能帮助细胞保持其形状和外膜的坚硬度。此外，某些病原菌的 S 层可以抵御补体攻击和吞噬作用，以保持其致病力。

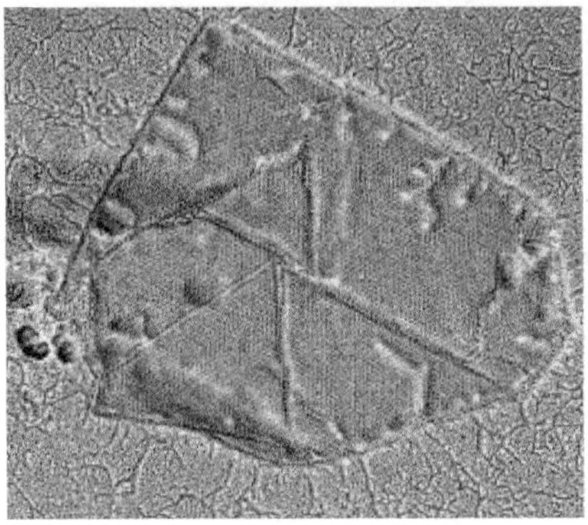

图 2-29 细菌的 S 层

（引自 Willey et al.，2014）

（二）鞭毛、菌毛和性毛

1. 鞭毛　鞭毛（flagellum，复数为 flagella）是在细菌细胞质膜表面着生、从细胞内伸出的细长并呈波形弯曲的丝状物，具有刚韧性，是细菌的“运动器官”。鞭毛极细，直径为 20nm，但长度可超过细菌菌体许多倍，可达 15～20μm。借助于特殊的鞭毛染色法，使鞭毛加粗后可以在光学显微镜下看到鞭毛，在电镜下可以更清楚地观察到它们的形态。采用暗视野显微镜观察水浸片或悬滴法制备的样品中的细菌，可以根据运动性来判断菌体有无鞭毛。在半固体琼脂柱中穿刺培养细菌，若在穿刺线周围有浑浊的扩散区，可推测其长有鞭毛。另外，根据平板培养基上的菌落形态也可初步判断该菌是否具有鞭毛。如果菌落大、薄且形状不规则，说明它具有运动能力，反之，若菌落外形圆整、厚度较大，则说明它是无鞭毛的细菌。球菌除了个别种类外，一般不生鞭毛，弧菌和螺旋菌大多生鞭毛，杆菌则两者皆有。

鞭毛按其生长的位置和数目可分为以下三种主要类型（图 2-30）：①在菌体的一端、近端部着生一根或两端各着生一根鞭毛的称为单生鞭毛，如霍乱弧菌。②在菌体的一端或两端着生多根鞭毛的称为丛生鞭毛，如荧光假单胞菌（*Pseudomonas fluorescens*）。③在菌体的四周生有多根鞭毛的，称为周生鞭毛，如普通变形杆菌（*Proteus vulgaris*）。

在电镜下观察，鞭毛的结构可区分为三部分：鞭毛丝（filament）、鞭毛钩（hook）和基体（basal body）。G^+和 G^-细菌的鞭毛结构稍有差别，现以典型的大肠杆菌鞭毛为例详细介绍（图 2-31a）。

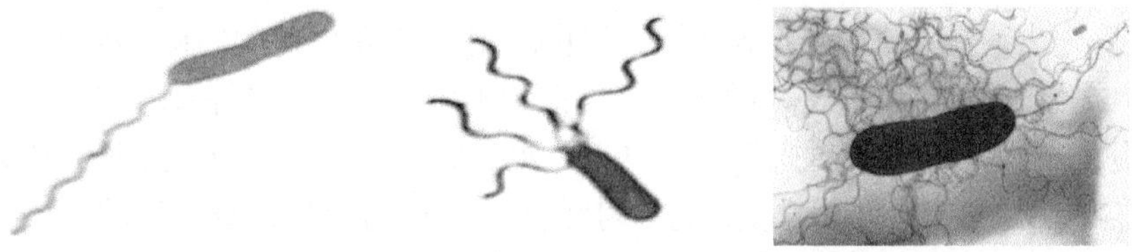

图 2-30 细菌的鞭毛（引自 Madigan et al.，2015）

a. 单生；b. 丛生；c. 周生

鞭毛丝为直径 15～20nm 的中空细丝，由球状的分子质量为(3～6)×10^4Da 的鞭毛蛋白（flagellin）亚基螺旋排列而成，其横切面的亚基数目为 8～10 个。鞭毛蛋白是一种很好的抗原物质，通常称为 H 抗原。鞭毛丝末端有一个帽蛋白（cap protein）。鞭毛钩为鞭毛丝与基体间的筒状弯曲的连接部位，直径为 17nm，长 45nm，由分子质量为(4.2～4.3)×10^4Da 的蛋白质亚基组成。基体或称基粒，由一个中心杆和连接于其上的套环组成。中心杆的直径为 7nm，长 27nm，套环的数目与菌种有关。G^-细菌有 4 个环：L 环、P 环、SM 环和 C 环。L 环在细胞壁的外壁层，P 环在肽聚糖内壁层，S 环在细胞质膜上部，靠近周质空间，它与 M 环连在一起合称 SM 环，共同镶嵌在质膜中。在 SM 环基部有一组称为 Fli 的蛋白（包括 FliG、FliM 和 FliN），其下面是近年来新发现的第 4 个环——C 环，它位于细胞质中，功能和 SM 环相同。G^+细菌则只有两个环：S 环在细胞壁中，M 环在细胞质膜中。目前已清楚地知道，鞭毛基体实际上是一个精致、超微型的马达，其能量来自细胞质膜内外的质子梯度（或称质子动势）。SM 环和 C 环相当于马达的转子，围绕它们的是相当于定子的 Mot 蛋白（包括 Mot A 和 Mot B），由它驱动 SM 环和 C 环快速旋转。质子涡轮模型（proton turbine model）认为，当质子流过 Mot 蛋白中间的孔道时，会对转子 SM 环和 C 环上呈螺旋形排

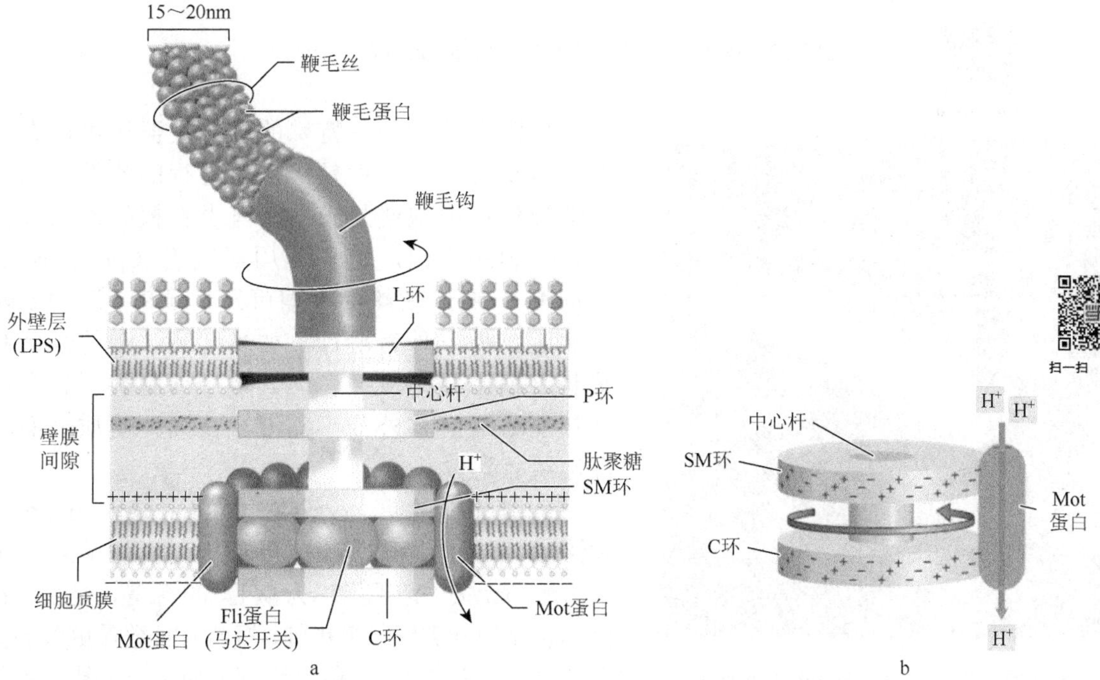

扫一扫 看彩图

图 2-31 大肠杆菌的鞭毛结构（a）与功能（b）（引自 Madigan et al.，2015）

列的电荷产生静电力，当质子不断通过 Mot 蛋白时，由于正负电荷间的相互吸引，就会驱动基体带动鞭毛丝的旋转以推动菌体前进（图 2-31b）。在 SM 环基部的 Fli 蛋白，具有马达开关的功能，它可根据细胞提供的信号让鞭毛进行正转或逆转。据计算，鞭毛旋转一周约消耗 1000 个质子。

鞭毛以旋转方式推动菌体高速度前进，每秒推进的距离为其自身长度的 5～40 倍，有的比当今世界上跑得最快的动物猎豹的相对速度还要快得多。鞭毛的运动也与环境条件有关，当环境中存在某种细菌需要的或有害的化学物质时，细菌能借助鞭毛以折线方式趋向或逃离该化学物质，表现出趋化性（chemotaxis），光合细菌也能借助鞭毛驱动而表现出趋光性（phototaxis），它们不仅对光照强度敏感，甚至还能识别并聚集在一定波长的光波区带内。

鞭毛的生长方式是顶部延伸而非基部延伸（图 2-32），位于细胞膜上的 SM 环首先合成，然后依次合成其他环、鞭毛钩和帽蛋白，最后合成鞭毛丝。组成鞭毛丝的鞭毛蛋白在细胞质内靠近鞭毛基体的核糖体上合成，并由鞭毛基部的中央孔道输送到游离的鞭毛顶部进行自我装配，该装配过程是在帽蛋白指导下完成的。鞭毛的合成和行使其运动功能需要 50 多个基因参与。少数细菌的鞭毛外还有一层鞘包裹，如蛭弧菌的鞭毛外有脂多糖鞘。

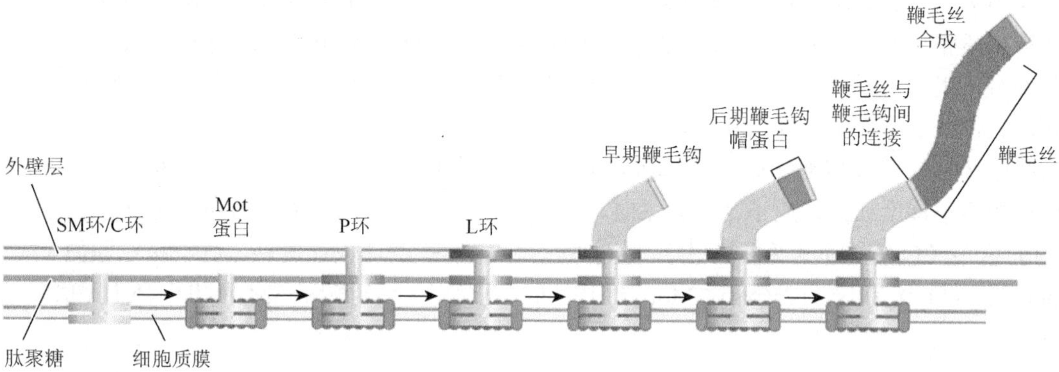

扫一扫 看彩图

图 2-32 鞭毛的合成过程（引自 Madigan et al., 2015）

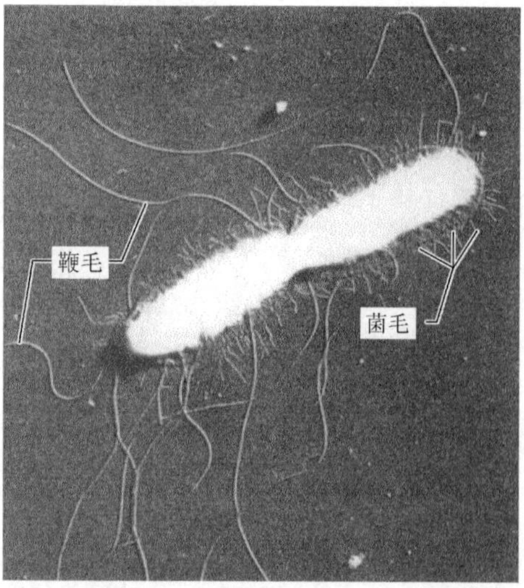

图 2-33 伤寒沙门氏菌的鞭毛和菌毛（引自 Madigan et al., 2015）

除鞭毛外，一些特殊的细菌类群还可以有其他的运动方式，一种是借轴丝进行的收缩运动，如螺旋体在细胞壁与膜之间有上百根纤维状轴丝（axial filament），也称作周质鞭毛（periplasmic flagella），通过轴丝的收缩可发生颤动、滚动或蛇行前进。另一种为滑行，如黏细菌、噬纤维菌和某些蓝细菌并无鞭毛，但其单个细胞甚至整个菌落却能通过向体外分泌黏液，在固体基质表面缓慢地滑行运动。

2. 菌毛和性毛　菌毛（fimbria，复数 fimbriae）和性毛（pilus，复数 pili）在结构上类似于鞭毛，但都与运动无关。菌毛又称为伞毛、纤毛等，是生长在菌体表面的一类比鞭毛更细、短而直且数量更多的蛋白质微丝（图 2-33）。菌毛比鞭毛简单，无基体等复杂结构，直接着生于细胞质膜上，由分子质量为

1.7×10^4Da 的蛋白质亚基螺旋排列而成，与鞭毛不同的是，每一个横切面上只有三个亚基。菌毛直径多为 3～10nm，长度可至几微米，每个细菌一般有 250～300 根，有时可多达 1000 根，主要分布在 G^-细菌和少数 G^+细菌中。菌毛能提高菌体的黏附和聚集能力，因而有利于好氧性细菌在液体表面形成菌膜。有些细菌可借助于菌毛附着于动物寄主的组织和固体表面，如淋病奈瑟氏菌（*Neisseria gonorrhoeae*）借助菌毛黏附于患者泌尿生殖道的上皮细胞上，定殖生长后，引起严重的性病——淋病。

性毛又称为性菌毛，在结构上类似于菌毛，但通常比较长，每个细菌为 1～10 根。大肠杆菌的性毛由 F 质粒编码，直径为 9～10nm，长 2μm，与细菌的接合作用有关（图 2-34），有的性毛还是某些噬菌体的吸附和侵染位点。有些致病菌利用性毛黏附于特殊宿主组织表面以利于侵染。

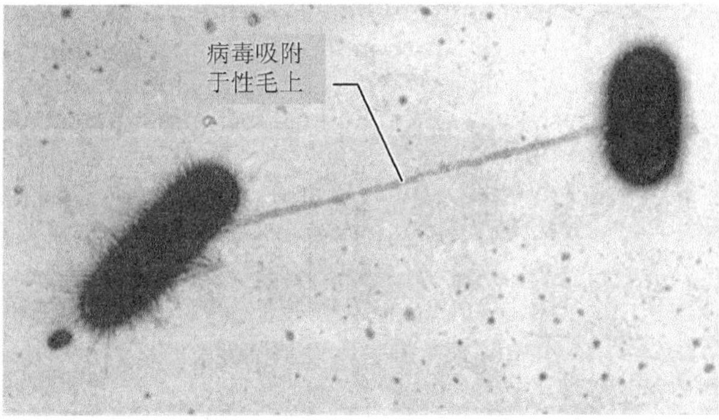

图 2-34 大肠杆菌的性毛（引自 Madigan et al.，2015）

（三）芽孢和孢囊

1. *芽孢* 某些细菌在生长后期，细胞内部可以形成一个圆形、椭圆形或圆柱形高度折光的内生孢子，称为芽孢（endospore）。芽孢是芽孢细菌在生活周期的特定阶段形成的休眠体，对不良环境条件具有很强的抗性，是生物界中抗逆性最强的生命体。芽孢特别能耐高温，一般细菌和芽孢菌的营养细胞在 60℃下 10min 死亡，而芽孢菌的芽孢能抗 70～80℃的高温。例如，枯草芽孢杆菌的芽孢经 100℃沸水煮 1～2h 后仍有活力，肉毒梭菌（*Clostridium botulinum*）的芽孢甚至能抗 180℃下 10min 的高温。芽孢的休眠能力尤为突出，在普通条件下，可保持几年至几十年而不死亡。据报道，有的芽孢甚至可休眠数千年，如一种高温放线菌的芽孢在湖底沉积物中保存了 9000 多年。更为极端的例子是从距今 2500 万年的盐结晶中分离到了有活力的嗜盐菌的芽孢。此外，芽孢对紫外线、电离辐射、干燥和化学药剂的抗性也比营养细胞高（表 2-3）。由于芽孢具有高度耐热性，用高温处理含菌样品，可以提高产芽孢菌的筛选效率。由于芽孢的休眠期长，代谢活动基本停止，有利于菌种的长期保藏。由于芽孢的抗逆性强，因此产芽孢菌是实验室和发酵工业中常见的污染菌，能否杀灭一些代表菌的芽孢便成为衡量各种消毒、灭菌措施优劣的最重要的指标。

芽孢的形状、大小、位置和表面特征等是重要的分类鉴定特征。按芽孢的着生位置可分为末端生、近端生和中央生三种类型（图 2-35）。已知能产生芽孢的细菌类群主要有芽孢杆菌属（*Bacillus*）和梭菌属（*Clostridium*）。前者好氧，芽孢形成后不使菌体膨大。后者厌氧，芽孢形成后使菌体膨大成梭状或鼓槌状。还有一些数量不多的其他类群也能产生芽孢，如芽孢乳杆菌属（*Sporolactobacillus*）、脱硫肠杆菌属（*Desulfotomaculum*）、芽孢八叠球菌属（*Sporosarcina*）和芽孢弧菌属（*Sporovibrio*）等。

表 2-3　芽孢和营养细胞的比较

项目	营养细胞	芽孢
结构	典型的革兰氏阳性细胞	厚的芽孢皮层，孢子衣，外孢子衣
显微镜观察	不折光	折光
钙含量	低	高
吡啶二羧酸	无	有
含水量	高，80%～90%	低，在核心为 10%～15%
小的酸溶性蛋白	无	有
细胞质 pH	约为 7	5.5～6.0（在核心）
酶的活性	高	低
新陈代谢（氧的吸收）	高	低或无
大分子合成	有	无
mRNA	有	含量低或无
抗热性	低	高
抗辐射能力	低	高
抗化学药剂和抗酸能力	低	高
染色能力	可被染色	仅用特殊方法才可被染色
溶菌酶作用	敏感	不敏感

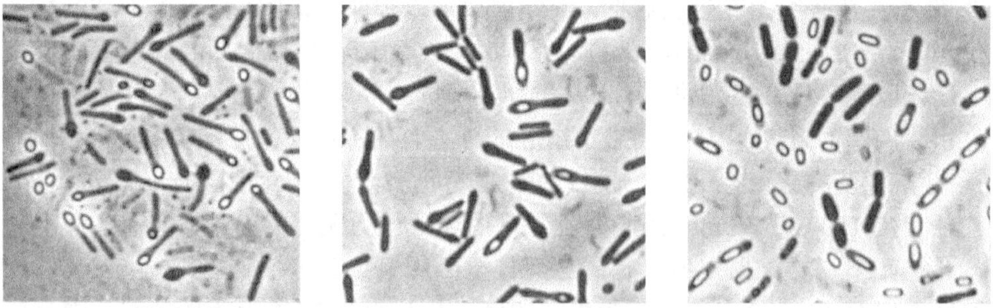

图 2-35　细菌的芽孢类型（引自 Madigan et al.，2015）

芽孢具有致密的多层外壁，结构复杂，不易着色，在光镜下表现为折光性很强的小体。在电镜下观察芽孢超薄切片表明，芽孢可分为以下几个部分（图 2-36）：①外孢子衣（outer coat）或孢外壁（exosporium），处于芽孢的最外层，仅为部分芽孢所具有，是以脂蛋白为主的薄而致密的覆盖层，透性差。②孢子衣或芽孢衣（spore coat），由几个蛋白质层组成，占芽孢干重的 30%～60%，以抗蛋白酶分解、抗药物的疏水性角蛋白为主，并富含半胱氨酸，使芽孢具有较强的抗辐射能力。③皮层（cortex），皮层含水量比芽孢的平均含水量高，但略低于营养细胞，体积大，约占芽孢体积的一半。主要由不含磷壁酸的特殊肽聚糖——芽孢肽聚糖组成，其交联程度不如营养细胞的肽聚糖。此外，皮层还含有芽孢所特有的吡啶二羧酸钙（DPA-Ca）。皮层的离子强度高，具有极高的渗透压，从而夺取芽孢核心中的水分，造成皮层的充分膨胀和芽孢核心高度失水，使芽孢具有极强的耐热性。④核心（core），由核心壁（core wall，含芽孢肽聚糖，可发展成新细胞的壁）、细胞质膜（可发展为新细胞的膜）、细胞质、拟核、核糖体等细胞成分组成，与一般细胞结构相似。其特点是含水量和 pH 较低，特别有利于抗热、抗化学药物（如 H_2O_2），并使其中的酶处于失活状态。核心具有特殊的 DPA-Ca，通过 DPA-Ca 的螯合作用，芽孢内的生物大分子可形成耐热的稳定性凝胶，也含有较多的核酸和脂类。此外，还含有大量的小分子酸溶性芽孢蛋白，可紧密地结合于核心内的 DNA，防止紫外线、干燥和干热的损害，而且在芽孢萌发形成新的营养细胞时，可以作为碳源和能量来源。可见，芽孢的抗逆性与其结构是密不可分的。研究表明，芽孢对不良环境因子的抗性主要来自低的含水量（40%左右）和耐热的小分子酶类，富含大量特殊的 DPA-Ca 和带有二硫键的蛋白质及具有多层次厚而致密的芽孢壁等因素。

研究表明，芽孢的形成既受细菌本身基因的遗传控制，也需要一定的外界环境条件。养料缺乏、代谢产物积累、不良的温度和通气条件等均能诱发细菌产生芽孢。芽孢形成可人为分为 7 个阶段（图 2-37）：①轴丝（axial filament）形成。在同一细胞内复制出两套 DNA，并发生构型变化，DNA 在细胞中央逐渐发育成一个连续的轴丝状结构，并通过间体与细胞膜相连。②横隔膜形成，前芽孢（forespore）开始发育。在细胞的一端细胞质膜内陷，并产生横隔膜，将细胞不对称地划分为大小两部分，小部分将发育为前芽孢，轴丝也相应地分为两部分。③前芽孢形成。较大部分的细胞质膜逐渐包围较小部分，并迅速延伸，直至将较小部分完全包围。此时，较小部分具有双层膜结构，但膜的极性恰好相反，这个小细胞称为前芽孢。此时，芽孢的抗辐射性提高。④皮层形成。这一时期，在极性相反的双层膜间大量合成芽孢所特有的肽聚糖和 DPA-Ca，同时，原生质也失水浓缩，部分芽孢细菌在此时会形成以脂蛋白为主的孢外壁，此时，芽孢的折光率增高。⑤芽孢衣形成。在皮层外进一步形成以特殊蛋白质为主的芽孢衣，并继续积累 DPA-Ca，抗热性提高。⑥芽孢成熟。芽孢合成全部完成，此时，芽孢具有特殊结构和抗热性。我们通常把含有芽孢的营养细胞称为芽孢囊或孢子囊（sporangium）。⑦芽孢的释放。芽孢囊被酶解破裂，释放出成熟的芽孢。枯草芽孢杆菌的芽孢形成约需 8h，有超过 200 个基因参与。

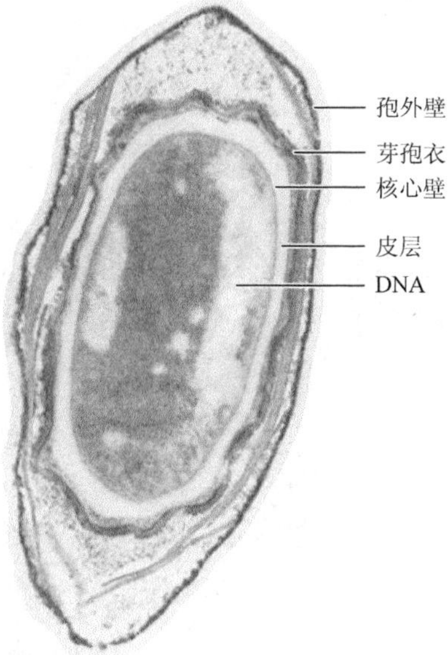

图 2-36　芽孢的结构
（引自 Madigan et al.，2015）

芽孢形成后有一定的休眠期，在适宜的条件下，芽孢由休眠状态转变为营养细胞的状态，称为萌发（germination），包括活化（activation）、出芽（germination）和生长（outgrowth）三个阶段。热处理几分钟或用低 pH、强氧化剂处理可使活化作用发生，随后的出芽过程很快，仅需几分钟。芽孢先吸水膨胀，随即失去折光性和抗性，接着是呼吸和代谢活性的增强，特殊内含物（如 DPA-Ca、芽孢肽聚糖）的分解和新细胞壁的形成，最后伸出芽管，并逐渐发育成一个新的营养细胞。通常每一个营养细胞内只能形成一个芽孢，而一个芽孢也只形成一个营养细胞，因此芽孢没有繁殖功能，不是繁殖体。

某些芽孢细菌，如苏云金芽孢杆菌（*Bacillus thuringiensis*，*Bt*）在形成芽孢的同时，还可在细胞内形成一个蛋白质成分的伴孢晶体（parasporal body），晶体一般为菱形、方形或不规则状，是一种碱溶性毒性蛋白，又称 δ 内毒素，对 200 多种昆虫尤其是鳞翅目的幼虫有毒性，对人畜安全，已广泛用作微生物杀虫剂。此外，具有 *Bt* 杀虫基因的玉米、棉花等转基因抗虫作物也进入国际市场。

2. **孢囊**　某些细菌如自生固氮菌虽不能形成芽孢，但能在不利的环境条件下形成一种称为孢囊（cyst）的休眠体。孢囊一般呈球形，由整个营养细胞缩短、壁加厚而形成。孢囊虽然也能抵抗干燥、机械损伤、紫外线和电离辐射等，但并不耐热。孢囊与芽孢一样不具有繁殖功能，但条件适宜也可萌发成营养细胞。

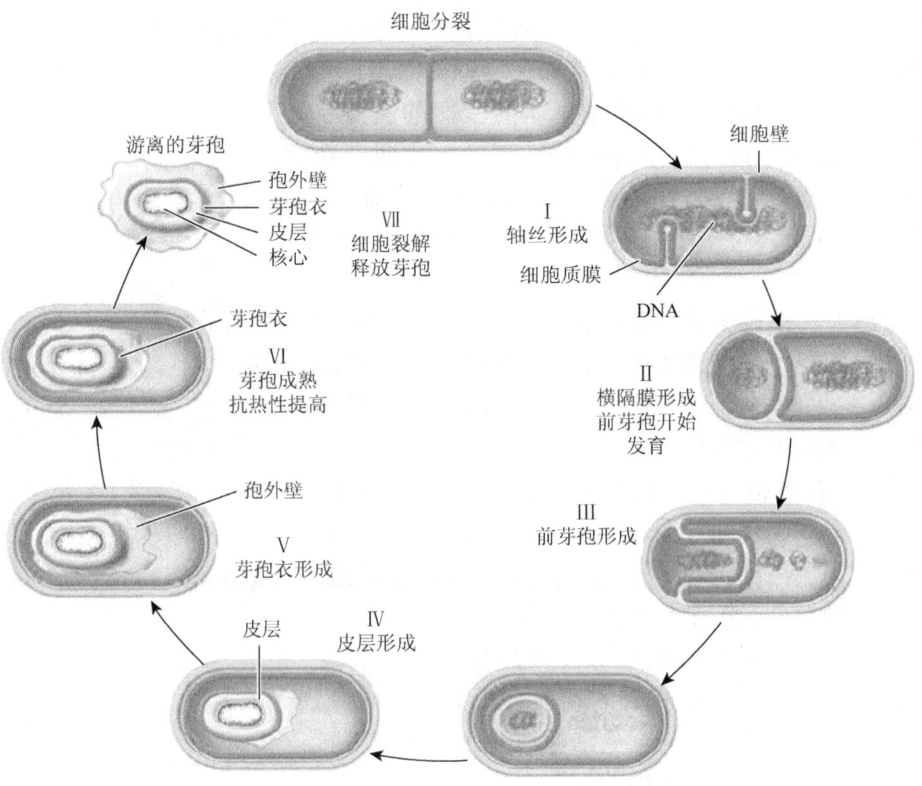

扫一扫　看彩图

图 2-37　芽孢的形成过程（引自 Willey et al.，2014）

第三节　放　线　菌

放线菌（actinomycete）是因早期发现该类群的菌落呈放射状而得名，它们是细菌中一类有分枝倾向，或能形成分枝菌丝和分生孢子的特殊类群，属 G^+细菌。大部分丝状放线菌的 DNA(G + C)mol%为 63%～78%，属于高 G + C 类群。除个别种类外，绝大多数具有好氧或微好氧性。最适生长温度为 23～37℃，少数类群也可在 20～23℃的低温，或在 50～65℃的高温下生长。多数需要中性到微碱性环境。放线菌因能产生分生孢子而耐干燥，常可在砂土管中于干燥状态下长期保存。分生孢子可以随风、尘埃或水滴等散播，广泛分布于自然界。土壤中的放线菌种类最多，数量可达 10^5～10^6 个/g，多数种类因能产生土腥味素（geosmins），而使土壤带有特征性的气味。放线菌也普遍存在于河流、淤泥、空气、食品，以及动植物的体表和体内。从海水或含盐土壤中可以分离到耐盐的类群，在堆厩肥中可以找到耐高温的放线菌。

放线菌在自然界起重要作用，它们与人类的生产和生活的关系也很密切，其首要作用是能产生多种抗生素。自 Waksman（1943）从灰色链霉菌（*Streptomyces griseus*）提取出链霉素以来，已经发现和分离到的抗生素超过 11 000 种，其中 70%是由放线菌产生的，尤其是放线菌中的链霉菌产生占总数 50%左右的抗生素。其中的 150 多种，如链霉素、土霉素、金霉素、卡那霉素、氯霉素、庆大霉素和利福霉素等已广泛用于临床治疗，井冈霉素、庆丰霉素、阿维菌素、多氧菌素等可用作农用抗生素。某些放线菌还可用于生产维生素和酶制剂，有的放线菌（如弗兰克氏菌，*Frankia*）可与非豆科植物结瘤固氮，另一些放线菌类群在物质转化、石油脱蜡、甾体转化和污水处理等方面也有重要作用。此外，少数寄生性放线菌也能引起人、畜和植物疾病，如马铃薯疮痂病和人畜共患的诺卡氏菌病等。

一、放线菌的个体形态

（一）典型放线菌——链霉菌的形态

放线菌是一类个体形态较复杂的类群，最简单的为杆状，或产生简单分枝，大多数为既有分枝菌丝又产生分生孢子的类群。

链霉菌属（*Streptomyces*）是放线菌的典型代表，已发现有 900 多种，是放线菌中种类最多的一个属，是产生抗生素的最重要的来源。具有发达的菌丝体，菌丝直径与杆菌的宽度相当，一般为 1μm。细胞壁含有与其他细菌相同的 *N*-乙酰胞壁酸和二氨基庚二酸（DPA），为 G^+细菌。放线菌的细胞结构特征也与细菌相同，少数类群如分枝杆菌属（*Mycobacterium*）和诺卡氏菌属（*Nocardia*）还具有特殊的抗酸染色特性（acid-fast），即细胞一旦为碱性染料着色后，不易为稀盐酸脱色。根据丝状体各部分的形态和功能，可以将以链霉菌为代表的放线菌进一步分为以下三部分（图 2-38）。

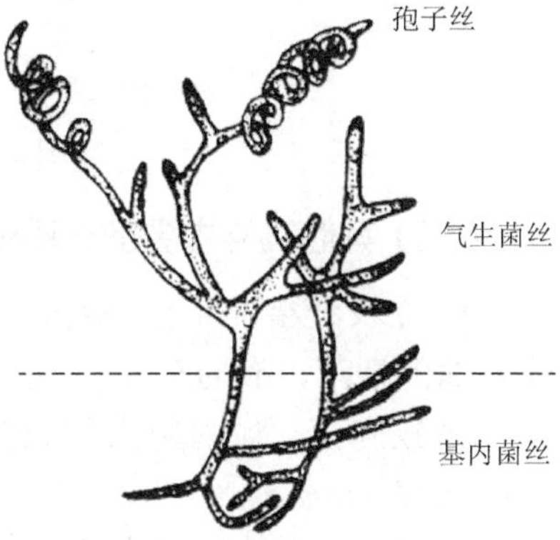

图 2-38　链霉菌的形态模式图

1. *基内菌丝*　　或称营养菌丝，是生长在营养基质的内部和表面的菌丝，其功能是吸收水分和营养物质。基内菌丝一般无隔膜，直径为 0.2～1.2μm，能多次分枝，色浅，或能产生水溶性或非水溶性色素，从而使培养基质或菌落底层带有特征性的颜色。

2. *气生菌丝*　　是由基内菌丝发育到一定时期，向空气中生长分化而形成的直径较粗（1.0～1.4μm）、颜色较深的菌丝，呈直、弯曲或分枝状，有些类群可产生色素。

3. *孢子丝和分生孢子*　　孢子丝由气生菌丝顶部分化而生成，含有数量不等的分生孢子。孢子丝的形态和排列方式是重要的分类特征。孢子丝的形态主要有直状、波曲和螺旋状三种，排列方式有单生、丛生、轮生和互生等（图 2-39），螺旋的大小、疏密、数目和方向等也是重要的分类特征。孢子丝通过横隔分裂法形成成串的分生孢子。

分生孢子呈球形、椭圆形、圆柱形、瓜子形、杆状、梭状或半月状等，在电镜下通常可以观察到特殊的表面饰纹，除表面光滑外，还有刺状、疣状、毛发状、鳞片状等，有些分生孢子还具有特征性的颜色。

图 2-39　链霉菌孢子丝的形态及着生方式

（二）其他几种主要放线菌的特有形态

1. 分枝杆菌　　分枝杆菌属（*Mycobacterium*）目前在分类学上已归于放线菌，是直或弯曲的杆菌，有时分枝，或出现易断裂的丝状，细胞壁具有独特的分枝菌酸。该属内不少种是致病菌，如引起人结核病的结核分枝杆菌（*M. tuberculosis*）和麻风病的麻风分枝杆菌（*M. leprae*）。

2. 诺卡氏菌　　诺卡氏菌属（*Nocardia*）的多数种只有营养菌丝，没有气生菌丝。当营养菌丝成熟后，会产生横隔膜，然后沿横隔膜断裂形成杆状、球状或分枝杆状的分生孢子。目前鉴定的 80 多种中，至少 33 种具有致病性。此外，诺卡氏菌还可产生多种抗生素（如利福霉素）和工业用酶。

3. 游动放线菌　　游动放线菌属（*Actinoplanes*）的放线菌气生菌丝不发达，不形成孢子丝，而是在基内菌丝顶端膨大产生球形、棒状或瓶状等的孢囊，内含少数到上千个球形或近球形的孢子，常具鞭毛，可运动，称为游动孢子。可产生多种抗生素。

4. 链孢囊菌　　链孢囊菌属（*Streptosporangium*）的放线菌由气生菌丝上的孢子丝盘绕形成孢囊，内含许多孢囊孢子，无鞭毛。可产生多种抗细菌或肿瘤的抗生素。

5. 小单孢菌　　小单孢菌属（*Micromonospora*）的放线菌多数不形成气生菌丝，但在基内菌丝上长出短小的分生孢子梗，孢子梗常分枝成簇，梗顶端着生一个圆形的分生孢子。该属有许多种产生抗生素，如庆大霉素。

6. 弗兰克氏菌　弗兰克氏菌属（*Frankia*）的放线菌在体外培养为分枝状的基内菌丝，菌丝的顶端或中间经纵横分裂，膨大形成多腔孢囊，内含许多孢子。可与桤木、沙棘、木麻黄、杨梅、沙枣等多种非豆科植物共生结瘤固氮，形成放线菌根瘤，在绿化造林、改良土壤、改善生态环境中起重要作用。在根瘤内菌丝顶端膨大成球状或棒状，称为泡囊，有时泡囊着生在菌丝顶端短的泡囊柄上，是固氮的场所。

二、放线菌的繁殖和群体形态

（一）放线菌的繁殖方式

低级的放线菌（如分枝杆菌属和放线菌属）只形成短小的分枝或基内菌丝，并通过细胞分裂或菌丝断裂来繁殖。典型的放线菌则通过产生无性分生孢子的方式繁殖。链霉菌属的类群能产生形态各异的孢子丝和分生孢子，条件适宜时，单个孢子萌发，通过顶端生长、分枝形成多核的基内菌丝，基内菌丝不断延伸并吸收营养；当环境中营养匮乏时，亲水性的基内菌丝向空气中延伸分化成疏水性的气生菌丝，此时基内菌丝开始降解，为气生菌丝生长提供营养物质；随后气生菌丝内形成横隔膜，分化出多细胞的孢子丝；孢子丝成熟后释放出单核的分生孢子，完成整个生命周期（图 2-40）。链霉菌在从基内菌丝向气生菌丝分化过程中，常会伴随着抗生素的合成。小单孢菌属的分生孢子较小，链孢囊菌属形成孢囊孢子，游动放线菌属则形成游动孢子。此外，放线菌的菌丝片段也可以长成新的菌丝体。在液体振荡培养和工业发酵时，放线菌很少形成分生孢子，而以菌丝片段进行繁殖。

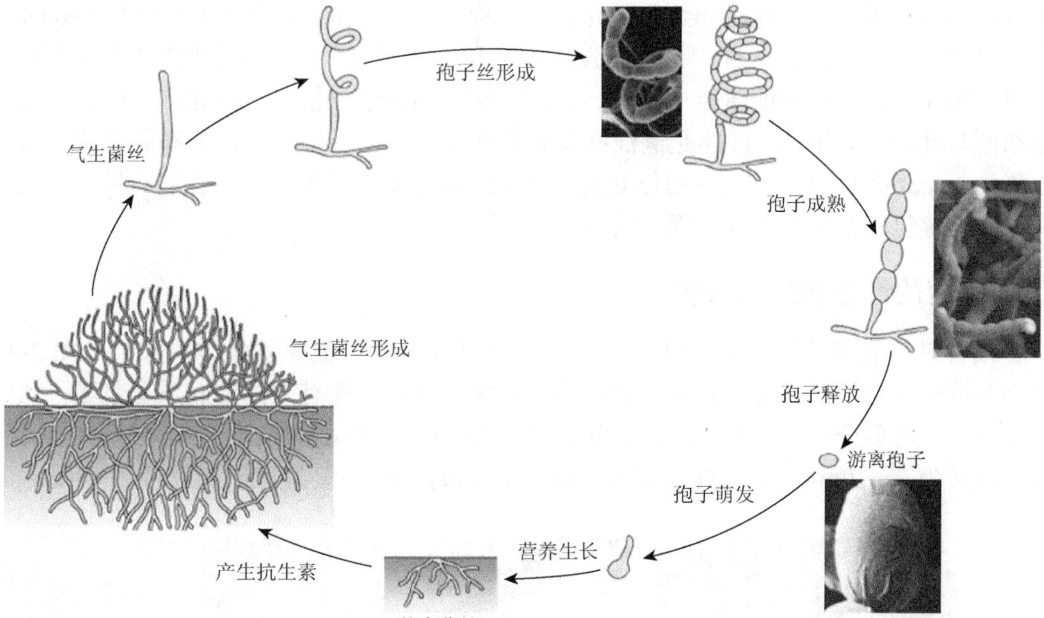

图 2-40　链霉菌的生活周期（引自 Barka et al.，2015）

扫一扫　看彩图

（二）放线菌的菌落特征

放线菌的菌落特征随种类而异，大致可分为两类。一类以链霉菌为代表，其菌落生长缓慢，基内菌丝分枝多而相互缠绕，形成的菌落质地致密。后期由于气生菌丝和分生孢子的形成，变为圆形的菌落，其表面呈粉质、紧实、干燥，并常有辐射状皱褶。菌落一般小而不扩散，不易于挑起，在菌落的表面或底部常具有特征性的颜色，表面是孢子的颜色，底部是基内菌丝或其产生的色素的颜色。另一类以诺卡氏菌为代表，它们的菌落一般只有基内菌丝，结构松散，黏着力差，并易于挑起，常常也具有代表菌种特征性的颜色。

（三）放线菌的液体培养特征

放线菌在液体静置培养时，一般在瓶壁与液面交界处形成斑点或菌膜，少数厌氧的类群也可在底层生长，但均不会使培养基混浊。当对液体培养进行振荡或通气时，放线菌一般形成菌丝团或颗粒。

第四节　蓝　细　菌

过去，藻类学家称蓝细菌（cyanobacteria）为蓝绿藻（blue-green algae）或蓝藻（blue algae），由于发现它们与细菌同为原核生物而改称为蓝细菌。蓝细菌具有光合能力，广泛分布于自然界，普遍生长在河流、海洋、湖泊和土壤中，并且在极端环境（如温泉、盐湖、贫瘠的土壤、冻原、岩石表面或风化壳中），以及植物树干等中也能生长，因此常被称作“先锋生物”。蓝细菌能在固体表面形成“垫状体”，在养料丰富的湖泊形成骤发的“水华”，在富营养化的海水形成“赤潮”，给水产养殖业带来严重危害。少数种类如微囊蓝细菌更会产生毒素，污染水源，诱发人类肝癌和使动物致病或死亡。螺旋蓝细菌的蛋白质含量高达50%～60%，且含有多种矿物质和维生素，目前已被开发成保健品“螺旋藻”。许多蓝细菌类群具有固定空气中氮素的能力。一些蓝细菌能与真菌、苔藓、蕨类和种子植物共生固氮，如地衣（lichen）是蓝细菌与真菌的共生体，红萍是满江红鱼腥蓝细菌（*Anabaena azollae*）和蕨类植物满江红（*Azolla imbricata*）的共生体。目前已知的固氮蓝细菌达120多种，它们在岩石风化、土壤形成及保持土壤氮素营养水平等方面具有重要作用。

一、蓝细菌的形态和结构特征

蓝细菌具有显著的形态多样性，其个体形态可分为单细胞和丝状体两大类（图2-41）。单细胞类群多呈球形、椭圆形和杆状等形态，常聚集成团，并有共同的胶质层包裹；丝状蓝细菌不分枝或有假分枝，通常也具有称为鞘的胶质外套。蓝细菌的细胞一般比常见的细菌大，其直径通常为3～10μm，而巨颤蓝细菌（*Oscillatoria princeps*）细胞的直径可达60μm。

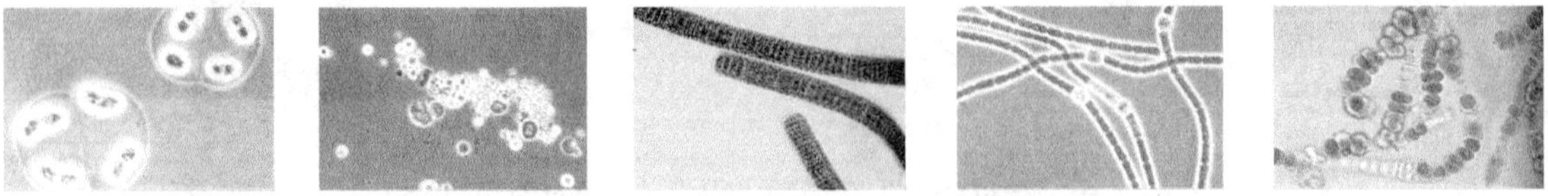

图2-41　蓝细菌的各种形态（引自Madigan et al.，2012）

蓝细菌的细胞壁结构与G^-细菌相似，而且其肽聚糖层通常比G^-细菌的变形细菌

（proteobacteria）类群厚。细胞壁的外层为脂多糖层，内层为肽聚糖，并含有二氨基庚二酸。许多蓝细菌的壁外可产生大量黏液层或鞘，把细胞或丝状体结合在一起。细胞中的光合色素存在于类囊体中，是光合作用的核心。这些片层状的内膜系统通常是复杂的多层结构，但在有些形态比较简单的蓝细菌中，其片层状内膜有规律地排列在细胞质膜的附近。蓝细菌仅含有一种叶绿素，即叶绿素 a，还含有 β-胡萝卜素。而且蓝细菌都含有特征性的藻胆色素（phycobilin），在光合过程中起辅助色素作用。藻蓝（青）素是一种呈蓝色的藻胆色素，与绿色的叶绿素 a 共同作用，使蓝细菌呈现出蓝绿色。然而，有些蓝细菌产生红色的藻红素，使菌体呈现红色或褐色。多数蓝细菌的细胞内含有气泡，利于细胞漂浮在水体表面和吸收光能。蓝细菌无鞭毛，但在许多蓝细菌中，其细胞表面有大量的不同类型的菌毛。很多蓝细菌（尤其是丝状蓝细菌）能借助于黏液在固体或半固体基质表面滑行，并表现出一定的趋光性和趋化性，但其机制不明。某些丝状蓝细菌能在丝状体的中部或一端形成异形胞（heterocyst）（图 2-42），它们比营养细胞稍大，具厚壁，壁中含有大量糖脂，使氧气只能缓慢地透入细胞，保持微氧的环境。此外，异形胞的藻胆色素含量低，缺乏光系统 II，也不会因光合作用而产生对固氮酶有毒害作用的氧气。所以，异形胞是固氮蓝细菌固氮的场所。异形胞和相邻的营养细胞之间有孔道相连，互相交换营养物质，即光合产物从营养细胞输入异形胞，而固氮作用的产物则从异形胞输入营养细胞。蓝细菌的细胞内含有固定 CO_2 的羧酶体，而且含有糖原，作为贮存的碳素养料。许多蓝细菌还含有蓝细菌肽（cyanophycin），这个共聚物由天冬氨酸和精氨酸以 1∶1 组成，作为氮素养料的贮藏物和能量的来源。此外，蓝细菌的脂肪酸组成和其他细菌不同。其他细菌都含有饱和脂肪酸与只具有 1 个双键的不饱和脂肪酸，但蓝细菌却经常含有具有两个或多个双键的不饱和脂肪酸。

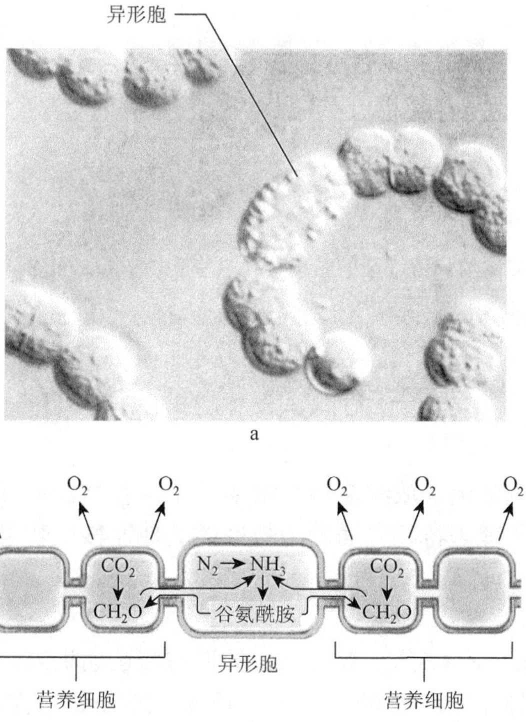

图 2-42　蓝细菌的异形胞（引自 Madigan et al.，2012）

a. 鱼腥蓝细菌的异形胞；b. 异形胞的功能

二、蓝细菌的繁殖

蓝细菌的单细胞类群以裂殖方式繁殖。丝状类群除能通过裂殖使丝状体加长外，还能形成含有 5～15 个细胞的连锁体（hormogonium，又称链丝段），其细胞直径小于营养丝状体的细胞。连锁体具有繁殖功能，它从丝状体断裂，并滑行离开，长成新的丝状体（图 2-43）。在一些单细胞和假丝状体的蓝细菌类群中，可以通过复分裂，在细胞内形成许多球形或三角形的小孢子（baeocyte，又称内孢子），并以释放成熟小孢子的方式繁殖。少数类群也可以在母细胞顶端缢缩分裂形成小的单细胞，以类似于芽殖的方式繁殖。

在干燥、低温和长期黑暗等条件下，许多具有异形胞的丝状蓝细菌类群还能形成静息孢子（akinete）（图 2-43）。静息孢子是休眠体，位于细胞链中间或末端，由营养细胞分化、伸长，并在老细胞壁的外围形成厚壁，有利于蓝细菌度过恶劣的环境条件。当环境重新变得适宜时，其外壁破裂；萌发出新的丝状体。

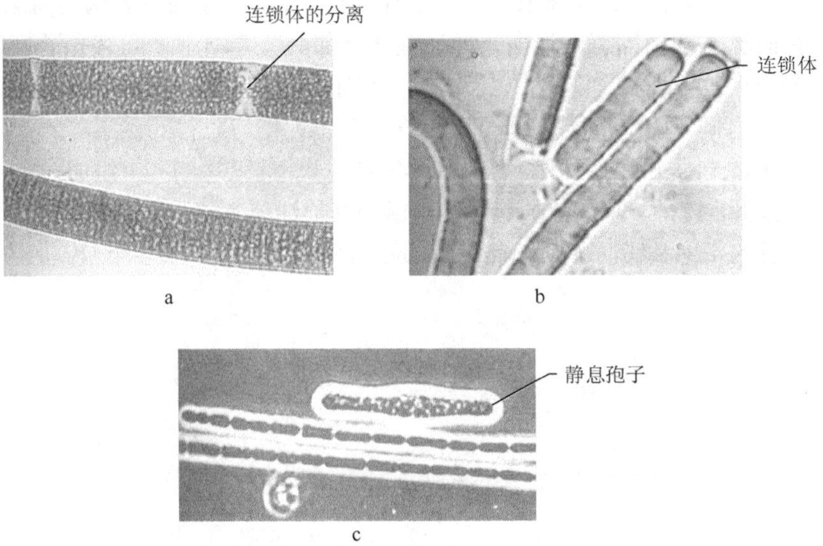

图 2-43　丝状蓝细菌的结构分化（引自 Madigan et al.，2015）

a. 颤蓝细菌属的连锁体形成的初期；b. 较小的颤蓝细菌属的连锁体；c. 鱼腥蓝细菌属的静息孢子

第五节　其他细菌类群

前面已经介绍了常见细菌、放线菌和蓝细菌三个主要类群的基本特征。下面将简要地介绍某些在形态、结构或生理等特征方面较为特殊的其他原核生物类群。

一、螺旋体

螺旋体（spirochaeta）是 G^-菌，具有独特的形态和运动机制。菌体为单细胞，细长并弯曲成螺旋状。其大小差异较大，宽 0.1～3μm，长 5～250μm，其特点是菌体虽有细胞壁但不僵硬，形成原生质柱（protoplasmic cylinder）。原生质柱是螺旋体的主要部分，呈螺旋状，由细胞质膜和细胞壁包裹。无鞭毛，但能借轴丝（axial filament）也称作周质鞭毛（periplasmic flagella）的收缩而运动，轴丝数目为 2～100 根，结构类似于细菌的鞭毛，缠绕在螺旋状的原生质柱的外围，从螺旋体的两端生长至菌体的 2/3 处，在细胞中部重叠。原生质柱和轴丝再由三层膜包裹，称为外鞘（outer sheath）（图 2-44）。其细胞以横向二分裂方式繁殖。轴丝的运动机制可能是，通过它的快速转动，使原生质柱向相反方向转动，从而带动菌体做扭转状前进。

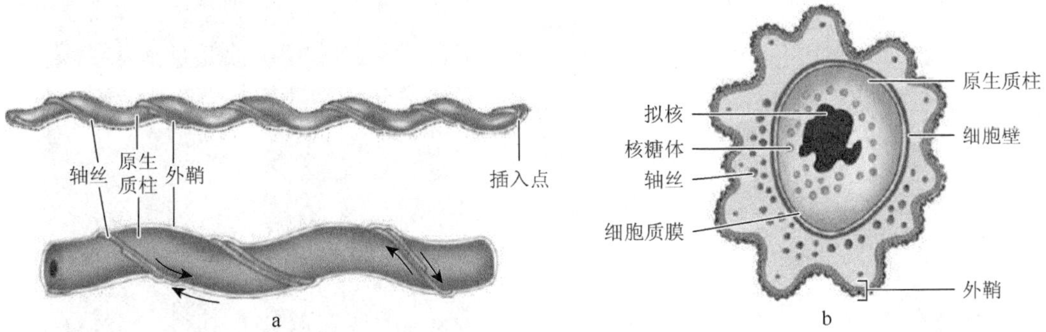

图 2-44　螺旋体的形态结构（引自 Willey et al.，2014）

a. 螺旋体的纵向视图；b. 螺旋体的横切面

扫一扫　看彩图

螺旋体广泛分布在自然界和动物体内，可分为腐生和寄生两类。腐生类群包括属于螺旋体属（*Spirochaeta*）和纤线菌属（*Leptonema*）的大多数种类，多生活在水生环境、污泥和垃圾中。寄生类群又有致病和非致病两类，其中非致病类群多生活在人或动物的消化道中，如脊螺旋体属（*Cristispira*）生活在淡水和海水的软体动物消化道中。致病类群包括 3 属，其中密螺旋体属（*Treponema*）主要寄生在人和动物的消化道或生殖器中，如苍白密螺旋体可引起人的性病梅毒；疏螺旋体属（*Borrelia*）多借虱或蜱传播，引起人或动物的疾病，如回归热螺旋体是人类回归热的病原菌；钩端螺旋体属（*Leptospira*）可引起人的钩端螺旋体病。

除钩端螺旋体属和纤线菌属为专性好氧外，其他属均为厌氧或兼性厌氧。一般能在含有糖、蛋白胨、酵母膏、血清、还原剂和脂肪酸的复杂培养基上生长，但有些种不能在人工培养基上生长。

二、黏细菌

黏细菌（myxobacteria）是能产子实体的 G^-滑行细菌，在所有已知的原核生物中，它们具有复杂的行为模式和生活周期。典型的黏细菌生活周期可以分为营养细胞和子实体两个阶段，以黄色黏球菌（*Myxococcus xanthus*）为例（图 2-45a），其营养细胞是典型的 G^-杆菌，单细胞，能在体外产生胞外多糖黏液物质，并将细胞团包埋在黏液中。无鞭毛，能借黏液在固体表面滑行，并可留下黏液的痕迹，但检测不到其运动器官。营养细胞以二分裂方式繁殖，在营养缺乏的条件下能趋聚成团，形成肉眼可见的子实体。通常一个子实体可包含 10^9 个或更多的细胞，颜色鲜艳，其形状和颜色随菌种而异，高 50～500μm（图 2-45b）。子实体是复杂的结构，由细胞分化形成的柄和包含球形或近球形的黏孢子（myxospore）的头部组成。黏孢子通常含有类胡萝卜素，而且具有较强的折光性和抗性，可抗干燥、紫外线辐射和高温，在不利条件下可存活 10 年。它们在子实体干燥后借风和水等传播，在适宜的条件下再萌发为营养细胞。

黏细菌是专性好氧的化能有机营养型细菌，主要以死的细菌、真菌、酵母菌、藻类细胞或现成的有机物为养料，多数能在含有蛋白胨或酪蛋白水解物的固体培养基上良好生长。主

扫一扫 看彩图

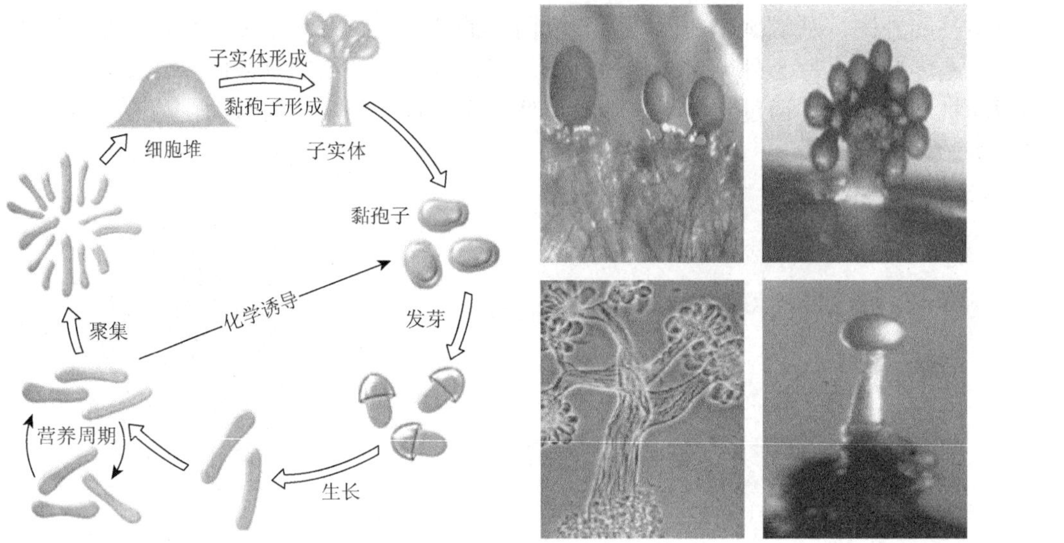

a　　　　　　　　　　　　　　　b

图 2-45　黏细菌的生活周期（a）和形态各异的子实体（b）（引自 Madigan et al.，2015）

要分布在土壤表层、树皮、腐烂的木材、堆厩肥和动物粪便上，有些类群能分解纤维素。黏细菌还具有合成多种生物活性物质的能力，如纤维堆囊菌（*Sorangium cellulosum*）可产生埃博霉素（epothilone），与抗肿瘤药物紫杉醇具有相似的作用。黏细菌是原核生物中生活周期和群体变化最为复杂的类群，在研究微生物的进化发育等方面有重要价值。

三、鞘细菌

鞘细菌（sheathed bacteria）呈链状排列，许多细胞处于一个共同的管状鞘内，呈丝状体。鞘内细胞呈杆状，革兰氏染色阴性，为(1～2)μm×(3～8)μm。一般为单链，有时以 2～3 条链平行排列于一个共同的鞘内。鞘由细胞分泌物形成，通常薄而透明，其组分以蛋白质、多糖和类脂为主。鞘外常为多糖成分的黏液层或荚膜，一些类群的鞘外可产生氢氧化铁或氧化锰的沉积外壳，呈黄色至深褐色。鞘分枝或不分枝，以其一端附着在流水中的固体基质上。鞘细菌具有独特的生活史，鞘内细胞借同形分裂而加长，新细胞被推向鞘的末端，并由新细胞合成新的鞘物质。繁殖时打开鞘的顶端，释放出带丛生鞭毛的游动细胞（swarmer cell），并留下空鞘。这些活跃的游动细胞经过一段时间的运动后，附着在固体表面固定下来，分裂并长成一根新的丝状体。现以浮游球衣菌（*Sphaerotilus natans*）为例说明（图 2-46）。

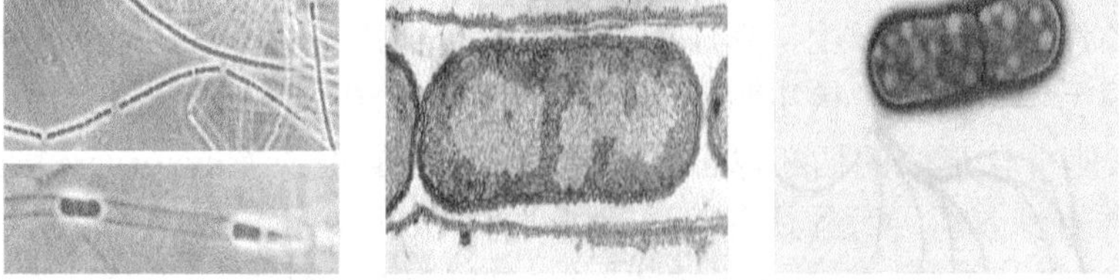

a　　　　　　　　b　　　　　　　　c

图 2-46　浮游球衣菌（引自 Madigan et al.，2015）

a. 丝状体及游动细胞释放留下空鞘的相差显微镜照片；b. 鞘及其内部杆状细胞电镜照片；c. 游动细胞电镜照片

鞘细菌为专性好氧的化能有机营养菌，多以葡萄糖、半乳糖、麦芽糖、甘露醇和乳酸钠为碳源和能源，以蛋白胨、酪蛋白水解物和氨基酸为氮源，多数需要维生素 B_{12}。当环境中有还原性铁、锰和硫化合物存在时，某些类群还可以从它们的氧化过程中获得能量，并在鞘中积累其氧化物。鞘细菌适宜在 pH 中性和 28～30℃的环境中生长，主要分布在河流、滤水池和活性污泥等含有丰富有机质的水生环境中。常见的类群有球衣菌属（*Sphaerotilus*）、纤发菌属（*Leptothrix*）和泉发菌属（*Crenothrix*）。

四、立克次氏体

美国医生 Richetts 于 1909 年首次发现斑疹伤寒的病原体，并被它夺去生命，1916 年，人们为了纪念他而以他的名字命名此类病原体。立克次氏体（rickettsia）细胞呈类球状或杆状，并能随寄主和发育阶段而表现出多形态。大小一般为 0.2～0.5μm（球状）或(0.3～0.5)μm×(0.3～2.0)μm（杆状），一般不能通过细菌过滤器。细胞结构和化学组成与一般的细菌相同，革兰氏染色阴性，无鞭毛，不运动，易被吉姆萨（Giemsa）染色剂染成红色。基因组很小，如普氏立克次氏体（*Rickettsia prowazekii*）的基因组为 1.1Mb，含 834 个基因。除个别外，立克次氏体均不能在人工培养基上繁殖，大多数只能在寄主细胞内繁殖，是专性活细胞内寄生菌，可以用鸡胚或动物细胞来培养。立克次氏体寄生的过程有两个阶段，先寄生于初生寄主或介体寄主中，即寄生在节肢动物如蚤、虱或蜱的器官内，然后通过介体动物的叮咬或排泄物，从而感染人畜寄主细胞，在其中大量繁殖，最终裂解寄主细胞，而使它们释放到周围的体液中（图 2-47）。这类菌会引起人类斑疹伤寒、斑点热、恙虫热和 Q 热等。研究表明，立克次氏体不能独立生活的原因有三个方面：一是能量代谢系统不完全，如不能利用葡萄糖或有机酸，而只能氧化谷氨酸和谷氨酰胺产能；二是酶系统不完全，缺少代谢活动必需的脱氢酶（如 NAD）和辅酶 A（CoA）等；三是细胞质膜的通透性过大，虽然有利于从寄主细胞内吸收养料，但在环境中生活时，体内的物质也易于渗出。

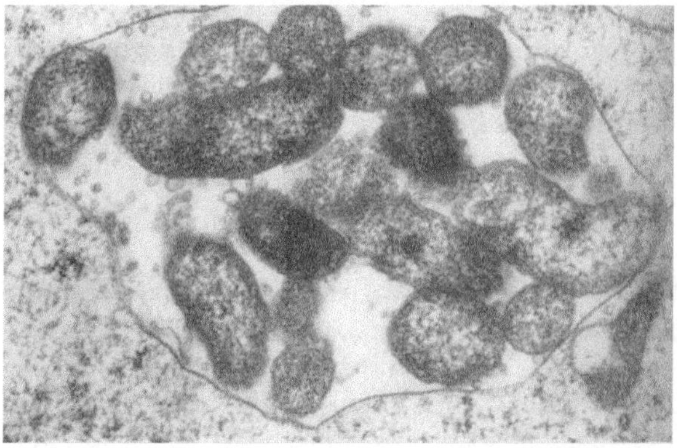

图 2-47 血细胞中立克次氏体的电镜照片（引自 Madigan et al.，2015）

立克次氏体对热、干燥和化学药剂等处理敏感，但能耐低温，可在−60℃条件下保存数年。其主要类群有：①普氏立克次氏体借虱传播斑疹伤寒；②恙虫热立克次氏体（*R. tsutsugamushi*）借螨传播恙虫热；③伯氏科克次体（*Coxiella burnetii*）借蜱或直接传播

Q 热病；④五日热罗卡利马氏体（*Rochalimaea quintana*）借虱传播战壕热。某些植物的病原菌，能引起柑橘绿化病和甘蔗矮小病，也可能属于立克次氏体类群，称为类立克次氏体。

五、衣原体

衣原体（chlamydia）是仅在脊椎动物细胞内生活的专性能量寄生菌。其个体微小，革兰氏染色阴性，多呈球形或椭圆形，能通过细菌过滤器。它们具有独特的生活周期，交替存在两种不同的细胞类型。一种是小的、内部稠密的细胞，称为基体或原体（elementary body），大小为 0.2～0.3μm，细胞壁厚且坚韧，不运动，能耐干燥，无繁殖力，感染力强，能通过接触、性交或分泄物污染等方式，经胞饮作用而进入寄主细胞，并随之转变为网体（reticulate body）或始体（initial body）。从基体到网体的变化是逐步的，有中间类型存在。网体较大，内部物质不稠密，细胞壁薄而脆弱，直径为 0.8～1.2μm，无传染性，有繁殖力，以二分裂方式繁殖，最后网体充满整个寄主细胞，并转变为基体而从细胞中释放出来，重新感染新的寄主（图 2-48）。从基体侵染到寄主细胞裂解释放网体，整个过程需 48～72h。

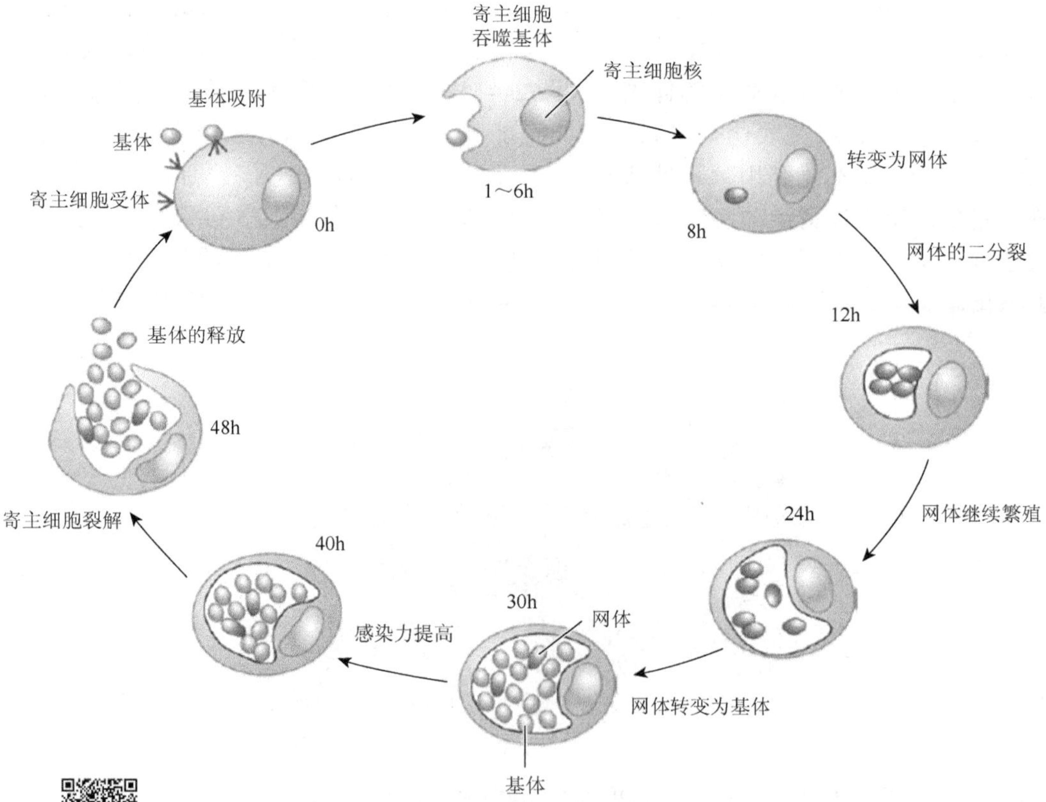

扫一扫 看彩图

图 2-48 衣原体的生活周期（引自 Willey et al.，2014）

衣原体的细胞壁结构和组成与其他 G^-菌相似，但不存在或很少存在胞壁酸。它们虽有一定的代谢能力，但其生物合成的能力比立克次氏体小得多。而且，它们缺乏独立的产能系统，必须从寄主细胞得到能量、酶类和一些低分子化合物，既不能独立生活，也难以人工培养，曾长期被误认为是“大病毒”。1956 年，我国微生物学家汤飞凡首次分离培养出沙眼衣原体（*Clamydia trachomatis*），被称为“衣原体之父”。衣原体可用鸡胚卵黄囊、动物组织培养细胞等进行人工培养，对热、化学药剂和多种抗生素敏感。

衣原体一般不需要媒介直接感染人或动物。例如，鹦鹉热衣原体（*Chlamydophila psittaci*）能引起鸟的鹦鹉热；沙眼衣原体是人类沙眼的病原菌；肺炎衣原体（*Chlamydophila pneumoniae*）能引起各种呼吸综合征。

六、支原体

支原体（mycoplasma）的特点是没有细胞壁，导致细胞形态多变，常呈球形、梨形、杆形、丝状或高度分枝（图 2-49a）。由于其细胞小（0.2～0.3μm）和无细胞壁，因此支原体能通过细菌过滤器，对渗透压敏感。支原体的细胞膜为单位膜结构，含胆固醇（在原核生物中罕见），比其他细菌的膜更坚韧，某些支原体的细胞膜含有糖脂。基因组很小，一般为 0.6～1.35Mb，只有简单的代谢途径，缺少合成肽聚糖前体和其他一些大分子化合物的基因。丝状体能产生分枝，并可断裂为球形体，以芽殖、裂殖和分割方式繁殖。少数种专性厌氧，多数兼性厌氧。

支原体可进行人工培养，但大多数种的生长需要胆固醇、血清、腹水、牛心浸汁和酵母浸汁等特殊成分，有些还需要 CO_2 和 N_2。在固体培养基上生长缓慢，即使在 pH7.8 和 30℃条件下，也需要几天到几个月才能长成菌落，直径通常小于 1mm。支原体的菌落一般表现为特殊的“煎鸡蛋”形，由于它在中央形成密集的核心，并向琼脂下方扩展，因此其中央厚而色深，周围边缘薄而透明（图 2-49b）。支原体因无细胞壁而不受青霉素、环丝氨酸和溶菌酶等的影响，但对其他抗生素敏感。

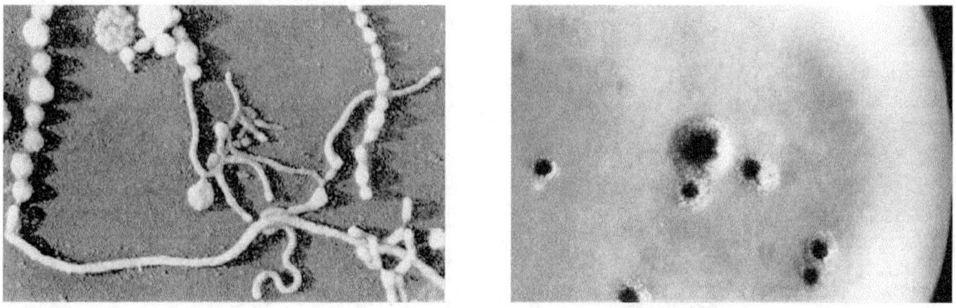

a　　　　　　　　　　　　b

图 2-49　支原体的电镜照片（a）和菌落形态（b）（引自 Madigan et al.，2015）

支原体广泛分布于土壤、污水、温泉等温热环境，以及昆虫、脊椎动物和人体中。一般为腐生或无害共生菌，少数为致病菌。支原体可寄生在人或脊椎动物的黏膜表面，并导致肺炎、关节炎等疾病。例如，蕈状支原体（*Mycoplasma mycoides*）引起牛的胸膜肺炎；无乳支原体（*M. agalactiae*）引起羊的缺乳症；肺炎支原体（*M. pneumoniae*）引起人的支原体肺炎，也称为原发性非典型肺炎。支原体常造成动物细胞和组织培养物的污染，有时会引起严重的问题。此外，有人从多种植物，如从患矮化病的玉米的维管束中分离出支原体，也从温泉等高温环境中分离到游离生活的支原体。一般称侵染植物的支原体为类支原体。

某些细菌由于自然或诱发等原因，虽然也能产生无壁的L型细菌，并在个体形态、菌落特征和对环境的要求等方面也与支原体相似，但是它们能在较简单的培养基上生长，并在一定程度上保持了原亲本细菌的代谢活性、毒力和抗原性，同时能回复突变为原来的正常有壁细菌，所以L型只是细菌的一种特殊类型，而不是单独的生物类群。

七、蛭弧菌

蛭弧菌（bdellovibrio）是一类个体微小，可以寄生和裂解其他细菌的特殊细菌，1962年首次发现于菜豆叶烧病假单胞菌体中。蛭弧菌虽然能通过细菌过滤器，并形成噬菌斑，但却具有细菌的基本特征，是“专吃”细菌的细菌。蛭弧菌革兰氏染色阴性，单细胞，呈弧形或逗点状，大小为(0.3～0.6)μm×(0.8～1.2)μm。借助一根极生的单鞭毛运动，菌体很活跃，运动速度高达每秒100个细胞长度。水生类群的鞭毛外还附有由细胞壁延伸形成的鞘膜，比其他细菌的鞭毛粗3～4倍。它们能吸附在寄主细胞的表面，以100r/s以上的转速产生一种机械“钻孔”效应，进入寄主细胞，从“钻孔”到进入只需10s便可完成。首先钻进寄主细胞的壁膜间隙同时失去鞭毛，并在其中繁殖，使被侵染的细胞膨大形成球形的蛭弧体（bdelloplast）。蛭弧菌在侵入后就杀死寄主细胞，消耗其原生质，形成螺旋状结构。然后，同时均匀分裂成多个具有鞭毛的子细胞，随寄主细胞的裂解而释放，重新进入其生活周期（图2-50）。每个寄主细胞释放的蛭弧菌数目因种类而不同，如被侵染的大肠杆菌细胞可释放5～6个，而体积较大的水螺菌可释放20～30个。

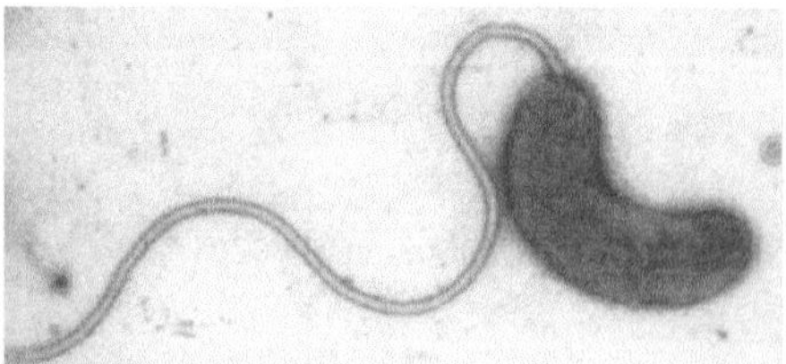

a

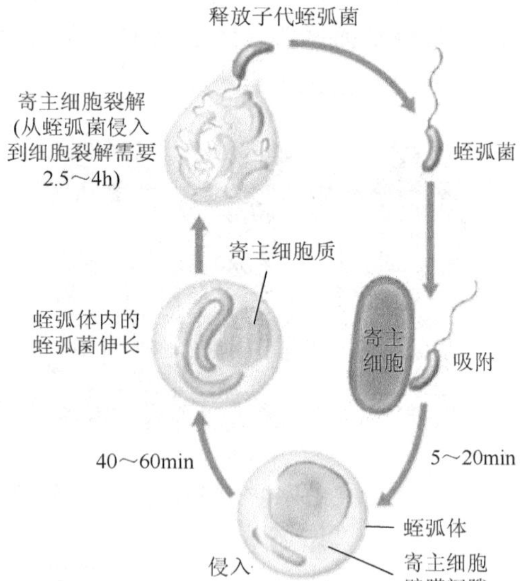

b

扫一扫 看彩图

图2-50 食菌蛭弧菌的电镜照片（a）和生活周期（b）（引自Madigan et al.，2015）

蛭弧菌是专性好氧菌，能侵染各种G^-细菌，但不侵染G^+细菌，而且对寄主细菌的寄生具有一定的特异性。野生型的蛭弧菌只能生长在活的寄主细胞中，但有可能分离到不依赖寄主的突变菌株，它们能生长在含有机物的完全培养基，如酵母汁-蛋白胨培养基上。这些突变株也可通过引入寄主细胞，重新分离出依赖于寄主的回复突变菌株。有些菌株是兼性的，能生长在有寄主或无寄主存在的情况下，腐生时以蛋白质、多肽、氨基酸和乙酸钠为碳源和能源。其生长温度为23～37℃，最适pH为6.0～8.5。

蛭弧菌广泛分布在土壤、河流、污水和近海水域中，它们在污染环境的净化和动植物细菌病害的防治等方面具有一定的应用价值。从环境中检测和分离它们所需的方法类似于研究噬菌体所采用的方法。常见的蛭弧菌为食菌蛭弧菌（*Bdellovibrio bacteriovorus*）。

复习思考题

1. 细菌的基本形态是什么？还有哪些特殊形态？
2. 试结合具体实例简述细菌的繁殖方式。
3. 试比较G^+和G^-细菌的细胞壁结构及化学组成的异同，并由此说明革兰氏染色的原理。
4. 请说明溶菌酶和青霉素的作用机制。
5. 缺壁细菌有哪几种？试比较它们的形成和特点。
6. 细菌能形成哪些内含物？试述聚β-羟基丁酸和磁小体的应用价值。
7. 细菌能形成哪些内膜结构？其作用是什么？
8. 什么是荚膜？其化学组成是什么？有何生理功能？
9. 试比较鞭毛、菌毛和性毛的异同。
10. 试述鞭毛的结构特点和运动机制。
11. 细菌细胞壁以外的构造有哪些？请举例说明其特点及作用。
12. 试述芽孢的结构和化学组成特点、形成过程及抗逆性机制。
13. 你认为细菌有哪些适应性结构？请举例说明。
14. 试述链霉菌的形态发育特点、菌落特征和重要的应用意义。
15. 根据放线菌的形态结构特点，阐述放线菌的几种繁殖方式。
16. 蓝细菌具有哪些不同于其他细菌的结构和成分？其功能是什么？
17. 试归纳和比较螺旋体、黏细菌、鞘细菌、立克次氏体、支原体、衣原体和蛭弧菌的独特形态特征。
18. 衣原体和立克次氏体都属于专性活细胞寄生微生物，两者有何不同？

拓展阅读

趋磁细菌研究进展

趋磁细菌越来越受到人们的关注（图2-51），主要是因为它们具有独特的生理代谢及纳米磁性颗粒的合成等特征，趋磁细菌的研究涉及微生物生理、遗传、生态等多方面，还涉及纳米磁小体的应用，如纳米材料、药物递送、基因转染、免疫检测等方面。经过多年的研究，自起初生物学家的发现，到今天引起化学、物理、医学等领域的专家的兴趣，已经积累了很多有趣的信息，除了对这类菌株表型、生理、遗传信息的揭示以外，还有关于生物矿化机制、磁场感应机制、古地磁学等研究的报道，特别是近年来这个家族的新成员逐渐被发现，人们对趋磁细菌的研究新成果也不断推出，如趋磁细菌磁小体合成机制研究进展（Uebe and Schüler，2016），多细胞趋磁细菌（Zhou et al.，2012，2013；Chen et al.，2015）、趋磁球菌MO-1特殊的鞭毛结构（Ruan et al.，2012），微生物生物矿化和磁分化起源（Lin et al.，2017），磁小体在医学领域的最新应用（Xiang et al.，2017），等等。

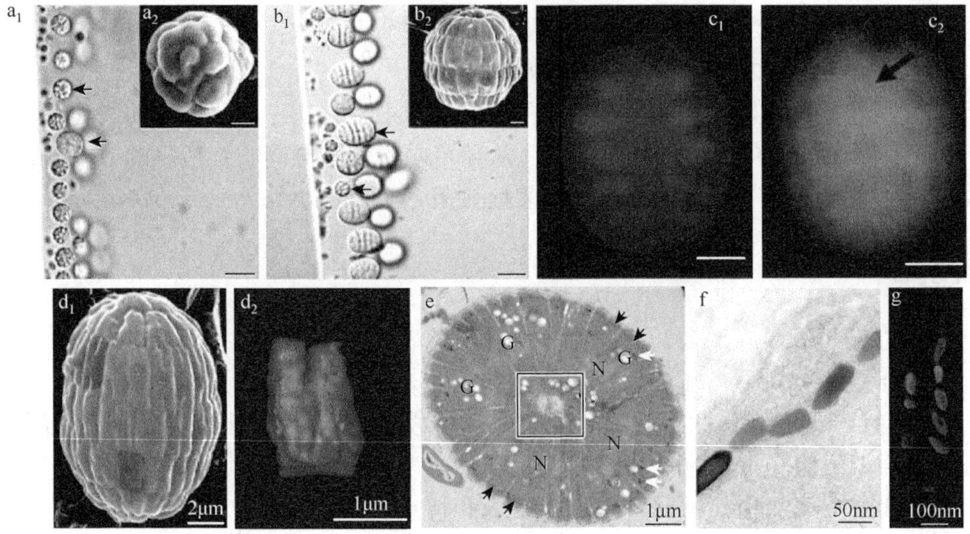

扫一扫　看彩图

图 2-51　多细胞趋磁细菌形态及结构（引自 Zhou et al.，2012，2013；Du et al.，2015；Leão et al.，2017）
（该图片由肖天研究员、吴龙飞教授和张维佳副研究员提供资料，由王旭博士制作组合图）

a，b. 不同形态多细胞趋磁细菌。a_1. 球形（黑色箭头）；b_1. 椭球形（白色箭头）。标尺：10μm。a_2，b_2. 两种菌扫描电镜图片。标尺：a_2. 0.5μm；b_2. 1μm。c. 椭球形多细胞趋磁细菌 DAPI 及 Nile red 染色后在不同激发光下显色图片，其中：c_1. 菌体脂性颗粒及外表层；c_2. 细胞间槽（箭头）处的网状结构。标尺：2μm。d. 椭球形多细胞趋磁细菌中 H 型细胞。d_1. 扫描电镜图片；d_2. H 型细胞 3D 重建侧视图。蓝色为细胞膜，红色为磁小体。e. *Ca*. Magnetananas rongchenensis 多细胞趋磁细菌超薄切片透射电镜图片。方框. 中部非细胞区域；黑色箭头. 丝状结构；白色箭头. 磁小体；N. 拟核区；G. 颗粒物。f，g. 磁小体透射电镜及干断层重建（STEM tomographic reconstruction）图片

你对趋磁细菌研究的哪个方面感兴趣呢？请选择阅读下列文献并进一步查阅，这里也有很多我国学者的重要贡献。

Amor M. 2016. Mass-dependent and independent signature of Fe isotopes in magnetotactic bacteria. Science，352：705-707.

Araujo ACV，Femanda A，Tavares SK，et al. 2015. Magnetotactic bacteria as potential sources of bioproducts. Marine Drugs，13：389-430.

Chen YR. 2015. A novel species of ellipsoidal multicellular magnetotactic prokaryotes from Lake Yuehu in China. Environmental Microbiology，17（3）：637-647.

Du HJ. 2015. Temporal distributions and environmental adaptations of two types of multicellular magnetotactic prokaryote in the sediments of Lake Yuehu. China Environmental Microbiology Report，7（3）：538-546.

Leão P. 2017. Ultrastructure of ellipsoidal magnetotactic multicellular prokaryotes depicts their complex assemblage and cellular polarity in the context of magnetotaxis. Environmental Microbiology，19（6）：2151-2163.

Lin W. 2017. Origin of microbial biomineralization and magnetotaxis during the Archean. Proc Natl Acad Sci USA，114（9）：2171-2176.

Ruan J. 2012. Architecture of a flagellar apparatus in the fast-swimming magnetotactic bacterium MO-1. Proc Natl Acad Sci USA，109（50）：20643-20648.

Uebe P，Schüler D. 2016. Magnetosome biogenesis in magnetotactic bacteria. Nature Microbiology，14：621-637.

Xiang Z C. 2017. Tumor detection using magnetosome nanoparticles functionalized with a newly screened EGFR/HER2 targeting peptide. Biomaterials，115：53-64.

Zhou K. 2012. A novel kind of multicellular magnetotactic prokaryotes with pineapple-like morphology from the Yellow Sea. Environmental Microbiology，14（2）：405-413.

Zhou K. 2013. Adaptation of spherical multicellular magnetotactic prokaryotes to the geochemically variable habitat of an intertidal zone. Environmental Microbiology，15（5）：1595-1605.

3

第三章 古　菌

古菌（archaea）是在系统发育上与细菌不同的一群原核生物。根据当代系统发育学的观点和核糖体 RNA 的碱基序列分析，生物被划分为细菌、古菌和真核生物三个域。其中，古菌和细菌均属于原核生物，它们具有相似的形态、大小和细胞结构，细胞核没有膜，而且在细胞内存在一个大的环状染色体，偶尔存在一个或多个质粒。研究表明，每个域都有其一定的表型特征。并且有些特征是某个域所独有的，而另一些特征则为某两个域所共有。

古菌是一个表型很不相同的集合类群，在形态和生理学特征上都有很大差异。革兰氏染色阳性或阴性，细胞呈球状、杆状、螺旋状、裂片状和扁平状等。有单细胞，丝状或聚集体。细胞直径一般为 0.1～15μm 或 15μm 以上，而有的丝状体长度可达 200μm。繁殖方式包括裂殖、芽殖和断裂，而且细胞团的颜色也呈多种颜色，如红色、紫色、黄色和白色等。古菌在生理特征上也呈多样性，包括好氧菌、兼性厌氧菌或严格厌氧菌，能进行化能无机营养或化能有机营养生长。有些古菌是中温菌，而有些古菌能在 100℃以上生长，属于超高温菌类群。古菌最初分离自厌氧、高盐、热液等极端环境，最新研究表明，古菌在各种生态环境中均有分布，在冷环境中也有古菌存在，少数种可作为共生体存在于动物的消化道内。

第一节　古菌的主要特征

一、古菌的细胞结构

（一）细胞壁

古菌的细胞壁结构与细菌细胞壁有显著的不同。古菌细胞壁的组成可分为几种类型（图 3-1a）：一是单纯由蛋白质组成，包括 S 层蛋白单独组成和 S 层蛋白及外鞘蛋白共同组成；二是由糖聚合物组成，包括假肽聚糖、聚谷氨酰化多糖和硫酸杂多糖；三是由蛋白质及聚合物共同组成，包括由 S 层蛋白与假肽聚糖（pseudomurein）或甲烷软骨素（methanochondroitin）共同组成；四是由另外一层由质膜和蛋白质共同形成的外膜构成。在古菌中 S 层的存在是相当普遍的，S 层可以直接构成细胞壁，也可以与其他聚合物共同构成细胞壁。古菌细胞壁蛋白一般都具有复杂的糖基化修饰。革兰氏阳性古菌与革兰氏阳性细菌相似，有一个同质层的厚壁，但革兰氏阴性古菌缺乏外壁层和复杂的肽聚糖网状结构，而通常含有蛋白质的表层或糖蛋白亚单位。古菌的细胞壁假肽聚糖中不含胞壁酸和 D-氨基酸，其多糖骨架由 *N*-乙酰葡

糖胺和 *N*-乙酰塔罗糖醛酸相间排列，以 β-1, 3 糖苷键连接形成，肽链由 L-谷氨酸、L-丙氨酸和 L-赖氨酸组成，肽桥则由 1 个 L-谷氨酸组成（图 3-1b）。

少数古菌如甲烷火菌属（*Methanopyrus*）及甲烷杆菌目（Methanobacteriales）的细胞壁中含有假肽聚糖。甲烷八叠球菌属（*Methaonosarcina*）细胞壁中含有类似于动物结缔组织的软骨素硫酸盐的复杂多糖——甲烷软骨素，而且在革兰氏阳性古菌如鳕盐球菌（*Halococcus morrhuae*）的细胞壁中含有杂多糖。此外，革兰氏阴性古菌的细胞质膜外有糖蛋白细胞壁或蛋白质细胞壁，其厚度为 20～40μm，有时可分为两层。例如，甲烷叶菌属（*Methanolobus*）、盐杆菌属（*Halobacterium*）和硫化叶菌属（*Sulfolobus*）的细胞壁中含有糖蛋白，而甲烷球菌属（*Methanococcus*）、甲烷微菌属（*Methanomicrobium*）和硫还原球菌属（*Desulfurococcus*）的细胞壁是由蛋白质组成的。燃球菌属（*Ignicoccus*）中古菌的细胞质膜外有另外一层外膜构成了细胞包被。极端嗜热嗜酸古菌嗜酸铁原体（*Ferroplasma acidophilum*）和嗜酸热原体（*Thermoplasma acidophilum*）则没有细胞外包被，其胞外是由插入细胞膜的脂多糖形成的特殊结构。

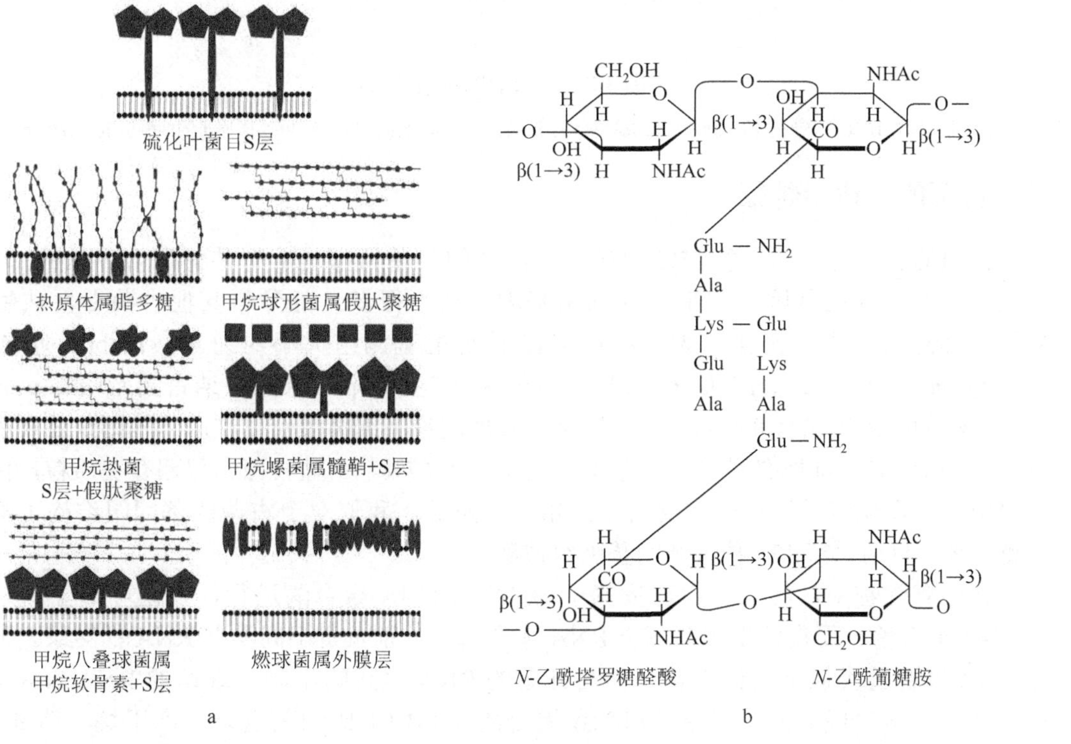

图 3-1　古菌细胞壁结构示意图（a）及甲烷杆菌属的假肽聚糖结构（b）（改编自 Meyer et al.，2014）

（二）细胞质膜

古菌最突出的特征是在其细胞质膜中含有聚异戊二烯甘油醚类脂。在细菌和真核生物的膜类脂的合成中，脂肪酸组成的主链与甘油相连，而古菌的膜类脂则是通过醚键将分支的烃链与甘油连接。组成疏水尾部的烃链是异戊二烯的重复单位，形成四聚体植烷和六聚体角鲨烷等，再通过醚键与亲水的头部连接成甘油二醚或二甘油四醚。在细菌和真核生物的细胞质膜中，其结构都是双分子层。但在古菌中，其细胞质存在着单分子层或单双分子层混合膜。当磷脂为二甘油四醚时，连接两端两个甘油分子的两个植烷侧链会发生共价结合，形成二植烷，从而形成单分子层膜。通常含有20个碳原子的二醚侧链形成双分子层膜（图3-2a），而含有40个碳原子的四醚侧链可形成更坚韧的单分子层膜（图3-2b）。此外，古菌细胞质膜的甘油分子上还连接几种与细菌和真核生物不同的基团，如磷酸酯基、硫酸酯基和多种糖基。盐杆菌目（Halobacteriales）古菌的细胞膜为双分子层膜，而火棒菌属（*Pyrobaculum*）、热原体属（*Thermoplasma*）和硫化叶菌属（*Sulfolobus*）等属的古菌细胞膜为单分子层膜。细胞膜脂成分与古菌对环境的适应性密切相关，极端嗜热古菌中二甘油四醚脂含量随着生长温度的提高而增加。

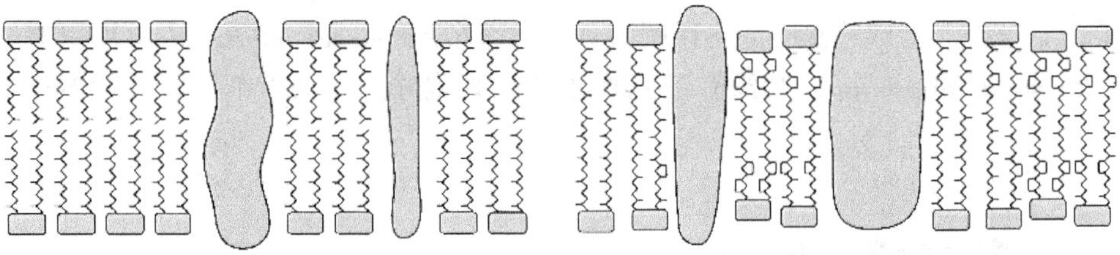

图3-2　古菌细胞质膜的结构

a. 由结合蛋白和含有20个碳原子的二醚侧链形成的双分子层膜；b. 由结合蛋白和含有40个碳原子的四醚侧链形成的单分子层膜

二、古菌的遗传学特征

古菌的一些遗传学特征与细菌相似，两者的染色体都是单个共价闭合环状的DNA。但是，某些古菌的基因组比平常的细菌基因组要小得多，部分与其他古菌专性共生的古菌的基因组则更小。例如，大肠杆菌K12菌株的基因组大小约为4.6×10^6bp，嗜酸热原体（*Thermoplasma acidophilum*）的基因组约为1.7×10^6bp，而骑行纳古菌（*Nanoarchaeum equitans*）的基因组只有0.49×10^6bp，比迄今发现的最小细菌生殖道支原体基因组还要小。古菌DNA（G+C）mol%的范围变化较大，为28%～67%。嗜盐古菌中普遍存在质粒，而嗜热古菌中很少发现有质粒存在。随着基因组学的发展，我们对于古菌的基因组结构了解得越来越清晰，目前已有120种古菌的基因组被测序。

在所有生物中，转录均通过依赖于DNA的RNA聚合酶进行，古菌和细菌均只有一个RNA聚合酶，而真核生物有三个RNA聚合酶，分别负责不同类型RNA的转录。但古菌的RNA聚合酶类似于真核生物，而与细菌的RNA聚合酶不同。细菌的RNA聚合酶含4种亚基（α、β、β′和ω）。古菌的RNA聚合酶在结构上比细菌复杂。产甲烷古菌RNA聚合酶含有11个亚基，而硫化叶菌（*S. acidocaldarius*）的RNA聚合酶由13个独特的亚基组成。真核生物的主要RNA聚合酶含有10～12个亚基，而且其相对大小与极端嗜热古菌的多肽最为一致。

虽然古菌和细菌的核糖体大小相同（70S），而真核生物的核糖体大小为80S，但是古菌合成蛋白质的步骤与细菌不同，类似于真核生物。细菌在蛋白质翻译过程中，其起始密码子（AUG）能与含有甲酰基甲硫氨酸（修饰的甲硫氨酸残基）的起始密码子tRNA结合。相反，古菌和真核生物的起始tRNA却携带不经修饰的甲硫氨酸。此外，大多数能特异性抑制细菌蛋白质合成的抗生素并不影响古菌或真核生物蛋白质的合成。白喉毒素能抑制古菌或真核生物，但不能影响细菌的生长。这些抑制剂主要影响细胞中的蛋白质翻译过程。

综上所述，可以认为，古菌是一类 16S rRNA 及其他细胞成分在分子水平上与细菌和真核生物均有所不同的生物类群。现将它们之间的主要区别列于表 3-1。

表 3-1 细菌、古菌和真核生物主要特征的比较

特征	细菌	古菌	真核生物
原核细胞的结构	+	+	–
染色体 DNA	共价闭合环状	共价闭合环状	线状
组蛋白存在	–	+	+
具有核膜的细胞核	不存在	不存在	存在
细胞壁	含有胞壁酸	不含胞壁酸	不含胞壁酸
细胞膜类脂	以酯键相连	以醚键相连	以酯键相连
核糖体	70S	70S	80S
tRNA 起始密码子	甲酰甲硫氨酸	甲硫氨酸	甲硫氨酸
大多数基因存在内含子	–	–	+
操纵子	+	+	–
mRNA 的帽和多聚（A）尾	–	–	+
质粒	+	+	罕见
核糖体对白喉毒素的敏感性	–	+	+
RNA 聚合酶	单个（4 个亚基）	多个（每个含 8～12 个亚基）	3 个（每个含 12～14 个亚基）
转录因子	–	+	+
启动子结构	–10 和–35 序列（Prinow 区）	TATA 区	TATA 区
对链霉素、氯霉素和卡那霉素的敏感性	+	–	–
甲烷产生	–	+	–
S 还原成 H_2S 或 Fe^{3+} 还原成 Fe^{2+}	+	+	–
硝化作用	+	+	–
反硝化作用	+	+	–
固氮作用	+	+	–
叶绿素光合作用	+	–	+（在叶绿体内）
化能无机营养（Fe、S、H_2）	+	+	–
气泡	+	+	–
由多聚 β-羟基烷酸盐组成的碳素贮藏颗粒	+	+	–
能否在 80℃以上生长	+	+	–

注：表中的许多特征仅存在于某些个别的菌群，并不普遍存在

第二节　古菌的主要类群

根据16S rRNA基因序列，古菌可以分为广古菌门（Euryarchaeota）、泉古菌门（Crenarchaeota）、奇古菌门（Thaumarchaeota）和纳古菌门（Nanoarchaeota），以及一个根据环境16S rRNA基因序列建议的初古菌门（Korarchaeota）。本节将根据古菌表型特征划分的独特的类群做以介绍，即产甲烷古菌、极端嗜盐古菌、极端嗜热的代谢元素硫的古菌、无细胞壁的古菌、还原硫酸盐/Fe^{3+}的古菌、氨氧化古菌和与其他古菌共生的超微古菌。

一、产甲烷古菌

这是一群严格厌氧菌，形态和生理特征相差很大。其共同点是能以H_2、甲酸或乙酸等来还原CO_2，产生甲烷（俗称沼气），并获得生长所需的能量。它们不能利用碳水化合物、蛋白质或其他复杂的有机化合物。细胞内含有特殊的辅酶M（β-巯基乙基磺酸）、甲烷呋喃、四氢蝶呤、辅酶F_{420}和辅酶F_{430}。在CO_2还原成甲烷时，前3个辅因子携带1个碳，而F_{420}携带电子和H_2。F_{420}在荧光显微镜下检测时，能自发荧光，这是识别该菌的一个重要方法。F_{430}是1个含镍四吡咯，作为甲基-CoM甲基还原酶的辅因子。有些产甲烷古菌能同化CO_2，进行自养生活，但该过程不经过卡尔文循环，而是从2个CO_2分子形成乙酰辅酶A，然后将乙酰辅酶A转化成丙酮酸和其他产物。

产甲烷古菌有4纲5目10科32属，包括革兰氏染色阳性和阴性的自养菌和异养菌，形态有球状、杆状、盘状、丝状和螺旋状（图3-3）。主要分布在有机质丰富的厌氧环境中，如沼泽、湖泥、温泉、污水和垃圾处理场、动物的瘤胃和消化道，以及沼气发酵池中，它们也是多种厌氧原生动物的内共生体。其形态和生理学特征呈现多样性，图3-3和表3-2可以充分说明。

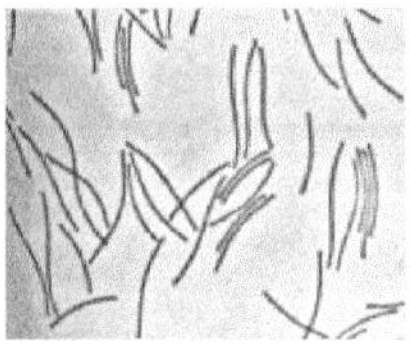
亨氏甲烷螺菌
(*Methanospirillum hungatei*)

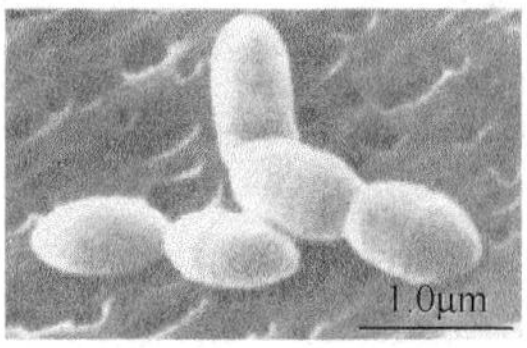

史氏甲烷短杆菌
(*Methanobrevibacter smithii*)

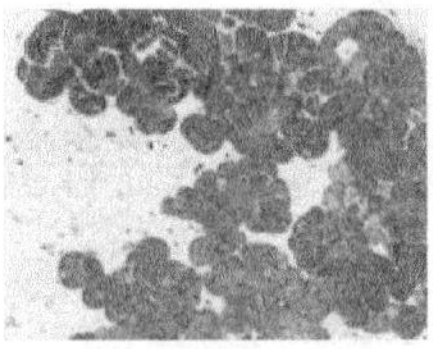
巴氏甲烷八叠球菌
(*Methanasarcina barkeri*)

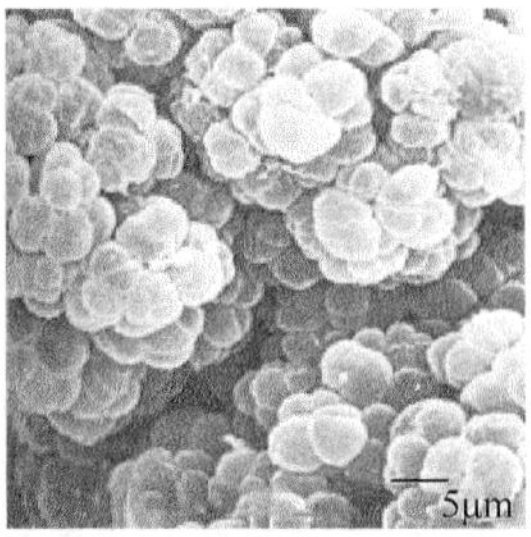

梅氏八叠球菌
(*Methanosarcina mazei*)

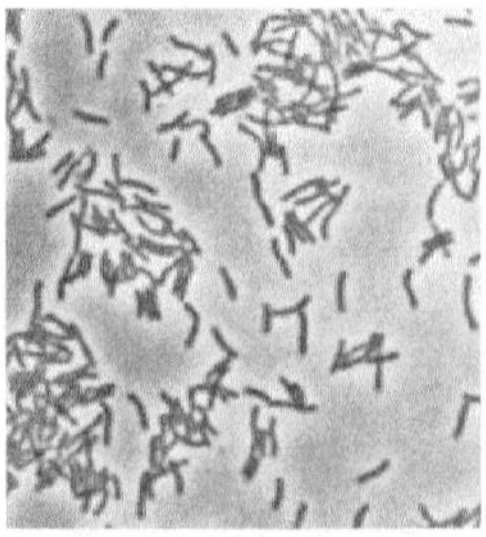
布氏甲烷杆菌
(*Methanobacterium bryanhi*)

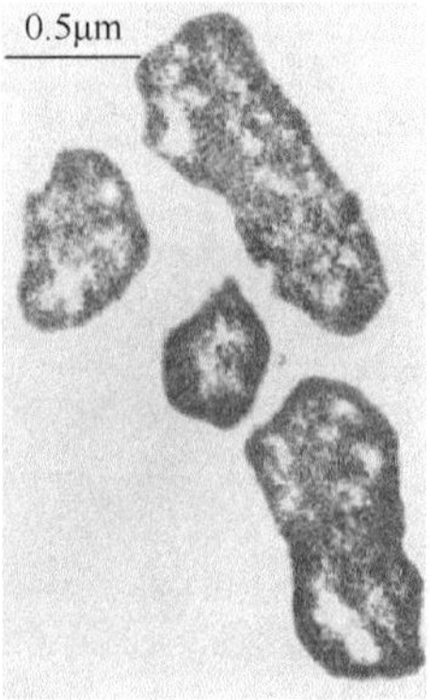

黑海产甲烷菌
(*Methanogenium morisrugri*)

图3-3　产甲烷古菌的形态

表 3-2　部分产甲烷古菌的特征

属名	形态	产生甲烷的底物和特性
甲烷杆菌目		
甲烷杆菌属（*Methanobacterium*）	长杆状	H_2+CO_2+甲酸
甲烷短杆菌属（*Methanobrevibacter*）	短杆状	H_2+CO_2+甲酸
甲烷球形菌属（*Methanosphaera*）	球状	甲醇$+H_2$
甲烷嗜热菌属（*Methanothermus*）	杆状	H_2+CO_2；也能还原 S；极端嗜热
甲烷球菌目		
甲烷球菌属（*Methanococcus*）	不规则球状	H_2+CO_2，丙酮酸$+CO_2$，甲酸
甲烷微菌目		
甲烷微菌属（*Methanomicrobium*）	短杆状	H_2+CO_2，甲酸
产甲烷菌属（*Methanogenium*）	不规则球状	H_2+CO_2，甲酸
甲烷螺菌属（*Methanospirillum*）	螺旋状	H_2+CO_2，甲酸
甲烷盘菌属（*Methanoplanus*）	盘状细胞，具尖锐边缘的薄盘状	H_2+CO_2，甲酸，
甲烷粒菌属（*Methanocorpusculum*）	不规则球状	H_2+CO_2，甲酸，乙醇
甲烷袋状菌属（*Methanoculleus*）	不规则球状	H_2+CO_2，甲酸，乙醇
甲烷八叠球菌目		
甲烷八叠球菌属（*Methanosarcina*）	大的不规则球菌，聚集成团	H_2+CO_2，乙酸，甲醇，甲胺
甲烷叶菌属（*Methanolobus*）	不规则球菌，呈聚集状	甲醇，甲胺
甲烷盐菌属（*Methanohalobium*）	不规则球菌	甲醇，甲胺；嗜盐
拟甲烷球菌属（*Methanococcoides*）	不规则球状	甲醇，甲胺
甲烷嗜盐菌属（*Methanohalophilus*）	不规则球状	甲醇，甲胺，甲烷硫化物；嗜盐
甲烷发菌属（*Methanothrix*）	长杆状，丝状体	乙酸
甲烷嗜热菌目		
甲烷嗜热菌属（*Methanopyrus*）	链杆状	H_2+CO_2；极端嗜热，能在 110℃条件下生长

二、极端嗜盐古菌

这是能生长在高盐环境的古菌，常生活在盐湖、盐碱湖、晒盐池或粗盐腌制的食品（咸鱼、咸肉）等环境中。极端嗜盐古菌不仅嗜盐，而且需要高浓度的盐，甚至接近于饱和状态的盐。其生长至少需要 1.5mol/L（约为 9%）NaCl，大多数种则需要 2～4mol/L(12%～23%)NaCl 才能生长良好。而且均能在 5.5mol/L(32%)NaCl 条件下生长，该浓度为 NaCl 的饱和浓度。在这个浓度下，有些种生长很慢。

目前发现极端嗜盐古菌有 26 属。细胞呈杆状或球状（图 3-4），并呈多形态，如圆盘形、三角形（表 3-3）。所有极端嗜盐古菌为革兰氏染色阴性，以二分裂方式繁殖。大多数菌种不运动，仅有少数菌株靠丛生极端鞭毛缓慢运动。菌落由于细胞含有类胡萝卜素物质而呈红色或橙色。均为化能有机营养型，而且大多数菌种是专性好氧的，并能利用氨基酸或有机酸作为能量来源，而且其良好的生长需要补充生长因子，主要是维生素类物质。

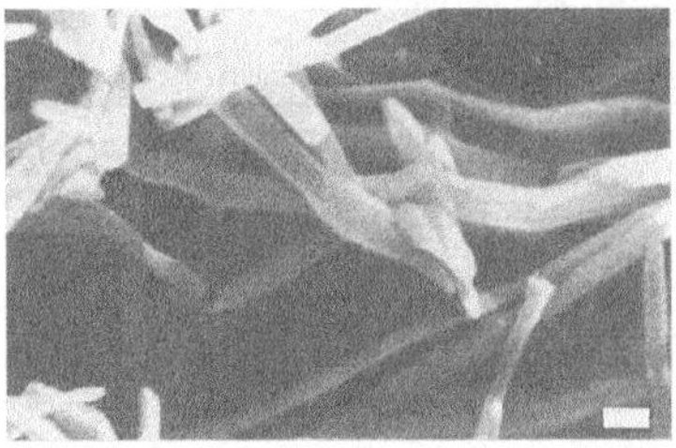

盐沼盐杆菌(*Halobacterium salinarium*)

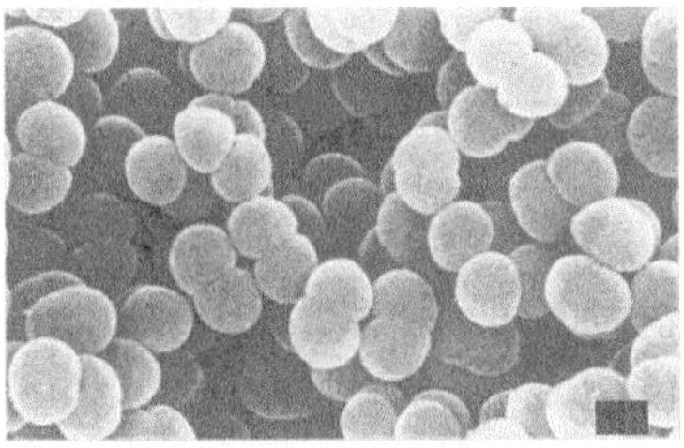

鳕盐球菌(*Halococcus morrhuae*)

图 3-4 极端嗜盐古菌的形态

表 3-3 部分极端嗜盐古菌的特征

属名	形态	生境
盐杆菌属（*Halobacterium*）	杆状	咸鱼、皮革和高盐湖
红盐菌属（*Halorubrum*）	杆状	死海、盐场和南极湖
盐棒菌属（*Halobaculum*）	杆状	死海
富盐菌属（*Haloferax*）	扁平盘状或杯状	死海、盐田
盐盒菌属（*Haloarcula*）	不规则盘状、三角形或长方形	美国加利福尼亚州死谷、西班牙海滨盐田
盐球菌属（*Halococcus*）	球状	咸鱼、盐田
嗜盐碱杆菌属（*Natronobacterium*）	杆状	高盐苏打湖
无色嗜盐菌属（*Natrialba*）	杆状	高盐苏打湖
嗜盐碱单胞菌属（*Natronomonas*）	杆状	高盐苏打湖
嗜盐碱球菌属（*Natronococcus*）	球状	高盐苏打湖

极端嗜盐古菌的生长虽然需要高浓度 Na^+，但它们与某些耐盐的微生物不同。后者在高盐环境下，细胞内会聚集或合成某些有机化合物作为亲和性溶质，以抵挡外界的渗透压力。然而，盐杆菌属的细胞在高盐条件下并不产生亲和性溶质，而是能从体外向细胞质内泵入大量的 K^+，导致细胞内的 K^+浓度显著高于体外的 Na^+浓度。因此，盐杆菌能利用无机离子作为亲和性溶质，使细胞保持稳定的水平衡。已知盐杆菌的细胞壁由糖蛋白组成，而且 Na^+结合在细胞壁的外表面，以保持细胞的完整性和稳定性。如果表面没有足够的 Na^+存在，其细胞壁就会破裂而使细胞溶解。该菌细胞壁的糖蛋白也含有许多酸性的氨基酸，如天冬氨酸和谷氨酸，其羧基形成的负电荷区被 Na^+束缚。如果 Na^+减少，蛋白质的负电荷部分将彼此排斥，而导致细胞溶解。该菌的细胞质蛋白也呈高度酸性，但保持其活性的离子是 K^+，而不是 Na^+。此外，盐杆菌的细胞质蛋白还含有微量的亲水性氨基酸，使其在含有高离子浓度的细胞质内，高度极性的细胞质蛋白仍处于溶解状态，从而使非极性的疏水性氨基酸趋向于成簇，并可能失去活性。

极端嗜盐古菌的另一个主要特点是细胞膜上存在菌视紫红质（bacteriorhodopsin），它是一种可以作为光受体的蛋白质色素，由于其结构和功能类似于眼睛的视觉色素（视紫红质）而得名。在菌视紫红质中，含有一种类似于胡萝卜素的视黄醛分子，它能吸收光并催化质子（H^+）转移和通过细胞质膜。由于发色团视黄醛的存在，菌视紫红质呈紫色。当含有此色素的细胞在光线照射下，色素会脱色。在此脱色过程中，质子被转运至膜外，形成质子梯度，从而产生能量并合成 ATP。菌视紫红质可强烈地吸收大约 570nm 绿色光谱区的光线，而且 ATP 的合成是靠与膜结合的 ATP 酶进行的。因此，极端嗜盐古菌能不靠光合细菌所特有的菌绿素而进行光合磷酸化作用。此外，它们也含有与细菌类似的细胞色素和铁氧还蛋白。

三、极端嗜热的代谢元素硫的古菌

这类古菌的特点是喜欢很高的温度，最适生长温度在 80℃以上，有些种能在 120℃以上的温度生长。大多数分布在灼热的土壤或富含元素硫（S）和硫化物的温泉及海底热液中。在此生境中，由于 H_2S 和 S 经过嗜热古菌的生物氧化作用而产生硫酸，其生境呈现微碱性到弱酸性（pH5～8），甚至呈强酸性，pH 可低于 1。

绝大多数极端嗜热古菌是专性厌氧菌，进行化能有机营养或化能无机营养的产能代谢。元素硫在代谢过程中可作为电子受体进行厌氧呼吸，也可在化能无机营养代谢过程中作为电子供体。在厌氧条件下进行化能有机营养，以元素硫作为电子受体，氧化多种有机化合物，尤其是小的多肽、葡萄糖和淀粉。有些菌则能利用不同的有机物作为电子供体，以 O_2 为电子受体。此外，许多化能无机营养的极端嗜热古菌能以 H_2 作为能源，在好氧条件下以 H_2 作为电子供体。其他化能无机营养的类群在生长时还需要 S 和 Fe^{2+}，并在氧化 H_2 或 Fe^{2+} 的过程中还原 NO_3^- 为 NO_2^-，最后产生 N_2 或 NH_4^+。这些现象说明，这类古菌能进行多种呼吸作用，产生能量。但是在许多情况下，元素硫起着关键的作用，由于它在能量代谢过程中可作为电子供体或电子受体，因此这类古菌在自然界硫素循环中起重要的作用。

极端嗜热古菌主要分布在火山口和海底火山口地区，其形态呈多样性，除常见的杆状和球状外，还有裂片球状、圆盘状、不规则球状、圆盘带有附属丝和杆状外覆包被物等（表 3-4）。其中，硫化叶菌属是最早发现的极端嗜热古菌，生长在富含硫黄的酸热温泉中，温度达到 90℃，pH 为 1～5。其形态呈裂片球状（图 3-5）。

图 3-5 嗜酸热硫化叶菌（*S. acidocaldarius*）的形态

表 3-4 部分极端嗜热古菌的特征

属名	形态	最适温度/℃	最适 pH
陆地火山口分离物			
硫化叶菌属（*Sulfolobus*）	裂片球状	75～85	2～3
酸菌属（*Acidianus*）	球状	85～90	2
热变形菌属（*Thermoproteus*）	杆状	88	6
热丝菌属（*Thermofilum*）	杆状	88	5.5
硫还原球菌属（*Desulfurococcus*）	球状	85	6
硫还原叶菌属（*Desulfurolobus*）	裂片球状	80	2.5
热棒菌属（*Pyrobaculum*）	杆状	100	6
甲烷嗜热菌属（*Methanothermus*）	杆状成簇	83～88	6～7
栖冥河菌属（*Stygiolobus*）	裂片球状	80	3
海底火山口分离物			
热球菌属（*Pyrococcus*）	球状	100	6～8
热网菌属（*Pyrodictium*）	圆盘带有附属丝	105	6

续表

属名	形态	最适温度/℃	最适 pH
热叶菌属（*Pyrolobus*）	裂片球状	105	5.5
热盘菌属（*Thermodiscus*）	圆盘状	90	5.5
葡萄嗜热菌属（*Staphylothermus*）	球状成团	92	6～7
热球菌属（*Thermococcus*）	球状	88	6～7
甲烷嗜热菌属（*Methanopyrus*）	杆状	100	6.5
甲烷球菌属（*Methanococcus*）	不规则状球菌	88	6
栖热袍菌属（*Thermotoga*）	杆状外覆包被物	80	7
产液菌属（*Aquifex*，属于细菌）	杆状	85	6

四、无细胞壁的古菌

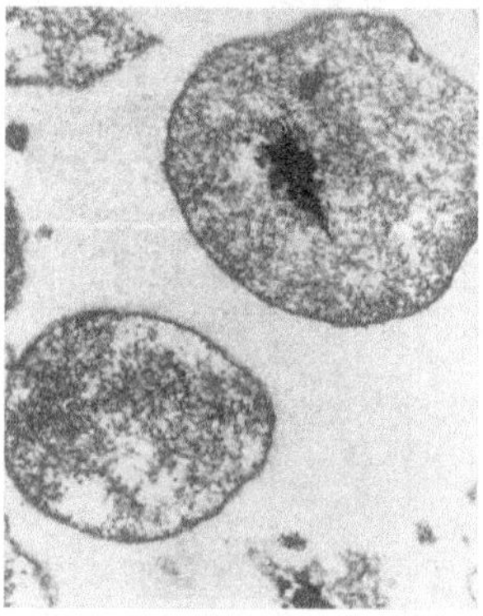

图 3-6　热原体属的形态

这类古菌没有细胞壁，从形态学的观点来看，类似于无细胞壁的支原体。其代表类群为热原体属（*Thermoplasma*），见图 3-6。特点是嗜热、嗜酸，而且进行好氧的化能有机营养。该菌在复合培养基上生长的最适温度是 55℃，最适 pH 为 2。兼性好氧，能在有氧或厌氧条件下生长，以硫作为能量来源。热原体属的大多数菌株分离于自身发热的废煤渣堆中。

无细胞壁的热原体之所以能够在渗透压条件下存活，而且能耐得住环境的低 pH 和高温的双重极端条件，原因在于其细胞膜具有独特的化学结构，含有带二甘油四醚的 40 碳类异戊二烯的醚酯，并构成该菌全部类脂组成的主要成分。细胞膜还含有糖蛋白。

与支原体一样，热原体的基因组很小，约为 1564kb，而且其（G＋C）mol%为 46%。基因组被高度碱性的 DNA 结合蛋白包围，形成球状颗粒，类似于真核生物细胞中的核小体。这种蛋白质很像真核细胞核小体中的碱性组蛋白，而且其氨基酸序列与真核细胞核的组蛋白的氨基酸序列有显著的同源性。目前已经发现，类似的 DNA 结合蛋白也存在于其他几种极端嗜热古菌的细胞中。

五、还原硫酸盐/Fe^{3+}的古菌

这类古菌归属于古生球菌目，只有 1 科 3 属，即古丸菌科古丸菌属（*Archaeoglobus*）、铁丸菌属（*Ferroglobus*）和地丸菌属（*Geoglobus*）。古丸菌属（图 3-7a）的细胞呈不规则球状，常为三角形。革兰氏染色阴性，在 420nm 波长照射下，细胞呈蓝绿色荧光。菌落呈黑绿色，光滑。严格厌氧，可进行化能无机营养、化能有机营养和化能混合生长。该菌利用硫代硫酸盐和 H_2 进行自养生长，但在硫酸盐条件下生长很少。在异养条件下，可利用甲酸盐、乳酸盐、葡萄糖、淀粉和蛋白质作为电子供体。将硫酸盐或硫代硫酸盐还原为硫化物，但不利用分子硫作为电子受体。其突出的特点之一是该菌与甲烷产生菌的关系，由于它含有少量的 F_{420}、辅酶 M 等，因此在培养过程中能产生少量甲烷。它是极端嗜热的，其最适温度约为 83℃，古生球菌分布在海洋的热液出口附近的沉积物中。铁丸菌属和地丸菌属的菌可以利用有机物为电子供体还原 Fe^{3+}，营化能自养或化能异养生活。

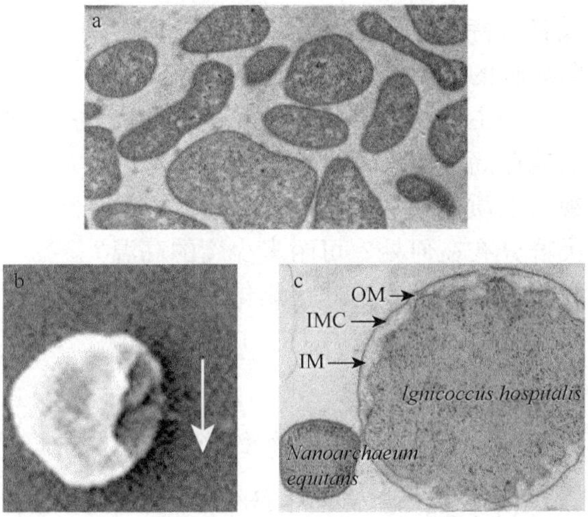

图 3-7　硫酸盐还原古菌 *Archaeoglobus sulfaticallidus*（a）、氨氧化古菌 *Nitrososphaera viennensis*（b）、与 *Ignicoccus hospitalis* 共生的骑行纳古菌（*Nanoarchaeum equitans*）（c）（改编自 Steinsbu et al.，2010；Moissl-Eichinger et al.，2011；Tourna et al.，2011）

图b 箭头所示为细胞附肢（cell appendage）；OM. 外膜（outer membrane）；IM. 内膜（inner membrane）；IMC. 膜间隙（inter membrane compartment）

六、氨氧化古菌

氮素循环是元素地球生物化学循环过程中的重要环节，氨氧化微生物是其中的重要参与者。随着环境基因组学及古菌生物学的研究发展，发现有一类古菌参与了这一过程并起着至关重要的作用。氨氧化古菌属于奇古菌门，包含 2 目 2 科 4 属，即亚硝化侏儒菌属（*Nitrosopumilus*）、亚硝化细杆菌属（*Nitrosotalea*）、亚硝化球菌属（*Nitrososphaera*）和亚硝化暖球菌属（*Nitrosocaldus*）。在海绵的共生古菌 *Cenarchaeum symbiosum* 基因组中也发现存在与氨氧化有关的氨单加氧酶基因 *amoA*。氨氧化古菌分布广泛，可以生活在温度高至 74℃，pH 低至 4 的各种生态环境中。*Nitrosopumilus maritimus* SCM1 是目前唯一纯培养的海洋氨氧化古菌，对 SCM1 的研究表明，该菌是极端寡营养微生物，对氨的耐受低于 1mmol/L，显著低于氨氧化细菌。土壤环境中的氨氧化古菌能够利用更高浓度的氨（10mmol/L），有的菌株能够在低的 pH 条件下（pH＜5）氧化离子化的氨。氨氧化古菌能够利用氧化氨释放的能量自养生长，但部分有机物的存在也能够刺激其生长，表明氨氧化古菌的营养类型可能是混合型的。*Nitrososphaera viennensis*（图 3-7b）是从土壤环境中分离到的一株氨氧化古菌，具有比 *N. maritimus* SCM1 更广的代谢底物范围。

七、与其他古菌共生的超微古菌

纳古菌门是古菌的一个新的分支，目前只有一个属即纳古菌属（*Nanoarchaeum*）。骑行纳古菌（*N. equitans*）是一类嗜热古菌，分离自爱尔兰海底火山口，广泛分布在极端高温环境中。该菌与燃球菌属的微生物专性共生，其细胞大小为 400nm，是目前发现的最小的具细胞结构的生物（图 3-7c）。骑行纳古菌基因组约为 490kb，GC 含量为 31.6%，存在编码 DNA 复制、修复所必需的基因，缺乏脂类、氨基酸、核酸及辅因子合成所需的编码基因。

复习思考题

1. 古菌根据表型特征可分为哪几个独特的类群？

2. 古菌的细胞壁组成有何特点？与细菌的细胞壁有何区别？
3. 古菌和细菌的细胞质膜的化学组成有何不同？
4. 产甲烷古菌能利用哪些主要底物产生甲烷？其细胞内含有哪些特殊的辅酶？
5. 极端嗜盐菌为什么能在高盐浓度下生长？请作解释。
6. 极端嗜盐菌的菌视紫红质如何利用光能产生 ATP？
7. 极端嗜热古菌的类群分布在何处？可耐多少度的高温？
8. 查阅文献阐述氨氧化古菌在氮素地球生物化学循环中的作用。

拓展阅读

古菌与真核生物的进化关系

生命的起源一直是生物学家研究的重点。根据核糖体小亚基 RNA 序列信息，生物界被分为真核生物、古菌和细菌三个域。虽然古菌和细菌在形态结构上具有类似性，但其遗传信息的转录和翻译同时具备真核生物和细菌的特征，古菌和真核生物中蛋白质合成过程中的核糖体循环高度保守，显示出古菌在进化过程中的特殊性。近年来的研究显示古菌与真核生物的关系可能更密切，甚至有科学家提出新的“二域”说，将真核生物归于古菌中。科学家发现了古菌的一个新类群“Lokiarchaeota”，基因组测序分析及进化分析显示该菌与真核生物归为一个类群，成为连接真核生物和古菌的一个桥梁。

如果有兴趣进一步了解这方面的信息，请参考如下文献。

Becker T. 2012. Structural basis of highly conserved ribosome recycling in eukaryotes and archaea. Nature，482：501-508.

Koonin EV. 2015. Origin of eukaryotes from within archaea，archaeal eukaryome and bursts of gene gain：eukaryo-genesis just made easier? Phil Trans R Soc B，370：0333.

Spang A. 2015. Complex archaea that bridge the gap between prokaryotes and eukaryotes. Nature，521：173-179.

Williams TA. 2013. An archaeal origin of eukaryotes supports only two primary domains of life. Nature，504：231-236.

深海古菌研究的新进展

地球上的生态系统主要由我们所熟知的光合作用维持的地表生物圈，以及存在于地球深部深海区域由化学能支持的黑暗生物圈组成。而在海洋深处的黑暗生物圈中存在着众多古菌，它们与我们平时熟知的细菌虽然形态大小相近，但是遗传信息分类完全不同，并可能与地球上真核复杂生命的起源有关（Zaremba-Niedzwiedzka et al.，2017）。

在海洋特别是深层海水中存在着一类叫作“奇古菌”（Thaumarchaeota）的自养氨氧化古菌，它们被认为在海洋的 N 循环中发挥了举足轻重的作用。DeLong 等在海水环境 rRNA 基因测序中首次发现并定义了 MG-I 古菌（Delong et al.，1992；Fuhrman，1992）（后命名为奇古菌）。在 3000m 以下的深海海水中，奇古菌是原核超微型浮游生物的主要组分（Karner et al.，2001）。Pearson 等（2001）通过分析膜脂的稳定碳同位素，发现这些古菌能利用无机碳源，意味着这类古菌可能具有自养 CO_2 固定的功能。而又有研究发现，MG-I 类古菌可以分解氨基酸（Ouverney et al.，2000），说明这类古菌可能是兼性自养或具有丰富的代谢多样性。在海洋大陆架边缘和陆坡区常常发现被称为“冷泉”的特殊海洋环境，“冷泉”主要是以甲烷为主的小分子烷烃与水混合的流体形成的甲烷渗漏区，这些还原性流体支撑了一个深海黑暗环境中的“生命绿洲”。一类叫作甲烷厌氧氧化菌的古菌类群在深海甲烷渗漏区通过与共生的硫酸盐还原菌合作，在厌氧的环境中氧化甲烷，同时还原硫酸盐作为能量来源。甲烷是一种重要的温室气体，据估计，海洋中90%的甲烷被这类古菌所消耗，显著减轻了地球温室效应的压力（Knittel and Boetius，2009）。直到近年来，这类古菌的代谢途径才被逐渐了解，其中包括在海洋环境中广泛分布的一类甲烷厌氧氧化菌 ANME-2a 的代谢途径，以及发现甲烷的氧化与甲烷的产生共用一条代谢途径（Wang et al.，2014）。

此外，在深海中，由于上层微生物将容易利用的有机物消耗殆尽，难降解的物质则会沉降在深海沉积物中。一类新命名的古菌类群“深古菌”（Bathyarchaeota）（Meng et al.，2014）被认为在难降解有机质的降解中发挥了重要作用（He et al.，2016）。深古菌被认为是海洋沉积物中最为丰富和活跃的一大类古菌，据推算深古菌在自然界中有$(2\sim3.9)\times10^{28}$个细胞，是地球上含量最丰富的微生物之一。由于深古菌细胞生长异常缓慢，至今尚未在实验室培养，其细胞体积偏小且不宜检测（直径0.4～0.6μm的球状颗粒），研究进展缓慢。近期研究发现深古菌同时具有降解难降解有机化合物，如芳香烃化合物、几丁质、纤维素等的代谢途径和利用无机碳自养合成乙酸的途径，可能是海洋沉积物中碳循环和生态系统的核心驱动者（He et al.，2016）。

目前深海古菌的研究已经取得重要进展，你如果有兴趣，建议参阅以下论文。

DeLong EF. 1992. Archaea in coastal marine environments. Proceedings of the National Academy of Sciences，89（12）：5685-5689.

Fuhrman JA. 1992. Novel major archaebacterial group from marine plankton. Nature，356（6365）：148-149.

He Y. 2016. Genomic and enzymatic evidence for acetogenesis among multiple lineages of the archaeal phylum *Bathyarchaeota widespread* in marine sediments. Nature Microbiology，1：16035.

Karner MB. 2001. Archaeal dominance in the mesopelagic zone of the Pacific Ocean. Nature，409：507-510.

Knittel K. 2009. Anaerobic oxidation of methane：progress with an unknown process. Annual Review of Microbiology，63：311-334.

Meng J. 2014. Genetic and functional properties of uncultivated MCG archaea assessed by metagenome and gene expression analyses. The ISME Journal，8（3）：650.

Ouverney CC. 2000. Marine planktonic Archaea take up amino acids. Applied and Environmental Microbiology，66（11）：4829-4833.

Pearson A. 2001. Origins of lipid biomarkers in Santa Monica Basin surface sediment：a case study using compound-specific $\Delta^{14}C$ analysis. Geochimica et Cosmochimica Acta，65（18）：3123-3137.

Wang FP. 2014. Methanotrophic archaea possessing diverging methane-oxidizing and electron-transporting pathways. The ISME Journal，8（5）：1069.

Zaremba-Niedzwiedzka K. 2017. Asgard archaea illuminate the origin of eukaryotic cellular complexity. Nature，541（7637）：353-358.

（深海古菌部分由上海交通大学生命科学学院王风平教授、王寅炤博士提供）

4

第四章　真核微生物

真核微生物包括单细胞的酵母菌和丝状真菌，还包括黏菌、卵菌、原生动物和某些藻类。它们的形态多样，生理特点各异，本章主要介绍真菌和黏菌的形态及其结构特点。

第一节　真　　菌

真菌（fungi）是分化较复杂的微生物，种类繁多，形态各异，大小悬殊，可以形成多样的组织结构，在自然界分布广泛。早期的分类系统曾经把真菌归属为植物界的一个门，即真菌门（Eumycota）。真菌没有叶绿素，不能进行光合作用的特征与植物不同，少数真菌的细胞在生活周期中某一阶段只有质膜包被，类似于原生动物，多数是有细胞壁的。真菌的营养方式既不同于植物，也不同于原生动物，真菌已经被大家公认独立于植物和动物之外，成为微生物的一个重要类群。

真菌的主要特点是：①细胞核有核膜，通常在一个细胞内可以存在多个核，丝状真菌每个细胞内的细胞核数量有可能不同，这一特点在其他真核生物中是不常见的；②为异养型微生物，靠吸收方式获取营养，即细胞从周围环境中吸收可溶性营养物质，这种营养方式不同于植物的光合作用，也不同于原生动物的吞噬作用；③多为丝状体，没有叶绿素，易与藻类区分。此外，真菌的孢子繁殖，特殊的组织结构，以及形态和生理代谢等方面都有各自的特点。

一、真菌的形态和细胞结构

真菌的营养体有单细胞和分枝繁茂的丝状体。具有细胞壁、细胞质膜、细胞核、线粒体等，以及各种贮存颗粒。某些真菌的孢子上生有鞭毛，可以运动。目前对于真菌细胞的微细结构已经了解得较清楚。

（一）真菌营养体的基本形态

酵母菌是真菌中形态结构较简单的类群，它们的营养体多为单细胞（图 4-1a），通过裂殖或芽殖方式繁殖，由于有些酵母菌在一定条件下，芽殖后不脱落，形成各种假菌丝（图 4-1b 和 c）。

丝状真菌的营养体由分枝或不分枝的菌丝（hypha）构成，直径 2～10μm，当生存条件适宜时可以无限生长延长。大多数菌丝分枝繁茂，交织在一起称为菌丝体（mycelium），由营养和繁殖两部分组成。少数菌的菌丝不发达，只有少量须根状的细丝。有些真菌则在不同培养条件下出现两型菌体形态，如有些毛霉在固体培养基表面生长为分枝繁茂的丝状体，而在液体培养基中则为单细胞。

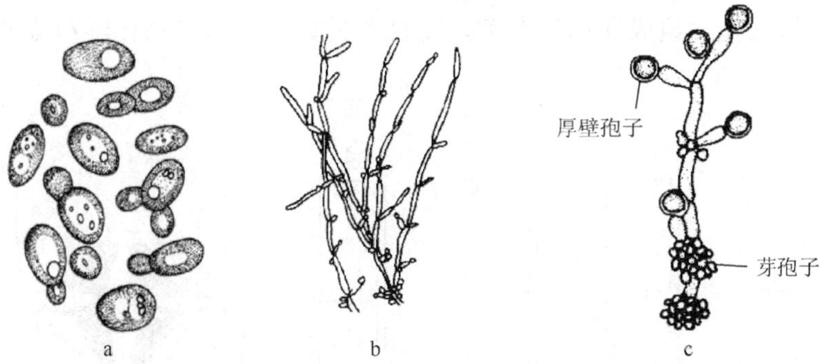

图 4-1　酵母菌的营养细胞及其假菌丝（引自 Alexopoulos et al.，1996）

a. 热带假丝酵母菌的营养细胞；b. 热带假丝酵母菌的假菌丝；c. 白假丝酵母

真菌的菌丝通常可分为两类：无隔菌丝和有隔菌丝（图 4-2）。一般低等真菌，如根霉属（*Rhizopus*）、毛霉属（*Mucor*）和水霉属（*Saprolegnia*）的营养体为长管状细胞，没有隔膜，为无隔菌丝，细胞质内含多个核，只有在形成繁殖器官（如孢子囊）时才产生一个隔膜，或当菌丝受到伤害断裂时也能产生一个横隔，可阻止细胞内含物的外溢。这些隔膜一般都是全封闭的。较高等的丝状真菌，如青霉属（*Penicillum*）、曲霉属（*Aspergillus*）和镰刀菌属（*Fusarium*）等的营养体为有隔菌丝，菌丝按等距离产生隔膜，所以这类菌丝是多细胞的。每个细胞内含有一个或多个细胞核，这种隔膜中心或四周有孔。隔膜孔的形态和大小因种类而异，细胞质、贮存颗粒和线粒体等细胞内含物通过隔膜上的小孔可自由流通。有些种类，如脉孢菌属（*Neurospora*）的隔膜孔较大，可以允许细胞核通过。高等担子菌的隔膜中心有个桶状的孔，桶孔两侧有覆垫（parenthesome）。具这种结构的隔膜称为桶孔隔膜（dolipore septum），它只允许细胞质通过，而细胞核不能通过。各种丝状真菌的隔膜类型见图 4-3。

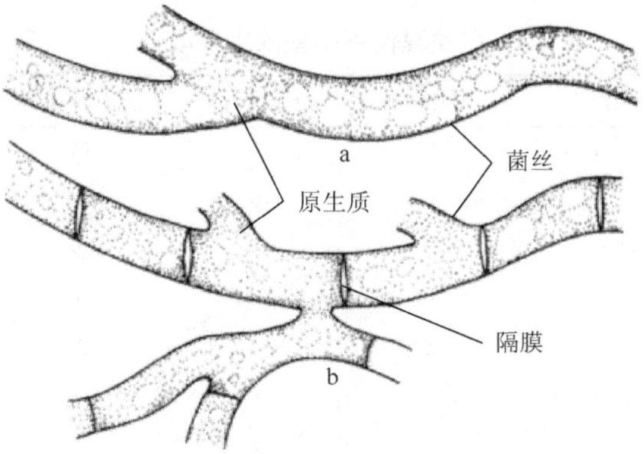

图 4-2　无隔菌丝和有隔菌丝（引自余永年等，1983）

a. 无隔菌丝；b. 有隔菌丝

（二）真菌的细胞结构

1. 细胞壁　细胞壁是真菌细胞的最外层（厚 100～250nm），它的质地较坚硬，起到固定细胞外形和耐原生质体膨压的作用。若将真菌细胞的细胞壁除去，留下的原生质体都是球形的，而且只能在等渗溶液中生存，否则原生质体将会由于吸水膨胀而破裂。细胞壁对于细胞的保护作用，与其化学组成和结构有关，而且各类真菌细胞壁的化学组成和结构因种类不同而区别较大。

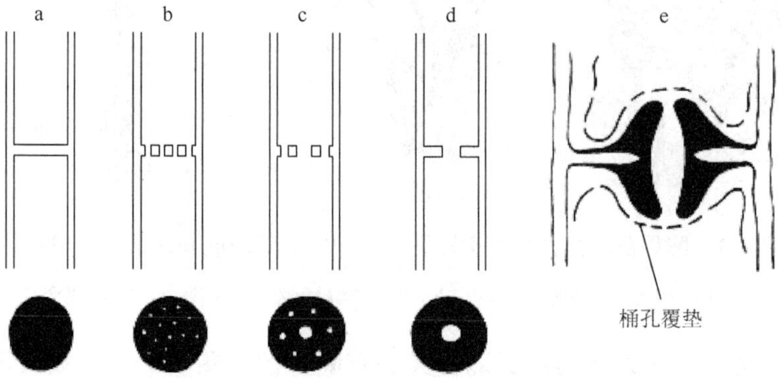

图 4-3 丝状真菌的隔膜类型（引自邢来君等，1999）

a. 全封闭型；b、c. 多孔型；d. 单孔型；e. 桶孔型

在大多数丝状真菌细胞壁的主要化学组分中，80%～90%为葡聚糖，其余为脂类和蛋白质。葡聚糖是构成细胞骨架的主要物质，以几丁质为主。几丁质为 *N*-乙酰氨基葡萄糖的多聚物，这些葡萄糖均以 β(1→4)键、β(1→3)键或 β(1→6)键相连。在某些真菌中，也发现 α(1→3)键相连接的情况。在主要以 β(1→3)键相连接的葡聚糖中，β(1→6)键相连的数目和部位可能都与葡聚糖的晶形有关。因此，这种连接在作为骨架的机械性能方面有重要作用。几丁质是多数丝状真菌细胞壁中最常见的组分。酵母菌细胞壁的主要成分为葡聚糖和甘露聚糖，还含有少量的蛋白质及脂类。卵菌（如水霉）细胞壁的主要成分为纤维素。从表 4-1 中可以了解真菌细胞壁化学组分的多样性。

表 4-1 各类真菌细胞壁的主要成分（%）

成分	壶菌门	卵菌门	接合菌门	子囊/半知菌	酵母属	担子菌门
葡聚糖（α-1, 3 和 β-1, 3）	16	54	0	43	29	61
纤维素	—	36	0	0	0	0
几丁质（甲壳质）	58	0	9	19	1	10
聚氨基葡糖	—	10	33	0	0	—
甘露聚糖	—	<1	2	2	31	<3
蛋白质	10	5	6	11	13	7
脂类	—	3	8	5	9	3

有些学者根据细胞壁的化学组分，将真菌划分为几个化学类群。例如，子囊菌、担子菌和半知菌类的真菌细胞壁均由几丁质-葡聚糖组成；卵菌的细胞壁则主要由纤维素组成。细胞壁的组分与真菌的系统发育的关系，是目前真菌学家所探讨的问题。

真菌细胞壁的研究一般采用化学分析法。用专一性酶降解特异性的胞壁多聚物，再利用电子显微镜进行观察。例如，酿酒酵母（*Saccharomyces cerevisiae*）的细胞壁具有明显的两层，外壁由几丁质、甘露聚糖和蛋白质组成，内壁由葡聚糖和甘露聚糖组成。丝状真菌细胞壁的结构以粗糙脉孢菌（*Neurospora crassa*）为例研究得较详细（图 4-4）。其菌丝细胞壁分为 4 层：①最外层是不定型的β-葡聚糖，厚度 80～90nm（图 4-4a）；②在葡聚糖中掺有蛋白质的网状体，厚度 25～40nm（图 4-4b）；③蛋白质层，厚度约 9nm（图 4-4c）；④最内层紧贴细胞质膜，是具有嵌藏蛋白质的几丁质微丝层，厚度约 18nm，几丁质纤维的机械强度较大，在构建细胞的形状上起重要作用（图 4-4d）；图 4-4e 代表细胞质膜。

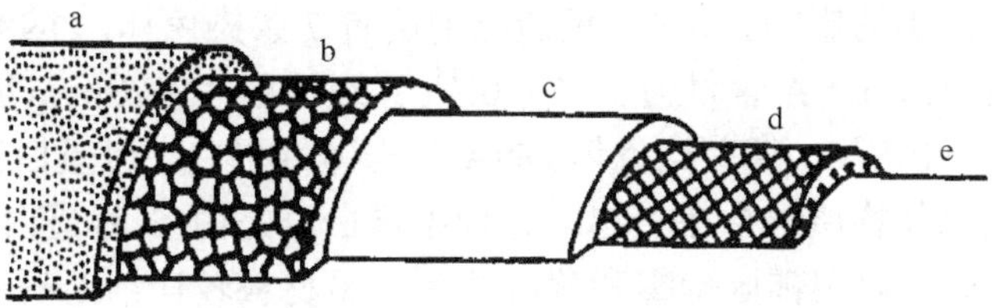

图 4-4　粗糙脉孢菌（*Neurospora crassa*）的菌丝结构示意图

丝状真菌细胞壁的这种结构，通常是指生长中的菌丝或某些孢子的细胞壁。一般来讲，组成真菌细胞壁的成分十分丰富。在细胞的成熟过程中，细胞壁的成分会发生明显变化，处于不同进化地位的菌丝，其细胞壁成分也存在着一定的变化规律。例如，同一菌种菌丝尖端即生长点部分的结构与成熟部分略有不同。从图 4-4 可看出，可将菌丝尖端分成几个部分，在这里明显含有葡聚糖-几丁质，但糖蛋白不呈网状，也不明显。菌丝顶端有延伸区和硬化区，它们的内层是几丁质层，外层为蛋白质层。接下来的亚顶端部位（次生壁形成区），由内至外是几丁质层、蛋白质层和葡聚糖蛋白层。再下面为成熟区，由内至外相应为几丁质层、蛋白质层和葡聚糖层。最后为隔膜区。

根据真菌细胞壁化学组分的差异，可选择不同的酶类降解其细胞壁，制备原生质体。对于酵母菌来说，可选用蜗牛酶，这是一种复合酶，具有葡聚糖酶、蛋白酶和脂酶等活性。其他丝状真菌可分别选用蜗牛酶、纤维素酶和几丁质酶等。由于每种真菌细胞壁的化学组分复杂，通常还可选择几种酶按一定配比来降解其细胞壁。

2. 细胞质膜和内质网膜　　真菌细胞质膜与其他生物膜一样，是典型的单位膜，主要由脂类和蛋白质组成，但有些菌种的细胞质膜内含甾醇，可能与增加膜硬度有关。细胞质膜具有通透性，所以它的主要作用在于对营养物质的吸收。

真菌细胞质膜的一个特殊现象是在膜的表面可见到膜折叠的结构。这种结构称为质膜体（plasmalemmasome），这种现象首先在酵母菌中发现，后来在粗糙脉孢菌中发现。质膜体沿细胞质膜扩展可长达 300nm，宽 20～30nm。它位于膜的外表面，如同鞘一样地包围着细胞质膜。但因受细胞壁的限制，好似陷入细胞内。它们的出现与菌龄有关。当质膜体被排挤到壁内时，则称为边缘体或膜边体（lomasome）。

真菌细胞内质网膜上有核糖体，这种核糖体与其他真核生物细胞的核糖体类似，沉降系数为 80S，包括 60S 和 40S 两种主要亚基。而真菌线粒体中的核糖体沉降系数则为 70S，与原核生物细胞中的核糖体类似。

3. 细胞核　　真菌的细胞核一般直径为 2～3μm。但是也有些菌具有较大的核，如蛙粪霉（*Basidiobolus ranarum*）的核直径约为 25μm，木蹄层孔菌（*Fomes fomentarius*）的核直径约为 20μm。在普通光学显微镜下，采用 Feulgen 染色法，或在荧光显微镜下，采用特异性荧光染料染色，都可以清楚地看到真菌细胞核的形态，以及核分裂和移动的情形。

真菌细胞核被核膜包围，其中含染色体、核仁和核质。核的主要化学成分为 DNA、RNA、蛋白质和脂。核膜与内质网膜相连，质地相同。用冰冻蚀刻法制片，在电子显微镜下可以清楚地看到在核膜上有许多小孔，称为核膜孔。在核膜孔的外侧四周有核糖体。核膜孔是核内物质与细胞物质交换的通道。

真菌染色体在细胞分裂期间呈染色质状态存在。主要由 DNA 和蛋白质组成，染色体中的 DNA 占细胞总 DNA 量的 80%～90%，其余的存在于线粒体中。每一种真菌所含 DNA 的量受其染色体数目和大小的影响。例如，粗糙脉孢菌有 7 条染色体，DNA 含量为 1.7×10^{-14}g；酿酒酵母有 18 条染色体，DNA 含量为 2.45×10^{-14}g；裂褶菌（*Schizophyllum* sp.）有 3 条染色体，DNA 含量为 13.2×10^{-14}g。真菌染色体 DNA 常与碱性蛋白（组蛋白）结合，在高等动植物中，组蛋白也与染色体物质结合在一起。这种组蛋白群是由 5 种蛋白质组成的，即 H1、H2A、H2B、H3 和 H4。以粗糙脉孢霉和酵母菌为试验材料较详细地研究了这个问题，并证实它们的染色体中所含的蛋白质与高等生物相似。在电镜下观察到呈串珠状的核小体结构，它是 DNA 与蛋白质的连接者，彼此间的距离为 10～20bp，而高等生物的核小体的间距为 50～60bp。核仁富含 RNA，其特点与高等生物相似，但在有丝分裂的过程中，核仁和核膜在一些真菌中并无消失的时期而始终存在，这与其他高等生物是不同的。核仁可以缢缩分裂。核质在细胞分裂时期充满整个细胞核空间，有半流动性。它是一种非染色性或轻度染色性的基质，主要成分为蛋白质。

真菌染色体虽然可以进行有丝分裂和减数分裂，但它们的细胞生物学过程与高等动植物不完全相同。通常在核周期中，将有丝分裂分为间期、前期、中期和后期。在每个时期都有其特征性标志。将真菌的有丝分裂与高等生物进行比较，发现的区别是前期一对核外中心粒的相应核膜内侧排列着着丝粒微管，二者均复制一次，则两对中心粒分别趋向两极，两组微管亦相对拉向两极呈纺锤形。这种现象在动植物细胞中尚未见报道过。微管是否与浓缩的染色体连接，在真菌中一般有两种情况。一种情况是未见染色体浓缩，如水霉属（*Saprolegnia*）；另一种则可看到浓缩的染色体，如鬼伞属（*Coprinus*），在中期时染色体也并未排列在赤道板，在整个核周期中着丝粒微管、核膜和核仁始终存在。由于真菌种类繁多，目前还不能用同一模式概括所有真菌，还需对大量菌种进行观察和分析，才能得出完善的认识。

4. 细胞器　真菌细胞中被膜包围的细胞器主要有线粒体、微体和液泡等。

（1）线粒体（mitochondria）　真菌线粒体自 20 世纪 60 年代就开始有了较详细的研究，用真纳绿（Jenas green）或四唑化合物等染色方法可以在光学显微镜下看到线粒体，但只能观察其轮廓。电子显微镜可以清楚地看到线粒体是各种大小的圆形或圆柱形，每个细胞中的线粒体的大小和数目均不相同。线粒体在细胞中的数量受菌龄的限制，在幼嫩的菌丝尖端 10～40μm 通常没有线粒体，只有在菌丝尖端稍后的一定距离处才开始有些小圆形的线粒体，在较老的菌丝中线粒体数目增多，为椭圆形到长圆形。此外，线粒体数目和大小也受环境条件的影响。例如，酵母菌在有氧条件下生长时，线粒体数目可占细胞质总体积的 14%，而在缺氧条件下，其大小和数量均显著减少，并呈发育不良的状态，甚至在线粒体内无脊。线粒体有融合和分裂的特点，几个小的可以融合成一个大线粒体，在一些真菌中常观察到一个线粒体靠膜缢缩分裂成两个，而且其分裂有周期性，但并不一定与细胞核周期同步。

线粒体中含有线粒体核。实际上，这是一个含 DNA 纤丝的区域。在电子显微镜下观察为电子浓密区，形状呈杆状或碟状。线粒体内这个含有 DNA 的区域曾被赋予不同的名称，如线粒体核心、纤丝体、中心体和线粒体核。这里的 DNA 含有线粒体基因组，通常为环形或线形，长度为 15～30μm，类似于细菌的原核。线粒体复制时，其核也复制并分裂为二。

（2）微体（microbody） 微体是真菌细胞中存在的被单层膜包裹的并含有酶的球形体，在真菌中普遍存在，尤其在一些寄生真菌的菌丝中含量较高。其大小为 0.2～1.5μm，常与内质网、脂肪颗粒或线粒体相连，这种连接可能有利于各种代谢过程的进行。在代谢旺盛的菌丝体中，微体数量多，内含乙醛酸循环的酶系、接触酶、氧化酶和降解细胞壁多糖的酶等。

（3）液胞（vacuole） 液胞是细胞中一种较大的囊泡，多为球形、透明，随菌龄增长逐渐增多，并汇集成大液泡，占据菌体细胞较大空间。菌丝生长尖端没有液胞。在液胞内含有低浓度的溶液，如多聚偏磷酸盐、嘌呤和嘧啶等物质。其主要功能是维持细胞一定形状，并提供菌丝生长所需要的膨压。例如，生长的气生菌丝之所以能够挺立，就是靠膨压。

5. *贮存物质* 在真菌细胞中，较普遍的贮存物质是脂肪和糖原。在较老的菌丝、孢子（包括游动孢子）中都能看到许多大小不等的脂球，它们为圆形，有折光性，用苏丹黑等染料染色后很容易观察到。脂球是一种碳源和能源的贮存物。糖原一般在成熟的细胞中含量丰富，但在一些蘑菇菌种的幼菌柄中也发现有糖原存在，但在成熟后却消失了。糖原常在细胞某一特定的部位积累，可通过碘液染色后在光学显微镜下观察到，如有些菌核的中心部位的细胞中、担子菌的栅状子实层等处。在电子显微镜下，可以看到糖原聚集成花朵形，其直径为 15～30nm，是一种等直径的颗粒，又称为 β-颗粒。

6. **鞭毛（flagellum）** 鞭毛是某些真菌产生的游动孢子的运动器官。在普通光学显微镜、暗视野显微镜和相差显微镜下均可以看到。但是直到使用电子显微镜观察后才认识到它们的形态和结构。真菌的鞭毛有两种形态，一种称为尾鞭式鞭毛（whiplash flagella），为细丝状，越到尖端越细，或突然变细；另一种称为茸鞭式鞭毛（tinsel flagella），为羽毛状，其侧生许多细毛。鞭毛可生长于游动孢子的一端或中腰处，数量通常为 1～2 根。图 4-5a 可详细说明几种真菌鞭毛的着生方式。鞭毛多呈正弦波状运动，鞭毛的活动带动菌体运动。

鞭毛的基部位于细胞质中，称为“基体”（kinetosome）。基体来自中心粒，扁圆形，由 9 根纤丝呈环状排列而构成，每根纤丝由 3 根微管组成。当基体向细胞外伸出鞭毛时，每根纤丝则由两根微管组成，在鞭毛的中心部分，出现两根含单微管的纤丝。所以，整个鞭毛由 11 根纤丝组成，外面包着鞘。这种鞭毛结构称为 9 + 2 排列系统，是真核生物鞭毛的典型排列方式（图 4-5b）。在细胞内基体附近有个线粒体，基体两侧靠一种带状的小根状结构与线

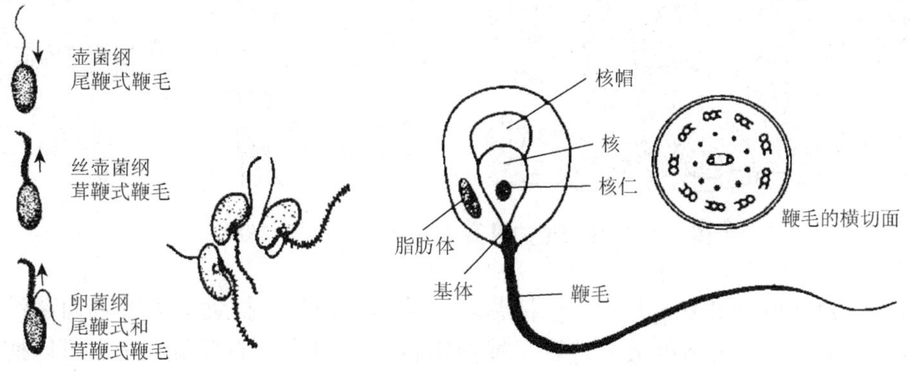

图 4-5 几种真菌的鞭毛

a. 鞭毛的着生方式；b. 鞭毛的结构及其横切面

粒体相连。这种构造可能最易于保证鞭毛的坚固和得到运动所需的能量。细胞若具有双鞭毛，则在两根鞭毛的基体之间由纤丝相连。鞭毛的化学组分主要为蛋白质，组成微管的蛋白质称为微管蛋白。

二、菌丝结构

（一）菌丝的变态类型

1. 匍匐丝（stolon）和假根（rhizoid）　毛霉目的真菌常形成延伸并连接两丛孢囊梗的菌丝，称为匍匐丝。由菌丝向基物长出的须根状结构，称为假根，常发现于接合菌类的真菌中，用以吸收营养，并支撑孢囊梗和孢子囊（图 4-6）。

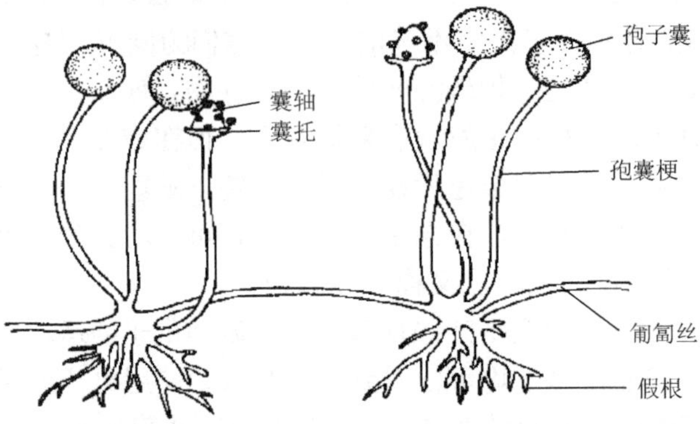

图 4-6　匍匐丝和假根

2. 吸胞（haustoria）　或称吸器，病原真菌侵染植物后，在细胞间蔓延，从菌丝侧生出短枝深入寄主细胞内吸取营养，形态各异（图 4-7），细胞呈拳头状、丝状、手指状和不规则状。在这种寄生情况下，寄主细胞并未受到破坏，细胞仍然是活的。吸胞则不断地吸取寄主的养分供给真菌生长。

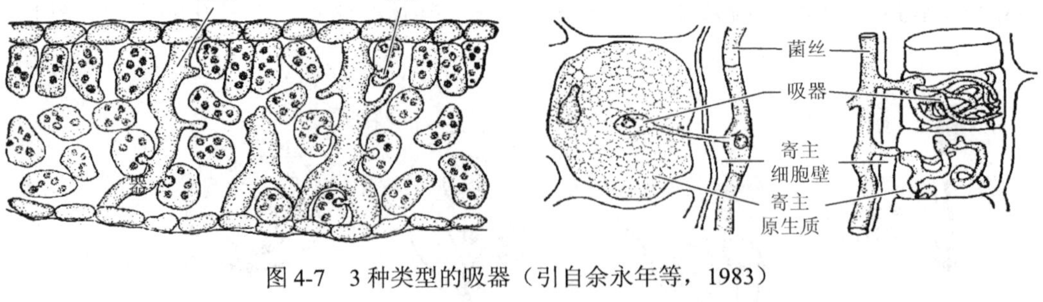

图 4-7　3 种类型的吸器（引自余永年等，1983）

3. 菌丝陷阱（hyphal trap）　包括菌环、菌网，是具有捕食能力的真菌菌丝所产生的特殊结构（图 4-8）。这类菌种大多数属于捕虫霉目和半知菌类的真菌。它们可以捕捉微小动物、原生动物、根足虫和线虫等。其捕虫的方式有两种，一种靠黏着；另一种靠机械捕捉，或者二者兼有。完全靠黏着方式捕食的真菌，不具备特殊形状的菌丝结构，只靠菌丝表面分泌黏液，如梗虫霉（*Stylopage* sp.），当线虫触及这种黏菌丝时则被黏住。靠机械捕捉的真菌，一般具有特殊的结构。例如，有些种能侧生短分枝，其末端膨大成拳头状，当线虫通过这个部位时，就被牢牢抓住。有些种的短侧枝有3个膨大的细胞组成环状的圈套，当线虫不慎钻入套环时，这3个细胞立刻缩紧将线虫卡住。套环的内表面对摩擦十分敏感，虫子越扭动，3个菌丝细胞越膨大，对线虫抓得越紧，使它不能逃脱。另外，有些种具备两种能力，它们的侧生菌丝弯曲，彼此结合，连成三维网状结构，并同时可以分泌黏液，当微小虫子被菌网黏住后受到菌网的缠绕，从而逐渐被菌丝穿透并消解。

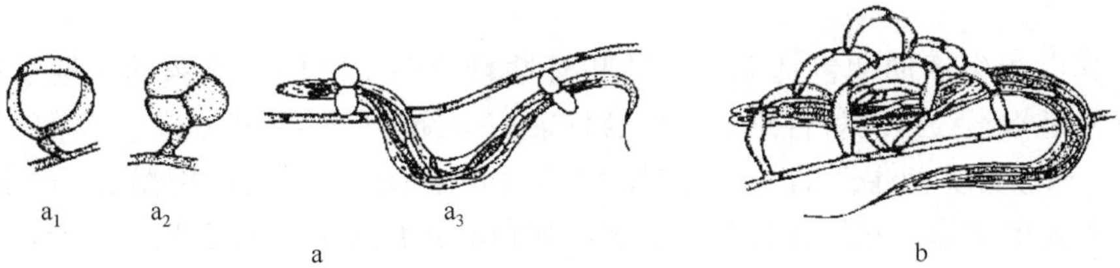

图 4-8 菌环和菌网（引自邢来君等，1999）

a. 菌环：a_1. 未膨大的菌环；a_2. 膨大的菌环；a_3. 菌环夹住线虫。b. 线虫被菌网捕获

4. 附着枝（hyphopodium）和附着胞（appressorium） 小煤炱目（Meliolales）真菌的菌丝细胞上能生出 1～2 个细胞的短枝，能将菌丝附着在寄主体上，这种短枝称为附着枝。附着胞是指芽管或菌丝在寄主表面形成的膨大器官，常分泌黏状物，借以将自己牢固地黏着在寄主表面。由此膨大部分长出纤细的针状感染菌丝（通常为楔状结构），再侵入寄主的角质层，这个膨大部分称为附着胞（图 4-9）。

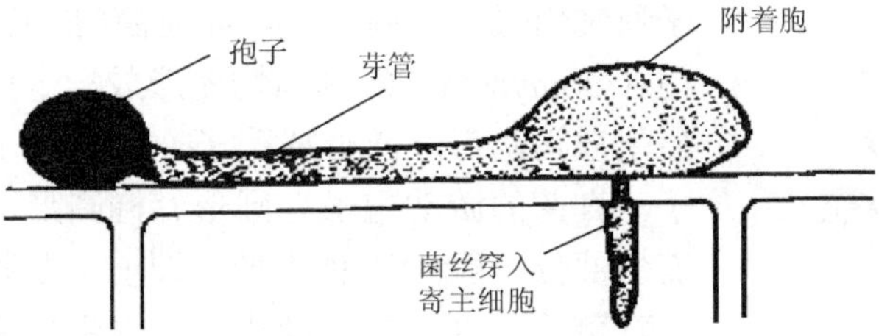

图 4-9 真菌的附着胞

（二）菌丝形成的组织体

1. 菌核（sclerotium） 有些真菌生长到一定阶段时，由菌丝不断分化并密集结合形成的坚硬的团块结构，称为菌核，是真菌的休眠体。菌核的内部结构可分为两层，即皮层和菌髓。皮层由紧密交错的具有光泽的厚壁细胞组成；而菌髓则由无色菌丝比较疏松地交错组成。菌核一般在秋末形成，可以抵御寒冷、干燥等不良环境。菌核遇到适当条件时可以萌发，但一般萌发时产生的子实体都起源于菌髓。由于菌种不同，产生的菌核形状、大小不同。菌核可分为3种类型：①真菌核，完全由菌丝缠绕组成；②假菌核，由菌丝和寄主组织共同组成；③小菌核，体积很小，仅由几层细胞组成。

2. 菌索（mycelial cord）和根状体（rhizomorphs） 由营养菌丝组成的索状结构称为菌索，大量菌丝平行聚集，并分化成根状或绳状结构，色深。有顶生分生组织的营养菌丝组成的索状结构称为根状体。它们周围形成坚固的外表层，是由拟薄壁组织组成的皮层。内层由疏丝组织组成，称为心层。尖端为生长点。菌索和根状体有抵抗不良环境和帮助输送营养物质，以及侵染寄主的功能。当环境适宜时，可以从生长点恢复生长。

3. 子座（stroma） 由菌丝分化形成膨大、密集缠绕的团块状、垫状、棒状、柱状和头状等组织结构。简单的子座仅由一层相互交织的菌丝形成，而复杂的子座则与菌核相似。子座可以由菌丝单独组成，也可以由菌丝与寄主组织共同构成。子座成熟后，在它的内部和表面可发育无性繁殖和有性繁殖结构。

三、无性繁殖

大多数真菌的生活周期包括无性繁殖和有性繁殖两个阶段。真菌的无性繁殖（asexual reproduction）是指不经过两种性细胞的结合便能产生新个体的繁殖方式。真菌的无性繁殖产生无性孢子。一般在真菌生活的某一时期，由菌丝分化形成不同的产孢器官，产生无性孢子。无性孢子多数为单倍体，它们在种类、形态、颜色和形成方式上存在很大差异，多种多样，可作为分类鉴定的依据之一。真菌中最简单的无性繁殖方式为裂殖，即细胞分裂产生子代，多发生在单细胞的酵母菌中，如裂殖酵母属（*Schizosaccharomyces*）。有些酵母通过出芽的方式繁殖后代。真菌中主要的无性孢子类型有游动孢子、孢囊孢子、分生孢子、芽孢子和厚垣孢子等，分别由不同的真菌产生。无性孢子繁殖迅速，生成量大，可以随气流、雨水和动物的活动而传播。这里主要根据真菌的种类，介绍它们产生的几种无性孢子类型。

（一）游动孢子

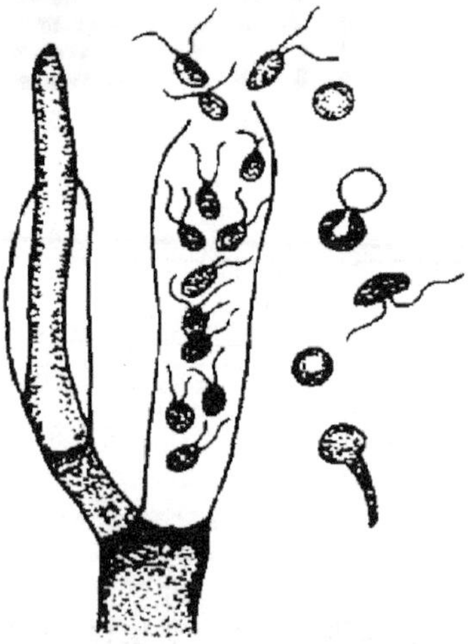

图 4-10 水霉的游动孢子

游动孢子（zoospore）是一种单细胞、有鞭毛、可游动的水生孢子，产生于游动孢子囊（zoosporangium）内。这种孢子通常由低等真菌产生，如壶菌门（Chytridiomycota）、卵菌门（Oomycota）的真菌均先形成一个孢子囊，在孢子囊内经原生质切割后逐渐形成孢子，最后孢子囊破裂释放出游动孢子。真菌的游动孢子有圆形、椭圆形、梨形和肾形。鞭毛的着生部位一般有 3 种类型，即前生单鞭毛、后生单鞭毛和腰生双鞭毛。水霉是一种典型的水生真菌，它可以产生两种游动孢子。如图 4-10 所示，在菌丝顶端产生棒形孢子囊，当游动孢子成熟后，先由孢子囊顶端的小孔释放出大量顶生双鞭毛的梨形游动孢子，游动孢子游动片刻后停止，鞭毛消失，形成圆形静止体。几小时后萌发成肾形游动孢子，两根鞭毛侧生，孢子再次游动一段时间后成为静止体，然后可萌发成菌丝。水霉产生两种类型的游动孢子及孢子两次游动的现象称为双游现象。

（二）孢囊孢子

孢囊孢子（sporangiospore）产生于孢子囊内，单细胞，有细胞壁，不能游动，因此又称为静孢子。孢囊孢子多为圆形或近圆形，内含一个或多个核，主要分布在接合菌门的真菌中。孢子囊是菌丝上产生的孢囊梗顶端的膨大结构。当菌丝发育到某一阶段时，首先在菌丝上产生一个侧枝，称为孢囊梗。它们分枝或不分枝，单生或丛生，单细胞，一般可长达几十甚至几百微米，较菌丝略粗。图 4-11 是根霉孢囊梗、孢子囊、囊轴和孢囊孢子等示意图。孢囊梗生长到一定长度时顶端膨大成孢子囊，并生出横隔将孢囊梗与孢子囊分开。在孢子囊内，孢子发育形成的过程与游动孢子相似。此外，在孢子囊内还可以看到一个圆形或圆柱形的无孢子区域，称为囊轴。囊轴基部紧连着横隔，上部有膜与产生孢子的部分隔开。成熟的孢子囊呈深色，外表光滑或粗糙。孢子囊成熟破裂释放内部的孢囊孢子。当孢囊孢子脱落散出后，可清楚地看出孢囊梗顶端露出的囊轴。有些菌种的孢子囊脱落后残留下的部分称为囊领。孢囊孢子靠气流传播，在环境条件合适时，可萌发出菌丝。

图 4-11　孢子囊及孢囊孢子

a. 根霉的菌体简图；b. 孢囊梗及孢子囊；c. 囊轴、囊托及孢囊孢子；d. 凹陷的囊轴

（三）分生孢子

分生孢子（conidium）是一类靠菌丝分割或缢缩而形成的具有特定形态的无性孢子，在真菌中普遍存在。真菌的生活周期中能够产生大量分生孢子，并且靠各种环境因素传播。

分生孢子通常产生于由菌丝分化形成的分生孢子梗上。分生孢子梗在最初产生时，如同菌丝的一个短的侧枝，但其发育长成后形态明显区别于菌丝。它们可为单细胞或多细胞，分枝或不分枝，分枝有规则或无规则，单生或丛生。不同种类的分生孢子梗都有一定的形态特点。分生孢子的产生有两种方式，一种直接由菌丝片段沿横隔处断裂而成，所形成的分生孢子与菌丝直径相同，没有任何增大或缩小的现象，这种产生分生孢子的方式称为断裂法（thallic）；另一种是由分生孢子梗顶端形成，称为突芽法（blastic），人们将这种方式产生的孢子称为孔出孢子。大多数真菌由后一种方法产生分生孢子，但在形成过程中又分为两种情况。一种是分生孢子梗顶端直接膨大，即原来细胞壁和细胞质膜共同突芽形成孢子；另一种是分生孢子梗顶端破一孔口，仅由内膜从孔口突出，然后重新长出外壁而形成分生孢子。图 4-12 所示为分生孢子的形成方式。分生孢子的形态、颜色和大小因菌种不同而多样。它们有单细胞、双细胞和多细胞，有圆形、椭圆形、丝状、三角形和螺旋形等（图 4-13），并具备多种颜色。此外，它们的生长方式也有单生、串生和丛生等。有些分生孢子梗生长在由菌丝形成的或菌丝和寄主组织共同形成的结构内，如垫状的分生孢子座（sporodochium）、罐状的分生孢子器（pycnidium）和盘状的分生孢子盘（acervulus）等。

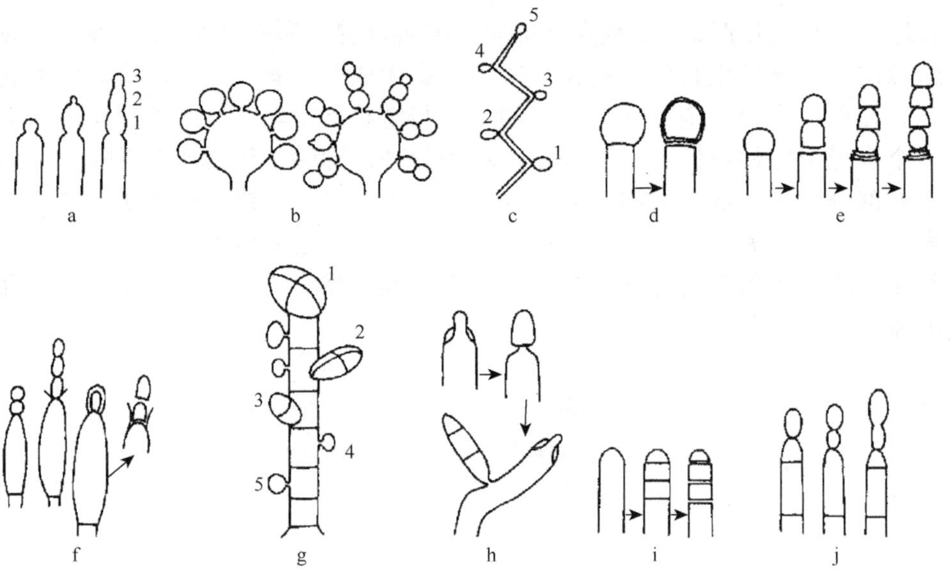

图 4-12　分生孢子的形成

a. 芽孢子；b. 簇生芽孢子；c. 合轴孢子；d. 粉孢子；e. 环痕孢子；f. 瓶梗孢子；g. 分生芽孢子；h. 孔出孢子；i. 节孢子；j. 分生节孢子

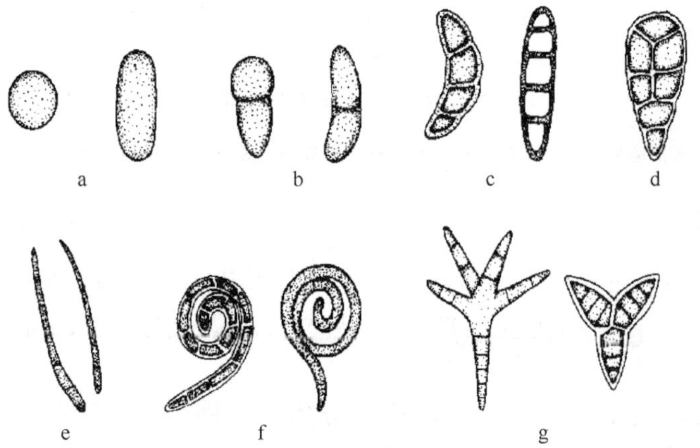

图 4-13　常见真菌的分生孢子类型

a. 单细胞；b. 双细胞；c，d. 多细胞；e 线状孢子；f. 卷曲孢子；g. 星状孢子

上述分生孢子及其产生的结构特点，常被用作分类和鉴定菌种的依据。图 4-14 是各种分生孢子的产孢结构。

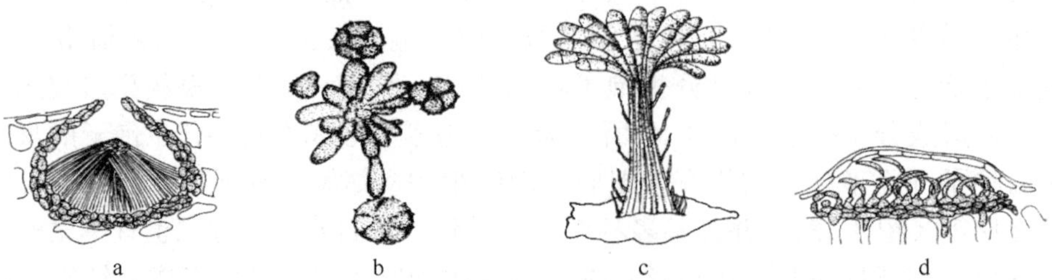

图 4-14　分生孢子的产孢结构（引自 Alexopoulos et al.，1996）

a. 分生孢子器；b. 分生孢子座；c. 孢梗束；d. 分生孢子盘

（四）芽孢子

芽孢子（budding spore）主要分布在酵母菌中。酵母菌在一般情况下不长菌丝，只有在某种特殊环境下才形成由单细胞连接起来的假菌丝。这些酵母菌的无性繁殖大多数是出芽产生芽孢子。芽孢子在形成时，自母细胞产生一个芽，此时细胞核也一分为二，其中之一进入芽细胞。芽细胞不断长大，靠缢缩方法从母细胞脱落下来。有时芽殖的第一个细胞尚未脱落，在这个芽细胞上又可继续出芽，长出另一个芽孢子。因此，有时可见几个芽孢子连成一串。通常母细胞出芽多在细胞两极，当芽孢子脱落后，母细胞表面留下一个斑痕，称为芽痕，有时在一个细胞表面可见100多个芽痕（图4-15）。

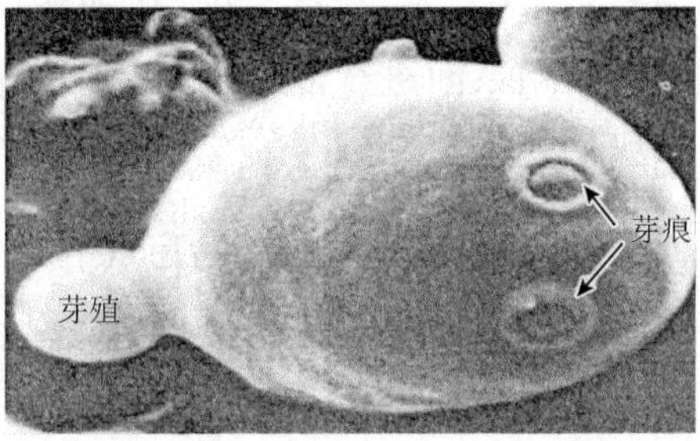

图4-15　酵母菌的芽殖和芽痕
（引自Alexopoulos et al.，1996）

（五）厚垣孢子

原垣孢子或称厚壁孢子、膨大细胞。它是由菌丝细胞原生质浓缩、变圆，形成厚壁的厚垣孢子（chlamydospore）。常产生于菌丝顶端或中间，圆形或椭圆形，单生或几个连在一起，颜色较暗。由于厚垣孢子壁厚，可抵抗不良环境。过去曾认为它们是为抵御不良环境而产生的，但事实证明，镰刀菌属（*Fusarium*）在正常情况下可产生厚垣孢子，并可随时萌发产生芽管。

在适宜的条件下，真菌的菌丝体和无性孢子均可立即萌发形成新的菌丝体，菌丝体上又分化出无性孢子，如此循环。很多真菌在一个阶段内可多次反复产生无性孢子。通常当冬季来临或具备发育有性孢子的条件时，可在菌丝体上分化出雌性和雄性细胞而进入有性阶段。

四、有性繁殖

真菌通过不同性别的细胞或器官配合后产生不同类型的有性孢子，称为有性繁殖（sexual reproduction）。虽然不同类型的真菌产生有性孢子的过程及产孢结构差异较大，但它们通常都经历质配（plasmogamy）、核配（karyogamy）和减数分裂（meiosis）几个阶段。首先，在菌丝体上分化出不同性别的配偶细胞（性细胞），它们是单倍体。但两个性细胞接触后结合，细胞质融合到一个细胞内，这一过程称为质配。质配后经过一段时间两个细胞核也结合成为双倍体的细胞核，这一过程称为核配。大多数真菌在发生质配后立即进行核配，然后经减数分裂形成单倍体的有性孢子。有些种类能维持很长一段时间的双核期，这个阶段的菌丝体称为双核体，而且双核体可以进行有丝分裂。例如，某些担子菌，可形成含双倍体核的有性孢子。

真菌的有性结合是一个比较复杂的问题，其发生需要各种条件。在自然界能找到发生有性结合的菌株，在人工培养条件下却常常不产生有性孢子。还有很多菌株，即使在自然界也很难发现其有性阶段。除环境因素外，菌株自身的亲和性是一个重要的内在原因。目前已知在真菌中有性繁殖的发生有两种情况，一种为同宗配合（homothallism），另一种为异宗配合（heterothallism）。凡在同一菌丝体（同一菌系）上产生的不同性细胞能结合产生有性孢子的称为同宗配合，而需要不同性别的菌丝（菌系）结合才能产生有性孢子的称为异宗配合。此外，它们的性结合往往由一对或两对等位基因决定。从遗传学角度解释，如果用♂A、♂a，♀A、♀a分别代表4种不同的菌体类型的话，有性繁殖不仅需要在性别不同的菌系间进行，还要具有亲和性，即只能在♂A×♀a和♂a×♀A之间进行，其他配合不能成功。

（一）真菌的有性结合方式

根据真菌有性结合时两性细胞的特点，可分为下列5种有性结合方式。

1. 配子结合　　配子（gamete）通常是指能够结合的游动孢子。它们产生于同一个或不同的孢子囊内，外形相似，大小相等或不相等，它们结合后产生双倍的有性孢子。这种游动孢子又称为游动配子。

2. 同形配子囊结合　　配子囊（gametangium）常指丝状真菌中可以发生性结合的细胞。由于菌种不同，配子囊的形状、大小均不相同。当同一类型并具有亲和性的菌株间发生结合的配子囊在形状、大小都相同时，称为同形配子囊结合，它们在外观上很难区分雌雄，因此人们常用“+”和“-”来表示不同性别。这些配子囊从菌丝上分化产生，不能运动。

3. 异形配子囊结合　　两个发生结合的配子囊在形状、大小上区别明显，能区分出雌性和雄性。例如，水霉，从菌丝上分化出的雄性配子囊一般较小，为棒形，称为雄器（antheridium），而从菌丝上分化产生的雌性配子囊一般较大，球形，称为藏卵器（oogonium），两种配子囊都不能运动。

4. 受精作用　　有些真菌的雄性细胞为精子（sperm）。精子为单细胞，产生于特殊的精子器（spermagonium）中，也有一些真菌的小型分生孢子可以起到精子的作用。它们本身不能运动，通常借助外力到达雌性细胞或亲和菌丝，并与之结合。

5. 菌丝联合　　两根单倍体的营养菌丝互相结合，产生双核菌丝，再进一步分化形成有性孢子。这种现象常在担子菌中发现，发生结合的菌丝有“+”与“-”的区别。

（二）有性接合的核行为

真菌的有性阶段就是两性的单倍体核合并于一个细胞内，核配后形成双倍体核，再经减数分裂成单倍体。这个过程在不同菌种中发生的情况不同，主要问题在于两性细胞质融合后，合并在一个细胞内的核是否立即配合？配合后的核是否立即进行减数分裂？因此，真菌的有性阶段可分为以下几种类型。

1）雌、雄细胞接触后，细胞融合、核配合和减数分裂在较短时期内连续完成。生活中的真菌大部分时间为单倍体，如子囊菌和毛霉目中的某些菌属于这种类型。

2）两个不同性别的核配合后，并不立即进行减数分裂。双倍体的核可以保持一定时间，或双倍体的核发生有丝分裂和繁殖双倍体的营养体。许多单细胞的酵母菌和长鞭毛的菌属于这种类型。

3）两性细胞融合后核并不配合，两个核并存于同一细胞内进行有丝分裂，在生活周期中有较长的双核阶段。它们发育到一定时期后核融合并进行减数分裂。大多数担子菌属于这种类型。

无论哪种类型的有性周期，真菌的有性孢子萌发后都长出单倍体的菌丝体，从而进入无性周期。关于真菌无性周期和有性周期交替的例子见第十二章真菌分类部分。

（三）有性孢子类型

1. 合子（zygote）　游动配子结合后产生的有性孢子称为合子。合子壁厚，内含两个细胞核，形成后则进入休眠期。一旦条件适宜，合子可以萌发。在萌发前两个核融合，并完成减数分裂，产生单核的无性孢子。有些低等真菌，同一孢子囊释放出的任意两个游动孢子都可以作为配子而结合。另外有一些真菌，如异水霉属（*Allomyces*），只有从不同性别的配子囊中释放出的游动配子才可以进行交配，而且雌、雄配子大小或颜色都有差异。一般它的雌配子较大，无色，雄配子较小，橙色，运动活跃。雌配子囊在发育配子时分泌一种性荷尔蒙，称为诱雄激素，促使雄配子向雌配子运动。结合后的两个配子还可以游动一会儿，然后停止游动，收起鞭毛，发育成合子。

2. 卵孢子（oospore）　卵孢子是由形状不同的异型配子囊，即藏卵器和雄器结合而产生的有性孢子（图 4-16）。这类真菌在进行有性生殖时，首先由菌丝侧生短柄，柄顶端膨大成圆形藏卵器。藏卵器内分化出 1 至几个卵球，卵球数目因菌种而不同。每个卵球内只含一个核，多余的核都退化。成熟的藏卵器有厚壁或表面有刺，但壁的厚度并不均匀，有的地方较薄便于雄器穿入。雄器可以产生于藏卵器的柄上、同一条菌丝上或另一菌丝体上。它们一般为棍棒状、丝状或拳头状。当雄器与藏卵器接触后，雄器生出一根小管穿入藏卵器，并将核与细胞质输入卵球内。在多卵球的藏卵器外可以有几个雄器穿入，每一个雄核与一个卵球核配合。受精后的卵球发育成卵孢子。卵孢子外有厚膜包围，内有大液泡和油滴。卵孢子的成熟过程较长，需要数周或数月之久，所以刚刚形成的卵孢子没有萌发的能力，它们要经过一个休眠期。卵孢子萌发先生出一个芽管，然后分化形成游动孢子囊，并产生游动孢子。

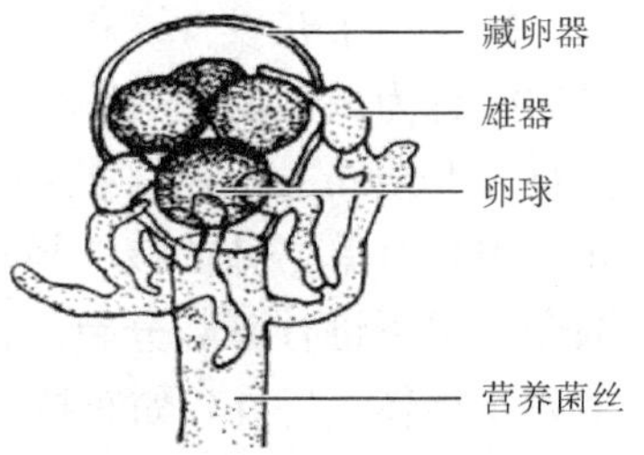

图 4-16　藏卵器、雄器及卵球

卵孢子为双倍体。已经证明许多形成卵孢子的菌，在其整个营养体时期都是双倍体。由此可见，卵孢子在萌发之前并不进行减数分裂，它们在发育雄器和藏卵器时才在配子囊中进行减数分裂，很快便进入有性结合。双倍体时期占据了此类真菌生命周期的大部分时间。

3. 接合孢子（zygospore）　接合孢子是由两个同形或异形配子囊融合后的产物。通常将接合的雌、雄性细胞用“+”和“–”表示。接合孢子为单细胞，厚壁、表面粗糙、有瘤状突起或刺，有些接合孢子被卷曲的菌丝包裹，颜色较深。图 4-17 为常见的几种接合孢子类型。

能形成接合孢子的菌株属于接合菌门。大多数为异宗配合，少数为同宗配合。当有亲和性的“+”和“–”两个菌丝体相遇时，首先在菌丝体上诱发产生接合梗，它们如同棒状短分枝，因含有 β-胡萝卜素而呈黄色。然后，两个菌体上的接合梗朝着相同的方向生长，并逐渐接近。当两个接合梗接触后，每个梗中产生一个横隔将接合梗分为两部分，前端的一个细胞为配子囊，含多核，基部细胞成为配囊柄（gametangiophore）。两个相接触的配囊柄在连接处破裂，两个细胞核与细胞质融合为一个细胞，此细胞继续发育形成接合孢子，这个阶段称为接触膨大反应。图 4-18 展示根霉接合孢子的形成过程。

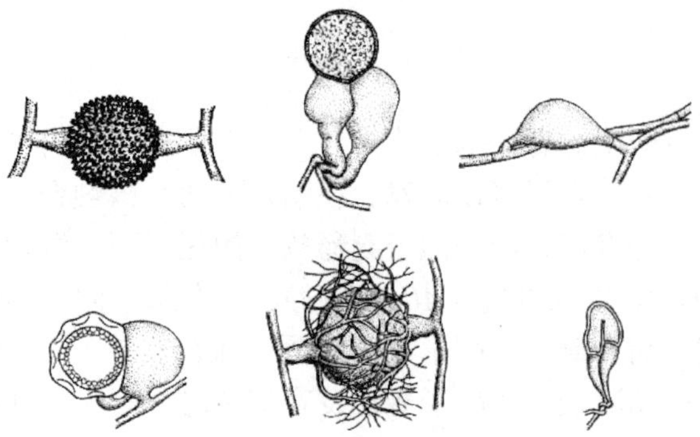

图 4-17　接合孢子的几种类型（引自 Alexopoulos et al.，1996）

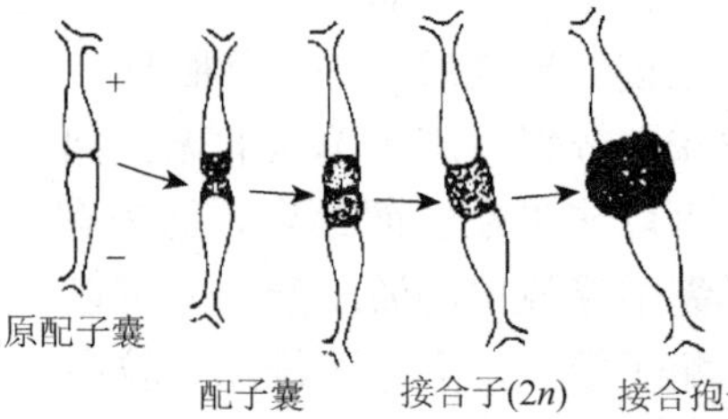

图 4-18　根霉接合孢子的形成过程

接合孢子在发育过程中通常可形成 3 或 4 层壁。最外层变硬并呈瘤状、刺状。接合孢子内的核行为依菌的种类不同而出现几种情况。例如，在冻土毛霉（*Mucor hiemalis*）和刺柄犁头霉（*Absidia spinosa*）的接合孢子中，所有的核在几天内全部成对融合并进行减数分裂，因此其中含有单倍体的核。另一些真菌如匍枝根霉和灰绿犁头霉，在它们的接合孢子中，核虽融合，但不进行减数分裂，直到孢子萌发时才开始减数分裂，所以这些菌株接合孢子内的核常为二倍体。另外，如布拉克须霉（*Phycomyces blakesleeanus*），在其接合孢子萌发长出的孢子囊内，有单倍体和二倍体两种核存在。

4. 子囊孢子（ascospore）　子囊菌门真菌的有性孢子通常生长在子囊（ascus）内，一个子囊一般含有 2～8 枚子囊孢子。子囊多单生或聚生在子囊果内。形成子囊孢子是子囊菌的主要特征，它们通过异型配子囊配合后产生。子囊的形成过程称为钩状形成方式（图 4-19）。有性过程的初期，先在菌丝上分化出雌性的产囊体（ascogonium）和雄器，它们各自含有多核。当两个异性细胞接触后，雄核及其细胞质转入产囊体，异性细胞核两两相配。由产囊体上生出许多产囊丝（ascogenous hypha），并有多对核进入产囊丝内。产囊丝生长到一定长度后，顶端钩状弯曲呈环形，在原产囊丝中和钩尖部分各生出一个横隔。在钩顶细胞中含有两个不同性别的核，并由此钩顶细胞发育成子囊。在子囊内两核融合，经过一次减数分裂和一次有丝分裂，最后形成 8 个单倍体的核。每个细胞核周围产生膜，包围细胞质和细胞核，并逐渐生出细胞壁，发育成子囊孢子。由于在一个产囊体上可以生长出许多产囊丝，每根产囊丝在发育出钩顶细胞后，仍可以侧生分枝，发育出另一根产囊丝，因此最后成为许多子囊丛生在一起。它们常常被许多不孕的菌丝细胞包围而形成具有一定形状的子囊果。子囊果因菌的种类不同而具有不同的外形和结构，分别称为子囊壳（perithecium）、闭囊壳（cleistothecium）和子囊盘（discocarp）等（图 4-20），有些子囊果外面生长出形态各异的菌丝，称为附属丝。另有少数真菌的子囊裸露在外，无子囊果包裹。大多数子囊果形成后有一个休眠期，因此有时虽然看到子囊果的外形，但其内部的子囊和子囊孢子并未分化或尚未成熟。

子囊孢子成熟后，靠子囊吸水增加膨压，导致子囊和子囊果破裂，或者通过子囊上特定的孔口而释放出来。释放出的子囊孢子在合适的条件下萌发生芽管，逐渐长成新菌丝体。

子囊孢子、子囊和子囊壁的结构，子囊孔口的类型，子囊果的形态、大小、质地、颜色和附属丝等特征，都是分类上的主要依据。有些子囊菌的子囊孢子不是通过钩状形成方式产生的。例如，酵母菌的两个营养细胞配合后融合成一个细胞，这个细胞就成为一个子囊，可发育出 2～8 个子囊孢子。它们形成单个分散的子囊，并不形成子囊果。

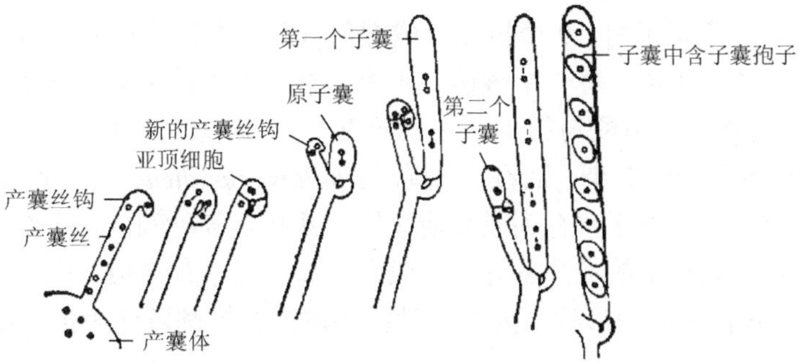

图 4-19 子囊的钩状形成方式

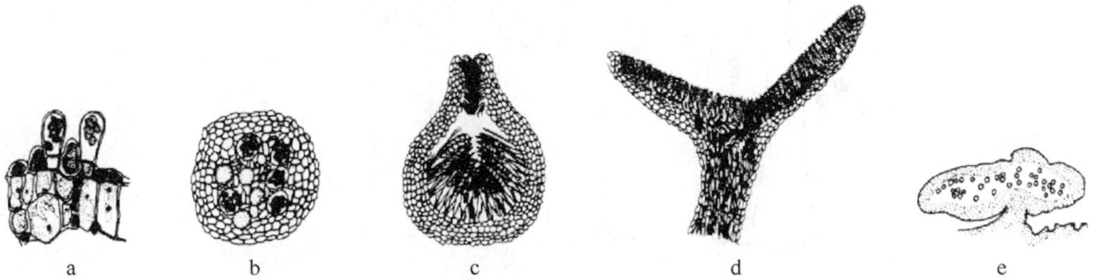

图 4-20 子囊果的类型

a. 子囊裸露；b. 闭囊壳；c. 子囊壳；d. 子囊盘；e. 子座

5. 担孢子（basidiospore） 担孢子是担子菌类的有性孢子。它们外生于一个特殊的称为担子的细胞上。担子是通过菌丝联合后在其尖端形成的结构。

担子菌有两种菌丝，一种由担孢子萌发出的单倍体菌丝，称为初生菌丝；另一种则为初生菌丝联合后生成的双核菌丝，称为次生菌丝。双核菌丝中含有两个性别不同的核，并不发生核配，这种状况可持续很久。许多菌种的双核菌丝可以进行正常的营养生长、蔓延，并始终保持菌丝细胞中含有两个不同性别的细胞核。菌丝的蔓延生长是靠一种锁状联合（clamp connection）的结构实现的。锁状联合的形成过程极为巧妙（图 4-21）。当双核菌丝尖端细胞分裂时，在两个细胞核之间菌丝侧生一个钩状短枝，一个核进入短枝内，另一个核留在菌丝内。两个核同时进行一次有丝分裂，形成 4 个核。分裂后短枝中的一个子核退回到菌丝尖端。此时，钩状短枝向后弯曲生长接触到菌丝壁，成为拱桥形。菌丝中分裂后的两个核之一趋向前端，同时拱桥正下方两核之间产生一个横隔。短枝尖端与菌丝壁接触处细胞壁溶解，短枝中的一个核回到菌丝中生长尖端后面的一个细胞内，并生出另一个横隔将这个菌丝细胞与短枝隔开。

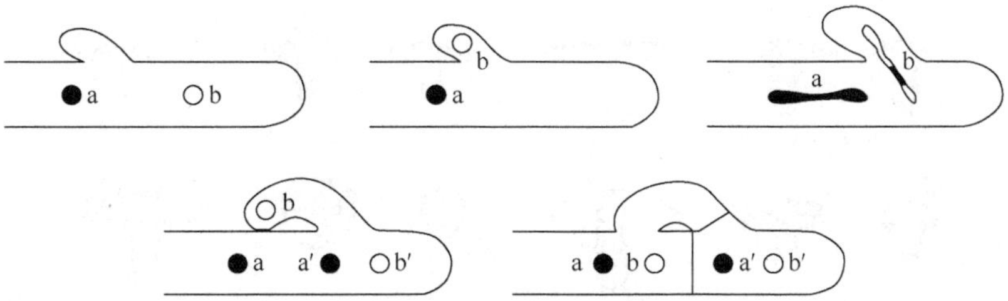

图 4-21 担子菌双核菌丝的锁状联合

当担子菌生长到一定时期，菌丝顶端双核细胞膨大，细胞质变浓，基部出现一个大液泡。

这是年幼的担子，在这个担子内，2 个核配合成双倍体，不久即进行减数分裂形成 4 个核。此时，在担子上部突出 4 个小梗，每一个核进入 1 个小梗，由小梗顶端膨胀生长成担孢子。每一个担孢子含一个单倍体核。小梗与担孢子之间产生一个横隔（图 4-22）。通常担子菌都具有 4 个小梗，但有些菌种只产生 2 个，而在白鬼笔（*Phallus impudicus*）中却发现有 9 个小梗。成熟的担孢子有两层壁，外壁不平，有刺或其他纹饰，并具有各种颜色。担孢子靠弹射或其他方式自行脱落。不同担子菌担子的类型各异，一般有隔或无隔，有隔担子中又分为纵隔或横隔类型（图 4-23）。担子和担孢子的形状、大小、颜色和表面纹饰都可作为担子菌分类的依据。

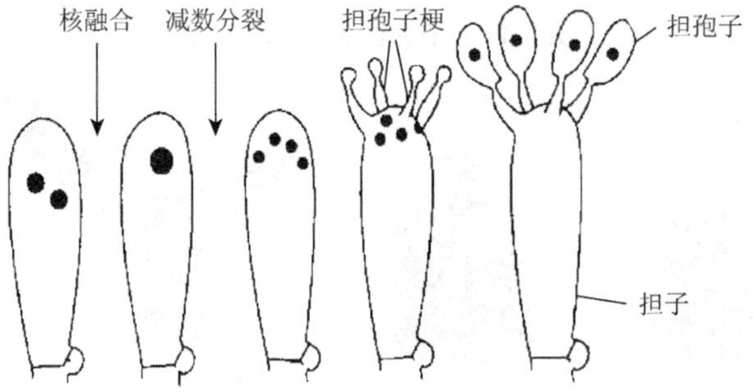

图 4-22　担子和担孢子的形成

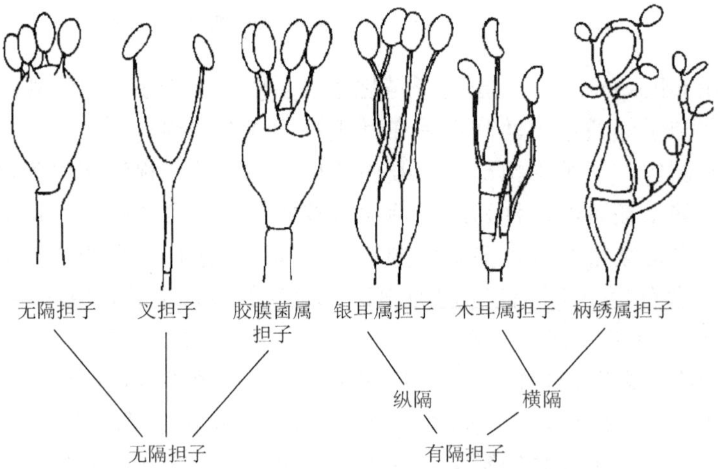

图 4-23　担子的类型（引自邢来君等，1999）

普遍为人们熟知的担子果是蘑菇和木耳。蘑菇伞盖下面的菌褶两边由担子排列成层。担子果的类型多种多样（图 4-24）。

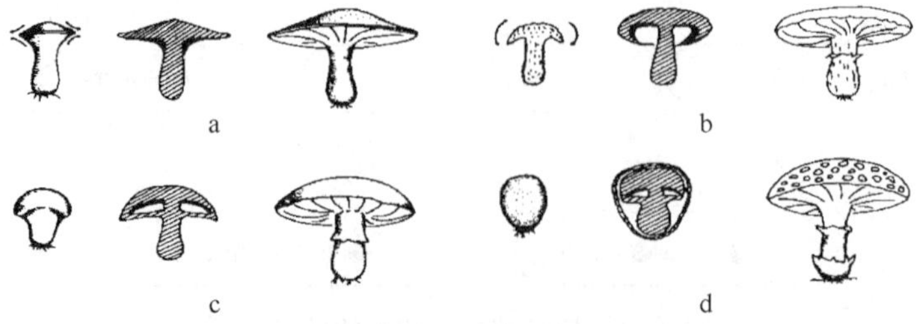

图 4-24　伞菌担子果的发育类型

a. 裸果型；b. 假被果型；c. 半被果型（内菌幕）；d. 半被果型（内外两层菌幕）

大多数真菌的有性孢子是在秋季和冬季产生的，而且产生后就进入休眠。因此，真菌有性孢子能越冬，可以渡过不利的生长季节。但是，也有许多菌种在任何时间都能产生有性孢子。它们分布于枯枝落叶内、土壤中和有病斑的植物残体中。

五、真菌的形态形成

真菌的形态形成大多是研究无性孢子和有性孢子的形成及条件因素引起的形态变化，在研究有性孢子时常着重于性激素的产生和诱发性细胞的作用。至于环境因素的作用，以二型现象最为突出。因此，在这里主要叙述孢子形成（sporulation）、性激素（sex hormone）或称性荷尔蒙和双形现象（dimorphism）几个问题。

（一）孢子形成

真菌产生孢子是一个复杂的分化过程。以脉孢菌为例，孢子形成可分为 5 个阶段：①分生孢子梗形成；②核移动到分生孢子梗内；③分生孢子梗膨胀；④顶端出芽，并形成一串互相连通的芽；⑤芽与芽之间生横隔，将它们分隔成一串孢子。已证明控制这几个阶段的部位是细胞核，其控制基因分布在 6 条染色体上（通常认为粗糙脉孢菌有 7 条染色体）。在器官发展的同时，伴随着大分子化合物的聚合和积累，细胞质膜的新生和分配，细胞壁物质的合成、转移和构成细胞壁。所有这些过程均受核的控制。但是，对孢子形成的表达途径目前还不清楚。

孢子萌发是孢子从休眠阶段进入生长阶段的变化过程，主要是水化作用和产生芽管。其间的生化变化首先是 RNA 的合成，然后是蛋白质的合成，而 DNA 的合成较晚。一般的显微镜观察可以看到，在芽管伸长到一定程度时，细胞核才开始分裂。

孢子形成受环境因素的影响。在诸多的环境因素中，温度、光线和营养的作用较为突出。通常可以靠控制环境条件来诱发有性或无性孢子的产生。例如，用石膏斜面或胡萝卜斜面诱发酵母菌产生子囊孢子。在日光照射下，镰刀菌则形成大量分生孢子座和孢子。在蓝光下，可以诱发甘蓝黑胫病菌（*Phoma lingam*）产生假子囊壳和子囊孢子。某些鞭毛菌因温度而决定产生无性孢子的类型。例如，致病疫霉（*Phytophthora infestans*）在 15℃低温和有水分的情况下形成游动孢子囊，而在 20℃和无水时则形成分生孢子。许多担子菌只在低温下才形成子实体。环境因素与形态形成密切相关的例子很多。显然，它是与控制某些酶的生成和抑制有关，即控制了某一操纵子的启动和阻抑。

（二）真菌性激素

在真菌的有性孢子形成中，较普遍地存在着异宗配合的现象。其原因之一是性激素的产生，研究较多的有下列几种。

1. 三孢酸（trisporic acid）　这是毛霉目各菌种所产生的一种性激素，是三甲基环乙烯的衍生物，可被氧化生成三甲基环己烷（trimethyl cyclohexane）。三孢酸包括三孢酸 B、三孢酸 C 和三孢酸 A，主要为三孢酸 B 和三孢酸 C 二型，其结构式如图 4-25 所示，而三孢酸 A 的侧链可能缺少功能基团，仅有很低的生物活性。异宗配合的毛霉菌在任何单一的菌株内都只产生极少量的三孢酸。但是，当两株不同交配型的菌株遇到一起时，则开始大量产生，并且诱发“+”和“−”的菌丝体在相向的方向产生配囊柄和配子囊，这是三孢酸的主要作用。此外，它还可以诱导 β-胡萝卜素的形成。三孢酸在这两方面的作用上都没有特异性，甚至对同宗配合的种都有效。它还可以抑制无性孢囊梗的形成。^{14}C 标记的研究表明，“+”“–”菌株均能合成三孢酸。

2. 诱雄激素（sirenin） 这是异水霉（*Allomyces* sp.）雌性游动孢子囊和游动配子所产生的性激素。其化学组成为双环倍半萜烯化合物，是第一个被分离鉴定的真菌激素，其结构式见图 4-26。

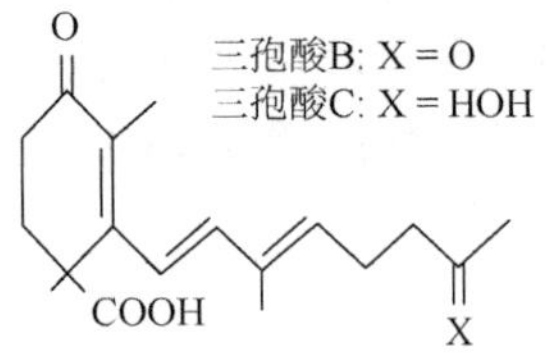

图 4-25 三孢酸的结构式

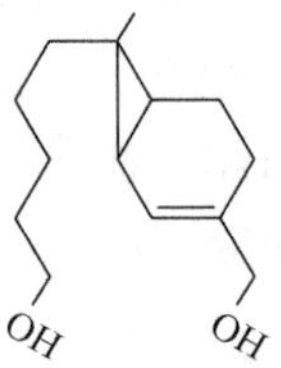

图 4-26 诱雄激素的结构式

雌性游动配子释放诱雄激素来吸引雄性游动配子。当这种诱雄激素产生后，被释放到环境中，在较低的浓度下（低于 10^{-10}g/mL）就可以起作用。雄性游动配子活跃地向着雌性游动配子运动，当它们靠近雌性游动配子时，激素便迅速失活，彼此间的吸引力减少。此时只靠随机运动而接触，它们在细胞表面的一定部位相结合，一旦完成结合，细胞彼此识别，便发生质配。细胞融合后则不再产生诱雄激素。

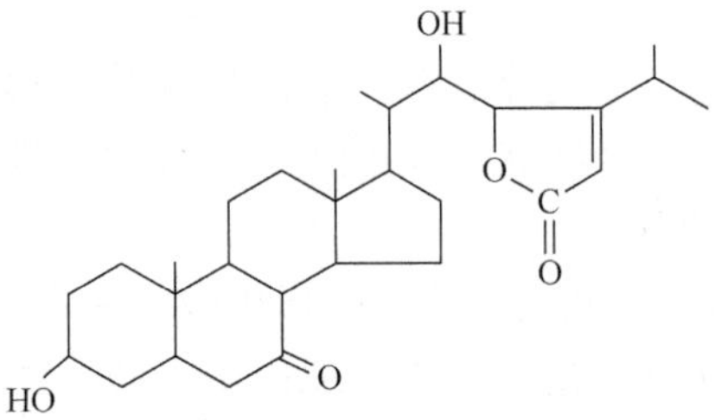

图 4-27 成精激素的结构式

3. 成精激素和成卵激素（antheridiol and oogoniol hormone） 有些真菌的性激素的产生较复杂，影响到性器官的分化也比较复杂。绵霉属（*Achlya*）可以作为该类型的代表。绵霉的有性阶段是由藏卵器和雄器结合形成卵孢子。但是只有任何单一菌体存在时，不分化性器官，只有当雌性与雄性菌体同时存在时才可以分化性器官。这个过程分为几个步骤：①首先由雌性菌体分泌一种类固醇性质的成精激素，结构式见图 4-27。它可以连续不断地产生，并扩散到基质中。②雄性菌体在接受成精激素后，会发生多方面反应，促进其本身产生雄器或精子。同时，它可以反过来合成另一种激素，称为成卵激素。③雌性菌体在接受成卵激素以前，没有任何形态变化，直到接受了成卵激素后，才促进形成藏卵器，并大量产生成精激素，以吸引雄器或精子。④吸引和识别的结果使藏卵器与雄器结合，进行有性生殖。

绵霉的类固醇与大多数真菌类固醇不同，更接近于植物或藻类的类固醇，在 10^{-11}mol/L 极低的浓度下起作用。有趣的是，雌性菌体对成精激素不敏感，而雄性菌体对成卵激素不敏感。关于这两种性激素的作用，曾做过大量实验，认为它们的机制与动物激素的作用机制相似。动物细胞对激素的接受不在细胞表面，而在细胞质。激素与接受蛋白在细胞质内结合后形成复合物，此复合物穿入细胞核内可以活化有关的基因。在绵霉中，还发现类固醇激素可促进碱性蛋白、rRNA 和 mRNA 的合成。

真菌性激素的研究已经逐步深入。对于性细胞结合中的性凝集物和性外激素等问题，已经以酵母菌为材料做了许多工作，可参考专门著作。

（三）真菌的双形现象

真菌的双形现象，又称为“二态性”或“二型性”，是指一种真菌因环境不同而以两种不同形态出现的现象。有些真菌，如毛霉和假丝酵母，在不同环境条件下，可以从菌丝形变为单细胞出芽酵母；或者相反，由酵母型转变为菌丝型。已经证明，这种转变受到各种环境因子的控制，如营养、温度和气体浓度等。例如，白假丝酵母（*Candida albicans*）在含有葡萄糖的培养基中，于28℃条件下生长时常常为酵母型。但是，若在营养贫乏、只含脯氨酸的缓冲液中培养时，则产生芽管和发育成菌丝体。在研究鲁氏毛霉（*Mucor rouxii*）和总状毛霉（*M. racemosus*）时，发现它们形成酵母型是在厌氧条件下，而形成菌丝型则要求有氧条件。氧化磷酸化解偶联剂可以抑制鲁氏毛霉的形态形成，而用氯霉素抑制线粒体和蛋白质的合成，则有利于酵母型细胞的生长。

双形现象的转变涉及许多问题。例如，细胞壁物质的合成、主要酶及其功能等。在比较毛霉两形菌体的细胞壁成分时，发现其细胞壁的多糖明显不同。在菌丝型的细胞壁中，所含的多聚体有半乳糖和岩藻糖，且含量比酵母型高。几丁质酶的活性和稳定性在两形菌体的细胞中也不相同。在酵母形细胞的提取液中，几丁质酶呈酶原状态存在，而在菌丝形细胞提取液中，这种酶呈活性状态，并容易钝化。有些资料指出，菌丝形细胞比酵母形细胞含有较高的脂肪酸和甾醇。

从基因水平研究双形现象的工作已经有了不少报道，目前还不能系统地从分子遗传学的水平上解释这一现象，有待进一步的深入研究。

六、真菌的菌落

在人工培养基上培养真菌的孢子或菌丝段时它们长成菌落。真菌菌落与细菌菌落有明显的区别，大多数真菌的菌落呈圆形，有些为不规则形。菌落质地一般为绒毛状、棉絮状、毡毯状和粉层状，只有酵母菌的菌落较光滑、黏稠，类似细菌的菌落。真菌的菌落主要包括菌丝体、无性繁殖体和有性繁殖体。有些菌落具有各种颜色，其色泽可能来自孢子或孢子囊，也可能是菌丝体的颜色。菌落表面的颜色一般来自孢子和孢子囊。有些菌落的表面有水滴状分泌物，还有些菌丝体常常产生各种水溶性色素而扩散到培养基内。丝状真菌的菌落呈辐射状，向四周扩展，菌落边缘为幼嫩的菌丝体，中心为成熟或老化的菌丝体。真菌的菌落特征可作为分类的依据之一。通常根据菌落特点就可以辨认到属，如根霉（*Rhizopus*）、须霉（*Phycomyces*）、木霉（*Trichoderma*）、镰刀菌（*Fusarium*）和脉孢菌（*Neurospora*）等。

第二节 黏　　菌

黏菌（slime mold）又称为裸菌，它们的营养体是没有细胞壁的黏变形体（myxamoeba），通常以摄食性方式吸收营养，主要以细菌、真菌的孢子和有机颗粒作为食物，生活循环近似于原生动物，但是，它们在繁殖阶段产生子实体，以孢子进行繁殖，这又与真菌相似。

对于黏菌分类地位的归属，科学家一直有争论，是真菌还是原生动物？考虑到长期以来是由真菌学家来进行相关研究，因此有人曾将黏菌划分在真菌界的黏菌门。目前多数科学家倾向于将黏菌门划归为独立的分类体系。

黏菌在自然界分布广泛，常发现它们存在于阴湿的土壤、潮湿的植物残体、朽木和树皮。大型黏菌在自然条件下肉眼可见，小型黏菌常常需要借助放大镜才能观察到。

一、黏菌的形态

黏菌的生活周期中表现有几个不同的阶段，各个阶段都有不同的形态特征，形成无细胞壁的原质团（plasmodium）是黏菌的特征性阶段。有些形成假原质团（pseudoplasmodium），实际上是变形体的群合体。此外，它们在子实体阶段可形成孢子囊和孢子。孢子在适宜条件下萌发产生游动孢子或配子。

（一）原质团

原质团是黏菌营养体的一种类型，是无壁、多核（二倍体）的原生质团块，最初是不定型黏质团，逐渐发展成扇形，最后成为网状。原质团湿润、黏稠，并具有各种颜色，如黄色、红色、粉红色或灰绿色等。它们可在基物上爬行，并在爬行的途径上留下一条明显发亮的“黏径”。若在显微镜下观察，可以发现原质团有内质和外质之分。外质较黏，有一层胶质鞘包裹。内质则由分枝成网状的菌脉组成（图 4-28）。菌脉中的原生质做有规则的流动，它们先向一个方向流动，缓慢停下来，然后再向相反方向流动，并按一定的时间间隔重复进行。菌脉并非固定不变，它们可以彼此连接而增大，也可能由于内含物流向别处而收缩或消失。原生质流动是由于肌动蛋白和肌球蛋白的收缩作用，这类物质已从多头绒泡菌（*Physarum polycephalum*）的原质团中提取出来，并证明它们具有类似于肌肉肌动蛋白的收缩特性。原质团中含有大量二倍体的核，引人注意的是，这些核能同步进行有丝分裂。细胞生物学家利用黏菌原质团这一特点详细地研究了有丝分裂的问题。

同一菌种的两块原质团接触后，能够很快地融合成一个整体，在它们接触处可以看到内含物从一个原质团流入另一个原质团。在大约几小时的时间内，它们就会自行调整为一个整体了。如果是两个不同菌种的原质团，或是同一菌种但不同地区分离株的原质团都不能融合，甚至还可能相互排斥，或发生相互致死的反应，可见黏菌原质团的融合是受遗传性能控制的。

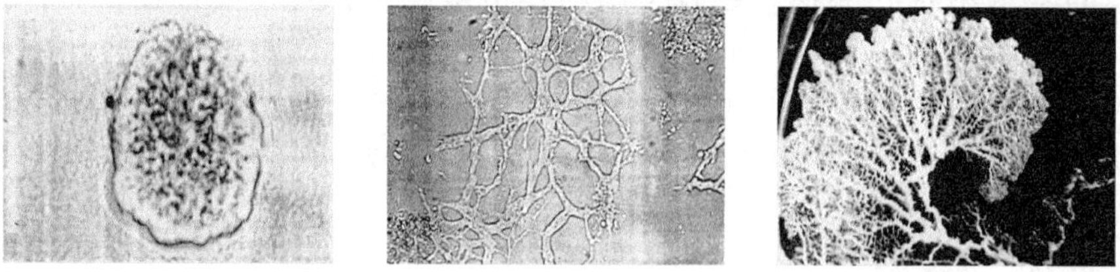
a b c

图 4-28　黏菌原质团的类型（引自 Alexopoulos et al.，1996）

a. 小刺轴菌（*Echinostelium minutum*）；b. 松发菌（*Comatricha laxa*）；c. 圈绒泡菌（*Physarum gyrosum*）

（二）假原质团或变形体群合体

假原质团由单倍体变形体（类似原生动物的变形虫）聚集形成，彼此不融合，但群合体行动一致。在食物缺乏时聚集，靠自身分泌的黏菌素（集胞素，acrasin）控制，黏菌素为一种环腺苷酸，聚集后形状多样，向光、温、湿处移动。

（三）子实体

黏菌的子实体（fruiting body）有以下几种类型（图 4-29）。

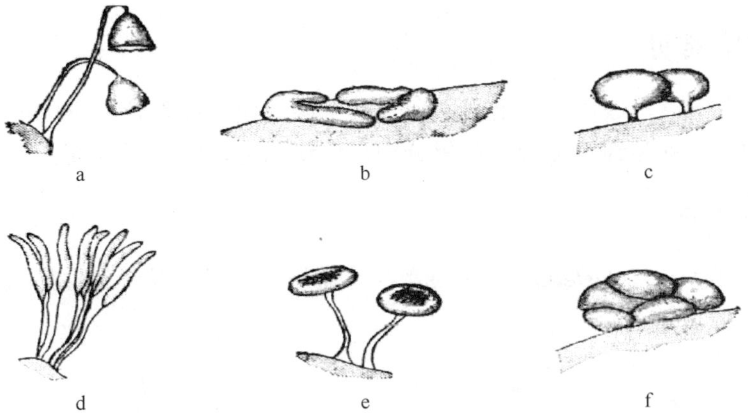

图 4-29　黏菌子实体的类型（引自徐孝华，1985）

a, d, e. 孢囊体型；b. 原质囊体型；c. 复囊体型；f. 假复囊体型

1. 孢囊体型　大多数黏菌属于这种类型。原生质体在基物上形成许多各个分开的孢子囊，有柄，形状各异，每一个孢子囊具有独立包被，相互间没有联系，只有基质层可以是所有包被的共同基础。孢子囊内生多个孢子，并分布线状的胞间丝（弹丝），如发网菌属（*Stemonitis*）和小高杯菌（*Craterium minutum*）等。

2. 复囊体型　子实体较大，一般为垫状或块状，由一群无柄的孢子囊聚集而成，它们外面有共同的包被包裹，而每个孢子囊自己的包被则看不见。这种黏菌常见的有煤绒菌（*Fuligo septica*）和粉瘤菌（*Lycogala epidendrum*）等。

3. 假复囊体型　这种类型的子实体也是由许多孢子囊紧密地聚集在一起组成的，各孢子囊有自己的包被，无共同包被。

4. 原质囊体型　子实体似无柄孢子囊，保持着原质体的分叉状态，原生质围绕原质团主脉集中，形成脉络形状的子实体结构，如蛇形半网菌（*Hemitrichia serpula*）。

（四）变形体

当黏菌的孢子遇到适宜的条件时，会萌发生出一个变形体（amoebae），有时称为黏变形虫（myxamoebae），或是先释放出一个有鞭毛的游动孢子，一般是前生双鞭毛，光鞭，而且是典型“9 + 2”结构。游动孢子游一段时间后，变为变形体形态。变形体无细胞壁，不定型，直径一般小于 10μm，可以伸出伪足捕食细菌或其他颗粒状食物。在黏菌中，凡是可以形成游动孢子和变形体两个阶段的种类，其形态可以因水的关系而互变。若将变形体放在水中，它们可以长出鞭毛，在水中游动。如除去水分，又可变成爬行的变形体。

黏菌的游动孢子和变形体均可行使配子的功能。两个单倍体的变形体结合成双倍体的合子。凡是形成原质团的种类，由合子发展成原质团。而变形体群合体是由许多单个变形体集合而成，以后在群合体中发生交配。变形体的爬行具有趋光性。

（五）菌核

在不良的环境下，一些黏菌的原质团块转变为不规则的硬团块，称为菌核（sclerotia）。当原质团遇到黑暗、干燥和食物缺乏等条件时，它可以慢慢地变成一个菌核，外面形成硬壳。菌核可长期休眠，抵抗不良的环境。如果条件好时，再恢复生长为原质团。

二、黏菌的生活周期

科学家将营养阶段形成原质团的黏菌称为非细胞黏菌，而将营养阶段形成假原质团（变形体群合体）的黏菌称为细胞黏菌，这里分别举例说明它们的生活周期。

（一）非细胞黏菌

1. 卵胞线柄菌（*Nematostelium ovatum*）　这是一种尚未发现有性生殖的黏菌，其生活史简述如下（图 4-30）。

图 4-30　卵胞线柄菌的生活史（引自余永年等，1983）

a. 孢前细胞；b. 帽形期；c. 柄原体出现；d. 柄形成；e. 柄发育后期；f. 成熟子实体

从图 4-30 可以看到，一个单核或多核的黏变形体细胞（a），称为孢前细胞；原质团集中形成乳头状突起，这时整个细胞有一层黏质鞘包裹着（b）；随着原质团的集中，中部隆起，周围的黏质鞘便塌落在基物上，此时在隆起部位的中间形成一个半球形的细胞质区，称为柄原体（c）；在柄原体四周分泌出柄管，原质体在其中上升（d）；柄管是中空的，并不断地发育和升高，这时整个子实体外面都有一层黏质鞘包围着（e）；当柄达到最终高度时，停止生长，顶端的原质团分泌出一层外壁而发育成为孢子（f）。这样，卵胞线柄菌的子实体便形成了。这个子实体包括一个细管状的柄，顶端为原质团，它最后产生 1～4 个孢子，下部为塌落的黏质鞘，将子实体固着在基物上。至今尚未发现此菌的有性生殖阶段。

2. 多头绒泡菌（*Physarum polycephalum*）　孢子萌发释放单核的变形体或游动孢子，它们成对配合，形成接合子。经同步的有丝分裂，发育成双倍体多核原质团，并逐渐成熟发育成网状原质团。当条件不利时，聚集形成菌核。原质团聚集到一定时期，形成子实体。子实体分化形成孢子囊。孢子囊内经减数分裂，原生质分割包围单核，形成多个孢子。图 4-31 介绍多头绒泡菌的生活史。

（二）细胞黏菌

以盘基网柄菌（*Dictyostelium disoideum*）为例，说明细胞黏菌的生活周期（图 4-32）。这种黏菌的营养阶段形成假原质团，有性繁殖则形成大孢子囊，经减数分裂形成单倍体的黏变形体。

Raper 于 1935 年发现盘基网柄菌，并对其进行了大量系统的研究，其生活史大致如下：由孢子萌发放出一个单倍、单核的黏变形体，经多次有丝分裂，聚合成单倍体的群体，建立集合中心。黏变形体向中心移动，聚合形成假原质团。促使这些黏变形体向中心聚合的因素，是在这一群黏变形体中，含有与开始集合有关的一或几个黏变形体。它们首先分泌出集胞素，这种物质在一定半径范围内能吸引四周黏变形体或同种原质团向自己靠拢，并靠黏性彼此粘连在一起。同时，还刺激集结的其他黏变形体也分泌出更多的集胞素，形成分泌集胞素的连锁反应，并由中心向外扩散。假原质团作为一个整体可以移动，而且步调一致。当移动停止时，假原质团变为球形，基部平展形成乳头状突起，逐步分化出柄原胞区、孢原胞区和盘基小区。拔顶时盘基小区留在基部，柄原胞区逐渐形成柄，孢原胞区沿柄上升到顶端发育成孢子囊。孢子分泌纤维质壁，柄胞分泌纤维质鞘，液泡增大，核退化。

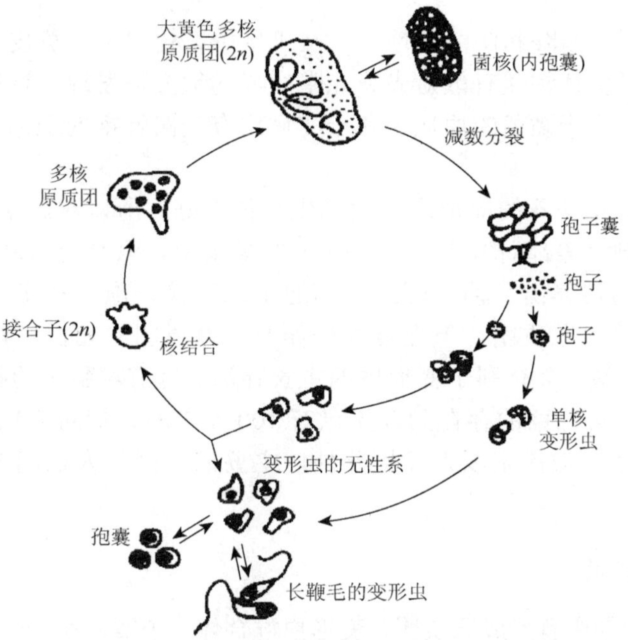

图 4-31　多头绒泡菌的生活史（引自徐孝华，1985）

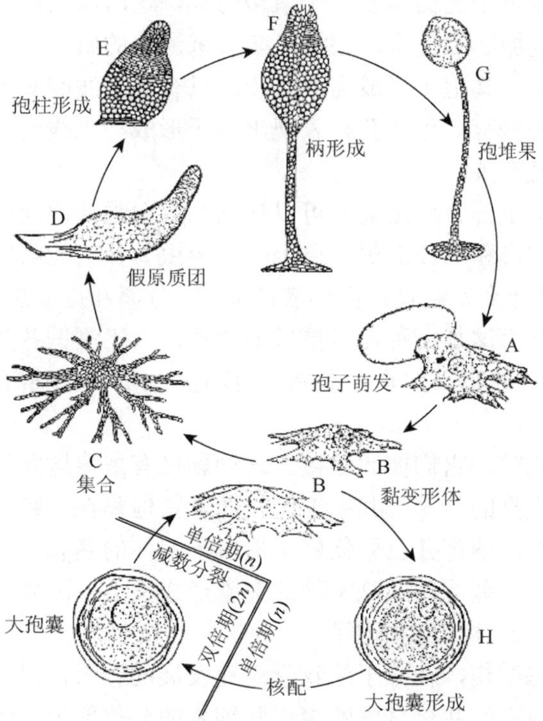

图 4-32　盘基网柄菌的生活史（引自余永年等，1983）

有性繁殖可以是同宗配合或异宗配合，两个黏变形体配子结合后形成一个具有多层厚壁的大孢子囊，核配在大孢子囊中发生，成熟后的大孢子囊进行减数分裂，单倍体的黏变形体由大孢子囊中释放出来。

三、黏菌的培养

黏菌分布于潮湿、温暖和阴暗的地方，在土壤中、树皮下、草皮中、腐叶下和花盆中都能找到它们，但子实体常在有散射光或光暗交界的地方被发现。这里有湿度梯度，孢子容易释放到空气中。由于黏菌的原质团和子实体均有美丽鲜艳的颜色，因此在自然界容易找到。

在实验室内，人工培养的原质团一般能生长得很好，所以对原质团内的原生质流动、有丝分裂和原质团融合等都研究得较多。在细胞黏菌中，只是对盘基网柄菌研究较细致。由于从孢子不太容易培养出黏菌，因此人们通常以菌核、孢子和变形体来保存原种。在燕麦琼脂上可以培养出原质团，但在连续培养时，原质团易死亡。在动物肝浸液的琼脂平板上，加入细菌悬液，会有利于变形体的生长存活。目前对黏菌的描述大多根据它们在自然界的表现。从发现黏菌的存在到今天已有100年左右，但对它们的认识确实很不足，除了由于它们的一些种类还难以人工培养外，主要的原因是人们尚未找到具有明显经济价值的菌种。

四、黏菌的形态建成

黏菌在其生活周期中有形成原质团、变形虫群合体、子实体和孢子等不同阶段，它们各种组织类型的生成和细胞分化的协同作用始终为生物学家所注目，并进行了许多研究。

黏菌的原质团在形成孢子之前需要一个饥饿时期，这时原质团停止生长，开始合成某些酶和新物质，主要为半乳糖和黑色素。根据对多头绒泡菌的研究，它们在饥饿之后整个原质团可以移动到向光的地方。其孢子形成需要光线，只有在光线照射下才由原质团逐步发育成孢子囊和孢子，尤其是一些有颜色的菌种表现出孢子形成与光线的密切关系。在自然界，还发现孢子囊的产生与湿度有关。

细胞黏菌在形成变形虫群合体之前，可以在基物表面颤动地向中心运动，并形成美丽的图形，如同心圆形、螺纹形和丛枝形等。单个的变形虫为什么能够向着同一中心移动，并形成各种图形，它的指令是什么？经过许多学者的研究，分离和提取出一种起作用的化学物质，称为“群合黏素类”，认为这是一种可以扩散的物质。人工测试各类化学物质时，发现环状AMP可以使变形虫聚集成图形。但是，不能认为环状AMP就是群合黏菌素，因为群合黏菌素可能是几种物质的总称。

变形虫在进入聚集流时，它们彼此黏接。这种黏接有规律地发生于细胞的一定部位，所以变形虫群合体是一个完整的个体，其中细胞彼此紧紧地黏在一起，为下一步形成子实体打下基础。在这个群合体中，孕育并已分化好了形成子实体的茎和头部的细胞。通常位于群合体前端约1/3处的细胞形成茎，后面2/3处的细胞形成头部。因此，形成头部的细胞是通过前端细胞爬到顶部形成子实体头部和孢子。

由于黏菌的特殊形态结构，在分子生物学迅速发展的今天，已开始受到重视。例如，它们惊人整齐的同步分裂，它们井然有序的聚集和细胞的分化能力，都吸引着细胞生物学家和分子生物学家的注意力。至于它们的经济意义，也许会在深入广泛的研究中得到开发。

复习思考题

1. 列表比较细菌、放线菌、酵母菌、卵菌门和子囊菌门真菌的细胞壁中的特殊成分，并指出它们原生质体的制备方法。
2. 丝状真菌的营养菌丝和气生菌丝各有何特点？它们可以分化出哪些特殊结构？
3. 试述真菌的孢子类型和特点。
4. 真菌的鞭毛与细菌的鞭毛有何不同？
5. 举例说明3种黏菌子实体的类型及其发育特点。
6. 试比较细菌、放线菌和丝状真菌菌落有何特点？掌握它们各自的特点，有何实践意义？
7. 简述真菌与人类的关系。

拓展阅读

你对真菌的结构特征感兴趣吗？或许有人会问，某些真菌为什么会长出诸如附着胞的结构？这些结构在真菌的生活周期中有何作用？这里主要介绍我国学者近年来在真菌学基础研究和应用研究领域的重要贡献，将分别从真菌的系统进化、病原真菌侵染植物的机制及其防治的应对措施等方面，给予介绍。

子囊菌门真菌的捕食行为及其进化

在真菌中，基本的生活策略是腐生、寄生（包括拟寄生、共生）及捕食。子囊菌门（Ascomycota）中的圆盘菌科捕食真菌能够通过菌丝特化形成特殊的捕食器官捕捉微小的动物猎物。人们目前已经认识到5种诱捕器，但它们的起源和演化还不是很清楚。

中国科学院微生物研究所刘杏忠研究员课题组利用多基因系统演化分析，结合化石年代的分子钟预测，揭示了子囊菌真菌捕食行为起源于4.5亿年前左右，与第一次物种大灭绝相吻合；而机械捕食的收缩环与黏性捕食结构的分化在2.5亿年前左右，与第二次物种大灭绝相吻合；黏性捕食结构首先分化出三维黏性网，然后分化出黏性球和非收缩环，最后分化出黏性分支。该研究提出物种大灭绝地质事件是导致子囊菌捕食行为的起源与进化假说，即物种大灭绝导致产出大量碳水化合物基质，真菌为了适应这种环境进化出通过捕食微小动物补充氮源的诱捕器。这不仅证明诱捕器的发展是适应进化的结果，也将推进对平行进化和发育可塑性的认识（详细评论链接：http://f1000biology.com/article/id/1098524）。相关内容可参考以下文献。

余永年，卯晓岚. 2015. 中国菌物学100年. 北京：科学出版社.

Liu K，Zhang W，Lai Y，et al. 2014. *Drechslerella stenobrocha* genome illustrates the mechanism of constricting rings and the origin of nematode predation in fungi. BMC Genomics: 15: 114.

Jiang XZ. 2017. Nematode-trapping fungi. *In*: Heitman J，Howlett B，Crous PW，et al. The Kingdom of Fungi. New York: AMS Press.

Yang EC，Liu X. 2012. Origin and evolution of carnivorism in the Ascomycota（Fungi）. PNAS，109（27）: 10960-10965.

Yang Y，Yang E，An Z，et al. 2007. Evolution of nematode-trapping cells of predatory fungi of the Orbiliaceae based on evidence from rRNA-encoding DNA and multiprotein sequences. PNAS，104（20）: 8379-8384.

棉花黄萎病菌侵染机制及抗病策略

大丽轮枝菌（*Verticillium dahliae*）是一种土传病原真菌，通过形成附着枝感染植物根部，在世界范围内引起严重的黄萎病害，对我国棉花生产造成巨大的经济损失。中国科学院微生物研究所郭惠珊研究员课题组在前期发现大丽轮枝菌侵染结构附着枝的基础上，开展了大丽轮枝菌侵染过程中分泌蛋白传递途径的研究。该项研究首次阐明了大丽轮枝菌依赖 Septin5 的分泌蛋白转运机制，即 Septin5 骨架蛋白在菌丝颈环组装并形成了真菌-寄主的穿透界面，可以高效分泌效应蛋白；该研究揭示了大丽轮枝菌的附着枝既是侵染结构又是独特的分泌结构，是大丽轮枝菌成功侵染植物的关键信号中枢。

该课题组利用基因“小剪刀”——RNAi 创建的抗黄萎病棉花新品系，来有效狙击棉花“癌症”黄萎病侵袭。首次证明了，植物-真菌跨界小 RNA 诱导病原靶基因沉默的抗病新途径的存在。为寄主诱导的基因沉默（host-induced gene silencing，HIGS）技术在棉花抗黄萎病的有效应用提供了重要的理论支持，也为将来宿主-病原菌互作研究开辟了一个新领域，具体内容请参考以下文献。

Zhang L，Ni H，Du X，et al. 2017. The Verticillium-specific protein VdSCP7 localizes to the plant nucleus and modulates immunity to fungal infections. New Phytologist，215（1）：368-381.

Zhang T，Zhao YL，Zhao JH，et al. 2016. Cotton plants export microRNAs to inhibit virulence gene expression in a fungal pathogen. Nat Plants，9：2（10）：16153.

Zhao YL，Zhou TT，Guo HS. 2016. Hyphopodium-specific VdNoxB/VdPls1-dependent ROS-Ca^{2+} signaling is required for plant infection by *Verticillium dahlia*. Plos Pathogens，12（7）：e1005793.

Zhou TT，Zhao YL，Guo HS. 2017. Secretory proteins are delivered to the septinorganized penetration interface during root infection by *Verticilliun dahlia*. Plos Pathogens，13（3）：e1006275.

（感谢刘杏忠研究员和郭惠珊研究员的热心帮助并提供资料）

5

第五章　病　　毒

第一节　病毒的研究历史

一、病毒病的经验认知时期

病毒是危害人类健康和人类生产活动的一类重要的病原微生物。作为最简单结构的生命形式，病毒也成为了解生命起源的重要工具。病毒（virus）的原义为“有毒”，指引起传染病的物质。历史上有关病毒的第一次文字记载是在公元前3700年，古埃及象形文字中描述了一位祭祀人员的病症为典型的小儿麻痹症，这种症状是由脊髓灰质炎病毒引起的。公元前1000年，中国就有天花病毒的记载，直到公元1000年，在民间发明了利用天花患者的病痂接种人痘预防天花，并先后传到俄国、日本、朝鲜、土耳其及英国等国家。1796年，英国人Jenner发明种牛痘预防天花的方法，挽救了千百万人的生命。1966年，世界卫生组织（WHO）提出对接触天花患者的人进行免疫，直到1977年10月索马里最后一位天花患者治愈之后，宣布全世界消灭了天花病。人类斗争了近千年终于消灭了具有2000多年历史的天花病毒。

在人畜共患病病毒中，狂犬病的记载也比较早。亚里士多德（Aristotle）在公元前4世纪就描述了狂犬的疯狂和撕咬，将病魔传给其他动物和人。公元前2世纪奥利力诺斯（Aurelianus）对狂犬病的发病情况做了清楚的描述，人体患病后特别怕水，又称为恐水病。1884年，法国科学家巴斯德（Pasteur）发明了狂犬病病毒疫苗，为狂犬病的预防做出了重要贡献。

在17世纪早期，荷兰画家所绘制的郁金香碎色病毒感染的郁金香花卉，是最早记录的植物病毒引起的症状。在这个时期，荷兰人对病毒感染过的郁金香条斑花朵非常痴迷，并流行起“郁金香热”，价格奇高，用一株感染病毒的球茎可以换到数头公牛、猪或者羊等牲畜，甚至一座别墅。

二、病毒的发现时期

19世纪末期，传染病大多被认为是由细菌引起的。然而，当时发现有些致病因子不像细菌，它们非常小，无法在光学显微镜下观察到，而且不能在人工培养基上生长，但是能侵染敏感性寄主。1892年，俄国科学家Iwanowski发现烟草花叶病的侵染因子可以通过细菌过滤器，过滤液能够使健康的烟叶产生同样的花叶病，证明该致病因子不是细菌。1898年，Beijerinck进一步证实这项工作，他将侵染因子用乙醇从悬浮液中沉淀下来，发现其传染力并不丧失，而且能够在琼脂凝胶中扩散，他认为这种侵染因子是比细菌还小的“有传染性的活流质”，并称之为病毒，并用拉丁文“virus”表示，从而开启了病毒学独立发展的历程。1898年，德国科学家Loeffler和Frosch发现牛口蹄疫的病原体也可以通过细菌过滤器，这是人们发现的第一个动物病毒。随后，各国科学家运用过滤性方法，先后发现了40多种动植物疾病和病害是由病毒引起的，其中包括天花、麻疹、腮腺炎、脊髓灰质炎、狂犬病、流感、马脑炎、黄热病及植物的马铃薯病和黄瓜花叶病等，将这些病原体统称为“过滤性病毒”。

1915年，英国科学家Twort发现一种可以连续传递的、裂解细菌的可过滤病原体，仅以简短的笔记形式发表了这项成果，但其随后的研究因为第一次世界大战而中断。1917年，法国科学家D'Herelle独立地发现了细菌裂解现象，并命名这种裂解因子为细菌噬菌体。由于细菌生长繁殖快，噬菌体比动植物病毒更容易培养，因此噬菌体研究不断深入，研究结果对病毒一般特性的了解和整个分子生物学的发展做出了很大的贡献。

三、病毒本质的研究时期

1935年，Stanley发现烟草花叶病毒（TMV）可以形成结晶，结晶体的大部分是蛋白质，而且具有致病力。这是病毒学领域中最重要的贡献之一。后来又发现，烟草花叶病毒结晶除含有蛋白质以外，还含有少量核酸，能够进一步复制产生更多的病毒。这些发现不仅为病毒学的研究奠定了基础，而且促进了分子生物学的发展。自从Stanley提纯烟草花叶病毒结晶后，病毒学的研究由病毒学家或细菌学家，发展到生物化学家、物理学家、遗传学家和免疫学家参与，共同推动了病毒学的发展。由于电子显微镜技术的发展，超速离心机、X射线衍射技术和血清学方法的应用，我们对病毒的形态结构、化学组成、侵染和复制机制等方面都有了清楚的了解。目前，病毒学已成为微生物学和分子生物学的重要分支。

四、病毒的分子生物学研究时期

1953年，Watson和Crick的DNA双螺旋结构理论为现代分子生物学揭开了序幕。由此也促进了病毒分子生物学的发展。20世纪60年代以来，DNA和RNA病毒的复制增殖机制相继被阐明，包括朊病毒在内的一系列亚病毒类型被发现，许多病毒的基因组序列被测定，一些重要病毒基因组结构与功能的关系、基因组表达调控及蛋白质的分子结构被阐明，与宿主互作的研究也发现了致癌基因和抗癌基因。分子病毒学的发展，促使人们不断探索病毒病诊断、预防和治疗的新技术和新方法。

分子病毒学的研究也对分子生物学的发展起到很大的推动作用。例如，动物病毒研究中发现某些RNA病毒中有逆转录酶，可以将RNA逆转录为cDNA，为传统的“中心法则”增添了新的内容。逆转录酶的分离纯化及商品化，大大加快了功能基因组的克隆和研究。Sharp等在研究腺病毒基因表达时发现mRNA剪切现象，为研究真核生物表达调控提供了理论参考。此外，病毒基因组结构的研究也陆续阐明了基因重叠、内含子、重复序列和增强子等真核表达调控的原理，极大地丰富了分子生物学的内容。

第二节　病毒的形态结构和化学组成

一、病毒的特征和定义

病毒是独特的侵染因子，与细胞生物有显著的区别。虽然其个体很小，可通过细菌过滤器，但某些传染因子（如立克次氏体、支原体和衣原体）也具有此特点，甚至有的大病毒比衣原体的体积还大。所以，仅根据体积大小不能给病毒准确的定义。病毒学研究的发展使人们可将病毒与其他传染因子（如细菌、真菌、支原体、立克次体和衣原体）区分开（表 5-1）。

病毒的特征主要表现为简单的结构、组成、绝对的寄生性和多样的复制机制，可归纳为：①没有细胞结构，一般由蛋白质外壳包裹着核酸，并且每种病毒基因组仅包含一种核酸——DNA 或 RNA，至今没有发现两种核酸兼有的病毒；②严格的活细胞内寄生，不含与能量代谢有关的酶，不能进行独立的代谢活动，缺乏自身的核糖体，必须依赖寄主的翻译系统进行蛋白质表达；③病毒可在特定的寄主细胞内以复制的方式进行增殖；④具有侵染性，可将其核酸从一种宿主细胞转移到其他宿主细胞。

表 5-1　病毒与其他侵染因子的比较

微生物	含有 DNA 和 RNA	在无生命培养基上生长	二均分裂	具有核糖体	对抗生素敏感	对干扰素敏感
细菌	+	+	+	+	+	–
支原体	+	+	+	+	+	–
立克次氏体	+	–	+	+	+	–
植原体	+	–	+	+	+	+
病毒	–	–	–	–	–	+

因此，病毒是介于生命和非生命之间的一种物质形式，广泛存在于自然界中。可以将病毒定义为：一种主要包含蛋白质、核酸（DNA 或 RNA）和少量酯类的有机物组合，在体外无分裂和无生长、无蛋白质合成，不表现任何生命状态；能够依赖宿主因子合成必需组分并完成增殖的胞内绝对寄生的侵染因子。

在长期的病毒学研究过程中，人们还发现一些比病毒更简单的致病因子。例如，1971 年 Diener 发现一种含有小的、单链、环状小分子 RNA，不含有蛋白质的致病因子，其被称为类病毒（viroid）。因不编码任何蛋白质，其基因组在寄主体内的增殖都依赖于寄主细胞的酶。目前仅在植物寄主上发现类病毒，动物上的类病毒还未见报道。此外，还有一些小分子 RNA 或者 DNA 不具有独立复制能力，需要辅助病毒才能完成复制，与辅助病毒基因组同源性很低，称为卫星病毒或者卫星核酸（satellite）。20 世纪 50 年代发现的一种潜伏期很长，导致脑部呈海绵状、严重损伤神经系统的羊瘙痒病，1982 年 Prusiner 发现该病的病原体是一种分子质量为 27kDa 的蛋白质（不含有核酸），称为朊病毒（prion）。这些更简单病原因子的发现，丰富了人们对病毒的认识。

二、病毒粒子的形态和大小

由于普通的光学显微镜放大倍数有限，病毒粒子因其形体小而不易被观察到。直到 20 世纪 30 年代电子显微镜的出现，人类才观察到了病毒的形态。1935 年，Stanley 首次获得烟草花叶病毒（TMV）的结晶；1939 年，Kausche 等利用电子显微镜观察到了 TMV 粒子。后来，随着 X 射线技术的应用，以及现代分子生物学和生物化学分析技术的发展，人们获得了对病毒的空间结构和内部组成的完整认识。

病毒颗粒极其微小，不同类型的病毒大小差异悬殊，成熟病毒粒子的大小一般为纳米级（nanometer，nm，即 10^{-9}m），可以用电子显微镜直接测量。病毒粒子直径一般在 20～200nm，多数在 100nm 左右，可以通过 0.22～0.45μm 的细菌过滤器。较大的多为动物病毒，如痘病毒，其直径为(300～450)nm×(170～260)nm；而较小的病毒直径仅为 9～20nm，多数为植物病毒和昆虫病毒。

虽然病毒种类很多，但它们的形态比较简单，可以分为球状、杆状和蝌蚪状三种基本形态。随着电子显微镜技术的发展，人们对病毒的观察越来越细致，不断发现新的病毒形态，如子弹状、卵圆形、丝状和砖形等。动物病毒大多呈球状，少数为子弹形和砖形，如腺病毒为球状，弹状病毒为子弹形，而痘病毒为砖形。然而，植物病毒和昆虫病毒多呈杆状或丝状，少数为球状，如烟草花叶病毒为杆状，花椰菜花叶病毒为球状。噬菌体多呈蝌蚪状，也有丝状和球状的，如大肠杆菌噬菌体 fd 为丝状，而 *Φ*X174 为球状。

三、病毒粒子的基本结构

病毒主要由蛋白质亚基组成的核衣壳（capsid）包裹着基因组核酸。病毒的核衣壳依据壳粒排列组合的方式不同，可以分为以下 3 种构型。

（一）螺旋对称

具有螺旋对称构型的病毒一般呈杆状或丝状，坚硬或易曲挠。其核衣壳像是一个中空的圆柱体，壳粒呈螺旋形对称排列，构成壳体，表面有精细的螺旋形结构，环绕包围着病毒核酸。烟草花叶病毒（TMV）是这种类型的代表，呈长杆状，直径为 15～18nm，长度约为 300nm，由 2130 个蛋白质亚基组成 130 个螺旋，螺距约为 2.35nm。从横切面看，其中间的轴孔直径约为 4nm，每个核衣壳含有一条由 6395 个核苷酸组成的单链 RNA 分子，它以螺旋状的方式共轴环绕而成，位于蛋白质壳体内侧螺旋状沟中（图 5-1）。

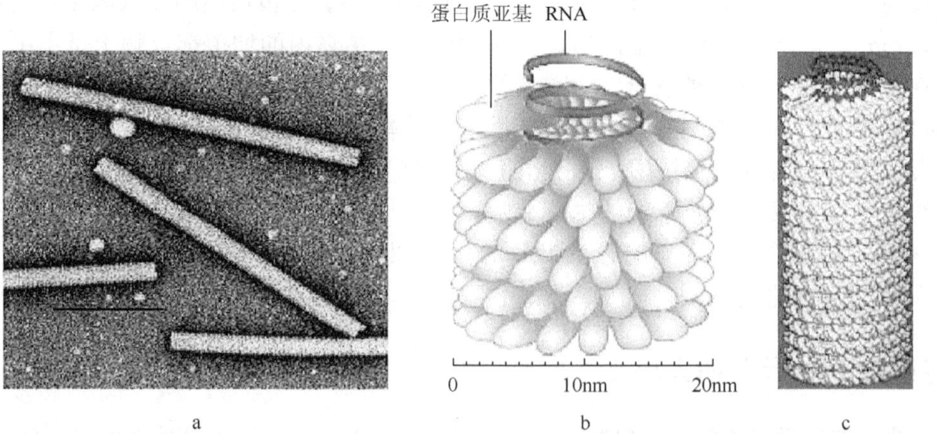

图 5-1　烟草花叶病毒（TMV）的电镜照片和结构图解（引自 Wiley et al.，2013）

a. TMV 负染电镜照片，放大 400 000 倍，直径为 15～18nm，长度约为 300nm；b. TMV 结构图解；c. TMV 病毒粒子模型

（二）二十面体对称

这类病毒粒子呈球状，但经电子显微镜仔细分辨，实际上是一个多面体。许多动物病毒和植物病毒为多面体病毒。在大多数多面体病毒中，一般多呈二十面体，具有 20 个等边三角形的面、30 条边和 12 个顶角，这些核衣壳是由不同数量的壳粒按一定方式准确组装成对称体。在二十面体壳体中，病毒核酸盘绕折叠在壳体内（图 5-2）。

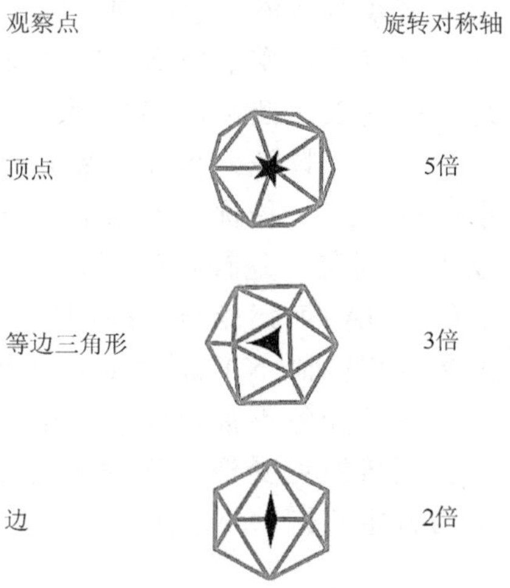

图 5-2 二十面体 3 种轴对称方式（引自 Carter and Saunders，2007）

（三）复合对称

这类病毒粒既有螺旋对称构型，又有等轴对称的正多面体。例如，大肠杆菌的 T_4 噬菌体（图 5-3），呈蝌蚪状，除具有一个椭圆形二十面体的核衣壳作为头部外，还有一个螺旋对称的杆状的尾部。头部壳体由 212 个壳粒组成，内含核酸，尾部壳体由 144 个壳粒组成，内部不含核酸，外面包围着可收缩的尾鞘（tail sheath），中间为一空髓，叫作尾髓。有的噬菌体的尾部还有颈环（collar）、尾丝（tail fiber）、基板（tail plate）和尾钉（tail pin）。

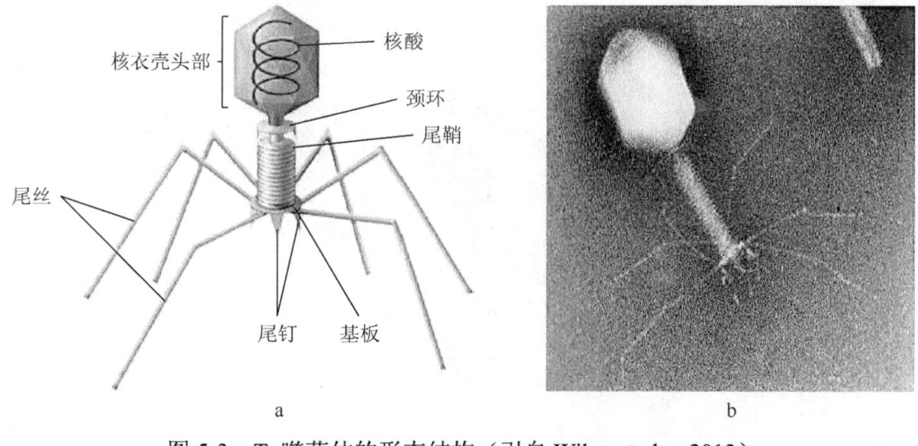

图 5-3 T_4 噬菌体的形态结构（引自 Wiley et al.，2013）

a. T_4 噬菌体病毒粒子示意图；b. T_4 噬菌体在向寄主注入核酸前的电镜照片

有些病毒具有复杂的结构，如痘病毒、弹状病毒和蝌蚪状噬菌体。痘病毒是脊椎动物病毒，多数呈砖形，它不具有清楚可辨的壳体，病毒核酸外边由几层复杂的脂蛋白外膜包围，最外层是双层的包膜。病毒体内有一个核心，内含大部分或全部 DNA 和蛋白质，而且核心两侧各含一个性质不详的侧体。又如，水疱性口膜炎病毒等是弹状病毒，其外形呈子弹状，核酸为单链 RNA，壳体为螺旋对称构型，外面有脂蛋白包膜，膜上有血凝素刺突。

一些病毒的核衣壳外还有一层组成比较复杂的、松散的包被物，称为包膜（envelope）。

这类病毒称为包膜病毒（图 5-4）。包膜通常由脂类、蛋白质和多糖组成。有些动物和植物病毒以出芽（budding）方式从寄主细胞释放出来，因此病毒外包裹了一层由寄主细胞质膜或细胞核膜形成的包膜。在多数情况下，包膜所含的蛋白质是由病毒基因编码的，并非所有的包膜组分都由寄主细胞的组成部分衍生而来的。包膜外常有刺突（spike），是包膜的表面凸起的多糖-蛋白质复合物。刺突构成及形态因病毒的种类而异，是这些病毒的显著特征，可作为鉴定病毒种类的重要依据。例如，流感病毒具有两种不同类型的刺突，一种称为血凝素或 HA 刺突，为杆状的糖蛋白；另一种称为神经氨酸苷酶或 NA 刺突，是较短的杆状糖蛋白，其末端有圆形突出物。这两种刺突都是有特殊功能的，HA 刺突能与红细胞结合，在它们之间形成桥，所产生的凝结现象称为血细胞凝集作用；而 NA 刺突则是一种酶，它能使新的病毒粒子从寄主细胞中释放出来。如果病毒的壳体不被包膜所包裹，则称为裸露的病毒。在这种情况下，壳体的作用在于保护其核酸免受外界核酸酶的破坏，促使病毒能附着在敏感的寄主细胞上，并决定病毒的寄主范围。

四、病毒粒子的化学组成

病毒的化学组分主要是核酸和蛋白质，某些复杂的病毒，尤其是动物病毒，除了核酸和蛋白质外，还含有脂类、碳水化合物和一些糖类等其他少量成分，图 5-4 所示人类免疫缺陷病毒（HIV）的简要结构。

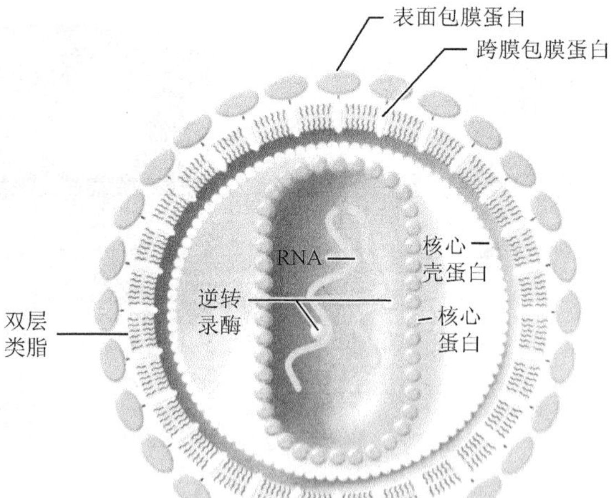

图 5-4　HIV 病毒包膜上结合的蛋白质（引自 Nicklin，1999）

（一）病毒的核酸及其功能

核酸是病毒的基因组，是病毒粒子中最重要的成分，携带有病毒复制、移动和侵染性等所必需的遗传信息，也是病毒分类鉴定的重要依据。在原核生物和真核生物的细胞中，双链 DNA 是主要的遗传物质。病毒的核酸可分为 4 种类型，即单链（ss）DNA、双链（ds）DNA、单链（ss）RNA 和双链（ds）RNA（表 5-2）。

已发现的病毒仅含有单一类型的核酸（DNA 或 RNA）。植物病毒的核酸大多为单链 RNA，如烟草花叶病毒（TMV），少数为 DNA，如花椰菜花叶病毒和双生病毒。动物病毒含有 4 种类型的核酸，有些为 DNA，如天花病毒；有些为 RNA，如流感病毒。大多数噬菌体含有双链 DNA，少数噬菌体含有单链 DNA 或单链 RNA。另外，昆虫病毒多数含 DNA，少数含 RNA；真菌病毒主要为双链 RNA 病毒；而藻类中只发现了双链 DNA 病毒。

大多数 RNA 病毒以单链 RNA 作为遗传物质，其单链 RNA 分子如果与病毒 mRNA 序列相同，则称为正链或者正义 RNA（positive sense，+）。含有这类 RNA 分子的病毒称为正链 RNA 病毒，这类正义 RNA 单独就具有侵染性，如烟草花叶病毒（TMV）。有些病毒中单链 RNA 与其 mRNA 序列互补，需要通过依赖 RNA 的 RNA 聚合酶（RdRp）将基因组 RNA 转录成 mRNA 后才能进一步表达蛋白质，这类 RNA 分子称为负链或者负义 RNA（negative strand RNA，–RNA），含有这类 RNA 分子的病毒称为负链 RNA 病毒。例如，弹状病毒为负链 RNA 病毒，这类负链 RNA 单独存在时不具有侵染能力。还有一些病毒 RNA 能够直接作为 mRNA 翻译成蛋白质，其互补链也可以作为 mRNA 翻译成另外一些蛋白质，这类 RNA 分子称为双义 RNA（ambisense RNA），如番茄斑萎病毒（TSWV）。

如果一种病毒的基因组由一个核酸片段组成，则称为单体基因组，如 TMV。还有一些病毒的基因组由多个核酸片段组成，称为分段基因组。例如，大多数流感病毒由 8 条单链 RNA 片段组成，而布尼病毒则由 3 个单链 RNA 片段组成。分段基因组如果包装在 1 个病毒颗粒中，称为单体分段基因组；如果分段基因组包装在不同的病毒颗粒中，则称为多分体病毒。

表 5-2　病毒的核酸类型

核酸类型	核酸结构	病毒例子
单链 DNA	线状单链	细小病毒
	环状单链	ΦX174，M13，fd 噬菌体
双链 DNA	线状双链	疱疹病毒，腺病毒，λ 噬菌体
	有单链裂口的线状双链	T_5 噬菌体
	有交联末端的线状双链	痘病毒
	闭合环状双链	乳多空病毒，PM2 噬菌体，花椰菜花叶病毒
	不完全环状双链	嗜肝 DNA 病毒
线状单链 RNA	线状，单链，正链	小 RNA 病毒，披膜病毒，RNA 噬菌体，烟草花叶病毒和大多数植物病毒
	线状，单链，负链	弹状病毒、副黏病毒（流行性腮腺炎）
	线状，单链，分段，正链	雀麦花叶病毒（多分体病毒）
	线状，单链，分段，二倍体，正链	逆转录病毒
	线状，单链，分段，负链	正黏病毒（流感），副粘病毒
双链 RNA	线状，双链，分段	呼肠孤病毒，植物伤瘤病毒，噬菌体 Φ6，多数真菌病毒

（二）病毒的蛋白质及其功能

蛋白质是病毒粒子的重要组成部分，一般占病毒粒子总量的70%以上，不同病毒的蛋白质种类差异很大。病毒基因组编码的蛋白质可分为结构蛋白和非结构蛋白两部分。结构蛋白是指存在于病毒粒的核衣壳、基质（matrix）和包膜中，赋予病毒粒子各种不用的形态，具有保护病毒基因组不被降解，以及使病毒粒在寄主细胞间相互识别的作用。通常情况下，结构蛋白在病毒复制周期的后期才大量合成。根据功能，结构蛋白可以分为以下四大类。

1. *核衣壳蛋白*　占病毒蛋白质组分的绝大部分，可以按照一定排列方式装配成病毒的核衣壳，使病毒具有特定的对称外形，如螺旋对称和二十面体的结构。在装配的过程中，核衣壳蛋白能够通过带正电荷的氨基酸和带负电荷的基因组核酸相互作用，将病毒基因组包裹起来，起到保护病毒核酸的作用。

2. *囊膜蛋白*　一些动物病毒核衣壳的外边还包裹着一层脂膜结构，主要来源于宿主细胞膜或者核膜，但插入其中的蛋白质是病毒编码的糖蛋白，与病毒识别细胞受体有关。

3. *基质蛋白*　基质蛋白的功能是将核衣壳蛋白与包膜联系起来，能与膜上的糖蛋白相互作用。

4. *非结构蛋白*　非结构蛋白的数量和作用因不同的病毒而有很大的差异，取决于病毒基因组和复制循环的复杂性。许多非结构蛋白具有酶活性，如逆转录病毒的逆转录酶和整合酶。作为壳体组装的折叠蛋白在病毒粒组装过程中起作用。许多非结构蛋白可在转录中起调节作用，并可参加核酸的合成，如DNA解螺旋酶和DNA结合蛋白。此外，非结构蛋白还与抑制细胞分裂的活性有关。

（三）病毒的其他化学成分

在有些病毒中发现了多胺和金属粒子。在一些病毒中已被证实具有丁二胺和亚精胺等多胺类物质。多胺可接受质子，它们大多数是阳离子，这些阳离子对核酸具有亲和性，可与核酸结合。此外，在提纯的病毒粒子中还发现有金属粒子。这些粒子主要与病毒的核酸相连，用螯合剂可使它们解离下来，但不影响病毒的侵染性。具有包膜的病毒都含有脂类，主要来源于寄主细胞的核膜或者细胞膜。

第三节　病毒的分类与命名

自从1898年Beijerinck首次提出“病毒”的概念以来，病毒的种类从最初的几十种，发展到今天的2000多种。为使如此多的病毒种类能够得到科学的命名和分类，病毒学研究者不断地总结，系统地归纳了病毒学的最新知识，包括病毒颗粒的微细结构、理化性质、基因组结构和序列、基因表达产物及其功能、病毒的复制、与寄主的相互关系，以及病毒的生物学特征，如寄主范围、传播媒介、致病性等特征。为了避免命名的混乱而阻碍学科的发展，1966年在莫斯科召开的国际微生物学大会上成立了国际病毒命名委员会（International Committee on Nomenclature of Viruses，ICNV），1973年在伦敦召开会议将ICNV改为国际病毒分类委员会（International Committee on Taxonomy of Viruses，ICTV）。在此基础上，逐渐建立了一个比较全面通用的，以目、科、亚科、属和种为分类单位的分类系统。国际病毒分类委员会于2012年出版了病毒分类第九次报告，将 ICTV 批准的 2284 种病毒归属于 6 目 87 科 19 亚科 349 属。表 5-3 介绍了一些重要的病毒科及其主要特征。

表 5-3 一些重要的病毒科及其主要特征

核酸类型	病毒科	壳体对称	包膜	寄主范围
dsDNA	痘病毒科（Poxviridae）	结构复杂	+	脊椎动物，无脊椎动物
	疱疹病毒科（Herpesviridae）	二十面体对称	+	脊椎动物
	虹彩病毒科（Iridoviridae）	二十面体对称	+	脊椎动物，无脊椎动物
	杆状病毒科（Baculoviridae）	螺旋对称	+	非脊椎动物
	腺病毒科（Adenoviridae）	二十面体对称	–	脊椎动物
	肌尾噬菌体科（Myoviridae）	复合对称	–	细菌，古菌
	长尾噬菌体科（Siphoviridae）	复合对称	–	细菌，古菌
	脂毛噬菌体科（Lipothrixviridae）	螺旋对称	+	古菌
ssDNA	丝杆噬菌体科（Inoviridae）	螺旋对称	–	细菌
	细小病毒科（Parvoviridae）	二十面体对称	–	脊椎动物，无脊椎动物
	双粒病毒科（Geminiviridae）	二十面体对称	–	植物
	微噬菌体科（Microviridae）	二十面体对称	–	细菌
逆转录 DNA 和 RNA	嗜肝 DNA 病毒科（Hepadnaviridae）	结构复杂	+	脊椎动物
	花椰菜花叶病毒科（Caulimoviridae）	二十面体对称	–	植物
	逆转录病毒科（Retroviridae）	二十面体对称	+	脊椎动物
dsRNA	囊噬菌科（Cystoviridae）	二十面体对称	+	细菌
	呼肠孤病毒科（Reoviridae）	二十面体对称	–	脊椎动物，无脊椎动物，植物
ssRNA	披膜病毒科（Togaviridae）	二十面体对称	+	脊椎动物
	黄病毒科（Flaviviridae）	二十面体对称		无脊椎动物，脊椎动物
	冠状病毒科（Coronaviridae）	不规则形状	+	脊椎动物
	小 RNA 病毒科（Picornarviridae）	二十面体对称	–	脊椎动物
	光滑噬菌体科（Leviviridae）	二十面体对称	–	细菌
	雀麦花叶病毒科（Bromoviridae）	二十面体对称	–	植物
–ssRNA	副黏病毒科（Paramyxoviridae）	螺旋对称	+	脊椎动物
	弹状病毒科（Rhabdoviridae）	螺旋对称	+	脊椎动物，无脊椎动物，植物
	正黏病毒科（Orthomyxoviridae）	螺旋对称	+	脊椎动物，无脊椎动物
	布尼亚病毒科（Bunyaviridae）	螺旋对称	+	脊椎动物，无脊椎动物
	沙粒病毒科（Arenaviridae）	螺旋对称	+	脊椎动物

一、病毒分类的原则

1950年和1963年分别提出的8项病毒分类原则是世界公认的，并得到ICTV的支持。

1）病毒基因组特征：包括核酸类型（DNA或RNA）、基因组大小，核酸是单链或双链、是线状或环状、是正链、负链还是双义链，基因组分段的数目和大小，核苷酸序列，重复序列因子和异构化的存在，G + C含量比例，5′端帽子结构的类型和存在与否，5′端共价键连接的蛋白质存在与否，3′端多聚腺苷酸（polyA）尾序存在与否。

2）病毒形态和大小：包括病毒粒子的大小、形状，大多数病毒呈球形、杆状和蝌蚪状。

3）病毒形态结构：病毒具有各种对称结构，包括螺旋对称、二十面体对称、复合对称和复杂结构。

4）病毒对乙醚、三氯甲烷（氯仿）等脂溶剂的敏感性：主要用于检测病毒囊膜中的脂质。

5）病毒血清学性质和抗原性：用来判断病毒间的亲缘关系，是病毒分类中最基本的指标，用血清学方法可以鉴定到型、亚型，甚至到病毒株系（strain）。

6）病毒在细胞培养上的特性：包括病毒对细胞和宿主的特异性、感染过程中包涵体产生和细胞病理变化、能否诱导细胞凋亡等。

7）对脂溶剂以外其他理化因子的敏感性：包括对酸的耐受性、耐热性及对加入二价阳离子后的稳定性。

8）病毒的生物学特性：包括寄主范围，在自然界中传播的方式及其传播媒介、地理分布、致病性、组织嗜亲性、病原学和组织病原学特性。

二、病毒分类体系和命名规则

1996年，ICTV提出38条新的病毒命名规则，其分类体系与其他生物一样，采用目（order）、科（family）、属（genus）和种（species）的分类等级。

病毒的种是一类具有多种共同特性的病毒，并组成一个正在复制的世代谱系，且在生态位中占有特定位置。种名由少数几个有实际意义的词组成，但不应仅含有宿主名和virus。种的名称还应该赋予种恰如其分的鉴别特征。当ICTV不能肯定某一个新种的分类地位，或者不能将新种归到某一属时，新种将作为暂定种。

病毒的属是指一群具有共同特征的种，并能与其他属的病毒成员区分开。属名的词尾是-virus。属的准则因科而不同，但必须包括遗传、结构和其他差别，而且新属必须有一个代表种。

病毒的科是一群具有多种共同特征的病毒，它们与其他科的成员有明显的不同。科名的词尾是-viridae。大多数科有独特的病毒粒子形态、基因组结构和复制策略。在有些科中，如疱疹病毒科（*Herpesviridae*），其个别成员之间的复杂关系导致亚科的设立，亚科名的词尾是-virinae。

病毒的目是一群具有共同特殊的科，它们与其他目和科有显著的区别。目的词尾是-virales。有1个目已被国际病毒分类委员会批准，即单组分负义RNA病毒目（*Mononegavirales*）。该目由副黏病毒科（*Paramyxoviridae*）、弹状病毒科（*Rhabdoviridae*）和纤丝病毒科（*Filoviridae*）组成。这些病毒科的成员是单链、负义、不分段的包膜RNA病毒。

第四节　病毒的侵染与复制

病毒缺少活细胞所具备的细胞器与代谢必需的酶和能量系统，因此病毒的复制增殖过程必须由宿主细胞提供原料、能量和复制场所，因此它们只能在活细胞内才能复制，不能脱离宿主细胞单独在培养基中生长。图 5-5 所示大多数病毒的复制周期，包括吸附、侵入、脱壳、病毒大分子的生物合成、装配和释放等几个阶段。

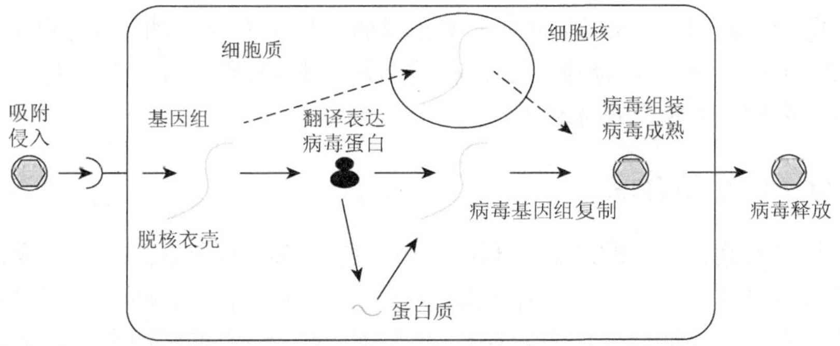

图 5-5 病毒侵染寄主的一般过程（引自 Cann，2005）

一、吸附

病毒感染敏感的宿主细胞，首先要与细胞表面特异性受体结合，这就是病毒感染细胞的第一阶段——吸附（adsorption）。病毒表面蛋白质的性质决定了病毒和敏感细胞表面受体的特异性结合，这些病毒表面结构蛋白为病毒吸附蛋白（virus attachment protein，VAP），通常是指病毒的壳体蛋白或者包膜上的糖蛋白。存在于宿主细胞表面上的病毒细胞受体（virus receptor）是指能被病毒吸附蛋白特异识别，使病毒进入细胞，启动感染发生的细胞表面特异组分。其化学本质是蛋白聚糖、脂类和糖蛋白。病毒的细胞受体基本决定了病毒的宿主范围、组织亲和性和病毒侵染能力。例如，狂犬病病毒受体是细胞表面的乙酰胆碱受体，疱疹病毒的受体是硫酸乙酰肝素。病毒和受体并不是一一对应关系，一种细胞表面分子可以是多种病毒的受体，如整合素（integrin）是腺病毒、口蹄疫病毒、汉坦病毒、埃博拉病毒及轮状病毒等的受体；而一种病毒也可以利用不同受体进入细胞，如丙型肝炎病毒（HCV）分别可以结合低密度脂蛋白受体和 CD81。病毒和受体的结合受到环境因素的影响，如温度、离子环境和 pH 等因素。植物的细胞壁比较坚硬，因此植物病毒很难直接吸附感染植物细胞，需要经过机械摩擦或者介体传播，可能不存在如同动物病毒或者噬菌体那样的病毒吸附蛋白和细胞表面受体的特异性结合。

二、侵入

病毒感染宿主的第二阶段是侵入（penetration），是指病毒以核酸、核衣壳或者病毒粒子的形式进入敏感细胞。不同病毒侵入宿主细胞的方式千差万别。例如，噬菌体通过注射（injection）的方式将病毒基因组注入细菌细胞内。动物病毒主要通过胞吞、质膜融合或者移位的方式侵入宿主细胞。植物病毒一般没有主动侵入细胞的能力，其感染方式主要通过介体侵入和非介体侵入（如嫁接、花粉及摩擦等方式）。

三、脱壳

病毒侵入细胞后，紧接着是脱壳过程（uncoating），就是将病毒的包膜和核衣壳去除，并释放出基因组核酸的过程。噬菌体把核酸注入细胞中就直接脱去了外壳，把壳体留到细胞外。病毒粒子以胞吞形成或者直接侵入，经蛋白酶的降解，先后脱去囊膜和核衣壳。有些以质膜融合方式侵入的，囊膜在与细胞质膜融合时，囊膜被脱掉，然后核衣壳在酶的作用下进一步裂解。病毒的脱壳需要酶的参与，这些酶类来自于宿主细胞或者病毒编码蛋白。有关植物病毒的脱壳还有争论。例如，1985 年 Wilson 等在试管中研究发现，烟草花叶病毒首先会膨胀，露出病毒 RNA 的 5′端，然后胞质中 80S 核糖体与病毒 RNA 结合并进行翻译，同时逐渐脱去核衣壳，但是体内的真实情况还未证实。

四、病毒大分子的生物合成

病毒基因组释放到宿主细胞之后，利用宿主细胞合成核酸和蛋白质，完成自身大分子的生物合成，包括 mRNA 的转录、基因组复制和病毒蛋白质的合成。病毒基因组的转录和表达具有严格的时空性，以保证合成的蛋白质在病毒的生命活动中准确地发挥功能。

（一）病毒基因组的转录

7 种病毒基因组的 mRNA 转录过程如图 5-6 所示。病毒 mRNA 的转录是病毒基因组复制和病毒蛋白表达所必需的，因此由病毒基因组转录出 mRNA 是病毒增殖过程中的关键步骤。一般发生在病毒基因组复制之前的转录为早期转录，其 mRNA 为早期 mRNA，翻译产生早期蛋白。早期蛋白往往是参与病毒基因组复制的蛋白酶和参与抑制宿主细胞能量代谢的蛋白质。在病毒复制开始或复制之后进行的转录称为晚期转录，产生的 mRNA 为晚期 mRNA，其翻译的蛋白质主要是病毒的结构蛋白，为复制后期的子代病毒装配提供材料。

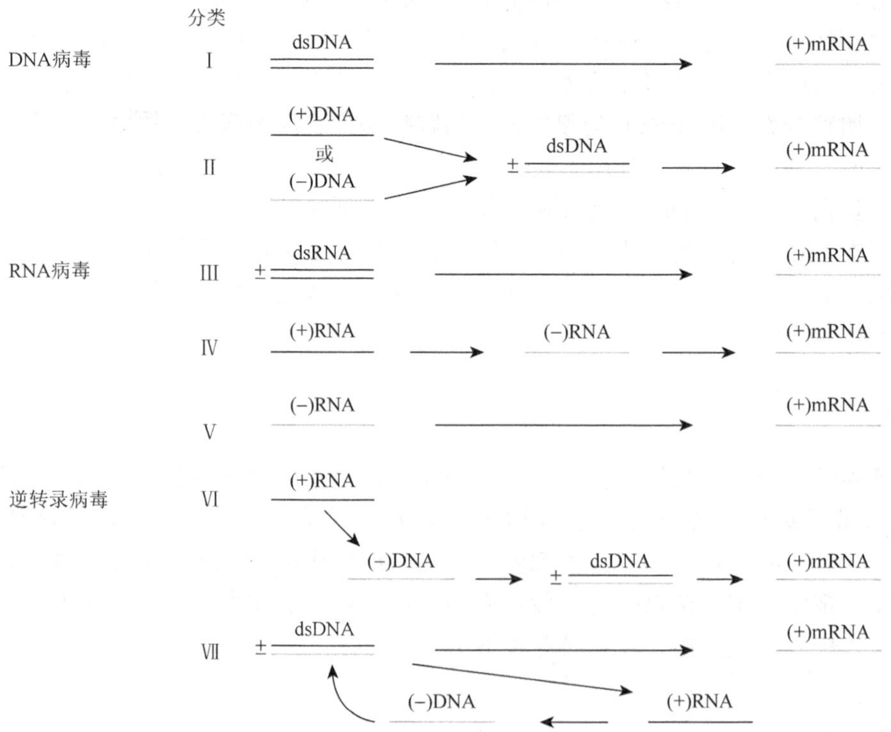

图 5-6　7 种病毒基因组的 mRNA 转录过程（引自 Carter and Saunders，2007）

正义单链 RNA 病毒（如 TMV）的基因组不需要转录，直接可以作为 mRNA 进行翻译。除此之外，其他类型的病毒基因组均需要转录为 mRNA，然后再进行蛋白质翻译。在细胞核里复制的 DNA 病毒利用宿主细胞的 DNA 依赖的 RNA 聚合酶Ⅱ进行转录；在细胞质中复制的 DNA 病毒则依赖 RNA 聚合酶进行转录；而杆状病毒利用宿主细胞的 DNA 依赖的 RNA 聚合酶Ⅱ转录早期基因，然后利用病毒编码的 RNA 聚合酶转录晚期基因。

除了逆转录病毒之外，RNA 病毒一般自身编码独特的 RNA 依赖的 RNA 聚合酶（RNA-dependent RNA polymerase，RdRp）。病毒 RdRp 同时具有复制酶和转录酶两种功能，能以病毒 RNA 为模板复制子代病毒的基因组，又可以病毒 RNA 为模板转录 mRNA。负义 RNA 病毒和双链 RNA 病毒基因组不能直接作为 mRNA 用于翻译，因此病毒基因组释放到寄主细胞后的第一步就是利用病毒粒子中携带的病毒 RdRp 转录出 mRNA。

（二）病毒基因组的复制过程

不同病毒的基因组差别很大，它们的复制过程也不同，并且与基因组信息的表达也密切相关。根据 Baltimore 的病毒分类理论，图 5-7 描述了病毒核酸复制主要分为 7 种类型。

（1）双链 DNA 病毒　这类病毒仅仅在宿主细胞核里进行复制，以病毒基因组 DNA 为模板，利用寄主编码的 DNA 依赖的 RNA 聚合酶Ⅱ转录产生 mRNA，翻译成为病毒结构蛋白和非结构蛋白。但痘病毒是个例外，其粒子中携带有病毒自身编码的 DNA 依赖的 RNA 聚合酶，转录产生 mRNA。这类病毒的复制都是采用半保留方式进行复制，即亲代病毒双链解链成单链，分别作为模板，由寄主细胞的 DNA 复制酶合成一条新链，最后每个子代病毒的双链 DNA 都有一条来自于亲代病毒。这类病毒包括痘病毒、腺病毒、疱疹病毒、杆状病毒和乳多空病毒等。

（2）单链 DNA 病毒　这类病毒在细胞核里复制，复制中间过程中可形成负链，然后以负链为模板合成子代正链 DNA 基因组。

（3）双链 RNA 病毒　这类病毒的代表是呼肠孤病毒，含有 8～12 条双链 RNA。尽管双链 RNA 中含有正义链，但是不能用来作为 mRNA 直接指导蛋白质翻译。病毒颗粒中携带有 RNA 依赖的 RNA 聚合酶，在其作用下转录产生单链正义 RNA，大小与各基因组片段相同。这些单链正义 RNA 既可以作为 mRNA 翻译病毒蛋白，也可以作为模板合成互补 RNA 链，结合形成新的双链 RNA 进行子代病毒的装配。

（4）正义单链 RNA 病毒　正义单链 RNA 病毒的基因组可以直接作为 mRNA 翻译病毒蛋白，同时也可以作为模板合成互补负义 RNA。然后，病毒编码的 RNA 依赖的 RNA 聚合酶以互补反义 RNA 为模板大量合成子代基因组 RNA。在复制的过程中，会出现正负 RNA 双链的复制中间体的形式（replicative intermediate）。

（5）负义单链 RNA 病毒　这类病毒单链 RNA 基因组是负义形式的，不能直接作为 mRNA 翻译病毒蛋白，必须通过病毒粒子中携带的 RdRp 转录产生 mRNA 和复制产生基因组互补链。然后，以基因组互补链为模板，大量合成子代负义单链 RNA 基因组，再与结构蛋白和 RdRp 装配成子代病毒粒子。这类病毒包括弹状病毒、丝状病毒、副粘病毒、正粘病毒等。

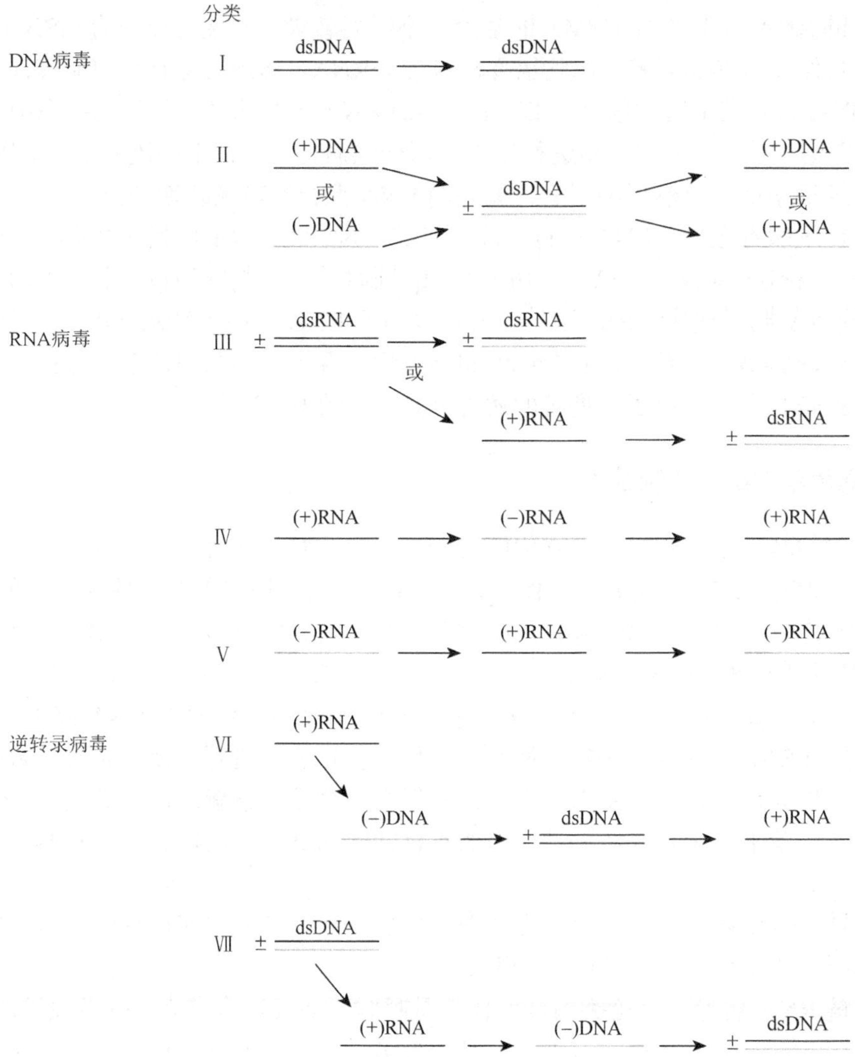

图 5-7　7 种病毒基因组的复制过程（引自 Carter and Saunders，2007）

（6）逆转录病毒　　这类病毒的基因组是正义单链 RNA，但在复制过程中出现 DNA 的阶段。复制初期，以基因组 RNA 为模板，逆转录合成 RNA/DNA 杂交中间体，去除 RNA 后，再以负义链 DNA 作为模板合成双链 DNA。所产生的双链 DNA 进入细胞核可整合到宿主基因组上，称为前病毒。上述复制过程都是由病毒编码的逆转录酶完成的，而病毒子代 RNA 则是由寄主编码的 DNA 依赖的 RNA 聚合酶 II 转录产生，再与结构蛋白进行装配，形成病毒粒子。这类病毒包括人类免疫缺陷病毒和白血病病毒等。

（7）具有 RNA 中间体的双链 DNA 病毒　　这类病毒的代表为乙肝病毒，其基因组部分为双链 DNA，部分为单链 DNA。侵入宿主后，首先由细胞核中的 DNA 复制酶合成互补链，形成完整的双链 DNA 结构。宿主细胞的 RNA 聚合酶 II 以双链 DNA 为模板，转录产生全长正义 RNA，进而作为 mRNA 翻译产生病毒逆转录酶和其他结构蛋白。然后，在细胞质中，逆转录酶以全长正义 RNA 为模板产生负义 DNA，再合成双链基因组 DNA。这类病毒也叫作副逆转录病毒。

（三）病毒蛋白质合成

病毒的 mRNA 一般为多顺反子，通过多种表达策略翻译产生病毒增殖所需要的各种蛋白质。一类通过亚基因组的形式表达下游基因；另外一类不产生亚基因组，主要通过合成单一多聚蛋白前体，然后蛋白酶进行切割产生结构蛋白和非结构蛋白。

五、病毒的装配和释放

病毒大分子合成产生的病毒结构组分以一定的方式结合，有序地组装成完整的子代病毒颗粒，这一过程称为装配（assembly），不同的病毒装配差别很大。下面分别介绍噬菌体、动物病毒和植物病毒。

（一）噬菌体的装配和释放

以 T_4 噬菌体为例，其装配分为 5 个步骤，分别是基片的装配、尾管和尾鞘的装配、头部的装配、尾部和头部结合及尾丝的装配。每个步骤都需要多种蛋白质的相互作用。最后成熟的噬菌体以裂解细胞的方式释放，再进行下一轮的侵染、复制过程。

（二）动物病毒的装配和释放

动物病毒分为无包膜病毒和有包膜病毒，它们的装配和释放差别较大。无包膜病毒在核酸和蛋白质合成之后，可自行组装成熟的病毒颗粒。病毒的核酸能催化蛋白质亚基的聚合和组装，形成正确的病毒粒子外形。病毒组装完成后，大量的病毒颗粒规则地排列，形成胞内晶体。这些晶体会缓慢地释放，而大部分子代病毒需等待细胞自溶后才大量释放出来。

有包膜的动物病毒，其装配一般分为两个步骤，首先是核衣壳的装配，即把基因组包装到核衣壳中，此过程与前面无包膜的装配是类似的；其次是囊膜化过程，即从细胞的某种膜结构获得脂质双分子层。病毒的囊膜主要来自于细胞质膜或者核膜。含有细胞质膜的病毒成熟过程可分为 4 个步骤：①在细胞质中形成核衣壳；②病毒合成的糖蛋白插入细胞膜的一些区域；③核衣壳移至内表面和基质蛋白紧密结合；④从细胞膜上出芽，由外表面释放。另外一种类型是在核内复制的病毒，其包膜是通过核膜出芽而获得。

（三）植物病毒的装配和释放

大多数植物病毒都没有包膜，结构简单，核衣壳大多可以自我装配成熟的病毒粒子。例如，烟草花叶病毒在 pH7，离子强度 0.1～0.3 时，先由 34 个外壳蛋白亚基形成 20S 双盘结构，然后和 RNA 结合成螺旋结构，形成起始复合物，蛋白质亚基逐个加入，最终完成装配过程。一般情况下，植物病毒不裂解细胞，而是通过胞间连丝运输到邻近细胞，以及利用维管束系统进行长距离运输，将病毒运输到根部和上部未感染的叶片和花器官。

第五节 病毒与寄主的相互作用

病毒是严格寄生生物，其复制、增殖过程都离不开寄主细胞。因此，整个病毒侵染过程所包括的吸附、侵入、脱壳、生物大分子合成，以及装配和释放等，均涉及与寄主的相互作用。病毒侵染过程是复杂多样的，与寄主的互作过程也具有多种类型，如急性的和慢性的，潜伏的和持久的，有些病毒能够使寄主很快地致病死亡，也有些病毒侵染后不显示任何症状。病毒和寄主的相互作用包括两个方面，病毒的致病性和寄主抗病性。病毒的致病性是指病毒在侵染过程中，劫持寄主因子而大量增殖病毒粒子，采用各种策略抑制寄主正常的生理活动，使寄主产生一些异常的生理状态，甚至会造成寄主死亡。另外，寄主在长期的抗病毒进化过程中，不断形成一套天然防卫体系，层层设防，抵抗或者限制病毒的侵染。这里介绍几类病毒与它们各自宿主的相互作用。

一、噬菌体与宿主的相互作用

噬菌体在自然界广泛分布，能够侵染各种原核生物，包括细菌和古菌。由于噬菌体的寄主个体小，形态结构简单，并且容易在控制条件下培养。因此，噬菌体通常可作为模式系统来研究病毒繁殖的一般特征，而且有些噬菌体还作为微生物遗传工程研究的工具。

噬菌体与细菌寄主互作产生的最终结果有两种，裂解性侵染和溶源性侵染（也称潜伏性侵染）。裂解性侵染是指病毒进入寄主后经复制、翻译和装配成成熟的子代病毒颗粒，并使寄主细胞裂解后释放，如在细菌培养基上，可产生透明状的空斑，称为噬菌斑（plaque）。这类噬菌体则被称为烈性噬菌体，大肠杆菌 T 偶数噬菌体（T_2、T_4 和 T_6）都属于烈性噬菌体。

溶源性侵染是指当噬菌体基因组释放到宿主细胞后，其核酸附着并整合到宿主染色体中，与宿主核酸同步复制，并传给子代宿主细胞，宿主细胞不裂解，这种噬菌体称为温和噬菌体。这种宿主细菌称为溶源性细菌，而整合到宿主基因组上的整套噬菌体 DNA 基因组称为原噬菌体（prophage）。例如，λ 噬菌体就是温和噬菌体。温和噬菌体侵染宿主后的噬菌斑呈现不透明、浑暗状。下面分别介绍烈性和温和两类噬菌体的生活周期。

（一）烈性噬菌体的生活周期

人们对大肠杆菌 T 偶数噬菌体（T_2、T_4 和 T_6）的生活周期研究得最早也比较深入，这些噬菌体侵染和裂解其寄主细胞的过程和大多数噬菌体是相似的，这里以 T 偶数噬菌体（T_4 噬菌体）为例，作为模式来讨论噬菌体的生活周期，介绍噬菌体侵染细菌的基本过程（图 5-8）。

1. 附着（attachment） 噬菌体侵染细菌细胞的第一步是附着，也称为吸附（adsorption）。这个过程是病毒和寄主之间高度特异性的相互辨认和作用。病毒粒子在外部含有一个或多个蛋白质，能与寄主细胞表面的特殊受体结合。这些受体是细胞表面的蛋白质、多糖、糖蛋白和脂蛋白（多糖复合物）。

噬菌体以尾丝作为吸附点，通过尾部的刺突与细菌表面的特殊受体相结合。某些噬菌体与其敏感细菌的结合是特异的，因为在它们相对应的受体上有互补的分子结构。细菌的表面结构如细胞壁或膜上的多糖和蛋白质、鞭毛和菌毛，都可以作为噬菌体的特异受体。有些敏感细菌突变后，失去形成特异受体的能力，不能被噬菌体附着而成为抗性菌株。如果过量地加入噬菌体，每个寄主细胞多次吸附的噬菌体可达 200～300 个。

2. 侵入（penetration） 病毒侵入细胞的方式取决于寄主细胞的特性，特别是其表面结构。细菌的细胞具有细胞壁，其被侵入的方式与不具细胞壁的动物细胞不同，而且噬菌体具有较复杂的侵入过程。

T_4 噬菌体首先通过尾丝附着在寄主细胞表面，尾丝的末端与革兰氏阴性细菌外壁层的多糖核心特异性地结合。噬菌体尾部释放出溶菌酶，溶解细胞壁形成一个小孔，然后尾鞘收缩，使尾髓穿透细胞壁和膜，再将头部的核酸通过尾髓注入细胞内，而噬菌体的蛋白质空壳仍然留在细胞外。有些噬菌体如 T_1 和 T_5 没有收缩的尾鞘，也能将 DNA 注入细胞。fd 是含有单链 DNA 的丝状噬菌体，其壳体可以进入寄主细胞。如果太多的噬菌体在短期内同时吸附在同一寄主细胞上，并同时侵入，就会过早地产生裂解，这时并未伴随产生新的病毒粒，这种现象称为外来裂解（lysis from without）。

3. 复制（replication） 当 T_4 噬菌体的核酸注入细菌细胞后，出现一个潜伏期，平均为 25min，在此期间检查不到侵染的噬菌体。侵染开始后，细菌 DNA 合成突然停止，几分钟后细菌 mRNA 和蛋白质的合成也中止。在此期间，噬菌体以其本身的 DNA 为模板，由寄主 RNA 聚合酶催化，很快形成早期噬菌体 mRNA。这种新形成的 mRNA 利用寄主的核糖体翻译形成噬菌体所需的酶类，称为早期蛋白，其中包括破坏寄主细胞 DNA 的核酸水解酶和能修饰细菌 RNA 聚合酶的酶类。值得一提的是，在 T_4 噬菌体的核酸中，含有独特的碱基即 5-羟甲基胞嘧啶，代替常见的胞嘧啶碱基，而这种特殊碱基的羟基是由葡萄糖残基的加入修饰而来的，这种修饰使得噬菌体的 DNA 能抵抗许多寄主的限制性内切酶。T_4 噬菌体并不编码新的噬菌体 RNA 聚合酶，但能合成一些蛋白质来修饰寄主 RNA 聚合酶的特异性，使其识别不同噬菌体的启动子。这些早期的启动子可被寄主 RNA 聚合酶直接阅读，并作用于寄主的 δ 因子。由早期基因合成的噬菌体蛋白能对寄主 RNA 聚合酶 α 亚单位进行共价修饰，而且一些噬菌体编码的蛋白质也能结合聚合酶。这些修饰改变了聚合酶的特异性，从而能够识别 T_4 噬菌体的中期启动子。经过修饰的寄主 RNA 聚合酶能进一步转录噬菌体中期基因，形成中期 mRNA 和中期蛋白。中期蛋白包括形成 5-羟基甲基胞嘧啶及其三磷酸酯所需要的酶、DNA 聚合酶和连接酶，这些酶在噬菌体的复制和重组中起着特殊的作用。中期基因还能编码第二次修饰 RNA 聚合酶的蛋白质，以转录后期基因。后期基因的产物包括新噬菌体颗粒的结构组成部分，如头部、尾部和尾丝，还包括装配和释放噬菌体所需要的酶，如噬菌体溶菌酶。

4. 装配（assembly）与释放（release） 在最后的成熟过程中，噬菌体 DNA 与壳体蛋白质装配为成熟的、有侵染力的噬菌体颗粒。T 偶数噬菌体的成熟是一个复杂的过程（图 5-8），首先合成噬菌体的壳体亚单位，在这些蛋白质亚单位聚集的同时，噬菌体 DNA 分子发生凝

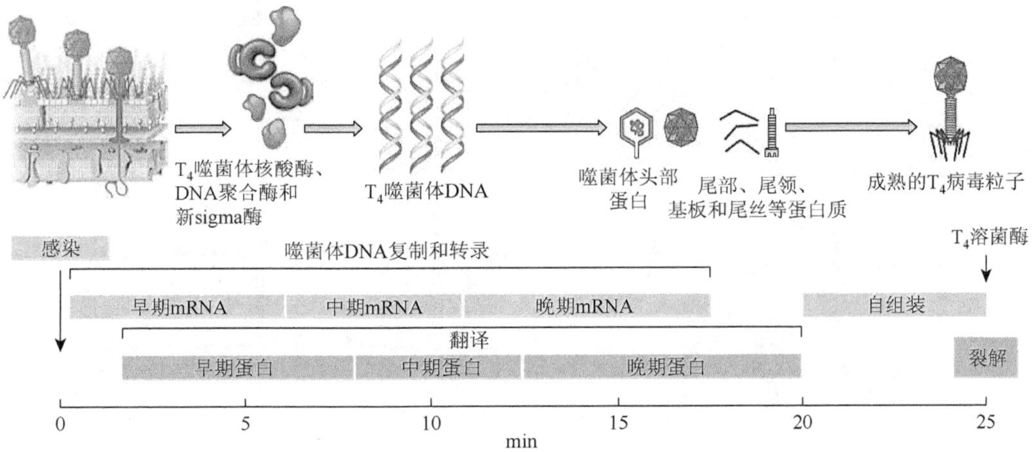

图 5-8 T_4 噬菌体侵染大肠杆菌细胞的过程（引自 Madigan，2015）

缩，两者紧密地包装成多面体，形成成熟的噬菌体头部。通过连续的合成，另一些亚单位装配成尾部部件，再与头部连接，形成完整的噬菌体。这个逐步的自我装配过程是由某些所谓形态形成的病毒基因控制的。在生活周期中，不同噬菌体的释放过程也有区别。T 偶数噬菌体在成熟时，能产生两种后期蛋白质，一种是破坏细胞质膜的噬菌体编码蛋白，另一种是噬菌体溶菌酶。当前者破坏细胞质膜后，溶菌酶就穿透细胞膜而开始破坏细胞壁的肽聚糖层，使肽聚糖主链的化学键水解，细胞壁逐渐变薄。最后，寄主细胞由于渗透压不平衡而破裂，病毒体以突然爆发的方式释放出来。另外，少数噬菌体如丝状噬菌体 fd 成熟后，并不破坏细胞壁，而是从寄主细胞壁释放出来，不影响细胞的生活。

（二）温和噬菌体和溶源性

当温和噬菌体（temperate phage）侵染寄主细胞后，存在着两种可能性（图 5-9）。第一种可能性是温和噬菌体的 DNA 可以整合到寄主细胞的 DNA，并随寄主细胞的分裂而传至后代。这时噬菌体随寄主细胞 DNA 的复制而复制本身的 DNA，但不合成自己的蛋白质壳体，因此细菌不裂解而能继续生长繁殖。整合在寄主细胞的染色体 DNA 上的温和噬菌体的核酸

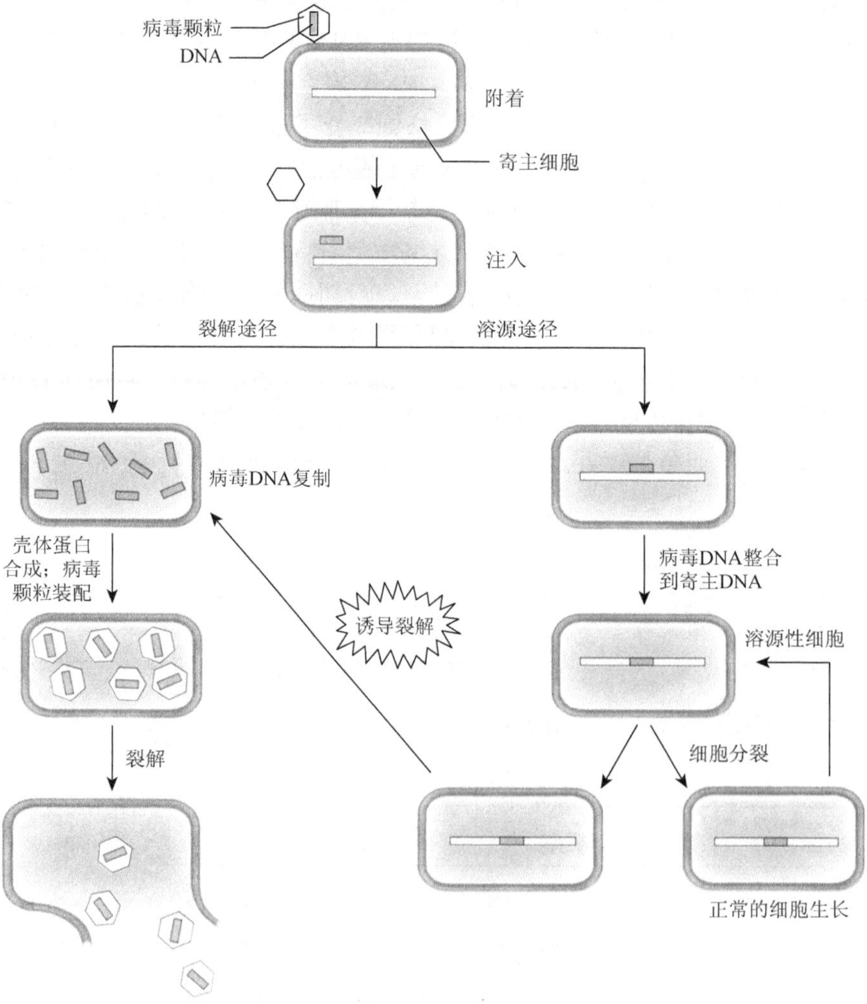

图 5-9　温和噬菌体的侵染结果（引自 Madigan，2015）

称为原噬菌体（prophage）。但个别温和噬菌体如大肠杆菌噬菌体 P_1，其核酸并不整合在细菌的 DNA 上，而是附着在细胞质膜的某一位点上，呈质粒状态存在。人们把含有原噬菌体的细菌细胞称为溶源性细胞，并把温和噬菌体侵入寄主细胞后的上述特性称为溶源性（lysogeny）。由于从自然界分离的大多数细菌是含有一个或多个噬菌体的溶源性细胞，所以溶源性可能具有生态重要性。溶源性不局限于噬菌体，许多动物病毒与其寄主也具有类似的关系。

第二种可能性是，极少数溶源细菌中的原噬菌体偶尔会从寄主细胞的 DNA 上脱离，进行大量复制，并形成成熟的噬菌体而引起细菌裂解，释放成熟的噬菌体粒子，这种由溶源性转变为裂解的现象，称为自发裂解。此现象通常以很低的频率发生，即每 10^2～10^5 个溶源性细菌中才有一个细菌恢复噬菌体的裂解步骤，最终导致细菌细胞裂解。如果使用物理因素和化学因素，如紫外线、X 射线、氮芥子气和丝裂霉素 C 等处理溶源性细菌，可以诱发原噬菌体脱离寄主细胞的 DNA，形成具有侵染力的噬菌体颗粒，使细胞裂解，这种现象称为诱导裂解（induction lysis）。

研究得最详细的 λ 噬菌体是大肠杆菌 K12 的温和噬菌体，许多关于溶源性的知识来自该噬菌体。温和噬菌体之所以能使寄主细胞产生溶源性，首先是其基因组在整合酶等作用下，整合到细菌 DNA 的特定位点上，进行特异性的重组。另外，温和噬菌体具有 *cI* 基因，编码产生一组阻遏蛋白，可以抑制原噬菌体重新转变成烈性噬菌体，也可抑制其他烈性噬菌体的繁殖。这种阻遏蛋白称为免疫阻遏体，因为它可使溶源性细菌对外来的同源噬菌体或其本身产生的噬菌体具有阻遏作用。这些噬菌体虽可侵入溶源性细菌，但其 DNA 不能在该菌细胞内复制，不会导致溶源性细胞的裂解。我们把溶源性细菌这种不敏感的特性称为“免疫性”。这种阻遏蛋白已从 λ 噬菌体分离和纯化，是一种分子质量为 26kDa 的酸性蛋白。它可与 λ 噬菌体基因组的两个不同的操纵基因位点起作用，以阻止噬菌体裂解作用的表达和成熟噬菌体颗粒的形成。

研究表明，λ 噬菌体的溶源状态受其基因组的调节区域的活性控制，这个区域称为免疫操纵子。在 λ 噬菌体侵染时，噬菌体的 *cro* 基因被转录，合成另一种蛋白阻遏体，称为 Cro 阻遏体，它可抑制免疫阻遏体的合成，使噬菌体处于营养繁殖状态，而使寄主细胞裂解。因而，溶源状态的产生和保持的机制实际上是免疫阻遏体和抑制免疫的 Cro 阻遏体之间的一种对抗。前面已经提到，λ 噬菌体的裂解能被紫外线等射线所诱导。原因是紫外线诱导了大肠杆菌的 *recA* 基因，编码产生了一种寄主细胞的蛋白质。这种蛋白质一旦被诱导而积累，就会分解免疫阻遏体，阻止后者与 λ 噬菌体的结合，使原噬菌体脱离寄主细胞的 DNA 而导致细菌裂解。这个事实表明，裂解的自发诱导可能也具有相同的机制。溶源性细菌还具有溶源性转变特性（lysogenic conversion），即原噬菌体的存在可以改变溶源性细胞的特性。例如，白喉棒状杆菌由于其原噬菌体 β 带有毒素蛋白的结构基因 *tox*，才能产生白喉毒素。又如，肉毒梭菌产生的肉毒毒素、某些链球菌产生引起猩红热的红斑毒素都与它们的溶源性细胞携带原噬菌体有关。细菌的溶源性也是研究肿瘤病毒的一种模式，因为这些病毒也具有将其基因引入感染细胞而产生肿瘤的能力。

如果溶源性细菌的原噬菌体从寄主细胞的 DNA 上脱离，但在细胞内不复制，寄主细胞继续生长和繁殖。溶源性细菌中的原噬菌体消失了，便成为非溶源细胞，称为溶源性细菌的复愈。

此外，Mu 噬菌体也是温和噬菌体，但它具有独特的复制特性，它是一个诱变噬菌体。Mu 具有温和噬菌体和转座子的双重性质，是已知的最大并最有效的转座因子之一。它可利用非复制转座将 DNA 整合到寄主基因组，通过复制自己的基因组，诱变寄主成为突变株。所以，Mu 噬菌体能很容易地用于产生各种细菌突变株，可应用于遗传工程的操作中。

二、动物病毒与寄主的相互作用

（一）病毒的致病类型

动物病毒是指寄生在脊椎动物和无脊椎动物细胞内的病毒，可引起人和动物的多种疾病。许多人类的疾病是由脊椎动物病毒侵染导致的，如艾滋病（获得性免疫缺陷综合征，AIDS）、传染性非典型肺炎（严重急性呼吸综合征、SARS）、天花、黄热病、流行性感冒、肝炎和麻疹等。大多数家畜也感染病毒，如口蹄疫、狂犬病、牛瘟、猪瘟和鸡的新城疫等。此外，动物病毒还可引起肿瘤（图 5-10）。1911 年，Rous 发现病毒能引起鸡的恶性肿瘤（劳斯肉瘤病），首次确定了病毒可以引起动物肿瘤。现在已经证明，病毒可以诱发猴、狗、马、兔和鼠等动物形成肿瘤。能使动物致瘤的有 DNA 病毒，也有 RNA 病毒。含 DNA 的致瘤病毒包括腺病毒、多瘤病毒和猴肾病毒等，含 RNA 的致瘤病毒包括劳斯肉瘤病毒、白血病病毒和乳房瘤病毒等。至于人的恶性肿瘤，是否由病毒引起，至今尚未肯定，原因是很难检测出人的肿瘤中所含的病毒。但是，某些人类恶性肿瘤与特殊病毒的侵染是有密切关系的。例如，肝癌与 B 型肝炎病毒（HBV）有关。

（二）被病毒感染后宿主细胞的表现

根据宿主细胞被病毒感染后的表现，除了能引起肿瘤之外，病毒感染细胞主要产生三种结果（图 5-10）。

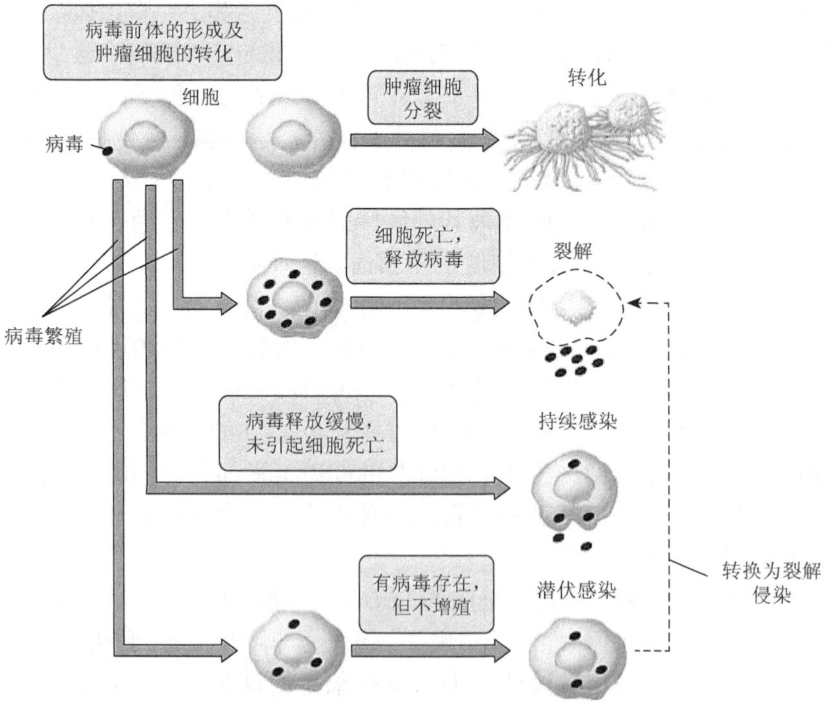

图 5-10　动物病毒在寄主细胞上侵染的结果（引自 Madigan，2015）

（1）裂解细胞感染　　是指受到杀伤性比较强的病毒感染，引起细胞裂解。例如，痘病毒和小 RNA 病毒感染后，大量增殖的病毒迅速改变了宿主细胞的代谢过程，造成细胞裂解死亡，并将大量病毒粒子释放到细胞外体液中，即可进行下一轮的感染。

（2）稳定态感染　是指病毒的侵染并不影响宿主细胞的生命活动，被感染的细胞能正常增殖，并且在相当一段时间内细胞可以与病毒并存。即使病毒在细胞内大量增殖，有些可由母细胞传递给子代细胞，细胞机能也没有受到严重影响，这些病毒经常以出芽的方式进行释放。

（3）整合感染　是指某些 DNA 病毒的全部或者部分基因组，或某些 RNA 病毒经逆转录为 cDNA 整合到宿主基因组中，并随着细胞的分裂而增殖。这种整合到宿主基因组的病毒基因组称为前病毒（provirus），这种形式称为整合感染。例如，腺病毒、SV40 等 DNA 病毒，HIV 等逆转录病毒都属于这类病毒。

病毒感染细胞后，宿主细胞会发生各类细胞表型变化，这些变化又称为细胞病变，主要包括几种情况：细胞形态变化、细胞裂解、细胞融合和合胞体形成、膜渗透性变化、包涵体形成、细胞程序性死亡等。

三、植物病毒与寄主的相互作用

植物病毒之所以引起人们的广泛关注，主要是因为它们会在粮食作物及经济作物上引起各种病害，严重影响农业生产，造成巨大的经济损失。植物受病毒侵染后，受侵染部位的细胞能用解剖学方法观察到的生理变化，称为病变；在一定条件下，植物的新陈代谢和物理机能受到干扰，各种生理指标发生变化，并逐渐在植物外部表现出来的形态特征称为症状。植物病毒与寄主在不断进化过程也存在着互作关系：一方面病毒不断进化，增强其致病能力；而另一方面寄主植物为了生存，也进化出多重抗病能力，二者既相互对立又相互适应。病毒学研究的早期主要是鉴定病毒的寄主范围，以及观察植物的生理生化反应。近年来，随着分子生物学、细胞生物学和生物信息学等学科的发展，病毒和寄主的互作研究已经成为重点，对病毒和植物寄主互作特点和机制的研究发展到了分子水平。对于植物寄主和病毒相互作用机制的揭示和信息的积累，将有利于对病毒病的防治。

（一）植物病毒的传播

病毒的传播是与寄主发生相互作用的第一步，通常一种病毒会有一种主要的传播途径。依据自然传播的不同方式可将病毒传播划分为介体传播（vector transmission）和非介体传播（non-vector transmission）两大类。前者是指病毒借助于其他生物（介体）在植株间进行的传播，如借助昆虫介体或植物介体菟丝子等进行植株间的传播；后者是指病毒通过摩擦造成的微伤口、种子或其他非生物因素在植物间进行的传播。在自然条件下，大部分植物病毒主要通过介体传播，其中昆虫介体主要为蚜虫、叶蝉和飞虱，其次是蓟马和椿象等，以昆虫为介体的植物病毒占病毒总数的 80%以上。昆虫传毒过程分为获毒、循回和传毒三个阶段。

昆虫介体传播又可分为非持久性、半持久性和持久性三种方式。

1）非持久性传播是指介体昆虫可在取食的瞬间获毒，仅需几秒至数分钟，并在几分钟内完成传毒，病毒在昆虫体内不需要潜伏期，并且传毒后或者蜕皮后，介体昆虫即丧失带毒和传毒能力。大多数蚜传病毒属于非持久性传播，在蚜虫取食后，病毒滞留在口针内。在刺探和取食过程中，病毒即从口针传播到健康寄主植物中。例如，黄瓜花叶病毒是由蚜虫以非持久方式进行传播的，并且研究表明该病毒的外壳蛋白与口针内蛋白质的特异性互作决定了蚜虫传毒效率。

2）半持久性传播是指病毒在昆虫体内不需要循回期，昆虫传毒时间需要数分钟，并且延长饲毒时间能够提高传毒效率。该类病毒的传播介体有蚜虫、粉虱和叶蝉，病毒主要滞留在昆虫的前肠。大多数半持久性传播的病毒都被局限在植物的韧皮部，并且接种部位也必须在韧皮部。花椰菜花叶病毒及同属其他成员以半持久性方式由桃蚜进行传播，需要病毒编码的蚜传相关辅助组分的参与。

3）持久性传播是指需要较长的获毒饲育期，获毒后需要一段时间的循回期才能传毒，并且昆虫获毒后能保持长时间的传毒能力，又可分为持久非增殖型和持久增殖型。

持久非增殖型病毒在昆虫体内不能复制，但需要在体内循回、扩散到唾液腺才能被传播到新的寄主植物。昆虫取食时，病毒首先进入昆虫肠腔，随后横穿中肠或后肠的上皮细胞到达血淋巴组织，然后通过血淋巴进入唾液腺，再次取食时将病毒随唾液释放到健康寄主中。这类病毒包括黄症病毒科、双生病毒科和矮化病毒科的病毒。

持久增殖型病毒是指昆虫可以在几个小时内获毒，病毒侵入昆虫体内后需要一个较长的潜伏期才能侵染新的寄主，且昆虫一经带毒则终生带毒，并具备向健康寄主植物传毒的能力。持久增殖型传播的病毒在介体体内的循回过程通常是在昆虫取食后，病毒进入昆虫的肠腔，随后进入中肠或者后肠的上皮细胞并进行复制，然后扩散到其他器官，最后到达唾液腺，当昆虫再次取食时，病毒随唾液传到健康植物上（图 5-11）。一般获毒需要 1～3 天，潜伏期需要 7～10 天，此后昆虫介体终生带毒。持久增殖型传播的病毒主要由蓟马、飞虱和叶蝉传播。番茄斑萎病毒（TSWV）由蓟马以持久增殖型传播。飞虱传播的病毒已知有 18 种，在我国的危害比较严重。例如，灰飞虱传播的水稻条纹叶枯病毒（RSV）、水稻黑条矮缩病毒（RBSDV）和大麦黄条点花叶病毒（BYSMV）等；褐飞虱传播的水稻齿叶矮缩病毒（RRSV）和水稻草状矮缩病毒（RGSV）等；白背飞虱

扫一扫 看彩图

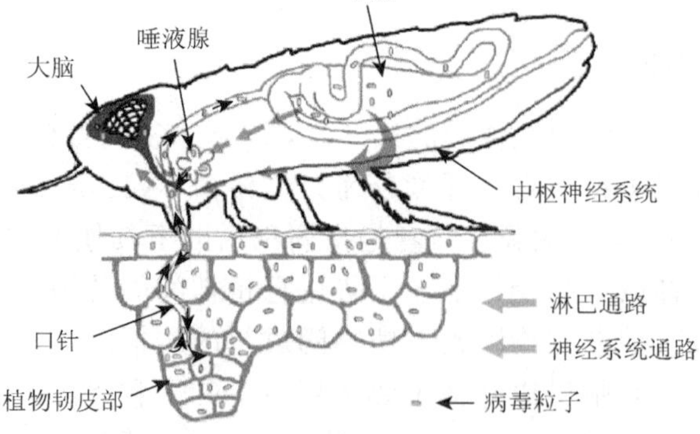

图 5-11 植物弹状病毒在叶蝉昆虫介体内的侵染循回过程（引自 Mahy and Regenmortel，2008）

叶蝉昆虫介体口针（stylet）刺吸寄主植物韧皮部（phloem）取食时，弹状病毒的病毒粒子（rhabdovirus particle）随着植物汁液进入食道，然后进入中肠（midgut），在中肠上皮细胞内进行增殖，再进一步通过中肠基底膜屏障，到达血淋巴。病毒粒子通过血淋巴通路（hemolymph route）或者神经系统通路（nervous system route）分别到达唾液腺（salivary gland）。最后，通过随着唾液沿着口针进入下一个健康寄主植物的体内，完成侵染循回过程

传播的南方水稻黑条矮缩病毒（SRBSDV）等。此外，由叶蝉传播的弹状病毒、水稻矮缩病毒（RDV）和水稻瘤矮病毒（RGDV）也属于持久增殖型传播的病毒。

非介体传播可分为汁液摩擦、嫁接传播、无性繁殖、种子传毒（种传）等形式。其中，种子传毒的危害比较大。1919 年，Redick 首先报道了菜豆普通花叶病毒（BCMV）能够通过菜豆种子进行传播。目前，已发现的种传病毒超过 160 种，主要是马铃薯 Y 病毒属、豇豆花叶病毒属、黄瓜花叶病毒属和线虫传多面体病毒属等 21 属的病毒成员。有的病毒仅能通过一种种子传播，有的则能通过多种种子传播。种传的方式包括胚外和胚内带毒传播，其中胚外带毒传播是指种皮、种皮表面和胚乳中携带病毒。目前，关于种传机制的研究不多，判断是否种传主要由两个方面决定：一是病毒早期能否进入植物的生长点；二是病毒进入胚后是否被寄主抗性所抑制。种传病毒一般引起的症状较轻，当病毒危害严重时，寄主的花粉减少，形成的种子少且小，反而限制了种子传病毒的能力。病毒的种传现象也是病毒和寄主长期互作、相互适应的过程。

（二）病毒侵染植物的过程

病毒通过各种方式侵入植物后，开始大量地增殖子代病毒粒子。子代病毒粒子主要通过胞间连丝到达邻近的细胞。胞间连丝是高等植物细胞连接的主要形式，为直径 20～30nm 的管状结构，两端分别与各个细胞的内质网连通，其功能是传递信号和移动物质。正常情况下，允许通过胞间连丝的小分子物质大小为 800～1000Da。由于植物病毒的体积比允许通过的容量大 3～4 个数量级，因此病毒必须通过修饰胞间连丝才能通过。一般情况下，植物病毒都编码运动蛋白，参与和胞间连丝互作，介导病毒的细胞间运输。此外，有些病毒外壳蛋白也会对病毒的细胞间运输产生不同的影响。病毒长距离运动是指病毒由发病的接种叶片进入维管束中，首先向下运输到根部，然后向上运输到顶部叶片，再向下运输到其他叶片，最后引起全株发病（图 5-12）。

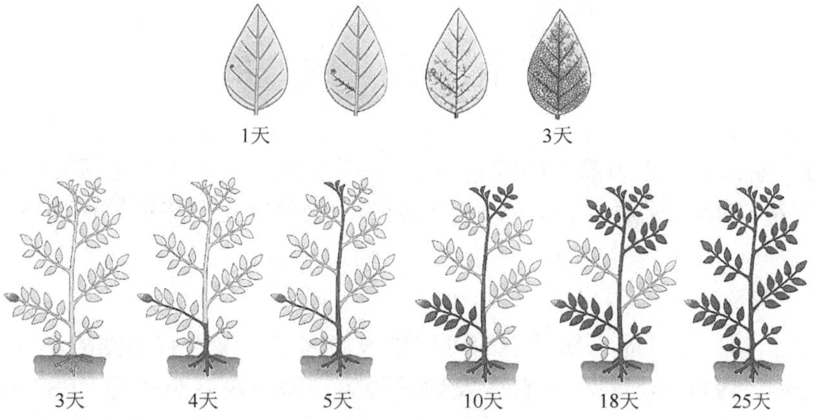

图 5-12　植物病毒在植物体内的系统侵染过程（引自 Agrios，2005）

（三）植物抗病毒防卫反应

植物不能移动，需要通过调控自身基因表达系统，积极防卫和干扰病毒对自身的伤害，最大限度地保卫自己。植物本身具有的抗性，如皮层厚度、坚硬度，气孔大小、密度及开合状态，内含物成分及化学成分等称为组成性抗性；而植物组织或细胞受到病毒侵染时，被动产生的一系列防卫反应，称为诱导性抗性。一般在病毒侵染初期的 2～3 天，可以检测到诱导抗性，主要包括产生局部枯斑、合成病程相关蛋白、产生调节植物保卫素有关的寡糖和酯类。

1. *过敏反应* 过敏反应是植物抗病毒的一种表现。典型的是形成局部坏死枯斑，病毒被局限在侵染点及其附近细胞，不能扩散到其他组织。枯斑的发生是细胞坏死的结果，其中包括膜损伤导致细胞解体，细胞内物质（包括酶）释放紊乱，从而打破组织代谢的完整性。而有些病毒并不表现出过敏反应，如 CMV 侵染瓜类仅产生褪绿，马铃薯 X 病毒侵染普通烟草时则会有局部坏死和系统侵染同时发生。除了局部坏死的抗性外，病毒侵染还会诱导系统获得性抗性，即当病毒侵染局部叶片时，远距离的新生叶片能够被诱导出抗性。这种抗性是非特异的，如 TMV 诱导的抗性，对 TNV 及其他病毒也具有抗性。

2. *病程相关蛋白* 是指病毒侵染植物后诱导产生一些新的低分子质量可溶性蛋白质，在 1980 年被 Antoniw 定名为病程相关蛋白（pathogensis-related protein，PR 蛋白）。研究表明，其他病原物侵染或者水杨酸等化学物质刺激后，也会诱导 PR 蛋白的大量产生。PR 蛋白有 14 组（PR1-PR14），分为酸性 PR 蛋白和碱性 PR 蛋白两大类。酸性 PR 蛋白一般存在于细胞间隙中，碱性 PR 蛋白主要存在于液泡中。PR 蛋白能够抵抗植物内源蛋白酶，使其易于在细胞间隙中和液泡中积累增加。

3. *R 基因介导的过敏性反应* 目前，研究比较透彻的植物抗病毒机制是 *R* 基因介导的过敏性反应（hypersensitive response，HR），这种抗病毒方式也被归为“基因对基因”假说。其具体内容为：每个 *R* 基因只能识别一类特异的病原物分子，称为无毒因子（avirulence factors，Avr），它们之间的相互作用产生的表型包括侵染点细胞的程序性细胞死亡（programmed cell death，PCD）和其他表现正常组织上的不连续坏死斑。大部分已鉴定的植物抗性基因为显性单基因抗性，已经克隆到的植物显性抗性基因中有 24 个具有抗病毒特性，这些显性抗病毒基因均来自双子叶植物，如马铃薯、番茄、烟草、大豆、菜豆和拟南芥等。

第六节　亚　病　毒

自然界存在着比病毒更为简单的致病因子，称为亚病毒。亚病毒包括类病毒、卫星病毒、卫星 RNA、卫星 DNA、朊病毒和缺陷干扰颗粒等。现将其主要特征简述如下。

一、类病毒

类病毒（viroid）是目前已知最小的可传染致病因子，仅含有裸露的小分子质量 RNA，没有蛋白质壳体。1971 年，科学家首先发现马铃薯纺锤形块茎类病毒（PSTVd），之后又发现柑橘裂皮病和菊花矮化病的致病因子也是类病毒。类病毒的核酸是单链的、共价闭合的环状 RNA 分子，具有高度碱基配对而形成的类似于棒状的结构，由一系列的双链区和不配对的单链区相间排列而成，没有三级结构的折叠（图 5-13）。类病毒仅含有 246～375 个核苷酸，平均长度约为 50nm。类病毒主要存在于寄主细胞的细胞核和叶绿体内，可在寄主细胞内复制，由于该 RNA 分子不含有编码蛋白质的基因，因此其复制依赖寄主细胞的 RNA 聚合酶Ⅱ。所有的类病毒都具有一个共同的特征，即含有一个保守的中心区，目前对其复制的机制还不清楚，可能是通过滚环方式进行复制，再进行自身催化剪切和连接，以产生成熟的类病毒。大多数类病毒通过营养繁殖传播，如寄主植物的嫁接、整枝等，也可通过受感染植株的花粉或胚珠进行。由于类病毒没有壳体的保护，其 RNA 分子在环境中会面临被降解的危险。但由于其分子小并具有高度的二级结构，在寄主体内非常稳定，能够在环境中长期存活，并传播到其他寄主。类病毒的发现是生物学史上的一个重要事件，揭示了一类比病毒更小的病原，并给分子生物学、病毒学、植物病理学、兽医学和医学提供了良好的研究体系。目前仅在植物上发现类病毒。

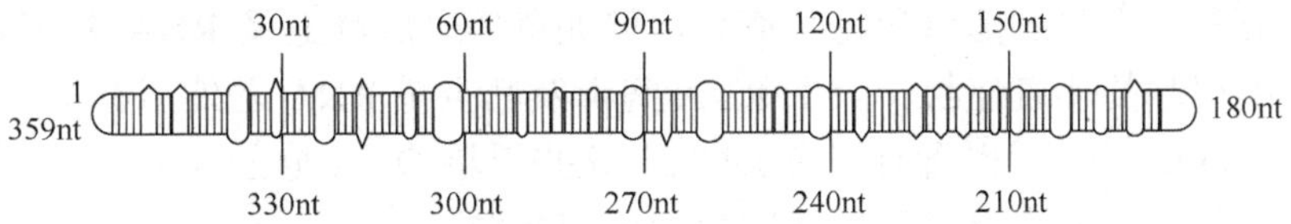

图 5-13 类病毒的 RNA 结构（引自 Cann，2005）

二、卫星病毒

某种小分子 RNA 病毒的复制专门依赖于另外一种病毒，将前者称为卫星病毒（satellite virus），后者则称为辅助病毒（helper virus）。例如，烟草坏死卫星病毒（STNV）与烟草坏死病毒（TNV）就属于这种关系。1960 年，Kassanis 和 Nixon 发现 TNV 和 STNV 并存。这是两种大小不同的二十面体病毒，其壳体蛋白和所含核酸都是不同的。TNV 的直径为 26nm，基因组 RNA 的长度为 3.7～3.8kb，壳体蛋白分子质量为 30 000Da，基因组携带编码多种蛋白质的遗传信息，具有侵染性。而 STNV 是比较小的病毒，直径 17nm，单链 RNA 的长度为 1.2kb 左右，所携带的信息只是编码本身的壳体蛋白，单独存在不具有侵染性。STNV 不能独立复制，需要与 TNV 共存于受侵染的细胞中，依赖辅助病毒提供的复制酶才能复制，两者呈现出卫星与辅助的关系，这种依赖关系具有高度的特异性。例如，烟草花叶病毒（TMV）就不能作为 STNV 的辅助病毒，并且 STNV 的特定株系只能由 TNV 的特定株系作为辅助病毒。TNV 辅助 STNV 复制的程度与寄主也有关系，如在菜豆中 TNV 辅助 STNV 复制的效果比在烟草中好。可见决定两者关系的不仅是两种病毒的基因产物，还与寄主的某种物质有关。卫星病毒和辅助病毒之间也存在明显的干扰现象，如果将 TNV 和 STNV 混合接种，TNV 在寄主细胞的含量会比单独侵染时大大降低。

类似的卫星病毒现象也出现在动物 DNA 病毒和噬菌体中。例如，腺病毒的伴随病毒（AAV）也属于卫星病毒，它必须与腺病毒共存时才能复制，腺病毒则为辅助病毒。丁型肝炎病毒也是一种卫星病毒，其自身的复制必须依靠乙型肝炎病毒的包膜蛋白辅助才能完成，土拨鼠肝炎病毒也能辅助其复制。又如，噬菌体 P_4 是一种复杂的卫星病毒，如果没有噬菌体 P_2 的同时感染，就不能复制产生成熟的噬菌体（P_4）颗粒。由于 P_4 没有编码壳体蛋白的基因，必须依赖 P_2 合成壳体蛋白，用以装配体积仅为 P_2 壳体 1/3 的 P_4 壳体，包装自身较小的 DNA。

三、卫星核酸

卫星 RNA（satellite RNA）完全不同于卫星病毒，它是另一种特殊的依赖于辅助病毒的小线状单链 RNA 分子。与卫星病毒不同，卫星 RNA 不编码外壳蛋白，仅包装于辅助病毒的壳体内，与辅助病毒的 RNA 无序列同源性，其复制依赖于辅助病毒，并干扰辅助病毒的复制，改变病毒症状的表现。黄瓜花叶病毒（CMV）的卫星 RNA 是首个被发现的卫星 RNA。通常情况下，CMV 粒子中含有 4 个 RNA 分子，相对分子质量为$(0.3\sim1.1)\times10^6$。但是，在该病毒的有些株系中发现另一种可复制的单链 RNA，相对分子质量只有 0.12×10^6，含有 335 个核苷酸，和其他 4 个 CMV RNA 没有序列同源性。由于它不是病毒 RNA 的亚基因组，而且包被在 CMV 的壳体蛋白中，完全依赖于辅助病毒 CMV 的 RNA 才能进行复制，因此称为卫星 RNA。卫星 RNA 能加剧或减轻其辅助病毒造成的病害，如南芥菜花叶病毒卫星 RNA 能加重辅助病毒在南芥菜上引起的褪绿和花叶症状，但烟草环斑病毒卫星 RNA 却能显著减轻辅助病毒在烟草上所引起的环斑症状。除了 RNA 病毒及其卫星 RNA 之外，有些 DNA 病毒，如双生病毒（geminiviruses），也含有卫星 DNA，这些卫星 DNA 分子与卫星 RNA 分子一样，复制和包装都依赖于辅助病毒提供的复制酶和外壳蛋白。

四、朊病毒

朊病毒是由蛋白质组成的，不含有任何核酸，是亚病毒的另一个极端类型。即便含有核酸，其核酸分子的长度不足以编码朊蛋白组成所需的单个种类的蛋白质。然而，朊病毒的蛋白质颗粒是有侵染性的，已知不同的朊病毒可引起各种动物疾病，如羊瘙痒病、人的库鲁病（kuru）、牛海绵状脑病（bovine spongiform encephalopathy，BSE）即疯牛病和人的克-雅脑病（Creutzfeldt-Jakob disease，CJD）等。羊瘙痒病是朊病毒引起的绵羊和山羊的中枢神经系统退化性紊乱的疾病，使羊毛脱落，皮肤瘙痒。库鲁病又称为新几内亚震颤病，是一种人的中枢神经系统退化症。1986 年，在英国奶牛中发现第一例疯牛病，受感染的牛的行为发生改变，表现出摇晃的步态。经过显微镜观察，其脑部呈现大面积海绵状的退化症状。1996 年，英国科学家发现引起疯牛病的朊病毒可以感染人类，引起克-雅脑病。上述疾病的共同特征是潜伏期很长，主要表现出中枢神经系统症状和病理变化，最终都导致死亡，迄今尚无有效的防治方法。朊病毒除了引起严重的疾病外，其侵染结果会产生更多的朊病毒蛋白。1982 年，美国 Prusiner 在研究羊瘙痒病的致病因子时证明朊病毒是一种蛋白质侵染颗粒，称为 prion，即 protein infection 的缩写。这一发现引起生物学家广泛的兴趣，因为它与“生物中心法则”（DNA→RNA→蛋白质）的关系相反。现已发现，寄主细胞染色体上含有一个基因（*Prp*），其编码合成的 PrP^c 蛋白类似于朊病毒蛋白 PrP^{SC}（图 5-14）。这种寄主蛋白能正常产生，并且大多数发现于神经元中。侵入的朊病毒能在这个寄主蛋白合成前或合成后对其进行修饰。使蛋白质折叠的交替模式发生变化，并使蛋白质失去正常的功能，能部分地抵抗蛋白酶的分解和变得不溶解。因此，朊病毒并不是简单地破坏寄主的酶系，而是设法使正常的寄主基因产生多个致病蛋白。目前已知 PrP 的开放阅读框（open reading frame，ORF）均位于一个单一的外显子中，并由该 PrP 的 ORF 编码合成 PrP^c，再通过翻译发生构型转变，形成 PrP^{SC}（图 5-15）。

朊病毒蛋白的分子质量为 27～30kDa，在电子显微镜下呈杆状，直径约为 25nm，长 100～200nm。杆状颗粒不单独存在，总是呈丛状排列。研究表明，朊病毒非常耐热，其侵染性在 90℃条件下处理 30min 不失活；能抵抗紫外线和电离辐射，并对 DNA 酶和 RNA 酶的处理不敏感。但是，朊病毒对尿素、十二烷基硫酸钠（sodium dodecyl sulfate，SDS）、苯酚和其他使蛋白质变性的化学药剂是敏感的。上述事实说明，朊病毒具有蛋白质的特性。

虽然对朊病毒化学本质的认识已经越来越明确，但对其增殖、传播和侵染机制等问题还需深入地研究。

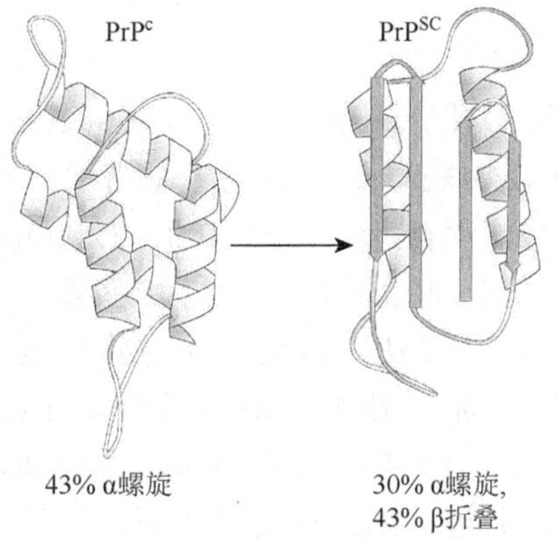

图 5-14 朊病毒的结构变异（引自 Cann，2005）

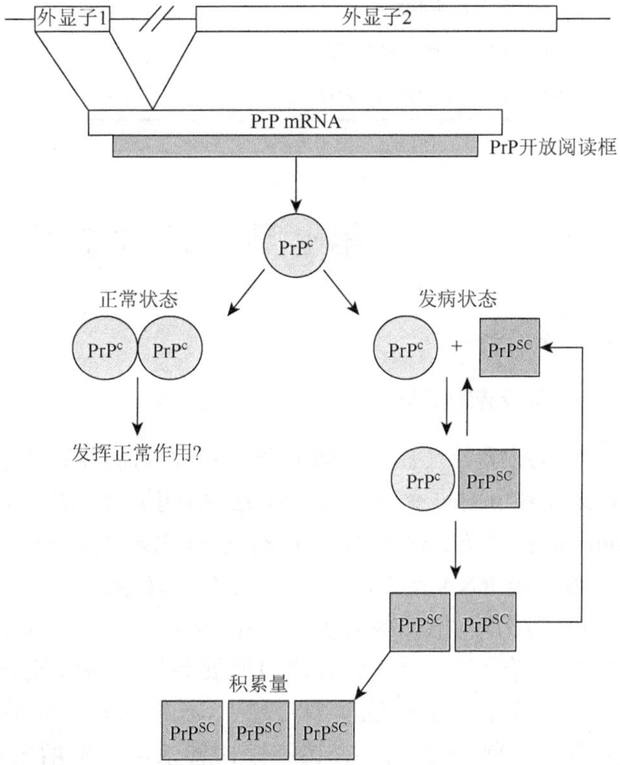

图 5-15 朊病毒致病原理示意图（引自 Cann，2005）

五、缺陷干扰颗粒

缺陷干扰颗粒（defective interfering particle）也称为 DI 颗粒。动物病毒、植物病毒和噬菌体在感染寄主时，都可能产生各种 DI 颗粒。它们虽然是包被在典型病毒壳体内的 RNA，但只含有病毒核酸的部分基因，自身不能完成复制循环，需要与同源病毒共同感染才能复制，而且不能合成核衣壳蛋白。另外，由于 DI 颗粒的基因组比正常病毒小，复制更快，在与正常病毒共同感染时占优势，从而干扰了完整病毒核酸的复制。

以植物病毒的 DI 颗粒为例，病毒的某些突变体是缺失了核衣壳蛋白基因的病毒，在番茄黑环斑病毒和烟草环斑病毒也报道过类似的缺陷颗粒。卫星病毒、卫星核酸和 DI 颗粒性质的归纳比较见表 5-4。

表 5-4 卫星病毒、卫星核酸和 DI 颗粒的性质比较

性质	卫星病毒	卫星核酸	DI 颗粒
依赖辅助病毒复制	+	+	+
包被于特殊的壳体内	+	−	−
包被于辅助病毒的壳体内	−	+	+

续表

性质	卫星病毒	卫星核酸	DI 颗粒
降低辅助病毒的复制	+	+	+
与辅助病毒的核酸系列有同源性	–	–	+
RNA 在体内和体外的稳定性	高	高	低

第七节　几种重要病毒的特征

一、动物病毒

（一）艾滋病病毒

艾滋病病毒（HIV）即人类免疫缺陷病毒，是人类获得性免疫缺陷综合征（acquired immunodeficiency syndrome，AIDS）的病原体。HIV 病毒由法国病毒学家吕克·蒙塔尼（Luc Montagnier）及其研究组于 1983 年首先发现。HIV 病毒粒子呈球形，直径 100～120nm，有两条单链 RNA 的二倍体，并含有逆转录酶。HIV 感染包括 4 个阶段，即原发感染、潜伏感染、AIDS 相关综合征及典型 AIDS 等。原发感染就是病毒初步入侵初期开始复制，侵袭淋巴样器官。一些患者体内发展急性单核细胞增多症，其后大部分以前病毒（provirus）的形式整合于宿主染色体 DNA 中，长期潜伏。此后 6 个月至 10 年潜伏感染后，受到某些因素激发，前病毒（provirus）开始转录，大量增殖病毒，引起 AIDS 相关综合征，包括发热、出汗、体重下降、皮疹、腹泻等症状；最后，出现典型 AIDS 即出现中枢神经系统紊乱或并发肿瘤（图 5-16）。患有 AIDS 的患者 5 年死亡率为 90%，临床症状出现 2 年内死亡率很高。HIV 主要是对 $CD4^{+}T$ 细胞进行损伤，导致免疫调节功能紊乱；同时 HIV 也能感染神经胶质细胞，造成神经异常。HIV 的传播途径主要分 3 种，即性传播、血液传播和母婴传播。

（二）肝炎病毒

肝炎病毒（hepatitis virus）是以侵染肝脏为主，引起病毒性肝炎的一组病毒，主要包括 A、B、C、D 和 E 型肝炎病毒，在我国分别称为甲、乙、丙、丁和戊型肝炎病毒。虽然这些病毒都能引起肝炎，但它们的基因组形式完全不同，分属于不同的科属。肝炎患者的主要症状是低热、疲乏、食欲不振、厌油、恶心、浓茶尿、黄疸等，有些患者还表现关节痛、体重下降、皮肤瘙痒等症状。仅根据临床症状和流行病学很难将乙型肝炎与其他类型的肝炎区别开来，必须进行免疫学和核酸检测才能确诊。乙型肝炎病毒（HBV）属于嗜肝 DNA 病毒科正嗜肝 DNA 病毒属，是引起病毒肝炎的主要病原之一。我国是乙型肝炎的高发区，我国总人口的 8%～10%携带 HBV 表面抗原。乙型肝炎的主要传播途径有血液传播、母婴围产期传播、医源性传播等。

（三）流感病毒

流感病毒（influenza virus）属于正黏病毒科，能够引起一种急性呼吸道传染性疾病，称

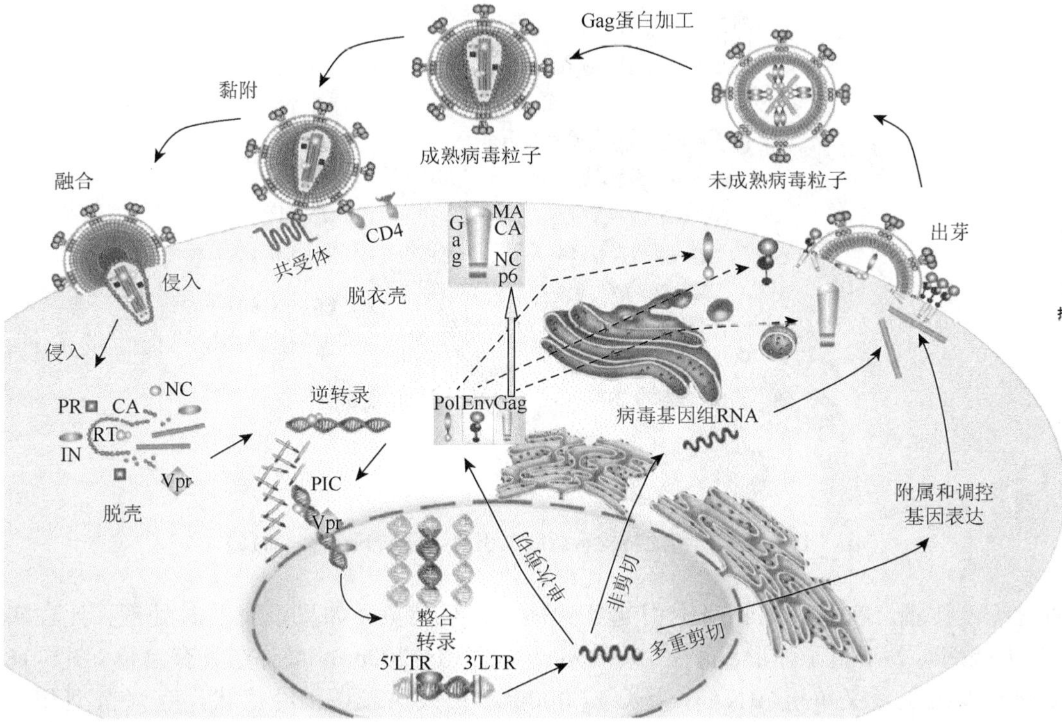

扫一扫　看彩图

图 5-16　HIV 的复制循环不同阶段的侵染模式（引自 Mahy and Regenmortel，2008）

HIV 病毒粒子通过细胞受体（CD4）和共受体（co-receptors）吸附（attachment）到细胞表面，然后通过膜融合（fusion）释放核衣壳侵入（entry）细胞质中进行脱衣壳过程（uncoating）。然后，利用寄主的酶进行逆转录过程（reverse transcription）产生双链 DNA 进入细胞核中，整合（integration）到寄主基因组中。潜伏期过后，利用寄主的转录酶进行转录产生病毒 RNA 形式。这些 RNA 通过单次剪切（single spliced）翻译产生病毒酶组分和结构蛋白组分；或通过多次剪切，翻译产生一些调节功能的附属蛋白（accessory and regulatory proteins）；或者不剪切直接运输到细胞质中成为病毒基因组 RNA。上述的蛋白质通过修饰和组装，以出芽（budding）的方式释放未成熟病毒粒子（immature virus），最后经过 Gag 蛋白加工形成成熟病毒粒子（mature virus）

为流行性感冒，简称流感。流感发病率高，流行范围广，传染性强，危害很大。流感病毒颗粒为直径 80～120nm 的球形。流感病毒的基因组由 8 条负义单链 RNA 片段组成，编码 10 个蛋白质，包括 8 个结构蛋白和 2 个非结构蛋白。病毒的包膜外层有两种糖蛋白，一种是血凝素（hemagglutinin，HA）蛋白，形成三聚体的棒状；另一种是神经氨酸酶（neuraminidase，NA），形成四聚体蘑菇状（图 5-17）。这两种抗原很容易发生变异，至今已发现 18 个亚型 HA 蛋白和 11 个亚型 NA 蛋白，并且两种抗原的变异和重组是引起新的大流行的病原基础。流感病毒经飞沫传播进入呼吸道，一般人黏膜的分泌型 IgA 抗体可以清除病毒。当免疫力降低或者病毒毒力增强时，病毒包膜上的血凝素蛋白与黏膜细胞膜上的糖蛋白受体结合，病毒 RNA 进入细胞内复制。流感病毒在禽类、猪、马、牛、犬等动物中都能分离到，并且动物和人流感病毒能够基因重配，增加病毒的致病能力。例如，1997 年在香港暴发了禽流感疫情，有 18 人被感染，6 人死亡，从这些患者体内分离到了禽类的 H5N1 亚型流感病毒。目前的证据表明，流感病毒都是水平传播，而不能垂直传播。

（四）狂犬病病毒

狂犬病病毒（RABV）属于弹状病毒科狂犬病病毒属，能够感染温血动物，在动物之

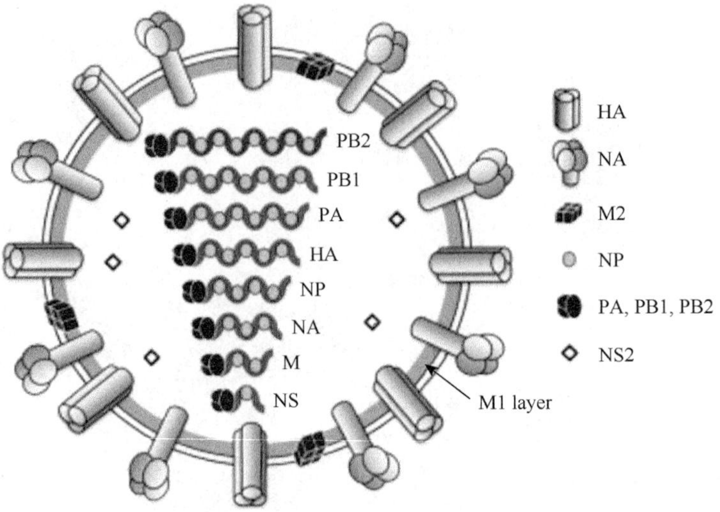

图 5-17　流感病毒的结构示意图（引自 Taubenberger，2010）

间通过唾液传播，在人和动物身上引起狂犬病。一旦感染，如果没有及时处理，死亡率很高。狂犬病病毒外形呈子弹形，直径 75～80nm，长 130～200nm，最外层具有包膜（图 5-18）。病毒的基因组是负义单链 RNA，全长 12 000nt。狂犬病表现神经症状，有兴奋型和麻醉型两种。犬、猫和马感染后出现兴奋状。人被携带狂犬病毒的动物咬伤后，临床主要表现为特有的恐水、怕风、恐惧不安、咽喉肌痉挛，又称为恐水症。狂犬病是人类最古老的疾病之一，被列为最可怕的传染病之一。狂犬病的主要传播途径是被带病毒动物咬伤、抓伤，使病毒从伤口侵入机体。目前尚无特异药物能够进入神经系统内灭活病毒，因此做好暴露前或者暴露后预防接种联合免疫球蛋白是防止狂犬病毒发病的唯一有效手段（图 5-19）。

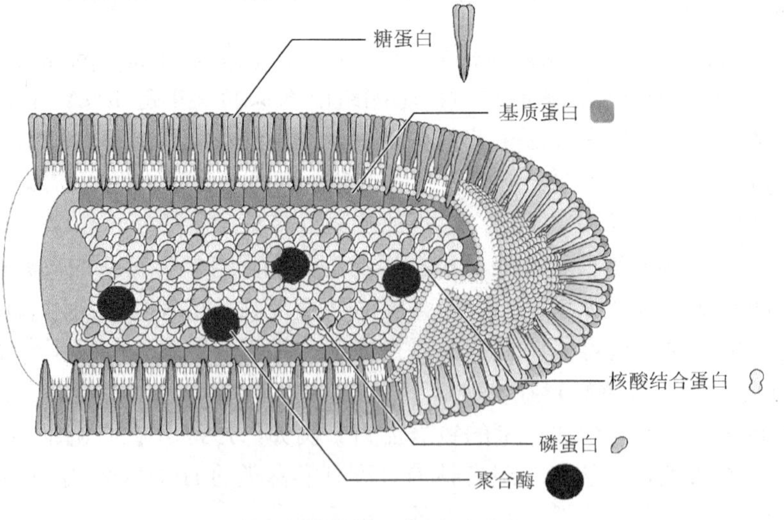

图 5-18　狂犬病病毒的结构示意图（引自 Davis，2015）

（五）口蹄疫病毒

口蹄疫是人畜共患病，由口蹄疫病毒（FMDV）引起，是世界范围内影响人类和动物健

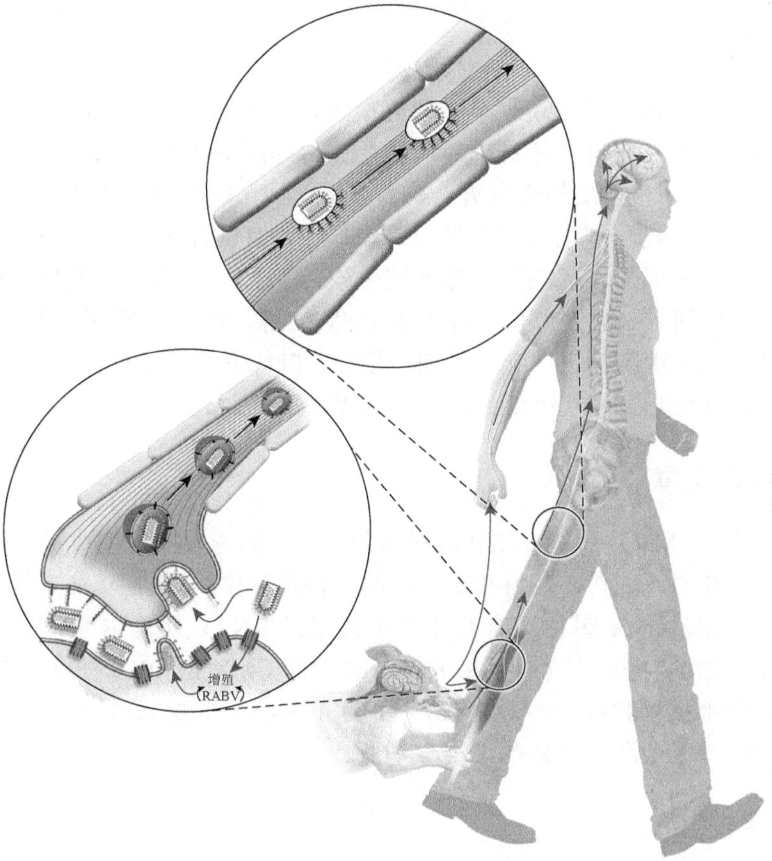

扫一扫　看彩图

图 5-19　狂犬病病毒在人体内的侵染路径（引自 Davis et al.，2015）

一些动物咬伤或者刮伤会造成狂犬病病毒粒子侵入肌肉组织，然后通过神经肌肉接头逐渐扩散到周边神经系统（下边黑色圈）。病毒粒子以具有包膜的囊泡形式，利用动力蛋白介导的逆行轴突运输在突触神经元之间进行扩散（上边的黑色圈），最后到达中枢神经系统

康的主要问题之一，因此世界动物卫生组织将 FMDV 列为 A 类动物疫病之首。口蹄疫病毒主要感染偶蹄类动物，被感染动物的口腔黏膜、乳房和蹄部等皮肤发生烂斑和水疱，在幼龄动物中该病毒会导致心肌炎造成大量死亡。与发病动物密切接触的人也会感染这类病毒，可引起发热及口、手脚等部位产生水疱。口蹄疫病毒属于小 RNA 病毒科口蹄疫病毒属，是目前已知最小的动物 RNA 病毒。口蹄疫在自然条件下仅感染偶蹄动物，牛和猪最易感，这些病畜是口蹄疫的主要传染源，其奶、唾液、尿和粪便含毒量最多，毒力很强并易传染。口蹄疫传播迅速，一般在冬、春季易发生大流行。

二、植物病毒

由于植物一旦被感染，就无法根除病毒，因此植物病毒病素有“植物癌症”之称。据估计，世界范围内植物病毒对农产品产量和质量造成严重威胁，导致农作物减产达 10%～30%。引起我国北方小麦产区的病毒病有黄矮病、黄色花叶病、黄条点花叶病等；南方水稻产区的病毒病主要是矮缩病、条纹叶枯、东格鲁病、黑条矮缩和黄叶病等；蔬菜和花卉等经济作物的病毒种类较多，包括烟草花叶病毒（TMV）、黄瓜花叶病毒（CMV）及双生病毒等，多为混合侵染。

（一）烟草花叶病毒

烟草花叶病毒（TMV）是发现最早、研究最清楚的植物病毒。TMV 分布于世界各地，寄主范围广，可侵染十字花科、茄科、葫芦科及豆科等经济作物。TMV 病毒粒子呈杆状，约为 300nm×180nm，由蛋白质外壳包裹着核糖核酸组成。病毒基因组为单链正义 RNA，长 6395nt，5′端有甲基化帽子结构，3′端有类似 tRNA 的结构。病毒编码 4 个蛋白质，下游的病毒蛋白通过亚基因组的形式表达。TMV 靠汁液传染，只要 TMV 病叶与健康叶接触轻轻摩擦，即可引起传染。在田间，蚜虫作为介体可传播 TMV 病毒。TMV 侵染的病株呈现典型的花叶症状，逐渐形成浅绿和深度病斑，叶片皱缩、扭曲，叶缘向背面弯曲，严重时叶延长呈柳叶状或带状。病株的花变形，结实率低，发芽能力差。

（二）黄瓜花叶病毒

黄瓜花叶病毒（CMV）是雀麦花叶病毒科黄瓜花叶病毒属的典型成员，能侵染 1000 多种植物，包括十字花科、茄科、豆科和葫芦科等多种蔬菜作物。CMV 病毒粒子为直径 29nm 的二十面体，无囊膜。CMV 基因组含有 3 条单链正义 RNA，每个 RNA 片段的 5′端具有甲基化的帽子。有些 CMV 株系还含有卫星 RNA。在田间 CMV 由 80 多种蚜虫以非持久性方式传播，也可汁液摩擦接种和种子传毒。CMV 引起的症状为病株新叶花叶，病叶小、皱缩，严重的叶子翻卷，叶子逐渐黄化枯萎，结实率低。

（三）水稻条纹病毒

水稻条纹病毒（RSV）属于纤细病毒属，由灰飞虱以持久增殖方式传播，可经卵传播到子代。病毒粒子呈细丝状和分枝状，基因组含有 4 条负义单链 RNA。RSV 引起的水稻条纹叶枯病，在我国南部水稻产区发病严重，尤其是粳稻种植区，田间发病严重时可达 50%～60%，甚至整个田块发病枯死。该病症状特点是新叶褪绿、扭曲，病叶产生褪绿条纹或全叶褪绿变黄，后期叶部有坏死斑点，最后叶片早枯。

（四）水稻黑条矮缩病毒

水稻黑条矮缩病毒（RBSDV）属于呼肠孤病毒科斐济病毒属的成员。病毒粒体球状，其直径为 70～75nm，主要存在于寄主植物韧皮部筛管及伴胞内，导致寄主植物矮化、沿叶脉瘤肿等症状。RBSDV 病毒基因组由 10 条 dsRNA 组成，由大到小分别命名为 S_1～S_{10}。RBSDV 以灰飞虱为传毒介体，一经染毒，终身带毒，但不经卵传毒。在我国大部分地区都造成程度不同的危害，能侵染水稻、小麦和玉米。目前还没有好的抗 RBSDV 品种，主要靠控制昆虫介体来达到防病的目的。

（五）大麦黄条点花叶病毒

大麦黄条点花叶病毒（BYSMV）属于弹状病毒科细胞质弹状病毒属，可导致小麦叶片变黄，沿叶脉出现褪绿条纹和花叶，植株严重矮化。电镜照片显示，BYSMV 病毒粒子呈棒状，长 315～353nm，直径 46～57nm，在受侵染细胞质中整齐地排列（图 5-20）。BYSMV 由灰飞虱以持久增殖方式进行传播，能侵染小麦、大麦、玉米以及谷子等农作物。

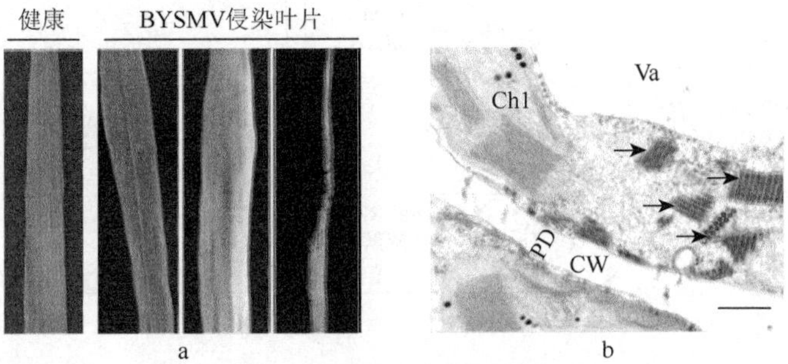

图 5-20 大麦黄条点花叶病毒在小麦上的症状及植物体内电镜照片（引自 Yan et al.，2013）

a. 侵染小麦三周后的症状，左一为健康植株，右边三个为发病植株，症状包括黄条点（发病前期）及黄条纹、花叶和扭曲（发病后期）等。b. 发病叶片中病毒粒子的电镜观察，在发病叶片细胞的细胞质中发现一些成簇的棒状病毒粒子（黑色箭头）。CW. 细胞壁；Chl. 叶绿体；Va. 液泡；PD. 胞间连丝。黑色的标尺 = 500nm

复习思考题

1. 病毒的主要特征是什么？
2. 名词解释：核衣壳，壳粒，包膜，刺突，包含体。
3. 病毒的结构有哪几种构型？各举一例说明。
4. 病毒的核酸有哪几种类型？有哪些结构特征？
5. 病毒分类的依据主要包括哪些？
6. 噬菌体有哪些类型？各举一例说明。
7. 病毒核酸的合成 mRNA 的途径有 7 条，请给予归纳比较。
8. 艾滋病是由什么病毒引起的？该病毒如何侵染和破坏寄主细胞？其传播方式有哪些？
9. 以烟草花叶病毒为例，简述植物病毒的生活周期。
10. 亚病毒有哪几种类型？各有什么特点？能引起什么疾病？

拓展阅读

抗病毒 RNA 沉默机制的研究

抗病毒 RNA 沉默（antiviral RNA silencing）是真核生物体内天然的抗病毒免疫反应。在大部分病毒的侵染过程中，一些双链 RNA 的复制中间形式在宿主体内会强烈诱导 RNA 沉默，经寄主核酸酶（Dicer）切割产生高丰度的 21～30 个核苷酸的小分子 RNA，这些小 RNA 则会结合一些特异的核酸酶（agonaufe，Ago）并指导切割病毒的 RNA，达到抗病毒的效果。在基因沉默相关基因敲除的突变体中，寄主体内的病毒积累量显著增加，病毒症状更强，说明 RNA 沉默介导了寄主的抗病毒反应。在长期的进化过程中，大部分病毒都会产生一些抑制 RNA 沉默的蛋白质，统称为沉默抑制子（viral suppressors of RNA silencing，VSR），这些蛋白质进化途径不同，序列没有保守性，但抑制 RNA 沉默的机制具有相似性。这些过程反映了病毒和寄主在长期进化过程不断产生的防御与反防御的共同进化关系（图 5-21）。

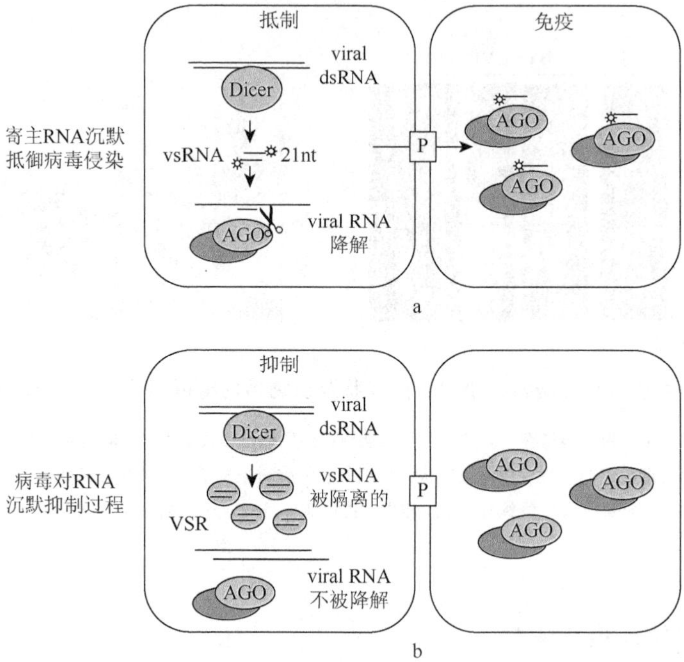

图 5-21 寄主抗病毒基因沉默（a）与病毒编码沉默抑制子（b）的相互作用（引自 Amari，2012）

dsRNA. 双链 RNA；vsRNA. 病毒来源的小 RNA；VSR. 病毒编码的 RNA 沉默抑制子

关于这方面的内容，还可参阅以下文献。

Amari K，Vazquez F，Heinlein M. 2012. Manipulation of plant host susceptibility: an emerging role for viral movement proteins? Frontiers in Plant Science，3（4）：10.

Díaz-Pendón JA，Ding SW. 2008. Direct and indirect roles of viral suppressors of RNA silencing in pathogenesis. Annu Rev Phytopathol，46：303-326.

Ding SW. 2010. RNA-based antiviral immunity. Nature Reviews Immunology，10（9）：632.

Guo Z，Li Y，Ding SW. 2018. Small RNA-based antimicrobial immunity. Nature Reviews Immunology. doi. org/10.1038/s41577-018-0071-x.

Han Q，Ding SW. 2017. New evidence on the antiviral role of RNA interference in mammals. National Science Review，（5）：667-668.

Li Y，Lu J，Han Y，et al. 2013. RNA interference functions as an antiviral immunity mechanism in mammals. Science，342（6155）：231-234.

Maillard PV，Ciaudo C，Marchais A，et al. 2013. Antiviral RNA interference in mammalian cells. Science，342（6155）：235-238.

Wu Q，Wang X，Ding SW. 2010. Viral suppressors of RNA-based viral immunity: host targets. Cell Host & Microbe，8（1）：12-15.

6

第六章　微生物的营养

微生物在新陈代谢活动中需要从外界获取营养物质，在体内转化为自身的细胞组分，并获得可利用的能量，同时将代谢废物排出体外。

营养（nutrition）是指微生物从外部环境摄取其生命活动所必需的能量和物质，以满足其生长和繁殖需要的一种生理过程。因此，营养是微生物生命活动中自身与外界的物质交换过程，是一切生命活动的基础。有了营养，才能进一步生长、代谢和繁殖，并可能为人类提供各种有益代谢产物。营养物（nutrient）则是指环境中存在的能满足微生物生长、繁殖和进行各种生理活动需要的物质。熟悉微生物的营养知识，是研究和利用微生物的必要基础，使我们能更有效和有目的地选用或设计符合微生物生理要求或有利于生产实践的培养基。

第一节　微生物细胞的化学组成和营养要求

分析和了解微生物细胞的化学组成是研究微生物营养的基础。

一、微生物细胞的元素组成

尽管微生物的细胞组成因种类、生理状态和环境条件而有所不同，但通过对各类微生物细胞化学组成和灰分及发酵产物中各种无机元素的分析仍可以概括出微生物所需要的营养物质。与高等生物相同，微生物细胞主要包括碳、氢、氧、氮和各种矿质元素。

水是微生物及一切生物细胞中含量最多的成分。微生物细胞的含水量随种类和生长期而异，一般来说，细菌的含水量为细胞鲜重的75%～85%，酵母菌为70%～85%，丝状真菌为85%～90%。细菌芽孢的含水量比营养细胞低一半以上。

在细胞脱水以后的干物质中，碳、氢、氧和氮4种元素占细胞干重的90%～97%；其余3%～10%为磷、钾等矿质元素。不同类群微生物的元素组成见表6-1和表6-2。

由表6-1可见，在几种主要元素中，以碳的含量最为稳定，占干重的50%左右，其次是氢，占6.7%～8.0%，而氮的变化较大，为5.2%～15%。

微生物细胞的化学组成也随种类、培养条件和生长阶段的不同而有明显的差异。在特殊生态环境中生活的一些微生物，常常在细胞内富集某些特殊的元素成分，例如，海洋微生物含有较多的 Na^+，某些硫化细菌在细胞内积累元素硫，某些鞘细菌在鞘中沉积铁和锰的氧化物，而硅藻在外壳中积累硅或钙。

表 6-1　细胞中主要元素的含量（干重的百分数）

元素	细菌	酵母菌	丝状真菌
碳	50	49.8	47.9
氮	15	12.4	5.2
氢	8	6.7	6.7
氧	20	31.1	40.2
磷	3	—	—
硫	1	—	—

表 6-2　微生物细胞物质中灰分元素含量的百分比

灰分元素	固氮菌	酵母菌	丝状真菌
P_2O_5	4.95	3.54	4.85
SO_3	0.29	0.039	0.11
K_2O	2.41	2.34	2.81
Na_2O	0.07	—	1.12
MgO	0.82	0.428	0.38
CaO	0.89	0.383	0.19
Fe_2O_3	0.08	0.035	0.16
SiO_2	—	0.093	0.04

二、微生物细胞中的有机化合物

除少量矿质元素以离子状态存在于细胞中外，各种元素主要组成细胞的有机物质成分（表 6-3）。这些成分依作用可分为三类：一是结构成分，包括高分子的蛋白质、多糖、核酸和类脂等，它们是细胞壁、细胞质膜、细胞核、细胞质和细胞器等的主要结构成分。二是贮藏物质，主要为多糖和脂类，如淀粉、糖原、脂肪和多聚 β-羟基丁酸等。三是代谢底物和产物，包括存在于细胞内的糖、氨基酸、核苷酸、有机酸和维生素等低分子质量化合物。它们既是细胞内同化成高分子化合物的前体，也是进一步分解代谢的中间产物，有些还可以次生代谢产物的形式积累于细胞内或分泌到环境之中。

表 6-3　细菌细胞中的主要有机物含量

有机物类别	占细胞干重的/%	种类
蛋白质	55.0	1850
多糖	5.0	2[a]
脂类	9.1	4[b]
DNA	3.1	1
RNA	20.5	660
氨基酸及其前体	0.5	350
糖类及其前体	2.0	100
核苷酸及其前体	0.5	50

a. 主要为肽聚糖和糖原；b. 随细胞种类和生长条件不同，磷脂的种类有变化

（一）蛋白质、肽和氨基酸

蛋白质在微生物体内的含量约占干重的一半（表 6-3）。蛋白质几乎参与构成了细胞的全部结构成分。例如，以组蛋白形式与 DNA 结合构成真核生物细胞的染色体，与 RNA 结合构成核糖体，与磷脂共同构成细胞质膜和细胞器的膜结构，以鞭毛蛋白形式构成鞭毛等。许多蛋白质和多肽本身就是酶或辅酶，它们在细胞的代谢过程中起重要的催化作用。微生物细胞内还有游离的多肽，如谷胱甘肽在磷酸甘油醛脱氢酶作用时起氧化还原作用，一些细菌、放线菌和真菌可以产生多肽类抗生素和毒素。细胞内的游离氨基酸主要为代谢过程（合成和降解）的中间产物，个别类群如谷氨酸棒杆菌（*Corynebacterium glutamicum*）可分泌大量谷氨酸而用于工业发酵生产味精。

微生物在氨基酸组成上与其他生物不同的特点是含有 D-型氨基酸和由稀有氨基酸组成的多肽，如细菌荚膜中的 D-谷氨酸，细胞壁中的 D-丙氨酸、D-谷氨酸和二氨基庚二酸（diaminopimelic acid，DAP）等。

（二）核酸和核苷酸

核酸分为脱氧核糖核酸（DNA）和核糖核酸（RNA）两类。DNA 主要存在于细胞核、质粒和某些细胞器（如叶绿体和线粒体）中。DNA 在细胞中的含量随微生物种类而变化，如大肠杆菌为 3%～4%，酵母菌只有 0.3%。每一个微生物细胞的 DNA 含量在分裂期间是稳定的，而在细胞分裂时因复制而成倍增加。在快速生长的原核微生物中，RNA 在含量上仅次于蛋白质，排在第二位，是广泛存在的大分子化合物，在这些细胞中含有上千个核糖体用于合成蛋白质。RNA 有 3 种类型：rRNA 参与构成核糖体而参与细胞蛋白质合成；mRNA 是蛋白质合成的模板；tRNA 与特定的氨基酸结合，并转运到相应的 mRNA 上，以合成蛋白质。RNA 在细胞中的含量在微生物生长过程中有较大变化，当微生物旺盛生长时其含量迅速增加，反之则下降。微生物细胞中 RNA 的相对含量一般较 DNA 高，如大肠杆菌在快速生长时可高达细胞干重的 20%，酵母菌为 6%～8%，丝状真菌较少，一般只有 1%～2%。

除 ATP 外，微生物细胞中游离的核苷和核苷酸较少，后者大多是微生物代谢过程的中间产物，如核苷二磷酸是糖苷的载体，环腺苷酸（cAMP）在代谢过程中起调节作用。少数种类微生物合成肌苷酸和鸟苷酸的量很高，用于食品工业，是较味精更鲜的调味品。

（三）类脂

类脂主要包括脂肪、磷脂、甾醇、蜡和聚 β-羟基丁酸等。其共同特点是不溶于水而易溶于有机溶剂。脂肪是许多种微生物的贮藏物质，产脂红酵母（*Rhodotorula gracilis*）和白地霉（*Geotrichum candidum*）积累的脂肪可达细胞干重的一半以上。磷脂是生物膜的重要成分，在微生物中主要有脑磷脂（磷脂酰乙醇胺）、卵磷脂（磷脂酰胆碱）、磷脂酰肌醇和磷脂酰丝氨酸等。甾醇也参与生物膜结构，存在于真核生物和个别原核生物（如支原体）细胞中。聚 β-羟基丁酸是一种低级脂肪酸的聚合物，它是很多种细胞特殊的碳源和能源性贮藏物质。

（四）碳水化合物

碳水化合物是指含有碳、氢、氧的比例为 1∶2∶1 的有机化合物。主要有多糖、寡糖和单糖。其中，葡萄糖是最广泛存在的单糖，而多糖则由许多单糖分子（有时由几百甚至几千个单糖）组成。在多糖中连接单糖单位的键称为糖苷键（glycoside bond）。如果两个糖单位间由一个糖苷键连接则称为二糖。在二糖的基础上再连接一个单糖则称为三糖。由多个单糖组成的化合物称为寡糖。多糖是由糖苷键连接单糖单位形成的一个长链。它们参与组成细胞结构，如脱氧核糖和核糖是DNA和RNA的重要成分。已糖及其衍生物参与细胞壁中肽聚糖、纤维素、几丁质和果胶等的合成，也与类脂物结合成脂多糖存在于细胞壁和细胞膜中。多糖及其衍生物也是细菌荚膜的主要成分。此外，多糖也是微生物细胞内的重要贮藏物质，主要有淀粉和糖原两种。

（五）维生素

维生素主要是B族维生素。维生素多作为细胞中多种代谢酶类的辅酶或活性基，是酶活性的必要因素。一些微生物类群，如酵母菌可以合成多种B族维生素，常用其细胞制成酵母粉和酵母汁，可作为细菌等培养基中B族维生素的来源。另一些微生物可以合成大量核黄素或维生素B_{12}，实现了工业化生产。

（六）其他有机物

核黄素、烟酰胺和细胞色素等是生物体内重要的氧化还原酶的辅基。光合微生物（包括藻类、蓝细菌和光合细菌等）具有光合色素，如叶绿素、菌绿素、藻胆素和类胡萝卜素等。许多微生物种类在生长过程中还可产生多种可溶性或不溶性色素而使菌落具有特征性颜色。有些类群可以产生抗生素、激素、细菌素和毒素等具有特殊生理功能的次生代谢产物。

三、微生物营养物质的来源和功能

通过对细胞元素组成的分析可大体上看出微生物所需的营养物质，根据营养物质在机体中生理功能的不同，可将它们分为水、碳源、氮源、矿质养料、生长因子和能源六大类。

（一）水

水是微生物细胞的重要组成部分，除休眠体（如芽孢、孢子和孢囊等）外，无论是水生生物还是陆生生物的生命活动均离不开水。水是许多营养物质的溶剂，与微生物细胞正常胶体状态的保持、养料吸收、代谢废物的排泄及细胞内的全部代谢生理活动息息相关。此外，水作为供氢体直接参与细胞的呼吸作用和光合作用过程。试验表明，缺水比饥饿更易导致生物的死亡。但在有些情况下，由于水与溶质或其他分子结合而不能被微生物所利用，这种状态的水称为“结合水”；而可以被微生物所利用的水称为“游离水”。常用水活度（water activity，a_W）表示微生物生长环境中水的有效性。关于水活度请参见第八章相关内容。

（二）碳源

碳是微生物的基本营养元素，在微生物的各种营养需求中，对碳的需求量最大。可作为微生物碳源物质的种类极其广泛，糖类及其衍生物（单糖、寡糖、多糖、醇和多元醇）、有机酸（包括氨基酸）、脂肪、烃类甚至CO_2或碳酸盐类都可以作为微生物的碳源。其中除CO_2或碳酸盐类是无机含碳化合物以外，其余均为有机营养物。

由于绝大多数有机营养物和细胞的有机成分处于同等的氧化水平，因此它们作为微生物的碳源不需要先经还原。它们除了满足生物合成的需要外，还可以为细胞提供能量，几乎每种微生物都能利用葡萄糖和果糖（己糖），但对于甘露糖和半乳糖的利用速率较慢；对于戊糖（如木糖、阿拉伯糖）的利用不如己糖普遍。

寡糖又叫作低聚糖，是由2～10个相同或不同的单糖单位以α-或β-糖苷键连接而组成的。其中最主要的是二糖或三糖，二糖中的蔗糖和麦芽糖是微生物普遍能利用的碳源，三糖中的棉子糖能被许多真菌利用。

多糖是由10个以上单糖单位以与寡糖同样的组成原则形成的分支或不分支的大分子糖类，包括淀粉、纤维素、半纤维素等。重要的有阿拉伯聚糖、木聚糖、葡聚糖、半乳聚糖、果聚糖、甘露聚糖、甲壳质（由*N*-乙酰氨基葡萄糖单位以β-1, 4葡糖苷键相连而成）和果胶质（由半乳糖醛酸残基以α-1, 4葡糖苷键相连而成）等，多糖一般必须先经过微生物分泌的水解酶降解后才能作为营养物质被摄入细胞。淀粉是大多数微生物可以利用的碳源，果胶质、半纤维素也可被许多微生物产生的胞外酶分解。能分解纤维素的微生物主要是一些丝状真菌，如木霉、根霉、曲霉、青霉等；在细菌和放线菌中也发现有少数能分解纤维素的菌种。

乙醇、甘露醇和甘油可作为微生物的碳源和能源。除了乙酸可作为微生物的培养基外，有机酸比糖类较难被微生物吸收。

脂类物质不易被微生物作为碳源而利用，但低浓度的高级脂肪酸可以刺激某些微生物的生长。在某些特殊污染物环境中，存在一些能利用酚、氰化物的微生物（如诺卡氏菌）菌种。

少数微生物以CO_2或碳酸盐类作为唯一的或主要的碳源，由于这两者的碳均为碳的最高氧化形式，因而必须先经过预还原才能转化为细胞有机物质的碳架，这个过程需要消耗能量。以有机物为碳源的微生物也需要CO_2，因为某些生物合成反应（如丙酮酸的羧化和脂肪酸的合成）需要CO_2的参与，这些生物合成反应所需要的CO_2可以从有机碳源和能源的代谢中获得，如果完全排除CO_2，往往会推迟或阻止微生物在有机培养基中的生长。少数细菌和真菌需要环境中含有较多的CO_2（5%～10%）才能在有机培养基中生长。

在实验室中培养微生物时，常用的碳源有葡萄糖、果糖、蔗糖、淀粉、甘油和一些有机酸等，而在进行工业生产时，考虑到生产成本，常采用一些廉价碳源，如淀粉、玉米粉、山芋粉、糖蜜、麸皮、米糠、野生植物淀粉等。这些成分一般作为碳源，实际上它们也含有其他营养成分，但以碳源为主。

（三）氮源

氮是蛋白质的基本成分，也是核酸等细胞中重要物质的必要元素。在各类微生物细胞中其含量差异较大，细菌和酵母菌细胞中的含氮量较高，丝状真菌中含量较低。在细胞的有机物质中，氮主要以还原形式（$—NH_2$）存在，氮源一般不提供能量，只有少数细胞如硝化细菌（化能自养型，严格好氧）能利用铵盐和亚硝酸盐作为氮源和能源。

分子态氮、无机氮化物和有机含氮化合物都可以作为微生物的氮源，包括氮气、硝酸盐、铵盐、尿素、胺、酰胺、嘌呤碱、嘧啶碱、氨基酸、蛋白质、氰化物等。但不同种类微生物能够利用的氮源种类有很大差别，依据微生物对氮源利用的差异，可以区分为三种不同的类型：①固氮微生物，它们能以空气或土壤中的分子态氮（N_2）为唯一氮源，通过固氮酶系将其还原成为 NH_3，进一步合成细胞所需的全部有机氮化物，有固氮能力的微生物主要是原核微生物。当环境中存在无机氮或有机氮源时，固氮酶的合成和活性受到抑制，不再固定分子态氮，而直接利用环境中的含氮化合物。②氨基酸自养型，能以无机氮（铵盐或硝酸盐）或尿素作为唯一的氮源，它们可以合成自己需要的全部有机氮化物，是种类最多、数量最大的微生物类群。③氨基酸异养型，属于此类的微生物因不能合成某些必需的氨基酸而需要从环境中吸收，如金色微球菌（*Micrococcus aureus*）需要提供色氨酸和胱氨酸，乳酸细菌属（*Lactobacillus*）需要提供谷氨酸、天冬氨酸、半胱氨酸、组氨酸、亮氨酸和脯氨酸等 6 种或更多种外源氨基酸。

微生物培养基中常用的氮源包括铵盐、硝酸盐、尿素、牛肉膏、蛋白胨、多肽、氨基酸和蛋白质等，无机氮源或以蛋白质的各种降解产物形式存在的有机氮源称为速效氮源。多数细菌只能利用分子质量相对较小的降解产物。绝大多数微生物都能利用铵盐和硝酸盐。NH_4^+ 被细胞吸收后可直接被利用，而 NO_3^- 被吸收后需进一步还原成 NH_4^+ 后再被微生物利用。当以铵盐，如 $(NH_4)_2SO_4$ 为氮源培养微生物时，由于 NH_4^+ 被微生物吸收后，会导致培养基 pH 下降，因而将其称为生理酸性盐；而使用硝酸盐，如 KNO_3 作氮源时，由于 NO_3^- 被利用，导致培养基 pH 上升，因而将其称为生理碱性盐。如果以 NH_4NO_3 为氮源，因 NH_4^+ 可以直接用于合成有机氮化物，而 NO_3^- 需还原后才能用于有机氮化物的合成。因此微生物首先利用 NH_4NO_3 中的 NH_4^+，pH 下降，随着 NO_3^- 被利用培养基的 pH 又回升。pH 上升或下降，都不利于微生物生长。为避免培养基中 pH 的波动，需要在培养基加入缓冲物质。

氨基酸可以经微生物细胞内的转氨或脱羧作用而进入代谢途径，氨基酸既是氮素养料，也是碳素养料。一些可以催化 Stickland 反应的厌氧梭菌不能利用碳水化合物，只能利用氨基酸作为碳源、氮源和能源而生长。

蛋白质一般不是微生物最适的有机氮源，大分子蛋白质难以进入细胞，一些真菌和少数细菌能分泌胞外蛋白酶，将大分子蛋白质降解后吸收利用，因此含蛋白质的有机氮源称为迟效性氮源。

只有少数微生物可以利用嘌呤和嘧啶，如尿酸发酵梭菌（*Clostridium acidiurici*）和柱孢梭菌（*C. cylindrosporum*）利用嘌呤和嘧啶作为氮源、碳源和能源，不能降解葡萄糖、蛋白质和氨基酸。

常用的无机氮源有 NH_4NO_3、$(NH_4)_2SO_4$ 和 KNO_3 等。常用的有机氮源来自动物、植物和微生物体，如蛋白胨、鱼粉、黄豆饼粉、花生饼粉、豆粕、棉籽粉、玉米浆、酵母粉、蚕蛹粉和牛肉膏等。

（四）矿质养料

微生物需要的矿质养料可分为主要元素和微量元素两大类。主要元素包括磷、钾、钙、镁、硫和钠等 6 种，它们分别参与细胞结构物质的组成、能量转移、物质代谢中酶的活性调节及调节细胞原生质的胶体状态和细胞透性等。微生物对主要元素的需要量虽比碳、氮少，但又较微量元素多。微生物需要多种微量元素，在培养基中常添加的有铁、硼、锰、铜、锌和钼等，它们多是辅酶和辅基的元素成分或酶的激活剂，微生物对微量元素的需要量很少，浓度为 0.1mg/L 或更少，通常在自来水和其他养料成分中作为杂质存在的含量，就足以满足大多数微生物的需要。过量的微量元素反而会对微生物产生毒害作用。

1. 磷　核酸、磷脂、ATP、辅酶 A（CoA）、辅酶Ⅰ（NAD）、辅酶Ⅱ（NADP）、黄素辅酶（FAD 和 FMN）和羧化辅酶（TPP）等是生物细胞内的主要含磷化合物。此外，磷酸盐还对细胞和环境中的 pH 起缓冲调节作用。

2. 硫　它是含硫氨基酸、辅酶 A 和硫辛酸等的组成元素，包含在蛋白质、辅酶和辅基中，在细胞的化学组成和代谢活性等方面具有重要作用。此外，硫和硫化氢也是无机营养型的硫细菌的能源。微生物从环境中以 SO_4^{2-} 形式吸收硫，+6 价的硫进入细胞后被还原为−2 价的状态（如—SH）。许多微生物还以 $S_2O_3^-$ 作为唯一的能源和硫源。有少数微生物失去了还原硫酸盐的能力，需要供给还原型的硫化物（如 H_2S 和半胱氨酸）才能生长。

3. 镁　参与组成叶绿素和菌绿素等光合色素，同时也是一些酶作用的激活剂或调节剂，它也是核糖体和膜结构的稳定剂，对某些重金属的生物细胞毒害还具有一定的拮抗作用。

4. 钾　虽不参与细胞结构成分，但它是许多酶作用的激活剂，钾还对细胞原生质的胶体状态和细胞膜的透性起调控作用。试验表明，生物细胞内钾离子的浓度较细胞外要高得多。

5. 钠　与维持细胞的渗透压有关，已知海洋和嗜盐微生物细胞内含有较高浓度的钠离子。

6. 钙　芽孢中的钙离子有助于稳定细胞壁并在细菌芽孢的抗热特性上起重要作用。钙通常不是许多微生物生长的必需元素。

7. 微量元素　它们一般是酶的活性基成分或激活剂，如铁是细胞色素、细胞色素氧化酶、过氧化氢酶、固氮酶和过氧化物酶等的活性基成分；锌是乙醇和乳酸脱氢酶的活性基成分，还存在于 RNA、DNA 聚合酶中；铜存在于涉及呼吸作用的某些蛋白质中，如细胞色素 c 氧化酶；钼存在于各种黄素酶中，还参与构成固氮酶和硝酸还原酶；钴存在于维生素 B_{12} 辅酶和丙酸细菌的转羧基酶中；锰是许多酶作用的激活剂；镍存在于许多氢酶中，产甲烷古菌中的辅酶 F_{430} 中含有镍，镍还与尿酶的活性有关；钨与甲酸脱氢酶的活性有关。就多数微生物而言，在粗放的培养条件下，混杂于水和其他营养物质中的微量元素的数量一般就能满足其生长要求。但当培养基成分为高纯度化学成分，并用高纯水（如去离子水或双蒸水）配制时，仍需要在培养基中另行加入微量元素以满足生长。

（五）生长因子

某些微生物不能合成一种或几种微量的有机化合物，必须由外源供给，才能进行生长繁殖，我们把这类有机化合物称为生长因子。通常包括维生素、氨基酸和核苷三类。生长因子主要是用来构成酶的辅基或辅酶，它们是某些酶活性所必需的成分。几种常见维生素及其在细胞代谢中的作用见表 6-4。因为维生素只是作为酶的活性基，所以需求量一般很少，浓度为 1～50μg/L，甚至更低。而氨基酸需求量相对较大，因为 L-氨基酸是组成蛋白质和酶结构的主要成分，其浓度为 20～50μg/mL。实际工作中，也可以提供富含多种氨基酸的天然物质，如酵母膏、玉米浆等，用来满足微生物生长的需要。某些细菌的生长需要嘌呤和嘧啶合成核苷酸，一般所需要的浓度是 10μg/mL，有些微生物则不能合成嘌呤或嘧啶核苷酸，也不能利用外源嘌呤和嘧啶来合成核苷酸，因此必须供给核苷或核苷酸才能使其生长，满足生长的最大所需浓度为 200～2000μg/mL。

不同微生物对生长因子需要的量和种类不同。大肠杆菌等许多微生物细胞具有合成自身所需全部生长因子的能力，因而能在只含有碳素、氮素、矿质元素和微量元素的基础培养基上生长；有些微生物类群则不能或只能部分合成自身所需的生长因子，它们只有在培养基中额外添加其所需生长因子时才能生长。例如，一些试验表明，克氏梭菌（*Clostridium kluyveri*）生长需要生物素和对氨基苯甲酸；乳酸菌需要嘌呤和嘧啶用以合成核苷酸；某些光合细菌需要烟酸、硫胺素（维生素 B_1）、对氨基苯甲酸、生物素、核黄素或维生素 B_{12} 作为生长因子。不同类群微生物对生长因子的需求有明显的差异（表 6-5）。值得注意的是，一种微生物所需要的外源生长因子并非固定不变的，当培养基的化学组成（是否含有所需生长因子的前体物质）、通气条件、培养基 pH、培养温度等发生变化时，所缺乏的生长因子得以合成，则对这些生长因子的需求就发生变化。例如，鲁氏毛霉（*Mucor rouxii*）在厌氧条件下生长时，需要提供外源的生物素和硫胺素，而在好氧条件下生长时则自身可以合成这些物质，不需要添加外源的生长因子。在实验中，如果培养某些微生物时不了解其对生长因子的需求，则可考虑在培养基中加入适量酵母浸膏、牛肉膏及动植物组织液等天然物质以满足细胞生长的需要。

表 6-4　维生素与有关化合物在代谢中的作用

化合物	代谢中的作用
对氨基苯甲酸	四氢叶酸的前体，一碳单位转移的辅酶
生物素	催化脂肪酸合成、CO_2 固定等羧化反应酶的辅酶
辅酶 M	甲烷形成中的辅酶
叶酸	四氢叶酸是包括在一碳单位转移辅酶中
氯高铁血红素	细胞色素的前体
硫辛酸	丙酮酸脱氢酶和 α-酮戊二酸脱氢酶的辅基，起转移乙酰基作用
烟酸	NAD、NADP 的前体，它们是许多脱氢酶的辅酶
吡哆醇	磷酸吡哆醛是转氨酶和氨基酸脱羧酶的辅酶
核黄素	黄素单核苷酸（FMN）和 FAD 的前体，它们是黄素蛋白的辅基
钴胺素	在分子重排反应和 DNA 合成中起作用
硫胺素	焦磷酸硫胺素为脱羧酶、转醛醇酶和转酮醇酶的辅基
维生素 K	甲基醌类的前体，电子传递链中起电子载体作用（如延胡索酸还原酶）；在鞘脂的合成中起作用

表 6-5　一些微生物所需的生长因子

微生物	生长因子	需要量
丙酮丁醇梭菌	对氨基苯甲酸	0.15ng/mL
弱氧化醋酸杆菌	烟碱酸	3μg/mL
肠膜状明串珠菌	吡哆醛	0.025μg/mL
金黄色链球菌	硫胺素	0.5ng/mL
白喉棒杆菌	β-丙氨酸	1.5μg/mL
破伤风梭状芽孢杆菌	尿嘧啶	0～4μg/mL

续表

微生物	生长因子	需要量
阿拉伯聚糖乳杆菌	烟碱酸	0.1μg/mL
	泛酸	0.02μg/mL
	甲硫氨酸	10μg/mL
粪链球菌	叶酸	200μg/mL
	精氨酸	50μg/mL
戴氏乳杆菌	色氨酸	8μg/mL
	胸腺核苷	0～2μg/mL
干酪乳杆菌	生物素	1ng/mL
	麻黄素	0.05μg/mL

（六）能源

凡是能为微生物生命活动提供最初能量来源的营养物质或辐射能都称为能源。辐射能是光能自养型和光能异养型微生物的能源；化能异养型微生物的能源是有机物，并且与碳源相同；化能自养型微生物的能源和碳源是不同的，它们的存在改变关于生物界只能直接或间接利用太阳能的旧观念，它们可以利用一些还原态的无机物作为能量的来源，如NH_4^+、NO_2^-、S、Fe^{2+}等。

第二节　微生物的营养类型

微生物在营养类型上比高等生物复杂。不同的微生物对营养的需要差异很大，通常依据微生物生长需要的能源、氢或电子供体的特性，可以区分为光能无机营养（photolithotroph）、光能有机营养（photoorganotroph）、化能无机营养（chemolithotroph）和化能有机营养（chemoorganotroph）4 种不同的营养类型（表 6-6）。也可以根据微生物生长的碳源和能源特性，区分为光能自养型、光能异养型、化能自养型和化能异养型 4 种类型。

表 6-6　微生物的营养类型

营养类型	能源	主要碳源	氢或电子供体
光能无机营养	光能	CO_2	水或还原态无机物
光能有机营养	光能	CO_2	有机物
化能无机营养	化学能	CO_2	还原态无机物
化能有机营养	化学能	有机物	有机物

一、光能无机营养型

光能无机营养型或称光能自养型。这是一类具有光合色素、利用光能，并以水或还原态无机物为供氢体来同化CO_2的微生物，藻类、蓝细菌和光合细菌属于这种类型。根据光合作用过程中是否有氧气的生成，可分为产氧光合作用和不产氧光合作用。

光合色素是一切光合生物特有的色素，可使光能转变成化学能供细胞利用。光合色素主要有叶绿素或细菌叶绿素（也称菌绿素）、类胡萝卜素和藻胆素三大类，其中又以叶绿素或细菌叶绿素为主要的光合色素，类胡萝卜素和藻胆素的主要功能是捕获光能，并可在强光照条件下对叶绿素起保护作用，由于它们不能单独进行光合作用，又被称为辅助色素。

（一）产氧光合作用

藻类和蓝细菌细胞内含有叶绿素，具有与高等植物相同的光合作用，在还原 CO_2 为有机物时，从水中获得所需的氧，有氧气产生，其反应通式为

$$CO_2 + H_2O \xrightarrow[\text{叶绿素}]{\text{光能}} [CH_2O] + O_2\uparrow$$

藻类的叶绿体中含有叶绿素 a 和胡萝卜素，其他光合色素则随类群而异，如绿藻含有叶绿素 b，红藻含有叶绿素 a 和藻胆素。藻类多数水生，只要环境中有光照、少量氮素和无机盐就能生长。

蓝细菌的光合色素除叶绿素 a（与高等植物相同）和类胡萝卜素外，还含有藻青蛋白、藻红蛋白和别藻青蛋白 3 种藻胆素，其存在类型和相对含量随蓝细菌种类而异。由于蓝细菌能吸收光能并同化 CO_2，一般不需要特殊的生长因子，只要有水、光照、少量氮素、无机盐和 pH 为中性到微碱性的环境即可生长。有些种类也可以在微弱光照甚至完全黑暗的条件下生长，此时它们以葡萄糖等少数糖类为碳源和能源进行化能有机营养。但因缺少 α-酮戊二酸脱氢酶而不能通过三羧酸循环，只能经过单磷酸己糖支路进行代谢。许多种蓝细菌还含有固氮酶，能固定氮气。固氮酶发挥作用需要厌氧环境，多数蓝细菌类群成熟的异形胞只含有叶绿素 a，能进行光合系统 I 的反应，吸收光能，产生 ATP 用作固氮反应的能源。异形胞因缺乏藻胆素和 Mn^{2+} 而不能进行产氧的光合系统 II 的反应，从而为固氮酶的作用创造了有利的厌氧环境。异形胞也失去了同化 CO_2 的能力，它们可以通过与其邻近的营养细胞之间保持的微孔通道，获得有机碳素养料，并将固氮酶固定的分子态氮以酰胺的形式传递给周围的营养细胞。少数固氮蓝细菌类群没有特化的异形胞结构。

（二）不产氧的光合作用

光合细菌细胞内含有细菌叶绿素。细菌叶绿素虽然也具有镁卟啉环的中心结构，但侧链不同于叶绿素。目前已发现了 a、b、c、d、e 和 g 6 种，它们的吸收峰各异。光合细菌与蓝细菌不同，它们不能进行以水为供氢体的非环式光合磷酸化作用，也不产生氧气。光合细菌在不产氧的光合作用过程中吸收光能，以还原态无机硫化物（如 H_2S、S 或 $S_2O_3^{2-}$ 等）作为氢或电子供体来同化 CO_2。其代表性反应是

$$CO_2 + 2H_2S \xrightarrow[\text{菌绿素}]{\text{光能}} [CH_2O] + H_2O + 2S$$

光合细菌可分为紫色细菌和绿色细菌两大类群。紫色细菌细胞内只含有菌绿素 a 或菌绿素 b 一种色素，绿硫细菌则含有细菌叶绿素 c、d 和 e，还含有少量叶绿素 a。光合细菌的类胡萝卜素也与蓝细菌和藻类不同，在分子结构链上多带有甲氧基或芳香基。

为了进行光合作用和获得还原态无机物，光合细菌一般需要有光照、厌氧及含有其他营养物质的水体，它们主要存在于富含有机质、CO_2、H_2 和硫化物的浅水池塘和湖泊的次表层水域中。蓝细菌和藻类在表层生长，而光合细菌利用从表层透过的蓝绿及绿色等长波光，在无氧环境利用来自底层的 H_2S 等硫化物进行繁殖。

二、光能有机营养型

光能有机营养型或称为光能异养型。这是一类利用光能、以简单的有机物（如有机酸、醇等）为供氢体来同化 CO_2 的特殊微生物类群。若以异丙醇为供氢体，其反应式为

$$CO_2 + 2CH_3 - \overset{CH_3}{\overset{|}{C}}HOH \xrightarrow[\text{菌绿素}]{\text{光能}} [CH_2O] + 2CH_3COCH_3 + H_2O$$

这一类型与光能无机营养型的主要区别在于氢和电子供体的来源。《伯杰氏系统细菌学手册》新版中的紫色非硫细菌群，如红螺菌属（*Rhodospirillum*）就是这一营养类型的代表，它们不能以硫化物为唯一电子供体，需要同时供给某些简单的有机物和少量维生素才能生长。有机物除了与硫化物一起用作氢或电子供体以外，也可以被直接同化利用。紫色非硫细菌群不以元素硫为电子供体也不在细胞内积累元素硫。它们中的一些类群能在黑暗、好氧条件下停止光合色素的合成而依赖环境中的少量有机物进行化能异养生长，在有光、厌氧条件下才表现为光能有机营养型。

三、化能无机营养型

化能无机营养型或称为化能自养型。这是一类通过氧化无机物取得能量，并能以 CO_2 为唯一或主要碳源的微生物。由于无机物氧化时产能有限，这种类型微生物的生长一般较迟缓，某些类群（如硝化细菌）甚至只能在严格的无机环境中生长，有机物（甚至包括常用作细菌培养基凝固剂的琼脂）的存在均对它们有毒害作用。

按照氧化的无机物的种类，可以将化能无机营养型微生物区分为以下 4 种类型。

（一）硝化细菌

硝化细菌（nitrifying bacteria）是能氧化铵盐或亚硝酸获得能量的严格化能自养菌。在分类上属于硝化细菌科（Nitrobacteriaceae），包括两个不同的生理群。

1. *亚硝化细菌群*　亚硝化细菌（nitrisifyer）也称为铵氧化细菌，能将铵盐氧化为亚硝酸，其产能的反应式为

$$2NH_4^+ + 3O_2 \longrightarrow 2NO_2^- + 2H_2O + 4H^+ + 552.3\text{kcal}$$ ①

代表性种类有亚硝化单胞菌属（*Nitrosomonas*）、亚硝化螺菌属（*Nitrosopira*）和亚硝化球菌属（*Nitrosococcus*）等。除了上述好氧类群外，还可从水和土中分离出兼性厌氧的亚硝酸细菌。

2. *硝化细菌群*　硝化细菌（nitrite-oxidizing bacteria）也称为亚硝酸氧化菌，能进一步将亚硝酸氧化为硝酸，其产能反应式为

$$NO_2^- + \frac{1}{2}O_2 \longrightarrow NO_3^- + 75.7\text{kcal}$$

代表性种类有硝化杆菌属（*Nitrobacter*）、硝化球菌属（*Nitrococcus*）和硝化刺菌属（*Nitrospina*）等。

在硝化细菌和亚硝化细菌中，能量的获得均是通过还原态的 N 氧化时所携带的电子在电

① $1\text{kcal} = 4.1868 \times 10^4\text{kJ}$

子传递链的传递，产生质子动力，进而推动 ATP 的合成，由于电子传递链非常短，因而产生的能量很少。同时，与其他的自养菌一样，硝化细菌以 CO_2 为唯一或主要碳源生长时也需要 ATP 和还原力（NADH）。还原力的产生是通过反向电子传递获得的（见不产氧光合作用），即在电子传递链上逆向流动来还原 NAD^+，此过程消耗能量，所以 ATP 的净产生数相当低，硝化菌生长缓慢。但由于化能无机营养型细菌利用的独特能源，没有强的竞争者，因此仍能够负担这种低效率的产能方式。

（二）硫化细菌

这是一类能氧化还原态无机硫化物（如 H_2S、S、$S_2O_3^{2-}$ 和 SO_3^{2-}），从中获得能量的好氧或兼性厌氧细菌，多数为专性的化能自养菌。在分类上属于硫化细菌科（Thiobacillaceae），其氧化产能反应为

$$H_2S + \frac{1}{2}O_2 \longrightarrow H_2O + S + 209\text{kcal}$$

$$S + 1\frac{1}{2}O_2 + H_2O \longrightarrow H_2SO_4 + 626.8\text{kcal}$$

代表类群有硫杆菌属（*Thiobacillus*）、硫小杆菌属（*Thiobacterium*）和硫微螺菌属（*Thiomicrospira*）等。少数种类，如氧化硫硫杆菌（*T. thiooxidans*）能因产酸而使环境 pH 降到 2.0 以下，因而可应用于细菌冶金，从含硫废矿渣中回收铜等有色金属。

（三）铁细菌

铁细菌（iron-oxidizing bacteria）通过氧化 Fe^{2+} 为 Fe^{3+} 来获取能量，并同化 CO_2。其产能反应式为

$$2Fe^{2+} + \frac{1}{2}O_2 + 2H^+ \longrightarrow 2Fe^{3+} + H_2O + 88.7\text{kcal}$$

铁细菌多分布于温泉、池塘和河流等含二价铁较高的水体中。代表性类群有铁杆菌属（*Ferrobacillus*）和嘉氏铁细菌属（*Gallionella*）等。由于研究尚不深入，对后一类铁细菌的自养性质和分类地位还存有争议。

（四）氢细菌

已知许多细菌类群具有氢化酶，能从氢气的氧化获取能量来同化 CO_2，其反应式为

$$H_2 + \frac{1}{2}O_2 \longrightarrow H_2O + 237.2\text{kcal}$$

真正严格化能自养的氢细菌很少，如氢杆菌属（*Hydrogenobacter*）。许多属于化能异养型的细菌（如某些固氮螺菌和根瘤菌等）也具有氢酶或吸氢酶，能从氧化氢气的过程中获得能量，但不同化 CO_2。

四、化能有机营养型

化能有机营养型或称为化能异养型。这是一类以有机物为能源和碳源的微生物，包含的种类最多，所起的作用也最强。已知的绝大多数细菌和古菌、全部的真菌和原生动物，以及专性寄生的病毒，均属于本类型。

化能异养菌的具体营养要求随种类而异，不同类群需要的碳源、氮源、矿质元素和生长素表现出极大的差异，下面仅针对各主要类型做简要的介绍。

（一）细菌

异养型细菌的种类多、数量大、分布广和作用强。就类群整体而言，它们几乎能利用全部的天然有机化合物和多种人工合成的有机聚合物。在碳源和能源方面，单糖、二糖、醇和有机酸等最易为多数细菌类群所利用，淀粉和糊精等次之，而纤维素、果胶、木质素和几丁质等复杂的天然有机物可被少数类群所分解。无机氮中的铵盐和硝酸盐、氨基酸、肽、蛋白胨和蛋白质能为大多数细菌所利用，仅有少数类群能利用空气中的氮气。细菌对矿质元素的需要除特殊类群外较为一般，多数细菌也能合成它们需要的全部生长因子类物质，一些类群则需要供给一种或多种维生素或其他生长因子。牛肉膏蛋白胨培养基和葡萄糖酵母汁培养基是常用的细菌培养基，它们能满足大多数异养细菌生长的营养需要。

放线菌的营养要求有一定的特殊性。含有淀粉和硝酸钾的高氏 1 号培养基是常用的分离放线菌的培养基。

（二）真菌

真菌属于化能有机营养型。淀粉、糊精、葡萄糖、果糖、麦芽糖、蔗糖和甘露醇等是多数真菌的合适碳源，一些种类还能分解纤维素、果胶、半纤维素、几丁质和木质素等高分子有机物质。真菌对氮素的利用以胨、肽、氨基酸和铵盐最好，硝酸盐和尿素等次之。在矿质元素方面，多数真菌需要磷、钾、硫、镁、铁、锌、铜、锰、钼等元素。真菌一般不需要外源生长因子，有些类群（如酵母菌）还能合成大量的 B 族维生素而被用于制造酵母膏或酵母粉。

在微生物中，上述 4 种营养类型的区分不是绝对的，还存在着许多中间过渡和兼性的类型，如前面已提到的红螺菌、铁细菌和氢细菌等都具有适应不同营养的潜力。例如，氢细菌（*Hydrogenomonas*）在只有无机物的环境中，利用氧化氢获得能量，还原 CO_2 合成细胞物质。而当有机物存在时，能直接利用有机物进行异养代谢。深红螺菌（*Rhodospririllum rubrum*）在光照和厌氧条件下，利用光能同化 CO_2，而在黑暗和好氧条件下，则利用有机物氧化所产生的化学能进行代谢活动。现已查明许多异养型微生物也能以有机酸羧化的方式吸收 CO_2，即化能异养型微生物也具有同化 CO_2 的能力，只是它们主要以有机物为能源和碳源，不能以 CO_2 作为唯一碳源。

不同类型的微生物在整个自然生态系统中各尽其责，发挥着重要的作用，光能无机营养型和光能有机营养型微生物可以利用光能生长，在地球早期生态环境的演化过程中起重要作用；化能无机营养型微生物广泛存在于土壤及水体环境中，化能有机营养微生物分解动植物残体能力显著，它们在地球物质循环过程中起着重要作用。

第三节　培 养 基

培养基（medium）是按照微生物生长繁殖所需要的各种营养物质，人工配制而成的营养基质。它是进行微生物学研究、生产微生物制品的基础。

一、培养基的配制原则

（一）选择适宜的营养物质

微生物生长繁殖的培养基中需要有碳源、氮源、无机盐、生长因子、水和能源，不同微生物对营养物质的需求是不一样的，因此需要根据不同微生物的营养类型不同而选择合适的营养物质，配制不同有针对性的培养基。由于自养型微生物具有较强的合成能力，能从简单的无机物如 CO_2 和无机盐合成本身需要的复杂有机物质，因此培养它们时，培养基应当由简单的无机物质组成。例如，化能自养型的氧化硫硫杆菌（*Thiobacillus thiooxidans*）不需要专门添加碳源，而是由空气和溶解于水中的 CO_2 为其提供碳源。

对于光能自养微生物来说，除了保证各类营养物质外，还需要提供光照作为能源。而异养型微生物的培养基应至少含有一种有机物质。不同类型异养微生物的营养要求差别较大，因此其培养基组成也相差很远。例如，供大肠杆菌生长的培养基组成比较简单，而肠膜明串珠菌的培养基中则需添加多达 33 种生长因子，也可以采用天然有机物来提供它生长所需的生长因子。

实验室中常规使用的培养基类型有：牛肉膏蛋白胨培养基用于培养细菌，高氏 1 号培养基用于培养放线菌，麦芽汁培养基用于培养酵母菌，察氏合成培养基或马铃薯葡萄糖培养基（PDA）用于培养真菌（特别是丝状真菌）。原生动物也可以用培养基培养，它需要的养分比较复杂，如梨形四膜虫（*Tetrahymena pyriformis*）培养基中含有 10 种氨基酸、7 种维生素、鸟嘌呤、尿嘧啶和一些无机盐，而有些变形菌可在较简单的蛋白胨肉汤中生长。大多数藻类可以利用光能，只需要 CO_2、无机盐和水就可以生长，某些藻类可以在黑暗条件下，利用有机物质生长。病毒、立克次氏体等细胞内寄生物不能在无生命的人工培养基中存活，必须接种在动植物活体内、组织细胞内才能进行培养，最常用的组织是受精的鸡胚，常用的细胞是人或动物癌细胞株，常用的动物有小白鼠、家兔、豚鼠和猴子等。

对于从土壤环境中分离一些未知微生物，不明确其营养需求，必要时可以在培养基中补加土壤浸提液，也可以直接利用海水培养海洋微生物，或在人工合成培养基中加入海水中含有的各种盐，适当补充低浓度的天然产物，如麦芽汁、酵母粉等满足微生物对生长因子的需求。

（二）营养物质的浓度和配比

培养基制备过程中，不但要满足微生物对养分的需求，而且要根据目的不同，保证培养基的浓度恰当，促进微生物良好生长或产物积累。如果培养基浓度太低，不能满足微生物生长需要，而浓度过大会抑制微生物生长。另外，培养基中各营养物质之间的浓度配比也直接影响微生物的生长繁殖或代谢产物的形成和积累，其中碳氮比（C/N）的影响较大。碳氮比是指培养基中碳元素和氮元素的摩尔数比值。如果培养基中的氮源过多，会引起微生物生长太旺盛而不利于产物的积累，而氮源不足则菌体生长过慢。例如，利用微生物发酵生产谷氨酸的过程中，培养基的碳氮比为 4∶1 时，菌体大量繁殖，谷氨酸积累少；当碳氮比为 3∶1 时，菌体繁殖受到抑制，谷氨酸产量则大量增加。在抗生素发酵生产过程中，可以通过控制培养基中速效氮（或碳）源与迟效氮（碳）源之间的比例来协调菌体的生长和抗生素的合成。碳源不足容易引起菌体衰老和自溶，细菌一般 C/N 为 6∶1，而真菌的 C/N 可以达到 10∶1。

对每种微生物的最适配比需要通过试验确定。微生物所需的磷、硫、镁和钾等常以盐类形式供给。配制培养基时一般应按照一定先后顺序加入营养成分，以免产生沉淀而使营养成分损失。

（三）理化条件适宜

理化条件适宜一般是指pH、渗透压、水活度和氧化还原电位等物理化学条件要适宜。其中营养物的配比和浓度影响着渗透压和水活度，同时也对pH和氧化还原电位有一定的影响。

各类微生物生长繁殖或产生代谢产物的最适 pH 各不相同，一般来说，丝状真菌和酵母菌适于微酸性（pH 4.5～6），而放线菌、细菌适于中性或微碱性（pH 7～7.5）。值得注意的是，在微生物生长繁殖和代谢过程中，由于营养物质被分解利用和代谢产物的形成与积累，会导致培养基 pH 发生变化，因此为了维持培养基 pH 的稳定，通常在培养基中加入缓冲剂，常见的缓冲剂是磷酸盐（如 K_2HPO_4 和 KH_2PO_4）组成的混合物，K_2HPO_4 溶液呈碱性，KH_2PO_4 呈酸性，两者等物质的量混合溶液的 pH 为 6.8，可在 pH 6.4～7.2 起调节作用，对于可大量产酸的微生物，如乳酸菌，上述缓冲系统就难以起到缓冲作用，可在培养基中添加难溶的碳酸盐（如 $CaCO_3$）来调节，$CaCO_3$ 难溶于水，不会使培养基 pH 过度升高，它可以中和微生物产生的酸，同时释放出 CO_2，将培养基的 pH 控制在一定范围内。在培养基中还存在一些天然的缓冲系统，如氨基酸、肽、蛋白质都属于两性电解质，也可以起到缓冲剂的作用。

不同类型微生物生长对氧化还原电位（E_h）的要求不一样。一般好氧微生物生长的氧化还原电位为 E_h = 0.3～0.4V，兼性厌氧菌在 0.1V 以上进行好氧呼吸产能，在 0.1V 之下则进行发酵产能，而厌氧菌只能生长在 0.1V 以下的环境中。在实验室条件下，为了培养严格厌氧菌，除了在培养基配制过程中利用 N_2、CO_2 驱走培养基和空气中的氧外，还需要加入适量的还原剂，如巯基乙醇、抗坏血酸、硫化钠、半胱氨酸、铁屑、谷胱甘肽或庖肉（瘦牛肉粒）等，以降低它的氧化还原势。例如，加入铁屑的培养基，其氧化还原电位可降至−0.40V。对于氧化还原电位值的测定，除了使用电位计，还可以用化学指示剂直观地观察氧化还原电位，如刃天青在无氧条件下呈无色（E_h =−40mV）；有氧条件下，其颜色与溶液的 pH 相关，中性时为紫色，碱性时呈蓝色，酸性时为红色，在微含氧溶液中则呈现粉红色。

（四）灭菌处理

培养基配制完成后，为避免杂菌污染，要对培养基进行灭菌。培养基一般采用高压蒸汽灭菌，普通培养基用 0.1013MPa（121.3℃）15～30min 可达到灭菌的目的。含有单糖的培养基要注意灭菌方法，高压加热灭菌容易破坏其结构，如戊糖在高温下易分解成糖醛或和其他化合物结合，如和氨基酸结合形成类黑素，降低糖的利用率，从而不利于微生物的生长。例如，一种纤维素黏细菌就不能在经高压灭菌的葡萄糖培养基中生长，因此含糖培养基常在 0.56kg/cm^2(112.6℃)灭菌 15～30min，对于某些对糖要求比较高的培养基，可将糖进行过滤除菌或间歇灭菌，再与其他已灭菌的组分混合，微生物才能很好地生长。

长时间高温还会引起磷酸盐、碳酸盐与某些阳离子（特别是钙、镁、铁等离子）结合形成难溶性复合物而产生沉淀，因此在配制用于观察和定量测定微生物生长状况的合成培养基时，常需在培养基中加入少量螯合剂，避免培养基中产生沉淀而影响 OD 值的测定，常用的螯合剂为乙二胺四乙酸（EDTA）。还可以将含钙、镁、铁等离子的成分与磷酸盐、碳酸盐分别灭菌，冷却后再混合，避免形成沉淀；另外，高压蒸汽灭菌后，培养基 pH 会发生改变（一般使 pH 降低），可根据所培养微生物的要求，在培养基灭菌前后进行调整。

另外，在配制培养基过程中，泡沫的存在对灭菌处理不利，因为泡沫中的空气易形成隔热层，使泡沫中微生物难以被杀死。因而有时需要在培养基中加入消泡剂来减少泡沫的产生，或适当提高灭菌温度，延长灭菌时间。

二、培养基的类型及其应用

培养基的种类繁多，可从不同角度进行分类。

（一）根据培养基成分区分

根据培养基组成物质的化学成分是否明确可将培养基分为合成培养基（synthetic medium）和天然培养基（natural medium）。

合成培养基又称为限定性培养基（defined medium），由化学成分已知的营养物质配制而成，因而它所含营养成分的化学性质和数量是已知的，如培养放线菌的高氏 1 号培养基及培养真菌的察氏培养基就属于此类培养基。合成培养基的优点是化学成分确定、实验的可重复性好，缺点是配制方法较麻烦、价格较高。合成培养基一般用于实验室中进行的微生物营养、代谢、遗传育种、菌种鉴定和生物测定等定量要求较高的研究。

天然培养基又称为复杂培养基（complex medium），是采用动植物组织或微生物细胞及其提取物、粗消化产物制成的培养基。例如，微生物学实验中常配制的牛肉膏蛋白胨培养基用于培养细菌，葡萄糖麦芽汁培养基用于培养酵母菌，马铃薯培养基用于培养真菌，这些培养基属于天然培养基。配制这类培养基常用牛肉膏、蛋白胨、酵母膏、麦芽汁、玉米粉、马铃薯、牛奶和血清等营养价值高的天然物质。天然培养基的优点是取材方便，所含的化合物成分十分丰富，配制方便，能够满足很多种营养缺陷型微生物的营养要求。缺点是确切成分不明确，成分不稳定，导致营养成分难以控制，实验结果的重复性差。

（二）根据培养基配制的物理状态区分

按照培养基外观的物理状态来分，可分为固体的、半固体的和液体的 3 种。

固体培养基是在液体培养基中加入凝固剂，通常是 1.5%～2.0%的琼脂，它是由海藻中提取得到的多糖，琼脂一般不为微生物所分解利用。在常见的微生物培养温度下呈固体状态。琼脂的熔化温度为 96℃，凝固温度为 45℃，因其熔点与凝固点相差较大，使用时很方便。硅胶是由无机的硅酸钠（Na_2SiO_3）和硅酸钾（K_2SiO_3）被盐酸及硫酸中和时凝聚而成的胶体，它不含有机物，用于分离与培养自养型微生物的培养基，与琼脂不同的是，硅胶一旦凝固后，不可重复加热融化。除此之外，一些由天然基质制成的培养基也属于固体培养基，如马铃薯块、胡萝卜条、小米、麸皮及米糠、酒曲，生产食用菌的棉籽壳等都属于固体培养基。固体培养基为微生物生长提供了一个营养表面，使微生物可以在其上形成单个菌落，因此固体培养基在微生物分离、鉴定、计数和保藏等方面起着重要的作用。

半固体培养基一般是在液体培养基中加入 0.2%～0.7%的琼脂，呈柔软的浆糊状。常用于观察细菌运动、微好氧细菌的培养及噬菌体的效价测定。

液体培养基不含任何凝固剂，它常用于大规模的工业生产以及在实验室进行微生物生理代谢特点方面的研究。

（三）根据培养基的功能区分

根据培养基的功能可分为选择培养基（selective medium）和鉴别培养基（differential medium）等。

选择培养基是根据某种微生物的特殊营养要求或其对某化学、物理因素的抗性而设计的培养基，在培养基内加入某种化学物质抑制不需要的微生物，而促进某种微生物的生长。可以在培养基中加入某种抑菌剂或杀菌剂来造成选择性，常用的有染料和抗生素，使拟分离的微生物快速生长繁殖，而其他菌被抑制。利用该培养基可以将某种或某类微生物从混杂的微生物群体中分离出来。例如，在培养基中加入青霉素或结晶紫的选择培养基，能抑制大多数革兰氏阳性细菌的生长，以便分离出革兰氏阴性细菌；分离产甲烷古菌用的培养基通常都加有抑制细菌的青霉素；在分离真菌的培养基中加入链霉素可以抑制细菌和放线菌的生长。

当待分离的混菌样品中某种微生物的数量很少时，可通过在培养基中加入拟分离微生物特别需要的营养物质，而使它们加富以达到选择分离的目的，这种选择培养基称为加富培养基（enriched medium）。用于加富的营养物主要是一些特殊的碳源和氮源，如纤维素可被用于富集降解纤维素的微生物，液体石蜡用来富集分解石油的微生物，甘露醇用来富集自生固氮菌，较浓的糖液可富集酵母菌。此外，温度、氧气、pH 和盐度等理化因素也可用来选择某些特殊类型的微生物，如嗜热和嗜冷微生物、好氧和厌氧微生物、嗜酸和嗜碱微生物及嗜盐微生物等的分离。

鉴别培养基是一类在培养基中加有指示剂，从而用肉眼就能使目的或待分离微生物的菌落与其他微生物菌落区别开来的培养基。与选择培养基相比较，此类培养基一般不加有抑菌剂而只含有指示剂。

最常见的鉴别培养基是伊红亚甲蓝乳糖培养基（eosin methylene blue，EMB），EMB 培养基的成分是

蛋白胨	10g
乳糖	5g
蔗糖	5g
K_2HPO_4	2g
伊红 Y	0.4g
亚甲蓝	0.065g
蒸馏水	1000mL
pH	7.2

EMB 培养基中的伊红和亚甲蓝属于苯胺类染料，具有三方面的作用。首先具有抑制某些细菌（革兰氏阳性细菌和一些难培养的革兰氏阴性细菌）生长的作用。其次是鉴别染色，由于大肠杆菌能强烈分解乳糖而产生大量的有机酸，故可与两种染料结合形成深紫色菌落，并且从菌落表面还可看到绿色金属光泽。而动物肠道内的沙门氏菌和志贺氏菌不能发酵乳糖，因而形成无色菌落，这样可将大肠杆菌与致病的沙门氏菌和志贺氏菌区别开来。另外，EMB 培养基也可用于区分大肠杆菌和产气肠杆菌，在这个培养基上，大肠杆菌的菌落特征是菌落小，有绿色金属光泽，而产气肠杆菌菌落大，湿润，呈灰棕色。再次是在低 pH 条件下，伊红和亚甲蓝结合形成沉淀，具有产酸指示剂的作用。EMB 培养基在饮用水、牛乳的细菌学检验及遗传研究上有着重要的用途。

第四节　微生物吸收营养物质的机制

微生物从外界摄取营养物质的方式随微生物类群和营养物质种类而异，其中绝大多数属于渗透吸收型微生物。在微生物对营养物质的吸收过程中，细胞壁对营养物质的运送的作用不大，而细胞质膜由于有高度选择透性而在营养物质的进入和代谢产物的排出上起着重要的作用。一般认为，细胞质膜以 4 种方式控制物质的运送，即被动扩散、促进扩散、主动运输和基团转移，其中尤以主动运输最为重要。

最新的研究发现，在革兰氏阴性细菌细胞的细胞壁外壁层中存在有一种孔道蛋白（porin）（见第二章），这种蛋白通常以三聚体形式垂直镶嵌于外壁层中，可使一些亲水性的小分子化合物进入壁膜间隙。因此，在革兰氏阴性细菌中，其细胞壁在物质的被动扩散过程中具有一定的屏障作用。

一、被动扩散

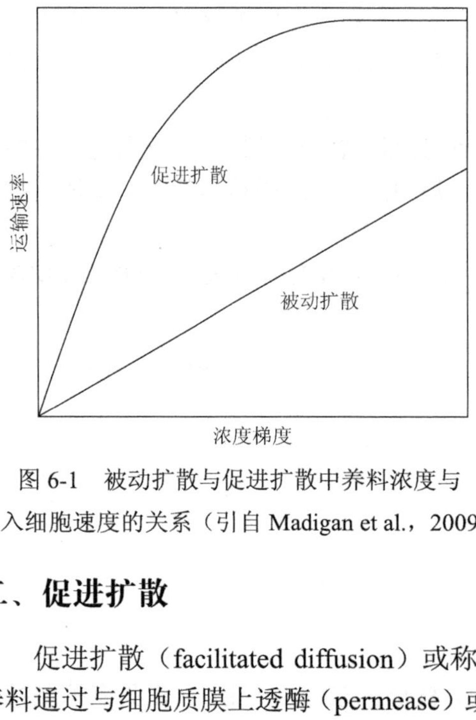

图 6-1　被动扩散与促进扩散中养料浓度与进入细胞速度的关系（引自 Madigan et al.，2009）

被动扩散（passive diffusion）或称为简单扩散。它是由于细胞质膜内外营养物质的浓度差而产生的物理扩散作用。扩散是非特异性的，其速度取决于营养物的浓度差、分子大小、溶解性、极性、pH、离子强度和温度等因素。营养物的扩散能使细胞内外的浓度差不断减少，直到两者相等，即达到动态平衡（图 6-1）。但实际上由于细胞内的营养物的消耗、呼吸作用，营养物不断减少，从而推动被动扩散持续进行。被动扩散不需要膜上载体蛋白的参与，因此它不能逆浓度梯度运输养料，运输的速度低，能够运送的养料种类也十分有限。已知以这种方式进入的物质主要有水、溶于水的气体和小的极性分子（如尿素、甘油、乙醇、O_2 和 CO_2 等）。

二、促进扩散

促进扩散（facilitated diffusion）或称为协助扩散。与被动扩散不同，促进扩散的特点是养料通过与细胞质膜上透酶（permease）或称载体蛋白的可逆性结合来加快养料的传递速度。透酶多为诱导酶，只有在环境养料成分的诱导下才能合成，并且透酶的活性受环境 pH 和温度的影响。促进扩散的动力仍然是养料在膜内外的浓度差，不消耗能量，同样也不改变最终达到内外浓度相等的动态平衡。由于在促进扩散中有透酶的参与，因而具有以下 3 个特点：①特异性，即一定的透酶只能与一定的养料离子或结构相近的分子结合；②能提高养料的转运速度，提前达到动态平衡；③当养料浓度过高时，由于可被结合的透酶数量有限而表现出饱和效应。

促进扩散这一运输机制对于原核微生物似乎不是很重要，因为细菌细胞通常处于营养物质浓度极低的环境中，这时协助扩散就派不上用场。已有人从沙门氏菌中分离出转运糖、氨基酸和硫酸盐的透酶，其分子质量为 9～40kDa。力敏感离子通道（mechanosensitiveion ion channel，MscL）也属于促进扩散类型。促进扩散在真核生物中的作用更为突出，可用于转运一些糖和氨基酸。用红细胞质膜为模型进行的研究表明，葡萄糖同透酶的结合导致透酶发生构型变化，并在其内部形成一个正好让葡萄糖分子通过的孔道，将其运入细胞。

三、主动运输

协助扩散可以较快地顺着浓度梯度运送营养物质，但是当环境中营养物质浓度低于胞内浓度时则无法发挥作用。微生物可以通过主动运输（active transport）和基团转移这两种运输机制完成以上使命。

主动运输是需要消耗能量，通过膜上的载体蛋白逆浓度梯度吸收营养物质的过程。其特点是：①具有养料和载体蛋白对应的专一性；②消耗能量；③能逆浓度梯度吸收；④能改变养料运输反应的平衡点。主动运输是广泛存在于微生物中的主要物质运输方式，其具体的方式有多种，也是使微生物在自然界稀薄的养料环境中得以正常生存的重要原因之一。

在主动运输中，载体蛋白与被运输养料的亲和性在细胞内外必须发生改变，即在细胞的外表面，载体蛋白与被运输物的亲和性高，而在内表面，载体蛋白与被运输物的亲和性低。在这一运输机制中，位于细胞质膜上的载体蛋白通过改变构象，使其对被运输养料的亲和性发生改变（图 6-2a）。

主动运输的能量来源有两种方式（图 6-2b），一种是质子动力（proton motive force，PMF）型，另一种是 ATP 动力型。

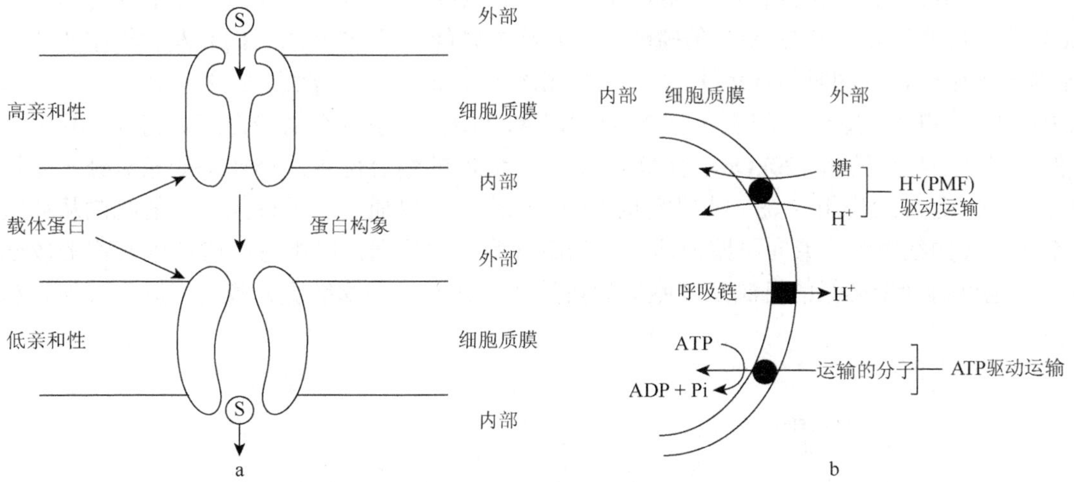

图 6-2　主动运输

a. 载体蛋白的构象改变；b. 物质运输中的能量。S. 底物

1. *质子动力型主动运输*　质子动力型主动运输也称为化学渗透驱动运输（chemiosmotic-driven transport）。微生物在呼吸作用中，由基质上脱下来的电子经呼吸链传递给氧（无氧呼吸时传递给无机化合物）的过程中，H^+被排出膜外。此外，细胞内的 ATP 在 ATP 酶作用下，水解生成 ADP 的同时，也使 H^+排出膜外。由于 H^+被排出膜外及完整的膜对 H^+的不可透过性，从而产生了膜内外的电位差和质子浓度差，二者构成质子动力。载体蛋白与 H^+结合，利

用质子动力将结合的被运输物运送到细胞内。大肠杆菌中约有40%的物质是通过化学渗透驱动运输方式进入细胞的。它们有两个基本方式：同向运输（symport）和逆向运输（antiport）。载体蛋白上结合的被运输物与H^+同方向被运送到细胞内的过程，称为同向运输（symport）。进行同向运输的载体蛋白上除了H^+结合位点外，还有一个与糖等养料结合的位点，当H^+在进入细胞的同时也运入了糖等养料。大肠杆菌就是通过这种形式向膜内运送乳糖、脯氨酸和丙氨酸等。粗糙脉孢霉也是通过同向运输方式吸收葡萄糖的。逆向运输是通过一个共同的载体将两个具有相似电荷的物质同时向相反的方向进行运输，如大肠杆菌的Na^+/H^+（NhaA和NhaB）逆向转运蛋白，它们在碱性的生长条件下，在产生钠动力和维持细胞内的中性pH方面起重要的作用。逆向运输也可通过H^+与Na^+的反向传递（即在H^+进入细胞时将Na^+排出），通过消耗质子动力产生Na^+的电位差，然后再由Na^+与营养物质一道做同向运输而进入细胞。在大肠杆菌中，谷氨酰胺通过和Na^+同向运输进入膜内，极端嗜盐古菌也是通过和Na^+同向运输运送亮氨酸和谷氨酸。在这一运输机制中，代谢能没有直接消耗在养料运输上，而是用于建立膜内外离子浓度梯度。

研究发现，具有不同功能的转运子通常序列并不相似，但是这些作用因子却存在相似的折叠构象，如MFS、LeuT、NhaA的折叠。研究人员分析了同一转运家族的多个构象状态，如LeuT超家族成员MHP1、ADIC、vSGLT、LeuT，发现结构变化与底物结合和转运之间存在密切关联。

2. Na^+-K^+-ATP酶　主动运输中能量来源的另一种方式称为ATP动力型，即钠钾泵。在主动运输中，钠钾泵是研究得最为深入的一种运输方式。它能在细胞质膜上以很高的效率向胞外排出Na^+，同时向胞内吸入K^+。研究表明，钠钾泵实质上就是Na^+-K^+-ATP酶，其作用机制见图6-3。钠钾泵的作用主要有3步。首先ATP酶的构型Ⅰ（E_1）在细胞内侧与3个Na^+结合，同时激发酶消耗ATP的磷酸化。其次是磷酸化的ATP酶（E_2）发生构型变化，将Na^+排至细胞外，并同时与环境中的2个K^+相结合。最后由K^+激发E_2的脱磷酸化而恢复成原来的E_1，同时将K^+运入细胞。已知Na^+-K^+-ATP酶由大小两个糖蛋白亚基组成：其中大亚基的相对分子质量约为120kDa，有Na^+、K^+和ATP的结合位点；小亚基的相对分子质量约为55kDa，起辅助作用。另一些研究也表明，Ca^{2+}也可以通过与钠钾泵类似的机制从细胞质向细胞外（如红细胞）或向肌浆内质网（如肌细胞）中传送，以维持细胞质中Ca^{2+}的较低浓度。H^+也可借助于类似的机制从细胞质向溶酶体（如原生动物细胞）或向细胞外（如人和动

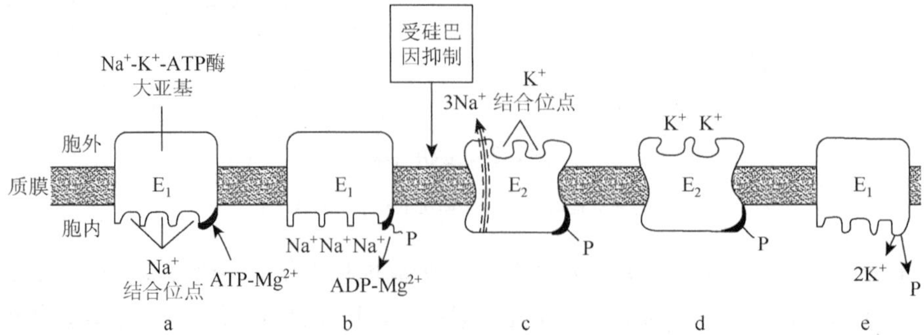

图6-3　Na^+-K^+-ATP酶的作用机制

a. 胞内的3个Na^+和ATP-Mg^{2+}与E_1结合；b. E_1接受能量磷酸化为E-P；c. ATP酶变构为E_2，同时将3个Na^+经通道泵出；d. 胞外的2个K^+与E_2-P结合；e. K^+促进E_2→E_1的脱磷酸构象变化，同时将K^+泵入细胞内

物的胃细胞）传送，这样可以维持溶酶体（pH 为 4.5～5.0）或胃（pH 为 1.0 左右）中液体的高酸度来进行食物的消化作用。在真核生物吸收糖和氨基酸时，Na^+同向运输也是重要的主动运输过程，但其能量来源通常是 ATP，而不是质子动力。

3. ATP-结合盒式转运蛋白

近年来发现，主动运输中的结合蛋白运输系统存在于细菌、古菌和真核生物中，这个系统称为 ATP-结合盒式转运蛋白（ATP-binding cassette transporter），简称 ABC 转运系统（ABC transporter）。ABC 转运系统由膜上转运蛋白和位于周质空间的底物结合蛋白组成。转运蛋白通常由 4 个蛋白质组成膜结合的复合体，其中的两个蛋白质是整合膜蛋白，而另外两个是外周膜结合的细胞质蛋白（核苷酸结合结构域）。整合膜蛋白在原生质膜上形成孔洞。ABC 转运蛋白能运送特异的底物结合蛋白，在革兰氏阴性细菌中，底物结合蛋白位于周质空间，当革兰氏阴性细菌处于渗透胁迫的情况下，可以将周质蛋白释放到周围的培养基中，在这些周质蛋白中就有一些是某些特殊营养物质如 SO_4^{2-}、氨基酸、糖和其他化合物的结合蛋白；而在革兰氏阳性细菌中，没有外膜来区域化这些蛋白质，结合蛋白或以脂蛋白的形式存在于原生质膜的外表面，或以细胞表面结合蛋白的形式通过静电引力结合在外膜的表面。结合蛋白与被运送的营养物质结合，然后营养物质自周质结合蛋白传送到膜上的转运蛋白复合体将引发 ATP 水解，进而导致孔蛋白开放允许物质向细胞质内的单向运输（图 6-4）。转运通过消耗 ATP 或其他高能的磷酸化合物如乙酰磷酸等提供能量。在大肠杆菌中大约有 40%的物质是通过周质结合蛋白和 ABC 转运蛋白机制进行运输的，如各种糖（如阿拉伯糖、麦芽糖、半乳糖、核糖）和氨基酸（如谷氨酸、组氨酸、亮氨酸）。多重抗药性 ABC 转运蛋白（multidrug-resistance ABC transporter）可以将抗生素泵出细胞从而造成多重抗药性。

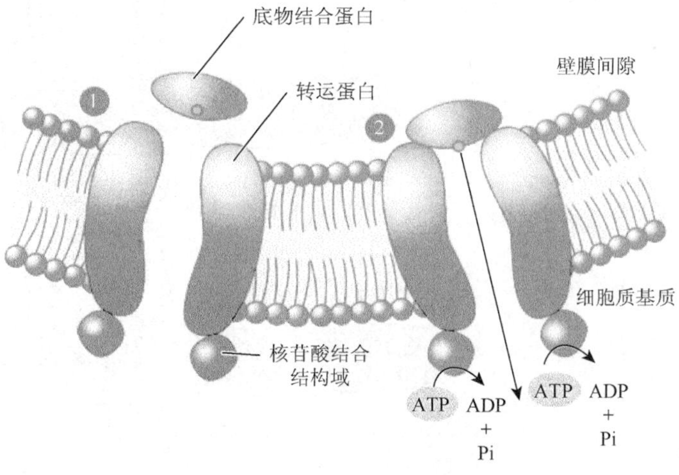

图 6-4　ABC 转运蛋白的功能示意图（引自 Willey et al.，2008）

图中①为底物结合；②为跨膜转运

四、基团转移

某些物质在通过细胞质膜的转移过程中发生化学变化，如使被运输物质磷酸化的运输方式称为基团转移（group translocation），这种运输方式也需要能量，目前仅在原核生物中发现。

鉴于单糖在大肠杆菌等许多细菌类群中很少以游离态而多以磷酸化态存在的事实，美国霍普金斯大学的研究人员证明，在这些细菌的细胞质膜上有一种磷酸转移酶系统（phosphotransferase system，PTS），能使糖在进入细胞质膜的同时发生磷酸化。

在磷酸转移酶系统中，糖的磷酸化是与糖的运输相偶联的，能量由EMP途径的中间产物磷酸烯醇丙酮酸（PEP）提供（图6-5）。磷酸转移酶系统由两种酶［酶Ⅰ(EⅠ)和酶Ⅱ(EⅡ)］及一种具有高能磷酸载体作用的蛋白质——热稳定性蛋白（HPr）构成。EⅠ和HPr蛋白都是可溶性的组成蛋白，它们不与糖分子结合，不是载体蛋白，并且没有专一性。HPr蛋白对热稳定。不能合成EⅠ或不能合成HPr的突变株，便丧失运输糖的能力。例如，失去EⅠ的鼠伤寒沙门氏菌突变株，不能利用葡萄糖、甘露糖和果糖等糖类化合物。EⅡ存在于细胞质膜，是诱导生成的。EⅡ由三个结构域（a、b 和 c）组成，可被组合成一个单一的膜结合蛋白或分裂成两个或更多的蛋白质（由不同的系统决定），称为ⅡA、ⅡB 和ⅡC。ⅡC是一个整合膜蛋白（或结构域），在它的催化下，HPr-P上的磷酸基团可以转移到糖上，生成糖-6-磷酸。EⅡ对不同糖类有高度专一性，缺失某种EⅡ的突变株，只丧失对相应的一种糖的运输能力。在任何情形下，PEP的磷酸基因通过细胞质内的EⅠ、HPr、EⅡA和EⅡB的磷酸中间体传递给膜上的EⅡC，最终传递给进入的糖。EⅡC形成转移通道和部分特定糖的结合位点。根据序列同源性，EⅡ可被分为四种类型：甘露醇型、葡萄糖型、甘露糖型和乳糖型（在少数革兰氏阳性菌中，半乳糖和二糖乳糖也通过PTS运输，称为乳糖型）。

研究发现，金黄色葡萄球菌运输乳糖的酶系中除了酶Ⅰ、酶Ⅱ外，还有一种酶Ⅲ参与磷酰基的转移。酶Ⅲ（EⅢ）只存在于少数几种细菌中，具有专一性。

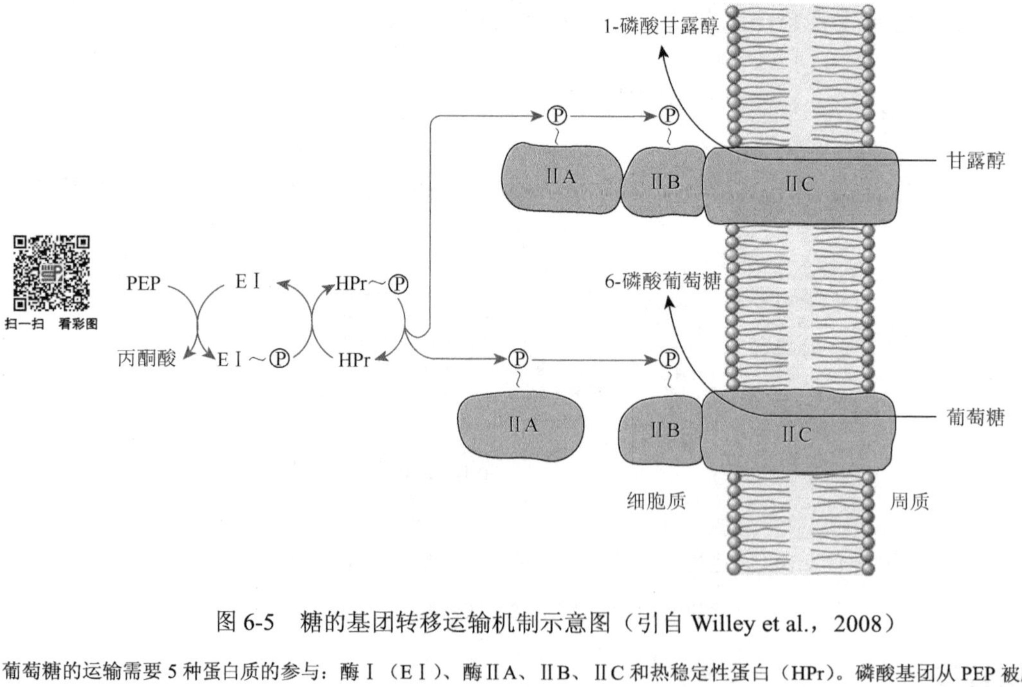

图6-5 糖的基团转移运输机制示意图（引自 Willey et al.，2008）

葡萄糖的运输需要5种蛋白质的参与：酶Ⅰ（EⅠ）、酶ⅡA、ⅡB、ⅡC和热稳定性蛋白（HPr）。磷酸基团从PEP被顺次转移，最终传递给ⅡC，后者转运和磷酸化糖。蛋白质HPr和酶Ⅰ是非特异性，而酶Ⅱ组分是特异性的

基团转移在养料运输的同时实现其磷酸化，磷酸化的糖可以立即进入细胞的合成或分解代谢，从而能避免细胞内糖浓度过高，因而不失为一种经济有效的养料运输方式。在竞争性环境中有效的碳利用对于微生物的生存至关重要。为了尽可能充分地利用能源，细菌进化出

了一套完善的控制系统，优先摄取葡萄糖等速效碳源，抑制对第二碳源运输和代谢至关重要的蛋白质合成及活性，这种调控现象称为碳分解代谢物阻遏（carbon catabolite repression，CCR）。在肠道细菌中，碳分解代谢物阻遏由葡萄糖特异性磷酸转移酶系统中的关键组成元件 EⅡA^{Glc} 介导（图 6-6）。PTS 底物和其他容易代谢的碳源，可通过影响细胞内 PEP 与丙酮酸盐的比值来提高未磷酸化 EⅡA^{Glc} 水平，直接结合抑制几种非 PTS 糖转运系统，如麦芽糖转运蛋白 MalFGK2、乳糖透过酶 LacY、蜜二糖透过酶 MelB 和棉子糖透过酶 RafB。未磷酸化的 EⅡA^{Glc} 还可通过结合一种对于甘油代谢至关重要的甘油激酶来阻止甘油摄取，而磷酸化的 EⅡA^{Glc} 可以刺激 cAMP 合成，由此导致许多代谢分解基因转录激活。数十年来，研究人员一直在致力解析 EⅡA^{Glc} 调控靶转运体的机制，然而由于缺乏 EⅡA^{Glc}-转运蛋白复合物的结构数据，阻碍了开展深入的研究。在最新研究中，科学家发现了大肠杆菌 EⅡA^{Glc} 与麦芽糖转运蛋白 MalFGK2 形成的复合物的晶体结构，结果显示，两个 EⅡA^{Glc} 分子与细胞质的 ATPase 亚基结合，以一种面向内（inward-facing）的构象稳定了转运蛋白，并阻止了对 ATP 水解至关重要的结构重排。揭示了在大肠杆菌中，重要的调控蛋白 EⅡA^{Glc} 通过变构抑制麦芽糖摄入的一个模型。

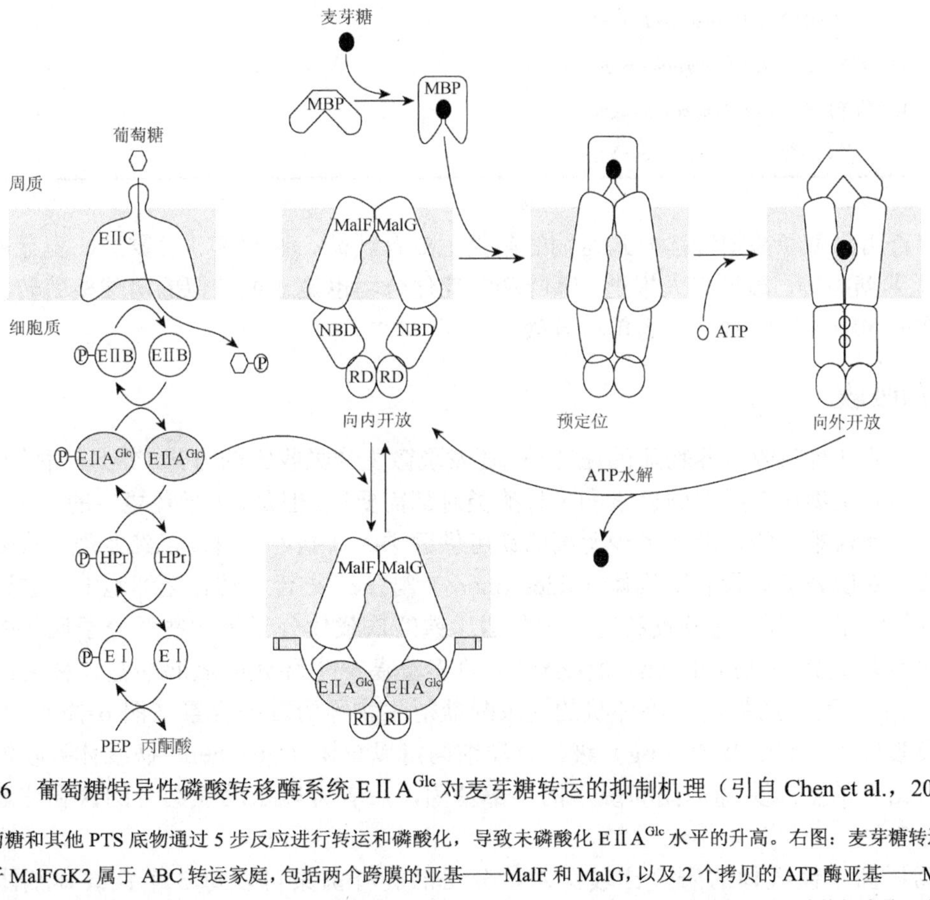

图 6-6　葡萄糖特异性磷酸转移酶系统 EⅡA^{Glc} 对麦芽糖转运的抑制机理（引自 Chen et al.，2013）

左图：葡萄糖和其他 PTS 底物通过 5 步反应进行转运和磷酸化，导致未磷酸化 EⅡA^{Glc} 水平的升高。右图：麦芽糖转运循环。麦芽糖转运子 MalFGK2 属于 ABC 转运家庭，包括两个跨膜的亚基——MalF 和 MalG，以及 2 个拷贝的 ATP 酶亚基——MalK。MalK 可以进一步分为 N 端的核酸结合区域（NBD）和 C 端的调节区域（RD）。游离状态下，开放的 MalK 二聚体与跨膜区域保持一致，在与 MBP 结合前，转动蛋白经历构象改变（预定位状态），允许 ATP 结合，促进 MalK 协调运动，重新定位跨膜区域，打开麦芽糖结合蛋白（MBP）。形成向外的结构，从 MBP 中转运麦芽糖到跨膜结合位点，同时 ATP 水解，将麦芽糖释放到胞质内，重建转运蛋白为游离状态。然而在抑制物-非磷酸化 EⅡA^{Glc} 结合状态下，可以稳定麦芽糖转运蛋白处于游离状态，从而抑制麦芽糖的转运

基团转移方式主要存在于兼性和专性厌氧细菌中。严格的好氧菌主要通过主动运输吸收糖，但也有例外，某些好氧菌如节杆菌属的一些种，巨大芽孢杆菌及枯草芽孢杆菌等也通过基团转移向细胞内运送葡萄糖（表 6-7）。

表 6-7　通过基团转移或主动运输方式运送葡萄糖的细菌

菌名	基团转移	主动运输
节杆菌属（*Arthrobacter*）的一些菌种	+	–
维涅兰德固氮菌（*Azotobacter vinelandii*）	–	+
巨大芽孢杆菌（*Bacillus megaterium*）	+	–
枯草芽孢杆菌（*B.subtilis*）	+	–
流产布鲁氏菌（*Brucella abortus*）	+	–
丁酸梭菌（*Clostridium butyricum*）	+	–
巴氏芽孢梭菌（*Cl. pasteurianum*）	+	–
一些肠道细菌	+	–
藤黄微球菌（*Micrococcus luteus*）	–	+
耻垢分枝杆菌（*Mycobacterium smegmatis*）	–	+
铜绿假单胞菌（*Pseudomonas aeruginosa*）	–	+
金黄色葡萄球菌（*S. aureus*）	+	–

现已查明，可经基团转移方式运输的糖类主要有乳糖、葡萄糖、甘露醇、麦芽糖、果糖和 *N*-乙酰葡糖胺等。最近有人报道，嘌呤和嘧啶化合物也是通过类似的磷酸核糖转移酶系的作用，在进入细胞的同时已成为单核苷酸。

五、铁的吸收

除了上述 4 种吸收营养物质的途径外，还发现微生物吸收铁的方式。铁是一种微量元素，几乎所有的微生物在合成细胞色素和多种酶类时都需要铁。但是，由于环境中的三价铁（Fe^{3+}）及其衍生物是极难溶的，没有多少游离的铁可供运送入细胞内。目前已经发现，许多细菌和真菌能够分泌低分子质量的铁载体（siderophore）与 Fe^{3+}结合，转移至细胞中，被还原成二价铁（Fe^{2+}），而被微生物吸收利用。这些运送铁的铁载体分子是一些低分子质量的有机化合物，通常是氧肟酸盐或儿茶酚盐化合物。许多真菌产生环状的氧肟酸盐，称为高铁环六肽（图 6-7a），而大肠杆菌分泌环状的儿茶酚盐衍生物称为肠螯合素（图 6-7b）。海洋中铁的含量及其稀少，只有皮克（pg）级，海洋细菌可以分泌 Aquachelin 铁载体吸收铁，具有可以与铁结合的多肽头部基团和疏水的尾部基团，后者可以帮助铁结合的铁载体通过细胞膜（图 6-7c）。

大肠杆菌中铁载体的研究比较深入，分泌的肠杆菌素可以每 3 个铁载体基团与 Fe^{3+}结合，形成一个六配位的八面体复合物（图 6-7b）。铁-铁载体复合物到达细胞的表面，需要跨越外膜和原生质膜两道屏障，由 *fep* 基因产物完成在内、外膜上的运输。外膜的 FepA 蛋白（79kDa）以单体形式促使铁-铁载体复合物跨越外膜运输，运输过程需要 TonB 内膜蛋白将质膜上的势能转导给 FepA（图 6-8）。两个内膜蛋白 ExbB/ExbD 形成一个有中心通道的异源六聚体，中心通道接纳 TonB 的跨膜部分。以质子动力作为能量，质子穿越 ExbDB 六聚体能化 TonB 使之与 FepA 相互作用，引发 FepA 的构象改变从而促使铁肠螯合素运输进入周质。接下来，位于周质空间的铁肠螯合素结合蛋白（FepB）将复合物传递到由 FepG、FepD 和 FepC 组成的内膜转运系统上。FepC 是一个膜结合的 ATP 酶，消耗 ATP 将复合物通过 FepG 和 FepD 运入细胞质。进入细胞内的肠螯合素的骨架被 Fes 酯酶切开，与铁的亲和性从 10^{-52} 下降至 10^{-8}，释放的 Fe^{3+}随之被还原成二价铁（Fe^{2+}）而为微生物吸收利用（图 6-8）。

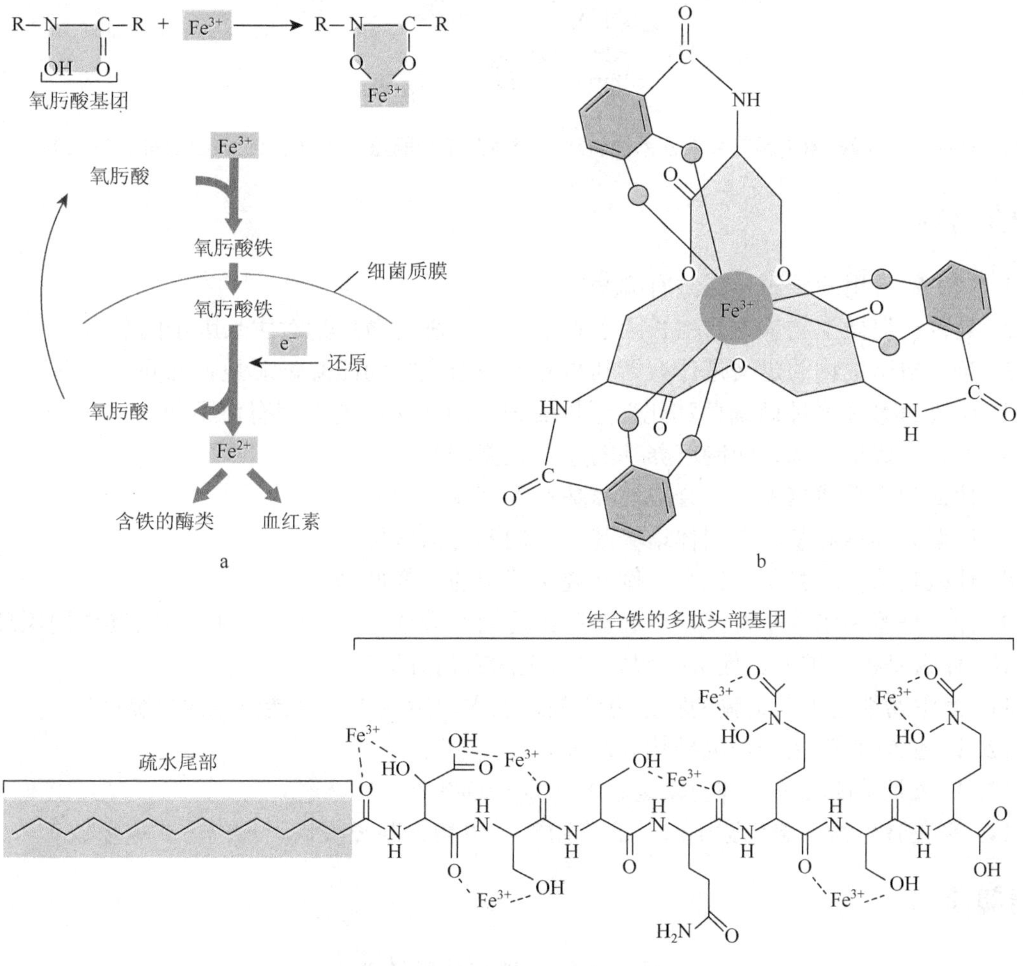

扫一扫 看彩图

图 6-7 铁载体（引自 Madigan et al.，2009）

a. 氧肟酸，三价铁与氧肟酸结合，然后进入细胞膜，将二价铁释放后，氧肟酸又可被分泌于细胞外结合三价铁；b. 肠螯合素；c. Aquachelin

当一种微生物在吸收某种营养物质时，通常有一个以上的运输系统在起作用。例如，大肠杆菌在吸收半乳糖时，至少有 5 种运输系统起作用。在吸收谷氨酸和亮氨酸时，各有 3 种运输系统起作用。有两种运输系统用于吸收钾。当几个运输系统用于吸收同一营养物质时，其系统在能量来源、与营养物质的亲和性及其调控特性上都存在差异。可以设想，这种运输系统的多样性使微生物提高了在多变的环境中竞争的能力。

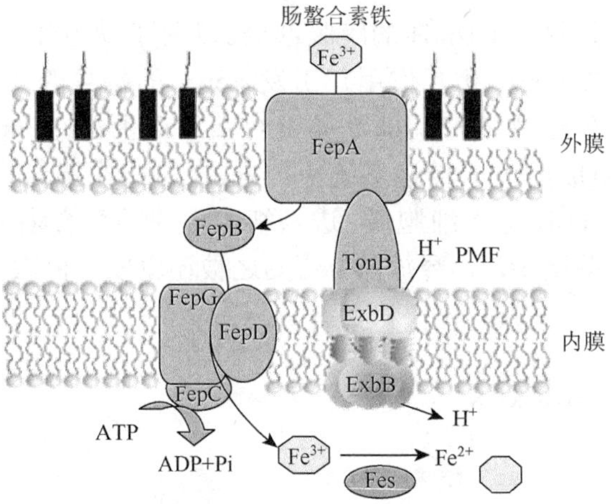

图 6-8　大肠杆菌中肠螯合素铁系统转运三聚体儿茶酚肠螯合素（引自 Moat et al.，2002）

复习思考题

1. 微生物常用的碳源和氮源有哪些？
2. 是否任何微生物都需要生长因子？如何才能满足微生物对生长因子的需求？
3. 自养型微生物的定义是什么？其与异养型微生物的能源物质是否相同？请举例说明。
4. 比较 H_2S 在光能硫细菌和化能无机硫细菌的代谢中的作用有何不同。
5. 何谓合成培养基？配制培养基的原则有哪些？
6. 什么叫作天然培养基、合成培养基？各有哪些应用？
7. 何谓固体培养基、半固体培养基？它们各有何应用？
8. 什么是选择培养基？试举一例并说明其中的选择原理。
9. 什么是鉴别培养基？试以伊红亚甲蓝乳糖培养基（EMB）为例，分析其作用原理。
10. 什么是被动扩散、促进扩散？二者之间有何异同？
11. 微生物细胞主动运输的特点有哪些？在主动运输中，其能量来源有哪些？
12. 试述 ABC 转运蛋白的结构和功能。
13. 什么是基团转移？与主动运输的区别有哪些？
14. 铁在微生物细胞代谢中起什么作用？微生物细胞吸收铁元素的方式有哪些？

拓展阅读

研究膜转运机制的新进展

细胞膜是物质运输过程中的主要屏障，膜转运蛋白是蛋白质家族中最多的类型，多样化的膜转运蛋白介导离子、糖、脂类、核苷酸、氨基酸、多肽和蛋白质穿越生物膜，同时在信号传导、能量转换、传感及病理和生理过程同样具有重要作用（Lin et al.，2015; Mancusso et al.，2012）。

欲了解膜蛋白转运机制，需要给出至少三种不同状态转运蛋白的构象：向外开放（无底物结合）、底物结合状态和向内打开（无底物结合）。从 2002 年纯化获得第一个膜转运蛋白并解析其晶体结构后，膜蛋白晶体解析研究进展神速，要了解更多的膜转运蛋白转运机制可参阅文献（Tsuchiya et al.，2016、Yan et al.，2013、Lee et al.，2013、Vieira-Pires et al.，2013、Du et al.，2014 等）。在已有的膜转运蛋白结构分析中发现，次级转运蛋白结构中最常见的特征是不连续的螺旋，它在底物结合和转运中起着重要的作用；另一个特征则是伪对称性，它通常有一个双重对称轴垂直或平行于脂质膜的表面的结构。其中具有代表性的发现是ECF转运蛋白结合叶酸底物的晶体结构解析，发现了“翻转”运输机制，有别于目前通用的“交替通路”模型（Shi，2013）（图6-9）。获得转运蛋白不同的构象颇具挑战性，需要苛刻的结晶条件或化学修饰，如点突变、交联和单克隆抗体结合等。但目前还不清楚这样观察到的构象是否忠实于膜蛋白的自然状态，或许仍存在更高级的，但不稳定的结构特征尚未被发现。

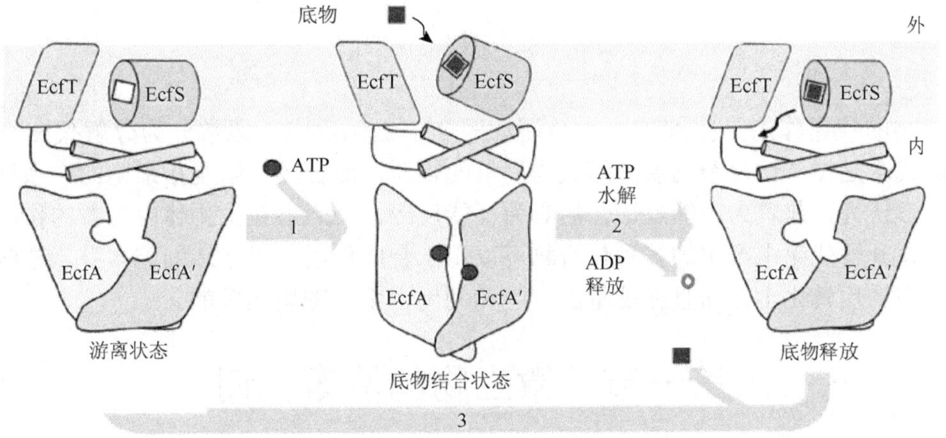

图6-9 ECF转运蛋白工作模式（引自Shi，2013）

游离状态的ECF转运蛋白，EcfA和EcfA′形成一个开放的二聚体，ATP结合位点未被占用。当ATP与EcfA和EcfA′结合后，转变为关闭状态的二聚体（步骤1）。EcfA和EcfA′构象变化通过EcfT两个耦合模块传递给EcfS，推动向内开放的EcfS翻转朝向细胞外，从而使细胞外底物结合（步骤1），随后ATP水解，释放ADP和磷酸重建转运蛋白进入游离状态，并使结合底物释放（步骤2和3）

如果对这方面内容有兴趣，还可参阅如下文献。

Accardi A，Miller C. 2004. Secondary active transport mediated by a prokaryotic homologue of ClC Cl-channels. Nature，427：803-807.

Du D，Wang Z，James NR，et al. 2014. Structure of the AcrAB-TolC multidrug efflux pump. Nature，509：512-515.

Lee C，Kang HJ，Von CB，et al. 2013. A two-domain elevator mechanism for sodium/proton antiport. Nature，501：573-577.

Lin DY，Huang S，Chen J，et al. 2015. Crystal structures of a polypeptide processing and secretion transporter. Nature，523：425-430.

Mancusso R，Gregorio GG，Liu Q，et al. 2012. Structure and mechanism of a bacterial sodium-dependent dicarboxylate transporter. Nature，491：622-626.

Shi Y. 2013. Common folds and transport mechanisms of secondary active transporters. Annu Rev Biophys，42：51-72.

Tsuchiya H，Doki S，Takemoto M，et al. 2016. Structural basis for amino acid export by DMT superfamily transporter YddG. Nature，534：417-420.

Vieira-Pires RS，Szollosi A，Moraiscabral JH. 2013. The structure of the KtrAB potassium transporter. Nature，496：323-328.

Yan H，Huang W，Yan C，et al. 2013. Structure and mechanism of a nitrate transporter. Cell Rep，3：716-723.

7

第七章　微生物的代谢

微生物的代谢作用是指细胞中生命活动的全部生化反应，通常分为分解代谢与合成代谢。分解代谢是指一切复杂物质分解成为简单的物质，而合成代谢是指细胞的一系列物质的生成。一般认为，前者为产能反应，后者为耗能反应。实际上在生物体内二者的作用是偶联进行的。在分解代谢中产生的多种化合物可以用于合成作用，以建造细胞本身。这两种代谢作用不仅在物质转化上，而且在能量的产生和利用上都是密切相关的。

第一节　微生物的能量代谢

微生物与其他生物一样，在其生命活动中需要能量。它们的能量来源为化学能和光能。各类微生物的细胞中都进行着化学反应，其中一些是产能的反应。有些细菌和全部藻类可以直接接受光能，但是如同植物一样，光能必须转化成化学能后才能被生物利用。

化合物在一定状态下都贮存一定量的能量，这种能量称为自由能。在任何一个化学反应中，都必须有反应物和产物。反应物与产物之间能量的变化表现为放能与吸能。无论是放能反应还是吸能反应都需要一个能携带和转移能量的化合物。在生物体（或细胞）中，这种化合物叫作高能化合物。目前所知，能作为吸能反应和放能反应的偶联者的高能化合物主要为腺嘌呤核苷三磷酸（ATP）和酰基辅酶 A（RCO～SCoA）。此外，还有几种高能化合物均能直接或间接地将其能量转移给 ATP。表 7-1 列出几种高能化合物。

表 7-1　几种高能化合物及其所含能量

化合物	自由能/(kcal/mol)
ATP	–7.3
GTP（鸟嘌呤核苷三磷酸）	–7.3
UTP（尿嘧啶核苷三磷酸）	–7.3
CTP（胞嘧啶核苷三磷酸）	–7.3
乙酰磷酸盐	–10.1
1, 3-二磷酸甘油酸	–11.8
磷酸烯醇丙酮酸	–14.8

一、ATP 的结构与生成

ATP 简称为腺三磷，其化学结构式如图 7-1 所示。在其结构中有两个磷酸酯键是高能键，以～表示。另一个普通键为低能键，通常可以缩写成 A-P～P～P，表示其键能关系。高能键不稳定，在标准条件下水解时，每摩尔 ATP 可以释放出 7.3kcal 的能量。

在 ATP 水解时，可以将最后一个磷酸根转移至反应物，同时产生能量，其本身生成 ADP（腺二磷）。ADP 可以接受由其他高能磷酸化合物转来的～P，又生成 ATP，该作用称为磷酸化作用，由此可见 ATP 起到能量转移中心站的作用。一些重要的高能化合物如 PEP（磷酸烯醇丙酮酸）等水解释放出的能量均可通过磷酸化的方式贮存在 ATP 中；ATP 贮存的能量也可在激酶作用下转移到其他化合物。

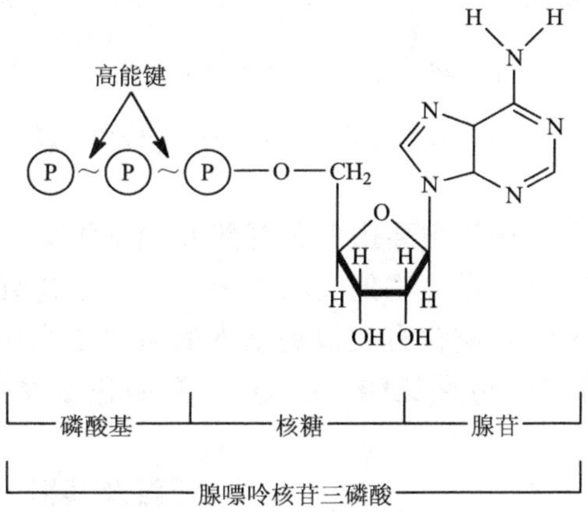

图 7-1　ATP 的化学结构图

（一）氧化磷酸化

在微生物细胞内，ATP 主要在生物氧化的过程中生成。生物氧化是一个物质分解的放能过程，所释放的能量通过磷酸化作用转移到 ATP 中，所以氧化与磷酸化是偶联的。ATP 的生成按能量来源可以分为氧化磷酸化和光合磷酸化两种方式。氧化磷酸化是化能微生物形成 ATP 的途径，按照氧气是否参与又可将其分为底物水平磷酸化和电子传递磷酸化两种类型，这部分内容在化能微生物的能量代谢中介绍。光合磷酸化是光能营养微生物形成 ATP 的途径，分为非环式光合磷酸化、环式光合磷酸化和紫膜光合磷酸化三种，在光能微生物能量代谢中起作用。

（1）底物水平磷酸化　　底物水平磷酸化发生在某种化合物氧化的过程中，可以生成一种含高能磷酸键的化合物。这个化合物通过相应酶的作用，将此高能键磷酸根转移给 ADP，生成 ATP。最普通的例子是 3-磷酸甘油醛在脱氢酶的作用下脱氢，其释放出来的能量在有磷酸盐存在的情况下构成高能磷酸键，而生成 1, 3-二磷酸甘油酸。1, 3-二磷酸甘油酸可以将高能键磷酸根转移给 ADP，生成 ATP。这种类型的氧化磷酸化方式在生物代谢过程中是很普遍的，这种方式的特点是，物质氧化过程中释放出的电子直接在两种物质之间转移，不经电子传递链传递。其通式可写为

$$X \sim P + ADP \longrightarrow ATP$$

催化底物水平磷酸化的酶位于细胞质内。

（2）电子传递磷酸化　　通过呼吸链产生 ATP 的过程称为电子传递水平磷酸化或氧化磷酸化。这种磷酸化的特点是当由物质氧化产生的质子和电子向最终电子受体转移时，需

经过一系列的氢和电子传递体，每个传递体都是一个氧化还原系统。这一系列氢和电子传递体在不同生物中大同小异，构成一条链，因而称为呼吸链。呼吸链实质上是一个电子传递链。流动的电子通过呼吸链时逐步释放出能量，该能量可使 ADP 生成 ATP，可用图 7-2 示意。

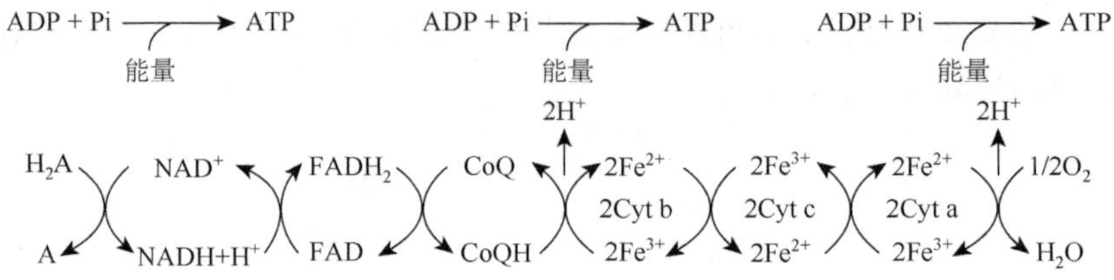

图 7-2　一条呼吸链的系列反应电子在从被氧化物（H_2A）向 O_2 传递的过程中，逐步释放能量，生成 ATP

在呼吸链中，氢和电子传递体主要由各种辅酶和辅基组成。呼吸链的这些酶是定向有序地、又是不对称地排列在真核微生物的线粒体内膜上，或排列在原核微生物的细胞质膜上。原核生物和真核生物的呼吸链含有类似的基本的氧化还原载体，就目前所知，呼吸链中最重要的中间电子传递体成员是泛醌（CoQ）、细胞色素系统、黄素蛋白和铁硫蛋白（Fe-S）。

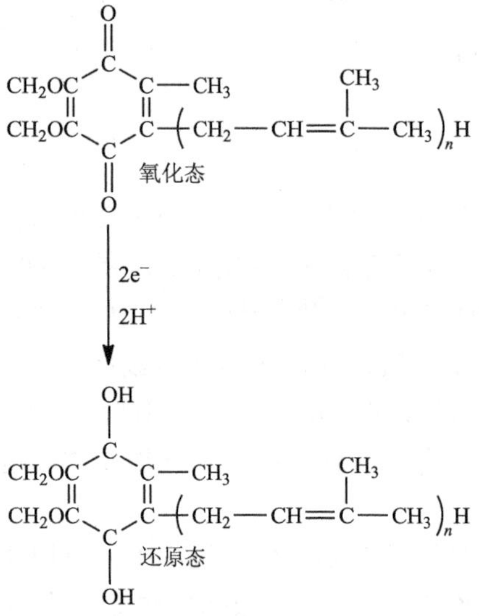

图 7-3　辅酶 Q（泛醌）的氧化态和还原态结构

其聚异戊烯侧链在细菌中，通常 $n = 6$，在高等生物中，$n = 10$

泛醌及其衍生物是一类分子质量较小的脂溶性氢载体。在电子传递链中，由于其结构上的改变起氧化还原剂的作用（图 7-3）。存在于微生物中的主要是泛醌和萘醌，泛醌广泛存在于真核微生物和革兰氏阴性细菌中，而萘醌主要存在于革兰氏阳性细菌中。

细胞色素有多种都是含有铁卟啉基团的电子传递蛋白。以细胞色素 a、b 和 c 等表示，并有 a_1、a_2…b_1、b_2…之分。在所有真核生物的线粒体中发现的细胞色素类型是相同的，而细菌所含的细胞色素类型则有很大差异。例如，大肠杆菌有细胞色素 a_1、a_2、b_1 和 o；枯草芽孢杆菌含有细胞色素 a、a_3、b、c 和 c_1。以英文小写字母区别的各种细胞色素，其转移电子的顺序并非按字母顺序进行，而以 Cyt b→Cyt c→Cyt a 的顺序转移电子。呼吸链最末端的细胞色素 a（Cyt a）称为细胞色素氧化酶（cytochrome oxidase），它将电子转移给氧分子。在有些古菌中，存在着包括细胞色素 a、b 和 c 在内的电子传递链。

电子传递水平磷酸化的过程是，底物氧化时脱下的氢和电子首先交给 NAD^+生成 $NADH + H^+$（烟酰胺腺嘌呤二核苷酸），或交给 $NADP^+$生成 $NADPH + H^+$（烟酰胺腺嘌呤二核苷酸磷酸），后者经过转氢酶的作用也可以将氢转给 NAD^+生成 $NADH + H^+$。也有的底物将脱下的氢和电子交给 FAD（黄素腺嘌呤二核苷酸）或 FMN（黄素单核苷酸），生成 $FADH_2$

或 $FMNH_2$。然后 $NADH + H^+$或 $FADH_2$ 及其他还原型载体上的氢原子以质子和电子的形式进入呼吸链顺序，传递至最终电子受体，同时偶联有 ATP 的产生。电子传递磷酸化的效率通常用 P/O 来表示，P/O 代表每消耗一个氧原子所形成的 ATP 数。真核生物如酵母菌的 P/O 为 3，而细菌多数低于 1。

与真核生物的呼吸链相比，细菌的呼吸链具有以下几个特点：①细菌的呼吸链位于细胞质膜上。②电子供体具有多样性，除 NADH 外，还有 H_2、S、Fe^{2+}和甲酸等，并且细胞质膜上的许多脱氢酶（如甲酸脱氢酶、氢酶等）可以直接将来自电子供体的电子传递到呼吸链上。③电子传递链的组成及电子载体或质子载体的含量可因细菌种类和培养条件等环境条件的改变而不同，并且许多细胞色素是原核微生物独有的。此外，真核微生物的末端氧化酶即细胞色素氧化酶为 a_2、a_3（Cu^{2+}），而细菌中为细胞色素 o、d、a。④电子受体除 O_2 外还有其他外源物质（NO_3^-、SO_4^{2-} 及延胡索酸等）。⑤细菌的电子传递链有分支现象，即不仅仅有一个末端氧化酶，如大肠杆菌的 ETC 是分支的，故有两种细胞色素氧化酶，分别为 Cyt d 和 Cyt o，Cyt d 对氧有很高的亲和性，因此在供氧不足的情况下起作用，Cyt o 对氧亲和性低，在氧气供应充足的条件下工作（图 7-4），所以大肠杆菌在通气良好时，电子经 CoQ、Cyt b_{562} 和 Cyt o（途径 a）传递给 O_2，供氧不足时，电子经 CoQ、Cyt b_{562} 和 Cyt d（途径 b）传递给 O_2。

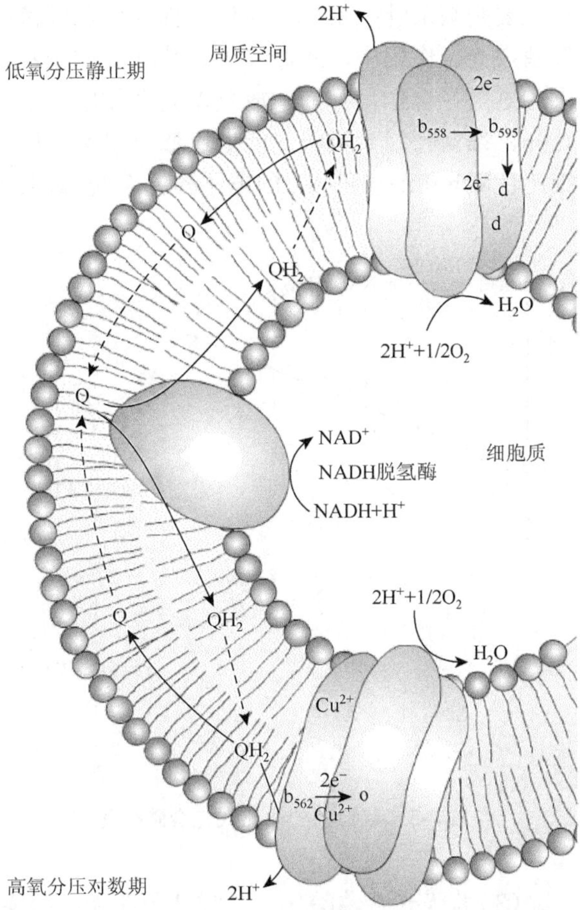

图 7-4　大肠杆菌的电子传递链

（引自赵斌等，2011）

扫一扫　看彩图

（二）光合磷酸化

光合磷酸化是将光能转变为化学能的过程。在这种转化过程中，光合色素起着重要的作用。在微生物中，蓝细菌、光合细菌及极端嗜盐古菌的光合色素和光合磷酸化特点均有所不同。

（1）非环式光合磷酸化　　蓝细菌进行光合作用是靠叶绿素。和高等植物一样，蓝细菌在光合作用中还原 CO_2 的电子来自水的光解，并有氧的释放，称为放氧型光合作用。这类光合作用属于非环式光合磷酸化（图 7-5），其特点是含有由光合色素组成的Ⅰ与Ⅱ两个光反应系统。蓝细菌中的非环式电子传递，不但能产生 ATP，还能提供 $NADPH + H^+$。系统Ⅰ的光合色素为叶绿素 P_{700}，它吸收光能后放出电子，电子通过铁氧还蛋白将 $NADP^+$还原为 $NADPH + H^+$。系统Ⅱ的 P_{680} 吸收光能后释放电子，经质体醌（一种醌类衍生物）、细胞色素

b、细胞色素 f 和质体蓝素等传递体，最后将电子交给系统Ⅰ的 P_{700}。系统Ⅱ失去的电子以水的光解所放出的电子来补充。在整个电子传递过程中有 ATP 产生。

（2）环式光合磷酸化　光合细菌包括紫色细菌和绿色细菌，它们在厌氧条件下靠细菌叶绿素进行光合作用。细菌叶绿素是光合细菌的光反应色素，它也具有镁卟啉环的中心结构，但侧链不同于叶绿素，目前已发现有 a、b、c、d、e 和 g 共 6 种。绿硫细菌的光反应中心色素主要是细菌叶绿素 c、d 和 e。而在紫色细菌中，光反应中心色素主要为细菌叶绿素。光合细菌在光合作用中，还原 CO_2 的电子来自还原型的无机硫、氢或有机物，没有氧气的释放，因此这类光合作用称为非放氧型光合作用。其光合磷酸化的方式为环式光合磷酸化（图 7-6）。首先，细菌叶绿素吸收光能处于激发状态，放出高能电子。电子通过铁氧还蛋白、辅酶 Q、细胞色素 b 和细胞色素 c 的电子传递系统，最后返回细菌叶绿素。在电子传递过程中产生 ATP。

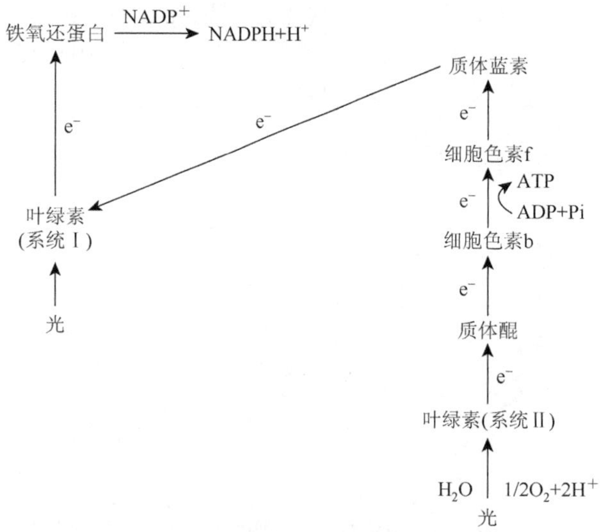

图 7-5　蓝细菌的非环式光合磷酸化

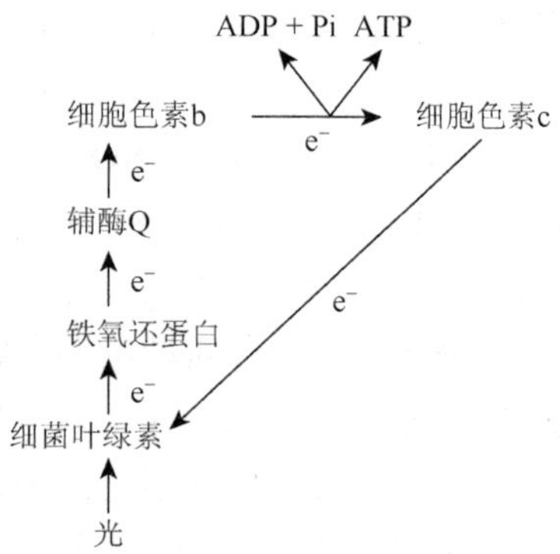

图 7-6　光合细菌的环式光合磷酸化

（3）紫膜光合磷酸化　嗜盐菌在无叶绿素和菌绿素参与的条件下吸收光能产生 ATP 的过程称为紫膜光合磷酸化。这是目前所知最简单的光合磷酸化，与经典的由叶绿素、菌绿素所进行的光合磷酸化不同，是一种新发现的光合类型，仅存在于嗜盐菌中。

嗜盐菌是一类必须在高盐环境（3.5～5mol/L NaCl）中才能生长的古菌，广泛分布于盐湖、晒盐场及盐腌海产品中。该类群的主要代表为盐生盐杆菌（*Halobacterium halobium*）及红皮盐杆菌（*H. cutirubrum*）。极端嗜盐古菌的细胞膜分为红色与紫色两部分，红色的主要成分为细胞色素和黄素蛋白，这些组分构成 ETC，进行经典的电子传递磷酸化；紫色部分十分特殊，在膜上呈斑片状分布，这些斑片就是能进行独特光合作用的紫膜，其面积约占质膜总面积的 1/2。占紫膜物质组成约 75%的蛋白质组分称为细菌视紫红质（bacteriorhodopsin），是由视黄醛以烯醇式碱基与蛋白质的赖氨酸残基通过共价键相连而构成的。当光照时，视黄醛放出 H^+到细胞质膜外，失去 H^+的视黄醛又从细胞质内获得 H^+，在光照下又被排出。如此反复进行，形成膜内外质子梯度，当膜外的 H^+通过膜中的 H^+-ATP 酶返回时，合成 ATP。所以，细菌视紫红质具有光驱动质子泵的作用，再加上 H^+-ATP 酶，构成了最简单的光合磷酸化体系（图 7-7）。

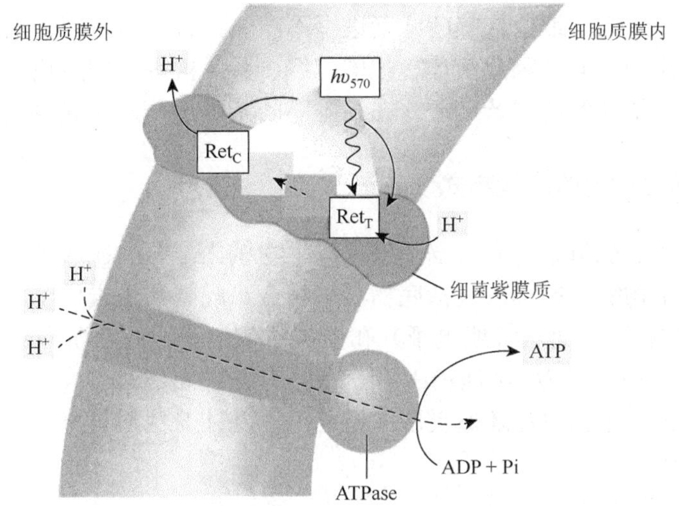

图 7-7　嗜盐杆菌紫膜上细菌视紫红质的质子泵的光介导模型

Ret 为视黄醛；Ret_T 为反式视黄醛；Ret_C 为顺式视黄醛

嗜盐菌在环境中 O_2 浓度很低无法进行正常的氧化磷酸化时，在光照条件下合成紫膜，改由紫膜光合磷酸化合成 ATP。紫膜光合作用机理的进一步揭示将为太阳能高效利用及海水淡化等提供科学依据。

二、微生物的产能代谢

（一）光能微生物的产能方式

自然界里的光能微生物包括真核的藻类、原核的蓝细菌和光合细菌及嗜盐古菌等。光能微生物利用太阳光能驱动光化学反应，固定 CO_2，合成有机物。它们利用光能生长、发育并维持生命，同时也为其他生物（动物和异养微生物）提供赖以生存的有机物，故所有生物赖以生存的能源归根结底来自光能。

光能是一种辐射能，它能被微生物直接利用，只有当光能被光合生物的光合色素吸收并转变成化学能——ATP 以后，才能用于微生物的代谢或其他生理活动。可见光能转换是光合生物获得能量的一种主要方式。

光合色素是光合生物所特有的物质，它在光能转换过程中起着重要作用，光合色素由主要色素和辅助色素构成，主要色素是叶绿素（chl）或细菌叶绿素（Bchl）；辅助色素是类胡萝卜素和藻胆素。光合色素存在于一定的细胞器或细胞结构中，主要色素在它存在的部位里构成光反应中心，并能吸收光和捕捉光能，使自己处于激发态而逐出电子。辅助色素在细胞内只能捕捉光能并将捕捉到的光能传递给主要色素。光反应中心的叶绿素通过吸收光能逐出电子而使自己处于氧化态，逐出的电子通过铁氧还蛋白、泛醌、细胞色素 b 与细胞色素 c 组成的电子传递链再返回叶绿素本身，使叶绿素分子回复到原来的状态，在电子传递过程中产生能量转化（光能→化学能）。

前面介绍光合磷酸化是由光能引起叶绿素或细菌叶绿素分子逐出电子，并通过电子传递来产生 ATP 的方式，同时也解释了光合微生物的产能方式，这里只做简要概括。

（1）蓝细菌、藻类　　依赖叶绿素利用非环式光合磷酸化产生 ATP，进行产氧型光合作用。

（2）光合细菌　光合细菌依赖菌绿素进行不产氧光合作用，因为细胞内所含菌绿素和类胡萝卜素的量与比例不同，因此菌体呈红橙、绿、紫及褐等不同颜色。

（3）嗜盐菌　依赖细菌视紫红质，在细胞膜的紫膜部分发生光合磷酸化合成ATP。

（二）化能异养微生物的产能方式

化能异养微生物的能量来自有机物的氧化。生物氧化是发生在活细胞内的一系列产能性氧化反应的总称。生物氧化的形式包括底物与氧结合、脱氢和失去电子三种；生物氧化的过程可分为脱氢（或电子）、递氢（或电子）和受氢（或电子）三个阶段；生物氧化的功能为产生能量（ATP）、形成还原力NAD(P)H_2和合成小分子中间代谢物（图7-8）。化能异养微生物氧化有机物的方式，根据氧化还原反应中最终电子受体的性质可分为三种类型，即有氧呼吸、发酵和无氧呼吸。

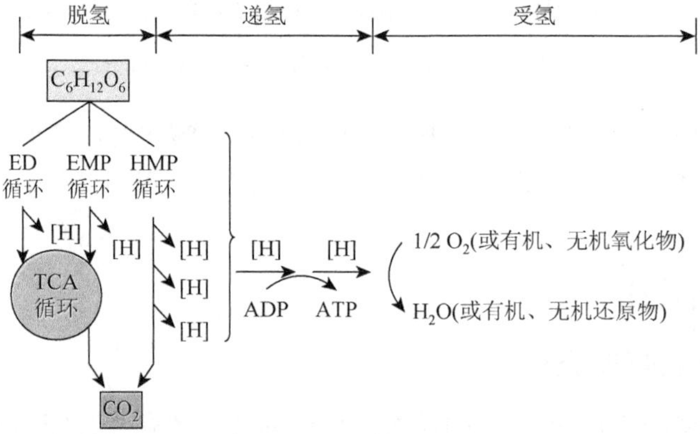

扫一扫　看彩图

图7-8　化能异养微生物的生物氧化

1. *有氧呼吸*　有机化合物氧化脱下的氢和电子经呼吸链传递，最终将它们交给分子氧，并生成水，称为有氧呼吸（aerobic respiration）。通过有氧呼吸可以将有机物彻底氧化，并释放出其贮存的能量，其中一部分转移到ATP中，另一部分则以热的形式散出。因此，有氧呼吸的特点是有氧气存在、氧化彻底和产能多。例如，一分子葡萄糖在有氧条件下，能氧化产生688kcal的自由能，其中有300多千卡贮存到ATP中，其最终产物为二氧化碳和水。

能够进行有氧呼吸的微生物都是需氧菌和兼性厌氧菌。它们氧化有机物进行呼吸作用。大多数细菌、全部真菌和原生动物都是化能异养微生物。

2. *发酵*　发酵（fermentation）是指化合物氧化时脱下的氢和电子经某些辅酶或酶的辅基（常见的为NAD、NADP和FAD）传递给另一有机物，最终产生一种还原性产物的作用。因此，这种氧化作用不彻底，只释放出一部分自由能，而且一般是经底物水平磷酸化生成ATP。在氧化过程中不需要分子氧，所以没有氧气参加。例如，1分子葡萄糖进行酒精发酵时产生2分子乙醇和54kcal的能量。

发酵是厌氧菌获得能量的主要方式。有些兼性厌氧菌也能进行发酵作用。但是，对于主要进行发酵作用的微生物，若有氧存在则会发生呼吸抑制发酵的巴斯德效应（Pasteur effect）。例如，在利用酵母菌发酵生产乙醇时，若通入O_2，则发酵作用下降，停止产生乙醇而进行呼吸作用，葡萄糖的利用速度大大降低，乙醇生成被抑制。这种现象首先由 Pasteur 发现，故称为巴斯德效应。因此，在发酵制酒时不能有氧气存在。

3. 无氧呼吸　无氧呼吸（anaerobic respiration）也叫作厌氧呼吸。厌氧呼吸是指化合物氧化脱下的氢和电子经一系列电子传递体，最终交给无机氧化物的作用。在这个过程中，没有分子氧参加。接受氢和电子的无机氧化物有 NO_3^-、NO_2^-、SO_4^{2-}、$S_2O_3^{2-}$ 和 CO_2 等。厌氧呼吸的最终产物也是水和 CO_2，并生成 ATP 和较还原的无机物。但因最终电子受体为无机氧化物，一部分能量转移给它们，因此生成的能量低于有氧呼吸。例如，一分子葡萄糖以 KNO_3 为电子受体进行厌氧呼吸时，可以放出 29kcal 的自由能，另一部分能量则转移于所生成的 NO_2^- 中。

进行厌氧呼吸的微生物主要是厌氧菌和兼性厌氧菌，它们的活动可以造成反硝化作用、脱硫作用和甲烷发酵作用等。例如，反硝化细菌以 NO_3^- 为电子受体进行厌氧呼吸时，将 NO_3^- 逐步还原成 N_2 或 NH_3；反硫化细菌将 SO_4^{2-} 还原成 H_2S。在田间土壤中，这两种作用都造成氮和硫的损失。甲烷的生成是产甲烷古菌以 CO_2 为厌氧呼吸的电子受体而生成的。它们是高度厌氧菌，在沼气发酵中起主要作用，因此常称为甲烷发酵作用。

（三）化能自养微生物的产能方式

化能自养微生物是从氧化无机物中得到能量和还原力再通过卡尔文循环同化 CO_2 的微生物。专性化能自养菌不能利用有机物，因此不能通过糖酵解和 TCA 循环产能。当它们氧化无机物时，产生的电子通过 ETC 传递给氧，产能过程需要氧，因而所有专性化能自养菌都好氧。

真正属于专性化能自养菌的种类并不多，不少种类属于兼性自养，甚至还有混合营养型。非专性化能自养菌大多好氧，也有厌氧和兼性厌氧的种类。专性化能自养菌并非绝对不吸收有机物，而是能不同程度地同化有机物，进而将其转化为细胞物质。但化能自养菌吸收的有机物不是作为能源，且数量有限，也不能代替 CO_2 作为主要碳源。

化能自养菌包括氢细菌、硝化菌群、硫细菌和铁细菌，它们利用无机物氧化获得能量，通过电子传递磷酸化和底物水平磷酸化两种途径产生 ATP，化能自养菌的 ETC 组成及各种无机底物脱氢后电子进入 ETC 的部位见图 7-9。

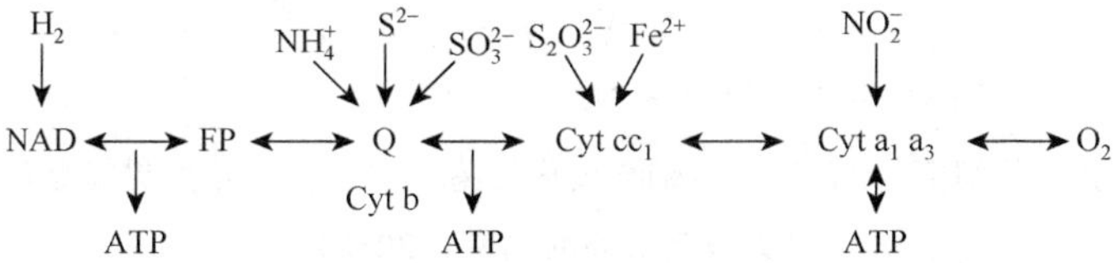

图 7-9　化能自养菌的 ETC 组成及各种无机底物脱氢后电子进入 ETC 的部位

1. 氢细菌　氢细菌是能氧化 H_2 获得能量并能同化 CO_2 的细菌。大多数氢细菌为革兰氏阴性菌，好氧，少数厌氧或兼性厌氧，主要是假单胞菌属（*Pseudomonas*）、副球菌属（*Paracoccus*）及诺卡氏菌属（*Nocardia*）等。在化能自养菌中，氢细菌生长速率最快，细胞得率高。

氢细菌含有两种与 H_2 氧化有关的酶：①不需 NAD^+ 的颗粒状氢化酶，它是含 6 个铁原子和不稳定硫的铁硫蛋白，相对分子质量≤90 000，结合在细胞质膜或壁膜间隙中。它能催化 H_2 的氧化反应 $H_2 \longrightarrow 2H^+ + 2e^-$，释放的电子经 ETC 传给 O_2，在传递过程中形成 3ATP。

②需要 NAD^+的可溶性氢化酶，它是一种寡聚铁硫黄素蛋白，相对分子质量约 200 000，含有几个[2Fe-2S]、[4Fe-4S]中心和 FMN，呈自由态溶于细胞质中。它能催化 H_2 氧化形成 $NADH_2$，生成的 $NADH_2$ 主要用于还原 CO_2 的生物合成。

2. *硝化菌群*　硝化菌群都是专性好氧的革兰氏阳性细菌，以氧为最终电子受体，多数为无机营养型，对自然界氮循环影响极大，在陆地及水域分布较广。一般情况下它们分两步将 NH_4^+ 氧化为 NO_3^-，第一步由氨氧化细菌（ammonia oxidizing bacteria，AOB）、氨氧化古菌（ammonia oxidizing archaea，AOA）将氨氧化为亚硝酸，然后由亚硝酸氧化细菌（nitrite oxidizing bacteria，NOB）将亚硝酸氧化为硝酸。硝化菌群均属于硝化杆菌科（*Nitrobacteraceae*）。AOB 包括亚硝化单胞菌属（*Nitrosomonas*）、亚硝化螺菌属（*Nitrosopira*）和亚硝化球菌属（*Nitrosococcus*）等，NOB 包括硝化杆菌（*Nitrobacter*）和硝化球菌（*Nitrococcus*）等。

但在 2015 年，具备单独将氨氧化为硝酸盐能力的微生物即完全氨氧化微生物（comammox，complete ammonium oxidation）被分离鉴定，在硝化螺菌属（*Nitrospira*）中报道发现了能够进行从氨氮到硝态氮的完全硝化过程的可培养菌株，在此之前，*Nitrospira* 一直被认为是 NOB，只能氧化亚硝态氮成硝态氮。这说明完整的氨氧化可以由一个生物体实现，因此这些发现拓展了我们对硝化细菌的认识（图 7-10）。

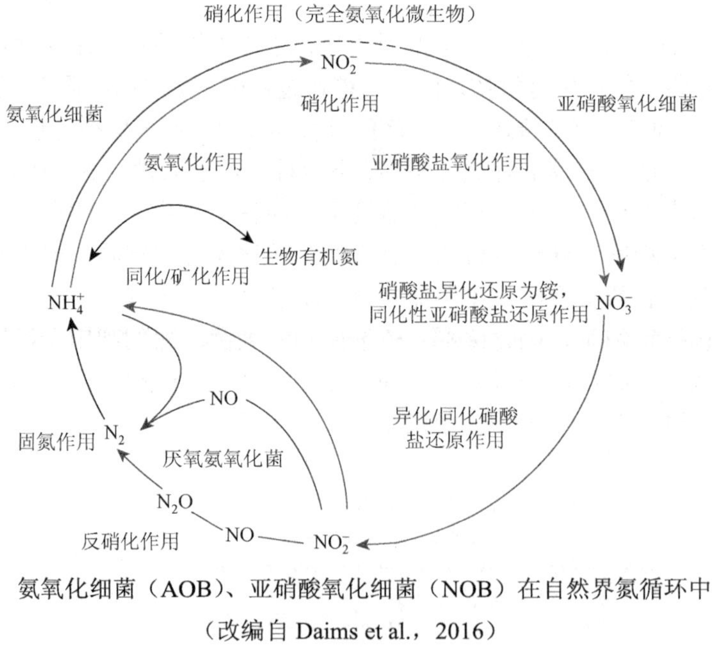

图 7-10　氨氧化细菌（AOB）、亚硝酸氧化细菌（NOB）在自然界氮循环中的作用

（改编自 Daims et al.，2016）

3. *硫细菌*　硫细菌是一群能利用 SO_2、S^{2-}及 $S_2O_3^{3-}$ 等硫化物氧化释放的能量生长的细菌。硫细菌分为光能自养型和化能自养型。化能自养型硫细菌称为硫化细菌，主要包括硫杆菌属（*Thiobacillus*）、硫化叶菌属（*Sulfolbus*）及硫小杆菌属（*Thiobacterium*）等 6 属。多数硫化细菌为专性化能自养，专性好氧，少数为兼性化能自养与兼性厌氧。硫杆菌能利用一种或多种硫化物作能源，氧化各种硫化物时的放能反应见表 6-3，氧化硫化物形成 SO_4^{2-} 和产生 ATP 的过程见图 7-11。

4. *铁细菌*　铁细菌是一种利用分子态氧将二价铁离子氧化为三价铁离子，并利用氧化过程产生的 ATP 和还原力同化二氧化碳的化能自养细菌。亚铁杆菌属（*Ferrobacillus*）等中

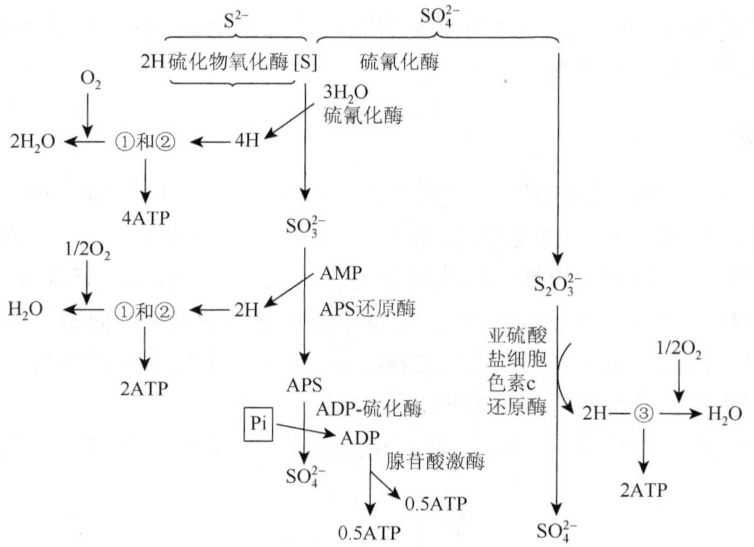

图 7-11　硫化物被氧化成硫酸盐和产生 ATP 的过程

①、②和③分别代表电子传递链上产生 ATP 的位点

有许多菌属于铁细菌。铁细菌在酸性条件下可氧化二价铁和固定二氧化碳，细胞中进行的产能氧化反应为

$$Fe^{2+} + H^+ + 1/4O_2 \longrightarrow Fe^{3+} + 1/2H_2O + 167kJ$$

电子传递系统为细胞色素 a、b、c、c_1 等。二价铁离子由细胞色素 c 还原酶还原细胞色素 c 而生成三价铁离子。在电子传递系统中生成 ATP，由 ATP 电子逆流还原 NAD 进行二氧化碳的还原。

硫杆菌属（*Thiobacillus*）中的氧化亚铁硫杆菌（*Thiobacillus ferrooxidans*）不仅能氧化元素硫和还原性硫化物，还具有铁细菌的生理功能。

三、能量的利用

（一）生物合成是能量利用的主要方面

合成代谢是一个耗能过程，所需能量来自有机物的分解、无机物氧化或来自光能。无论通过何种途径产生的能量，都主要以 ATP 的形式参与细胞质的生物合成。估计由 ATP 供给的能量大约有 1/3 用于合成各种细胞物质，使微生物得以生长和繁殖。关于合成过程中对 ATP 的利用将在本章第三节中叙述。

（二）微生物的许多其他生命活动都需要消耗能量

所有微生物都要消耗一部分 ATP，用以维持其生命的基础代谢。实验证明，所有细胞中的蛋白质、核酸的合成和降解总是不停地进行着，即不断地进行合成，又不断地进行降解，在数量上保持一种动态平衡，我们通常称这种现象为转换。此外，微生物对营养物质的主动吸收、细胞质流动、孢子释放和鞭毛运动等都需消耗能量。

（三）生物发光

在真菌、细菌和藻类中都有能发光的菌种。生物发光是一种能量转移的方式，是光合作用的逆行。目前已知微生物发光与4种成分有关，即 $FMNH_2$、O_2、荧光素酶和长链脂肪族醛（通常是棕榈醛）组分的荧光素。

（四）生物热

生物热的产生是在微生物活动中，能量以热的形式散失。在需ATP的合成反应中，ATP水解时，释放出的能量并非全部被利用。例如，水解1mol ATP可释放30.5kJ能量，而合成1个酰胺键或酯键仅需12.6kJ能量，其余以热的形式散失。一般认为，微生物以热的形式消耗的ATP，占ATP总量的百分数并不大。大肠杆菌每克干细胞每小时有4.2kJ的能量是以热的形式释放出来，而果蝇为0.42kJ，人为0.042kJ，可见微生物产生的热量较多。在实践中，青贮和堆肥中常表现出的温度升高现象即为生物热。

图7-12归纳出微生物的各产能途径及其相互关系，以便增强对这个问题的理解。

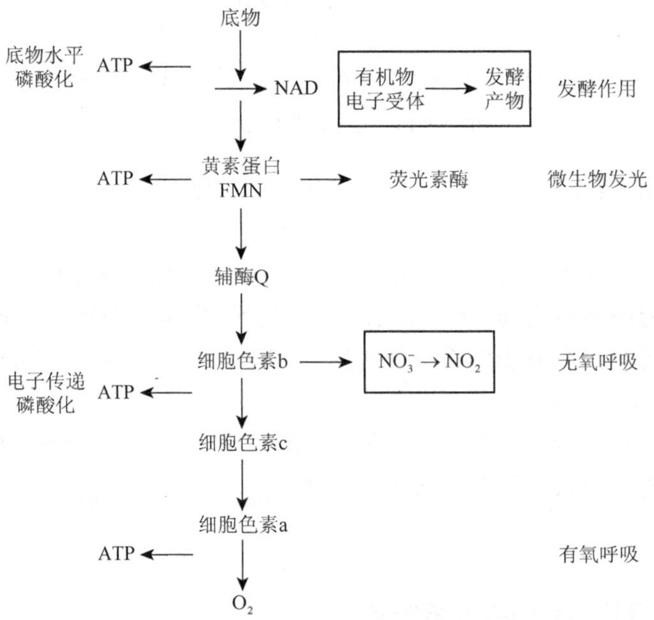

图7-12　微生物的各产能途径及其相互关系

第二节　微生物的分解代谢

微生物的分解代谢是指它们对各种大分子物质（如多糖、蛋白质、核酸和类脂）及其单体（如糖类、氨基酸、核苷酸和脂肪酸）和其他有机化合物的分解作用。在各个分解作用的过程中都有酶参加。微生物的主要酶类和作用与其他生物的相同。对于体外的各种大分子物质首先由胞外酶分解，在细胞内有各种胞内酶行使不同的功能。微生物可利用的有机物种类很多，包括含碳化合物、含氮化合物、脂类、烃类及芳香族化合物等。这些有机物的分解途径各不相同，本节只介绍几种主要化合物的代谢。

一、己糖的分解

对于大多数异养型微生物来说，己糖是最重要的碳源和能源，也是微生物细胞壁、荚膜和贮藏物的主要组成成分，尤其是葡萄糖和果糖，可以直接进入糖代谢途径，逐步分解成各种中间产物，并放出能量。

（一）糖酵解

糖酵解途径（EMP 途径）是需氧微生物在有氧条件下将葡萄糖彻底氧化的一条途径。糖酵解（glycolysis）是指一分子葡萄糖降解成两分子丙酮酸的过程，在此过程中并不需要氧。从字面上理解糖酵解即糖发酵裂解的意思，这个途径是由 Embden、Meyerhof 和 Parnas 研究清楚的，因此也常用这三人名字的第一个字母代表这个途径，即 EMP 途径。在微生物中，许多需氧菌、兼性需氧菌和厌氧菌都具有这条分解葡萄糖的途径。但是，由于古菌的细胞不含有 6-磷酸果糖激酶，因此不能通过 EMP 途径降解葡萄糖。EMP 途径的总反应式为

$$C_6H_{12}O_6 + 2NAD^+ + 2Pi + 2ADP \longrightarrow 2CH_3COCOOH + 2NADH + 2H^+ + 2ATP$$

反应步骤如图 7-13 所示。葡萄糖首先经过两次磷酸化转变成 1, 6-二磷酸果糖。后者在

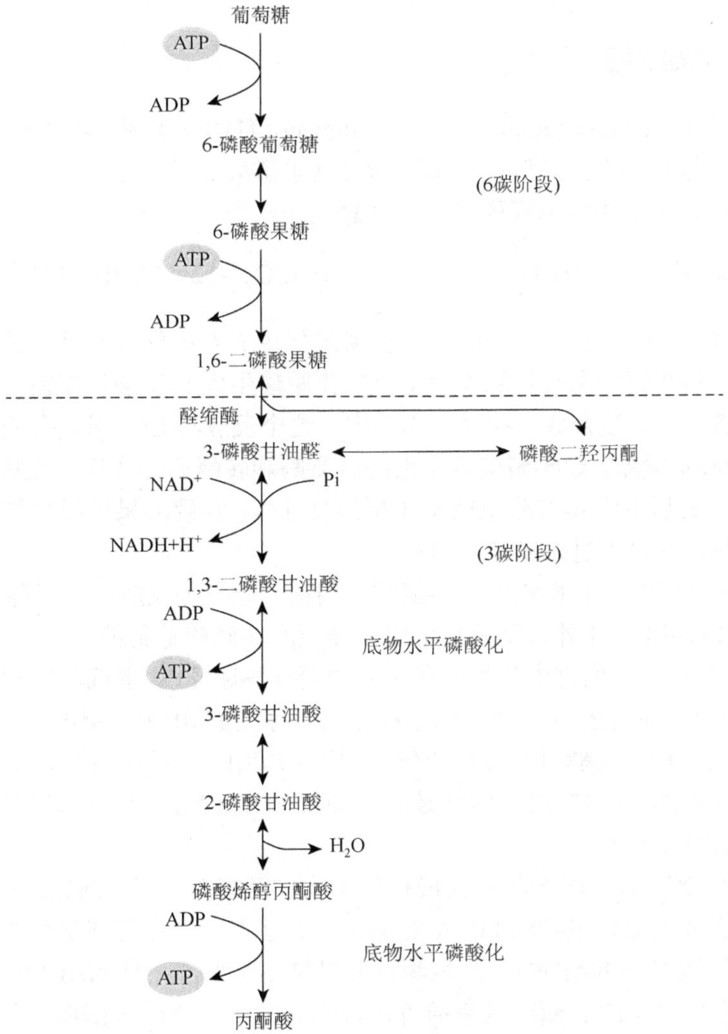

图 7-13　EMP 途径

EMP 途径的特征酶 1, 6-二磷酸果糖醛缩酶的作用下分解成 2 个三碳化合物，即 3-磷酸甘油醛和磷酸二羟丙酮，其中磷酸二羟丙酮也可转变为 3-磷酸甘油醛。因此，由 1, 6-二磷酸果糖生成两分子 3-磷酸甘油醛。在此基础上脱氢和磷酸化生成 2 分子丙酮酸、2 个 $NADH+2H^+$ 和 4 个 ATP。由于在前面葡萄糖磷酸化时用去 2 个 ATP，因此净得 2 个 ATP，至此糖酵解反应完成。

EMP 途径的生理功能如下：在反应过程中，生成的几种磷酸化中间产物在脂类等其他物质合成中起重要的作用，终产物丙酮酸与氨基酸及其他多种物质的合成有关，因此是生物代谢的中心产物。并且，EMP 途径还为微生物提供生理活动所需的 ATP 和 $NADH+H^+$，其中 $NADH+H^+$生成后不能积存，必须重新氧化为 NAD^+。在进行有氧呼吸时 $NADH+H^+$经呼吸链氧化，同时由电子传递磷酸化生成 ATP。在发酵过程中（此时无氧气存在），$NADH+H^+$ 将分子中的氢交给有机物使之还原，本身则氧化为 NAD^+，这时 $NADH+H^+$并非为微生物提供能量，而是提供还原力。

EMP 途径是绝大多数生物所共有的基本代谢途径，但 EMP 途径往往和 HMP 途径同时存在于同一种微生物中，仅靠 EMP 途径降解的微生物极少。

（二）己糖单磷酸途径

己糖单磷酸途径（hexose monophosphate pathway，HMP）是从 6-磷酸葡萄糖酸开始分解的，即在单磷酸己糖基础上开始降解，故称为己糖单磷酸途径。这是一条由葡萄糖降解产生五碳糖的主要途径，又称为戊糖磷酸途径，其总反应式为

$$\text{6-磷酸葡萄糖}+7H_2O+12NADP^+ \longrightarrow 6CO_2+12NADPH+12H^+ +Pi$$

具体步骤见图 7-14，其要点为：①葡萄糖磷酸化生成 6-磷酸葡萄糖，脱氢生成 6-磷酸葡萄糖酸。②6-磷酸葡萄糖酸在脱氢酶作用下，氧化脱羧生成 5-磷酸核酮糖，并进一步转化为 5-磷酸核糖，后者参与核酸合成。在光合作用中，这个反应与 CO_2 固定有关。由 5-磷酸核酮糖也可生成 5-磷酸木酮糖。③5-磷酸木酮糖经转酮酶和转醛酶等作用，生成一系列 7 碳、4 碳和 3 碳化合物。最后生成 6-磷酸果糖和 3-磷酸甘油醛。6-磷酸果糖经异构化，生成 6-磷酸葡萄糖。3-磷酸甘油醛可以进入糖酵解途径。

在整个 HMP 过程中，由 6 分子的 6-磷酸葡萄糖一起参加反应，最后除 1 分子 6-磷酸葡萄糖被氧化生成 CO_2 和 H_2O 外，又重新生成 5 分子的 6-磷酸葡萄糖。

HMP 途径是存在于微生物中的另一条重要的糖分解途径，大多数好氧和兼性好氧微生物中都具有 HMP 途径，而且在同一微生物中往往同时存在 HMP 和 EMP 途径，二者在不同菌种中所占比例不同。例如，酵母菌对葡萄糖的利用，其中 87%是走 EMP 途径，剩余 13%则走 HMP 途径；在青霉中，77%走 HMP 途径，而 23%走 EMP 途径；只有很少的菌以 HMP 途径作为唯一的碳代谢途径。

HMP 途径的生理功能：①为生物合成提供不同长度的碳骨架。例如，5-磷酸核糖可以合成核酸，还可以合成 NAD、FAD 和 CoA 等辅酶，而且 4-磷酸赤藓糖是合成芳香族氨基酸的重要前体。②产生较多的 NADPH，为生物合成提供还原力，并且 NADPH 还可进入呼吸链产生能量。③途径中产生的 5-磷酸核酮糖可以转化为 1, 5-二磷酸核酮糖，在羧化酶的催化下固定二氧化碳，这对于光能自养菌和化能自养菌具有重要意义。

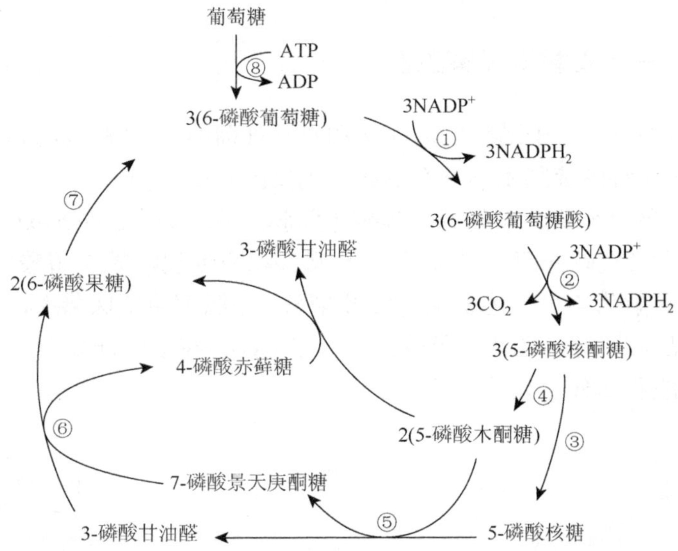

图 7-14 HMP 途径

①6-磷酸葡萄糖脱氢酶；②6-磷酸葡萄糖酸脱氢酶；③5-磷酸核糖异构酶；④5-磷酸核酮糖表异构酶；
⑤转酮醇酶；⑥转醛醇酶；⑦磷酸葡萄糖异构酶；⑧葡萄糖磷酸激酶

（三）ED 途径

ED 途径（Entner-Doudoroff pathway）于 1952 年在嗜糖假单胞菌（*Pseudomonas saccharophila*）中被发现，这是在细菌中发现的一条分解葡萄糖生成丙酮酸和 3-磷酸甘油醛的途径。能利用这条途径的微生物远不如EMP途径和HMP途径那样普遍，目前只在某些革兰氏阴性细菌中发现，如嗜糖假单胞菌（*Pseudomonas saccharophila*）、铜绿假单胞菌（*P. aeruginosa*）和荧光假单胞菌（*P. fluoresens*）等。这条途径可以不依赖于 EMP 和 HMP 途径而单独存在，也可以与 HMP 途径并存，是少数缺乏完整 EMP 途径的微生物的一种替代途径，未发现存在于其他生物中。

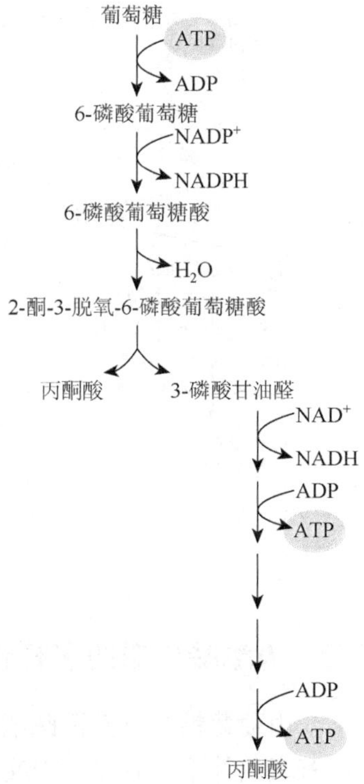

图 7-15 ED 途径

在分解葡萄糖的过程中，首先是将葡萄糖转变成 6-磷酸葡萄糖，再氧化为 6-磷酸葡萄糖酸，进一步转变为 2-酮-3-脱氧-6-磷酸葡萄糖酸（KDPG）。后者可裂解生成丙酮酸和 3-磷酸甘油醛，3-磷酸甘油醛可进入 EMP 途径转变成丙酮酸（图 7-15）。在极端嗜热古菌和极端嗜盐古菌中，葡萄糖的分解是靠经过修饰的 ED 途径进行的，而且其初期的中间产物不经过磷酸化。

ED 途径的产能水平较低。1 分子葡萄糖分解为 2 分子丙酮酸时，只净得 1 分子 ATP 和 2 分子 NADH。

ED 途径中的关键反应为 KDPG 裂解为丙酮酸和 3-磷酸甘油醛，关键酶为 KDPG 醛缩酶。ED 途径可与 EMP 途径、HMP 途径和 TCA 循环等相连接，因此可相互协调，以满足微生物对能量、还原力和各种中间代谢产物的需求。

（四）PK 途径——磷酸酮糖裂解途径

PK 途径目前所知只存在于肠膜明串珠菌和双歧杆菌中，分解产物为乳酸、CO_2、乙醇或乙酸（图 7-16）。这两种细菌基本不具有 EMP、HMP 和 ED 途径。

PK 途径的特征酶为 5-磷酸木酮糖裂解酶［肠膜明串珠菌（*Leuconostoc mesenteroides*）］或 6-磷酸果糖裂解酶（双歧杆菌），它们催化 5-磷酸木酮糖裂解成 3-磷酸甘油醛和乙酰磷酸，或催化 6-磷酸果糖裂解为 4-磷酸赤藓糖与乙酰磷酸。在肠膜明串珠菌中，1 分子葡萄糖经 PK 途径产生 1 分子乳酸和 1 分子乙醇，释放出 1 分子 CO_2；在双歧杆菌中，2 分子葡萄糖经 PK 途径形成 3 分子乙酸和 2 分子乳酸。

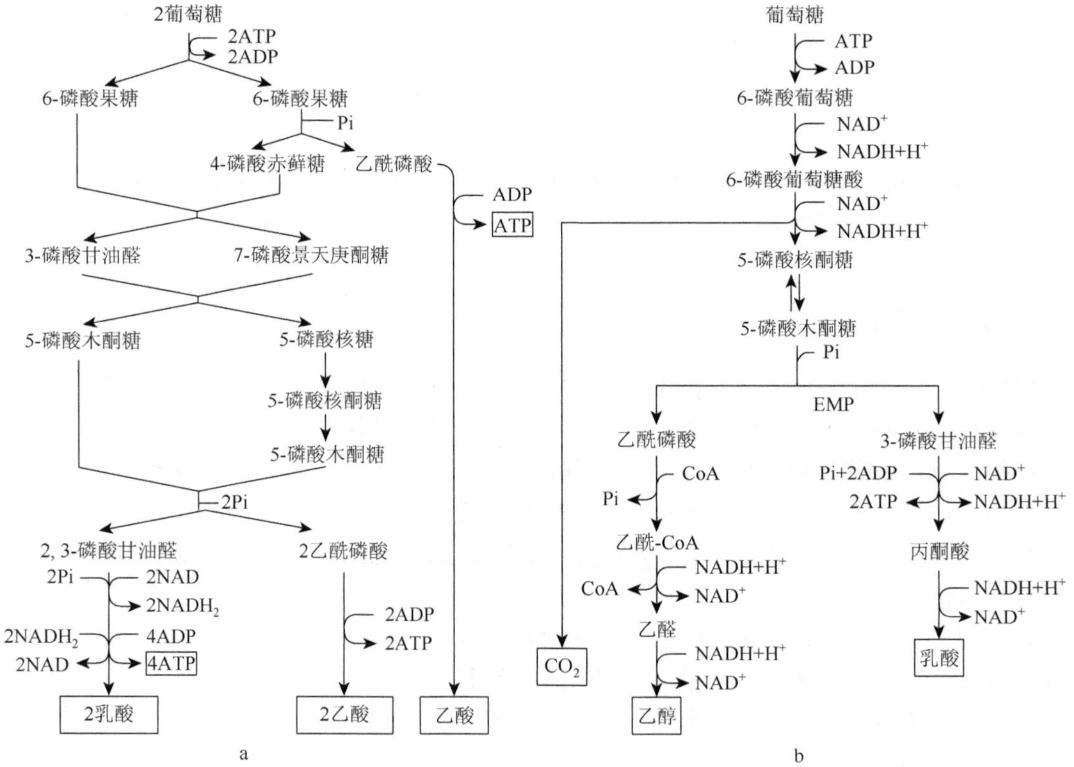

图 7-16　PK 途径（异型乳酸发酵）

a. 两歧双歧杆菌；b. 肠膜明串珠菌

二、丙酮酸代谢的多样性

由葡萄糖降解至丙酮酸后，丙酮酸的进一步代谢去向视不同的微生物和环境条件而异。在有氧条件下，通过三羧酸循环彻底氧化成 CO_2，生成的 $NADH + H^+$和 $FADH_2$ 进入呼吸链，将 H^+和电子交给最终受体分子氧，生成水，获得能量。在无氧条件下，一些微生物可以进行发酵作用，将丙酮酸转化为各种发酵产物。微生物所进行的各种发酵，常常是以它们的终产物命名，因而有酒精发酵、乳酸发酵、丁酸发酵等。丙酮酸代谢的生理作用是使 NADH 再生，以保证葡萄糖的继续分解。由于发酵过程中有机物不完全降解，并且一般只有底物水平磷酸化作用，因而其产能水平低。

（一）酒精发酵

酒精发酵是丙酮酸在无氧条件下生成乙醇的过程。典型的酒精发酵是指酵母菌，尤其是酿酒酵母所进行的产生乙醇的过程，其产物较纯，只是乙醇和 CO_2。生成途径是葡萄糖经 EMP 途径降解为 2 分子丙酮酸，然后在脱羧酶的作用下生成乙醛和 CO_2，乙醛接受糖酵解中产生的 NADH + H^+的氢，在乙醇脱氢酶的作用下还原成乙醇：

$$CH_3COCOOH \xrightarrow{\text{脱羧酶}} CH_3CHO + CO_2$$

$$CH_3CHO + NADH + H^+ \xrightarrow{\text{乙醇脱氢酶}} CH_3CH_2OH + NAD^+$$

这样，在厌氧条件下，每分子葡萄糖经酵母菌酒精发酵后产生 2 分子乙醇、2 分子 CO_2 和 2 分子 ATP：

$$C_6H_{12}O_6 + 2ADP + 2Pi \longrightarrow 2CH_3CH_2OH + 2CO_2 + 2ATP$$

某些细菌也能进行酒精发酵，其产物也是乙醇和 CO_2，但它们的乙醇生成途径不同于酵母菌，是通过 ED 途径形成的，所以称为细菌酒精发酵。由于细菌的酒精发酵与酵母菌的酒精发酵由葡萄糖分解成乙醇的途径完全不同，因此产能水平也不相同，前者较后者少一半：

$$C_6H_{12}O_6 + ADP + Pi \longrightarrow 2CH_3C_2OH + 2CO_2 + ATP$$

这个途径目前只在某些革兰氏阴性细菌中发现，如假单胞菌属（*Pseudomonas*）、根瘤菌属（*Rhizobium*）、土壤杆菌属（*Agrobacterium*）和发酵单胞菌属（*Zymomonas*）。

近年来细菌酒精发酵已应用于工业生产，与传统的酵母酒精发酵相比，具有代谢速率高、产物转化率高、菌体生成少、代谢副产物少、发酵温度较高、不必定期供氧等优点，缺点在于细菌生长的 pH 较高（5 左右），容易污染杂菌，并且细菌对乙醇耐受力较低。

（二）乳酸发酵

许多细菌能利用葡萄糖产生乳酸，产生乳酸的这类细菌通常称为乳酸细菌。乳酸发酵有同型乳酸发酵和异型乳酸发酵之分。它们在菌种、发酵途径、产物和产能水平上均不相同。乳杆菌属（*Lactobacillus*）、链球菌属（*Streptococcus*）的多数细菌通过同型乳酸发酵途径产生乳酸，如德氏乳杆菌（*L. delbrückii*）、保加利亚乳杆菌（*L. bulgaricus*）。同型乳酸发酵的过程是葡萄糖经 EMP 途径降解为丙酮酸，丙酮酸在乳酸脱氢酶的催化下被 NADH + H^+还原为乳酸，产物较纯。其反应式是

$$CH_3COCOOH + NADH + H^+ \xrightarrow{\text{乳酸脱氢酶}} CH_3CHOHCOOH + NAD^+$$

其结果是 1 分子葡萄糖产生 2 分子乳酸和 2 分子 ATP。其总反应式为

$$C_6H_{12}O_6 + 2ADP + 2Pi \longrightarrow 2CH_3CHOHCOOH + 2ATP$$

肠膜明串珠菌等细菌进行异型乳酸发酵。异型乳酸发酵的简明途径见图 7-17，其特点是有磷酸酮糖裂解反应。在该途径中，葡萄糖经 6-磷酸葡萄糖酸生成 5-磷酸核酮糖，再经异构作用，生成 5-磷酸木酮糖。后者经磷酸酮糖裂解反应生成 3-磷酸甘油醛和乙酰磷酸。3-磷酸甘油醛进一步转变成丙酮酸后，可以通过还原丙酮酸生成乳酸，而乙酰磷酸则还原为乙醇。因此，异型乳酸发酵产物中除乳酸外，尚有乙醇和 CO_2，并且只产生 1 分子 ATP，相当于同型乳酸发酵的一半。其发酵总反应为

$$C_6H_{12}O_6 + ADP + Pi \longrightarrow CH_3CHOHCOOH + CH_3CH_2OH + CO_2 + ATP$$

乳酸发酵在工业上用于生产乳酸，在农业上用于青贮饲料的发酵。此外，在食品加工上也有广泛的应用。制作青贮饲料、腌泡菜和渍酸菜的原理是人为地创造缺氧条件，以抑制好氧性腐败微生物的生长，促使乳酸细菌利用植物中的可溶性养分进行乳酸发酵，产生乳酸。由于产生乳酸使 pH 下降，因此可以抑制其他微生物的活动，而且不会降低营养价值，反而能使之提高。这是因为乳酸细菌没有分解纤维素蛋白质的酶，所以，它们不会破坏植物细胞，也不会使蛋白质降解。此外，乳酸在饲料青贮过程中起到了防腐、增加饲料风味和促进牲畜食欲的作用。

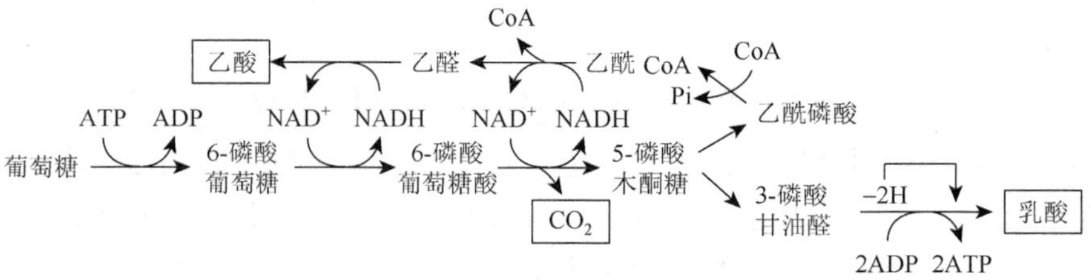

图 7-17 异型乳酸发酵的简图

（三）丁酸发酵

这是由专性厌氧的梭状芽孢杆菌所进行的一种发酵，因产物中含有丁酸，故称为丁酸发酵。丁酸发酵的代表菌为丁酸梭菌（*Clostridium butyricum*）。其具体步骤为：葡萄糖经 EMP 途径产生丙酮酸，由丙酮酸进一步生成乙酰辅酶 A、H_2 和 CO_2。其中乙酰辅酶 A 既可以由 2 分子缩合成乙酰乙酰辅酶 A，还原成丁酰辅酶 A，并进而转化成丁酸。此外，也可以生成高能化合物乙酰磷酸，它可以将磷酸交给 ADP 生成乙酸和 ATP。因此，在丁酸发酵产物中含有丁酸、乙酸、CO_2 和 H_2。

在微生物中，许多发酵类型都与丙酮酸代谢有关，形成丙酮酸代谢的多样性。其中，有些发酵类型只为某种菌所特有，具有特殊性，常用于鉴别和区分菌种。例如，大肠杆菌的混合酸发酵，丙酸细菌的丙酸发酵，产气气杆菌的 2, 3-丁二醇发酵等。图 7-18 是不同微生物利用丙酮酸转化成各种发酵产物的一些例子。

（四）三羧酸循环

1. 乙酰辅酶 A 的生成　在真核生物和细菌的细胞内，丙酮酸在丙酮酸脱氢酶系的催化下氧化脱羧、脱氢，并与辅酶 A 作用生成乙酰辅酶 A。脱下的氢交给 NAD^+，生成 $NADH + H^+$。其反应式为

$$CH_3COCOOH + CoASH + NAD^+ \xrightarrow[\text{脱氢酶系}]{\text{丙酮酸}} CH_3CO\text{-}SCoA + NADH + H^+ + CO_2$$

乙酰辅酶 A 与草酰乙酸缩合成柠檬酸而进入三羧酸循环（tricarboxylic acid cycle，TCA 循环）。

丙酮酸脱氢酶系由 3 种酶组成，即丙酮酸脱氢酶、二氢硫辛酸转乙酰基酶和二氢硫辛酸脱氢酶。应当指出，该酶系在一些兼性好氧菌如大肠杆菌中，在有氧时才合成，无氧时不合成。在无氧条件下，即使是已合成的丙酮酸脱氢酶系，其活性也被抑制。但是，所有

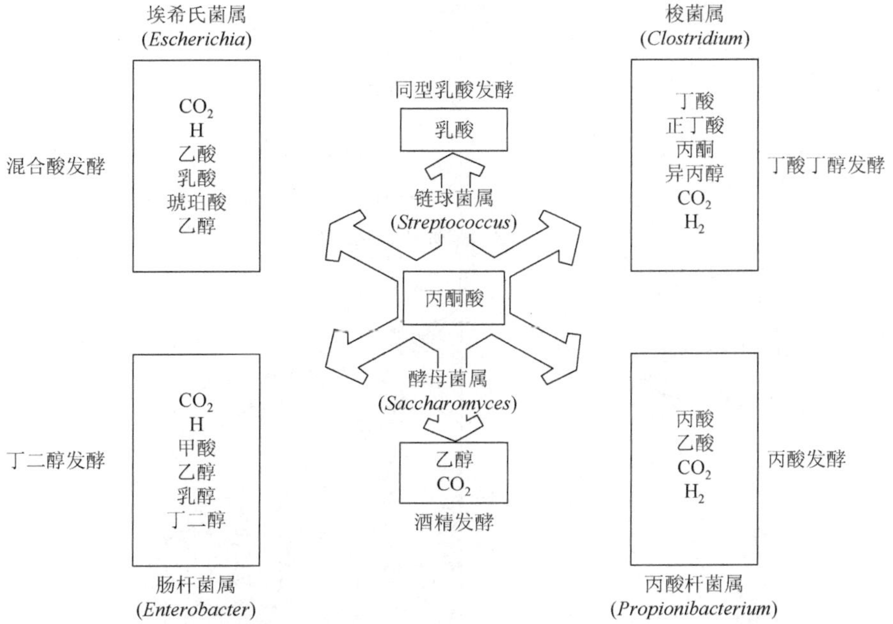

图 7-18 不同微生物利用丙酮酸形成的产物

已研究过的古菌由于缺乏丙酮酸脱氢酶，它们能利用丙酮酸氧化还原酶将丙酮酸氧化成乙酰辅酶 A。

2. 三羧酸循环的反应步骤 三羧酸循环（TCA 循环）又称为柠檬酸循环（citric acid cycle），是由于循环的开始物质是柠檬酸。这个循环是葡萄糖降解成丙酮酸后进一步氧化的过程，由乙酰辅酶 A 与草酰乙酸缩合成柠檬酸而开始。其总反应式为

$$CH_3CO-SCoA+3H_2O+3NAD^++FAD+ADP+Pi \longrightarrow$$

$$2CO_2+HS-CoA+3NADH+3H^++FADH_2+ATP$$

TCA 循环的反应步骤见图 7-19。途径的主要特点如下。

1）在循环中生成一系列二羧酸和三羧酸化合物，最后又再生出草酰乙酸。其结果是乙酰辅酶 A 被分解成 CO_2、NADH 和 $FADH_2$。

2）乙酰辅酶 A 是脂肪酸合成的原料，而 TCA 循环中的二羧酸和三羧酸中间化合物也为生物合成提供原料，它们与氨基酸、嘌呤和嘧啶等的合成有密切关系，因此 TCA 循环是糖、蛋白质和脂肪酸等代谢的桥梁。

3）在反应过程中，由底物水平磷酸化生成 1 个 ATP。此外，生成的 NADH 和 $FADH_2$ 都可进入呼吸链进行有氧呼吸，产生大量能量。因此，尽管分子氧不直接参与 TCA 循环，但 TCA 循环必须在有氧条件下才能进行。

3. 呼吸链 在这一步骤中，TCA 循环中生成的 NADH 和 $FADH_2$ 进入呼吸链，将 H^+ 和电子交给 O_2，生成水并产生能量。

经过 EMP、TCA 循环和呼吸链等步骤，在理想条件下，1 分子葡萄糖被彻底氧化为 H_2O 和 CO_2，共计可产生 38 分子 ATP（在真核生物中只产生 36 分子 ATP）。其中包括在 EMP 途径中生成 8 分子 ATP；由 2 分子丙酮酸生成乙酰辅酶 A 时生成 6 分子 ATP；由 2 分子乙酰辅酶 A 从 TCA 循环至呼吸链完成，共生成 24 分子 ATP（表 7-2）。

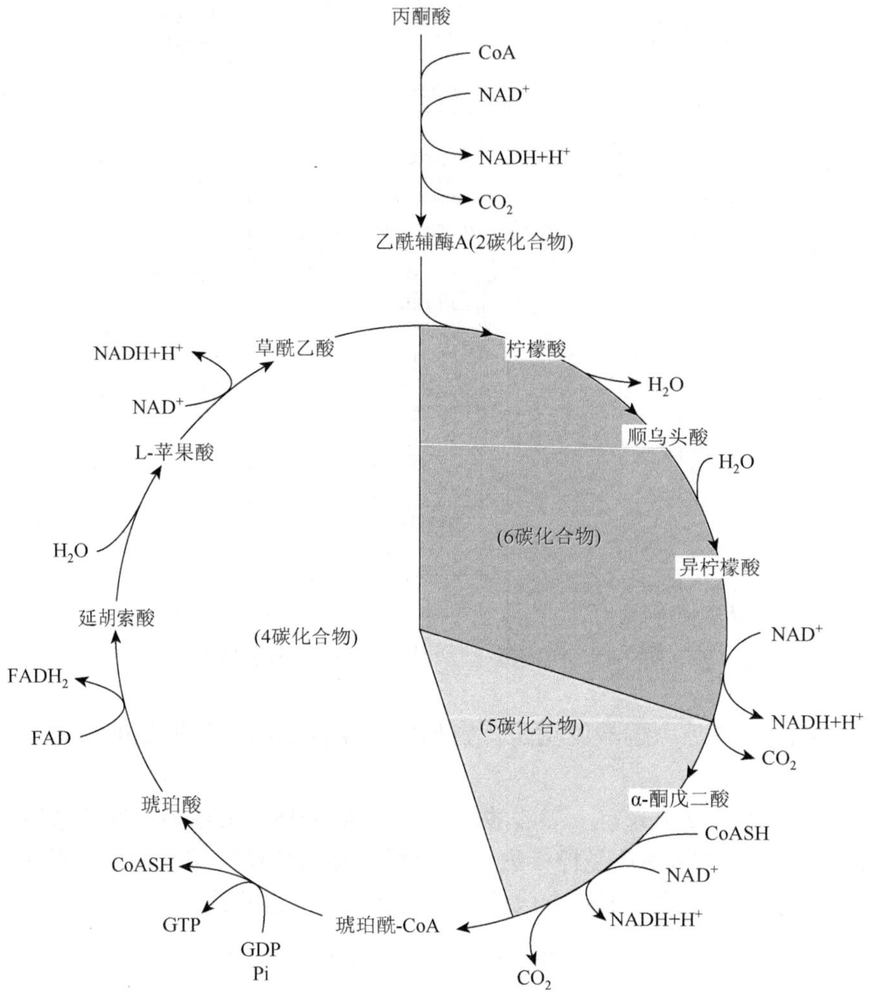

图 7-19　三羧酸循环

表 7-2　葡萄糖完全氧化产生的 ATP 数量

反应	产生的 ATP 数量
糖酵解	
葡萄糖转化为丙酮酸（基质水平磷酸化）	2
糖酵解中形成的 2NADH 的氧化	6*
丙酮酸转化为乙酰辅酶 A 形成的 2NADH 的氧化	6
三羧酸循环	
异柠檬酸、α-酮戊二酸和苹果酸各 2 分子形成 6 分子 NADH 的氧化	18
2 分子琥珀酸转化形成的 $FADH_2$ 的氧化	4
2 分子 α-酮戊二酸转化为 2 分子琥珀酸	2
净产生的 ATP	38

* 在线粒体系统中，糖酵解形成的 2NADH 的氧化仅产生 4 个 ATP，因此在真核生物中，葡萄糖的氧化只获得 36 个 ATP

所以葡萄糖彻底氧化的总反应式为

$$C_6H_{12}O_6 + 6O_2 + 38ADP + 38Pi \longrightarrow 6CO_2 + 6H_2O + 38ATP$$

许多需氧微生物都具有这条代谢途径。

三、多糖的分解

多糖包括淀粉、纤维素、几丁质、果胶质和肽聚糖等大分子化合物。首先它们常需由胞外酶在细胞外将其水解，然后才能进到细胞内被利用。在多糖中，几丁质和木质素等都是极难分解的物质，需要在一定条件下，经过较长的时间才能被分解，只有少数微生物可以利用它们。

（一）淀粉

它是由葡萄糖分子以 α-1, 4 键相连的长链，若有分支，则在分支处以 α-1, 6 键相连。能够利用淀粉的微生物都具有淀粉酶，包括几种不同的种类。一种为 α 淀粉酶，能任意切割直链淀粉，使淀粉链在 α-1, 4 处断开，产物为葡萄糖和麦芽糖，水解后的淀粉黏滞度降低，液体变清，所以这种淀粉酶又称为液化酶。第二种为 β-淀粉酶，分解产物为麦芽糖和极限糊精，所以这种淀粉酶又称为糖化酶。第三种为葡萄糖淀粉酶，可将淀粉分解成单个分子葡萄糖，糖化率极高。此外，还有一种能分解支链淀粉的酶，称为极限糊精酶。在应用方面，淀粉酶可以用于液化脱浆、糖化和生产葡萄糖。

（二）纤维素

它是葡萄糖分子以 β-1, 4 键相连的长链。在细菌和真菌中，都有能分解纤维素的菌种，它们具有纤维素酶，能将纤维素分解成纤维二糖，再经纤维二糖酶作用，分解成葡萄糖。真菌的纤维素酶是胞外酶，它们分解纤维素的能力较强。细菌的纤维素酶位于细胞表面，只有接触菌体的纤维质物质才能被分解，所以它们分解纤维素的能力较弱。

（三）几丁质

它是 *N*-乙酰葡糖胺以 β-1, 4 键相连的大分子化合物。这种物质不易被分解，能分解几丁质的微生物种类较少。在细菌中，嗜几丁质芽孢杆菌（*Bacillus chitinovorus*）和链霉菌（*Streptomyces* sp.）能分解几丁质，目前可从这两个菌的培养物中提取几丁素酶。几丁素酶能将几丁质水解成几丁二糖，再进一步由几丁二糖酶水解成 *N*-乙酰氨基葡萄糖。由于几丁质是真菌细胞壁的组分，在获得原生质体的实验中，常用几丁质酶分解细胞壁。

（四）果胶质

它是甲基半乳糖醛酸的聚合体，与钙结合成原果胶质。果胶质的分解靠一系列的酶。首先，原果胶质酶将原果胶质水解成聚合链较短的、可溶性的多聚甲基半乳糖醛酸，即果胶。果胶再由果胶酶作用生成果胶酸，最后，果胶酸经果胶酸酶水解成半乳糖醛酸。有些细菌和真菌，尤其是植物病原菌，都具有果胶酶系。

四、蛋白质的分解

蛋白质是大分子的含氮化合物，是构成生物细胞的主要成分，其分解产物为肽和氨基酸。微生物利用蛋白质的能力因菌种而差异很大。一般来说，真菌分解蛋白质能力较强，而细菌则较弱。

微生物分解蛋白质的能力取决于菌种是否有蛋白酶。例如，真菌中的毛霉、曲霉都具有分解力强的蛋白酶，细菌中只在芽孢杆菌、肠杆菌和假单胞菌中少数菌种才有分解力强的蛋白酶。由于大多数细菌不产生蛋白酶，因此培养细菌时，多以蛋白胨作为培养基的氮源。此外，蛋白酶有专一性，不同的蛋白质需要特殊的蛋白酶分解。例如，在细菌鉴定中有明胶液化和酪蛋白水解的测定，这两种蛋白质分别被明胶酶和酪蛋白酶所分解。例如，枯草芽孢杆菌含有这两种酶，测定为正反应，而大肠杆菌不含，则测定为负反应。蛋白酶主要是胞外酶，蛋白质必须在细胞外水解成多肽和氨基酸后，才容易被吸收。

蛋白质分解为多肽后，进一步受肽酶作用，水解成氨基酸。肽酶的作用是从多肽的一端开始，为自由氨基端，或为自由羧基端，每次水解出一个氨基酸。肽酶也有专一性，通常根据它们的作用部位分为氨肽酶和羧肽酶。肽酶在细胞内和细胞外均有分布。

五、氨基酸的分解

大多数微生物都能利用氨基酸为氮源，其分解主要有脱氨基和脱羧基两种方式，分别由脱氨酶和脱羧酶所催化，这两类酶的生成受到环境因子的影响，尤其是pH。当pH在酸性时生成脱羧酶，而当pH在碱性时则生成脱氨酶。

（一）脱氨基作用

氨基酸脱氨基分解时产生酮酸，由酮酸进入产能的呼吸途径，进一步氧化产能。脱下的氨则可参与合成反应。脱氨基作用有几种不同方式，它们是氧化脱氨、还原脱氨、脱水脱氨、水解脱氨和氧化还原脱氨，现举例如下。

1. 氧化脱氨　这种方式在需氧微生物中存在。它是由氨基酸氧化酶和氨基酸脱氢酶所催化，产物为酮酸和氨，例如：

$$\underset{\text{丙氨酸}}{CH_3CHNH_2COOH}+\frac{1}{2}O_2 \longrightarrow \underset{\text{丙酮酸}}{CH_3COCOOH}+NH_3$$

2. 还原脱氨　在厌氧微生物中存在。它是由氢化酶所催化，产物为饱和脂肪酸，例如：

$$\underset{\text{天冬氨酸}}{HOOCCH_2CHNH_2COOH}+2H \longrightarrow \underset{\text{琥珀酸}}{HOOCCH_2CH_2COOH}+NH_3$$

3. 脱水脱氨　这种反应主要发生在含羧基的氨基酸中，它们在脱水酶的催化下脱水脱氨，产物为酮酸。在大肠杆菌和酵母菌中都有这种脱氨方式，例如：

$$\underset{\text{丝氨酸}}{CH_2OHCHNH_2COOH} \longrightarrow \underset{\text{丙酮酸}}{CH_3COCOOH}+NH_3$$

4. 水解脱氨　这种脱氨方式在一些真菌和细菌中都存在，不同的氨基酸水解后生成不同的产物。例如，大肠杆菌和变形杆菌等水解色氨酸生成吲哚、丙酮酸，水解半胱氨酸生成丙酮酸；酵母菌也可以水解半胱氨酸生成丙酮酸；米曲霉水解亮氨酸生成异己羧酸。因此，根据这个特点，可以作为某些细菌鉴定的依据。

5. 氧化还原脱氨　有些厌氧微生物能使一对氨基酸之间发生氧化与还原的偶联反应，即一个氨基酸氧化脱氨，而另一氨基还原脱氨，这种反应又称为Stickland反应。它只在一定的氨基酸对之间发生，在酵母菌和梭菌中均发现这种脱氨方式。例如：

$$CH_3CHNH_2COOH + CH_2NH_2COOH + H_2O \longrightarrow CH_3COCOOH + CH_3COOH + 2NH_3$$

（二）脱羧基作用

某些细菌和真菌可以用脱羧基作用分解氨基酸，产物为胺和 CO_2。这种反应靠氨基酸脱羧酶催化，这个酶是诱导酶，有专一性。反应通式为

$$R \cdot CHNH_2COOH \longrightarrow RCH_2NH_2 + CO_2$$

胺常有难闻的气味，尤其是蛋白质性质的食品受微生物污染时发出一种腐臭气味，这常与产生二胺有关。二胺对人和动物都有毒性。胺的进一步降解视环境条件而不同，在有氧条件下，受氧化酶催化，生成有机酸，由此可进入其他途径。在无氧条件下，生成醇和有机酸，并常有 H_2S 产生，这些物质混在一起也有难闻的气味。

六、脂肪和其他有机物的分解

（一）脂肪的分解

微生物分解脂肪主要靠脂酶催化。脂酶是胞外酶或胞内酶，因此无论细胞内外的脂肪都能被分解和利用。在一般条件下，脂肪分解缓慢，其分解的开始产物为甘油和脂肪酸，甘油可以经糖酵解和三羧酸循环迅速地降解，并产生各种中间产物和能量。脂肪酸的进一步氧化靠连续脱下二碳的片段，形成乙酰辅酶 A，这种氧化方式称为 β 氧化途径。乙酰辅酶 A 可以进入三羧酸循环，脱下的氢和电子可以进入呼吸链。因此，在有氧条件下脂肪酸氧化得很彻底，并释放出大量的能量。由于脂肪不易溶解，所以开始分解较难。在厌氧条件下脂肪酸分解不彻底，产生甲基酮，发出油类腐败的臭味。

（二）其他有机化合物的分解

微生物可以分解利用的有机化合物种类很多。在有些较复杂和难分解的有机材料上，都可以生长各种不同类型的微生物，如烃类物质和芳香族化合物等。

对烃类物质的分解以细菌中的假单胞杆菌为主，其次是分枝杆菌、棒状杆菌、假丝酵母及其他酵母等。它们可以氧化甲烷、乙烷、丙烷和高级烃类获得能量和生成各种氧化产物。例如，甲烷受甲烷假单胞杆菌（*Pseudomonas methanica*）的氧化可生成 CO_2 和 H_2O，并放出能量。这个反应受羧化酶和甲酸脱氢酶的催化。

苯等芳香族化合物可被假单胞菌等细菌和青霉菌、曲霉菌和酵母菌等真菌分解。这类化合物都是具有苯环的化合物，它们的氧化一般为开环裂解，受加氧酶的催化。反应过程中的一系列产物可以进入三羧酸循环，产生能量。例如，儿茶酸氧化生成 β-酮基己二酸，并由此物质转变成乙酰辅酶 A 和琥珀酰，二者均可进入三羧酸循环。

目前，人们十分重视这些能分解特殊物质的微生物，大力寻找并试图利用它们，因为这类微生物与石油蛋白的获得和某些残留农药的分解有关。

第三节 微生物的合成代谢

微生物的合成代谢（也称为同化作用）是指从简单的小分子物质合成复杂的大分子物质，如蛋白质、核酸、多糖和脂类等化合物。合成作用必须具备三个要素，即小分子前体物质、

能量和还原力，它们主要从分解代谢（也称异化作用）中获得。所以，细胞中分解代谢与合成代谢是密切相关的，分解反应常常并不进行到底，有些中间产物根据微生物的需要而转入合成途径。

微生物的分解代谢和合成代谢的总和即为新陈代谢。尽管分解反应和合成反应有着密切的相互联系或有着共同的中间代谢产物，但合成代谢绝不是分解代谢的简单逆转。它们的区别主要表现在：①酶系不同，在合成代谢中作用的酶和分解代谢中作用的酶不相同；②分解代谢是产能反应，而合成代谢是耗能反应；③在真核生物中，合成代谢和分解代谢发生在不同的细胞区域内，而原核生物在细胞结构上没有分区，分解和合成代谢主要是由不同的酶来催化完成。

一、无机养料的同化

任何营养型的微生物都需要无机养料，主要吸收 CO_2、无机盐离子（如硝酸离子和硫酸离子），有的微生物也能同化元素分子（如 N_2）。

（一）二氧化碳的同化

CO_2 是自养微生物的唯一碳源。异养微生物也能利用 CO_2 作为补偿的碳源。将空气中的 CO_2 同化成为细胞有机物的过程称为 CO_2 的同化，也叫作 CO_2 的固定。

1. *自养微生物对 CO_2 的固定*　CO_2 固定作用的总反应是

$$6CO_2 + 12NADPH + 18ATP \xrightarrow[\text{酶}]{ATP} C_6H_{12}O_6 + 12NADP^+ + 18ADP + 18Pi$$

在具体反应过程中，有的步骤与糖酵解共同，有的则与戊糖磷酸途径相同。由 6 分子 CO_2 产生 1 分子葡萄糖需要对 6 分子五碳糖——1, 5-二磷酸核酮糖（1, 5-bisphosphate ribulose）进行羧化，形成不稳定的六碳中间化合物。它随即裂解，产生 12 分子 3-磷酸甘油酸，其中 2 分子依次作用，最终形成葡萄糖。其他 10 分子 3-磷酸甘油酸用于再产生 6 分子 1, 5-二磷酸核酮糖，整个反应过程是循环的，称为卡尔文循环（图 7-20）。在卡尔文循环中，磷酸核酮糖激酶（phosphoribulokinase）和核酮糖二磷酸羧化酶（ribulose diphosphate carboxylase）是两个关键酶，前者推动磷酸化，后者进行羧化，其生化反应在羧酶体（carboxysomes）中进行。

除卡尔文循环外，在绿硫细菌等某些厌氧的光合细菌及热变形菌中，还发现其他的自养型 CO_2 固定方式，在途径上与 TCA 循环的逆反应极为相似。它要求厌氧条件，一般好氧性微生物没有这种固定 CO_2 的能力。

2. *异养微生物对 CO_2 的固定*　尽管化能异养微生物的碳源只有很少量来自 CO_2，但它是必要的，这一反应在代谢过程中补充关键性的中间物质。在 TCA 循环中，α-酮戊二酸和草酰乙酸可以不断排出，用以合成一些有机物的碳架。这种 CO_2 固定方式的特点是，CO_2 被固定在受体物质上，生成一种比受体分子多一个碳原子的产物，结果是加长了碳链，将来自 CO_2 的碳原子用于物质的生物合成。

异养型 CO_2 固定主要是合成三羧酸循环中的中间产物。从理论上来讲，利用 1 分子草酰乙酸就可以不断地推动三羧酸循环的运行，但由于 TCA 循环中的中间产物被用作生物合成的原料，因此就必须对三羧酸循环中间产物加入补充，才能使三羧酸循环正常运行。异养微生物主要依靠固定 CO_2 生成四碳二羧酸化合物，来补充 TCA 循环的中间产物，下面是 3 个异养型 CO_2 固定的反应。

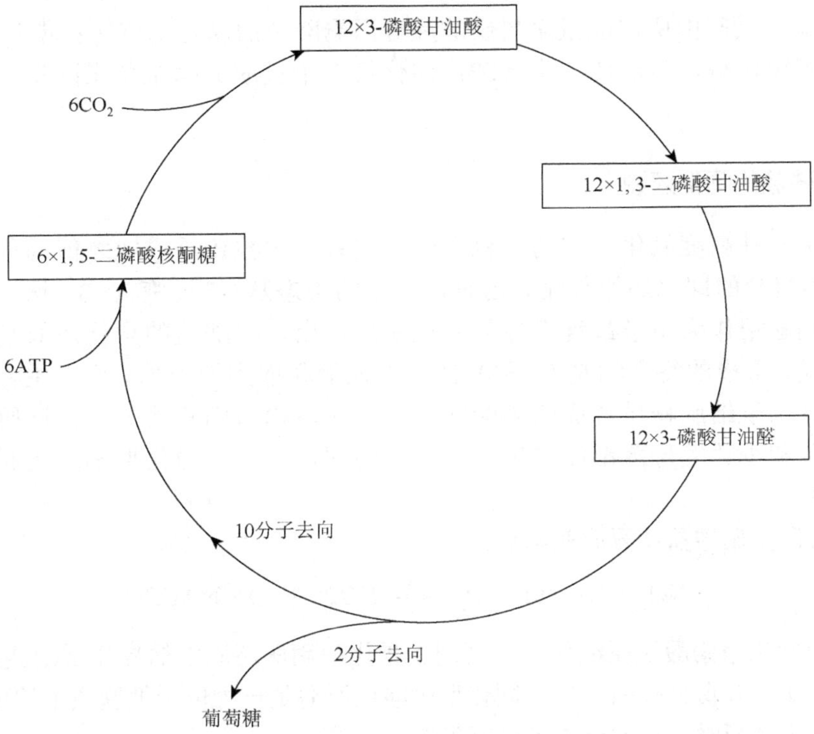

图 7-20　卡尔文循环简图

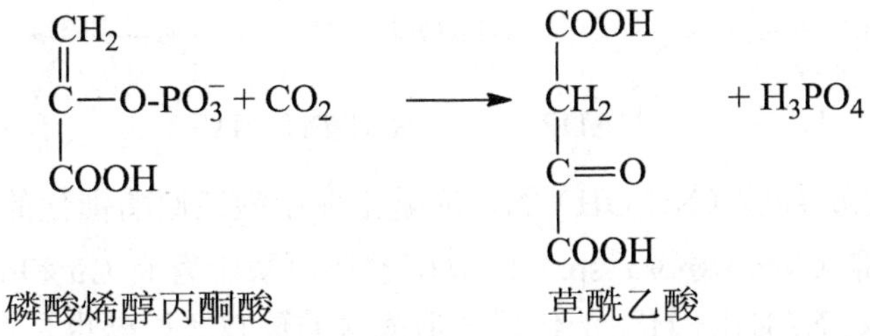

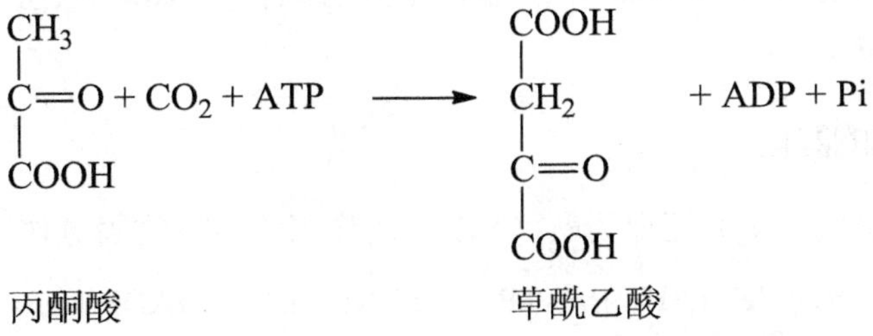

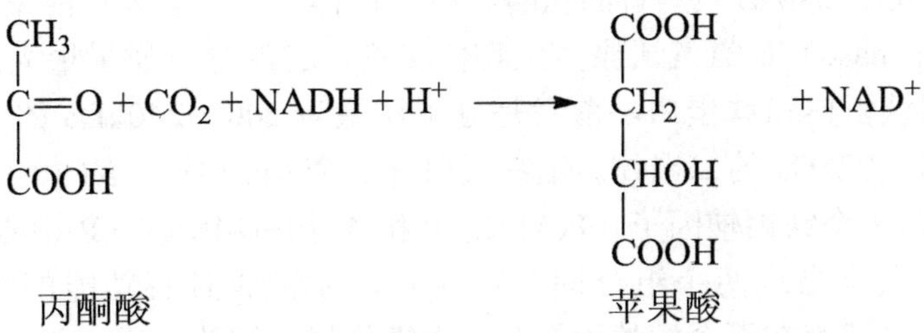

以上称为回补反应（anaplerotic reaction）。催化第 1 个反应的酶是磷酸烯醇丙酮酸

（PEP）羧化酶，反应中所需能量来自磷酸烯醇丙酮酸中的高能磷酸键；催化第 2 个反应的酶是丙酮酸羧化酶，需消耗 1 个 ATP；催化第 3 个反应的酶是苹果酸酶，需消耗 1 个 $NADH + H^+$。

（二）硝酸盐的同化还原

硝酸盐是一种高度氧化状态的无机氮源，它首先要被还原成氨才能同化为有机氮化物，这称为硝酸盐的同化还原作用，这时氮原子的价态从+ 5 转变为–3，这一还原作用完全不同于以硝酸根作为电子最终受体的异化还原作用。硝酸盐的异化还原是通过厌氧呼吸的产能方式，形成的终产物是 N_2 和其他气态氮而释放到细胞外。而微生物吸收硝酸盐逐步还原成氨用于细胞物质合成的硝酸盐还原方式，称为硝酸盐的同化还原。大多数细菌、丝状真菌和少数酵母菌都能够进行硝酸盐的同化还原。同化型硝酸还原需经过两个阶段。

第一个阶段是硝酸盐还原成亚硝酸盐：

$$NO_3^- + NADPH + H^+ \longrightarrow NO_2^- + H_2O + NADP^+$$

此反应由同化型硝酸还原酶催化（区别于异化型硝酸还原中的异化型硝酸还原酶），供氢体是 $NADPH + H^+$ 或 $NADH + H^+$。同化型硝酸还原酶是一种位于细胞质中的可溶性酶，当微生物以氨作为氮源时，它的合成可被氨阻遏。

第二阶段是由亚硝酸还原成氨：

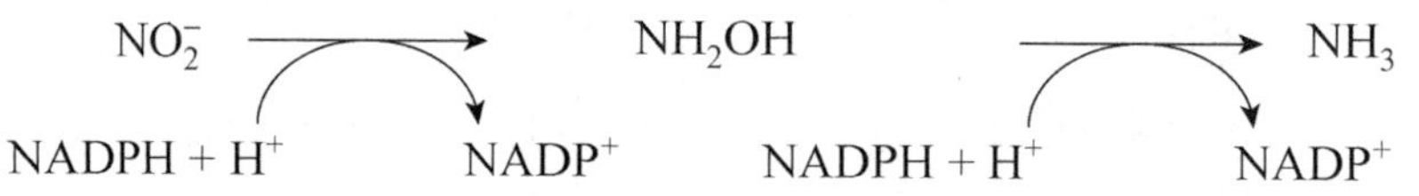

其中，NO_2^- 被还原成羟胺（NH_2OH）的反应是由亚硝酸还原酶催化的，该酶是一种含有金属的蛋白质。脉孢霉（*Neurospora* sp.）的亚硝酸还原酶中含有 Cu 和 Fe。供氢体可以是 $NADPH + H^+$，也可以是 $NADH + H^+$。催化羟胺形成氨的羟胺还原酶也是含有金属的蛋白质。棕色固氮菌（*Azotobacter vinelandii*）的羟胺还原酶就含有 Mn，供氢体是 $NADPH + H^+$ 或 $NADH + H^+$。

（三）分子态氮的同化

微生物将分子态氮（N_2）还原为氨（NH_3）的作用称为生物固氮作用。总反应式为

$$N_2 + 8e^- + 8H^+ + nATP \longrightarrow 2NH_3 + H_2 + nADP + nPi$$

要实现上面的化学反应必须具备固氮酶、电子供体、电子载体和能量条件。

固氮酶（nitrogenase）是氮气还原的生物催化剂，它的分子质量很大，一般都含有 2 种蛋白质组分，即钼铁蛋白和铁蛋白。前者是分子质量为 200～240kDa 的 $\alpha_2\beta_2$ 型四聚体，后者是分子质量为 57～72kDa 的二聚体。钼铁蛋白含 2 个 Mo 原子，约 30 个 Fe 原子和数目略少的 S^{2-}，它们构成 2 个铁钼辅因子（$FeMoC_O$）和 4 个[Fe-4S]族（P 中心）；铁蛋白有 1 个 $[Fe_4S_4(Cys)_4]^{n+}$ 族。只有当这两个组分同时存在时，才构成具有功能的固氮酶。在固氮菌（*Azotobacter*）细胞中还存在不含钼的固氮酶，由钒代替了钼的作用，称为钒固氮酶。现在已知固氮菌中还有第 3 种固氮酶，钼钒都不存在，其作用由铁来替代。

固氮酶具有多种催化作用，除还原分子态氮外，还催化许多底物的还原作用，如 $H^+ \rightarrow H_2$、$C_2H_2 \rightarrow C_2H_4$、$[C\equiv N] \rightarrow CH_3 + NH_3$、$N_2O \rightarrow H_2$ 等。乙炔（C_2H_2）还原为乙烯（C_2H_4）的反应被应用于间接测定固氮酶的活性。在 $C_2H_2 \rightarrow C_2H_4$ 反应中，这两种气体即使在很低浓度下，也能方便地用气相色谱仪测定出来。因此，该反应具有灵敏度高和操作简便等优点，是固氮研究实验室的固氮酶活性的常规检测方法。理论计算：1 分子 N_2 还原形成 2 分子 NH_3 需要 6 个电子，而 1 分子 C_2H_2 还原形成 1 分子 C_2H_4 只需 2 个电子，比例为 3∶1，因而，可以根据乙烯形成量来推算固氮产物的量。但是，由于固氮生物特性的不同和测定条件的差异，不能简单地根据所测定的乙烯形成量都按 3∶1 来计算固氮量，已知变化幅度为（1.5∶1）～（25∶1）。在有其他生物同时存在时，情况就更复杂。乙烯是植物和许多微生物的正常代谢产物，只是形成的机制不同。固氮酶对氧气敏感，分子态氧可使其钝化而失活，因此固氮酶的催化作用必须在无氧条件下进行。需氧性固氮微生物的生活条件和它的固氮条件是尖锐矛盾的，但它们的细胞结构和生理功能具备缓解这一矛盾的机制。

氮分子的还原过程：氮分子（N_2）的还原需要氢和电子，其来源因不同固氮微生物而异。厌氧的巴氏梭菌靠丙酮酸裂解；光合细菌通过光合磷酸化获得电子；好氧的固氮菌则是通过 TCA 循环等代谢产生 NADPH 作为氢和电子的供体；在共生的根瘤类菌体中，有大量贮藏物质——聚 β-羟基丁酸，它能为固氮作用提供电子。它们提供的电子经由电子载体，主要是还原势高的铁氧还蛋白（Fd）和黄素氧还蛋白（F1d），再将电子转移给固氮酶的铁蛋白，并与 Mg-ATP 复合物结合。被还原了的铁蛋白将电子转移给钼铁蛋白，用于底物的还原作用。整个催化过程可以用图 7-21 概括。

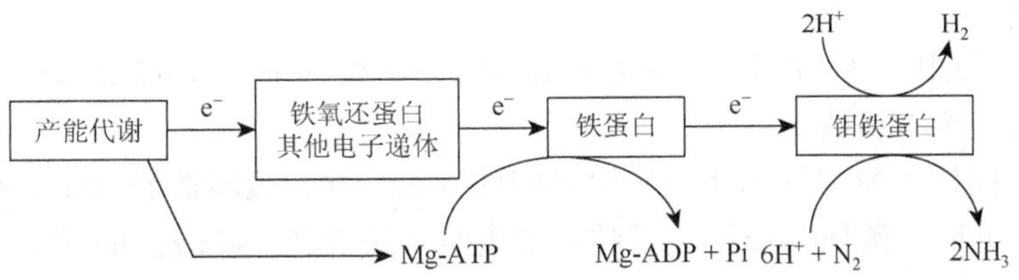

总反应式：$N_2 + 8H^+ + 8e^- + n\text{ATP} \longrightarrow 2NH_3 + H_2 + n\text{ADP} + n\text{Pi}$

图 7-21　固氮的生化途径

从图 7-21 还可看出，在 N_2 还原为 NH_3 过程中，$2H^+$ 被还原为 H_2。有关实验证明，即使 N_2 压力在 5.06625×10^6Pa，放 H_2 作用也不可避免。因此，氢是氮还原的竞争性抑制剂。下列两个反应同时进行。

$$N_2 + 6e^- + 12\text{ATP} + 6H^+ \longrightarrow 2NH_3 + 12\text{ADP} + 12\text{Pi}$$

$$2H^+ + 2e^- + 4\text{ATP} \longrightarrow H_2 + 4\text{ADP} + 4\text{Pi}$$

在葡萄糖进行完全氧化磷酸化时，每对电子产生 3ATP（$\text{ATP}/2e^- = 3$）。上列两项反应共需要 28 分子 ATP，放氢损失的能量一般约占 25%，同硝酸还原酶相比，固氮酶催化的是高耗能（ATP）的生化反应，而且反应慢。这主要是由于氮气分子具有键能很高的三键（N≡N），要打开它需要固氮微生物，消耗大量能量。以 N_2 作氮源，还同时必须合成大量固氮酶，有时酶蛋白量可达细胞总蛋白量的 30%。

为了节省能量消耗，固氮生物只有在没有现成的无机氮化物作养料时才进行固氮作用，将 N_2 还原为氨，它们具有一套复杂而高效的机制，来调节氮素的吸收和同化。

目前的研究结果表明，能够进行固氮的都是原核微生物。已进行广泛深入研究的固氮菌有棕色固氮菌（*Azotobacter vinelandii*，严格好氧固氮菌）、巴氏梭菌（*Clostridium pasteurianum*，严格厌氧固氮菌）、肺炎克氏杆菌（*Klebsiella pneumoniae*，兼性厌氧固氮菌）、深红红螺菌（*Rhodospirillum rubrum*，一种光合固氮菌）和慢生大豆根瘤菌（*Bradyrhizobium japonicum*，一种共生固氮菌）。

（四）硫酸盐的同化还原

大多数微生物能够从环境中吸收无机硫酸盐，在细胞内还原合成有机硫，称为同化型硫酸盐还原。有机硫（存在于部分含硫氨基酸中）和 B 族维生素（生物素、硫辛酸和硫胺素）及某些有机硫酸盐是生物细胞的必要组分。硫酸盐的同化还原过程首先是 ATP 对硫酸根的活化，包括两步反应，合成磷酸腺苷磷酰硫酸（phosphoadenosine phosphosulfate，PAPS）。

$$\text{ATP} + \text{SO}_4^{2-} \rightleftharpoons \text{腺苷磷酸硫酸酐(APS)} + \text{PPi}$$

$$\text{ATP} + \text{腺苷磷酸硫酸酐} \rightleftharpoons \text{磷酸腺苷磷酰硫酸(PAPS)} + \text{ADP}$$

被活化了的硫酸以 NADPH 作为电子供体，随后依次还原为亚硫酸（SO_3^-）和硫化氢（H_2S）。

在这一生化反应中，硫原子的价态从硫酸中的 +6 变为 H_2S 中的–2。H_2S 加到丝氨酸上，产生半胱氨酸而成为有机硫。

正如硝酸的同化还原和异化还原作用之间的区别一样，硫酸盐的同化还原也不同于异化还原。在异化还原时，硫酸盐作为厌氧呼吸中电子最终受体，硫酸盐的活化是形成 APS，而不是 PAPS。

二、前体分子及其大分子的合成

前体分子是细胞结构组分的“建筑块”或亚单位，包括糖、氨基酸、嘌呤、嘧啶和维生素等。自养微生物所需的前体分子能够全部由无机物合成，而异养微生物则往往是利用有机分子作碳源时形成的基团进行合成作用。

（一）氨基酸的合成

氨基酸是合成蛋白质的基本单位。许多微生物都可以自己合成生长所需全部氨基酸，也有一些微生物没有合成某些氨基酸的能力，需要外界供给才能生长。各种氨基酸的结构各异，合成的途径也不尽相同。

1. 氨基化作用　微生物经同化型硝酸还原生成的氨，经生物固氮作用生成的氨，或直接自外界吸收来的氨，都可以使 α-酮酸氨基化，生成相应的氨基酸，称为初生氨基酸。例如：

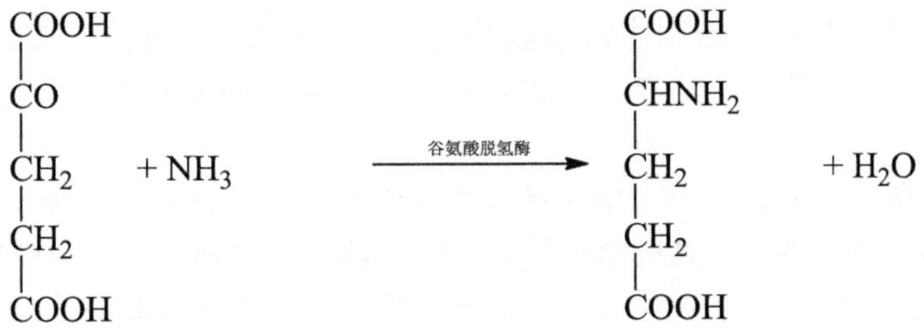

α-酮戊二酸　　　　　　　　　　　　谷氨酸

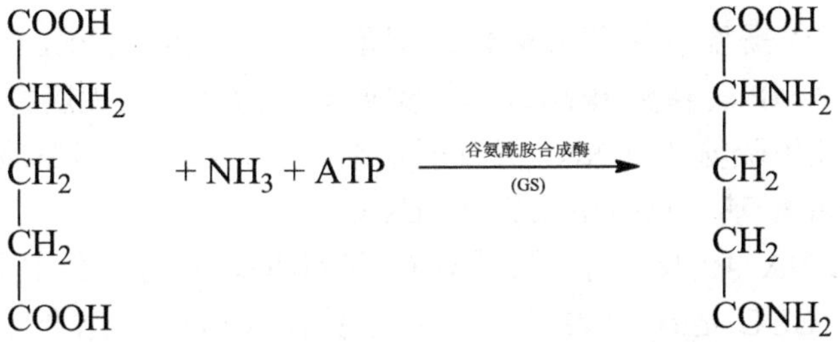

谷氨酸　　　　　　　　　　　　　　谷氨酰胺

谷氨酰胺合成酶（GS）是氮代谢中一种非常重要的调节酶。目前已知大肠杆菌中谷氨酰胺合成酶的相对分子质量为 60 万，由 12 个相同的亚基组成。

2. 转氨基作用　　转氨基作用是指在转氨酶作用下，使一种氨基酸的氨基转移给酮酸，形成新的氨基酸的过程。例如：

$$\text{谷氨酸} + \text{丙酮酸} \xrightleftharpoons{\text{转氨酶}} \alpha\text{-酮戊二酸} + \text{丙氨酸}$$

由初生氨基酸可以生成次生氨基酸，如由甘氨酸、谷氨酸和天冬氨酸这 3 种初生氨基酸可以形成一些相应的次生氨基酸。例如，由谷氨酸可以合成脯氨酸和鸟氨酸，鸟氨酸又可以生成瓜氨酸，并再进一步形成精氨酸。由天冬氨酸可以合成二氨基庚二酸、苏氨酸、甲硫氨酸和细菌赖氨酸（真菌中合成的赖氨酸是由乙酸与α-酮戊二酸缩合氧化来的）。由甘氨酸可以合成丝氨酸，丝氨酸经巯基化可以生成半胱氨酸。芳香族氨基酸的前体是磷酸烯醇丙酮酸和 4-磷酸赤藓糖，而组氨酸则是由磷酸核糖焦磷酸和 ATP 合成的。

（二）蛋白质的合成

蛋白质的合成是复杂的。由于蛋白质的合成与遗传密切相关，因此它已经不是一个简单的生化问题，而是一个分子生物学的问题了。生物为了合成蛋白质需要先合成一系列其他辅助性的物质，否则蛋白质的合成也无法完成。

1. 合成蛋白质必备的条件

（1）需要模板　　每一种微生物都要合成其自身所特有的蛋白质，已知这是受遗传信息所控制的，而脱氧核糖核酸（DNA）是遗传信息的携带者。按照遗传的中心法则，一个基因（一段 DNA 片段）的信息首先要由 DNA 转录给 mRNA（信使 RNA），使之携带了指导氨基酸掺入肽链中的信息，也就是从 DNA 而来的三联密码，而 mRNA 再作为模板决定蛋白质的合成。

（2）氨基酸的携带者　　细胞中合成的各种氨基酸分散在细胞内。当根据三联密码的顺序排列它们时，则需要一定的运输工具，起携带和中间媒介的作用。这个运输工具就是 tRNA（转移 RNA），细胞中每种氨基酸都有一种以上相应的 tRNA，它们具有反密码子。tRNA 有两种功能：一是专一性识别，并运载某一种氨基酸；二是识读 mRNA 上的密码子。

（3）合成场所　mRNA 与 tRNA 结合并合成蛋白质时必须有个场所。在细胞中，这个场所就是核糖体。研究得最清楚的核糖体是大肠杆菌的核糖体，它的 70S 核糖体可以解离为 50S 和 30S 两个亚单位，mRNA 结合于 30S 亚单位上。在 70S 核糖体上，具有两个 tRNA 的结合位点，即 A 位点（氨基酸位点，受位）和 P 位点（肽链位点，给位）。

2. 蛋白质合成的过程

（1）合成起始　首先需要使氨基酸活化，即形成结合在活化酶上的氨酰基-腺苷酸（AA-AMP），然后将 AA-AMP 转移到 tRNA 上，形成 AA-tRNA。在大肠杆菌提取物中，发现起始的 AA-tRNA 是甲酰甲硫氨酰 tRNA，并证明在细菌中它经常是蛋白质合成的起始。但是，在真核细胞中没发现甲酰基，只有甲硫氨酰 tRNA。

在细菌和病毒中，mRNA 上的起始信号是 AUG 和 GUG，在酵母菌中只发现是 AUG。AUG 是甲硫氨酸的密码，GUG 是缬氨酸的密码。在核糖体与 mRNA 结合过程中，还需要蛋白质合成起始因子协助。起始因子是蛋白质性质的，在原核和真核细胞中不尽相同，它们在完成结合后被释放出来。

（2）合成过程　这个过程包括识别、转肽和移位 3 个步骤（图 7-22）。识别是指 mRNA 上的密码子决定结合哪种 AA-tRNA，并使它进入核糖体的 A 位点上。起始时，甲酰甲硫氨酰 tRNA 已进入 P 位点。转肽是指在 P 位点上的氨基酸或肽链转移到 A 位点的氨基酸上，这个反应由转肽酶催化。转肽后在 P 位点上只留下空载的特异性 tRNA。进一步发生移位作用，随着核糖体沿 mRNA 向前移动一个密码子距离，将 A 位点上带有肽链的 tRNA 移到 P 位点上，空出来的 A 位点将由另一个相应的 AA-tRNA 占据，当然，在移位过程中，原来占据 P 位点的 tRNA 被释放下来。在转肽和移位作用中都是消耗能量的。在不断重复识别、转肽和移位的过程中，肽链不断延长。

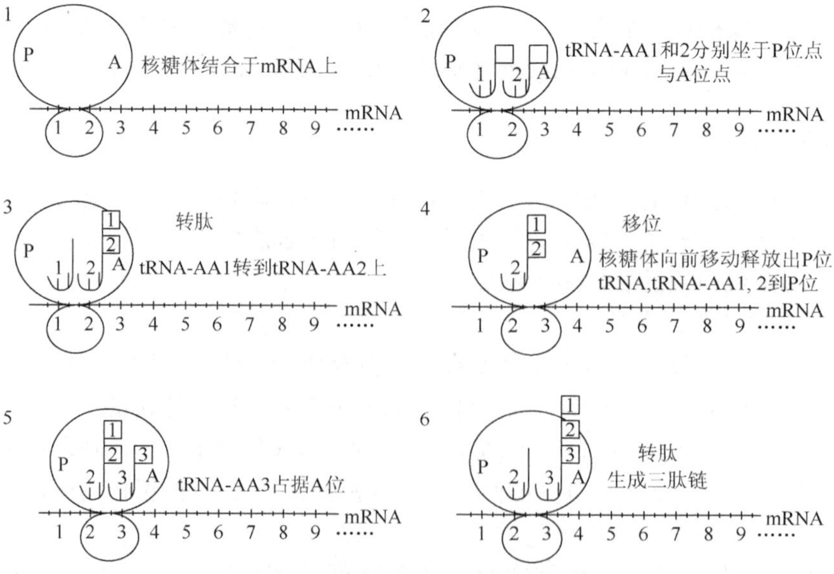

图 7-22　蛋白质多肽链的合成步骤

（3）合成终止 受 mRNA 的终止密码子所控制。终止密码子有 3 个，即 UGA、UAA 和 UAG，没有相应的 AA-tRNA 能够与它结合。至此才可以将肽链与连接它的最后一个 tRNA 之间的连接打开，释放出肽链。释放肽链也是消耗能量的。在肽链合成后，核糖体又解离成 30S 和 50S，并且可以重新参与蛋白质的合成。

（三）核苷酸的合成

核苷酸是核酸的基本结构单位，它由碱基、戊糖和磷酸组成。根据碱基成分可把核苷酸分为嘌呤核苷酸和嘧啶核苷酸两类。

微生物合成嘌呤核苷酸和嘧啶核苷酸有两种方式。一种方式是由小分子化合物起始合成。这些小分子化合物包括 CO_2、NH_3、甲酸、天冬氨酸、甘氨酸和谷氨酰胺等。它们既可以从外界环境中吸收，也可以从细胞中其他代谢途径中产生。核苷酸中的核糖（或脱氧核糖）部分最初就是从糖代谢中 HMP 途径中产生的。另一种方式是吸收环境中现成的嘌呤、嘧啶或核苷而组成相应的核苷酸。有些微生物失去了由小分子化合物合成核苷酸的能力，必须由外源供给嘌呤、嘧啶或核苷，靠第二种方式合成核苷酸。许多乳酸菌就是如此，这种合成核苷酸方式是一种补救途径，以便更经济地利用已有成分。

在各种核苷单磷酸的基础上，可以转化形成各种核苷二磷酸和核苷三磷酸及各种脱氧核苷酸，由它们进一步聚合成核酸大分子。核酸有核糖核酸(RNA)和脱氧核糖核酸(DNA)两类。它们都是多聚核苷酸，由五碳糖、磷酸和碱基组成。DNA 的 4 种碱基是腺嘌呤(A)、胸腺嘧啶(T)、鸟嘌呤(G)和胞嘧啶(C)。RNA 的碱基以尿嘧啶(U)代替胸腺嘧啶，其他相同。核酸的合成包括核苷酸的合成和由它们聚合成的 DNA 和 RNA。

（四）核酸的合成

1. DNA 的合成 DNA 的合成是在模板上从 5′→3′，按互补原则合成核苷酸链。首先，它需要模板。多数微生物的 DNA 是双链结构，在复制时，双链打开后以每一条单链作为模板，这种复制方式称为半保留式。其次，DNA 的复制是先合成一些小片段，最后再连接成完整的 DNA 链。DNA 通常在核分裂前合成，细菌的染色体是单倍体，常为环状，没有游离端。真菌染色体有单倍体和双倍体阶段，是线状的。病毒有些是线状的，有些是环形的。根据这些特点，在不同微生物中，DNA 的复制的起始点和方向等均有不同，复制时核苷酸根据碱基配对的原则排列。DNA 的复制有 3 种方式。

（1）θ 式（theta mode） 环状 DNA 从中间一点打开，并由此处开始复制。打开的位点因菌种而不同。在复制中形成如希腊字 θ，因而称 θ 式（图 7-23）。

（2）δ 式（sigma mode） 或称滚环式。环状 DNA 的一条链在磷酸二酯键处断开，两条链各为一个模板同时复制。复制时一条链为环形，另一条链为线形。在复制中形成如希腊字 δ 形，因而称 δ 式（图 7-24）。

（3）线状方式（linear mode） 所有真核和线状病毒 DNA 分子都为这种方式。在 DNA 链上的一定部位形成一个复制叉，复制则由这里开始。小分子 DNA 可能只有一个复制叉，大分子 DNA 则可能有几个或几百个这种复制叉起点。在复制过程中，各复制叉可融合成一个大的复制叉。复制完成后形成两条链，各包括一条亲本链，见图 7-25。

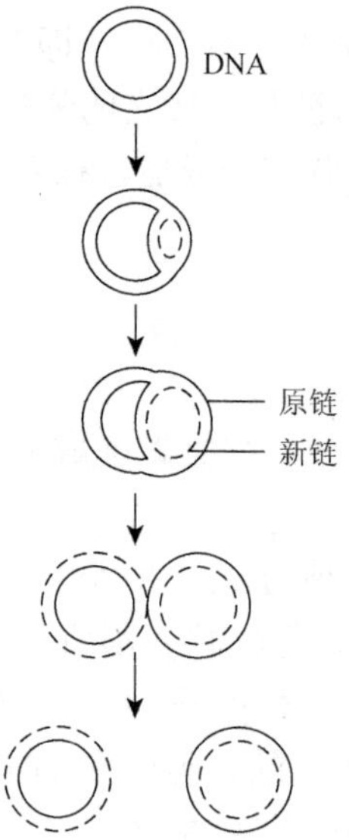

图 7-23　DNA 复制的θ式

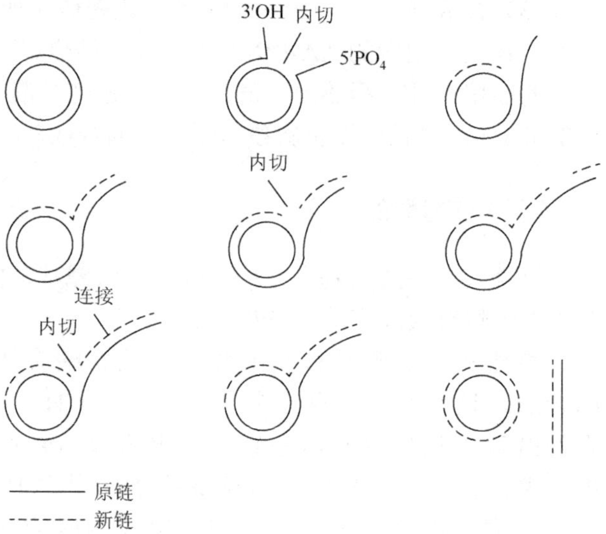

图 7-24　DNA 复制的δ式

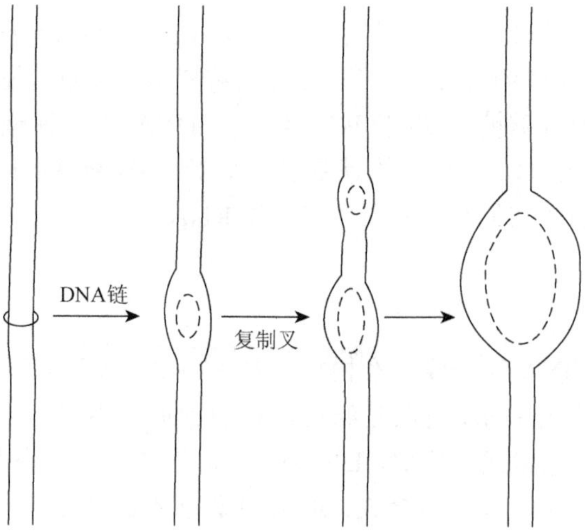

图 7-25　DNA 复制的线状方式

在 DNA 的合成中有许多酶参加，最初有解链酶，合成中有各种聚合酶起聚合脱氧核苷酸的作用，使 DNA 链合成延长。但 DNA 的合成是不连续的，即先合成一些片段然后再连接起来。在原核生物中，每一片段有 1000～2000 个脱氧核苷酸，这就是所谓的冈崎片段（Okazaki fragment）。这些片段最后由连接酶连接起来。聚合酶本身并不能起始 DNA 片段的合成。起始合成是靠一个引物。引物可能是一段更小 RNA 或 DNA，片段合成后引物要被切除。

原核细胞的 DNA 由分叉点复制，移动速度为 1000 个核苷酸/s，而真核细胞为 100 个核苷酸/s，因此真核细胞复制速度较慢。但真核细胞的染色体上有多个复制起始点，故总的速度可能并不慢。

2. RNA 的合成　　RNA 的合成即转录作用，细胞中有几种 RNA，如 rRNA、mRNA

和 tRNA 都是以 DNA 为模板转录而成的。目前已知的 RNA 都是线状的。转录作用主要靠 RNA 聚合酶，它比 DNA 聚合酶大得多。在不同机体中，有的 RNA 聚合酶能自己起始和终止合成，有的则需要其他因子辅助起始和终止。在原核细胞里只有一种 RNA 聚合酶，可以合成各种 RNA，而在真核细胞里则有 3 种 RNA 聚合酶，它们的结构、位置和功能都不相同。

RNA 从 DNA 上转录下来，多半是一个前体分子。它含有一些多余的部分，需要经过酶的进一步加工处理后，才成为一个有生物活性的分子。例如，在细菌的某些 tRNA 前体分子中，含有一个 5′-前导序列和 3′-tRNA 尾巴，生成后需通过两种酶分别除去 5′-前导和 3′-尾巴，然后才得到一个有活性的 tRNA 分子。真核生物的 mRNA 和 rRNA 合成后也需要经过进一步的修饰，而原核生物的大多不被修饰。

三、细胞壁的合成

细菌细胞壁的成分主要有肽聚糖、磷壁酸、脂多糖、脂蛋白和蛋白质。

肽聚糖是细菌细胞壁里的一种杂多糖，在革兰氏阳性细菌的细胞壁中占细胞干重的 1/5，是细菌的主要结构大分子。它的合成比同型多糖的合成要复杂得多。肽聚糖的基本单位是 *N*-乙酰葡糖胺(NAG)和 *N*-乙酰胞壁酸(NAMA)与一条短肽链以 β-1, 4 糖苷键交替连接起来的多聚体。在细菌细胞壁中，肽聚糖的合成过程是以金黄色葡萄球菌和大肠杆菌为材料研究清楚的。研究发现，肽聚糖的单体是在细胞内合成的，然后通过细胞质膜，在膜外合成肽聚糖。聚合作用所需的酶位于细胞质膜上。在合成过程中需要两个主要的载体，一个是尿嘧啶二磷酸（UDP），它可以作为许多种多聚糖合成的载体；另一个是类脂载体，它是一种由 55 个碳原子组成的聚戊二烯磷酸酯，又称为细菌萜醇，其合成步骤如下。

（一）UDP-NAG 和 UDP-NAMA 的合成

这两种物质的合成发生在细胞质中。UDP-NAG 和 UDP-NAMA 合成反应的途径见图 7-26。

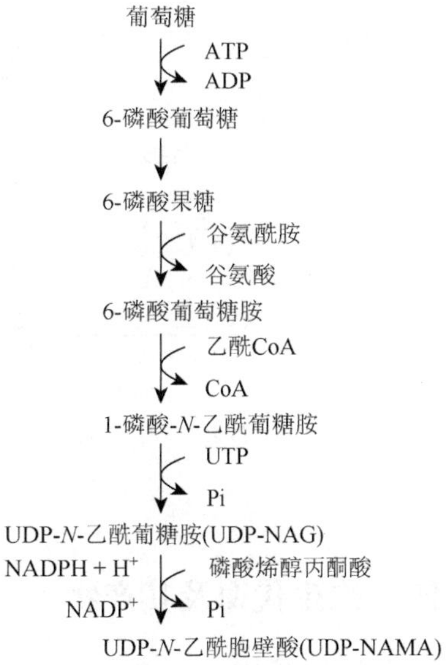

图 7-26　UDP-NAG 和 NAMA 的合成过程

（二）UDP-NAMA-四肽的合成

首先，L-丙氨酸与 UDP-NAMA 上的羧基通过肽键相连，然后其他氨基酸（D-谷氨酸、L-赖氨酸、D-丙氨酸和 D-丙氨酸）以肽键依次连接。每加入一个氨基酸需消耗 1 分子 ATP，这样就形成了 UDP-NAMA-五肽。在这个五肽中，氨基酸的顺序不是由基因决定的，而是由酶的专一性决定的。

（三）组装和运载

UDP-NAMA-五肽转移至细胞质膜，与膜上的类脂载体结合，生成类脂载体-P-NAMA-五肽，放出 UMP。UDP-NAG 以 β-1, 4 糖苷键与类脂载体-P-NAMA-五肽结合，形成 NAG-NAMA-五肽-P-类脂载体，放出 UDP。至此便完成了一个肽聚糖基本重复单位的合成，它可以插入正在增长的细胞壁生长点上，同时释放出类脂载体焦磷酸。可见，类脂载体在肽聚糖合成过程中，起着将 NAG 和 NAMA-五肽连接，并将这种双糖五肽单位从细胞质转移到细胞膜上的作用，进而使肽聚糖的合成从细胞质膜内表面转移到外表面的细胞壁生长点上。肽桥在 ATP、tRNA 的参加下，生成氨酰-tRNA，然后氨基酸逐个通过肽键连接起来。

（四）肽聚糖的交联

交联是指肽聚糖中肽链之间的连接。革兰氏阴性菌（如大肠杆菌）一般是由一条肽链的第 4 个氨基酸与另一条肽链的第 3 个氨基酸之间以肽键直接交联；革兰氏阳性菌（如金黄色葡萄球菌）是通过 5 个甘氨酸的肽桥进行交联。交联反应受转肽酶的催化，在转肽的同时，肽链上的第 5 个氨基酸（D-丙氨酸）释放出来。青霉素、头孢霉素等具有 β 内酰胺结构的抗生素能通过抑制转肽酶活性来抑制肽聚糖的合成，从而起到抑菌作用。此外，环丝氨酸、万古霉素和持久霉素等其他一些抗生素可以分别在肽聚糖合成的不同阶段起抑制作用，从而影响细菌的细胞壁的生成，这些抗生素对已经合成的肽聚糖无破坏作用。

肽聚糖合成过程见图 7-27。

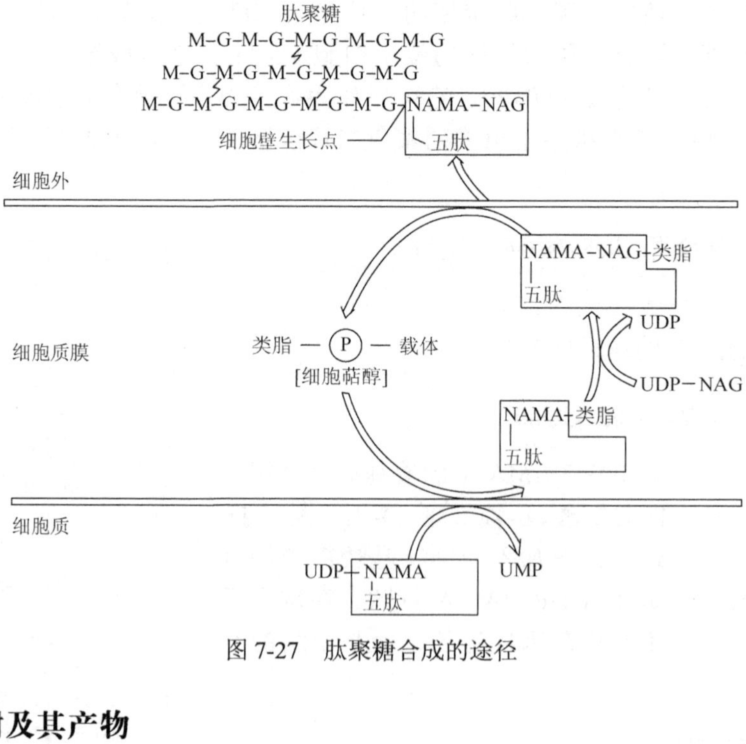

图 7-27　肽聚糖合成的途径

四、次生代谢及其产物

初生代谢是一类普遍存在于一切生物中的代谢，这是一类与生物生存有关的、涉及产能和耗能的代谢类型。次生代谢是指微生物合成一些与其本身的生命活动没有明确功能的物质的过程，这一过程的产物即次生代谢产物，它们可能具有重要的生态学意义。

次生代谢产物的化学组成是多种多样的，包括糖苷类、多肽类、萜烯类和芳香类等化合物。它们的合成途径也是复杂的，但前体一般来自初生代谢，常常与初生代谢中的糖代谢、脂肪代谢、氨基酸代谢及三羧酸循环等各途径的中间产物有关。它们常在菌体旺盛生长后期（一般是稳定生长期）合成，并能在菌体内或环境中积累。这些物质的合成受环境条件影响较大。到目前为止，尽管次生代谢产物对微生物细胞本身的生理功能不甚了解，但这类产物与人类的生活关系密切，因此引起广泛的重视。

根据次生代谢产物作用不同，主要可以分为抗生素、激素、毒素和色素。

（一）抗生素

这是微生物所产生的、具有特异抗菌作用的一类次生代谢产物。继 Fleming（1929）和 Waksman（1944）先后发现青霉素和链霉素之后，迄今已报道的抗生素有 2500～3000 种，但由于某些对动物具有毒性或副作用，目前真正用于临床治疗的只有青霉素、链霉素、四环素类、红霉素、新生霉素、利福平和放线菌素等 60 多种。关于抗生素的作用机制见第八章第二节。

（二）激素

这是微生物产生的，可以刺激动植物生长或性器官发育的一类物质，如赤霉菌（*Gibberella fujikuroi*）产生的赤霉素。

（三）毒素

大部分细菌产生的毒素是蛋白质类的物质，如破伤风梭菌（*Clostridium tetani*）产生的破伤风毒素，白喉杆菌（*Corynebacterium diphtheriae*）产生的白喉毒素，肉毒梭菌（*Cl. botulinum*）产生的肉毒素及苏云金杆菌（*Bacillus thuringiensis*）产生的伴孢晶体等。真菌也可产生毒素，如黄曲霉（*Aspergillum flavus*）产生的黄曲霉毒素，某些担子菌产生的蘑菇毒素等。微生物产生的毒素常常威胁着人类的健康。例如，当有深部伤口时，专性厌氧的破伤风梭菌感染后产生破伤风毒素，它是一种毒性蛋白质，可作用于神经突触，一旦发病，无法治疗，必然引起死亡。又如，腐生于花生、玉米上的黄曲霉产生的黄曲霉毒素可引起人和动物的肝癌。

（四）色素

不少微生物在代谢过程中产生各种有色的产物，如由黏质赛氏杆菌（*Serratia marcescens*）产生的灵菌红素，在细胞内积累，使菌落呈红色。有的微生物产生的色素分泌到细胞外，使培养基呈现颜色。

在前两节的讨论中，分别叙述了碳水化合物、蛋白质、核酸和脂肪等的分解与合成。实际上，在微生物体内，这两类代谢是紧密相关和交错进行的。一些物质分解，另一些物质产生；能量不断地生成，也不断地被利用。其中，丙酮酸，磷酸甘油和乙酰 CoA 等在分解与合成代谢中起着重要的作用，二者的关系在图 7-28 可清楚地表明。

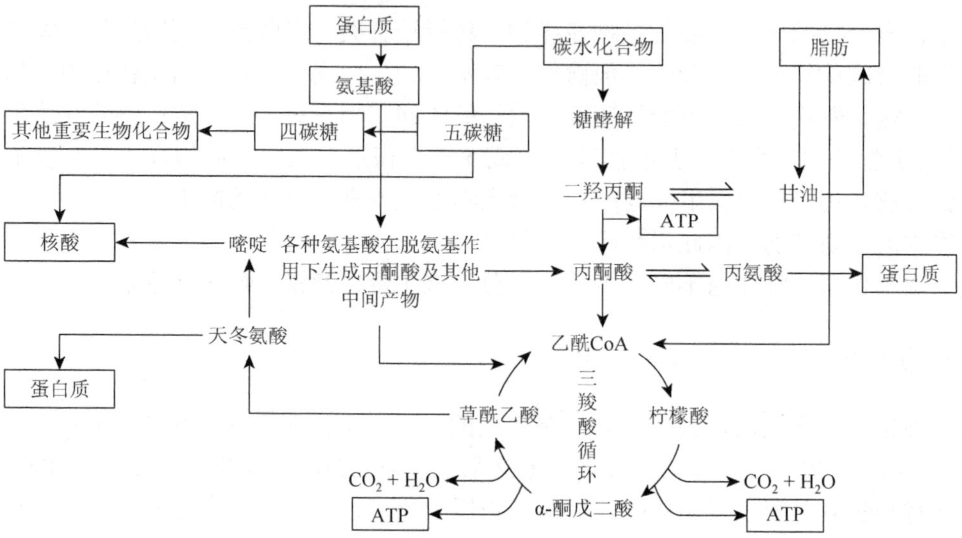

图 7-28　分解代谢与合成代谢的关系

第四节　微生物的代谢调控（基于酶水平的调控）

微生物细胞内有一套巧妙精确的代谢调节系统，通过它来控制酶的数量和活性，以保证细胞经济、合理及高效地利用环境中的碳源、能源及其他营养物质，合成自己生长繁殖所需的各种生物物质，正确无误、有条不紊地完成错综复杂的新陈代谢反应。

本节主要介绍基于酶水平的微生物代谢调控机制，希望能用来指导工农业生产及微生物发酵的控制。

一、酶活性的调节

酶活性的调节是指利用中间代谢产物或终产物改变已有酶分子的活性从而控制代谢速率。酶活性的调节有激活和抑制两种。通过酶活性的调节，微生物能迅速应对代谢环境的突然变化。

酶激活是指在特定物质作用下，酶从无活性变为有活性或活性增强的过程，如粗糙脉孢菌的异柠檬酸脱氢酶的活性会受到柠檬酸促进等。酶活性的抑制是指在特定物质作用下酶活性降低或丧失的过程。酶活性抑制主要是指反馈抑制，即代谢途径的终产物过量积累时会反过来直接抑制该途径中第 1 个酶的活性，使整个反应减慢或停止，避免终产物过量合成（图 7-29）。反馈抑制具有作用直接、效果快速及终产物浓度降低时抑制解除等优点。

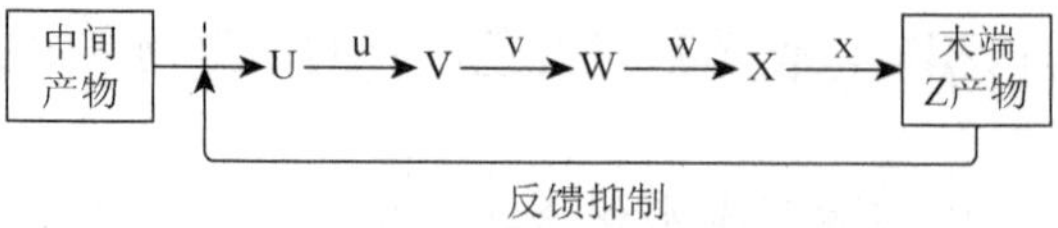

图 7-29　末端产物的反馈抑制

u、v、w、x 指代谢途径中一系列催化利用中间代谢产物 U、V、W、X 的酶

1. 反馈抑制的类型　反馈抑制分直线代谢途径反馈抑制和分支代谢途径反馈抑制两种，前者较为简单，如 *E. coli* 在合成异亮氨酸时，因产物过多会抑制途径中第一个酶——苏

氨酸脱氨酶的活性，导致α-酮丁酸及其后面一系列中间代谢物都无法合成，最终造成异亮氨酸合成停止（图 7-30）。而分支代谢途径中的反馈抑制则比较复杂，为避免一个分支上的产物过多时不致同时影响另一分支上产物的供应，微生物已发展出多种调节方式，主要有以下 5 种类型。

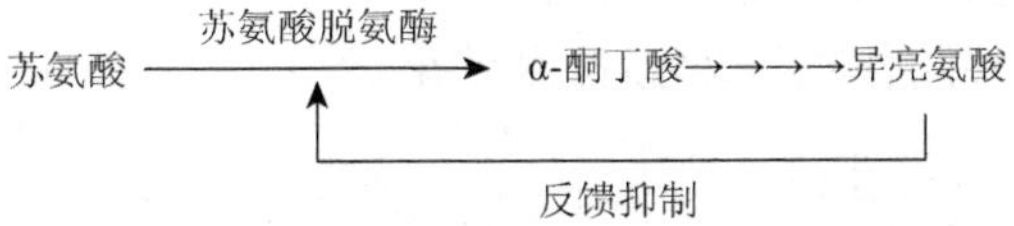

图 7-30 异亮氨酸合成途径中的直线式反馈抑制

（1）同功酶调节　　同功酶又称为同工酶，主要用于代谢调节，是指能催化同一生化反应但酶蛋白分子结构不同的一类酶。在一个分支代谢途径中，如果分支点以前的一个反应是由几个同功酶催化，则分支代谢的几个最终产物往往分别对这几个同功酶发生抑制作用，如图 7-31 中 A→B 的反应由 3 个同功酶 a、b、c 催化，它们分别受最终产物 E、H、G 抑制，某一终产物过量时仅能抑制相应同功酶的活性，而不影响其他几种终产物的合成。

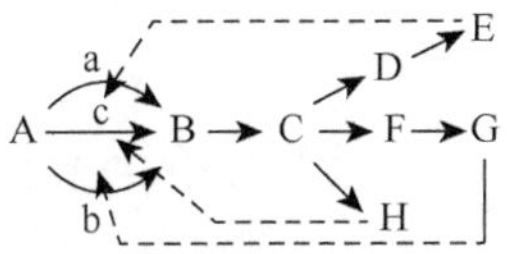

图 7-31 同功酶调节示意图

通过同功酶进行反馈抑制的实例很多，如在 *E. coli* 的赖氨酸和苏氨酸合成中，天冬氨酸激酶Ⅰ和同型丝氨酸脱氢酶Ⅰ可被苏氨酸抑制；天冬氨酸激酶Ⅲ可被赖氨酸抑制（图 7-32）。

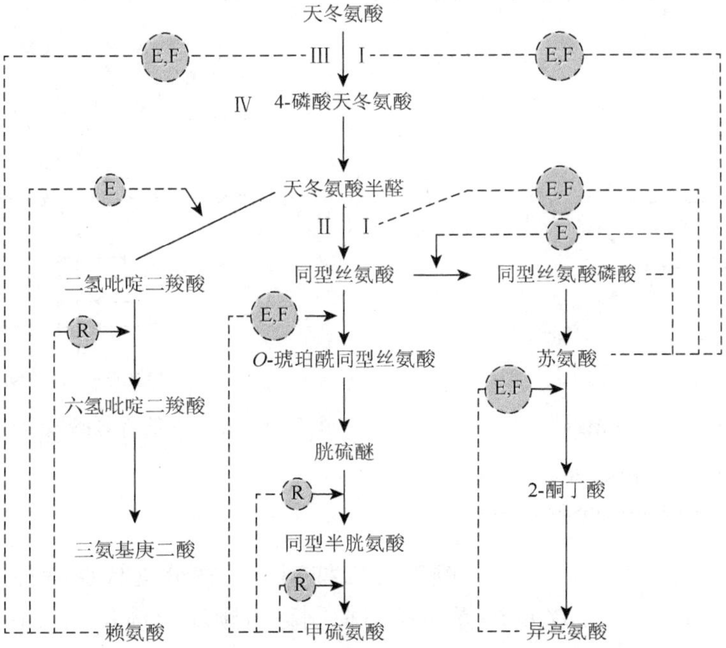

扫一扫 看彩图

图 7-32 *E. coli* 天冬氨酸族氨基酸合成中的多种调节

虚线表示末端产物抑制（E）的酶反应，某些酶还受末端产物的阻遏（R）

（2）协同反馈抑制　　协同反馈抑制是指分支代谢途径中的几个终产物同时过量时才能抑制共同途径的第一个酶的调节方式（图 7-33）。

（3）协作反馈抑制　　协作反馈抑制（cooperative feedback inhibition）也叫作增效反馈

抑制，是指两种终产物同时存在时反馈抑制效果远大于一种终产物过量时的反馈抑制作用（图 7-34）。例如，虽然 AMP 和 GMP 能够分别抑制 PRPP（磷酸核糖焦磷酸酶），但两者同时存在时抑制效果却要大得多。

协作反馈抑制与协同反馈抑制相似，其特点是每个终产物都能独立地发挥较弱的反馈抑制作用。当其中一种终产物过量合成时，就会立即控制超量终产物分支点后的代谢。当所有终产物都过量合成时，才共同作用以增强抑制效果。

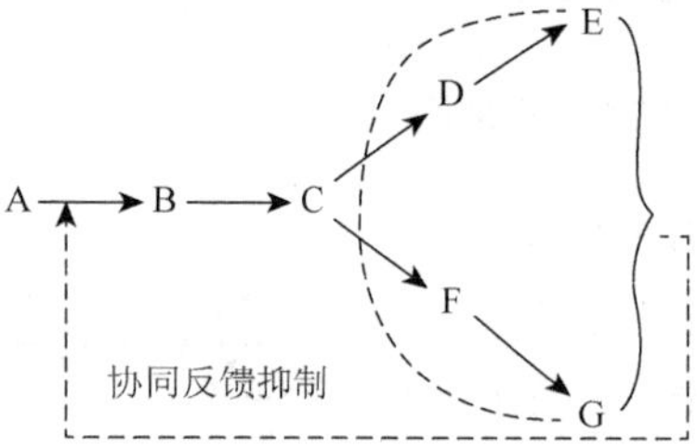

图 7-33　协同反馈抑制示意

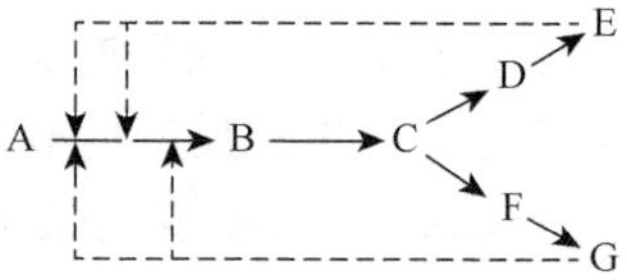

图 7-34　终产物 E、G 的协作反馈抑制

（4）累积反馈抑制　　累积反馈抑制（cumulative feedback inhibition）是指每一分支途径的终产物按一定百分率单独抑制共同途径前端的酶；当几种终产物共同存在时，它们的抑制作用是累积的；各终产物之间无关（图 7-35）。

累积反馈抑制最早在 *E. coli* 的谷氨酰胺合成酶调节中发现，该酶受 8 个最终产物的累积反馈抑制，只有当它们同时存在时，酶活力才被全部抑制（图 7-36）。

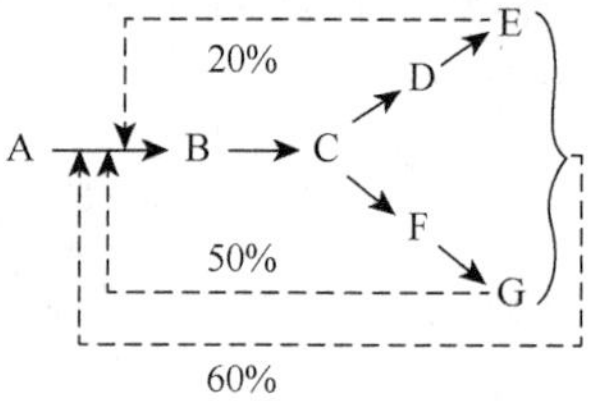

图 7-35　累积反馈抑制

终产物 E、G 分别抑制总酶活的 20%、50%，E、G 同时存在时的抑制率为 20% + (100−20)×50% = 60%

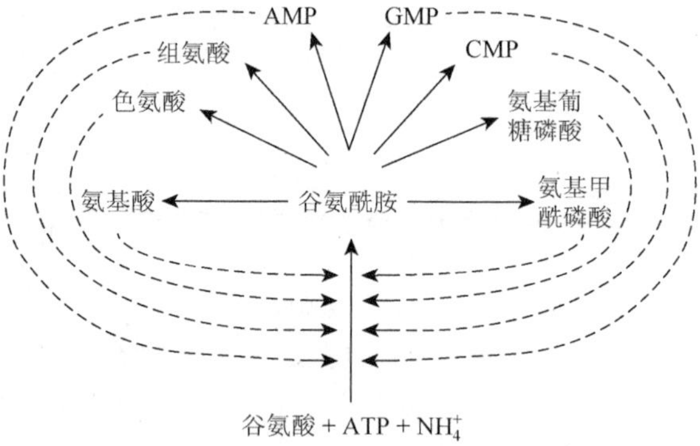

图 7-36　*E. coli* 的谷氨酰胺合成酶累积反馈抑制

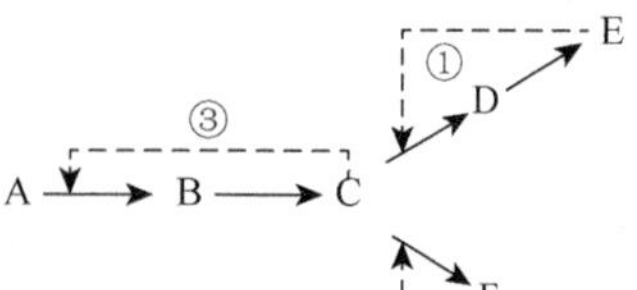

图 7-37　顺序反馈抑制示意图

①、②、③为抑制的先后序号

（5）顺序反馈抑制　　在分支代谢途径中，按一定顺序逐步进行的反馈抑制称为顺序反馈抑制（sequential feedback inhibition），这一现象最初是在研究枯草芽孢杆菌的芳香族氨基酸生物合成时发现的。

在图 7-37 中，E 过量可抑制 C→D，导致 C 浓度增高，促使反应向 C→F→G 方向进行，又造成另一终产物 G 浓度升高；G 过量时抑制 C→F，导致 C 浓度升高，进一步抑制 A→B 转化，从而达到了反馈抑制的效果。

2. 反馈抑制的机理　　反馈抑制都表现为反应终产物对反应途径第 1 酶即变构酶（allosteric enzyme）或调整酶（regulatory enzyme）活性的抑制，其机理可用变构理论来解释。因为变构酶是一种变构蛋白，具有多个不同的专一位点。能与底物结合并有催化活性的位点称为活性中心，能与效应物（代谢终产物等）结合的位点称为调节中心。与酶结合后能促进活性中心与底物结合，提高催化活性的效应物称为活化剂；反之，减弱活性中心与底物结合，降低酶活性的则称为抑制剂（图 7-38）。

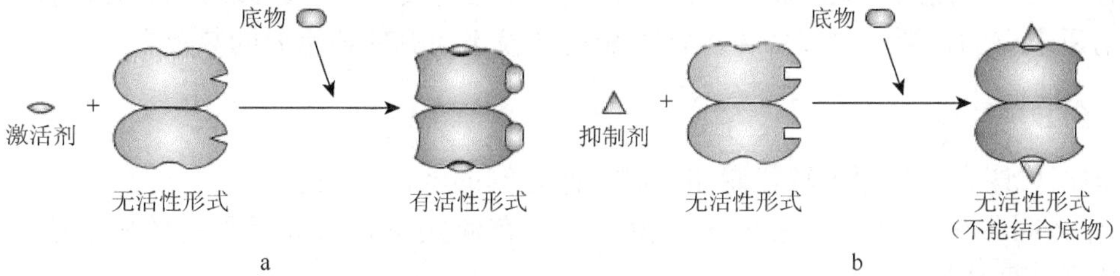

扫一扫　看彩图

图 7-38　变构酶的激活（a）与抑制（b）

变构酶在代谢调节中的功能，除了对同一合成途径中的反馈抑制之外，还具有协调不同代谢途径的功能。这是因为，变构酶除了能与它的专一底物和同一途径代谢产物相结合外，还能与其他代谢途径的产物相结合，从而受到该代谢途径产物的活化或抑制。因此，反馈抑制的机理还有待进一步研究和阐明。

二、代谢调节的应用

微生物活细胞具有复杂精准的调节系统，它能通过调节细胞内酶的合成与活性使胞内代谢处于平衡状态，满足生长繁殖需要。通过研究代谢调节，了解微生物代谢调节原理，就能在转录与翻译水平控制微生物代谢过程，有效提高各种代谢产物的合成及累积量。代谢调控机理的发现及应用可为发酵工业带来巨大的经济效益和生态效益。

微生物是国民经济的众多行业和生产部门进行生产活动的基础。这些行业和部门遍及工业、农业、医药和环境等众多领域，既有发酵和酿造这样的传统产业，也有生物医药、生物能源、生物材料等新兴的产业。依靠微生物细胞的合成、转化和分解等代谢能力进行产品的生产或提供某种服务是所有与微生物相关产业的共同特征。目前，国民经济是建立在以石油等为能源和原材料的基础之上的，随着石油的日渐枯竭，国民经济的结构将会出现重大调整，将会从基于不可再生的“碳氢化合物”为能源和原材料的经济结构，向基于可再生的“碳水化合物”的经济结构的转变。微生物由于具有强大和多样化的代谢能力成为构筑可持续发展经济结构最重要的战略资源和技术源泉。

微生物的代谢特性非常复杂，每种细胞内都存在着成百上千种不同的代谢途径，每个代谢途径都有底物、中间代谢物和产物，所有代谢途径又通过共享代谢物交叉、串联在一起，形成一个极为复杂的代谢网络。随着遗传组成的不同或者环境条件的改变，微生物的代谢网络会相应发生调节和变化。传统的技术手段包括对个别基因进行改造的经典基因工程技术，都不能保证对微生物代谢网络结构和功能的准确分析和高效利用，影响了相关行业的生产效率的稳定和经济效益的提高。

以人类基因组计划的实施和完成为标志，生命科学从分子生物学的时代开始进入系统生物学的时代。经典生物学与基因组学、蛋白质组学、代谢组学和分子互作组学等新兴学科的紧密结合，使得生命科学所研究问题的复杂度和广度达到前所未有的高度，从系统和综合的观念出发探索生命现象的本质规律并迅速将其转化为生产力推进产业发展，日益成为生命科学研究的主流。作为以代谢组为研究对象的新兴交叉学科，代谢组学试图通过对生物体内所有代谢物分布组成和时空动态变化的分析测定，结合计算生物学分析和计算机建模，从本质上把握生物代谢网络的调控规律，最终做到可以定量预测基因改变和环境变化后生物代谢网络的变动规律，为优化生物代谢功能、提高研究和生产效率的“代谢工程”提供坚实的理论支持和强大的技术后盾。微生物代谢组学和代谢工程为传统产业的改造和生物高技术的发展带来了前所未有的机遇，已经成为国际生命科学技术研究的最重要的热点之一。

复习思考题

1. 何谓代谢？请说明分解代谢和合成代谢之间的区别与联系。
2. 什么叫作生物氧化？它与微生物的产能有何关系？组成呼吸链的主要组分有哪几个？它们各有何作用？
3. 细菌的呼吸链与真核生物的呼吸链有何不同？
4. 什么叫作光合磷酸化？哪些微生物以光合磷酸化方式产能？
5. 什么叫作非环式光合磷酸化和环式光合磷酸化？哪些微生物能进行环式光合磷酸化？
6. 什么叫作细菌视紫红质？试述极端嗜盐古菌的紫膜光合作用的基本原理。
7. 请列表比较呼吸作用、无氧呼吸和发酵的异同点。
8. 微生物合成的能量主要用于哪些方面？
9. 细菌的酒精发酵走什么途径？它与酵母菌的酒精发酵有何不同？
10. 试列表比较同型和异型乳酸发酵。
11. 什么叫作 Stickland 反应？
12. 在自养 CO_2 固定中，好氧和厌氧条件下通过什么途径固定 CO_2？
13. 什么叫作回补反应？写出磷酸烯醇丙酮酸与草酰乙酸这两种重要中间产物的回补反应。
14. 试比较同化型硝酸还原与异化型硝酸还原。
15. 什么是生物固氮作用？
16. 生物固氮需满足哪些条件？目前对固氮生化机制的认识如何？
17. 固氮酶由哪几个组分构成？各有何功能？
18. 试述乙炔还原法测定固氮酶活性的理论依据和优点。
19. 试比较同化型硫酸还原与异化型硫酸还原。
20. 画简图表示细胞壁肽聚糖的合成过程，哪些化学因子可抑制其合成？
21. 什么叫作细菌萜醇？其功能是什么？
22. 青霉素为什么只作用于正在生长的细菌？其抑菌机制是什么？
23. 何谓次生代谢？次生代谢产物有哪几类？

拓展阅读

完全氨氧化或单步硝化菌的发现

2015 年，英国《自然》和美国《科学》杂志接连报道了 COMAMMOX 的微生物种群的存在，意味着人类首次分离到完全氨氧化或称为单步硝化菌。

关于自然界的氮素循环，100 多年来，大家都依从俄国微生物学家维诺格拉斯基（Winogradsky）的理论，认为硝化作用需要由两种不同的微生物即氨氧化细菌（ammonia oxidizing bacteria，AOB）或氨氧化古菌（ammonia oxidizing archaea，AOA）和亚硝酸氧化细菌（nitrite oxidizing bacteria，NOB）分两步完成——先由 AOB 或 AOA 把氨（NH_3）氧化成亚硝酸（NO_2^-），再由 NOB 把亚硝酸氧化成硝酸（NO_3^-），因为早在 19 世纪末维诺格拉斯基就成功分离出了负责这两步硝化的微生物。

但是，这个理论在 100 多年后的 2015 年圣诞节前被英国《自然》杂志上的两篇同日发表的题目高度相似的论文和随后一篇在美国微生物学会的文章终结了。3 个小组分别从与循环水产养殖系统相连的滴滤器的厌氧室、地下深处的管道和自来水处理厂的生物活性滤池中发现了能够各自进行从氨氮到硝态氮的完全硝化过程的细菌，并且都属于硝化螺菌属（*Nitrospira*），此前 *Nitrospira* 一直被认为只能氧化亚硝态氮成硝态氮。

2016 年 1 月 22 日美国杂志《科学》也刊登了相应的综述。

因为硝化菌群都是专性好氧的革兰氏阳性细菌，多数为无机营养型，对自然界氮循环影响极大，在陆地及水域分布较广，这些新的发现拓展了我们对硝化细菌的认识，也修改了自然界氮素循环的相关理论。相关内容还可参阅以下文献。

Daims H，Lebedeva EV，Pjevac P，et al.，2015. Complete nitrification by Nitrospira bacteria. Nature，528（7583）：504.

Pinto AJ，Marcus DN，Zeeshan IU，et al.，2016. Metagenomic Evidence for the Presence of ComammoxNitrospira-Like Bacteria in a Drinking Water System：Msphere，1（1）e00054-15.

Santoro AE. 2016. MICROBIOLOGY. The do-it-all nitrifier. Science，351（6271）：342.

van Kessel MA，Speth DR，Albertsen M，et al.，2015. Complete nitrification by a single microorganism. Nature，528（7583）：555-559.

8

第八章　微生物的生长与环境条件

微生物在自然界存在广泛，生理特征多样，如果进行某种微生物的纯培养，只有供给适当营养物质，满足其对各种物理、化学因子的要求之后，它们才能正常生长和繁殖，而不良的环境条件则会导致细胞停止生长，变异或死亡。目前仍有很多在自然界生活的微生物不能人工培养。

第一节　微生物的生长和测定方法

在高等动植物中，生长和繁殖是两个完全不同的概念。在适宜的环境条件下，生物个体的增大称为生长，而个体数量的增加称为繁殖。

在微生物群体中，丝状微生物（如真菌）的生长表现为菌丝体的伸长和分枝。繁殖表现为产生孢子，孢子脱离母体菌丝后，再萌发产生子代菌丝体。单细胞微生物也有个体生长和细胞分裂繁殖这两个过程。但在实际工作中，研究单细胞（如细菌、古菌）的生长主要是指微生物群体中个体数量或质量的增长，它实际上包括了生长和繁殖这两个既有联系又互相区别的概念。

一、微生物的生长

从一个新产生的子细胞开始，经过生长和一次细胞分裂而形成新一代子细胞的过程，称为细胞生长周期。真核细胞与原核细胞的生长周期在阶段划分及其特点等方面有明显的区别。

（一）真核细胞的生长周期

真核细胞通过有丝分裂来保证子代细胞具有与母细胞相同的遗传物质。其细胞周期的长短随种类各异，如酵母细胞约需 2h，多数动植物细胞在 10h 以上。研究表明，真核细胞的细胞周期可区分为 G_1 期（复制前期）、S 期（合成期）、G_2 期（复制后期）和 D 期（分裂期）或 M 期（有丝分裂期）等 4 个不同时期（图 8-1）。

1. G_1 期　　G_1 期是指从上一次分裂完成到下一次 DNA 复制开始之前。G_1 期的时间长短随种类而异，真核生物通过控制本期的长短来调节和控制细胞的生长程度。处于 G_1 期的细胞仍要进行正常的细胞代谢及大分子化合物的合成，为进入下一时期做准备。它们在不良的外界环境条件下，也可以使新形成的子细胞全部转为 G_0 期而停止生长分裂。当环境条件适宜时，才转为 G_1 期，恢复生长和繁殖。

2. S 期　　S 期是指从细胞内 DNA 复制开始到完成这一时期。处于 S 期的细胞要完成细胞全套染色体 DNA 的复制和有关组蛋白的合成，同时也要继续进行其他细胞物质的合成，使细胞长大。真核细胞 S 期的长短因种类而异。由于细胞遗传物质的合成过程在本期内进行，当环境中的诱变物质使 DNA 复制过程中的碱基配对或排列顺序发生变化时，将会导致子细胞的遗传变异。

3. G_2 期　　G_2 期是指从 DNA 复制结束到细胞分裂开始前的时期。此时的细胞已具有两套染色体，同时还继续进行细胞物质的合成（如形成纺锤体的微小管等）。

4. D 期或 M 期　　D 期或 M 期是指从细胞的有丝分裂开始到完成的时期。本期又可分为前期、中期、后期和末期 4 个阶段。细胞核内的 DNA 先聚集成染色质丝，中心体移向细胞的两极，并以纺锤丝与染色质丝相连接。染色体随之形成，并成对排列在赤道平面上，然后成对的染色体分离开，并移向两极。最后在细胞中部形成横隔膜，在子细胞内形成新的核膜，使两个子细胞分开。新形成的子细胞在适合的条件下，又可进入 G_1 期，开始下一个新的细胞周期。

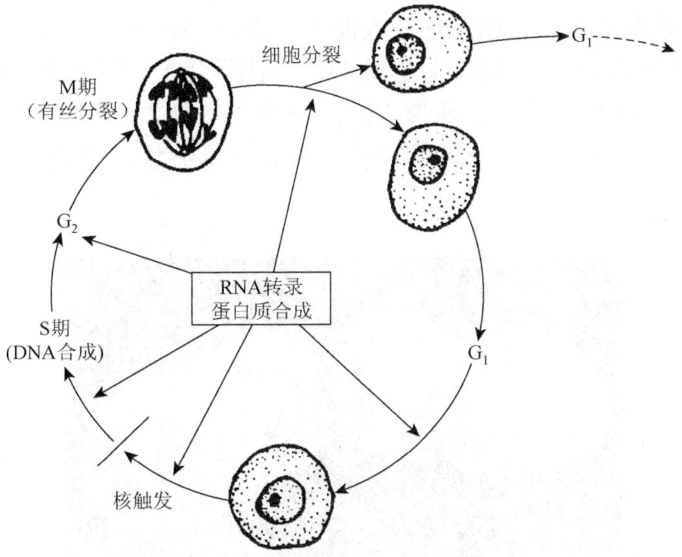

图 8-1　真核细胞的生长周期

真核微生物（真菌、藻类和原生动物）的细胞周期大多遵循以上的模式，但也有特殊性，如低等的多核无隔真菌（如鞭毛菌与接合菌）在菌丝生长过程中，只有细胞核分裂而没有细胞分裂。许多真菌细胞在进行有丝分裂时核膜不消失，因而核分裂完全在细胞核内完成，中心粒（或纺锤极体）有或无，染色体也不常在赤道平面上排列。

（二）原核细胞的生长周期

原核微生物的细胞生长周期一般较短，阶段划分也不如真核生物那样明显。可分为 DNA 复制前的准备时期（Ⅰ）、DNA 复制期（R）和细胞分裂期（D）3 个时期。

与真核细胞相比，Ⅰ期相当于真核细胞的 G_1 期，R 期相当于真核细胞的 S 期。原核细胞一旦结束 DNA 复制，便立即进行细胞分裂。

对于某一种原核细胞来说，在 3 个时期当中，Ⅰ期变化较大，它随细胞生长时的营养条件而变化。Ⅰ期有时可为零，而R期与D期则比较稳定。例如，大肠杆菌在37℃培养时，R期为40min，D期为20min，当细胞生长周期大于R和D期之和（40min＋20min）时，Ⅰ期可以表现出来，此时细胞内的DNA复制是一个不连续的过程，当细胞生长周期等于60min时，则没有Ⅰ期（Ⅰ=0）；当生长周期小于60min时，则R期提前进行，提前量正好等于60min减去生长周期。这时细菌的DNA第1次复制还未完成，第2次复制又在新复制出的DNA上开始了。迅速生长的细菌染色体有两个以上的复制点，而且拟核分裂后，细菌并不立即分裂，所以每个细胞中可以见到2～4个拟核。细菌在缓慢生长时，代时大于染色体复制所需的时间，细胞分裂之前DNA的合成将停顿一会儿。当大肠杆菌的代时为60min时，DNA停止合成的时间约为20min。在这种情形下，多数细胞都具有单个拟核。

在细胞分裂过程中，必然包含有细胞壁合成的过程，因此由肽聚糖合成新的细胞壁及形成壁隔是细胞生长周期中细胞的一个显著现象（图8-2）。细胞在生长中增大到一定体积后，由细胞内产生的与溶菌酶相似的酶系（称为自溶酶），在细胞壁的肽聚糖大分子结构上产生一个小口。在此小口处，新的细胞壁物质开始合成，由于新合成的肽聚糖与原有的肽聚糖相结合，因此在革兰氏阳性细菌细胞表面可形成一个壁隔。如图8-2中箭头所示，它看起来像是在细胞上形成的一道疤痕。壁隔的形成使新合成的细胞壁可以“拼接”到原有的细胞壁上，同时它还具有防止正在增大的细胞在拼接处由于细胞快速生长导致破裂的作用。在细菌生长过程中，新合成的细胞壁物质插入细胞壁，并将老的细胞壁推向细胞的两端。

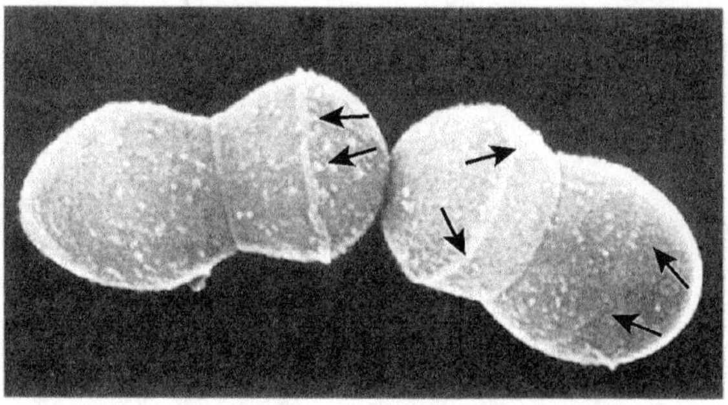

图8-2　溶血链球菌（*Streptococcus hemolyticus*）的扫描电子显微镜镜照片

箭头所示为壁隔，单个细胞大约宽1μm

一个单细胞分裂为两个子细胞的现象为二分裂（binary fission），细胞分裂时所有子细胞内都获得一套完整的染色体和细胞质中其他大分子内含物。由于细菌细胞生理代谢的差异，导致不同细菌的生长周期所需时间差异较大。研究表明，Fts（filamentous temperature sensitive）蛋白广泛分布于原核生物细胞中，FtsZ蛋白与真核生物中发现的负责细胞分裂的微管蛋白很相似，目前发现一些与细胞分裂有关的蛋白质，并揭示了FtsZ的重要作用。如图8-3所示，杆状细胞的分裂起始于FtsZ蛋白分子吸附于细胞中心围绕圆柱体形成的环上。在大肠杆菌中，有上万个FtsZ蛋白分子聚集成环状物，再招募并吸附其他与分裂有关的蛋白质（如FtsA和ZipA）。具有一定功能的蛋白质除了与核酸复制、肽聚糖降解与合成、染色体拆分等有关以外，还包括一些参与调控细胞分裂的蛋白质，一个大肠杆菌细胞接近分裂时，大约10 000个FtsZ蛋白聚集形成环状物，然后再结合其他与分裂相关的蛋白质。其中，FtsA 为 ATP 水解酶，为多种蛋白质从组装到分裂体提供能量。ZipA 为一个凹槽，将 FtsZ 蛋白固定在细胞质膜上。其中，FtsA、ZipA 负责将 Z-环锚定在细胞质膜上，FtsK 负责将染色体分离，FtsW、FtsI 与肽聚糖合成有关，其活性可被青霉素阻断，AmiC 蛋白为分离的子细胞水解肽聚糖。

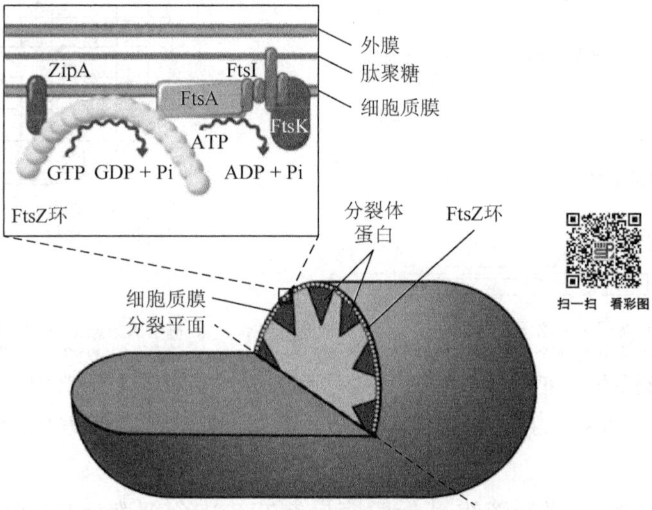

图 8-3　FtsZ 蛋白与细胞分裂（引自 Madigan et al.，2009）

杆状细胞里显示围绕分裂平面形成的 FtsZ 蛋白环，扩大部分显示出单个分裂体蛋白的排列。ZipA 是一个固定凹槽，将 FtsZ 蛋白吸附到细胞膜上，因此它是 FtsZ 的锚定物。FtsI 是一种肽聚糖合成酶。FtsK 的功能是协助染色体分离，FtsA 是一种 ATP 酶，为许多蛋白质的组装到分裂提供能量

二、微生物生长的测定方法

微生物生长可分成个体生长与群体生长。个体生长是指单个细胞的成分按比例地增加，群体生长则定义为单位时间内细胞数量或细胞质量的增加。微生物生长是与细胞内生理代谢活性紧密联系的，有人估计，细菌细胞生长的过程包含了 2000 多种生化反应。因此，细胞的代谢活性也可以作为衡量微生物生长情况的指标。

微生物生长的概念，可理解为“在合适的外界环境条件下，微生物个体或群体细胞中主要化学组分协调而平衡的增长”，即生长过程中保持恒定的细胞化学组成，细胞内的 DNA、蛋白质、多糖和类脂等主要成分协调增长；生长的外部表现为个体数量的增加和群体生物量（biomass）的增长。生物量是指一种生物单位体积的重量（根据需要可以分别以湿重或干重描述），通常以克为单位。

根据生长的定义，人们通常采用的是测定细胞数量和生物量两种方法，而细胞数量的测定又可分细胞总数的测定（total count）和活细菌数的测定（viable count）。

1. 细胞总数的测定　　测定液体培养基中细菌总数，包括活的和已丧失活力的细胞。

（1）显微镜直接计数法　　本法仅适用于单细胞的微生物类群。测定时需用细菌计数器（Petroff-Hausser counter，适用于细菌）或血细胞计数器（适用于酵母、真菌孢子等）。在普通光学显微镜或相差显微镜下，直接观察并计算一定体积中的平均细胞数，然后换算出供测样品的细胞数。图 8-4 所示为该法的操作步骤。

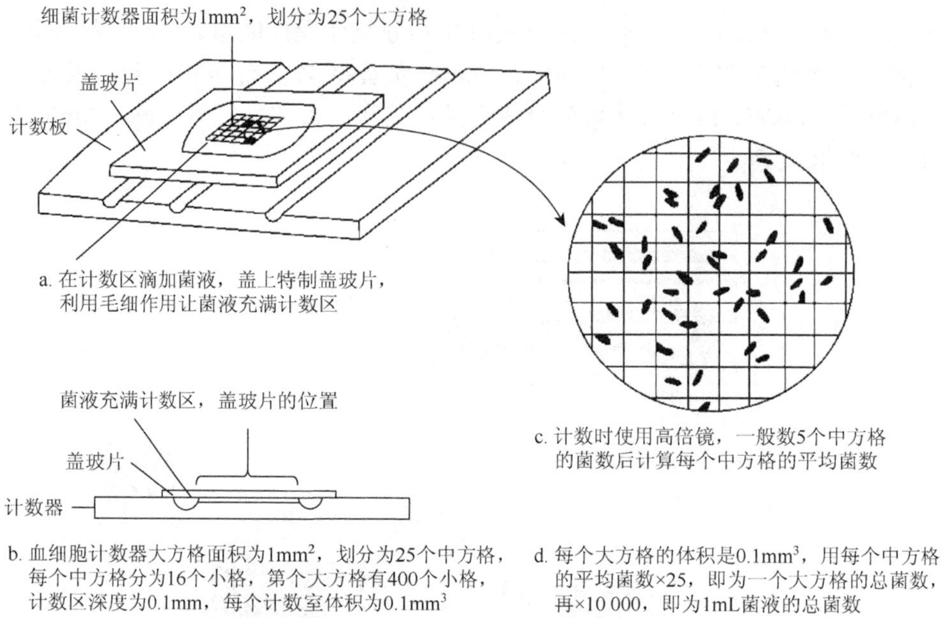

图 8-4　用 Petroff-Hausser 计数器的直接显微镜计数方法的操作步骤

用于直接测数的菌悬液浓度一般应控制在 10^7 个细胞/mL，酵母菌和真菌孢子最适为 10^5～10^6 个/mL。活跃运动的细菌可先用甲醛处理或适度加热，使其停止运动。本法的优点是快捷简便、容易操作，适用于细胞培养过程中跟踪观测，其缺点是不能区分死、活细胞或与待测细胞形状相似的杂质。

（2）比浊法　在一定浓度范围内，悬液中的细菌细胞浓度与光密度（OD 值）成正比，与透光度成反比。可使用分光光度计测定，预先测定光密度与细菌数目的关系曲线，然后根据此曲线查得待测样品中细菌数。由于细菌细胞浓度仅在一定范围内与光密度呈直线关系，因此待测菌悬液细胞浓度不宜过低或过高。培养液的颜色不宜过深，因为颗粒性杂质也会干扰测定结果。对于纯培养的细胞来说，最好先用分光光度计扫描确定待测细胞悬浮液的最大吸收峰（值），再进行正式检测，如大肠杆菌常采用 OD_{600} 检测，但趋磁细菌则用 OD_{565} 更适宜。本法常用于跟踪观察培养过程中细菌数目的消长情况，如细菌生长曲线的测定和工业生产上发酵罐中的细菌生长情况等。

2. *活细菌数的测定*　此法可用于测定具有繁殖能力的细菌数量。

（1）稀释平板（皿）计数法　理论上来讲，在高度稀释条件下，微生物细胞充分分散，每一个活的单细胞均能在平板培养的过程中繁殖形成一个单独的菌落，通过统计长出的菌落数来推算待测样品中的活菌数。具体做法是先将待测样品做一系列倍比稀释，将定量的稀释液接种于琼脂培养基平板，培养，根据平皿上出现的菌落数，便可推算出待测样品中的活菌数（图 8-5）。本法是广泛采用的活菌计数方法之一，缺点是由于供试培养基和实验条件的限制，在混合微生物样品中，并非所有细菌都能在同一种培养基和同一种培养条件下形成肉眼可见的菌落。而且在实际操作中难以做到将所有细胞完全分开，不能保证每个菌落都是由单个细胞分裂而来，因此现在用菌落形成单位（colony forming units，CFU）表示样品中活细菌数量。具体操作可分为倾注平板法（pour plate method）和涂布平板法（spread plate method）两种。

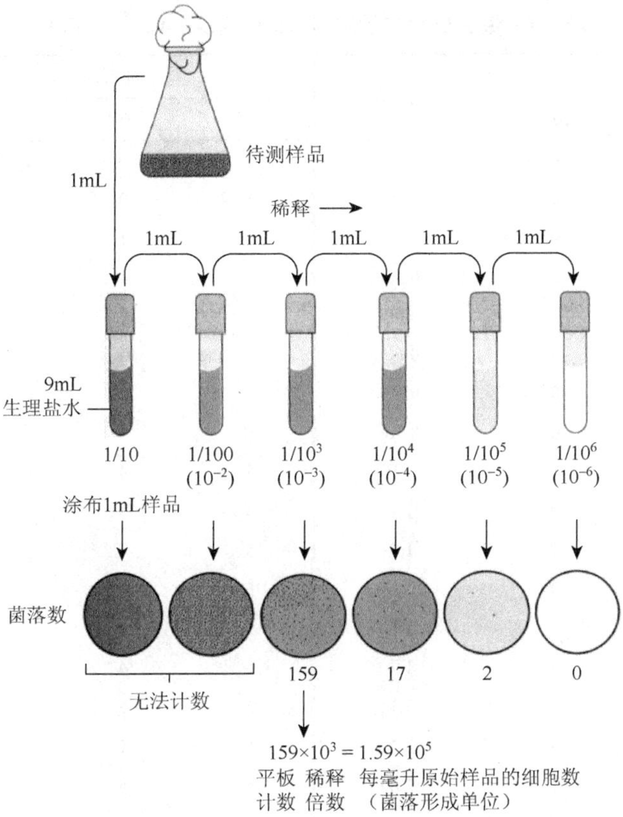

图 8-5　稀释平板（皿）计数法示意图

（2）最大概率法　　最大概率法（most probable number，MPN）适用于生长缓慢或具有一定代谢特征的微生物，属于间接的计数方法。

将待测样品做一系列稀释后接种在定量培养液中培养，在一定稀释度以前的培养液（试管）中出现细菌生长，而在这个稀释度以后的培养液中则没有细菌生长。将最后 3 级有菌生长的稀释度称为临界级数，以 3～5 次重复的 3 个临界级数求得最大概率数（MPN），可计算出样品单位体积中细菌数的近似值。例如，某一细菌在稀释法中的生长情况如下。

稀释度	10^{-3}	10^{-4}	10^{-5}	10^{-6}	10^{-7}	10^{-8}
重复数	5	5	5	5	5	5
出现生长的管数	5	5	5	4	1	0

根据上述结果，获得数量指标为“541”，查统计表（表 8-1），得到近似值为 17。乘以第一位数的稀释倍数 10^5，则原菌液中的活菌数为 17×10^5 个/mL。即每毫升原菌液中含活菌数为 1.7×10^6 个。本方法适合于含菌量少且有代谢特点的样品，或在固体培养基上生长缓慢或不易生长的细菌样品的测数，通常用于测定土壤微生物中特定生理群（能进行氨化、硝化、纤维素分解、硫化和反硫化等的细菌）的数量和检测污水、牛奶及其他食品中特殊微生物类群的细菌数量。本方法的缺点是仅适用于某些特殊生理群的测定，如硝化细菌检测硝酸盐、亚硝酸盐，氨化细菌检测氨等，均以代谢产物为检测指标，因此结果也较粗放。

表 8-1　最大概率法的数目（5 次重复，稀释 10 倍）

数量指标			近似值	数量指标			近似值
10^0	10^{-1}	10^{-2}		10^0	10^{-1}	10^{-2}	
0	1	0	0.18	5	0	0	2.3
1	0	0	0.20	5	0	1	3.1
1	1	0	0.40	5	1	0	3.3
2	0	0	0.45	5	1	1	4.6
2	0	1	0.68	5	2	0	4.9
2	1	0	0.68	5	2	1	7.0
2	2	0	0.93	5	2	2	9.5
3	0	0	0.78	5	3	0	7.9
3	0	1	1.1	5	3	1	11.0
3	1	0	1.1	5	3	2	14.0
3	2	0	1.4	5	4	0	13.0
4	0	0	1.3	5	4	1	17.0
4	0	1	1.7	5	4	2	22.0
4	1	0	1.7	5	4	3	28.0
4	1	1	2.1	5	5	0	24.0
4	2	0	2.2	5	5	1	35.0
4	2	1	2.6	5	5	2	54.0
4	3	0	2.7	5	5	3	92.0
				5	5	4	160.0

（3）浓缩法（滤膜法）　测定空气、水等体积大而且含菌浓度较低的样品中的活菌数，应将一定量的待测样品通过微孔薄膜（如硝酸纤维素薄膜）过滤富集。再将此膜放到合适培养基或浸有培养液的支持物表面上培养，最后可根据菌落数推算出样品的含菌数。

3. 细胞生物量的测定　主要有 4 种方法。

（1）细胞干重测定法　将单位体积的液体培养基中培养的微生物，经过滤或离心收集菌体细胞，用水洗净附在细胞表面的残留培养基。在 105℃高温或真空下干燥至恒重，即可获知培养物中的总生物量。一般细菌干重约为湿重的 20%，本法适用于含菌量高的样品，检测时应避免颗粒性杂质的干扰。

（2）DNA 含量测定法　微生物细胞的 DNA 含量较恒定，不易受菌龄和环境因素的影响。DNA 可与 DABA-HCl（3, 5-二氨基苯甲酸-盐酸）溶液反应，显示特殊的荧光，根据这种荧光反应强度求得 DNA 含量。它可以反映待测样品中所含的生物量，也可以根据 DNA 含量计算出细菌数量。有人推算，平均每个细菌细胞约含 8.4×10^{-5}ng DNA。该法的优点是结果准确，缺点是较费时。

（3）ATP 含量测定法　微生物细胞中都含有相对恒定的 ATP，而 ATP 与生物量之间有一定的比例关系。用适当的试剂从培养物中提取出 ATP，以分光光度计测定它的荧光素-荧光素酶反应的强度，经换算即可得知生物量。此法灵敏度高，但受培养基中含磷量的影响。

（4）代谢活性法　该法是通过测定生活细胞的代谢活性强度来估算其生物量，如测定单位体积培养物在单位时间内消耗的营养物或氧气的数量，或者测定微生物代谢过程中的产酸量或产二氧化碳量等，均可在一定程度上反映微生物的生物量。对于丝状微生物来说，还可以通过测定在一定生长条件下和一定时间内菌丝伸展的长度或菌落的大小，来表明它们的生长情况。本法是间接法，由于并非所有的代谢指标都与生物量之间有比例关系，因此误差较大，仅适合在特定条件下做比较分析时使用。

三、细菌的群体生长——生长曲线

在适宜条件下，大多数细菌的繁殖速度都很快。大肠杆菌在合适的条件下，每 17～20min 可分裂一次。如果始终保持这样的速度，在 48h 内从一个大肠杆菌细胞开始连续分裂，其子代细胞可达 2.2×10^{43} 个，质量可达 2.2×10^{25}t，约为地球质量的 3680 倍。显然，这种情况是不会发生的，细菌在一个有限的环境中不可能无限制地高速生长。研究细菌群体生长的传统方法是分批培养法（batch culture），这种方法是将少量细菌接种到一定体积的液体培养基中，使其自然生长直到养分耗尽。在培养过程中每隔一定时间取样测定细菌数目，可以发现，细菌的群体生长是有一定的规律的（图 8-6a）。在将细菌数量的变化绘制成半对数坐标图时，可以得到一条曲线，称为细菌的生长曲线（图 8-6b）。各种纯培养细菌（或单细胞酵母菌）在分批培养时的生长曲线图形大体是类似的。

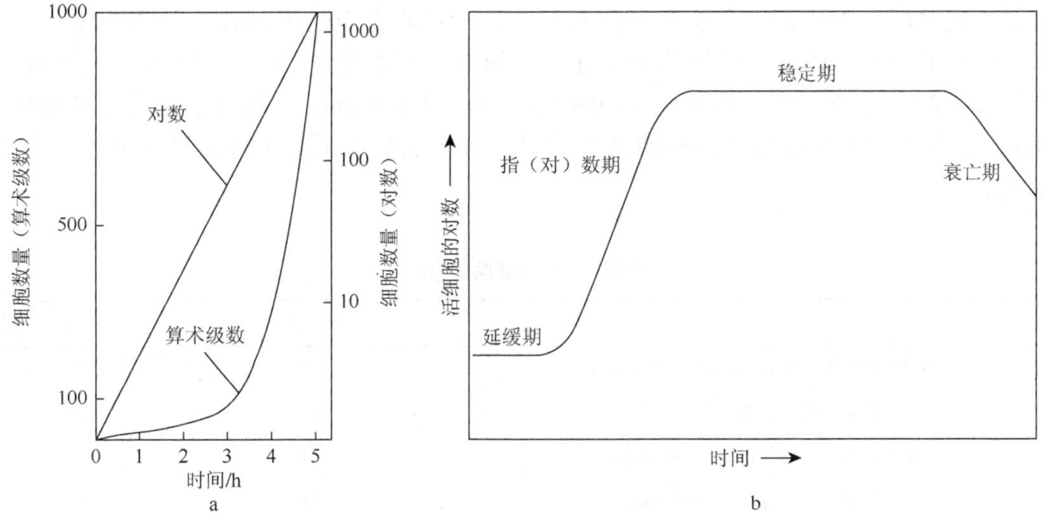

图 8-6 分批培养细菌的生长率（a）和细菌群体的典型生长曲线（b）

细菌的生长表现为 4 个明显的时期，即群体的生长周期。各个时期的长短取决于菌种生理特性和培养条件。

（一）延缓期

延缓期（lag phase）或称为延滞期。接种到新鲜培养液中的细菌细胞往往需要一段时间来进行调整，以逐渐适应新的环境，这个时期内的细菌细胞的体积增长较快，如巨大芽孢杆菌的长度可以从 3.4μm 增长到 9.1～19.8μm。细胞内的原生质均匀一致，贮藏物质消失，DNA 含量提高，产生各种诱导酶。因此，虽然在延缓期内细胞不分裂，但不能认为这个时期的细胞代谢不活跃。事实上，细胞在为分裂进行着生理上的准备。在这个时期的后阶段，少数菌体开始分裂，曲线稍有上升。延缓期的长短，因菌种和培养条件不同而异，几分钟到数小时不等。

（二）指数期

指数期（exponential phase）或称为对数期（log phase）。在这个时期中，细胞的代谢活性最强，旺盛生长，每分裂一次所间隔的时间最短，单位时间内细胞数量成倍增加。在生长曲线上表现为一条上升的直线。

细菌在指数期每分裂一次所需的时间称为世代时间（代时），用 G 表示。假设细菌在对数期开始时有 N_0 个细胞，经过 n 个世代的分裂后，细胞的数目 N_t 应为

$$N_t = N_0 \times 2^n$$

以对数表示：$\lg N_t = \lg N_0 + n\lg 2$

则 $n = (\lg N_t - \lg N_0)/\lg 2 = 3.3(\lg N_t - \lg N_0)$

设 t 为细胞分裂 n 代所需的总时间，则

$$G = t/n = t/[3.3(\lg N_t - \lg N_0)] = 0.301t/(\lg N_t - \lg N_0)$$

式中，n 为繁殖世代数；N_0 为对数期开始时细菌数；N_t 为对数期 t 时的细菌数；G 为世代时间。

通过实验，可以测得 N_t、N_0 和时间（t），由此计算出供试细菌的世代时间（G）。微生物的世代时间取决于它自身的遗传特性，还受到温度、pH、养料和通气等环境因子的影响。细菌的世代时间因不同种类和生长条件而有差异，有的为 20～30min，有的则为几小时，表 8-2 列出了一些有代表性的细菌类群在一定培养基和温度条件下的世代时间。其中，最快的是漂浮假单胞菌（*Pseudomonas natriegenes*），只要 9.8min，最慢的是梅毒密螺旋体，为 33h。细菌在对数期保持高速分裂增长的时间由于受到有限的培养基的限制，一般不超过 40 代。

表 8-2　不同细菌的代时

菌种	温度/℃	代时/min
漂浮假单胞菌（*Pseudomonas natriegenes*）	27	9.8
大肠杆菌（*Escherichia coli*）	37	17
嗜热芽孢杆菌（*Bacillus thermophilus*）	55	18.3
乳链球菌（*Streptococcus lactis*）	37	26
霍乱弧菌（*Vibrio cholerae*）	37	21～38
金黄色葡萄球菌（*Staphylococcus aureus*）	37	27～30
枯草芽孢杆菌（*Bacillus subtilis*）	25	26～32
丁酸梭菌（*Clostridium butyricum*）	30	51
嗜酸乳杆菌（*Lactobacillus acidophilus*）	37	66～87
褐球固氮菌（*Azotobacter chroococcum*）	25	240
费氏中华根瘤菌（*Sinorhizobium fredii*）	28	210
大豆慢生根瘤菌（*Bradyrhizobium japonicum*）	28	576
结核分枝杆菌（*Mycobacterium tuberculosis*）	37	792～932
活跃硝化杆菌（*Nitrobacter agilis*）	27	1200
梅毒密螺旋体（*Treponema pallidum*）	37	1980

处于对数期的细菌，生长迅速，形态、生理和化学组成等特性较为一致，由于旺盛生长的细胞对环境等因子的作用敏感，因而是研究生理代谢和遗传变异的适宜材料。在微生物发酵工艺中，通常根据菌株的特性选取对数期细胞作为转接或扩大培养的种子，以便缩短发酵周期和提高设备利用率，这在生产实践中是十分重要的。

如果细菌以指数生长（exponential growth）速度而加倍，则在每单位时间内细胞数量增加一倍，如果细胞数量的算术值以时间的算术值为函数绘制坐标图，则可以得到斜率持续增加的一条算术曲线。在微生物学研究中，一般将细胞数量换算成对数值，作为纵坐标，横坐标仍为时间的算术值，绘制成半对数图，于是曲线变成了直线（图 8-6a），这样便于计算代时，可以比较不同细菌的生长速率。

（三）稳定期

稳定期（stationary phase）或称为最高稳定生长期。细菌经过对数期的旺盛生长后，其周围环境发生了一系列变化。某些营养物质的开始缺乏，代谢产物的累积，pH 和 Eh 的变化等限制了菌体细胞继续高速度地生长和分裂，使细菌的繁殖速率下降，而死亡率逐渐上升。细菌的老细胞死亡数与新细胞的增长数接近于平衡状态，生长转入稳定期。

在这一时期内，细菌群体的活菌总数达到最高，并可相对持续一定时间。细胞开始积累贮存物质，如糖原、异染颗粒等；大多数产芽孢的细胞形成芽孢；有些菌则在稳定期内合成次生代谢产物。细菌处于稳定期的长短与菌种特性和环境条件有关，在发酵工业中，为了获得更多的菌体或代谢产物，还可以通过补料，调节 pH、温度或通气量等措施来延长稳定期。

（四）衰亡期

衰亡期（death phase）或称为衰老期。继稳定期后，环境变得更不适于细菌生长，细胞的生活力继续衰退，其死亡率逐渐增高，活菌数急剧减少，表现为曲线下降。这个时期的细胞呈多形态，有时产生畸形细胞，而且细胞质内多液泡。其革兰氏染色也不稳定，有些 G^+ 细菌染色反应变为 G^- 细菌。

在实验室中常用的摇瓶振荡培养和工业生产中普遍采用的发酵罐通气搅拌培养都属于分批培养法，其生长曲线反映了细菌在这种营养液体积基本不变时生长繁殖和死亡的群体生长规律。它既可作为营养和环境因素影响的理论研究指标，也可用作调控微生物生长发育的依据，指导微生物的生产实践。

四、细菌的二次生长、同步生长和连续培养

细菌在批量培养中的生长规律符合细菌生长曲线，处于对数期的细菌虽然能以几何级数的速率生长繁殖，但并非每一个细胞都能做到同时或同步分裂。由于受到养料和有害代谢产物的限制，一般细菌的对数增长也只能维持一个很短的时期。那么，我们是否有办法获得同步生长的细胞？是否能让细菌长期保持对数期的高速增长呢？这就是下面将要回答的问题。

（一）营养物质浓度对生长的影响

在微生物生长需要的全部营养因素中，对其生长繁殖必需的那些养料因素又称为限制

性营养物。限制性营养物浓度对微生物的生长速率和最大收获量有影响。由图 8-7 可知，在低浓度（＜2mg/mL）下，增加养料浓度可同时提高生长速率和最大收获量；在中等浓度（2～8mg/mL）下，增加养料浓度则只提高最大收获量；若进一步提高养料浓度（＞8mg/mL）时，已不能对其生长速率和收获量起促进作用。过高的养料浓度有时反而会抑制生长，并造成毒害作用，如盐渍或蜜饯食品中的高盐和高糖环境，足以抑制绝大多数微生物的生长。

养料在低浓度下能影响微生物生长的原因与吸收有关。由于在低浓度下，细胞质膜上转运养料的载体蛋白尚未饱和，因而提高养料浓度能促使养料更多地进入细胞，以加快其生长速率。在中等浓度下，由于载体蛋白已达到饱和状态，提高养料浓度已不能加快养料进入细胞的速率，因而也不能提高细胞的生长速率。但是，它能延长细胞快速生长的持续时间，所以能提高细胞的收获量。

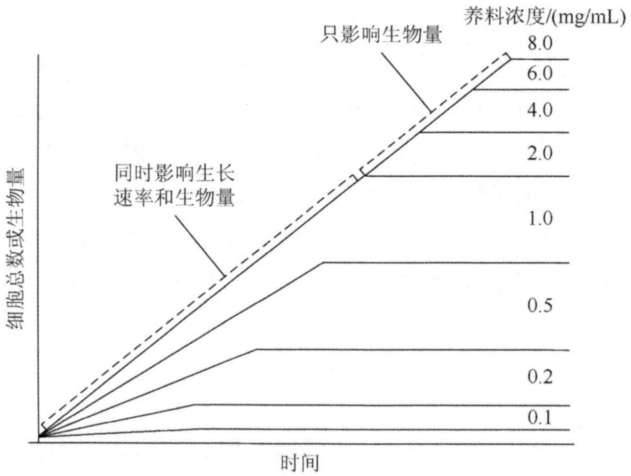

图 8-7　色氨酸浓度对大肠杆菌突变株生长的影响

（二）二次生长

当培养液中同时存在两种均能被微生物利用的主要营养物质时，微生物将首先利用其中较易利用的营养物开始生长。当较易利用的营养物被消耗完，进入稳定期后，微生物经过短暂的适应，开始利用第二种营养物，再次开始新的对数生长，并进入新的稳定期，表现为二阶式的双峰生长曲线，称为二次生长（diauxic growth）曲线（图 8-8）。1942 年，Monod 研究枯草芽孢杆菌在有葡萄糖和阿拉伯糖的培养液中的生长情况时，首先发现了二次生长现象。后来，在大肠杆菌和许多其他微生物中都观察到了二次生长现象，而且也不仅限于葡萄糖和阿拉伯糖。需要指出，并不是任何两种糖同时存在都能产生二次生长，如葡萄糖与果糖、阿拉伯糖与木糖等就不产生二次生长现象。

出现二次生长的原因，是由于利用葡萄糖的酶系是固有的，而利用第二种糖时，如阿拉伯糖或乳糖等的酶系是诱导生成的。在有葡萄糖的情况下，细胞内的 cAMP（环化腺嘌呤单核苷酸）水平低，阻遏了利用第二种糖的酶系的合成。只有当葡萄糖被利用完后，细胞内 cAMP 的浓度升高，才能诱导合成利用第二种糖的酶系。由于合成新酶系需要一定的时间，因此在二次生长之间出现了一段延缓期（详见第九章“降解物阻遏”的详细解释）。

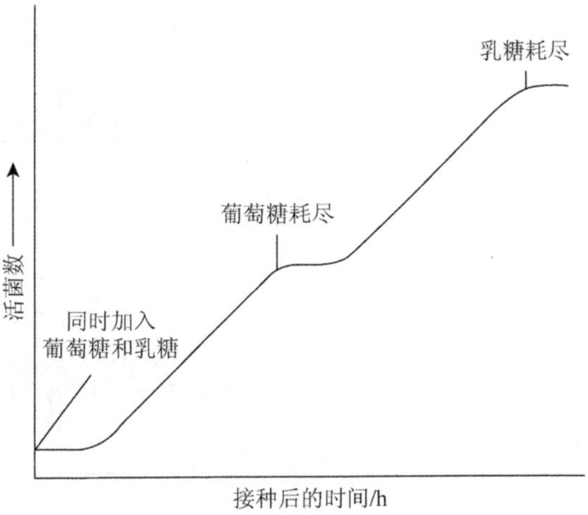

图 8-8　大肠杆菌的二次生长曲线

（三）同步生长

同步生长（synchronized growth）是指创造条件使群体细胞中每个个体细胞在生活周期中都处于相同的生长阶段。这些细胞能同时分裂，彼此间形态结构、生理生化特征等一致，是研究细胞学、生理学和生物化学的良好实验材料。由图 8-9 可见，非同步生长曲线是直线的，也就是说，即使每个细胞世代时间（G）相同，但每个细胞都在不同的时间进行分裂，分批培养中的细胞群体就是如此。同步生长曲线是阶梯式的，这表明群体细胞大部分是在大约相同的时间进行分裂。应当指出，同步生长的群体一般只能维持 2～3 代，不能长期地保持同步状态，随着时间的延长，同步被打破，逐渐转入非同步生长（图 8-9）。

实现同步生长的关键是分离处于相同生长阶段的同步细胞，常用的方法有 3 种，即机械分离法、诱导法和解除抑制法。

1. 机械分离法　　由于细菌培养物中处于同一生长阶段的细胞，其体积大小是相同的，故可用过滤法、区带离心法和膜洗脱法收集到同步细胞。

（1）过滤法　　将细胞用滤器过滤，让处于细胞周期较早阶段的小细胞通过，收集这些细胞，转入新鲜培养基中，即能获得同步培养物。

（2）区带离心法　　根据不同生长阶段的细胞在沉降系数上的差异，分离处于同一生长阶段的细胞，以获得同步细胞群体。本法已成功地应用于酵母菌和大肠杆菌等同步细胞的筛选。

（3）膜洗脱法　　如果拟获得比上述两种方法数量更多、同步性更高的细胞，可采用膜洗脱法（图 8-10）。依据某些滤膜可以吸附与该滤膜相反电荷细胞的原理，其操作步骤是将非同步细胞通过一个硝酸纤维素的微孔滤膜，细胞附在滤膜上（图 8-10a），然后将滤膜翻转，并从上部连续缓慢地加入新的营养液（图 8-10b）。附在滤膜上的细胞便生长分裂，分裂后的细胞仍然被吸附在膜上，而所产生的子细胞因无法与滤膜接触，随着培养液洗脱下来（图 8-10c），落入下部的收集器中（图 8-10d）。将收集液中刚刚分裂的子细胞进行培养，可获得同步生长的细胞群体（图 8-10）。

2. 诱导法　　通过改变养料、温度等环境条件，诱使不同步的培养物实现同步化。主要方法有以下几种。

（1）温度法　　先将培养物在稍低于最适温度的条件下培养，以控制生长，延迟分裂，

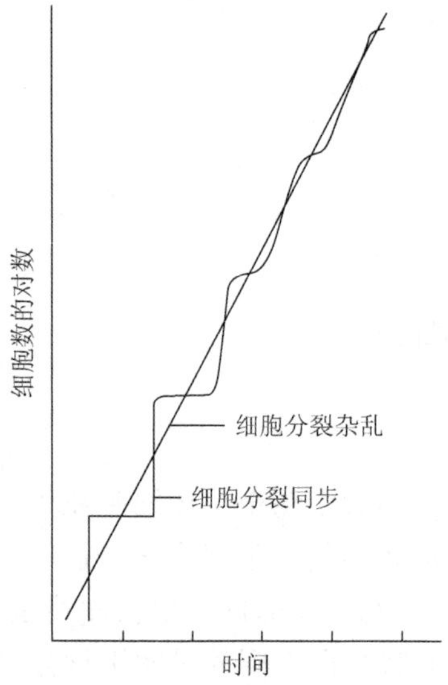

图 8-9　细菌的同步生长与非同步生长

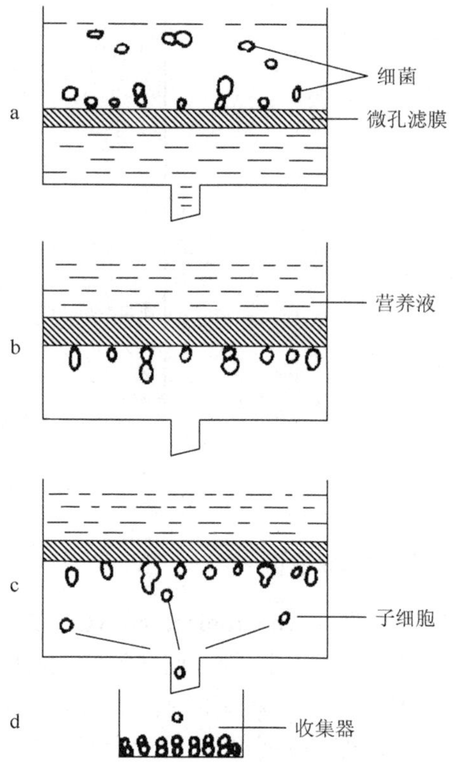

图 8-10　获得同步培养的膜洗脱法

a. 细胞附在滤膜上；b. 滤膜翻转，缓慢加入营养液；c. 子细胞被洗脱；d. 收集子细胞

然后再转移到最适温度下培养，能使多数细胞同步化。例如，将鼠伤寒沙门氏菌（*Salmonella typhimurium*）在25℃下培养一段时间后，再置于37℃下继续培养，便可获得同步细胞群体。

（2）养料法　　先将培养物在养料缺乏的培养基中限制其生长和分裂，使所有细胞都处于临分裂状态（但不分裂），然后转入正常的生长培养基中，可以使多数细胞同步生长。

（3）其他方法　　例如，对于芽孢细菌，可以先用加热或紫外线杀死营养细胞，然后再诱导存活芽孢的同期萌发。

3. 解除抑制法　　采用蝶呤等代谢抑制剂，阻断细胞DNA的合成，或用氯霉素等抑制细胞蛋白质合成等方法，使细胞停留在较一致的生长阶段。然后用大量稀释等方法突然解除抑制，可在一定程度上实现同步生长。

（四）连续培养

在分批培养的对数生长期中，由于营养物质逐渐耗尽和有毒的代谢物质产生，最终导致细菌生长速率的降低，生长进入稳定阶段。如果在细菌进入对数期时，一方面以一定速度源源不断地输入新鲜的培养液，另一方面缓缓地以同样的速度移去培养物（包括菌体和代谢产物），可以无限期地延长对数生长期，这种培养方法称为连续培养（continuous-flow culture）。图8-11示意连续培养装置，该装置包括培养基存储器、流量控制阀、培养器、排出管等。依其性质和目的不同，主要有以下两类。

1. 恒浊连续培养　　这是通过光电装置自动测定，并借调节加入培养液的流速来保持培养物浊度恒定的培养方法（图8-11a）。恒浊连续培养的目的是控制并获得菌数恒定的培养物，它一般采用养料浓度较高的完全培养基，没有限制生长的养料成分，因而能让培养物以较高的速率增长。当菌数过高时，光电装置测得培养器内微生物的浊度增加，并能调节和加快培养液的进入速度，以使浊度降低。反之，当菌数过低时，又能调节使加入培养液的流速降低，使浊度回升。恒浊连续培养既能实现微生物的高速增长，又能提供大量形态与生理特征基本相同的细胞，因而在微生物代谢研究和发酵工业实践方面有着广泛的应用前景。

2. 恒化连续培养　这是通过控制培养液的流速，以保持培养物的恒定生长速率和养料成分的培养方法（图 8-11b）。在恒化连续培养使用的培养液中，需要有一种低浓度的限定性养料，因而可以通过调节其浓度的方法，来获得具有不同生长速率的培养物。恒化培养的关键是调节好培养液的加入速度或稀释率。在恒化连续培养中，应关注稀释率与培养物细胞密度和限制性养料浓度的关系。由图 8-12 可见，在高倍稀释的条件下，总菌数迅速下降，而培养液养料浓度升至最大。在低于以上条件的一个很大稀释率范围内，菌数能保持恒定而基质养料浓度也较低，唯有培养物的生长速率变化范围较大。在低稀释率下，生长速率变化较大（即恒化器范围）；在较高的稀释率下，生长速率变化较小（即恒浊器范围）。恒化连续培养常用于模拟和研究微生物在自然状态和养料稀薄状态下的生长规律。

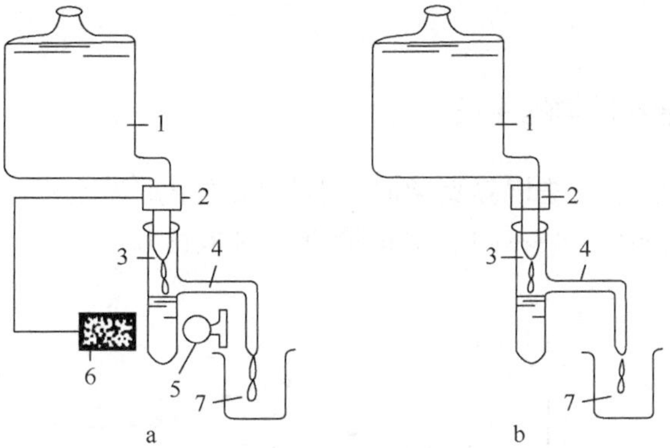

图 8-11　连续培养装置的示意图

a. 恒浊培养系统；b. 恒化培养系统

1. 培养基存储器；2. 流量控制阀；3. 培养器；4. 排出管；5. 光源；6. 光电池；7. 流出物

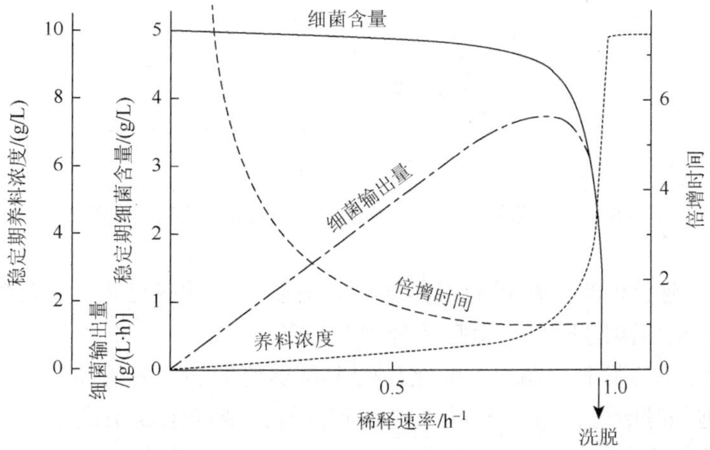

图 8-12　恒化连续培养中稀释率与培养物细胞密度和限制性养料浓度的关系

连续培养在工业上的采用，能缩短发酵周期，提高设备利用率，减少燃料、人力消耗和降低生产成本，是今后微生物工业发酵的发展方向，已应用于乙醇、丙酮和丁醇等产品的发酵实践中。

五、真菌生长的测定

这里简要介绍丝状真菌的生长规律。

（一）丝状真菌在固体培养基上的生长

丝状真菌孢子在固体培养基上萌发后即长成分枝菌丝，并以顶端生长方式伸长和产生新的分枝。

丝状真菌的生长常以菌丝长度、菌落直径或面积来表示。通常用 U 形管测定菌丝的长度，在管内一端接种后，可定时测定菌丝生长的长度。真菌菌落在培养平板上具有扩展的能力，但达到培养基边缘或与另一菌落接触时，就不再扩大。许多测定结果表明，丝状真菌在固体培养基上生长的初期，也有或长或短的停滞时间，然后才以恒定的速度生长，其菌丝长度和时间呈直线关系。

（二）真菌在液体培养基中的生长

在用液体振荡或深层通气法培养真菌时，若以菌丝干重为指标，它们具有与细菌相似的生长规律，并且可以区分出 3 个不同的生长阶段（图 8-13）。

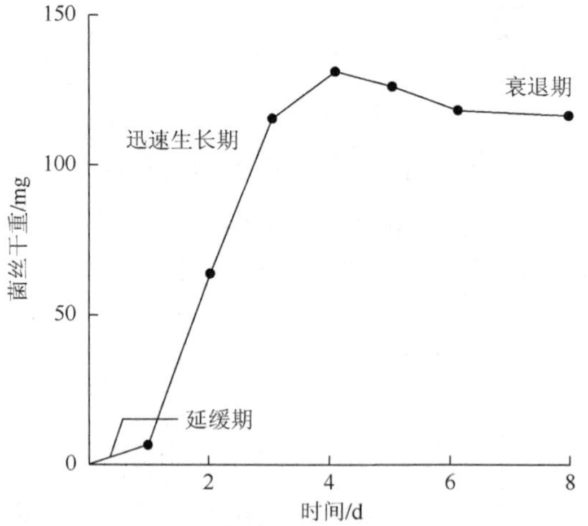

图 8-13　茄病镰刀霉（*Fusarium solani*）的生长曲线

1. 延缓期　孢子和菌丝在新的培养环境中需要一个适应过程，因而在接种后表现出延缓期。延缓期的长短与菌的种类、菌龄及环境条件等有关。

2. 迅速生长期　在本时期内，菌丝体的干重迅速增加，菌丝伸长和分枝速率加快。在这一时期中，细胞的呼吸强度和代谢速率均达到高峰，能产生或不产生酸类等代谢产物。当静止培养时，后期将会在液体表面形成菌膜和分生孢子；在振荡或通气搅拌培养时，方成为絮状。

3. 衰退期　真菌进入这个时期的标志是生长速度减慢和菌丝干重下降。除少数新生菌丝外，多数菌丝的细胞质中开始出现较大的空泡和贮存物颗粒，老菌丝开始自溶，多数次生代谢产物（如抗生素等）也在本期内合成。真菌生长减缓以致最后停止生长，其原因主要是养料的消耗和有害的代谢产物（如氨和有机酸等）的积累。在衰退期，菌丝自溶的程度也取决于菌种的特性和培养条件。

第二节　环境条件对微生物生长的影响

一、温度

温度是微生物生长的诸多重要环境因素之一。从微生物总体来看，生长的温度范围很广，可在−12～100℃或更高温度下生长，但具体到某一种微生物，则只能在有限的温度范围内生长。不同微生物对温度的要求不同。各种微生物都有其生长繁殖的最低温度、最高温度和最适温度（表 8-3）。

表 8-3　各种微生物的生长温度范围

微生物	生长温度范围/℃		
	最低	最适	最高
根癌土壤杆菌（*Agrobacterium tumefaciens*）	0	25～28	37
枯草芽孢杆菌（*Bacillus subtilis*）	15	30～37	55
胡萝卜软腐欧文氏菌（*Erwinia carotovora*）	4	25～30	39
大肠杆菌（*Escherihia coli*）	10	30～37	45
肺炎克氏杆菌（*Klebsiella pneumoniae*）	12	37	40
淋病奈瑟氏球菌（*Neisseria gonorrhoeae*）	5	37	55
铜绿假单胞菌（*Pseudomonas aeruginosa*）	0	37	42
嗜热链霉菌（*Streptomyces thermophilus*）	20	40～45	53
嗜酸热硫化叶菌（*Sulfolobus acidocaldarius*）	60	80	85
酿酒酵母（*Saccharomyces cerevisiae*）	1～3	28	40
黑曲霉（*Aspergillus niger*）	7	30～39	47
尖孢镰刀菌（*Fusarium oxysporum*）	4	15～32	40
扩展青霉（*Penicillum expansum*）	0	25～27	30

最低温度是指微生物能生长的温度下限。在此温度范围内，微生物尚能生长，但生长速度非常缓慢。除反复冻融等处理外，低温一般不易导致微生物的死亡。微生物可以在低温下较长期地保持其生活能力，因此我们也才有可能采用低温来保藏微生物。最高温度是指微生物能生长的温度上限，在此温度下，微生物仍能生长，而超过这个温度时，微生物就停止生长或死亡。最适合生长的温度称为最适温度，在这个温度下，微生物迅速生长。值得指出的是，最适温度不一定是微生物代谢的最适温度，如青霉素产生菌产黄青霉（*Penicillium chrysogenum*）虽然在 30℃时生长最快，而青霉素产生的最适温度却在 20～25℃。因此，在

青霉素生产过程中应采用各阶段变温培养的方法以提高产量。前期为菌丝体生长阶段，温度应保持在 30℃，而后期为抗生素产生阶段，温度最好保持在 20～25℃。真菌生长的最适温度往往也不一定是产生子实体的最适温度，如香菇进行菌丝体生长时为 22～26℃，而形成子实体的最适温度为 20℃。

（一）微生物生长的温度类型

根据不同微生物对温度的要求和适应能力，可以把它们区分为低温、中温和高温 3 种不同的类型，各类微生物对温度的适应范围和分布见表 8-4 和图 8-14。

表 8-4　微生物的生长温度类型

微生物类型		生长温度范围/℃			分布的主要处所
		最低	最适	最高	
低温型	专性嗜冷	−12	5～15	15～20	两极地区
	兼性嗜冷	−5～0	10～20	25～30	海水及冷藏食品上
中温型	室温	10～20	20～35	40～45	土壤、水、空气、动植物
	体温		35～40		人和温血动物
高温型	嗜热	30	45～65	100 以上	温泉、堆肥、土壤表层、热水、加热器
	极端嗜热	50	70～90		温泉和海底火山口

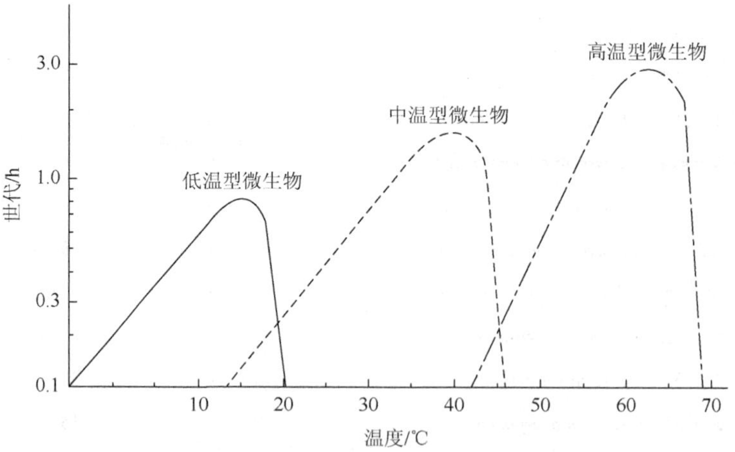

图 8-14　温度与低温型微生物、中温型微生物和高温型微生物生长速率的关系

（1）低温型微生物（psychrophile）　或称嗜冷微生物。它们一般能在 0℃或更低的温度下生长，有专性和兼性两大类。专性低温型微生物只能在低温下生长，超过 20℃时将抑制其生长并很快杀死它们。一般分布在高纬度的陆地和海洋中，包括细菌、藻类和真菌中的一些特殊类群。其中研究得较多的是藻类，如能在寒带冰河、雪原表面生长的雪藻（*Chlamydomonas nivalis*）和可在极地冰块下面生长的硅藻（*Fragilaria sublinearis*）。兼性低温型微生物则分布较广，主要存在于海洋、中高纬度陆地及冷藏食品上，包括细菌、真菌和藻类等的许多类群，它们往往是造成冷冻食品腐败的主要原因。

低温型微生物能在低温条件下生长的主要原因有两个，一是其细胞内的酶在低温下活性高，二是细胞质膜中的不饱和脂肪酸含量高，使膜在低温下保持半流动状态和较高生理活性。

（2）中温型微生物（mesophiles） 在自然界中，绝大多数微生物属于这种类型。有室温性和体温性微生物之分。室温性微生物适于在 20～25℃生长，广泛分布于土壤、水、空气和动植物上。体温性微生物则绝大多数是人及温血动物的专性寄生或兼性寄生微生物。最适生长温度与其宿主体温相近，在 35～40℃。有人以大肠杆菌为研究材料，发现它们不能在低温下生长的原因是由于蛋白质合成的启动受阻和受代谢产物的反馈抑制。

（3）高温型微生物（thermophiles） 也称嗜热微生物。其最适温度在 50～60℃。在温泉、火山、热带土壤表层等自然环境，以及堆肥、厩肥、秸秆堆和沼气发酵池等高温环境中均有高温型微生物存在。它们参与堆肥、厩肥和秸秆分解的高温阶段中有机质分解作用。在微生物中，芽孢杆菌属、梭状芽孢杆菌属、甲烷杆菌属和放线菌中多有高温型种类。真菌通常不能在高温条件下生长。就耐热性而言，各主要微生物类群表现为：原核生物＞真核生物，非光合生物＞光合生物，简单的生物＞复杂的生物。已有人报道，从海底的局部高温环境中分离出能耐 100℃以上高温的原核生物，称为极端嗜热微生物。例如，*Pyrolobus fumarii* 可在 113℃生长，其最适温度为 106℃。高温型微生物能耐高温的主要原因是它们具有耐热的酶和蛋白质及其合成系统，此外，其细胞质膜的类脂也富含饱和脂肪酸，因而具有更强的疏水键，以利于膜结构在高温下保持稳定。已报道的可以在高温高压下生活的微生物，当属马萨诸塞州大学研究者分离自太平洋洋面以下 2.4km 的一个海底热液出口的一株微生物（Strain 121），它在 121℃的高温下仍能继续生长和繁殖。进一步研究发现，Strain 121 并不是一个异常的生物有机体，它利用铁从它的食物中获取能量。从化学角度来分析，Strain 121 的呼吸作用在转化三价铁到亚铁的过程中，形成了磁铁矿。有人推测，这也是大约 20 亿年前地球上沉积的大部分含磁矿物的来源。人们在不断地进行着海洋深处的探索，相信会有更加惊人的微生物被发现。

（二）温度对常见微生物的影响

在适应的温度界限以外，过高或过低的温度对微生物的影响是不同的。超过微生物生长的最高温度可引起微生物细胞内的蛋白质凝固，使酶变性失活，代谢停滞而死亡。通常我们把能在 10min 内杀死某种微生物的高温界限称为致死温度，而在某一温度下杀死细胞所需的最短时间称为致死时间，不同微生物的致死温度不同（表 8-5）。一般来说，大多数细菌、病毒、酵母菌和丝状真菌营养体的致死温度为 50～65℃。因而在牛奶、饮料和酒类等食品生产上，为了不影响食品的营养和风味，多采用 63～66℃、30min 或 70℃、15min 的巴氏消毒法，可杀死其中的病原菌如伤寒杆菌、结核杆菌等。

微生物对热的忍受力差别很大。放线菌和真菌的孢子的抗热能力稍强，致死温度为 76～80℃，细菌的芽孢抗热能力极强，能耐 100℃以上高温数分钟。在实际工作中，常采用湿热灭菌法对培养基进行灭菌处理，湿热灭菌条件一般是 121℃、15～30min。对不耐热的培养基灭菌，可采用间歇灭菌法。例如，将待灭菌的培养基在 80～100℃下蒸煮 15～60min，以杀灭其中的微生物营养细胞。然后置于室温或适宜温度下过夜，促使残留的芽孢萌发，第二天再以同法蒸煮和培养。如此重复 3 次，即可在较低温度下达到彻底灭菌的效果。采用干热灭菌法可杀死培养皿等各种器皿中的全部微生物，干热灭菌条件是 160～170℃、1～2h。在同一温度下，湿热灭菌法比干热灭菌法的效果好，这是由于湿热灭菌法主要是通过热蒸汽杀死微生物，蒸汽的穿透力较热空气强，而且蛋白质含水量愈高，愈易于凝固。因此，在同一温度下，湿热比干热更容易引起微生物死亡。例如，肉毒梭状芽孢杆菌（*Clostridium botulinum*）的芽孢在干燥下，需要 180℃、10min 才死亡；而在湿热下，仅需 120～121℃、10min 即可杀死芽孢。

表 8-5　细菌的致死温度

细菌	致死温度/℃	致死时间/min
胡萝卜软腐欧文氏菌	48～51	10
维氏硝化杆菌	50	5
白喉棒杆菌	50	10
根瘤土壤杆菌	53	10
普通变形菌	55	60
肺炎链球菌	56	5～7
伤寒沙门氏杆菌	58	30
大肠杆菌	60	10
嗜热乳杆菌	71	30

当环境温度低于微生物生长的下限时，可造成微生物细胞内酶的活性降低，新陈代谢活动缓慢，呈休眠状态。此时虽然微生物的生命活动几乎停止，但其活力仍然存在。一般来说，微生物对低温的耐受力都很强，许多细菌甚至能在–70～–20℃下生存。利用这个特点，在微生物学的研究工作中，常采用冷藏法（如冰箱、液氮罐等）保存菌种。由于温度过低会产生冰冻，使微生物细胞内的游离水形成冰的晶体，造成细胞脱水，并且冰晶对细胞还有机械损伤作用，也会导致其死亡。因此，在用低温冰箱和液氮保存菌种时，常在细胞悬液中加入甘油等保护剂的方法，以保护细胞。

二、水活度和渗透压

水是微生物细胞的主要组分，也是微生物生命活动的基本条件之一。一些微生物在水溶液中生活，还有一些微生物可以从培养基质表面的水膜吸收水分。空气湿度对微生物的生命活动也有很大影响，空气湿度大有利于它们的生存和传播。在酿造业中，曲房要接近饱和湿度，促使真菌旺盛生长。在长江流域的黄梅季节，物品容易发霉，主要是由于空气湿度大（相对湿度在 70%以上）和温度较高。若环境过于干燥，微生物则不能生长，长期失水会导致菌体死亡。溶液的渗透压和水的可给性有密切关系，如果溶液中的溶质浓度过高，则环境中的水对于微生物失去了可给性。

（一）水活度

水分的影响不仅取决于含量的多少，更重要的是其可给性（availability）。溶质浓度的高低和固体表面对水的亲和力都影响水分对微生物的可给性，环境中水的可给性一般以水活度来表示。

环境中水对微生物的可给性通常用水的活度值 a_W 表示。a_W 是指在一定温度和压力条件下，溶液中的蒸汽压（P）与纯水蒸汽压（P_0）之比，用下式表示：

$$a_W = P/P_0$$

在各种环境中，a_W 值为 0～1，纯水的 $a_W = 1$。溶液中含有其他溶质时，溶液的 a_W 值降低，溶质越多，a_W 值越小。土壤中的水活度在 0.90～1.00。不同微生物适宜生长的水活度差异很大（表 8-6）。

表 8-6　某些微生物生活环境的水活度（引自 Atlas and Bartha，1987；Madigan et al.，1991）

水活度	环境或材料	微生物（代表种类）
1.00	纯水	柄杆菌、螺菌
0.90～1.00	一般农业土壤	大多数微生物
0.98	海水	假单胞菌、弧菌
0.95	面包	大多数 G^+ 杆菌
0.90	槭（树）糖浆、火腿	G^+ 球菌、毛霉、镰孢霉
0.80	水果、蛋糕、果酱	拜耳酵母、青霉
0.75	盐湖、咸鱼	盐杆菌、盐球菌、曲霉
0.70	谷物、蜜饯、干果	嗜干燥真菌

微生物生长所要求的 a_W 值通常在 0.66～0.99，每一种微生物都有其最适值 a_W。从整体来说细菌最不耐干燥，其最适生长的 a_W 值比酵母菌的高，一般的 a_W 为 0.93～0.99；大多数酵母菌生长的最适 a_W 为 0.88～0.91；丝状真菌一般比其他微生物更耐干燥，a_W 为 0.80 左右，地衣和一些丝状真菌能在 a_W 值低至 0.60 时生长。少数微生物种类能在较低的 a_W 值环境中生活，如某些酵母菌能在 a_W 值低至 0.73 的培养基中生长，称为嗜高渗酵母，而嗜盐细菌可在 a_W 为 0.76 的环境中生长。

微生物的营养细胞一般不耐干燥，几小时便会死去，但放线菌的分生孢子和细菌芽孢可以在干燥条件下保存数年。若在微生物营养细胞中加入少量保护剂（如脱脂牛奶、血清和蔗糖等），并在低温冷冻的条件下真空干燥。采用此法冻干的微生物不仅可以长期保持其生活力，而且能保持原有的遗传特性，是一种理想的菌种保藏方法。

（二）渗透压

纯水具有通过半透膜的渗透作用（osmosis）。当膜两边的溶质浓度不同时，会产生渗透压（osmotic pressure）差，使水分子从溶质浓度低的一边流向溶质浓度高的一边。在微生物正常生长的情况下，细胞内溶质的浓度高于细胞外溶质的浓度，因此水分能够通过半透性的细胞质膜进入细胞内，由于细胞壁的保护作用，避免了因水分的无限流入而造成的细胞质膜破裂。高渗环境会使细胞脱水，造成生理干燥，原生质收缩引起质壁分离现象，因而能抑制大多数微生物的生长。低渗溶液能破坏去壁的细胞原生质体，使细胞吸水膨胀破裂，但一般不会对微生物正常细胞的生存带来太大威胁。

人们常常利用这一原理，通过加入高浓度的食盐或蔗糖，以人工造成高渗环境来保存蔬菜、肉类和水果等，防止食物腐败。常用10%～15%食盐腌渍食品，或用50%～70%的糖来加工食品，使微生物不能正常生长，达到长久保存食品的目的。但也有些微生物不仅能忍受高渗环境，而且适宜在这种条件下生活，称为嗜渗菌（osmophile）或嗜盐菌（halophile），如一些海洋微生物，培养它们时要加入3.5% NaCl。极端嗜盐菌（extreme halophile）能在15%～30%盐浓度下生活。这些微生物耐低水活度的机制是提高细胞内溶质的浓度而从外界获得水分，其方式是从外界泵入离子或在细胞内合成某些溶质。这种调节细胞内水分状况的溶质称为亲和性溶质（compatible solute），如许多革兰氏阴性细菌中的谷氨酸盐、耐盐细菌中的钾离子和耐渗透的（osmotolerant）酵母中的山梨醇与核糖醇，都有渗透调节作用。

三、酸碱度

环境中的氢离子浓度（即酸碱度）对微生物的生命活动有很大的影响。酸碱度通常以氢离子浓度的负对数（即pH）来表示。

在自然界中，pH1～11时，都有微生物生活，但只有很少数种类能在pH2以下和pH10以上生长。大多数种类生活在pH4～9的环境中。要求低pH或高pH的微生物分别称为嗜酸菌（acidophile）和嗜碱菌（alkaliphile）。有的微生物生活在pH10～11的碱湖和高碳酸钠的土壤中。一般而言，每种微生物都有最适宜的pH和一定的pH适应范围。大多数细菌、藻类和原生动物的最适宜pH为6.5～7.5。不同种类在pH4.0～10.0也能生长，但有的细菌种类可在pH1时生活，在中性环境中完全不能生长，这种菌称为专性嗜酸菌，如细菌中的硫杆菌属（*Thiobacillus*）、古菌中的硫化叶菌属（*Sulfolobus*）和热原体属（*Thermoplasma*）。放线菌一般以微碱性即pH7.5～8.0最适宜。真菌比细菌耐酸，许多种类适于pH5.0～6.0的酸性环境（表8-7）。

表8-7　各类微生物对氢离子浓度的适应范围

微生物	pH		
	最低	最适	最高
圆褐固氮菌	4.5	7.4～7.6	9.0
大豆根瘤菌	4.2	6.8～7.0	11.0
亚硝酸细菌	7.0	7.8～8.6	9.4
氧化硫杆菌	1.0	2.0～2.8	4.0～6.0
嗜酸乳酸杆菌	4.0～4.6	5.8～6.6	6.8
放线菌	5.0	7.0～8.0	10.0
酵母菌	3.0	5.0～6.0	8.0
黑曲霉	1.5	5.0～6.0	9.0

pH或氢离子浓度对微生物的作用表现在：①影响细胞质膜对离子和养料的吸收；②影响酶的活性；③改变环境中养料的可给性或有害物质的毒性。

在发酵工业中，pH的变化常可改变微生物的代谢途径，并产生不同的代谢产物。例如，酵母菌在pH4.5～6.0时发酵糖产生乙醇，当pH大于7.6时则可同时产生乙醇、甘油和乙酸。又如，黑曲霉（*Aspergillus niger*）在pH2.0～3.0时发酵蔗糖产生柠檬酸，当pH升至中性时，则产生草酸。因此，调节和控制发酵液 pH 可以改变微生物的代谢方向，以获得我们需要的代谢产物。

微生物对环境中物质的代谢也可反过来改变环境的 pH，如许多细菌和真菌在分解培养基中的碳水化合物时产酸，使环境变酸，另一些微生物则在分解蛋白质时产氨，使环境变碱。因此，在配制微生物培养基时，不仅需要调节 pH，有时还要选择适合 pH 的缓冲液（主要是磷酸缓冲液），或加入过量碳酸钙等方法，来维持微生物生长过程中的 pH。

强酸和强碱具有很强的杀菌能力，但无机酸因对人和容器的腐蚀性强而很少采用。苯甲酸、乳酸等有机酸常用作防腐剂，石灰常应用于卫生消毒。

四、O_2 和 Eh

（一）O_2 对微生物生长的影响

自然界广泛存在的 O_2 对微生物具有不同的影响。分子态氧（O_2）是有些微生物种类的必需生活条件，而对另一些种类则起抑制甚至毒害作用。根据微生物与 O_2 的关系可以分为 4 种不同类群（表 8-8）。

1. 需氧微生物（aerobe）　需氧微生物包括大多数细菌和古菌、几乎全部的放线菌、蓝细菌、丝状真菌和藻类。氧气是需氧微生物呼吸链的最终电子受体，是不可缺少的生活条件。

2. 厌氧微生物（anaerobe）　可分为专性（严格）厌氧微生物和耐氧性厌氧微生物两种。已知进行专性厌氧生活的微生物在自然界中常见的是一些细菌，如梭状芽孢杆菌属及一些产甲烷古菌和硫酸还原细菌。它们只能在无氧条件下生长，原因是厌氧微生物在有氧条件下生长时会产生某些有毒的代谢产物，这些有毒代谢产物可在细胞内积累而导致死亡。需氧微生物在有氧条件下生长时进行呼吸作用的 O_2 被还原为 H_2O，这一过程需要依次加入 4 个电子，形成中间产物过氧化氢（H_2O_2）和超氧化物（O_2^-），它们对细胞有毒害作用。需氧微生物具有破坏毒性中间产物的酶类，过氧化氢酶（即接触酶，catalase）和过氧化物酶（peroxidase）能催化过氧化氢的分解，而超氧化物歧化酶（superoxide dismutase，SOD）能使 2 分子超氧化物形成 1 分子过氧化氢和 1 分子氧。

$$H_2O_2 + H_2O_2 \xrightarrow{\text{接触酶}} 2H_2O + O_2$$

$$H_2O_2 + NADH + H^+ \xrightarrow{\text{过氧化物酶}} 2H_2 + NAD$$

$$O_2^- + O_2^- + 2H^+ \xrightarrow{\text{超氧化物歧化酶}} H_2O_2 + O_2$$

厌氧微生物细胞不存在上述分解有害氧化物的酶类，因此它们一旦接触氧气，就停止生长甚至很快死亡。此外，耐氧性厌氧菌在氧气存在时能生长，但不能利用氧气。

3. 兼性需氧微生物（facultative aerobe）　包括酵母菌及一些肠道细菌，它们在有氧或无氧中都能生存。其原因是它们具有两套呼吸酶系，一是在有氧时能以 O_2 作为最终电子受体（氢受体）进行的好氧呼吸酶系，另一个是在无氧时以代谢中间产物为受氢体进行发酵作用的酶系。

4. 微需氧微生物（microaerobe）　微需氧微生物在充分通气或严格厌氧的环境中均不能生长，只能在微好氧（只含 2%～10%氧气）的环境中良好生长，乳酸菌即如此。

表 8-8　氧气与微生物生活的关系

微生物类群	O_2 的影响	举例
需氧微生物		
专性需氧	必须有 O_2 才能生长	藤黄微球菌（*Micrococcus luteus*）
兼性需氧	不需要 O_2，但有 O_2 时，生长更好	大肠杆菌（*Escherichia coli*）
微需氧	仅需低于大气中的含 O_2 量	迂回螺菌（*Spirillum volutans*）
厌氧微生物		
耐氧性厌氧	不需要 O_2，但有 O_2 时生长不好	酿脓链球菌（*Streptococcus pyogenes*）
专性（严格）厌氧	O_2 有毒害或有致死作用	甲酸甲烷杆菌（*Methanobacterium formicicum*）

（二）Eh 与微生物生长

Eh 是用电化学方法测得的电位值，以伏特（V）计量，能较全面地综合反映环境的氧化还原状况。Eh 除受通气状况或氧分压的影响外，还取决于培养基中氧化/还原物质和 pH 等其他环境因素。当 pH 为 7.0 时，完全富氧环境的 Eh 最高，可达 + 0.82V；富氢环境的 Eh 最低，达–0.42V。一般环境的 Eh 均介于以上两个极端值之间。改善通气状况、降低 pH 和加入氧化性物质等能提高环境的 Eh，反之，则可以使 Eh 降低。例如，在接触空气的条件下平板培养时，厌氧微生物不能生长，但如果在培养基中加入足量的强还原性物质（如半胱氨酸、硫化乙醇等），同样接触空气，有些厌氧微生物就能生长。其原因是在所加入的强还原性物质的影响下，即使环境中有些氧气，但培养基的 Eh 也能下降到这些厌氧微生物生长所需的临界 Eh 以下。

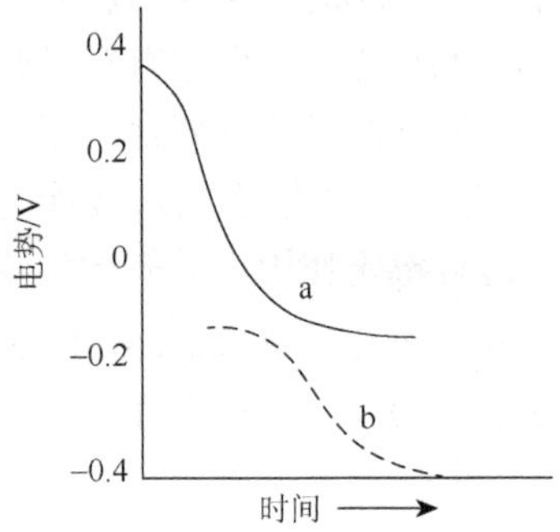

图 8-15　微生物生长过程中培养基氧化还原电位的变化

a. 好氧性微生物；b. 厌氧性微生物

需氧菌一般在 Eh 大于 0.1V 时才生长，并以 0.3～0.4V 为适宜。厌氧菌一般在 Eh 小于 0.1V 才能生长。兼性厌氧菌在两种条件下均可生长，但代谢方式各异。当 Eh 小于 0.1V 时进行发酵作用，而大于 0.1V 时则进行呼吸作用。还可以进一步将兼性需氧菌细分为两类，一类是好氧的，在有氧时长得好些；另一类是耐氧的，它们在无氧时长得好些。

微生物的生命活动也会反过来影响和改变环境的 Eh。在一个 Eh 高的氧化型环境中，常能观察到由于好氧性微生物的大量繁殖，一方面耗掉了分子氧，另一方面也会因其代谢活动而产生某些还原态中间产物（如半胱氨酸、H_2S 等），从而可以造成局部的厌氧环境，并为厌氧性微生物的生长创造了条件（图 8-15）。

五、辐射

辐射（radiation）是以电磁波的方式通过空间传递的一种能量形式（图 8-16）。电磁波携带的能量与波长有关，波长愈短，能量愈高。不同波长的辐射对微生物生长的影响不同。

（一）可见光

可见光的波长为 397～800nm，它是光能自养和光能异养型微生物的唯一或主要能源。非光合性微生物虽不能利用光源，但有少数类群，表现出趋光性，如闪光须霉（*Phycomyces nitens*）；另一些真菌（如蘑菇和灵芝等）在子实体和色素形成时需要散射光。不同的光合微生物含有不同的光合色素，因而利用和吸收可见光的波长也各不相同。光合微生物和许多从空气中分离的微生物常因含有光合色素或类胡萝卜素，可消除单一态氧的破坏作用。

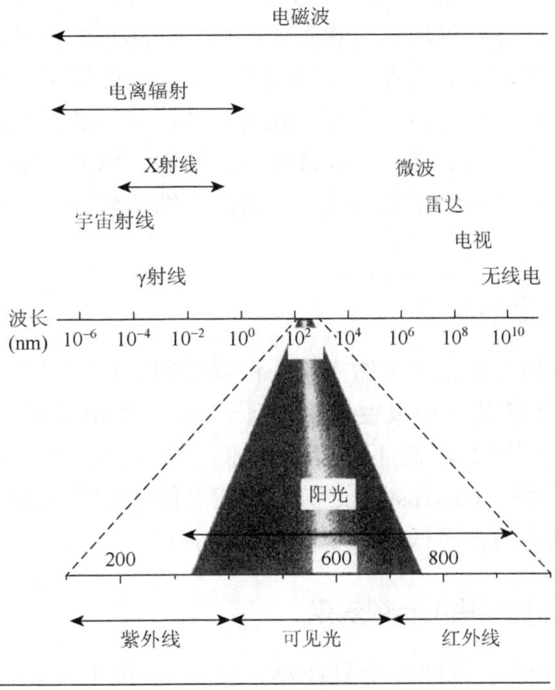

图 8-16 辐射的波长和类型

（二）紫外线

紫外线（UV）的波长是 136～397nm，是非电离辐射。紫外线有较强的杀菌和诱变作用，其最强作用波段为 265～266nm，这也是核酸的最大吸收峰波段。紫外线主要作用于细胞的DNA，能使相邻的胸腺嘧啶（T）形成二聚体和嘧啶水合物，使 DNA 发生断裂和交联，因而导致微生物的变异或死亡。紫外线的作用效果也取决于微生物的类群、生理状态和照射剂量。一般来说，多倍体、有色细胞、干燥细胞、分生孢子或芽孢比单倍体、无色细胞、湿细胞和营养细胞的抗性要强。紫外线的穿透能力很弱，多用作空气或器皿的表面灭菌及微生物育种的诱变剂，在照射后为避免发生光复活现象，紫外线照射及随之要进行的分离培养工作应在黑暗条件下进行。

（三）电离辐射

X 射线、γ 射线、α 射线和 β 射线等都是电离辐射。它们的共同特点是波长短、能量大，能使被照射的物质分子发生电离作用，产生游离基，这些游离基能与细胞内的大分子化合物作用，使之变性失活。例如，水分子经辐射后产生游离基的过程是

$$H_2O \xrightarrow{\text{辐射}} H^+ + OH^- \xrightarrow{[O]} H_2O_2$$

α 射线是带正电的氦核流，有很强的电离作用，但穿透能力很弱。β 射线是带负电荷的电子流，穿透力虽大，但电离辐射作用弱。在实际应用上，X 射线和 γ 射线是非常有效的诱变剂，尤其是 γ 射线，它有很强的穿透力和杀菌效应。目前已推出由放射性同位素 ^{60}Co 产生 γ 射线的杀菌装置，可应用于不耐热食品、塑料制品及草炭吸附剂等的灭菌。

六、超声波

超声波（ultrasound）是振动频率超过 20 000Hz 的声波。它可通过强烈的振动产生空穴作用，使细胞破裂，并导致细胞内含物外泄而死亡。超声波的破碎效果与处理功率、频率、次数、时间、微生物类型及其生理状态等因素有关。一般来说，球菌的抗性比杆菌强。由于病毒颗粒小、结构简单，对超声波也有较强的抗性。芽孢的抗逆性强，几乎不受超声波处理的影响。在研究工作中，我们常用超声波来破碎细胞，以分离细胞成分或用于免疫化学的研究。由于超声处理的同时会产生大量的热，为防止细胞蛋白质等成分的变性，超声处理一般应在冰浴中进行。

七、控制微生物的化学药剂

有许多化学物质能抑制或杀死微生物。根据它们的效应可分为灭菌作用、消毒作用和防腐作用。灭菌作用是指杀死一切微生物及其孢子；消毒作用是指杀死或消除所有病原微生物；防腐作用是一种抑菌作用，而不是杀死它们。相应的有杀菌剂（germicide）、消毒剂（disinfectant）和防腐剂（antisepsis）之分。它们之间没有本质的区别，通常一种化学物质在某一浓度下是杀菌剂，而在更低的浓度下则是抑菌剂。

（一）化学药剂杀菌作用的一般规律

多种不同的化学药剂对微生物只在高浓度下起杀菌作用，低浓度为抑菌作用，极低浓度时则失去作用，甚至反过来表现为刺激作用。实际的测定表明，化学药剂对微生物的作用取决于药剂浓度、作用时间和微生物对药物的敏感性。它们之间的关系可用下式来表示：

$$C^n t = K$$

或

$$\lg t = \lg K = n\lg C$$

式中，C 为药剂浓度；t 为作用时间；n 为浓度系数；K 为一常数。

浓度系数 n 主要取决于药剂的性质和抑菌的浓度范围。n 值愈小，表明该药剂有效作用的浓度范围愈大。反之，n 值愈大，则作用的浓度范围愈小。K 值反映微生物对药剂的敏感性，K 值愈小则该微生物对该药剂愈敏感。

优良的化学药剂应具有以下性质：①作用迅速；②抑菌或杀菌的范围广；③对应用对象有较强的穿透能力；④易与水混合，并形成稳定的溶液或溶胶；⑤其杀菌效力不受作用对象表面的有机物质的干扰；⑥不受光、热及其他不良气候条件的影响；⑦不对作用对象产生染色、腐蚀或破坏等有害作用；⑧安全、经济，无异味，并易于包装和运输等。

防腐剂和消毒剂对微生物所引起的毒害作用主要表现为 3 个方面：①破坏细胞结构，如苯酚和乙醇等；②干扰细胞的能量代谢，如重金属、一氧化碳和氰化物等；③干扰细胞物质的合成，如磺胺、氨基酸和碱基类似物等。

（二）常用的防腐剂和消毒剂

依照化学性质和应用目的，可以将防腐剂和消毒剂区分为 5 种类型。

1. 有机化学药剂　主要有酚、醇、醛、酸及其他几种新型的有机杀菌剂。

（1）酚类　　酚类化合物是医学上普遍使用的一种消毒剂。其作用主要是损伤微生物的细胞质膜，钝化酶和使蛋白质变性。使用最早的是苯酚，有效杀菌浓度为2%～5%，由于具有难闻的气味和对皮肤有刺激性，因此很少在临床作消毒剂用。但酚系数（phenol coefficient）仍被广泛用作比较化学药剂杀菌效率的标准。首先测定待测化学药剂在规定时间（如10min）内杀死标准供试菌的最大稀释倍数，并测定在相同条件下达到同样效果的苯酚的最大稀释倍数。将被测化学药剂的稀释度除以酚的稀释度，所得的值称为酚系数。常用的供试菌有金黄色葡萄球菌、伤寒沙门氏菌和铜绿假单胞菌。苯酚的衍生物（如甲酚、间苯二酚和六氯苯酚等）具有较强的杀菌作用，而且刺激性较小，常在医院用于痰、脓液和粪便等及手术前的消毒。煤酚皂（俗称来苏尔）是乳化的甲酚溶液，其酚系数为5，常用3%～5%的浓度来消毒桌面、用具等。

（2）醇类　　能通过溶解细胞质膜中的类脂，从而破坏膜结构和使蛋白质变性，但对芽孢和无包膜病毒的杀菌效果较差。目前应用最为广泛的是乙醇，以70%～75%乙醇浓度的杀菌力为最强，加入1%稀酸或碱可加强其效力。若与其他杀菌剂混合使用，可大大增强试剂的杀菌能力，如碘酊（含1%碘），是常用的皮肤表面消毒剂。异丙醇的杀菌效力稍高于乙醇，并具有较低的挥发性，也是常用的皮肤和用具表面消毒剂。

（3）醛类　　它能与蛋白质中氨基酸的多种基团（如—NH_2、—OH、—COOH和—SH等）共价结合而使其变性。福尔马林是37%～40%甲醛溶液，加热后易挥发，常用于保存生物标本和空气消毒，在高浓度作用下也可杀死芽孢。其缺点是对眼睛和黏膜组织有刺激作用，穿透性差，作用慢和有令人不愉快的气味。戊二醛具有较小的刺激性和异味，用2%浓度的溶液可以在10min内杀死常见的细菌、结核分枝杆菌和病毒，也可在3～10h杀死细菌芽孢，是目前杀菌效力较高的一种化学药剂，常用于医用器械和用具的消毒。

（4）酸类　　有机酸能抑制微生物（尤其是霉菌）的酶和代谢活性，常加在食品、饮料或化妆品中，以防止霉菌等微生物的生长。山梨酸及其钾盐常用于酸性食品（如乳酪）的保存，苯甲酸及其钠盐常用于其他酸性食品和饮料中。苯甲酸的同系物帕拉宾（parabens）可用于液体化妆品和肥皂的抑菌。丙酸钙用于防止霉菌在面包中的生长，而水杨酸可用于治疗脚癣和防腐剂。过氧乙酸可杀灭病毒、细菌、丝状真菌和酵母菌等。

（5）新型气态的有机化学杀菌剂　　氧化乙烯（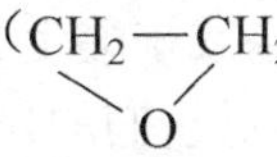）是目前广泛应用的一种新型空气和器械表面消毒剂。通过该制剂的—CH_2CH_2OH基团取代氨基酸中的—SH、—COOH或—OH，使蛋白质变性。它能在4～18h杀死微生物的细胞与芽孢，是一种不需要加热的有效杀菌方式，尤其适用于不能经受高温灭菌的物品（如塑料培养皿、注射器、医用缝合线、纺织品、光学器材，人工心脏瓣膜和宇宙飞船等）的灭菌。其缺点是有毒性和纯品易爆，使用时常与CO_2或N_2等气体混合。此外，氧化丙烯（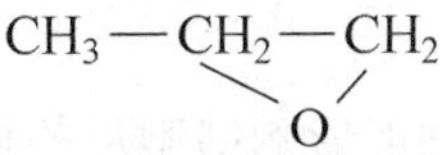）和丙酸内酯（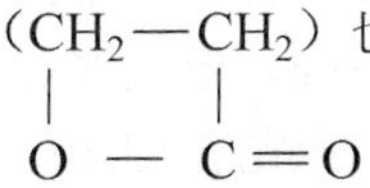）也是也较好的新型空气消毒剂，但据报道，后者可能有致癌作用。

2. 无机化学制剂　　主要包括卤化物、重金属及其化合物、氧化剂、无机酸和碱等。

（1）卤化物　　按杀菌力的高低而排列的顺序是F＞Cl＞Br＞I_2。其中以碘和氯最为常用。碘酒在医疗上广泛用作皮肤、伤口和黏膜的表面消毒剂。碘可能通过与细胞中的酶和蛋白质的酪氨酸的结合而发挥作用，它对细菌、真菌、病毒和芽孢均有较好的杀菌效果。氯主要包括氯气和氯化物。氯气广泛用于饮水、游泳池和垃圾场的消毒。在漂白粉[$3Ca(ClO)_2\cdot Ca(OH)_2\cdot H_2O$]和次氯酸钠中，有杀菌作用的成分是次氯酸根负离子，也常用作食品、器具、家庭用具、车间、牛奶场、少量饮水的就地处理和实验室的消毒剂。有机氯化物中的氯胺和双氯胺也是较好的卫生和空气消毒剂。氯气和氯化物的杀菌效应在于产生次氯酸和原子氧，其反应式为 $Cl_2 + H_2O \rightarrow HCl + HClO \rightarrow HCl + [O]$。初生态的原子氧[O]是强氧化剂，再加上次氯酸负离子的作用，能破坏细胞质膜结构，并杀死微生物。

（2）重金属及其化合物　重金属离子具有很强的杀菌效力，其中尤以 Hg^+、Ag^+和 Cu^{2+}为最强。重金属离子进入细胞后，主要与酶或蛋白质上的—SH 结合，使之失活或变性。此外，微量的重金属离子还能在细胞内不断累积，并最终对微生物发生毒害作用，即微动作用。

汞化合物包括氯化汞（$HgCl_2$）、氯化亚汞（Hg_2Cl_2）、氧化汞（HgO）和有机汞。氯化汞又称为升汞，是杀菌力很强的一种杀菌剂，常以 0.1%的浓度作种子或器皿等的表面灭菌。由于无机汞具有毒性、腐蚀性，以及其作用受有机物的钝化，因而在医疗上常改用有机汞作卫生或伤口的表面消毒剂，常用的如红汞（或汞溴红）、硫柳汞和袂塔酚等。

银化合物以硝酸银应用较多，0.1%～1%的浓度可用作滴眼剂或皮肤消毒剂，而 1%的浓度可用于防止新生儿眼炎。蛋白银是蛋白质与银或氧化银制成的胶体银化物，可用作消毒剂和植物杀虫剂。

在铜化合物中，应用最多的是硫酸铜，1×10^{-6}g/L 硫酸铜就足以防止藻类在清洁水体中的生长。按一定比例配制的波尔多液是硫酸铜和生石灰（CaO）的混合液，在农业上用于防治真菌病害。

（3）氧化剂　通过对细胞成分的氧化作用来达到杀菌的目的。高锰酸钾和过氧化氢常用作卫生和实验室的消毒剂，后者还可用作食品包装材料和镜片的杀菌剂。臭氧（O_3）是很强的氧化剂，将来有可能取代氯气用作饮水消毒，目前存在的问题是成本较高和有效期较短。过氧化苯酰有时可用于厌氧菌感染的伤口消毒。

3. *染色剂*　许多生物染色剂，尤其是碱性染料（如结晶紫、亚甲蓝、孔雀绿和吖啶黄等）在低浓度下具有明显的抑菌效果，并表现出一定的特异性。碱性染料的阳离子基团能与细胞蛋白质的氨基酸上的羧基或核酸上的磷酸基结合，从而阻断正常的细胞代谢过程。G^+细菌一般对碱性染料敏感，染料对它们的作用浓度（一般＜1×10^{-5}g/L）比对 G^-细菌要灵敏 10 至几十倍。例如，(3～10)$\times10^{-6}$g/L 结晶紫就可抑制 G^+细菌，而 G^-细菌却需要 1×10^{-4}g/L。因此，在分离和培养 G^-细菌（如根瘤菌）时，可以利用染色剂的选择抑菌能力。利用这一特性，还可以进行肠道细菌的鉴别培养。

4. *表面活性剂*　这是能降低液体分子表面张力的化学物质，如肥皂、洗衣粉和新洁尔灭等。

表面活性剂能影响细胞质的稳定性和透性，使细胞的某些必要成分（如 K^+）流失，导致微生物的生长停滞和死亡。肥皂和洗衣粉是阴离子表面活性剂，虽杀菌作用不强，但能通过搓洗过程，在使油脂等污物乳化的同时也净化了皮肤及衣物等表面的微生物。杀菌作用较强的是阳离子表面活性剂，它们均是季胺类化合物，如新洁尔灭，其有效成分为溴化十二烷基二甲苄基胺，常用于卫生和空气消毒。

常用的防腐剂和消毒剂的性质、种类和用法见表 8-9。

表 8-9 常用的防腐剂和消毒剂

类别	名称	常用浓度	应用范围
醇类	乙醇	70%～75%	皮肤消毒、用具表面消毒
酸类	食醋	3～5mL/m^3	熏蒸消毒空气、预防流感
	过氧乙酸	0.5%	杀灭病毒等
碱类	石灰水	1%～3%	粪便消毒
酚类	石炭酸	5%	空气消毒（喷雾）
	来苏尔	3%～5%	地面、用具消毒
醛类	福尔马林	10%	接种箱、厂房熏蒸
重金属盐类	升汞	0.1%	植物组织等外表消毒
	硝酸银	0.1%～1%	新生婴儿眼药水等
	汞溴红（红汞）	2%	皮肤小创伤消毒
氧化剂	高锰酸钾	0.1%～3%	皮肤、水果、茶杯消毒
	过氧化氢	3%	清洗伤口
	氯气	0.2～1mL/m^3	自来水消毒
	漂白粉	1%～5%	洗刷培养室、饮水消毒
去垢剂	新洁尔灭（季胺盐表面活性剂）	1∶50	皮肤消毒，不能遇热的器具消毒
染料	龙胆紫（紫药水）	2%～4%	外用药水

（三）化学治疗剂

化学治疗剂（chemotherapeutic agent）是一类能选择性地抑制或杀死人畜和家禽体内的病原微生物并可用于临床治疗的特殊化学药剂。好的化学治疗剂应具有以下性质：①对病原微生物有强的杀菌效力；②对人、畜和家禽无毒或轻毒；③有强的穿透力和长的药效；④不被血液、消化液、脓液或其他体液所钝化。化学治疗剂按作用性质可分为抗代谢物和抗生素两大类。

1. 抗代谢物　这是一类在结构上与生物体内的必需代谢物相似，并能以竞争方式取代它，以干扰病原菌正常代谢过程的化学药物。抗代谢物种类较多，如目前常用于临床的抗代谢物有磺胺类（叶酸抗代谢物）、6-巯基嘌呤（嘌呤抗代谢物）、5-甲基色氨酸（色氨酸抗代谢物）和异烟肼（吡哆醇抗代谢物）等。

磺胺类药物是发现较早、迄今仍在广泛应用的抗代谢物。目前已有上千种衍生物，其通式为

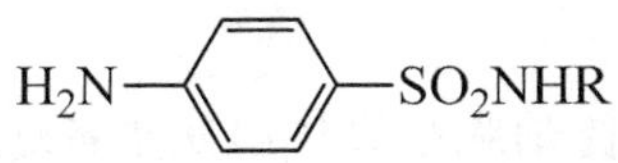

式中的 R 能被不同的基团（如吡啶、嘧啶和胍基等）取代而产生不同的衍生物。

另外，异烟肼（rimifon）又名雷米封，是目前最有效的抗结核分枝杆菌（*Mycobacterium tuberculosis*）的药物之一。它渗入细菌细胞后，能通过与吡哆醇和丙酮酸等生长因子或代谢物的结合，干扰细菌的正常代谢过程。磺胺因为其结构与对氨基苯甲酸（PABA）类似，因而能在叶酸合成过程中，竞争性地与二氢叶酸合成酶结合，使对氨基苯甲酸不能参与叶酸合

成。结果菌体内需要叶酸参与的代谢反应不能进行，无法维持正常生长。磺胺类药物的抗菌谱较广，能控制和治疗大多数革兰氏阳性细菌（如肺炎链球菌、β-溶血链球菌等）和某些革兰氏阴性细菌（如痢疾志贺氏菌、脑膜炎球菌等）引起的疾病。

2. 抗生素　这是由微生物产生或半合成的一类能抑制或杀死另一类微生物的化学药剂。其作用机制随种类而异，有的可以抑制细胞壁的合成，如青霉素、先锋霉素、万古霉素、杆菌肽、环丝氨酸和多氧霉素等。其中，青霉素能抑制肽聚糖中多肽链的交联，主要作用于G^+细菌；多氧霉素能阻止细胞壁成分中几丁质的合成，是有效的杀真菌剂。另一类抗生素则损伤细胞质膜，如属于多肽族（包括多黏菌素、短杆菌素等）和多烯族（包括两性霉素、制霉菌素和曲古霉素等）的抗生素。多黏菌素通过与细胞质膜中的磷脂、脂和脂多糖的结合而破坏膜结构，造成细胞内物质的流失；多烯族抗生素则通过与细胞质膜中固醇的结合来破坏膜结构，是抗真菌药剂。此外，还有一大批抗生素的作用是干扰病原菌的蛋白质合成。不同类型的抗生素作用于蛋白质合成途径的不同阶段，有的作用于核糖体30S小亚基（如四环素，链霉素和卡那霉素等），有的作用于50S大亚基（如氯霉素、红霉素和林可霉素等），它们作用的最终结果均是通过干扰蛋白质合成来抑制和杀死病原微生物。最后一类抗生素的作用机制是阻碍核酸的合成，如灰黄霉素、利福霉素及抗肿瘤的抗生素（如放线菌素D、丝裂霉素C等），它们能以不同的方式干扰病原菌DNA的复制，或使DNA链断裂，从而使病原微生物死亡和癌细胞停止生长。

抗生素除了在医疗卫生上有广泛的应用前景外，近年来农用抗生素（如井冈霉素、灭瘟素、春日霉素和庆丰霉素等）也已在植物病害防治、水果保鲜和森林保持等方面发挥越来越大的作用。需要指出的是，抗生素的滥用会给人畜带来很大危害，也会导致“超级细菌”的出现，在使用时需要特别注意。

复习思考题

1. 什么叫作细胞生长周期？试述真核细胞与原核细胞的生长周期特点。
2. 单细胞微生物的生长曲线可分为几期？说明其划分的依据。
3. 如何缩短延滞期？在实践中有何重要意义？
4. 细菌细胞对数生长期的特点是什么？
5. 如何获得同步生长的细胞，在微生物生理研究中的意义如何？
6. 什么叫作连续培养？指出恒浊连续培养与恒化连接培养的区别及其在生产实践中的作用。
7. 试比较杀菌（灭菌）、消毒、防腐和化学治疗的异同，并举例说明。
8. 请思考为什么抗生素的滥用会导致“超级细菌”的产生。

拓展阅读

细菌细胞分裂机制研究新进展

细胞由一个母细胞分裂为两个子细胞的发生机制一直广受关注。此前已有研究证实，细胞分裂时，母细胞中间会先产生一个由“FtsZ蛋白”组成的“Z环”结构，在该环的收缩作用下，母细胞会向内凹陷，进而分裂成为两个子细胞。这种向内凹陷的力量究竟是怎么产生的？FtsZ蛋白又是如何转化、利用这种力量的？一直是科学家想要探究解决的问题。

浙江大学叶升教授课题组在美国《科学》杂志上发表的研究成果，揭示了细菌细胞一分为二的分裂过程主要由FtsZ蛋白产生的机械能所驱动（Li et al.，2013）。他们通过分析肺结核分支杆菌中的FtsZ蛋白晶体结构，发现GTP被FtsZ蛋白水解后，产生的化学能作用于蛋白质的柔软部分，导致蛋白质原丝纤维发生了50°的弯曲，正是这个相对弯曲提供了细胞膜内陷的“原始动力”，进而引发整个Z环向内收缩，这一动力的发生机制被叶升课题组形容为生命的“发动机”。这一研究不仅是细胞分裂基础研究的进步，还能够为研发新的广谱抗菌药物提供依据。几乎所有的细菌都是利用FtsZ蛋白进行分裂的，但这种发生机制与人体细胞分裂原理不同，所以FtsZ分裂蛋白有望作为靶点来研制新的广谱抗菌药物。

在大多数细菌中细胞分裂是由Z环开始，Z环招募与细胞分裂相关的蛋白质集合，包括肽聚糖合成酶驱动中隔细胞壁的合成、收缩和分裂。然而，Z环丝的组织和动力学，以及如何控制这些丝肽聚糖合成酶驱动胞质分裂，尚不清楚。以下两个分别研究枯草芽孢杆菌和大肠杆菌的最新进展，提供了FtsZ蛋白及其细胞的相关组件的动力学和拆卸结合GTP水解细胞壁合成驱动细菌细胞分裂的机制。相关内容还可参考以下文献。

Bisson-Filho AW，Hsu YP，Squyres GR，et al. 2017. Treadmilling by FtsZ filaments drives peptidoglycan synthesis and bacterial cell division. Science，355：739-743.

Li Y，Hsin J，Zhao L，et al. 2013. FtsZ protofilaments use a hinge-opening mechanism for constrictive force generation. Science，341（6144）：392-395.

Yang X，Lyn Z，Miguel A，et al. 2017. GTPase activity-coupled treadmilling of the bacterial tubulin FtsZ organizes septal cell wall synthesis. Science，355：744-747.

细胞的自噬机制

2016年的诺贝尔生理学或医学奖，颁发给了日本科学家大隅良典（Yoshinori Ohsumi），以奖励他在阐明细胞自噬（autophagy，或称自体吞噬）的分子机制和生理功能上的开拓性研究。自噬是细胞降解回收自己零部件的过程，这个过程能快速提供能量和材料用于应急；还能用来对抗病原体、清除受损结构；自噬机制的受损和帕金森病等老年疾病密切相关。大隅良典为阐明细胞适应环境的机制、“自噬作用”原理及其生理意义做出重大贡献。请参考以下综述文章及近两年大隅良典教授研究的新进展。

冯文之，陈扬，俞立. 2015. 细胞自噬分子机制的进展. 生命科学，27（7）：859-866.

Horie T，Kawamata T，Matsunami M，et al. 2017. Recycling of iron via autophagy is critical for the transition from glycolytic to respiratory growth. J Biol Chem，292（20）：8533-8543.

Kawamata T，Horie T，Matsunami M，et al. 2017. Zinc starvation induces autophagy in yeast. J Biol Chem，292（20）：8520-8530.

Yamamoto H，Fujioka Y，Suzuki SW，et al. 2016. The intrinsically disordered protein atg13 mediates supramolecular assembly of autophagy initiation complexes. Dev Cell，38（1）：86-99.

Yamasaki A，Watanabe Y，Adachi W，et al. 2016. Structural basis for receptor-mediated selective autophagy of aminopeptidase I aggregates. Cell Rep，16（1）：19-27.

极端环境微生物的新发现及其应用前景

极端环境微生物以其特殊的生理机能适应了高温、低温、高酸碱度、高盐、高压等恶劣生存条件，独特的生存环境形成了其特有的代谢方式并能够产生许多具有特殊功能的生物活性物质，如极端酶及抗生素等，它们在医药、食品、农业、化工、环保等领域有着重要的应用前景。如果对这方面内容感兴趣，可参阅以下文献。

Amrani A，van Helden J，Bergon A，et al. 2016. Deciphering the adaptation strategies of *Desulfovibrio piezophilus* to hydrostatic pressure through metabolic and transcriptional analyses. Environmental Microbiology Reports，8（4）：520-526.

Huang Q，Rodgers JM，Hemeley RJ，et al. 2017. Extreme biophysics：Enzymes under pressure. Journal of Computational Chemistry，38：1174-1182.

Inagaki F，Hinrichs KU，Kubo Y，et al. 2015. Exploring deep microbial life in coal-bearing sediment down to ~ 2.5 km below the ocean floor. Science，349（6246）：420-424.

9

第九章　微生物遗传和变异

为了保持物种的稳定性，任何生物都必须在繁殖过程中将性状准确地传递给子代。为了适应不断变化的外界环境，又需要不断地部分改变其遗传物质而发生变异。微生物遗传学是研究微生物遗传与变异的规律。微生物的遗传物质主要有 DNA 和 RNA 两种类型，每种微生物都含有自己所特有的、决定其全部遗传特性的遗传物质，并以特殊的顺序与结构编排在基因组中，主要包括能转录并翻译成酶或蛋白质的结构基因、对上述过程起调节作用的调节基因和只转录 RNA 的特殊基因。在不同类群的微生物中，遗传物质的存在方式和作用机理也有所不同。

基因重组是指来自两种不同亲本的 DNA 分子，在同一生物体内经过交换作用而产生新的、可遗传的重组 DNA 分子的现象。在真核生物内，基因重组主要通过典型的有性生殖方式有规律地进行。而在细菌和古菌等原核生物中缺少完全的有性生殖方式，其基因重组只能在特定的条件下发生，而且在方式上与真核生物不同。研究结果表明，原核生物的基因重组一般只能以转化、接合和转导的方式由供体菌（donor）进入受体菌（recipient），形成重组子（recombinant）。

第一节　微生物遗传物质的存在方式

一、原核微生物的遗传物质

细菌和古菌均属于原核微生物，染色体 DNA 是原核微生物的主要遗传物质，一般为环状双链 DNA，并且不与组蛋白相结合。新近的研究发现，部分链霉菌和古菌的染色体为线状双链 DNA，并报道原核生物的染色体也有类似于组蛋白的碱性蛋白存在。细菌的染色体 DNA 的分子质量较病毒大，而又比真核微生物小，其基因总数水平一般为 10^3～10^4。在一般情况下，一个细胞只有一条染色体或一套基因组，因而为单倍体。每个细胞的 DNA 含量在细胞生长间期十分稳定，在分裂时染色体便复制为二，并能均匀地分配到 2 个子细胞中。

大肠杆菌是目前研究得较深入的一种具代表性的细菌，其基因组大小为 4.639×10^6bp，共有 4288 个基因。在放线菌中，研究得比较深入的是天蓝色链霉菌（*Streptomyces coelicolor*），目前已在其环状染色体 DNA 中定位了约 120 个基因，主要是控制形态分化、抗生素合成、抗药性和营养缺陷型产生等方面的基因。细菌还存在染色体外的遗传物质，已知多数细菌和放线菌均含有质粒。质粒是染色体外独立复制的遗传物质，多为分子质量较小的共价闭合环状、少数为线状双链 DNA，通常控制宿主的次要性状（如抗药性、接合作用、降解能力、产细菌素能力和固氮作用等）。消除质粒不会影响宿主细胞的生存，但其存在一般能赋予宿主细胞新的特性。在细胞分裂时，质粒能独立复制，并均匀地分配到子细胞中。细菌的基因一般是连续排列的。结构基因的表达由调节基因调控，一个或几个相关的基因组成操纵子（operon）。在细菌的基因组中，尚未发现与真核生物的内含子或连接 DNA 的相似的“无”功能序列。唯一发现的重复 DNA 序列，也只有核糖体 rRNA 基因、插入序列、转座子和短重复序列等。细菌基因的转录和翻译大都是在同一空间相继连续进行并调节的，两者密切偶联。结构基因一旦从 DNA 上开始转录，就可直接形成 mRNA，与核糖体结合，并翻译出蛋白质。随着 mRNA 的不断转录，将有更多的核糖体与之结合，并翻译产生蛋白质。其结果往往是当某一个基因的 mRNA 转录完成时，它所编码的蛋白质也很快完成其合成。用过的 mRNA 将被降解成单核苷酸，重新进入新的循环。

古菌的遗传物质与细菌相似，有一条环状或线状的染色体 DNA 和质粒等核外遗传物质。古菌的基因排列大多与细菌相同，但也在 16S rRNA、23S rRNA 和 tRNA 等基因中发现了与真核相似的内含子结构。其参与 DNA 复制的 DNA 聚合酶既与细菌相似，又与真核生物在氨基酸序列上有较高的同源性。参与转录的 RNA 聚合酶也类似于真核生物，能识别真核特征的启动子，并需要转录因子参与。古菌翻译的起始氨基酸是与真核生物相同的甲硫氨酸，而细菌则为甲酰甲硫氨酸。

二、真核微生物的遗传物质

真核微生物细胞核有核膜包裹，其遗传物质为多条线状双链 DNA，主要以染色质形式存在于细胞核内。当细胞进行有丝分裂时，DNA 先复制加倍，并组装成在光学显微镜下可以明确辨认的成对的染色体。每一染色体可区分出端粒（telomere）和着丝点（centromere）两个部分，前者用于开始染色体的复制，后者用于与纺锤丝连接，以保证在分裂后期，成对染色体能均匀地分配到两个子细胞中。

根据真核生物细胞中的染色体组数目，可以将其区分为单倍体（n）、二倍体（$2n$）和多倍体等几种不同的类型。电镜和 X 射线衍射光谱分析的研究结果表明，真核生物的染色质是一条由线状 DNA 双链和 5 种组蛋白组成的串珠状丝，直径为 10nm。串珠呈圆盘状，称为核粒（nucleosome）或核小体，串珠之间的连线为 60bp 的间隔 DNA。每一核粒包括 4 种组蛋白（H_2A、H_2B、H_3 和 H_4）各 2 个单体组成的核心，在此核心颗粒外围缠绕着约 2 圈 DNA 片段，长约 140bp（图 9-1）。第 5 种组蛋白 H_1 附着在每一核粒的外侧，并与位于核粒之间的间隔 DNA 中的 20 对碱基相连接（图 9-2）。

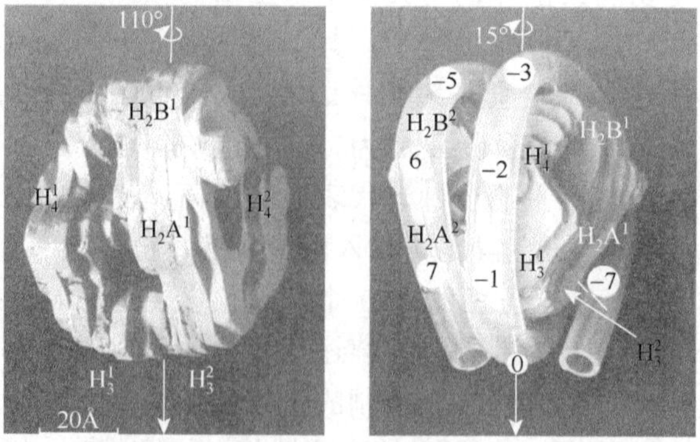

图 9-1　核粒核心的空间结构模型（引自 Darnell et al.，2004）

146 个核苷酸的 DNA 沿组蛋白八聚体形成的坡道盘旋形成 $1\frac{3}{4}$ 圈的螺旋

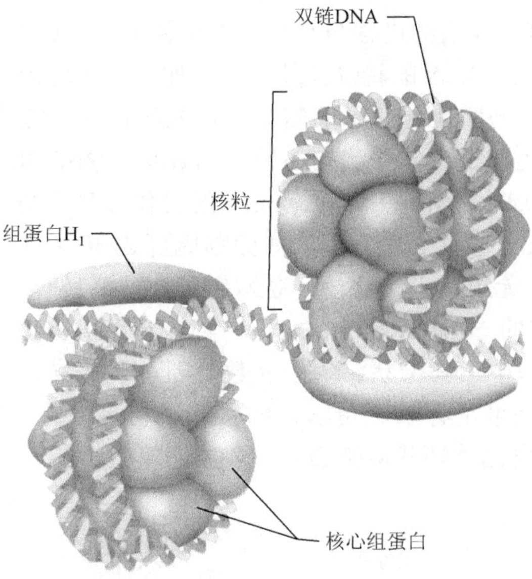

图 9-2　染色质纤丝的结构图

在真核微生物细胞中，上述的染色质纤丝能进一步依螺旋状排列成直径为 30nm 的螺旋管（solenoid），每 6 个核粒绕成一圈，螺距为 10nm。新近研究表明，螺旋管还可以组成超螺旋环，每个环含有 50～100kb 的 DNA，并与其基部结合在一个非组蛋白的中心蛋白架上，从而形成在光镜下可见的单个染色体。真核基因的转录单位位于两侧的不转录 DNA 序列之间，由 5 部分组成，包括：①控制 DNA 转录的启动子；②转录起始位点；③编码蛋白质的 DNA 序列，即外显子（exon）；④不编码蛋白质，并将外显子分开的内含子（intron）；⑤转录终止位点或序列等。第一个外显子的前端和最后一个外显子的末端还含有不被翻译的部分（图 9-3）。

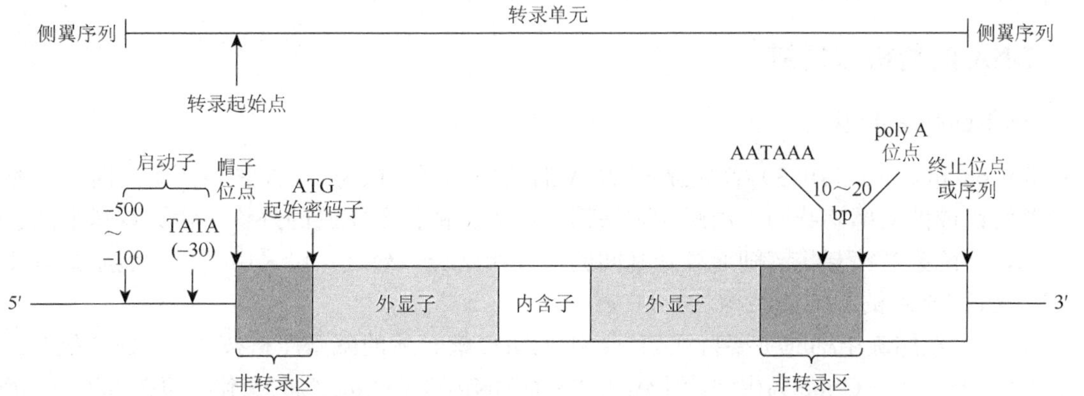

图 9-3　一个典型的真核生物编码蛋白质的基因结构图（引自 Darnell et al.，2004）

与原核生物不同的是，真核生物基因的转录和翻译在时间和空间上完全分离，其核内基因的表达过程包括：①基因的转录；②初级转录物的加工；③成熟的 mRNA 由核内经核膜转运到细胞质；④与细胞质中的核糖体相结合，翻译出蛋白质并对其进行初加工；⑤由内质网或高尔基体等在转运过程中进一步修饰加工，产生有功能的蛋白质。在以上 5 个过程中，都有相应的调控系统控制基因表达的进程与水平，以满足生物自身的不同需要。图 9-4 展示了真核生物细胞核内的染色体 DNA 的转录及其后续的加工和转运到细胞质的过程。

真核生物的部分遗传物质还存在于细胞器（如线粒体和叶绿体）中，它们也能独立复制，并随细胞分裂而传代。线粒体普遍存在于一切真核生物细胞之中，在光镜下呈棒状、球状或细丝状，一般为(0.1～0.5)μm×(1～2) μm。线粒体数量在每一细胞内不等，少的如鞭毛藻只含 1 个，一般为几十到几百个，多的如卵细胞可达 30 万个，在体积上可占到细胞的1/4。在线粒体基质中含有无组蛋白结合的环状双链 DNA（线粒体 DNA，mitochondrial DNA，mtDNA）。已知人类细胞的 mtDNA 为 16.569kb，而酵母菌的 mtDNA 为 78kb。叶绿体仅存在于高等植物和藻类细胞中，其形状、大小和数量随种类而异，一般为颗粒状、棒状或椭球状，在藻类的细胞中还可呈杯状、带状、网状和星状等特殊形状。叶绿体一般为(0.5～2)μm×(4～6)μm，也含有自己的环状双链 DNA。多数高等植物的叶绿体 DNA 为 120～145kb，无组蛋白结合。

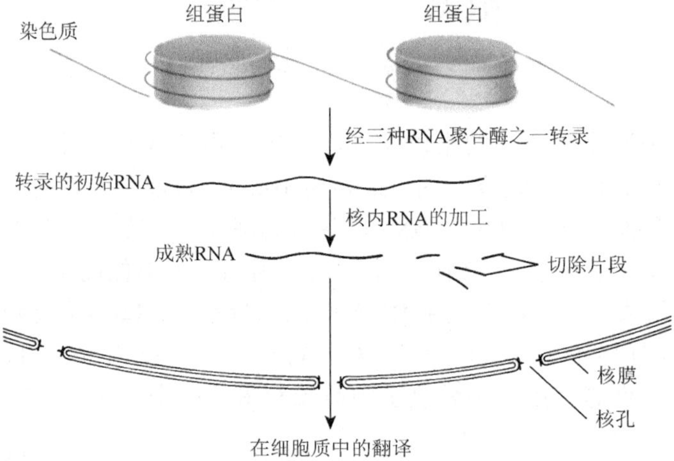

图 9-4　真核生物细胞核内染色体基因的转录、加工和转运过程（引自 Darnell et al.，2004）

三、DNA 的结构与复制

（一）DNA 的结构

Watson 和 Crick（1953）首先提出 DNA 的结构模型，认为 DNA 是由两条反向平行的多核苷酸链组成的双螺旋结构，由磷酸和核糖组成的主链位于螺旋的外缘，含氮碱基则位于螺旋内部，而两条多核苷酸链则通过碱基间的氢键相结合。最近，已采用扫描隧道显微镜直接证实了上述 DNA 的双螺旋结构。

DNA 的双螺旋结构的主要特征如下：①两条多核苷酸的碱基严格按 A-T、G-C 配对。同种生物的 DNA(G + C)mol%相同，而不同生物的 DNA(G + C)mol%的变化幅度为 30%～70%。②磷酸-戊糖主链盘旋为直径 2nm 的双螺旋，由于脱氧核糖中连接碱基的 1′-碳并不正好处在螺旋的相对位置上，因此两股链在螺旋轴上的间距并不相等，而在其分子表面形成宽窄不等的大沟和小沟。③每一周螺旋所含的碱基为 10bp，其轴向距离为 3.4nm，碱基对的上下间隔为 0.34nm。④成对碱基对之间以氢键相结合，已知 A-T 间有 2 个氢键，而 G-C 间则有 3 个氢键。⑤DNA 双螺旋以右手双螺旋为主。近年来，已在人工合成的 DNA 片段和少量天然 DNA 中发现了螺距为 4.5nm、每周螺旋所含的碱基为 12bp 的左手双螺旋 DNA，也称 Z-DNA。

（二）DNA 的复制

在细胞分裂和传代的过程中，作为生物遗传物质的 DNA 必须准确无误地复制，才能使子代细胞含有相同的遗传信息，以保持物种的稳定。

Meselson 和 Stahl（1958）用 ^{15}N 标记的碱基培养大肠杆菌，并定时取样分离 DNA，进行密度梯度离心。研究结果证明，DNA 为半保留复制，即每一子代 DNA 分子的一股链来自亲代，另一股链是新合成的。深入的研究进一步证明，DNA 的复制有以下特点：①DNA 的复制从特定的起始位点开始，由旋转酶和解螺旋酶利用 ATP 水解提供的能量，使 DNA 双链分离，并沿一定的方向移动，形成复制叉。随着双链 DNA 的逐步解旋，为了防止重新结合，并维持其伸展的构象，以作为子代 DNA 合成的模板，单链结合蛋白将随即与之结合（图 9-5）。②已知多数生物 DNA 的复制是双向进行的，但有少数病毒（如 *Φ*X174）是以单向滚环方式进行连续的 DNA 复制。③由于 DNA 双链的极性和方向是相反的，已知 DNA 复制的方向是 5′→3′方向延伸，在一个复制叉上只有一股链上的 DNA 合成可以连续进行，而另一股链则是不连续的。一般情况下，前一条链上的合成要超前一步，故称为前导链；另一链上的合成则相对滞后，并称为后随链，在后随链上，一般先合成 1000bp 左右的短片段，也称为冈崎（Okazaki）片段，然后在 DNA 连接酶的作用下，连接成大片段。④试验结果表明，每一岗崎片段的合成均先以由引物酶作用合成的 1～10bp 的 RNA 为引物，其后才是互补的 DNA，引物 RNA 将在连接为大片段时由 DNA 聚合酶Ⅰ切除，并由相应的脱氧核苷酸所置换。⑤DNA 的复制还需要以下复制酶和相关蛋白质的参与，已发现的 DNA 聚合酶有 PolⅠ、PolⅡ和 Pol Ⅲ 3 种。研究结果表明，只有 PolⅢ才是真正的 DNA 复制酶，其全酶由 10 个亚基组成，即由 α、ε 和 θ 亚基组成核心酶，其余 7 个亚基组成 γ 复合体。核心酶直接催化单核苷酸的聚合作用，而 γ 复合体的参与可进一步提高反应速度和持续性。PolⅠ是最先发现的 DNA 聚合酶，主要催化单核苷酸的聚合，并具有 3′→5′和 5′→3′核酸外切酶的活性，主要催化 DNA 损伤的修复和后随链冈崎片段 5′端 RNA 引物的切除与置换。PolⅠ经蛋白酶处理后的 C 端片段只具有聚合酶和 3′→5′核酸外切酶的活性，该片段亦称为克列诺（Klenow）片段，常用于遗传工程中，可将黏性末端补平。除聚合酶以外，后随链上的冈崎片段的连接还需要 DNA 连接酶的作用，以最终完成子代 DNA 的复制过程（图 9-6）。

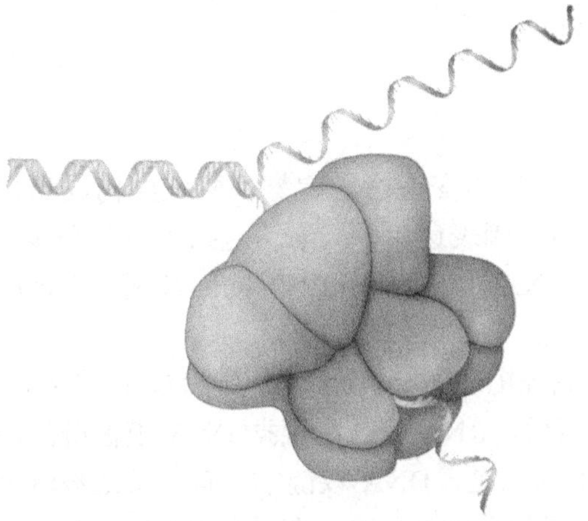

图 9-5　DNA 双螺旋的解旋（引自 Madigan et al.，2015）

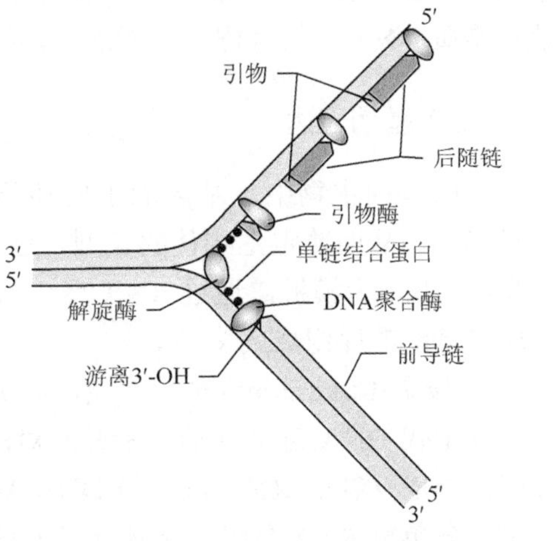

图 9-6　DNA 的复制（引自 Madigan et al.，2015）

第二节　微生物基因和基因组

一、基因和基因表达

基因的存在往往是通过由突变而引起生物表型性状的变化来认识和研究的。由于高等生物表型性状的变化一般需要通过复杂的分化发育过程才能表现出来，而且往往不是一个单基因突变产生的结果，因而很难通过基因突变来直接分析基因的功能及其作用机制。直到 20 世纪 40 年代初，由于对粗糙脉孢菌营养缺陷型的研究，遗传学家才发现用微生物作为遗传研究材料的优越性，并将基因的作用与酶联系起来，提出了“一个基因一种酶”的假说。20 世纪以来，随着分子生物学和微生物遗传学研究的不断深入，人们对基因的结构和作用又有了新的、更客观的认识。

（一）基因

在 19 世纪中期，孟德尔最先提出的“遗传因子”概念曾在学术界引起长时间的争论，并一度被批判为唯心主义的认识论。自从 1953 年 Watson 和 Crick 提出了 DNA 的双螺旋结构和半保留复制学说及 1965 年 Holley 等用大肠杆菌的离体酶系证实了遗传的三联密码以后，才在分子水平上证实了遗传因子的存在、传代和表达的规律。近代分子遗传学研究的深入开展，又将人们对基因的认识提高到新的水平。

经典遗传学家曾认为，基因作为染色体上一个特定区段，既是一个可以表达产生蛋白质（酶或多肽）的功能单位，同时又是一个交换单位和突变单位。他们认为基因是不可分割、三位一体的最小单位。根据近代分子遗传学的研究结果，基因具有顺反位置的效应，因而一个基因应称为一个顺反子（cistron）。由于基因包括多个核苷酸，其中的任何一个碱基的变化均能导致基因突变。同样，遗传物质的交换，也可以在两条 DNA 或染色体间的任何位点上进行，因此基因已不再是一个突变和交换单位。随着分子生物学的发展，基因概念在不断发展。首先，遗传物质不再被认为处于固定不变的位置，其是可以在染色体上移动的；其次，某些核苷酸序列不具有编码蛋白质的功能，但是具有重要的遗传功能；最后，一个基因可以编码两个以上蛋白质，或者两个基因的核苷酸序列之间相互重叠。所以，基因的现代概念是遗传物质 DNA 上具有特定功能的一段核苷酸序列。

（二）基因表达

在所有的生物中，基因的主要功能是把遗传信息转变为由特定氨基酸顺序构成的多肽（包括酶），从而决定生物体的表型，这一过程称为基因表达。基因表达包括以下两个步骤，首先以 DNA 为模板，通过 RNA 聚合酶转录出 mRNA，然后将 mRNA 的碱基顺序翻译成由相应氨基酸顺序组成的多肽。

1. 转录（transcription）　在从 DNA 转录成 mRNA 的过程中，解旋酶首先沿着 5′→3′ 方向在亲代 DNA 链上移动，断开配对的碱基。然后，RNA 聚合酶根据 DNA 模板链的碱基顺序，形成互补的 RNA 链。与 DNA 复制过程不同的是，DNA 双链中只有一条链被转录，产生一条单链 RNA 分子。上述被解开的 DNA 分子随后重新结合，形成原来的 DNA 链。

在细菌中，RNA 聚合酶的蛋白质组成（亚单位结构）是高度保守的，其核心酶由 5 个组分构成，即两个相同的α亚单位、两个非常相似的β和β′亚单位和ω亚基，第6个亚单位称为σ（sigma）因子，附着在核心酶上，其主要功能在于起始转录作用。上述含6个亚单位的完整复合物称为全酶。转录起始于DNA模板特异的起始位点上，这个位点称为启动子。σ因子能识别这些启动子，使全酶结合到其上开始转录。一旦转录开始，就不再需要σ因子，它脱离核心酶后可附着在其他RNA聚合酶上，余下的核心酶继续转录和延伸，直到终止信号才停止，然后核心酶被释放出来。少数启动子还需要一种称为rho（ρ）因子的特异蛋白与DNA的终止碱基顺序结合，才能停止转录。细菌的mRNA分子既可以依单个基因转录，也能同时转录多个基因，成为多基因mRNA。这些mRNA分子是高度不稳定的分子，一般几分钟后便失活降解。原核生物的mRNA在翻译成特殊的蛋白质以前，不需要经过修饰。相反，tRNA和rRNA分子是在特殊的RNA聚合酶作用下，从较大的RNA分子加工而来的。大的RNA转录物（transcript）被分割形成23S、16S、5S rRNA和一系列的tRNA分子。此外，这些RNA还需要在转录后进行化学上的修饰，特别是在tRNA中形成异常碱基，如次黄嘌呤、二氢尿嘧啶、甲基鸟嘌呤和硫尿嘧啶等。

真核生物通常有3种不同的RNA聚合酶，其中聚合酶Ⅰ转录编码rRNA的基因，产生的前体RNA（pre-RNA）与核仁连接，酶切后产生18S、28S和5.8S rRNA；聚合酶Ⅱ转录产生mRNA的结构基因；而聚合酶Ⅲ转录编码5S rRNA和tRNA的基因。上述聚合酶含有12～14个不同的亚单位结构，比细菌更加复杂和多样化。真核生物的mRNA一般只含有单个基因，表明每个mRNA分子只能翻译产生一种蛋白质。这些mRNA是比较稳定的，一般能保持作用几小时或几天。真核生物中许多编码蛋白质的基因内常含有称为内含子（intron）的插入顺序，所以转录后先产生一个大的前体mRNA分子。这个mRNA需要经过加工，移去和重新排列其顺序。首先由小核内RNA/蛋白质复合体（snRNPs）或核酶（ribozyme，只作用于pre-rRNA）准确地将不编码多肽的内含子去掉，然后重新排列外显子的碱基顺序，并拼接在一起，形成成熟的mRNA（图9-7）。因此，这个mRNA分子与被转录的DNA的线状碱基顺序是不互补的。

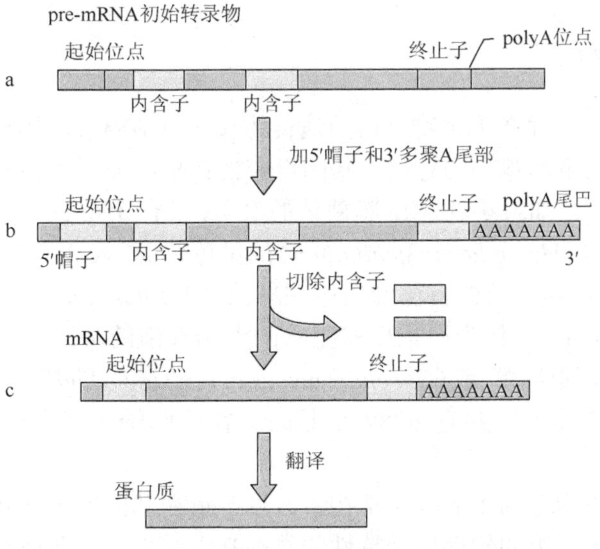

图9-7　真核生物mRNA转录后的修饰与翻译（引自Madigan et al.，2015）

a. 从DNA转录前体mRNA，在其5′端带有称为帽子（cap）的复杂结构；b. 3′端为多聚腺嘌呤核苷酸（polyA）；c. 在加工过程中先切除内含子，重新拼接为成熟mRNA，再翻译出其编码的蛋白质

古菌和细菌一样，只具有一种 RNA 聚合酶，但大多数古菌的聚合酶由类似于真核生物的 5～11 个不同的亚单位组成。

2. 翻译（translation） 由 tRNA 把相应的氨基酸带到核糖体-mRNA 复合物上，按 mRNA 上的遗传密码装配成多肽的过程称为翻译。mRNA 的每 3 个核苷酸组成一个三联体密码子（codon），编码一种氨基酸，核酸的 4 种碱基可以组成 64 个三联密码子，密码子与 20 种编码氨基酸的对应关系称为遗传密码，其中包括编码甲硫氨酸的起始密码子 AUG，以及 UAA、UGA 与 UAG 等 3 个终止密码子。

在真核生物和古菌翻译过程所需的起始复合物中，所含的甲硫氨酸不需要经过修饰。而且，由于真核生物翻译所需的几个延伸因子中的 EF-2 含有组氨酸，经过翻译后修饰而形成白喉酰胺（diphthamide），因而对白喉毒素敏感，古菌也有类似的修饰现象。但是，细菌类似的延伸因子 EF-G 不含有白喉酰胺，所以不受白喉毒素的影响。在细菌细胞中，翻译和转录是连续进行的。当核糖体还结合在新形成的 mRNA 的 5′端开始翻译时，新的转录又可以紧接着开始。相反，真核生物的 mRNA 先在细胞核内转录和加工，再通过核膜运输到细胞质中，才与核糖体结合，所以这两个过程是分开进行的。

叶绿体和线粒体也都含有一套完整的转录和翻译机构，包括 RNA 聚合酶、核糖体和 tRNA。已知 rRNA、tRNA 和某些在细胞器中基因表达所需的蛋白质也由细胞器的基因组编码，并在细胞器中合成。

一个生物体不管形态结构多么复杂，其代谢、生长、发育和繁殖等生理过程必须有条不紊地进行。已知一个独立生活的生物细胞内至少含有数百个、多到数万个以上的基因，不同基因在细胞内的表达时间、空间位置、方式和水平均受到严格的控制。特定的基因只能在特定的时刻、特定的位点和条件下，才能活化、转录和翻译，并在完成其功能后迅速关闭。因此，可以说一切生物细胞内均存在着特殊的控制基因，具有时空表达的调控系统，用以适应不断变化着的外界环境条件，并能在稳定传代的基础上，经过变异和选择而进化出新的生物类型。

二、微生物的基因组

基因组（genome）是存在于生物体内的遗传物质（包括病毒的核酸、细胞生物染色体及其核外遗传物质）上的全部基因的总称。基因组应当包括能编码蛋白质的结构基因、调控序列、内含子或间隔区。已知最小的 MS_2 噬菌体的 RNA 仅有 3569bp，含有 3 个基因。个体微小的古菌生殖道支原体（*Mycoplasma genitalium*）的染色体 DNA 为 0.58Mb（$1Mb = 1\times10^6bp$），有 473 个基因。能营自养生活的古菌詹氏甲烷球菌（*Methanococcus jannaschii*）的基因组为 1.665Mb，有 1738 个基因。作为原核模式生物的大肠杆菌的基因组为 4.639Mb，有 4288 个基因。在真核生物中，酿酒酵母（*Saccharomyces cerevisiae*）的基因组为 12.067Mb，分布在 16 个不连续的染色体上，共有 6287 个基因。在此归纳了代表性微生物的基因组，见表 9-1。

基因组学是研究生物基因组的分子结构、信息含量和基因编码产物与功能的学科。该学科包括主要研究生物基因组的物理结构特性的结构基因组学，主要研究基因结构、表达调控和编码蛋白质功能的功能基因组学，以及主要研究不同生物基因组的同源性、差异性及其进化关系的比较基因组学三大部分。

表 9-1　代表性微生物的基因组

微生物名称	基因组类型	大小/bp	基因数/个
MS_2噬菌体	单链 RNA	3 569	3
λ噬菌体	双链 DNA	48 514	50
T_4噬菌体	双链 DNA	17 000	150
生殖道支原体（*Mycoplasma genitalium*）	环状双链 DNA	580 070	473
肺炎支原体（*Mycoplasma pneumoniae*）	环状双链 DNA	816 394	677
布氏疏螺旋体（*Borrelia burgdorferi*）	线状双链 DNA	910 725	853
沙眼衣原体（*Chlamydia trachomatis*）	环状双链 DNA	1 042 591	894
普氏立克次氏体（*Rickettsia prowazekii*）	环状双链 DNA	1 111 523	834
梅毒密螺旋体（*Treponema pallidium*）	环状双链 DNA	1 138 006	1041
詹氏甲烷球菌（*Methanococcus jannaschii*）	环状双链 DNA	1 664 976	1738
幽门螺杆菌（*Helicobacter pylori*）	环状双链 DNA	1 667 867	1590
嗜热碱甲烷杆菌（*Methanobacterium thermoautotrophicum*）	环状双链 DNA	1 751 377	1855
流感嗜血菌（*Haemophilus influenzae*）	环状双链 DNA	1 830 137	1743
闪烁古生球菌（*Archaeoglobus fulgidus*）	环状双链 DNA	2 178 400	2436
枯草芽孢杆菌（*Bacillus subtilis*）	环状双链 DNA	4 214 810	4100
结核分枝杆菌（*Mycobacterium tuberculosis*）	环状双链 DNA	4 411 529	3924
大肠杆菌（*Escherichia coli*）	环状双链 DNA	4 639 221	4288
酿酒酵母（*Saccharomyces cerevisiae*）	16 个染色体 DNA	12 067 000	6287

随着研究工作的深入和计算机技术的进步，基因组学的研究结果将给研究者提供越来越多的信息。近年来，一项专门借助于计算机程序来分析处理基因组及其他相关生物学信息的学科——生物信息学（bioinformatics）已应运而生。各类专用数据库（如基因信息库、蛋白质信息库、突变体信息库和结构与功能信息库等）和相应的软件程序已研制成功，有些可以从国际互联网(internet)上下载。研究者目前已能通过实验室的电脑，利用远程大型计算机程序和数据库的信息，进行相关研究内容的检索和比较分析。

（一）大肠杆菌的基因组

由于对大肠杆菌的生物化学和遗传学研究的深入及其在基因工程中的广泛应用，该菌已成为公认的模式原核生物。用于基因组测序的大肠杆菌是消除了 F 质粒和 λ 原噬菌体的 K12 菌株，其环状双链染色体 DNA 的序列测定于 1997 年完成。已知其基因组大小为 4 639 221bp，根据对全序列的分析，已发现有 4288 个功能性基因，在结构上有以下特点。

1. 基因排列的连续性　若按 1 个基因含 1000bp 和基因组大小来推算，大肠杆菌的总基因数可达 4639 个。根据其全序列测定的结果，推导出编码蛋白质的基因数为 4288 个，占基因组总 DNA 的 88%。另外的 1%为转录 tRNA 的基因，0.5%为重复序列或非编码区，其余 10%则包括调节区序列、启动子、操纵区和 DNA 复制的起始与终止序列等。因此，实际上可以认为大肠杆菌的基因排列在染色体 DNA 上是连续的。

2. 以单基因为主的操纵子和双向基因表达　根据序列分析的结果，在大肠杆菌染色体

DNA 上找到 2584 个由调控区和结构基因构成的操纵子转录单元。其中，73%仅含有 1 个结构基因，16.6%含有 2 个基因，4.6%含有 3 个基因，6%含有 4 个或 4 个以上的基因。多基因操纵子大多是功能相关的基因，以便按相同的水平进行基因表达。已知部分操纵子按顺时针方向转录，但有一些操纵子却以逆时针方向转录（图 9-8）。由于基因的转录方向始终是从 5′端向 3′端方向进行，这就表明 DNA 的两条单链均具有相似的概率作为基因转录的模板 DNA。已知一些高水平转录的基因，如 7 个 rRNA 操纵子、53 个 tRNA 基因和某些代谢必需的基因的转录方向均与位于染色体 DNA 84min 处的复制起始位点 *oriC* 的两个复制叉的复制方向一致，从而有利于其高水平的转录表达。

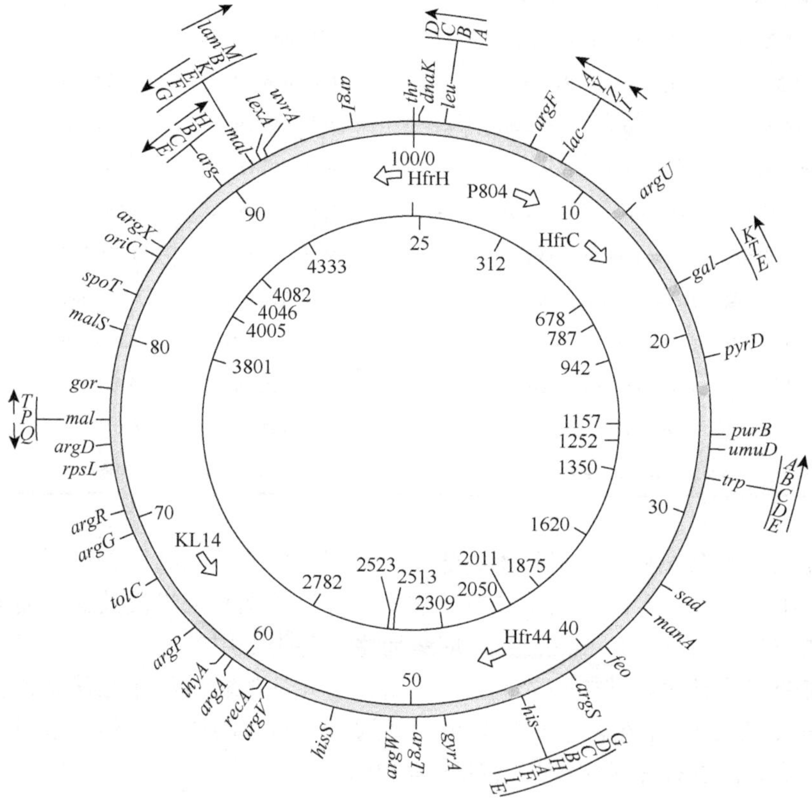

图 9-8　大肠杆菌 K12 的环状染色体上的主要基因图（引自 Madigan et al.，2015）

外圈内侧的数字是以分钟表示的基因位置，内圈表示基因所在的以 kb 为单位的具体位置，位于 84.3min *oriC* 为复制起点，进行双向复制，图中还是显示了 5 种高频重组菌株（HfrH，P804，HfrC，Hfr44，kL14）中 F 质粒的转移起点和方向（箭头）

3. 结构基因的功能　比较大肠杆菌、流感嗜血菌和生殖道支原体 3 种原核微生物已知编码基因的功能（表 9-2），不难看出原核微生物的结构基因的功能均以代谢、转运、调节、翻译和结构成分为主，其次是 DNA 的复制和转录。3 种细菌均有 32%～43%编码产物的功能有待进一步查明。应当指出，表 9-2 所列的基因功能百分率并不代表这类基因的表达水平。

4. 存在基因水平转移的证据　已在大肠杆菌 K12 基因组中找到 10 种不同的插入因子。其中 IS_2 有 7 个拷贝，IS_3 有 5 个拷贝。还发现几种隐秘的缺陷性原噬菌体，其中 3 个与λ噬菌体有关，另一些则明显是其他原噬菌体的缺失片段。初步推断，约有 18%的基因组 DNA

可能是从其他生物水平转移而来，如定位于染色体不稳定区的称为“致病岛”（pathogenicity island）的大区段，就是从其他病原微生物水平转移的结果。

表 9-2　细菌的基因组的基因功能（引自 Madigan et al.，2015）

功能	在基因组中所占的百分比/%		
	大肠杆菌	流感嗜血菌	生殖道支原体
代谢	21.0	19.0	14.6
结构	5.5	4.7	3.6
转运	10.0	7.0	7.3
调节	8.5	6.6	6.0
翻译	4.5	8.0	21.6
转录	1.3	1.5	2.6
复制	2.7	4.9	6.8
其他	8.5	5.2	5.8
未知	38.1	43.0	32.0

（二）酿酒酵母的基因组

酿酒酵母是单细胞真核微生物的代表，其分子生物学研究已有扎实的基础，并有重要的工业应用前景。已知酿酒酵母的生活史包括了单倍体和二倍体两种营养细胞。其单倍体的基因组分布在 16 个不连续的染色体上。1996 年，已完成了酿酒酵母的基因组 12.067Mb 的序列测定，共含有 6287 个编码蛋白质的基因（表 9-3）。其特点如下：①每条染色体 DNA 的长度各异。最小的Ⅰ号染色体仅为 230kb，含有 106 个基因；最大的Ⅳ号染色体为 1532kb，含有 814 个基因。②在每条染色体 DNA 上，除了编码蛋白质的基因外，还有相当比例的间隔区或内含子序列。若按每一基因平均大小为 1kb 来推算，酿酒酵母的非编码区 DNA 已高达 47.89%。③含有大量的重复序列。以 tRNA 基因为例，酿酒酵母共含有 266 个基因（而大肠杆菌仅含有 60 个）。其中，最小的Ⅰ号染色体上有 4 个 tRNA 基因，最多的Ⅶ号染色体上有 33 个 tRNA 基因，其他基因也有类似的多拷贝现象或称为遗传冗余（genetic redundancy）。基因的多拷贝有利于生物适应复杂多变的环境，某一拷贝基因的突变也不至于影响生物在环境中的生存。与 73%的基因均为单拷贝的大肠杆菌相比，酿酒酵母基因组的特点无疑是环境选择与生物进化的结果。

表 9-3　酿酒酵母的基因组（引自沈萍，2016）

染色体编号	DNA 大小/kb	基因数	tRNA 基因数	染色体编号	DNA 大小/kb	基因数	tRNA 基因数
Ⅰ	230	106	4	Ⅵ	270	136	10
Ⅱ	813	423	13	Ⅶ	1091	573	33
Ⅲ	315	172	10	Ⅷ	563	291	11
Ⅳ	1532	814	27	Ⅸ	439	231	10
Ⅴ	577	292	13	Ⅹ	745	387	24

续表

染色体编号	DNA 大小/kb	基因数	tRNA 基因数	染色体编号	DNA 大小/kb	基因数	tRNA 基因数
XI	666	334	16	XIV	787	421	15
XII	1078	550	22	XV	1092	571	20
XIII	924	487	21	XVI	948	499	17

（三）詹氏甲烷球菌的基因组

詹氏甲烷球菌分离自东太平洋 2600m 深的海底火山口附近的污泥中，是生活在 200 个大气压以上的高压、48～94℃的高温和缺氧环境中的严格厌氧菌。它能利用海底火山释放的 H_2 和甲酸产生甲烷，不能以甲醇和乙酸为碳源代谢生长。其最适生长温度高达 85℃，并能固定海水中溶解的分子态氮气，以满足其氮素营养需要。

詹氏甲烷球菌的基因组的序列测定于 1996 年完成。其基因组包括 1 个 1 664 976bp 的染色体和两个分别为 58 407bp 和 16 550bp 的质粒，能编码 1738 个基因，但只有 38%的基因与基因文库中已报道的基因有同源性，并可预测其功能，与已完成测序的生殖道支原体和流感嗜血菌的同源性仅分别为 17%和 11%。

从总体上比较分析，詹氏甲烷球菌基因组兼具原核生物和真核生物的特征。它在基因的操纵子和多顺反子结构，以及调控代谢、细胞分裂和固氮作用的基因等方面与原核生物同源，但在基因表达的 TATA-box 启动子结构、翻译与起始因子基因、转录因子 TFB 和 DNA 复制因子复合物 rfc 的组成与结构等方面又与真核生物相似，并有 14 个基因分别含有 1～3 个内含子，5 个基因能编码真核生物组蛋白。预测詹氏甲烷球菌主要基因功能的信息见表 9-4。

表 9-4　詹氏甲烷球菌的部分已知功能的基因

功能	基因数	功能	基因数
DNA 复制	37	DNA 转录	19
氨基酸合成	65	维生素，辅基与载体合成	47
蛋白质合成	113	膜组分合成与细胞分裂	57
主要代谢途径	32	能量代谢	71
转运与结合蛋白	59	调控蛋白	7
其他	23	总计	530

第三节　微生物的核外遗传因子

一、细菌的质粒

质粒（plasmid）是存在于微生物染色体外的主要遗传物质，它是能够自主复制、多数为共价闭合环状、少数为线状的双链 DNA 分子。1950 年，Lederberg 在研究细菌接合作用时，首先发现大肠杆菌的 F^+细胞含有染色体外的遗传因子（F 因子），它能在接合过程中经性菌毛向 F^-细胞转移，并提出用“质粒”这一术语来表示这种细胞核外的遗传物质。

（一）质粒的类型

大多数的质粒均控制着宿主细胞的一种或几种特殊的性状，具有一定的表型效应。质粒可根据其表型效应的不同划分为以下几种类型。

1. 致育质粒（fertility plasmid，F 质粒）　F 质粒是最先发现的一种控制大肠杆菌致育性的质粒。目前已在志贺氏菌、沙门氏菌和链球菌等其他细菌中发现与大肠杆菌类似的致育因子。现已查明，F 质粒的分子质量为 63MDa，大小为 94.5kb，长度为 30μm，可分为复制控制区、插入与缺失区和转移操纵子 3 个部分（图 9-9）。复制区一般只有 2～3kb，但转移操纵子至少包括 23 个基因，大小为 33kb，其中 *traA* 编码性菌毛的结构蛋白，*traJ* 为调控基因，其表达又受 *finP* 和 *finO* 的负控制。在接合转移时，质粒 DNA 先行复制，新复制的 DNA 断开后，以 *oriT* 为首、转移操纵子为尾沿性菌毛进入受体 F^-细胞，并立即再进行复制。乳酸链球菌（*Streptococcus lactis*）等革兰氏阳性细菌在接合转移时一般不形成性菌毛，接合前受体菌细胞表面形成一种特殊的多肽类的性信息素（sex pheromore），能诱导含质粒的供体菌细胞产生特殊的表面应答蛋白，进而产生供、受体菌细胞间的接合转移。

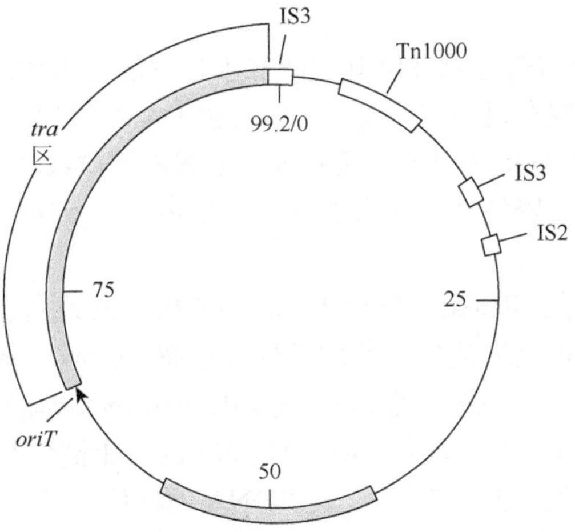

图 9-9　F 质粒的基因图

图中内圈数字以 kb 为单位。转移操纵子表达时转录出一个共同的多聚 mRNA。其中 IS 插入因子为 F 质粒与染色体 DNA 的整合位点，*tra* 为转移操纵子基因，*oriT* 为接合转移起始位点

2. 抗性质粒（resistance plasmid，R 质粒）　这是使其宿主微生物对抗生素、化学药物或重金属离子等表现出抗性的质粒。自 1957 年瓦特拉比首次从临床的流行性痢疾志贺氏菌中分离出抗药性 R 质粒以后，已陆续从大肠杆菌、金黄色葡萄球菌、炭疽芽孢杆菌和破伤风芽孢梭菌中分离出数十种抗性质粒。与此同时，抗性微生物的数量和抗性也显著增加，到 1964 年，自临床分离的抗性细菌中已有 40%具有 4 种以上的抗药性，个别带有多种抗性基因质粒的病原微生物已使疾病的化学治疗面临新的严重挑战，抗性质粒在环境保护和生态学等方面的重要性已日益为世人所公认。

细菌的 R 质粒是研究得最深入的一类抗性质粒，主要由与 F 质粒的 *tra* 操纵子相似的抗性转移因子（RTF）和抗性决定因子两部分组成，后者一般只有 1 或 2 个抗性基因，它们多数定位在转座子上，很容易在细胞内或细胞间转移。可以说除个别的化学药物或抗生素外，目前人们已不难分离到带有临床化学药物抗性基因的质粒。不同的抗性基因的作用机理各异，如 R 质粒上的青霉素抗性基因通常编码产生 β-己内酰胺酶（lactamase），能直接分解青霉素；对氨基糖苷类抗生素（如链霉素和庆大霉素等）的抗性来自于能以不同方式钝化抗生素的酶类；四环素抗性则来自于受体菌细胞壁表面特性的修饰，以降低对药物的渗透吸收；对磺胺类药物的抗性主要来自产生某种能绕过药抑制作用的抗性蛋白等。应当指出，R 质粒并非细菌产生抗药性的唯一来源，目前导致临床抗性和交叉传染的不少病原菌的抗药性也取决于染色体上的抗性基因。但与 R 质粒相比，它们一般不易转移，抗性水平及其多样性也较低。

3. 细菌素质粒　细菌素（bacteriocin）是细菌产生的一般只能抑制或杀死相关种群和种内敏感菌株的特殊多肽类代谢产物。细菌素能与敏感细菌细胞壁上的专一性受体蛋白相结合，进而抑制或杀死敏感细菌。细菌素产生菌因含有免疫基因（*imu*）而不致受其产物的伤害。目前研究得深入的是 *E. coli* 产生的大肠菌素（colicin），已知它是由 Col 质粒决定的。依产生细菌素的特异性，至少可以区分出 ColE1、ColE2、ColB、ColI 和 ColV 等 12 种不同的质粒型和 7 种待定类型。其他产生细菌素的微生物类群主要有产生链球菌素的链球菌、产生乳酸菌素（nisin A）的乳酸杆菌（*Lactobacillus*）和产生根瘤菌毒素（rhizotoxin）的根瘤菌（*Rhizobium*）等。

4. 降解质粒　这是与微生物降解某些特殊难分解的有机物质的能力有关的质粒，主要存在于假单胞菌中。依降解有机质的种类，可区分出 CAM（樟脑）、OCT（辛烷）、XYL（二甲苯）、SAL（水杨酸）和 TOL（甲苯）质粒等。某些降解质粒（如 CAM）也能通过接合作用，在假单胞菌之间转移。降解质粒在自然界物质循环、环境保护和污染环境的治理等方面有重要的应用前景。

5. 毒性质粒　这是与病原微生物对人、动物或植物的致病性有关的质粒。其主要代表是在植物（尤其是双子叶植物）的根、茎部产生冠瘿瘤（crown gall）的 Ti 质粒和产生毛发状根的 Ri 质粒。前者存在于根癌土壤杆菌（*Agrobacterium tumefaciens*）中，后者存在于发根土壤杆菌（*A. rhizogenes*）中。研究表明，Ti 质粒包括能整合到植物细胞的染色体上，并使之转为不受控制的恶性生长的 T-DNA、与 T-DNA 的转移及其作用有关的毒性（Vir）区段和与宿主细菌代谢产生特殊的冠瘿碱（opine）的氨基酸有关的 3 个 DNA 区段。Ti 质粒也具有与 F 质粒相似的自主转移能力，可在遗传性相近的细菌类群之间转移。苏云金芽孢杆菌的毒素蛋白基因大多也定位在质粒上，消除质粒的苏云金芽孢杆菌同时也失去了对昆虫的毒力。此外，毒性质粒还与破伤风芽孢杆菌（*Clostridium tetani*）和肉毒梭菌（*C. botulinum*）等病原微生物对人的毒力和致病性有关，原因在于它带有编码某种特殊的细胞壁组分的基因，有助于病原菌在人的肠道或体表的黏附作用，如在引起仔猪腹泻的肠杆菌中，只有能产生 K88 表面抗原组分的菌株才表现出致病性，而决定 K88 产生的基因也定位在质粒上，并能通过接合作用向其他菌株转移。

6. 共生质粒（symbiotic plasmid）　这是存在于根瘤菌中、能使宿主菌与相应豆科植物进行共生固氮作用的质粒，又称为 pSym 质粒。目前研究较深入的有苜蓿中华根瘤菌、豌豆根瘤菌和三叶草根瘤菌的共生质粒。研究表明，多数快生型根瘤菌的结瘤基因（包括 *nod*、

nol 和 *hsn* 等）、固氮酶基因（*nif*）和共生固氮基因（*fix*）均定位在共生大质粒上。少数共生固氮质粒（如豌豆根瘤菌的 pRL1JI）还能自主地通过接合作用，向其他根瘤菌或土壤杆菌转移。

7. 代谢型质粒（metabolic plasmid） 这是控制宿主微生物的某一特殊代谢过程的质粒，如病原性沙门氏菌通常以不分解乳糖而区别于大肠杆菌，然而某些沙门氏菌一旦获得了含乳糖发酵基因的质粒后，使以生化反应来诊断流行性沙门氏菌的感染发生困难，以致延误患者的治疗。有人从乳酸链球菌中分离出控制乳糖降解的质粒，在大肠杆菌中也发现某些菌株发酵蔗糖的能力与质粒有关。在其他微生物类群中，也有人报道质粒与尿素的水解或 H_2S 的产生有关。

8. 隐蔽质粒（cryptic plasmid） 某些已从微生物细胞中检测和分离出来，但其表型效应和功能未知的质粒称为隐蔽质粒。

（二）质粒的特性

1. 质粒的复制和调节 质粒的复制主要依赖于宿主细胞的复制酶体系，某些质粒也能编码个别参与复制过程的酶。质粒的复制通常从一个（少数质粒有 2 个或多个）称为 *oriV* 的位点开始，包括单向和双向两种类型。一般先在 DNA 聚合酶 I 催化下合成前体片段，再用聚合酶III催化链的延伸至终止点，完成全部的复制过程。研究表明，质粒 ColE1 的复制只有一个 *oriV* 起点，它全部依赖于宿主大肠杆菌的复制酶进行单向复制。当用氯霉素处理使宿主染色体 DNA 的复制停止时，ColE1 的复制仍可继续进行，并可使其拷贝数扩增到 50 倍以上。已知大多数的接合性质粒有两个潜在的复制起始位点，其复制主要依赖于宿主细胞的复制酶体系，但也需要个别质粒编码的特殊酶，如 F 质粒为双向复制，两个复制叉相会于 *oriV* 的 180°相对位置。R100 质粒为单向复制，复制结束于起点前。

2. 质粒的不亲和群 质粒的不亲和群表现为不同质粒在同一宿主细胞内的共存性，即属于同一不亲和群的质粒不能在同一细胞内共存。反之，能在同一细胞内共存的质粒应属于不同的不亲和群。质粒的这一特性又称为不相容性（incompatibility）。

3. 质粒的稳定性 在正常条件下，质粒应在细胞分裂前复制，并借特殊的分配机制以保证其在子代细胞中的均等分配，从而实现质粒遗传的稳定性。细胞学研究结果表明，质粒可能依靠与染色体类似的方式依附于细胞质膜特定位点，随细胞分裂而均等分配到子细胞中。目前已在 F、R1 等低拷贝质粒和高拷贝质粒 pSC101 中，发现称为 *par* 的分配基因参与调控质粒在细胞分裂时的分配作用。不同类型质粒间的 *par* 基因在功能上可以互补，如丢失了 *par* 基因的 R1 质粒可因获得了来自 pSC101 的 *par* 基因而实现质粒在分配上的稳定性。已知 R1 质粒含有 *parA* 和 *parB* 两个基因，F 质粒有 3 个 *par* 基因参与调节质粒的稳定性。RK2 质粒的 5 个基因组成 *parCBA* 和 *parDE* 两个反向转录的操纵子，能通过 *parCBA* 编码某种有效的分配系统并由 *parDE* 编码杀伤无质粒细胞的蛋白质来维持质粒在传代过程中的稳定性。

4. 质粒的转移 就转移性而言，可以将质粒分为转移性和非转移性两大类型。已知大肠杆菌的 F 质粒、R1、R100、ColV、Col I b、R6K、RP4、天蓝色链霉菌的致育质粒 pSCP1、粪链球菌（*Streptococcus faecalis*）的致育质粒 pAD1 和豌豆根瘤菌的共生质粒 pRL1JI 等均属于转移性质粒。转移性质粒多是低拷贝的大质粒，其中较小的 R6K 也有 38kb。质粒转移均通过接合作用进行，转移通常从 *oriT* 开始，在转移的同时进行复制。质粒的接合转移通常只能在相同或相近的供、受体菌细胞之间进行，导入受体菌的质粒也要受到新宿主细胞的限制修饰作用。试验结果表明，供、受体菌之间的亲缘关系愈近，质粒接合转移的频率就愈高。许多 R 质粒由于含有转移操纵子和抗性基因，它们也能在较广的宿主范围内转移，从而给疾病的化学治疗带来相当大的困难。属于不相容群 IncP 和 Q 的许多天然或经人工改造的基因工程载体质粒，如 RK2、RP1、RP4、R68、pKT230、pRK290 和 pSUP204 等，也能在大多数革兰氏阴性细菌之间转移，并称为广范围宿主质粒。ColE1 和 RSF1010 等小质粒由于缺少转移基因而不能自主转移，但由于它们含有与 F 质粒的 *oriT* 类似的 *bom*（或 *nic*）位点或诱动基因 *mob*（mobilization），因而能够被带有 *tra* 基因的转移性质粒如 F 质粒等诱动转移。

二、转座遗传因子

由转座遗传因子引起的基因失活和重组作用称为转座。转座遗传因子广泛存在于原核生物和真核生物细胞内，是一段位于染色体或质粒上的特殊的、可移动的 DNA 序列。在转座过程中，转座遗传因子作为一个独立的、不与其他 DNA 序列交换的单元，可从染色体上的一个位置转移到另一个位置，或者在质粒与染色体之间相互转移。采用适当的方法，转座遗传因子也可以在细胞之间转移。当转座遗传因子在转座的过程中插入某一基因时，可使该基因内的核酸序列发生改变而失活，从而引起基因突变。转座遗传因子在转座时，还能引起受体菌 DNA 发生易位、倒位、重复和缺失等基因重组作用。根据转座遗传因子的分子结构与特点，可将转座遗传因子分为插入序列、转座子和转座噬菌体。

（一）插入序列

插入序列（insertion sequence）又称为 IS 因子，是一段较短的 DNA 片段，目前仅在细菌中就发现了 500 多种不同的 IS 因子。

已研究的 IS 因子一般在 0.7～1.8kb。IS 因子只含有与转座有关的基因和序列，它既可以单独也可以作为其他转座遗传因子的一部分存在于染色体或质粒上。IS 因子结构的主要特征是在其序列的两端具有反向重复序列，在转座过程中它们是转座酶的识别位点。不同的 IS 因子的末端重复序列的大小不同，一般为 10～41bp，中段含有一个或几个编码产生转座酶和与转座及其调节功能有关的基因。IS 因子的插入，通常带有强的极性效应，这是由于在 IS 因子序列中普遍带有无义密码子的缘故。

（二）转座子

转座子（transposon）又称为易位子，通常以 Tn 表示。与 IS 因子不同，转座子不但含有与转座有关的基因和末端反向或正向重复序列，而且其中间除转座酶基因外，还带有一个或几个抗性基因。已知的细菌转座子可以分为复合型转座子（composite transposon）和复杂型转座子（complex transposon）两种类型。复合型转座子以 Tn5、Tn9 和 Tn10 为代表，其反向或正向重复序列是已知的 IS 因子，后者既是转座子的一部分，也可以独立进行转座。复杂型转座子以 Tn1、Tn3 和 Tn551 为代表，其两端为 30～40bp 的末端反向重复序列，中部是转座酶基因和抗药性基因。复杂转座子的重复序列不能独立转移，只能作为一个整体发生转座作用。部分细菌转座子的特性见表 9-5。

表 9-5　部分细菌转座子的特性

转座子名称	抗药性	大小/bp	末端重复顺序/bp	转座特异性	转座频率	是否产生缺失
Tn1	Amp	4 800	140（反向重复）	低	有时高有时低	+
Tn2	Amp	4 800	38（反向重复）	低	有时高有时低	
Tn3	Amp	4 957	38（反向重复）	低		
Tn4	Amp，Sul，Str	20 500	（并带有 Tn3）	低		
Tn5	Kan	5 700	1 534（IS50）	低	一般	+
Tn6	Kan	4 100			低	+
Tn9	Cm	2 500	800（同向重复）实际上为 IS10			
Tn10	Tc	9 300	1 400（反向重复），实际上为 IS3			
Tn501	Hg^{2+}	8 200	35/38			
Tn551	Ery	5 300	35			
Tn1721	Tc	11 400	35/38			
Tn1681	Ent	2 061	23（反向重复），即 IS1			

注：Amp. 氨苄青霉素抗性；Sul. 磺胺药物抗性；Str. 链霉素抗性；Kan. 卡那霉素抗性；Cm. 氯霉素抗性；Tc. 四环素抗性；Hg^{2+}. $HgCl_2$ 抗性；Ery. 红霉素抗性；Ent. 热稳定性肠毒素产生；空白处的含义为未知或未报道

Tn3 和 Tn5 是研究得比较详细的一类转座子。这里以 Tn5 为例，介绍转座子的结构、特性和转座效应。

Tn5 最早发现于肺炎克雷伯氏菌的 JR67 质粒，大小为 5.7kb。左右两端均为 1534bp 的插入因子 IS50，插入因子 IS50 又含有 9bp 的末端重复序列用于转座时识别目标 DNA。在 2.6kb DNA 的中段，含有编码卡那霉素（Kan）、博来霉素（Bl）和链霉素（Str）的抗性基因，3 个基因由一个启动子控制，从左向右转录成多顺反子 mRNA（图 9-10）。研究表明，位于左端的 IS50L 与右端的 IS50R 仅有一对碱基的区别（GC—AT），但只有 IS50R 编码的转座酶才有活性。IS50R 同时还从转座酶基因的稍后位置开始编码产生含 421 个氨基酸的抑制子，用于调节 Tn5 的转座作用。目前，Tn5 已广泛用于细菌的转座诱变。

根据对不同转座子的研究，已提出了几个用于解释转座机制的模型。其共同特点是：①转座子在转移之前先进行复制，因此在供体位点上的转座子一般不因发生转座而丢失；②在转座过程中先出现共整合体；③在受体的新整合处存在靶序列；④转座子具有内部解离位点或依赖于同源性的交换位点。

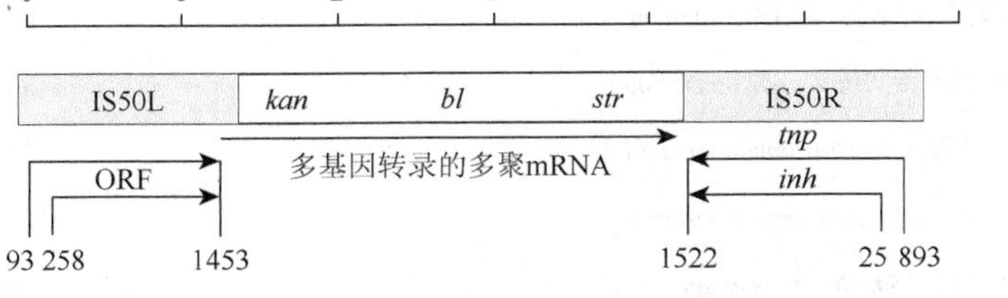

图 9-10　转座子 Tn5 的基因图

kan. 卡那霉素抗性基因；*bl*. 博来霉素抗性基因；*str*. 链霉素抗性基因；*tnp*. 转座酶基因；*inh*. 抑制子基因；ORF. 开放阅读框

转座子的转座除具有插入突变效应外，还能赋予受体菌新的抗药性而有利于转座突变株的筛选。此外，转座子可以进一步使受体菌基因组发生缺失、重复、易位或倒位等 DNA 的重排。在某些情况下，也可启动或关闭某些其他基因。由于转座现象的普遍性及转座所引起的显著的遗传学效应，在进行基因转移和定位的分析研究中，常利用转座子来获得各种突变株，并判定未知基因的位置，构建不同质粒融合或复制子融合的特殊菌株。

（三）转座噬菌体

转座噬菌体是具有转座功能的一类可引起突变的溶源性噬菌体。这类噬菌体无论是进入裂解循环还是处于溶源状态，均可整合到寄主染色体上。其中研究得较多的是 Mu 噬菌体。Mu 噬菌体 DNA 的大小为 37kb，距末端不远处也有类似的 IS 序列，左右两端均含有少量的寄主 DNA。与 IS 因子和转座子相比较，转座噬菌体 Mu 具有以下两个特点：①它不是细菌基因组的正常组分，因而易于识别；②它可经诱导产生，易于制备。

三、真菌染色体外的遗传因子

在真菌中，除了细胞核遗传物质染色体外，还存在着多种形式的核外遗传物质，如质粒 DNA 和线粒体 DNA。近几年来，对真菌核外遗传物质的研究逐渐揭示了真菌遗传变异的一些独特性。在这一节里主要介绍一些基本知识。

（一）真菌线粒体的基因组

通常，真核生物的线粒体都含有 DNA，在具有光合作用的生物体的叶绿体中也存在着 DNA。目前，对酿酒酵母、曲霉和裂殖酵母的线粒体 DNA 已经做了深入的研究，而且已经明确地认识到，线粒体 DNA 和叶绿体 DNA 都具有一定程度的遗传自主性，能够编码一些蛋白质产物。真菌线粒体的基因组的大小介于动物和植物线粒体的基因组之间，但是明显地小于植物线粒体的基因组（表 9-6）。

表 9-6　真菌及其他真核生物的线粒体 DNA 大小的比较

种名	线粒体 DNA 大小/bp
白假丝酵母（*Candida albicans*）*SC5314*	40 420
光滑假丝酵母（*Candida glabrata*）	20 063
新型隐球菌变种格鲁比（*Cryptococcus neoformans* var. *grubii*）	24 874
多房棘球绦虫（*Echinococcus multilocularis*）	13 738
马铃薯晚疫病菌（*Phytophthora infestans*）	37 957
加拿大毕赤酵母（*Pichia canadensis*）	27 694
鹅柄胞壳菌（*Podospora anserina*）	94 192
芽殖酵母（*Saccharomyces castellii*）	25 753
酿酒酵母（*Saccharomyces cerevisiae*）	85 779
赛瓦酵母（*Saccharomyces servazzii*）	30 782
细纹唇齿鳚（*Salarias fasciatus*）	16 496
裂褶菌（*Schizophyllum commune*）	49 704

续表

种名	线粒体 DNA 大小/bp
日本裂殖酵母（*Schizosaccharomyces japonicus*）	80 059
八孢裂殖酵母（*Schizosaccharomyces octosporus*）	44 227
粟酒裂殖酵母（*Schizosaccharomyces pombe*）	19 431
蜡蚧轮枝菌（*Verticillium lecanii*）	24 499
莱茵衣藻（*Chlamydomonas reinhardtii*）	15 758
桶苜蓿（*Medicago truncatula*）	124 033
烟草（*Nicotiana tabacum*）	155 939
玉米（*Zea mays*）	140 384
果蝇（*Drosophila melanogaster*）	19 517
人（*Homo sapiens*）	16 571
鼠（*Mus musculus*）	16 295

酿酒酵母的线粒体 DNA（mtDNA）约占细胞总 DNA 的 25%，它的碱基组成［(G + C) mol%为 18%］比例明显的不同于细胞核 DNA，因此很容易借助于密度梯度离心使线粒体 DNA 与细胞核 DNA 相分离。因为酵母线粒体 DNA 是以共价闭合环状形式存在的，大小为 86kb，长度约为 26μm。

对线粒体 DNA 编码功能的研究主要从以下两个方面进行：①抗生素对线粒体核糖体合成蛋白质的研究。线粒体核糖体在功能上与细胞质核糖体很相似，但是在结构上却与细菌核糖体有一些共同的特征。线粒体核糖体 RNA 主要是 15S 和 21S rRNA 而不是 18S 和 25S rRNA。在线粒体中，蛋白质合成对放线菌酮或环己酰亚胺（cycloheximide）具有抗性，但是线粒体中蛋白质合成受到氯霉素、红霉素和几种其他抗细菌抗生素的抑制，而细胞质蛋白质合成对这几种抗生素具有抗性。利用放线菌酮抑制细胞质核糖体的活性，通过蛋白质凝胶电泳能够鉴定出一些线粒体合成的蛋白质。②利用提取的线粒体 mRNA 进行体外转录和体外翻译，然后对蛋白质产物进行凝胶电泳分析，也可以鉴定出线粒体核糖体所合成的蛋白质种类。

通过上述研究发现线粒体 DNA 编码下列一些蛋白质产物：细胞色素 b（cob）和 c 氧化酶（Co Ⅱ和 Co Ⅲ）、ATP 酶及一些核糖体蛋白质。线粒体 DNA 虽然只编码有限的蛋白质产物，但是却编码多种 RNA，如 15S 和 21S rRNA 和一套完整的 tRNA。

如前所述，线粒体具有一定程度的自主性，线粒体 DNA 不仅能够编码上述蛋白质和 RNA，而且还能够通过自主复制，传递给后代细胞。但是，线粒体的遗传装置并不能自给自足，大部分线粒体蛋白质是由核基因编码，并在细胞质核糖体上合成的。酿酒酵母线粒体 DNA 的遗传图谱如图 9-11 所示。

（二）真菌的质粒

质粒最初是在细菌中发现的，后来在真菌中逐渐发现了一些环状或者线状 DNA 小分子的存在，这些 DNA 分子在结构和功能上都不同于染色体 DNA。几种真核微生物质粒的大小和形状如表 9-7 所示。

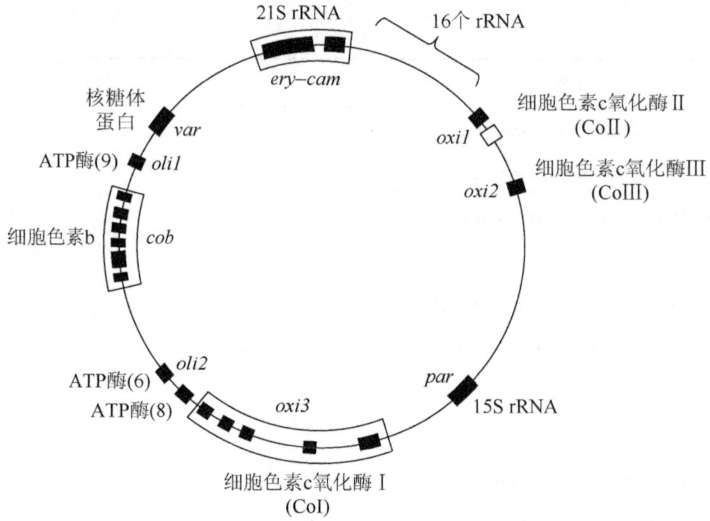

图 9-11　酿酒酵母线粒体基因组遗传图谱（引自陈三凤等，2008）

表 9-7　几种真核微生物质粒的大小和形状

菌株和质粒	碱基对/bp	形状
盘基网柄菌（*Dictyostelium discoideum*）质粒 Ddp5	14 955	环状
硬基网柄菌（*Dictyostelium firmibasis*）质粒 Dfp1	5 015	环状
群生网柄菌（*Dictyostelium giganteum*）质粒 Dgp1	4 481	环状
粗糙脉孢菌（*Neurospora crassa*）质粒 pLS P14	3 581	环状
酿酒酵母（*Saccharomyces cerevisiae*）2μm 质粒	6 318	环状
拜氏接合酵母（*Zygosaccharomyces bailii*）质粒 pSB2	5 415	环状
发酵型接合酵母（*Zygosaccharomyces fermentati*）质粒 pSM1 FLP	5 416	环状
粗糙脉孢菌（*Neurospora crassa*）质粒 Varkud	3 675	环状
间型脉孢菌（*Neurospora intermedia*）质粒 Harbin-1	4 080	环状
粗糙脉孢菌（*Neurospora crassa*）质粒 Harbin-3	7 050	线状
尖孢镰刀菌（*Fusarium oxysporum f.* sp. *matthiolae*）质粒 pFOXC3	1 836	线状
尖孢镰刀菌（*Fusarium oxysporum f.* sp. *raphani*）质粒 pFOXC1	1 905	线状
糙皮侧耳（*Pleurotus ostreatus*）质粒 mlp1	9 879	线状

1. 酿酒酵母的 2μm 质粒　　酿酒酵母的 2μm 质粒长度约为 2μm，全序列分析表明该质粒由 6318 个核苷酸组成。2μm 质粒存在于大多数酿酒酵母菌株中，定位于细胞核，拷贝数为 50～100 个。该质粒只携带与质粒的复制和重组有关的 4 个蛋白质（REP1、REP2、REP3 和 FLP）的基因（图 9-12），不具有任何表型效应。在 2μm 质粒上有两个长 599bp 的反向重复序列（IR），这两个 IR 之间由一个 2.7kb 的大单一区域和一个 2.3kb 的小单一区域所间隔。在两个 IR 上各有一个专一重组位点（FRT），由于这两个 FRT 之间的重组，产生两种互变异构型的质粒即 A 型和 B 型。

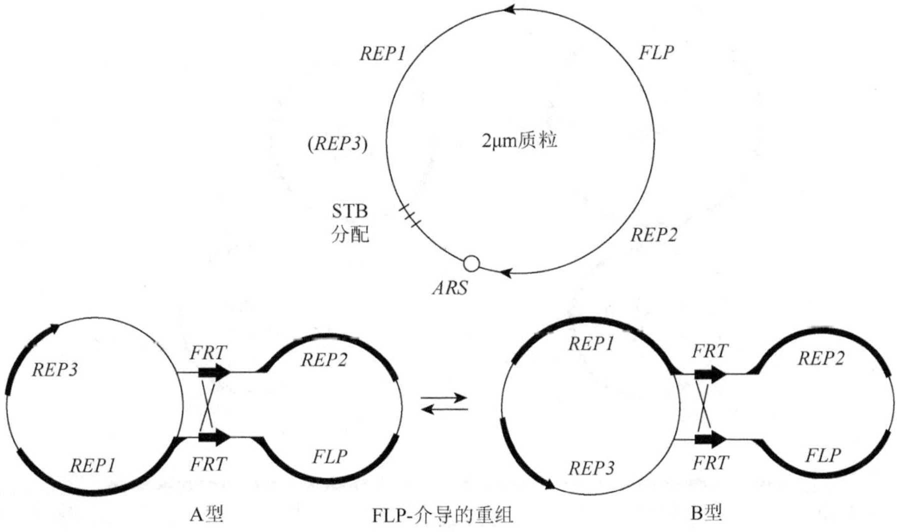

图 9-12　酿酒酵母 2μm 质粒的基因图谱及其不同构型（引自陈三凤等，2008）

酵母菌的 2μm 质粒对于酵母分子生物学和基因组学的发展具有重要的意义，已用该质粒构建了一系列在基因工程中有重要用途的质粒载体。

2. 丝状真菌的质粒　与酵母菌的 2μm 质粒不同，丝状真菌的大多数质粒只存在于线粒体中。从自然界分离的真菌中可以发现质粒的存在，但是在实验室中长期使用的标准菌株如粗糙脉孢菌的一些菌株中并不存在质粒。目前，已经在多个不同的丝状真菌中发现了质粒（表 9-7）。表 9-7 中的所有质粒都存在于线粒体中。丝状真菌质粒的形状为环状和线状，在脉孢菌中这两种形式的质粒都存在。

在大多数真菌中，最初都是偶然发现质粒存在的，在后来才逐渐地开展系统研究。例如，在脉孢菌中最初发现的质粒是属于环状的一类，后来偶然发现了 3 种不同的质粒，这些质粒根据宿主菌株采集的地点命名（表 9-8）。现在已经从脉孢菌的自然分离物中分离到了更多的质粒。

表 9-8　脉孢菌中发现的同源质粒类群

质粒类型	同源类群
环状	Mauriceville，Fiji，LaBelle，Java，MB1，VS，Harbin-2，Varkud
线状	Kalilo，Maranhar，Moorea，Zhisi

丝状真菌的一些典型质粒的结构如图 9-13 所示。早在 1984 年，就完成了粗糙脉孢菌线粒体中的环状质粒 pLPS14（Mauriceville）的 DNA 全序列分析。该质粒的大小为 3581bp，编码一种逆转录酶。序列分析发现，在该质粒中存在 3 种可能的编码阅读框（A、B 和 C），其中 A 编码区（编码逆转录酶）位于 0～2.1kb，B 位于 0.5～1.3kb，C 位于 1.3～2.1kb，因此 B 与 C 分别与 A 蛋白的 N 端和 C 端部分重叠。另一种环状质粒 Varkud 的大小为 3675bp，也编码一种逆转录酶。其他两种环状质粒编码 DNA 聚合酶。与环状质粒不同，线状质粒为了在细胞中稳定存在，其末端都与蛋白质结合。图 9-13 中的两个线状质粒 Kalilo 和 Maranhar 都具有两个不同的阅读框架，分别编码 DNA 聚合酶和 RNA 聚合酶。

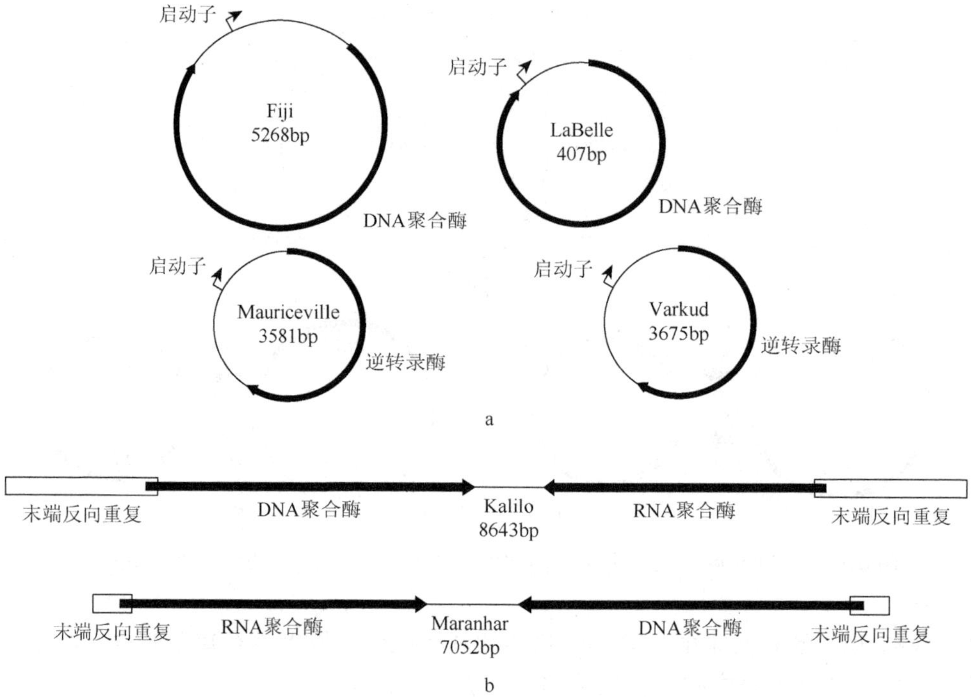

图 9-13　丝状真菌几种典型质粒的结构（引自陈三凤等，2008）

a. 粗糙脉孢菌的几种环状质粒结构；b. 粗糙脉孢菌中两种线状质粒结构

（三）真菌的转座因子

转座因子广泛存在于原核生物和真核生物中。大多数细菌的转座因子携带抗生素抗性基因，但是真核生物（包括真菌）的转座因子不具有任何可选择的标记基因。真菌的转座因子可以分为两类。类群 1 的转座是在逆转录酶的作用下通过 RNA 中间体进行的。类群 2 的转座比较简单，是在 DNA 水平上进行的，也就是从供体位点上切离后再整合到基因组的其他位置上。真菌中的大多数转座因子属于类群 1。

目前丝状真菌中至少存在着 3 种类群 1 的转座因子（图 9-14）。

1. 逆转座子（retrotransposon）　这类转座因子具有长的末端重复序列（LTR），并含有两组具有编码功能的基因，其中一组即 *gag*，编码病毒外壳蛋白，另一组包含 4 个基因，分别编码蛋白酶、整合酶、逆转录酶和核糖核酸酶 H。在许多植物病原真菌中，都发现了逆转座子，如番茄叶霉病菌（*Cladosporium fulvum*）的 *Cft-1* 和尖孢镰刀菌（*Fusarium oxysporum*）的 *Skippy*。虽然这些转座因子在基因组中的位置与宿主真菌的致病性之间没有关系，但是可以作为菌株鉴定的遗传标记。大部分逆转座子都属于 *Gypsy* 结构类型，只有少数几种逆转座子在 *pol* 区基因的排列顺序上不同，如粪盘菌（*Ascobolus*）的 *MARS2* 和 *MARS3* 属于 *Ty1-Copia* 结构类型。

2. 类 LINE 逆转因子（LINE-like retroelement）　这类转座因子通常具有 polyA 尾巴，但是不具有 LTR。类 LINE 转座因子首先是在动物中发现的。这一类转座因子的完整结构还具有 *gag* 和 *pol* 基因。在真菌中，这类转座子包括在 *Ascobolus immersus* 中发现的 *MARS1* 和粗糙脉孢菌中的 *Tad*。

3. 类 SINE 因子（SINE-like element）　这类转座因子衍生于 RNA 聚合酶III的 mRNA。它们不具有任何特殊的结构，也不具有 *gag* 和 *pol* 基因，这类转座因子的转座被逆转录酶活化。

真菌类群 2 的转座因子大多数属于 *Fot1/Pogo-like* 或属于 *Tc1/mariner* 超级家族。*Tc1/mariner* 最初是根据它们在线虫和昆虫中的原型命名的。*Fot1/Pogo-like*（*Pogo* 转座子来源于果蝇）是最近发现的属于类群 2 转座因子的一个分支。如图 9-14b 所示，这类转座因子都具有短的反向重复序列，在整合到宿主染色体上时引起靶位点上 2 个碱基对的重复。它们编码不同的转座酶。

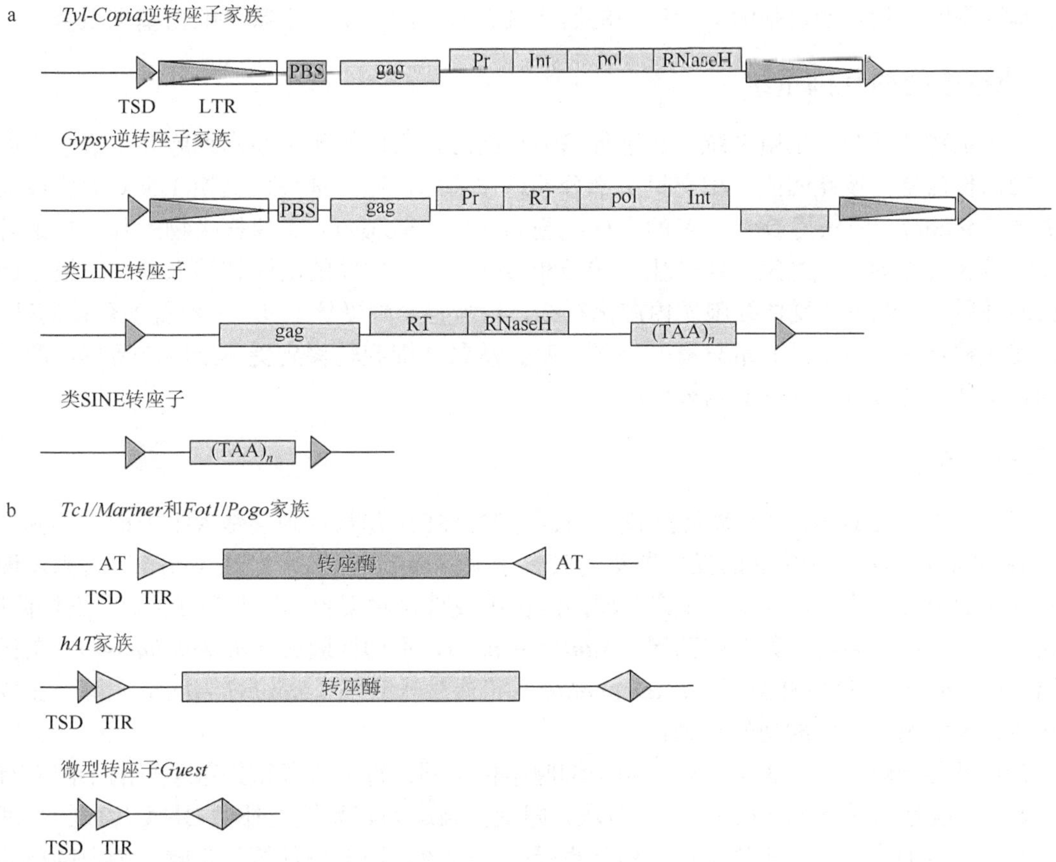

图 9-14 真菌两类转座因子的结构

这类转座因子的典型例子是来自于尖孢镰刀菌的 *Fot1* 和 *Impala*。目前，还不清楚为什么这种类群 2 的转座因子在真菌中占多数。系统的分析研究发现，*Fot1/Pogo-like* 和 *Tc1/mariner* 转座因子可能比较容易通过基因的水平转移在真菌中传播，例如，*Fot1* 转座因子存在于不同的镰刀菌中。

在真菌中，还发现了其他结构形式的类群 2 的转座因子，如 *hAT* 转座子家族，包括玉米中的 *Ac*、金鱼草中的 *Tam3* 和果蝇中的 *Hobo* 等转座子。它们具有非常短的末端重复序列，转座后引起靶位点上 8bp 的重复。目前，在真菌中发现了 3 种具有这种结构的转座子，即 *Restless*（来自于产生环孢菌素 C 的真菌 *Tolypocladium inflatum*）、*Ascot*（来自 *Ascobolus immersus*，与 *hAT* 相似，但序列发生缺失）和 *Tascot*（来自 *Ascobolus immersus*，与 *hAT* 转座子相似）。在粗糙脉孢菌中，还发现了一些微型转座子，如 *Guest*，其大小只有 98bp。但是在基因组中却具有大量的 *Guest* 拷贝。相似大小的转座子如 *Tourist*，也存在于高等植物中。

目前，真菌中的这些转座因子的功能还未知，正如细菌转座子那样，随着对真菌转座因子结构和功能认识的不断深入，它们也将逐渐成为真菌分子生物学和基因转移研究的工具。

第四节　微生物的基因重组

基因重组（gene recombination）是指两个不同来源的遗传物质通过交换与重新组合形成新的基因型的过程。通过基因重组所获的后代具有特异的、不同于亲本的新基因组合。

一、原核生物的基因重组

原核生物缺乏有性生殖系统，在进行基因重组时，它们的两个亲本细胞并不给子代提供等量的遗传信息，彼此间能互相交换小部分的遗传信息，通常称提供交换 DNA 的原核细胞为供体（donor），而获得 DN　A 的原核细胞为受体（recipient）。原核生物的基因重组可以由 3 种基因转移的方式产生，即转化、转导和接合。一旦供体的基因转移入受体，根据遗传材料的性质，它既可在受体细胞质内游离存在，也能整合到受体 DNA 上或置换受体的基因。在上述 3 种基因重组中，通常只有一小部分基因从供体细胞转移到受体细胞，所形成的不完整的合子称为部分合子（merozygote）。

（一）转化

来自供体菌的 DNA 片段或质粒 DNA 转移到受体菌，并整合到其基因组中的过程称为转化（transformation），转化后的受体菌称为转化子（transformant）。自从 Griffith 首先发现肺炎链球菌的遗传转化后，目前已在许多属的细菌中发现这种现象，如大肠杆菌、芽孢杆菌属、根瘤菌属、假单胞菌属、黄单胞菌属（*Xanthomonas*）、不动杆菌属（*Acinetobacter*）、奈氏球菌属（*Neisseria*）、嗜血杆菌属（*Haemophilus*）和葡萄球菌属（*Staphylococcus*）等，在放线菌和蓝细菌中也有转化成功的报道。

转化过程一般可分为 3 个阶段，由于细胞结构不同，每个阶段依细菌类群的不同而有差异。第一阶段是感受态（competence）阶段，即受体菌成为容易接受外源 DNA 片段的生理状态。感受态是细菌的一种遗传特性，而且也受生长阶段、培养条件等的影响。肺炎链球菌可以在对数生长中期的短暂时间内出现大量感受态细胞。在芽孢杆菌属中，感受态则出现于芽孢形成初期。有证据表明，这时细胞的表面特性发生变化，形成特殊的 DNA 受体蛋白。例如，肺炎链球菌在形成感受态时，其细胞壁上能出现 30～80 个受体位点，以结合外源双链 DNA，但流感嗜血杆菌只具有 4～8 个受体位点。已知一些细菌的受体蛋白可被多肽类“感受态因子”诱导，而在另一些细菌则由特殊的生长条件所引起。例如，为诱发大肠杆菌对 DNA 的吸收，必须先用低温（4℃）的 $CaCl_2$ 处理，并在与 DNA 混合后进行短暂的热冲击（42℃）。显然，这种处理可以改变细胞质膜的结构，致使 DNA 更容易转化到细胞中去。第二阶段是 DNA 的结合和吸收，即细胞壁上的受体蛋白和供体 DNA 之间的直接相互作用。起初感受态细胞对 DNA 的吸附是可逆的，但随着更多的细胞质膜蛋白的参与，DNA 在细胞壁上的附着显著增加，变为不可逆的吸附。在链球菌属和枯草芽孢杆菌中，结合的 DNA 双链被核酸内切酶切割成约为 14kb 的小片段，然后再解开成单链 DNA 分子进入细胞内。在嗜血杆菌属中，结合的 DNA 通常以完整的双链被吸收到细胞内，然后再变成单链。研究结果表明，感受态细胞比非感受态细胞能吸收更多的 DNA，其差异可达 1000 多倍。以肺炎链球菌为例，每个细胞只能结合大约 10 个相对分子质量为 1×10^7 的 DNA 分子。因而转化频率不高，通常只有 0.1%～1%，最高可达 10%。第三个阶段是转化 DNA 的整合，起初转化 DNA 与特殊的蛋白结合或位于由受体细胞衍生的小泡囊内，然后以这种保护方式移动到受体菌 DNA。供体 DNA 的单链与保护蛋白分离后，与重组蛋白 RecA 结合，再整合到受体菌的同源 DNA 片段上，并经复制而形成杂合 DNA，含有杂合 DNA 的受体菌即为转化子（图 9-15）。如果外来的供体 DNA 和受体菌没有或只具有很少同源性，转化将难以成功。

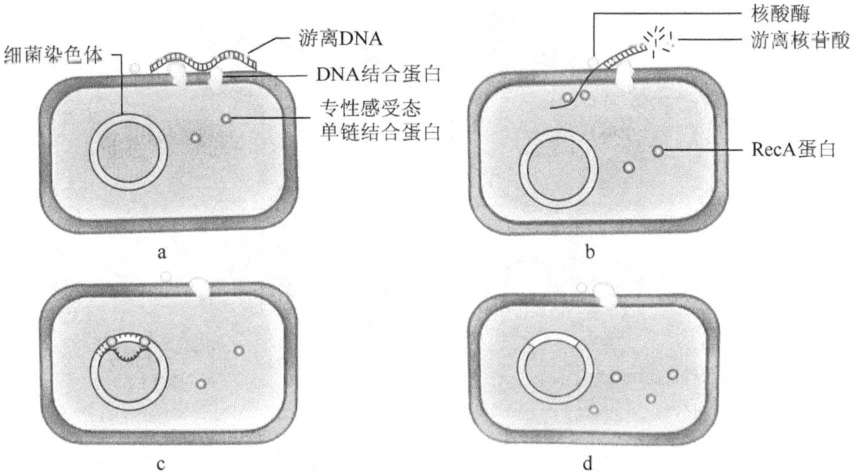

图 9-15　革兰氏阳性细菌的转化作用过程（引自 Madigan et al.，2015）

a. 游离 DNA 与膜上的 DNA 结合蛋白相结合；b. 在其中的一条 DNA 单链被降解时，另一条单链进入细胞；c. 在 RecA 蛋白的帮助下，进入的单链 DNA 与同源染色体 DNA 区段发生重组；d. 含有外源基因的转化子细胞

（二）转导

供体基因以噬菌体为中间载体转移至受体细胞的过程称为转导（transduction）。转导后的受体菌称为转导子（transductant）。1952 年，Zinder 和 Lederberg 在鼠伤寒沙门氏菌中首次发现了转导现象。他们在研究该菌的重组时，在 U 形管的一个臂内接种 LT_2 组氨酸营养缺陷型突变株，而在另一臂内接种色氨酸营养缺陷型突变株 $LT_{22}A$，在 U 形管的底部用超微烧结玻璃滤板将两臂隔开，使管内的培养液可通过滤板流动，但两供试菌不能通过。奇怪的是，他们在含有色氨酸营养缺陷型突变株的臂中发现一些能自己合成色氨酸的菌株。Zinder 等经过反复研究，确认该可滤过因子来源于 $LT_{22}A$ 的溶源性噬菌体 P_{22}，由于噬菌体能穿过滤板将组氨酸营养缺陷型供体菌 LT_2 携带的色氨酸合成酶基因传递给色氨酸营养缺陷型受体菌 $LT_{22}A$，并发生重组而获得新的性状。后来也在大肠杆菌、志贺氏菌属（*Shigella*）、变形杆菌属、根瘤菌属、假单胞菌属、葡萄球菌属和芽孢杆菌属中发现了类似的基因重组现象。

已知在转导过程中，供体基因通过噬菌体进行转移的方式有以下两种类型。

1. 普遍性转导　普遍性转导（generalized transduction）由烈性或温和噬菌体在裂解寄主细菌的过程中进行，理论上讲，细菌的任何基因都有可能从供体转移到受体。在噬菌体装配时期，合成好的噬菌体 DNA 会被装配到噬菌体的壳体中。但是，细菌的 DNA 偶尔也会被裂解成许多小片段，而且其中的一些 DNA 片段有可能代替噬菌体 DNA 被错误地装配到噬菌体的壳体中去，这样形成的噬菌体称为转导噬菌体。普遍性转导噬菌体的形成主要取决于以下两个条件：一是存在错误包装的可能性；二是寄主细菌的 DNA 在完全降解之前被噬菌体壳体包装。在寄主细胞裂解时，这些转导噬菌体也被释放出来。当正常的噬菌体侵染受体细胞时，大部分细胞被侵染而裂解。由于转导噬菌体不含有任何噬菌体 DNA，因此不能裂解受体细胞。当它们把供体细胞的 DNA 片段传递给受体细胞后，可与受体细胞的 DNA 同源区段配对，并进行双交换而重组到受体染色体上，形成稳定的转导子（图 9-16）。转导噬菌体在子代噬菌体中产生的频率很低，通常在 10^6～10^8 个细胞中才有一个被转导成有特定遗传标记的细胞。

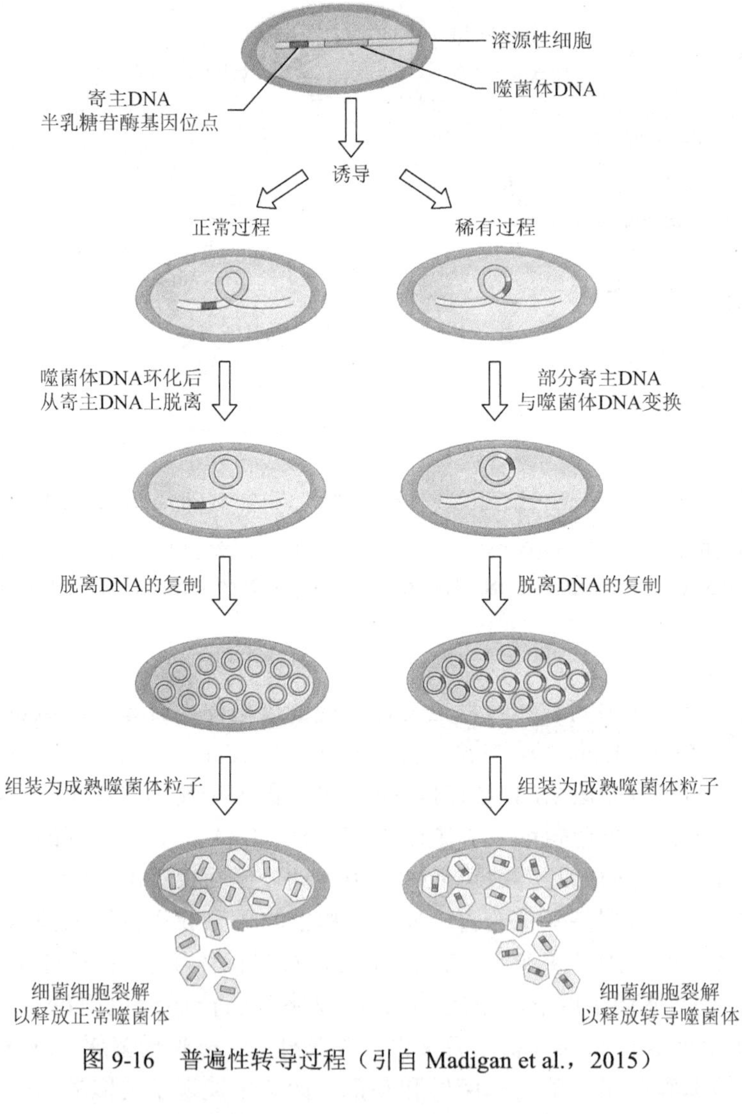

图 9-16　普遍性转导过程（引自 Madigan et al.，2015）

已知能进行普遍性转导的噬菌体包括鼠伤寒沙门氏菌的 P_{22}、大肠杆菌的 P_1 和枯草芽孢杆菌的 PBS_1 与 PS_{10} 等。但不是所有的噬菌体都能进行转导，如噬菌体 T_4 通常不能转导，因为当它侵入寄主细胞后可使细菌 DNA 迅速降解，而来不及形成转导噬菌体。

有时，转导的 DNA 不能通过重组而整合到受体菌的 DNA 上，仅以游离和稳定的状态存在于细胞质中，可表达但不复制，引起可以观察到的表型变化，能在选择性培养基平板上形成许多微小的菌落，这种现象称为流产转导（abortive transduction）。当这些细胞分裂时，会引起转导 DNA 的分离，但它只分配给两个子细胞中的一个（图 9-17）。

微生物遗传学家常利用普遍性转导来测定细菌两个基因间的距离。因为细菌的两个基因离得越近，它们处在同一转导 DNA 片段的频率越高。相反，如果它们离得很远，则几乎不可能被包装在同一转导噬菌体中。

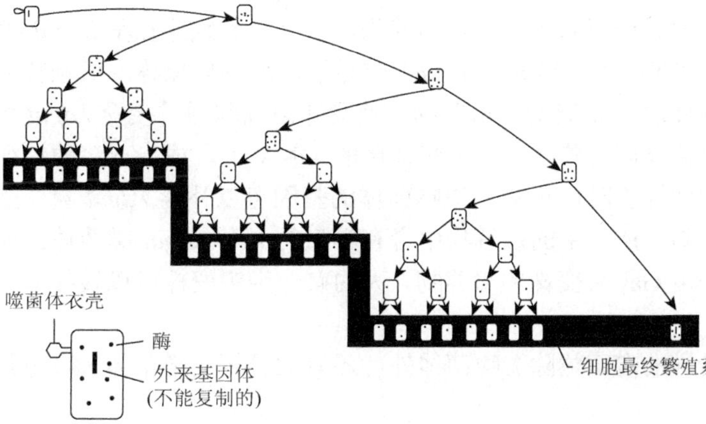

图 9-17　流产转导示意图

2. 专性转导　某些温和噬菌体只能将细菌的少数特定基因转移到受体菌中，而且仅能转导那些位于原噬菌体附近的寄主的基因。如果因诱导而使该溶源性细菌裂解，在原噬菌体脱离寄主 DNA 时，偶尔会带下一小段相邻的细菌基因，然后被包装进噬菌体头部。当这样的噬菌体侵染另一受体细胞时，就会把携带的细菌基因转导进去。

研究最清楚的专性转导（specialized transduction）噬菌体是大肠杆菌的 λ 噬菌体。λ 原噬菌体在细菌 DNA 插入位点的两侧分别为 *gal* 和 *bio* 基因，如果原噬菌体偶尔发生不正常的切割，它经常会把 *gal* 或 *bio* 基因分别带出，形成一类缺失某些噬菌体基因但含有一些细菌 DNA 的特殊噬菌体，称为缺陷噬菌体（图 9-18）。它们分别是 λ*dgal*（含有半乳糖基因的缺

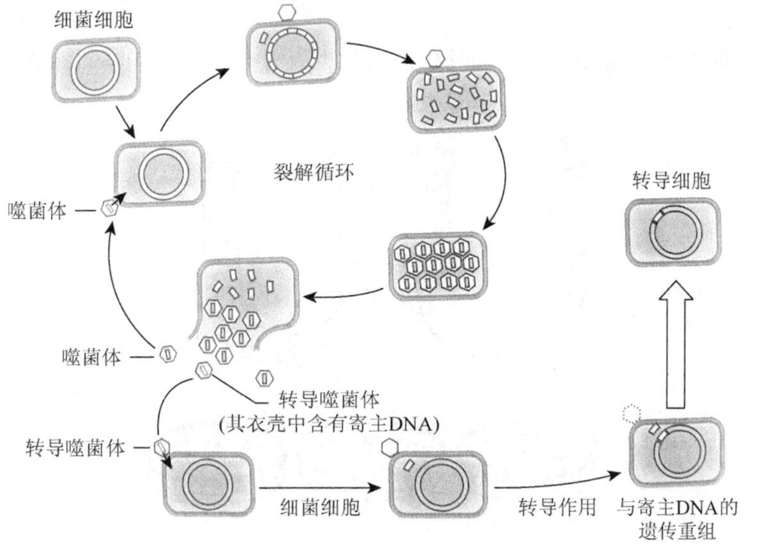

图 9-18　正常 λ 噬菌体和具有局限转导能力的缺陷 λ 噬菌体的产生机制（引自 Madigan et al.，2015）

陷 λ 噬菌体）和 λ*dbio*（带有生物素基因的缺陷 λ 噬菌体）。这些缺陷噬菌体也能够侵染寄主细菌，而且可以整合到寄主 DNA 的插入位点上。由于噬菌体的基因组不完整，因此它们不能实现完整的裂解周期，失去了正常噬菌体的裂解能力和溶源性。

在大肠杆菌中，λ 噬菌体经过诱导裂解时产生 λ*dgal* 的频率为 10^{-6}～10^{-4}，用这种裂解物去侵染非溶源性的大肠杆菌 Gal^-突变株培养物，只有少数细胞接受 λ*dgal* DNA，并以原噬菌体状态整合到寄主 DNA 上，形成少量 Gal^+转导子，这种现象称为低频转导。如果用高浓度的噬菌体侵染大肠杆菌 Gal^-突变株培养物，使受体菌细胞同时接受 λ*dgal* 噬菌体和正常的 λ 噬菌体，这两种噬菌体同时整合到一个受体菌的 DNA 上，成为双溶源性细胞。采用紫外线等因素诱导双溶源性细胞时，正常 λ 原噬菌体的基因可以补偿 λ*dgal* 缺失基因的功能，使这两种噬菌体都能复制，所产生的裂解物中含有等量的 λ 和 λ*dgal* 噬菌体。如果用这种裂解物转导另一个大肠杆菌 Gal^-突变株的培养物，大约有一半突变株可以转导成 Gal^+，这种现象叫作高频转导。

能进行专性转导的噬菌体除 λ 噬菌体外，还有大肠杆菌噬菌体 φ80 等温和噬菌体。

（三）接合

通过细胞与细胞之间的接触而进行的基因转移称为接合。接合后的受体菌称为接合子（conjugant）。1946 年，Lederberg 和 Tatum 首先发现了细菌的接合现象。他们获得两株大肠杆菌营养缺陷型突变株，每株均带有两种不同的营养缺陷突变的遗传标记，其中一株需要生物素（Bio^-）和甲硫氨酸（Met^-），另一株需要苏氨酸（Thr^-）和亮氨酸（Leu^-）。将它们的细胞分别涂在不含上述 4 种生长因子的基本培养基平板上，这两种亲本菌株都不能生长，但它们的混合培养物却可以生长，说明这两个营养缺陷型突变株之间进行了基因重组，形成含有 $Bio^+Met^+Thr^+Leu^+$的菌落。当时他们采用多重营养缺陷型突变株做实验，避免了回复突变的发生。为了排除上述实验是细菌转化的可能性，1950 年 Davis 用 U 形管做了一系列实验。在 U 形管两臂中，分别培养上述两个营养缺陷突变菌株，但用玻璃滤片将它们隔开之后，没有发现原养型菌株，表明细菌的接合现象确实是由细胞直接接触而引起的基因重组过程。实验结果见图 9-19。

细菌的接合现象不是每个世代有规律发生的基因重组过程，而是 DNA 从一个细胞传递

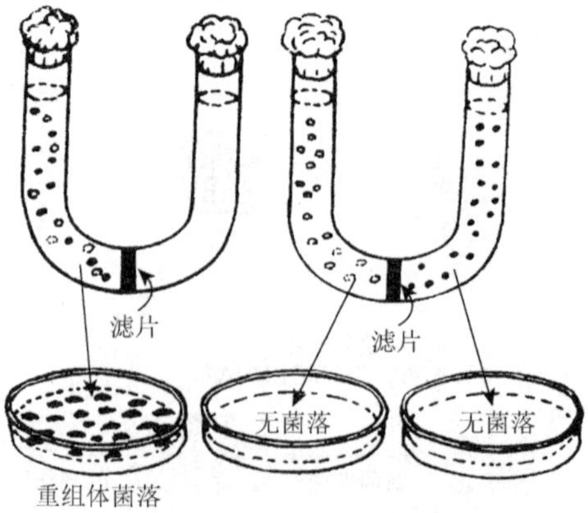

图 9-19　Davis 的 U 形管实验示意图

到另一个细胞的过程。在细菌的转化和转导过程中，只传递很小的细菌 DNA 片段，而在接合过程中，能传递较大的 DNA 片段，并且在特殊情况下，整段染色体也可被转移。

接合现象普遍存在于细菌中，尤以肠杆菌科的主要属和弧菌属、假单胞菌属、固氮菌属和根瘤菌属等较常见，也发生在链霉菌属、诺卡氏菌属、芽孢杆菌属和金黄色葡萄球菌等革兰氏阳性细菌中。不同属的细菌，如大肠杆菌和志贺氏菌之间也能发生接合作用。

1. F 因子　　对细菌接合现象的清楚认识是由于发现大肠杆菌有不同的交配类型。已知在供体细胞中含有一种小的环状双链 DNA，称为 F 因子或致育因子，这些细胞称为 F^+。而受体细胞没有 F 因子，称为 F^-。新近的研究结果表明，大肠杆菌的 F 因子至少携带 40 个参与接合作用的基因，分别控制 F 因子的复制、转移和性菌毛的形成。性菌毛是个细管，DNA 可以通过它从 F^+转移到 F^-细胞。因为 F 因子上的转移基因（*tra*）能使 F^+细胞表面具有阻碍该细胞与其他 F^+细胞接触的特性，所以接合作用只发生在 F^+和 F^-细胞之间。当 F 因子转移到 F^-细胞后，也使 F^-细胞转变成 F^+细胞，后者又能够作为供体，向 F^-细胞进行接合转移（图 9-20）。只要细菌生长，接合过程便能以上述方式相继转移 F 因子。虽然 F 因子从 F^+向 F^-细胞转移的频率可高达 100%，但发生染色体基因重组的频率仍然很低，只有 10^{-5}～10^{-4}。

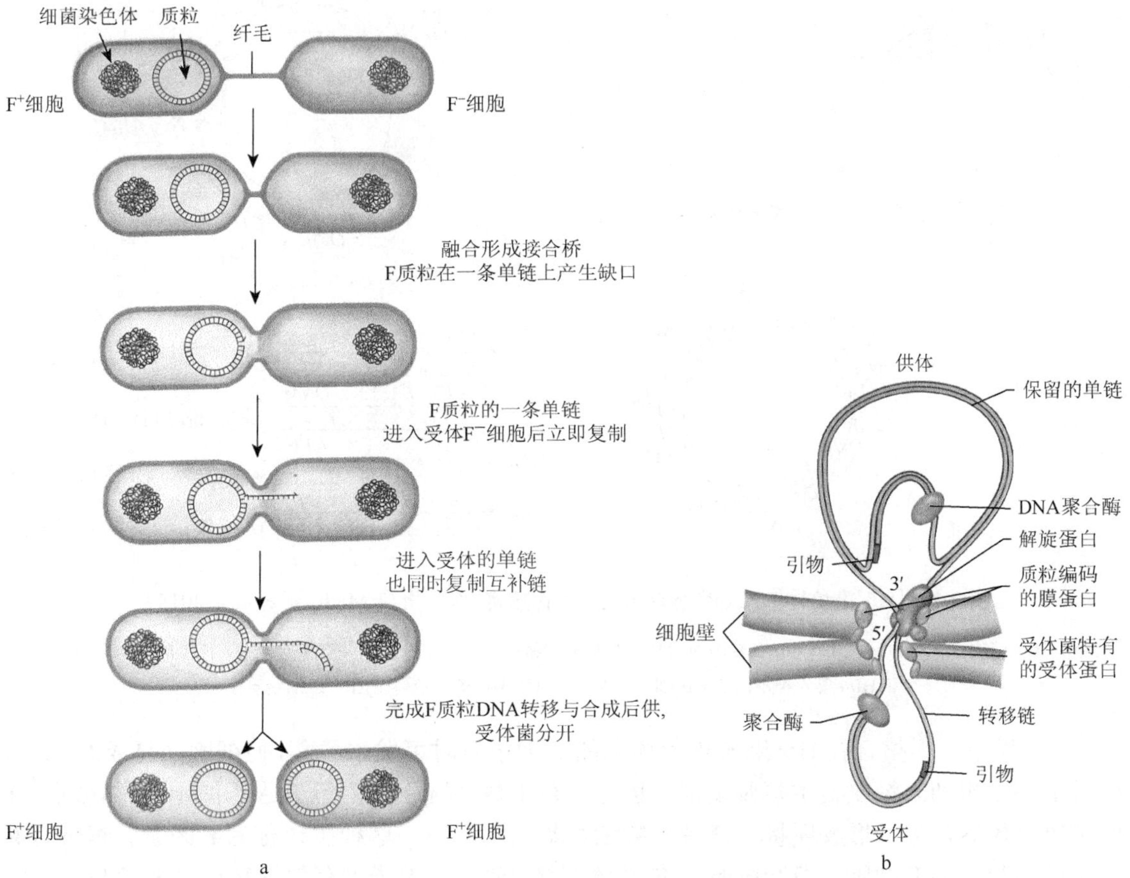

图 9-20　F^+和 F^-细胞的接合作用（引自 Madigan et al.，2015）

a. F 质粒从 F^+细胞向 F^-细胞的转移；b. F 质粒的复制与转移过程

2. 高频重组菌株（Hfr）　　有时可以从大肠杆菌 F^+培养物中分离出少数菌株，当它

们和 F^-细胞接合时，其染色体基因重组频率比 F^+细胞高 1000 倍，将它们称为高频重组菌株（Hfr），研究表明它们实质上是由于 F 因子整合到细菌染色体的某些特定位点而形成的。Hfr 细胞与 F^+细胞的区别在于其 F 因子在接合时很少进入 F^-细胞，而主要转移供体菌的染色体 DNA，因此重组频率高。1956 年，Wollman 和 Jacob 用中断杂交法来测定 Hfr 供体的染色体转移至 F^-受体的顺序，根据染色体进入 F^-细胞的时间（以分钟表示）和出现不同遗传标记重组子的频率来确定基因在染色体上的位置，由于每个基因只在发生接合的特定的时间才出现于重组子，因此可以根据重组子出现的频率和时间顺序画出 Hfr 的染色体基因图。已知 Hfr 细胞和 F^-细胞接合时，它与 F 因子整合的染色体在贴近 F 因子的一个特定位点（*oriT*）上断裂，DNA 由环状变成线状，大肠杆菌 Hfr 细胞的全部基因组转移至 F^-细胞的全过程约需要 100min。在染色体转移时，最先进入 F^-细胞的是没有 F 因子的起始端，等到 Hfr 全部染色体进入细胞后，F 因子本身最后才进入（图 9-21）。接合过程经常受到意外的干扰，使线状 DNA 发生断裂，因此实际上处于末端的 F 因子基因很少能进入受体 F^-细胞。

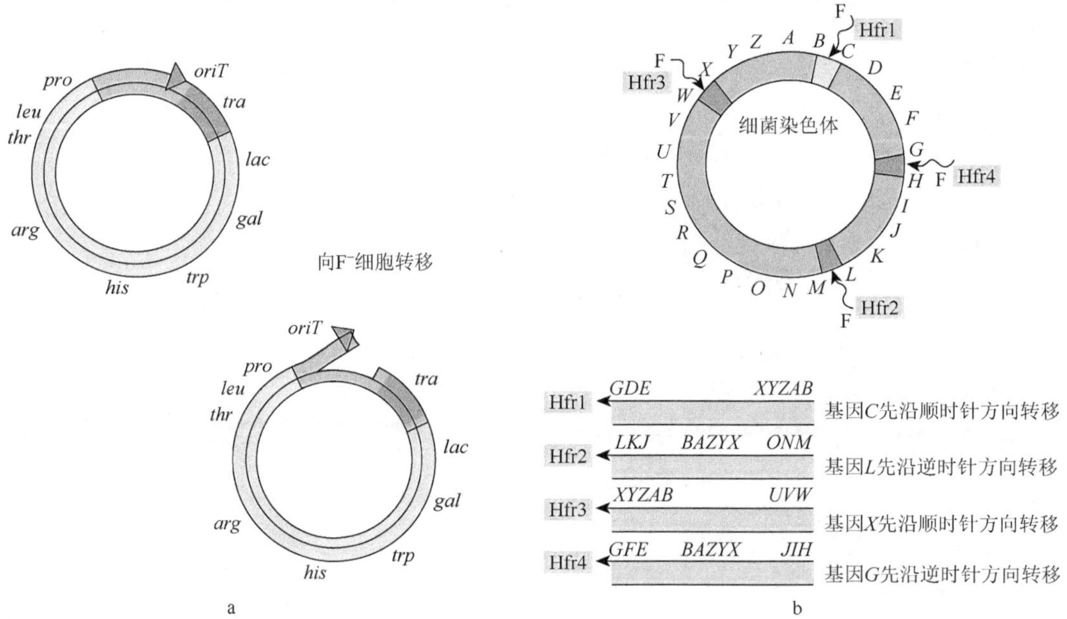

图 9-21　Hfr 染色体 DNA 的断裂与向 F^-细胞的转移（引自 Madigan et al.，2015）

a. 注意 Hfr 染色体 DNA 在 *oriT* 处断开，在复制的同时向 F^-细胞转移；b. 由于 F 质粒有 4 个整合位点，能形成 Hfr1、Hfr2、Hfr3 和 Hfr4 等 4 种不同的 Hfr 细胞，并分别引导不同的染色体基因向 F^-细胞转移

3. F′因子　整合在 Hfr 细胞染色体上的 F 因子有时可发生脱落，使细胞回复成 F^+状态，而且 F 因子也随之恢复自主复制功能。但是，在少数情况下，由于 F 因子的不正常切割，在脱离染色体后，可以形成环状、携带少数细菌基因的质粒，这种质粒称为 F′因子。携带有 F′因子的细胞称为 F′细胞。当 F′细胞与 F^-受体菌接合时，F′因子可有效地转移到 F^-细胞。由于 F^-的染色体和 F′因子所携带的细菌基因之间存在同源性，因此可以发生同源重组。在该接合过程中，细菌基因作为性因子的一部分，从供体细胞传递到受体细胞，故又称为性导（sexduction）。在次生 F′细胞中，约有 10%的 F′因子重新整合到细菌染色体上，恢复成为 Hfr 菌株。

（四）基因的水平转移与原核生物的进化

基因的水平转移是指不同细菌之间的 DNA 交换，各种遗传重组过程如转化、接合、转导和转座作用都可以导致基因的水平转移。与此不同的是，基因的垂直转移，它是指基因从亲代向后代细胞中的传递。数十年来，人们对细菌基因的水平转移已经认识得很深入。有关细菌基因的水平转移的知识直接导致了遗传工程的出现。然而，至今很少有人能够认识基因的水平转移对于自然界细菌进化的意义，主要原因是细菌基因的水平转移一直被认为是稀有的事件。越来越多的证据表明，不仅细菌基因的水平转移在自然界中发生的频率很高，而且对于细菌的进化起到重要的作用。基因的水平转移作为生物进化推动力之一的证据主要来自于对细菌基因组序列的分析。在两个亲缘关系很远的细菌之间存在着非常相似的 DNA 序列，表明这些 DNA 序列是通过基因的水平转移得到的。

1. *细菌厌氧代谢能力的转移*　大多数生活在地热环境中的极端嗜热菌都是严格的厌氧菌，这是它们对高温下低溶解氧的适应结果。然而，栖热菌属（*Thermus*）的某些菌株却是例外，它们被归类为严格好氧的化能有机营养菌。

嗜热栖热菌（*Thermus thermophilus*）HB8 在硝酸盐存在时能够进行厌氧生长，因为它能合成硝酸盐还原酶复合体，该酶复合体由 *nar* 基因簇编码。在低氧浓度下，*nar* 基因的表达受到硝酸盐的诱导。另一亲缘关系比较近的嗜热栖热菌 HB27 菌株在这种条件下却不能进行厌氧生长。通过接合作用，可以将硝酸盐还原作用这一厌氧生长能力转移到好氧的 HB27 中。这一接合事件依赖于一个含有 *nar* 基因簇的接合型质粒与 HB27 染色体的整合，其接合作用类似于 Hfr 的机制，将供体染色体上的基因和 *nar* 转移到受体染色体上。

这一现象说明，在栖热菌属中存在着带动染色体基因转移的接合作用机制，而且一种生物被标明为好氧或者厌氧，可能与该菌的分类地位无关，因为这种表型可通过基因的水平转移而改变。

2. *基础代谢途径基因的转移*　3-羟基-3-甲基戊二酸单酰辅酶 A 还原酶（HMG-CoA reductase 或 HMGR）是重要的代谢酶，在古菌中参与细胞膜的类异戊二烯醚的合成。目前已经发现两类基因序列同源而结构不同的 *HMGR*。类型 1 存在于真核生物和古菌中，类型 2 存在于细菌中，这一特征有助于鉴别横向基因水平转移的过渡状态。在闪烁古生球菌（*Archaeoglobus fulgidus*）中发现了一般细菌中的 *HMGR* 基因序列，为了探索这一横向的基因的水平转移是否为近期发生的并限定于一定的范围，还是对受体细胞及其近源物种具有广泛和长期的影响，科学家分析了多个不同古菌（包括那些与闪烁古生球菌亲缘关系密切的种及其他古菌）的 *HMGR* 基因序列。在古球菌目（Archaeoglobales）中，所有可培养种的 *HMGR* 都与甲瓦龙假单胞菌（*Pseudomonas mevalonii*）中的 *HMGR* 相似。另外，发现热原体属（*Thermoplasma*）的两个种也具有细菌起源的 *HMGR* 基因，而且与古球菌目中的 *HMGR* 高度相似。系统发育分析和 DNA 序列比较表明，热原体目（Thermoplasmatales）和古球菌目中的 *HMGR* 都起源于细菌。最有可能的解释是，首先在某一古菌和细菌之间发生基因的水平转移，然后这一基因在不同的古菌中进一步传播。

其他基因水平转移的例子还有氯安息香酸盐降解途径基因的转移、硫酸盐还原途径基因的转移等。随着这种例子逐渐增加，人们开始对基因的水平转移表现出新的兴趣，开始对细菌的系统进化树提出疑问。而且，已经有大量证据表明，细菌 DNA 以线粒体和叶绿体 DNA 的形式转移到真核细胞中。在医学研究中，基因的水平转移也具有重要的意义。不仅质粒上的抗生素抗性基因可以在不同的细菌之间转移，而且促进了病原细菌的进化。例如，“杀手”大肠杆菌（‘killer’ *E. coli* O157：H7）能够引起儿童的血性痢疾和肾衰竭。这种菌株的出现是因为普通的大肠杆菌菌株获得了一种毒素基因。当然，基因的水平转移也具有有益的一面，发生在污染土壤中的细菌基因的水平转移使许多土壤微生物都具有了降解污染物（如酚类、有机磷和有机氯类）的能力。

二、真菌的基因重组

真菌是在细胞结构和遗传体制上具有特殊性的真核微生物。一方面具有类似于高等动植物的细胞核与染色体结构，可进行有性生殖；另一方面又具有微生物的生长迅速、生活周期短、便于培养等特点，从而为遗传重组机制的分析带来了很大的方便。特别是一些真菌的减数分裂发生在一个闭合的子囊里，十分有利于进行减数分裂的遗传学效应研究。因此，真菌是进行真核生物基因重组和遗传分析研究的理想实验材料。

（一）有性生殖和基因重组

粗糙脉孢菌（*Neurospora crassa*）在有性生殖过程中，每个合子的细胞核减数分裂的全部产物同处于一个子囊内，并呈直线排列。我们将这种以直线方式排列在同一个子囊内的 4 个减数分裂的产物，称为顺序排列四分体。构巢曲霉（*Aspergillus nidulans*）的一次减数分裂的全部产物虽然也同处于一个子囊内，但是其子囊孢子不呈直线排列，而是无顺序的排列。我们将这种不以直线方式排列在一个子囊内的 4 个减数分裂的产物，称为非顺序排列四分体。

现以粗糙脉孢菌的四分体现象为例，说明真菌基因重组的机制。粗糙脉孢菌是一种丝状真菌，其生殖方式包括无性和有性生殖，并以无性生殖为主（图 9-22）。在无性生殖过程中，由菌丝体上的气生菌丝产生两类不同的分生孢子，即单核的小型分生孢子和多核的大型分生孢

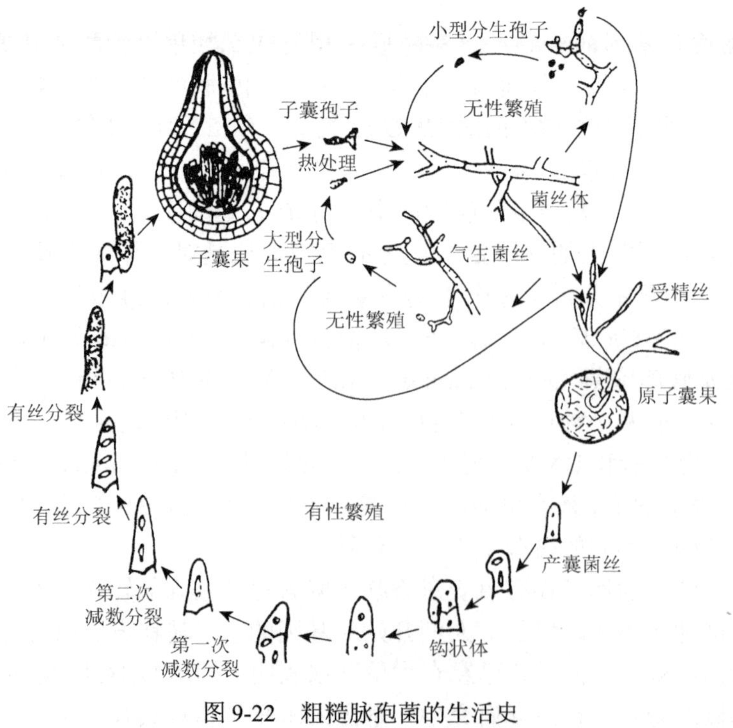

图 9-22　粗糙脉孢菌的生活史

子。大、小型分生孢子均可萌发长出新菌丝，完成无性世代的循环。其有性生殖过程需要两个不同接合型的菌株。当它们在氮源不足的固体培养基上生长时，可分别产生相当于雌性生殖结构的原子囊果，其上具有称为受精丝结构的菌丝分化，当接合型 *A* 或 *a* 菌株的分生孢子落到接合型 *a* 或 *A* 菌株的原子囊果的受精丝上时，则发生受精过程。受精后的细胞核通过受精丝进入产囊体，继而进入产囊菌丝。在产囊菌丝内首先形成含有不同接合型核的原始子囊细胞。两个细胞核融合产生一个二倍体核，然后进行减数分裂，产生 4 个单倍体核，再进行一次有丝分裂，形成 8 个子囊孢子。它们顺序地排列在一个子囊内，直接反映了减数分裂的结果，因而是遗传分析的好材料。

在对顺序排列的四分体进行遗传分析时，首先要判断第一次分裂分离和第二次分裂分离，然后计算着丝距离和重组频率。

1. *第一次分裂分离和第二次分裂分离*　下面以接合型基因为例，分析基因在粗糙脉孢菌中的分离规律与子囊孢子排列的关系。先将分属于 A 和 a 两个不同接合型的菌株进行有性杂交，产生子囊孢子后，在显微镜下将子囊内的 8 个子囊孢子顺序地分离并培养，即可得到 8 个单孢子菌株，再将它们分别与接合型的标准菌株（*A* 和 *a*）测交，即可确定它们的接合型。

通过对粗糙脉孢菌的子囊和子囊孢子接合型的大量分析，结果发现子囊孢子在子囊中的排列有下列 6 种方式：

（Ⅰ）*A　A　A　A　a　a　a　a*

（Ⅱ）*a　a　a　a　A　A　A　A*

（Ⅲ）*A　A　a　a　A　A　a　a*

（Ⅳ）*a　a　A　A　a　a　A　A*

（Ⅴ）*A　A　a　a　a　a　A　A*

（Ⅵ）*a　a　A　A　A　A　a　a*

这 6 种排列方式和它们进行减数分裂时的染色体行为特点有关。（Ⅰ）型和（Ⅱ）型的出现，是由于在减数分裂的过程中，接合型的基因座位（*A* 或 *a*）与着丝粒之间未发生染色体交换。在这种情况下，在进行减数分裂的第一次分裂中，来自同一亲本的两个 *A* 和来自另一亲本的两个 *a* 发生相互分裂分离。相反，（Ⅲ）、（Ⅳ）、（Ⅴ）、（Ⅵ）型的出现是由于在减数分裂过程中，接合型的基因座位（*A* 或 *a*）与着丝粒之间发生了染色体交换。这时，在减数分裂的第一次分裂中，来自双亲的各一个 *A* 和 *a* 趋向一极，另两个 *A* 和 *a* 趋向另一极，这种分裂又称为均等分裂。在第一次分裂中，发生均等分裂的结果，使两个基因型不发生分离，直到第二次核分裂时，两个基因型才发生分离。因此，第一次核分裂中发生均等分裂的结果必然导致两个基因型的第二次分裂分离。第一次分裂分离与第二次分裂分离的染色体行为基础见图 9-23。

2. *着丝粒距离*　根据前面的分析，粗糙脉孢菌中 8 个子囊孢子的排列方式可反映基因分离的方式及基因与着丝粒之间是否有染色体交换发生。只有当有关基因和着丝粒之间发生了一次染色体交换时，才会产生第二次分裂分离的排列方式。

经典遗传学研究结果早已证明，如果染色体上两位点之间的距离越远，则两位点之间发生交换的频率越高。因此，如果某一基因离着丝粒的距离越远，则发生交换的频率越高，出现第二次分裂分离的子囊数也就越多。故根据第二次分裂分离子囊的出现频度，可以计算出该基因与着丝粒之间的距离，即着丝粒距离。

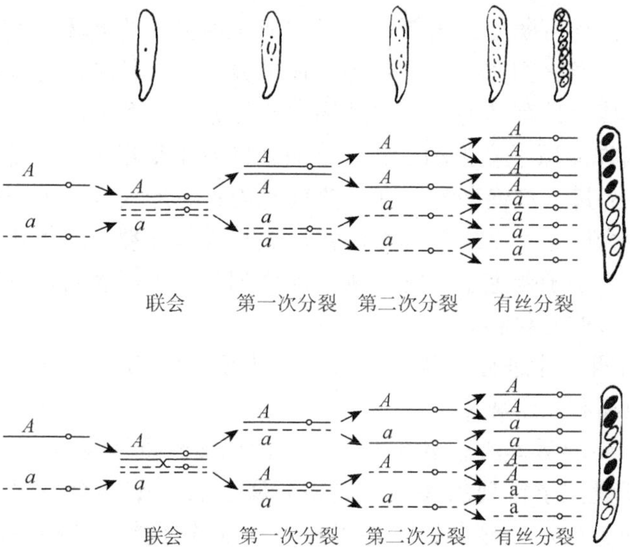

图 9-23　第一次分裂分离与第二次分裂分离的染色体基础（引自盛祖嘉，2007）

着丝粒距离和第二次分裂分离在数值上有怎样的关系呢？如果某一基因和着丝粒之间发生一次交换，就产生一个第二次分裂分离的子囊。在这个子囊的四分体中，有两个发生交换后重组的染色单体和两个没有交换的染色单体，即在一个第二次分裂分离的子囊中，有半数孢子是重组体，所以根据第二次分裂分离的子囊数目也可以计算出重组百分率。

3. 重组频率　　位于同一染色体上的两个基因之间的重组频率与它们的着丝粒距离有关。既然着丝粒距离表示的是某个基因和着丝粒之间的距离，那么位于同一条染色体上的两个基因之间的重组频率应当是两个基因的着丝粒距离之和（当这两个基因位于着丝粒两侧时）或差（当这两个基因位于着丝粒同侧时）。

（二）准性生殖

准性生殖（parasexual cycle）是部分真菌中存在的不通过减数分裂而产生低频率的基因重组的特殊方式。在有性生殖中，存在着二倍体细胞减数分裂为单倍体配子和异性配子有性结合为二倍体的有规律、周期性演变的过程，而准性生殖则是在细胞有丝分裂过程中，通过随机、低频率发生的二倍体化和染色体交换与分离而发生基因重组过程。

1. 准性生殖的发现　　对于高等生物来讲，有性生殖是实现基因重组的一条重要途径。但是在真菌的许多类群，特别是半知菌类中，虽然没有或很少发生有性生殖过程，却仍然表现出了较高频率的变异。20 世纪 50 年代初，Pontecorvo 等在对构巢曲霉的研究中，发现了真菌中存在着一种有性生殖以外的基因重组途径——准性生殖。这一发现揭示了真菌，特别是迄今未发现有性生殖过程的半知菌类具有频繁变异的原因。

准性生殖的发现不仅丰富了遗传学的研究内容，而且开辟了认识植物病原真菌变异的一个新领域，因此受到了真菌遗传学家和植物病理学家的高度重视。继 Pontecorvo 的研究之后，各国的研究者已先后在 21 属的 40 种真菌中证实了准性生殖过程的发生。

2. 准性生殖的过程　　准性生殖包括异核体的形成、核融合和杂合体细胞二倍体的形成、体细胞交换和单倍化过程，这三个过程在准性生殖过程中是相互关联的，各阶段的发生与产物形成的频率都对基因重组有很大影响。

（1）异核体的形成　　异核现象在真菌，尤其在半知菌内是普遍存在的。例如，在培养基上绿色的菌落中往往会出现白色扇形或其他形状的变异区域，并可以遗传。实验证明，变异的原因有可能是突变，但普遍是由异核体（heterokaryon）引起的。

在菌丝内含有两种或多种基因型不同的细胞核的真菌称为异核体（heterocaryon）。异核体的产生有两种方式，一是由于菌丝内一个细胞核的基因发生突变，自发地形成异核体。另一种是通过不同核型菌丝之间的融合，只要细胞质接触上，细胞核就能从一个菌丝转移到另一个菌丝，形成异核体。这种菌丝之间的融合不一定发生在不同交配型之间，也发生在任意两个菌株之间，如果两个菌株为同一交配型，异核不结合，而且同时进行分裂，反而更容易形成异核体。

在异核体菌丝内，这些基因型不同的核一般不结合，而是各自通过有丝分裂而独立增殖。与高等生物的有性生殖相比，异核现象有利于出现生长优势。由于异核体内含有不同基因型的细胞核，对于其自身种群基因库的丰富和增加种群的适应性与可塑性，都是十分有利的。另外，异核体内不同基因型的核数目的比例可以随环境条件而改变，因而也有利于适应环境的短期或长期波动。由于异核体的变异力较强，变异潜能较高，在多变的环境条件下，异核体比杂合体具有更强的适应性。此外，异核体在遗传分析中也很重要，由于异核体的两个不同营养缺陷型的细胞核具有互补作用，因此可利用异核体来进行基因等位性的测定。在细胞质的遗传研究中，异核体也可用于进行基因定位，并可作为考察细胞质影响细胞核的研究工具，也可通过异核体试验来测定等位基因的显隐性关系。

（2）核融合和杂合体细胞二倍体的形成　　核融合是指两个单倍体核融合形成一个二倍体核的现象。基因型相同的核融合形成纯合二倍体（homozygous diploid），但基因型不同的核融合则形成杂合二倍体（heterozygous diploid）。异核体中存在着细胞核融合的可能，两个基因型不同的细胞核能以极低的频率融合，形成杂合体细胞二倍体。它们形成后仍随异核体一道繁殖，在菌落的表面可以观察到杂合二倍体产生的斑点或扇形角变。将这些斑点或扇面上产生的分生孢子分离培养，可得到杂合二倍体菌株。研究表明，异核体发生核融合而产生杂合二倍体的频率为 10^{-7}～10^{-5}。用某些理化因素（如紫外线、樟脑蒸气或高温）处理，可以提高二倍体产生的频率，原因可能是在处理过程中使某些抑制核融合的基因发生突变。

（3）体细胞交换和单倍化过程　　在准性生殖过程中，产生的二倍体并不像有性生殖过程中的二倍体那样立即进行减数分裂，它们仍以有丝分裂的方式增殖，并偶尔会在有丝分裂的四线期，发生同源染色体的两条染色单体之间的互换（图 9-24），称为体细胞交换（somatic crossing over）。体细胞交换的结果是产生重组体，在这一过程中，原来处于杂合状态的部分基因会变为纯合状态。例如，二倍体 *AbCd*/*aBcD* 在有丝分裂过程中发生体细胞交换，产生重组体 *AbCd*/*aBCd*、*AbcD*/*aBcD* 和 *AbcD*/*aBCd*。其中，*AbCd*/*aBCd* 重组体导致 *C*、*d* 基因的纯合状态，*AbcD*/*aBcD* 重组导致 *c*、*D* 基因的纯合状态。

杂合体细胞二倍体在有丝分裂时所进行的单倍化过程也不同于减数分裂。其特点是需经过反复发生的染色体不分离（nondisjunction）现象，使染色体逐个单元化，因而需要多次细胞分裂才能使一个二倍体细胞转变为单倍体细胞。而在减数分裂过程中，细胞只需经过一次减数分裂后，染色体全部由二倍体转为单倍体。

在准性生殖过程中，单倍化和体细胞交换是两个独立发生的过程。体细胞交换是指有丝分裂过程中局部染色体片段交换的现象，而单倍化则是指整条染色体在有丝分裂过程中由于染色体不分离而丢失的现象。体细胞交换产生部分基因纯合化的二倍体重组分离子，而单倍化过程则产生各种类型的非整倍体和单倍体分离子（图 9-25）。

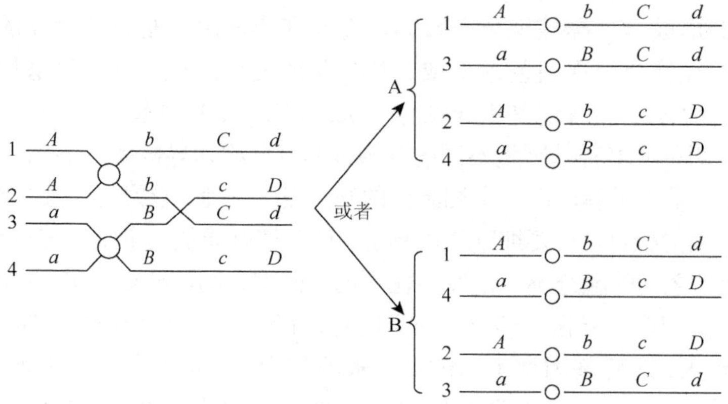

图 9-24　同源染色体交换形成重组分离子

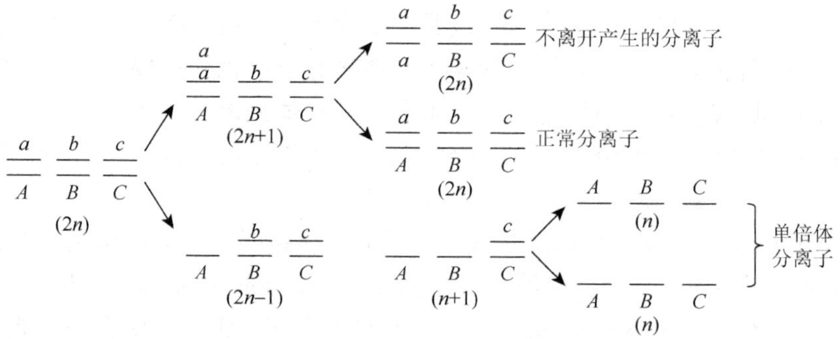

图 9-25　通过单倍化过程产生分离子

在正常的有丝分裂中，染色体一分为二，各自在纺锤丝的作用下趋向细胞的一极，使子细胞中各含一条染色体。但是由于纺锤丝断裂或其他原因，会造成染色体不分离，使分裂后的两条染色体都趋向一极，结果是一个细胞缺少一条染色体（$2n–1$），而另一个细胞多了一条染色体（$2n+1$），它们都是非整倍体（图 9-25）。由于染色体不分离现象的随机发生，可导致一系列非整倍体的产生。非整倍体涉及 $2n–1$、$2n–2$、$2n–3$…$2n–X$ 与 $2n+1$、$2n+2$、$2n+3$…$2n+X$，以及 $n+1$、$n+2$、$n+3$…$n+X$ 各种形式的染色体数目的频繁变动。

因此，在准性生殖过程中细胞通过有丝分裂而发生性状的分离，所产生的分离子包括体细胞交换产生的重组二倍体、染色体不分离产生的一系列非整倍体、单倍化最后产生的单倍体及经体细胞交换和单倍化产生的重组单倍体等。尽管各种分离子产生的频率都很低，但由于体细胞的数量众多，并且细胞进行有丝分裂的次数远远大于减数分裂，因此由准性生殖造成的变异也是不可忽视的。特别是在不发生或很少发生有性生殖的真菌中，准性生殖是它们进行基因重组的重要方式。此外，在研究准性生殖的基础上，人们还可以通过该途径进行某些真菌的遗传育种和有丝分裂定位等研究工作。

第五节　微生物的基因突变

基因突变是最基本的遗传现象之一。遗传和变异是生命永恒的规律，是事物矛盾的两个方面。遗传是在变异基础上的遗传，变异是在遗传过程中发生的变异。由于生物体内部因素和自然环境的影响，遗传物质在不断地发生变异，同时生物本身还具有对基因突变的修复能力，从而保持了物种的稳定性。在生物进化的过程中，基因重组和基因突变是生物进化的主要动力，而遗传和基因突变的修复则维持生物性状的稳定性。本章从基因突变和突变修复两个方面介绍微生物的基因突变现象及其规律。

一、突变的概念

（一）突变和变异

在经典遗传学中，突变是根据细胞表型的变化而定义的。由于遗传信息在染色体上的定位是根据基因重组频率的大小进行排列的，因此构建遗传图谱不需要知道基因的化学结构。也就是说，经典遗传学是在基因功能的水平上认识突变的。在现代遗传学中，突变（mutation）是指遗传物质可遗传的结构变化，也指某一基因发生结构变化的过程。广义的突变包括染色体畸变，如缺失、重复、倒位和易位等；狭义的突变专指基因突变，也称点突变。携带某一突变基因，并且表现出相应表型的细胞或个体及其后代，称为突变体（mutant)。突变体的表型即突变型，而同一种群内没有发生突变的个体相应地称为野生型。但是，人们通常将从自然界中分离的某一菌株称为野生型，任何衍生于该野生型菌株的突变体及其进一步衍生物都称为突变型。

根据突变体的定义，它在基因型上不同于其亲代菌株。基因型即某一生物体内基因的组成情况，而可以观察到的性状称为表型。在微生物遗传学中，采用某一基因英文名称的 3 个小写字母和 1 个大写字母（均为斜体）表示涉及的具体基因，而相应的蛋白质产物第 1 个字母则为大写，而且均为正体。例如，大肠杆菌的 *hisC* 基因、*lacZ* 基因分别编码 HisC 蛋白和 LacZ 蛋白。但是，某些蛋白质并没有遵守这一规则，如 RecA 蛋白，因为这一蛋白质具有多种功能，既参与多个基因的重组途径，又参与 DNA 突变的修复，还具有蛋白酶活性等，很难用一个或几个词描述，只根据其主要功能，即参与基因重组命名。

在介绍突变时，注意不要与变异（variation）混为一谈。变异是指某一生物群体中的个体之间的变化，特别是指同一物种内某一个体不同于其他个体的变化，这种变化当然不包括生活史中不同时期的差异。从进化的意义上来讲，变异是由基因控制的、对环境具有适应性的表型差异。

（二）基因突变的特点

1. 随机性　随机性是指基因突变具有不对应性，即突变的发生与突变的条件之间没有直接的对应关系，如抗生素抗性突变体与抗生素的存在与否没有直接的关系。也就是说，在微生物群体中，可以发生各种各样的突变，并不是只针对某种条件才发生相应的突变。这一点早在 19 世纪四五十年代已被证明。Luria 和 Delbruck 首次用波动实验证明了大肠杆菌对噬菌体的抗性并不是由噬菌体引起的。此后，通过涂布实验和影印培养实验对细菌抗药性的来源做了进一步研究，证明抗药性的出现与药物存在无关。

2. 稀有性　对任何微生物来说，突变都是稀有事件，这对于维持物种的稳定性非常重要。在表述突变的稀有性时，需要区别突变频度和突变率。突变频度是指某一微生物群体中各种突变体所占的比例，而突变率是指单位时间（如每个细胞世代或者每个基因组复制时间）

内一个基因发生突变的次数。突变率是生物个体和基因的重要特性，不同的个体、不同的基因都具有各不相同的突变率（表 9-9）。在自然条件下，突变率一般在 10^{-9}～10^{-7}。

3. 可逆性　突变的可逆性是指某些类型的基因突变是可逆的，特别是各种点突变，但较大范围的染色体畸变是不可能真正逆转的。野生型通过基因突变而产生突变型的过程称为正向突变（forward mutation），而从突变型回复到野生型的突变，称为回复突变（reverse mutation）。

表 9-9　微生物染色体 DNA 的突变率（引自 Caporale，2003）

微生物	G	μ_b	μ_g
M13 噬菌体	6.4×10^3	7.2×10^{-7}	0.0046
λ 噬菌体	4.9×10^4	7.7×10^{-8}	0.0038
T_2 和 T_4 噬菌体	1.7×10^5	2.4×10^{-8}	0.0040
大肠杆菌	4.6×10^6	5.4×10^{-10}	0.0025
酿酒酵母	1.2×10^7	2.2×10^{-10}	0.0027
粗糙脉孢霉	4.2×10^7	7.2×10^{-11}	0.0030
平均值			0.0034

注：G 表示基因组大小（核苷酸或碱基对），μ_b 表示每个基因组复制过程中每个碱基对的突变率，μ_g 表示每个基因组复制过程中每个基因组的突变率，$\mu_g = G\times\mu_b$

认识上述基因突变的特性，对于研究基因突变和分离基因突变体是非常重要的，可以用来确定是否为真正的突变，还是表面的假象。在经典遗传学中，这些是基因突变的基本特性，但是，随着分子生物学的发展，某些基因突变的类型已经不具备上述一个或几个特性。例如，后续介绍的适应性突变（adaptive mutation）和定点诱变（site-directed mutagenesis）就不再具有典型意义上的随机性。

（三）研究基因突变的意义

基因突变是遗传学的重要内容，其研究的意义在于：第一，在经典遗传学上，基因突变是认识基因存在的前提。任何一个基因都是在发现其突变体后才被证实其存在的，直到现在基因仍然是根据突变体的性质命名的。即使在现代分子生物学时代，基因的存在虽然可以借助于分析 DNA 序列来确定，但真正明确基因是否存在，仍然需要研究其突变与功能。第二，基因突变是认识基因功能的基础，只有在基因发生突变时，才知道所失去的基因功能。因此，在遗传学发展史上，基因突变的重要作用就是揭示基因功能，从而大大促进了基因概念的发展。第三，基因突变对于研究 DNA 复制、基因重组、蛋白质合成和基因表达调控等许多基本遗传学现象都起到了重要的作用。第四，基因突变是绘制遗传图谱的基本材料，对于研究基因和染色体的结构具有重要意义。第五，在现代分子遗传学中，基因突变既是分离各种生物基因的重要途径，又是鉴定基因功能的基本途径，也是开展各种生物功能基因组学研究的基本内容之一。第六，在经典育种中，基因突变是各种生物育种的理论基础；在现代分子水平的生物育种中，基因突变仍然是基本的研究内容。

二、突变体的类型和分离方法

（一）突变体的类型

根据突变所引起的生物表型变化，可以将常见的基因突变体分为以下 4 种类型。

1. 形态突变体（morphological mutant）　是指形态变化可见的突变体。其变化包括细胞的表面结构、菌落形态、分生孢子的颜色、孢子的数目、菌丝颜色和色素等的变异。形态突变虽然易于鉴别，但往往是由多个因素决定的，有些与外界环境的变化如培养基的组成和菌龄有关，有时则不稳定，需要进行较长时间认真仔细的观察。

2. 生理生化突变体　从狭义上来说，专指那些因为蛋白质或酶的合成产生而使营养物质吸收、代谢途径和发育途径等生理过程发生变化的突变体，如不能合成β-半乳糖苷酶的乳糖代谢突变体。最常见的是营养缺陷型（auxotroph），由于它们代谢过程的缺陷而成为必需添加某种营养物质才能生长的突变型。相反，那些没有发生生理和生化突变的细胞，则称为原养型（prototroph）。

3. 抗性突变体　指各种对物理、化学和生物因素表现出抗性的突变体，如抗紫外线、氨苄青霉素和噬菌体等的抗性突变体。

4. 其他突变体　除了上述类型外，还有渗漏突变体、致死突变体和条件致死突变体等。渗漏突变是指某一基因的突变并不完全消除该基因的功能，其表达水平很低，不足以表现出野生型的表型。致死突变是指基因突变导致细胞或者个体的死亡，因此往往检测不到。条件致死突变体在特定条件下才能检测到，这种突变体只在一定的条件下因发生基因突变而死亡，但在另一条件下仍然为野生型。最常见的是温度敏感突变体，即在某一温度下（如42℃）为致死突变体、在另一温度下（如30℃）为野生型。

上述根据表型进行的分类只是为了表述上的方便，实际上各类突变体之间并没有明显的界限，可以将所有突变体都称为生化突变体。因为所有的突变都有其生物化学基础，而且随着科学的发展，这些突变体的分类也会发生变化。

根据基因突变的范围，从广义上可以将突变分为染色体畸变和点突变。前者是指染色体上较大范围的变化，如染色体易位、缺失、倒位和重复等，而后者是指 DNA 序列上一个或者几个核苷酸的变化。突变还有其他一些类型，将在后续逐步介绍。

（二）突变体的分离和检测方法

成功的遗传分析要求能够以一定的频率（至少应该与突变发生的频率相当）识别和分离需要的突变体。分离突变体的方法有筛选（screen）、选择（selection）和富集（enrichment），这些基本的遗传学方法对于经典遗传学和现代分子遗传学研究都是有益的，因为无论产生突变的方法是什么，人们只能鉴别出检测水平所允许的突变体。在现代分子遗传学研究中，产生基因突变可以在体外按照人们的设计进行，但是仍然有很多为不需要的突变体。

筛选是对具有某种表型或特性的微生物分离物进行分析的过程，这些表型和特性往往是量的变化，包括细胞不正常的生长特性、某一种酶的水平高低、某一种代谢物产量的大小、某一特定抗原水平的高低或者某一种 DNA 片段是否存在等。通常情况下，当所需要的突变体生长特性与野生型的生长特性相比，在没有受到影响或者影响很小的时候，即突变体和野生型相比没有明显的选择优势的时候才使用筛选方法。

选择是首先设置一定条件，使那些具有所需表型的细胞才能生长繁殖，而不需要的细胞被杀死。实际上，生物的任何特征都是可以通过基因突变而改变的。但是，某些突变是可选择的，而另一些突变是不可选择的，虽然这些突变能够使生物表型发生明显的变化。例如，从产色素的微生物形成没有色素合成能力的突变体，是不可选择的。虽然产色素的野生型在自然界可能具有一定的选择优势，但是在琼脂培养基上不合成色素的菌落与能合成色素的菌落相比并不具有任何选择优势。这就是说，我们能够检测到这类突变体的唯一途径只能是培养大量的菌落，从中去寻找不同的突变菌落，不可能通过选择的方法将产色素的野生型去除，从而选择出色素突变体。因此，不可选择的突变体必须通过筛选大量的群体才能获得突变体。相反，一个可选择的突变在某种条件下赋予突变体以生存竞争的优势，使突变体细胞及其后代能够超越和取代亲代细胞。一个明显的例子就是对药物的抗性，这是一个可选择的突变。在一定浓度的抗生素存在时，抗生素抗性突变体可以生长，但是野生型和非抗性突变体不能生长。因此，通过选择合适的环境条件，可以比较容易地检测和分离可选择突变体。在遗传学研究中，选择作用是十分有用的工具，因为它能很容易地从数百万或者数亿个细胞中分离单个突变体。

对突变体的选择作用不仅用于实验室，而且在我们的日常生活中，当使用各种抗生素杀死病原微生物时，也是在对抗性突变体进行选择。因此，随着抗生素的使用，对抗生素表现出抗性的病原微生物也就不断出现。

下面以营养缺陷型的筛选为例，说明如何从大量菌落中获得不可选择的突变体。由于营养缺陷型不能通过减少某种营养成分或者添加营养成分而直接获得，常用的分离营养缺陷型的方法是影印培养法（replica plating）（图 9-26）。

在这一方法中，需要基本培养基和完全培养基。在基本培养基上，含有野生型细胞生长所需要的基本成分，但是不含有拟分离的突变细胞所需要的特殊营养成分，因此只有野生型能生长。在完全培养基上，由于营养成分完全，无论是野生型还是营养缺陷型都能生长。影印培养是采用灭菌的绒布或滤纸，将经过诱变处理后的所有菌落分别影印到基本培养基和完全培养基上培养，那些在基本培养基上不生长但是在完全培养基的相应位置上生长的菌落就是所需要的营养缺陷型。例如，要分离组氨酸营养缺陷型，则在基本培养基上不能含有组氨酸，那些只在完全培养基上生长，而在基本培养基上不生长的相对应位置上的菌落即为组氨酸营养缺陷型突变体。

上述影印培养法筛选突变体给予的启示是，在考虑筛选实验的时候，首先应该想到实验对于所需要的突变体的破坏性。如果该实验会杀死所需要的细胞，那么就必须设法复制（影印）和保存原始培养皿上的细菌菌落，然后再筛选具备所需表型的细菌。无论所需突变体的用途如何，最终必须保证它处于存活状态。

类似的方法还有在克隆和分离基因时所使用的 DNA 文库筛选。在筛选 DNA 文库时，也是首先将培养皿上的菌落或者噬菌斑影印到尼龙膜上，使用特异的 DNA 探针进行杂交。在获得阳性反应的信号后，再从原来的培养皿上挑取具有所需基因或者 cDNA 的阳性克隆。

另一广泛使用的分离营养缺陷型的方法是富集法。富集又称为反选择，也需要找到合适的条件，使得少数所需要的个体不能生长或处于静止状态，而大部分个体能生长。然后再加入某种物质到培养基中，杀死那些生长的细菌，最后再筛选出那些不生长的但是还存活的个体。一些典型的富集方法是使用 DNA 碱基的结构类似物（在 DNA 复制过程中，也可以掺入 DNA 链中），或者影响细胞壁合成的化学物质，如青霉素和环丝氨酸。

青霉素筛选法是常用的突变体富集方法。一般来说，营养缺陷型是不能直接分离的，然而青霉素可以杀死处于生长状态的细胞。因此，对于营养缺陷型来说，在不含有所需营养因子的条件下，青霉素赋予突变体以竞争优势。但是，这种选择作用不同于对抗生素抗性突变体的选择作用，因为在青霉素存在时，突变体不能生长，只是处于静止状态，否则也会被杀死。在液体基本培养基中，经过青霉素处理后，将培养物离心弃去含有青霉素的培养液，将

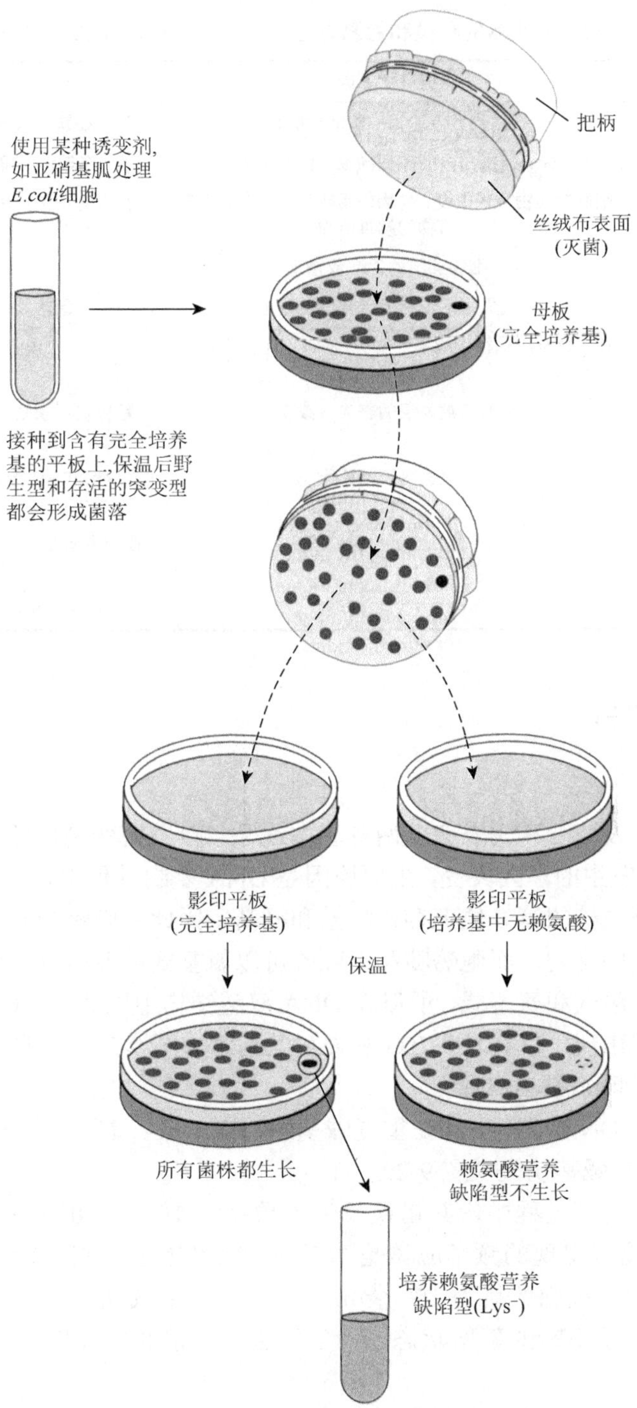

图 9-26　影印培养法（引自 Madigan et al.，2015）

细胞转移到含有营养因子的培养基上，即可以获得突变体。但是在所长出的菌落中，可能大部分是突变体，仍然保存有少量野生型菌落，因为青霉素对细胞的作用会受到培养液中细菌数目、浓度和培养液体积等多种因素的影响。所以，青霉素选择法只是起到对突变体的浓缩作用，在处理后还需要对突变体进一步筛选，只是筛选起来工作量小，相对容易。这一过程就是典型的突变体富集。表 9-10 列出了各种突变体的检测和分离方法。

表 9-10　突变体的种类和检测方法（引自 Madigan et al.，2015）

突变的类型	突变的原因	突变体的检测
营养缺陷型	在生物合成途径中酶活性的丧失	在缺乏营养的培养基上不能生长
冷敏感	一种必需蛋白质的改变导致在低温下无活性	在较低温度（如 20℃）不能生长
药物抗性	细胞对药物透性改变、药物作用靶位点改变，或产生药物的解毒能力	在含有正常抑制生长浓度的药物中能生长
无荚膜	细胞荚膜的丢失或修饰	菌落小而粗糙
不运动	失去鞭毛或形成无功能的鞭毛	菌落紧密，不再扁平而扩展
不产色素	在生物合成途径中酶活性丧失，使得不能合成其中一种或多种色素	表现出不同的颜色或无色
菌落粗糙	脂多糖外层的丧失或改变	颗粒状不规则的菌落取代光滑且具光泽的菌落
糖发酵突变	失去糖降解酶类	在含糖和 pH 指示剂的培养基中没有颜色的变化
温度敏感	一种必需蛋白质的改变	在正常温度（如 40℃）不能生长，但在较低温度（如 30℃）下生长
病毒抗性	失去病毒受体	在大量病毒存在时表现仍正常生长

三、突变的分子机制

（一）自发突变

突变的发生有自发突变和诱发突变两种基本途径。自发突变是自然发生的基因突变，如在 DNA 复制过程中发生的基因突变，主要原因是 DNA 复制过程中，碱基的错误配对和环出效应。由于 4 种碱基结构的第 6 位上存在酮基和氨基，因此胸腺嘧啶和鸟嘌呤可以有酮式和烯醇式两种相互转换的结构，而胞嘧啶和腺嘌呤可以氨基式或亚氨基式出现（图 9-27a）。结构的转换一般倾向于酮式和氨基式，所以在 DNA 双链结构中以 AT 和 GC 碱基对为主。如果以烯醇式和亚氨基式出现，就会发生 TG 和 CA 碱基对（图 9-27b）。碱基的互变异构效应引起基因自发突变的机理如图 9-28 所示。

环出效应是因为 DNA 序列中存在重复碱基序列在 DNA 复制过程中，DNA 链发生错位配对，从而引起 DNA 碱基缺失（图 9-29）。

在每一轮 DNA 复制过程中，其错误发生的频率为 10^{-11}～10^{-7}/bp。一个典型的基因大小约为 1000bp，其错误出现的频率应该是 10^{-8}～10^{-4}/基因组复制周期。因此，一个正常的生长良好的培养物中（细胞数目为 10^{8} 个/mL），含有一个或几个不同的突变细胞。检测基因突变都需要细菌处于不断的繁殖状态，而当细菌处于静止状态时，是不能检测到基因突变的。

点突变可以导致 DNA 的碱基对置换（base-pair substitution），或者引起一个碱基对的插入或缺失，称为微插入（microinsertion）或微缺失（microdeletion）。如果插入或缺失发生在基因的编码区内，则会引起移码突变（frameshift mutation）。碱基置换可以分为转换（conversion）和颠换（transversion）两种类型。在 DNA 链中，嘌呤碱基和嘌呤碱基之间（如 A 和 G），或者嘧啶碱基和嘧啶碱基之间（如 T 和 C）的置换，称为转换，嘌呤碱基（A 或 G）和嘧啶碱基（C 或 T）之间的置换，称为颠换。点突变的表型取决于基因中突变的位置、类型及基因所编码的蛋白质产物的性质。

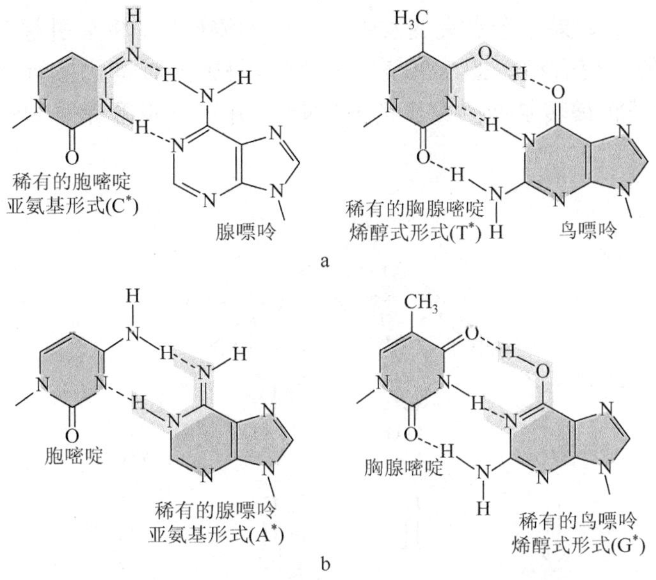

图 9-27　稀有碱基形式与正常碱基之间的错配

a. 嘧啶碱基稀有形式（C^*和 T^*）与嘌呤碱基（A 和 G）之间的碱基错配（C^*A 和 T^*G）；
b. 嘌呤碱基稀有形式（A^*和 G^*）与嘧啶碱基（C 和 T）之间的碱基错配（CA^*和 TG^*）

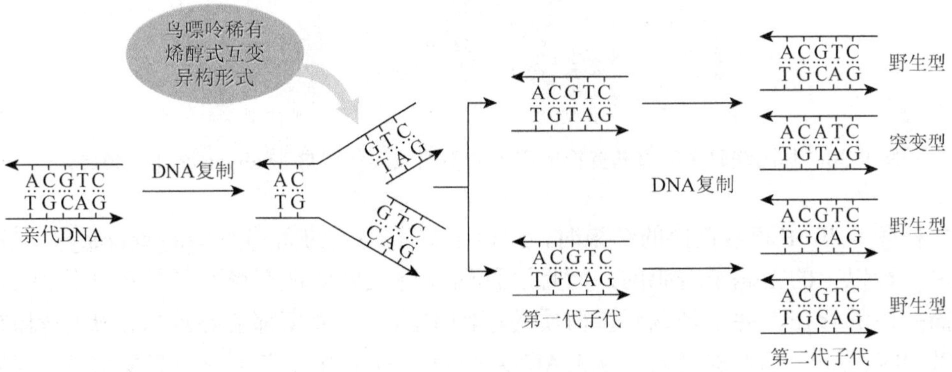

图 9-28　DNA 碱基互变异构所引起的基因突变

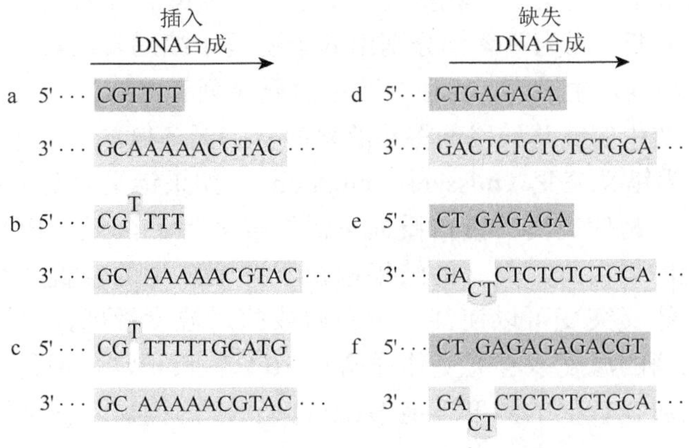

图 9-29　碱基对环出效应引起缺失突变

1. 碱基对置换　如果一个点突变发生在基因的编码区，将会引起编码蛋白质序列的改变，从而产生相应的突变表型。图 9-30 表示基因编码区的碱基置换所产生的各种效应。在 DNA 链中，错误碱基将被转录成为突变的 mRNA，并进一步翻译成为蛋白质。那么碱基置换将产生何结果？

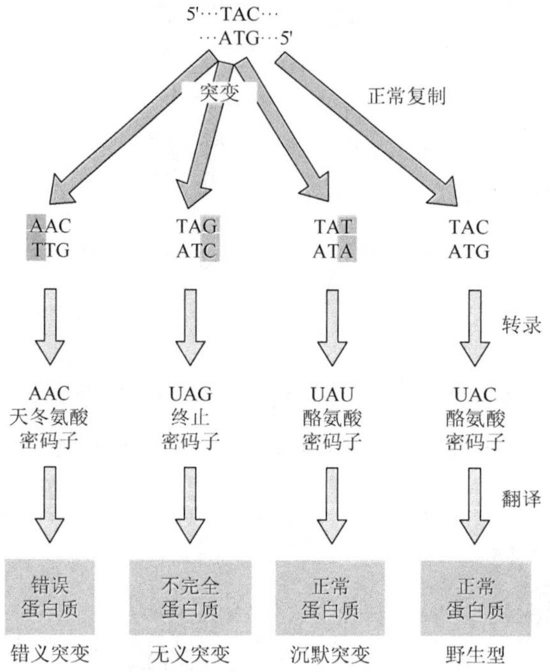

图 9-30　基因编码区的碱基置换所产生的不同效应（引自 Madigan et al.，2015）

在解释图 9-30 中碱基置换的结果时，应该了解密码子的简并性（degeneracy），即某些氨基酸是由一种以上的密码子编码的，而且这种简并性主要体现在密码子的第 3 位碱基上。由于这种简并性的存在，并不是编码蛋白质的基因中的所有突变都会导致蛋白质序列的变化。从图 9-30 可以看出，酪氨酸密码子从 UAC 突变为 UAU，并不产生任何突变效应，因为 UAU 也是酪氨酸密码子。不产生任何表型变化的碱基置换，这称为沉默突变（silent mutation），这种突变往往发生在密码子的第 3 个碱基处。不过，精氨酸和亮氨酸密码子在第一个位置发生突变也会产生沉默突变，因为两者都分别由 6 个密码子编码。在其他氨基酸的密码子中，第 1 或者第 2 位置的碱基发生突变，往往导致蛋白质序列和结构的重要变化，例如，从 UAC 突变到 AAC，即蛋白质中的氨基酸残基将从酪氨酸变为天冬氨酸。这种导致氨基酸序列发生改变的碱基置换，称为错义突变（missense mutation）。如果错义突变发生在一个多肽链的关键位置，如活性位点，将使突变的蛋白质失去活性或者活性降低。但是，并不是所有的错义突变都产生无功能的蛋白质。突变的结果取决于突变发生的位置及其对编码蛋白质折叠和活性的影响。某一错义突变可以使某一蛋白质或酶对温度敏感，这种突变类型称为温度敏感突变。例如，细菌的温度敏感突变体通常在 30℃生长正常，但是在 42℃下不能生长，原因在于突变的蛋白质在较低的温度下能够维持其正确的构象，在高温下只能部分折叠或发生部分变性。

碱基置换的另一个可能的结果是形成终止密码子，从而引起蛋白质翻译过程的提前终止，产生一个不完整的、几乎无功能的蛋白质。这种类型的突变称为无义突变（nonsense mutation），因为这种变化使编码氨基酸的密码子转变为终止密码子（无义密码子）。除非无义突变发生在蛋白质编码区的末端，否则所产生的不完整的蛋白质序列将完全没有活性。

2. *移码突变*　由于遗传密码是从 DNA 编码区的一端以 3 个碱基为单位连续阅读的，无论是碱基的插入还是缺失，都会引起阅读框架的变化（reading frame shift）和翻译产物的改变（图 9-31）。如果在碱基插入或缺失的附近对应地再一次缺失或插入另一个碱基，其后的阅读框架将得到恢复。根据两次突变的距离大小和两次突变之间的蛋白质序列变化对编码产物功能的影响，恢复后的蛋白质可以全部具有或部分具有生物学活性。

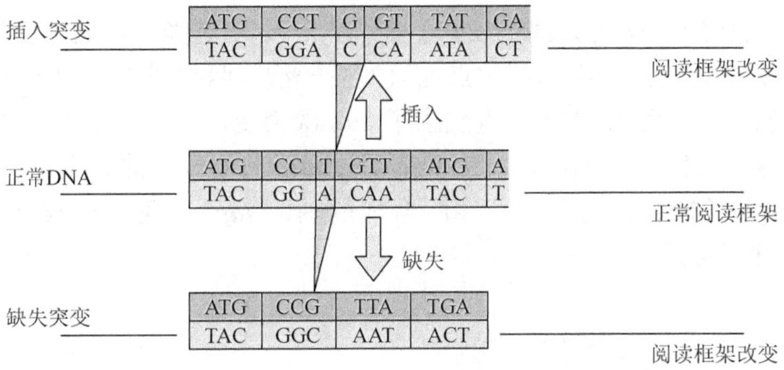

图 9-31　由插入或缺失引起的移码突变（引自 Madigan et al.，2015）

需要强调的是，小范围的碱基插入或缺失引起移码突变的前提是，这些突变必须发生在基因的编码区，而不是非编码区。在基因的非编码区（如启动子区）插入或缺失单个碱基，并不引起移码突变，但是将导致启动子活性的改变，此时碱基置换对基因的影响不是蛋白质序列的变化，而是蛋白质的有无或数量的变化。

（二）多碱基突变

缺失（deletion）是指 DNA 分子内某一区域被删除的突变。我们在前面已经讨论，一个或者少数几个碱基的缺失常会引起移码突变，足以使基因的功能丧失。然而，缺失也可以是数百个或数千个碱基对的缺失。大范围的缺失会完全消除基因的功能，而且可能对整个染色体的结构产生影响。显然，大范围的缺失突变是很难回复到野生型状态，通常的办法是借助于基因的重组作用，使野生型的 DNA 片段占据被缺失的同源 DNA 片段的位置。在实际分离和鉴定突变体的工作中，点突变和大范围缺失突变的区别在于前者能够被回复，而后者不能被回复。

插入突变（insertion）是指向 DNA 分子内添加新的碱基的突变。与缺失突变一样，插入突变可以是一个或者几个碱基的插入，也可以是许多碱基的插入。小范围的插入突变来自于 DNA 复制过程中的错误，而大范围的插入则往往是异常基因重组如转座作用造成的。显然，插入能够引起基因功能的变化。在生物体内，许多插入突变是由长度在 700～1400bp 的特殊 DNA 序列所引起的，该序列称为插入序列。我们已经在前面介绍过插入序列，在此不重复。与缺失突变不同，插入突变通过缺失是可以被回复的。

DNA 片段重排（rearrangement）是指某一 DNA 片段在基因内或其他基因处发生的位置上的改变，如 DNA 片段的易位（translocation）和倒位（inversion）等。

其他大范围的基因突变形式还有 DNA 片段扩增（amplification）和基因重复（duplication）等。

（三）突变热点

在某一物种内，由于大多数的基因具有相似的突变率，因此我们可以把一个基因看作一个突变的靶子，其上的任何损伤都会影响基因的功能。因此，对突变的敏感性应该粗略地与基因的大小成比例，基因越大，突变的机会就越多。但是，考虑到 DNA 序列中突变的位点，我们是否可以认为一个基因内所有位点的突变率大致相似呢？通过分离和分析大量的突变，我们可以知道突变位点的分布。

早在 20 世纪 60 年代，突变热点（hot-spot）的现象就在大肠杆菌噬菌体 T_4 的 *rII* 基因突变研究中被观察到。在所分离的 2400 个 *rII* 自发突变体中，通过基因定位测得，它们分属于 308 个突变位点，其中多数位点上只发生一次、两次或十几次突变，但是在 *r17* 位点上发生了 517 次突变，而在 *r131* 位点发生了 298 次突变。显然，这两个位点的突变率远远高于其他位点。这种在同一基因内自发突变率明显高于其他位置的突变位点称为突变热点。图 9-32 中所示为大肠杆菌参与乳糖代谢酶合成的基因 *lacI* 中每一个碱基的突变频率，显然突变集中在一个热点上。

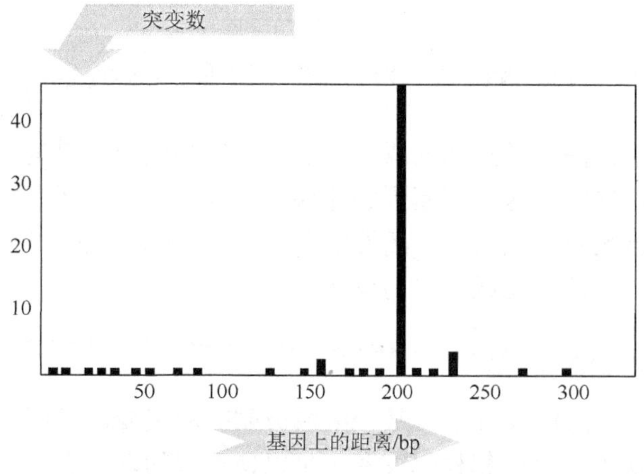

图 9-32　大肠杆菌 *lacI* 基因上自发突变频率（引自 Lewin，2000）

突变热点的存在主要与某一基因的核苷酸序列有关。在 DNA 分子中，除了 4 个正常的碱基外，还有一些被修饰的碱基，其中最常见的是 5-甲基胞嘧啶（C^{Me}）。这是因为细胞中存在着甲基化酶，它可以在某些特定位置上向一部分胞嘧啶碱基上添加甲基（图 9-33）。研究发现，含有 5-甲基胞嘧啶的位点都是突变的热点。在每一种情况下，突变采取的方式都是 G·C→A·T 转换。在不能进行甲基化的大肠杆菌中，不存在突变热点。5-甲基胞嘧啶引发突变热点的原因可以被解释为 5-甲基胞嘧啶易于发生自发脱氨反应，产生胸腺嘧啶（T），使 G·C 变成 G·T（图 9-34）。随着 DNA 进一步复制，两条子代 DNA 分子分别携带 G·C 和 A·T 碱基对。

（四）RNA 基因组的突变

DNA 是绝大多数生物的遗传物质，但是许多病毒基因组是由 RNA 组成的。RNA 基因组

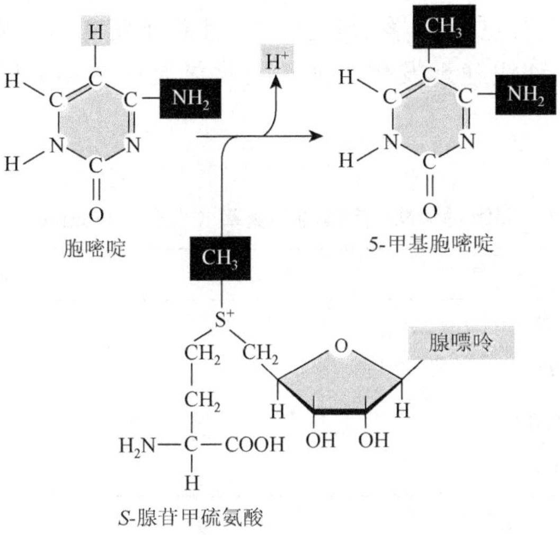

图 9-33　5-甲基胞嘧啶的生物合成反应

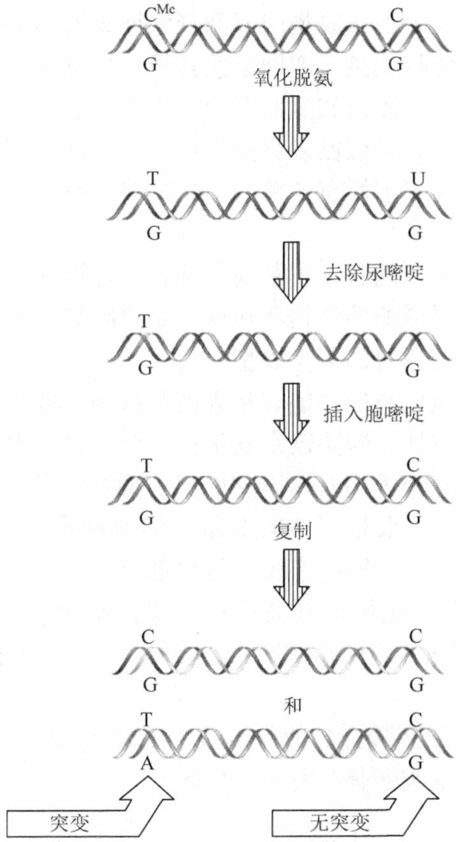

图 9-34　5-甲基胞嘧啶（C^{Me}）自发脱氨反应和自发突变的形成（引自 Lewin，2000）

也是可以发生突变的。重要的是，RNA 基因组发生基因突变的速率是 DNA 基因组的 1000 倍以上（表 9-11）。病毒 RNA 的复制酶类也和 DNA 聚合酶相似，具有校正阅读的功能(proof-reading)。可是，由于存在着多种 DNA 突变的修复机制，而根据现有的研究，RNA 突变的修复机制可能不存在，所以 RNA 基因组的突变速率要远大于 DNA 基因组。RNA

基因组的高突变率不仅具有重要的学术意义，而且对于病毒疾病的防治具有实际的意义。由于病毒 RNA 基因组能够快速地发生突变，因此导致自然界中许多病毒群体的不断变化和进化。

表 9-11　裂解性 RNA 病毒的突变率（引自 Caporale，2003）

病毒	μ_g 平均值
Qβ 噬菌体	6.5
痘病毒	0.8
水疱性口炎病毒	3.5
流感病毒 A	≥1.0

注：μ_g 为每个基因组复制过程的突变率

（五）突变的回复和抑制

点突变是可以回复的。从突变体表型回复到野生型表型的菌株，称为回复子或者回复突变体（revertant）。回复子有两种类型，即同位回复子和异位回复子。同位回复子是指回复突变发生在原来突变的相同位置，因而回复原有的表型。由于同位回复子往往能够完全回复原来的表型，也称为真正回复子。异位回复突变也可以完全或者部分恢复原有的野生型表型，这类突变又称为抑制突变。相对于原有的突变，抑制突变是指那些在另一位置发生的能够恢复野生表型的突变。

目前已经知道的抑制突变有两种：①基因内抑制，是指同一基因内在不同位置上的某种突变，能够恢复原有的蛋白质或酶的结构和活性，如移码突变的回复；②基因间抑制，是指另一个基因内的突变能够恢复原有的野生表型。

抑制基因的特点为确定蛋白质的功能和基因调节机制、阐明生物代谢途径和揭示复杂的生命过程提供了一种高效的方法。若要确定发生在单个蛋白质内部、不同的蛋白质之间、蛋白质与核酸之间的功能机制和分子相互作用的机制，抑制突变是特别有用的。

1. 基因内抑制　如果原来基因的突变是因为碱基置换而导致氨基酸的替代，通过第二个位置的抑制突变改变了一个氨基酸，就可能恢复蛋白质的构象和稳定性，从而恢复蛋白质的全部或部分活性，这种抑制突变称为置换抑制。由此可以知道蛋白质序列中哪些氨基酸残基对于蛋白质的结构和功能是重要的，可能为酶活性位点的结构和作用机制提供信息。

下面以参与大肠杆菌中色氨酸合成的色氨酸合成酶 TyrA 蛋白为例，说明这种基因内抑制现象（其余没有变化的氨基酸残基没有标识出来）。

$$\text{Gly210}\ \xrightarrow{\text{突变}}\ \text{Glu210}\ \xrightarrow{\text{回复突变}}\ \text{Glu210 Cys174}\ \xrightarrow{\text{回交}}\ \text{Gly210 Cys174}$$

（有活性）　（失活）　（有活性）　（失活）

在这一例子中，发生在第 174 位的氨基酸取代作用只有在第 210 位的氨基酸残基相应发生变化后色氨酸合成酶才恢复活性。这说明，第 174 位的氨基酸残基是与第 210 位的氨基酸残基相互作用的（图 9-35）。

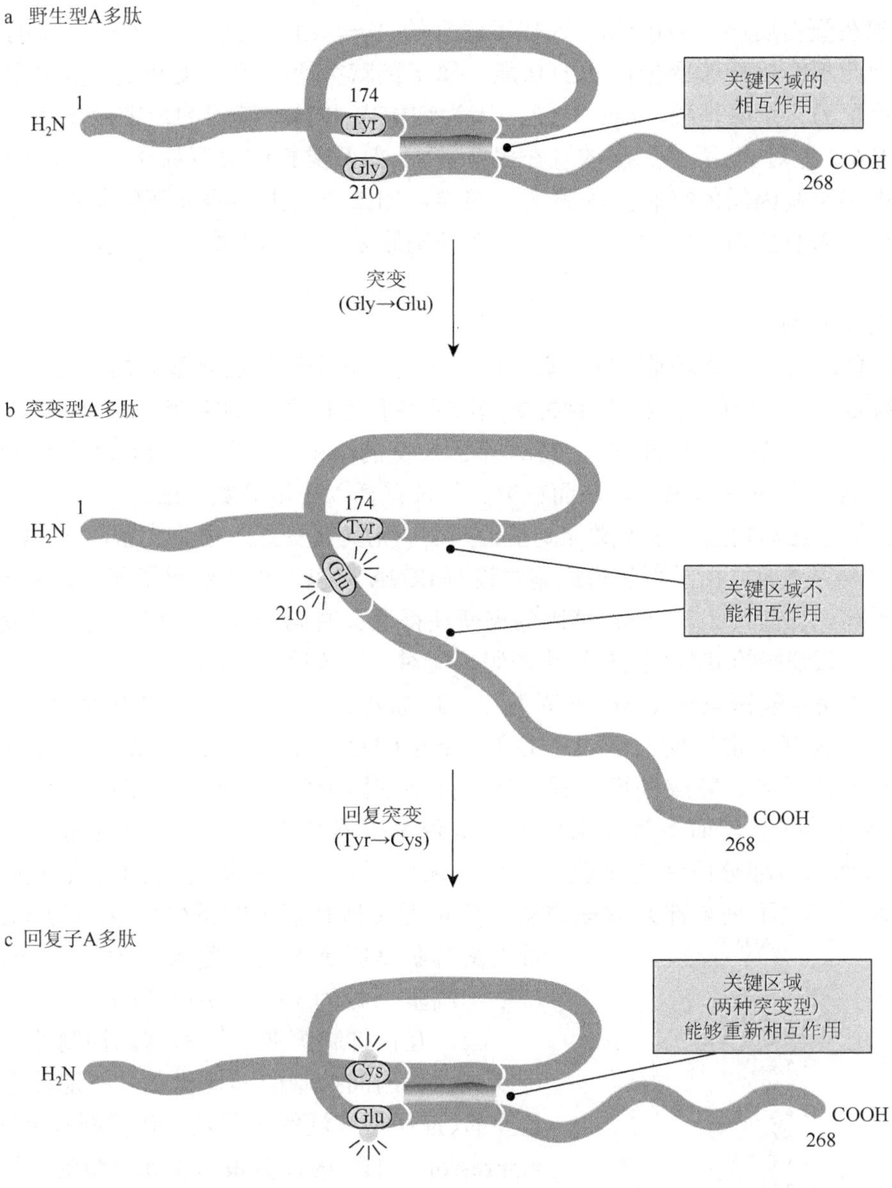

图 9-35　基因突变和基因内抑制对大肠杆菌色氨酸合成酶 A 蛋白的影响（引自 Hartl，2008）

在另一个实验中，发现第 210 位和 212 位的氨基酸残基与第 174 位和 176 位的氨基酸残基相互作用。实际上，在色氨酸合成酶的晶体结构中，这些氨基酸残基相互靠近，由于它们之间的相互作用，才能维持蛋白质的高级结构。

突变体　　　　回复子

Leu176 Val212 ⟶ Arg176 Val212

（失活）　　　（有活性）

在回复突变（如链终止突变 UAG 的回复突变）中，对回复子进行遗传检验发现共有三类回复突变体：第一类是突变位置的反向突变，即 UAG（琥珀突变）向 UAC（Tyr 密码子）突变，准确地恢复了野生型基因的核苷酸序列，是真正的回复突变。第二类是 UAG 突变为

UCG，表现在蛋白质序列中由 Ser 取代了原来的 Tyr。由于它们均为不带电荷的极性 R 基氨基酸，因此不会明显改变蛋白质的功能，属于沉默突变。第三类回复突变体是在突变的位置上替换了另一个氨基酸（Lys），这是因为细胞内 tRNA 基因的反密码子环（CUA）发生突变与 UAG 配对，从而将 Lys 放置在多肽链中。前两类抑制突变属于同一基因内的突变，而第三类则属于基因间的抑制基因突变。同样，如果在发生移码突变的附近引入或者添加一个碱基也会恢复蛋白质的阅读框架，从而抑制原来的移码突变，这种基因内抑制称为移码抑制。

2. 基因间抑制

（1）信息抑制　如果因为细胞翻译的改变而将一个正常的氨基酸插入突变的位置，就可以完全恢复该蛋白质的功能。这种抑制基因突变称为信息抑制突变，因为它改变了细胞阅读 mRNA 的方式。多数信息抑制是 tRNA 基因突变的结果，使突变的 tRNA 能够识别编码蛋白质的 mRNA 上的突变密码子，从而在突变的位置插入正常的氨基酸。

最常见的信息抑制基因是无义抑制基因突变。无义突变是产生终止密码子（UAG、UAA 和 UGA）的碱基置换，由于野生型细胞中没有 tRNA 可以与终止密码子配对，因此这些突变导致蛋白质翻译提前终止。tRNA 基因的突变使得反义密码子环发生碱基置换等变化，从而使得携带某一氨基酸的 tRNA 能与终止密码子配对，完成翻译过程。

例如，当酪氨酸密码子 UAC 突变为 UAG（琥珀密码子）时，如果 $tRNA^{Tyr}$ 基因（*tyrT*）也发生了突变使其正常的反义密码子 GUA 变为 CUA，便能与 UAG 配对，仍可将酪氨酸放到该终止密码子处，完成翻译过程。这一抑制基因能够在发生了 UAG 无义突变的任何位置放上酪氨酸残基，而不管原来位置上是否编码酪氨酸。一些蛋白质能够在该位点容忍酪氨酸的存在而部分或者完全获得活性。所以说，一个琥珀无义抑制突变能够不同程度地抑制许多（但不是全部）琥珀突变。携带无义抑制基因的野生型表示为 *supO*，而携带无义抑制基因突变的细胞表示为 *sup*。*tyrT* 基因的琥珀抑制基因称为 *supF*（图 9-36）。

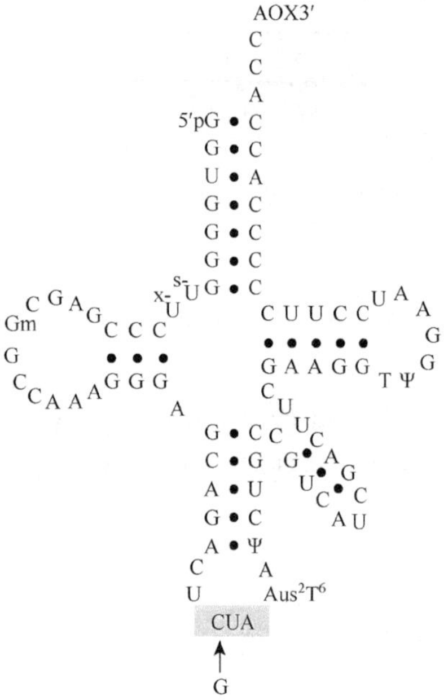

图 9-36　琥珀抑制基因 *supF* 结构示意图

tryT 基因上反密码子 GUA 突变后成为 CUA

（2）互作抑制突变　除信息抑制外，还有许多可以产生基因间抑制的其他机制，在遗传学分析中最重要的、应用最广泛的一种是互作抑制基因（interaction suppressor）。细胞内许多蛋白质或者酶的结构和功能依赖于两个或者多个不同多肽亚基间的相互作用，蛋白质的活性不仅取决于各个亚基的一级结构，而且在很大程度上还取决于它们之间相互作用形成的高级结构。假设其中一个亚基的基因发生突变可能会使整个蛋白质活性丧失，但是如果另一个亚基的基因也发生突变，就会重新调整两个亚基间的相互作用，从而恢复或者部分恢复蛋白质的空间结构和活性（图 9-37）。

基因间抑制的类型很多。我们只介绍了几种主要类型，相信随着分子生物学的发展，会发现更多新的抑制基因突变类型。

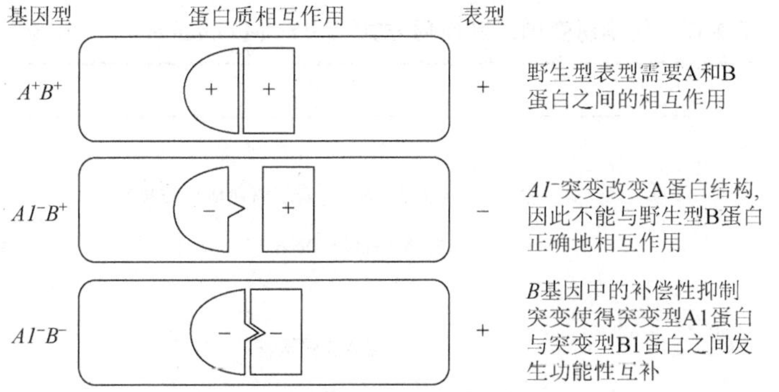

图 9-37　互作抑制基因作用示意图

四、诱发突变及其分子机理

自发突变的频率很低，在微生物遗传学的研究和育种工作中可以使用物理的、化学的和生物的等外部因子处理，使 DNA 结构发生改变而大大提高突变率。这种经诱变因子处理而提高突变率的方法称为诱发突变，这些诱变因子称为诱变剂（mutagen）。

（一）化学诱变剂

图 9-38 和表 9-12 列出了一些主要的化学诱变剂及其作用模式。化学诱变剂主要有碱基类似物（base analog）、与 DNA 链上碱基反应的化学物质和烷化剂（alkylating agent）等。

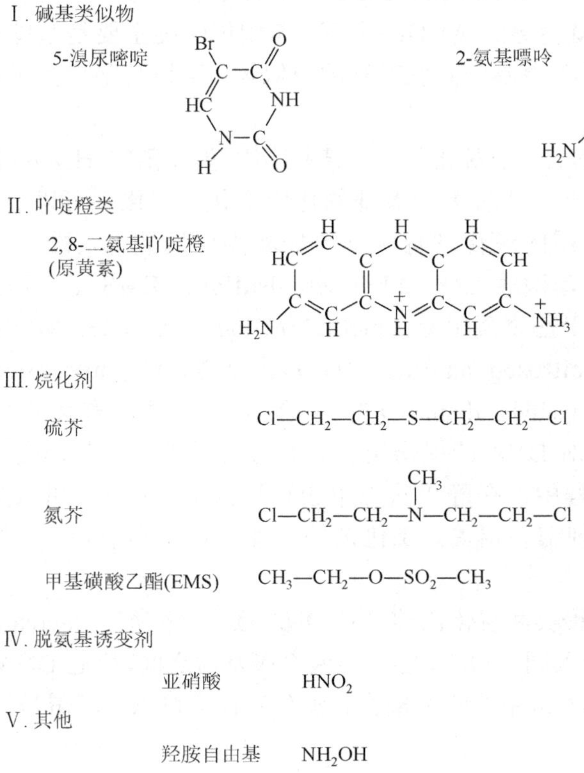

图 9-38　各种化学诱变剂的结构式

表 9-12　化学诱变剂及其作用方式（引自 Madigan et al.，2015）

诱变剂	作用方式	诱变结果
碱基类似物		
5-溴尿嘧啶	代替 T 结合进 DNA，偶尔错误地与 G 配对	AT-GC，偶尔 GC-AT
2-氨基嘌呤	代替 A 结合进 DNA 与 C 配对	AT-GC，偶尔 GC-AT
与 DNA 发生化学反应		
亚硝酸	使 AC 脱氨基	AT-GC 和 GC-AT
羟胺	与 C 反应	GC-AT
烷化剂类		
单功能（甲基磺酸乙酯）	使 G 甲基化，与 T 错误配对	GC-AT
双功能（氮芥类、丝裂霉素、亚硝基胍）	引起 DNA 链的交联，错误区域被 DNA 酶切除	点突变和缺失
嵌入型诱变剂染料（如吖啶、溴化乙锭）	插进两个碱基对之间	微插入或微缺失

1. *碱基类似物*　这些化学药物是嘌呤或嘧啶的结构类似物，在 DNA 复制过程中也可以被掺入 DNA 链中。在大多数情况下，由于 DNA 聚合酶的校正活性，DNA 复制可以正常进行，但是偶尔会发生复制错误，导致碱基类似物插入新复制的 DNA 链中。由于这些碱基类似物具有不同的碱基配对行为，在其后的复制过程中，就会在 DNA 链中产生突变的碱基对。例如，5-溴尿嘧啶（5-Bromouracil，5-BU）是胸腺嘧啶的结构类似物，可以与鸟嘌呤配对，随着 DNA 的复制就会导致 AT-GC 突变。5-溴尿嘧啶主要是通过它促使发生酮式和烯醇式变化而诱发突变。2-氨基嘌呤是腺嘌呤的类似物，可以与胞嘧啶配对，导致 AT-GC 突变（图 9-39）。

2. *直接引起碱基置换的诱变剂和烷化剂*　某些物质，如亚硝酸（HNO_2）和羟胺（NH_2OH）可以直接与碱基反应，引起一个或者多个碱基的化学变化。烷化剂可以引起 DNA 的烷基化，如甲基化和乙基化。常用的烷化剂有烷基硫酸酯类如硫酸二乙酯（diethyl sulfate，DES），烷基磺酸烷酯类如甲基磺酸乙酯（ethylmethylsulfone，EMS）、乙基磺酸乙酯（ethyl ethane sulphonate，EES）和甲基磺酸甲酯（methyl methanesulfonate，MMS），亚硝基化合物类如烷基化的亚硝基胍（nitrosoguanidine，NTG）、亚硝基胺（nitrosamine）、亚硝基脲（nitrosourea）和氨基甲酸乙酯（ethyl carbamate）等，以及环氧化合物、重氮化合物等（图 9-38）。与碱基类似物相比，烷化剂对 DNA 的损伤更大，是强力诱变剂。其诱变频率比碱基类似物高，不仅在 DNA 复制过程中，在静止状态下也可以向 DNA 分子引入突变，而碱基类似物的诱变过程与 DNA 复制密切相关。烷化剂的诱变机理还不清楚，可能主要是导致碱基置换。

3. *嵌入诱变剂*　吖啶橙类和溴化乙锭等是 DNA 嵌入诱变剂（intercalating agent）。这些化合物是片状分子，可以插入同一 DNA 链上的两个碱基对之间，引起 DNA 链的构象变化。在 DNA 复制过程中，插入 DNA 链中的吖啶橙类和溴化乙锭等可以引起碱基的插入或者缺失，从而导致移码突变（图 9-40）。

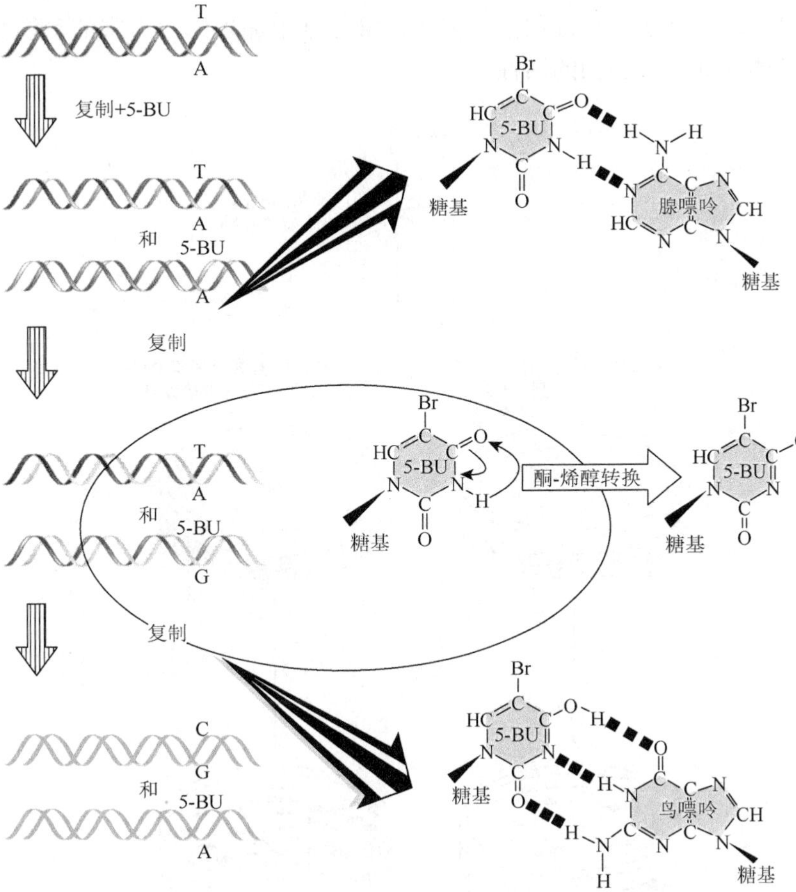

图 9-39　5-BU 的诱变机制（引自 Lewin，2000）

（二）诱变和致癌作用

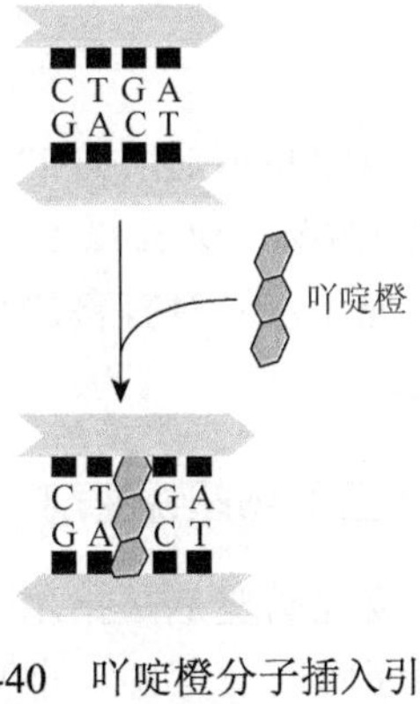

图 9-40　吖啶橙分子插入引起的移码突变（引自 Hartl，2008）

由于从大量的细菌细胞群体中筛选突变体的方法是比较灵敏的，因此细菌突变体可用于鉴定环境中潜在的有害化学物质。已经发现，常用的化学诱变剂往往也是动物或人体的致癌（carcinogenesis）物质。

目前，每天有大量的各种有害的工业、农业用化学物质被排放到水体、土壤等自然环境中，或者残留在食品、蔬菜和水果中，人们接触这些有害物质的机会很多。因此，必须开展对有害物质的检测研究。埃姆斯试验（Ames test）是一种快速简便检测有害物质的诱变和致癌效应的方法。该测验以鼠伤寒沙门氏菌（*Salmonella typhimurium*）的组氨酸营养缺陷型（His^-）菌株为材料，通过某一化学物质或已知的致癌物处理，检测回复突变体（His^+）的存在来确定这些物质的诱变活性，试验的基本程序如图 9-41 所示。将已知数量的 His^-菌涂布在不含有组氨酸的培养基上，培养基内含有待测的诱变剂或致癌物。如果该化学物质具有诱变活性，则会出现不需要提供组氨酸就能生长的菌落，即 His^+ 回复突变体。计算菌落数目和突变频率，就可以肯定这些菌落是经过诱变产生的回复突变体还是自发回复突变体。由于自发突变频率很低，所以在实验过程中，需要在培养基中加入内含丰富的动物激活酶的鼠肝浸出液，以激发诱变剂和致癌物的活性。

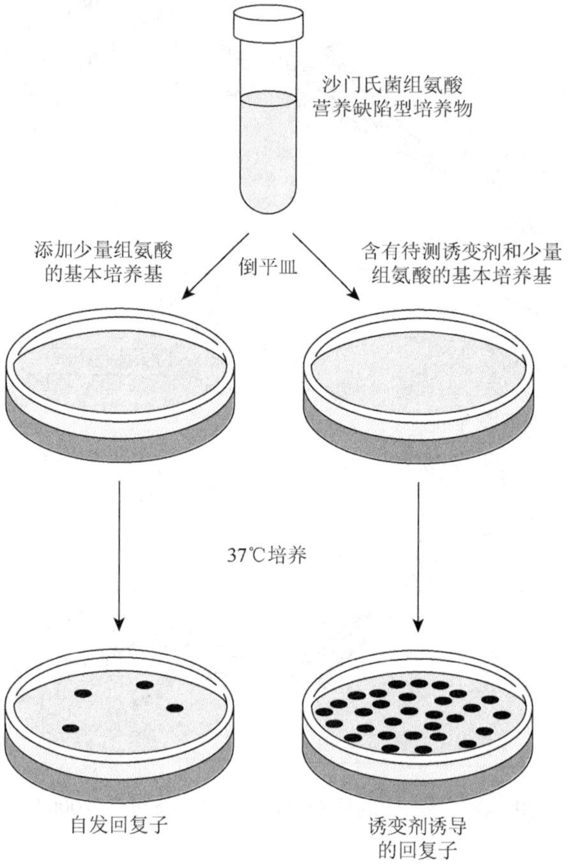

图 9-41　埃姆斯试验示意图（引自 Willey et al.，2014）

虽然并不是所有的具有诱变活性的物质都是致癌的，但是诱变与致癌之间存在很大的相关性（80%～90%）。细菌检测系统可能与高等动物和人体的不同，但细菌为单细胞生物，相对来说，它们对有害的环境更加敏感，其检测结果有利于人们认识和警惕某些化学物质的危害性。

（三）物理诱变剂

物理诱变剂是指用于 DNA 诱变的各种辐射（radiation），包括非离子辐射（电离辐射）和离子辐射。其中，非离子辐射的用途最广。

最常见的非离子辐射是紫外线（ultraviolet，UV）。核酸链上的嘌呤和嘧啶碱基都能够强烈地吸收紫外线辐射，而且最大吸收峰在波长 260nm 处。蛋白质也可以吸收紫外线，而且在蛋白质中的芳香族氨基酸有 280nm 的吸收峰。已经清楚，紫外线辐射对细胞的杀伤作用主要是由于对 DNA 的作用，因此在 260nm 处的紫外线辐射是有效的致死诱变剂。虽然紫外线的遗传学效应有多种，但是主要的作用机理是在 DNA 分子中引起嘧啶二聚体的形成，即两个相邻的嘧啶碱基（胞嘧啶或胸腺嘧啶）共价相连（图 9-42）。由于 DNA 聚合酶不能正确地识别碱基二聚体，将导致错误碱基的插入而使细胞发生突变。

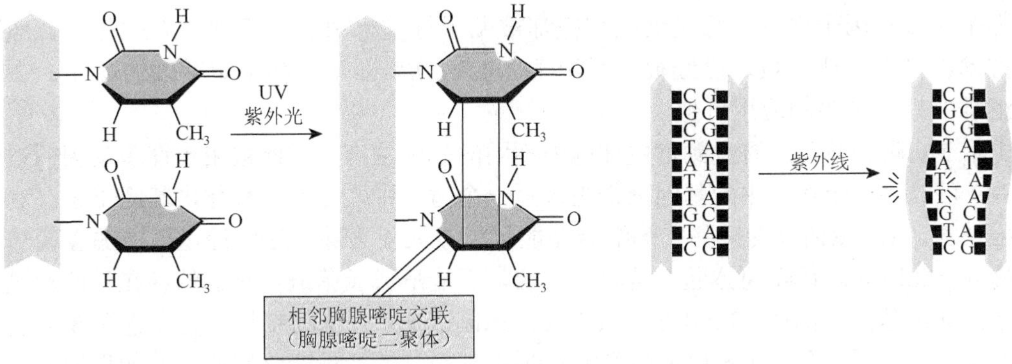

图 9-42　紫外线辐射形成的胸腺嘧啶二聚体（引自 Hartl，2008）

紫外线辐射处理是从微生物培养物中分离突变体的有用工具。在遗传学研究和诱变育种中最常用的紫外光源是紫外杀菌灯，它能释放大量的波长为 260nm 的紫外辐射。当用紫外辐射剂量能够杀死某一细胞群体 90%～95%的细胞后，可在存活的细胞群体中寻找突变体。剂量过高将导致细胞死亡过多，存活的细胞包括突变体的数量都很少；如果剂量过低，对 DNA 的损伤不够，则 DNA 聚合酶插入错误碱基的概率降低，难以导致基因突变。

离子辐射是一种比较强的辐射，包括短波射线，如 X 射线、宇宙射线和 γ 射线等。这些射线引起水和其他物质的离子化，从而产生间接的诱变效应。在这些离子化的化学物质中，主要是各种自由基，其中最重要的是羟自由基（OH·）。自由基与细胞中的大分子物质特别是 DNA 相互反应，使之发生复制错误。与其他大分子物质相比，DNA 对离子辐射的敏感性可能不是最高的，但 DNA 是遗传物质，在 DNA 分子上任何变化都会引起长久的遗传学效应。与紫外线辐射不同，离子辐射的穿透力强，因此常用于高等动植物的诱变工作，由于离子辐射危害性较大，而且不易获得辐射源，所以在微生物诱变中很少使用离子辐射，只需要使用穿透力弱的紫外线。

（四）生物诱变剂

生物诱变剂是指那些参与诱变的生物大分子，包括 DNA 分子、一些 DNA 重组酶和修饰酶类。作为生物诱变剂的 DNA 分子包括转座因子和一些能够与染色体 DNA 发生重组作用的病毒或噬菌体 DNA，这些 DNA 分子可以插入或者整合到染色体的不同位置，从而引起 DNA 的插入突变。由于通过重组方式整合，因此当从这些位置上离开时，往往因为不能精确地切离，导致原来插入位点的基因缺失和基因重排等。某些 DNA 重组酶和修饰酶类也能引起基因突变，主要是参与 DNA 突变和损伤修复的 SOS 系统中的酶类，将在以后详细介绍。这里只介绍转座因子的诱变。

转座因子是在染色体或基因组范围内产生突变体的有效工具。最常用于诱变的转座因子含有选择性标记，如抗生素抗性标记。广泛用于基因诱变的转座子为 Tn5 和 Tn10，前者含有新霉素和卡那霉素抗性基因，而后者含有四环素抗性基因。

常用的转座因子标签技术（transposon tagging）是利用序列已知的转座因子对基因进行诱变，根据转座因子携带的抗生素抗性基因，在筛选获得各种转座子插入突变体后，进一步分离它们中的不同类型的突变体，如营养缺陷型突变体等，然后利用转座因子的已知基因序列，通过分子杂交和 PCR 等手段分离插入突变的基因。由于在这些转座因子插入突变体中都带有转座因子序列，像是这些细胞都被贴了标签，很容易识别，因此称为转座因子标签技术。目前，这一技术已经被广泛用于克隆、分离新基因和鉴定基因的功能，在当代基因组学中具有重要的应用价值。

由于 Mu 噬菌体可以整合到宿主细胞中不同的基因位点，因此被用于许多基因的诱变。而且 Mu 可以将一个宿主中的基因携带进入另一个宿主中，这是一种体内基因工程。利用基因工程技术，Mu 噬菌体的某些裂解细胞功能可以被人工去除，这些经过改造的噬菌体比较小，称为 mini-Mu。该噬菌体通常是缺陷型的，不能形成噬菌斑，它们的存在只能通过鉴定其携带的标记基因。例如，Mud-*lac*（d 为 defective；*lac* 为编码参与乳糖代谢的 β-半乳糖苷酶）的插入可以通过分析 *lac*-宿主细胞中的 β-半乳糖苷酶活性变化来检测。如果插入方向和位置适宜，Mud-*lac* 可以在宿主细胞合成 β-半乳糖苷酶，在 *lac*-群体中出现 β-半乳糖苷酶阳性克隆，表明发生了转座。已经构建了多种 Mud 噬菌体，它们不仅被用作基因克隆的载体，而且已经在基因融合构建（gene fusion）方面得到了广泛应用，对于研究基因表达的调节控制起到了重要的作用。

五、DNA 损伤的修复

DNA 损伤或 DNA 突变的修复和基因突变之间有着密切的关系。由于生物细胞内存在一系列的修复系统，因此 DNA 分子某一结构的改变或损伤并不一定导致产生突变表型。目前，在不同的生物中已经发现了多种 DNA 修复系统，但它们的作用机制还没有完全被认识，下面只介绍一些 DNA 修复模型。

（一）光复活修复

光复活修复（photoreactivation）是一种最简单的 DNA 修复作用（photoreactivation repair），只需要一种酶即光复活酶（photoreactivating enzyme）或者光解酶，而且这一过程是高度专一的，只修复由紫外线引起的嘧啶二聚体（图 9-43）。细菌受致死量的紫外线照射后，3h 内若再以可见光照射，则部分细菌又能恢复其活力。紫外线照射后在 DNA 上形成的胸腺嘧啶二聚体可以被细胞内的光复活酶识别，在可见光（波长 300～600nm）照射下，该酶利用光量子所提供的能量，将嘧啶二聚体内的环丁酰环打开，使 DNA 恢复正常，在修复后光复活酶重新释放出来。光复活修复系统在自然界广泛存在，对 DNA 损伤的修复可能在植物中最为重要。在大肠杆菌中，该系统由单一基因 *phr* 编码。在利用紫外线对细菌进行诱变处理时，为避免光复活修复的产生，经紫外线诱变处理以及处理后的细菌培养，都应避免可见光的照射（一般可以在红光下操作）。

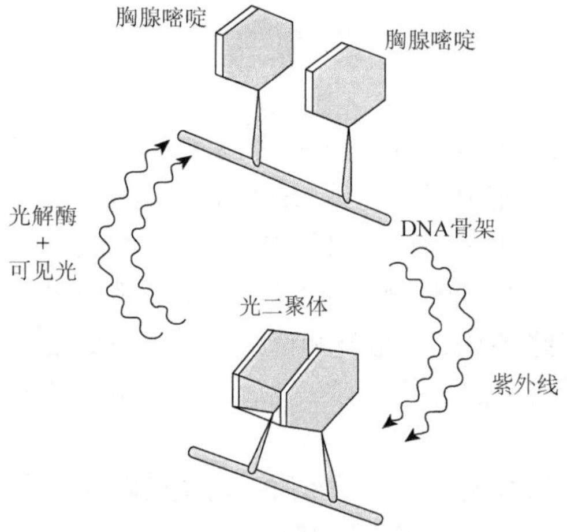

图 9-43　光复活修复

嘧啶二聚体的修复途径除了光复活反应外，也可以被下列多种修复系统修复

（二）错配修复

错配修复（mismatch repair）主要是在 DNA 复制后清除错误配对的碱基。在 DNA 复制

过程中，错误碱基插入的概率是 10^{-5} 个核苷酸/DNA 复制周期。如图 9-44 所示，大约 99%的错配碱基立即被 DNA 聚合酶的 3′→5′外切核酸酶活性所校正。这样剩下的碱基错配概率只有 10^{-7} 个核苷酸/DNA 复制周期，其中 99.9%的错配碱基又进一步被错配修复系统所修复，因此最终 DNA 发生错配的概率只有 $10^{-5}\times10^{-2}\times10^{-3}=10^{-10}$。

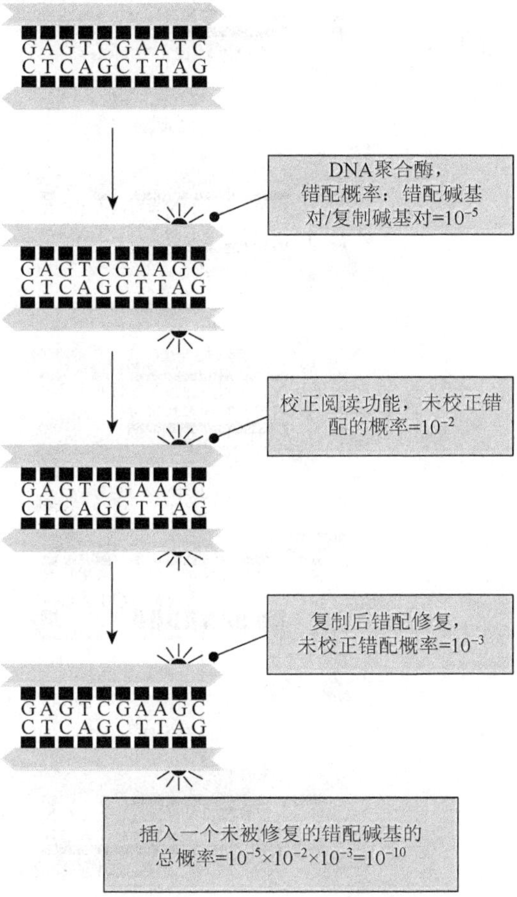

图 9-44 DNA 合成、校正和复制后错配修复过程中错配碱基出现的概率（引自 Hartl，2008）

在错配修复的过程中，首先是 DNA 内切酶在 DNA 一条链的错配碱基的两侧切除含有错配碱基的一段 DNA，被切除的区域在 DNA 聚合酶的作用下修复合成，然后在 DNA 连接酶的作用下完成修复。

在大肠杆菌中，这种错配修复系统在 DNA 复制后起作用，而且是受到 DNA 甲基化调控的。由于 DNA 甲基化对 DNA 的结构和功能具有重要的影响，因此在各种生物中广泛存在，特别是在真核生物中。在甲基化 DNA 复制后的很短时间里，只有原来的亲链带有甲基，而新合成的链上未被甲基化。因此，这时在复制叉处的 DNA 为半甲基化状态，这一特征就为修复 DNA 复制错误提供了基础。*dam* 基因编码一种甲基化酶，其靶位点是 GATC 中的 A 碱基。其他参与这一修复途径的基因还有 *mutH*、*mutL* 和 *mutS* 等，它们专一地识别半甲基化双链中那条尚未甲基化的链上面的错配碱基（图 9-45）。大肠杆菌的 Dam^{-}突变体表现出较高的自发突变频率，因此这一修复系统帮助改正 DNA 复制的错误。在错配修复中，所切除的 DNA

片段的大小与甲基化位点 GATC 有关，一般来说，含有错配碱基的 DNA 片段切除发生在最靠近的 GATC 位点，因此片段大小是可变的。

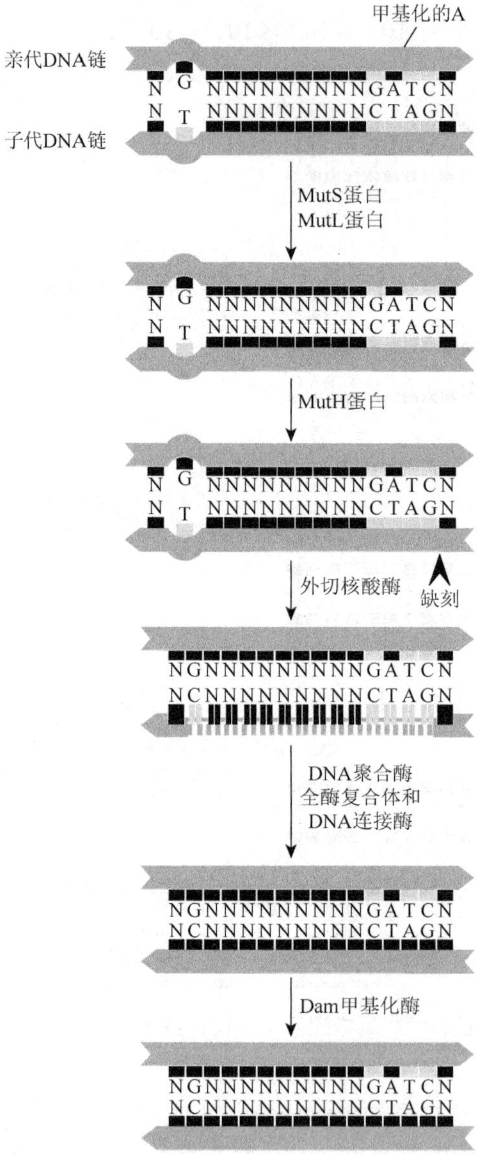

图 9-45　错配修复的机制（引自 Hartl，2008）

（三）无碱基（嘌呤或嘧啶）修复

无碱基修复（AP repair）作用于 DNA 链上失去碱基的核苷酸位置，这些位置或者无嘌呤（apurinic），或者无嘧啶（apyrimidinic）碱基。自发脱嘌呤反应是基因突变的重要原因，因为糖-嘌呤键相对脆弱，易被水解（图 9-46）。自发脱嘌呤的概率约为每分钟 3×10^{-9} 脱嘌呤反应/嘌呤核苷酸，这一概率是其他单一自发水解反应概率的 10 倍以上。如果 DNA 复制发生在无嘌呤位点被修复以前，那么几乎总是一个腺嘌呤核苷酸插入在 DNA 子链中无嘌呤位点的相对位置，因此原来的 G-C 碱基对就会突变为 T-A 碱基对，类似于碱基颠换。

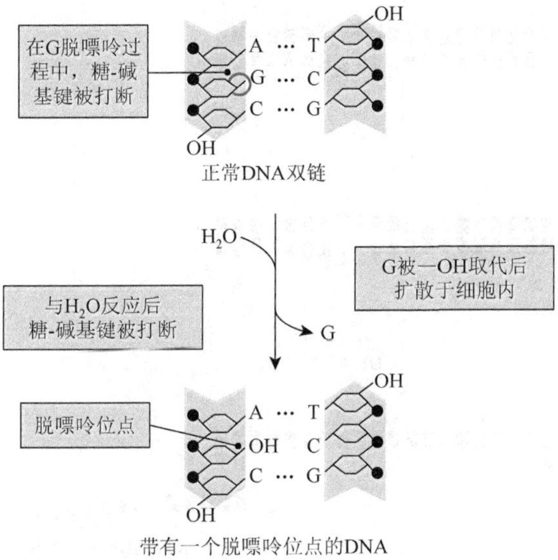

图 9-46 鸟嘌呤核苷酸脱嘌呤反应（引自 Hartl，2008）

但是，失去碱基并不总会导致基因突变，因为无碱基吸附能够恢复无碱基位置上的核苷酸（图 9-47）。无碱基修复的关键酶是 AP 内切核酸酶，该酶作用于 DNA 链上无碱基位置的糖基，留下的单链缺口被 DNA 聚合酶和连接酶修复。

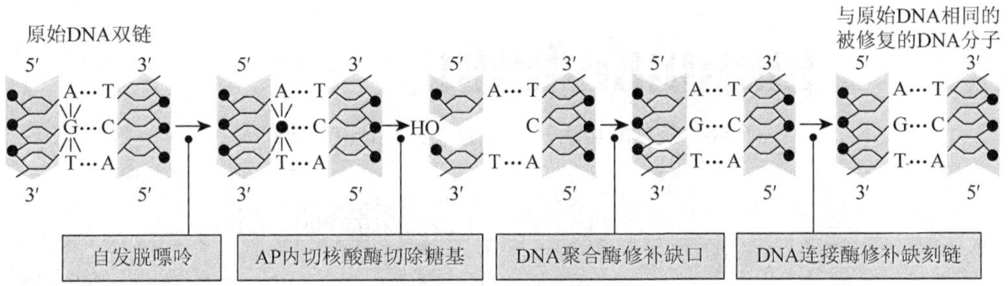

图 9-47 无碱基修复机制（引自 Hartl，2008）

（四）核苷酸和碱基切除修复

切除修复（excision repair）广泛存在，用于各种 DNA 损伤的修复，是一种无错修复。切除修复包括核苷酸切除修复和碱基切除修复两种形式。核苷酸切除修复首先由具有 DNA 识别活性的 DNA 内切酶识别突变的碱基，然后在突变碱基两侧固定数目的碱基处，将包含有突变碱基的核苷酸片段切除，再经 DNA 聚合酶的作用，修补合成一段新的 DNA（图 9-48）。参与这一修复系统的主要是 UvrABC。这是 DNA 修复系统的一种，属于切除修复。这种切除修复不需光照，也称为暗修复。大肠杆菌中有 UvrABC 系统，可切除修复嘧啶二聚体。

碱基切除修复则作用于专一类型的碱基变化，如糖苷化酶去除改变的碱基，氨基嘌呤内切核酸酶在失去嘌呤碱基的位置去除核苷酸的残留部分（图 9-49）。在同一细胞中，通常有多个切除修复系统，负责修复不同类型的 DNA 损伤。

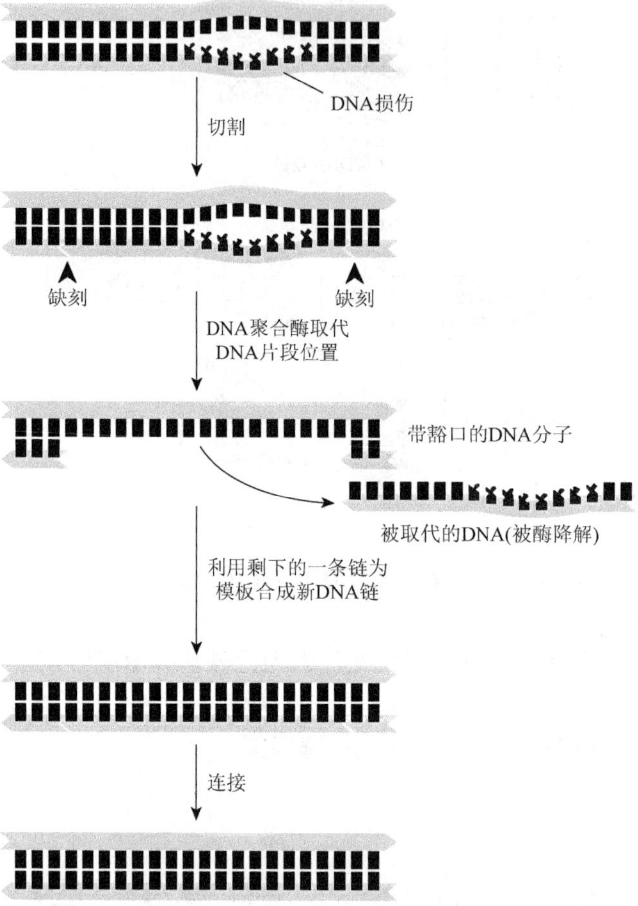

图 9-48　核苷酸切除修复机制（引自 Hartl，2008）

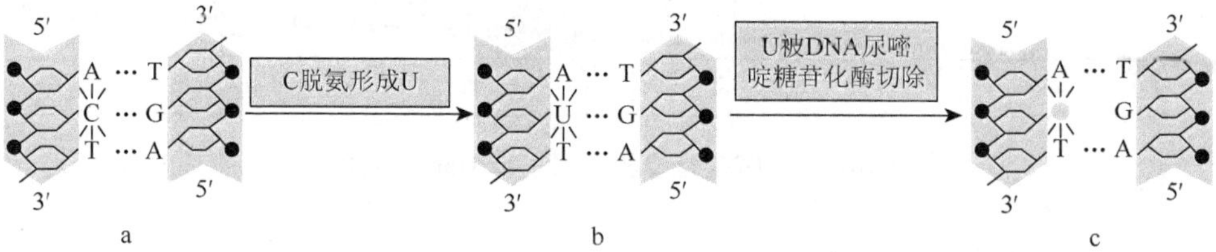

图 9-49　碱基切除修复（引自 Hartl，2008）

尿嘧啶糖苷化酶从 DNA 双链中切除尿嘧啶后 DNA 突变被修复

（五）复制后修复

在含有嘧啶二聚体或其他损伤的位置上，DNA 仍然可以进行复制，但是在复制得到的子代中，其 DNA 链在损伤的对应部位上会留下缺口。在细胞内重组蛋白的作用下，可进行 DNA 分子间的重组，从原来完整的母链上，将相应的碱基序列转移到子链的空缺处。而母链中失去的部分再经 DNA 聚合酶的作用，以其对应子链为模板，合成单链 DNA 来填补。最后在连接酶的作用下，以磷酸二酯键连接新旧链，完成重组修复过程。然而，在重组修复过程中，并未从亲代 DNA 分子中除去损伤部位，原母链中的损伤部位仍然需要切除修复才能去除。但是，在重组修复系统存在的情况下，随着复制的不断进行，经过一定的细胞世代后，损伤的 DNA 链被逐渐稀释，最终无碍于细胞的正常生长和繁殖。

如图 9-50 所示，在 DNA 复制过程中 4 条链（两条母链和两条子链）分别被标记为 1、2、3 和 4。首先，在 DNA 复制过程中，带有 DNA 损伤的 DNA 亲链 4 被复制，在 DNA 子链 3 中，与损失部位互补的位置形成一个“豁口”。然后，亲链 1 的 DNA 片段被切除插入子链 3 的“豁口”位置。亲链 1 中的“豁口”通过修复合成被修补。

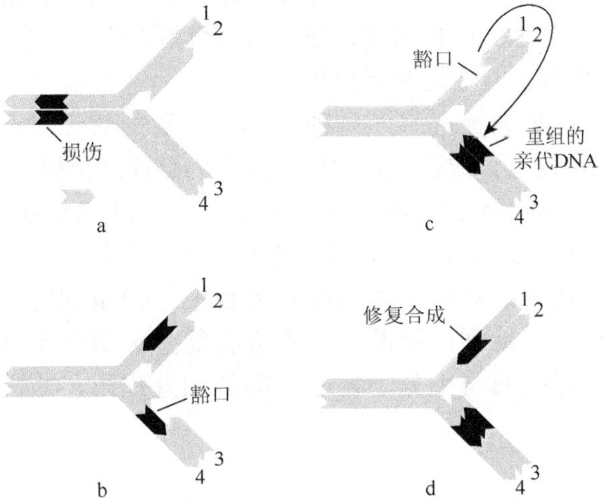

图 9-50 DNA 复制后修复（引自 Hartl，2008）

细胞通常具有多种需要 DNA 模板的修复机制，这些修复机制在模板的指引下，可以正确修复 DNA 的损伤。这些系统虽然在细胞周期的大部分时间中起作用，但是对于大范围的 DNA 损伤，还需要另一种全局性的 SOS 调控系统的参与。在 SOS 系统中，某些 DNA 修复并不需要模板存在，即当 DNA 发生大范围损伤时，DNA 的修复不再需要碱基配对，因此产生大量的错误。SOS 调控系统涉及复杂的基因表达网络，将在本章第六节中详细介绍。

（六）DNA 损伤的修复和基因突变的形成

突变的形成是一个复杂的过程和一系列变化的结果，而且影响这一系列变化中任何一个环节的因素都与突变的形成有一定的关系。如果把突变的形成过程简单地概括为前突变→突变→突变型表现，那么 DNA 修复是决定突变形成的一个重要因素。

传统的观点认为，修复是一个准确的过程，阻碍突变的发生，但是现在的研究结果表明，相当一部分诱变剂是通过启动具有高度错误倾向的修复体系而发挥诱变效能的。在细胞内的修复系统中，根据其修复结果，可分为校正错误修复和易误修复两大类。在我们介绍的几类修复中，切除修复、重组修复和 SOS 修复都会导致倾向于错误的修复。

目前已经鉴定了数十个参与 DNA 修复的基因。如果那些参与 DNA 复制准确性的基因发生了突变，基因突变的频率就会增加，势必影响 DNA 损伤的修复，使得细胞对各种诱变剂非常敏感，这些突变基因称为增变基因（mutator）。但是，那些引起倾向错误修复的基因突变虽然对多种 DNA 损伤不能修复，但是不会增加细胞突变，因此又称为抗变基因（anti-mutator）。

在修复过程中，由于正常细胞的校正错误修复的比例大于引起差错的修复，因此在正常情况下，修复后的突变比未被修复的突变要少得多，说明修复系统的存在在很大程度上还是阻碍了突变的形成。另外，DNA 突变过程本身，无论是自发突变还是诱发突变，都是一个稀有事件，因此在生物的进化过程中能够维持物种的相对稳定性。

第六节　微生物基因表达的调控

遗传信息从遗传物质向蛋白质传递的过程称为基因表达。在细胞中，除了那些编码各种蛋白质和酶的基因即结构基因外，还具有一些能够控制结构基因表达的调控机制。调控结构基因表达的基因称为调控基因。结构基因只是使细胞可能产生某一蛋白质，而调控基因可使细胞在某一特定条件下实际上合成这种蛋白质。

在细胞中，主要有两种调控机制，一种控制已有酶的活性，而另一种控制酶的合成（图 9-51）。前者发生在蛋白质合成以后，这种调控称为翻译后调控；而蛋白质合成的调控则发生在转录水平（即多少 mRNA 被合成）或翻译水平（即 mRNA 是否被翻译成蛋白质）。由于 mRNA 和蛋白质在细胞中具有一定的浓度和寿命，蛋白质合成的调控是比较粗略的，某一蛋白质的合成或终止往往不能对环境做出即时的反应。但是细胞中多种调控机制同时存在，可以保证细胞能够有效地利用能源，而不会将能量浪费在不必要的反应中。酶活性的调控是非常精确的，通过酶与小分子物质之间的相互作用，酶的活性可以迅速地表现为有或无。

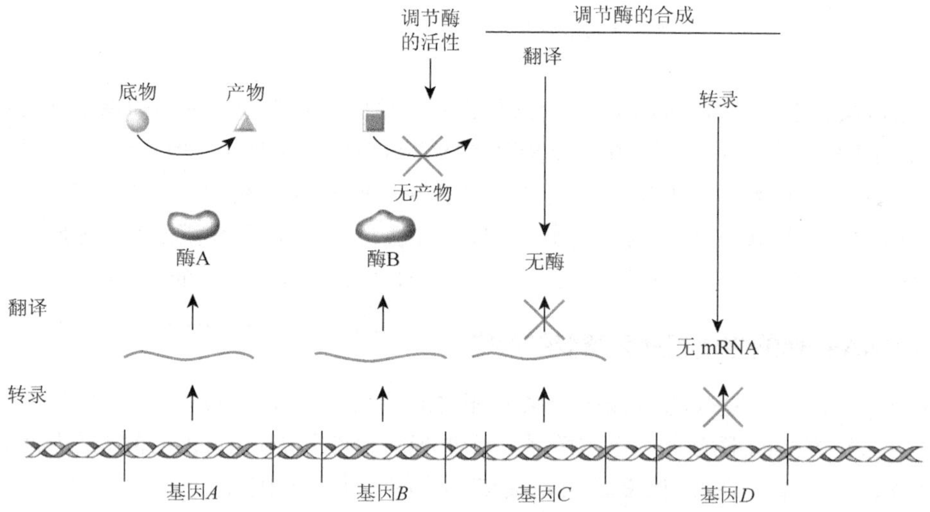

图 9-51　细胞基因表达的两种主要调控机制（引自 Madigan et al.，2015）

近几年，由于分子生物学和基因组学的快速发展，已经鉴定了数目众多的调控机制，大多数基因表达由一种以上的机制调控，在本章，我们仅介绍微生物基因表达调控的基本模式。有关微生物酶活性的调节请参见第七章第四节的内容。

一、基因表达的诱导和阻遏

（一）酶的诱导

转录是基因表达的第一步，可以有效地控制蛋白质合成的数量。当某一 mRNA 的丰度增大时，相应地就会合成较多的蛋白质。蛋白质合成的调控是一个相对慢的过程，需要几分钟时间。因此，从新酶的合成到该酶的量达到能够影响细胞代谢所要求的水平，需要一段时间。

相反，当细胞要终止某一种酶合成的时候，使已经存在的酶逐渐稀释到不再对细胞代谢有影响的水平，也需要一段时间。在细菌中，已经明确许多控制酶合成的机制，所有这些调控机制在很大程度上都受到细菌的生活环境，特别是一些小分子物质的影响。这些小分子可以与专一的蛋白质共同起作用，控制转录，有的可参与翻译过程的控制。

在所有的生长条件下都以相同量表达的酶称为组成型酶（constitutive enzyme）。组成型酶通常是细胞在各种不同条件下生长所必需的关键酶类，因此在生长的细胞中被连续地合成。但是，最常见的情况是某一特殊的代谢反应只在特定的条件下进行，而在另一条件下则停止。例如，细菌降解乳糖的β-半乳糖苷酶只在乳糖存在时才合成，这是一种适应现象（图 9-52）。因此，细胞中参与乳糖发酵基因的存在并不使细胞连续合成乳糖发酵酶类，而只有在一定条件下才大量合成这些酶，说明微生物同时也具有只在一定环境条件下才进行表达的遗传信息。

酶的诱导（induction）通常是指参与物质分解代谢的酶类只有当其作用底物存在时才合成，如参与乳糖利用的β-半乳糖苷酶只有在乳糖存在时才合成。如果培养基中不存在乳糖，细胞中就没有该酶的活性。但是，加入乳糖后，细胞可立即合成β-半乳糖苷酶。参与碳源和能源分解代谢的酶类一般都是诱导型的，细胞只在需要某一种酶的时候才合成它，这一调控对细胞的意义是显而易见的。

（二）酶的阻遏

与酶合成的诱导相互补的现象是阻遏（repression）。通常，在培养基中提供或环境中存在某种营养物质时，细菌中催化该物质合成的酶类是不合成的。例如，当培养基中存在精氨酸时，所有精氨酸合成酶类的合成都被阻遏；只在没有精氨酸时，参与精氨酸合成的酶类才能被合成。如图 9-53 所示，把精氨酸加入处于对数生长期的原来不含有精氨酸的培养物中，细菌仍然以正常的速率生长，但是参与精氨酸合成的酶却停止合成。这一过程只针对精氨酸合成，而其他酶类的合成不受影响。

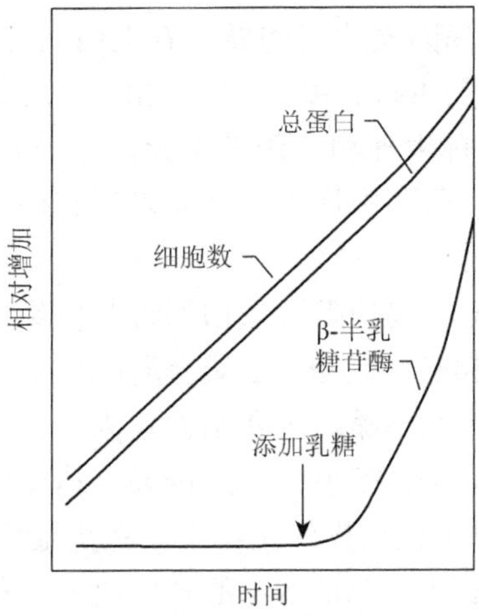

图 9-52 微生物中酶合成的诱导

（引自 Madigan et al.，2015）

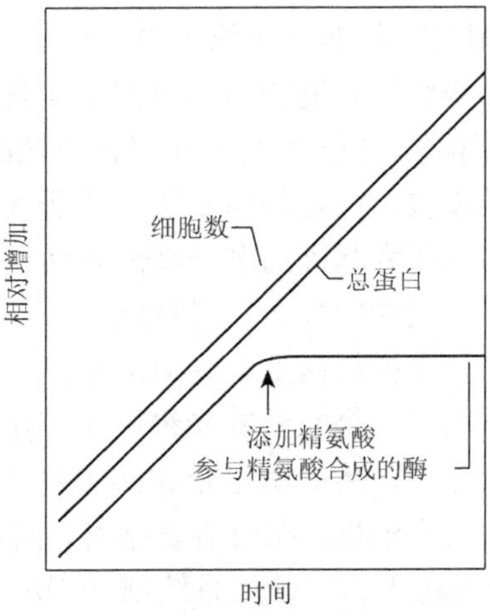

图 9-53 精氨酸合成酶的阻遏现象

（引自 Madigan et al.，2015）

酶合成的阻遏在细菌中是一种广泛存在的现象，参与调控许多物质合成酶类的表达，如氨基酸、嘌呤和嘧啶等的合成酶类。几乎在所有情况下，酶合成的阻遏都是由某一特定生物合成途径的终产物引起的，而且是专一的，对不属于这一合成途径的酶类则没有影响。酶合成的阻遏对于生物的意义也是明显的，因为它能有效地保证细胞不浪费原料和能量去合成不需要的酶类。

启动酶诱导的物质称为诱导物，阻遏酶合成的小分子物质称为辅阻遏物，这些物质都是小分子物质，统称为效应物。并不是所有诱导物和辅阻遏物都是酶反应的底物或终产物，其结构类似物也可以诱导或阻遏酶的合成，如异丙基-β-*D*-半乳糖苷（IPTG）是 β-半乳糖苷酶合成的诱导物，但是不能被该酶水解。在自然界，诱导物和辅阻遏物通常都是细胞的正常代谢产物。

二、微生物基因表达调控的基本方式

酶的诱导和阻遏表明，参与代谢途径的酶的合成是受到调控的。如果这种调控作用是某一个基因活动的结果，那么必然能够得到由于基因突变而失去调控的突变体。诱导突变体即使在没有诱导物存在时也能表达该物质的分解酶类，而阻遏突变体应该是在辅阻遏物存在时仍然能产生该物质合成代谢的酶类，这些突变体即为组成型突变体。

（一）转录的负控制

操纵子（operon）是细菌基因表达调控的基本单位。细菌操纵子的典型结构如图 9-54 所示。在大肠杆菌乳糖操纵子中，参与乳糖代谢的 3 个结构基因（*Z*、*Y* 和 *A*）的表达同时受到调节基因 *lacI* 和操纵区 *lacO*（operator）的调控。结构基因与操纵区紧密连锁，组成了一个基因表达的功能单位，称为操纵子。在同一操纵子中，结构基因不仅受到操纵区的影响，还由同一个启动子（promoter，*P*）控制，组成一个转录单位，即一个操纵子转录为一个多基因的 mRNA，利用同一 mRNA 为模板，翻译合成 3 种酶。属于一个操纵子的结构基因往往在功能上是相互关联的，它们参与同一代谢途径，而且经诱导后各个酶按一定比例合成，表现为协同调控。调节基因 *lacI* 虽然不是与操纵子紧密连锁，但是其蛋白质产物是效应物的结合蛋白，效应物-LacI 复合物控制着操纵子中各个蛋白质的基因表达（诱导或者阻遏）。

乳糖对 β-半乳糖苷酶的诱导研究最初是由法国 Monod 和 Jacob 在 20 世纪 40 年代开展的，在 50 年代他们继续进行了大肠杆菌乳糖代谢的各种生理和遗传学实验，并于 60 年代进一步提出了操纵子模型，这是基因表达调控研究的一个重要里程碑，从此以后在微生物中发现了多种操纵子和以此为基础的多种基因表达调控模式。

随着分子生物学的发展，已经证实了调节基因编码的阻遏蛋白通过与操纵区结合，控制着基因的转录。在操纵区上游为启动子区（图 9-54a），是 RNA 聚合酶的结合位点，是所有基因转录必需的。一个完整的操纵子应该包括启动子、操纵区和结构基因。

在乳糖代谢中，酶的诱导合成必须有乳糖或 IPTG 等小分子的诱导，这些诱导物实际上是使阻遏蛋白失去活性。在没有乳糖时，阻遏蛋白可以与操纵区结合，完全阻止 mRNA 的合成。所有涉及阻遏蛋白的调控系统都利用相同的机制，即 mRNA 的合成由专一的阻遏蛋白控制，而小分子诱导物则专一控制着阻遏蛋白的活性（图 9-54b）。在小分子诱导物乳糖存在时，与阻遏蛋白结合，使其失去 DNA 结合活性，基因转录得以进行。由于阻遏蛋白的作用是抑制 mRNA 和酶的合成，因此阻遏蛋白参与的调控作用通常称为负控制。

酶的阻遏也是利用类似的机制，控制酶的合成。辅阻遏物（如某一种氨基酸）在与细胞

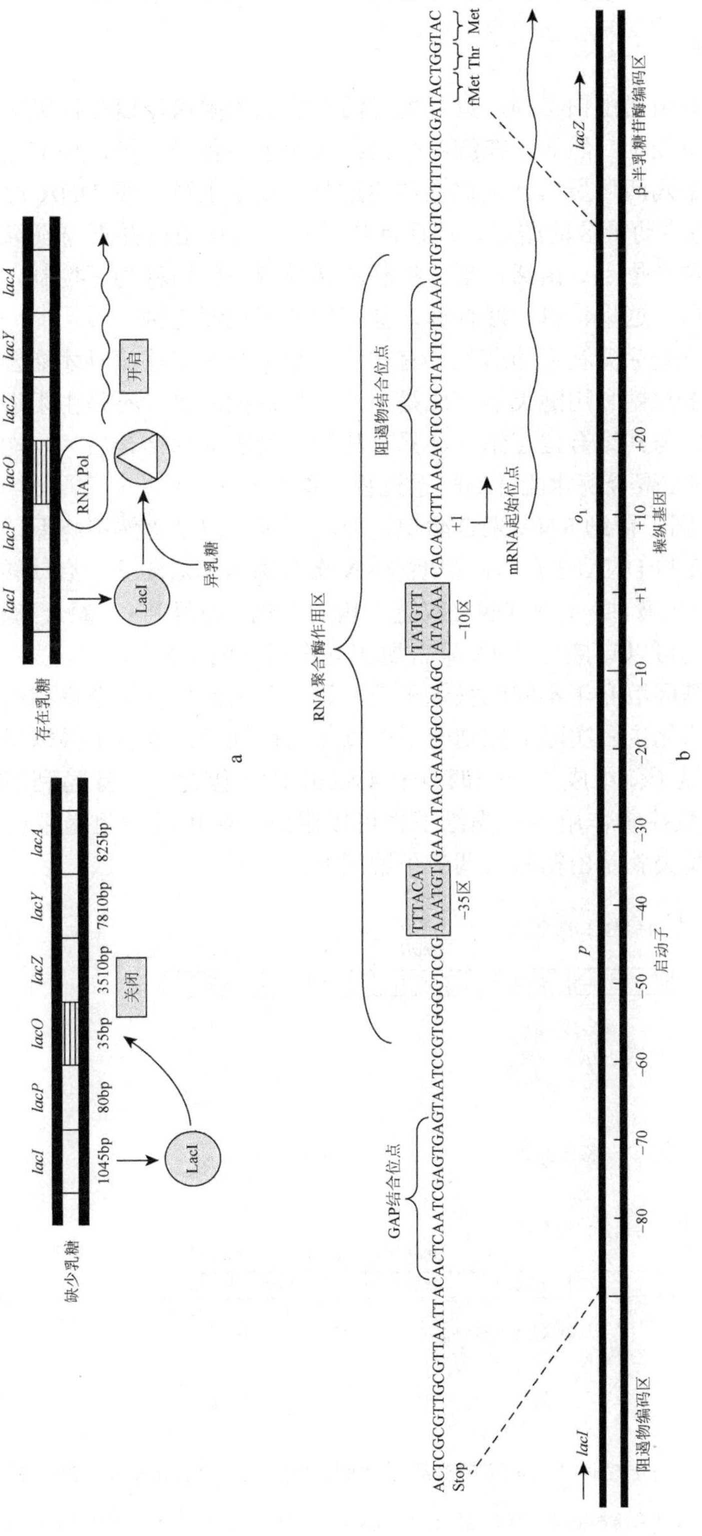

图 9-54　乳糖操纵子结构

a. 乳糖操纵子翻译起始位点上游核苷酸序列；b. 阻遏蛋白与操纵区结合协同控制 *lacZ*、*Y*、*A* 的表达

中专一的阻遏蛋白结合后，使阻遏蛋白构象发生变化而被激活。激活后的阻遏蛋白与操纵区结合，转录被抑制。因此，在某种营养物质存在时，参与该物质合成的酶类不能合成。

（二）转录的正控制

酶的阻遏和诱导都有阻遏蛋白参与，只要处于活性状态的阻遏蛋白与操纵区结合就会抑制基因转录，因此称为负控制。然而，在细菌中已经发现了多种操纵子，调节基因的产物不仅编码阻遏蛋白，还可编码活化蛋白。活化蛋白通过与启动子上游一段 DNA 序列专一地结合，促进 RNA 聚合酶与启动子区的结合，从而活化转录。活化蛋白并不与操纵区结合，其结合位点称为活化蛋白结合位点。由活化蛋白控制的转录调控作用称为正控制。活化蛋白和阻遏蛋白统称为调节蛋白。这里，以大肠杆菌麦芽糖的分解代谢为例。

在大肠杆菌中，参与麦芽糖利用的酶类只有在培养基中存在麦芽糖时才能合成，因此麦芽糖为诱导物。然而，麦芽糖利用酶类的合成是由活化蛋白控制的，不是由阻遏蛋白控制。麦芽糖活化蛋白单独不能与其结合位点结合，只有与效应物麦芽糖结合后，才能与活化蛋白结合位点结合，此后 RNA 聚合酶才能开始转录过程（图 9-55）。

在 RNA 转录中，σ 因子帮助 RNA 聚合酶识别启动子区，但是仍然不能保证正确地识别启动子序列。活化蛋白在与 DNA 结合后，帮助 RNA 聚合酶识别启动子，启动转录。活化蛋白也可能通过使 DNA 发生弯曲，导致 DNA 双链结构的变化，使得 RNA 聚合酶易于与 DNA 正确地结合。活化蛋白也可以直接与 RNA 聚合酶相互作用（图 9-56）。

参与麦芽糖代谢的基因散布于不同的操纵子上，每个基因都具有 1 个麦芽糖活化蛋白结合位点。因此，麦芽糖活化蛋白实际上控制着 1 个以上的操纵子。当多个操纵子在同一调控蛋白控制之下，这些操纵子就组成了一个调节子（regulon）。因此，麦芽糖利用酶类是由麦芽糖调节子编码的。在负控制作用下的操纵子也可以组成一个由同一阻遏蛋白控制的调节子，如参与精氨酸合成酶类就是由精氨酸调节子编码的。

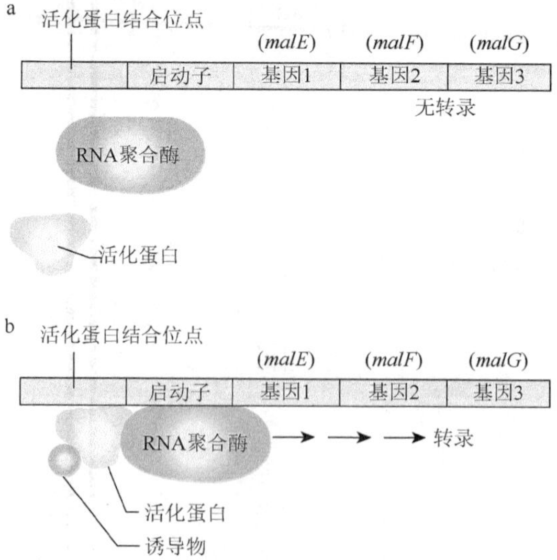

图 9-55 酶诱导的正控制（以麦芽糖操纵子为例）（引自 Madigan et al.，2015）

a. 没有诱导物时，活化蛋白和 RNA 聚合酶都不能与 DNA 结合；b. 诱导物分子与活化蛋白结合，活化蛋白即与启动子上游的活化蛋白结合位点结合，从而使 RNA 聚合酶与启动子结合，启动转录过程。在 *malEFG* 操纵子中，活化蛋白就是麦芽糖活化蛋白，诱导物就是麦芽糖

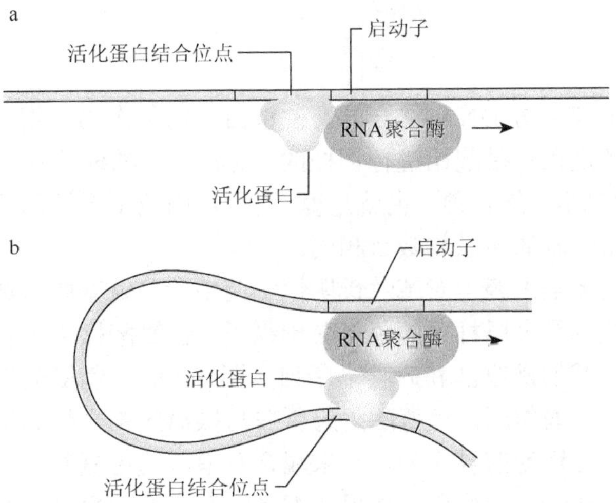

图 9-56　活化蛋白与 DNA 和 RNA 聚合酶的相互作用（引自 Madigan et al.，2015）

a. 活化蛋白结合位点与启动子紧邻；b. 在活化蛋白结合位点与启动子相隔数百个碱基对时，DNA 必须形成环式结构，活化蛋白才能与 RNA 聚合酶接触

在大肠杆菌中，许多基因的启动子都在正控制作用之下，但是也有许多启动子受到负控制。许多基因的启动子受到不同的控制作用，有的基因具有一个以上的启动子，分别由不同的调控机制控制。各种基因的启动子都具有保守的核苷酸序列（图 9-57），但是又各不相同，因此基因的转录控制具有专一性。典型的结构是位于转录起始位点上游 10 个核苷酸处（–10）的高度保守序列，称为 Pribnow 盒，以及位于上游第 35 个核苷酸处的高度保守序列，称为–35 序列。

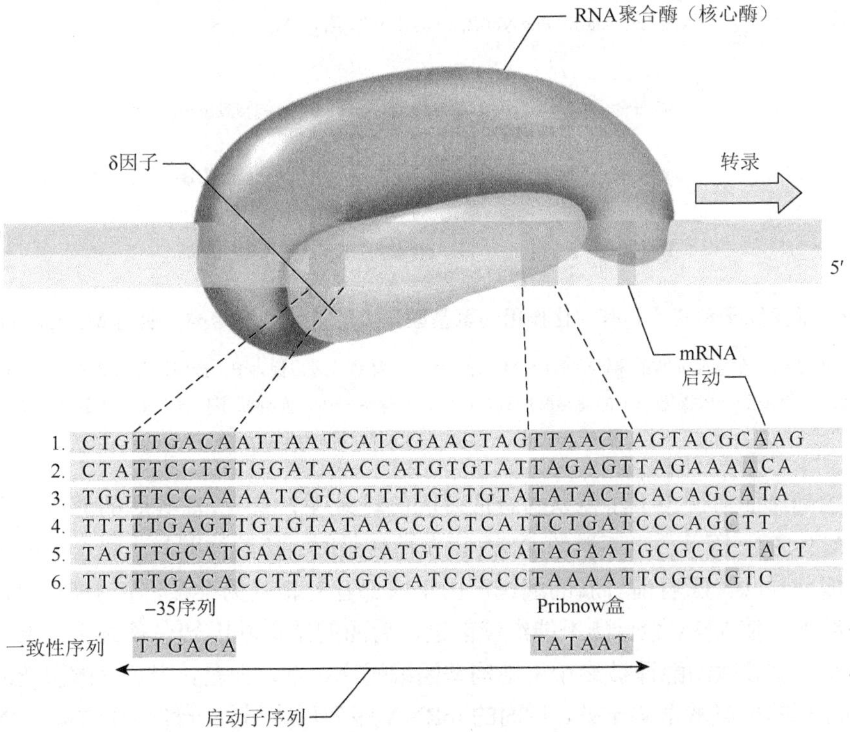

图 9-57　大肠杆菌各种基因启动子中的保守核苷酸序列（引自 Madigan et al.，2015）

此图的上一部分表示 RNA 聚合酶与启动子的相互作用位点，下一部分表示 6 种不同的启动子序列

（三）弱化作用

某些调控系统并不涉及与 DNA 结合的调控蛋白。弱化作用是指“量的衰减”。前面介绍的酶的诱导和阻遏都是在转录起始进行调控的，而在转录的弱化作用（attenuation）中，调控发生在 RNA 合成启动后、终止前。也就是说，1 个基因或 1 个操纵子的完整转录产物的数量在减少，即使其起始阶段的转录物数目相同。

弱化作用的发现主要是来源于对革兰氏阴性细菌中参与氨基酸合成基因的研究，第一个被描述的弱化作用系统就是大肠杆菌的色氨酸操纵子。色氨酸操纵子含有 5 个参与色氨酸合成的结构基因，以及上游的操纵区和启动子序列（图 9-58）。色氨酸操纵子具有一种以上的调控机制。其中之一是阻遏作用，色氨酸阻遏蛋白与操纵区结合控制着转录。除了操纵区和启动子外，还有一段序列称为前导序列，其末端含有串联的色氨酸密码子，它编码的多肽序列就起到弱化子（attenuator）的作用。如果在细胞中有大量的色氨酸存在，这一前导肽将被合成；如果没有足够的色氨酸，富含色氨酸的前导肽就不能合成。是否合成前导肽，直接决定了前导序列后面的结构基因是否被转录。也就是说，如果有前导肽合成，就不会有后面结构基因的转录发生；如果没有前导肽的合成，结构基因就会被转录。

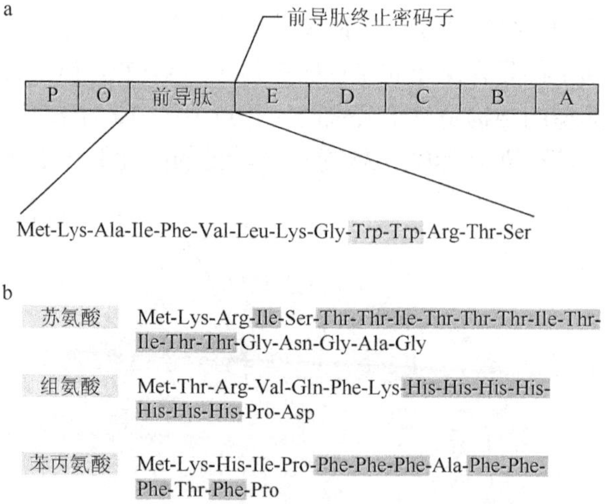

图 9-58　色氨酸操纵子和其他具有弱化作用的氨基酸操纵子前导肽的结构（引自 Madigan et al.，2015）

a. 色氨酸操纵子的结构。在其前导肽的末端含有两个色氨酸残基。启动子区被标为 P，操纵区被标为 O，E～A 表示色氨酸操纵子中的各个基因；b. 氨基酸合成操纵子中的前导肽序列。在苏氨酸操纵子中，前导肽序列含有多个苏氨酸残基，由于异亮氨酸来源于苏氨酸，所以是苏氨酸前导肽的重要组分

前导肽的翻译如何调控下游色氨酸合成基因的转录呢？首先，前导肽的翻译与操纵子的转录同时进行（图 9-59），因此，当下游的 DNA 正在被转录时，核糖体即与上游合成的 mRNA 结合，开始翻译合成前导肽。随着前导肽的翻译，由于内部互补碱基的存在，转录合成的 mRNA 会形成一种茎环结构，使 RNA 聚合酶不能继续前进，后面的结构基因转录被终止，由于前导序列末端富含尿嘧啶，前导肽的翻译被终止于结构基因编码区之前。但是，当色氨酸匮乏时，核糖体即停留在前导序列的色氨酸密码子处，后面的 mRNA 序列形成另外一种茎环结构。RNA 聚合酶能通过未折叠的区域，使下游的结构基因转录继续进行，合成色氨酸合成酶类。因此，在弱化作用中，转录与翻译相互作用形成一个高度整合的系统，使转录的速率受到翻译速率的影响。

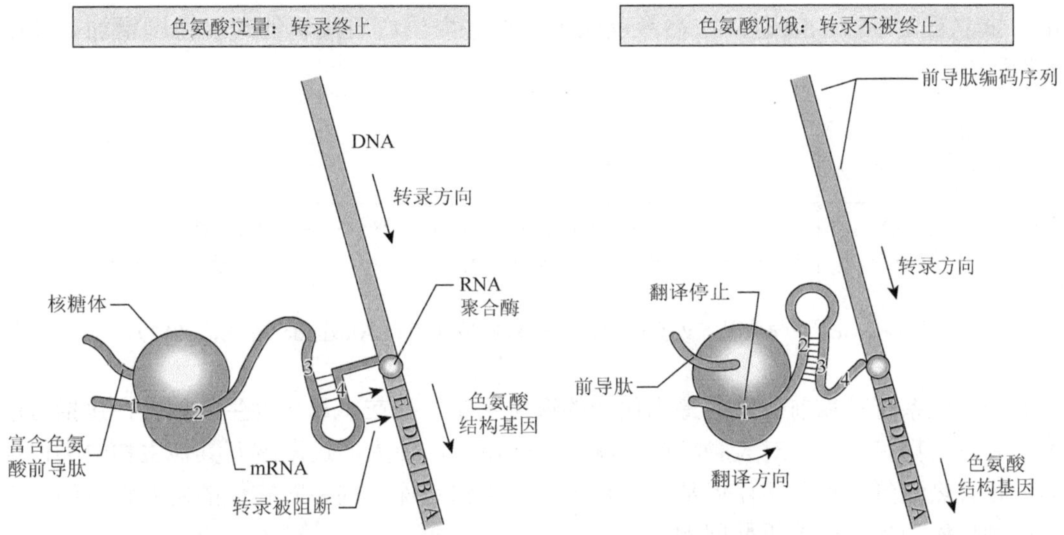

图 9-59　大肠杆菌色氨酸操纵子弱化作用示意图（引自 Madigan et al.，2015）

前导肽由 mRNA 上的 1 区和 2 区编码，在转录过程中，2 区和 3 区、3 区和 4 区都可以形成双链结构。在多余的色氨酸存在时，核糖体翻译合成完整的前导肽，2 区不能与 3 区配对。因此，3 区和 4 区配对形成的环状结构阻止 RNA 聚合酶前行。如果缺少色氨酸，则前导肽翻译停止，2 区和 3 区配对，3 区和 4 区不能配对，转录就能越过前导肽编码区，继续进行

在色氨酸合成中，存在两种不同的转录调控机制。阻遏作用对于酶的合成是一种比较粗放的调控，而弱化作用则是一种较精细的控制，两种调控的共同作用就可以精确地调控色氨酸合成酶及色氨酸的合成。在大肠杆菌中，已经发现弱化作用存在于组氨酸、苏氨酸、异亮氨酸、苯丙氨酸和其他几种氨基酸等的生物合成途径中。如图 9-58 所示，在每一个氨基酸合成操纵子的前导肽序列中富含相应的氨基酸残基，特别是组氨酸操纵子最为明显，在其前导肽序列中含有 7 个组氨酸残基。

（四）σ 因子的更替和基因表达的调控

细菌 RNA 聚合酶的核心酶（core enzyme）由 4 个多肽亚单位（α2、β、β′）组成，另一个亚单位 σ 因子与该核心酶的结合是可变的，它帮助核心酶识别细菌启动子区启动转录。细菌都使用不同的 σ 因子来识别不同基因的启动子，使 RNA 聚合酶转录不同的基因。这是细菌的一种基因表达调控方式，它使细菌能针对不同环境条件的变化，改变基因表达的方式。σ^{70} 因子（分子质量为 70kDa）是大肠杆菌最常用的 σ 因子。在正常情况下，RNA 聚合酶核心酶是与 σ^{70} 因子相联系的。下面举例介绍 σ 因子的更替对基因表达的调控。

1. *大肠杆菌的热激反应*　当细胞在较高的温度（42～50℃）条件下，大肠杆菌转录表达一套 30 多种基因，帮助细胞适应环境条件的变化。大肠杆菌热激反应分为细胞质和细胞周质两种类型。在细胞质的热激反应（heat shock）中，RNA 聚合酶中 σ 因子从 σ^{70} 转为 σ^{32} 因子（分子质量为 32kDa），在细胞周质的热激反应中，σ^{E} 因子参与热激反应。热激反应的基因产物包括热激蛋白 Hsp70、核质蛋白（nucleoplasmin）、分子伴侣（chaperonin）等，其中，GroEL 和 GroES 两种分子伴侣可以有效地使在高温下发生变性的多肽恢复活性。

目前，细胞质的热激反应的机理已经很清楚，细胞周质的热激反应尚有许多不清楚的地方，现在还不清楚两种热激反应是如何相互作用的。在大肠杆菌中，σ^{32} 和 σ^{70} 因子识别不同的启动子序列（图 9-60）。当细菌适应了较高的温度时，大多数热激反应基因的表达便

停止，恢复正常基因的表达。在热激反应中，细胞内蛋白质降解的速度急剧增加，其中包括 σ^{70} 因子。

一致性启动子序列	–35序列	–10序列
标准(σ^{70})	——————————TTGACA———16 ～ 18bp	———TATAAT————
热激(σ^{32})	T——C——C——CTTGAA——13 ～ 15bp	—C C C CAT-T ————

图 9-60 σ^{32} 和 σ^{70} 因子识别的启动子结构比较（引自 Alexander et al.，2012）

热激反应系统是目前已知的最为保守的遗传系统，存在于每一种生物体内，包括古菌和细菌，以及植物和动物。对大肠杆菌热激反应的研究，使人们逐渐解开其他生物中类似反应之谜。各种热激蛋白和分子伴侣从大肠杆菌到人类都是保守的，对它们的研究将有助于理解人类多种疾病中蛋白质的折叠问题。

2. *枯草芽孢杆菌芽孢发育过程* 在逆境条件下，枯草芽孢杆菌可形成芽孢。芽孢的发育伴随着细胞内基因表达的剧烈变化，包括大多数蛋白质合成的“关闭”，以及合成一些新的蛋白质。枯草芽孢杆菌主要通过 σ 因子的更替来实现基因表达的变化，其中至少有 6 个 σ 因子和 80 多个基因参与芽孢的发育。就目前已经发现的 σ 亚基来说，其更替次序为 σ^A、σ^H、σ^F、σ^G、σ^E 和 σ^K（图 9-61）。

在营养生长状态下，主要是含有 $\sigma^{A(70)}$ 的 RNA 聚合酶参与各种基因的转录。在营养生长的后期（稳定期）和芽孢形成起始阶段，含有 σ^H 的 RNA 聚合酶控制基因转录。当细胞处于饥饿状态下，含有 σ^F 的 RNA 聚合酶则负责转录那些芽孢发育的信号传导系统的基因，启动芽孢的发育过程。枯草芽孢杆菌的芽孢发育的重要特点是基因表达的区域化(compartmentation)。在芽孢中，由 σ^F 和 σ^G 控制基因表达，在母细胞中，由 σ^E 和 σ^K 控制基因表达。

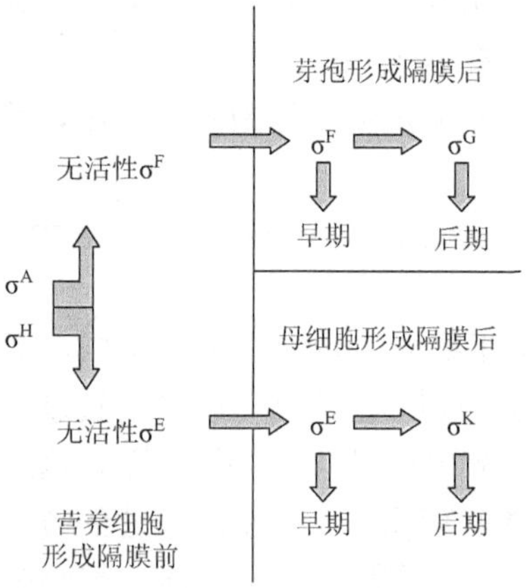

图 9-61 *B. subtilis* 中 σ 因子的更替与芽孢发育进程的关系

3. *其他 σ 因子对基因表达的调控* 大肠杆菌在营养匮乏的情况下，即进入静止状态（稳定期），这一状态受到 σ^s 因子调控，它控制着 50 多种基因的诱导或转录。另外，某些噬菌体利用寄主细胞的 RNA 聚合酶并为之提供 σ 因子，从而指导 RNA 聚合酶优先转录噬菌体的基因。还有一些噬菌体产生一系列不同的 σ 因子，按照时间的顺序控制自身基因的表达。

（五）全局调控

微生物对环境变化的反应，常常需要同时调控许多不同的基因表达。例如，大肠杆菌对磷酸盐饥饿的反应，有 80 多个不同的基因被活化，合成一些细胞中原来没有的新蛋白，以帮助宿主细胞适应磷酸盐匮乏的环境。已知在大肠杆菌中有多套这样的基因，它们的产物是细胞适应环境条件所必需的（表 9-13）。由于上述控制机制是在较为广泛的细胞基础上起作用的，所以称为全局调控(global regulation)系统，可以包括一个以上的调节子。有人用调制子(modulon)

来描述一组对某一共同的调控蛋白反应的基因，尽管这些基因可能属于不同的调节子，说明它们具有至少一种其他类型的调控。另外，有时使用刺激子（stimulons）一词，用于描述一组对同一环境信号做出反应的基因，这组基因可以包括许多基因，其调控途径也非常复杂。

表 9-13　大肠杆菌中的全局调控系统（引自 Madigan et al.，2015）

系统	信号	调节蛋白的主要活性	调控基因数
需氧呼吸	O_2的存在	阻遏物（ArcA）	20
厌氧呼吸	缺 O_2	激活物（FNR）	20 +
分解代谢产物阻遏	环式 AMP 浓度	激活物（CAP）	300 +
热休克	温度	可替换因子（σ 因子）	36
氮利用	限量 NH_3	激活物（NR1）/可替换因子 σ	12 +
氧应激	氧化剂	激活物（OxyR）	30 +
SOS 反应	DNA 损伤	阻遏物（LexA）	20 +

除了通过活化基因网络使细胞对某种信号做出反应外，全局调控还可以避免某些基因对环境做出不必要的反应。例如，大肠杆菌的乳糖或麦芽糖利用酶类，在乳糖或麦芽糖存在时才被诱导。但是，如果培养基中已经有其他更易于利用的碳源，再合成这些酶类将是一种浪费。因此，细菌细胞就存在着降解物阻遏机制，可以阻止其诱导表达。

1. 降解物阻遏　降解物阻遏（catabolite repression）是指微生物生长在含有易于利用的碳源（如葡萄糖）的培养基中时，其他碳源分解代谢酶类的合成被阻遏的现象。葡萄糖是第一个被发现可引起降解物阻遏的物质，因此这一调控现象又称为葡萄糖效应。当然，在某些生物中，非葡萄糖碳源也能产生降解物阻遏，降解物阻遏能保证微生物优先利用易于分解的碳源和能源，如葡萄糖等。

降解物阻遏的一个最基本的表现形式就是二次生长。当两种碳源同时存在于同一培养基中，其中一种碳源的分解代谢酶的合成受到另外一种易于利用的碳源降解物的阻遏，直至这种易于利用的碳源被消耗殆尽。在第一次生长之后有一个间歇期，待到细胞恢复合成另一种碳源降解酶后，才能继续生长。例如，当培养基中含有葡萄糖和乳糖时，优先合成葡萄糖的代谢酶类，这时细胞生长速率较高，在葡萄糖被消耗完后，才能合成乳糖利用酶类，细胞生长速率放缓。因此，乳糖操纵子不仅受到负调控诱导，还受到降解物阻遏的调控。

降解物阻遏涉及由活化蛋白参与的转录控制。只有当活化蛋白，即降解物活化蛋白(CAP)与 DNA 结合后，RNA 聚合酶才与启动子结合。而 CAP 只有与另一种小分子物质环腺苷酸(cAMP)结合发生变构后，才与 DNA 结合。因此，有人将 CAP 称为 cAMP 的受体蛋白(CRP)。cAMP 是从 ATP 经腺苷酸环化酶而合成的，已经证实它在细菌和真核生物中，参与多种细胞代谢的调控。由于葡萄糖抑制 cAMP 的合成和促进 cAMP 向细胞外的运输，因此当葡萄糖存在时，细胞中的 cAMP 水平降低，RNA 聚合酶不能与启动子结合。由此可见，降解物阻遏的实际起因是 cAMP 缺乏，如果向培养基中加入 cAMP，就可以克服降解物阻遏。

虽然降解物阻遏看起来是一个比较简单的调控系统，但是每一个受到降解物阻遏调控的操纵子都还有其他调控机制的存在。由于降解物阻遏能控制多种操纵子，如乳糖操纵子、阿拉伯糖操纵子等，因此是一种全局调控系统。只要有葡萄糖存在，降解物阻遏就会阻止各种分解代谢操纵子的表达（图 9-62）。因此，乳糖操纵子的表达必须满足两点：①cAMP 的水平必须足够高，其才能与 CAP 结合位点结合；②必须有诱导物如乳糖的存在，这样乳糖阻遏蛋白才不与操纵区结合。乳糖操纵子的完整调控区结构如图 9-54b 所示。

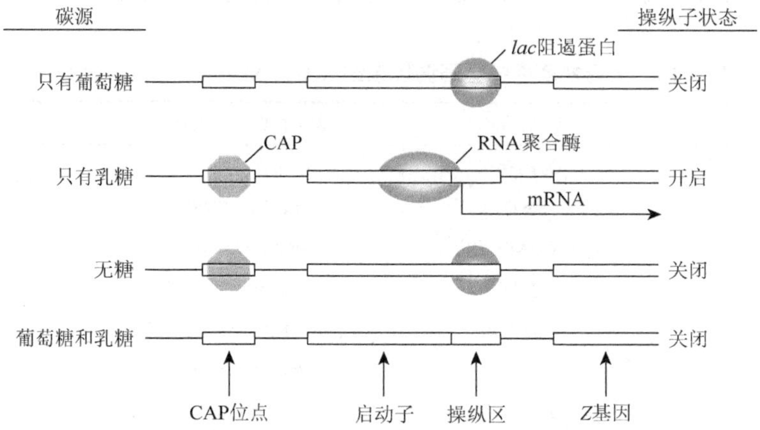

图 9-62　乳糖操纵子的正控制系统

2. 微生物的群体感应　全局调控系统使微生物能对环境中的信号做出有效的反应，信号之一就是同一种生物其他个体的存在。研究发现，某些细菌能够对自身群体的细胞密度变化做出反应，因而可以调节菌落的生长和液体培养物的细胞密度。这种类型的控制称为群体感应（quorum sensing）。

以往，微生物学家认为细菌的群体是由许多独立生长和单独行为的个体集合组成的，彼此间没有密切的关系。近年来的研究结果表明，许多细菌之间能互相进行信号传递和协同动作，而且这种协调是由所谓的群体感应或自身诱导来完成的。在这个过程中，细菌能通过感受信号分子来调节其群体密度。由于这些信号分子能够反过来刺激和作用于产生及释放这些信号分子的细胞本身，因此这些信号分子又称为自身诱导物。它们的浓度随着细菌群体的增长而升高，直至上升到一个特殊的界限，并且预示细菌的群体密度已经达到临界水平。这时细菌中的与群体感应有关的基因开始表达，这种现象在革兰氏阴性细菌和革兰氏阳性细菌都可观察到。

这里用与群体感应有关的细菌胞外酶的诱导和释放为例，说明群体感应的实际意义。如果胞外酶仅被几个细菌释放，它们会扩散开，并因稀释而没有效果，如在群体感应的控制下，细菌先达到高的群体密度，然后才释放胞外酶，结果是酶浓度增加而产生显著的效果。这样，就可使细菌在寄主的体内，以及在土壤或水生环境中处于优势地位。

群体感应现象首先发现于革兰氏阴性细菌，而且进行了深入的研究。在这类细菌中，最常见的信号分子是酰基高丝氨酸内酯（酰基 HSL），它们是小分子化合物，由 4～14 个碳原子的酰基链通过酰胺键连接到高丝氨酸内酯（HSL）而形成（图 9-63a），在酰基链的第 3 个原子上有一个酮基或羟基。当酰基 HSL 渗入靶细胞内（图 9-63b），并达到足够高的浓度，就可结合到特殊的受体蛋白，引起结构上的改变。通常这类被激活的复合物可起诱导物的作用，即与 DNA 上的靶位点结合，刺激群体敏感基因的转录。而且，合成酰基 HSL 的基因也频繁地产生，以产生和释放更多的自身诱导物分子。在革兰氏阴性细菌中，许多不同的过程对酰基 HSL 是敏感的，而且存在群体感应的现象。例如，费氏弧菌（*Vibrio fischeri*）的生物发光现象，铜绿假单胞菌（*Pseudomonas aeruginosa*）毒力因子的产生和释放，根癌土壤杆菌（*Agrobacterium tumefaciens*）的遗传物质的接合转移，以及胡萝卜软腐欧文氏菌（*Erwinia carotovora*）抗生素的产生等。

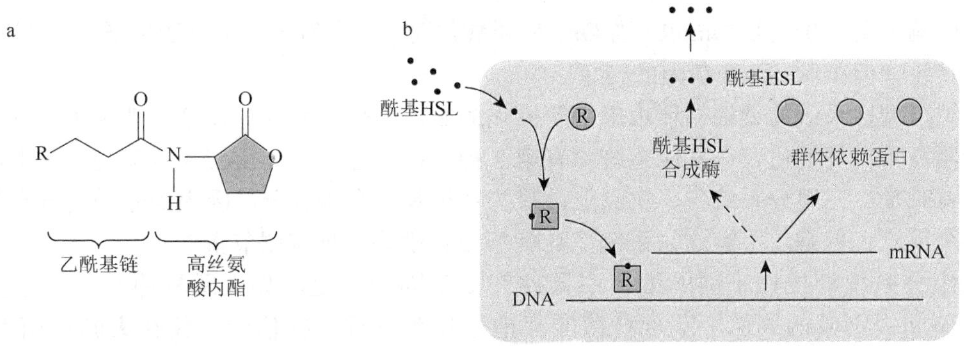

图 9-63 革兰氏阴性细菌的群体感应示意图（引自 Willey et al.，2014）

a. 酰基 HSL 的结构；b. 群体感应的诱导过程

革兰氏阳性细菌也能通过群体感应来调节细胞活性，它们通常采用寡多肽信号分子。例如，粪肠球菌（*Enterococcus faecalis*）的接合交配，肺炎链球菌（*Streptococcus pneumoniae*）的感受态诱导，枯草芽孢杆菌（*Bacillus subtilis*）芽孢形成的刺激作用，以及金黄色葡萄球菌（*Staphylococcus aureus*）的许多毒素和其他毒力因子的产生等。在灰色链霉菌（*S. griseus*）中，群体感应甚至能刺激气生菌丝的发育和链霉素的产生。不过，其信号分子似乎是γ-内酯，而不是寡多肽。

综上所述，群体感应可称为一种多细胞行为，即许多个体细胞之间互相传递信息并协调活动，作为一个整体来行动。这样复杂行为的其他例子还包括细菌菌落模式的形成和黏菌子实体的形成。

在表 9-13 中，还列出了其他全局调控系统。许多基因属于一个以上的全局调控系统，因此微生物具有多个相互重叠的调控系统。在某些全局调控系统中，多个调控蛋白参与调节单个操纵子，例如，乳糖操纵子受到乳糖阻遏蛋白和降解物活化蛋白的控制。然而，这里介绍的调控蛋白是相互独立的。下面介绍的双组分调控系统则同时涉及至少两种调控蛋白。

3. 信号传导和双组分调控系统　微生物生活在不断变化的环境中，如温度、pH、氧和营养物质的变化，甚至是细胞数目的变化，因此必须具备相应的调控机制使细胞能够接收和传递环境信号，以便及时做出调控反应。前面已经介绍的信号物是小分子物质，它们通过特定的转运机制，能够进入细胞起到效应物的作用。例如，在麦芽糖调节子中，效应物麦芽糖与麦芽糖活化蛋白结合，活化蛋白即与 DNA 结合活化转录。然而，在多数情况下，环境信号并不是直接传递到调控蛋白，它们首先被一种传感蛋白检测到，然后以变化的形式传递到调控部位，这一过程称为信号传导。

细胞感受并对环境信号做出反应的多数调控系统都属于双组分调控系统。这类调控系统的特征是具有两种不同的蛋白质，一种是专一的传感蛋白，位于细胞膜内，而另一种是响应调节蛋白。传感蛋白具有蛋白质激酶的活性，通常称为感受器激酶。如图 9-64 所示，感受器激酶膜外部分用于感受环境信号，然后使其细胞质部分发生磷酸化，这个磷酸化基团被转移到细胞中的响应调节蛋白上。磷酸化的响应调节蛋白是典型的 DNA 结合蛋白，从而调控基因转录。在图 9-64 中，磷酸化响应调节蛋白是作为一种阻遏蛋白起作用的，而非磷酸化的响应调节蛋白不能与 DNA 结合。

在不同的双组分调控系统中，响应调节蛋白控制转录的机制是不同的。例如，在大肠杆菌中，环境的渗透压控制合成 OmpC 或 OmpF 膜结合调节蛋白，这一系统的感受器激酶是

EnvZ，而响应调节蛋白是 OmpR。当 OmpR 磷酸化时，它作为一种转录活化蛋白，促进 *ompC* 基因的转录，但抑制 *ompF* 基因的转录。

双组分调控系统的调控循环由磷酸酶催化的脱磷酸化来完成。在某些情况下，这一反应由感受器激酶自身催化，在其他系统中有第 3 种蛋白质进行这一反应。也就是说，双组分调控系统有时是“三组分系统”。实际上，有些系统具有多种成分，因为信号的传导和加工常需要多个反应。但是，所有这些系统都具有感受器激酶和响应调节蛋白。

双组分系统调控在不同的细菌中调控许多基因的表达，如大肠杆菌同化磷酸盐、肺炎克氏菌和根瘤菌的固氮、芽孢杆菌的芽孢分化等过程。据估计，仅在大肠杆菌就有 50 种以上的双组分调控系统，其中许多都涉及全局调控（表 9-14），如无机磷酸盐同化就涉及至少 31 个基因，都受到 PhoB 蛋白的控制，它是磷酸盐同化操纵子（*pho*）的响应调节蛋白。

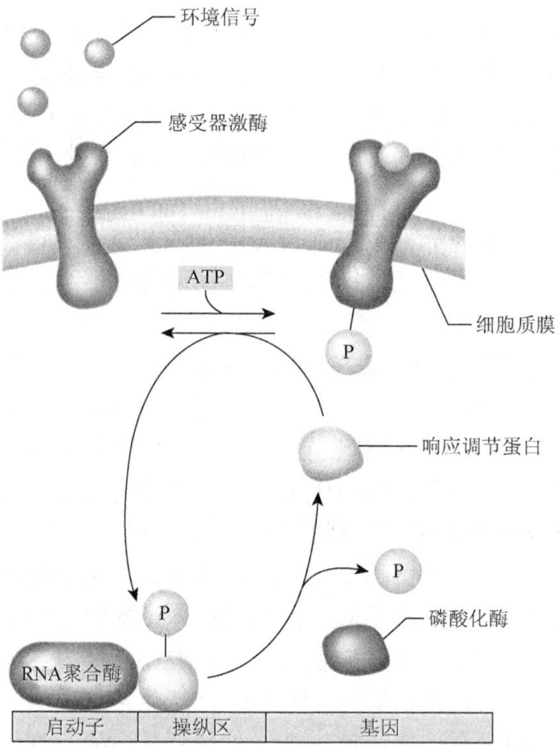

图 9-64 双组分系统对基因表达的调控（引自 Madigan et al.，2015）

表 9-14 大肠杆菌中的某些双组分调控系统（引自 Madigan et al.，2015）

系统	环境信号	感受器激酶	响应调节蛋白	响应调节蛋白的活性
Arc 系统	O_2	ArcB	ArcB	阻遏蛋白/活化蛋白
硝酸盐和亚硝酸盐厌氧调节（Nar）	硝酸盐和亚硝酸盐	NarX 和 NarQ	NarL NarP	活化蛋白/阻遏蛋白 活化蛋白/阻遏蛋白
N_2 利用（Ntr）	NH_4^+	NRⅡ，*glnL* 产物	NRⅠ，*glnG* 产物	在需要 σ^{54} 的启动子处活化 RNA 聚合酶
Pho 调节子	无机磷酸盐	PhoR	PhoB	活化蛋白
通道蛋白调节	渗透压	EnvZ	OmpR	活化蛋白/阻遏蛋白

在有些情况下，还有更多的调节因素参与。例如，在氮同化（Ntr）系统中，响应调节蛋白是一种活化蛋白，称为NRI Ⅰ（nitrogen regulator Ⅰ），该蛋白活化利用σ^{54}的RNA聚合酶的转录作用。而感受器激酶 NR Ⅱ具有双重作用，既可以作为蛋白质激酶，又可以作为磷酸化酶，NR Ⅱ的活性则由另一种蛋白 P Ⅱ控制。还有一些系统是非常复杂的，如硝酸盐和亚硝酸盐厌氧调节系统（nitrate and nitrite anaerobic regulation，Nar）。Nar 调控系统涉及两个感受器激酶和两个响应调节蛋白，而且所有受到这一系统调控的基因也都受到只在厌氧条件下具有活性的调控蛋白 FNR 的控制。在低等真核生物中，如酿酒酵母也存在双组分调控系统。为了对环境变化做出反应，高等真核生物也是通过磷酸化反应进行信号传导。

4. 趋化作用机制　并不是所有的响应调节蛋白都是调节转录的。细菌的趋化作用，其机制是非常复杂的，涉及多种不同的蛋白质。许多传感蛋白位于细胞膜上，能感知吸引物和排斥物的存在。随着时间的变化和细胞的运动，它们使得微生物细胞能够感知物质的浓度是否增加或减少。因此，细胞是根据化学物质浓度的变化而不是物质的绝对浓度做出反应的。由于微生物细胞太小，实际上不能感知某一化学物质的空间梯度，但是可以对时间梯度做出反应。也就是说，随着时间的推移，它们能够感受到细胞外物质浓度的变化。微生物利用一种双组分调控系统去感知化学物质浓度在时间上的变化，从而调控鞭毛的运动。

在趋化作用（chemotaxis）中，传感蛋白称为接受甲基趋化蛋白（methyl-accepting chemotaxis protein，MCP）或受体传导蛋白（receptor-transducer protein），也可更简单地称为传导物（transducer）。在大肠杆菌中，已经鉴定了 4 种不同的 MCP，每一种都是跨膜蛋白（图 9-65），能感知不同的化合物。例如，Tar（taxis to aspartate and repellents）传导蛋白能够感知吸引物天冬氨酸和麦芽糖及排斥物如重金属离子钴（Co）和镍（Ni）。

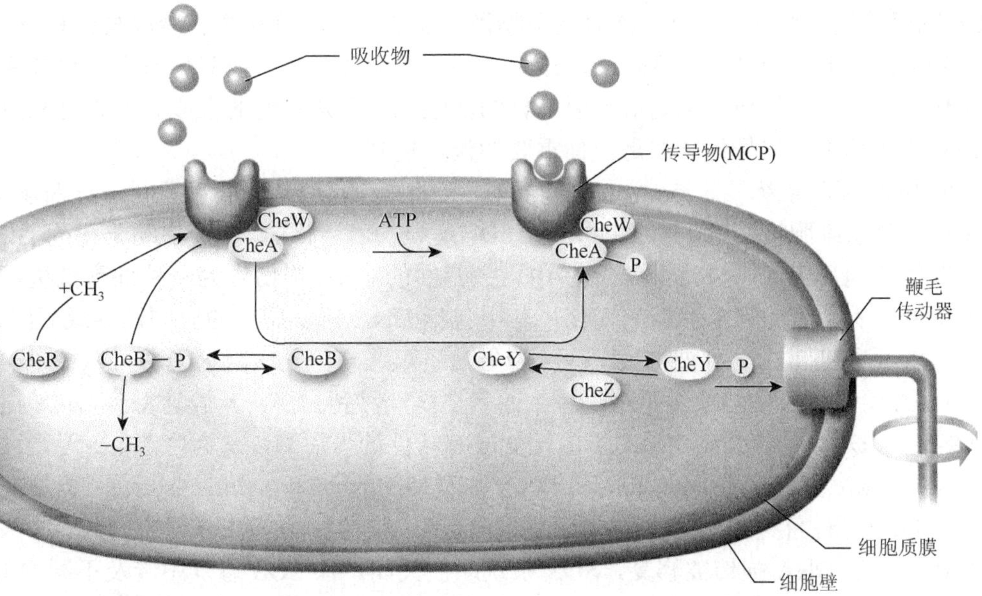

图 9-65　细菌趋化作用中传导蛋白、趋化蛋白和鞭毛传动器的相互作用（引自 Madigan et al.，2015）

MCP 与吸引物或者排斥物直接结合，或通过与周质结合蛋白间接地接触，启动多种与细胞质蛋白的相互作用，从而引起鞭毛的转动。如果鞭毛的转动是逆时针的，细胞则直线运动；如果是顺时针的，细胞则“翻筋斗”。

鞭毛运动控制模型显示，传导物与细胞质蛋白 CheW 和 CheA 接触。其中，CheA 是感受器激酶。当某种 MCP 与化合物结合后，发生构象变化，然后与 CheW 一起引起 CheA 的自身磷酸化，形成 CheA-P。吸引物降低自身磷酸化的速率，而排斥物则增加这一反应的速率。磷酸化的 CheA 进一步使 CheY 磷酸化，形成 CheY-P。CheY 是一种响应调节蛋白，在 CheY-P 与鞭毛传动器结合后，启动鞭毛顺时针旋转，使细菌做“翻筋斗”运动。当吸引物存在时，CheA 自身磷酸化的速率降低，CheY 不能与鞭毛传动器结合，此时鞭毛做逆时针旋转，细菌则进行直线运动。CheA-P 也能使另一种响应调节蛋白 CheB 磷酸化，但是比 CheY 的磷酸化速率慢得多。CheY 是这一系统的中心，因为它作为趋化作用的响应调节蛋白控制着鞭毛转动的方向。另外一种蛋白 CheZ 使 CheY 脱磷酸化，从而使“翻筋斗”的时间不至于太长，以便随时适应变化的环境。

值得注意的是，上述的系统只能感知某种化合物被结合，并且调节鞭毛的旋转，但是并没有反映出化学物质的梯度随着时间的变化对该系统的影响。趋化系统实际上还有第二种调控途径，这是一种适应过程。

正如其名称所示，MCP 可以被甲基化。在细胞质内，CheR 蛋白连续地以很低的速率向 MCP 分子添加甲基，甲基供体就是 *S*-腺苷甲硫氨酸（SAM）。磷酸化的 CheB 是一种去甲基化酶，可以将 MCP 上的甲基去除。MCP 的甲基化水平影响 MCP 的构象，从而控制着对信号的感应。即使化学物质的浓度不发生变化，MCP 的甲基化仍然能够重新确定受体的信号传递状态。如果一种吸引物的浓度很高，CheA 的磷酸化水平就很低，因此 CheY 和 CheB 的磷酸化水平也很低，细胞将平稳地做直线运动，此时 MCP 的甲基化水平将维持在较高的水平。但是，完全甲基化的 MCP 不再对引诱物做出反应。所以，即使吸引物的浓度保持很高水平，随着 CheA-P（和 CheB-P）的水平增加，细胞开始做“翻筋斗”运动。可是，CheB-P 可以使 MCP 脱甲基化，受体可以再一次对吸引物做出反应。对于排斥物，情况与此相反。

趋化作用的控制是非常复杂的，涉及一系列的调控开关。与其他双组分调控系统不同，趋化作用中的信号传导系统调节基因产物的活性，而不是它们的合成。无论是在原核生物还是在真核生物中，信号传导都是一种重要的调控机制。

5. SOS 调控系统　通常，DNA 损伤本身也能诱导 DNA 修复反应。一种称为 SOS 调控系统的复杂细胞机制就是由某些类型的 DNA 损伤所活化的，从而启动一系列 DNA 修复过程和其他细胞反应。在 SOS 调控系统中，大范围的 DNA 损伤作为一种细胞抵抗环境压力反应的信号，引起细胞许多功能的变化，其中包括 DNA 修复反应的协同诱导或脱阻遏。

SOS 系统通常由一种被称为 LexA 的蛋白质阻遏，但是该阻遏蛋白可以被 RecA 蛋白失活。RecA 蛋白不仅参与遗传重组过程，而且还是一种蛋白酶，其表达受到 DNA 损伤的活化（图 9-66）。DNA 的损伤使 RecA 蛋白转变成有活性的蛋白酶，从而降解 LexA 蛋白。在正常情况下，LexA 蛋白阻遏 *recA* 基因和 DNA 修复基因 *uvrA* 和 *umuD* 的表达，但是并非完全阻遏。在 LexA 蛋白存在时，少量的 RecA 蛋白也可以产生；随着 LexA 的失活，这些基因则大量表达。一旦 DNA 损伤被修复，SOS 系统即被关闭。在 SOS 修复中涉及不同的 DNA 修复反应，其中一类 DNA 修复机制就是易误修复，所以通过 SOS 调控系统，各种化学物质和辐射引起的 DNA 损伤都会导致突变。

如表 9-13 所示，SOS 系统调控 20 多个基因的表达。除了对细胞突变的影响外，SOS 系统对温和噬菌体的复制也具有调控作用，即 RecA 可以降解 λ 噬菌体的阻遏蛋白，从而启动裂解循环。

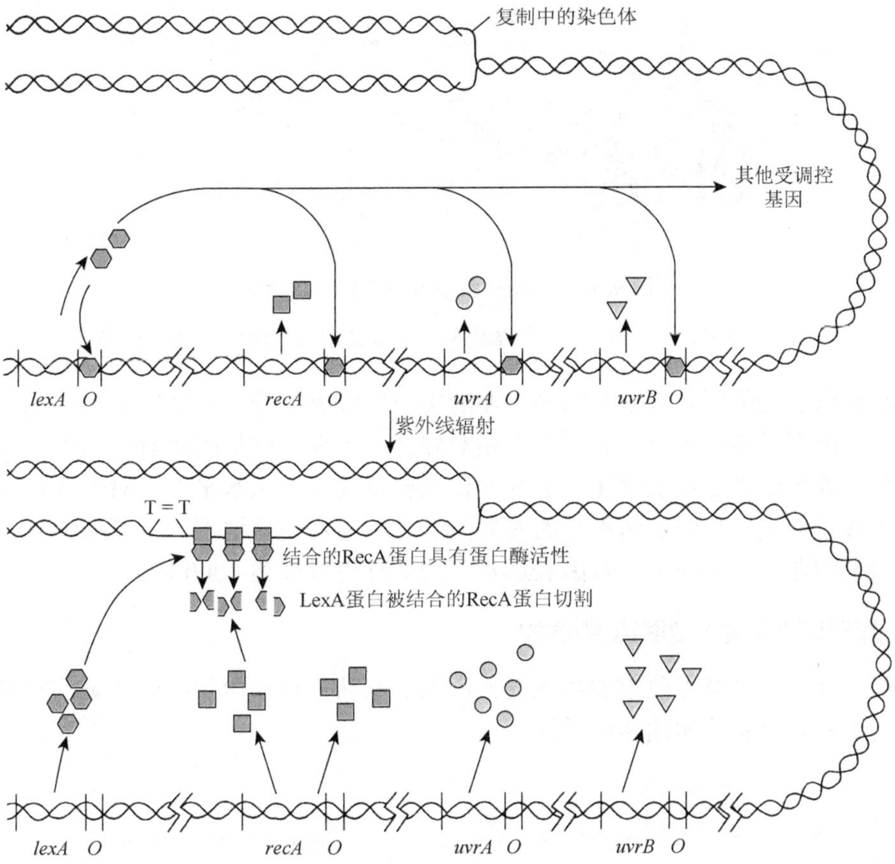

图 9-66　SOS 反应机制（引自 Willey et al.，2014）

三、酵母菌基因表达的调控特点及其与原核微生物的区别

（一）原核生物与真核生物基因表达的比较

由于细胞结构的不同，真核生物和原核生物的基因表达调控迥然不同。多细胞的真核生物在细胞功能上发生分化，不同的细胞或组织或器官各司其职，能对环境的变化做出快速专一的反应。而且高等真核生物的细胞处于相对恒定的环境中，基因表达的变化相对比较小。细胞器的分化使得真核生物基因表达的调控呈现出明显的区域化特征，细胞核、线粒体和质体在遗传物质的结构、功能和调控等各个方面都具有较大的差异。遗传信息的传递过程复杂，虽然核基因的转录都是在细胞核内进行，翻译却是在细胞质中进行，而且有些蛋白质需要运输到线粒体或叶绿体中起作用。大多数真核生物的基因都含有内含子，因此这些基因表达在转录水平上调控的复杂性首先表现在内含子的拼接（splicing）方面。在真核生物中，翻译后的修饰也是非常普遍的，最常见的就是蛋白质的糖基化。对于单细胞的原核生物，每一个细胞都处于多变的环境中，因此，细胞对环境的变化极为敏感，基因表达的调控机制更加多样化。大多数原核生物的基因结构简单，不具有内含子，也没有细胞器的分化，转录和翻译紧密偶联，而且大多数功能相关的基因都组织成操纵子的形式。图 9-67 表示大肠杆菌中转录和翻译的偶联过程，在转录过程中，多核糖体就结合于 mRNA 分子上，启动翻译。

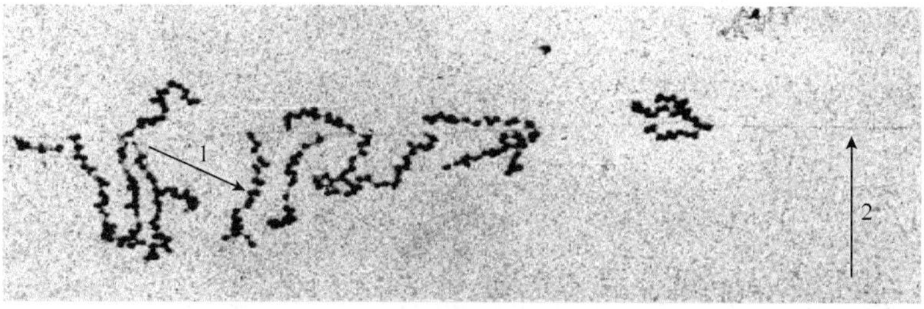

图 9-67　大肠杆菌中转录与翻译的偶联

箭头 1 表示结合于 mRNA 上的多核糖体，箭头 2 表示处于转录状态的 DNA 模板

许多真核微生物基因只编码必需的代谢酶类或者细胞组分，在细胞中呈组成型表达，但是这些基因在所有类型细胞中的表达量都相对较低。另有一些基因随着细胞类型和细胞发育时期的变化，其表达量也发生变化，这种变化主要发生在转录水平上。对于真核微生物，在诱导和非诱导条件下，基因表达水平的差异为 2～10 倍，明显地不同于原核生物。在原核生物中，在诱导和非诱导条件下，基因表达水平的差异可以高达 1000 倍。

（二）酵母菌半乳糖代谢酶类的调控

这里通过介绍酿酒酵母菌中的半乳糖代谢调控来认识真核微生物中的基因转录调控。半乳糖代谢的最初几个步骤如图 9-68 所示。

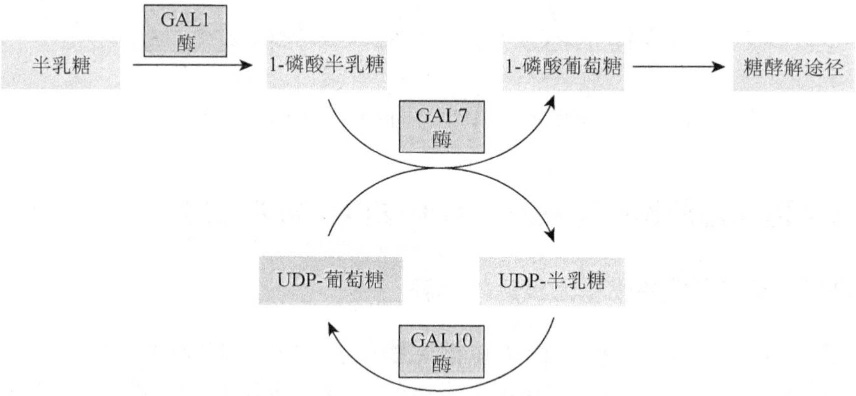

图 9-68　酿酒酵母中半乳糖转化为 1-磷酸葡萄糖的代谢途径（引自 Hartl，2008）

GAL1、GAL7 和 GAL10 这 3 种蛋白质参与半乳糖向 1-磷酸葡萄糖的转化。这 3 个基因是紧密连锁的（图 9-69），但是它们并不形成原核生物中的操纵子结构，所有的 mRNA 都是单独转录的。这些 mRNA 只有在半乳糖（诱导物）存在时才被合成，因此属于诱导型基因。

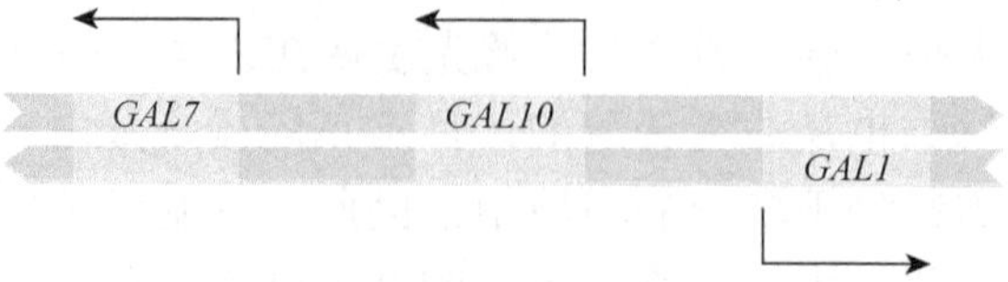

图 9-69　酿酒酵母中 3 个连锁的 *GAL* 基因（引自 Hartl，2008）

箭头表示转录方向

在酿酒酵母菌中，已经观察到了半乳糖代谢的组成型和非诱导型突变体。在 *gal80* 和 $GAL81^{C}$

两种突变体中，都是组成型合成GAL1、GAL7和GAL10这3种蛋白质的mRNA。另一种突变体*gal4*是非诱导的，无论半乳糖存在与否，它都不能合成3种mRNA。这些突变体的特征见表9-15。与原核生物不同，这些基因分别位于酵母菌不同的染色体上，*GAL1*、*GAL7*和*GAL10*位于2号染色体上，*GAL80*位于8号染色体上，而*GAL4*和*GAL81*则位于16号染色体上。

表9-15 酿酒酵母含有*gal80*、*gal4*和*gal81*^{C}突变的不同组合的二倍体特征（引自Hartl，2008）

基因型	GAL1、GAL7和GAL10 mRNA合成情况	Gal表型
gal80GAL1/GAL80GAL1	诱导型	+
gal4GAL1/GAL4GAL1	诱导型	+
GAL81^{C}*GAL1/GAL81GAL1*	组成型	+

*gal80*突变体是隐性的，因此其功能类似于大肠杆菌中的*lacI*（表9-15）。野生型的*GAL80*基因编码一种负调控蛋白。虽然GAL80蛋白也被称为阻遏蛋白，但是它实际上是不与基因操纵区结合的，而是与另一个转录活化蛋白GAL4结合，使其失去活性。GAL4蛋白是*GAL1*、*GAL7*和*GAL10*这3种基因转录所必需的。*gal4*突变是隐性突变，因此GAL4蛋白是一种正调控蛋白，通过与每一个基因上游位点结合分别活化这3个*GAL*基因的转录。GAL80与GAL4蛋白结合后，GAL4就不能与这些基因上游DNA位点结合，导致基因不能被转录。半乳糖（诱导物）与GAL80蛋白质结合后，GAL4被释放出来，从而活化基因转录。

GAL81^{C}突变体是显性的，因此这一突变导致3种mRNA的组成型合成。遗传学研究发现，这一基因与*GAL1*、*GAL7*和*GAL10*都不连锁，因此不同于大肠杆菌中的操作区*lacO*突变。近期的研究表明，GAL81^{C}突变就位于*GAL4*基因内。这一突变导致GAL4蛋白不能与GAL80蛋白质结合。所以，在没有半乳糖存在时，无论野生型的GAL4蛋白是否存在，突变的GAL4蛋白质都可以自由活化转录（表9-15）。

这里比较了大肠杆菌*lac*操纵子和酵母菌中的*GAL*基因的表达调控，通过这种比较可以看出，虽然两种系统中都存在着非诱导和组成型表达突变，但是并不说明它们具有相似的调控机制。两种生物的共同点是，对于一种特定的代谢途径或者发育过程，基因表达都是受到某一信号的控制。虽然调控机制不同，但调控的结果是相似的。在以后的学习中，大家还将会逐步学习并理解不同微生物细胞复杂的调控特征。

复习思考题

1. 比较阐述原核微生物与真核微生物遗传物质的异同。
2. 简述微生物DNA的结构特点与复制过程。
3. 什么是基因？简述原核微生物与真核微生物基因表达的特点。
4. 比较说明詹氏甲烷球菌基因组与原核生物和真核生物的异同。
5. 什么是质粒？简述质粒的类型和特性。
6. 简述原核生物基因重组的类型与特点。
7. 简述基因的水平转移对原核生物进化的意义。
8. 什么是转座遗传因子？简述转座遗传因子的种类与特点。
9. 以粗糙脉孢菌为例，简述真菌的有性生殖与基因重组的关系与检测方法。
10. 试述真菌准性生殖的过程与特点，并思考准性生殖对真菌抵御环境变化而生存的意义。

11. 比较真菌与细菌的质粒和转座因子的异同。

12. 设计一个实验，利用影印培养法获得赖氨酸营养缺陷型。

13. 突变体的筛选和选择有何不同？可选择突变在遗传学研究上有什么意义？

14. 研究基因的随机突变有什么意义？在分子遗传学和基因组学时代，为什么还离不开传统的基因诱变技术？

15. 如何区别某一基因的点突变和大规模的缺失突变？

16. 埃姆斯试验为什么能检测回复突变？能否使用该试验检测正向突变？

17. 哪些因素影响紫外线诱变的结果？

18. DNA 损伤修复的途径有哪些？各有何特点？

19. 为什么细胞既有酶活性的调控机制，又有酶合成的调控机制？

20. 操纵子的基本结构特征是什么？操纵子的概念对于分子生物学的发展有何重要意义？

21. 阻遏物和诱导物是如何控制 mRNA 合成的？

22. 比较区别活化蛋白和阻遏蛋白的活性。

23. 为什么在原核生物中才具有转录和翻译同时进行的调控系统？

24. 大肠杆菌乳糖操纵子受到哪些机制的调控？这些机制是如何相互协调的？

25. 在双组分调控系统中，感受器激酶是如何起作用的？

26. 转录的弱化作用是怎样进行的？其实际意义是什么？为什么在真核生物中没有发现这种作用？

27. 通过酵母菌中的半乳糖代谢调控分析原核生物和真核生物在基因表达调控上的差异。

拓展阅读

微生物 CRISPR/Cas 系统的发现、机制及应用

基因组完整性的维持是物种存活和繁衍的前提。为保证基因组信息的稳定遗传，细菌和古菌等微生物在不断遭受外源 DNA（噬菌体、病毒、质粒等）的侵扰下逐渐发展起自身的防御保护机制。成簇规律性间隔短回文重复序列（clustered regularly interspaced short palindromic repeat，CRISPR）及其辅助蛋白（CRISPR-associated proteins，Cas）是其重要的适应性免疫防御系统（CRISPR/Cas），能够序列特异性地切割外源 DNA，从而维持自身基因组的稳定性。利用这个系统，细菌可以不动声色地把病毒等外源入侵基因 DNA 从自己的染色体上切除，这是细菌特有的免疫系统。CRISPR/Cas 系统，为目前发现存在于大多数细菌与所有古菌中的一种后天免疫系统，以消灭外来的质粒或者噬菌体，并在自身基因组中留下外来基因片段作为“记忆”。

1. 发现与认可　CRISPR/Cas 系统的发现，最早可以追溯到 1987 年 Ishino 等在大肠杆菌中发现一些有规律排列的重复序列，当时他们并不知道这些序列的意义所在。随着微生物基因组测序技术的发展，科研人员在约 90%的古菌和 40%的细菌基因组中发现了类似的序列结构。通过生物信息学分析，2005 年 3 个研究团队同时发现这些重复序列中间的间隔序列（spacer）与一些质粒和噬菌体等外源遗传物质具有高度的同源性，推测其功能可能与细菌抵抗外源遗传物质入侵有关。根据这一推测，科学家通过实验先后发现 CRISPR/Cas 系统抵抗噬菌体侵染和阻止外源质粒转移的功能，并阐明了其中的基本作用机理。当噬菌体首次侵染宿主细胞时，CRISPR/Cas 系统通过识别噬菌体 DNA 序列上的 PAM 位点（protospacer adjacent motif）将邻近的一段 DNA 加工插入重复序列中，从而获得针对该噬菌体的免疫能力；当该

噬菌体再次入侵时，这段获取的 DNA 序列被转录加工成为 CRISPR RNA（crRNA），引导 Cas 蛋白识别并切割目标 DNA，从而达到免疫防御的效果。

聚簇 DNA 重复的发现始于世界 3 个地区的 3 个独立地点，我们今天称为 CRISPR 的基因组重复丛集，即原核生物拟核 DNA 链中的丛生重复序列，在 1987 年一份由大阪大学的石野良纯领衔的大肠杆菌研究报告中被首次描述。2000 年，相似的重复序列在其他真细菌和古细菌中被发现，并被命名为短间隔重复序列（short regularly spaced repeats，SRSR）。2002 年 SRSR 被重命名为 CRISPR，其中一部分基因编码的蛋白为核酸酶和解旋酶，这些关联蛋白（Cas，CRISPR-associated proteins）与 CRISPR 组成了 CRISPR/Cas 系统。在 2012 年和 2013 年，CRISPR 被评定为《科学》杂志年度突破的第二名。CRISPR 在 2014 年和 2016 年被《麻省理工科技评论》评为 10 项突破技术之一。

2. 主要种类　目前已发现三种不同类型的 CRISPR/Cas 系统，存在于大约 40%和 90%已测序的细菌和古菌中。其中第二型的组成较为简单，以 Cas9 蛋白及向导 RNA（gRNA）为核心组成。Cas9 是第一个发现的核酸酶，其次是 Cpf1，其在新凶手弗朗西斯菌的 CRISPR/Cpf1 系统中被发现。

科学家研究了来自化脓性链球菌的更简单的 CRISPR 系统，其依赖于蛋白 Cas9。Cas9 内切核酸酶是包含两个小 RNA 分子的四组分系统。詹妮弗·杜德纳、埃马纽埃尔·卡彭蒂耶及张锋各自独立的探索 CRISPR 关联蛋白，了解细菌如何在它们的免疫防御使用间隔（spacer）。他们共同研究一个比较简单的依赖于称为 Cas9 蛋白质的 CRISPR 系统。

2015 年，核酸酶 Cpf1 在新泽西弗朗西斯菌的 CRISPR/Cpf1 系统被发现。Cpf1 显示了与 Cas9 的几个关键差异，包括导致双链 DNA 中的"交错"切割，而不是由 Cas9 产生的"钝的"切割，依赖于"富含 T 碱基"的原间隔序列（protospacer）相邻基序（为 Cas9 提供替代的靶向位点）仅需要 CRISPR RNA（crRNA）用于成功靶向（使用 Cas9 同时需要 crRNA 和一个反式激活的 crRNA（tracrRNA））。

3. 基本原理　细菌和古菌利用 CRISPR/Cas 系统，切除外源入侵 DNA 的防御过程，主要分为 3 个阶段：①间隔区（spacer）的获取。通过核心蛋白 Cas1 和 Cas2 的作用，获取外源入侵的核酸片段，并插入 CRISPR 位点。②crRNA（CRISPR RNA，crRNA）表达。该片段被转录加工为成熟的 crRNA，并与相应的 Cas 蛋白形成复合物。③crRNA 干扰。成熟的 crRNA 引导 RNA-Cas 蛋白复合物识别携带有与该序列互补的外源 DNA，并将其降解。crRNA 表达和干扰两个阶段的分子及作用机理已经比较清楚，但整个间隔区的获取过程仍有待进一步研究。

4. CRISPR/Cas9 系统　目前，人们发现了多种类型的 CRISPR/Cas 系统，其中以 Cas9 蛋白为代表的Ⅱ型系统由于其结构简单、机制研究比较清楚，因此应用最广泛。Cas9 蛋白是一种具有多种功能的大分子质量蛋白质，含有 RuvC 和 HNH 两个独特的活性位点，既能加工产生成熟的 crRNA，也能切割降解外源 DNA。在 pre-crRNA 转录的同时，与其重复序列互补的反式激活 crRNA（trans-activating crRNA，tracrRNA）也被转录出来，并且激发 Cas9 和双链 RNA 特异性核酸酶 RNaseⅢ对 pre-crRNA 进行加工。加工成熟后 crRNA、tracrRNA 和 Cas9 组成复合体，识别并结合于 crRNA 互补的序列，然后解开 DNA 双链，形成 R-loop 使 crRNA 与互补链杂交，另一条链保持游离的单链状态，然后由 Cas9 中的 HNH 活性位点剪切 crRNA 的互补 DNA 链，RuvC 活性位点剪切非互补链，最终引入 DNA 双链断裂，机体随之启动修复机制（图 9-73）。

现在常用的 CRISPR/Cas9 系统是来源于嗜热链球菌（*Streptococcus thermophiles*）和化脓链球菌（*Streptococcus pyogenes*）的两种 Cas9。Doudna、Charpentier 和华人科学家张峰率先将 CRISPR/Cas9 系统开发为实用的基因编辑工具。Doudna 和 Charpentier 研究团队首次发现 Cas9 是个核酸酶，并且进一步分析了 Cas9 作为核酸酶的活性位点，它可以通过结合 crRNA 和 tracrRNA 切割双链 DNA，同时他们将 CRISPR/Cas9 系统中的 crRNA-tracrRNA 双链复合体改造为单链嵌合体结构，并将它命名为 gRNA（guide RNA），他们在细胞中验证发现 gRNA 可以指导 Cas9 对外源 DNA 切割，并且这一过程不需要 RNase Ⅲ参与（图 9-70）。张峰研究团队利用 Cas9 在小鼠和人类基因组的特定基因位点进行切割，首次将 Cas9 成功用于编辑哺乳动物细胞基因组。为了更好地使用该系统，科研人员对该系统进行了一系列的优化，主要包括密码子优化让 Cas9 在哺乳动物细胞中更好地表达，添加核定位信号使 Cas9 可以进入细胞核内进行基因编辑及 gRNA 的不断优化（图 9-70）。

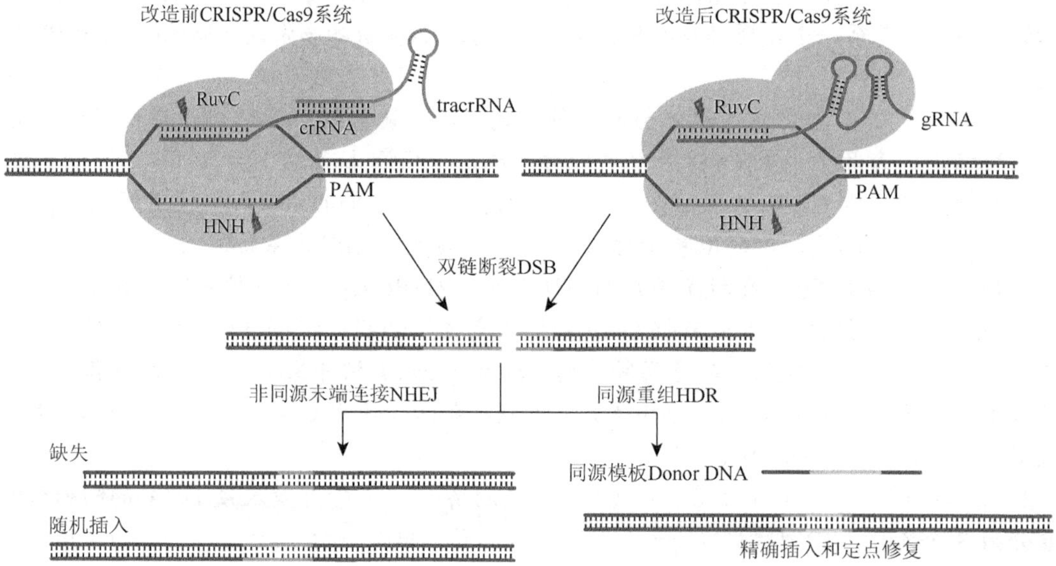

扫一扫 看彩图

图 9-70　CRISPR/Cas9 系统基因编辑原理示意图

CRISPR/Cas9 技术极大地推动了生物学研究进程。在动物中，Hwang 等利用 CRISPR/Cas9 基因编辑技术对斑马鱼的 10 个基因共 11 个位点进行打靶，效率达到 24.1%～59.4%。Chang 等利用 CRISPR/Cas9 基因编辑技术对斑马鱼 *estrp*、*gata4* 和 *gata5* 等基因进行了敲除。Jao 等根据斑马鱼的密码子使用方式对 Cas9 蛋白的基因进行了重新优化，提高了双等位基因的敲除效率。2014 年，Wanner 和 Severinov 在小鼠中利用 sgRNA 靶向的 CRISPR/Cas9 系统对 *Tet1*、*Tet2*、*Tet3*、*Sry*、*Uty* 多基因同时进行定点突变，也成功获得了多基因敲除小鼠。传统的基因敲除技术由于胚胎干细胞技术的限制，一直难以有效地应用到大动物中。但 CRISPR/Cas9 基因组编辑技术突破了这一限制，成功应用到了猪、牛等大型哺乳动物上。Hai 等利用该技术建立了血管性血友病的小型猪模型及 *vWF* 基因双等位基因敲除小型猪。在植物中，高彩霞团队利用该系统定点突变了水稻和小麦 2 个作物的 OSPDS 和 TaMLO 等 5 个基因，并且在 T0 代获得了水稻 PDS 基因功能缺失的白化和矮小的纯合突变体。Xing 等使该系统可以在玉米原生质体中瞬时表达，也可以在转基因玉米植株中稳定遗传。

除利用 CRISPR/Cas9 系统进行基因编辑之外，利用 CRISPR/Cas9 系统能够特异性地与

DNA 结合的特性，研究人员进一步开发了 CRISPR/Cas9 系统介导的基因表达调控技术。其原理是将 Cas9 蛋白进行突变，使其丧失核酸内切酶的活性（dead Cas9，dCas9），但仍然保持在 gRNA 的引导下进行特异性的 DNA 结合的能力，从而特异性地干扰转录延伸，RNA 聚合酶或转录因子结合，最终实现基因表达的抑制。Weissman 团队率先利用这一技术有效抑制大肠杆菌中靶向基因的表达，并且不会出现脱靶效应，还可以同时抑制多个靶基因。随后，多个研究小组在人类和酵母细胞中都实现了稳定有效地转录抑制或激活。张峰团队通过改造 Cas9 蛋白实现了光遗传学直接调控内源基因表达及表观遗传学状态。2016 年，CRISPR 技术又迎来一次重大突破，首次实现了将 DNA 插入非分裂细胞中，为细胞治疗提供了新的可能。研究者采用一种称为同源非依赖性靶向整合的技术，可使 DNA 插入分裂及不分裂的细胞中，并且在大鼠色素性视网膜炎模型中进行了证实。

5. 广泛应用及制约因素　CRISPR/Cas9 已成为应用前景广泛的第三代基因组编辑技术的基础。由于其对 DNA 干扰（DNAi）的特性，目前被积极地应用于遗传工程中，作为基因体剪辑工具，与锌指核酸酶（ZFN）及类转录活化因子核酸酶（TALEN）同样利用非同源性末端接合（NHEJ）的机制，于基因体中产生脱氧核糖核酸的双股断裂以利剪辑。二型 CRISPR/Cas 经由遗传工程的改造应用于哺乳类细胞及斑马鱼的基因体剪辑。其设计简单及操作容易的特性为最大的优点。未来将可应用在各种不同的模式生物当中。

虽然 CRISPR/Cas9 系统得到了广泛应用，但是脱靶问题一直是制约其应用的重要因素，因此也成为研究的热点之一。基于 Cas9 蛋白和 gRNA 的不断优化有效降低了脱靶效率，应用范围也不断拓展，特别是在基因治疗方面展现出广阔的应用前景。随着研究的不断完善，CRISPR/Cas9 系统将会在人类基因治疗、新药开发等生物医学多个领域中得到广泛的应用，并对我们的生活产生深远的影响。

如果有兴趣，建议参阅以下论文。

Barrangou R. 2015. Diversity of CRISPR-Cas immune systems and molecular machines. Genome Biology，16：247.

Fonfara I，Richter H，Bratoviä M，et al. 2016. The CRISPR-associated DNA-cleaving enzyme Cpf1 also processes precursor CRISPR RNA. Nature，532（7600）：517-521.

Grissa I，Vergnaud G，Pourcel C. 2007. The CRISPRdb database and tools to display CRISPRs and to generate dictionaries of spacers and repeats. BMC Bioinformatics，8：172.

Hwang WY，Fu Y，Reyon D，et al. 2013. Efficient genome editing in zebrafish using a CRISPR-Cas system. Nat Biotechnol，31（3）：227-229.

Mali P，Yang L，Esvelt K M，et al. 2013. RNA-Guided Human Genome Engineering via Cas9. Science，15，339（6121）：823-826.

Talbot D. Precise Gene Editing in Plants/10 Breakthrough Technologies 2016.

Zetsche B，Gootenberg IS，Abudayyeh O O，et al. 2015. Cpf1 is a single RNA-guided endonuclease of a class 2 CRISPR-Cas system. Cell，163（3）：759-771.

10

第十章　微生物生态

作为地球表面生物圈（biosphere）的重要成员，微生物广泛分布在自然界的土壤、河流、海洋和空气中，微生物还能生活在动植物体表和体内，并可生活在高温、高盐碱、低温和高压等特殊生态环境中。微生物生态学主要研究微生物在其生存的自然环境中的分布与作用规律，包括微生物在土壤、水体和大气等不同生态环境的数量及类群，不同微生物之间及微生物与其他生物之间的相互关系，以及微生物与物理和化学等环境因子的相互作用。

鉴于绝大多数显微镜下可见的微生物还难以获得纯培养，迄今我们通过纯培养技术在人为的模拟条件下获得的研究结果，仍与它们在自然生态环境下的行为有较大差别。随着科学技术的进步和研究工作的深入，不少学者已开始采用分子生物学技术直接研究自然生境中的微生物种类与数量变化，已能更为准确地反映微生物在自然生境中的生态分布与作用，人类对微生物生态规律的认识已有长足的发展和提高。

第一节　生物圈和生态系统

地质学家将地球的表面划分为大气圈、水圈、岩石圈和生物圈。以生物圈为核心，可以将大气圈、水圈和岩石圈有机地连在一起。

生物圈（biosphere）是地球表面存在生物活动的区域，它不是单独的一圈，而是由存在生命活动的大气圈下层、水圈、岩石圈表层及生活于其中的生物所组成。生物圈内现有的各类生物是长期随环境变化而不断进化演变和适应的产物，各类生物之间通过食物链相互依存，并与其生存的环境一道构成了多种多样的生态系统。

生态系统（ecosystem）是由生物群落及其生存环境组成的整体系统。生物群落包括动物、植物和微生物及三者之间的相互作用。生存环境包括土壤、水体、空气，以及光照、温度和雨、雪、风、雹等气候条件。在生物群落中，各生物之间及其与生存环境之间不断地进行着物质循环、能量流动和信息传递，从而形成了具有特定空间、结构和功能，相对稳定并能不断演化的生态系统。生态系统既是生物圈的基本组成单元，也是功能单元。生物必须从食物或环境中获取能量和营养元素才能生存。地球上一切生物的能量均来自于太阳能，绿色植物和光合微生物在通过光合作用同化 CO_2 为有机物的过程中将太阳能转变为化学能。食草动物和异养微生物以植物和有机物为食料，将其转化为自身躯体，并经过运动和呼吸作用消化掉部分化学能。食肉动物以草食动物为食料，在消耗掉部分食物和化学能的同时，积累了自己的躯体。动植物和微生物死亡后，通过自身的降解和微生物的作用，进一步将残余的有机体矿化分解成无机物，化学能又转变为热能或其他形式的能量，释放到环境中，从而进入下一轮的循环。生态系统的长期稳定存在取决于以下三个方面的生态平衡：①食物链中的生产者、消费者和降解者之间的平衡；②物质与能量的相对平衡；③生态系统的输入和输出总量的相对平衡。生态系统具有特殊的平衡系统来自动调节，并实现系统内部的稳定和生态平衡，这既有利于系统内生物种群的保存、演化与发展，也有利于生态环境的稳定。随着人类生活和工业化生产对地球生态环境的干预和破坏不断加剧，大面积水土流失、土地沙化、水体富营养化、酸雨和温室效应等已严重破坏了自然界的生态平衡和生态系统，从而危及人类的生存。人类活动需顺应自然规律，合理开发自然资源，保护自然生态系统，才能获得持续发展。

第二节　微生物的自然环境

微生物之间及其与其他生物的相互作用在很大程度上同样取决于它们生存的自然环境，下面简要地介绍微生物生活的特定自然环境的定义与特点。

一、微环境和生态位

微生物生活的特定物理位置称为微环境（microenvironment）。在该特定的自然环境中，氧化剂、还原剂和营养元素向微生物生存的微环境的流动是有限的，同时代谢产物从微生物细胞内向外的扩散速度也不一定足以避免其高浓度聚集对微生物生长的抑制。以上所述的物质流动和代谢废物梯度就形成了特殊生态位，生态位（niche）是由微生物本身、微生物的自然生态环境、可供微生物生长和功能表达的有效资源及其利用时间等主要因素构成的特殊生态环境（图 10-1）。由图 10-1 可见，两个相邻的土壤颗粒建立起适于特定微生物生活的生态位，即图左的好氧性有氧生态位与图右含有硫化物的厌氧生态位之间形成了一个特殊的适合于好氧性还原态硫化物氧化细菌生存的自然与养料生态位。

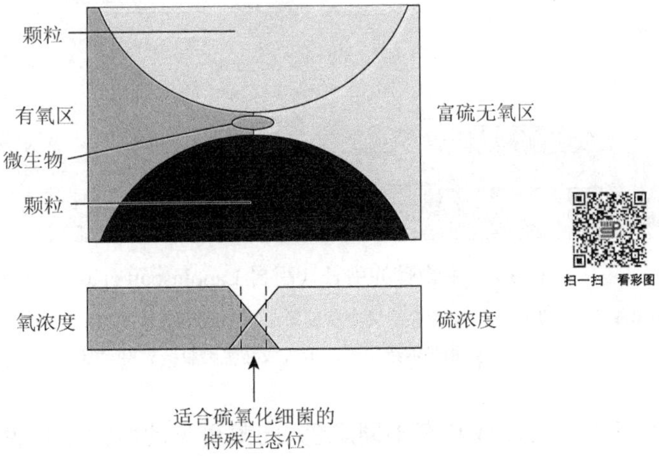

图 10-1　来源于微生物环境的生态位的形成

微生物的自然生态环境同样能限制原生动物的捕食活性，已知直径为 3～6μm 的小孔既能保护其中的细菌不受原生动物捕食，又可保证养料的吸收和代谢废物的排除。而一旦小孔的直径超过 6μm，原生动物就能进入孔内捕食细菌。应当指出，微生物常能营造出适合其生存的微环境和生态位，如处于菌落内部的微生物的微环境和生态位明显不同于处于菌落表面或边缘的同类微生物。微生物也可和黏土结合形成有保护作用的“黏土箱”（clay hatche）。

二、生物膜和微生物垫

在自然生态环境中，微生物常能通过形成生物膜来创造适合其生存的微环境和生态位。生物膜（biofilm）是由层状微生物细胞与基质表面形成的有组织的微生物系统，依微生物生长环境的光照、养料及其扩散速度、温度和通气性等条件的不同而有所不同。简单的生物膜只含有一层微生物细胞；复杂的生物膜则含有多层微生物细胞（图 10-2）。典型的生物膜表层多为光能自养型微生物，中层为兼性化能有机营养型微生物，底层为还原硫酸盐硫化微生物；更为成熟的生物膜则能分化发育出具有细胞团、消化孔和管状通道结构，并随三维空间和时间变化的复杂构造（图 10-3），其发育过程常包含有附着微生物的生长、新生细胞在基质表面的积累，以及对游离生活的微生物细胞的吸引和固定化。该结构有利于营养物质的进入也能借原生动物的捕食作用而拓展。虽然在输液器、透析装置、注射器和隐形眼镜等卫生用具表面生长的生物膜已给医院的治疗和家庭中个人的生活带来了许多麻烦，但在动植物表面和人类黏膜表面由正常菌群生长形成的生物膜大多有益于动植物和人类的生活。反之，由病原菌形成的生物膜则有利于它们抵抗杀菌作用、疾病的延迟发生和寄主的免疫反应。

扫一扫　看彩图

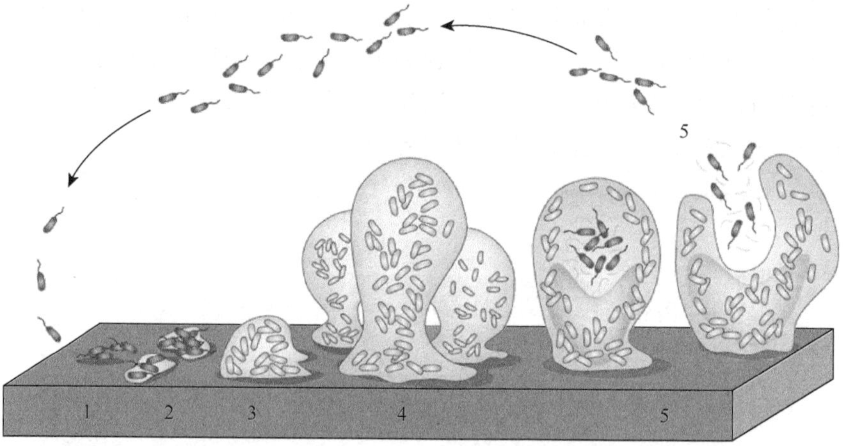

图 10-2　生物膜的生长（引自 Lappinscott et al.，2014）

细菌生物膜形成的 5 个阶段：1. 细菌黏附到介质表面；2. 细菌聚集和繁殖；3. 分泌胞外多聚物形成微菌落；4. 生物膜继续发育，形成成熟生物膜；5. 生物膜瓦解

在特定环境条件下发展成具有不同颜色、肉眼可见的巨大生物膜称为微生物垫（microbial mat），具有多种色带的微生物垫常见于淡水和海水基质表面，如水底岩石、沉淀物表面和泻湖、温泉四周和海边。微生物垫的表面大多具有丝状蓝细菌等光合微生物，厚度一般不超过 1mm，其下为硫酸盐还原细菌和硫化细菌带，它还原生成的硫化物也有利于光合细菌的生长。有人发现了 35 亿年前的生物垫化石，认为它们出现于维管束植物发育之前，支持并形成了陆地生态系统。

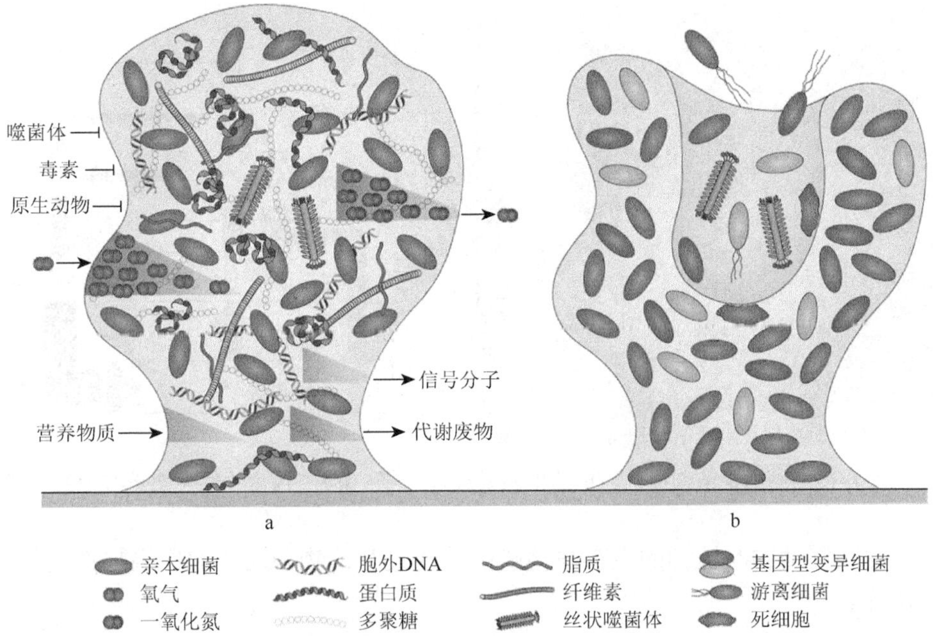

扫一扫 看彩图

图 10-3 细菌生物膜的复杂结构（引自 Mcdougald et al.，2011）

a. 成熟生物膜由细菌和胞外多聚物组成，其中多聚物包括胞外 DNA、多聚糖、蛋白质和淀粉样纤维素等，胞外多聚物能帮助细菌抵抗其他微生物和有害化学物质；b. 生物膜瓦解时，细菌会发生凋亡或者从生物膜中游离到外界，使生物膜结构受损

三、微生物与生态系统

在微生物生态系统中，个体细胞生长成种群（population）。在代谢作用上相关的种群称为共位群（guild），而多组共位群相互作用形成微生物群落（communites）。微生物群落与大生物的群落和环境相互作用，形成完整的生态系统。微生物一方面能通过它们彼此之间及与其他生物之间的相互作用来影响其特定微生物环境与生态位中的营养元素循环，同时对生态系统的功能也有重要作用。生态系统是由生物与其生存的物理和化学环境一道共同组成的功能可自我调节的体系，微生物在生态系统中主要有以下两方面的应用：①作为初级生产者（primary producer）将 CO_2 和无机营养元素同化为新的有机物；②作为消费者（consumer）降解已合成的有机物。图 10-4 为一个由藻细胞与细菌组成的简单自我调节的生态系统，作为核心的藻细胞是初级生产者，合成有机物质，而四周的细菌则将有机物降解为矿质元素，以满足藻类光合作用的需要。该生态系统能随光照强度的变化而自我调节，降低光照可使藻类的有机质合成减少，进而限制细菌数量的增长，从而使生态系统的生物总量减少。反之，若增强光照则能使生物总量迅速增加。

生态系统中的初级生产者与消费者的关系见图 10-5。植物一般是陆地生态系统的主要初级生产者，而藻类和蓝细菌则是淡水和海洋生态系统的主要初级生产者。除在特殊的水热和碳氢化合物渗漏的区域有化能自养微生物以外，其他生态系统均以光能为主要能源。微生物在自然生态系统中的作用可以归纳为以下 7 个方面：①光能与化能自养微生物能合成有机物质而成为初级生产者；②参与有机物的矿化过程，并在降解过程中释放 CO_2、NH_3、H_2 和矿质营养元素；③直接作为原生动物和其他化能异养微生物营养丰富的食物；④在生物地质化学循环过程中修饰改变可用于共生生长与相互作用的基质与营养元素；⑤通过代谢过程或改变环境条件，改变系统中可溶性与气态物质的数量；⑥通过产生抑制性化合物来降低部分微生

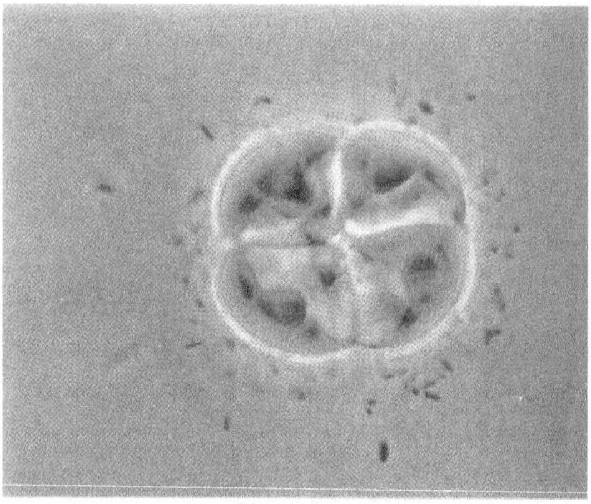

图 10-4　一个由藻细胞与细菌构成的简单的生态系统

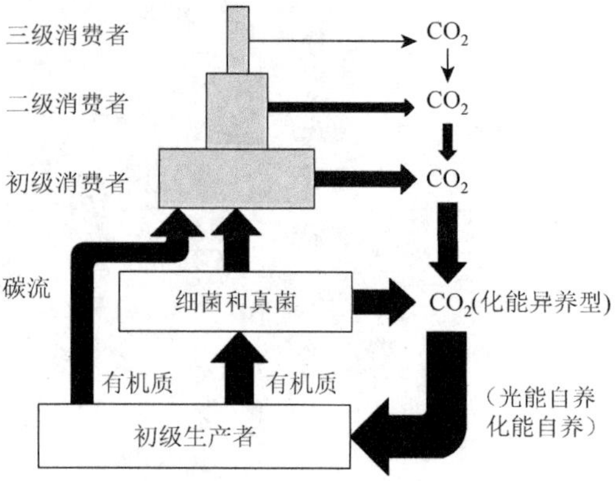

图 10-5　微生物在生态系统中的主要作用

物的活性，并限制动物与植物的生存与功能；⑦通过与植物和动物的促进与抑制作用，影响其功能的发挥。

第三节　自然界中的微生物

微生物由于个体小、数量大、繁殖快和适应性强而广泛分布于自然界。上至高山与大气对流层，下至深海底部，在陆地、海洋、河流、湖泊、空气、动植物和人体表面，甚至在某些器官内部均可以找到微生物的繁衍或踪迹。土壤、水和空气是微生物在自然界分布的主要生态环境，一般可以将特定生态环境中的微生物区分为两类：一类是已经占有特定的生境（habitat），能在该生境中进行代谢、生长和繁殖，并能与同一生境中的微生物竞争的土著（indigenous）微生物。另一类是在生境中不占有特定的生态位，而是从另一生境中传入的外来（allochthonous）微生物。外来微生物对新生境的适应能力变异较大，一些类群因不适应而很快消失，如大肠杆菌进入海洋生境后将在 24h 内全部消失；另一些微生物能逐渐适应新的环境，它们可以躲过原生动物的捕食，与土著微生物竞争而生存下来。处于特定生境中的微生物既要适应变化着的外界环境条件，同时也能在一定程度上由于其生命活动而改变局部或微生境（microhabitat）的环境条件。土著与外来微生物的区分也不是绝对的，随着生境中环境条件的变化，特别是遇到恶劣的气候变化（如长时间的高温干旱等），或受到意外的搅动等冲击之后，外来微生物也可以占据生境中空出的生态位，成为土著微生物。

一、土壤中的微生物

土壤是微生物栖息的最重要的生活环境。土壤是地球表面的岩石风化壳在母质、地形、气候、生物和时间等五大成土因素的共同作用下形成的。光合微生物首先在成土母质中积累有机质和氮素，进而为其他异养微生物的发展和植物的生长创造条件。大量生物的活动进一步加快了岩石的风化和有机质的合成。微生物在转化土壤有机质的过程中形成的腐殖质（humus），又促进了土壤团粒结构和土壤肥力的形成与提高。经过上述五大成土因素的共同长期作用，终于形成了植物赖以生存并间接供养了人类和动物的特殊生态环境——土壤。

（一）土壤是微生物生活的良好环境

土壤能提供微生物需要的全部营养和环境条件，因而是微生物最适宜的生活环境和大本营。岩石在风化过程中能释放大量的矿质元素和微量元素，适合于多数自养微生物生长的需要。土壤中生长的动植物和微生物残体及其分解产物又为异养微生物提供了良好的碳源、氮源和能源。各种不同类型土壤 pH 为 3.5～8.5，但多数土壤 pH 在 5.5～8.5，这正是多数微生物的最适 pH。土壤温度虽然也有季节性和昼夜变化，但其变化幅度大大低于气温的变化而有利于微生物的生长。肥沃的土壤具有较好的团粒结构，能在颗粒内部保水而让颗粒间流通空气，因而能同时满足好氧与厌氧性微生物生长的需要。在团粒结构中，多数土壤微生物附生于土壤颗粒上，少数生活于土壤溶液中（图 10-6）。此外，土壤还能保护微生物不受烈日的曝晒，从而避免了光对微生物的杀伤作用。

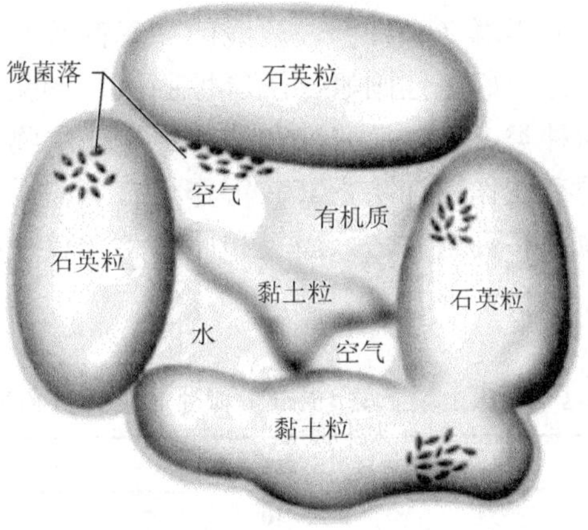

图 10-6　由土壤矿物和有机质组成的团粒结构示意图（引自 Madigan et al.，2015）

（二）土壤中微生物的分布

土壤微生物主要聚集在表土层或耕作层土壤中，它们多以微菌落（microcolony）的形式分布在土壤颗粒（图 10-7）和有机质表面或植物根标。Winogradsky 曾将土壤微生物区分为土

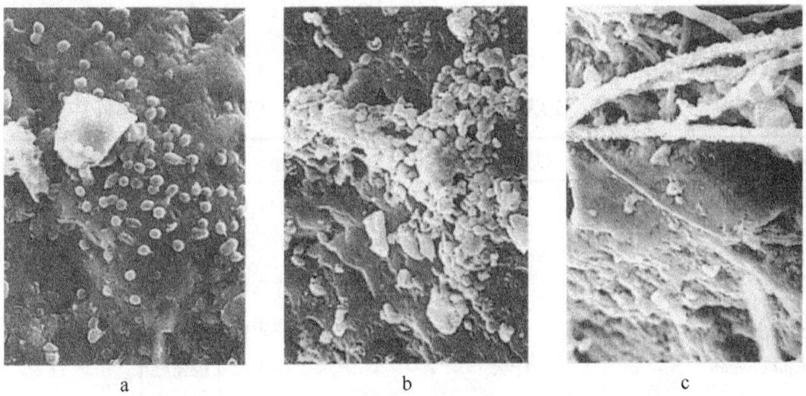

图 10-7　用扫描电镜观察到的土壤颗粒表面的微生物（引自 Madigan et al.，2003）

a. 由短杆菌形成的微菌落；b. 放线菌的分生孢子；c. 真菌菌丝

生性和发酵性微生物两大类。土生性微生物以 G^-的无芽孢杆菌和放线菌为主，它们以土壤腐殖质为主要有机养料，生长慢，数量稳定，作用持久。发酵性微生物以假单胞菌属、芽孢杆菌属及青霉属、曲霉属和毛霉属等为主，它们以动植物的分泌物、排泄物和残体为主要有机养料，代谢活性和数量表现为大起大落的间歇性。它们中的多数类群还能形成休眠体，以渡过不良环境。多数进入土壤中的人和动物的病原微生物则是真正的外来微生物，它们中的大多数将因为不能在土壤中找到适合其生长的条件而消失。

土壤中存在着许多能供不同类群微生物生长的微生境，如好氧性微生物多生活在土壤表层，并能适应较高的有机养料浓度，而底层则有较多的微好氧、厌氧和兼厌氧微生物。土壤微生物的数量、类群和分布与土壤类型、气候及人类的生产活动密切相关，直接受到土壤结构、层次、温度、有机质含量、水分、通气性、耕作、灌溉和施肥等因素的影响，并随气候而呈现出季节性和昼夜性的有规律变化。土壤微生物区系（microflora）是在特定的土壤生态环境条件下，由微生物的种类和数量组成，并为它们的生命活动的综合体现，其中包括土壤微生物的种类与数量、各主要类群（如细菌、放线菌和真菌等）的绝对与相对数量和各不同生理群（如蛋白质分解、氨化、好氧性固氮、厌氧性固氮、硝化、反硝化、纤维素分解、硫化和反硫化等）中占优势的种类。深入地研究和了解土壤微生物区系的特征与动态变化，将为进一步发挥土壤微生物的有益作用和防止其有害作用打下基础。在个体数量上，土壤微生物一般以细菌为最多，放线菌和真菌次之，藻类和原生动物较少。但如以生物量计算，则以真菌最多（表 10-1）。

表 10-1　农田土壤上层 15cm 处微生物的数量和生物量

微生物	土壤中的数量/(个/g)	生物量/(g/m²)
细菌	9.8×10^7	160
放线菌	2.0×10^6	160
真菌	1.2×10^5	200

1. 细菌　细菌是土壤微生物中数量最大、种类繁多和功能多样的类群。总菌数一般可达 10^6～10^9 个/g 土，生物量超过全部土壤微生物总量的 1/4。土壤细菌以异养型为主，并以无芽孢细菌占优势。常见的细菌属及其在土壤中的相对数量见表 10-2，但也随土壤类型而有较大变化。

表 10-2　土壤中常见的细菌（引自陈文新，1990）

属名	细胞形态	芽孢	运动	革兰氏染色	与氧的关系
假单胞菌属（*Pseudomonas*）	杆状	—	极生鞭毛	G^-	好氧
黄单胞菌属（*Xanthomonas*）	杆状	—	极生鞭毛	G^-	好氧
根瘤菌属（*Rhizobium*）	杆状	—	周生或亚极生鞭毛	G^-	好氧
土壤杆菌属（*Agrobacterium*）	杆状	—	周生或亚极生鞭毛	G^-	好氧
柄杆菌属（*Caulobacter*）	杆状	—	极生或亚极生鞭毛	G^-	好氧
固氮菌属（*Azotobacter*）	杆状	—	周生鞭毛	G^-	好氧
蛭弧菌属（*Bdellovibrio*）	弧状	—	极生鞭毛	G^-	好氧

续表

属名	细胞形态	芽孢	运动	革兰氏染色	与氧的关系
噬纤维菌属（*Cytophaga*）	杆状、两端尖	—	滑行	G^-	好氧
芽孢杆菌属（*Bacillus*）	杆状	+	周生鞭毛	G^+	好氧
梭菌属（*Clostridium*）	杆状	+	周生鞭毛	G^+	厌氧
链球菌属（*Streptococcus*）	球状	—	—	G^+	兼性厌氧
微球菌属（*Micrococcus*）	球状	—	—	G^+	严格好氧
八叠球菌属（*Sarcina*）	球状	—	—	G^+	严格厌氧
棒杆菌属（*Corynebacterium*）	杆状	—	—	G^+	兼性厌氧
节杆菌属（*Arthrobacter*）	不规则分枝、球状、杆状	—	—	G^+	严格好氧

2. 放线菌　在个体数量上，放线菌可达 10^5～10^8 个/g 土，仅次于细菌。由于一个放线菌的分枝丝状体较细菌大得多，因而其总生物量仍可以与细菌相当。放线菌数量和类群也随土壤类型而异，在有机质丰富的中性到碱性的土壤中较多，在贫瘠、酸性或淹水的土壤中较少。由于其分生孢子能耐干燥，因而在适度干旱后，湿润条件将有利于它们在土壤中的发展，而且放线菌的生长使土壤带有特殊的土腥气味。土壤中常见的种类以链霉菌属和诺卡氏菌属较多，其次是小单孢菌属（*Micromonospora*）和放线菌属（*Actinomyces*）等。

3. 蓝细菌　光能自养的蓝细菌需要一定的湿度和光照条件，它们主要分布在表土层中，在酸性土壤中较少，而在中性到微碱性土壤中较多。蓝细菌中的固氮类群在土壤形成初期，起着积累有机质和氮素的重要作用。土壤中常见的类群有鱼腥蓝细菌属（*Anabaena*）、色球蓝细菌属（*Chroococcus*）、筒孢蓝细菌属（*Cylindrospermum*）、鞘丝蓝细菌属（*Lyngbya*）、念珠蓝细菌属（*Nostoc*）、微鞘蓝细菌属（*Microcoleus*）、节球蓝细菌属（*Nodularia*）、颤蓝细菌属（*Oscillatoria*）和单歧蓝细菌属（*Tolypothrix*）等。

4. 真菌　绝大多数丝状真菌都是好氧和异养的类型，它们主要分布在土壤表面的枯枝落叶层与表土层中，在肥沃和通气良好的土壤中数量较多，在酸性土壤中也有一定的数量和生物量。真菌在土壤中的数量可达 10^3～10^5 个/g 土，其中的许多类群能分解纤维素、木质素等难分解的有机物质，因而在土壤形成和肥力提高过程中有重要作用。许多真菌在遇到不良环境条件或缺少适宜的寄主植物时，能形成卵孢子、子囊孢子、担孢子、厚垣孢子和菌核等在土壤中休眠。除强酸性土壤、寒带土壤和土壤深层以外，多数土壤中均存在抑真菌作用（fungistasis），产生这一作用的原因目前尚不清楚，但肯定与土壤中其他微生物的活动有关，因为土壤一经灭菌之后就失去对真菌孢子萌发的抑制作用。大量易分解有机物质的加入，也能解除土壤的抑真菌作用。土壤真菌以半知菌和担子菌为主，其次是壶菌和子囊菌。常见的主要种类有曲霉属（*Aspergillus*）、青霉属（*Penicillium*）、地霉属（*Geotrichum*）、木霉属（*Trichoderma*）、根霉属（*Rhizopus*）、毛霉属（*Mucor*）、腐霉属（*Pythium*）、茎点霉属（*Phoma*）、镰刀菌属（*Fusarium*）、长蠕孢霉属（*Helminthosporium*）、头孢霉属（*Cephalosporium*）、交链孢霉属（*Alternaria*）、节丛孢霉属（*Arthrobotrys*）、伞菌属（*Agaricus*）、鹅膏菌属（*Amanita*）、鬼伞菌属（*Coprinus*）和丝核菌属（*Rhizoctonia*）等。此外，酵母菌也存在于大多数土壤中，它们是兼性厌氧菌，数量较少，常见的类群主要是假丝酵母属（*Candida*）、红酵母属（*Rhodotorula*）和隐球酵母属（*Cryptococcus*）。

除此之外，土壤中还栖息着藻类、原生动物和病毒等，只是藻类和原生动物与细菌、放线菌及真菌相比，数量较少。

二、水体中的微生物

水是一切生物赖以生存的必需条件，广泛分布在地球表面、土壤和岩石层内部。依照水的化学组成可以将水体环境区分为淡水和海水两大部分。

（一）淡水生境

按照水文特性，可将淡水生境区分为静水和流水两大类。前者包括湖泊、沼泽、池塘和水库等，而后者包括河流、水溪、泉水和大气水等。一般来说，湖泊、池塘和江河的营养物质较为丰富，能满足许多自养或异养微生物的需要。天然水体的温度主要取决于太阳能，地下水则受地球内部热能的影响，而淡水的温度随气候带和季节有较大的变化，在温带和亚热带一般为0～36℃。氧气在水中的溶解度较小，在流水的生境中，氧气能不断地溶入水中并混匀，静水中仅表层溶氧较多，底层较少。淡水的pH为3.7～10.5，多数为6.5～8.5，因而适合于多数水生微生物的生长。

1. 大气水　大气水有雨、雪和冰雹等不同类型，在其凝聚形成和降落过程中，带有空气尘埃中的微生物，多为细菌的芽孢或放线菌与霉菌的孢子。在久旱后的初雨中，微生物含量较高，连续降雨后的菌数较低，高山积雪中的微生物极少。

2. 河流　河流中的许多微生物来自空气、土壤、污水和动植物残体等。河流上游的特点是水流急，氧和温度较低，微生物及其他水生生物数量和种类较低，并多贴附在沿岸边或河床底部的岩石表面生长。在进入中、下游后，流速减缓，并可汇聚沿途冲刷进入的泥沙与有机无机营养物，常常还要接纳来自工厂和城镇的生产和生活污水，从而有助于微生物种类和数量的发展（图10-8）。江河中的微生物自由地生活在河水中、附着在水中的有机物上或沉积在河床的污泥中，而且水生微生物大多能在养料稀薄的环境下生长，常见的类群有色杆菌属（*Chromobacterium*）、无色杆菌属（*Achromobacter*）和生丝微菌属（*Hyphomicrobium*）等。在缓慢流动的河沟、灌溉渠道等浅水中，常有丝状细菌、藻类、真菌和原生动物等生长，

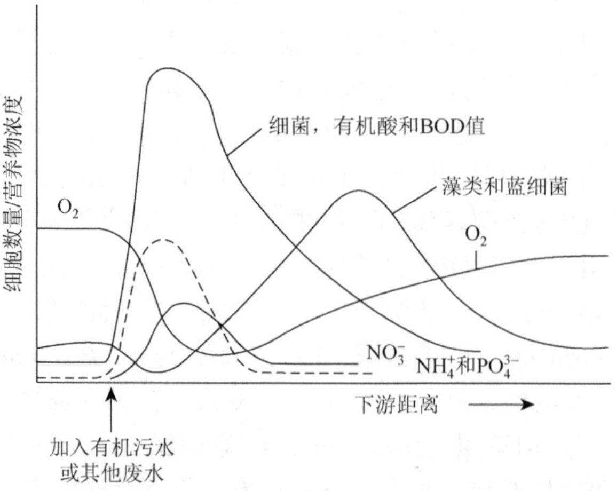

图10-8　有机污水的加入对河流微生物区系和养分含量的影响（引自Madigan et al.，2003）

异养细菌数量的上升与溶氧量的下降同时发生；由于PO_4^{3-}等养分含量增加，藻类和蓝细菌数量大增

其微生物的数量和类群均较干流的河水为多。在某些化工和炼焦企业的未处理废水中含有农药、重金属离子和酚类等化合物则对水生微生物的数量和种类产生不利的影响。河流至入海口，由于海水盐分的影响，淡水微生物逐渐为海洋微生物所取代。

3. 湖泊　湖泊水靠大气降雨和地表径流补充，其微生物种类和数量与湖水所含的营养物质、水温和溶氧等有关。清洁的湖泊、水库和池塘的有机质含量低，微生物的总数也不高，细菌常以自养型（如硫细菌、铁细菌和鞘细菌等）为主，表层多为蓝细菌和藻类等光能自养微生物，再加上少量属于色杆菌属、无色杆菌属和微球菌属等的腐生型细菌，它们通常被认为是清洁水体的微生物。

较深的湖泊有特征性的分层现象，除冬季外，沿岸是日光可以透射、含氧量和温度均较高的浅水区，以蓝细菌和藻类占优势；中心湖区的上层为光照可及、含氧量和温度均较高的湖沼区，生活着以浮游的蓝细菌和藻类为主的初级生产者；其下为湖底区，以低温、缺光照和低氧为特征，主要微生物为异养细菌和原生动物；湖底污泥一般含有较丰富的营养物质，因而适于以细菌为主的厌氧型自养和异养微生物的生长（图 10-9）。

许多湖泊由于缓慢的富营养化作用（eutrophication）或生活污水的排放而含有丰富的营养，其微生物的数量和种类较多，并以腐生型的细菌、真菌和原生动物为主，常见的类群有变形杆菌属、埃希氏杆菌属、链球菌属、梭菌属、弧菌属（*Vibrio*）和螺菌属（*Spirillum*）等，真菌以水生壶菌为主，如水霉属、腐霉属和绵霉属等。

当水体接受了大量的有机物或无机物，特别是磷酸盐和无机氮化合物后，水的富营养化现象加剧，这时由于水中含有过多的氮、磷等营养物质，导致藻类（主要是微藻，以蓝藻为主）过量生长，藻类的大量繁殖使水体出现颜色，并变得浑浊，许多藻类团块漂浮在水面上，形成“水华”。

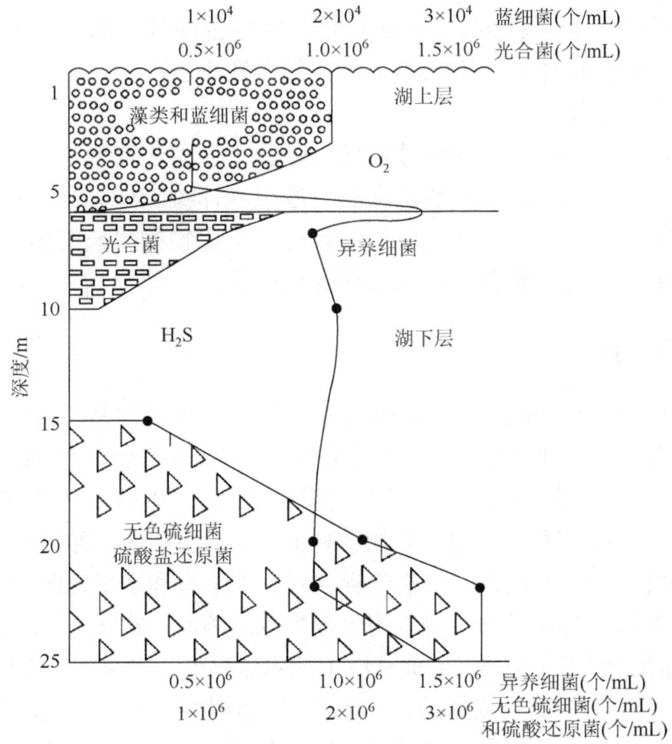

图 10-9　湖泊内细菌的垂直分布（引自夏淑芬等，1988）

蓝藻“水华”的最大危害是产生异味物质和蓝藻毒素，影响饮用水源和水产品安全，特别是蓝藻的次生代谢产物——微囊藻毒素（microcystin）通过干扰脂肪代谢引起肝脏损伤，具有促癌效应，还可使胆囊变硬与萎缩。因此，日益严重的蓝藻水华对人类健康和生存的威胁正在不断增大。目前治理水华的主要方法有机械打捞、生物控藻和絮凝除藻等。

4. 地下水　由于水分在渗入地下时，经过土壤和地下含水岩层的过滤作用，滤除了地表水中含有的沙和有机质颗粒，以及其中所含有的细菌等微生物，因此泉水和深井水一般不含细菌和有机质。浅层地下水由于过滤层薄，仍可含有细菌和有机质，但数量与种类均比地表水要少得多。

（二）海洋生境

海洋覆盖了地球表面的71%，其平均深度为4km，一般的含盐量为 3.2%～4.0%。海洋生境的特点是有机质等营养物含量低、盐含量高和温度低。在海水中几乎含有地球上存在的各种化学元素，但多数生物生长需要的有机质、氮和磷等营养物的浓度则很低。海水多为碱性（pH8.3～8.5），在 100m 以下时温度为 0～5℃，表层的温度变化也不超过 35℃。此外，深海底层还有很高的静水压力。阳光入射水体的深度一般为 10～100m，由于阳光所含的紫外线对表层微生物有致死作用，因而海水中的微生物总量以表面稍下的层次最多，由此向上和向下时均减少，下至底层时又可因厌氧菌的生长而增加。

海洋微生物具有耐压、嗜冷和低营养要求的特点。海洋细菌多为革兰氏阴性菌，并具有色素和鞭毛，许多类群能耐盐和低温，从深海分离的类群还有耐压或嗜压特性，有些种类是发光细菌。常见的细菌种类以假单胞菌属、弧菌属和黄杆菌属为主，其次是螺菌属、产碱菌属、生丝微菌属、噬纤维菌属（*Cytophaga*）和微环菌属（*Microcyclus*）等。在海底污泥中主要有严格厌氧的脱硫弧菌属（*Desulfovibrio*）和产甲烷古菌等。海水中的化能自养菌多为硝化细菌。海洋真菌的数量和种类远比土壤少，它们多数来自陆地，但仅有少数酵母菌和丝状真菌能适应海洋的生态条件。

在正常情况下，海洋中的营养物含量较低，限制了浮游生物的生长。但是，当含有大量营养物质的生活污水、工业废水（主要是食品、造纸和印染工业）和农业废水流入海洋后，由于水体的富营养化作用，再加上其他理化因素有利于生物的生长繁殖，甲藻、硅藻便会急剧增殖起来，这些藻类产生色素会使海水出现红色或褐色，即称为“赤潮”或“红潮”。

三、空气中的微生物

大气圈按高度可区分为对流层、平流层和电离层等 3 层。对流层从地面向上延伸至 8～15km，由 N_2、O_2、CO_2 和微量的其他气体组成，并含有数量不等的水蒸气、水珠、冰晶和灰尘等。空气温度随着高度的上升而下降，到对流层顶部的温度为–48～–83℃。氧气浓度也随高度的上升而下降。空气中所含有的有机质、其他营养物质和水分的含量极低，再加上强烈的太阳辐射，因而不适于微生物的生长繁殖。对流层中的空气存在强烈的垂直和水平方向的运动，称为气流或大气环流，大风能将土壤或水体中的微生物以附于灰尘或液滴的形式吹出，并可借气流传送到很远的地方。空气中的微生物主要存在于 3000m 以下的对流层中。平流层几乎没有水蒸气和尘埃，但含有臭氧，能滤除阳光中的紫外线和杀死进入本层的微生物细胞，但美、英、日等国学者也分别从平流层 20～40km 处收集的样品中经培养发现了芽孢杆菌属等微生物。再往上的电离层由于受到阳光的强烈照射和巨大的温差变化，已不可能存在任何微生物。

（一）空气是微生物传播的重要介质

空气中没有土著微生物，存在于对流层下部的微生物主要来自地面、水体及人和鸟类的活动。土壤微生物通过风的吹扬以微尘形式进入空气，水体微生物也可在浪花飞溅时以微滴形式进入空气，进入空气的微生物营养细胞多数生存的时间不长，仅有抗性较强的芽孢与孢囊等休眠体能存活较长的时间。许多微生物（如真菌）能通过改变渗透压、表面张力或弹射等方式将孢子向空气中散播。细菌的芽孢和孢囊、放线菌的分生孢子，只有极低的代谢活性，病毒在寄主体外也不具代谢活力，但它们都能在空气中存活，并随气流广泛散播。研究表明，微生物孢子等在空气中的传送距离与风力成正比，与空气湿度成反比。许多植物病原菌能供空气传播，并造成病害的大面积发生。许多微生物的孢子具有厚壁能耐干燥；具有色素，能抗紫外线照射；有的甚至含有气泡，以减轻其密度而利于在空气中散播。当孢子释放源是一个点时，沉积的孢子数目与传播距离成反比，即距离越远，孢子数目越少（图 10-10）。

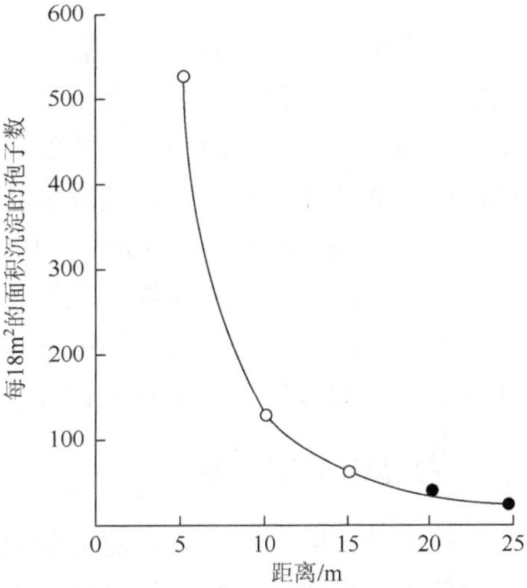

图 10-10　从点源释放孢子的沉积曲线

（引自 Burnett et al.，1976）

供试材料为腥黑粉菌属（*Tilletia*）的孢子

（二）空气中微生物的种类和数量

空气中微生物的种类和数量主要取决于下层地面或水面的微生物状况，并与气候的季节性变化密切相关。一般来说，陆地上空大于海洋，城市上空大于农村，近地面空气大于高空，农村畜厩、城市的街道、医院和宿舍区的空气所含的微生物数量和种类较多，而海洋、高山、森林和空旷原野的空气较为清新，微生物也较少（表 10-3）。空气中的微生物大多附着在尘粒表面或存在于微滴之中，在类群上主要是真菌和细菌。常见的真菌种类有青霉属、曲霉属、木霉属、根霉属、毛霉属、枝孢霉属、地霉属、球拟酵母属（*Torulopsis*），以及细菌中的芽孢杆菌属、微球菌属、八叠球菌属、葡萄球菌属和革兰氏阴性的无芽孢杆菌等。在医院上空或流行病传播时，空气中还可能有数量不多的病原细菌、真菌和病毒等。空气中微生物的数量和种类受空气温度和湿度的影响，在我国南方春夏之交的黄梅季节，由于温度较高、湿度大，特别适于霉菌的生长，食品、衣物和书籍等常因空气中微生物的污染而发霉变质。

表 10-3　不同地点空气中的微生物数量（引自武汉大学和复旦大学，1987）

地点	微生物数量/(个/m³ 空气)
北极（北纬 80°）	0
海洋上空	1～2
市区公园	200
城市街道	5 000
宿舍	2 000
畜舍	1 000 000～2 000 000

空气中的微生物种类和数量是大气污染程度的标志之一。常用检测方法有定时沉降计数、黏性玻片撞击、定量吸收管法和滤膜定量过滤法等。

四、岩石圈中的微生物

地壳中的岩石可分为火成岩、沉积岩和变质岩。在火成岩和变质岩内部一般很少有微生物生长，而在沉积岩则含有少量形成前期的微生物。在岩石表面与裂隙处常有称为岩石微生物的细菌、藻类、真菌和地衣等低等生物生长。其中的一些类群能分泌有机酸和螯合物，可以溶解硅酸盐和其他矿物以获取养料。Amg 等（1993）曾在深达 450m 的岩层中发现了内岩生微生物，Sterens 和 Mckingley（1996）也从北美 9000 多万年前的白垩纪沉积岩深处的含水层中分离出多种厌氧微生物，从而证实了微生物在岩层中的存在。近年来，地质学家与微生物学家合作，还发现石油矿区地下 0.5～2.0m 深处的岩层样本中含有烃氧化细菌，并可依据其分布位置和数量来帮助确定钻井位置。

五、食品中的微生物

粮、油、肉、蛋、奶、蔬菜和水果等各类食品含有丰富的营养成分，因而是微生物生长繁殖的天然营养基质。一旦水分、温度、通气和其他环境条件适宜，霉菌和细菌等微生物就会迅速繁殖起来，造成食品的腐败变质，误食后轻者导致中毒，重者会导致死亡。

（一）粮食上的微生物

粮食表面的微生物主要有两类，一类是种子表面附生的正常微生物区系，如草生假单胞菌（*Pseudomonas herbicola*）等，它们以种子表面的少量分泌物为养料，其数量随种子的代谢活性增减，通常也不损害种子，并可因对污染微生物的拮抗而对粮食起保护作用。另一类是粮食在收获加工和贮存过程中常会从土壤、器械和空气中污染的许多其他微生物。它们在温度适宜、空气湿度大于 70%时会迅速生长，并使粮食变质。最常见的污染微生物有曲霉、青霉、假单胞菌和黄单胞菌等，其中黄曲霉常在受潮的谷物、豆类和油料作物籽粒上生长，因能产生有致癌作用的黄曲霉毒素（flavacin）而成为重要的检查对象。

防止贮粮霉变和真菌毒素污染的主要方法是入仓贮前应降低粮食的含水量，并清除破损变质的籽粒，入仓后严格保持干燥、低温和缺氧条件，以防止霉菌与其他微生物生长。

（二）肉类上的微生物

在正常健康生长的动物皮肤、黏膜、消化道和泌尿生殖道中，常有正常附生的微生物区系，或称为正常菌群，但活的组织和细胞内不含有微生物。新鲜的肉类在中温范围内，温度越高，肉类的腐败变质越快。肉类上常见的细菌有芽孢杆菌属、梭菌属、无芽孢杆菌和球菌等类群；真菌多为曲霉属、毛霉属和青霉属等。肉类食品上生长的细菌还能产生毒素，如沙门氏菌属的许多种可产生内毒素，金黄色葡萄球菌的某些菌株能产生可溶性外毒素。肉毒梭菌能产生毒性极高的外毒素（肉毒毒素），误食少量就可造成死亡。

（三）鱼类上的微生物

与动物一样，健康鱼类的体表、黏膜和消化道中有正常微生物区系的共栖，在类群上以细菌为主，并常有一些低温型种类。Dyer（1974）从鳕鱼中分离到 595 种细菌，主要有无色杆菌属、黄杆菌属、微球菌属、变形杆菌属、假单胞菌属、产碱菌属和小杆菌属（*Microbacterium*）等。鲜鱼在冰箱冷藏室（4℃）条件下不宜存放过久，否则将因其正常菌群和捕捞后从其他环境中污染的其他微生物的生长繁殖而腐败变质。冻鱼解冻后由于更适于微生物的生长，会加快变质速度。

（四）乳制品中的微生物

从健康动物乳腺中分泌的乳汁最初是无菌的，但在挤奶、分装和运输等过程中难免为细菌等微生物污染。乳与乳制品中常见的细菌有乳酸链球菌、保加利亚乳杆菌，以及来自环境污染的荧光假单胞菌、普通变形杆菌、大肠杆菌、粪链球菌（*Streptococcus faecalis*）和产气气杆菌（*Aerobacter aerogenes*）等。常见的真菌主要有青霉属、念珠霉属（*Monilia*）、粉孢菌属（*Oidium*）和酵母菌等。

（五）禽蛋上的微生物

健康母禽产的蛋，蛋液内一般没有微生物。但如果母禽的生殖器官不健康，当蛋形成蛋壳前，微生物侵入蛋浆内或蛋产出后，蛋壳上污染的微生物由气孔侵入，都会导致禽蛋上有微生物存在，此外禽蛋在收集、包装、运输和冷藏时也都有可能污染微生物。

（1）蛋壳上的细菌　　蛋壳上有大肠杆菌、产气杆菌、产碱杆菌、副大肠杆菌和球菌等，其中大肠杆菌数量最多，除细菌外，霉菌也会存在于蛋壳上。

（2）蛋液里的细菌　　凡是新产的蛋，不管受精与否，有一些蛋的蛋液里是染有细菌的，商品蛋的蛋液里比新产蛋多。其实细菌进入蛋内，要比霉菌缓慢得多。霉菌在低温环境中容易生长繁殖而侵入蛋内并在壳膜上生长繁殖，因此禽蛋在冷库里冷藏过程中很容易生霉形成霉蛋。污染的蛋液里一般会有大肠杆菌、产气杆菌、副大肠杆菌、产碱杆菌、变形杆菌、霉菌、葡萄球菌、荧光杆菌、绿脓杆菌和沙门氏菌等。

（3）禽蛋里沙门氏菌的污染源　　健康母禽产的蛋，是没有沙门氏菌的。只有感染了沙门氏菌病或是沙门氏菌携带者，家禽产的蛋在蛋壳上和蛋液里才有沙门氏菌存在。

禽蛋里污染细菌与其新鲜度是有密切关系的。新鲜蛋污染细菌的比例少，甚至无菌，因此尽可能食用新鲜的禽蛋，减少微生物污染的机会。

六、极端环境中的微生物

存在于地球的某些局部地区、不利于一般生物生长的特殊环境称为极端环境。极端环境主要有高温、低温、高盐、高压、高酸、高碱和高热酸等环境，如火山和温泉、极地或高山冰川、冰湖、深海底层、酸矿水、酸湖、盐湖、盐碱地和酸性热泉等。在上述极端环境中，常可发现一些结构和功能上均发生了改变的特殊微生物类群。

（一）高温环境中的微生物

喷发的火山（岩浆温度大于1000℃）、地热蒸汽（温度可达摄氏数百度）、沸腾或过热的温泉（93～101℃）、灼热的沙漠、岩石的土表（可高达60～70℃）、高温堆肥、热水器和取暖用的热水循环系统等是常见的天然或人工的高温环境。高温型微生物中以细菌居多，真菌占少数。常见的类群有嗜热脂肪芽孢杆菌、酸热芽孢杆菌（*B. acidocaldarius*）和嗜热硫杆菌（*Thiobacillus thermophilus*）等。

（二）低温环境中的微生物

从地球两极终年积雪的高山和冰箱等低温环境中不难分离到嗜冷微生物（psychrophile）或耐冷微生物，它们在0℃下均能正常生活。嗜冷菌的最适生长温度为15℃，超过20℃即停止生长。能在高山低温雪地或冰川上生长的雪藻（*Chlamydomonas nivalis*）常因能产生亮红色孢子而转为红色。嗜冷菌广泛分布于假单胞菌属（*Pseudomonas*）、弧菌属（*Vibrio*）、产碱菌属（*Alcaligenes*）、芽孢杆菌属（*Bacillus*）、节杆菌属（*Arthrobacter*）、发光杆菌属（*Photobacterium*）、希瓦氏菌属（*Shewanella*）和南极细菌 *Moritella* 中，有人也从南极冰湖中分离到嗜冷的产甲烷菌属（*Methanogenium*）。嗜冷菌的酶、转运系统和蛋白质合成均能在低温下保持，其可能的原因包括：①其细胞膜含有较多的高不饱和脂肪酸，因而能在低温下保持膜的流动性；②嗜冷菌在低温下仍能保持核糖体正确参与蛋白质的合成过程；③当环境温度高于20℃时，嗜冷菌多因膜结构被破坏而泄露细胞质成分，从而无法正常生存。从冰箱和冷库中可分离到耐冷菌或兼性嗜冷菌，它们虽然能在0～7℃的低温生长，但多以20～30℃为最适生长温度，以35℃或更高为最高生长温度。耐冷菌是导致冷藏食物腐败的主要原因。

（三）极端酸碱环境下的微生物

嗜酸菌（acidophile）的最适pH为0～5.5，嗜碱菌（alkalophile）的最适pH为8.5～11.5。某些藻类如温泉红藻（*Cyanidium caldarium*）和古菌中的嗜酸热硫化叶菌（*Sulfolobus acidocaldris*）能在pH1.0～3.0的热泉中生长。某些菌（如嗜酸铁原体 *Ferroplasma acidarmanus* 和 *Picrophilus oshimae*）甚至具有在pH0的强酸条件下生长的能力。嗜碱菌不难从盐碱地、碱湖和盐碱湖等生态环境中分离。已知铜绿微囊蓝细菌（*Microcystis aeruginosa*）和嗜碱芽孢杆菌（*Bacillus alkalophilus*）能在pH10.0的强碱环境中生长。

极端嗜酸或嗜碱微生物能在强酸或强碱环境中生长的主要原因是它们存在着以下特殊机制来保持细胞质中的中性环境：①细胞膜上有高效的K^+-H^+或Na^+-H^+及HCO_3^--OH^-等反向传递系统；②能编码产生某种酸或碱稳定蛋白，以防止细胞内蛋白质变形或恢复变性蛋白的活性。

（四）高盐环境中的微生物

盐湖、盐池、盐矿和盐腌制的食品等是常见的高盐环境。通常我们把能在高盐环境中生活，但最适生长盐浓度在低盐范围的微生物称为耐盐菌；那些只能在高盐环境中生长的则称为嗜盐菌，其中能在含盐量30%以上的高盐环境中生长的微生物称为极端嗜盐古菌，常见的种类有盐杆菌属（*Halobacterium*）和盐球菌属（*Halococcus*）。关于嗜盐菌的耐盐机理研究归纳起来主要有以下3点：①嗜盐菌具有能适应高盐环境的细胞结构和离子浓度，它们有选择性地吸收K^+与排出Na^+的能力，细胞内的高浓度K^+有利于防止原生质脱水，又能维持酶和蛋白质等的活性；②具有嗜盐的酶；③光合盐杆菌的细胞质膜上含有菌视紫素，能利用光能造成膜内外H^+的浓度梯度，并借以产生ATP，并向细胞外排出Na^+。

（五）高压环境中的微生物

自然界的高压环境主要存在于深海中。按水深每增加10m，其水压就增加一个大气压计算，多数海洋底部的压力在100个大气压以上，最深处约为1100个大气压。研究表明，从常压环境中分离的多数微生物，在 200～600 个大气压的高压环境中，将受到抑制或死亡，高压条件主要抑制常压微生物细胞蛋白质合成、细胞质膜上物质与能量的传递和酶的代谢活性。

在海洋的深处，高压环境同时伴随着黑暗、低温和含量极低的有机营养物质，能在这一特殊环境中生长的主要是细菌，如耐压假单胞菌（*Pseudomonas bathycetes*）分离自深海淤泥，生长十分迟缓，代时为 33 天。有人提出，将嗜压微生物进一步区分为嗜压菌和耐压菌两种类型，前者在高压下的生长比常压下快，后者在高压和常压均能生长。研究表明，多数的嗜压微生物属于耐压菌，真正专性的嗜压菌很少。

（六）海底热水流火山口周围的特殊微生物群

如前所述，在深海的低温、无光照和高压环境中生活的微生物主要有耐压和嗜压两大类。但在深海潜艇进行的研究工作中发现，在太平洋和大西洋海底深处存在不少来源于地热的高温热水流火山口，在每一喷口周围不但有大量自养的硫化细菌、硝化细菌、氢细菌、氧化铁与锰的细菌，甚至也有甲烷氧化细菌生长。前者从来自喷出物中还原态的 H_2S、$S_2O_3^{2-}$、NH_4^+、H_2、Fe^{2+} 和 Mn^{2+} 的氧化获得能量而生长，后者则以喷出的甲烷和 CO 为营养物。在喷口周围，还有簇状生长的管蠕虫（Pogonophora）等脊椎动物和元素硫、硫化物和铁锰氧化物等沉积物的堆积（图 10-11）。

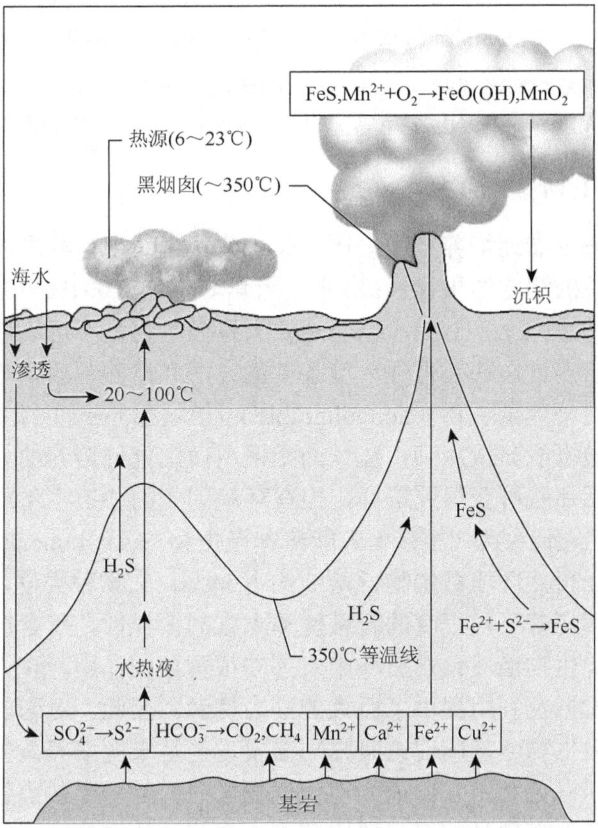

图 10-11 海底热泉和黑烟囱的形态与主要化学成分的突变过程（引自 Madigan et al.，2003）

从热泉冒出的水热液因接触 2～3℃的海水而沉淀，近 350℃的高温水热液在黑烟囱周围快速冷却沉淀，其深度一般在 2000m 以下

进一步的研究表明，化能自养菌直接生活在管蠕虫等无脊椎动物体内，2m 长的管蠕虫没有口、消化道或肛门，但具有一个主要含有海绵状营养体组织的胃肠道。营养体组织约占管蠕虫体重的 50%，内含大量的硫粒和原核生物细胞，后者在数量上平均可达 3.7×10^9 个/g 营养体。其中大的球状细胞在结构上与海洋的硫化细菌中的卵硫菌属（*Thiovulum*）相似（图 10-12）。含有硫化细菌群的营养体具有可氧化 $S_2O_3^{2-}$、S 和 SO_3^{2-} 的硫氰酸酶活性和参与 CO_2 同化作用的卡尔文循环的酶。营养体中的自养细菌通过化能自养作用，合成有机物以满足动物的营养需要，而动物则为化能自养菌提供还原态硫与稳定的生活。

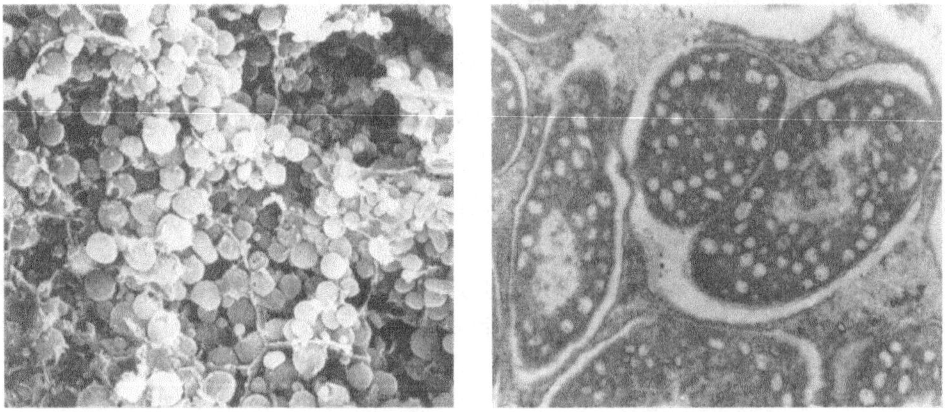

a　　　　b

图 10-12　在海底水热喷口周围生长的管蠕虫体内营养体中生长的硫化细菌（引自 Madigan et al.，2003）

a. 生活于管蠕虫营养组织内大小为 3～5μm 的球状化能自养硫化细菌的扫描电镜照片；

b. 该菌的透射电镜照片，注意成对的细菌细胞多为一种来源不明的膜结构包裹

七、未能培养的微生物

微生物学长期以来依靠纯培养技术来研究微生物，但是使用标准微生物学培养技术对不同生境微生物可培养性的测定结果显示：海水中可培养性为 0.001%～0.100%，淡水约 0.25%，土壤约 0.3%，活性污泥为 1%～15%，也就是说大量微生物是不可培养的。现在我们知道许多知细菌以前从未被培养过，缺乏再现环境条件的方法和培养基质，难以被标准实验室方法复苏和培养，称为未能培养微生物（nonculturable microorganisms）或称为不可培养微生物。

利用分子生物学技术能够检测到，迄今为止采用微生物纯培养的分离培养方法还未获得纯培养的微生物，包括那些可获得纯培养，但在环境因子的胁迫下不能生长、处于休眠状态下的微生物，我们都把它们称为（至今）未能培养微生物（as yet uncultured microorganisms）。

未能培养微生物在自然环境微生物群落中约占 99%，其物种类群、新陈代谢途径、生理生化反应、产物等都存在着不同程度的新颖性和丰富的多样性，蕴含巨大的生物资源。未培养微生物在驱动自然界生物地球化学循环中发挥着很重要的作用，也为新药剂、新酶及其新的代谢途径和机制的发掘及利用提供了巨大的潜力资源。因此，对未能培养微生物进行广泛深入的研究，不仅是微生物学基础理论研究的需要，也是未能培养微生物资源开发利用的基础，如何研究、开发和充分利用它们成为现代生物学研究的一个热点领域。

微生物对于环境条件变化具有很强的适应力。产芽孢的细菌，当其环境中营养缺乏及有害代谢产物累积时，就开始形成芽孢。芽孢具有极强的抗热、抗辐射、抗化学药物和抗静水压的能力。但不能形成芽孢的微生物当受到环境中的种种压力时会产生怎样的生理变化呢？

20 世纪 80 年代初 Xu 首次在流行病学领域中提出 VBNC 概念，使人们对于微生物在自然界的生存状态有了新的认识。

1982 年，中国科学院海洋研究所的徐怀恕和美国马里兰大学的 Colwell 等通过对霍乱弧菌和大肠杆菌在海洋和河口环境中的存活规律的研究，发现霍乱弧菌在其生活史中，处于低温、低盐、低营养物等不良生活条件时，会变成活的但不可培养状态（viable but nonculturable state，VBNC state）。因此他们首次提出了活的不可培养状态现象及不可培养（活）微生物（VBNC microorganisms）的概念。

某些时间里某些细菌群体似乎从自然水体中消失，仅在某些时期重现。这种可培养性的降低被认为是细胞进入一种活动但不能培养（VBNC）状态，是微生物暴露于胁迫环境的一种生存反应，是细菌处于不良环境条件下产生的一种特殊的生存方式或休眠状态。虽然 VBNC 细菌不能在常规培养条件下生长繁殖，但仍然具有代谢活性，表现在细胞保持完整，胞内酶维持活性，染色体和质粒 DNA 均保持稳定。

有些种类的微生物尤其是 G^-的病原菌在受到环境胁迫特别是贫营养时会进入 VBNC 状态。目前发现有 16 属的 30 种 G^-细菌被报道有此现象，如霍乱弧菌、大肠杆菌、肠炎沙门氏菌、鼠伤寒沙门氏菌、空肠弯曲杆菌、产气肠杆菌、肺炎杆菌、宋内志贺氏菌、创伤弧菌、副溶血性弧菌等。一般营养缺乏和低温都会诱导微生物丧失其培养性。贫营养、高温、低温、高压、pH 或渗透压的剧烈变化等都可能引起细菌的一系列变化，包括细胞形态的变化、主要大分子的密度和结构变化及生长能力的改变等，最终导致细菌进入 VBNC 状态。

特别要注意的是，病原微生物进入 VBNC 状态并不代表它们失去致病能力。Colwell 等证实，注射 VBNC 状态的 *V. cholerae* 仍能导致测试人员腹泻，此菌在进入 VBNC 状态 28d 后仍能检测到产霍乱毒素的基因，仍能产生霍乱毒素。另外，某些 VBNC 状态的微生物在合适条件下又可以恢复培养性。

VBNC 概念的提出引起了许多微生物学者的重视，在流行病学领域，VBNC 的提出使人们对于一些曾经被认为已经消失的流行病的重新爆发有了新的认识。而对于从事微生物资源挖掘的学者来说，无疑会从中发现并获得更多有价值的新的微生物种类。

第四节　微生物生态学的研究方法

当前的微生物生态学研究主要集中在生物多样性和生物活性两方面。通过多样性研究可以了解地球上不同生态环境中存在的生物多样性及其在生物进化过程中的相互关系，而对微生物活性的研究则可以查清微生物在不同生态环境中的作用。常用于微生物生态学研究的方法很多，主要有富集法与分离法、维诺格拉斯基柱法、直接检测和测数、16S rDNA 扩增和序列分析等。

一、富集法与分离法

在自然生态环境中，很少只含有单一的微生物，通常由多种数量各异的微生物类群组成复杂的微生物区系。对于区系中占优势的微生物，一般不难用系列稀释法从在高稀释度的平板上长出的单菌落中直接分离。但对于不占优势的微生物，则应根据其特殊的生理生化特性，在特定的选择培养基和生长条件下先加以富集，使之成为占优势的微生物，然后采用稀释法分离。例如，在以纤维素为唯一碳源的培养基上接种土壤，进行加富培养，可以从土壤中分离纤维分解微生物；采用含甘露醇、矿质盐的阿须贝无氮培养基进行加富培养，可以从土壤中分离自生固氮菌；采用 pH5.0～5.5 的马丁培养基，可以富集土壤中的真菌；采用含有 100mg/kg 重铬酸钾的淀粉铵盐培养基，可以富集土壤中的放线菌；如对接种物先进行 80℃、15min 的巴氏消毒，可以杀死营养细胞，而有利于芽孢细菌的分离；如用土壤等接种物进行 10 倍系列稀释，将稀释液接种无菌栽培的豆科植物，不仅可以从根瘤中分离到纯培养的根瘤菌，还能推算出样品中的土著根瘤菌的数量。表 10-4 列出了适用于富集法分离的主要原核微生物群的富集培养物、培养条件和接种材料，可供分离时参考。

表 10-4　原核微生物类群的富集法

供富集的生理群	富集营养物*	培养条件	接种物
光合细菌	**以 CO_2 为主要碳源**		
蓝细菌	N_2	好氧，光照培养	池塘、湖水、含硫化物的污泥、静水、污水、降解的叶片、曝光的湿土等
紫色非硫细菌	N_2、H_2 或有机酸	厌氧，光照培养	同上
紫色与绿色硫细菌	H_2S	厌氧，光照培养	同上
化能自养	**以 CO_2 为主要碳源，并不含有机碳**		
硝化细菌	NH_4^+	好氧培养	土壤、污泥、污水等
亚硝化细菌	NO_2^-	好氧培养	同上
氢细菌	H_2	好氧培养	同上
硫细菌	H_2S、S 或 $S_2O_3^{2-}$	好氧培养	同上
铁细菌	Fe^{2+}	低 pH，好氧培养	同上
脱氮硫化细菌	S、或 $S_2O_3^{2-}$、NO_3^-	厌氧培养	同上
化能异养细菌	**以有机碳为主要碳源**		
荧光假单胞菌	乳酸盐（或苯甲酸盐）、NH_4^+	好氧培养	土壤、污泥、湖泊沉积物、降解植物残体
醋杆菌和葡萄糖杆菌属	4%乙醇、1%酵母粉	好氧培养	同上
尿素八叠球菌	5%尿素、1%酵母粉	好氧培养	同上
分枝杆菌和诺卡氏菌	碳氢化合物（如矿物油）NH_4^+	好氧培养	同上
好氧性纤维分解菌	纤维素、NH_4^+	好氧培养	同上
好氧性自生固氮菌	甘露醇、苯甲酸、N_2	好氧培养	同上
好氧性芽孢杆菌	淀粉、NH_4^+	好氧培养	同上，并经 80℃、15min 处理，以杀死营养细菌
脱氮假单胞菌	有机酸、0.2% KNO_3	厌氧培养	土壤、污泥、湖泊沉积物
脱硫弧菌属	有机酸、Na_2SO_4	厌氧培养	同上
脱氮芽孢杆菌	酵母粉、1% KNO_3	厌氧培养	同上，并经 80℃、15min 处理
脱硫假单胞菌	乙酸盐、乙醇、S	厌氧培养	同上
产甲烷古菌群	H_2 或甲醇、$NaCO_3$	厌氧培养	土壤、污泥、湖泊沉积物
生丝微菌属	甲胺、KNO_3	厌氧培养	同上

续表

供富集的生理群	富集营养物*	培养条件	接种物
化能异养细菌	**以有机碳为主要碳源**		
假破伤风梭菌	谷氨酸或组氨酸	厌氧培养	污泥、湖泊沉积物、植物残体活性污泥
巴斯德梭菌	淀粉、N_2	厌氧培养	同上
肠杆菌群	葡萄糖或乳糖、NH_4^+	厌氧培养	同上
乳酸细菌群	葡萄糖、酵母粉、pH5.0	厌氧培养	同上，乳制品，植物材料
丙酸细菌群	乳酸盐或琥珀酸盐、酵母粉、NaCl	厌氧培养	同上

* 所有培养基均应含有氮、磷、硫，Mg^{2+}、Mn^{2+}、Fe^{2+}、Ca^{2+}和其他微量元素

常用的从生态环境或富集培养物中分离占优势类群微生物的方法主要有稀释平板分离法、划线平板分离法和琼脂振荡试管法 3 种。它们均适用于能在琼脂培养基中生长的绝大多数微生物，分离时均需制备样品系列稀释液。其中，划线法较为简单，可以用原培养液或低倍稀释液反复在琼脂平板上划线分离，直至获得理想的单菌落。稀释平板法只要掌握好稀释度，不难一次性地获得理想的单菌落。试管法采用深层琼脂，可以在不同层次上分离到好氧性、微好氧性与厌氧性微生物（图 10-13），此法尤其适用于光合硫细菌和反硫化细菌的分离。

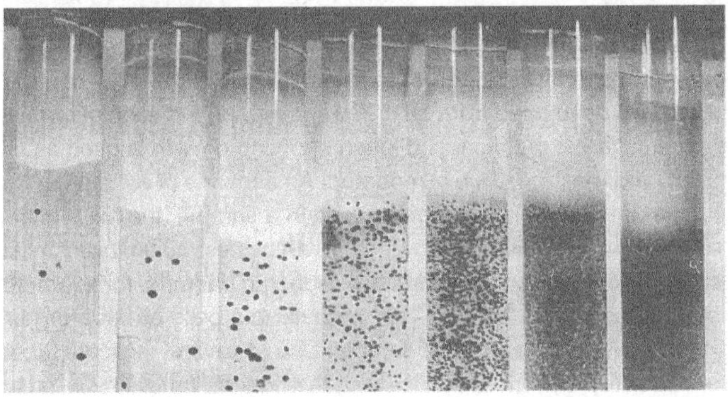

图 10-13　用深层琼脂法分离厌氧性微生物（引自 Madigan et al.，2015）

试管用液体石蜡和矿物油的混合物密封，稀释度按从高到低、由左向右排列

二、维诺格拉斯基柱法

1880 年，俄国著名微生物学家维诺格拉斯基设计出维诺格拉斯基柱（Winogradsky column），并用于土壤微生物的研究，尤其适用于分离绿色光合细菌及其他厌氧微生物。该柱模拟了微型厌氧生态环境，适用于长时间原位研究参与营养物质循环的各种原核生物。

在制备维诺格拉斯基柱时，先将碳源与供试土壤（最好富含硫化物）混合，然后加入粉碎的供试有机物。在已进行的试验中，本法成功地应用于干草、粉碎的报纸、茎叶、锯屑、磨细的肉、煮熟的鸡蛋，甚至死去的动物等降解微生物的研究。同时向土壤中添加适量的碳酸钙和硫酸钙分别作为缓冲剂和硫源。试样充分混匀后装入一个大型玻璃圆柱，装量约为 1/3，并注意压紧以避免出现空气空隙。然后灌满湖水、池水或沟水，并用铝铂密封顶口。将柱体移放至向北的窗台，以接受适量（但不至于过多）的光照。

数周之后，在一个典型的维诺格拉斯基柱中，将有各类不同的微生物生长发育起来。光合

性藻类和蓝细菌将迅速在该柱水体上部出现，并因产氧而维持其氧化状态。在土壤有机物发酵性降解过程中产生的有机酸、醇和 H_2 等降解产物有利于 SO_4^{2-} 还原细菌的生长，并产生出还原态硫化物，形成 H_2S 梯度。紫色和绿色硫细菌随之出现在照光的土柱外层，其中紫色硫细菌位于上部，后者则位于下部。位于水土交界处的水体通常很混浊，并因紫色非硫细菌和硫细菌的生长而具有不同颜色（图 10-14）。化能异养型微生物在全层生长，其中好氧与微好氧菌位于上层，厌氧菌位于含 H_2S 的下层。可以采用灭菌的细长玻璃吸管从柱体中采样，采出的少量土样或水样可用于接种相应的加富培养基，进一步培养并分离出纯培养的微生物。

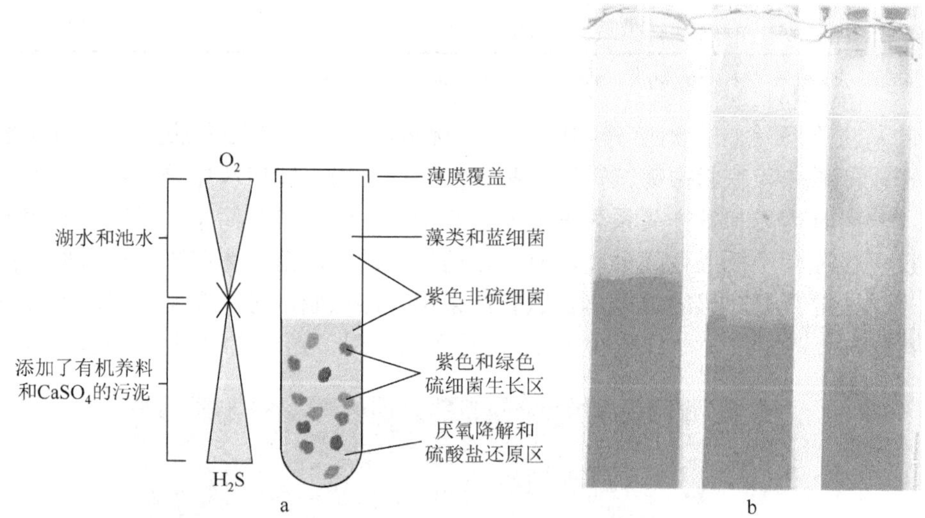

图 10-14　维诺格拉斯基柱（引自 Madigan et al.，2015）

a. 一种典型的用于富集光合细菌的维诺格拉斯基柱的示意图；b. 维诺格拉斯基柱的照片

维诺格拉斯基柱适用于加富培养多种好氧或厌氧的原核生物，除能随时提供不同加富培养的接种物以外，其主要优点还在于它能定位追踪一个特定有机物的全部降解过程，并可随时取样，分离其作用微生物。与用自然样本接种液体培养的富集法相比，本法更接近于模拟的自然状态，易于分离各类生理群的作用微生物，然而富集法大多只能分离各群中快速生长的种群，而慢速生长的种群将被掩盖而不能分离。

三、生态环境中微生物的直接检测和测数

目前常用的纯培养微生物的计数方法，均可用于自然生态环境中微生物的测数，如液体稀释培养和平板培养计数法也可用于水体和土壤样品的细菌测数。然而，由于受到所用培养基与培养条件的限制，往往只有一部分自然微生物群体能用上述的活菌计数法测定，而且测定的结果不很准确。有时也可以采用高选择的培养基测定自然群落中的特殊生理群，但仍难以完全反映其真实状况。

已知生态环境中的多数微生物类群迄今仍不能培养，需要研究出一种至少能检测它们存在的方法。目前用于直接检测自然生态环境中微生物的方法主要有两种。

（一）发光染料和荧光抗体染色法

已知某些发光染料能专一性地与生物细胞内的 DNA 和 RNA 相结合。用吖啶橙染料处理

水或土壤等生态样品，可以在荧光显微镜下直接观察到发光的微生物。另一类染料（如四氮唑）只能使活体细胞染色。两者相结合后，还可以区分出生境中的活细胞与死细胞或有机残体。荧光抗体能专一性地识别特定的微生物种甚至菌株，采用依特定研究对象制备的荧光抗体染色技术和荧光显微技术，不难从土壤等生态环境中直接观察到供试微生物，本法常用于追踪检测目的微生物，并测定其数量，其检测对象的范围取决于荧光抗体的专一性大小。缺点是不能用于测定环境中的未知微生物。

（二）核酸探针杂交法

这是一类更有效的直接检测法。一般可以选用供试微生物某一特定基因的片段作探针，也可采用微生物中保守性强的16S rDNA或具有种或菌株特异性的16S rDNA间隔区DNA作为探针，检测生态环境中的特定微生物类群、种或菌株的存在与数量。

DNA探针的标记主要采用放射性同位素和荧光染料两种方法。放射性探针法常采用 ^{32}P 标记DNA或RNA作为探针。供试样品中的微生物细胞先用乙醛法固定在硝酸纤维、尼龙纤维或玻璃纤维滤膜上，再经10% SDS（十二烷基硫酸钠）和溶菌酶处理，以释放出细胞内的核酸，再经0.5mol/L NaOH溶液处理变性成单链，然后用于与标记探针DNA杂交。杂交反应后的滤膜经多次洗涤，除去未杂交结合的探针DNA，然后干燥，随即用X光片做放射性自显影，黑色斑点的出现即为阳性杂交的结果。在采用荧光染料法时，需要先制备出供试微生物的抗体，然后用荧光染料（发黄绿色荧光的异硫氰酸荧光黄，或发红光的罗丹明B）标记该抗体。供试样品固定在载玻片上后，即可用标记荧光抗体染色，反应结束后用缓冲液洗去未结合的荧光抗体，即可在荧光显微镜下检测样品中的微生物与荧光抗体的结合与发光状况。在同一标本片中，若用多种不同的荧光抗体处理，检测时只需采用不同的激发滤光片，即可在同一标本片上检查到不同待检测微生物的存在。此外，荧光染料亦可用于标记核酸，如用荧光染料标记的rDNA探针进行原位检测，可以避免操作繁琐的放射性自显影，只需用荧光显微镜观测即能达到检测的要求。

四、16S rDNA扩增和序列分析

自1970年发现16S rDNA在生物进化过程中的高度保守性及其在系统发育研究中的作用后，近年来已将16S rDNA的PCR扩增与序列分析技术应用于微生物生态学研究中。

该方法先从生态环境的微生物群体中提取总DNA，并用16S rDNA 5′端和3′端的保守引物进行PCR扩增，对所获得的约1.5kb的扩增产物进行全序列分析，所得结果转入电脑后，采用专用的分析程序，能最终查明微生物群体的生物多样性及其在进化过程中的相互关系。图10-15显示本法的全过程和依结果推出的进化树。

由于该法的灵敏度极高，采用该法研究同一生态环境中微生物群体的生物多样性，其结果均大大高于富集法与分离法，表明生态环境中还有多数微生物种群未被分离发现，有待进一步的深入研究。

五、生态环境中微生物活性的测定

上述的16S rDNA PCR扩增与序列分析虽然适用于微生物种类与数量的检测、生物多样性研究和进化关系的分析，但难以判定群体中各类生物的活性及其在自然界物质循环中的作用。

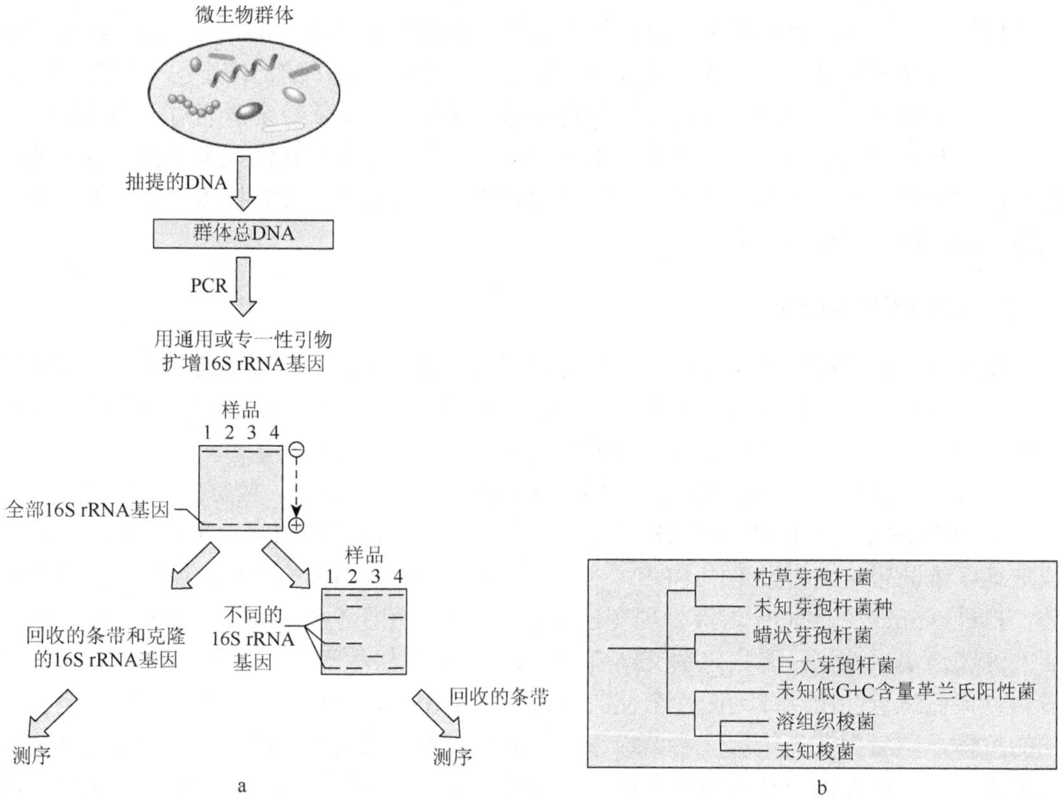

图 10-15　一个微生物群落的单基因生物多样性分析的步骤（引自 Madigan et al.，2015）

a. 方法全过程；b. 依据结果推出的进化树

（一）放射性同位素测定法

放射性同位素常用于测定生态环境中微生物群体的生物活性，并具有较高的准确度，如 $^{14}CO_2$ 的吸收率可用于研究光合微生物的生物活性，$^{35}SO_4^{2-}$ 的转化也可用于研究反硫化细菌的作用。产甲烷古菌的活性则可以通过 ^{14}C 标记的 CO_2、甲醇或乙酸盐向 $^{14}CH_4$ 的转化率来测定。向供试生态环境加入 ^{14}C 标记的有机物（葡萄糖或氨基酸），然后测定 $^{14}CO_2$ 的转化速度和转化量，即可了解其中化能异养微生物群体的生物活性。在测定时，均应同时测定相应的非放射性同位素（如 CO_2、CH_4 和 H_2S）在总产生量中所占的百分率，从而不难计算出总的转化活性和放射性同位素的特殊转化活性。此外，还应同时做一个杀死或完全抑制微生物活性的对照，4%甲醛溶液常用于抑制样品中供试微生物的生命活动，以消除放射性同位素在生境中其他因素作用下发生化学转化的本底误差。图 10-16 显示用放射性同位素测定特定生态环境中微生物活性的结果。

（二）微电极测定法

已知溶液的 pH、O_2、N_2O 和硫化物含量，以及吸收光谱特性，均可用特制的电极测定。在一个大的生态环境中，包含着许多小的微生物生态位。要准确地测定一个特定微生物生态位的上述化学成分或光谱特性，需要研制出特殊的微电极，并采用能精密控制其三维运动的显微操作器，使之精确定位。目前用于微生态研究的微电极顶部直径，可以小到 2～100μm，如 O_2 电极可以小到直径 2～3μm，用显微操作器放置微电极的精确度亦可以在毫米以下。一个典型的测定实例是用 O_2 微电极测定生态环境中一个土壤颗粒周围 7mm 以内的含氧

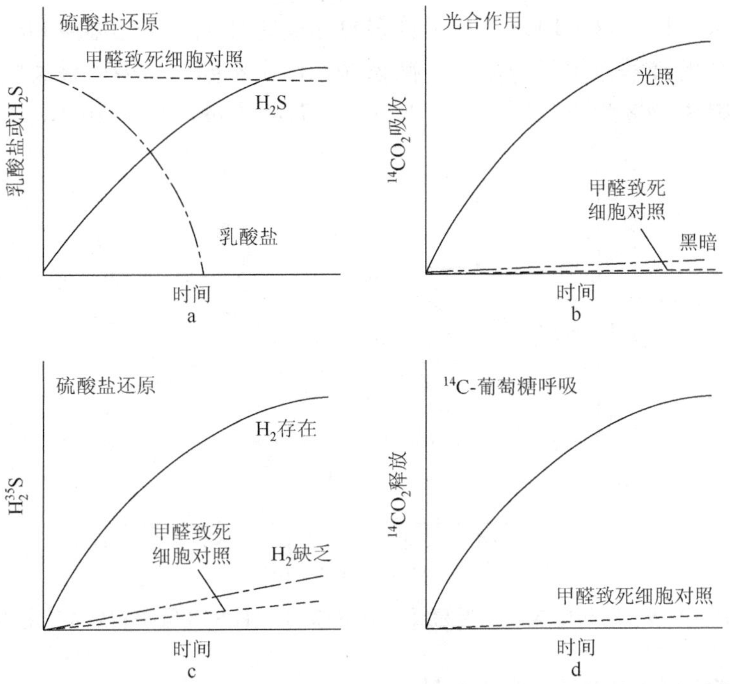

图 10-16　放射性同位素对特定生态环境中微生物活性的测定（引自 Madigan et al.，2015）

a. SO_4^{2-} 还原过程中乳酸和 H_2S 转化的化学测量；b～d. 放射性同位素测量，b 为用 $^{14}CO_2$ 测定光合作用；c 为用 $^{35}SO_4^{2-}$ 测定硫酸盐还原作用；d 为用 ^{14} 标记的葡萄糖来测定呼吸作用

量（图 10-17）。由图可见，土粒四周约 4mm 以内为厌氧环境，4～6mm 为微氧环境，6mm 以外为好氧环境。微电极常用于实验室设计的微生物垫研究中，测定其化学转化和光合作用。在该垫的上层为蓝细菌群，其下直至光照可达到的部分是光合细菌群，底层为化能异养菌群，

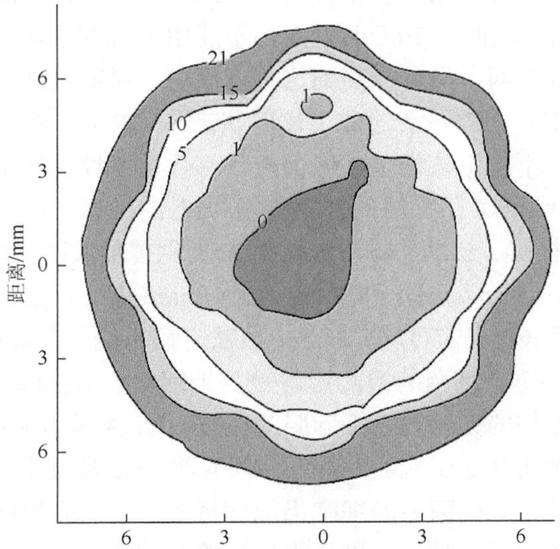

图 10-17　一个土壤颗粒周围的 O_2 浓度的等值线图（引自 Madigan et al.，2015）

轴线表示土壤颗粒的大小，等值线上的数字表示 O_2 的含量（如空气为 21%）。对微生物与 O_2 的关系而言，每一等值线区带代表不同的微环境

并富含反硫化细菌。微生物垫现象存在于许多自然生态环境中，如温泉和浅海盆地，其上层的光合作用与下层的降解作用形成动态平衡系统。用由不同化学微电极集成的复合微电极可以同时测定供试微生物区带不同层次的 pH、O_2 和 H_2S 含量，见图 10-18。

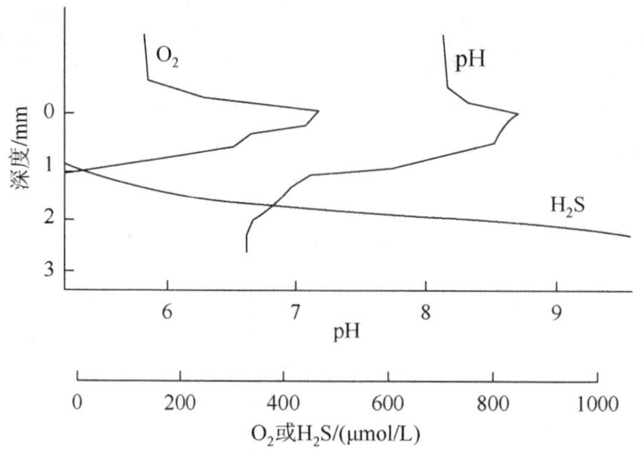

图 10-18　用微电极测定温泉微生物区带 O_2、H_2S 含量和 pH 的变化图

六、未培养微生物的检测及研究方法

（一）VBNC 细菌的检测方法

为了研究细菌群体在自然界中的生长，测定活的菌体数目是非常必要的。活的细菌通常能够活跃地生长，并在固体培养基上形成菌落或在液体培养基中产生可见的混浊度。但是，自然界的不良环境条件或许多实验室的选择培养基会使活的细菌失去它们在正常培养时所用的培养基上生长的能力。例如，霍乱弧菌（*Vibrio cholerae*）广泛存在于河、湖和沿岸海水中。在夏秋季节，水的温度高于 15℃，常常可以从水体、沉积物和浮游生物体上分离到霍乱弧菌。但是，在冬季，当水温低于 10℃时，人们不能用常规方法从上述场所分离培养出霍乱弧菌。然而，在流行高峰期间，又可分离到这种病原菌，说明霍乱弧菌在流行间歇期仍以某种形态存在于外界环境中。因此，活的非可培养状态（VBNC）的细菌是指在常规培养条件下用常规培养基培养时，不能生长繁殖，但仍然具有代谢活性的活菌，是细菌的一种特殊存活形式。到目前为止，已报道存在活的非可培养状态的细菌至少有 30 种，包括霍乱弧菌（*Vibrio cholerae*）、大肠杆菌（*Escherichia coli*）、肺炎克雷伯氏菌（*Klebsiella pneumoniae*）、产气肠杆菌（*Enterobacter aerogenes*）和粪肠球菌（*Enterococcus faecalis*）等，肠道病原细菌在接触不良环境时，都可以变成非可培养状态。虽然它们不能在常规的实验室培养基上生长，但仍然具有致病力。对 VBNC 细菌的检测通常是基于细胞的活性或对底物的吸收。细胞活性检测标准应该包括细胞结构的完整性、细胞膜的完整、DNA 及 RNA 的存在，以及蛋白质合成的能力等。但有时细胞活性低于检测底线，或不可逆失去繁殖能力的细胞仍然可检测到代谢活性，致使结果不准确，如灭菌后的细胞仍能保持形态上的完整性，并且多数检测方法只是反映了细胞活性的一个侧面。唯一可以作为活性检测的充分标准只有细胞的复苏和生长，但一些常用的培养基和培养条件可能不适于细胞的重新生长或形成可见的菌落而无法真实反映出细胞的活性。

目前 VBNC 细胞的检测方法包括以下几种。

1. 光学方法

（1）基于对底物吸收能力的检测方法——活菌直接计数法（DVC） 在细菌培养物中添加少量的营养物和DNA合成抑制剂萘啶酸，培养6h后固定，吖啶橙染色，然后荧光显微镜观察，如果细胞伸长则说明其为存活状态。

活的非可培养状态的细菌在萘啶酸的刺激下，可以吸收营养而生长，但因DNA的合成受到抑制，细胞不能分裂，只能生长。使用时先在待测样品中加入萘啶酸和酵母膏，培养几小时后再用吖啶橙染色，荧光显微镜直接计数法计数，只检测那些体积增大并染成橘红色的细胞，就可证明它们是活的非可培养的细菌。DVC法是目前最常用的检测方法，如检测自然环境中某种特定的细菌时，结合单克隆抗体、原位杂交等技术，可在10^8个非目标菌体中特异性检测到一个目标菌体，灵敏度很高。但由于绝大多数G^+菌和少数G^-菌对萘啶酸有抗性，并且加入的营养物酵母膏能和固定细菌时使用的福尔马林产生沉淀，被吖啶橙染色，使背景过亮，会影响观察效果。改进方法是用环丙沙星等作为DNA合成抑制剂替代萘啶酸，并将营养物换成10%的大豆蛋白胨，不仅可以有效抑制G^+和G^-细菌的细胞分裂，用于活菌的直接计数，而且解决了背景的荧光问题。

（2）基于氧化还原能力的检测方法——呼吸检测 在培养物中加入INT（2-p-iodophenyl-3-p-nitrophenyl-5-phenyl tetrazolium choloride）或CTC（5-cyano-2, 3-ditolyl tetrazolium choloride）等电子受体物质，它们在细菌新陈代谢作用下可被还原，根据氧化态的INT或CTC均为无色，还原后则分别为紫色和红色的特点实现检测，该方法相对DVC法优点显著，无论是异养还是自养细菌，只要有活跃的电子传递链，均可被检测。

该方法的缺点是细菌处于VBNC状态时，体积变小，膜表面的INT沉淀物很难观察，但如果结合DVC方法则可以提高检测效果。此外，还不能确定是否所有细菌都能降解CTC，因此使用时有一定局限。

（3）吖啶橙染色（AODC）或DAPI（4, 6-二脒基-二苯基吲哚）染色法 AODC或DAPI染色法可确定菌体的存活状态。一般采用该染色法作为细菌总菌数的记数方法。吖啶橙结合RNA显示橙黄色荧光，结合DNA显示绿色荧光，通常活细菌RNA含量多于DNA而显示橙黄色荧光，稳定期细胞、饥饿细胞和VBNC细胞RNA含量较少而显示绿色荧光。但是，吖啶橙的荧光很大程度上也受其他因素影响，如pH、培养时间、吖啶橙浓度、培养基、细菌生长阶段及染色前细菌的固定方法等，因此该方法也不完全可靠。

2. 分子生物学方法 随着微生物分子生态学研究的深入，一些分子生物学技术如聚合酶链反应-变性梯度凝胶电泳（PCR-DGGE）、限制性酶切片段多态性分析（RFLP）和末端限制性酶切片段多态性分析（T-RFLP）等用来评价各种环境中微生物群落多样性变化。

这些方法可以直接通过获取基因序列信息对微生物进行鉴定，而无须分离纯培养，并且可以利用类群探针（group-specific probe）对自然环境微生物进行鉴定和量化分析，缺点是必须依赖于可培养微生物的序列信息和数据。

对于VBNC状态的细菌，由于DNA、RNA含量减少，导致分子生物学方法以前能达到的高灵敏度明显受影响。利用PCR等手段检测VBNC细胞，DNA模板的需要量可能会增加许多，或者需要进行初步纯化等。

以DNA为基础的检测方法有一个明显的缺点，即无法区分细胞的死活，死细胞或自由状态的DNA已经没有危害性却仍然被检测出来，导致假阳性结果。mRNA由于在细胞代谢中的中心地位及其非常短暂的半衰期，已用来替代 DNA 作为衡量细胞存活的一个很好的标志，因此 mRNA 的检测也能用来判断细胞的死活。

3. *免疫学方法* 进入 VBNC 状态的细菌保持着和正常细菌一样的表面抗原，因此可以利用免疫技术对它们进行检测，用于样品中的总菌计数，方法简便，特异性强，重复性好。

4. *其他方法* 细胞内的 ATP 含量检测可证实细菌处于活性状态。此外，还能利用同位素示踪法，使用 ^{14}C 标记的谷氨酸或其他同位素标记的有机化合物培养供检测的细菌，通过计数，也可以证明在培养基上常规培养而不能生长的非可培养状态的细菌仍然是活菌。

（二）未培养微生物的研究方法

近年来，对未培养微生物的研究主要集中在从特定环境中鉴定某些未知的微生物、直接克隆筛选未知功能基因及提高环境微生物的可培养性等方面。

1. *改良的纯培养技术在未培养微生物研究中的应用* 自 19 世纪科赫创立微生物的纯培养技术以来，它已成为微生物研究的重要手段。随着新型改良的分离培养方法的出现，越来越多的以前不能培养的、难培养的微生物被分离出来。这些新型分离方法包括原位自然或近自然培养、限制性培养、单细胞分离法等。

（1）原位自然或近自然培养 该方法是依据微生物在自然生境中协作生长的特点，对传统纯培养技术加以改进。将微生物附着或包埋在特殊载体上，细胞的扩散受到限制但代谢产物及信号分子可自由扩散相互交流，尽量保持微生物的群落特性、细胞间的相互联系及自然状态下的生态位，克服传统纯培养难以提供外源活性物质的缺陷，在一定程度上弥补混合培养法和传统纯培养法的弱点，从而增强部分微生物的可培养性，甚至培养出未培养微生物。例如，Zengler 等设计的细胞微胶囊法（GMDs）、Kaberlein 等设计的扩散小室法、Ferrari 等设计的土壤基质滤膜法（SSMS）等。

（2）限制性培养 传统的培养基营养丰富、适合大多数微生物的要求，因此培养出的微生物主要是生长较快的普通优势菌种，不适合那些原先生长在特殊营养环境中、数量较少和生存条件特异的微生物的分离。因而有时需要进行条件限制性培养（如厌氧、高温、高盐、寡营养、特殊的培养底物等），以分离特殊目的的微生物及未培养微生物。

（3）单细胞分离 借助特殊的仪器设备，如显微操作仪、光学镊子、流式细胞仪等，将单个细胞从微生物群体中分离出来，再进行扩大培养以获得纯培养物，避免了某些微生物数量少、生长受其他微生物抑制或生长缓慢等因素导致的“不可培养性”。

2. *基于未培养方法的 rRNA 序列分析* 此方法是直接从环境样品中提取总 DNA，再以 rRNA 的保守区作为引物进行 PCR 扩增，测定 rRNA 核苷酸序列，通过序列比对，推断未培养微生物的种类和组成，可通过 DGGE、SSCP、RAPD、RFLP 和文库构建等技术实现。常选用的序列分析标记有 16S rRNA 基因、ITS 区基因、18S rRNA 基因、26S rRNA 基因、28S rRNA 基因、线粒体 COI 基因等。至今原核微生物分类类群中还有约一半的类群没有得到纯培养的代表种，仅以 16S rRNA 序列方式被记录下来。

3. *基于宏基因组文库和高通量测序技术的新功能基因和新活性物质的筛选* 宏基因组（metagenome）是指特定环境样品中全部微生物遗传物质的总和。宏基因组学方法是直接分离未培养微生物的基因组 DNA，克隆到可培养微生物中以构建宏基因组文库，根据宿主细胞获得的新功能筛选克隆子，或用相关已知序列设计探针或 PCR 引物寻找并分离目的基因片段，加上表达调控元件后使目的基因表达，从而获得产物。宏基因组文库包含了可培养和未可培养的微生物基因组，绕开了微生物的分离培养环节，因而能更有效地研究环境微生物的多样性，挖掘新功能基因和新活性物质。

目前，对于未培养微生物的新基因和新活性物质的分析筛选主要依赖于宏基因组文库的构建技术和高通量 DNA 测序技术。早在 2000 年，Wang 等就以链霉菌为宿主构建了土壤的宏基因组文库，筛选到 5 种具有抗菌活性的新的 Terragine 类小分子生物活性物质。随后基于宏基因组文库构建的功能基因和活性物质的筛选研究大力发展，但由于宏基因组文库的构建对样品 DNA 的质量要求较高，需要选择容量合适的载体及构建较大的基因文库，另外大量的筛选工作和异源表达等问题也是其限制因素，所以宏基因组文库构建技术有待进一步改进。

4. 基因组学和蛋白质组学方法与技术　新兴的基因组学（genomics）和蛋白质组学（proteomics）方法与技术能让人们认识微生物的系统发育关系，同时也能了解生理代谢功能，尤其是微生物群落的生态系统功能，能够揭示自然生态系统的结构、功能及其相互关系，即可以直接通过基因组序列及基因产物，分析或预测未培养微生物的系统发育关系、生理生化反应及其代谢途径等，而无须首先获得纯培养。

此外，据估计，仅有 1%～10%的微生物能在培养基上形成菌落，自然界存在的大量微生物目前都是未培养的。

我们可以尝试利用传统的纯培养技术，结合分子生态学方法与技术对自然环境微生物进行分析，了解未培养微生物的系统发育关系和基本的生理反应（如 BIOLOG、API 结果），然后依据其系统发育关系相近的可纯培养微生物的生理代谢特征和其生存的自然环境条件，设计培养基和培养条件，最终获得纯培养。暂时不能获得纯培养的未培养微生物，则利用 BAC 等载体直接构建宏基因组文库（metagenome library），通过比较分析，同时获得各基因组的系统发育、主要功能基因和酶活性的数据，然后再设计培养基和培养条件，尝试分离纯化。一旦获得微生物的纯培养，则采用可培养资源微生物相同或相似的途径进行开发利用。总之，随着分子生物学技术的进步，对未培养微生物的研究得以深入开展，人类由此也发现了众多新的未能培养微生物类群。新兴的基因组学和蛋白质组学方法与技术则既能让我们开展自然环境未能培养微生物群落的多样性及其群落结构的研究，认识微生物的系统发育关系，同时也能无须获得纯培养、直接通过基因组序列及基因产物，详细了解未培养微生物新的代谢途径、基因表达的调控机制，找到病原和抗性相关基因，发现新基因等，如进一步使用特异性 rRNA 探针进行荧光原位杂交（fluorescence in situ hybridization，FISH），甚至可在复合微生物群落中定点探测个体细胞及其交互作用，了解未培养微生物生态学功能、确定其生态位，为准确设计培养基和培养条件以及最终获得纯培养奠定基础。这些都为未培养微生物（包括可培养微生物）的开发利用开辟了极为广阔前景。

第五节　微生物在自然界物质循环中的作用

随着地质年代的变迁，地球上的各种化学元素的转变表现为从陆地冲刷到海洋，最后又经地壳的升降运动，从海洋上升为陆地的地质大循环。在一个较为局限的时空环境里，土壤、水和空气等生态环境中的碳、氢、氧、氮和硫等多种元素将为生境中的微生物、动物和植物所利用，生物必须不断地从环境中获得这些营养元素才能生长、发育和繁殖。但是，上述营养元素在自然界的总量毕竟是有限的，而生物界的延续和发展却是无限的，这一矛盾只有在使生物所需的各种营养元素不断循环、转化、再生和反复利用的条件下才能解决，这就是营养元素的生物小循环。生物小循环是由生物参与并推动的自然界物质循环，主要包括生物合成作用和有机质的矿化或分解作用，以使生物体内的各种营养元素重新返回到环境中，进入新的循环。

微生物与动物和植物一样，积极地参与了自然界营养元素的生物小循环，微生物在这一循环中的作用可以归纳为以下三个方面。第一，微生物是生物食物链中的初级生产者。这一作用在水体食物链中尤其明显，在远洋水域中光能自养的藻类、蓝细菌和光合细菌等是海洋浮游生物的主要成分和食物链的初级生产者。光合微生物积累的有机物质可以进一步为异养微生物利用，光合微生物与异养微生物又是海洋浮游动物的主要食料，后者进一步为较大的无脊椎动物所吞食，它们其后又成为鱼类的饵料。海洋食物链可简示如下。

光合微生物（初级生产者）⟶ 浮游动物 ⟶ 虾等较大的无脊椎动物 ⟶ 小鱼 ⟶ 大鱼

光合微生物（初级生产者）⟶ 异养微生物 ⟶ 浮游动物

在含有 H_2S 和 CO_2 的海底水域中，化能自养细菌是主要的初级生产者。它们以氧化 H_2S 获得的能量将 CO_2 同化为有机物，从而为蛤贝和蠕虫等小动物提供食料。在养料贫瘠的岩石风化壳上，固氮蓝细菌和地衣等是最早的定居生物，并通过积累氮素和有机物质为其后植物的生长创造条件。在海洋、河流岸边的沙滩和内陆沙漠绿洲中，常常不难发现能与根瘤菌共生的豆科植物，以及有固氮放线菌在根部共生的先锋植物如沙棘（*Hippophae*）、木麻黄（*Casuarina*）和胡颓子（*Elaeagnus*）等。生活在内陆河流、湖泊、池塘、水库和沼泽等水体中的藻类、蓝细菌和光合细菌，无疑也是淡水食物链中的初级生产者。第二，微生物是有机物质的主要分解者。异养细菌、真菌和原生动物是自然界有机物质矿质化作用的主要推动者。这些异养型微生物在长期的适应和竞争过程中，已经演化出能迅速分解各类天然物质的生理群，能通过不同的代谢途径和方式将死亡的动植物残体、分泌物、排泄物和微生物自身的有机物质分解转化为简单的无机物，供初级生产者再利用。第三，微生物还是地球上物质和能量的保存者。在地球生态系统中，常常有一部分生物物质和能量由于地壳运动等原因，脱离生物小循环而进入地质大循环，如海陆变迁使原来陆地上的生物沉入海底，土壤中的有机物质由于冲刷侵蚀作用流失，并随河流泥沙注入大海形成海底沉积物，湖泊中的水生植物在沼泽化过程中沉入湖底等。这些暂时脱离生物小循环的有机物质，在缺氧、高压和低温等特殊生态条件下，经过漫长的地质年代的转化，逐步演变成煤、石油和天然气等化石燃料或化工原料。

一、碳素循环

碳素作为有机物和生物细胞的结构骨架，是一切生物细胞的主要元素，碳素占细胞干重的 40%～50%。蓝细菌、藻类、光合细菌和绿色植物一起通过光合作用吸收光能，固定 CO_2，它们是有机碳的主要合成者。光合微生物和植物在合成有机物的同时，还通过呼吸、发酵等途径将部分有机物降解为中间代谢产物，并获得生长所需的能量，也将部分 CO_2 归还到空气中。植物和微生物积累的部分有机物质可为动物利用，并通过动物的呼吸将其中的一部分有机碳分解为 CO_2。植物、动物和微生物体内的有机物质进入土壤的部分将在微生物的作用下转化为土壤腐殖质，然后进一步受到微生物的分解转化，使 CO_2 重新进入循环。图 10-19 显示自然界碳素的生物循环，微生物在碳素生物循环中的作用见图 10-20。

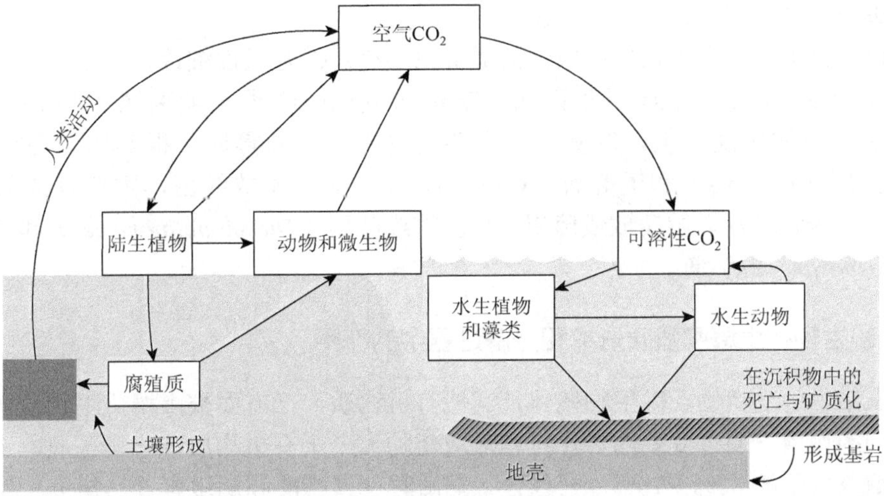

图 10-19　自然界碳素的生物循环（引自 Madigan et al.，2015）

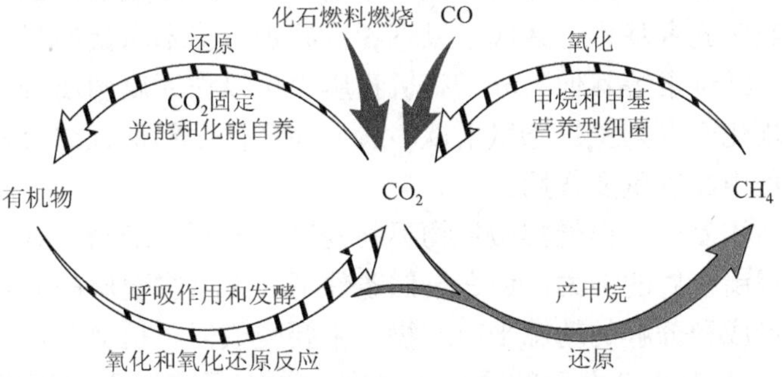

扫一扫　看彩图

图 10-20　微生物在碳素生物循环中的作用（引自 Willey et al.，2014）

（一）微生物在同化 CO_2 过程中的作用

微生物中的藻类、蓝细菌主要进行产氧的光合作用，它们在海洋和植物不能生长的岩石表面、两极地区、高盐、高温和高压等特殊生态环境中也能起主导作用。光合细菌在有光、厌氧和存在 H_2S 等还原态无机物时进行不产氧的光合作用，也可成为主要的同化者。化能自养菌能利用氧化无机物时获得的化学能来同化 CO_2。此外，产甲烷古菌能在厌氧条件下利用简单的有机物或 H_2，将 CO_2 还原为 CH_4，而 CH_4 又可作为甲基营养菌的碳源，再氧化成 CO_2。

（二）微生物在有机碳化物分解过程中的作用

在初级生产者合成的有机物中，一部分通过代谢或呼吸作用氧化成 CO_2，另一些则可能被异养的微生物和动物（如草食性动物）利用，它们将经自身的呼吸作用再消耗掉其中的一部分有机物，并有可能作为另一种异养生物（如肉食性动物）的食物。如此反复循环，直至初级生产者在该生境中合成的有机物全部消耗为止。死亡的动植物和微生物残体中有机物质的转化和分解主要靠异养型微生物的作用，糖类、有机酸等及其他简单的有机物质将由好氧性微生物彻底氧化分解成 CO_2 和水。在厌氧条件下，将由厌氧菌或兼性厌氧菌发酵产生 CO_2、H_2O 和某些未完全氧化的中间产物。纤维素、果胶、木质素、半纤维素和淀粉等复杂的有机物质，将首先由微生物分泌的胞外酶在体外水解成糖等简单的有机物质，然后才能被吸入微生物体内进一步分解利用。

已知自然界中分解有机物作用较强的类群主要有：①好氧性细菌，如芽孢杆菌属、假单胞菌属、噬纤维菌属、生孢噬纤维菌属（*Sporocytophaga*）和多囊菌属（*Polyangium*）等。②厌氧细菌，以梭菌属为主。③真菌，主要有青霉属、曲霉属、根霉属、毛霉属、木霉属、葡萄孢属（*Botrytis*）和毛壳属（*Chaetomium*）等。④放线菌，主要有链霉菌属、小单孢菌属、诺卡氏菌属、游动放线菌属、高温放线菌属（*Thermoactinomyces*）和孢囊链霉菌属（*Streptosporangium*）等。

（三）微生物在土壤腐殖质形成和分解过程中的作用

进入土壤中的动植物、微生物残体及其他有机物质，一方面被土壤微生物分解，另一方面会在它们的作用下通过复杂的转化过程形成新的大分子有机物质——腐殖质。土壤腐殖质一般占土壤总碳量的60%～70%，它包含有胡敏酸、富啡酸和胡敏素 3 个组分。腐殖质是构成土壤生物活性的重要因素，对土壤团粒结构的形成和肥力的发展有重要作用。

腐殖质是以芳香族化合物为主体的含氮多聚物，关于其形成过程已提出了 4 种以上的不同假说，目前的多数研究者基本上达成了以下 5 点共识：①木质素的降解产物是腐殖质合成的主要前体物质；②纤维素等其他大分子有机物质也可以作为腐殖质合成的前体；③腐殖质合成的前体以芳香族化合物为主；④氮素以多肽或杂环化合物形式结合在腐殖质中；⑤微生物在腐殖质合成过程中起着重要作用。

尽管腐殖质的结构复杂，仍能被微生物不同程度地分解。细菌、真菌和放线菌中的许多类群都具有氧化分解腐殖质的能力，但在自然条件下，土壤腐殖质的分解速度较为缓慢。土壤腐殖质的含量是形成和分解的动态平衡产物，主要受气候、植物与农业生产活动的制约，在自然植被破坏和经人类开垦之后的耕地土壤中，常常不难发现土壤腐殖质含量的不断减少，以及土壤物理、化学性状的恶化。因此，必须改进耕作制度和施用有机肥料，以保持土壤腐殖质含量的较高水平，这是农业生产的一项根本任务。

二、氮素循环

自然界氮素的生物循环见图 10-21。空气中的氮气经固氮微生物的作用还原为氨，再转化成氨基酸等其他含氮化合物，它们可以直接（在共生条件下）或经转化后为植物等非固氮生物所利用。存在于植物和微生物体内的有机氮化物又能为动物食用，并最终以动植物和微生物残体、分泌物和排泄物等的含氮有机物形式，经过微生物的氨化作用分解为氨。氨在通气条件下，容易被硝化细菌逐步氧化成亚硝酸和硝酸或一步氧化为硝酸。硝酸盐在厌氧条件下又可被反硝化细菌还原为分子态氮，铵盐和硝酸盐均能为植物和微生物吸收，并再同化为有机氮，反复进行自然界氮素的生物循环。

氮素的生物循环离不开微生物的生命活动。微生物在氮素生物循环中的作用见图 10-22。生物固氮作用是固氮微生物特有的一种生理功能。据初步估计，地球上陆地表面每年固定的氮素已近 2 亿吨（约相当于 4 亿多吨尿素），水面为 0.4 亿吨，大大超过了世界化学氮肥的施用量。根据它们与其他生物的关系，可以将固氮微生物区分为自生固氮、联合固氮、共生固

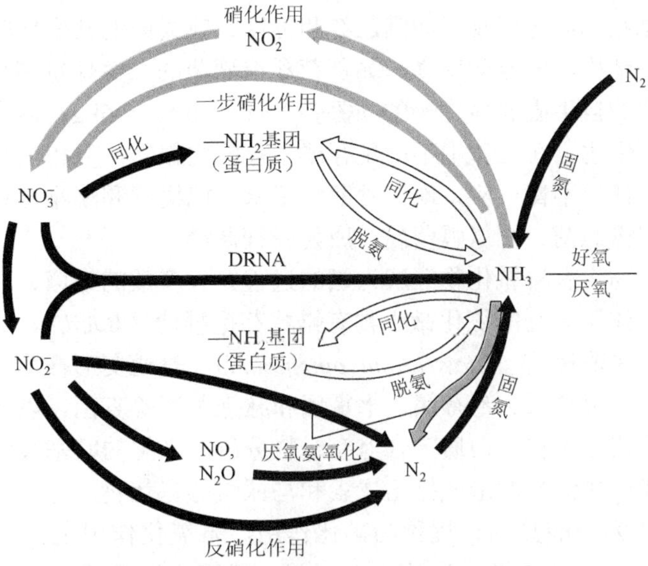

图 10-21　自然界氮素的生物循环（引自 Madigan et al.，2015）

氮和内生固氮 4 种不同的体系。能独立生活并固氮的微生物属于自生固氮微生物，常见的类群有固氮蓝细菌、红螺菌、好氧性自生固氮菌、厌氧性固氮梭菌和产甲烷古菌等。联合固氮体系的固氮微生物主要生活在植物根的黏质鞘套内或皮层细胞之间，与植物的关系具有一定的专一性，但不形成特殊的共生结构，常见的有固氮菌属、芽孢杆菌属、克雷伯氏菌属中的某些种类，如水稻、甘蔗及许多热带牧草的根际，与固氮微生物的联合，都有很强的固氮活性。共生固氮体系是自然界中的主要固氮体系，包括根瘤菌与豆科植物、弗兰克氏菌

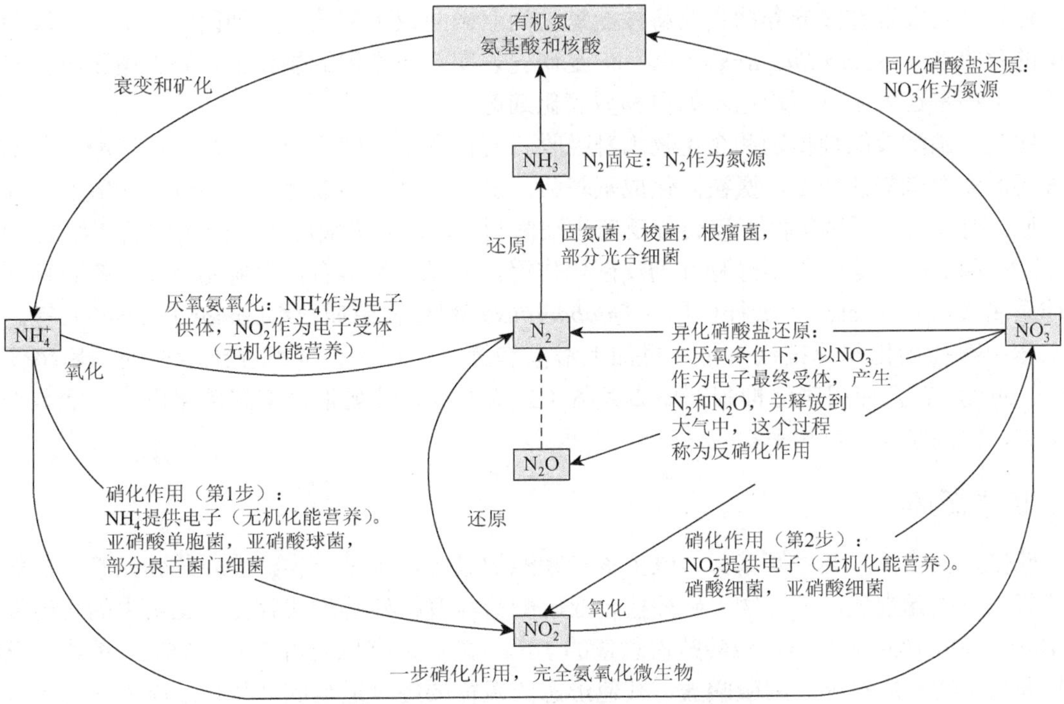

图 10-22　微生物在氮素生物循环中的作用（引自 Willey et al.，2014）

与非豆科植物、固氮蓝细菌与植物（如满江红和苏铁）或真菌的共生体等。共生固氮体系具有根瘤等特殊的共生结构，固氮效率高，如苜蓿和根瘤菌的共生体每年每公顷可固定 300kg 氮素，而多数土壤中的自生固氮微生物的固氮强度仅为 0.5～2.5kg。内生固氮是指定殖在植物内部进行固氮的微生物，在土壤中不能生存或生存能力很差，以相当高的数量存在于植物组织中，不引起宿主任何不良反应，现在甘蔗、玉米、棕榈树和咖啡树等经济作物中发现多种内生固氮菌，如固氮螺菌、固氮弧菌属、成团肠杆菌等。

氨化作用是微生物将有机氮化物分解为氨的过程。大多数的细菌、放线菌和真菌都参与这一分解过程，其中作用较强的氨化微生物有蜡状芽孢杆菌（*Bacillus cereus*）、巨大芽孢杆菌、枯草芽孢杆菌、腐败梭菌（*Clostridium putrificum*）、普通变形杆菌和荧光假单胞菌等细菌，曲霉属、青霉属、根霉属、毛霉属、木霉属和脉孢菌属等真菌，以及嗜热放线菌等。植物和动物也能在分解代谢中将蛋白质等含氮有机物分解，产生的氨基酸和氨一般可再被同化利用。某些动物还能以排泄物的形式排出尿素和马尿酸等氮化物。

微生物将氨氧化为硝酸盐的过程称为硝化作用。氨氧化作用是硝化作用的第一个反应步骤，也是限速步骤，是全球氮循环的中心环节。氨氧化为亚硝酸盐的过程是由两群微生物完成，即氨氧化细菌（AOB）与氨氧化古菌（AOA）。土壤中的氨氧化细菌主要是亚硝酸单胞菌属（*Nitrosomonas*）、亚硝酸螺菌属（*Nitrosospira*）、亚硝酸球菌属（*Nitrosococcus*）和亚硝酸叶菌属（*Nitrosolobus*）。尽管在土壤中氨氧化同时发生在细菌和古菌之中，但陆地生态系统中氨氧化古菌的数量和分布比氨氧化细菌更丰富。硝化作用的第二阶段是由硝酸细菌将亚硝酸进一步氧化为硝酸，主要类群有硝酸杆菌（*Nitrobacter*）、硝酸刺菌属（*Nitrospina*）和硝酸球菌属（*Nitrococcus*）等。2015 年，从硝化螺菌属（*Nitrospira*）中分离到能单独将氨氧化为硝酸盐的微生物即完全氨氧化微生物，它的发现改写了硝化作用和硝化菌群的研究历史。

近年来还发现许多异养菌也能将铵盐氧化为亚硝酸或硝酸盐，如细菌中的节杆菌属和真菌中的黄曲霉（*Aspergillus flavus*）等。但是研究表明，在作用的规模上，异养菌无论在产物的数量上还是在效率方面均远不如自养型硝化细菌。

铵盐和硝酸盐能被植物和微生物本身吸收和同化利用，同化型硝酸盐还原过程中，硝酸盐被还原成亚硝酸盐和氨，氨被同化成氨基酸。植物、真菌和细菌都能够进行硝酸盐的同化型还原。硝酸盐在厌氧条件下还会被反硝化细菌利用，作为无氧呼吸的受氢体而还原成 NO、NO_2、N_2 和 NH_3，这一作用过程称为反硝化作用。常见的类群有假单胞菌属、芽孢杆菌属、副球菌属（*Paracoccus*）、硫杆菌属（*Thiobacillus*）和色杆菌属（*Chromobacterium*）等。由于土壤中存在硝化和反硝化作用，再加上淋失和挥发等原因，氮肥在土壤中的利用率仅为 28%～60%，有人使用硝化抑制剂如 2-氯-6（三氯甲基）吡啶素来抑制硝化作用，能减少氮素损失，提高了氮肥利用率。

三、硫素循环

硫作为生物体内某些氨基酸、维生素和辅酶的成分，也是生物的重要营养元素。自然界的硫素主要以元素硫、硫化物、硫酸盐、亚硫酸盐和有机硫等形式存在。土壤中的含硫量可达 100～500mg/kg 土，其中硫酸盐占总量的 10%～25%，有机硫占 50%～75%。植物、藻类和异养微生物一般只能利用硫酸盐，其他形态的硫需要经过适当的转化，才能为它们吸收利用，硫在自然界的转化大多是由微生物来推动并实现的。

自然界硫素的生物循环见图 10-23。该循环包括以下过程：①有机硫分解产生 H_2S 等还原态无机硫；②H_2S 在硫化细菌的作用下氧化成 S 或SO_4^{2-}；③SO_4^{2-}被植物和微生物吸收同化为有机硫化物，并可进一步为动物食用而成为动物体内的有机硫化物；④动植物和微生物的残体、分泌物和排泄物中的有机硫又重新进入生物循环再利用。此外，硫酸盐还能在反硫化细菌的作用下还原成 H_2S。

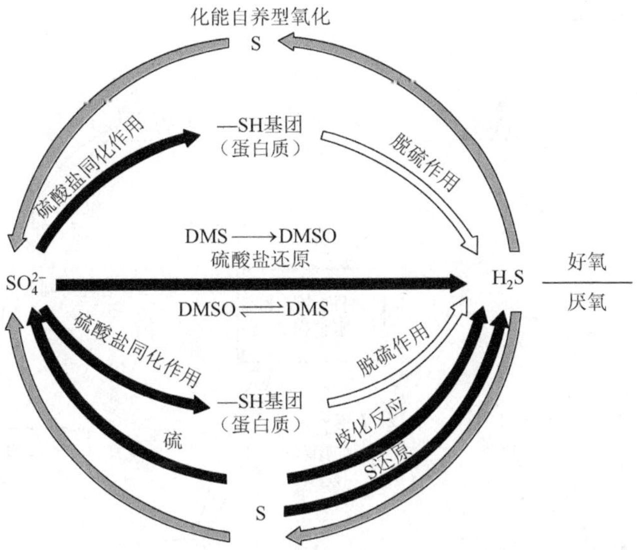

图 10-23 硫素的生物循环（引自 Madigan et al.，2015）

在自然界中，有机硫化物主要以蛋白质中的含硫氨基酸、硫胺素和生物素等形态存在。微生物在降解蛋白质等化合物的同时，也完成了有机硫的分解。在厌氧条件下产生硫化氢，在有氧条件下则进一步氧化为硫酸盐。一般的氨化微生物也能同时分解有机硫。还原态的硫化氢、元素硫或硫化亚铁等能进一步被硫化细菌氧化为硫酸盐，这一过程又称为硫化作用。能进行硫化作用的微生物有两类：一类是无色硫细菌，包括化能自养的硫杆菌属、发硫菌属和贝氏硫细菌属，以及一些异养的细菌、放线菌和真菌等。另一类是具有光合色素的、光能自养的硫细菌，如红硫菌和绿硫菌等。还有一些微生物能在厌氧条件下，将硫酸盐作为无氧呼吸的受氢体而还原为 H_2S，这一过程称为反硫化作用。常见的类群有脱硫弧菌属和脱硫肠状菌属（*Desulfotomaculum*）。反硫化细菌在水稻秧田中过度生长时，会积累 H_2S 而导致水稻烂秧。

自然界的硫素循环与工农业生产和人类生活也有密切的关系，硫化细菌将土壤中的硫或硫化氢氧化为硫酸，能提高土壤酸度，增加土壤中其他矿质元素的溶解度和对植物的有效性。氧化硫硫杆菌（*Thiobacillus thiooxidans*）和氧化亚铁硫杆菌（*T. ferrooxidans*）还可用于细菌冶金，其原理是利用这些化能自养细菌对矿物中的硫或硫化物进行氧化，使它产生硫酸，矿物中的金属被硫酸溶解，如低品质矿石中的铜等金属以硫酸铜等形式不断溶解出来，再采用铁等金属粉末进行置换，就可以获得铜等有色金属或稀有贵重金属，这种方法已广泛应用于铜矿开采区。但是，硫化细菌也会造成埋在土中的地下水、煤气或输油的管道腐蚀，严重时会造成重大事故。

四、磷素循环

磷也是生物体的重要组成元素之一，自然界存在许多难溶性的无机磷化物（如磷矿石等）和来自死亡的生物残体中的有机磷化物（如核酸和磷脂等），它们一般均难以为植物所利用。微生物的活动能促进磷的有效化过程，自然界磷素的生物循环见图 10-24。该循环与碳、氮和硫的生物循环具有不同的特点，它没有磷的氧化还原或化合价态的变化，主要表现是磷酸根的有效化和无效化过程。

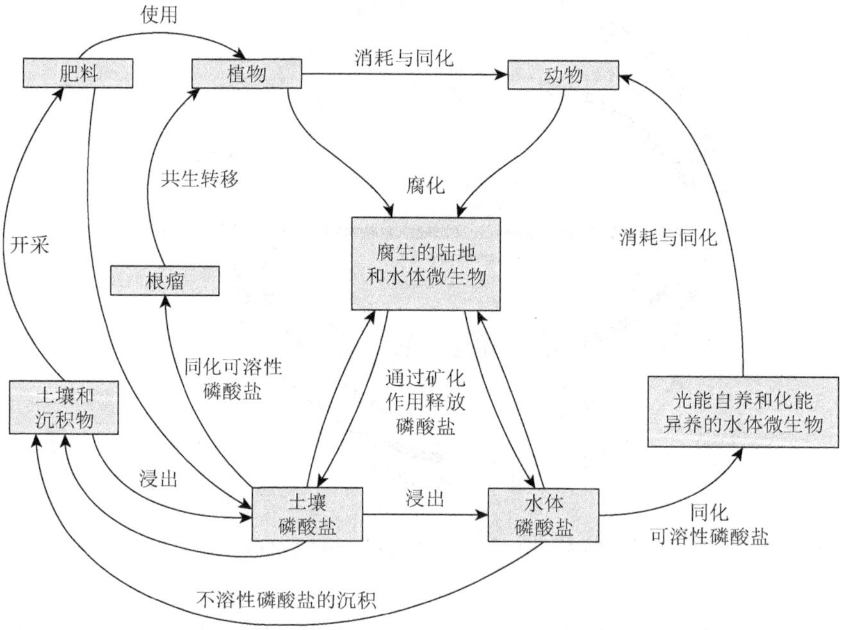

图 10-24　微生物在磷素生物循环中的作用（引自 Willey et al.，2014）

岩石和土壤中含有的难溶性的磷酸盐矿物（如磷酸三钙、含氟磷灰石等）能在许多微生物产生的有机酸和无机酸作用下，转变为可溶性的磷酸一钙、二钙或磷酸亚铁。常见的作用微生物有假单胞菌属、分枝杆菌属、小球菌属、芽孢杆菌属、青霉属和曲霉属等。微生物在降解有机物质的过程中，同时也降解了其中所含的有机磷化合物。许多微生物具有很强的分解核酸、磷脂和植酸等有机磷化物的能力，它们转化释放的磷酸可为其他生物吸收利用。常见的种类有芽孢杆菌属、假单胞菌属、节杆菌属、曲霉属、青霉属、根霉属和小克银汉霉属（*Cunninghamella*）等。

海洋、湖泊和河流等水体环境中的磷素以可溶性状态存在于溶液中，或以难溶性盐的形式沉淀于底层。水体中的有效磷含量与初级生产者的关系尤为密切，可溶性磷素含量的提高将加快水体的富营养化进程。土壤中的有效磷供给不足常常成为作物产量的限制因子。在酸性土壤中，过多的 Fe^{3+}和 Al^{3+}会同磷酸结合而使其无效化，或称为无机磷的固定作用。施用磷肥与促进土壤中分解无机和有机磷化物的微生物的活动，均能因提高土壤中磷的可给性而增加作物产量。

五、铁素循环

铁素主要存在于矿物中，土壤中的铁大多以难溶的 3 价铁离子（Fe^{3+}）存在，在淡水条件下常能被微生物用作电子受体而还原为 2 价铁离子（Fe^{2+}），从而易于为植物吸收利用。

微生物在铁素循环中的作用见图 10-25。化能无机营养的嘉利翁氏菌属（*Gallionella*）在中性条件下，氧化亚铁硫杆菌（*Thiobacillus ferrooxidans*）在热酸条件下均能在有氧时将 Fe^{2+} 氧化成 Fe^{3+}。早期文献曾报道，纤发菌属（*Leptothrix*）和球衣菌属（*Sphaerotilus*）等“铁细菌”虽然也能在中性条件下将 Fe^{2+} 氧化成 Fe^{3+}，但由于迄今未能证实其化能自养代谢，并发现它们可以利用有机物作为碳源和能源，因而仍应归为化能异养菌。近年来，发现某些紫色光合细菌也能在水底沉淀的厌氧条件下，以 NO_3^- 为电子受体将 Fe^{2+} 氧化成 Fe^{3+}，从而有可能解释在海底低氧分压下大量铁锰氧化物沉淀带产生的原因。

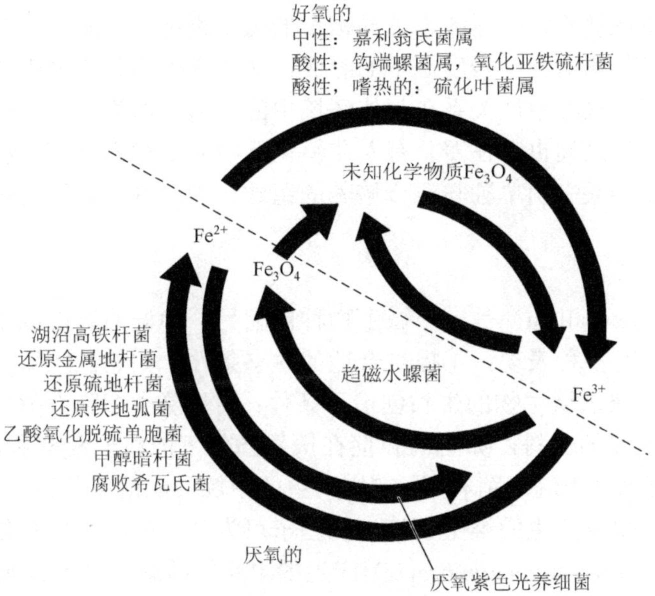

图 10-25 微生物在铁素循环中的作用（引自 Willey et al.，2014）

Fe^{3+}在厌氧条件也能被多种称为铁呼吸（iron-respiring）的微生物用作氧化剂，还原为 Fe^{2+}。常见的类群主要有铁杆菌属（*Ferribacterium*）、脱硫单胞菌属（*Desulfuromonas*）、暗杆菌属（*Pelobacter*）、希瓦氏菌属（*Shewanella*）和 *Geobacter* 的化能异养细菌，它们以有机物为碳源和能源，以 Fe^{3+}为电子受体而将其还原为 Fe^{2+}。

此外，趋磁磁螺菌（*Magnetospirillum magnetotacticum*）在厌氧条件下也能将细胞外的 Fe^{3+}还原为细胞内混合价的磁铁矿（Fe_3O_4）颗粒。另一些细菌则能在细胞外堆积磁铁矿产物。目前在海洋底部发现大量的磁铁矿石，足以说明微生物在铁素循环中的重要作用。深入的研究证明，生活在泥塘和泥沼中的趋磁细菌能系利用磁场来寻找适合它们生长的氧分压区带，因此目前已将它们改称为趋磁氧细菌（magneto-aerotactic bacteria）。

新近的研究又发现，某些厌氧紫色光合细菌能在厌氧光合作用过程中，以 Fe^{2+}为电子供体，并将其氧化为 Fe^{3+}。从而揭示了在光照的厌氧条件下，光合细菌和铁呼吸的细菌可形成 Fe^{3+}与 Fe^{2+}的厌氧小循环。

第六节 微生物间的相互关系

自然界的微生物极少以单独生活的形式存在，不同种类的微生物常以种群的方式聚集在一起。生活在同一生态环境中的不同微生物之间及微生物与其他生物之间存在着十分复杂的相互关系，构成了独特的生物环境，并通过它们之间的相互作用促进了地球生物圈的物质循环、能量流动和整个生物界的进化和发展。

为了讨论的方便，本节将相互关系限制于两个不同的微生物种群之间，可以区分出以下8种不同的类型。

一、中性关系

两个微生物种群之间没有影响或仅存在无关紧要的相互作用称为中性关系（neutralism）。一般这种关系只发生在彼此间代谢能力差异极大的微生物种群之间，或在生态环境中微生物的总量十分稀少而且代谢活力又极度低下的时候，如在微生物总数很少的空气、海洋和贫营养湖中的微生物之间。这种中性关系在其他环境中的芽孢、孢囊、厚垣孢子等处于休眠状态的微生物与其他微生物之间也存在着。有人在恒化器中分别对乳杆菌和链球菌进行单独和混合培养，其生长测定结果表明单独与混合培养的菌数相同，说明它们之间确为中性关系。

二、偏利作用

偏利作用（commensalism）是一个微生物种群因另一种群的存在或生命活动而单方面获利的现象。偏利作用有多种表现：①提供合适的生态条件，如兼性厌氧微生物的生长消耗掉环境中的O_2，从而为厌氧微生物的生长创造了条件；某些藻类细胞为附生的细菌提供了特殊的生境等。②提供需要的养料，如脱硫弧菌在厌氧条件下能将乳酸盐和硫酸盐转化为H_2和乙酸盐，后者正好可为产甲烷细菌利用，它们产生的甲烷又能被甲基营养菌进一步氧化分解。③提供生长因子，微生物产生的维生素等生长因子可为其他生物的生长创造条件，如在水生环境中，短黄杆菌（*Flavobacterium brevis*）产生的半胱氨酸就有利于侵肺军团菌（*Legionella pneumophila*）的生长。④中和或除去毒害性物质，如贝氏硫细菌能氧化H_2S，从而解除了它对许多敏感的好氧菌的毒性；纤发细菌能在细胞表面沉积锰，从而减轻或解除了环境中高浓度Mn^{2+}对其他微生物的毒害。

三、初级合作

初级合作（protocooperation）也称为协同作用（synergism）或互养作用（syntrophy），是两个微生物种群之间相互受益并保持它们各自独立性的松散关系。具有这种作用的种群常能完成它们单独不能进行的物质转化。协同作用有以下几种表现方式：①相互提供能量、营养物质或电子受体，如土壤中的纤维素分解菌将纤维素分解成葡萄糖，为自生固氮菌提供了碳源，后者从空气中固定的氮素又能改善纤维分解菌的氮素营养。初级合作的一个典型例子是厌氧条件下蒂氏脱硫念珠菌（*Desulfomonile tiedjei*）、未定名菌BZ-2和产甲烷螺旋菌（*Methanospirillum* sp.）的协调作用对3-氯苯甲酸脱氯后产生苯甲酸，后者被BZ-2进一步降解成乙酸盐、H_2和CO_2。这些产物和维生素除能为蒂氏脱硫念珠菌利用外，还能被产甲烷螺旋菌利用产生甲烷和维生素，后者又能促进蒂氏脱硫念珠菌的生长（图10-21），只有3种菌共同存在时，才能降解3-氯苯甲酸化合物。绿硫菌能产生甲酸并将H_2S还原为S，而螺菌则在氧化甲酸时将S还原为H_2S。两者共同完成了使硫从还原态到氧化态并再从氧化态回到还原态的循环，既满足了相互的营养需要，又使环境不致因产物的积累而发生毒害作用。在厌氧的垃圾处理场、水体底层和淹水土壤中，通过互营养细菌和产甲烷古菌的初级合作，可以将脂肪酸降解，并产生 H_2 和 CH_4。其中互营杆菌属（*Syntrophobacter*）的细菌先降解丙酸等脂肪酸为 CO_2 和 H_2；甲烷螺旋菌（*Methanospirillum*）则进一步利用 H_2，将 CO_2 还原为 CH_4。②相互提供生长因子，如阿拉伯糖乳杆菌（*Lactobacillus arabinosus*）能产生叶酸但需要苯丙氨酸，而粪链球菌能产生苯丙氨酸却需要叶酸，它们均不能在基本培养基上单独生长，但混合接种后却能正常生长（图 10-26）。③共同降解农药，如节杆菌和链霉菌均不能单独降解有机磷农药二嗪农（diazinon），但共同培养时却能利用二嗪农作为碳源和能源，并在生长过程中使农药降解。类似的协同降解作用还存在于青霉和地霉之间。

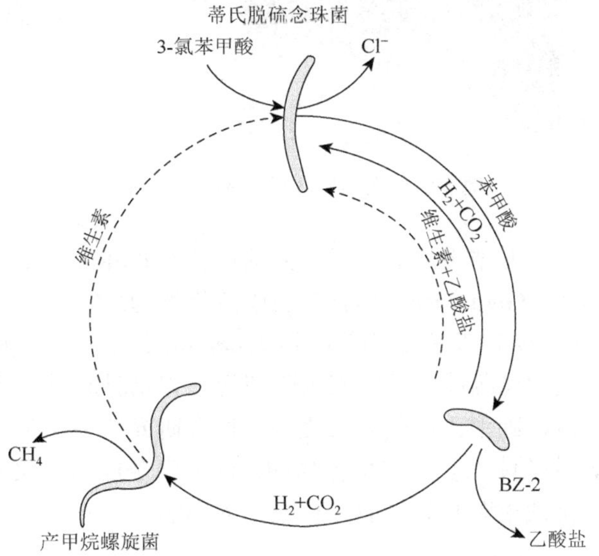

图 10-26 降解 3-氯苯甲酸类化合物的微生物体系

该体系具有 3 个成员，三者缺一不可，否则降解循环不能进行下去。闭合的箭头表示营养物流向，虚线箭头表示可能的流向

四、互惠共生

具有共生的特殊形态结构和功能并相互受益的两类微生物之间的相互关系，称为互惠共生（mutualism）或简称为共生。藻类或蓝细菌与真菌共生所形成的地衣（lichen）是互惠共生关系的典型代表（图 10-27），藻类和蓝细菌通过光合作用向真菌提供有机养料，固氮蓝细菌还可以同时供给有机氮素营养，而真菌则利用菌丝的吸收作用为藻类和蓝细菌提供水、矿质养料、某些生长素和在基质上牢固附着的条件，这一互惠共生关系使地衣具有极强的适应性和生命力。地衣中的真菌还能分泌产生特殊的地衣酸，以促进营养元素的溶解和螯合作用。在这一共生体系中，参与真菌的多样性明显高于藻类，后者通常只存在于地衣上部或聚集成群，因此地衣的形态主要由真菌菌丝体形成。在干燥地区，生长于岩石表面的地衣生长速度很慢，一般只有 1～3mm/年。但在温带气温适合时的雨后，人们不难从潮湿的土壤表面采集到能在一夜之间出现的大量地衣，俗称地木耳，洗净后可作蔬菜炒食。地衣对大气和环境污染特别敏感，可以作为指示生物，一旦某一地区因 SO_2 的浓度过高，出现酸雨时地衣将迅速消失。

五、竞争关系

竞争关系（competition）是两个微生物种群之间因利用相同的养料、生长基质或环境条

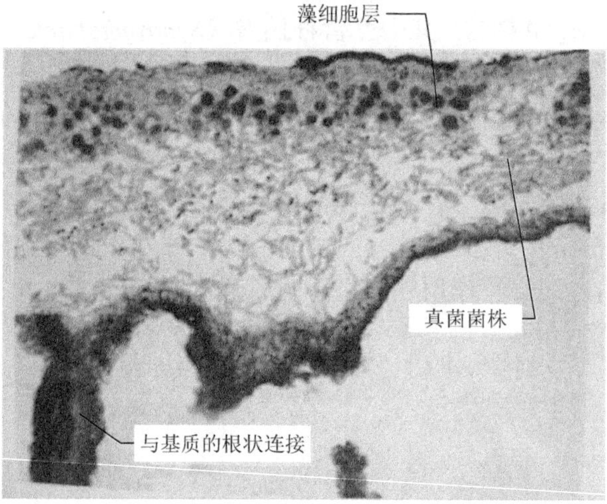

图 10-27　地衣的剖面结构（引自 Madigan et al.，2015）

件时而发生相互竞争。竞争的结果势必降低双方的增长率和种群密度，并最终导致优势种群的胜利和劣势种群被淘汰。Gemerden（1974）在以硫化物为限制因子的条件下混合培养酒色红硫菌（*Chromatium vinosum*）和韦氏红硫菌（*Chromatium weissei*），发现它们之间的竞争能力与光照条件有关。当连续光照或光照时间大于或等于黑暗时间时，酒色红硫菌占优势；当黑暗时间大于光照时间时，则韦氏红硫菌占优势。许多研究结果表明，限制性养料的种类、浓度、pH、温度和氧气等条件均会影响微生物种群间的竞争能力。此外，微生物对干旱、高温和低温等极端因子的抗性也对其竞争能力有重要的影响。

六、拮抗作用

拮抗作用（antagonism）又称为偏害作用（amensalism），这是一种微生物通过产生某种特殊的代谢产物或改变环境条件来抑制或杀死另一微生物种群的现象。可以将拮抗作用区分为非特异性和特异性两种类型。

（一）非特异性拮抗作用

非特异性拮抗作用是指一种微生物通过自身的代谢活动，改变环境条件而非特异性地抑制另一微生物的作用，其作用方式如下：①产酸。在腌制泡菜、酸菜或青贮饲料的过程中，利用厌氧条件来抑制好氧性微生物的生长，同时乳酸细菌产生乳酸，可以抑制腐败性微生物的生长，并赋予食品特有的风味。生活在人和动物皮肤表面的正常微生物区系能将分泌的脂肪类化合物分解并产生挥发性脂肪酸，也足以抑制一些有害的病原微生物的生长。在牛、羊等草食性动物瘤胃中生长的厌氧型微生物能产生挥发性脂肪酸，抑制大肠杆菌的生长。②产乙醇。酵母菌或发酵单胞菌属能发酵葡萄糖产生乙醇，低浓度的乙醇可以抑制除醋酸菌以外的其他微生物的生长。③改变氧分压。一种微生物产生或消耗 O_2，均能改变环境的氧分压，并使之不利于另一类微生物生长，如在藻类和蓝细菌进行产氧光合作用的生境中，很少有专性厌氧微生物的生长。

（二）特异性拮抗作用

特异性拮抗作用是指一种微生物在代谢活动中专门产生一些特殊的次生代谢产物，可以在低浓度下特异性地抑制或杀死另一微生物的作用。依产物的作用性质可分为两类，即细菌素（bacteriocin）和抗生素。细菌素是某些细菌产生的能抑制或杀死亲缘关系相近类群的多肽，其作用范围较狭窄，仅限于少数有关的种或菌株，表现为高度的特异性和选择性。研究最多的是大肠杆菌和肠杆菌科其他细菌产生的肠杆菌素（colicin），仅对与之相近的同类细菌有较强的毒性而对分类上较远的细菌没有作用。某些其他细菌也能产生细菌素，如巨大芽孢杆菌（*Bacillus megaterium*）能产生巨菌素，绿脓假单胞菌能产生绿脓菌素，根瘤菌能产生根瘤菌素等。抗生素是微生物产生的一类特异性地抑制和杀死其他微生物的次生代谢产物，它们与细菌素的区别在于作用范围较广，并主要作用于不同类群的其他微生物。产生抗生素的微生物又称为抗生菌，主要有放线菌、细菌和真菌。抗生素能在低浓度下对其他微生物发生专一性的拮抗作用。不同类群的微生物产生的抗生素种类与抑菌范围（或抗菌谱）各异。在生态学方面，有人曾将抗生菌及其敏感菌株加入土壤，但未获得预期的结果。由于土壤是一个复杂的生态环境，抗生菌在土壤中的拮抗能力还要受到土壤理化和生物学因素的制约。有人认为，抗生菌及其产生的抗生素在其生活的微生境中起作用，能防止周围其他微生物的侵入，以保证自身的繁衍。近年来，也有人将拮抗作用应用于控制植物的病原微生物，它们用病原菌的拮抗微生物接种植物种子、幼苗或块根、块茎等繁殖体，能取得防治病害和促进植物生长的良好效果。

七、寄生关系

寄生（parasitism）是一种微生物生活在另一种微生物的表面或体内，并对后者产生危害的相互关系。在这一关系中，前者称为寄生物（parasite），后者称为寄主（host）。依寄生物在寄主上的位置，可以区分为外寄生和内寄生两种类型。外寄生（ectoparasite）中的寄生物仅寄生在寄主细胞上，这一相互关系的特异性一般较弱，寄生物也多具兼性寄生的特性。例如，黏细菌常能借产生的胞外酶，以溶解生境中的其他革兰氏阳性、革兰氏阴性细菌或藻类细胞，并从中获取营养。某些细菌能产生几丁质酶和纤维素酶，以降解真菌和藻类的细胞壁，并可从其后崩解的细胞原生质中获取养料。内寄生（endoparasite）是寄生物在寄主细胞内的寄生关系。内寄生的相互关系的特异性较强，有些寄生物甚至表现出严格的专一性，病毒和噬菌体是这一关系的突出代表，它们能寄生在细菌、真菌、放线菌、藻类和原生动物细胞中，病毒的寄生对于污染水体环境中的肠道病原细菌的消失有重要作用。一些研究还表明，土壤颗粒的吸附作用也影响到寄生物和寄主的相互关系，在盐浓度较高时，大肠杆菌等肠道微生物能被颗粒吸附而不受噬菌体的攻击；当盐浓度较低时，大肠杆菌等从颗粒上解吸而被噬菌体裂解。一些细菌和真菌能寄生在原生动物细胞内，其中的某些类群并不立即导致寄主细胞的裂解和死亡，它们可随原生动物细胞的分裂而延续较长时间。人的机会致病菌肺炎军团菌能通过在原生动物细胞内的寄生而在水体环境中存活和散布。某些真菌能寄生在另一些真菌的菌丝或子实体上，如木霉的菌丝可寄生在立枯丝核菌（*Rhizoctonia solani*）的菌丝或蘑菇的子实体上；盘菌属（*Peziza*）的菌丝可寄生在毛霉的菌丝上；头状虫草（*Cordyceps capitata*）能寄生在大团囊菌属（*Elaphomyces*）的地下子囊果上。此外，某些真菌还能寄生在藻类细胞中。从宏观方面来看，寄生关系有利于控制生态环境中不同微生物类群的相对数量，促进自然界有限营养元素的再循环，可以认为寄生物是对寄主数量的一种负反馈控制机制。

八、捕食关系

捕食关系（predation）是一种微生物直接吞食另一种微生物的关系，绝大多数的原生动物、黏菌的变形虫阶段和某些黏细菌以捕食为营养方式。捕食者从被捕食者获得营养，在极端情况下，捕食者的吞食可能导致被食者种群的消失，进而反过来威胁到捕食者本身的生存。但在一般情况下总有部分生活力强的被捕食者能逃避捕食，并能在捕食者因食物减少而削减时重新繁殖起来，从而导致捕食者与被捕食者种群数量交替消长的周期性波动（图 10-28）。

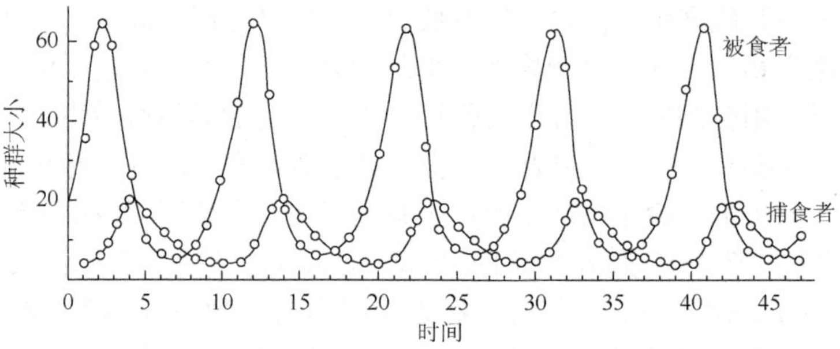

图 10-28　理论上的捕食者与被捕食者的波动关系图

微生物之间的捕食关系同寄生关系一样，是控制某一微生物种群数量过度发展的一种重要机制，同时也对双方提出了选择压力，促使被食者迅速运动、繁殖和形成内生孢子等休眠体，或产生阻止捕食的刺状表面结构等方式，逃避捕食压力和迅速恢复种群；另外，也要求捕食者根据被捕食者的数量迅速改变种群的大小，因为在饥饿条件下常常有利于小的捕食者的生存。

以上介绍的 8 种相互作用关系仅是一种人为的划分，微生物之间在自然界的相互作用常比上述关系复杂得多。在一个特定的生态环境中，通常同时存在两个以上的多微生物种群间的几种相互作用，表现为复杂的、相互促进又相互制约的生存竞争，从而促进了微生物的进化发展。

第七节　微生物与高等植物间的相互关系

微生物与高等植物之间的相互关系密切表现在以下几个方面，植物根系给土壤微生物提供了一个特殊的生态环境；在植物地上部分的茎、叶、花、果实和种子表面都有附生微生物；某些微生物能与植物形成具有特殊功能的共生体系；病原微生物能侵染植物产生病害，严重时会导致死亡。

一、植物的根圈与根圈微生物

根圈（rhizosphere）是植物根系直接影响到的土壤范围。植物根系的总重量可达植物总重量的 13%～84%（草本）或 9%～24%（木本），根系的组织和细胞在生长和代谢过程中能不断地向根圈分泌许多无机和有机物质（如氨基酸、有机酸、碳水化合物、核苷、生长素和酶等），再加上脱落的根表皮细胞、根冠和死亡的根系等，都是微生物的营养来源。由于根系的比表面积很大，穿插在土壤中并具有旺盛的代谢活动，因此根圈的营养成分、氧分压和水分状况也与根外土壤不同，从而形成了一个有利于微生物生长的特殊生态环境，在植物根圈生活的微生物区系称为根圈微生物区系。

（一）植物根系对微生物的作用

植物根圈对微生物数量和种类的影响称为根圈效应（rhizosphere effect）。在数量方面，常用根土比（*R/S* ratio）即根圈微生物数量与非根圈土壤微生物数量的比值来表示。*R/S* 一般为 5～20，有时可高达 100 以上，并随植物种类、生育期和土壤类型等而变化。

根圈微生物不但数量多，而且在类群组成上也与非根圈土壤微生物不同。根圈以革兰氏阴性的无芽孢杆菌占优势，而革兰氏阳性的球菌、杆菌、芽孢杆菌和多形态菌较少。常见的主要类群有假单胞菌属、黄单胞菌属和产碱菌属，其次是土壤杆菌属等。根系对真菌种类的选择作用尤为明显，它们能吸引疫霉属（*Phytophthora*）、腐霉属和丝囊霉属（*Aphanomyces*）的游动孢子。根圈对放线菌、藻类和原生动物的刺激作用不明显，它们的根土比例很少超过（2～3）：1。

根圈微生物的营养需要也不同于土壤微生物，它们一般需要有氨基酸才能良好生长，并对植物根的分泌物和死亡脱落的表皮细胞中的有机成分表现出明显的依赖性。由于不同植物的根分泌物不同，同一植物的分泌物在不同生育期中也有变化，因此根圈微生物还表现出与植物种类、土壤及其他环境条件有关的特异性，并随植物生育期不同的数量和优势种群的交替变化。一般来说，定居在根表面的微生物受植物根系的影响最大，特异性也较高。其余的类型主要受根系的刺激或影响，少数种类如雀稗固氮菌（*Azotobacter paspali*），甚至可以定居在根的胶质鞘套中，形成与植物关系十分密切的联合固氮体系。

（二）根圈微生物对植物的影响

根圈微生物对植物的作用多数是有益的，其作用可归纳为：①提供有机养料和生长素类物质。根圈微生物在代谢活动中能迅速分解来自根系、有机肥和土壤中的复杂有机物质，并将其转化为可给性植物养料，有些类群还能产生吲哚乙酸（如小麦根圈微生物）、赤霉素（如藤仓赤霉菌）等生长素类化合物来刺激植物的生长。②提高土壤矿质养料的有效性。绝大多数的根圈微生物能在代谢过程中产生有机酸，进而促进土壤中难溶性磷、铁和锰等元素转变为植物可利用的可溶性养料，有些微生物还能产生有机螯合物来加强铁、锰等矿质元素的溶解性和有效性。③消除 H_2S 等对植物的毒害作用。存在于水田或淹水土壤中的还原态硫化氢等硫化物在水生植物根圈较高的氧分压下，能被硫化细菌氧化而消除它们对植物的毒害作用，细菌也可因从植物获得 O_2 和接触酶而受益。④产生拮抗性物质。许多根圈微生物能产生抑制其他植物或植物病原微生物的拮抗化合物，如小麦根圈微生物能产生抑制豌豆和莴苣根系生长的拮抗物，因而对小麦根系的生态环境起保护作用。⑤有时过度生长的根圈微生物会与植物竞争吸收矿质养料，使植物出现暂时性营养不良症状，如果树因缺锌而产生小叶，燕麦因缺锰而产生灰斑等。⑥某些根圈微生物能产生有毒物质，抑制后茬植物的种子发芽和幼苗生长，因此轮作中应注意选择适合的后茬作物。

二、植物内生菌

能生活在植物组织内，但不形成特定共生结构的微生物称为植物内生菌（plant endophyte）。植物内生菌可分为以下两种类型：一是组成型（或称永久型），内生菌长期与植物共同生活，从种子萌发到开花结实，周而复始。二是诱导型（或称周期型），微生物仅在植物生长的特定阶段经诱导后才进入植物。前一类多属于对双方有利的共生关系，而后者的相互关系较为复杂，包括偏利共生、互惠共生或寄生等多种类型。

（一）内生真菌

麦角菌（*Claviceps purpurea*）能侵入黑麦等禾本科植物与杂草形成麦角，后者因含有对动物有毒的麦角碱而具有药用价值，同时也能保护植物免受动物取食。麦角菌菌丝感染黑麦花的子房，使之转变成深色并呈角状的菌核，成熟的麦角落入土壤内越冬，次年萌发长出多个带长柄的子座。在子座膨大的顶部周缘产生呈环状排列的多个子囊壳，每个子囊壳有孔口向外，其内含有大量长形的子囊。子囊孢子也为细长针状，成熟后由子囊弹射经孔口向外排出，可以再次侵染其宿主植物，以开始新一轮的生活史。根据报道，在欧美广泛种植的牛尾草（*Festuca arundinacea*）能与名为 *Acremonium coenophialum* 的内生真菌共生，后者因为能加强牧草对土壤水分和养料的吸收能力，使植物更耐干旱，并能同时因分泌产生麦角生物碱，提高牧草的抗虫和免受草食动物牧食的能力。

自从发现紫杉的树皮可以提炼出价格昂贵的抗癌物质紫杉醇后，有人从紫杉树皮中分离到一种名为 *Taxomyces andreanae* 的内生真菌，该菌能产生紫杉醇，并可用于商业化生产。此后又有人相继从中分离到名为 *Pastalotiopsis microspora*、链霉菌属（*Alternaria* sp.）和盘单毛孢属（*Monochaetia* sp.）的内生真菌。此外，也有人从蓝猪耳属（*Torenia*）、落羽杉属（*Taxodium*）和柏科的金钟柏属（*Thuja*）树木中分离到内生真菌。在上述共生关系中，植物为内生真菌提供养料，内生真菌则分泌产生紫杉醇等生物活性物质，提高植物对病原真菌的抗性。

（二）内生细菌

自巴西 Dobereiner 等（1988）首次采用含糖量较高的半固体培养琼脂，从甘蔗植物内部分离到重氮营养醋杆菌（*Acetobacter diazotrophicus*）以来，有关内生细菌的研究大多集中在内生固氮细菌方面。与在土壤中独立生活并能固氮的自生固氮菌及主要生活在植物根系表面外的联合固氮菌不同，它们能从根的表皮细胞间隙或侧根发生处的裂隙进入根组织的细胞间隙或细胞内，但不形成像豆科根瘤那样的特化共生结构。在内生固氮体系中，植物为固氮细菌提供养料和微生态环境，而内生细菌则向植物提供固定的氮素养料，并能产生某些抗病、促生的生物活性物质。有报道认为，已报道的固氮内生细菌主要有巴西固氮螺菌（*Azospirillum brasilense*）、粪产碱菌（*Alcalligenes faecalis*）和成团肠杆菌（*Enterobacter agglomerans*）等。织片草螺菌（*Herbaspirillum seropedicae*）是普遍存在于甘蔗、水稻、玉米和高粱等禾本科植物根皮层与根茎木质部细胞内的固氮内生菌。与重氮营养醋杆菌一样，它们是专性内生菌，可以随种子或植株传播，很难在土壤中长期生活。

卡拉草（*Leptochloa fusca*）为千金子属的植物，是盐沼地上的先锋植物，可以连续割草而不施肥，其奥秘在于其植株细胞间和细胞内有共生固氮菌——需求固氮弧菌（*Azoarcus indigens*）。

目前，虽然有关植物内生菌的报道日益增加，但研究工作的水平和深度仍有待提高，尤其需要采用标记基因与激光共聚焦扫描显微镜、FISH 等现代先进技术手段，进一步深入地揭示植物内生菌在植物体内的分布、作用和共生机理。

三、微生物与高等植物间的共生关系

微生物与高等植物间的共生关系主要有菌根真菌与植物共生形成的菌根、根瘤菌与豆科植物及弗兰克氏菌与非豆植物形成的根瘤等，它们都有表现出特殊生理功能的共生结构。

（一）菌根

菌根（mycorrhizae）是真菌（担子菌和子囊菌）与植物的根系形成的特殊共生体。根据形态和解剖学特征，可区分为外生菌根和内生菌根两大类。

1. 外生菌根　据估计约有 3% 的植物具有外生菌根，其中多数是乔木树种，包括被子植物和裸子植物。以欧洲山毛榉（*Fagus sylvatica*）和松树的研究较为详细，其次是栎、桦及其他针叶树。图 10-29 是松树的外生菌根及其在地下的广泛分布状况。

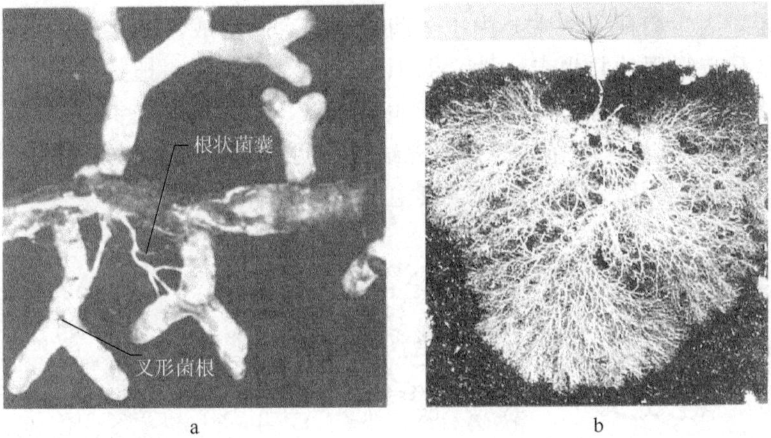

图 10-29　松树的外生菌根及其地下的广泛分布状况（引自 Madigan et al.，2015）

a. 松树的典型生菌根，共生真菌为 *Thelophora terrestris*；b. 小松树幼苗及其发育良好的地下菌根截面图

外生菌根的特点是真菌菌丝体紧密地包围植物幼嫩的根，形成致密的鞘套，有些鞘套还长出菌丝，取代了植物的根毛，部分菌丝还侵入根的外皮层细胞间隙，形成特殊的网状结构，称为哈氏网（图 10-30a）。在一种植物的根上，可以同时由一种或几种不同的真菌形成外生菌根，它们之间的专一性一般较弱。形成外生菌根的真菌大多属于担子菌中的牛肝菌属（*Boletus*）、鹅膏属（*Amanita*）和口蘑属（*Tricholoma*），也有少数种类属于子囊菌的块菌目（Tuberales）。

外生菌根能加强植物对水分与磷、钾、氮和钙等矿质营养元素的吸收，并向植物提供生长素、维生素、细胞分裂素、抗生素和脂肪酸代谢产物，以促进其生长。外生菌根还能提高植物对病原菌侵染，以及对温度、干旱和过酸或过碱等极端环境的抗性。在这一共生体系中，植物则为菌根真菌提供了良好的生态环境和有机养料等。许多试验结果表明，用外生菌根真菌的纯培养体接种，对树苗培育与荒山、林地的绿化有重要作用。在贫瘠的土壤上，外生菌根的作用尤为明显。

2. 内生菌根　内生菌根的特点是真菌的菌丝体主要存在于根的皮层细胞间和细胞内，共生的植物仍保留有根毛。依共生真菌的特点又分为以下两种类型。

（1）丛枝菌根　是由无隔真菌侵染植物后在根的皮层细胞内产生泡囊和丛枝（arbuscules）状结构的内生菌根，也称为泡囊丛枝菌根，即 VA 菌根，由于泡囊的形成并不普遍，所以通称为丛枝菌根，简称 AM（*Arbuscular Mycorrhiza*）（图 10-30b）。已知大多数农作物、木本植物和野生草本植物均具有 AM 菌根，但由于缺乏明显的外部形态特征而常不为人们重视。AM 菌根的少数根外菌丝有厚壁的粗菌丝和薄壁的细小分枝菌丝两种，在粗菌丝上还可以形成薄壁小囊、厚垣孢子和接合孢子等。已知能与植物共生形成 AM 菌根的真菌都属于内囊霉科（Endogonaceae），主要有内囊霉属（*Endogone*）、无柄孢属（*Acaulospora*）、巨孢囊霉属（*Gigaspora*）、球囊霉属（*Glomus*）和实果内囊霉属（*Sclerocystis*）等 9 属。由于它们具有与植物共生的高度专一性，迄今尚未分离获得纯培养体。

大量的研究结果表明，AM 菌根能加强植物对土壤中磷元素及其他营养元素（如锌、硫和铵等）的吸收，促进植物生长，并能提高植物在贫瘠土壤中的生活能力。这一作用对热带雨林中树木的生长尤为重要。近年来的许多研究结果也表明，AM 菌根真菌接种对棉花、小麦、玉米和花生等农作物均有一定的增产效果。

（2）非 AM 型内生菌根　主要由担子菌等有隔真菌形成，多存在于兰科和杜鹃花科植物中，其特点是具有很强的共生专一性（图 10-30）。例如，兰科植物的种子没有菌根真菌，就不能萌发；杜鹃花的幼苗没有菌根就不能成活。已知与兰花共生的真菌有假蜜环菌（*Armillaria mellea*）和立枯丝核菌。一些研究结果表明，非 AM 型内生菌根能加强植物对氮、磷和复杂碳水化合物的利用，从而提高了其生活能力。

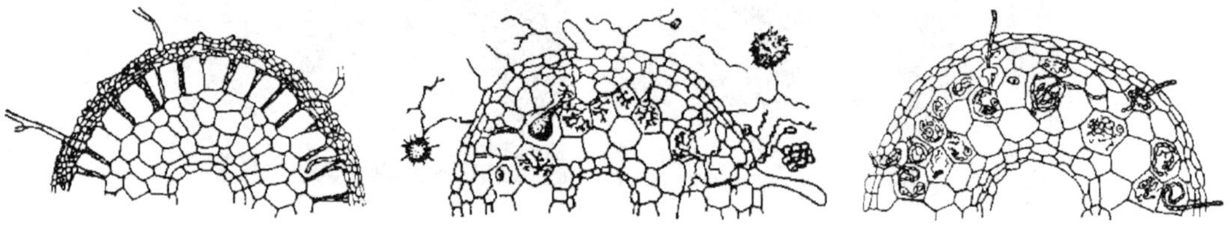

图 10-30　不同类型菌根的横剖面图

a. 外生菌根，显示鞘套和哈氏网；b. AM 菌根，显示在根皮层细胞内的泡囊和丛枝，以及在根外形成的厚垣孢子、接合孢子等；c. 非 AM 型内生菌根，显示在根皮层细胞和细胞间穿插的菌丝

（二）根瘤菌与豆科植物的共生固氮

这是微生物与植物间最重要的一种共生关系。根瘤菌是革兰氏阴性的化能异养微生物，它虽然也可以在土壤中营腐生生活，而且也发现有些种类能自生固氮，但是只有在与植物共生形成的根瘤中才能进行旺盛的固氮作用。根瘤菌多数经根毛侵入，少数（如花生根瘤菌）经侧根形成的裂隙侵染，而且经根毛进入的根瘤菌沿根毛形成侵入线（图 10-31）。当侵入线到达根的皮层后，就刺激内皮层细胞分裂繁殖，根瘤菌也随之进入皮层细胞内，迅速繁殖分化为梨形、棒形、杆状、T 形或 Y 形的类菌体（bacteroid），充满根瘤的含菌细胞。在根瘤发育的同时，还产生根瘤特有的豆血红蛋白，它的出现是有效根瘤的标志，对根瘤的固氮作用起防氧保护作用。在呼吸作用中，植物提供的光合作用产物由类菌体通过氧化磷酸化产生 ATP 和电子，而且类菌体内含有固氮酶，固氮酶对氧非常敏感，因此由豆血红蛋白保证低的氧分压，使固氮酶能够将 N_2 还原为 NH_3。产物氨进一步分泌到根瘤细胞质中，与有机酸结合生成氨基酸、酰胺或酰脲等，经根瘤和植物输导系统转运到植物的各个部分，以满足其氮素营养的需要。根瘤的形成过程见图 10-31，有效根瘤的主要代谢功能见图 10-32。

根瘤菌与豆科植物的共生固氮作用是根瘤菌和豆科植物有关基因协调表达、相互作用的复杂过程。参与该作用的根瘤菌基因主要包括结瘤基因（*nod*、*nol* 和 *noe*）和固氮基因（*nif* 和 *fix*）两大类。其中，结瘤基因又可细分为共同结瘤基因、宿主专一性结瘤基因

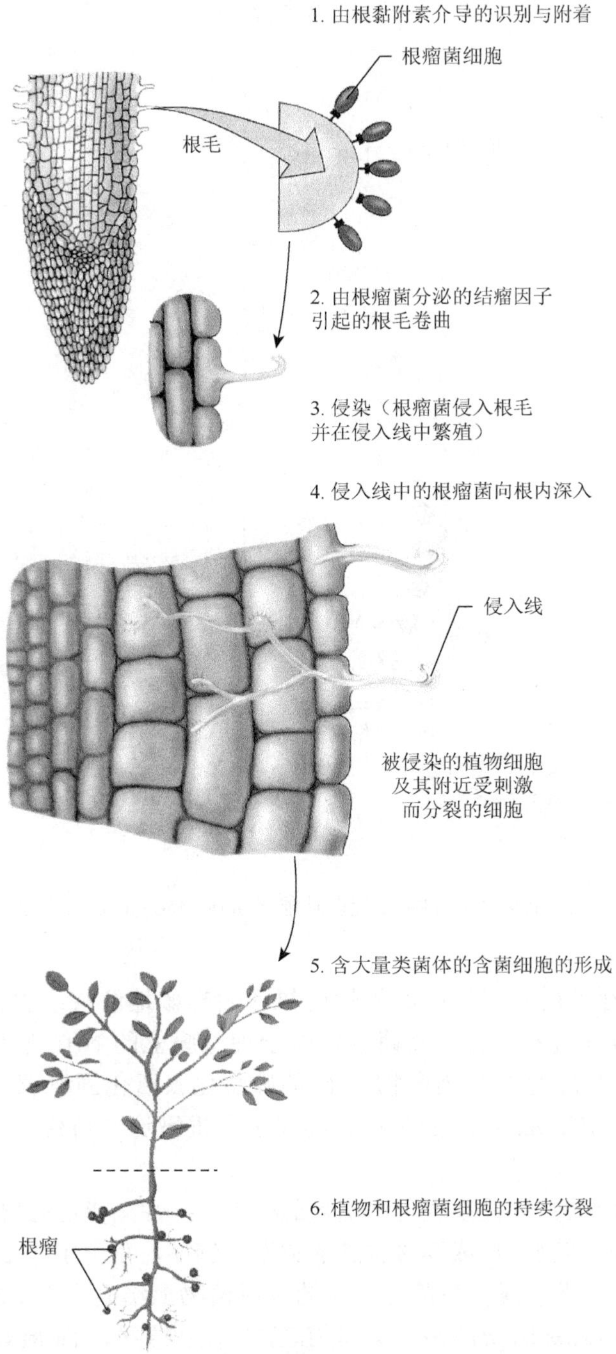

图 10-31　根瘤菌侵染豆科植物根毛形成根瘤的主要步骤（引自 Madigan et al.，2015）

和结瘤调节基因。共同结瘤基因 *nodABC* 存在于所有根瘤菌中，主要编码产生根瘤菌应答信号物——结瘤因子（nod factor）的骨架结构。在大多数情况下，它们在根瘤菌的种属间可以互换而不改变宿主范围，起着功能互补的作用。已有研究结果表明，豆科植物以其根分泌的类黄酮化合物为信号物，通过修饰根瘤菌组成型表达的结瘤调节基因产物 NodD，并使之活化而启动 *nodABC* 与其他结瘤基因表达，产生结瘤因子，后者可使根的内皮层细胞分裂而形成根瘤。由侵入线进入根皮层的根瘤菌也随之释放到增生的皮层细胞内，迅速增殖并特化为类菌

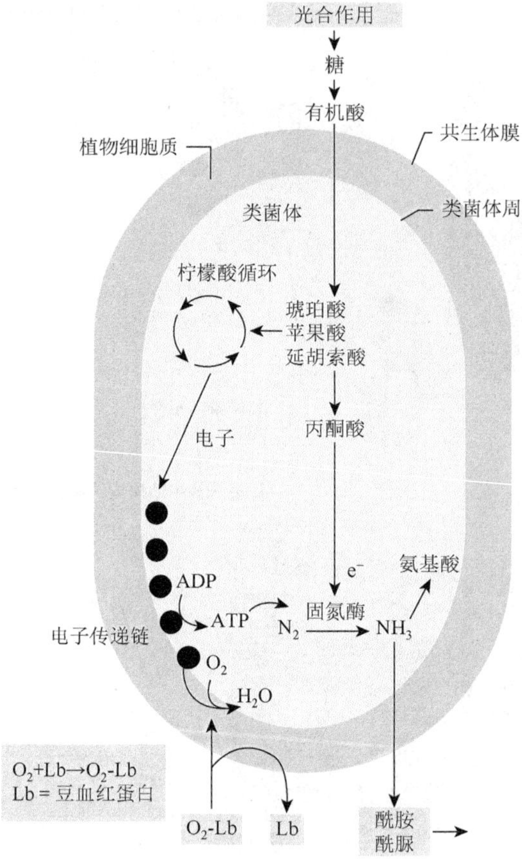

图 10-32　有效根瘤的主要代谢功能（引自 Madigan et al.，2015）

体，植物编码的豆血红蛋白与根瘤的结构性防氧作用巧妙地解决了类菌体的有氧呼吸与固氮酶在低氧分压下固氮的矛盾。根瘤菌以定位于细胞膜上的 NifL 感知根瘤含菌组织中的低氧分压，并通过使其配对的基因产物 NifJ 的磷酸化去活化固氮调节基因 *nifA* 和 *fixK*，后者进一步启动其他 *nif*、*fix* 基因的表达，实现了在根瘤这一特殊共生体内的共生固氮作用（图 10-33）。

根瘤菌与豆科植物的共生关系表现出明显的宿主专一性，特定的根瘤菌种只能侵染一种或少数几种特定的豆科植物，形成互接种族的关系，例如，苜蓿中华根瘤菌（*Sinorhizobium meliloti*）只能在苜蓿、草木樨和葫芦巴 3 属的豆科植物上结瘤，豌豆根瘤菌三叶草生物型（*Rhizobium leguminosarum* bv. *trifolii*）只能在三叶草上结瘤，而豌豆根瘤菌豌豆生物型（*Rhizobium leguminosarum* bv. *viceae*）只能在豌豆、蚕豆和苕子等上结瘤。应当指出，互接种族关系没有严格的专一性，已知一些广谱性的根瘤菌常表现出跨族结瘤的能力。新的研究结果还表明，环境条件也在一定程度上影响到根瘤菌的结瘤性能，因此特定根瘤菌的共生宿主范围取决于根瘤菌、豆科植物与环境条件三者间的相互作用。

根瘤菌的共生固氮作用与植物的光合作用和生理状况密切相关，加强植物的光合作用效率也将同时提高根瘤菌的共生固氮作用。此外，土壤湿度、温度、氧气状况、酸度和化合态氮素含量等环境条件也对共生固氮作用有重要影响。只有在完全满足豆科植物的良好生长条件的前提下，才能充分发挥共生作用的效率。

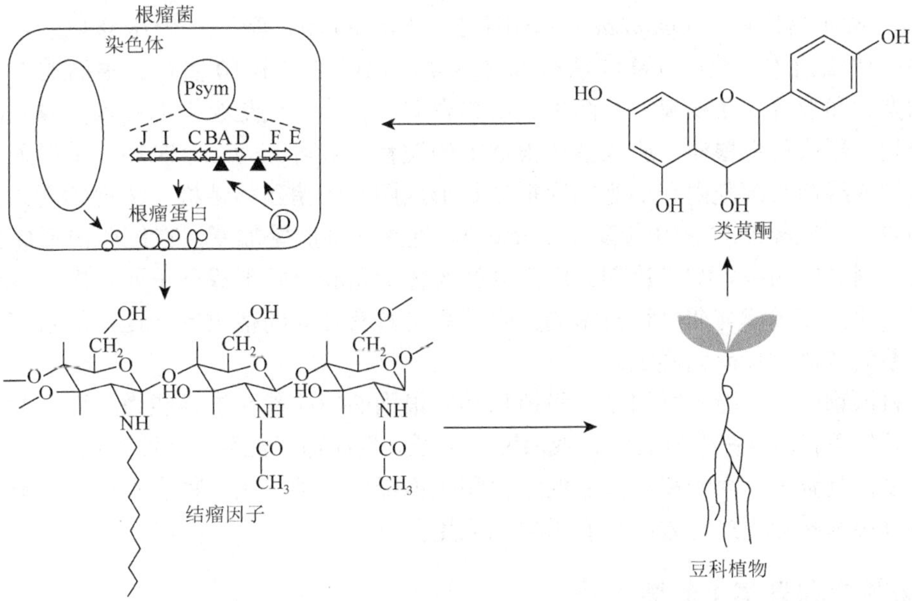

图 10-33　根瘤菌与豆科植物在分子水平上的“对话”

根瘤菌与豆科植物的共生固氮效率大大高于自生固氮菌，常见的豆科植物结瘤的固氮量见表 10-5。为了在农业生产中充分发挥共生固氮的作用，在首次引种豆科植物的新区，应同时配合根瘤菌剂的接种，并适当配施磷肥和硼、钼等微量元素肥料，才能保证结瘤和共生固氮作用的发挥。

表 10-5　常见豆科植物的固氮量（引自李阜棣等，2007）

豆科植物	固氮量范围/[kg N/(hm²·年)]	平均值/[kg N/(hm²·年)]
三叶草	45～670	250
豌豆	50～500	150
苜蓿	90～340	250
羽扇豆	140～200	150
大豆	60～300	100
花生	50～150	100
菜豆	50～150	80
蚕豆	100～300	200
具喙田菁	60～800	700
固氮树木	80～500	150

（三）弗兰克氏菌与非豆植物的共生固氮

已知有 8 科 192 种乔木或灌木能与放线菌中的弗兰克氏菌（*Frankia*）共生形成根瘤并固定空气中的氮气，其固氮效率也可达到每年每公顷 100～200kg 氮素，因而具有重要的生态意义和经济价值。主要的结瘤植物有桤木（*Alnus*）、木麻黄（*Casuarina*）、杨梅（*Myrica*）、马桑（*Coriaria*）、沙棘（*Hippophae*）和胡枝子（*Elaeagnus*）等。在 1978 年以后，与非豆科植物共生的放线菌才陆续被分离和获得纯培养体，现已鉴定出 10 多种。根瘤的形态有珊瑚状（桤木型）和裂片状（杨梅型）两类。研究表明，放线菌也是经根毛侵入，并刺激根内皮层细胞分裂，形成初生根瘤。放线菌在根瘤中的发育一般可分为三个时期：①侵入期。进入皮层细胞的放线菌在细胞内和细胞间穿插生长形成网状的菌丝体结构。②泡囊期。由部分菌丝体末端膨大形成棒或球形的泡囊（vesicles），泡囊的细胞壁加厚，在细胞内形成低的氧分压，是活跃固氮的场所。③孢囊期。由部分菌丝体加粗和分隔形成孢子囊，内含多数厚壁卵形的孢子。弗兰克氏菌与非豆科树木的共生关系也具有较高的宿主专一性，但它们之间的互接种族关系尚待进一步研究确定。

与豆科植物一样，能固氮的非豆科植物具有很强的适应性和抗逆能力，许多类群能在不同的气候条件下，甚至在干旱的沙丘或海滩上生长，也能适应江河、湖泊和沼泽的潮湿环境。因此，可以作为荒山、海滩和沙漠等的绿化和先锋绿化树种，在改善生态环境，解决农村燃料、饲料来源和林业生产等方面均有重要的应用前景。

四、植物茎叶和果实上的微生物

附生微生物（epiphytic microorganism）是能在植物茎叶和果实表面含有少量分泌物和水分等的微生态环境中生活，并可为植物提供一定程度保护作用的微生物。由于植物的表面环境暴露在空气中，并受直射光、周期性干燥和较大幅度温度变化的影响，因此多数附生微生物具有色素、保护性的厚壁和适当的传播机制，以利于它们在这一特殊生境中的生存和发展。

已知能在叶面和叶际生长的细菌类群主要有假单胞菌属、乳酸细菌属、黄单胞菌属和葡萄球菌属等。真菌中最常见的有掷孢酵母属（*Sporobolomyces*）、红酵母属、隐球酵母属和球拟酵母属等，其中掷孢酵母能产生掷孢子向外放射，是叶际最常见的类群。其他属于子囊菌、担子菌或半知菌的真菌虽然有时也可在叶面或叶际分离到，但它们一般是外来的，或与植物的某种病害有关。

花也是附生微生物生活的短暂生态环境。花蕊中的高糖有利于许多酵母菌在花中定居，因而常不难从花蜜中分离获得耐高糖度的微生物，常见的类群有假丝酵母属（*Candida*）、球拟酵母属、克勒克酵母属（*Kloeckera*）和红酵母属等。在花受精后的成熟过程中，酵母菌逐渐占优势。

在苹果、梨和葡萄等水果表面占优势的也是酵母菌，它们之中的耐渗透压类群常定居在含糖高的果实表面，正是由于它们的分解作用降低了渗透压，并产生硫胺素、烟酰胺等生长因子，从而为细菌的生长创造了条件。但酵母菌产生的不饱和脂肪酸多能抑制革兰氏阳性细菌的生长。

地衣、多孔菌和层孔菌经常长满木本植物的树干，常见的种类有刺盘孢属（*Colletotrichum*）和外囊菌属（*Taphrina*）等。地衣中的一些类群常因具有固氮能力而改善了茎表面的氮素营养条件，从而有利于其他微生物的生长。

植物表面的附生微生物的类群也取决于植物的种类、部位和生育阶段，它们的传播方式一般通过孢子、风、降雨或昆虫等进行。一些研究报告表明，从叶际也能找到一些自生固氮的异养细菌，某些类群还能侵入叶内形成叶瘤，如克氏杆菌属或色杆菌属中的固氮菌能与一种学名为 *Paretta* 和九节属（*Psychotria*）的植物形成叶瘤。一些微生物能在许多植物中产生有毒或令动物不适的厌恶性物质，以防止昆虫或食草动物的取食，例如，与羊茅草（*Festuca arundinacea*）共生的真菌枝顶孢霉属（*Acremonium*）能使该植物具有一种令动物厌恶的味道，从而保护植物不被取食，该真菌还能随种子传播，只有经高温堆放后才能消除。另一些研究还表明，附生微生物与植物的冻害有关，已知某些在叶际生活的细菌，如丁香假单胞菌（*Pseudomonas syringae*）和草生欧文氏菌（*Erwinia herbicola*）可在叶面产生能量，并可作为冰核而加速冰晶的形成。

五、微生物引起的植物病害

由微生物引起的植物病害具有重要的生态学意义，并给农业生产带来巨大的经济损失。能寄生于植物的病毒、细菌、真菌和原生动物都属于植物病原微生物，在轻微条件下它们能引起植物生长失调，并降低其在生态环境中的生存和竞争能力，严重时则会导致植物死亡、大幅度减产和饥荒。

病原微生物与植物的相互关系有一定的专一性。不同病原菌的寄主范围宽窄不同，有些病原菌只危害一种或少数几种植物，而另一些病原菌的专一性较低，它们常能寄生多种不同的植物。有些兼性寄生的病原菌除了寄生以外，在没有适合的寄主时还能营腐生生活。病原微生物侵染植物引起病害的过程一般可区分为以下 4 个阶段：①接触。病原微生物多数是从根面或叶面开始感染的。多数真菌能以孢子形式经空气传播，并与植物的茎叶相接触；病毒、部分细菌和真菌以昆虫为媒介，与植物的叶面接触；土生性病原微生物则通过根圈的发展或土壤动物（如线虫），完成与根系的接触。②侵入。病原微生物通常经过伤口或气孔等自然孔侵入植物组织，而某些病毒还能随水一道被根系所吸收。另一些病原菌能借助于酶的帮助进入植物表皮或细胞壁，如引起白粉病的白粉菌属（*Erysiphe*）和灰葡萄孢菌（*Botrytis cinerea*）能直接穿入植物的表皮细胞。③扩展。侵入组织的病原微生物在植物体内迅速生长繁殖，靠菌丝蔓延、产生大量的子代和侵袭性酶（如果胶酶或纤维素酶等）来危害整个植株。④病害症状的发生。在植物体内大量发展的病原菌通过各种途径干扰植物的正常功能，并引起病害的典型症状。例如，植物叶组织坏死造成叶斑；果胶酶和纤维素酶可使植物组织和细胞解体，造成溃疡和腐烂；气孔或输导组织被病原菌侵染后可导致萎蔫和枯萎；叶绿素合成代谢遭到破坏，会造成植株缺绿；病原菌产生吲哚乙酸等生长素类物质，可使局部组织细胞过度增生而产生畸形、树瘿等特殊形态。植物一旦受到病原微生物的危害，常常会给某些条件致病菌造成侵染的机会，这两类微生物的双重侵染进一步加重了对植物的损害。总之，植物病害给农业、林业及畜牧业的发展造成了重大的威胁，严重时甚至会影响到一种作物在某一特定地区种植的可能性。在病害高发区种植的作物产量极低，有时甚至会颗粒无收。

（一）植物中的病原真菌

真菌是主要的植物病原微生物，约占 95%。许多真菌都可以引起植物病害，例如，由壶菌中的致病疫霉（*Phytophthora infestans*）引起的马铃薯晚疫病，由子囊菌中的白粉菌引起的大麦、苹果和葡萄的白粉病，由担子菌中的锈菌引起的许多禾谷类作物的锈病，由黑粉菌引起的小麦腥黑穗病、散黑穗病和玉米黑粉病等已成为世界性的严重作物病害。由半知菌引起的植物病害有棉花的炭疽病、立枯病和黄萎病，水稻的稻瘟病和纹枯病等。在绝大多数作物、果蔬和花卉上不难发现真菌引起的病害，许多真菌的无性孢子和有性孢子均能在植物上寄生。已知无性孢子的大量繁殖和生长是病害蔓延和流行的主要原因，而有性孢子的形成和它们在种子或残枝落叶中休眠或越冬是翌年发病的主要原因。在许多病原真菌的复杂的生活史中，一个阶段在寄主植物，而另一阶段则在土壤或植物残留物中完成。病原真菌的侵染与温度和湿度有密切的关系，温暖潮湿的气候和土壤条件尤其有利于病原真菌的侵染和植物病害的蔓延，土壤 pH 也对真菌的侵染和致病性有一定的影响。

真菌大多以孢子萌发后形成的芽管或菌丝侵染植物，侵入的途径主要有三种：①植物的自然孔口；②植物的伤口；③穿过植物的角质层直接侵入。植物真菌病害的病症表现为腐烂、猝倒、叶斑、溃疡、根腐、萎蔫、过度生长等。

（二）植物的细菌性病害

能侵染植物并引起病害的细菌主要来自假单胞菌属、黄单胞菌属、土壤杆菌属、棒状杆菌属、欧文氏菌属和支原体属等。植物细菌病害约占植物病害的 3%。病原细菌多由植物的自然孔口或伤口侵入，寄生于植物组织或导管中，常导致植物产生斑点、白叶、顶死、萎蔫、软腐和过度生长等病症。病原细菌多数能存活于植物组织或种子中，也能在土壤中营腐生生活。例如，引起果树火疫病的解淀粉欧文氏菌（*Erwinia amylovora*）就在树干或树枝的组织中越冬，到次年春天借昆虫和降雨再次传播。引起水稻白叶枯病的水稻黄单胞菌（*Xanthomonas oryzae*）除能在水稻秸秆上越冬外，还能潜伏在种子颖壳、胚或胚乳表面，在干燥条件下存活半年以上，因而可以随种子传播。引起蚕豆萎蔫病的栖菜豆假单菌胞菌（*Pseudomonas phaseolicola*）能潜伏在蚕豆珠孔中随种子传播。引起棉花角斑病的锦葵黄单胞菌（*Xanthomonas malvacearum*）则寄存于子叶外缘随种子扩散。

根癌土壤杆菌（*Agrobacterium tumefaciens*）可以作为能在土壤中兼性腐生的细菌代表，它在寄生时能使许多双子叶植物（如番茄、糖用甜菜和许多果树等）的根或茎部形成冠瘿瘤（crown gall）；发根土壤杆菌（*A. rhizogenes*）能侵染多种植物形成毛发状根，冠瘿瘤和毛发状根均是土壤杆菌寄生植物的病态结构。深入的研究工作表明，根癌土壤杆菌诱发肿瘤形成的基因存在于肿瘤质粒（Ti 质粒）上。Ti 质粒大小为 200kb，主要定位有毒力基因（*vir*）、癌基因（*onc*）、冠瘿碱合成酶基因（*ops*）、转移基因（*tra*）和冠瘿碱代谢基因等（图 10-34）。其中有一段 20～23kb 的 T-DNA、含有 *onc* 和 *ops* 基因，具有真核生

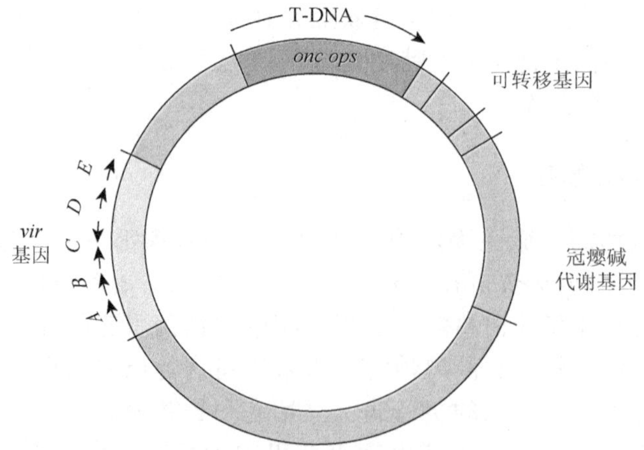

图 10-34　Ti 质粒的结构图（引自李阜棣等，2007）

物的启动子特征的多聚 A 信号。而且在 T-DNA 的左右两端，各有 25bp 的与插入植物染色体 DNA 有关的边界序列。当土壤杆菌侵入植物细胞后，只有 T-DNA 从 Ti 质粒上转入植物细胞，并插入染色体 DNA 中，诱发产生冠瘿瘤，并向外分泌产生土壤杆菌的代谢产物（冠瘿碱）。

根癌土壤杆菌主要经植物伤口感染，使受伤植物细胞分泌产生信号分子如乙酰丁香酮（acetosyringone）、芥子酸（sinapinic acid）和对羟基苯甲酸等芳香族化合物。与位于细胞膜上的 VirA 调节蛋白结合，导入细胞内，能诱导激活 VirG 调节蛋白磷酸化，进而启动其他 *vir* 基因表达，产生一系列的酶（图 10-35a）。VirD 具有核酸内切酶活性，可使 T-DNA 经过复制后从 Ti 质粒上切除（图 10-35b）。单链 T-DNA 由 *virE* 基因编码的 65kDa VirE 蛋白包裹保护后，在转移基因 *tra* 和 VirB 的参与下进入植物细胞（图 10-35c 和 d）。T-DNA 通过边界序列和包裹蛋白的作用识别，插入植物染色体 DNA 的特定部位，并复制成双链。插入植物染色体 DNA 的 T-DNA 控制了植物细胞的生长和代谢过程，癌基因的过量表达，产生植物生长刺激蛋白和细胞分裂素，导致受侵细胞不断增生，形成冠瘿瘤。在冠瘿碱合成酶基因表达后，改变细胞的代谢过程，不断合成并向外分泌冠瘿碱。在根圈生活的根癌农杆菌因 Ti 质粒上含有冠瘿碱代谢基因，所以能利用植物分泌的冠瘿碱作为碳源和能源，在植物根圈生长繁殖。

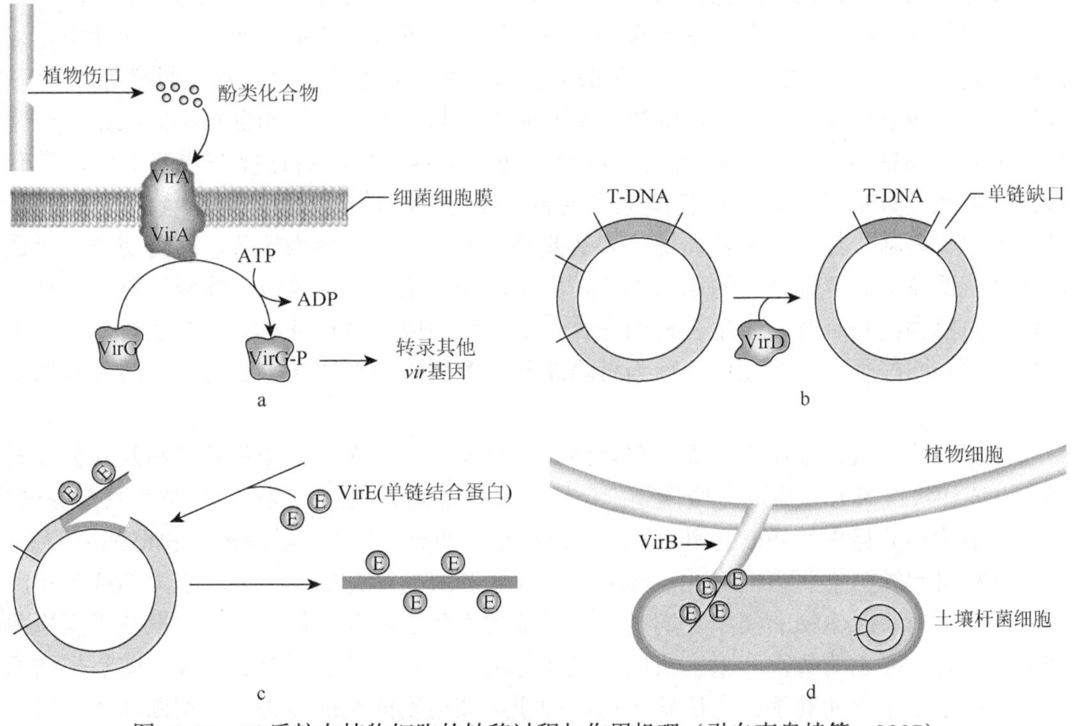

图 10-35　Ti 质粒向植物细胞的转移过程与作用机理（引自李阜棣等，2007）

发根土壤杆菌含有 Ri 质粒，其质粒大小和基因定位与 Ti 质粒相近，并有很高的同源性。Ri 质粒的 T-DNA 的转移与整合到植物染色体 DNA 上的机制也与 Ti 质粒相似，其不同之处在于整合后不形成冠瘿瘤，仅产生许多毛发状根。

土壤杆菌与寄主植物的寄生关系十分特殊。作为寄生菌的土壤杆菌虽然没有生活在寄主植物细胞内，却能通过在寄主细胞染色体 DNA 上插入一小段 DNA，促使受体细胞分裂形成冠瘿瘤，并分泌产生只有土壤杆菌才能利用的特殊代谢产物（冠瘿碱）。

在植物基因工程中，T-DNA 能整合到寄主植物染色体 DNA 上的特性可用于导入外源基因。研究者已采用重组 DNA 技术，去除 T-DNA 中的癌基因和冠瘿碱合成酶基因，代之以外源目的基因，然后将改造过的 Ti 质粒导入土壤杆菌后，用于转化植物，将目的基因导入受体植物，以表达外源基因。随着研究工作的深入，从 Ti 质粒已发展出带有抗性基因的共整合载体和二元载体等系列植物基因工程载体，在植物基因工程中发挥了重要的作用。

（三）植物的病毒性病害

已知能引起植物病害的病毒有 300 余种。马铃薯退化病早在 18 世纪末即在欧洲发现，迄今仍是农业生产中的重大难题之一。烟草花叶病毒是最早被发现的病毒，流行时常可使产区的烤烟减产 25%。与动物病毒和噬菌体不同，植物病毒的侵入必须要有活细胞上的微伤才能进入细胞质，然后经过薄壁细胞和胞间连丝弥散，或进入输导组织而快速转移。病毒在植物体内的分布有局部性和全局性两种，进入寄主细胞的病毒在复制自身的同时，干扰和破坏了寄主细胞的正常生理代谢活动而使植物产生受害的症状。植物病毒病害的症状有：①生长减缩。植株整体或局部生长的减缩，包括矮缩、矮化、小果实、小叶和缩根等，如水稻矮缩病、大麦黄矮病和茄小叶病等。②变色。这也是病毒病的一个普遍症状，依颜色可分为褪绿、白化、紫化、红化、黄化、褐化、黑化、古铜色化和银灰色化等；依变色部位又可区分为叶变色、茎变色、花器变色、果实变色和种子变色等，如黄瓜、苜蓿、雀麦等的花叶病、玉米斑枯病、草莓的斑驳病毒病、马铃薯茎斑驳病、郁金香的碎色症和菜豆荚斑驳症等。③坏死。表现为枯斑、线条坏死、死顶和蚀纹等，不同病毒引起的坏死部位和器官不同，如柑橘速衰病毒和大麦黄矮病毒使维管束的韧皮部坏死；马铃薯感染病毒后往往在块茎上出现具有不同特点的坏死；黄瓜坏死病毒在黄瓜上产生坏死斑等。④畸形生长，如卷叶、线叶、蕨叶、束叶、扁枝、茎陷、丛枝、肿枝、拐节和丛簇等。⑤失水。表现为萎蔫，有可逆与不可逆两种，如黄瓜受花叶病毒侵染后的第二周可在中午出现萎蔫，到傍晚时又恢复正常。此外，受病毒侵染的植物细胞有时可产生各种内含体、组织变态或小群坏死等。少数病毒侵入寄主体内增殖而不立即产生可见的症状，称为潜隐现象有关植物病毒的病害还可参考第五章的相关内容。

植物病毒的有效传染在近距离主要靠活体接触摩擦，远距离则依靠繁殖材料（如插条、压条、块茎和块根等）和经过土壤传染。介体传染主要通过昆虫、线虫、螨类和真菌等进行，已知能传播病毒的昆虫有 400 余种，多为蚜虫和叶蝉两类，真菌则以壶菌纲和根肿菌纲为主。

微生物引起的植物病害给农业、林业、畜牧业和农副产品加工造成了重大的威胁和严重的经济损失。病原微生物的侵染发病是一个复杂的生物学相互作用过程，它取决于病原菌的侵袭力或毒力、寄主的防御和抵抗机制，以及环境条件等的综合影响。因此，防治植物病害也需要从以下 3 个方面着手：①选育抗病品种或提高植物的抗病能力；②切断和防止病原菌的传播和侵染途径，并杀灭已侵入植物的病原微生物；③改善环境条件和提高栽培技术，以促进植物的生长而抑制病原菌的感染和生长繁殖。

第八节　微生物与人和动物间的相互关系

人和动物的体表、皮肤、口腔、消化道和生殖道等均是微生物的良好生活环境，因而微生物与人和动物的营养与疾病等也有密切的关系。

一、互生关系

（一）人或动物的正常微生物区系

在正常情况下，人和动物的体表及与外界相通的体腔中（如口腔、呼吸道、消化道和泌尿生殖道等）都有特定种类和数量的微生物生活，它们以人和动物皮肤或腺体的分泌物、黏液、脱落的细胞和食物消化物或残渣等作为养料。人和动物同时还为微生物提供了具有适宜的温度、水分、O_2和 pH 等条件的良好生态环境，并对微生物的生活提供了适当的保护作用，我们通常将这些微生物称为人或动物的正常微生物区系或正常菌群。已知处于不同部位的正常菌群的种类和数量各异，如常在人的皮肤上生活的微生物主要有葡萄球菌属、八叠球菌属和棒杆菌属等；口腔中的微生物类群有链球菌属、杆菌属（*Bacterium*）、棒杆菌属、纤毛菌属（*Leptotrichia*）和螺旋体属等。分布于上呼吸道的微生物有葡萄球菌属、链球菌属、奈氏球菌属（*Neisseria*）和棒杆菌属等。肠道呈碱性，又有食物消化产物为养料，因而尤其适于兼厌氧和厌氧性微生物的生长，常见的种类有埃希氏菌属、气杆菌属（*Aerobacter*）、变形杆菌属、链球菌属、梭杆菌属（*Fusobacterium*）、螺旋体属、乳杆菌属、梭菌属和拟杆菌属（*Bacteroides*）等。在泌尿生殖道中生活的微生物种类不多，常见的有乳杆菌属、棒杆菌属、葡萄球菌属和链球菌属等。

人和动物的正常微生物区系在一定程度上能抑制和排斥外来微生物的生长、病原微生物的定居与入侵，因而对人和动物起一定的保护作用。如果由于某种原因（如长时间服用抗菌药物或气候、水土与食物条件的突然变化等）造成正常菌群的种类变化或数量减少，将会给病原微生物的入侵和疾病的发生提供机会。反之，若在食物或饲料中添加属于正常菌群的微生物，常可收到制止腹泻和促进生长的良好效果。

（二）人体肠道微生物

人体中最多的成分是微生物，它们的数量与人体细胞的比例达到 10∶1，其中肠道是这个复杂微生物群区系的“大本营”。人类基因组中约含有 23 000 个蛋白质编码基因，而人体肠道微生物基因组中约有 300 万个，是人类基因组编码基因数的 100 多倍。人体肠道中含有多达 10^{13}～10^{14} 个、共 15 000～36 000 种微生物，总重量达 1.5kg。最主要的微生物群组包含革兰氏阴性菌中的拟杆菌门和变形菌门及革兰氏阳性菌中的放线菌门和厚壁菌门。

人类内源性的肠道微生物在宿主的药物代谢与毒性、能量代谢、免疫系统的发育与成熟和术后恢复等方面发挥了重要作用，它们可以帮助机体消化食物、代谢药物及外源复合物、合成维生素、抑制病原体的侵袭，影响免疫系统发育和大脑活动，甚至调控宿主的情绪行为，影响自闭症的病理，从根本上影响着人体健康和疾病，发挥重大作用。

肠道微生物的组成受到很多因素的影响。老年人和年轻人体内的肠道微生物的群落结构是不同的，随着年龄的增长，益生菌（如双歧杆菌）的数量和种类都会减少，而一些病原菌的数量则会明显增多。生活习惯的不同也会引起肠道微生物结构的差异。而同一个人体内的肠道微生物的组成在不同时期也会不同。正常人体的肠道微生物处于动态平衡中，虽然有各种病原菌存在，但是其他微生物可以抑制病原微生物的代谢活动，使宿主维持健康状态。然而，一旦肠道微生物的群落结构失衡，宿主将会表现出一系列病症。

肠道是人体最大的消化器官，很大一部分营养物质都是在肠道中被消化吸收的，而肠道内的微生物对这一生理过程起着重要的调节作用。尽管肥胖的根本原因是能量的过多摄入，但是目前大量研究表明，肠道微生物群落结构的改变可能是影响能量不平衡的另一个重要原因。在肥胖患者中，拟杆菌门和厚壁菌门的微生物丰度发生了明显变化，拟杆菌门微生物数量下降了 50%，而厚壁菌门微生物数量则明显上升。大多数微生物与宿主之间的相互作用是有益宿主健康的，只有当肠道微生物群落结构失衡后，才会对宿主的健康产生负面影响。

许多病症和其他因素均能够引起肠道微生物群落结构失调，使肠道微生物在种类、数量、比例、定位和生物学特性上发生变化，从而引发疾病或加重病情。

由于肠道微生物与许多慢性疾病及代谢综合征等的发生有着千丝万缕的联系，因此通过干涉和调整肠道微生物的群落结构来实现对慢性病的预防甚至对某些疾病的治疗已经受到广泛关注。

二、捕食关系

微生物由于个体微小，一般不能作为大型捕食性脊椎动物的食物。但某些水生的无脊椎动物却能通过特殊的捕食方式以微生物为饵料。

（一）牧食

牧食（grazing）的特点不是逐个地取食微生物单细胞，而是牧食由大量微生物聚居而成的群落或团块。水生的蜗牛、海胆和笠贝等以在水底沉积物表面生长的黏着性微生物群体为饵料，并已进化出适合这一取食方式的刮食性口器。在许多动物排泄的粪便中，仍含有大量未被消化的纤维素等难分解的有机物，它们能被环境中分解力强的其他微生物进一步分解，从而可以被该动物或其他动物取食。某些海洋小动物干脆在尾端分泌产生一些黏性物质，让微生物在其中生长繁殖，然后再行取食。许多以水中的有机碎屑为生的海洋或淡水生物，实际上主要依赖微生物在碎屑上的生长，以提高食物的 N/C 和营养价值。土壤中的蚯蚓吞食土壤腐泥，实际上也是以其中的有机残体和微生物为养料。

（二）滤食

水体中属于甲壳纲、瓣鳃纲和腕足纲的浮游性无脊椎动物能借鳃、触角和黏液网等特殊的器官滤食（filter feeding）水中所含的微生物，同时鳃还具有从水中摄取溶氧的功能。被取食的除了藻类、蓝细菌和光合细菌等初级生产者外，还有异养细菌、真菌、原生动物和有机碎屑等，滤食是一种很经济的取食方式，因而在海洋和淡水生物的生存竞争中有重要的意义。

三、共生关系

（一）瘤胃微生物与反刍动物的共生关系

以植物性材料为食的草食反刍动物和某些昆虫与微生物之间形成了密切的互惠共生关系。动物为微生物提供适宜的生境和纤维素等养料，而微生物则将它们分解为简单的糖类、有机酸等养料，并进一步丰富了其中的蛋白质和维生素等以改善动物的营养。

牛、羊和鹿等反刍动物的胃结构复杂，包括瘤胃、蜂窝胃、重瓣胃和皱胃 4 个胃室。反刍动物以草、叶或嫩枝等为食，但它们本身缺乏消化纤维素的酶，而是靠定居在瘤胃中的微生物来分解转化纤维素等物质再供动物吸收利用。瘤胃为微生物提供了一个稳定的厌氧、中温（39～40℃）和偏酸性（pH5.5～7.0）的良好生态环境，在瘤胃中生活的有大量专性厌氧的细菌（表 10-6）和以纤毛虫为主的原生动物。细菌的主要类群有拟杆菌属、瘤胃球菌属（*Ruminococcus*）、琥珀酸单胞菌属（*Succinimonas*）、产甲烷杆菌属、丁酸弧菌属（*Butyrivibrio*）、月单胞菌属（*Selenomonas*）、琥珀酸弧菌属、链球菌属和乳杆菌属等。部分原生动物类群也有分解淀粉和纤维素的能力，但它们主要以细菌为食并将其所含的蛋白质等营养物质转化贮存起来，以进一步被动物所利用。

瘤胃微生物通过它们各自的代谢活动，将纤维素、半纤维素、淀粉和蛋白质等大分子化合物迅速分解，其中纤维素、半纤维素和淀粉被转化为乙酸、丙酸、丁酸、CO_2、CH_4、H_2和 H_2O。有机酸将被吸收进入动物血液，成为动物养料，并同时避免了它们对微生物的抑制作用。此外，瘤胃微生物还能同时合成一些动物需要的氨基酸和维生素类的化合物，其中的一些固氮菌种类还能固定分子态 N_2（图 10-36）。因此，瘤胃微生物本身也是动物营养的来源之一，已成为反刍动物获取营养和生存的必不可少的伙伴。研究表明，饲料的性质和成分在很大程度上决定了瘤胃微生物的种类数量及活性。当反刍动物的饲草突然从冬天的干草转为青草时，常会因为瘤胃微生物的过度活动释放出大量的甲烷，产生气胀病，其解救方法是穿刺瘤胃放出过量的甲烷。

表 10-6　某些瘤胃细菌及其特性

微生物	革兰氏染色	形状	发酵产物
纤维分解菌			
产琥珀酸拟杆菌（*Fibrobacter succinogenes*）	阴性	杆状	琥珀酸、乙酸、甲酸
Clostridium lochheadii	阳性	杆状	乙酸、甲酸、丁酸、H_2、CO_2
溶纤维丁酸弧菌（*Butyrivbrio fibrisolvens*）	阴性	弯曲杆状	乙酸、甲酸、乳酸、丁酸、H_2、CO_2
白色瘤胃球菌（*Ruminococcus albus*）	阳性	球状	乙酸、甲酸、H_2、CO_2
淀粉分解菌			
溶淀粉琥珀酸单胞菌（*Succinomonas amylolytica*）	阴性	卵圆状	乙酸、丙酸、琥珀酸
反刍月形单胞菌（*Selenomonas ruminantium*）	阴性	弯曲杆状	乙酸、丙酸、乳酸
牛链球菌（*Streptococcus bovis*）	阳性	球状	乳酸
嗜淀粉拟杆菌（*Ruminobacter amylophilus*）	阴性	杆状	甲酸、乙酸、琥珀酸
栖瘤胃拟杆菌（*Bacteroides ruminicola*）	阴性	杆状	甲酸、乙酸、琥珀酸
果胶分解菌			
多对毛螺菌（*Lachnospira multiparus*）	阳性	弯曲杆状	乳酸、甲酸、乙酸、H_2、CO_2
甲烷产生菌			
瘤胃甲烷短杆菌（*Methanobrevibacter ruminantium*）	阳性	杆状	甲烷

续表

微生物	革兰氏染色	形状	发酵产物
乳酸分解菌			
解乳月形单胞菌（*Selenomonas lactilytica*）	阴性	弯曲杆状	乙酸、琥珀酸
埃氏巨球形菌（*Megasphaera elsdenii*）	阳性	球状	乙酸、丙酸、丁酸、戊酸、H_2、CO_2

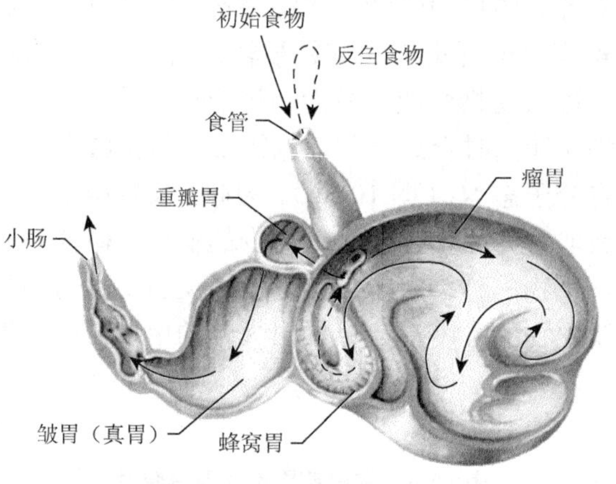

图 10-36　瘤胃中食物的分解过程

（二）微生物与昆虫的共生关系

微生物与昆虫的共生关系表现为多种形式，并有较高的特异性。

切叶蚁与丝状真菌的共生是很有趣的。切叶蚁将地面的树叶切碎带回，并混以唾液和粪便等含氮物质，在巢室里专门培养丝状真菌使其生长，并取食部分菌丝和孢子为营养。一些研究表明，切叶蚁同真菌的共生关系具有很高的特异性，它们培育的真菌几乎是纯培养体，为此特称为蚁的“真菌园”。真菌与切叶蚁的共生对将热带雨林地表的落叶转化为土壤有机质有重要的意义。

以木材为生的美食甲虫的头部有专门储藏真菌的袋子，它们在木材中钻穴道的同时也接种了真菌，利用真菌去分解木材中的纤维素和木质素，然后再取食真菌。已经发现，大约 1/10 的昆虫体内有细胞内生型微生物，常见的种类有蟑螂、蝉、叶蝉、蚧、蚜虫、象虫和臭虫等。这些细胞内共生物的结构和生长习性与立克次氏体相似，它们存在于与其他器官分离的含菌细胞或菌胞体内，菌胞体常同卵巢相连或包埋在昆虫的脂肪体内。这些昆虫的共生菌可以从亲代传递到子代，但迄今仍没有分离出纯培养体。若用化学处理或其他的方法把共生物除去，昆虫的发育会延迟。内共生菌对昆虫的作用有可能是合成并供给 B 族维生素，降解多余的含氮化合物，以促进昆虫的排泄作用。

木食性白蚁是自然界各种植物来源纤维素的有效降解者，其对纤维素的降解与肠道内多种多样的共生微生物密切相关。白蚁肠道内共生着多种原生动物、细菌、真菌和放线菌等，它们帮助白蚁消化木质纤维素，其中真菌可以产生纤维素酶、果胶质水解酶、木聚糖酶，同时还产生可能与木质素分解相关的一种漆酶。从白蚁肠道已分离出许多具有木质纤维素降解能力的菌株，也发现了大量细菌纤维素酶基因。

（三）微生物与海洋生物的共生发光

海洋（尤其是深海）中的某些鱼类和无脊椎动物能与发光细菌建立一种特殊的共生关系，动物为细菌共生体提供居住的环境和营养，而细菌的发光在全黑暗的深海生境中能帮助动物发现饵料、威慑敌人、逃避捕食或作为联络的信号。常见的发光细菌种类有发光杆菌属（*Photobacterium*）、弧菌属（*Vibrio*）和贝内克氏菌属（*Beneckea*）等。动物的眼、腹腔、直肠和颚等均可作为发光细菌的居住场所。例如，枪乌贼在邻近墨汁囊的外套腔中，有一对腺体供发光细菌生活。一种学名为 *Photoblepharon* 的鱼类在眼下部有发光细菌定居，它们还进化出特殊的机制可在平时将光关闭，仅在需要时才发光。在海洋生活的费氏弧菌（*Vibrio fischeri*）和哈氏弧菌（*V. harveyi*）既能共生发光，也能自生发光。已查明其发光需要发光酶（luciferase）催化，以长链脂肪醛（R-CHO）为作用底物，黄素单核苷酸（FMN）为电子传递体、O_2 为电子受体。其发光反应式如下。

$$FMNH_2 + O_2 + R\text{-}CHO \xrightarrow{\text{发光酶}} FMN + H_2O + R\text{-}COOH + 光(490nm)$$

已知费氏弧菌的发光基因（*lux*）由两个反向操纵子组成，由 *luxR* 组成的左向操纵子编码转录激活蛋白，而右向操纵子含有 *luxICDABEG* 等 7 个基因，其中 *luxAB* 编码发光酶，*luxCDE* 编码合成脂肪醛底物的酶，*luxI* 编码产生费氏弧菌细胞间联系诱导发光的信号分子（3-氧-己醇高丝氨酸内酯，简称 HSL），而 *luxG* 的功能尚不清楚。当 HSL 与激活蛋白 LuxR 结合后，共同激活其他 *lux* 基因的表达，编码产生发光酶及其作用底物，并通过上述的发光反应发光（图 10-37）。由于单个细菌细胞的发光强度有限，发光细胞能将信号分子 HSL 分泌到细胞外，

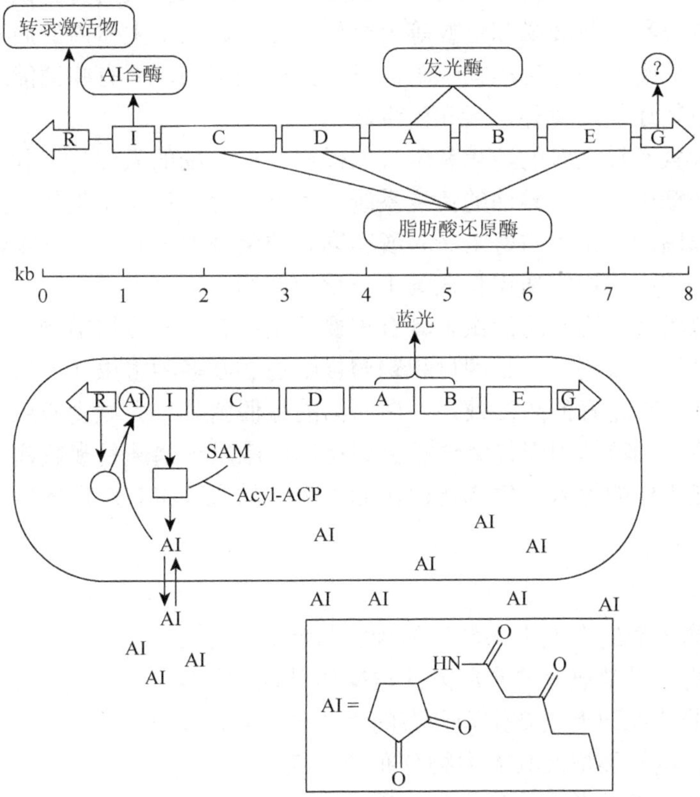

图 10-37　费氏弧菌的发光基因与发光机制（引自李阜棣等，2007）

图中 AI 为 HSL

诱导其周围的费氏弧菌细胞发光，也向周围分泌产生 HSL，继续诱导更多的细胞发光，从而使细菌群体细胞能在海洋中发出强的可见光。

四、寄生关系的病原微生物

那些能寄生在人和动物体内，并引起疾病的微生物称为寄生菌（parasite），其中能导致寄主损害或死亡的又称为病原菌（pathogen）或病原微生物。除个别的原生动物（如纤毛虫对鱼的寄生）能直接穿透体表进入寄主外，多数的病原微生物是经呼吸道、消化道、泌尿生殖道、伤口或借昆虫等媒介而侵入的。在通常情况下，由于寄主的防御作用，入侵的病原微生物被限定在局部位置引起某种疾病，严重时才导致死亡。有些微生物如大肠杆菌是人体肠道的正常菌群，但若经尿道侵入也会导致炎症，可以将它们称为条件致病菌。

寄生关系可分为专性寄生和兼性寄生两大类。病毒、衣原体、立克次氏体、孢子虫和大多数的其他病原微生物是专性寄生的，它们只能在适宜的寄主动物或介体生物细胞内生活。机会致病菌则是兼性寄生的，在一般情况下，它们在土壤、水体等自然生境中生活，遇到特定的条件和时机才侵入寄主体内引起疾病，如引起破伤风的破伤风芽孢梭菌（*Clostridium tetani*）和引起气性坏疽的产气荚膜梭菌（C. *perfringens*）通常就生活在土壤中。

病原微生物的传播方式随种类而异，在呼吸道中寄生的病原微生物（如流感病毒、脑膜炎奈氏球菌和白喉棒状杆菌等）大多通过空气和呼吸传播；肠道病原微生物（如伤寒沙门氏菌、霍乱弧菌和痢疾阿米巴等）经常通过粪便污染饮水或食物传播；皮肤病和性病等的病原菌则借身体直接接触和性接触传播。另一些病原微生物（如狂犬病毒、鼠疫耶尔森氏菌和疟原虫等）则分别以疯狗、黑线鼠和疟蚊等为介体传播。进入寄主体内的病原菌能通过产生侵袭性酶（如透明质酸酶）来分解动物组织，以扩大侵染范围，而有些菌能通过血液扩散到全身，许多病原微生物还能产生外毒素和内毒素。

人和动物一般具有较完备的防止和杀灭入侵病原微生物的天然屏障和防御系统，脊椎动物已发展出体液和细胞两套特异性的免疫系统，消灭入侵的病原微生物。因此，可以说寄生关系的建立是病原菌的侵染力与寄主（人或动物）的免疫力之间经过反复较量之后微生物取胜的结果。有关这方面的详细知识将在第十一章中介绍。

利用寄生害虫的微生物来防治虫害具有重要的生态意义和应用前景。例如，苏云金芽孢杆菌对叶食性鳞翅目、双翅目、膜翅目和鞘翅目中的 200 多种害虫（如松毛虫、菜青虫、玉米螟和苹果巢蛾等）有较好的防治效果。白僵菌的绿僵菌等对大豆食心虫、玉米螟等也有一定的防效。多角体、颗粒体和无包涵体昆虫病毒也已应用于鳞翅目和膜翅目等多种害虫的生物防治。随着研究工作的深入，生物防治作为无公害的农药将有广泛的应用前景。

复习思考题

1. 试述微生物生活的自然生态环境的种类与特点。
2. 简述微生物生态学研究的常用方法与操作过程。
3. 简述土壤的特性和土壤微生物分布的种类与特点。
4. 简述水体生境的类型及其微生物分布的特点。
5. 简述极端环境中的微生物种类与特性。
6. 试述微生物与自然界碳素和氮素生物循环的关系。

7. 简述微生物相互作用的类型与特点。
8. 什么是根际微生物？试述植物根系与根际微生物的相互作用。
9. 什么是内生菌？简述植物内生菌的主要类群与作用。
10. 什么是菌根？简述菌根的类型与作用特点。
11. 什么是根瘤？试述根瘤的形成过程与固氮作用机理。
12. 简述引起植物病害的微生物类群与作用特点。
13. 简述微生物与人和动物的相互作用类型与特点。
14. 简述肠道微生物与人体健康的关系。
15. 什么是 VBNC 状态的微生物？研究它们有什么意义？

拓展阅读

肠道微生物的研究进展

人体内大约有 100 万亿个微生物细胞，是人体细胞的 10 倍。这些微生物主要分布在皮肤、口腔和胃肠道中，特别是在肠道里有大量的微生物定居于此。肠道微生物能量非常巨大，拥有与肝脏相当的代谢能力，因此被科学家称为“特殊且必需的人体器官”。肠道微生物不仅可以帮助人体消化食物、代谢药物、合成维生素，还与肥胖、糖尿病等疾病有关，甚至会影响大脑活动，调控人类的情绪和行为。

肠道微生物从哪里来？近年的研究发现孕妇的肠道微生物会通过血液转移至胎儿，影响胎儿的生长发育。一旦出生，婴儿的肠道微生物菌群便开始建立（图 10-38）。分娩的方式、时间及喂养方式都会对婴儿肠道微生物菌群的建立产生重大影响。随着婴儿的成长，肠道微生物菌群也会逐渐成熟（图 10-39）。

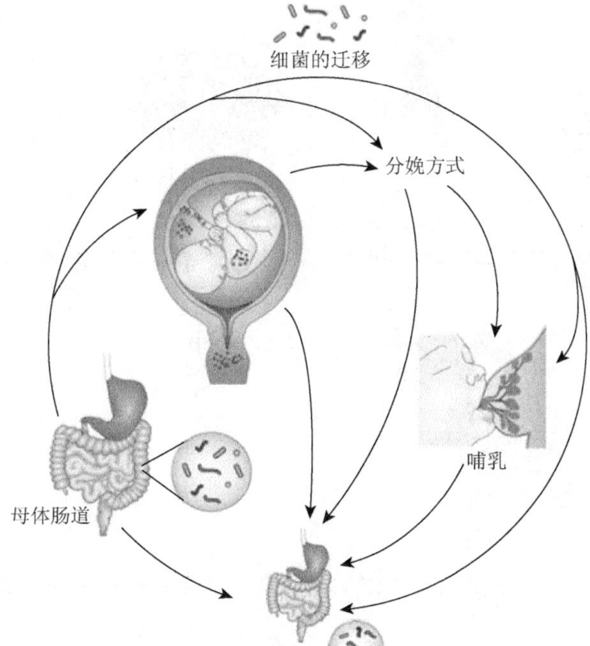

扫一扫　看彩图

图 10-38　婴儿肠道微生物菌群的建立（引自 Rautava et al.，2012）

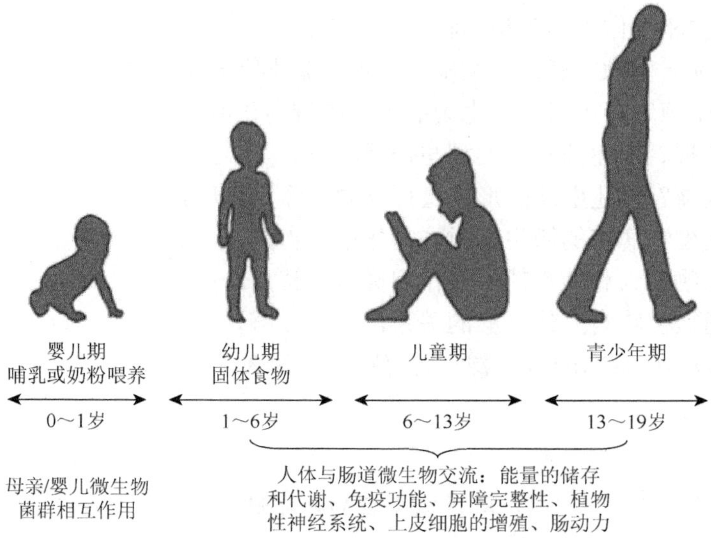

图 10-39　肠道微生物的发育进程（引自 Putignani et al.，2014）

肠道微生物菌群和人的指纹一样，是独一无二的。但肠道微生物的组成却不会一成不变，会受到抗生素的使用、生活方式、饮食习惯和卫生状况等各种环境因素的影响（图 10-40）。一旦正常的肠道微生物菌群发生改变，我们的身体健康也将面临威胁，因此干涉和调整肠道微生物的群落结构成为一种新的疾病治疗的方式。科学家尝试利用粪便中的细菌制成药片来治疗疾病，这种“粪便”药片被美国《时代》周刊评选为 2013 年十大医学突破之一，希望未来它能在临床上发挥巨大作用。

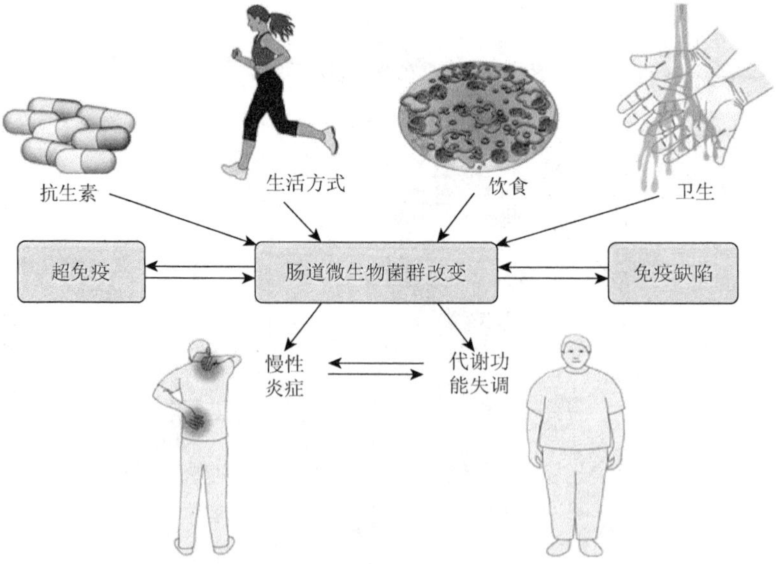

扫一扫　看彩图

图 10-40　肠道微生物组成的影响因素（引自 Sommer et al.，2013）

关于这方面内容，还有以下论文可供参阅。

Putignani L，Chierico FD，Petrucca A，et al.，2014. The human gut microbiota: a dynamic interplay with the host from birth to senescence settled during childhood. Pediatric Research，76 (1): 2-10.

Rautava S，Luoto R，Salminen S，et al.，2012. Microbial contact during pregnancy，intestinal colonization and human disease. Nature Reviews Gastroenterology & Hepatology，9 (10): 565.

Sommer F，Bäckhed F. 2013. The gut microbiota-masters of host development and physiology. Nature Reviews Microbiology，11 (4): 227.

11

第十一章　微生物的感染与免疫

在我们生活的环境中存在大量的微生物，但绝大部分的微生物并不引起疾病。部分微生物能够突破人或动物的免疫屏障，造成组织和器官病理损伤，这类微生物称为病原微生物。病原微生物感染机体可引起疾病，但人和动物等具有识别、限制或清除入侵微生物的能力，这种能力即机体的免疫功能。

第一节　感　　染

病原微生物包括病毒、细菌和真菌（寄生虫也能够引起疾病，但通常把寄生虫归于寄生虫学的研究范畴）。病原微生物具有宿主局限性，即一种病原微生物只能感染一种或一类动物。不同病原微生物的传播方式、复制机制和致病机理均不同，因此引起人或动物等宿主疾病的性质和强度也不同，病原微生物引起疾病的这种能力称为致病性（pathogenicity）。病原微生物的致病性取决于它们的毒力（virulence）、数量、感染的途径、感染的宿主种类和组织种类及宿主对入侵微生物的反应等。病原微生物感染需要先突破宿主的上皮屏障（包括皮肤和黏膜上皮），然后入侵机体，寄生在细胞外（大部分细菌）或细胞内（如病毒或部分细菌），或者兼性寄生于细胞内和细胞外（如分枝杆菌）。

一、病原微生物感染宿主的过程

（一）感染途径

不同病原微生物感染途径各异，但可归纳为两种，即通过皮肤上皮和黏膜感染宿主，如表 11-1 所示。

1. 皮肤　　皮肤上皮非常致密，除少数真菌和寄生虫以外，绝大多数的病原微生物很难通过皮肤上皮感染宿主。但是，一旦皮肤的完整性遭到破坏，则容易被病原微生物感染，如皮肤擦伤、割伤或刺伤、针刺注射及被蚊子叮咬等。常见的感染，如黄病毒（Flavivirus）、博氏疏螺旋体及疟原虫等就可通过昆虫叮咬传播，而破伤风杆菌则可通过钉子刺破感染。

2. 黏膜　　黏膜系统包括呼吸系统、消化系统、泌尿生殖系统及结膜等，是绝大多数病原微生物感染宿主的主要途径。艾滋病病毒（HIV）、乙肝病毒（HBV）及梅毒螺旋体等可通过生殖道黏膜感染宿主。甲肝病毒（HAV）、轮状病毒（Rotavirus）、痢疾志贺氏菌、霍乱弧菌和鼠伤寒沙门氏杆菌等通过消化道黏膜感染宿主。麻疹病毒（measles virus）、流感病毒

(influenza virus)、非典型肺炎病毒(SARS virus)、流感嗜血杆菌及炭疽芽孢杆菌等则可经由呼吸道黏膜感染宿主。

此外，在正常情况下，一部分微生物会寄生于宿主的上皮和黏膜，与宿主共存而不引起疾病。当宿主免疫功能低下时，会大量繁殖引发宿主疾病，这部分微生物称为条件性病原微生物(opportunistic pathogens)。

表 11-1 病原侵染途径(改自 Murphy and Weaver，2011)

入侵部位		传播途径	病原体	疾病
黏膜	口腔及呼吸道	吞入或吸入致病原	流感病毒	流感
			麻疹病毒	麻疹
			化脓链球菌	扁桃体炎
			流感嗜血杆菌	肺炎、脑膜炎
			炭疽杆菌(孢子)	吸入性炭疽
	胃肠道	摄入受污染的食物或水源	轮状病毒	腹泻
			甲型肝炎病毒	甲型肝炎
			肠炎沙门氏菌	食物中毒
			鞭虫	鞭虫病
	泌尿生殖道	性/血液传播	人免疫缺陷病毒	人免疫缺陷综合征
			淋球菌	淋病
	条件性致病菌感染	肺部定殖微生物	耶氏肺孢子虫	肺炎
		其他黏膜表面定殖微生物	白色念珠菌	念珠菌病、鹅口疮病
表皮	外表面	身体接触	毛癣菌	脚癣
	伤口及破损处	小的皮肤破损	炭疽杆菌	皮肤炭疽
		穿刺伤	破伤风梭菌	破伤风
		处理患病动物	土拉热杆菌	兔热病
	昆虫叮咬	埃及伊蚊叮咬	黄热病毒	黄热病
		疟蚊叮咬	疟原虫	疟疾
		鹿蜱虫叮咬	伯氏疏螺旋体	莱姆病

(二)黏附和扩散

1. 黏附(adherence) 多数病原微生物感染需通过病原表面分子与宿主细胞受体结合而附着于上皮表面，之后在感染部位繁殖(如细菌)，或者在细胞受体的帮助下进入细胞开始复制(如病毒及细胞内寄生的细菌)，形成感染灶。病原微生物表面与宿主受体相互作用的黏附分子多为糖蛋白或脂蛋白，而细胞表面的受体多为宿主细胞表面的单糖或寡糖蛋白。例如，HIV 表面糖蛋白 gp41 和 gp120 与 CD4 T 细胞表面的 HIV 受体 CD4 分子相结合，在 CCR5 和 CXCR4 等辅助受体的帮助下进入细胞。细菌，如大肠杆菌、沙门氏菌等多以菌毛黏附于肠道上皮细胞，淋病奈瑟氏球菌以菌毛与泌尿生殖道黏膜上皮细胞结合，从而防止自身被蠕动排出或被体液冲出。

2. 扩散　病原微生物在感染部位形成感染灶后，可通过直接的或间接的方式扩散至周围和全身的组织器官。直接扩散是指病原微生物直接向感染灶周围的组织细胞扩散，而间接扩散则是经由血液/淋巴系统从感染灶扩散至身体的其他组织器官。例如，病毒感染细胞后，产生的病毒粒子可以直接从一个细胞传递给相邻的细胞（部分病毒可以通过这种方式），也可以进入组织液直接感染相邻的靶细胞，或经血液/淋巴系统运送到身体的其他组织器官感染靶细胞。

病原菌感染形成感染灶后的直接扩散与病原菌产生的胞外酶有密切的联系，已知的胞外酶主要有如下几种。

（1）透明质酸酶（hyaluronidase）　或称为扩散因子，它能溶解机体结缔组织细胞间的透明质酸，从而使组织结构疏松，有利于病原菌的扩散。产生此酶的微生物有化脓性球菌、葡萄球菌和梭菌等。

（2）血浆凝固酶（coagulase）　大多数致病性的金黄色葡萄球菌能产生此酶，它能使血浆中的纤维蛋白原变为纤维蛋白，加速血液的凝固。沉淀在菌体表面的纤维蛋白又能保护病原菌，使其不被吞噬或被抗体靶向，并使病原菌有机会在局部生长繁殖到足够的数量，形成局部病灶，造成病理损伤。

（3）链激酶（streptokinase）和葡萄球菌激酶（staphylokinase）　多数链球菌和葡萄球菌能产生这类激酶，它们可激活溶纤维蛋白酶原成为溶纤维蛋白酶，将纤维蛋白凝块溶解，以促进病原菌和毒素在体内的扩散。

（4）胶原酶（collagenase）　产气荚膜梭菌（*Clostridium perfringens*）和溶组织梭菌（*C. histolyticum*）等能产生此酶，它的作用是分解肌肉和皮下组织中的胶原蛋白，促进病原菌在体内扩散。

一些细菌感染机体后，能从感染灶进入淋巴/血液循环系统中，造成菌血症，若能被机体快速清除，则无明显症状；若不能被快速清除反而大量繁殖，会使机体全身急性感染形成败血症。败血症形成后，若不能得到及时有效的治疗，会危及生命。真菌通常寄生在皮肤表面，主要通过接触传染。一些真菌为条件性病原微生物，在宿主免疫力低下的情况下会引起感染，诱发疾病，如申克孢子丝菌（*Sporothrix schenckii*）。正常情况下，申克孢子丝菌寄生于肺的上皮，不引起病变，但在HIV感染或器官移植的患者中，申克孢子丝菌会引起肺炎。

二、病原微生物感染造成损伤

病原微生物在感染的每个阶段都会受到宿主免疫反应的抵御。感染初期，主要遭到由抗菌肽、补体系统、吞噬细胞（包括巨噬细胞和中性粒细胞等）及天然杀伤细胞（natural killer cell，NK cell）等组成的固有免疫反应的抵抗。固有免疫反应不仅可以将病原微生物控制在一定的水平，使之不能大量繁殖，同时还为宿主产生针对该病原微生物的适应性免疫反应提供基础。随着感染时间的增长，适应性免疫反应开始发挥作用，抗体和杀伤性T淋巴细胞等效应性分子或免疫细胞开始发挥作用，最终，宿主可将病原微生物清除或控制住。而病原微生物在感染过程中对宿主免疫反应的抵抗和破坏，是造成组织损伤及引起疾病的主要原因。

（一）病原微生物抵抗机制

1. 抗吞噬作用　吞噬细胞能够识别和吞噬侵入体内的病原微生物，为了不被吞噬，一些病原微生物进化形成了抵抗吞噬的机制。

（1）荚膜　许多产荚膜的细菌如肺炎链球菌（*Streptococcus. pneumoniae*）和流感嗜血菌（*Hemophilus influenzae*）等，能抵抗白细胞对细菌的黏附作用，以避免被其吞噬。

（2）细胞壁成分　某些特殊的细胞壁成分，如存在于化脓链球菌（*S. pyogenes*）细胞壁和菌毛上的 M 蛋白，能帮助细菌黏附在宿主的上皮细胞表面，并保护病原菌不被白细胞吞噬。

（3）产生对抗性酶类　许多致病性葡萄球菌和链球菌等能产生杀白细胞素（leukocidin），杀死吞噬细胞，从而降低宿主的防御能力。

2. 免疫逃逸　除了对抗吞噬外，病原微生物还进化形成了许多对抗、逃逸宿主免疫反应的方式。

（1）抗原突变逃逸免疫反应　例如，肺炎链球菌有许多不同的血清型，一种血清型肺炎链球菌感染不能保护另外一种血清型的感染。流感病毒可以通过“抗原漂移”（antigenic drift）或“抗原转移”（antigenic shift）改变凝集素（hemagglutinin）抗原性，逃逸宿主免疫反应。

（2）利用吞噬细胞逃逸免疫反应　细胞内寄生的细菌如麻风分枝杆菌，被吞噬细胞吞噬后不仅可以在吞噬细胞内生存，逃逸补体和抗体的攻击，还可以通过吞噬细胞这个载体，传播到身体的其他组织器官。

（3）调节自身复制逃逸免疫反应　一些病毒如疱疹病毒（herpesvirus）在靶细胞内处于潜伏感染状态时（latency），只表达极少数病毒基因，使免疫系统“不能看到”这些病毒的存在，从而逃逸 NK 细胞和杀伤性 T 细胞的杀伤。

（4）免疫抑制　许多病原感染可以引起宿主免疫抑制，如巨细胞病毒（cytomegalovirus，CMV）可以通过表达 Fc 受体抑制抗体的功能，而 HSV 可以通过编码补体受体逃逸补体介导的免疫反应。同时，许多疱疹病毒还可以影响抗原的加工和递呈等，影响宿主免疫反应。

（5）破坏免疫系统　例如，HIV 感染 CD4　T 细胞，同时还可以感染表达 CD4 的巨噬细胞和树突状细胞，造成宿主免疫系统的破坏，使宿主免疫力低下，最后形成艾滋病（acquired immune deficiency syndrome，AIDS）。

（二）病原微生物感染引起病理损伤的机制

不同病原微生物感染引起的疾病不同，这主要取决于病原感染部位，以及病原感染造成的病理损伤类型。病原微生物感染造成的病理损伤有直接损伤和间接损伤两种机制，总结在表 11-2 中。

1. 直接损伤机制　病原微生物感染宿主后，可直接造成组织细胞的损伤，包括以下几种情况。

（1）外毒素（exotoxin）　许多致病力强的细胞外寄生细菌能够分泌外毒素，造成宿主组织细胞的损伤。例如，肉毒梭菌能产生肉毒毒素，1mg 可杀死 100 万只豚鼠。破伤风梭菌产生的破伤风毒素和白喉杆菌产生的白喉外毒素都是毒性很强的外毒素。此外，痢疾志贺氏菌可以产生神经毒素，霍乱弧菌和致病性大肠杆菌也能产生肠毒素等外毒素。该类细菌可由吞噬细胞和补体等固有免疫反应细胞或因子进行清除，但是它们产生的外毒素的清除，只能依赖适应性免疫反应中产生的特异性抗体的中和作用。

（2）内毒素（endotoxin）　内毒素为细菌非分泌性结构成分，如革兰氏阴性菌细胞壁上的脂多糖（lipopolysaccharide，LPS）。内毒素可刺激吞噬细胞产生大量促炎细胞因子，引起局部或全身反应，导致发热、糖代谢紊乱、微循环障碍和组织出血与坏死等症状，严重时可导致休克。

（3）直接杀伤细胞　病毒为严格细胞内寄生病原，部分病毒在细胞内复制可以直接使细胞裂解，引起细胞凋亡（apoptosis）或焦亡（pyroptosis）。

2. 间接损伤机制　免疫反应在控制和清除病原微生物中发挥着关键作用，然而病原微生物感染宿主，诱导的免疫反应在清除病原的过程中，也会造成组织细胞的病理损伤。其机制包括如下几种。

（1）免疫复合物的形成　抗原-抗体反应形成免疫复合物，免疫复合物可以激活补体系统引起炎症，也可激活吞噬细胞如中性粒细胞和巨噬细胞并促进其吞噬功能。若产生的抗原-抗体复合物过多，沉聚在肾小球血管上皮上而无法被及时清除，则会造成肾脏的损伤，影响肾脏的功能。

（2）抗体攻击自身抗原　一些抗体形成后会和自身抗原发生交叉反应，从而造成病理损伤，如风湿热和溶血性贫血等。被酿脓链球菌（*Streptococcus pyogenes*）感染后，宿主产生的抗体会与自身抗原交叉反应引起炎性疾病，称为风湿热（rheumatic fever）。

（3）细胞介导的免疫反应　病毒或部分在细胞内生存的细菌，感染后会诱导宿主产生杀伤性T淋巴细胞（CTL）或辅助性T淋巴细胞Ⅰ型（Th1）。CTL和NK细胞可以直接杀伤病毒感染的细胞，而Th1细胞则可通过加强吞噬细胞如巨噬细胞的功能，杀伤细菌感染的细胞，大量细胞的死亡会造成组织完整性的破坏，如结核病、麻风、无菌性脑炎及单纯疱疹性角膜炎等。

表 11-2　病原损伤组织的方式（改自 Murphy and Weaver，2011）

致病机制	直接损伤机制			间接损伤机制		
	产生外毒素	产生内毒素	直接杀伤细胞	免疫复合物	抗体攻击自身抗原	细胞介导的免疫反应
感染源	化脓性链球菌	大肠杆菌	天花病毒	乙肝病毒	化脓性链球菌	淋巴细胞性脉络丛脑膜炎病毒
	金黄色葡萄球菌	嗜血杆菌	水痘-带状疱疹病毒	疟疾	肺炎支原体	单纯性疱疹病毒
	白喉棒状杆菌	伤寒杆菌	乙肝病毒	化脓性链球菌		结核分枝杆菌
	破伤风梭菌	志贺氏杆菌	脊髓灰质炎病毒	梅毒螺旋体		麻风分枝杆菌
	霍乱弧菌	假单胞菌	麻疹病毒	大多数急性感染		伯氏疏螺旋体
		鼠疫杆菌	流感病毒			曼氏裂体吸虫
			单纯疱疹病毒			
疾病	扁桃体炎，猩红热，发热	革兰氏阴性败血症	天花	肾脏疾病	风湿热	无菌性脑膜炎
	疖子，中毒性休克，食物中毒	脑膜炎，肺炎	水痘，带状疱疹	血管内容物沉积	溶血性贫血	疱疹，角膜炎
	白喉	伤寒热	肝炎	肾小球性肾炎		肺结核
	破伤风	痢疾	脊髓灰质炎	肾脏损伤		结核样型麻风

续表

致病机制	直接损伤机制			间接损伤机制		
	产生外毒素	产生内毒素	直接杀伤细胞	免疫复合物	抗体攻击自身抗原	细胞介导的免疫反应
疾病	霍乱	创口感染	麻疹，亚急性硬化性全脑炎	短暂的肾脏沉积		莱姆关节炎
		鼠疫	流感			血吸虫病
			唇疱疹			

第二节　免　　疫

免疫力是指机体抵抗病原微生物的能力。机体的免疫功能依赖于免疫器官、免疫组织、免疫细胞及免疫相关分子构成的免疫系统。已知人和脊椎动物的免疫系统包括中枢免疫器官（胸腺和骨髓）、外周免疫器官（淋巴结、脾脏及黏膜淋巴组织等）、免疫细胞［T 淋巴细胞、B 淋巴细胞、树突状细胞、单核细胞、巨噬细胞、多形核粒细胞、肥大细胞、NK 细胞和自然杀伤性 T 细胞（NKT）细胞等］及效应分子（补体、细胞因子和抗体等）四部分。根据免疫系统的进化、发育和免疫应答的机制和特征，可将免疫分为固有免疫和适应性免疫两种类型。固有免疫反应是宿主抵御病原微生物入侵的第一道防线，它不仅可以有效地控制病原微生物的繁殖，还可以为适应性免疫反应做准备。固有免疫反应的质量决定了适应性免疫反应的质量。同时，适应性免疫反应可以加强固有免疫反应，提高固有免疫反应的效率，如 Th1 细胞可以加强巨噬细胞杀伤细菌的能力，抗体识别抗原后可以促进吞噬细胞的吞噬功能等。固有免疫和适应性免疫相互联系、互相促进，形成有机的统一体，在抵御病原微生物的入侵过程中缺一不可。免疫系统有以下几个功能。

（1）免疫识别功能（immunological recognition）　无论是固有免疫应答还是适应性免疫应答都具有识别病原微生物感染的能力。一旦有病原入侵，固有免疫细胞［也包括一些分子，如甘露糖结合凝集素（mannose-binding lectin，MBL）等］就会对其进行识别，并马上做出反应。适应性免疫系统中的淋巴细胞也可识别入侵的病原，识别抗原的淋巴细胞被激活并分化形成效应性细胞或产生效应性分子。

（2）免疫防御功能（immune effector functions）　免疫系统识别病原并被激活后产生的效应分子和细胞，如补体系统、抗体和细胞因子等效应性分子及固有免疫系统的效应细胞和激活的淋巴细胞（如杀伤性 T 淋巴细胞等）等，可发挥控制和清除病原微生物的功能。抵御和清除病原微生物是宿主免疫系统的基本功能，即通常所讲的“抗感染免疫”。

（3）免疫调控（immune regulation）　免疫调控是指免疫系统自我调节的能力，是免疫系统的一个重要特性。一旦免疫系统失去自我调节的能力，将会导致疾病的发生，表现为过敏（allergy）和自身免疫病（autoimmune disease）等。

（4）免疫记忆（immunological memory）　免疫记忆是适应性免疫反应独有的特性。宿主初次感染某一病原微生物后将会产生免疫记忆，当该病原微生物再次感染时，宿主将会迅速做出针对该病原的强烈的免疫反应，并很快将其清除。

传统的免疫学主要研究人或动物如何抵抗病原微生物的侵染，也即抗感染免疫。然而随着医学和免疫学的发展，免疫学已经超越了“抗感染免疫”的范畴，移植排斥、过敏、自身免疫病及肿瘤免疫等也成为免疫学研究的热点。

一、固有免疫

固有免疫又称为先天性或天然免疫，是宿主抵抗微生物入侵的第一道防线，是机体在长期进化过程中建立起来的防御机制。其主要特点为：①利用有限的分泌蛋白和细胞相关受体识别感染，区分病原和自身组织；②天然识别受体与生俱来，直接继承于父母，不需要通过基因重排；③部分固有免疫反应不需要诱导，可以马上对微生物的入侵做出反应，如抗菌酶、抗菌肽、补体及巨噬细胞等；④可诱导的固有免疫反应，如巨噬细胞等识别病原微生物后，会通过效应性分子诱导炎症反应等，招募吞噬细胞和效应性分子进入感染部位；⑤无论是固有免疫反应的效应细胞还是效应性分子都不会产生免疫记忆；⑥固有免疫对病原感染诱导的适应免疫反应至关重要，固有免疫缺陷的机体不能产生有效的适应性免疫（即便是适应性免疫系统完整的个体）。

下面将对固有免疫系统组成、固有免疫识别及固有免疫应答进行简单介绍。

（一）固有免疫系统组成

1. 上皮屏障系统　上皮屏障系统由机械屏障、化学屏障和微生物屏障三部分组成（表 11-3）。

（1）机械屏障　完整的上皮是机体阻挡病原微生物侵入的第一道防线。上皮包括皮肤上皮和黏膜上皮，上皮细胞通过细胞间连接形成一个致密的“保护层”。通常情况下，若上皮不出现损伤（如伤口、烧伤或完整性缺失），则很难被病原微生物突破。除这种机械屏障外，空气和液体的流动、纤毛运动排痰、眼泪及鼻毛等也都可起到机械屏障的作用。

（2）化学屏障　上皮不仅仅是一个机械屏障，在其表面通常含有一些抑制或杀伤病原微生物的物质，如乳酸、脂肪酸、胃酸、溶菌酶、蛋白酶、黏多糖及抗菌肽等。酸性物质的存在（如胃酸），使环境 pH 较低，不利于多数微生物的生存。

抗菌酶（antimicrobial proteins）和抗菌肽（antimicrobial peptides）是由上皮细胞、吞噬细胞及寄生于上皮的一些正常菌群（normal microbiota）产生的。抗菌酶包括溶菌酶（lysozyme）和分泌型磷脂酶 A2（secretory phospholipase A2）等。溶菌酶是一种糖苷酶，可以通过破坏细菌壁的肽聚糖链杀死细菌，而分泌型磷脂酶 A2 则可通过水解细菌壁中的磷脂杀伤细菌。抗菌肽为具有抗菌活性的短肽，包括防御素（defensins）、抗菌肽（cathelicidins）和富组蛋白（histatins）等 400 多种具有广谱杀菌作用的肽类。例如，防御素是由 30～40 个氨基酸组成的阳离子肽，具有广谱的杀菌作用，能在几分钟内将细菌和真菌（也包括一些具有囊膜的病毒）的细胞膜破坏。

（3）微生物屏障　正常情况下，正常菌群（normal microbiota）会定殖于皮肤和黏膜上皮，正常菌群不仅可以通过竞争占位和争夺营养的方式保护宿主免受病原微生物的入侵，还可以通过分泌一些化学物质（包括抗菌肽等）抵抗病原微生物感染。大量持久地应用抗生素会影响宿主正常菌群，从而危害机体健康。

表 11-3　上皮表面构成机体抵御感染的第一道屏障（改自 Murphy and Weaver，2011）

屏障	皮肤	肠道	肺	眼、鼻、口	生殖道
组织	上皮细胞之间的紧密连接				
	空气和流体的纵向流动		纤毛促进黏液运动	眼泪、鼻部纤毛	纤毛促进黏液运动
化学物质	脂肪酸	低 pH 酶-胃蛋白酶	肺部表面活性剂	眼泪和唾液中的酶（溶菌酶）	低 pH 酶类
	β-防御素 板层小体 抗菌肽	α-防御素 凝集杀菌素 抗菌肽	α-防御素 抗菌肽	β-防御素 富组蛋白	抗菌肽
微生物	正常微生物群				

注：皮肤和黏膜组成阻碍病原穿过上皮、破坏组织的屏障，称为机体抵御病原感染的第一道屏障。这一屏障的组成主要有三个层次，即机体本身的组织结构、机体分泌的一些抗菌物质及分布于组织上的正常共生菌群

2. 补体系统　补体（complement）是一类存在于血液和组织间液的可溶性蛋白，包括 C1、C2、C3、C4、C5、C6、C7、C8、C9、B 因子（factor B）和 D 因子（factor D）11 种蛋白酶原，以及 P 因子（properdin）等蛋白质。这些蛋白质不耐热，激活后发生一系列级联反应，产生具有酶活性、可介导炎症反应和免疫应答的活性分子。整个补体系统（complement system）由包括以上 12 种蛋白质的可溶性蛋白和膜蛋白等 30 多种蛋白质组成，形成一个高度复杂的、统一的生物反应系统。

补体系统激活途径包括经典途径（classical pathway）、替代途径（alternative pathway）及凝集素途径（lectin pathway）：①经典途径依赖于抗体识别抗原形成的抗原-抗体免疫复合物对补体系统进行激活。②替代途径又叫作旁路途径，不依赖于抗原-抗体复合物的形成，起始于 C3 自然水解形成的 C3（H_2O），其与 B 因子、D 因子和 P 因子协同作用。③凝集素途径又叫作甘露糖结合凝集素（mannose-binding lectin，MBL）途径，不依赖于抗体。MBL 等凝集素直接识别病原体表面的糖结构，通过活化 MBL 相关的丝氨酸蛋白酶（MBL associated serine protease，MASP）激活补体系统。

补体系统不仅是固有免疫的重要组成部分，而且对适应性免疫反应的产生具有重要作用。补体系统具有以下几个功能。

（1）裂解病原　补体系统激活后可以在病原微生物的细胞膜上形成许多孔道，破坏微生物膜的完整性，导致病原微生物的直接裂解。

（2）促进炎症反应　补体反应产生的 C3a 和 C5a 等蛋白质是非常重要的促炎因子，它们的产生能够促进炎症的形成，招募更多的吞噬细胞和效应分子到感染区域，以清除病原。

（3）调理作用　补体反应产生的 C3b 和 C4b 等蛋白质附着在病原表面，从而促进具有 C3b 和 C4b 等蛋白质受体的吞噬细胞对病原的吞噬作用。

（4）清除免疫复合物　免疫复合物形成后会沉积在毛细血管壁，通过激活补体引起炎症而造成组织损伤。而附着在免疫复合物上的 C3b（补体系统组分）可以被红细胞上的受体 CR1 识别，从而将免疫复合物带到脾脏和肝脏，以利于巨噬细胞清除免疫复合物。

（5）促进适应性免疫反应　补体系统对适应性免疫的影响主要表现在以下几个方面：

促进抗原递呈细胞（包括树突状细胞和 B 细胞）对抗原的吞噬，影响抗原递呈细胞分泌细胞因子，以及通过促进炎症影响适应性免疫反应。

虽然补体系统被激活后，广泛参与机体的防御过程，在清除病原微生物感染中发挥着重要作用，但是补体激活过度会造成自身组织的损伤。因此，在正常情况下，补体系统的每一步激活和产生的效应分子都受到严格的调节和控制，以维持机体免疫系统的稳态。

3. 吞噬细胞　病原微生物一旦突破上皮屏障开始增殖，很快就会被组织中的吞噬细胞识别。固有免疫系统中的吞噬细胞主要有巨噬细胞/单核细胞（macrophage/monocyte）、粒细胞（granulocyte）及树突状细胞（dendritic cell）。

（1）巨噬细胞　巨噬细胞是定殖于多数组织的主要吞噬细胞，最先识别突破上皮屏障的病原微生物，具有很强的吞噬能力。巨噬细胞来源于胎儿发育时期进入组织的前体细胞（可进行自我更新）或者来源于病原微生物感染引起炎症时从血液进入组织的单核细胞的分化。巨噬细胞广泛存在于结缔组织、黏膜下层、组织细胞间隙、腹腔、肺泡、脾脏及肝脏的血管周围。一些组织中的巨噬细胞有特定的名称，如在肝脏中叫作枯否氏细胞（Kupffer cell），在脑组织中叫作小胶质细胞（microglial cell），而在骨组织中叫作破骨细胞（osteoclast）等。巨噬细胞在免疫反应中发挥着重要作用，具有广泛的生物学功能，包括吞噬杀伤病原、促进炎症、抗原递呈、清除死亡细胞、促进创伤愈合及杀伤肿瘤细胞等。

（2）单核细胞　单核细胞由骨髓干细胞发育而成，然后进入血液循环系统。单核细胞分为两类：一类为经典的单核细胞（约占 95%），在感染和炎症发生时会穿过血管进入组织分化为巨噬细胞；另一类为巡逻单核细胞（patrolling monocyte）（约为 5%），主要负责监视内皮是否受到损伤，这类单核细胞不会进入组织分化为巨噬细胞。

（3）粒细胞　粒细胞来源于骨髓干细胞，包括嗜中性粒细胞（neutrophil）、嗜酸性粒细胞（eosinophil）和嗜碱性粒细胞（basophil），其中嗜中性粒细胞在抗感染固有免疫中发挥着非常重要的作用。中性粒细胞是血液中数目最多的白细胞（占外周血液中白细胞的 50%～70%），其特点是寿命短、更新快。中性粒细胞的颗粒中含有溶酶体，具有强大的吞噬能力。正常情况下，组织中没有中性粒细胞，当出现感染炎症时，中性粒细胞会从血液中被招募迁移到感染部位，发挥其功能。

（4）树突状细胞　树突状细胞广泛存在于淋巴器官和外周组织中，分为传统树突状细胞（conventional or classical dendritic cell，cDC）和浆液样树突状细胞（plasmacytoid dendritic cell，pDC）。未成熟的树突状细胞具有吞噬功能，当其吞噬病原后，吞噬功能减弱，主要功能是将病原加工成短肽抗原递呈给 T 淋巴细胞，激活适应性免疫反应。浆液样树突状细胞不具有抗原递呈功能，然而其识别抗原后会分泌大量 I 型干扰素（type I interferon），发挥抗病毒作用。

4. 固有免疫淋巴样细胞　固有免疫淋巴样细胞（innate lymphoid cell，ILC）与 T 淋巴细胞及 B 淋巴细胞来源于共同的淋巴细胞——祖细胞（common lymphocyte progenitor），然而固有免疫淋巴样细胞却没有 T 淋巴细胞和 B 淋巴细胞的特异性受体。这类细胞包括天然杀伤细胞（natural killer cell，NK cell）、ILC1、ILC2 和 ILC3 等。

（1）天然杀伤细胞　NK 细胞与 T/B 细胞来源于同一个祖细胞，自骨髓发育成熟后进入血液循环系统。NK 细胞较 T/B 细胞大，细胞质中有许多包含细胞毒性蛋白的颗粒，其功能与杀伤性 T 细胞相似，能够直接杀伤肿瘤细胞和病毒感染的细胞。NK 细胞识别和杀伤细胞主要依赖于其表面的抑制受体和激活受体所给予的信号平衡，当抑制信号降低，激活信号增强时，NK 细胞就会杀伤靶细胞。例如，NK 细胞抑制受体能够识别 I 型 MHC，I 型 MHC 给予 NK 细胞抑制信号，当细胞出现癌变或被病毒感染时，细胞表面的 I 型 MHC 表达降低，抑制信号减弱，NK 细胞就会被激活并杀伤靶细胞。

此外，NK 细胞表面还能够表达 TNF 家族的 TRAIL 分子，TRAIL 分子与靶细胞表面的 TNF 受体 DR4 及 DR5 结合，能够诱导靶细胞凋亡。

（2）其他 ILC　ILC1、ILC2 和 ILC3 在骨髓发育成熟后会迁移到外周淋巴组织和外周器官，尤其是皮肤、肝脏、小肠和肺脏等器官。这类细胞被其他固有免疫细胞如巨噬细胞和树突状细胞产生的细胞因子激活，进而发挥其功能：ILC1 主要分泌 IFN-γ，在抗病毒和抗其他细胞内寄生的病原中发挥作用；ILC2 主要分泌 IL-4、IL-5 和 IL-13 等细胞因子，在促进黏膜免疫和抵抗寄生虫免疫中发挥作用；ILC3 主要分泌 IL-17 和 IL-22 等细胞因子，主要抵抗细胞外细菌和真菌的感染。

（二）固有免疫识别

与适应性免疫一样，固有免疫可以区分“我”与“非我”。1989 年，Janeway 提出了固有免疫的“模式识别理论”，即固有免疫系统不仅存在“特异性识别受体”，而且能够特异性地识别“病原体的某些分子信号”，即病原体相关分子模式（pathogen-associated molecular pattern，PAMP）。然而，直到 20 世纪 90 年代末，Hoffmann 才发现了第一个固有免疫识别受体。

PAMP 是一类或一群病原微生物所共有分子结构，如甘露寡糖（mannose-rich oligosaccharide）、肽聚糖（peptidoglycan）、脂多糖（lipopolysaccharide，LPS）、脂磷壁酸（lipoteichoic acid）、非甲基化的 CpG DNA（unmethylated CpG DNA）及病毒双链 RNA 等。

此外，感染、损伤、应激及癌变等能够诱导宿主细胞产生一些源于宿主的特殊分子，而这些分子也能够被固有免疫受体识别，诱发免疫反应，这一类分子称为损伤相关分子模式（damage-associated molecular pattern，DAMP）。

在固有免疫系统中，识别 PAMP 或 DAMP 的受体称为模式识别受体（pattern recognition receptor，PRR）。模式识别受体分为 4 类，包括血清或体液中的游离 PRR、与膜结合的吞噬受体、膜上的信号受体（Toll 样受体等）及细胞质中的信号受体（RIG-I 样受体和 NOD 样受体）。吞噬受体主要促进吞噬细胞对病原微生物的吞噬，而信号受体则包括招募细胞到感染部位的趋化因子受体，以及诱导产生效应分子的受体。

1. *游离 PRR*　在血液和体液中存在一些可溶性的模式识别受体，如甘露糖结合凝集素（mannose-binding lectin，MBL）、C 反应蛋白（C-reactive protein，CRP）及 LPS 结合蛋白等。MBL 主要由肝脏合成，能够识别微生物表面的甘露糖，具有激活补体系统及作为调理素促进吞噬细胞吞噬的功能。C 反应蛋白由肝脏合成，识别微生物的胆碱磷脂，同样具有激活补体系统及作为调理素促进吞噬细胞吞噬的功能。LPS 结合蛋白与 LPS 结合，然后将 LPS 转移给吞噬细胞表面的 CD14 受体，CD14 一方面作为吞噬受体促进吞噬细胞的吞噬功能，一方面辅助 TLR4 识别 LPS。

2. *细胞吞噬受体*　细胞吞噬受体通过识别 PAMP/DAMP 促进吞噬细胞吞噬病原微生物。该类受体包括 C 型凝集素样家族受体（C-type lectin-like family receptor），如甘露糖受体（mannose receptor，MR）和 C 型植物血凝素 1（Dectin-1）、清道夫受体（scavenger receptor）、补体受体 CR3 及 G 蛋白偶联受体（G-protein-coupled-receptor，GPSR）等。C 型凝集素样家族受体在巨噬细胞、中性粒细胞和树突状细胞表面表达，Dectin-1 识别 β-1, 3 连接的葡聚糖，而 MR 则识别糖基化的配体。C 型凝集素样家族受体识别配体后不仅可以促进吞噬细胞对病原的吞噬功能，还可以给予吞噬细胞表达细胞因子的信号。清道夫受体主要在巨噬细胞表面表达，识别阴离子聚合物和乙酰化的低密度脂蛋白。补体受体 CR3 在吞噬细胞表面表达，主要识别补体附着的病原体，同时还可直接识别含有 β-葡聚糖的微生物。G 蛋白偶联受体为 7 次跨膜蛋白，主要在巨噬细胞和中性粒细胞表面表达。这类受体不仅能够促进吞噬细胞杀伤病原的能力，同时还可以响应趋化因子和补体片段 C5a 等招募吞噬细胞到炎症部位。

3. Toll 样受体　Toll 样受体（Toll-like receptor，TLR）是果蝇 Toll 蛋白的同系物，为跨膜蛋白，分布在细胞膜或细胞内体的膜上，识别微生物的病原分子模式。许多细胞包括巨噬细胞、树突状细胞、B 细胞、粒细胞、NK 细胞、肥大细胞、基质细胞及一些上皮细胞能够表达一种或几种 TLR。迄今为止，在人类和小鼠中已发现的 Toll 样受体共 13 个，其中在人类发现的 TLR 有 10 个（TLR1～10），TLR 10 为人类独有，而在小鼠中发现的 TLR 共 12 个（TLR1～9，TLR11～13）。TLR 3、TLR 7、TLR 8 和 TLR 9 分布在内体膜上，主要识别病原的核酸包括 dsRNA、ssRNA 和 CpG DNA。在细胞膜上的 TLR 主要识别二酰基脂肽、LPS、脂磷壁酸及其他具有重复模式的微生物分子结构，如鞭毛蛋白等。

TLR 通过识别相应的 PAMP，激活 NF-κB、IRF 和 AP-1 等转录因子，诱导活化细胞产生一系列效应分子，如促炎因子、趋化因子和干扰素（interferon）等，在免疫反应中发挥着重要作用。例如，通过诱导吞噬细胞基因表达促进其吞噬功能，促进炎症，招募吞噬细胞到感染部位，提高机体抗病毒能力，以及促进树突状细胞成熟，提高其抗原递呈功能等。

4. RIG-I 样受体　RIG-I 样受体（RIG-I-like receptor，RLR）主要识别细胞质中的病毒 RNA。迄今为止，已发现的 RIG-I 样受体包括 RIG-I（retinoic acid-induced gene-I）、MDA 5（melanoma differentiation-associated gene-5）及 LGP-2（laboratory of genetic and physiology-2），这些受体广泛分布于各种组织细胞。RIG-I 主要识别病毒的 ssRNA，而 MDA 5 则主要识别病毒的 dsRNA。LGP-2 主要协同 RIG-I 和 MDA 5 识别病毒 RNA。RIG-I 样受体识别病毒的 RNA 后，通过激活 NF-κB 和 IRF 等转录因子，诱导 I 型干扰素和促炎因子产生，发挥其抗病毒和促进炎症反应的免疫功能。

5. NOD 样受体　NOD 样受体（NOD-like receptor，NLR）包括 NOD（nucleotide binding oligomerization domain）和 NLR 蛋白（NLRP）两个亚家族。NOD 亚家族在氨基末端含有一个 CARD（caspase recruitment domain）结构域，而 NLRP 亚家族则在氨基末端含有一个 pyrin 结构域。NOD 样受体主要通过识别细胞质中病原菌的分子模式及细胞损伤信号，发挥其免疫功能。

NOD 受体包括 NOD1 和 NOD2 两个受体，主要识别细菌壁上的肽聚糖。NOD1 识别革兰氏阴性菌和部分革兰氏阳性菌肽聚糖的 γ-谷酰基二氨基庚二酸（γ-glutamyl diaminopimelic acid，iE-DAP）片段，而 NOD2 则主要识别多数细菌的胞壁酰二肽（muramyl dipeptide，MDP）。NOD1 主要分布于巨噬细胞、树突状细胞、中性粒细胞和黏膜的上皮细胞。NOD1 识别 PAMP 后通过激活 NF-κB 信号通路，诱导炎症因子产生，促进炎症；同时，NOD1 对 PAMP 的识别可激活细胞表达与 NO（nitric oxide）产生相关的酶，促进吞噬细胞杀伤细菌的能力。NOD2 在胃肠道的潘氏细胞（Paneth cell）中高表达，主要调控抗菌肽，如 α-防御素和 β-防御素的表达。

NLRP 受体亚家族有 14 个 NLRP，其中对 NLRP3（又称为 NALP3 或隐热蛋白）的研究最透彻。正常情况下，NLRP3 在细胞内以无活性形式存在。当细胞被感染或受到损伤时，NLRP3 通过识别 PAMPs 或 DAMPs 被激活，进而通过多蛋白复合体——炎症小体（inflammasome）的形成，诱导促炎因子的产生和细胞的死亡。

（三）固有免疫应答

当病原突破皮肤和黏膜上皮细胞形成的屏障后，宿主的固有免疫马上（0～4h）就会做出应答，4h 后（4～96h）诱导产生的固有免疫反应开始发挥作用，96h 后宿主的适应性免疫反应被激活并开始发挥作用。病原感染宿主后，血液、组织间液中存在的，以及上皮分泌的可溶性固有免疫分子，包括抗菌酶、抗菌肽和补体等会立即做出反应；同时，巨噬细胞/单核细胞开始识别并吞噬病原微生物。激活后的补体和巨噬细胞/单核细胞产生效应分子、细胞因子及趋化因子等，一方面诱导炎症产生，另一方面趋化中性粒细胞及单核细胞（monocytes）到感染的区域，促进吞噬细胞吞噬并清除病原微生物。

1. *炎症反应*　炎症反应是由巨噬细胞吞噬病原微生物及补体被激活产生的细胞因子、趋化因子及一些效应分子引起的机体防御反应。炎症反应的病理生理学特点为红、肿、热、痛，是感染部位毛细血管通透性发生改变的外在表现。炎症反应发生时感染部位的毛细血管扩张，血液流动速度降低；同时，毛细血管内皮细胞表面黏附分子表达出现变化，细胞间隙增大，有利于细胞和效应分子的溢出。炎症反应的主要功能包括：①招募效应分子和免疫细胞（开始主要是中性粒细胞和单核细胞）到感染部分，以加强对病原微生物的杀伤和清除作用；②促进局部凝血，从而阻止入侵病原微生物通过血液向身体其他部位扩散；③促进损伤组织的修复。

2. *吞噬作用*（phagocytosis）　巨噬细胞和中性粒细胞利用吞噬受体识别并吞噬病原微生物后，在其他信号受体的协同下，通过氧依赖途径和非氧依赖途径产生一系列对微生物具有杀伤作用的效应分子和物质，最后将微生物杀死（表 11-4）。非氧依赖途径通过营养竞争、产生抗菌肽及溶菌酶等杀伤微生物；氧依赖途径通过产生大量对微生物具有毒性的分子如 NO、H_2O_2、O_2^-、ClO^-、OH 等，直接杀伤微生物；同时，氧依赖途径会使吞噬溶酶体酸化，从而不利于微生物生存。

表 11-4　吞噬细胞抗菌机制（改自 Murphy and Weaver，2011）

机制分类	巨噬细胞产生	中性粒细胞产生
酸化	pH≤3.5～4.0，抑菌或杀菌	
毒性氧化物质	超氧化物（O_2^-），过氧化氢（H_2O_2），单线态氧（$^1O_2\cdot$），次氯酸盐（ClO^-）	
毒性氮氧化物	一氧化氮（NO）	
抗菌肽类	抗菌肽，巨噬细胞弹性蛋白酶衍生肽	α-防御素（HNP1-4），β-防御素 HBD4，抗菌肽，天青杀素，杀菌增强性蛋白（BPI），乳铁蛋白肽
酶类	溶菌酶：消化一些革兰氏阳性菌的细胞壁。酸性水解酶（如弹性水解酶和其他蛋白酶）：分解摄取的微生物	
竞争剂		乳铁蛋白（隔离亚铁离子），维生素 B_{12} 结合蛋白

注：吞噬细胞摄入微生物后产生或释放的抗菌物质。表中列出的大多数物质均可对微生物造成直接毒性，并且可直接在吞噬溶酶体中发挥作用。此外，它们还可以被分泌到细胞外区域，其中很多都可对宿主细胞造成毒性。其他吞噬细胞抗菌产物可阻隔胞外必需营养素与微生物，从而阻碍微生物生长

3. 细胞因子在固有免疫反应中的作用　在感染早期，巨噬细胞吞噬病原后会产生一系列促炎因子和Ⅰ型干扰素（type Ⅰ Interferons，IFN-Ⅰ）等，在诱导产生固有免疫反应中发挥着重要作用。激活的巨噬细胞和树突状细胞分泌的促炎因子和趋化因子包括 IL-1β、IL-6、TNF-α、IL-12 和 IL-8（趋化因子）等，而这些促炎因子和趋化因子可诱导肝脏产生急性期蛋白，从血液中招募中性粒细胞和单核细胞，诱导炎症及引起机体高热等，以利于机体免疫清除病原微生物。

Ⅰ型干扰素在抗病毒感染中发挥着重要作用，主要包括 IFN-α 和 IFN-β。病毒感染时，机体的绝大部分细胞能通过模式识别受体（如 TLR3、TLR7、TLR9、RIG-I 和 MDA 5 等）识别病毒的病原分子模式并产生 IFN-Ⅰ。IFN-α/β 一方面可以诱导细胞产生大量调控病毒感染的效应性分子，抑制细胞内病毒复制和使未感染的细胞处于不被感染的状态。另一方面可以激活 NK 细胞，促进其杀伤病毒感染的细胞的能力。此外，IFN-α/β 具有促进抗原递呈细胞（如树突状细胞）成熟的能力，进而有利于适应性免疫反应。同时，IFN-α/β 还可诱导有核细胞高表达 MHC Ⅰ的能力，从而促进杀伤性 T 细胞，即细胞毒性 T 细胞（cytotoxic T lymphocyte，CTL）杀伤病毒感染的细胞。

总之，固有免疫反应不仅在抵抗病原微生物感染初期的反应中起着非常重要的作用，而且在诱导适应性免疫反应中也起到关键的作用。机体固有免疫反应与适应性免疫反应互相调节，互相补充，协同作用，在抵抗病原感染、免疫监视及保持机体稳态中都发挥着重要作用。

二、适应性免疫

适应性免疫反应（adaptive immune response）是指抗原特异性淋巴细胞在抗原刺激下产生的一系列免疫反应，包括产生免疫记忆等。在适当炎症信号存在的情况下，适应性免疫反应起始于 B 淋巴细胞或 T 淋巴细胞表面受体对相应抗原的特异性识别。病原入侵时，感染部位的树突状细胞，直接通过巨胞饮或表面模式识别受体吞噬病原，随后树突状细胞开始向淋巴组织迁移；迁移过程中，树突状细胞加工抗原的同时开始成熟，高表达共刺激分子和 MHC 等分子，并通过 MHC 将加工好的抗原肽递呈在树突状细胞的表面。特异性识别树突状细胞递呈抗原的 T 淋巴细胞会被激活，分化为效应性 T 淋巴细胞，起始细胞免疫反应（cell-mediated immune response）。通过表面受体特异性地识别游离抗原的 B 淋巴细胞，通过 MHC Ⅱ分子将加工后的抗原递呈给辅助性 T 淋巴细胞，在辅助性 T 淋巴细胞的帮助下，被激活分化为浆细胞产生抗体，起始体液免疫反应（humoral immune response）。细胞免疫反应和体液免疫反应有机统一，组成了机体的适应性免疫，而适应性免疫又与固有免疫共同作用，有效地控制或清除病原微生物的感染。

（一）抗原

能与抗体特异性结合的分子或能够产生被 T 淋巴细胞受体特异性识别的肽段的分子即为抗原（antigen），抗原一般具有两种特性，即免疫原性和抗原性（又叫作反应原性）。免疫原性（immunogenicity）是指与 B 淋巴细胞和 T 淋巴细胞受体结合，激活淋巴细胞增殖、分化及产生抗体和致敏 T 淋巴细胞的能力；抗原性（antigenicity）则是指抗原与相应抗体或淋巴细胞受体特异性结合的能力。同时具有免疫原性和抗原性的抗原为完全抗原或免疫原（immunogen），具有抗原性而不具有免疫原性的抗原为不完全抗原（incomplete antigen）或半抗原（hapten）。

理论上来讲，几乎所有化学结构都能够被适应性免疫系统的受体所识别。然而，当被病原微生物感染时，适应性免疫系统受体识别的抗原主要为蛋白质和多糖（polysaccharides）。单个抗原受体或抗体仅能识别某个抗原分子结构的一部分，即抗原决定簇（antigenic determinant）或抗原表位（epitope）。一般情况下，大分子的抗原，如糖蛋白等包含许多抗原表位，而每一个抗原表位则被不同特异性的抗原受体或抗体识别。

B 淋巴细胞受体或抗体能直接识别不经加工的抗原（分泌的抗原或病原表面抗原）的抗原表位，这些抗原表位可以由连续的或不连续的氨基酸组成。与 B 淋巴细胞受体不同，T 淋巴细胞受体不能直接识别未经加工的抗原，只能识别经过抗原递呈细胞加工形成的抗原肽。这些抗原肽与 MHC 分子结合，被递呈到抗原递呈细胞的表面，然后才能被 T 淋巴细胞受体识别。因此，T 淋巴细胞受体的特异性不仅受限于其识别的抗原，还受限于与抗原结合的 MHC 分子。

抗原的免疫原性受到许多因素的影响，主要有以下几个方面。

（1）异源性　抗原的异源性（foreignness）是指被受体或抗体识别为非自身抗原的特性。通常情况下，免疫原的来源与被免疫动物的亲缘关系越远，其免疫原性越强。外来抗原（如感染的病原微生物）一般具有免疫原性，能够引起机体的适应性免疫反应，从而被机体清除。

（2）分子质量大小　抗原分子质量的大小与免疫原性相关，分子质量越大，其免疫原性越强。通常情况下，分子质量大于 100kDa 的抗原免疫原性强，分子质量在 5～10kDa 的，免疫原性较弱，而分子质量低于 5kDa 的抗原则无免疫原性。

（3）抗原化学组成和结构的复杂性　抗原组成和结构的复杂性与免疫原性相关，化学组成和结构越复杂，免疫原性越高。通常情况下，蛋白质的免疫原性都很高，但是由一种氨基酸重复形成的蛋白质的免疫原性，就远不如由多种氨基酸组成的蛋白质免疫原性强，含有芳香族氨基酸的蛋白质比不含芳香族氨基酸的蛋白质免疫原性强，异源二聚体的免疫原性要高于同源二聚体。

（4）抗原的可降解性和可递呈性　通常情况下，分子质量大、不易溶解的、容易聚集的抗原要比小的、可溶性的抗原免疫原性强，主要是因为大而容易聚集的抗原更易被吞噬和加工递呈。但是无论抗原分子质量多大或易聚集，若不能够被加工和递呈，其免疫原性都会很弱。

此外，抗原的免疫原性也会受到免疫动物的品种、品系、个体差异，抗原免疫的途径、剂量、次数，以及免疫用佐剂等因素的影响。

（二）抗体

B 淋巴细胞受体识别抗原后，被激活分化成浆细胞（plasma cell），浆细胞产生的免疫球蛋白（immunoglobulin，Ig）即为抗体（又称为分泌的 B 淋巴细胞受体）。抗体不仅能够特异性地识别抗原，而且具有重要的生物学功能。抗体主要存在于血液、组织液，血液经过凝血后离心所得上清液称为血清（serum），含有抗体的血清又称为抗血清（antiserum）。

1. 抗体的结构　抗体的基本结构相似，单体由两条完全相同的重链（heavy chain）和两条完全相同的轻链（light chain）组成。重链由大约 450 个氨基酸组成，分子质量约为 50kDa，轻链由大约 220 个氨基酸组成，分子质量约为 25kDa。两条重链间、重链与轻链间由二硫键连接，形成一个“Y”字形的四肽链结构（图 11-1）。

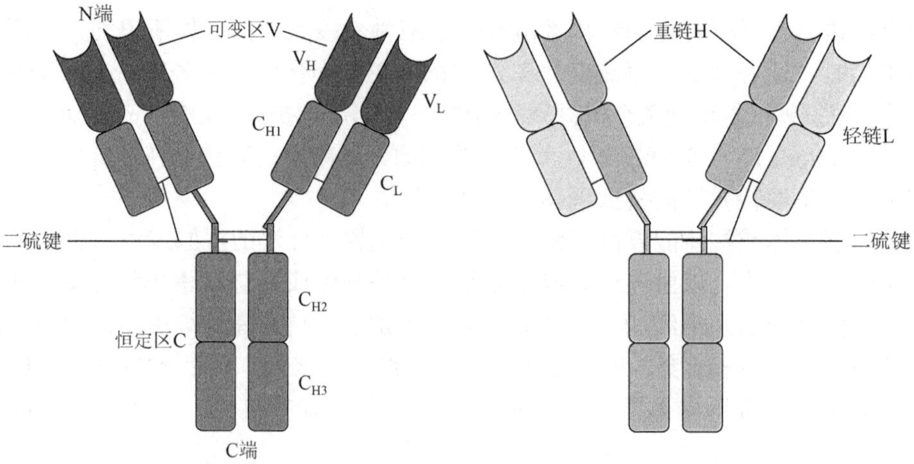

扫一扫　看彩图

图 11-1　Ig 的“Y”字形结构

抗体结构模式图（以 IgG 为例）。抗体基本骨架呈“Y”字形，从 N 端到 C 端，分别为可变区 V（红色）与恒定区 C（蓝色）。可变区由轻链 L（黄色）的 1/2 与重链 H（绿色）的 1/4 组成，恒定区由轻链的 1/2 与重链的 3/4 组成，两条重链之间及重链与轻链之间由二硫键连接

对 Ig 的轻链和重链的氨基酸序列分析发现，不同 Ig 从羧基（C）端起重链的 3/4 和轻链的 1/2 区段上的氨基酸排列顺序较为稳定，称为恒定区或 C 区（constant domain），重链的 C 区称为 C_H，包括 C_{H1}、C_{H2} 和 C_{H3}（IgM 和 IgE 多一个 C_{H4}），轻链的 C 区称为 C_L。C 区具有动物的物种特异性，不随抗原而变化。从氨基（N）端起重链的 1/4 和轻链的 1/2 区段的氨基酸序列变化较大，称为可变区或 V 区（variable domain），重链的 V 区称为 V_H，轻链的 V 区称为 V_L。功能上，抗体的 V 区特异性地识别和结合抗原。在每一种抗体的基本结构中，均有两个完全相同的与抗原结合的位点，分别由一条由重链的 V_H 和一条轻链的 V_L 组成。

抗体的“Y”字形结构中两个臂的重链与躯干部分的重链之间由铰链区（hinge region）相连，从而赋予了 Ig 柔性，使其能够伸展收缩。应用不同蛋白水解酶可将 Ig 切割成片段，如木瓜蛋白酶（papain）能将抗体切割成大小基本相等的三个部分，分别为两个 Fab（fragment antigen binding）片段和一个 Fc（fragment crystallizable）片段（图 11-2）。Fab 片段能够识别

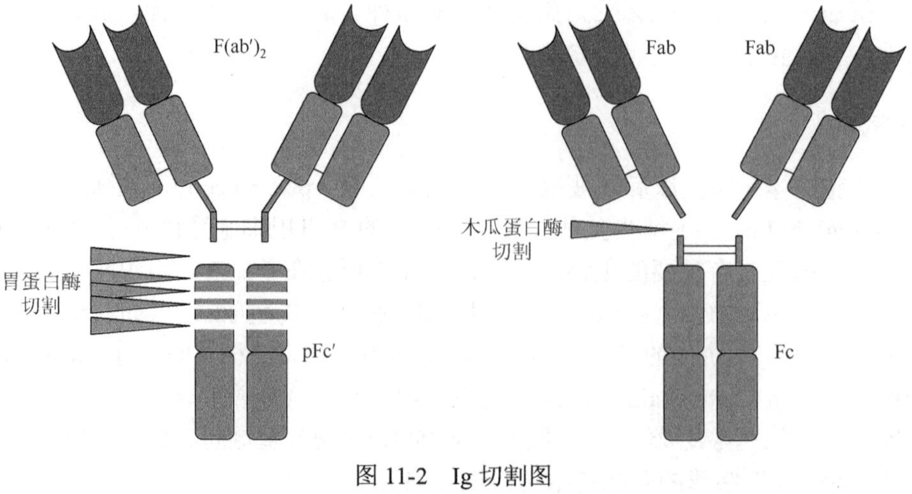

扫一扫　看彩图

图 11-2　Ig 切割图

和结合抗原，Fc 片段能够与效应分子、效应细胞结合。胃蛋白酶（pepsin）能够在二硫键的羧基端切割抗体，形成 $F(ab')_2$ 片段和不完整的 pFc′片段（图 11-2）。$F(ab')_2$ 片段具有完整的抗体结合活性，但也缺乏 pFc′片段，因此不能与效应细胞结合。

2. 抗体的种类和特性　抗体的轻链有两类，分别为 lambda（λ）和 kappa（κ）。在一个抗体中，两条重链只能同时与 λ 链结合，或者同时与 κ 结合，而不能一条重链与 λ 链结合，另一条重链与 κ 结合。迄今为止，未发现 λ 与 κ 功能上的差异。

在人和小鼠中有 5 种类型（isotype）的重链，分别为 μ、δ、γ、α 和 ε，与之相对应的抗体为 IgM、IgD、IgG、IgA 和 IgE 5 种类型。有些重链则有亚型，如 γ 重链有 γ1、γ2、γ3 和 γ4，与之相对应的 IgG 分别为 IgG1、IgG2、IgG3 和 IgG4。抗原刺激后，一个抗原表位特异性的 B 淋巴细胞可以产生不同类型的 Ig，这些不同类型抗体具有相同的可变区，即相同的抗原识别能力。但是，不同类型抗体或亚型的免疫学功能特性不同，这取决于不与轻链结合的重链 C 区。下面简要地介绍以下 5 类免疫球蛋白的特点和功能。

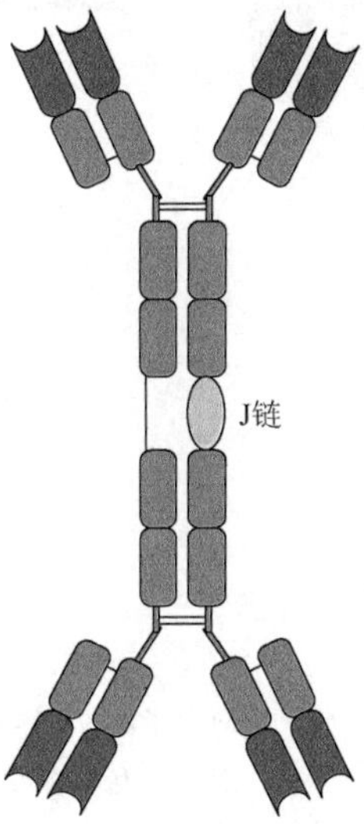

图 11-3　IgA 示意图

扫一扫　看彩图

（1）IgG　IgG 以单体形式广泛存在于机体内，是血液和组织液中的主要免疫球蛋白，约占血液抗体总量的 75%。人的 IgG 分为 IgG1、IgG2、IgG3 和 IgG4 四个亚型。母亲可以通过 FcRn 受体将 IgG 经胎盘传递给胎儿。IgG 具有激活补体、促进吞噬细胞对病原的吞噬、中和细菌毒素和病毒的功能，在机体抗病原微生物侵染过程中发挥着重要作用。

（2）IgA　人类 IgA 包括 IgA1 和 IgA2 两个亚型。在血液中 IgA 含量极低，以单体形式存在。然而，在分泌液和黏膜的表面，IgA 是主要的免疫球蛋白，以二聚体形式存在（图 11-3），IgA 二聚体中的两个单体由 J 链连接。分泌到黏膜表面的二聚体中间有一个分泌糖蛋白的片段，不仅能使 IgA 黏附于黏膜表面，还能保护 IgA 不受蛋白酶降解。分泌型 IgA 具有很强的中和能力，在保护机体免受病原感染中起着重要作用。

（3）IgM　IgM 是抗原刺激后最早产生的一种免疫球蛋白，其重链含有 4 个 C 区。通常情况下，由 5 个单体经 J 链连接成五聚体（图 11-4），分子质量为 970kDa。IgM 仅存在于血清中，占抗体总量的 5%～10%，具有强大的激活补体的功能。在成熟的 B 淋巴细胞表面，有少量 IgM 单体作为 B 淋巴细胞受体。

（4）IgD　主要作为 B 淋巴细胞受体存在于成熟 B 淋巴细胞表面，血液中含量极少。IgD 以单体形式存在，其功能不详。

（5）IgE　以单体形式存在于血清中，重链含有 4 个 C 区，分子质量为 190kDa，其含量仅为抗体总量的 0.002%。在不与抗原结合的情况下，IgE 能与肥大细胞和嗜碱性粒细胞表面的 IgE 受体结合。IgE 与抗原结合后，能迅速将肥大细胞和嗜碱性粒细胞激活，释放组胺等致敏介质和炎性介质引起超敏性反应。

（三）淋巴细胞受体及其特异性形成机制

为了更有效地抵抗病原微生物的感染，机体适应性免疫经过了长期的进化。淋巴细胞能

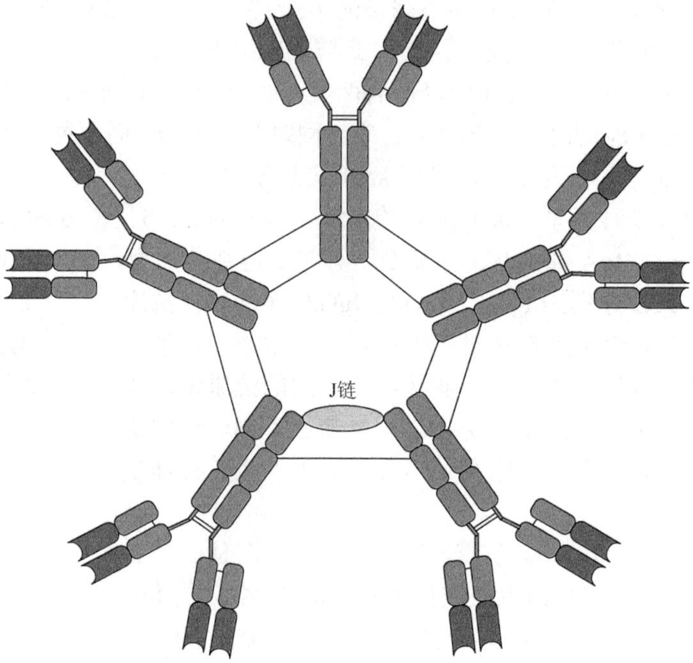

扫一扫 看彩图

图 11-4 IgM 示意图

IgM 分子以多聚体形式存在。五聚体中，IgM 单体之间及与 J 链之间由二硫键连接。一些情况下，IgM 也可以以六聚体的形式存在（图中未给出），此时单体连接之间不存在 J 链

够识别来源于细菌、病毒及其他病原的各种各样的抗原。每一个发育成熟的淋巴细胞具有专一特异性，表面有一种识别抗原的特异性蛋白。B 淋巴细胞表面识别抗原的特异性蛋白为 B 淋巴细胞受体（B-cell receptor，BCR），T 淋巴细胞表面识别抗原的蛋白为 T 淋巴细胞受体（T-cell receptor，TCR）。

1. B 淋巴细胞受体　B 淋巴细胞受体是与 B 淋巴细胞膜结合的免疫球蛋白，与其分泌的抗体具有相同的特异性。B 淋巴细胞受体与其激活后分泌的抗体结构相比，每条重链多了一个跨膜区。未成熟的 B 淋巴细胞受体为 IgM，成熟的 B 淋巴细胞受体主要为 IgD 及少量的 IgM。

2. T 淋巴细胞受体　T 淋巴细胞受体由两条不同的肽链组成，一条为 T 淋巴细胞受体 α 链（T-cell receptor α，TCR α），一条为 T 淋巴细胞受体 β 链（T-cell receptor β，TCR β），组成的受体称为 α: β T 淋巴细胞受体（α: β T-cell receptor）。结构上，α 和 β 链组成的二聚体与抗体的 Fab 极其相似。此外，一少部分 T 淋巴细胞受体由 γ 和 δ 两条肽链组成，称为 γ: δ T 淋巴细胞受体（γ: δ T-cell receptor）。α 和 β 链都有一个与抗体相似的可变区和不变区，两个可变区 V_α 和 V_β 组成 T 淋巴细胞受体的可变区，两个不变区 C_α 和 C_β 组成 T 淋巴细胞受体的不变区，两条链由二硫键连接在一起。同时，T 淋巴细胞受体的每条链都有一个跨膜区（图 11-5）。每个 T 细胞表面有大约 3 万个相同的 T 淋巴细胞受体。

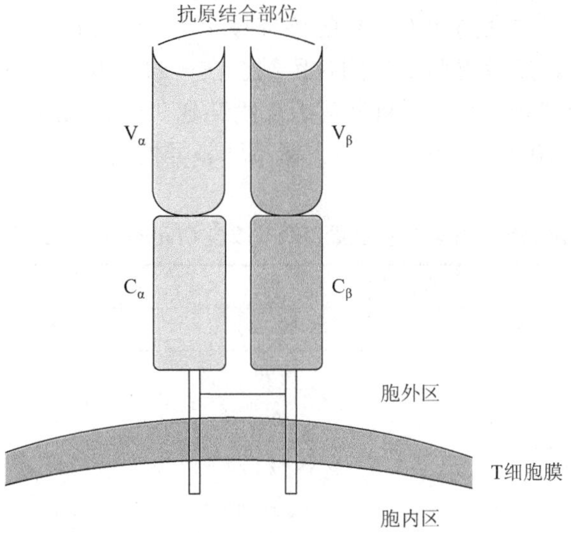

扫一扫　看彩图

图 11-5　TCR 示意图

T 细胞受体整体上类似一个结合在膜上的 Fab 片段，是一个由 α 链与 β 链组成，由二硫键连接的异源二聚体。每条链都包含一个恒定区 C 区及一个可变区 V 区，两条链的 V 区组成抗原结合位点（类似于免疫球蛋白）

T 淋巴细胞受体与 B 淋巴细胞受体相比，有以下几个方面不同：①T 细胞受体无分泌型；②T 淋巴细胞受体只有一个结合位点；③T 淋巴细胞受体只能识别与 MHC 结合的抗原肽段，即 MHC 递呈的抗原。T 淋巴细胞受体的特异性不仅受限于其识别的抗原，也受限于递呈抗原的 MHC。

3. 淋巴细胞受体特异性形成的机制　　人体中，有超过 10^{12} 种淋巴细胞，而每个淋巴细胞都具有与其他淋巴细胞不同的特异性。虽然每个淋巴细胞表面有许多个抗原识别受体表达，但这些抗原受体却是完全相同的，从而保证了每个淋巴细胞只有一种抗原特性的受体 TCR 或 BCR。淋巴细胞受体特异性是如何形成的？

研究发现，淋巴细胞受体的 V 区不是由单一基因片段编码，而是由基因簇上不同位置的 2 个或 3 个基因片段重排后编码形成的。编码 BCR 轻链和重链的基因，以及编码 TCR 的 α 链和 β 链的基因在基因组的不同染色体上。在淋巴细胞发育过程中，编码 B 淋巴细胞受体重链可变区 V_H 和轻链可变区 V_L 或 T 淋巴细胞受体 α 链可变区 V_α 和 β 链可变区 V_β 的基因片段进行基因重排，形成完整的可编码一个 BCR 或 TCR 可变区的基因序列。

（1）B 细胞受体和抗体特异性形成机制

1）可变区基因重排。编码 BCR 轻链 V_L 的基因是由 *V* 和 *J* 基因片段重排形成 *V-J*，而编码 BCR 重链 V_H 的基因是由 *V*、*D* 和 *J* 基因片段重排形成 *V-D-J*。在重链基因的重排过程中，*D* 和 *J* 基因片段先发生重排，之后 *V* 再和 *D-J* 重排形成 *V-D-J*。在基因重排过程中，基因片段的重排顺序受到重排信号序列（recombination signal sequence，RSS）调控，遵循 12/23 规律。迄今为止，发现轻链 κ 或 λ 的 *V* 基因簇分别有 34～38 个或 29～33 个有功能的不同 *V* 基因片段，*J* 基因簇分别有 5 个或 4～5 个有功能的不同 *J* 基因片段；已发现的重链的 *V* 基因簇有 38～46 个有功能的不同 *V* 基因片段，*D* 基因簇有 23 个有功能的不同 *D* 基因片段，*J* 基因簇有 6 个有功能的不同 *J* 基因片段。在重排过程中，轻链的任何一个 *V* 基因片段都有可能和任何一个 *J* 基因片段重排；重链的任何一个 *D* 基因片段都有可能和任何一个 *J* 基因片段重排，*D-J* 结合后，可以和任何一个 *V* 基因片段重排。在不同基因片段重排连接在一起的过程中，淋巴细胞会根据形成的回文序列加入互补的核苷酸（P-nucleotides），同时也会随机加入一些核苷酸（N-nucleotides），然后将两个基因片段结合在一起。因此，通过不同基因片段的重排（形成的特异性约 1.9×10^6 种），以及两个基因片段结合在一起的过程中不同核苷酸的随机插入（形成的特异性约 3×10^7 种），机体形成大量不同特异性的 V_L 和 V_H（表 11-5）。

表 11-5　淋巴细胞受体多样性数目表（改自 Murphy and Weaver，2011）

要素	免疫球蛋白		α:β T 细胞受体	
	重链 H	轻链 κ+λ	β	α
V 基因片段	约 40	约 70	52	约 70
D 基因片段	23	0	2	0
J 片段数目	6	5（κ）4（λ）	13	61
可插入核苷酸的连接数目	2	50%连接处	2	1
片段间重组多样性	1.9×10^6		5.8×10^6	
连接多样性	约 3×10^7		约 2×10^{11}	
多样性总和	约 5×10^{13}		约 10^{18}	

注：人类只有约一半 κ 链存在 N 类型核酸插入方式。由于 T 细胞中不存在体细胞超突变，故表中未标出

2）轻链和重链组合。由于 BCR 的抗原特异性结合部位由重链的 V_H 和轻链的 V_L 组成，因此不同的重链 V_H 和轻链 V_L 组合将形成不同特异性的 BCR 可变区。

3）体细胞高频突变（somatic hypermutation）。成熟的 B 细胞已形成特异性的 BCR，然而当 B 细胞活化后，还会有新的特异性形成。B 细胞被激活后，会产生激活诱导的胞嘧啶核苷脱氨酶（activation-induced cytidine deaminase，AID）。由于 AID 的存在，在活化的 B 淋巴细胞增殖过程中，抗体的可变区极易出现定点突变，突变率为 1/1000 核苷酸，与抗原亲和力更高的突变体细胞存活下来，形成特异性受体亲和力更高的 B 淋巴细胞。

4）抗体类别转化（class switching）。在 B 淋巴细胞发育成熟的过程中，BCR 的可变区形成后，首先与重链 μ 的不变区（C_μ）结合，表达 IgM 受体，或与重链 δ 的恒定区（C_δ）结合，表达 IgD 受体。当 B 淋巴细胞被活化后，重链的可变区可能与不同的恒定区结合，形成类别不同的抗体，即类别转化。

（2）T 细胞受体特异性形成机制

1）可变区基因重排。编码 TCR α 链 V_α 的基因是由 *V* 和 *J* 基因片段重排形成 *V-J*，而编码 TCR β 链 V_β 的基因是由 *V*、*D* 和 *J* 基因片段重排形成 *V-D-J*。在 β 链基因的重排过程中，与 BCR 重链的基因重排一样，*D* 和 *J* 基因片段首先重排，之后 *V* 基因片段再和 *D-J* 重排形成 *V-D-J*。在重排过程中，基因片段的重排顺序同样受到重排信号序列 RSS 的调控，也遵循 12/23 规律。迄今为止，发现的 α 链 *V* 基因簇有大约 70 个有功能的不同 *V* 基因片段，*J* 基因簇有 61 个有功能的 *J* 基因片段；发现的 β 链 *V* 基因簇有 52 个有功能的不同 *V* 基因片段，*D* 基因簇有 2 个有功能的不同 *D* 基因片段，*J* 基因簇有 13 个有功能的不同 *J* 基因片段。在重排过程中，通过不同基因片段的重排形成的特异性约为 5.8×10^6 种，而将两个基因片段结合在一起的过程中不同核苷酸插入（P 和 N 核苷酸）形成的特异性约为 2×10^{11} 种，这样形成的特异性总共约为 10^{18} 种（表 11-5）。

2）α 链和 β 链组合。由于 TCR 的抗原特异性结合部位由 α 链的 V_α 和 β 链的 V_β 组成，

因此不同的 α 链的 V_α 和 β 链的 V_β 组合将形成不同特异性的 TCR 可变区。T 淋巴细胞在胸腺发育成熟后，TCR 的特异性不再出现变化。

（四）T 细胞介导的细胞免疫反应

T 细胞在胸腺发育成熟为 $CD4^+T$ 细胞或 $CD8^+T$ 细胞后进入血液，随着血液-淋巴循环系统在血液和淋巴系统中游走，遇到其特异识别的抗原前，成熟的 T 细胞称为初始 T 淋巴细胞（naive T cell）或静息 T 淋巴细胞（resting T cell）。当初始 T 淋巴细胞在淋巴组织遇到并特异性识别抗原递呈细胞（antigen presenting cell，APC）（主要是树突状细胞）递呈的抗原后，会被激活分化成效应性 T 淋巴细胞（effector T cell）和记忆性 T 淋巴细胞（memory T cell）。初始 T 淋巴细胞首次遇到并特异性识别相应抗原的过程称为免疫应答启动（priming）；被激活后，初始 T 淋巴细胞增殖分化为效应性 T 淋巴细胞，该过程称为原始（初级）细胞免疫应答（primary cell-mediated immune response）。效应性 T 细胞包括杀伤性 T 细胞和辅助性 T 细胞，这些细胞介导的免疫反应包括杀伤靶细胞、促进巨噬细胞功能及帮助 B 细胞产生抗体等。

1. *T 淋巴细胞的活化*　T 细胞受体 TCR 与 CD3 分子形成 T 细胞受体复合物，TCR 识别抗原，而 CD3 负责将刺激信号传递到细胞内部，活化 T 淋巴细胞。T 细胞特异性识别抗原递呈细胞递呈的抗原后，在 3 个信号的共同作用下能够被激活并分化为效应性 T 细胞。这 3 个信号分别为激活（activation）信号、生存（survival）信号和分化（differentiation）信号。

（1）激活信号（信号 1）　激活信号为活化 T 细胞的起始信号，也称为第一信号。初始 T 细胞受体识别抗原后，共受体（co-receptor）CD4 或 CD8 识别递呈抗原的 MHC，在 T 细胞受体和共受体共同作用下激活 T 细胞。激活信号在 T 细胞受体复合物中的 CD3 帮助下，激活一系列相关的激酶，如 Lck、ZAP-70、磷脂酶 C-γ（phospholipase C-γ，PLC-γ）等。激活的 PLC-γ 将磷脂酰肌醇二磷酸（PIP2）分解成三磷酸肌醇（IP3）和二酰基甘油（DAG）；在 IP3 和 DAG 的作用下，NF-κB、NFAT、AP-1 等转录因子被激活，诱导 IL-2 等相关基因表达，使初始 T 淋巴细胞开始增殖分化成效应性 T 淋巴细胞。然而，仅仅依靠第一激活信号还不足以有效地激活 T 细胞增殖和分化。

（2）生存信号（信号 2）　有效激活初始 T 细胞增殖还需要第二信号，即抗原递呈细胞提供的共刺激信号。抗原递呈细胞吞噬抗原后会高表达 B7 分子，B7 是初始 T 细胞表面分子 CD28 的受体，B7 和 CD28 结合进一步给 T 细胞提供激活和生存信号。此外，ICOS 等 T 细胞表面分子，也能够与抗原递呈细胞表面的 ICOS 配体结合，提供共刺激信号。共刺激分子不仅促进 T 细胞高表达 T 细胞生长因子 IL-2，而且能够促进 T 细胞表达高亲和力的 IL-2 受体，从而诱导 T 细胞快速增殖。

（3）分化信号（信号 3）　根据表面的共受体，T 细胞分为 $CD4^+T$ 细胞和 $CD8^+T$ 细胞。激活后，$CD8^+T$ 细胞分化为杀伤性 $CD8^+T$ 细胞，又称为细胞毒性 T 淋巴细胞（cytotoxic T cell，或 cytotoxic lymphocyte，CTL），$CD4^+T$ 细胞分化为 T_H1、T_H2、T_H17、T_{FH}、T_{reg} 等辅助性 T 淋巴细胞。

CTL 可以杀伤被病毒感染的细胞，具有非常强大的破坏力，因此激活 $CD8^+T$ 细胞似乎需要更强的共刺激信号。一些病毒感染可以强有力地激活树突状细胞，激活的树突状细胞能够提供足够的共刺激信号和 IL-2，从而使 $CD8^+T$ 细胞分化为 CTL。然而，多数病毒感染的情况下，仅靠树突状细胞不足以使 $CD8^+T$ 细胞分化为 CTL，还需要辅助性 CD4 T 细胞的帮助。辅助性 CD4 T 细胞一方面可以通过表面的 CD40 配体与树突状细胞表面的 CD40 结合，促进 B7 和 4-1BBL 的表达，另一方面可以产生 IL-2。在这些信号的共同作用下，使 $CD8^+T$ 细胞分化为 CTL。

与 $CD8^+T$ 细胞不同，在不同的信号刺激下，$CD4^+T$ 细胞分化为不同免疫功能的效应细胞。刺激信号主要取决于初始 T 细胞特异识别的抗原性质和周围环境中的细胞因子（包括抗原递呈细胞分泌的细胞因子）。若激活时，周围环境中的细胞因子以 IFN-γ 和 IL-12 为主，则 $CD4^+T$ 细胞中的转录因子 T-bet 被激活，$CD4^+T$ 细胞将分化为 T_H1；若周围环境中 IL-4 水平较高，则 $CD4^+T$ 细胞中的转录因子 GATA3 被激活，$CD4^+T$ 细胞将分化为 T_H2；若周围环境中的细胞因子以 IL-6 和 TGF-β 为主，则转录因子 RORγt 被激活，$CD4^+T$ 细胞将分化为 T_H17；若以 TGF-β 为主，且无 IL-6 和其他炎性细胞因子存在，$CD4^+T$ 细胞将分化为 T_{reg}。

目前，尚无足够的研究数据支持初始 $CD4^+T$ 细胞如何分化为 T_{FH}。但是，有实验证明 naïve $CD4^+T$ 细胞分化为 T_{FH} 似乎需要 IL-6，同时实验证明转录因子 Bcl-6 在 $CD4^+T$ 细胞分化为 T_{FH} 过程中，发挥着非常重要的作用。具体的分化过程，需要进一步的研究。

2. T 淋巴细胞功能　T 细胞激活后，$CD8^+T$ 细胞分化为杀伤性 T 淋巴细胞 CTL，$CD4^+T$ 细胞分化为 T_H1、T_H2、T_H17、T_{FH} 和 T_{reg} 等辅助性 T 淋巴细胞，这些细胞在细胞介导的免疫反应中发挥着不同的作用（表 11-6）。

表 11-6　效应性 T 细胞在细胞免疫及体液免疫中的作用（改自 Murphy and Weaver，2011）

效应性 T 细胞种类	在适应性免疫中的主要功能	病原靶向
$CD8^+$细胞毒性 T 细胞	杀死病毒感染的细胞	病毒（如流感病毒、狂犬病毒）；一些胞内细菌
$CD4^+T_H1$ 细胞	活化被感染的巨噬细胞；辅助 B 细胞产生抗体	在巨噬细胞中存在的微生物（如李斯特氏菌）；胞外细菌
$CD4^+T_H2$ 细胞	辅助 B 细胞产生以 IgE 为主的抗体	寄生虫
$CD4^+T_H17$ 细胞	增强中性粒细胞反应；保护皮肤完整性（皮肤、肠道）	肺炎克雷伯菌；真菌（白色念珠菌）
T_{FH} 细胞	辅助 B 细胞亚型转换；辅助 B 细胞产生抗体	所有种类
$CD4^+T_{reg}$ 细胞	抑制 T 细胞反应	

（1）CTL 主要识别被病毒感染的细胞　病毒感染后，细胞的 MHC Ⅰ会将病毒抗原递呈到细胞表面，从而被 CTL 识别。CTL 通过释放细胞毒素（cytotoxin）、细胞因子和其表面分子等，诱导靶细胞凋亡。CTL 的细胞毒素主要包括穿孔素（perforin）、颗粒酶（granzymes）和粒溶素（granulysin）。CTL 表面的 Fas 配体（Fas ligand）与靶细胞表面的 Fas 结合，能诱导靶细胞凋亡。此外，CTL 分泌的细胞因子 IFN-γ、IL-α 及 TNF-α，在抗感染免疫中也发挥着重要作用。

（2）辅助性 T 细胞的功能　T_H1 能够激活巨噬细胞，增强其杀伤能力，在抵抗胞内细菌感染中发挥着重要作用；此外，T_H1 还具有促进 B 细胞产生抗体的功能。T_H2 在抵抗寄生虫感染中发挥着重要作用。T_H2 能够促进 B 细胞向 IgE 类别转化，产生 IgE 抗体，从而促进嗜酸性粒细胞和肥大细胞的功能，增强宿主清除和控制寄生虫感染的能力。T_H17 在控制胞外细菌感染和真菌感染中发挥着重要作用。T_H17 产生 IL-17，IL-17 作用于感染部位的基质细胞和上皮细胞，促进 IL-8 的产生，从而招募中性粒细胞到感染部位，清除细菌感染。T_{FH} 是一类存在于生发中心的辅助性 $CD4^+T$ 细胞，其主要功能是促进 B 细胞产生抗体和促进抗体的类别转化。T_{reg} 细胞包括两类，一类是天然调节性 T 细胞，另一类是诱导产生的调节性 T 细胞。T_{reg} 细胞的主要功能是抑制 T 细胞反应，将 T 淋巴细胞反应控制在一定的范围内，若 T_{reg} 细胞功能异常或数量不足，机体会出现自身免疫疾病。

（五）体液免疫

B 细胞识别抗原，被激活后产生抗体，由抗体介导的免疫反应称为体液免疫（humoral immunity 或 humoral immune response）。体液免疫在消灭和清除细胞外病原微生物及其产物，以及控制细胞内寄生的病原微生物传播中，发挥着重要作用。

1. B 淋巴细胞的活化　B 细胞受体 BCR 与 Igα 和 Igβ 形成 B 细胞受体复合体，B 细胞识别抗原后，在共受体 CD19、CD21 和 CD81 等帮助下起始一系列信号传递级联反应。同时，B 细胞吞噬抗原并对其进行加工，加工好的抗原肽段经 MHC Ⅱ 递呈给被相同病原的特异性抗原激活的辅助性 $CD4^+T$ 淋巴细胞。在辅助性 $CD4^+T$ 细胞的帮助下，B 细胞增殖分化成浆细胞和记忆性 B 细胞。

B 细胞活化不仅需要 BCR 识别抗原的激活信号，而且需要辅助性 $CD4^+T$ 细胞给予的信号，或者微生物组分给予的额外信号。根据活化 B 淋巴细胞是否需要辅助性 T 淋巴细胞帮助，将抗原分成两类，一类为病原微生物的蛋白质，这类抗原单独作用不能诱导 B 细胞产生抗体，需要辅助性 T 淋巴细胞的帮助，因此称为胸腺依赖抗原（thymus-dependent 或 TD antigen）；另一类抗原不需要辅助性 T 淋巴细胞的帮助即能诱导 B 细胞产生抗体，如细菌的多糖类物质（polysacharide），这类抗原称为非胸腺依赖的抗原（thymus-independent 或 TI antigen）。

（1）TD 抗原活化 B 淋巴细胞　B 细胞识别 TD 抗原后，开始迁移到淋巴组织中 B 细胞和 T 细胞区域的交界处，将加工好的抗原递呈给特异性识别抗原的辅助性 T 淋巴细胞。当 T_{FH} 细胞特异性识别 B 细胞递呈的抗原后，T_{FH} 细胞给予 B 细胞生存和增殖的信号，这些信号包括 T_{FH} 细胞表面的 CD40 配体激活 B 细胞表面的 CD40，以及 T_{FH} 细胞产生的细胞因子如 IL-21 等。B 细胞表面的 CD40 被激活后，通过非经典的 NF-κB 信号通路促进 Bcl-2 的表达，从而促进 B 细胞的存活；IL-21 通过激活 STAT3 则能够促进 B 细胞的增殖和分化成记忆性 B 淋巴细胞或浆细胞。T_{FH} 细胞产生的其他细胞因子包括 IL-6、TGF-β、IFN-γ 和 IL-4 等，可以调控分泌抗体的类别。

B 细胞在辅助性 T 细胞的帮助下开始增殖分化，一些 B 细胞迁移到淋巴结的髓索区域形成原始灶（primary focus），一些 B 细胞则与 T_{FH} 细胞一起迁移到淋巴滤泡形成生发中心（germinal center）。在原始灶，B 细胞增殖分化为浆母细胞（plasmablast）开始分泌 IgM，迅速发挥其免疫保护作用。

与原始灶的 B 细胞不同，生发中心的 B 细胞要经过体细胞高频突变（somatic hypermutation）和类别转化（class switching）等过程分化成记忆性 B 淋巴细胞或能够分泌更高亲和力抗体的浆细胞（plasma cell）。在生发中心，B 细胞受体的 V 区会出现高频突变，突变后的 B 细胞受体与其识别的抗原亲和力降低或提高。若 B 细胞受体亲和力变高，B 细胞将生存下来，若 B 细胞受体亲和力降低，B 细胞将会凋亡，最后生存下来的 B 细胞的受体与抗原的亲和力会越来越高，这一过程称为亲和力成熟（affinity maturation）。此外，在生发中心 B 细胞会发生类别转化，而类别转化主要由 T_{FH} 细胞分泌的细胞因子调控。不同细胞因子调控不同的类别转换，如 IL-4 有利于 B 细胞向 IgG1 和 IgE 类别转化，IL-5 有利于 B 细胞向 IgA 类别转化，IFN-γ 有利于 B 细胞向 IgG3 和 IgG2 类别转化，TGF-β 促进 B 细胞向 IgG2b 和 IgA 类别转化，IL-21 则有利于 B 细胞向 IgG1、IgG3 和 IgA 类别转化。经过高频突变和类别转化，B 细胞分化为能够分泌高亲和力和不同类别抗体的浆细胞及记忆性 B 淋巴细胞。

（2）TI 抗原活化 B 淋巴细胞　非胸腺依赖抗原分为两类，分别为 TI-1 和 TI-2，它们活化 B 淋巴细胞的机制不同。TI-1 抗原具有广泛活化不同特异性的 B 淋巴细胞的特性，因此 TI-1 抗原又称为 B 细胞丝裂原（B-cell mitogen）。这类抗原包括细菌脂多糖（LPS）和细菌的 DNA。在 TI-1 抗原量少的情况下，TI-1 抗原特异性激活 B 细胞。TI-1 抗原既不能诱导 B 细胞受体的高频突变和抗体的类别转化，也不能诱导 B 细胞分化为记忆性 B 细胞。

TI-2 抗原具有高度重复的结构，如荚膜多糖（capsular polysaccharide），因此可以通过交联多个 B 细胞上的特异性受体将 B 细胞激活。与 TI-1 抗原不同，TI-2 抗原只能激活成熟的 B 淋巴细胞。树突状细胞和巨噬细胞能够提供共刺激信号，如树突状细胞分泌的 BAFF 与 B 细胞上的受体 TACI 结合，帮助 TI-2 抗原激活 B 淋巴细胞。TI-2 抗原活化的 B 细胞能够进行类别转化，因此能够产生 IgM 和 IgG。

TI 抗原诱导产生的抗体，在细菌感染早期发挥着重要的免疫保护作用。

2. *体液免疫的功能*　体液免疫主要是通过浆细胞分泌的抗体发挥功能，抗体的功能包括中和作用（neutralization）、调理作用（opsonization）及激活补体的功能等，在此分别阐述并总结于图 11-6 中。

（1）中和作用　病毒或细胞内寄生的细菌通过识别宿主表面的受体进入细胞，然而一些抗体能够特异性结合病原，阻止病原与宿主细胞表面分子结合进入细胞，即中和作用。同时，抗体还能特异性结合细菌毒素，阻止毒素进入细胞。发挥中和作用的抗体主要是 IgG 和 IgA。IgG 在血液-淋巴循环系统和组织间液中大量存在，能够中和进入血液和组织间液的病原，阻止其进入细胞。IgA 主要以二聚体的形式分泌到黏膜的表面或黏附于黏膜上皮细胞，在阻止病原感染中发挥着重要作用。

（2）调理作用　抗体特异性结合病原后，抗体的 Fc 能够被具有 Fc 受体的吞噬细胞识别，从而促进吞噬细胞吞噬病原，即调理作用。抗体通过调理作用主要是抑制细胞外寄生细菌的增殖，发挥调理作用的抗体主要为 IgG1 和 IgG3。NK 细胞能够识别和杀伤被抗体特异性识别包被的靶细胞，即抗体依赖的细胞介导的细胞毒性作用（antibody-dependent cell-mediated cytotoxicity，ADCC）。ADCC 杀伤病毒感染的细胞的机制与 CTL 相似，在宿主抵抗病毒感染中发挥着重要作用。与 IgG 不同，不结合抗原的 IgE 能与肥大细胞和嗜碱性粒细胞表面的受体结合，因此当 IgE 特异性识别抗原后，可以迅速将肥大细胞和嗜碱性粒细胞激活，释放大量的炎性介质，在抵抗寄生虫感染中发挥着重要作用。

（3）激活补体　抗体识别病原能够激活补体系统，即经典补体激活途径。IgM、IgG3 及 IgG1 都能够很好地激活补体。IgM 主要以五聚体的形式存在于血液系统，虽然其与抗原的亲和能力较弱，但却具有强大的激活补体的能力。其次，IgG3 和 IgG1 也能很好地激活补体系统。

体液免疫反应是适应性免疫反应的重要组成部分，与 T 细胞介导的免疫反应有机地结合在一起，在清除和控制病原感染中发挥着重要作用。

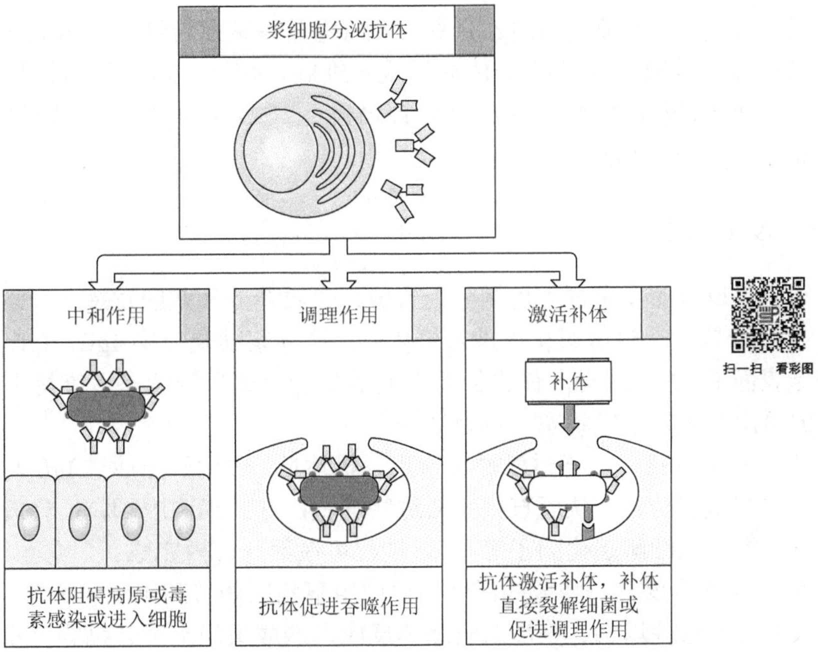

图 11-6　抗体发挥功能的主要方式（改自 Murphy and Weaver，2011）

第三节　超 敏 反 应

一些本质上无害的抗原，如花粉、食物、药物等有时会引起异常强烈的免疫应答，从而造成组织器官损伤，这种异常强烈的免疫应答称为超敏反应（hypersensitivity reaction），也称为过敏反应（allergic reaction），引起该反应的抗原为过敏原（allergen）。超敏反应的发生主要是由于机体的免疫应答调控出现了问题，导致致敏个体免疫反应过度，对机体造成“无意”的损伤。越来越多的证据表明，超敏反应的发生是遗传因素与环境因素共同作用的结果。

常见的过敏原包括：①动植物蛋白，如鱼、虾、乳和蛋等食物蛋白等；②空气与粉尘中的植物花粉、真菌孢子、人与动物皮屑、昆虫鳞片和螨类等；③药物与化工产品，如青霉素、链霉素、氯霉素、磺胺、异烟肼、利眠宁、普鲁卡因、有机碘和维生素 B_{12} 等药物，以及油漆、染料、塑料和农药中的化学物质等。

根据超敏反应的发生机理，Gell 和 Coombs（1963）将超敏反应分为 4 种类型：Ⅰ型，由 IgE 介导，肥大细胞活化的超敏反应；Ⅱ型，由抗原特异性 IgG 介导，补体参与的超敏反应；Ⅲ型，由抗原特异性 IgG 与抗原构成的免疫复合物介导的超敏反应；Ⅳ型，由抗原特异的效应性 T 细胞介导的超敏反应，又称为迟发型超敏反应。同一种过敏原可能会同时引起两种或多种类型的超敏反应，如青霉素会同时引发 4 种类型的超敏反应，分别表现为荨麻疹、全身性过敏；溶血性贫血；血清病、肾小球肾炎；接触性皮炎。

一、 Ⅰ型超敏反应

Ⅰ型超敏反应（type Ⅰ hypersensitivity reaction）又称为 IgE 介导的超敏反应。过敏原初

次进入机体会诱导浆细胞分泌 IgE，使肥大细胞及嗜碱性粒细胞进入致敏状态。当过敏原再次进入机体后，过敏原会通过 IgE 激活这些细胞，使之释放大量活性物质，造成组织及器官损伤。该反应发生急速，可在数分钟内产生，故又称为速发型超敏反应（immediate hypersensitivity reaction）。

（一）发生过程

Ⅰ型超敏反应的发生过程可细分为致敏、介质释放和效应发挥 3 个阶段。

1. *致敏阶段*　过敏原初次进入机体后，诱导浆细胞分泌 IgE，IgE 与肥大细胞及嗜碱性粒细胞表面 Fc 受体结合，使它们处于致敏状态。该致敏状态可维持半年至数年，若无同种过敏原再次刺激，致敏状态可逐渐消失。

2. *介质释放阶段*　当过敏原再次进入机体后，过敏原会通过 IgE 与已致敏的肥大细胞及嗜碱性粒细胞相结合，从而直接激活这些细胞，导致细胞脱颗粒，释放大量活性物质（组胺、肝素、中性粒细胞趋化因子等），该过程可在数分钟内完成。

3. *效应发挥阶段*　释放的活性介质作用于相应器官和组织靶细胞，引起局部或全身血管扩张及血管通透性增加、平滑肌收缩等反应，造成组织水肿、黏膜完整性损伤等病变。

（二）影响因素

人们每天都暴露于多种环境过敏原中，但并不是所有人都会发生超敏反应，患过敏性疾病。研究表明，这种个体对过敏原的敏感性差异由遗传和环境共同决定，大约各占 50%。

Ⅰ型超敏反应的发生依赖于抗原再次接触机体时，机体已处于特异性 IgE 产生的状态。只有当机体中已存在特异性 IgE 时，同种过敏原的再次刺激才会诱发机体产生相应的过敏症状。西方工业化国家的调查结果显示，高达 40%的受测试个体在接触多种环境中常见过敏原时，均有产生过量 IgE 的倾向，即容易发生Ⅰ型超敏反应。如果父母双方均为Ⅰ型超敏反应过敏性体质（atopic），那么孩子将有 40%～60%的可能性获得相应遗传，而若父母双方均为非过敏体质，孩子发生 IgE 介导的超敏反应的概率仅为 10%左右。

除了遗传因素，人们发现北美和欧洲这些发达国家的过敏性疾病发生率明显高于非洲等发展中国家，究其根本，是由人们的生活环境不同造成的。IgE 在抗细胞外寄生虫感染，特别是蠕虫肠虫和原生动物类感染过程中发挥着重要作用。而这些寄生虫感染在一些发展中国家中很普遍，血清中的大量 IgE 主要针对寄生虫感染，而在发达国家中，这些 IgE 却主要靶向环境中一些无害抗原，从而容易引起过敏症状。过去 10 年，在非洲和中东的发展中国家过敏性疾病的流行度相对较低，但是随着现代化进程推进，这种差异正在减小。此外，越来越多的证据表明，童年时期对于一些环境抗原的早期暴露会减少其成年后发生如哮喘等过敏性疾病的概率；而童年时期重复暴露于抗生素环境及感染呼吸道合胞病毒（respiratory syncytial virus，RSV）则会增加之后发生哮喘的概率。

（三）临床表现

Ⅰ型超敏反应的临床症状与过敏原种类、作用剂量、进入途径及个体机能、机体发生反应的器官、释放介质种类和数量等相关（表 11-7）。同一种过敏原既可能引起全身性超敏反应，又可能引起局部超敏反应。常见的Ⅰ型超敏反应有如下几种。

1. 哮喘　由呼吸道进入的过敏原刺激分泌的活性介质，可作用于气管或支气管平滑肌及黏膜组织，使平滑肌收缩，造成呼吸道狭窄；呼吸道黏膜水肿，分泌物增多；最终导致支气管痉挛、通气不畅等。常见的过敏原有可能为花粉、尘埃、浓烟、昆虫分泌物、病毒抗原等。

2. 食物过敏　由消化道进入的过敏原，致敏肥大细胞后，肥大细胞脱颗粒并分泌活性介质，造成局部血管扩张、体液渗出增加、平滑肌收缩，引发恶心、呕吐、腹痛和腹泻等症状。坚果、海产品、鸡蛋等均可能为过敏原。

3. 过敏性湿疹　皮肤接触某些过敏原后引起的皮肤炎症反应。这常与家族遗传相关，且常见于婴儿。

4. 过敏性休克　若过敏原进入血液并随之在机体内循环，可能会迅速造成全身大面积水肿、气管与支气管收缩甚至休克等病理变化。

表 11-7　IgE 介导的超敏反应（改自 Murphy and Weaver，2011）

反应或疾病	常见刺激	进入方式	症状
系统性过敏	药物；毒液；食物，如花生；血清	静脉内（直接注射或经口进入后吸收入血）	水肿；血管渗透性增强；喉水肿；休克；死亡
急性荨麻疹	病毒感染后；动物毛发；蜂蛰；超敏测试	经皮肤系统	局部血流增加；局部血管通透性增强；水肿
季节性鼻炎	花粉；尘螨粪便	接触眼结膜；接触鼻黏膜	结膜及鼻黏膜水肿；打喷嚏
哮喘	皮屑；花粉；尘螨粪便	吸入并与下呼吸道黏膜接触	支气管收缩；黏液分泌增多；呼吸道炎症；支气管过敏
食物过敏	花生；木本坚果；贝类；鱼；牛奶；鸡蛋；大豆；小麦	经口进入	呕吐；腹泻；瘙痒；荨麻疹；全身性过敏反应

注：所有 IgE 介导的超敏反应都涉及肥大细胞的脱颗粒化，但是每个个体超敏反应的症状却可完全不同，如过敏原进入机体的方式会极大地影响超敏反应的症状

二、Ⅱ型超敏反应

Ⅱ型超敏反应（typeⅡhypersensitivity reaction）是由抗体介导的靶细胞损伤，主要由机体产生的 IgG 抗体同细胞本身抗原或吸附于细胞表面的过敏原相结合，然后通过引起抗体依赖细胞介导的细胞毒性作用（ADCC）、抗体介导的调理吞噬作用及抗体结合靶细胞后引起的补体对细胞损伤作用造成靶细胞损伤。可能参与组分有 NK 细胞、补体及巨噬细胞，主要靶细胞为血细胞，故Ⅱ型超敏反应又称为细胞毒性（cytotoxic type）超敏反应。

常见的Ⅱ型超敏反应有溶血性输血反应（hemolytic transfusion reaction）、新生儿溶血（hemolytic disease of the newborn）和药物引起的溶血性贫血等。

1. 溶血性输血反应　在 A、B、O 血型系统中，当错误地输入异型血液时，新输入的红细胞会被机体内储存的相应红细胞凝集素所凝集，或输入的血浆中有针对受血者红细胞的凝集素，引起补体介导的调理吞噬作用，造成溶血。

2. 新生儿溶血　母体的 IgG 会通过胎盘或初乳进入新生儿体内，与婴儿红细胞上的抗原相结合，在补体的作用下引起新生儿溶血。该病通常发生于母亲是 Rh^- 而后代是 Rh^+ 的婴儿体内，一般发生于第二胎或之后的子女。

3. 药物引起的溶血性贫血　一些抗生素在体内容易与红细胞膜上的蛋白质分子相结

合，类似于组成半抗原-载体复合物，在某些机体内会引起免疫应答。产生的针对这些半抗原的抗体会与红细胞表面抗体相结合，在补体作用下引起溶血。

三、Ⅲ型超敏反应

在某些特殊条件下，机体内抗体与抗原结合后产生的免疫复合物（immune complex，IC）未被及时清除，大量沉积于毛细血管壁等组织上，激活补体，招募中性粒细胞，进而引起血管及其周围组织炎症，造成组织损伤，称为Ⅲ型超敏反应（type Ⅲ hypersensitivity reaction）或血管炎性超敏反应。

（一）发生机理

研究结果表明，只有轻度过剩的可溶性抗原与中等亲和力的抗体结合形成的中等大小（约 19S）的可溶性免疫复合物（IC），才易沉积于组织而致病。局部沉积状况与 IC 的大小、溶解度和血管的通透性有关，肾小球、关节、心肌和抗原进入部位的毛细血管是常见的沉积部位。IC 虽不直接损伤组织，但能通过激活补体吸引中性粒细胞和血小板在局部聚集，产生炎症或微血栓。

（二）临床表现

Ⅲ型超敏反应主要引起局部炎症、缺血、细胞浸润、水肿、出血和坏死。常见的疾病包括以下几种。

1. *局部免疫复合物病*　常见于给已免疫的机体经皮下再注射相同抗原时，数小时内可见注射部位出现红肿、出血或坏死等急性炎症反应。

2. *血清病*　当初次大量注射异种动物免疫血清后，有的可在 7～10 天后出现局部红肿、关节肿痛、淋巴结肿大、发热和蛋白尿等反应，称为血清病，是由体内诱发的抗血清抗体与残余血清结合形成 IC 而导致的疾病。

3. *感染后肾小球肾炎*　多发生于链球菌感染后 2～3 周，由链球菌细胞壁抗原与相应抗体结合形成 IC，沉积于肾小球基底膜而产生。

4. *全身性红斑狼疮和类风湿性关节炎*　两种均属慢性自身免疫疾病，IC 的形成与沉积是病因之一。

四、Ⅳ型超敏反应

与前三型不同，Ⅳ型超敏反应（type Ⅳ hypersensitive reaction）没有抗体参与，是由抗原特异性的效应性 T 细胞再次受到抗原刺激后导致的超敏反应。主要参与细胞为 T_H1 和 $CD8^+$细胞毒性 T 细胞，症状的产生需要 3～5 天甚至更长时间。根据抗原进入机体的方式及相应症状，可将Ⅳ型超敏反应分为迟发型、接触型和谷蛋白敏感的肠下垂型超敏反应。

（一）发生机理

Ⅳ型超敏反应的发生机理与 T 细胞介导的细胞免疫反应基本相同。适当的细胞免疫反应可使感染局限于入侵部位并加快微生物的清除，但过度强烈的免疫反应则可能造成组织损伤。

（二）临床表现

1. *传染性超敏反应*　　常在结核分枝杆菌、麻风杆菌、布鲁氏菌和某些病毒与真菌感染过程中产生，引起局部组织损伤坏死。

2. *接触性皮炎*　　常由青霉素、磺胺、油漆、染料、塑料和农药等小分子半抗原与皮肤接触时产生，表现为局部红肿、水肿和形成湿疹样皮炎。

3. *腹泻病*　　小麦、大麦、燕麦等谷物中的α-醇溶蛋白经肠道吸收后，会引起肠道绒毛完整性破坏，严重时可导致致命性的吸收障碍和腹泻。

复习思考题

1. 红细胞在清除免疫复合物的过程中发挥什么作用？
2. 什么是炎症，炎症的作用是什么？
3. I 型干扰素的功能有哪些？
4. HIV 如何逃逸宿主免疫反应？
5. 病原感染诱导树突状细胞表达什么样的共刺激分子，它们的功能是什么？
6. 为什么不同类型抗体的生物学功能不一样，其分子基础是什么？
7. MHC 多样性形成的机制有哪些，这种多样性在机体抵抗病原微生物感染中有什么意义？
8. 淋巴细胞受体特异性形成的机制是什么？
9. 树突状细胞如何激活 naïve T 淋巴细胞？CD4T 细胞为什么会分化成不同功能的辅助性 T 细胞？
10. B 淋巴细胞如何被激活？为什么随着免疫时间的增长和免疫次数增多，抗体的亲和力会越来越高？
11. 为什么发达国家的人更容易出现过敏症状？

拓展阅读

随着器官和组织移植越来越普遍，移植排斥的问题也越发受到人们的关注。主要组织相容性抗原是介导器官移植免疫排斥的主要分子，对其深入研究有利于我们进一步明晰移植排斥的机理，为减轻移植排斥提供理论指导。病原主要通过黏膜系统感染机体，因而黏膜免疫在抵抗病原感染中起着至关重要的作用。然而，目前我们对黏膜免疫了解甚少，许多黏膜免疫相关的问题仍然没有合理解释，这需要大家进行进一步研究和解答。

主要组织相容性抗原复合体

器官和组织移植时，供体和受体之间的相互接受程度为组织相容性，决定组织相容性的抗原为组织相容性抗原。编码主要组织相容性抗原的基因是一组呈高度多态性的基因群，称为主要组织相容复合体（major histocompatibility complex，MHC）。MHC 编码的蛋白与免疫识别、免疫排斥相关。因此进一步了解 MHC 可以帮助我们深入理解抗原递呈、免疫应答、动物对疾病的易感性以及移植免疫等。

这方面内容可参阅 *Janeway's Immunobiology* 第 9 版，第 6 章 “Antigen presentation to T lymphocytes”。

黏膜免疫

黏膜免疫系统包括胃肠道、呼吸道及泌尿生殖道等黏膜相关的免疫组织，在保护机体健康免受病原微生物侵袭及调节机体免疫反应中起到重要的作用。机体的黏膜系统极易受到病原微生物的感染，具有复杂的天然和适应性免疫机制，在许多方面与其余外周淋巴系统的适应性免疫系统不同。黏膜免疫系统一方面能够对病原微生物产生强烈的免疫保护反应，另一方面对共生微生物等无害抗原如食物等抗原不产生免疫保护反应，反而能够诱导产生 T_{reg} 一定程度上抑制免疫反应。目前，在免疫相关研究中黏膜免疫是一个热点，许多问题有待回答，如黏膜免疫系统如何识别共生菌和病原菌，共生菌在维持机体的正常免疫和健康及疾病发展中发挥什么样的作用等问题。因此，有必要对黏膜免疫有一个较全面的了解。

这部分内容还可参阅 *Janeway's Immunobiology* 第 9 版，第 12 章 “the Mucosal Immune System”。

12

第十二章 微生物的分类

生物种类和类群的多样性是在生物进化的历史过程中演化形成的，因而生物分类学需要研究生物的系统发育及其进化历史，揭示各类生物的多样性及其系统发育关系，并力求按照生物系统发育的自然历史，编制多层次的分类系统，即自然分类系统。对于高等生物来说，其化石资料、形态学和比较胚胎学均可提供系统发育的信息。由于绝大部分微生物的个体微小，形态结构简单，易受外界环境的影响而发生变异，而且它们缺乏化石材料，因此各类微生物的分类比高等动植物困难。总的来说，高等动植物的分类均能较正确地反映其系统发育，微生物中的藻类、原生动物和真菌的分类，也多少能反映系统发育，而单细胞的原核生物却很难反映。但是，自从 1990 年 Woese 根据 16S rRNA 序列比较，把生命区分为古菌域、细菌域和真核生物域后，原核生物系统发育系统的建立成为可能。1991 年，Balows 等以 Woese 的 rRNA 序列同源性为基础，按照原核生物系统发育的顺序，描述了细菌的属或更高的分类单元，从而为原核生物建立了系统发育树。

微生物分类学（microbial taxonomy）是一门研究微生物分类的理论、方法和应用实践的学科，包括分类（classification）、鉴定（identification）和命名（nomenclature）三个独立而相关的部分。分类是指根据微生物的表型相似性、系统发育上的相似性或遗传上的亲缘关系，将微生物归入已有的分类类群（或分类单元）。鉴定是指确定一个新的分离物属于已经确认的分类单元的过程。命名是指根据国际命名法规给微生物分类单元以科学的名称，以林奈的双命名法（属名 + 种名加词）对微生物的物种进行命名。因此，概括来说，微生物分类学是对各个微生物进行鉴定，分群归类，按分类学准则排列成分类系统，并对已确定的分类单元进行科学命名的学科。

细菌分类学家长期以来在分类过程中广泛采用形态、生理、生化、生态分布和核酸分析等多方面进行特征描述，并对这些特征与系统发育的关系进行探讨。直到 20 世纪 70 年代，随着分子生物学的发展，发现原核生物的 16S rRNA 和类似的 rRNA（如 23S rRNA、16S-23S 间隔序列、真核生物的 18S rRNA 等）是最适于揭示各类生物亲缘关系的系统发育指标。在此基础上，核酸分子测序技术的建立，尤其是 16S rRNA 基因序列（即 16S rDNA）和多个持家基因序列，甚至全基因组序列比较分析技术的应用，将各类细菌的系统发育相联系，从而形成了系统细菌学（systematic bacteriology）。由于 16S rRNA 在原核生物中普遍存在，参与核糖体组成和蛋白质合成，其序列上含有保守区，又具有含可变区、分子质量适中，长约 1540nt 等特征，因此现在对细菌多样性、丰度、系统发育的研究多采用 16S rRNA 或其基因 16S rDNA 为分析对象，或作为分子钟使用。真核生物中，则使用 18S rRNA（或其基因 18S rDNA）。系统细菌学就是为了揭示细菌之间的系统发育关系，建立以此为基础的细菌分类系统。

第一节　微生物的多层次分类单元

由于分类是按照一定准则对生物体分群归类，再根据各类群之间的亲缘关系和异同程度排列成一个互相联系的等级程度，以反映有机体在生物界中的位置，因此需要一个共同的分类等级系统。微生物的分类单元（taxon）按层次可分为域（Domain）、门（Phyllum）、纲（Class）、目（Order）、科（Family）、属（Genus）和种（Species）。在这些由高到低的分类单元中，种是基本和最重要的单元，也是分类和鉴定中最常用的单元。下面以细菌中的瓦氏别样着色菌（*Allochromatium warmingii*）为例，表示其分类地位（表 12-1）。

表 12-1　瓦氏别样着色菌的多层次分类单元

分类单元	名称	特征	鉴定为瓦氏别样色菌的指标
域	细菌域（Bacteria）	细菌的细胞，细菌域特有的 rRNA 基因序列	显微镜观察；16S rRNA 基因序列分析；有肽聚糖等特有的成分
门	变形菌门（Proteobacteria）	变形菌门特有的 rRNA 基因序列	16S rRNA 基因序列分析
纲	伽玛变形菌纲（Gammaproteobacteria）	革兰氏染色阴性，伽玛变形菌纲特有的 rRNA 基因序列	革兰氏染色，显微观察
目	着色菌目（Chromatiales）	光合紫色细菌	特征性的色素
科	着色菌科（Chromatiaceae）	紫硫细菌	氧化硫化氢（H_2S），显微镜观察可见细胞内贮存硫颗粒（S），16S rRNA 基因序列
属	别样着色菌属（*Allochromatium*）	杆状紫硫细菌，16S rRNA 基因与其他属的相似性低于 95%	显微镜观察
种	瓦氏（*warmingii*）	细菌大小为（3.5～4.0）μm×（5～11）μm；细胞两端贮存硫颗粒，16S rRNA 基因与其他属的相似性低于 97%	细胞大小为微米级，细胞两端有硫颗粒，测定 16S rRNA 基因序列

从表 12-1 中可以看出，在瓦氏别样着色菌的各层次分类单元中，16S rRNA 基因序列在确定该菌的分类单元中起着重要的作用。在核酸序列数据库，特别是 16S rRNA 基因序列数据库日益积累的今天，通过测定 16S rRNA 基因的序列，然后通过比对分析，根据序列相似性，则很容易判定某个菌的系统发育地位和分类地位，如瓦氏别样着色菌的 16S rRNA 基因序列在 GenBank 中的登录号为 Y12365，可以进入 http://blast.ncbi.nlm.nih.gov/网站，输入"Y12365"，然后点击"Search"，即可进行比对分析，获得与瓦氏别样着色菌的 16S rRNA 基因序列相似的别样着色菌属（*Allochromatium*）的其他菌种（株）。

一、种的概念

分类学对微生物种的概念有不同的看法，经常引起争论。尤其是细菌种的概念，没有高等动植物那样明确。原因是高等生物的种是通过有性生殖来确定的，即被看作彼此能杂交繁殖的自然群体，而许多微生物不能进行有性生殖。因此，原核生物的种必须通过其表型和基因型的差异来确定。目前认为，原核生物的种是由一群具有许多稳定特征的菌株组成的，并与其他类群的菌株存在明显的差异。但这个定义没有量化的标准，而且能有不同的解释。因此，细菌分类学家提出更精确的定义认为，原核生物的种是一群具有相似表型特征的菌株组成，表型特征的相似在 80%以上，16S rRNA 基因序列相似性大于 97%，或种内菌株间的 DNA 同源性大于或等于 70%，或基因组序列平均核苷酸一致性（average nucleotide identity，ANI）大于 95%。

二、种以下的等级

种以下的分类单元是具有相同或相似特性的菌株类群，并作为一个分类类群看待。但它们都不是正式的分类等级，而是习惯使用的术语或推荐使用的辅助用语，经常有一定的实际用途。例如，在细菌分类中，以生物型（biovar）表示具有特殊的生物化学或生理特性的菌株群，化学型（chemovar）表示能产生特殊化学物质的菌株群，培养型（cultivar）表示具有特殊培养性状的菌株群，形态型（morphovar）表示具有特殊形态特征的菌株群，致病型（pathovar）表示对一种或多种寄主具有致病型的菌株群，噬菌型（phagovar）表示对噬菌体有特异性反应的菌株群，血清型（serovar）表示具有特殊抗原特征的菌株群，共生基因型（symvar）表示与某种植物结瘤且有相似的结瘤基因 *nodC* 的一类菌株。然而，在真菌分类中，亚种以下的等级常用型（form）、专化型（forma specialis，常用 f. sp.表示.）和生理小种（physiologic race）表示。其中，专化型是指寄生于特定寄主的真菌种，而生理小种则为种内根据生理特性或寄主性而划分的类型。

三、菌株

菌株（strain）是微生物学中广泛应用的术语。菌株是指从自然界分离纯化得到的纯培养的后代，经过鉴定属于某一种。没有鉴定之前，常称为分离物（isolate）。来自不同地区、土壤和其他生活环境的菌株，虽然归属于同一种，但它们总会出现一些细小的性状差异。这个属于同一种、但来源不同的单个有机体或纯培养分离物（隔离）的后代称为菌株。为了方便起见，菌株名称常用个人姓名、地点或数据编号表示，如 *Rhizobium cauense* CCBAU 101002^T 是指中国农业大学根瘤菌库保存的一个菌株，菌株编号为 CCBAU 101002^T，上标的 T 代表 type strain，是“模式菌株”。除了这个模式菌株外，该种内还有其他一些菌株，编号为 CCBAU 101000、CCBAU 101001 等，它们与模式菌株一起，都属于中国农业大学根瘤菌库保存的这个种内的不同菌株。

四、属、科、目和域的划分

通常把具有某些共同的主要特征或关系密切的种归入一属，而且这个属与其他属具有明显的差别。当前，细菌分类学家对细菌种的模式菌株做了大量 16S rRNA 基因序列测定后，已得出了共同的认识，即 16S rRNA 基因序列相似性大于 93%或大于 95%以上的种可划归为同一属。通过 16S rRNA 基因序列比对，可以快速地获知一株细菌的归属地位。科和目水平的分类关系则尚不肯定。到目前为止，有相当一部分属未能归入相应的科和目中。

域：当前基于 Woese 提出的三域学说，生物界分为三个域，即真核生物域、古菌域和细菌域。这三个域的区分在该书的古菌一章节中已详细区分，这里不再赘述。

总之，一个种由一到多个菌株组成，相似的种组成属，相似的属组成科，科组成目，目组成纲，纲上面又是域。域是目前最高的分类单元，比界还高，它综合了表型和基因型的信息。绝大多数细菌分类学家已不再使用界这个分类单元，而使用域为最高的分类单元。

五、微生物分类单元的命名

微生物的命名是根据国际的命名规则，给予微生物以正确的科学名称即学名，这样便于交流和避免混乱。对于细菌来说，要遵循国际细菌命名法规（International Code of Nomenclature of Bacteria，ICNB）。随着古菌的发现和研究日益增多，Truper 和 Euzeby 于 2009 年提出包括古菌和细菌的原核生物名称来代替之前的细菌命名法则，即国际原核生物命名法规（International Code of Nomenclature of Prokaryotes，ICNP）。

微生物和高等生物一样，也采用 Linnaeus 创立的“双名法”来命名。每一种微生物的学名包括属名和种名加词，由拉丁文、希腊文或拉丁化的其他文字组成。属名通常是描述微生物的特殊形态、生理或科学家的名词，其第一个字母要大写，并可缩写为单个大写的字母表示。种名加词一般是表示该微生物的颜色、形态、生理特征、来源和病名等的形容词，或所属格名词，其首字母要小写，不得缩写。为了识别学名和避免混淆，印刷时学名的整个词组采用斜体字，或在书写学名时在下面加横线。例如，枯草芽孢杆菌的学名为 *Bacillus subtilis*。此外，在微生物分类单元的后面附上命名人的姓氏和命名年代。如果该菌以前曾被他人命名过，则把原命名人的姓氏写在括号内。例如，*Bacillus subtilis*（Ehrenberg，1835）Cohn 1872。这个学名表示 Ehrenberg 是该菌的原命名人，他曾在 1835 年将枯草芽孢杆菌命名为 *Vibrio subtilis*。1872 年 Cohn 改订此菌的学名，将它转入 *Bacillus*。

如果某一微生物尚未鉴定到种，或不具体指哪个种，可在属名后加 sp.或 spp.，它们分别表示 species 缩写的单数或复数。如果发表新种，则需在种名后加注 nov. sp.（novel species）。

在真菌的命名中，如果一种菌的生活史中包含有性世代和无性世代，其命名应按有性世代而定。由于半知菌只知道其无性世代，或有些半知菌在整个生活史中以无性阶段为主，偶尔产生有性世代，仍采用无性世代的名称。如果半知菌在发现其有性世代后，则正规名称应为有性世代的名称。

如果所研究的微生物是一个新的物种，它不同于已知的菌种，那么可以根据微生物命名法规对该物种进行命名。取得合格名称后，需要将模式菌株送到国际上两个以上不同的菌种保藏中心保存，撰写论文，经过同行评审后，发表在国际系统与发育微生物学杂志（*International Journal of Systematic and Evolutionary Microbiology*）上。该杂志是微生物分类学的官方杂志，收录细菌、古菌和真核微生物的新物种。该杂志还收录其他非官方的杂志上发表的新种，但必须经过合格的描述及分类学研究才可被收录。

有两个网站可以查到已发表的细菌名称列表及细菌名称更新，分别是：List of Prokaryotic Names with Standing in Nomenclature（缩写为 LPSN，http://www.bacterio.net）和 Bacterial Nomenclature Up-to-Date（http://www.dsmz.de）。LPSN 网站尤其适合查阅当前已发表的细菌和古菌的物种列表，也能查阅到某个细菌名称是如何命名的，有相关的词源，模式菌株的 16S rRNA 基因序列号，以及一些菌种保藏中心的名称和地址等信息。表 12-2 列出一些国际上菌种保藏的缩写、单位地址和网站，可供查询。更多的菌种保藏名称及缩写见 http://jcm.brc.riken.jp/en/abbr_e。这些菌种保藏中心可提供或购买菌种，也可将研究者鉴定的菌株保存在该中心，每个保藏中心都有菌种目录，包括菌株编号、分离地、适宜培养基和基本的菌株特点等简要信息。

表 12-2 一些菌种保藏中心信息

菌种保藏中心缩写	全称及地址	网站地址
ATCC	American Type Culture Collection Manassas，Virginia	http://www.atcc.org
BCCM/LMG	Belgium Coordinated Collection of Microorganisms Ghent，Belgium	http://bccm.belspo.be
CIP	Collection de l'Institut Pasteur Paris，France	http://www.pasteur.fr
DSMZ	Deutsche Sammlung von Mikroorganismen und Zellkulturen Braunschweig，Germany	http://www.dsmz.de
JCM	Japan Collection of Microorganisms Saitama，Japan	http://www.jcm.riken.go.jp
NCCB	Netherlands Culture Collection of Bacteria Utrecht，The Netherlands	http://www.cabri.org
NCIMB	National Collection of Industrial，Marine and Food Bacteria Aberdeen，Scotland	http://www.ncimb.com

对于细菌和古菌的命名和分类单元的核实和有效性，由国际原核生物系统学委员会（International Committee on the Systematics of Prokaryotes，ICSP）统一管理和认证。ICSP 负责审核 IJSEM 上发表的论文的真实性，负责对国际细菌命名法规进行规范和修订，对一些分类分委员会提出指导意见，修正一些新种描述的标准等。

第二节 细菌分类方法

由于细菌个体小、形态结构简单，而且存在巨大和丰富的多样性，因此细菌的分类要比通过形态和结构观察即能区分不同的动植物分类要困难得多，需要采用不同学科的技术和方法，从不同的层次（如细胞水平、分子水平）去寻找新的特征，以作为分类鉴定的依据。目前，细菌分类的方法已经得到迅速和深入的发展，形成了一套现代分类的技术体系。该体系除包括传统分类方法外，还包括数值分类、化学分析、核酸序列和组成分析（16S rRNA 基因序列分析、多基因序列比较、全基因组平均核苷酸一致性等）。通过上述分类技术方法，可以获得细菌不同层面的多种不同信息，归纳为表型信息、基因型信息和系统发育信息，获得这三类信息所采用的方法综合起来称为细菌的多相分类（polyphasic taxonomy）。

一、传统分类法

细菌分类的传统方法主要以形态特征和生理生化特性为依据。一般来说，形态和结构的特征在分类学上作为初步特征比生理生化特征更为有用。因为形态在遗传上通常是稳定的特征，通常不易发生变化，而且容易确定。但是，细菌的个体小而简单，形态和结构的特征往往不能满足分类的要求，需要增加生理生化特性来进行分类。然而。在许多情况下，形态特征和生理生化特征仍不足以区分细菌的种或亚种的差异，因而需要广泛采用其他非形态特征，如生态条件、血清学反应、对噬菌体和药物的敏感性等。通过传统的分类方法获得的分类学特征也称为表型特征（phenotypic characteristic），以区别于遗传学特征（genetic characteristic）。

（一）个体形态和培养特征

个体形态是指在显微镜下观察微生物细胞的大小、形态和排列。虽然大多数细菌很小但在不同的细菌中，其大小有很大变化。例如，巨大芽孢杆菌的细胞为 1.35μm×3.0μm，流感嗜血菌（*Haemophilus influenzae*）为 0.25μm×1.25μm。细胞分裂后，往往彼此连接，其连接和排列的方式同细胞分裂的类型有关，也是细菌的形态特征之一，如链球菌、八叠球菌和葡萄球菌等。细菌的形状一般可以作为分类的依据，而且在鉴定柄细菌、芽生细菌、鞘细菌、棒状细菌和螺旋体时，形状起着主要的作用。细菌细胞的结构也可以作为细菌分类的依据，如细菌鞭毛的位置和数目、芽孢的存在及其在细胞内的位置、细胞内含物等。在放线菌中，有繁殖功能的菌丝体的形状和构造、孢子的数目、形状、大小、颜色和表面特征等，都是重要的分类依据。

培养特征是指微生物在培养基上生长所表现的群体形态和生长情况，为微生物分类鉴定的辅助性依据。细菌培养特征的常规检验包括琼脂平板上的单个菌落、斜面培养、液体培养、琼脂半固体和明胶穿刺培养等特征。

（二）生理生化特性

1. 能量代谢　根据微生物的能量来源和合成主要代谢物质的能力，可将微生物分为光能无机营养型、光能有机营养型、化能无机营养型和化能有机营养型。在细菌中，这 4 种营养类型均存在。

2. 对氧气的要求　根据不同细菌对氧气的要求，可将细菌分为需氧菌、厌氧菌、兼性需氧菌和微需氧菌 4 种类型。

3. 营养和代谢特征　通过研究细菌对营养物质的利用、代谢产物的产生和典型酶的存在，可为细菌提供分类的依据。

（1）碳源　一般以是否利用某种有机化合物中的碳为唯一碳源，作为分类定种的依据。常用的含碳化合物主要是碳水化合物，如糖、有机酸和脂肪酸等。在细菌的常规测定中，常测定是否从某种糖产酸或产气。

（2）氮源　从分子态氮到复杂的含氮化合物，都能为不同的细菌所利用。例如，固氮菌属（*Azotobacter*）以能利用分子态氮而得名，某些细菌能分解色氨酸而生成吲哚。这些特性均可作为确定细菌属和种的分类依据。

（3）特殊的营养需要　某些细菌利用一些特殊物质的能力，如一些海洋细菌的生长需要钠离子，硫杆菌的生长则要求还原态无机硫化物的存在；有些螺旋体的生长要求长链脂肪酸，而另一些螺旋体则要求甾醇。这些都构成上述细菌分类的重要特征。

（4）酶的反应　在常规的细菌分类鉴定项目中，如淀粉水解、明胶液化和滤纸崩解，实际上是分别测定淀粉酶、蛋白酶和纤维素酶是否存在。

（三）生态因子

由于所有微生物都有生态的小生境，因此它们总有一组最合适的生态因子可供描述，作为分类的依据。最适温度是区分细菌的重要特征，利用这些因子很容易鉴别嗜冷的和嗜热的菌种。致病的、瘤胃的和消化道的细菌最适生长温度接近它们的寄主体温。因此，大多数人类病原细菌的最适温度在 35～37℃，但在温度的上限和下限，其生长却有显著的不同。其他生态因子如 pH、耐盐性、静水压力等也可作为分类和鉴定的依据。有些细菌要求极端的环境条件，成为极端嗜盐、嗜热、嗜酸、嗜碱和嗜压等各种类型的极端环境生物。

此外，明确细菌和其他生物的共生和寄主关系，对细菌的分类鉴定也是有帮助的。例如，许多能使植物、动物和人致病的细菌具有寄主特异性。

（四）对噬菌体和药物的敏感性

由于各种噬菌体有严格的寄主范围，因此可以利用某一已知的特异性噬菌体鉴定相应的寄主，把细菌菌株分成不同的噬菌体型，少数还可以区分种或属，如霍乱弧菌的菌株因对噬菌体敏感性的不同，可分为经典噬菌体型和 E1 Tor 噬菌体型。

细菌对染料、农药和其他化学药剂的敏感性，通常也是较稳定的特性，能作为分类鉴定的辅助因子。对抗生素的敏感性也可用来区分两个类似的菌种及同一菌种的不同菌株。

（五）血清学反应

在细菌分类学中，有价值的血清学研究可分成两大类。一是根据细菌的表面抗原和有关的抗原（如鞭毛、菌毛、细胞壁、细胞质膜、荚膜和黏液层）来测定细菌之间的相似性。其基本做法是把位于细菌表面的抗原物质制成抗血清，然后与待测的细菌作用，视其是否发生特异性的血清学反应，来确定未知的菌种或菌株与待测菌的亲缘关系及其分类地位。例如，肺炎链球菌的血清学研究表明，利用酸提取的荚膜多糖作为抗原，可把肺炎链球菌划分为近百个血清型。根据菌体抗原，鞭毛抗原和表面（Vi）抗原，已经将沙门氏菌属划分为 2000 个血清型。二是利用纯酶所制备的抗血清来确定不同细菌同源蛋白之间的结构相似性。此法的依据是，一种纯酶所产生的抗血清能够用来测定其他细菌提取液中的同源蛋白。如果这些细菌具有类似的蛋白质和酶，就会发生交叉反应，反映出细菌的蛋白质之间含有相似的氨基酸顺序和细菌之间存在密切的关系。这个方法的例子包括假单胞菌的黏康酸内脂化酶、乳酸细菌的果糖二磷酸醛缩酶、葡萄球菌和微球菌的过氧化氢酶的研究。在葡萄球菌中，过氧化氢酶的血清学关系与根据 DNA 同源性资料而获得的遗传学关系之间存在着很大的相关性。

二、数值分类法

数值分类是 Adanson 首先提出的，1957 年 Sneath 将这个方法用于细菌分类。所谓数值分类法，就是用数理统计方法借助于电子计算机，来处理细菌的各种分类特征，求出相似值，以其相似性的大小决定细菌在分类学的关系，并把它们分为各个类群。数值分类法虽然也主要采用传统分类方法中获得的表型特征，但与传统分类法有显著的不同，它的特点是采用大量特征，并根据“等重原则”，即对各分类特征不分主次，均同等对待。而传统分类法采用的分类特征少，有主次之分，依据分类者的经验，选定主要特征，再从中选出 1 至几个特征，以界定分类单元；实验结果可用双歧法整理，因而受到较多的主观影响。

在数值分类中，其工作内容和步骤可分为 4 个方面。

（一）收集菌株与表型测定

用于数值分类的每个菌株称为一个运筹分类单位（operational taxonomy unit，OTU），其是分类系统中的基本单位。首先要收集供分类的菌株 60～150 个或更多。其次要选择要测定的分类性状，如前面传统分类中获得的各种表型特征，如对不同碳源的利用等，一般在 50～100 或更多，从而进行测定。不同类别的 Biolog 试剂盒（网站: http://www.biolog.com/）可供使用，并使用专用的仪器，对获得的数据进行统计和聚类分析，以快速获得大量的表型特征。

（二）性状编码

将测得的性状转换成计算机所能识别运算的符号。一般为两态特征，其阳性结果记录为

“+”，阴性记录为“–”。在输入计算机时，阳性用"1"表示，阴性用"0"表示。资料缺失可用"N"表示。如果是定量多态特征，可分解为多个两态特征。如果是定性多态特征，一般可转为二态特征。

（三）相似性计算

根据性状的测定结果计算出相似系数，它是用来描述被比较的 OTUs 之间相似程度的量值。相似系数中常用 S_{sm}（简单匹配系数）和 S_j（Jaccard 相似系数），其计算公式如下：

$$S_{sm}=\frac{a+d}{a+b+c+d} \text{和} S_j=\frac{a}{a+b+c}$$

式中，a 为两个 OTU 的性状编码皆为"1"的个数；b 为一个 OTU 为"1"，而另一个 OTU 为"0"的性状个数；c 为一个 OTU 为"0"，而另一个 OTU 为"1"的性状个数；d 为两个 OTU 皆为"0"的性状个数。计算机根据原始性状数据对菌株进行两两比较，从中分别计算出上述 a、b、c 和 d，再按上述有关公式运算，依次计算出全部菌株间的相似性系数，以百分比表示。Jaccard 相似系数不计算全为"0"的数据。

S_{sm} 是数值分类中最古老的计算相似性系数的方法之一，也是最简单的相似性系数计算方法，由 Sokal 和 Michener 于 1958 年引入数值分类中，从那以后一直在使用。S_{sm} 值为 0～1。0 表示相似性系数为 0%，1 表示相似性系数为 100%。

绝大多数生物学家喜欢用相似性来研究生物之间的相似度，不喜欢用距离或不相似性（即 $1-S_{sm}$）表示。但在表明物种的相似性方面，实际上使用距离的场合更多，也更直观，特别是使用欧氏距离（Euclidean distance）的更多。这是因为我们实际生活在欧氏宇宙（Euclidean universe）当中，它在数值分类中用处更大，而在我们日常生活中，更容易直接感受到的是欧氏距离，因此对它的理解并不困难。

举一个例子，有两株细菌 A 和 B，相当于两个 OTU，测定其在不同浓度的蔗糖和葡萄糖中的生长情况。A 菌在蔗糖浓度为 4%和葡萄糖浓度为 4%的培养基中都能生长；而 B 菌在 8%的蔗糖和 8%的葡萄糖培养基中生长。这两个菌可以放到二维坐标中，如图 12-1 所示。

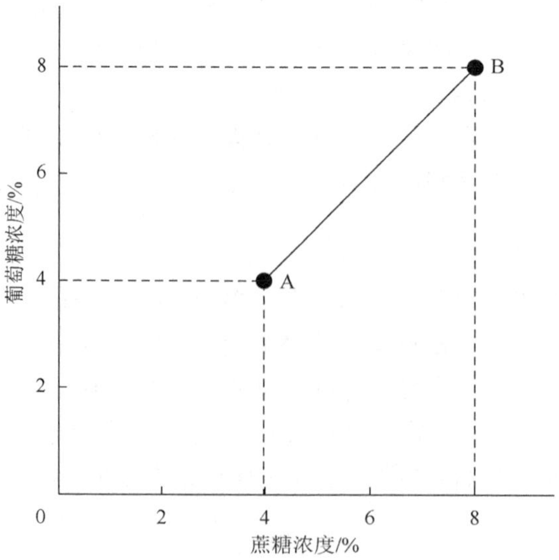

图 12-1　欧氏距离表示法

那么 A 和 B 之间的欧氏距离计算为

$$\sqrt{(8-4)^2+(8-4)^2}=\sqrt{32}=5.66$$

这与勾股定理中，求“弦”的方法一样。

如果一个 OTU 有 p 个特征，那么欧氏距离 d_{ij} 的计算方法为

$$d_{ij}=\sqrt{\sum_{k=1}^{p}(x_{ik}-x_{jk})^2}$$

如果特征数据很多，一些学者建议使用距离的平均值，即

$$\overline{d_{ij}}=\sqrt{(d_{ij}^2/p)}$$

这时，d_{ij} 的平均值（$\overline{d_{ij}}$）与简单匹配系数（S_{sm}）之间的关系是

$$\overline{d_{ij}}=\sqrt{1-S_{\text{sm}}}$$

在数理统计和作图中十分出众的 R 语言，即是使用距离来计算的，除欧氏距离外，还有绝对值距离（R 语言中用 Manhattan 表示）、闵可夫斯基距离（Miknowski）、最大距离（Maximum）等，以欧氏距离最为常用。

R 语言中，使用 dist 函数来计算距离：

dist(x, method = "euclidean", diag = FALSE, upper = FALSE, p = 2)

其中 x 为数据矩阵，一般横向为 OTU，纵向为性状，有多少个 OTU 就有多少行，有多少个性状就有多少列；method 为不同的距离计算法，如上面的 euclidean（即欧氏距离）；diag 为 FALSE，是指不输出对角线上的距离；upper 为 FALSE，是指不输出右上角的距离数值；p 为闵可夫斯基距离指数，默认值为 2，不做改变。

（四）系统聚类及其分析

按相似性系数的大小（或距离的大小）逐次将 OTU 聚类成各个簇类（cluster），也称为表观群（phenon）。聚类的方法有 single（最短距离法）、complete（最长距离法）、median（中间距离法）、centroid（重心法）、average（类平均法，即 UPGMA 法）、ward.D（离差平方和法）、mcquitty（相似性）等。在 R 语言中，使用 hclust 函数中的 method 设置。

R 语言中的 hclust 函数如下：

hclust(d, method = "complete", members = NULL)

其中 d 是距离矩阵；method 默认为 complete，即最长距离法；members 默认为空（NULL）。

R 语言可以对聚类结果绘制成聚类图。

下面展示使用 R 语言对性状进行距离计算、聚类、绘制聚类图的步骤。将下面的框中代码，复制到 R 语言中，依次执行每行代码后，就可得到如图 12-1 的聚类图。sp1～sp5 代表 5 个 OTU，后面的 0、1 数据代表性状的阴性或阳性。

```
data.A<-read.table(header=F,row.names=1,text='
sp1 0 0 0 1 0 0 0 1 0 1
sp2 0 1 0 1 0 1 0 1 0 1
sp3 1 0 1 1 0 0 0 1 0 1
sp4 1 0 1 1 0 0 0 1 0 1
```

```
sp5 0 0 0 1 0 0 0 1 0 1
sp6 1 1 1 1 1 1 1 1 1 1  ')
d<-dist(data.A,method="euclidean")
d
hc<-hclust(d,method="average")
plot(hc,hang=-1,xlab="",main="",sub="")
```

上面的代码中，只有 d 的那一行代码，是为了显示得到的欧氏距离矩阵，结果如下：

```
          sp1        sp2        sp3        sp4        sp5
sp2  1.414214
sp3  1.414214  2.000000
sp4  1.414214  2.000000  0.000000
sp5  0.000000  1.414214  1.414214  1.414214
sp6  2.645751  2.236068  2.236068  2.236068  2.645751
```

执行完毕 plot 那一行代码后，就得到如图 12-2 所示的聚类树状图。

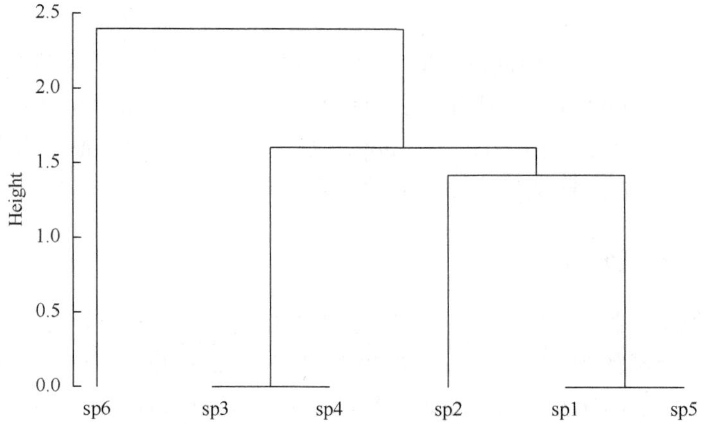

图 12-2　聚类树状图

这里使用 R 语言进行聚类分析，是由于它是一个免费开源系统，在 Windows、苹果 OS、Linux 系统中都可使用，通用性强。但 R 语言入门的门槛高，需要一定的基础知识才能使用。上面的例子中，演示的只是简单的数据，读者自行练习时，先要从设定工作目录（setwd）、读取自己的数据（read.csv）开始，使用过程中可能还会遇到其他一些问题。但希望读者能掌握这门语言，它在生物学领域有着强大的应用范围。

数值分类法是传统分类法的延续和发展，是现代细菌分类的一种基本方法。其优越性在于它是以分析大量分类特征为基础的，对于类群的划分比较客观和稳定，而且促进对细菌类群的全面考查和观察，为细菌的分类鉴定提供大量表型信息和积累大量资料。有不少细菌的数值分类的结果与传统分类法相吻合，如肠道细菌和放线菌等。不过，在使用数值分类法对细菌菌株定种和定属时，还应测定有关菌株的 DNA（G + C）mol%、DNA 同源性和 16S rRNA 基因全序列，以及最近发展起来的多基因序列分析和全基因组平均核苷酸一致性分析等，以进一步确证。

三、化学分类法

在过去的 20 多年，采用化学和物理技术来研究细菌细胞的化学组成，已获得很有价值的分类和鉴定的信息。例如，采用涉及光谱、色谱和生物化学的分析技术，测定了细胞壁、类脂、细胞色素和蛋白质的氨基酸顺序，为细菌的分类提供了大量资料。化学分类法的形成和发展在细菌分类和鉴定是一大进步，使那些用传统方法不能得到满意的分类结果的细菌类群，能够得到分群归类，而且对古菌的识别起了主要作用。

（一）细胞壁组成

在化学分类中，细胞壁中的肽聚糖和脂多糖具有较重要的价值，胞外多糖和细胞壁中的蛋白质也可提供一些分类信息。在放线菌类的分类中，这些组分尤为重要。在许多原核生物的细胞壁中，含有特征性的肽聚糖，但是古菌没有典型的肽聚糖，这是区分细菌和古菌的重要特征。在细菌的细胞壁中，肽聚糖四肽链的氨基酸顺序和糖的成分，可作为分类的重要指标。在放线菌分类中，按细胞壁中氨基酸及糖类的组成可划分为不同的化学型（表 12-3）。其中，细胞壁的氨基酸组分可用于属的区分，而糖组分则可用于种的区分。例如，类诺卡氏菌属的形态虽与诺卡氏菌属相同，但其细胞壁化学组分为Ⅰ型，而后者的细胞壁化学组分为Ⅳ型，所以将类诺卡氏菌另立为一属。

表 12-3 放线菌的化学型

细胞壁的化学组分	细胞壁化学型								
	Ⅰ	Ⅱ	Ⅲ	Ⅳ	Ⅴ	Ⅵ	Ⅶ	Ⅷ	Ⅸ
内消旋-二氨基庚二酸	−	+a	+	+	−	−	−	−	+
LL-二氨基庚二酸	+	−	−	−	−	−	−	−	−
2, 4-氨基丁二酸	−	−	−	−	−	−	+	−	−
赖氨酸	−	−	−	−	+	+	+	+	−
鸟氨酸	−	−	−	−	+	−	−	−	−
天冬氨酸	−	−	−	−	−	+	+	−	−
甘氨酸	+	+	−	−	*	*	*	*	−
多种氨基酸	−	−	−	−	−	−	−	−	+
阿拉伯糖	−	−	−	+	−	−	−	−	−
半乳糖	−	−	−	+	−	−	−	−	−
革兰氏染色	+	+	+	+	+	+	+	+	−

全细胞水解物的糖组分	糖化学型				
	A	B	C	D	E
半乳糖	+	−	−	−	+
阿拉伯糖	+	−	−	+	−
马杜拉糖	−	+	−	−	−
木糖	−	−	−	+	−

注：a 为可能含有羟基二氨基庚二酸；*为属内有变化；+为有该组分；−为无该组分

（二）类脂组成

类脂是细胞膜的主要成分。在原核生物中，细菌具有酰基酯，以酯键连接，最常见的是磷脂和甘油酯。古菌具有醚酯，以醚键连接。这样，就可将细菌和古菌区分开。

细菌的脂肪酸种类繁多，有饱和、不饱和、带环的、分枝的、羟基化的等，链的长度多达 20 个碳以上。在相同的条件下培养时，同类细菌的主要脂肪酸组成是一样的，只有微量组分上的差异。脂肪酸的组成与含量多少可用于某些细菌的分类，如多分枝脂肪酸（分枝菌酸）迄今只在分枝菌、棒状杆菌、小多孢菌和诺卡氏菌中发现，其结构的差异是这些细菌分类和鉴定的重要指标。

脂肪酸为液体的，经过甲酯化后，在高温下很容易气化，从而可以用气相色谱进行分析。由 MIDI（Microbial IDentification Inc）公司开发的微生物鉴定系统，借助气相色谱，可以对脂肪酸甲酯化的样品进行分离、含量测定及与其数据库里的样品进行比较，可以快速地对微生物进行鉴定。MIDI 的产品已有广泛的应用范围。

（三）异戊二烯苯醌组分

这是一类位于细胞膜上的类萜酯，在电子传递和氧化磷酸化的过程中起着重要作用。它们包括泛醌、甲基萘醌和脱甲基萘醌，大部分细菌含有一种或一种以上这类物质，其分类学意义主要在于分析某类组分的有无。例如，大多数严格好氧的革兰氏阴性菌只含有泛醌，而噬纤维菌和黏细菌是例外，它们只含有甲基萘醌。蓝细菌不含泛醌和甲基萘醌，而含有植物所固有的叶绿醌和质体醌。

（四）蛋白质比较

蛋白质的氨基酸序列直接反映 mRNA 的序列，并与编码它们合成的基因结构密切相关。因此，比较不同微生物的蛋白质在分类上是很有用处的，可以间接揭示微生物的系统发育关系。

比较蛋白质的方法有多种。其中，最直接的方法是测定具有相同功能蛋白质的氨基酸序列。由于具有不同功能的蛋白质的序列常以不同的速率发生变化，有些序列变化的速率快，而有些则稳定。如果具有相同功能的蛋白质的序列是相似的，说明它们可能具有密切的关系。细胞色素和其他电子传递蛋白、热休克蛋白、组蛋白、转录和翻译的蛋白质及各种代谢酶的序列通常可用作微生物分类研究的依据。

然而，蛋白质序列的测定方法耗时且昂贵。因此，在微生物的分类中，经常使用间接的蛋白质比较的方法，如蛋白质的电泳图谱可用于研究微生物的种和亚种的关系，由于亲缘关系相近的微生物具有相似的蛋白质谱带，常用的方法有全细胞可溶性蛋白质分析和多位点酶电泳技术。此外，抗体也能用来区分非常相似的蛋白质，而且体外的抗原-抗体反应等免疫技术可用来比较不同微生物的蛋白质，以达到分类鉴定的目的。

四、遗传学分类法

细菌的传统分类和数值分类均以表型特征相似为基础。然而。在不同的细菌群中。单纯的表型相似性还不能确定其系统发育关系。20 世纪 60 年代以来，随着利用细菌作为遗传学研究的工具和核酸分析技术的深入研究，遗传学分类法开始应用于细菌分类，并且获得巨大的成功。遗传学分类主要根据遗传关系对细菌进行分群归类，它能够阐明细菌之间的亲缘关系，了解细菌的系统发育关系。遗传学分类法包括两方面的内容：一是以细菌之间基因转移为依据，另一是细菌的核酸分析。

（一）染色体和染色体外的基因交换

细菌染色体的基因交换包括转化、转导和接合。不同细菌之间如果能够发生这 3 种过程，则表明它们之间存在着一定的亲缘关系。转化一般只出现在同属的不同种之间，属间很少发生。例如，藤黄微球菌（*Micrococcus luteus*）和里拉微球菌（*M. lylae*）之间可以转化。转导涉及的基因片段更大，只在小范围的细菌类群，如肠道杆菌科、芽孢杆菌属等的种内进行，这种方式的基因转移与噬菌体的寄主范围有关。接合现象在肠道细菌中研究最多，属间可以得到杂种，说明其关系是密切的。此外，由于染色体外的遗传物质（如质粒、转座子）具有编码表型性状的能力，其转移能反映细菌之间的亲缘关系。但是，这些遗传学分类方法在细菌分类中应用并不多，也不是目前主要的方法。

（二）核酸分析方法

1. DNA 碱基组成的测定　DNA 的(G + C)mol%具有分类的重要性，其计算公式为(G + C)/(A + T + G + C)×100%。由于每个有机体的(G + C)mol%具有较稳定的值，而且细菌的 GC 含量变化范围较大，为 20%～80%，比真核生物大得多，因此能应用于细菌的分类鉴定（图 12-3）。

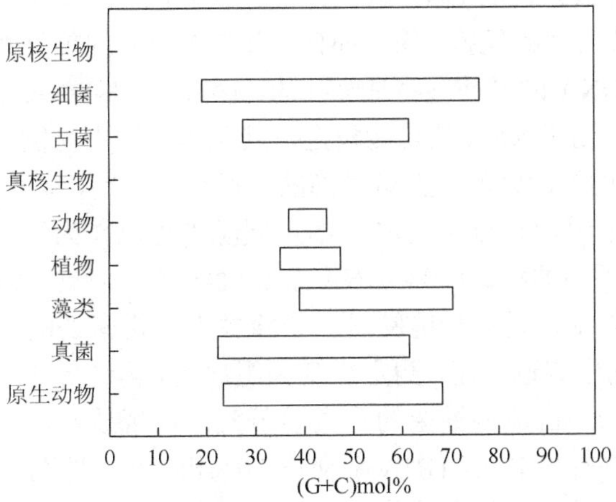

图 12-3　各类微生物的 DNA（G + C）mol%范围

DNA 碱基组成的测定，可归纳为以下几点：①表型高度相似的细菌通常具有相近的 DNA 碱基组成，但也有例外。例如，早期的试验已经证明，肠道杆菌科的埃希氏菌属、沙门氏菌属在生理和遗传上是有关系的，现已测知它们的 DNA 的 GC 含量也是很接近的，进一步证实了这些细菌的亲缘关系。②一些过去由于表型特征相似而被认为是一个类群的细菌，因 DNA 的 GC 含量相差很大而表明它们在遗传上没有相关性。例如，微球菌属和葡萄球菌属虽然表型相似，但其 DNA 含量却分别为 66%～75%和 30%～38%，表明它们的亲缘关系相差较远。一般认为，属内的种间 DNA（G + C）mol%的差别为 10%～15%，而种内的差别在 3%以内。③两个生物具有相同的 DNA 碱基，并不一定都有密切的亲缘关系。例如，假单胞菌属和棒状杆菌属是不同类群的细菌，但其DNA的GC含量都是57%～70%。这种偶合只代表DNA碱基的百分比值，而不反映其真正的碱基顺序。因此，在分类鉴定中，DNA碱基组成的测定必须与其他分类特征的比较结合使用，作为判定细菌科属间亲缘关系的参考标准。

（G + C）mol%测定的方法可采用热变性温度法。其测定原理是，在温度不断升高时，双链DNA会变性，双链解开，紫外吸收值会升高，完全变性后，则紫外吸收值不再变化。（G + C）mol%含量越高，则双链解开一半时所需要的温度越高，从而根据解链温度换算出（G + C）mol%含量。随着全基因组测序技术的发展，通过测定全基因组序列，可以很容易地计算出GC的含量。

2. *DNA-DNA杂交*　所有生物体都是通过DNA的碱基顺序来贮存遗传信息的，但不同的生物碱基顺序都不相同。生物种的差别越大，其DNA的碱基顺序差别也越大，反之亦然。因此，通过DNA-DNA杂交，检查不同细菌之间DNA碱基顺序的相似性，可以测定细菌种间、种内或属间的亲缘关系。

DNA-DNA杂交的原理是，在高温条件下，DNA双链可以解开，形成单链，但降温后互补的单链又可以重新结合成双链DNA。根据DNA的这个特性，将两个不同细菌的单链DNA用放射性同位素^{32}P或^{3}H标记，剪切成DNA片段。经过热变性，然后混合，冷却，退火，使互补的DNA碱基重新配对，形成双链，最后测定DNA的放射性强度，计算其杂交百分率。如果供试菌株和参照菌株的关系很密切，其碱基顺序完全相同，这些DNA单链就会结合成完整的双链，杂交率为100%。如果两者的关系不密切，只有部分核酸是同源的，则DNA单链会形成部分结合，杂交率小于100%（图12-4）。在DNA-DNA杂交实验中，除了放射性同位素标记外，近年来，各种非放射性的DNA标记法已经得到应用。例如，目前最常用的方法是复性速率法，此法可避免放射性的危害，操作简便，并具有较好的重复性。在细胞中，由于RNA的碱基顺序与一股单链DNA的碱基顺序是互补的，因此RNA-DNA杂交也可以显示不同细菌的碱基顺序的相似程度。由于RNA的功能稳定，其碱基顺序不易发生变化，具有较高的保守性，意味着RNA有差别的细菌之间存在着较高的分类单元差别，至少是属以上，而不是种间。

1987年，国际系统细菌学委员会规定，DNA同源性可以作为细菌种的界限，即大于70%为同一种，低于70%为不同的种。DNA-DNA杂交确实是一个敏感的方法，它可以揭示两个生物体遗传结构的细微差别，是一种能够区分亲缘关系非常密切的生物体的良好技术。

近年来，全基因组测序普遍应用，测定全基因组序列，再计算平均核苷酸一致性（average nucleotide identity，ANI），已成为细菌的分类学研究中常规技术，并在逐渐替代DNA-DNA杂交法。ANI值为95%左右与DNA-DNA杂交值70%相一致，即两个菌株的基因组序列比较ANI值大于95%的为同一个种，低于该值，则为不同的种（在线计算ANI值的网站有https://www.ezbiocloud.net/tools/ani）。

3. *16S rRNA及其基因的序列分析*　16S rRNA的核苷酸顺序是高度保守的，意味着这些碱基顺序在进化过程中变化很慢，因而它们能精确地指示细菌之间的亲缘关系。其大小为1500bp左右，所含的信息最能反映生物界的进化关系，而且容易进行操作，适用于各级分类单元，因而是目前研究微生物系统分类和进化的最理想材料之一，也是在环境微生物研究中最广泛使用的一个大分子序列。

最初，人们通过寡核苷酸编目法间接研究16S rRNA的同源性。首先将细胞培养在含^{32}P的培养基中以标记16S rRNA，然后提取^{32}P标记的16S rRNA，并用核糖核酸酶分解，形成寡核苷酸。通过纸电泳法分离这些寡核苷酸，测定每个寡核苷酸的碱基顺序。这样，一个种

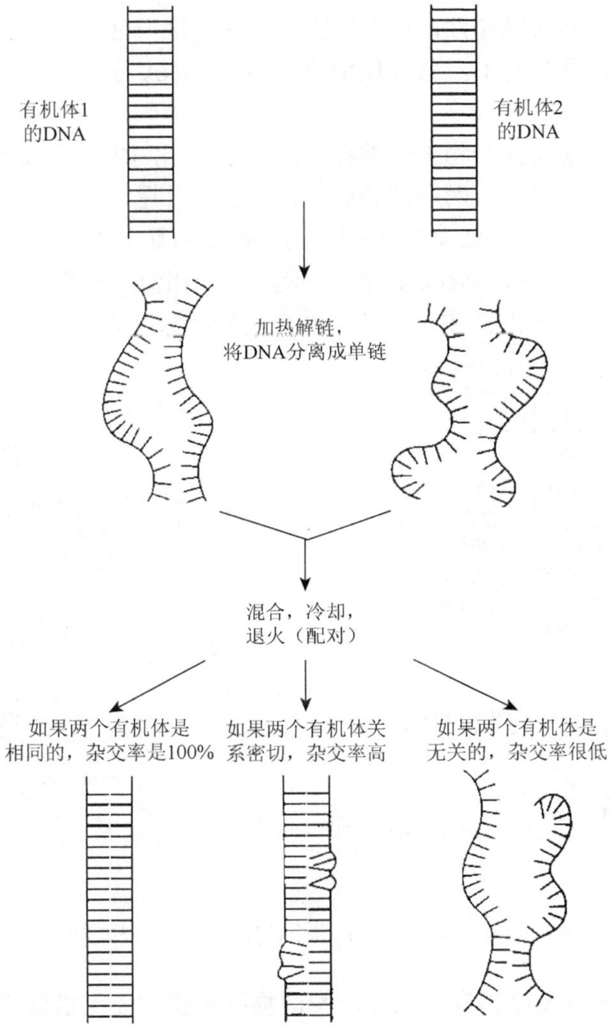

图 12-4 核酸的变性和杂交示意图

的 16S rRNA 的总体顺序可以汇编成一个“目录”，然后通过比较 16S rRNA 碱基顺序的“目录”，就可以确定它与其他微生物间的关系。

近年来，细菌分类学家采用两种方法分析 16S rRNA 序列。最早采用的是逆转录法，先将 16S rRNA 提取并纯化，然后用逆转录酶和保守引物进行双脱氧终止法，最后再测定序列。目前，常用的是建立在 PCR 技术基础上的 16S rRNA 基因（即 16S rDNA）直接测序法，即对 16S rDNA PCR 扩增产物测序，或者克隆 16S rDNA PCR 扩增产物，然后对克隆的基因进行测序。现以 16S rDNA PCR 产物直接测序法为例说明，首先分离和纯化总 DNA，作为模板，然后采用 PCR 扩增 16S rDNA。其 PCR 产物经 1%琼脂凝胶电泳检测，大小应为 1.5kb，浓度应大于 50ng/μL。纯化后的 PCR 产物采用自动测序仪进行序列测定。

16S rDNA 序列分析、比对、构建系统发育树等工作，可以使用国际上广泛使用的 Mega 软件，它的功能强大，可进行最大似然法建树，可以对所建的树进行拓扑结构分析等。

4. *多基因序列分析* 上面提到的 16S rDNA 序列分析虽然用处广泛，特别是在用于确认物种的系统发育地位归属于哪个属，与哪个物种最近方面发挥着重要作用。分类学家认为，两个物种的 16S rDNA 序列大于 97%以上，则为同一个物种；低于此值，则为不同的物种。

由于 16S rDNA 序列的保守性，在不同物种间保守性很强时，仅使用该分子序列就不足以区分不同的物种。这种情况下，就要使用除了 16S rDNA 序列之外的更多的序列来区分物种，这就是多基因序列分析。

所选用的基因序列常是各个物种中都存在的持家基因，如 *recA*、*atpD*、*rpoB*、*glnII*、*dnaK* 等。对这些基因先是各个比对，两端截齐后，再将它们首尾拼接起来，再构建系统发育树，这样就可将近缘的物种区分开来。如图 12-5 所示，图 a 为基于 16S rDNA 构建的系统发育树，其中 *Ensifer fredii* 与 *Ensifer americanus* 聚在一起，高度相似，但图 b 中，是基于 *recA*、*atpD*、*glnII* 三个持家基因合并建树的结果，这两个种被明显区分开来。

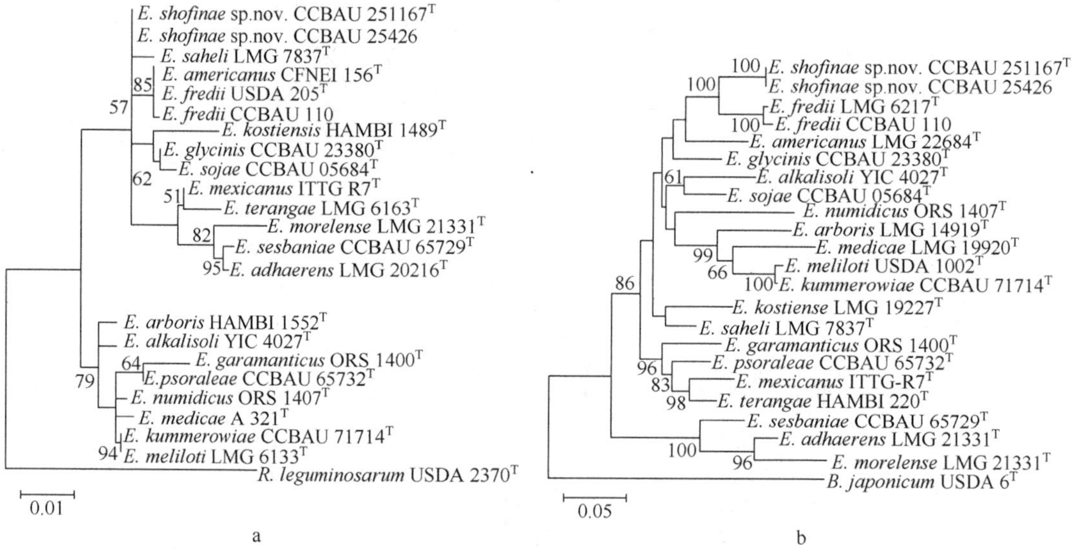

图 12-5　基于 16S rDNA（a）和多个持家基因（b）构建的系统发育树

因此，对于 16S rDNA 序列高度保守的不同物种来说，还需借助于多基因序列分析以确定物种之间有关系。

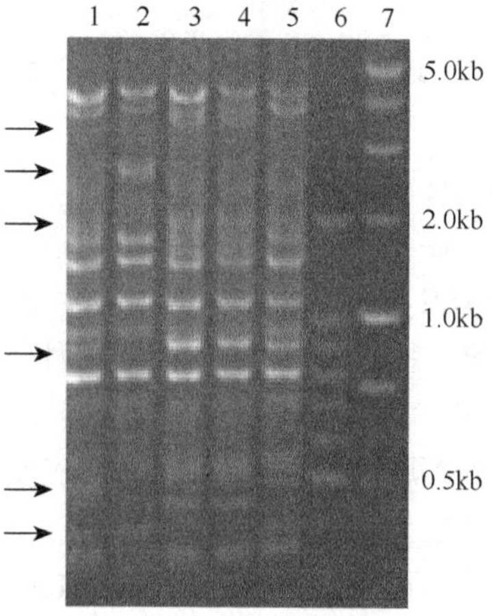

图 12-6　rep-PCR 指纹图谱分析

1～5 泳道为同一种内不同的菌株；6 和 7 为不同分子量的标准。箭头示 1～5 号菌株之间有差异的条带

5. 基因组指纹图谱分析　16S rDNA 序列分析、多基因序列分析、全基因组 ANI 比较虽然可以反映出菌种或菌株之间的关系，但毕竟对基因或全基因组序列测定需要一定花费，特别是对大量的菌株进行比较时，不可能全部一一测序，那么，基因组指纹图谱分析则可以发挥作用，快速地比较不同菌株之间的亲缘关系。

基因组指纹图谱分析的技术常用有重复的基因间回文序列 PCR（repetitive extragenic palindromic PCR，rep-PCR）和扩增片段长段多态性（amplified fragment length polymorphism，AFLP）。由于 rep-PCR 产物只需琼脂糖电泳即可区分开不同的扩增条带，而 AFLP 需要聚丙烯凝胶电泳和银染等烦琐的手段才能将扩增得到的片段区分开来，因此 rep-PCR 在实际操作中应用更为广泛。图 12-6 为对同种内不同的菌株（编号 1～5）进行 rep-PCR 后，用琼脂糖凝胶电泳和溴化乙锭（EB）显色的结果。可以看出，同一个种内相同或不同的菌株，可以很好地区分开来。

第三节　细菌分类系统和常见的原核生物类群

一、细菌分类系统

当前在世界上最有权威和广泛使用的细菌分类系统在《伯杰氏系统细菌学手册》(*Bergey's Manual of Systematic Bacteriology*）中体现。该手册第一版于1984年问世，至1989年完成四卷。第二版于2001～2005年出版。这本书在分类系统中增加了许多新的分类单元，而且在表型分类的基础上，在各级分类单元中广泛采用细胞化学分析、数值分类方法和核酸技术，尤其是16S rRNA及其基因序列（16S rDNA）分析技术，以阐明细菌的亲缘关系。该手册的内容包括了较多的细菌系统分类的资料，而且对个别类群进行了初步的系统分类，试图反映细菌分类从人为的分类体系向自然的分类体系所发生的变化。

《伯杰氏系统细菌学手册》（第二版）的出版积累了大量的细菌系统发育学方面的资料，该版分为五卷，并把极其不同类群的原核生物划分为25个门，以下是《伯杰氏系统细菌学手册》（第二版）五卷的门、纲和代表属的名称。

1. 第一卷　古菌、蓝细菌、绿色光合细菌和最先分化的属

古菌域（Domain Archaea）

　泉古菌门（Crenarchaeota）

　　热变形菌（*Thermoproteus*），硫化叶菌（*Sulfolobus*）和热网菌属（*Pyrodictium*）

　广古菌门（Euryarchaeota）

　　产甲烷菌纲

　　　甲烷杆菌属（*Methanobacterium*）

　　产甲烷球菌纲

　　　甲烷球菌属（*Methanococcus*）

　　盐杆菌纲

　　　盐杆菌属（*Halobacterium*），盐球菌属（*Halococcus*）

　　热原体纲

　　　热原体属（*Themoplasma*），嗜酸菌属（*Picrophilus*）

　　热球菌纲

　　　热球菌属（*Thermococcus*），火球菌属（*Pyrococcus*）

　　古生球菌纲

　　　古生球菌属（*Archaeoglobus*）

　　甲烷嗜高热菌纲

　　　甲烷嗜高热菌属（*Methanopyrus*）

细菌域（Domain Bacteria）

　产液菌门

　　产液菌属（*Aquifex*），氢杆菌属（*Hydrogenobacter*）

　热袍菌门

　　热袍菌属（*Thermotoga*），地袍菌属（*Geotoga*）

　热脱硫杆菌门

热脱硫杆菌属（*Thermodesulfobacterium*）

异常球菌-栖热菌门

异常球菌属（*Deinococcus*），栖热菌属（*Thermus*）

产金色菌门

产金色菌属（*Chrisiogenes*）

绿屈挠菌门

绿屈挠菌属（*Chloroflexus*），滑柱菌属（*Herpetosiphon*）

热微菌门

热微菌属（*Thermomicrobium*）

硝化螺菌门

硝化螺菌属（*Nitrospira*）

脱铁细菌门

地弧菌（*Geovibrio*）

蓝细菌门

原绿蓝细菌属（*Prochloron*），聚球蓝细菌属（*Synechococcus*），颤蓝细菌属（*Oscillatoria*），鱼腥蓝细菌属（*Anabaena*），念珠蓝细菌属（*Nostoc*），真枝蓝细菌属（*Stigonema*），宽球蓝细菌属（*Pleurocapsa*）

绿菌门

绿菌属（*Chlorobium*），暗网菌属（*Pelodictyon*）

2. 第二卷　变形细菌

变形菌门（Proteobacteria）

α-变形菌纲

红螺菌属（*Rhodospirillum*），立克次氏体属（*Rickettsia*），柄杆菌属（*Caulobacter*），根瘤菌属（*Rhizobium*），布鲁氏菌属（*Brucella*），硝化杆菌属（*Nitrobacter*），甲基杆菌属（*Methylobacterium*），拜叶林克氏菌属（*Beijerinckia*），生丝微菌属（*Hyphomicrobium*）

β-变形菌纲

奈瑟氏菌属（*Neisseria*），伯克霍尔德氏菌属（*Burkholderia*），产碱杆菌属（*Alcaligenes*），丛毛单胞菌属（*Comamonas*），亚硝化单胞菌属（*Nitrosomonas*），嗜甲基菌属（*Methylophilus*），硫杆菌属（*Thiobacillus*）

γ-变形菌纲

着色菌属（*Chromatium*），亮发菌属（*Leucothrix*），军团菌属（*Legionella*），假单胞菌属（*Pseudomonas*），固氮菌属（*Azotobacter*），弧菌属（*Vibrio*），埃希氏菌属（*Escherichia*），克雷伯氏菌属（*Klebsiella*），变形杆菌属（*Proteus*），沙门氏菌属（*Salmonella*），志贺氏菌属（*Shigella*），耶尔森氏菌属（*Yersinia*），嗜血杆菌属（*Haemophillus*）

δ-变形菌纲

脱硫弧菌属（*Desulfovibrio*），蛭弧菌属（*Bdellovibrio*），粘球菌属（*Myxococcus*），多囊菌属（*Polyangium*）

ε-变形菌纲

弯曲杆菌属（*Campylobacter*），螺杆菌属（*Helicobacter*）

3. 第三卷　低 GC 含量的革兰氏阳性细菌

厚壁菌门

梭菌纲

梭菌属（*Clostridium*），消化链球菌属（*Peptostreptococcus*），真杆菌属（*Eubacterium*），脱硫肠状菌属（*Desulfotomaculum*），螺旋杆菌属（*Heliobacterium*），韦荣氏菌属（*Veillonella*）

柔膜菌纲

支原体属（*Mycoplasma*），尿原体属（*Ureaplasma*），螺原体属（*Spiroplasma*），无胆甾原体属（*Acholeplasma*）

芽孢杆菌纲

芽孢杆菌属（*Bacillus*），显核菌属（*Caryophanon*），类芽孢杆菌属（*Paenibacillus*），高温放线菌属（*Thermoactinomyces*），乳杆菌属（*Lactobacillus*），链球菌属（*Streptococcus*），肠球菌属（*Enterococcus*），李斯特氏菌属（*Listeria*），明串珠菌属（*Leuconostoc*），葡萄球菌属（*Staphylococcus*）

4. 第四卷　高 GC 含量的革兰氏阳性细菌

放线菌门

放线菌纲

放线菌属（*Actinomyces*），微球菌属（*Micrococcus*），节杆菌属（*Arthrobacter*），棒杆菌属（*Corynebacterium*），分枝杆菌属（*Mycobacterium*），诺卡氏菌属（*Norcadia*），游动放线菌属（*Actinoplanes*），丙酸杆菌属（*Propionibacterium*），链霉菌属（*Streptomyces*），高温单胞菌属（*Thermomonospora*），弗兰克氏菌属（*Frankia*），马杜拉放线菌（*Actinomadura*），双歧杆菌属（*Bifidobacterium*）

5. 第五卷　浮霉状菌、螺旋体、丝状杆菌、拟杆菌和梭杆菌

浮霉状菌门

浮霉状菌属（*Planctomyces*）

衣原体门

衣原体属（*Chlamydia*）

螺旋体门

螺旋体属（*Spirochaeta*），疏螺旋体属（*Borrelia*），密螺旋属（*Treponema*），钩端螺旋体属（*Leptospira*）

丝状杆菌门

丝状杆菌属（*Fibrobacter*）

酸杆菌门

酸杆菌属（*Acidobacterium*）

拟杆菌门

拟杆菌属（*Bacteroides*），卟啉单胞菌属（*Porphyromonas*），普雷沃氏菌属（*Prevotella*），黄杆菌属（*Flavobacterium*），鞘氨醇杆菌属（*Sphingobacterium*），屈挠杆菌属（*Flexibacter*），噬纤维菌（*Cytophaga*）

梭杆菌门

梭杆菌属（*Fusobacterium*）

疣微菌门

　　疣微菌属（*Verrucomicrobium*）

网球菌门

　　网球菌属（*Dictyoglomus*）

除了上述两版《伯杰氏系统细菌学手册》外，还有一部重要的细菌分类书籍，称为《原核生物》(*Procaryote*)。该书的第二版（1992 年）完全遵照基于 16S rRNA 基因的原核生物系统发育的顺序，描述了每个分支中的细菌属或更高的分类单元，以反映原核生物分类和系统发育的最新进展。目前，《伯杰氏系统细菌学手册》和《原核生物》是给广大的微生物学工作者提供微生物分类和系统发育的基础理论和详细的资料。

二、常见细菌类群的代表

在第二章，已经介绍了一般细菌、放线菌、蓝细菌及其他特殊细菌的基本特征。这里介绍的是最常见的细菌类群的属和种，具体地描述其主要的形态特征、生理特性和分布。这些细菌的分类地位可从 NCBI 的分类学网站上查到（http://www.ncbi.nlm.nih.gov/taxonomy/，在该网站上输入某个细菌名称，如“Pseudomonas”，点击“Search”即可查到）。另外，简要介绍它们与农业、工业和医学的关系。

（一）革兰氏阴性细菌类群

1. 假单胞菌属（*Pseudomonas*）　分类阶层：细菌域（Bacteria）变形菌门（Proteobacteria）伽玛变形菌纲（Gammaproteobacteria）假单胞菌目（Pseudomonadales）假单胞菌科（Pseudomonadaceae）。细胞直或稍弯曲杆状，大小为（0.5～1.0）μm×（1.5～5.0）μm。运动靠一根或几根极生鞭毛，很少有不运动的。一些菌种具有极生或周生菌毛。需氧菌，包括严格的呼吸代谢类型，以氧作为末端的电子受体。在厌氧条件下，硝酸盐可作为代替的电子受体，使该菌能在厌氧条件下生长。许多菌种能产生水溶性色素，主要是荧光素和绿脓菌素。假单胞菌属是化能有机营养型，显著的特点是能利用很多种不同的有机化合物作为碳源和能源。有些菌种是兼性化能无机营养型，可利用 H_2 或 CO 作为能源。假单胞菌广泛分布在自然界，如土壤、淡水、海水、动植物体表和各种含蛋白质的食品等处。有些菌种对人类、动物和植物是致病的。有些菌种是嗜冷的，常造成冷藏食品的腐败和冷藏血浆的污染。一些菌种还能分解杀虫剂、除草剂和石油废水等，因此在污水处理、消除环境污染方面起着重要的作用。该属相当大而庞杂，种类繁多。荧光假单胞菌（*P. fluorescens*）是产生荧光色素的代表菌种，由于它们能在 4℃条件下生长，并降解脂肪和蛋白质，通常可使冷藏的食品腐败。从临床样品中也常分离到，是实验室常见的细菌。铜绿假单胞菌（*P. aeruginosa*）与人的尿道感染有关，也能引起全身性感染，常见于大面积皮肤损伤如烧伤的患者。该种的大多数菌株因能生产蓝绿色的绿脓菌素，也称为绿脓杆菌。可从土壤和水中分离到，也常从临床样品中分离到。

有些假单胞菌对植物有致病性，可引起徒长、软腐、枯萎和斑点等症状。重要的植物病原菌是青枯病假单胞菌（*P. solanacearum*），有极其广泛的寄主范围，能引起许多属植物的枯萎病，如马铃薯、番茄、烟草和花生等。在假单胞菌中，最严重的动物致病菌是鼻疽单胞菌（*P. mallei*）和类疽单胞菌（*P. pseudomallei*）。前者能引起马和驴的鼻疽，后者除引起人和动物的类鼻疽外，也能从热带地区的土壤和水中分离到腐生类型，尤其在东南亚。

2. 固氮菌属（*Azotobacter*） 分类阶层：细菌域（Bacteria）变形菌门（Proteobacteria）伽玛变形菌纲（Gammaproteobacteria）假单胞菌目（Pseudomonadales）假单胞菌科（Pseudomonadaceae）固氮菌类群（*Azotobacter* group）。

自生固氮，每消耗 1g 葡萄糖可至少固定 10mg 大气氮素。细胞大，卵圆型，直径为 1.5～2.0μm 或更大。多形态性，杆状到球状细胞，呈单个、成对（8 字形）或不规则团块，有时呈不同长度的链。不形成芽孢，但形成胞囊（cyst），这是一种特殊的休眠结构（图 12-7）。靠周生鞭毛运动或不运动。在含有碳水化合物多的培养基上，菌体可形成丰厚的荚膜，并使菌落呈黏液状。需氧，但也能生长在低的氧压下。固氮菌属是化能有机营养型，能利用糖、乙醇和有机酸盐生长。碳水化合物的代谢是严格氧化的，而且很少产生酸或其他发酵产物。固氮时需要钼，但可部分用钒代替。不能水解蛋白质，能利用硝酸盐和铵盐（有一个种例外）和某些氨基酸作为氮源，但是，在这种情况下不固氮。常见的菌种有褐球固氮菌（*A. chroococcum*）和维涅兰德固氮菌（*A. vinelandii*）。

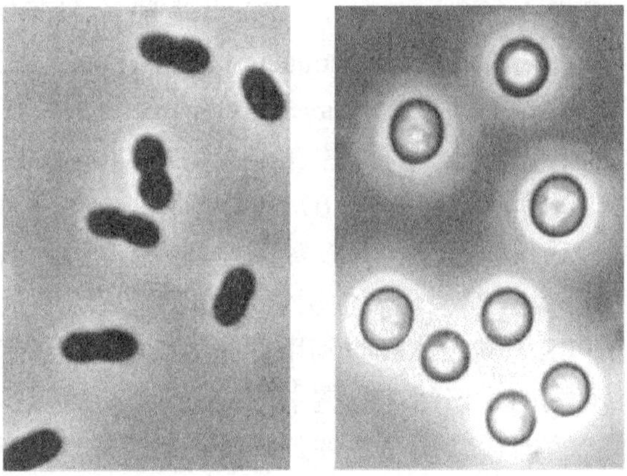

a b

图 12-7 维涅兰德固氮菌（*Azotobacter vinelandii*）的营养细胞（a）和胞囊（b）

3. 根瘤菌（rhizobia） 分类阶层：细菌域（Bacteria）变形菌门（Proteobacteria）阿尔法变形菌纲（Alphaproteobacteria）根瘤菌目（Rhizobiales）叶杆菌科（Phyllobacteriaceae）或慢生根瘤菌科（Bradyrhizobiaceae）或根瘤菌科（Rhizobiaceae）。

或归属于：细菌域（Bacteria）变形菌门（Proteobacteria）贝塔变形菌纲（Betaproteobacteria）伯克霍尔德菌目（Burkholderiales）伯克霍尔德菌科（Burkholderiaceae）。

能与豆科植物共生，形成根瘤并固定空气中的氮气。细胞呈杆状，大小为（0.5～0.9）μm×（1.2～3.0）μm。在不利的生长条件下一般呈多形态。通常细胞内含有多聚-β-羟基丁酸颗粒，使染色不均匀。运动靠极生鞭毛或 2～6 根周生鞭毛。在碳水化合物多的培养基上，细胞分泌较多的黏液而使菌落呈黏稠状。好氧，化能有机营养型，能利用广泛的碳水化合物和有机酸盐作为碳源。在根瘤中，菌体常呈棒状、T 形和 Y 形，这些形态的细胞称为类菌体（bacteroids），是固氮的有效阶段。根据根瘤菌在 YMA（酵母汁甘露醇琼脂）培养基上的生长速率可分为快生型和慢生型两种类型，快生型菌的代时为 2～4h，在含有甘露醇或其他碳水化合物的培养基上产酸，慢生型菌的代时为 6～8h，在上述培养基上产碱，也存在中间类型。快生型菌对碳源的利用比慢生型菌广泛，但都能利用铵盐和硝酸盐作为氮源。根瘤菌在好氧条件下生长，但必须在低氧压下才能固氮。根瘤菌具有侵染性，通过豆科植物的根毛或侧根的裂隙侵入豆科植物形成根瘤，还可以在具喙田菁的根和茎上形成瘤子。过去长期认为，一种豆科植物只与一种根瘤菌共生，称为“宿主专一性”，而一种根瘤菌只与一种或数种植物结瘤固氮，这几种植物则称为“互接种族”。随着研究工作的深入，发现一种豆科植物在不同生态环境中可与不同属种的根瘤菌共生，而且一种根瘤菌能与许多种豆科植物结瘤固氮，因此仅仅根据宿主与根瘤菌的相互关系作为分类标准是不合适的。近 20 年来，根据数值分类、DNA 碱基组成、DNA 同源性和 16S rRNA 基因目前已确定的常见的属有：归属于阿尔法变形杆菌门的根瘤菌属（*Rhizobium*）、中华根瘤菌属（*Sinorhizobium*）、中慢生根瘤菌属（*Mesorhizobium*）、慢生根瘤菌属（*Bradyrhizobium*）、固氮根瘤菌属（*Azorhizobium*）和异根瘤菌属（*Allorhizobium*）、叶瘤杆菌属（*Phyllobacterium*）、申氏菌属（*Shinella*）、苍白杆菌属（*Ochrobactrum*）、副根瘤菌属（*Pararhizobium*）、新根瘤菌属（*Neorhizobium*）、德氏菌属（*Devosia*）、甲基杆菌属（*Methylobacterium*）、微杆菌属（*Microvirga*），以及归属于贝塔变形菌纲（Betaproteobacteria）的伯克霍尔德氏菌属（*Burkholderia*）、贪铜菌属（*Cupriavidus*）。

4. 大肠埃希氏菌（*Escherichia coli*）　分类阶层：细菌域（Bacteria）变形菌门（Proteobacteria）伽玛变形菌纲（Gammaproteobacteria）肠杆菌目（Enterobacteriales）肠杆菌科（Enterobacteriaceae）埃希氏杆菌属（*Escherichia*）。

大肠埃希氏菌简称大肠杆菌，是一种居住在温血动物大肠中的细菌，是肠道内的正常菌群。直杆状，大小为（0.4～0.7）μm×（1.0～3.0）μm，菌体单个或成对。许多菌株具有多糖荚膜或微荚膜，运动靠周生鞭毛或不运动。大多数菌株的细胞表面经常长出大量菌毛，宽度为 5～9nm。大肠杆菌是化能有机营养型，兼性厌氧，生长最适温度是 37℃。在正常情况下，大肠杆菌能合成维生素 B 和 K，供人体吸收利用；一些菌株还能产生大肠杆菌素，抑制肠道致病菌的生长，对机体是有利的。该菌在肠道中一般不致病，可是当有机体抵抗力下降，或大肠杆菌侵入肠外组织或器官时，则又是条件致病菌，可引起肠外感染，如肾炎、膀胱炎等泌尿道感染。有些菌株与婴儿的腹泻有关，也可引起老年人的尿道感染。近年来的研究表明，大肠杆菌有少数血清型菌株常含有使它们具有特殊毒力特性的质粒。例如，含有 K1 抗原的血清型的大肠杆菌经常引起新生儿脑膜炎。有 3 个血清型的大肠杆菌可引起急性腹泻，它们分别是产肠道外毒素型大肠杆菌、肠出血型大肠杆菌和肠道致病型大肠杆菌。大肠杆菌是研究较早的一种细菌，并成为微生物学基础研究的重要材料。例如，首先报道的细菌基因重组是以大肠杆菌 K12 菌株作为试验材料而获得的，最早发现的细菌质粒 F 因子也是从大肠杆菌分离得到的。近年来在分子生物学和遗传工程方面，对大肠杆菌的研究和应用更加广泛和深入。在环境卫生上，它早已作为检查饮用水、牛奶和饮料等的清洁和病原细菌（如伤寒菌和痢疾细菌）污染环境的指示菌种。

5. 固氮螺菌属（*Azospirillum*）　分类阶层：细菌域（Bacteria）变形菌门（Proteobacteria）阿尔法变形菌纲（Alphaproteobacteria）红螺菌目（Rhodospirillales）红螺菌科（Rhodospirillaceae）。

细胞呈膨胀的弧状或直杆状，宽度为 0.9～1.2μm，通常两端尖。细胞内含有聚 β-羟基丁酸颗粒。在碱性的老培养物中或过量氧存在的条件下，可以出现膨大的多形态菌体。在液体培养基中靠单极生鞭毛运动，有些种在半固体培养基 30℃生长时，除单极生鞭毛外，还形成大量较短波长的侧生鞭毛。在马铃薯琼脂培养基上，菌落呈特征性的浅粉红或暗粉红色，常有皱纹。在微氧条件下能固氮。当有结合态氮如铵盐存在时，在大气中生长良好。主要具有含氧呼吸代谢，或以硝酸盐作为最终电子受体，也具有微弱的发酵能力。在严重缺氧的情况下，硝酸盐被还原成亚硝酸盐或氮的氧化物和氮气。最适温度为35～37℃。化能异养，有些菌株是兼性氢自养菌。在有机酸盐如苹果酸盐、琥珀酸盐、乳酸盐或丙酮酸盐培养基上生长良好。某些菌株需要生物素。近年来该属细菌引起人们浓厚的兴趣，主要在于它们能在土壤中自生固氮，或与谷类作物、草和块茎植物的根系有松散的联合共生关系。它们生长在根系周围，靠根的分泌物生活，并同时固氮以供给植物氮素营养。其中著名的菌种有巴西固氮螺菌（*A. brasilense*），模式菌种为产脂固氮螺菌（*A. lipoferum*）。

6. 醋酸杆菌属（*Acetobacter*）　　分类阶层：细菌域（Bacteria）变形菌门（Proteobacteria）阿尔法变形菌纲（Alphaproteobacteria）红螺菌目（Rhodospirillales）醋杆菌科（Acetobacteraceae）。

细胞椭圆形至杆状，直或稍弯曲，大小为（0.6～0.8）μm×（1.0～4.0）μm，以单个、成对或成链存在。有些菌株经常出现退化的类型。以周生鞭毛或侧生鞭毛运动，或不运动。菌落呈灰白色，大多数菌株不产生色素，少数菌株产生褐色水溶性色素，或由于细胞内含卟啉而使菌落呈粉红色。专性好氧，化能有机营养。最适温度为25～30℃，生长的最适pH为5.4～6.3。本属细菌的重要特征是能将乙醇氧化成乙酸，并可将乙酸和乳酸氧化成CO_2和H_2O。其生长所需的最好碳源是乙醇、甘油和乳酸。是制醋工业的菌种。有些菌株的另一个有趣的特征是能够合成纤维素，其纤维素组成细胞壁外的基质，而细菌则埋置于纤维素微丝缠结的片层中。当这些种的细菌生长在静止的液体培养基，它们就会在表面形成一层纤维素薄膜。醋酸杆菌分布在植物的花、果实、棕榈酒、葡萄酒、啤酒、苹果汁、醋和果园土等环境中，并可引起菠萝的粉红病和苹果、梨的腐烂病。有1种是微好氧的固氮菌，栖居于甘蔗的根和茎上。模式种为醋化醋杆菌（*A. aceti*）。

7. 红假单胞菌属（*Rhodopseudomonas*）　　分类阶层：细菌域（Bacteria）变形菌门（Proteobacteria）阿尔法变形杆菌纲（Alphaproteobacteria）根瘤菌目（Rhizobiales）慢生根瘤菌科（Bradyrhizobiaceae）。

这是一类紫色非硫细菌，由于它们原先被认为不能利用硫化物作为电子供体，以还原CO_2来合成细胞物质。但是，后来发现，该类细菌大多数能利用低浓度的硫化物。细胞呈杆状，大小为（0.6～2.5）μm×（0.6～5.0）μm，以鞭毛运动或不运动。细胞呈顶端生长，以芽生或不对称细胞分裂方式繁殖。光合内膜呈片层状，位于细胞质膜下面并与之平行。光合色素是细菌叶绿素a或b和不同类型的类胡萝卜素，细胞悬液呈紫色、红色和橙褐色等，其颜色取决于类胡萝卜素的类型。进行光合作用，生长的主要方式是光能异养，以多种有机化合物为碳源和电子供体。在厌氧条件下，也可能利用H_2、硫代硫酸或硫化物为电子供体，进行光能自养生长。在微氧至好氧条件下，有些种可进行化能营养生活。生长可能需要各种生长因子。所有种都可固氮，并有净化有机废水的能力。模式种是沼泽红假单胞菌（*P. palustris*）。

8. 硝化杆菌属（*Nitrobacter*）　　分类阶层：细菌域（Bacteria）变形菌门（Proteobacteria）阿尔法变形菌纲（Alphaproteobacteria）根瘤菌目（Rhizobiales）慢生根瘤菌科（Bradyrhizobiaceae）。

这是一类能把亚硝酸盐氧化成硝酸盐的硝化细菌。细胞呈杆状、梨形或形状多型，出芽繁殖。细胞内膜形成具有顶端帽状的扁平囊，分布在细胞质的周边区。靠一根亚极生或侧生鞭毛运动或不运动。在无机自养和混合营养状态下，细胞内往往产生羧酶体。其他的内含物为聚-β-羟基丁酸颗粒。好氧。硝酸盐是其能量的主要来源，但也能进行混合营养生长。当硝酸盐和有机物质同时存在时，细胞常表现出双相生长状态，硝酸盐首先被利用，经过一段停滞期，有机物质才被氧化。其能量和还原力主要来自亚硝酸氧化成硝酸的过程，既能营化能无机营养生长，也能营化能有机营养生长。有些菌株能生长在以乙酸盐为唯一碳源的培养基上，生长较为缓慢。一般见于有机物正在被矿化的好氧环境中。在硝化细菌中，陆地生长的类型都属于硝化杆菌属。分布在海洋的菌种通常是嗜盐的。模式种是维氏硝化杆菌（*N. winogradskyi*），见图 12-8。

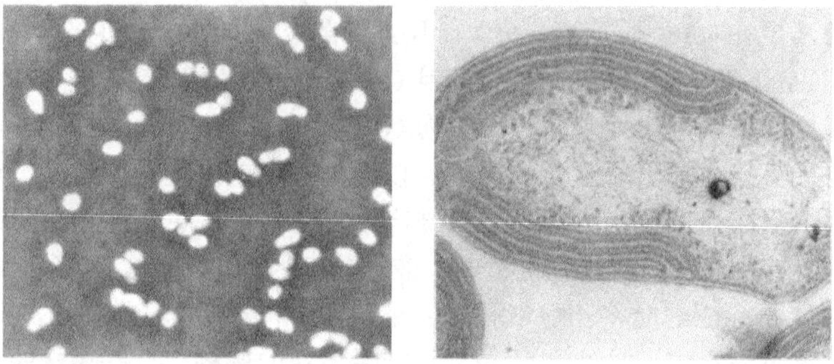

图 12-8　维氏硝化杆菌（*Nitrobacter winogradskyi*）的细胞

（二）革兰氏阳性细菌类群

1. 微球菌属（*Micrococcus*）　分类阶层：细菌域（Bacteria）陆生杆菌类群（Terrabacteria group）放线菌门（Actinobacteria）放线菌纲（Actinobacteria）微球菌目（Micrococcales）微球菌科（Micrococcaceae）。

细胞呈球形，直径为 0.5～2.0μm，在大多数情况下以成对或四联存在，有的四联球菌可以连接成立方堆团或不规则的簇群。细胞形态不依培养基或菌龄的改变而变化。一般不运动。微球菌具有与其他革兰氏阳性细菌相似的细胞超微结构。菌落通常为圆形、全缘、凸起、光滑，某些菌株可以形成粗糙菌落。它们可产生黄、橙、橙红、粉红或红色色素。化能有机营养，严格呼吸代谢，通常很少能利用碳水化合物产酸或不产酸。好氧，有一种能兼性厌氧生长。大多数种产生类胡萝卜色素，能防止氧化作用，使这些细菌在空气中散布而不受阳光的破坏。所有种能生长在 5% NaCl 中，最适生长温度为 25～37℃。腐生，主要存在于哺乳动物的皮肤上，还存在于肉类、乳制品、土壤和水中。哺乳动物的皮肤被认为是微球菌的主要栖息地，从其他地方分离的菌株有可能是寄主动物的污染物。模式种为藤黄微球菌（*M. luteus*）。

2. 葡萄球菌属（*Staphylococcus*）　分类阶层：细菌域（Bacteria）陆生杆菌类群（Terrabacteria group）厚壁菌门（Firmicutes）芽孢杆菌纲（Bacilli）芽孢杆菌目（Bacillales）葡萄球菌科（Staphylococcaceae）。

细胞球状，直径为 0.5～1.5μm。菌体单个或成对排列，典型的特征是形成不规则的堆团。不运动。在牛肉汁培养基上生长时，菌落呈圆形，全缘、低凸状、光滑、闪光、奶油状，可产生橙色和黄色等非水溶性色素。化能有机营养型，兼性厌氧，代谢包括呼吸和发酵作用。在有空气时，可利用许多碳水化合物，产生乙酸和少量 CO_2。在厌氧情况下，葡萄糖发酵的主要产物是乳酸。通常能生长在 10% NaCl 条件下，最适生长温度为 30～37℃。可产生胞外酶和毒素。主要分布在哺乳动物和皮肤表面、皮肤腺体和黏膜。有的种可以从各种动物制品（如肉类、奶、奶酪）和外界条件（如污染物、土壤、灰尘、空气）中分离到。许多菌株是人和动物的机会致病菌。主要的代表种是金黄色葡萄球菌，菌落的颜色从略带黄色的灰白色、黄橙色到橙色。其细胞壁含有3种主要成分，核糖醇磷壁酸、肽聚糖和A蛋白（SPA）。A蛋白已广泛应用于细菌、病毒等病原诊断及分型等方面。这种细菌可造成化脓性感染，如疖、丘疹、肺炎、关节炎和脑膜炎等。也可产生肠毒素，引起食物中毒。所有毒株都产生凝固酶，能使血纤维蛋白凝固，这点与致病性有关。至少产生α、β和δ 3种溶血素。

3. 链球菌属（*Streptococcus*） 分类阶层：细菌域（Bacteria）陆生杆菌类群（Terrabacteria group）厚壁菌门（Firmicutes）芽孢杆菌纲（Bacilli）乳杆菌目（Lactobacillales）链球属科（Streptococcaceae）。

这是链状的球菌类群。细胞呈圆形到卵圆形，直径小于2μm，排列成对或成链。链的长度依种和菌株或培养基组分的不同而变化，有的长链可达50个细胞。不运动，偶有运动的菌株。大多数种可在牛肉汁培养基上生长，菌落圆形、全缘。其表面可呈黏液状，光滑到粗糙。化能有机营养型，兼性厌氧。代谢为发酵作用，葡萄糖发酵的最终产物是乳酸，但不产气。对生长条件要求苛刻，需要氨基酸、生长素、嘌呤和嘧啶等。生长温度为25～45℃，最适生长温度是37℃。链球菌属根据细胞壁的多糖抗原，血琼脂上的溶血现象和生态分布可分为5个类群：①酿脓溶血链球菌类，代表种为酿脓链球菌（*S. pyogenes*），属于一抗原群链球菌，产生β-溶血现象，在菌落周围产生宽而透明的溶血环。可引起咽喉炎、脓疱病和猩红热等人类传染病。②口腔链球菌类，产生α-溶血现象，在菌落周围产生草绿的溶血环。通常存在于人和其他动物的口腔和上呼吸道，有些菌种是人体其他部位重要的机会致病菌，而有些菌种则与龋齿有关。③肠链球菌类，代表种是粪便链球菌（*S. faecalis*），为D抗原群链球菌，存在于人和动物的肠道，偶有致病，可引起尿道感染和亚急性心内膜炎。④乳酸链球菌类，代表种是乳酸链球菌（*S. lactis*），为N抗原群链球菌，通常在生产脱脂牛奶、干酪和其他发酵乳制品中用作出发培养物，而且也用作乳酸生产菌。⑤厌氧链球菌类，其中有些种是致病菌，并引起化脓。

4. 芽孢杆菌属（*Bacillus*） 分类阶层：细菌域（Bacteria）陆生杆菌类群（Terrabacteria group）厚壁菌门（Firmicutes）芽孢杆菌纲（Bacilli）芽孢杆菌目（Bacillales）芽孢杆菌科（Bacillaceae）。

这是一类细胞内含有芽孢的需氧或兼性厌氧的细菌，杆状。大小为（0.5～2.5）μm×（1.2～10）μm，通常菌体成对或成链排列。每个细胞中只有一个芽孢。芽孢通常呈圆柱形、椭圆形或球形，某些种的有些菌株产生肾形或香蕉形的芽孢。芽孢位于细胞的中央或一端，其直径大多数不超过细胞的直径，少数超过，则使芽孢囊（带有芽孢的菌体）呈梭状或鼓槌状。革兰氏染色阳性，或仅在生长早期为阳性，或为阴性。大多数靠周生鞭毛运动。菌落的形状和大小很不一样，在某些培养基上可以产生色素。在芽孢杆菌中，有些具有极端的特性，从嗜冷到嗜热，嗜酸到嗜碱，表现多样的生理活性。有些菌种耐盐，有些则对盐有特殊的需要。该属细菌是化能有机营养型，有一种是化能无机营养型。通常在以糖类、有机酸、醇类等物质作唯一碳源，铵作唯一氮源的合成培养基上生长很好。许多菌种产生胞外酶，分解多糖、蛋白质、核酸和脂类，并利用其产物作为碳源和电子供体。不少菌种能产生抗生素，如杆菌肽、多黏菌素和短杆菌酪肽等。大多数菌种广泛分布在自然界，容易从土壤或其他材料中分离到。将样品在80℃处理10～30min，杀死营养细胞，留下存活的芽孢，然后在平板培养基上划线接种，即可获得芽孢杆菌。在芽孢杆菌属中，有几种具有重要的作用。枯草芽孢杆菌（*B. subtilis*）是本属的代表菌种，常在土壤中发现，对其生化和遗传机制已做了广泛的研究。

在工业生产上可用以提取蛋白酶和淀粉酶。巨大芽孢杆菌（*B. megaterium*）细胞个体大，直径为 1.5～3.0μm，常用于细胞学的许多研究。苏云金芽孢杆菌（*B. thuringiensis*）是昆虫致病菌，可杀死蛾类幼虫，如卷心虫等。这些细菌的芽孢囊内含有伴孢晶体，是使昆虫死亡的毒性结晶。日本甲虫芽孢杆菌（*B. popilliae*）可引起日本甲虫及其相关甲虫的幼虫败血症而致死。多黏芽孢杆菌（*B. polymyxa*）生产多黏菌素，大多数在厌氧条件下能够固氮。炭疽芽孢杆菌（*B. anthracis*）能引起人和某些动物的炭疽病。蜡状芽孢杆菌（*B. cereus*）的某些菌株在食物传播的胃肠炎中起一定的作用。还有一些种是条件致病菌。

5. 梭菌属（*Clostridium*）　分类阶层：细菌域（Bacteria）陆生杆菌类群（Terrabacteria group）厚壁菌门（Firmicutes）梭菌纲（Clostridia）梭菌目（Clostridiales）梭菌科（Clostridiaceae）。

这是一类细胞内含有芽孢的厌氧细菌，大部分为专性厌氧，但耐氧性变化很大，有些菌种在空气中能生长，但不产生芽孢。细胞呈直杆状或稍弯，大小为（0.3～2.0）μm×（1.5～20.0）μm，有些菌种形成长丝状。芽孢为卵形或球状，常使细胞膨大成梭状或鼓槌状。通常为革兰氏染色阳性，至少在生长初期如此。靠周生鞭毛运动或不运动。梭菌是化能有机营养型，能发酵碳水化合物或蛋白质，产生多种有机酸和乙醇。有的种属于解糖型，有的种属于解朊型，或兼而有之，或均不能分解，但有些菌种是化能无机营养型。有些菌种能固定空气中的氮气。大多数种在 pH6.5～7 和 30～37℃条件下生长最快，依种类的不同，其生长温度为 10～65℃。梭菌分布广泛，一般发现于土壤、污水和海洋的沉积物中，也存在于人、其他脊椎动物和昆虫的肠道中。常见的重要梭菌有以下几种：丁酸梭菌（*C. butyricum*）是该属的模式菌种，也是工业用生产丁酸的主要菌种；丙酮丁醇梭菌（*C. acetobutylicum*）能生产丙酮和丁醇，目前世界上还有相当数量的丙酮、丁醇是用它生产的。巴斯德芽孢梭菌（*C. pasterianum*）是固氮能力强的厌氧细菌；肉毒梭菌（*C. botulinum*）的营养细胞能释放毒素，在食物中可引起肉毒中毒症；破伤风梭菌（*C. tetani*）能长在伤口里，产生毒素，进入血液而引起破伤风。

6. 乳酸杆菌属（*Lactobacillus*）　分类阶层：细菌域（Bacteria）陆生杆菌类群（Terrabacteria group）厚壁菌门（Firmicutes）芽孢杆菌纲（Bacilli）乳杆菌目（Lactobacillales）乳杆菌科（Lactobacillaceae）。

细胞细长，有时弯杆状到短杆状，也常呈短的球杆状，大小为（0.5～1.2）μm×（1.0～10.0）μm。一般生长成链。通常不运动，如果运动，则依靠周生鞭毛。代谢作用为发酵型，发酵碳水化合物，至少有一半的末端产物是乳酸，其他产物可能是乙酸、乙醇、CO_2、甲酸或琥珀酸。厌氧或兼性厌氧，如果创造厌氧条件或降低氧压，以及加入 5%～10% CO_2，均可以促进乳酸杆菌在固体表面生长。生长温度为 2～53℃，最适生长温度为 30～40℃。对营养的要求复杂，生长需要氨基酸、多肽、核酸衍生物、维生素、盐类、脂肪酸或脂肪酸脂，以及可发酵的碳水化合物。该菌重要的特征是具有耐酸性，最适 pH 为 5.5～6.2，一般能生长在 pH5.0 或更酸的环境条件下，利用这个特点，可以很容易地把它们从天然材料中有选择地分离出来。乳酸杆菌广泛分布在乳制品、谷物、肉类、水、污泥、酒类、水果和泡菜等物中，也存在于温血动物的口腔、肠道和阴道中，但很少能致病。代表菌种为德氏乳杆菌（*L. debrueckii*），可用于制造酸奶酪；植物乳杆菌（*L. plantarum*）供制青贮饲料用。

7. 棒杆菌属（*Corynebacterium*）　分类阶层：细菌域（Bacteria）陆生杆菌类群（Terrabacteria group）放线菌门（Actinobacteria）放线菌纲（Actinobacteria）棒杆菌目（Corynebacteriales）棒杆菌科（Corynebacteriaceae）。

其为直或略弯曲的杆菌，两端削尖，可形成棒状，有时呈椭圆形、卵圆形，大小为（0.3～0.8）μm×（1.5～8.0）μm。细胞可进行突然折断分裂，形成“八”字形和栅栏状排列。由于细胞经常形成一端膨大的杆状，故称为棒杆菌。革兰氏阳性，有的细胞着色不稳定。形成异染颗粒。兼性厌氧，有的好氧。化能有机营养型。在含蛋白胨的培养基中，大多数种从葡萄糖和其他一些糖类化合物产酸。细胞壁的肽聚糖所含的二氨基酸为内消旋-二氨基庚二酸。所含的主要糖类是阿拉伯糖和半乳糖。细胞含枝菌酸（22～36 个碳原子）。无特征性的磷酸酯组分。唯一的呼吸醌类是甲基萘醌。该属存在于人、动物和其他环境中，由极其不相同的细菌组成，包括动物和植物的病原菌及腐生细菌。马铃薯环腐病棒杆菌可引起马铃薯环腐病。模式种为白喉棒杆菌（*C. diphtheriae*），其是白喉病的病原菌。

（三）放线菌类群

1. 链霉菌属（*Streptomyces*）　分类阶层：细菌域（Bacteria）陆生杆菌类群（Terrabacteria group）放线菌门（Actinobacteria）放线菌纲（Actinobacteria）链霉菌目（Streptomycetales）链霉菌科（Streptomycetaceae）。

该属菌丝的直径为 0.5～2.0μm，具有发达的气生菌丝和基内菌丝。气生菌丝体上产生由 3～50 个孢子组成的长链孢子丝，呈直形、波曲或螺旋形。孢子呈球形、椭圆形或杆状，其表面光滑，或有各种纹饰，如瘤状、刺状、毛发状或鳞片状。基内菌丝体也可产生短的孢子丝，有的种可形成菌核，或类似于分生孢子器、孢囊和菌丝束的结构。菌落呈地衣状、皮革状或奶酪状。幼菌落表面光滑，老菌落由于大量气生菌丝的发育和孢子的产生而变得粗糙，呈毛状、绒状、粉状或颗粒状等。其气生菌丝和基内菌丝具有各种不同的颜色，有的菌丝还产生可溶性的色素分泌到培养基中。该属为好氧的化能有机营养菌，利用各种复杂化合物的能力很强，是土壤有机质分解后期的优势菌之一。最适生长温度为 25～35℃，但也有嗜冷和嗜热的成员。最适生长 pH 为 6.5～8.0。细胞壁含有 L-二氨基庚二酸，含有很少量的内消旋-二氨基庚二酸及甘氨酸。该属是放线菌类中种类最多的一属，迄今约有 500 种。它也是产生抗生素最多的一类细菌，可产生千余种抗生素，其中 100 多种用于人或兽医及工农业生产。链霉菌还产生大量维生素、酶和酶抑制剂等。多数种为腐生菌，土壤是该属的自然栖息地，但有些种也分布在淡水和海洋环境中。从形态和生理上，该菌都高度适应了土壤环境，其菌丝可以在土壤颗粒或有机质碎片间穿插，分泌各种水解酶类，降解有机物供其生长，并可降解其他微生物难以利用的有机物。因此，链霉菌在自然界物质循环中有其独特作用。有些种引起植物病害，疮痂链霉菌（*S. scabies*）引起马铃薯和甜菜等的疮痂病。模式种为白色链霉菌（*S. albus*）。

2. 弗兰克氏菌属（*Frankia*）　分类阶层：细菌域（Bacteria）陆生杆菌类群（Terrabacteria group）放线菌门（Actinobacteria）放线菌纲（Actinobacteria）弗兰克氏菌目（Frankiales）弗兰克氏菌科（Frankiaceae）。

该属最突出的特点是与非豆科木本植物共生固氮，形成放线菌根瘤。我国这类资源很丰富，常见的有马桑（*Coriaria nepalensis*）、沙棘、木麻黄、杨梅及分布在新疆等西北地区的沙枣等。该菌首次发现于 1866 年，但直到 1978 年，才从香蕨木根瘤中得到纯培养，证实了其侵染、结瘤和固氮作用。已知菌株均来自植物根瘤，但土壤中也可能有其自然分布。这类细菌在根瘤和纯培养情况下，均可产生 3 种形态，即菌丝、孢子和孢囊（sporangium）（图 12-9）。菌丝体由有横隔、多分枝的菌丝组成，直径为 0.5～2.0μm。无气生菌丝。在液体培养基中生长良好，在固体培养基上生长缓慢，代时为1～7天，需3～4周才出现菌落。适宜的碳源为短链脂肪酸和有机酸等简单化合物，甚至可以利用吐温作为碳源，它们是微好氧生长和固氮的中温菌。孢囊（小囊）是固氮的器官，形成于分枝菌丝顶端的短孢囊柄上，放射状排列在植物细胞壁内周围。其细胞壁为多层膜结构，厚度与氧的浓度呈正相关。在纯培养和缺少化合态氮的情况下，所有菌株均形成孢囊。在根瘤中，有的菌株不形成孢囊，但也有固氮能力。有些菌丝的顶端或中间产生孢囊，其形状多样，有菠萝形、梨形、球形和棒状等。大小也有差异。孢囊内含经过多向分裂，形成大量不规则多面体形状的孢子。孢子无鞭毛，不运动。细胞壁含有内消旋-二氨基庚二酸。磷脂包括磷脂酰肌醇、二磷脂酰甘油和磷脂酰肌醇甘露糖苷。弗兰克氏菌可形成两类不同形态的根瘤。在木麻黄和杨梅上，它们形成的根瘤上带有许多向上生长的小根。在桤木、鼠李科和蔷薇科等宿主上，形成由大量裂片状小瘤组成的根瘤簇。该属的分类还不成熟，目前只确定了桤木弗兰克氏菌（*F. alni*）一种。

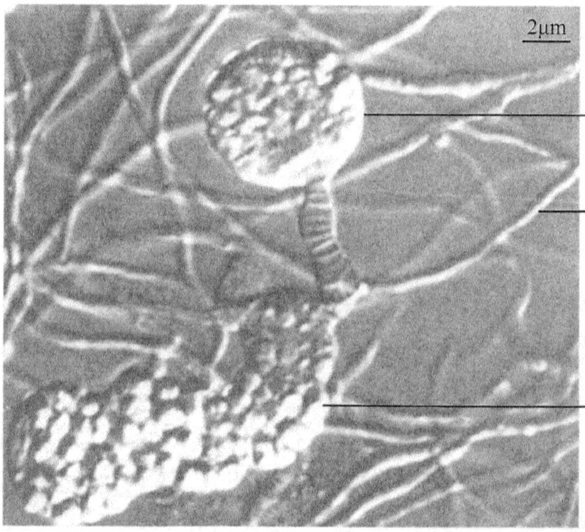

图12-9　弗兰克氏菌（*Frankia*）的菌丝、孢囊和孢子

3. 小单孢菌属（*Micromonospora*）　分类阶层：细菌域（Bacteria）陆生杆菌类群（Terrabacteria group）放线菌门（Actinobacteria）放线菌纲（Actinobacteria）小单孢菌目（Micromonosporales）小单孢菌科（Micromonosporaceae）。

一般无气生菌丝，偶见稀疏的微白色气生菌丝。基内菌丝很发达，有分枝，有横隔，其直径平均为0.5μm。孢子梗为单轴分枝，有时为合轴。孢子单生，无柄，或着生在短的孢子梗上，顶生或侧生。孢子梗时常分枝成簇。孢子不运动。好氧至微好氧，化能有机营养。通常在20～40℃生长，在50℃以上不生长，对pH6.0以下敏感。该菌孢子较耐热，加热到75℃活性不受影响，但对高温（80℃）敏感。因此，可采用70℃加热30min后，用抑制芽孢杆菌的培养基分离该菌。细胞壁含有内消旋-二氨基庚二酸及其3-羟基衍生物和甘氨酸。特征性的磷脂是磷脂酰乙醇胺、磷脂酰肌醇和磷脂酰肌醇甘露糖苷。该菌为腐生菌，分布在土壤、水、海洋及其沉积物。利用复杂化合物如纤维素、几丁质等的能力强，是有机质降解后期的优势菌之一。少数的种可能致病。模式种为青铜小单孢菌（*M. chalcea*）。有些种产生抗生素，如庆大霉素是由该属的棘孢小单孢菌（*M. echinospora*）产生的。

4. *游动放线菌属*（*Actinoplanes*）　分类阶层：细菌域（Bacteria）陆生杆菌类群（Terrabacteria group）放线菌门（Actinobacteria）放线菌纲（Actinobacteria）小单孢菌目（Micromonosporales）小单孢菌科（Micromonosporaceae）。与小单孢菌属为同一科。

孢囊与孢子的形状和结构是该属与其他属区别的主要指标。其孢囊为球状、棒状或其他不规则形状，内含大量圆形或近圆形的孢子在孢囊里盘卷或不规则排列，有丛生鞭毛，能运动，故称为游动孢子。孢囊耐干燥，在干燥一年的土壤或植物残体上的孢囊浸水后可观察到游动孢子的释放。在固体培养基上，菌落可产生鲜艳的橙色、红色、黄色和紫色等颜色。有些种可产生水溶性色素，使培养基呈蓝色、红色和黄色等相应的颜色。基内菌丝的直径为0.2～2.6μm，有分枝，不规则盘卷，扭曲或直形，少数有横隔。气生菌丝体稀少或不形成气生菌丝体。在人工培养时，该菌会迅速失去其产生孢囊的能力，但有时加入腐殖酸或茶叶浸出物可刺激产生孢囊。细胞壁含有内消旋-二氨基庚二酸和甘氨酸。磷脂包括磷脂酰乙醇胺，不含有磷脂酰甘油和磷脂酰胆碱等。化能有机营养型，嗜温或中度嗜热，大多数菌种的生长温度是15～35℃。主要分布在土壤和多种腐烂植物的材料上，尤其在中性pH时数量丰富。在湖水、河水及水中腐解的植物材料上也可分离到。分离该菌时，可先将分离材料干燥，再浸水60min以使游动孢子释放，然后用悬浮液在培养基上划线。还可以利用游动孢子的趋化性进行富集分离。模式种为菲律宾游动放线菌（*A. philipinensis*），最初分离自水稻田土壤中。

5. *分枝杆菌属*（*Mycobacterium*）　分类阶层：细菌域（Bacteria）陆生杆菌类群（Terrabacteria group）放线菌门（Actinobacteria）放线菌纲（Actinobacteria）棒杆菌目（Corynebacteriales）分枝杆菌科（Mycobacteriaceae）。

直或略弯曲的杆菌，大小为（0.2～0.7）μm×（1.0～10）μm，有时分枝（图12-10a），也可能出现丝状或菌丝体状生长。但菌丝稍受触动即碎裂成杆状或球状体，无明显可见的气生菌丝。根据分枝杆菌的生长速率，一般可分为慢生型和和快生型。分枝结核杆菌（*M. tuberculosis*）是典型的慢生型，它在最适生长温度下，需经2～60天才可看见菌落的生长。分枝杆菌生长在固体培养基时，其菌落一般是坚实和紧密的，而且常有皱褶（图12-10b），菌体堆积成一团而不扩展在平板的表面。在其生长的某些阶段具有抗酸性染色特性，这是由于其细胞表面含有枝菌酸。用革兰氏染色不易着色，通常是微弱的革兰氏阳性。许多分枝杆菌的特征是能产生黄色的类胡萝卜色，使菌落的颜通常呈粉色、橙色或黄色，尤其当菌落处在光照的条件下。好氧，但当分散接种到试管培养基内时，有的种仅在培养基的深层生长。化能有机营养，包括专性寄主、腐生和兼性等营养类型。细胞和细胞壁的脂类含量高，包括含有60～80个碳原子的枝菌酸（mycolic acid）或酚基糖脂（phenolic glycolipids）（图12-10c）。细胞壁的肽聚糖含有内消旋-二氨基庚二酸、阿拉伯糖和半乳糖。磷酸类脂含有磷脂酰乙醇胺。分枝杆菌通常从土壤、痰液和其他污染物中分离到。模式种为结核分枝杆菌，可引起人的结核病。另一种有名的致病菌是麻风分枝杆菌（*M. leprae*），引起人的麻风病。

三、常见古菌类群的代表

在第三章，已经介绍了古菌的5个类群的基本特征。这里要介绍的是古菌常见的3个代表属，从其分类阶层、形态、生理和分布的特点进行描述。

（一）甲烷杆菌属（*Methanobacterium*）

分类阶层：古菌域（Archaea）广古菌门（Euryarchaeota）甲烷杆菌门（Methanobacteria）甲烷杆菌目（Methanobacteriales）甲烷杆菌科（Methanobacteriaceae）。

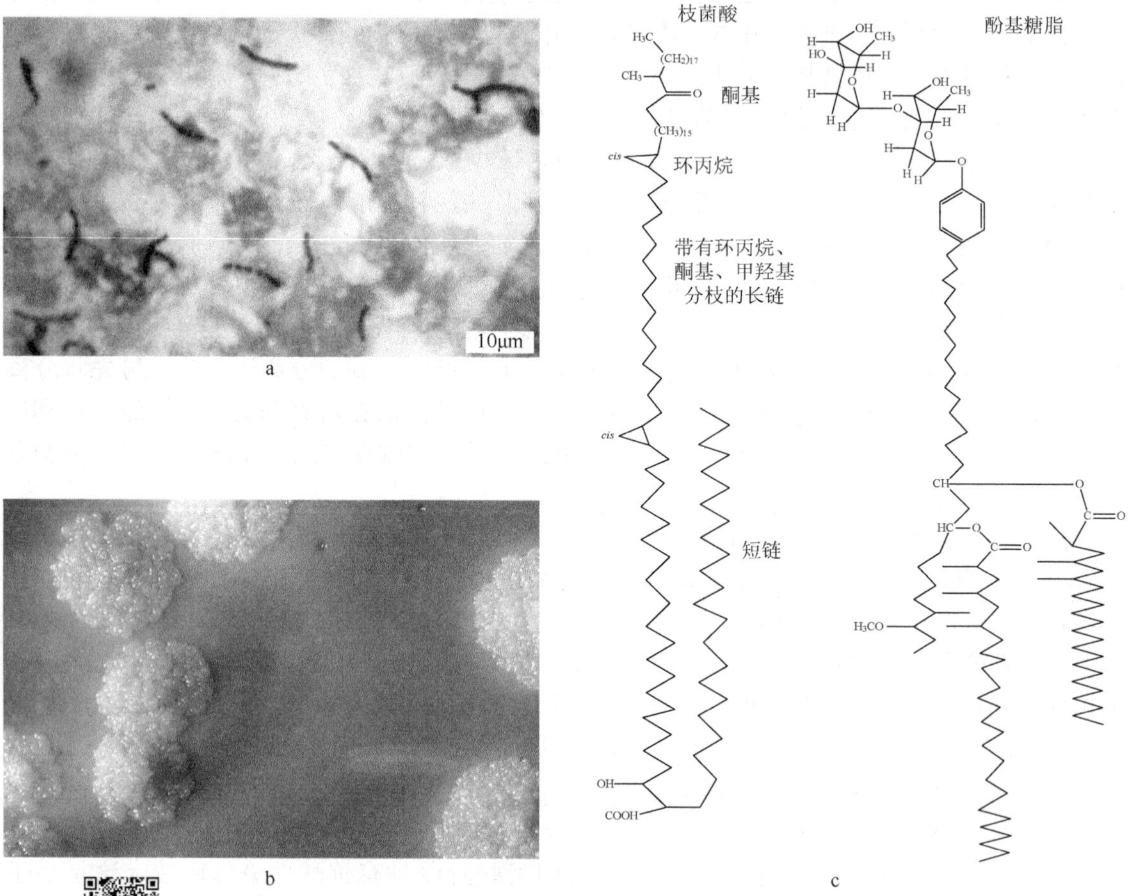

扫一扫　看彩图

图 12-10　分枝结核杆菌细胞（a）、菌落（b）和枝菌酸（c）

细胞呈弯曲或直杆状，长杆状或丝状，宽 0.5～1.0μm。革兰氏染色不定，细胞壁由假胞壁酸组成。细胞产生菌毛，不运动。极严格厌氧是其重要的特点。喜欢中温的菌种最适生长温度为 37～45℃，而嗜热的菌种则为 55℃或更高。它们将 CO_2 还原成 CH_4，获得能量而生长，其电子供体局限于 H_2、甲酸和 CO。氨是其唯一的氮源，也可以固氮。硫化物可作为硫的来源，而且硫也可还原成硫化物。甲烷杆菌分布在淹水的土壤、沉积物或其他缺氧的环境，在这些环境中，缺少硝酸盐或硫酸盐等无机的电子受体而不缺 CO_2。其模式种是甲酸甲烷杆菌（*M. formicicum*）。

（二）盐杆菌属（Halobacterium）

分类阶层：古菌域（Archaea）广古菌门（Euryarchaeota）盐杆菌门（Halobacteria）盐杆菌目（Halobacteriales）盐杆菌科（Halobacteriaceae）。

其成员盐制品盐杆菌（*Halobacterium salinarum*）是极端嗜盐古菌中第一个被描述和研究

最透彻的一种古菌（代表菌株编号 NRC-1）。细胞生长在最适条件时呈不同长度的杆状，大小为（0.5～1.2）μm×（1.0～6.0）μm，但其多形性类型是常见的，如弯曲、膨胀的杆状、棍棒状和球状（图 12-11a）。细胞以缢缩方式分裂繁殖。革兰氏染色阴性。运动靠丛生极端鞭毛。有些菌株有气泡（图 12-11b）。大多数菌株严格好氧，但有些菌株为兼性厌氧生长。极端嗜盐，能在含有 3.0～5.2mol/L NaCl 的培养基中生长，大多数菌株在 3.5～4.5mol/L NaCl 条件下生长最好。其生长还需要中等的镁离子浓度（5～50mmol/L），细胞置于蒸馏水中会溶解。生长温度为 35～50℃，最高温度为 55℃，最适温度为 35℃。生长的 pH 是 5.5～8.5。化能有机营养，不利用碳水化合物，但生长需要氨基酸，而且大多数菌株可分解蛋白质。细胞内含有独特的硫酸三糖基和四糖基二醚。其 DNA 通常含有较大组分和较小组分，后者接近总 DNA 含量的 10%～30%。含有较小组分 DNA 的菌株一般含有一种大质粒（144kb）。盐杆菌分布在中性的高盐环境，如盐湖、海洋盐场及腐败的咸鱼和皮革上。其模式种是盐制品盐杆菌（*H. salinarium*）。

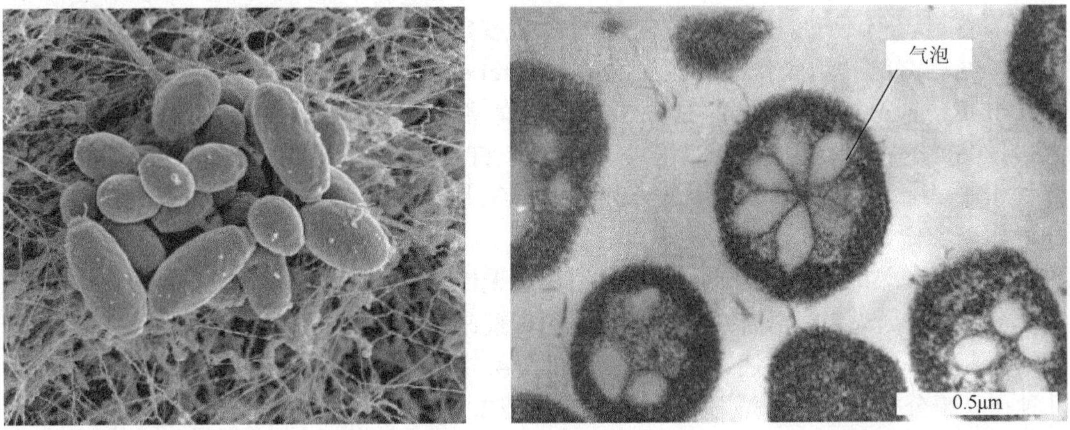

a　　　　b

图 12-11　盐制品盐杆菌（*H. salinarium*）的杆状细胞（a）及细胞横切（b，示细胞内的气泡）

（三）硫化叶菌属（*Sulfolobus*）

分类阶层：古菌域（Archaea）TACK 类群（TACK group）泉古菌门（Crenarchaeota）热变形菌纲（Thermoprotei）硫化叶菌目（Sulfolobales）硫化叶菌科（Sulfolobaceae）。

细胞呈球状，高度不规则，形成独特的裂片球状（图 12-12）。通常单个存在，细胞的直径为 0.8～2μm。细胞可紧紧地黏附在硫结晶体上，用荧光染料染色，在显微镜下能够看得见。细胞壁由以六边形排列的蛋白质亚单位组成。好氧，可氧化硫、硫化物或连硫四硫酸盐，形成硫酸，并固定 CO_2 作为碳源，进行无机营养生长。也能氧化复杂的有机物质（如酵母提取物）、糖或氨基酸，进行有机营养生长。有些菌株在

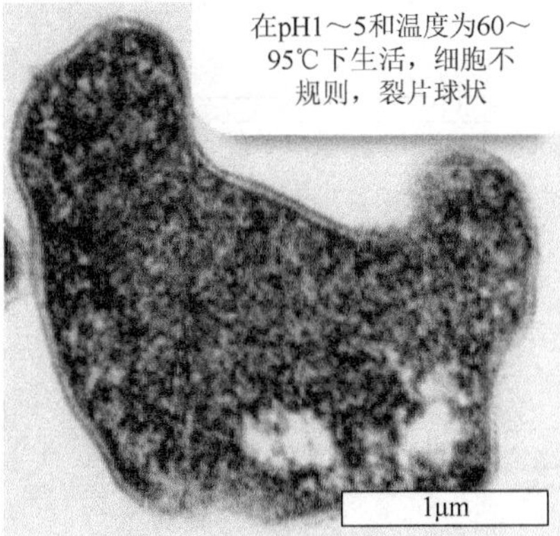

图 12-12　嗜酸热硫化叶菌（*S. acidocaldarius*）的细胞形态

有氧条件下，能氧化 Fe^{2+}成 Fe^{3+}。该属细菌嗜热嗜酸，能在 55～95℃和 pH1～6 的条件下生长。主要分布在富含硫黄的地热生境，如温泉，火山的喷气口等处，其模式种是嗜酸热硫化叶菌（*S. acidocaldarius*）。

第四节　真 菌 分 类

真菌的分类与细菌不同，通常以孢子形态和子实体特征为主要分类依据，也参照菌丝的细胞结构及生理生化和生态特征，自 20 世纪 80 年代以来，逐步增加了分子生物学的内容。真菌分类的问题在真菌学家之间意见不同，特别是在进入分子生物学时期后，分类学的研究呈现出异常活跃的状态。真菌的形态特征复杂，而且少数形态特征和生理生化指标随着环境的变化而不稳定。在真菌分类学中引入分子生物学方法，可从遗传进化的角度阐明真菌种群间的内在关系，按其亲缘关系客观地反映系统发育规律，已成为真菌分类学研究中被广泛接受的内容。分子生物学方法虽然具有特异性高、操作简便和准确性高等特点，但不可能完全替代常规的真菌鉴定方法。在现代真菌分类中，常用的分子生物学方法有脉冲场凝胶电泳（pulsed field gel electrophoresis，PFGE）、核糖体小亚基 18S rDNA（或 rRNA 基因）序列分析和核糖体各亚基间隔区序列（internal transcribed spacer，ITS）分析等。在近年真菌分类研究中，ITS 区的序列分析已经作为大家公认并鉴定到种水平的重点方法，此外，对于某些有特征基因的真菌，有时也会用特征基因的序列分析作为鉴定的辅助手段。

真菌个体形态特征，包括细胞或菌丝结构、无性和有性生殖结构特点、孢子形状及其颜色等，可通过普通光学显微镜或电子显微镜的观察来描述，而群体特征可根据菌落的质地、产生的色素等基本特点来描述。目前，主要的分类指标仍是以形态特征为依据。这里简要介绍几种在真菌分类研究中所采用的分子生物学方法。

一、真菌分类常用的分子生物学方法

（一）真菌核型的脉冲电泳分析

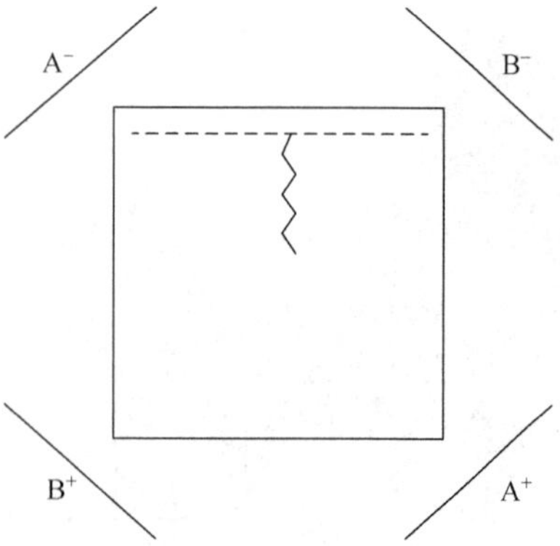

图 12-13　脉冲电场的电泳原理

脉冲电泳（PFGE）技术是 20 世纪 80 年代中期发展起来的大分子 DNA 的分离技术，其分离范围可达到 10Mb。此技术的建立，为分析真菌的核型创建了条件。与普通凝胶电泳相比，PFGE 使 DNA 分子在凝胶中始终处于有规律变化方向的电场中，依靠电场方向的变化，使大分子 DNA 得以分离。图 12-13 为脉冲电场凝胶电泳的工作原理，其中 A、B 两个电极分别按设定的时间交替工作，DNA 分子则随着电场的变化而有规律地改变泳动的方向，最终可获得基因组结构的基本数据，如染色体的数目和大小等，并可直接进行不同菌株核型的比较。在样品的制备上，通常是先获得菌株的原生质体，将原生质体包埋于低熔点的琼脂糖凝胶中，置于电泳胶的点样井内，进行电泳。通过在凝胶中迁移的速度，把基因组各条不同分子质量的染色体分离开来，由于原生质体在胶内裂解，因此可以基本保证每条染色体的完整。脉冲电场电泳受到脉冲时间、电场强度、凝胶浓度、缓冲液离子强度和温度等多种因素的影响。

由于本方法可以分离获得基因组中各条染色体，还可以通过杂交等手段，进一步分析各条染色体上编码的特异基因或其他信息。

（二）随机引物扩增多态性 DNA 分析

随机引物扩增多态性 DNA（RAPD）技术是一种从分子水平上研究不同物种 DNA 差异的手段。此技术建立在 PCR 的基础上，以随机合成的单个寡核苷酸（通常为 10bp）为引物，用 PCR 技术对目的基因组 DNA 进行扩增。扩增的产物通过凝胶电泳显示 DNA 片段的数量和大小，可反映 DNA 片段的多态性，从而比较菌株之间基因的差异。RAPD 技术适合于遗传背景不清的靶基因的分析，适用种及种以下水平的分类。由于其操作简单，而且扩增产物呈多态性，灵敏度高。

（三）限制性片段长度多态性分析

限制性片段长度多态性（RFLP）分析是用限制性内切酶切割不同个体的目的基因或基因组，酶切产物经过凝胶电泳分离，检测含有同源序列的酶切片段大小，以此来分析不同菌株间的差异。限制性内切酶的种类多，而且每种都能特异性地识别 DNA 序列上的不同位点。正是由于不同物种的 DNA 序列上分布着不同的酶切位点，因此酶切产物获得的 DNA 片段的大小和数目都不相同。在真菌的鉴定和分类研究中，RFLP 技术针对的靶基因一般都是特定的基因序列或片段，如线粒体 DNA、18S rDNA 或核糖体间隔区等。与 RAPD 技术相比，RFLP 所需要的 DNA 量较多。

（四）核糖体小亚基序列及核糖体间隔区分析

rDNA 序列分析现已大量应用于各种生物的系统发育和分类研究。rDNA 为编码核糖体 RNA 的 DNA 序列。在真核生物中由 18S rDNA、ITS1、5.8S rDNA、ITS2 和 28S rDNA 串联而成。rDNA 经转录形成 RNA，进行剪切加工后产生 18S RNA、5.8S RNA 和 28S RNA。它们与核糖体蛋白质组成核糖体，是合成蛋白质的场所，此区域的序列比较保守，可用于亲缘关系较远的物种之间的比较，是真菌分类学家关注的焦点。人们已设计出扩增 rDNA 的特异性引物，通过 PCR 技术和测序，可获得完整的 rDNA 序列。转录间隔区 ITS1 和 ITS2 在 RNA 修饰过程中被剪切掉，目前还不清楚它们的生理功能。由于转录间隔区序列在不同种间变化较大，其多态性常用于种间或种以下水平的比较。

二、以往常用的真菌分类系统

自 Ainsworth 系统于 1973 年发表后，在 40 多年中，又有近 10 个重要的分类系统相继发表。在这些分类系统中，还是以生态环境、形态特征、细胞结构和生殖特点为主要依据，结合系统发育的规律来分类。以分子生物学方法研究真菌各类群之间的亲缘关系，揭示不同类群之间系统发育的本质和进化关系，是分类学发展的一个方向。表 12-4 摘录了国际真菌学研究的权威机构（英国国际真菌研究所）在 1995 年出版的《真菌词典》第八版中列举的几个重要的分类系统，以及 1996 年出版的《真菌学概论》采用的分类系统。

表 12-4 真菌的分类系统（引自邢来君等，2010）

Ainsworth 等（1973）	V. Arx（1981）	真菌词典（1983）*	Kendrick（1992）	真菌词典（1995）	Alexopoulos 和 Mins（1996）
真菌界	真菌界	真菌界	原生真菌	原生动物界	真菌界
黏菌门	黏菌门	黏菌门	（Protoctistan fungi）	（Protozoa）	壶菌门
集胞菌纲	集胞菌纲	鹅绒菌纲	黏菌纲	集胞菌门	接合菌门
[网黏菌纲]	根肿菌纲	网柄菌纲	（Myxostelida）	网柄菌门	接合菌纲
黏菌纲	网黏菌纲	集胞菌纲	网柄菌纲	黏菌门	毛菌纲
根肿菌纲	卵菌门	黏菌纲	（Dictyostelida）	黏菌纲	子囊菌门
真菌门	卵菌纲	根肿菌纲	网黏菌纲	原柄菌纲	半知菌（无性子囊菌）
鞭毛菌亚门	丝壶菌纲	网黏菌纲	（Labyrinthulida）	根肿菌门	古生子囊菌
壶菌纲	壶菌门	真菌门	根肿菌纲	藻界（Chromista）	丝状子囊菌
丝壶菌纲	壶菌纲	鞭毛菌亚门	（Plasmodiophorida）	丝壶菌门	担子菌门
卵菌纲	真菌门	壶菌纲	壶菌门	网黏菌门	担子菌类
接合菌亚门	接合菌纲	丝壶菌纲	丝壶菌门	卵菌门	腹菌类
接合菌纲	内孢霉纲	卵菌纲	卵菌门	真菌界（Fungi）	卵菌门
毛菌纲	黑粉菌纲	接合菌亚门	真菌	子囊菌门	丝壶菌门
子囊菌亚门	子囊菌纲	接合菌纲	（Eumycotan fungi）	担子菌门	网黏菌门
半子囊菌纲	担子菌纲	毛菌纲	双核菌门	担子菌纲	根肿菌门
不整囊菌纲	半知菌纲	子囊菌亚门（不分纲）	子囊菌亚门	冬孢菌纲	网柄菌门
核菌纲		担子菌亚门	担子菌亚门	黑粉菌纲	集胞菌门
盘菌纲		层菌纲	接合菌门	壶菌门	黏菌门
腔菌纲		腹菌纲		接合菌门	
虫囊菌纲		锈菌纲		毛菌纲	
担子菌亚门		黑粉菌纲		接合菌纲	
冬孢菌纲		半知菌亚门			
层菌纲		腔孢纲			
腹菌纲		丝孢纲			
半知菌亚门					
芽孢纲					
丝孢纲					
腔孢纲					

* 真菌词典为 Ainsworth 和 Bisby 所著《*Dictionary of the Fungi*》

1.《真菌词典》第 9 版（2001）的分类体系　2001 年出版的《真菌词典》第 9 版分类系统，根据 rDNA 测序等技术对第 8 版分类系统进行了修订。将子囊菌门分成 6 纲 55 目 291 科；担子菌门原有的 32 目合并为 16 目；担子菌类酵母菌划分到 3 个不同类群中。

原生动物界（Protozoa）

黏菌门（Myxomycota）

网柱黏菌纲（Dictyosteliomycetes）

黏菌纲（Myxomycetes）

原柱黏菌纲（Protosteliomycetes）

根肿菌门（Plasmodiophoromycota）

根肿菌纲（Plasmodiophoromycetes）

藻界（Chromista）

丝壶菌门（Hyphochytriomycota）

丝壶菌纲（Hyphochytridiomycetes）
网黏菌门（Labyrinthumycota）
网黏菌纲（Labyrinthumycetes）
卵菌门（Oomycota）
卵菌纲（Oomycetes）

真菌界（Fungi）

壶菌门（Chytridiomycota）
壶菌纲（Chytridiomycetes）
尾体菌纲（Rumpomycetes）
接合菌门（Zygomycota）
接合菌纲（Zygomycetes）
毛菌纲（Trichomycetes）
子囊菌门（Ascomycota）
子囊菌纲（Ascomycetes）
新床菌纲（Neolectomycetes）
肺炎菌纲（Pneumocyctidomycetes）
酵母菌纲（Saccharomycetes）
裂殖酵母菌纲（Schizosaccharomycetes）
外囊菌纲（Taphrinomycetes）
担子菌门（Basidiomycota）
担子菌纲（Basidiomycetes）
锈菌纲（Urediniomycetes）
黑粉菌纲（Ustilaginomycetes）

2.《真菌词典》第10版（2008）的分类体系　2008年出版的《真菌词典》第10版分类系统，对第9版的分类系统做了很大的调整，收录了2001～2008年的研究成果。该版将真菌界划分7门，下分36纲140目560科8283属97 861种。

真菌界（Fungi）

壶菌门（Chytridiomycota）
壶菌纲（Chytridiomycetes）
单毛壶菌纲（Monoblepharidomycetes）（新）
芽枝霉门（Blastocladiomycota）（新）
芽枝霉纲（Blastocladiomycetes）（新）
新美鞭菌门（Neocallimastigomycota）（新）
新美鞭菌纲（Neocallimastigomycetes）（新）
球囊菌门（Glomeromycota）（新）
球囊菌纲（Glomeromycetes）（新）
接合菌门（Zygomycota）
接合菌纲（Zygomycetes）
地位未定（Incertae sedis）（亚界）
虫霉菌亚门（Entomophthoromycotina）

梳霉亚门（Kickxellomycotina）
毛霉菌亚门（Mucoromycotina）
捕虫霉菌亚门（Zoopagomycotina）
子囊菌门（Ascomycota）
盘菌亚门（Pezizomycotina）（子囊菌亚门 Ascomycotina）
星裂菌纲（Arthoniomycetes）（新）
座囊菌纲（Dothideomycetes）（新）
散囊菌纲（Eurotiomycetes）（新）
虫囊菌纲（Laboulbeniomycetes）（新）
茶渍菌纲（Lecanoromycetes）（新）
锤舌菌纲（Leotiomycetes）（新）
异极菌纲（Lichinomycetes）（新）
圆盘菌纲（Orbiliomycetes）（新）
盘菌纲（Pezizomycetes）（新）
粪壳菌纲（Sordariomycetes）（新）
酵母菌亚门（Saccharomycotina）
酵母菌纲（Saccharomycetes）
外囊菌亚门（Taphrinomycotina）
新床菌纲（Neolectomycetes）（又译无丝盘菌纲）
肺炎菌纲（Pneumocystidomycetes）
裂殖酵母菌纲（Schizosaccharomycetes）
外囊菌纲（Taphrinomycetes）
担子菌门（Basidiomycota）
伞菌亚门（Agaricomycotina）
伞菌纲（Agaricomycetes）（新）
花耳纲（Dacrymycetes）（新）
银耳纲（Tremellomycetes）（新）
柄锈菌亚门（Pucciniomycotina）
伞型束梗孢菌纲（Agaricostilbomycetes）（新）
小纺锤菌纲（Atractiellomycetes）（新）
Classiculomycetes（新）
隐菌寄生菌纲（Cryptomycocolacomyctes）（新）
囊担子菌纲（Cystobasidiomycetes）（新）
小葡萄菌纲（Microbotryomycetes）（新）
混合菌纲（Mixiomycetes）（新）
柄锈菌纲（Pucciniomycetes）（新）
黑粉菌亚门（Ustilaginomycotina）（新）
黑粉菌纲（Ustilaginomycetes）
地位未定（Incertaesedis）（亚门）
节担菌纲（Wallemiomycetes）（新）

3. 最新真菌高阶分类系

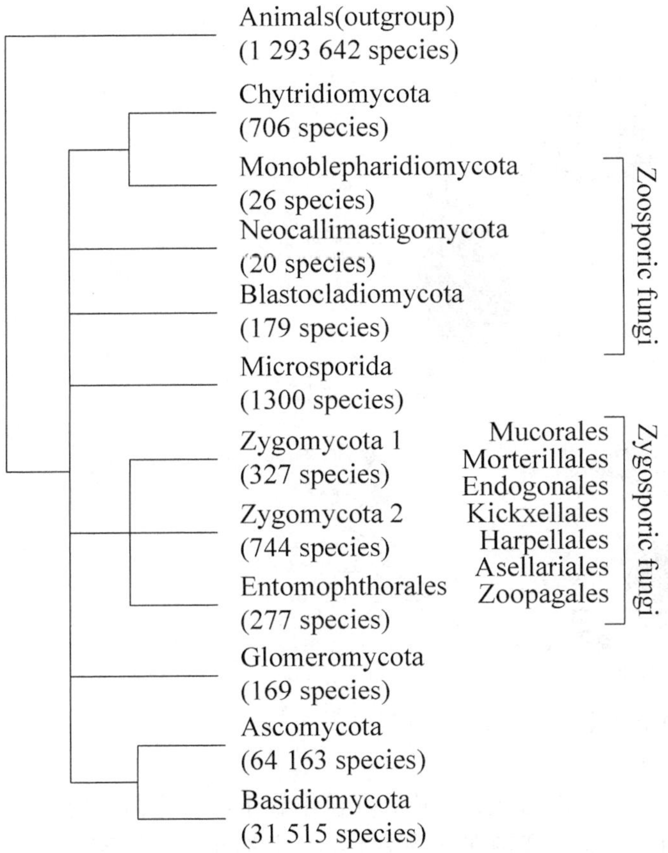

壶菌门Chytridiomycota
单毛菌门Monoblepharidiomycota
新美鞭菌门Neocallimastigomycota
芽枝霉门Blastocladiomycota
微孢菌（门）Microsporidia
接合菌门Zygomycota1
接合菌门Zygomycota2
虫霉亚门Entomophthoromycotina
球囊菌门Glomeromycota
子囊菌门Ascomycota
担子菌门Basidiomycota

（由中科院微生物研究所真菌地衣国家重点实验室刘杏忠研究员整理并提供）

根据我国长期以来的教学实践，为使初学读者容易了解一些特殊的类群，在此介绍一些常见的代表属。

三、常见真菌类群的代表

（一）壶菌门

壶菌门（Chytridiomycota）的真菌能产生游动孢子，它们有后生尾鞭式鞭毛，具有“9＋2”结构。本门的真菌多数水生，少数两栖或陆生。有些寄生于藻类、蕨类、鱼类、原生动物和水生真菌上，有些则腐生于植物残体、鱼类或昆虫尸体残骸上。壶菌门的许多种类腐生在潮湿的土壤和淡水中，可引起植物多种病害，如由内生集壶菌（*Synchytrium endobioticum*）引起的马铃薯癌肿病，玉米节壶菌（*Physoderma maydis*）引起的玉米褐斑病等。壶菌门真菌细胞壁的成分主要为几丁质，无性繁殖形成游动孢子囊或孢子囊，有性繁殖则通过游动配子的配合、配子囊的配合或体细胞配合的方式产生合子。

油壶菌属（*Olpidium*）：寄生在藻体内、高等植物根部或真菌的孢子上。营养体为单细胞，具有营养和繁殖两种功能，几乎没有菌丝，整个菌体可形成孢子囊，孢子囊无囊盖。有性生殖为同配生殖，合子具有双鞭毛。通常形成薄壁孢子囊和厚壁休眠孢子囊。无性生殖产生的孢子囊光滑，埋生于寄主表皮下。在孢子萌发时，以芽管穿透寄主组织，然后在顶端开裂，释放游动孢子。有性生殖产生的休眠孢子囊常聚集在寄主的表皮下，萌发时也可形成游动孢子（图 12-14）。

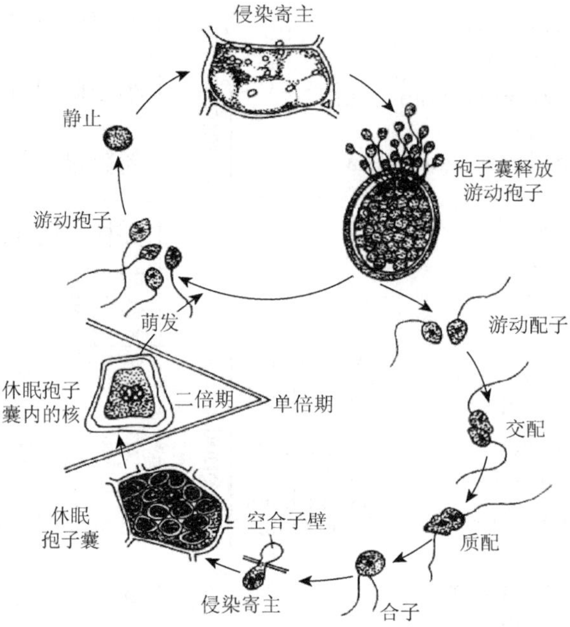

图 12-14　油壶菌属（*Olpidium*）的生活史

卵菌纲（Oomycetes）：在 1973 年 Ainsworth 分类系统中，卵菌纲属于原鞭毛菌亚门的卵菌纲。由于真菌研究的不断深入，人们发现这类真菌在一些基本特征上不同于其他真菌，如游动孢子具有双鞭毛（茸鞭式和尾鞭式）；细胞壁的主要成分是葡聚糖和纤维素，多数种类几乎不含几丁质；有性生殖为卵配生殖；减数分裂在配子囊配合时进行，体细胞为双倍体。因此，有些学者认为卵菌不是真菌，而有些学者认为应将卵菌独立成门，还有些学者将卵菌划归为藻界，分类观点不同。现将卵菌纲附在壶菌门中，并介绍其主要特征和代表属。营养体为简单的菌体至分枝繁茂的菌丝体，无隔，内含多核，在菌丝体受伤时，产生无孔隔膜，低等卵菌为水生腐生菌，如水霉属（*Saprolegnia*）和绵霉属（*Achlya*）；高等卵菌为陆生寄生菌，如腐霉属（*Pythium*）和疫霉属（*Phytophthora*）。体细胞为双倍体，单倍体阶段很短。无性繁殖在孢囊与营养体结合处产生无孔隔膜，游动孢子具有双鞭毛，顶生或侧生，前生鞭毛为茸鞭，后生鞭毛为尾鞭。少数不产生游动孢子，直接萌芽产生菌丝体。有性繁殖为卵配生殖，由异形配子囊结合，产生卵孢子。

1. 水霉属（*Saprolegnia*）　　水霉属分布极广，在池塘的死鱼或植物残体上，经常发现长有白色发达的菌丝，即为水霉属的菌丝、孢子囊或有性器官。本属的菌丝顶端柔软，在无性繁殖时，其菌丝顶端产生棒状孢子囊。孢子囊内经原生质体切割，形成很多游动孢子，成熟后由孢子囊的顶端小孔释放出大量顶生双鞭毛的梨形游动孢子。游动片刻后，停止活动，鞭毛消失，变成圆形的静止体。经过几小时后又萌发成肾形游动孢子，此时鞭毛长在其侧面凹陷处，孢子再次游动。通常将水霉的这种形成两种类型的孢子并具有两次游动的现象，称为双游现象。游动孢子两次游动后，可萌发形成菌丝体。水霉的有性生殖是在菌丝顶端产生藏卵器和雄器（图 12-15），藏卵器中有数个卵球。雄器通过授精丝与卵球进行质配和核配，此后发育成卵孢子，卵孢子萌发又形成菌丝体，如此就完成其生活循环。

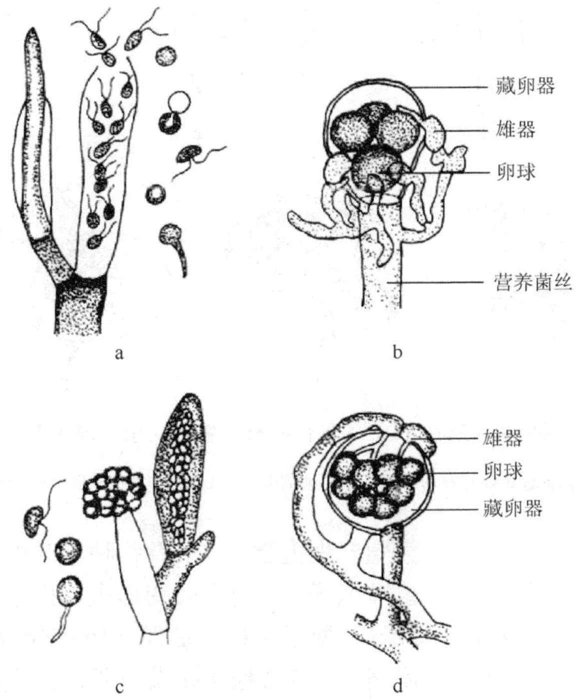

图 12-15　水霉属和绵霉属的无性和有性生殖（引自邢来君等，1999）

a. 水霉属的孢子囊、孢囊层出和游动孢子；b. 水霉属的有性生殖；c. 绵霉属的孢子囊和游动孢子；d. 绵霉属的有性生殖

2. 腐霉属（*Pythium*）　腐霉属的种类很多，分布在水体和土壤中，腐生或兼性寄生，常常引起植物苗期的严重病害，如根腐病、绵腐病和猝倒病等。常见的种类有瓜果腐霉（*P. aphanidermatum*），能侵染瓜类、豆类、薯类和各种蔬菜等。

菌丝体由无隔多核的菌丝组成，呈白绒毛状。无性生殖形成球状、管状或裂瓣状的游动孢子囊。游动孢子囊成熟后，先萌发产生一长泄管，顶端膨大成泡囊。游动孢子囊中的原生质体经此管流入泡囊，并在泡囊内切割形成游动孢子。游动孢子成熟后挤破泡囊，游动散开。它们常呈肾形，在中部凹陷处有两根侧生鞭毛。游动孢子囊在一定条件下，也可以芽管形式萌发。有性繁殖形成藏卵器和雄器。藏卵器呈球状，内含一个多核卵球，经分化，卵球只留下一个核，而其余的核都转移至卵周质层内逐渐分解。雄器原来也是多核的，成熟时仅留下一个核，其余的逐渐解体。当进行有性生殖时，雄器的顶端和藏卵器接触，其授精管插入藏卵器，将雄核转入藏卵器，两核配合，最后形成外表光滑或有刺的卵孢子。卵孢子萌发，可产生芽管，在芽管顶端又可产生游动孢子囊（图 12-16）。

（二）接合菌门

接合菌门（Zygomycota）的真菌由低等的水生真菌发展到陆生种类，由游动孢子发展为静孢子或单孢孢子囊的分生孢子。多数腐生于土壤、植物残体和各种有机物上，少数寄生在人体、动物、植物和其他真菌上。菌丝发达，无隔多核，细胞壁的主要成分为几丁质。无性

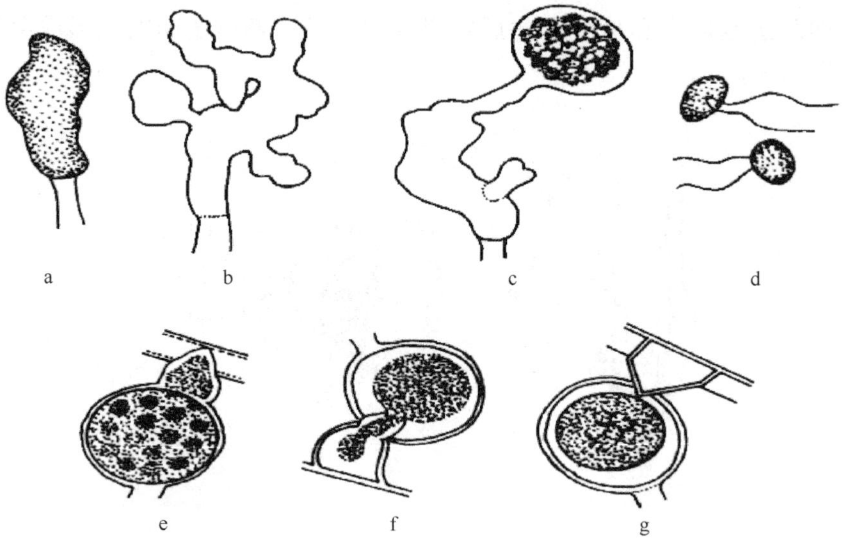

图 12-16　腐霉属（*Pythium*）的无性和有性生殖（引自邢来君等，1999）

a，b. 孢子囊；c. 游动孢子囊萌发形成孢子；d. 游动孢子；e. 藏卵器和雄器；f. 交配；g. 卵孢子形成

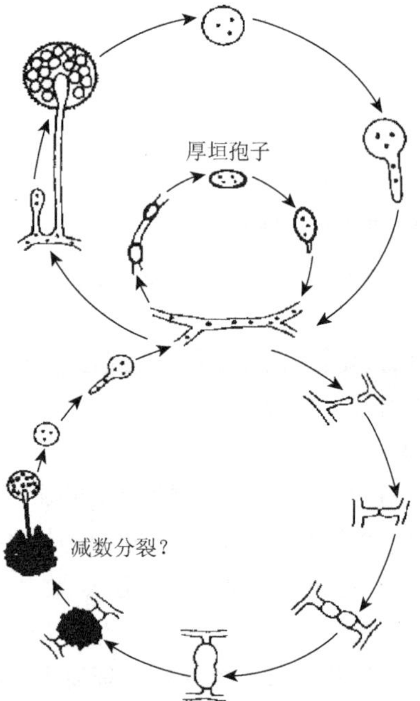

图 12-17　毛霉属（*Mucor*）的生活史

繁殖产生孢囊孢子，有些种类产生厚垣孢子，少数种类产生节孢子、毛孢子或变形虫状孢子。有性生殖由两个同形或异形配子囊接合后发育成接合孢子，有些接合孢子具有附属丝。接合孢子萌发时长出孢囊梗，顶端膨大成孢子囊后，释放孢囊孢子，或直接萌发菌丝。

1. 毛霉属（*Mucor*）　分布在土壤、肥料中，也见于蔬菜、水果和各种淀粉食品上。具有分解蛋白质和淀粉的能力，可供制造腐乳、豆豉；有些种常见于酒曲中，能糖化淀粉；有些菌还可转化甾族化合物和产生有机酸。常见的重要菌种有高大毛霉（*M. mucedo*）、总状毛霉（*M. racemosus*）和鲁氏毛霉（*M. rouxianus*）等。

毛霉菌丝无隔有分枝，在基物上或基物内广泛蔓延，无假根和匍匐丝。孢囊梗直接由菌丝体生出，单生或分枝，分枝顶端生球形孢子囊，内含很多孢囊孢子。囊壁常带有草酸钙结晶。孢子囊有囊领和囊轴，囊轴的形状不一。囊轴与囊柄连接处无囊托。孢囊孢子呈球形或椭圆形，有性生殖多数为异宗结合，接合孢子无附属丝（图 12-17）。

2. 根霉属（*Rhizopus*）　广泛分布于自然界，常出现在淀粉质食品上，引起面包、馒头等发霉变质。分解淀粉的能力强，在代谢过程中产生淀粉酶和糖化酶，是酿造业中著名的生产菌种，存在于酒药和酒曲中。根霉也能分解蛋白质，供大豆加工用。有些菌种能转化甾族化合物，产生脂肪酶和有机酸，也是发酵工业重要的菌种。常见的有匍枝根霉（*R. stolonifer*）、米根霉（*R. oryzae*）和中华根霉（*R. chinensis*）等。

根霉菌丝发达，生长迅速，菌丝体上长出弧形气生菌丝，向四周蔓延成为匍匐丝。由匍匍丝生出假根，与基质接触，使菌丝体牢固地附着。在假根上方长出孢囊梗，单生或丛生，顶端形成孢子囊。孢子囊有囊轴，基部有囊托，孢囊孢子呈球形或卵形。有性生殖为异宗结合，产生的接合孢子无附属丝。现以匍枝根霉为例说明根霉属的生活周期（图 12-18）。根霉与毛霉的主要区别在于根霉有匍匐丝和假根。

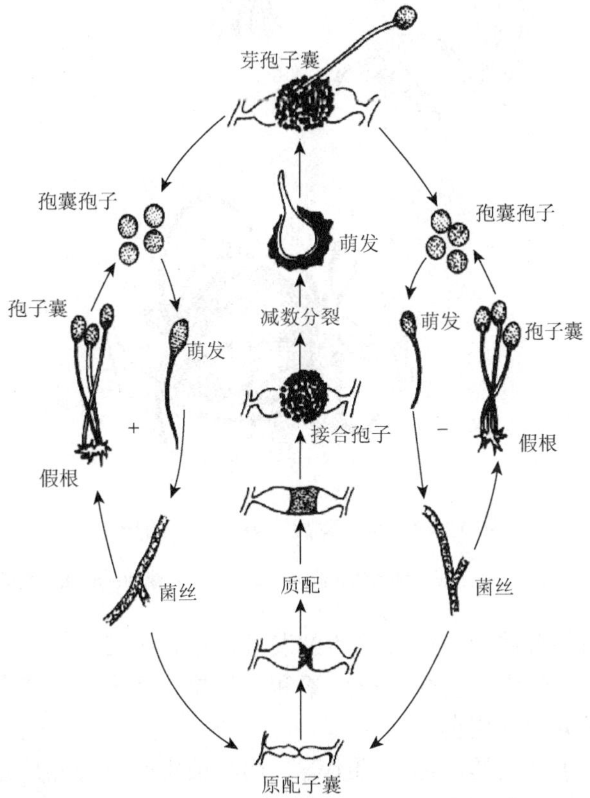

图 12-18　根霉属（*Rhizopus*）的生活史（引自姚一建等，2002）

3. 梨头霉属（*Absidia*）　　广泛分布于土壤、有机质和酒曲中，空气中也有它们的孢子存在，是实验室中常见的污染菌之一，有些是人畜的病原菌。梨头霉对甾族化合物的转化作用很强，如蓝色梨头霉（*A. coerulea*）可以转化多种甾体。

梨头霉的菌丝体似根霉，产生弧形匍匐丝，向四周蔓延，并在同基物接触处生出具有分枝的假根。与根霉不同的是，梨头霉孢囊梗从匍匐丝的中间长出，并不与假根对生。孢子囊梗簇生，孢子囊顶生并呈梨形，有囊领和囊托，囊轴呈锥形，孢囊孢子小。有性生殖产生接合孢子，并从一边或两边的配囊柄上长出附属丝，将接合孢子包裹（图 12-19）。

（三）子囊菌门

子囊菌是迄今发现的真菌中数量最多的类群。子囊菌区别于其他真菌的一个显著特征是产生子囊。子囊是一个含有一定数量子囊孢子的袋状结构，其中的子囊孢子是经过质配、核配和减数分裂后产生的。许多子囊菌是植物的致病菌，从而毁坏粮食作物、果树、林木和花卉等。同时，有些子囊菌是人类和家畜的病原菌，而有些子囊菌可引起食物、纤维和皮革霉

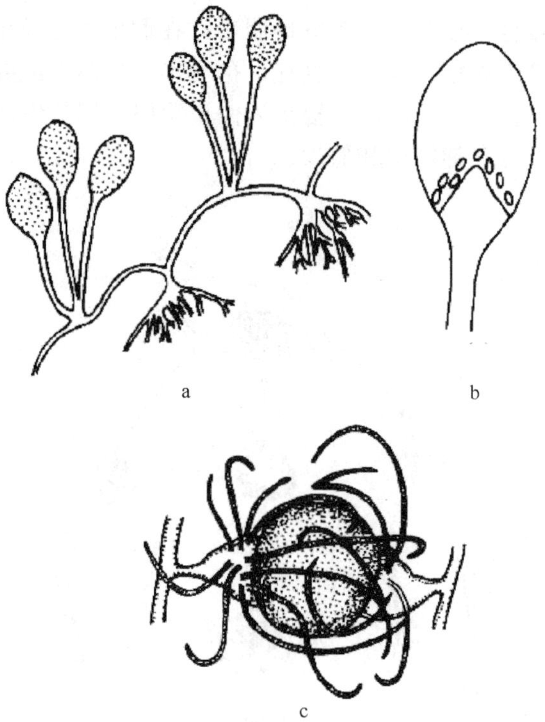

图 12-19　犁头霉属（*Absidia*）的形态

a. 孢子囊、孢囊梗、匍匐丝和假根；b. 孢子囊和囊轴；c. 接合孢子

烂。另外，很多子囊菌是有益的，如酵母菌的发酵作用，早已被人们用在面包制造和其他酿造工业中。有些子囊菌可产生有机酸、抗生素和维生素，而大型子囊菌如羊肚菌和块菌则是一些味道鲜美而享誉世界的食用菌。

子囊菌在真菌中属于“高等真菌”的类群，腐生或寄生，分布广泛，大多数为陆生。子囊菌的多数菌丝有隔，并分枝繁茂（酵母菌除外）。菌丝细胞为单核或多核，内含各种细胞器。细胞壁主要由几丁质骨架、少量蛋白质和氨基糖类组成，菌丝常集结疏丝组织和拟薄壁组织，用于构成子实体、菌核或子座。无性繁殖为裂殖、芽殖和菌丝断裂，并产生节孢子、各种分生孢子。分生孢子梗可生于基物表面，或聚生在分生孢子盘、分生孢子器内，分生孢子的类型是各种各样的。有性繁殖产生子囊和子囊孢子。其有性生殖过程包括质配、双核体发生及核配、减数分裂，然后形成子囊孢子。子囊菌的子囊通常生长在一定结构的子实体内，子实体的类型包括子囊壳、闭囊壳、子囊盘和子囊腔等，还有少数类型的子囊裸露。子囊孢子生长在子囊内，形态多样，一般为圆形或椭圆形，单细胞或多细胞，由于它们的颜色、大小和表面纹饰等各不相同，均可作为分类的依据。

1. 酵母菌　　酵母菌是子囊菌门中一个类群，由于生活特点和形态的差异，分别归属于不同属内。它们经常生长在含糖的基质上，如水果、蔬菜和花蜜，也可从土壤、牛奶和动物排泄物中分离到。有的酵母菌可与昆虫共生，少数种可以寄生，引起人和植物的病害。酵母菌用途广泛，可用来发面做馒头、面包和酿酒，还可用来生产甘油、有机酸、核苷酸和维生素。若采用通气方式培养，能产生大量细胞，其蛋白质含量丰富。因此，酵母细胞可作食用、药用和饲料用。常见的酵母种类有酿酒酵母（*Saccharomyces cerevisiae*）、酿酒酵母椭圆形变种（*S. cerevisiae* var. *ellipsodeus*）等。

酵母菌的营养体一般为单细胞，球形、卵形或腊肠形，细胞宽 1～5μm，长 5～30μm 或更长。大多数酵母菌的菌落形态与细菌相似，表面湿润、黏稠，比细菌菌落大，多数为乳白色。很多酵母菌有时长假菌丝，有些种能形成具有分枝的菌丝，其细胞壁的主要成分为葡聚糖和甘露聚糖，细胞内有各种细胞器和贮藏颗粒。

酵母菌的无性繁殖有芽殖或裂殖两种方式，芽殖是主要方式。在一定条件下，芽细胞连续出芽而形成串生的细胞，则称为假菌丝。常见的酿酒酵母是以芽殖方式进行无性繁殖的。尚有少数种类的酵母菌靠细胞横分裂方式进行无性繁殖，如裂殖酵母属（*Schizosaccharomyces*）。有些酵母菌除芽殖外，还形成菌丝体。酵母菌有性生殖产生子囊孢子。当酵母菌发育到一定阶段，两个营养细胞起配子囊作用，互相接合，最后形成一个含子囊孢子的子囊。通常一个子囊有 4～8 个子囊孢子。子囊孢子有球形、卵圆形或针状，有些则呈帽形、半球形或土星形（图 12-20）。

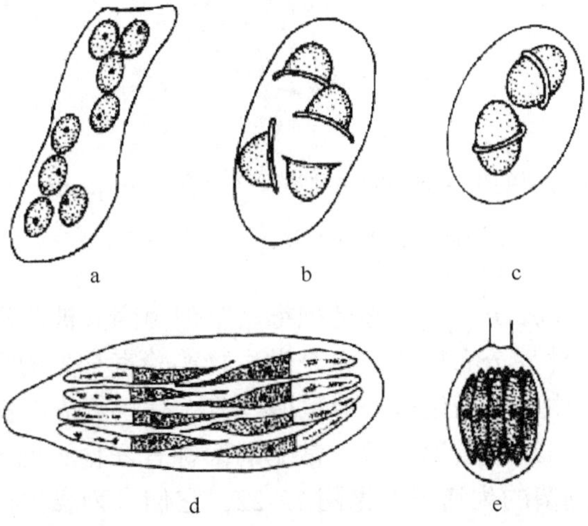

图 12-20　酵母菌的子囊孢子类型（引自 Alexopoulos et al.，1996）

a. 卵圆形；b. 帽形；c. 土星形；d，e. 针状

酵母菌的生活周期有 3 种类型（图 12-21）：①单倍体型，以八孢裂殖酵母（*Schizosaccharomyces octosporus*）为代表，其单倍体营养阶段较长，营养细胞是长形的，靠裂殖繁殖。二倍体阶段很短，仅限于接合细胞，质配后立即核配，融合后的核连续分裂 3 次（其中 1 次为减数分裂），形成 8 个子囊孢子。②双倍体型，以路氏酵母（*Saccharomyces ludwigii*）为代表，其二倍体营养期长，单倍体阶段很短。二倍体细胞是由子囊内相邻的单倍体子囊孢子接合形成，该细胞萌发时，芽管穿过子囊壁而成为芽生菌丝，酵母细胞从此处芽殖，呈柠檬形。这些二倍体细胞进行减数分裂，转变成子囊，每个子囊产生 4 个子囊孢子。③单双倍体型，以酿酒酵母（*Saccharomyces cerevisiae*）为代表，其单倍体时期和二倍体时期是同样重要的，因为它们都能以芽殖方式继续繁殖，使生活周期形成世代交替。

广义的酵母菌（酵母）并非一个分类单元，其中不但包括产生子囊孢子的酵母菌，还包括产生担孢子的酵母菌，后者属于担子菌门，如红冬孢酵母菌属（*Rhodosporidium*）。有些酵母菌由于还没有发现或其不产生有性世代而被归入半知菌类，如红酵母属（*Rhodotorula*）。

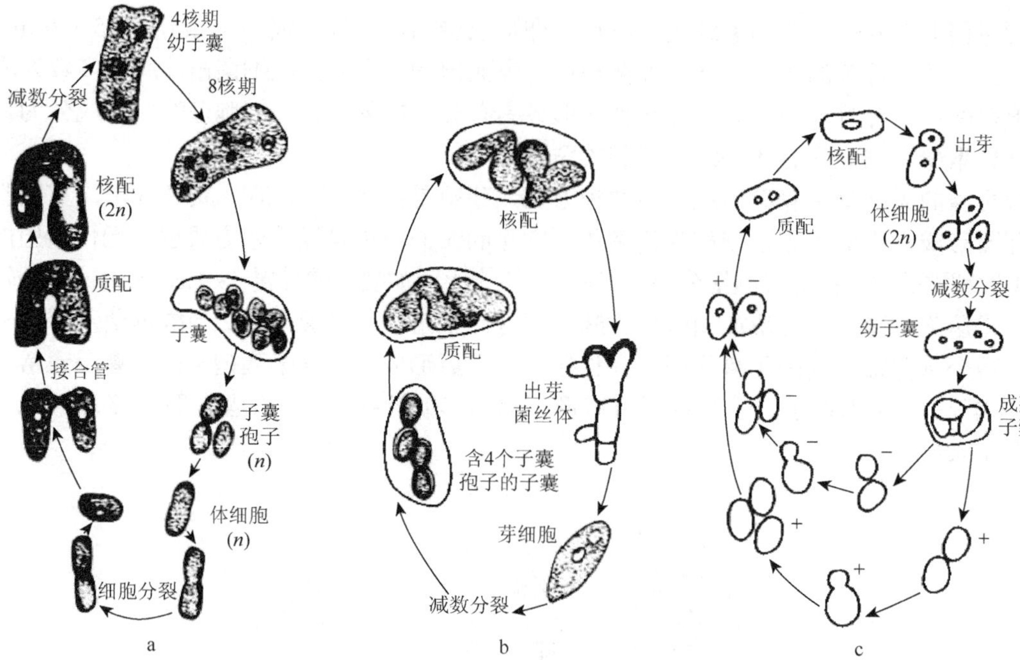

图 12-21　酵母菌的生活周期的 3 种类型（引自 Alexopoulos et al.，1996）

a. 单倍体型；b. 双倍体型；c. 单、双倍体型

2. 脉孢菌属（*Neurospora*）　俗称链孢霉。脉孢菌因其被广泛用于遗传学和代谢途径研究而著名。脉孢菌在自然界分布广泛，也是微生物实验室常见的污染菌，它们常在土壤、有机物或发霉的玉米轴上生存，分生孢子多呈橘红色。有些菌体内富含蛋白质和维生素 B_{12}，可供饲料用。有些脉孢菌可造成食物腐败。常见的菌种有好食脉孢菌（*N. sitophila*）和粗糙脉孢菌（*N. crassa*）。脉孢菌的生活周期见图 12-22。它们多为腐生菌，喜潮湿，易在谷物上

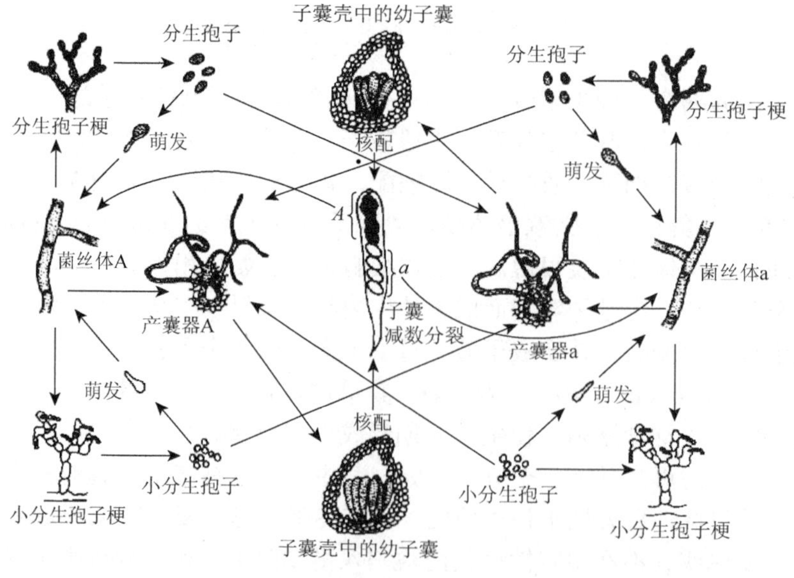

图 12-22　脉孢菌属（*Neurospora*）的生活史（引自邢来君等，1999）

生长，为橘红色的霉状物。菌丝体有横隔，多核，分枝繁茂的菌丝蔓延迅速。无性繁殖产生分生孢子，分生孢子梗为双叉分枝，顶部串生分生孢子，还可产生小型分生孢子，串生呈链状。有性生殖为同宗或异宗配合，两个交配型的菌株都能形成原子囊壳，内含多核的产囊体。雄性结构是成串产生在小型分生孢子梗上的小型分生孢子，与雌性细胞交配后形成子囊和子囊孢子，并逐步发育成子囊壳，子囊壳呈深色。每个子囊内含有 8 个子囊孢子，子囊孢子具有纵向脉纹。菌丝与受精丝结合，也能产生子囊孢子。在一般情况下，此菌很少产生有性世代，只靠分生孢子繁殖。

3. 红曲属（*Monascus*）　红曲霉能产生淀粉酶、麦芽糖酶、蛋白酶、柠檬酸、琥珀酸、乙醇和麦角固醇等。有些菌种产生红曲霉红素和红曲霉黄素，由于在培养过程中能产生红色素，常常将它们繁殖于大米上而培制红曲，以此作为食品色素或调味剂。红曲还有药用价值，或用来酿制红酒、制醋和制红腐乳等。红曲霉菌丝有隔、多核和多分枝（图 12-23）。分生孢子梗与菌丝无明显差别，分生孢子着生于菌丝及其分枝顶端，单生或形成短孢子链。有性生殖产生没有孔口的闭囊壳，是由菌丝缠绕形成。闭囊壳有柄，内部散生多个子囊，子囊球形，含有 8 个子囊孢子，成熟时子囊壁易消解，子囊孢子则留在闭囊壳内。常见菌种为紫红曲霉（*M. purpureus*），可用于生产红米、红腐乳和酶。

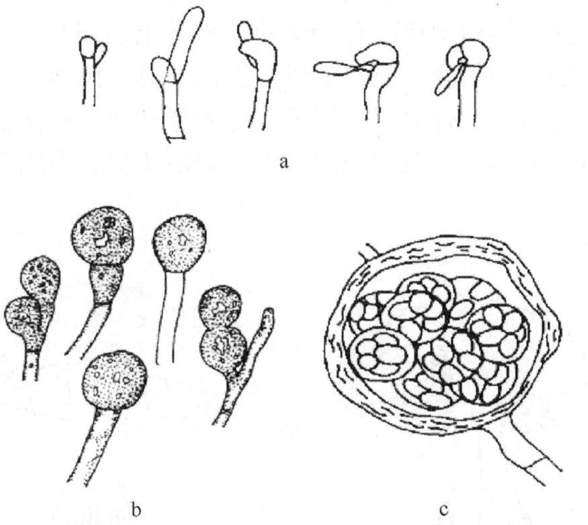

图 12-23　红曲霉属（*Monascus*）的无性和有性生殖器官

a，b. 分生孢子梗和分生孢子；c. 闭囊壳和子囊孢子

（四）担子菌门

担子菌是真菌中进化较高等的类群，其最基本的特征是产生担孢子。担子菌分布广泛，腐生或寄生，与人类关系密切。85%以上的担子菌能与高等植物共生形成菌根，许多可作食用，如伞菌、木耳、猴头、竹荪、灵芝和茯苓等，除营养丰富具有滋补价值外，很多是名贵中药。许多可食用的担子菌多糖，能提高人体抑制肿瘤细胞的能力，因此担子菌已成为筛选抗癌药物的重要资源。有些担子菌还可产生抗生素。担子菌中的有害菌包括危害人类的毒蘑菇，适应性强的锈菌，黑粉菌可寄生在大田作物、蔬菜、果树和林木上，给生产造成巨大损失；各类胶质菌和多孔菌能引起树木或木材的腐朽。

绝大多数担子菌的菌丝发达，并具有桶状隔膜。分枝繁茂，细胞壁的成分主要为几丁质。

菌丝不仅吸收营养，还具有繁殖功能，当遇到不良环境，可形成菌核、菌索等结构。担子菌的无性繁殖是通过芽殖、菌丝断裂，也可产生分生孢子、节孢子或粉孢子。在黑粉菌中，普遍产生分生孢子，锈菌产生夏孢子，另外有些担子菌菌丝常常断裂成单细胞的片段，成为节孢子。粉孢子则是特殊的、短菌丝分枝，由粉孢子梗逐个断裂产生。

担子菌的有性生殖靠菌丝配合、性孢子和菌丝结合，或两个单核的孢子结合，无明显的生殖器官。90%以上的担子菌为异宗接合，形成的产孢结构称为担子。担孢子通常为 4 个，也有 2 或 8 个的，最多不超过 12 个。

1. *蘑菇*（mushroom） 这个名词不是分类学概念，其中包括的菌种归属于不同的科、属内，其基本特征是能形成类似雨伞状的担子果。营养体是菌丝体，由单核孢子萌发形成的初生菌丝经过较短时间，会通过菌丝联合而形成双核的次生菌丝。次生菌丝是靠锁状联合的方式来增加细胞的个体，在生活史中双核期占多数时间。它们生活在地下腐殖质内或木材中，或在潮湿的林地中。在一定条件下，长出担子果而露出地面。个别菌种形成菌索，再从菌索上长出担子果。无性繁殖只见于少数菌种，主要产生粉孢子和厚壁孢子。有性繁殖是在双核菌丝上产生囊状的担子，通常在担子上产生 4 个担孢子。伞菌（图 12-24）在有性繁殖时都形成担子果，初期称为菌蕾，然后逐渐发育成为完整的担子果。其显著的部分是菌柄和菌盖，菌盖的腹面有辐射状的菌褶，菌褶的表层为子实层。子实层包含平行或交织的菌丝，其中有无数的担子、担孢子、囊状体和侧丝。有些伞菌的担子果初期有内菌膜，包裹菌盖和菌褶。有些菌种除内菌膜外，还有外菌膜。但担子果临近成熟时，菌褶展开，菌膜断裂，在菌柄上留下一个明显的环，称为菌环。有的菌种形成特殊的菌丝网，在菌盖边缘，称为菌幕。有些菌种的外菌幕被撕断后，大部分留在菌柄的基部，形成菌托。在菌盖上留下残余碎片，称为鳞片。

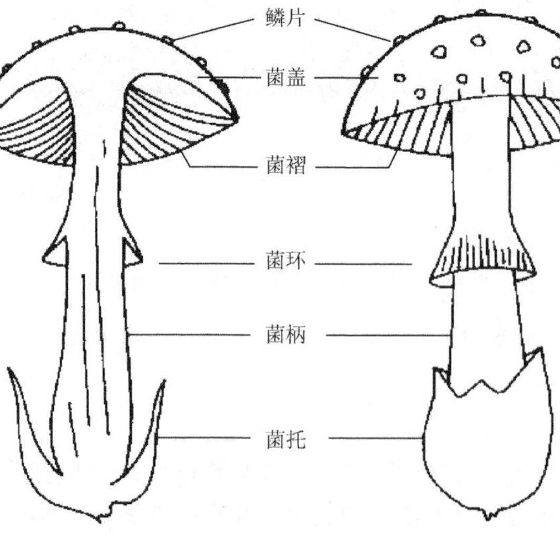

图 12-24 伞菌的发育过程（引自邢来君等，1999）

常见的蘑菇有双孢蘑菇（*Agaricus bisporus*）、草菇（*Volvariella volvacea*）和香菇（*Lentinus edodes*）等。

2. *柄锈菌属*（*Puccinia*） 其是禾谷类作物的重要病原菌，危害严重，如引起小麦秆锈病的禾柄锈菌（*P. graminis*）和引起小麦条锈病的条形柄锈菌（*P. striiformis*）等。

禾柄锈菌引起小麦秆锈病，是麦区的毁灭性病害。图 12-25 介绍了禾柄锈菌的生活周期，在其生活史中分别可以产生 5 种类型的孢子，并具有转株寄生的现象。在小檗叶片的正面和背面分别产生性子器和性孢子，以及锈子器和锈孢子，然后侵染小麦，产生夏孢子堆和冬孢子堆，冬孢子萌发后产生担子和担孢子。禾柄锈菌产生的夏孢子可重复侵染，再产生夏孢子堆而使病害加重，同时夏孢子还可进行远距离传播。

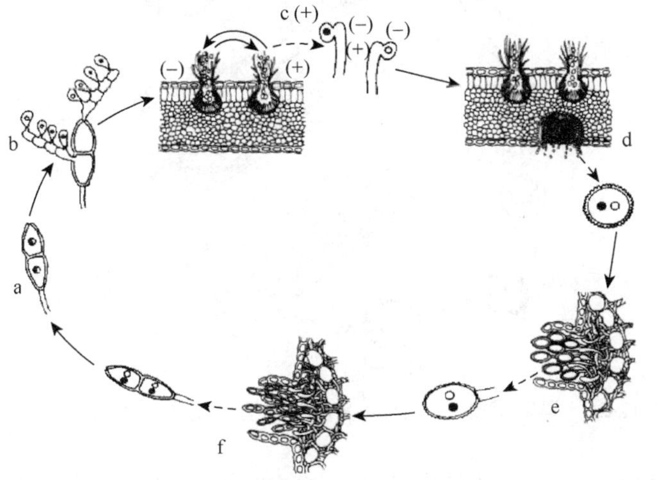

图 12-25　禾柄锈菌（*P. graminis*）的生活史

a. 成熟的双倍冬孢子；b. 冬孢子萌发产生担子、担孢子；c，d. 在小檗上的性子器和锈子器；e. 在小麦上的夏孢子堆；f. 在小麦上的冬孢子堆

3. 黑粉菌属（*Ustilago*）　该属是禾谷类植物黑粉病的病原菌，所形成的菌瘿发生在感病植物的谷粒和子房或其周围。常见的重要病原菌有裸黑粉菌（*U. nuda*），引起小麦、大麦和鹅冠草的散黑穗病，玉米黑粉菌（*U. maydis*）则引起玉米黑粉病等。

黑粉菌的孢子堆生在寄主各部分，成为粉状或胶结状的孢子团，多呈深褐色或黑色。黑粉菌侵染寄主后，菌丝寄生于寄主细胞间，多数无吸器，有锁状联合。性结合的范围广，但无性器官，任何具有亲和性的两菌丝细胞均可结合，形成次生菌丝。进入生长后期，每一细胞分泌厚壁，形成厚垣孢子。双核菌丝在核配后萌发芽管，称为先菌丝。双倍体核进入先菌丝后，经过减数分裂，使先菌丝形成 3 个隔膜，每个细胞内的细胞核进行有丝分裂，然后子核进入芽殖孢子内，先菌丝称为担子，芽殖孢子称为担孢子（图 12-26）。

（五）尚未发现有性生殖的真菌

真菌分类主要的依据之一是有性孢子的特征。许多真菌在自然条件下，尚未发现有性阶段，或是由于缺乏进行有性配合的菌系，从而不能发生有性生殖，并产生有性孢子，人们将这种只发现无性阶段而未发现有性阶段的真菌，称为半知菌或不完全菌（有缺点的真菌）。若一旦发现它们的有性生殖，通常会根据有性生殖的特点归属于相应的类群中，分别属于子囊菌、担子菌或接合菌。

《真菌词典》第八版（2008）将原来的真菌界仅分为 4 门，将半知菌称为有丝分裂孢子真菌（mitosporic fungi），并将其划归在子囊菌和担子菌中。本书根据我国教学工作的基础和现状，在此单独介绍，以便有利于初学者的理解和学习。

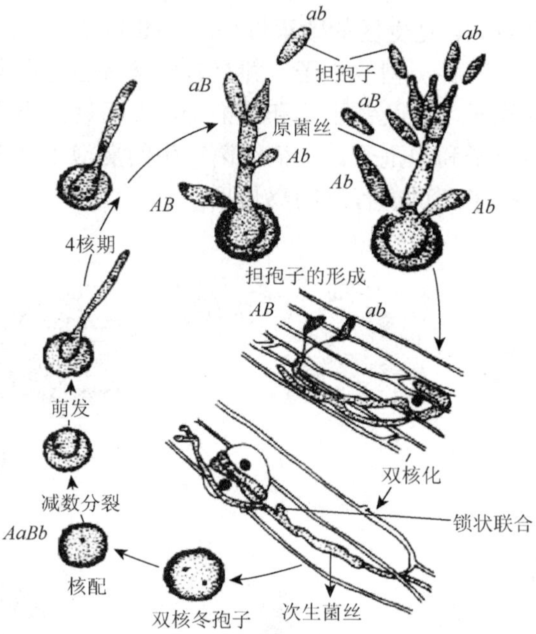

图 12-26　黑粉菌属（*Ustilago*）的生活史（引自邢来君等，1999）

半知菌在自然界分布广泛，在土壤中有很多腐生菌，对有机物质的分解起重要作用。另外，有很多菌种是植物、动物和人的寄生菌。还有不少菌种可以产生抗生素、有机酸等代谢产物，在医药工业、食品工业、生物防治和环境保护等方面起着重要的作用。

半知菌的营养体通常为分枝繁茂的丝状体，菌丝有隔。分生孢子梗产生在菌丝体上，也产生在分生孢子器内或分生孢子盘上。分生孢子梗的形态多样，梗上着生分生孢子。分生孢子的形态、颜色及其表面纹饰均可作为鉴别菌种和分类的重要依据。

1. 曲霉属（*Aspergillus*）　多为腐生菌。广泛分布在谷物、土壤和有机质上。曲霉中的一些种类是发酵工业和食品加工方面的重要菌种，可用于酿酒、制酱、酶制剂和有机酸的生产中。有些曲霉能产生对人体有害的致癌物质如黄曲霉素。常见的重要菌种有黄曲霉（*A. flavus*）、米曲霉（*A. oryzae*）和黑曲霉（*A. niger*）等。

曲霉的菌丝有隔。分生孢子梗直立于由菌丝细胞分化形成的厚壁足细胞上，不分枝，其顶端膨大成圆形、椭圆形或棍棒形，称为顶囊。在顶囊的表面长满一层或两层小梗。下层小梗是初生小梗，呈柱状。上层小梗是次生小梗，呈瓶状。瓶状小梗顶端着生成串的球形分生孢子（图 12-27）。目前已知一些曲霉菌的有性阶段属于子囊菌门。

2. 青霉属（*Penicillium*）　广泛分布在土壤、空气、水果和粮食上，经常生长在腐烂的柑橘皮上，呈现青绿色。青霉菌能产生青霉素、灰黄霉素等抗生素，也能产生有机酸和制造干酪。许多种青霉危害水果，有的则与动物和人体的疾病有关。常见的重要菌种有产黄青霉（*P. chrysogenum*）和点青霉（*P. notatum*）等，它们都可以产生青霉素。

青霉的菌丝体产生长而直立的分生孢子梗，上半部分产生对称或不对称的扫帚状分枝，着生几轮小梗，小梗顶端着生成串的球形至卵圆形的分生孢子。青霉没有足细胞，分生孢子梗顶端不膨大成顶囊。图 12-28 描述了几种青霉菌孢子穗的类型，它们是以扫帚状分枝是否对称，产生几层小梗来区分的。已知有些青霉菌种的有性阶段为子囊菌。

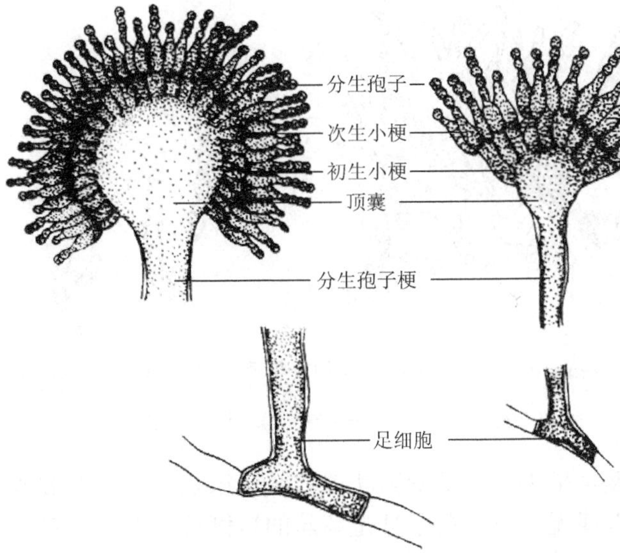

图 12-27　曲霉属（*Aspergillus*）的分生孢子梗和菌丝

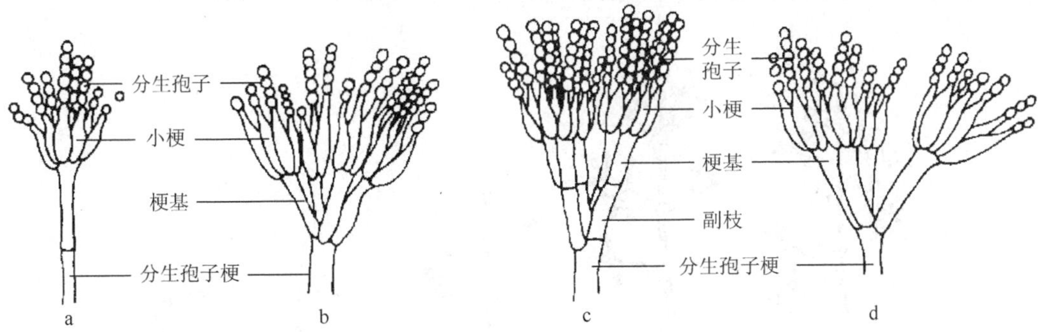

图 12-28　青霉属（*Penicillium*）的孢子穗类型

a. 单轮生；b. 对称二轮生；c. 多轮生；d. 不对称生

3. 镰刀菌属（*Fusarium*）　其分布很广，在土壤和空气中都有其分生孢子存在。许多菌种能引起植物病害，如尖孢镰刀菌（*F. moniliforme*）是多种植物枯萎病的病原菌，串珠镰刀菌（*F. oxysporum*）能导致水稻恶苗病和产生赤霉素。赤霉素是一种植物生长激素，能促进各种作物和蔬菜的生长，打破种子和块茎等器官休眠。在镰刀菌中，有的菌种还能产生真菌毒素。

镰刀菌的菌落呈绒毛状，白色、粉红色或紫红色。菌丝有隔并分枝，分生孢子梗分枝或不分枝，或产生辐射状排列的瓶状小梗。梗上产生大型分生孢子和小型分生孢子。小型分生孢子通常为单细胞，呈卵形或长圆形，单生、串生或聚生成头状。大型分生孢子呈镰刀状，多隔，单生或丛生，一般产生于分生孢子座上（图 12-29）。有些镰刀菌不易产生大型分生孢子，需要诱导形成。

已知有些镰刀菌的有性阶段为子囊菌。在目前已知的镰刀菌中，很多尚未发现有性阶段。

4. 木霉属（*Trichoderma*）　其腐生于土壤或木材等处，分布广泛。有些菌种能寄生于大型真菌，是食用菌栽培中时常出现的污染菌。有些木霉含有很强的纤维素酶，也能产生一些抗生素，如绿毛菌素和胶霉毒素。常见的重要菌种有绿色木霉（*T. viride*）和康宁木霉（*T. koningii*）。

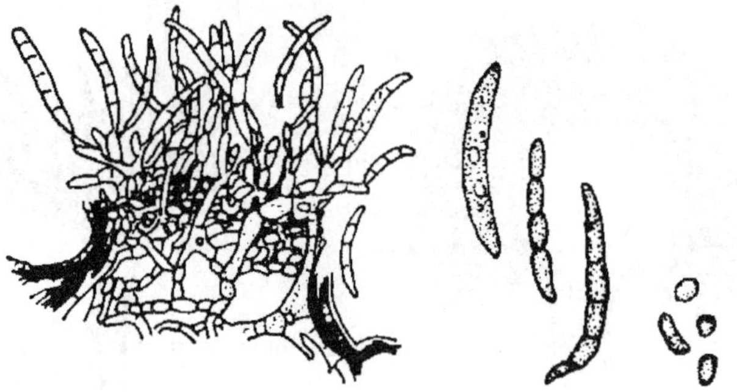

图 12-29　镰刀菌属（*Fusarium*）的分生孢子座和分生孢子（引自 Alexopoulos et al.，1996）

a. 分生孢子座；b. 大型分生孢子；c. 小型分生孢子

木霉的菌落生长迅速，呈不定型的棉絮状或致密丛束状，其表面的颜色多呈绿色。菌丝为有隔分枝，厚垣孢子有或无。分生孢子梗是菌丝的短侧枝，侧枝上对生或互生分枝，分枝上又可继续分枝，形成二级和三级分枝，分枝角度为锐角或近于直角，在分枝末端形成瓶状小梗。分生孢子呈卵圆形，无色或淡绿色，簇生于小梗顶端（图 12-30）。

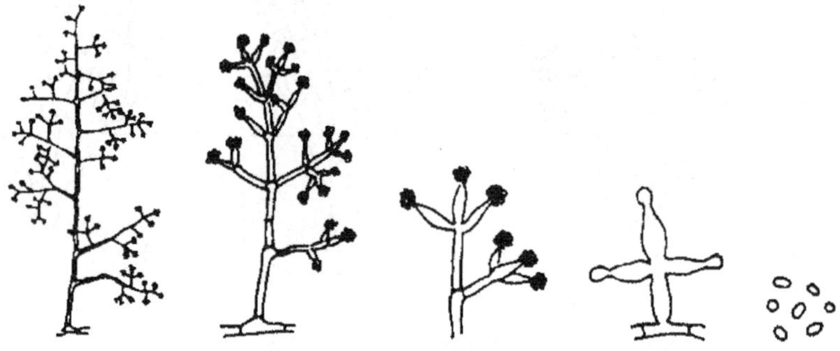

图 12-30　木霉属（*Trichoderma*）的分生孢子梗

a，b. 大分生孢子梗显示扩展的分枝；c，d. 小梗及分生孢子的产生；e. 分生孢子

复习思考题

1. 什么是微生物分类学？包括哪三部分相关的工作？
2. 当今广泛使用的系统发育分子钟是哪个序列分子？它有什么样的特征？
3. 当前的微生物分类单元有哪些层次？
4. 试用一个 16S rRNA 基因序列登录号（如 Y12365），在 GenBank 中查看其系统发育地位。
5. 有哪些标准可以定义原核生物的种？
6. 种以下有哪些分类单元，各指什么样的一些菌群？
7. 什么是菌株？它和分离物之间的区别是什么？
8. Woese 提出的三域包括什么？
9. 微生物的命名遵循什么法规？有什么要求？
10. 研究、发表、收录微生物种的杂志和网站有哪些？国际上的一些菌种保藏中心有哪些？

11. 细菌的分类方法有哪些？

12. 常见的细菌类群有哪些，各有什么样的特征？掌握从 NCBI 网站查找细菌分类地位的方法。

13. 在现代的微生物分类中，采用了哪些分子生物学的方法和技术？

14. 简述壶菌门、接合菌门、子囊菌门和担子菌门的真菌无性生殖和有性生殖特点。

15. 绘图描述青霉属和曲霉属的形态特征。

16. 如何区分根霉属、毛霉属和犁头霉属？

17. 何谓禾柄锈菌的转株寄生？它的生活周期包括哪几个阶段，分别产生几种类型的孢子？

拓展阅读

原核生物分类技术进展

细菌和古菌为代表的原核生物是地球上最多的生物种类，其代谢多样性及系统发育多样性十分复杂，如拟了解当前对原核生物分类的依据，种的判定，可培养方法的评价与展望，基因组序列平均核苷酸一致性（ANI）在确定原核生物种的地位中的应用，在原核生物分类中的优点和缺点，以及 ANI 比较与 16S rRNA 基因、多基因序列之间的关系，如何选定对原核生物进行分类的根据和指标等相关内容可以参阅下列论文。

左光宏，郝柏林. 2015. 基于全基因组的微生物亲缘关系与分类系统研究工具——CVTree，生物技术通报，31（11）：60-67.

Glaeser SP，Kämpfer P. 2015. Multilocus sequence analysis（MLSA）in prokaryotic taxonomy. Syst Appl Microbiol，38：237-245.

Jain C，Rodriguez-R LM，Philippy AM，et al. 2018. High through put ANI analysis of 90k prokaryotic genomes reveals clear species boundaries. Nat Commun，9：5114.

Oren A. 2004. Prokaryote diversity and taxonomy：current status and future challenges. Phil Trans R Soc Lond B，359：623-638.

Sentausa E，Fournier PE. 2013. Advantages and limitations of genomics in prokaryotic taxonomy. Clin Micribiol Infect，19：790-795.

Whitman WB. 2015. Genome sequences as the type material for taxonomic descriptions of prokaryotes. Syst Appl Microbiol，38：217-222.

真菌命名法规的重要变革

真核生物的分类传统上以有性生殖方式及其形态结构为依据。但很多真菌的有性阶段难以被观察到，或只以无性阶段存在，所以只能根据其营养阶段的形态特征进行分类。为了实际需要，真菌分类所遵循的《国际植物命名法规》（ICBN）特别制定了子囊菌和担子菌的无性阶段拥有独立合法的名称。真菌因此成为所有生物中唯一一类一个物种可以拥有多个合法种名的生物。这一做法虽然在早期的形态分类阶段是必要的，但在实际应用中引发的问题愈来愈明显，导致真菌的命名复杂化，给相关基础和应用研究领域带来很大不便。

随着分子系统学的发展，DNA 序列能够有效地将有性型与无性型关联起来，因此国际真菌分类委员会（ICTF）委托荷兰真菌多样性研究中心（Centraalbureau voor Schimmelcultures，

CBS）于 2011 年 4 月 19～20 日在阿姆斯特丹召开了 “One Fungus = One Name” 研讨会，来自 23 个国家的 90 名真菌学研究者参会，会议形成了 “真菌命名的阿姆斯特丹声明”，此后，2011 年 7 月 23～30 日在澳大利亚墨尔本召开的第十八届国际植物学会议上，对涉及真菌的命名法规做出关键修订，包括真菌名称、拉丁文和英文描述、电子出版物、名称注册、一个真菌一个名称等，国际真菌分类委员会成立了各个真菌类群的工作组，分别对不同真菌类群的一个真菌一个名称开展工作，由此真菌名称面临重大变化。这些最新的改变将对真菌的命名法乃至真菌学科产生深远的影响。

相关内容还可参阅以下文献。

Hawksworth DL，Crous PW，Redhead SA，et al. 2011. The Amsterdam declaration on fungal nomenclature. IMA Fungus，2（1）: 105-112.

McNeill J. 2012. International Code of Nomenclature for algae，fungi，and plants（Melbourne Code），Adopted by the Eighteenth International Botanical Congress Melbourne，Australia，July 2011（electronic ed.）. Bratislava: International Association for Plant Taxonomy. Retrieved 2012-12-20.

Norvell L. 2013. MycoBank，Index Fungorum，and Fungal Names recommended as official nomenclatural repositories for 2013. IMA Fungus，3（2）: 44-45.

13

第十三章　微生物的应用

微生物及其代谢产物在工业、农业、医药和污染环境的治理等方面有着广阔的应用前景。例如，微生物发酵在酿酒、制醋、制酱、泡菜、乳酪和面包等食品加工过程中的应用已有数千年的历史，微生物产生的抗生素和免疫制剂已成为人类与疾病斗争的重要武器，微生物产生的酶、柠檬酸、味精、氨基酸和维生素等产品已广泛应用于工农业生产与人类的日常生活，微生物肥料、微生物农药、农用抗生素和单细胞蛋白在农业的可持续发展过程中正在发挥重要作用。

第一节　微生物在农业和环境保护中的应用

微生物是生态系统中的重要成员，在元素循环、物质降解、维持生态系统健康及促进动植物生长方面发挥着重要作用。各种有益于农作物、家畜、家禽和水产动物生长，能提高农产品品质，并能减轻环境污染的微生物制剂在农业上有着广泛的应用前景。随着近代微生物科学与技术的发展，农业微生物在种类、生产工艺和施用技术等方面均有新的发展。

一、微生物接种剂

微生物接种剂（microbial inoculant）是利用有益微生物的生命活动，直接改善植物营养和防治植物病虫害的活菌制剂。依产品性质可分为微生物肥料和微生物农药两大类。

微生物接种剂包括植物促生微生物、固氮微生物及解磷解钾微生物，这类制剂的用量很低，以草炭为吸附剂的微生物肥料的用量，一般仅为7.5～15kg/hm^2。由于微生物接种剂本身不能直接用作植物的肥料或农药，其作用需要借助于接种剂中的微生物，在土壤或植物表面与内部的大量繁殖和旺盛的代谢作用，才能体现出来，因此微生物接种剂应达到较高的活菌数（如微生物肥料应高于1×10^{8}个/g菌剂），并应不含或少含其他杂菌。

用于微生物接种剂的生产菌株应是经过研究筛选的高效优良菌株，而遗传改良的重组微生物应经农业转基因生物安全委员会批准，并经试验确认对人类和环境的安全性之后，才能推广应用。例如，根瘤菌剂的生产菌株应具有高的固氮效率和竞争结瘤能力，杀虫菌剂应具有明显的杀虫能力和持效性，抗生菌剂应具有较高的杀菌活性和广谱抗性。近年来的研究表明，促生微生物与植物之间存在互作作用，促生微生物的选择需要与植物相匹配才能充分发挥其作用。

微生物接种剂的应用效果除主要取决于接种剂本身的产品质量以外，还与施用技术、土壤和气候等环境条件有关，如根瘤菌剂和固氮菌剂应少施或不施化学氮肥，苏云金芽孢杆菌杀虫剂应注意施用季节、温度与降雨情况。而且土壤有机质含量、肥力高低、结构状况、pH和含水量等均因与接种菌在土壤与环境中的存活有关，影响到菌剂的增产效果。

微生物肥料主要有固体和液体两种剂型。前者以草炭、蛭石和珍珠岩等为吸附剂，具有保存时间长、活菌数较高等优点。后者是发酵培养液，虽然活菌数高，但保存时间短，在4℃下的有效期一般不超过一个月。以苏云金芽孢杆菌为代表的微生物农药以粉剂和乳化剂为主要剂型，前者由发酵培养液加碳酸钙过滤，滤饼再经喷雾干燥为成品粉剂，后者为发酵液经浓缩后乳化而成。

（一）微生物肥料接种剂

这是指有益微生物经过工业化生产扩繁后制成的，或与利于该培养物存活的载体吸附而制成的活体制剂，用以改善植物营养，提高土壤供肥能力，提高农作物产量，改进品质和增强抗逆性。微生物菌剂按产品所含的微生物种类可划分为根瘤菌菌剂、固氮菌菌剂、解磷微生物菌剂、硅酸盐微生物菌剂、光合细菌菌剂、促生菌剂、菌根菌剂和复合微生物菌剂等，下面介绍其中5种。

1. 根瘤菌菌剂　这是指能在豆科植物根部结瘤固氮，供应豆科植物氮素营养的根瘤菌活体制剂。1886年，在欧洲出现的根瘤菌菌剂是最早商品化的微生物接种剂，也是迄今应用范围最广、接种效果稳定的接种剂之一。考虑到豆科植物与根瘤菌互接种族关系和环境条件的特点，选用相应的根瘤菌菌剂接种，一般均有较好的增产效果，尤其是在从未种植过该种豆科植物的“新区”，能够显著增产。但在多年种植过该类豆科植物的“老区”，由于土壤中已含有数量较高，且均匀分布的土著根瘤菌，能与接种根瘤菌竞争结瘤，使应用效果不稳定。

国内外根瘤菌菌剂的生产工艺以固体为主（图13-1）。根瘤菌的斜面和锥形瓶培养可用甘露醇酵母汁培养基（YMA），种子罐和发酵罐培养宜用成本较低的豆芽汁培养基或合成培养基，在合成培养基中，以硫胺素、泛酸钙和烟酰胺等根瘤菌必需的维生素取代酵母粉，能满足大多数根瘤菌的生长需求。吸附剂以草炭、蛭石和珍珠岩为主。前者因有机质含量高、吸附力强而普遍采用，后两种均为膨化多孔的无机矿质材料，因吸附力特别强，可在缺乏草炭的地区使用。吸附剂的灭菌方法主要有两种，澳大利亚等国将草炭分装在塑料袋后，用γ射线灭菌。由于辐照需要强放射性的^{60}Co和较大的设备投资，多数厂家目前仍主要采用加压蒸汽灭菌。拌菌应在严格的无菌条件下进行，一般每千克草炭可加根瘤菌培养液50～60mL。考虑到草炭菌剂的活菌数在拌菌后两周内能明显增加，可适当减少拌菌量，这不会影响到产品质量。成品的质量检查应以发酵罐批次抽样，进行稀释平板测数。合格菌剂的活菌数应超过2×10^8个/g，杂菌数应小于15%，且不应有霉菌。由于根瘤菌菌剂的活菌数在室温下保存时会逐渐下降，其产品的有效期为6个月。

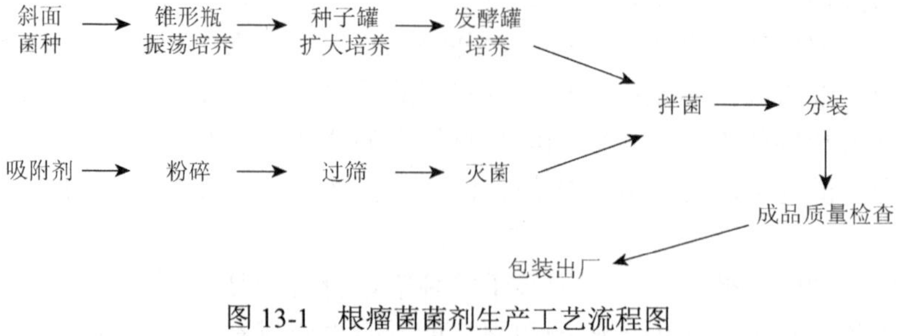

图13-1　根瘤菌菌剂生产工艺流程图

根瘤菌菌剂的使用方法以种子拌菌为主，先将菌剂加入少量黏附剂（如羧甲基纤维素或阿拉伯胶等），调成菌浆，然后加入种子拌匀，阴干或加入适量碳酸钙粉制成丸衣化种子后播种。为了避免化合态氮对根瘤菌结瘤固氮的抑制，在采用菌剂接种时，应不施或少施化学氮肥，但配合施用适量的钙镁磷肥或磷矿粉，常可促进根瘤菌的增产效果。如需要可同时采用化学农药，以防止苗期病虫害，但应注意与杀菌剂分开施用，以免对根瘤菌产生不利影响。

为了提高接种根瘤菌的占瘤率，必要时可以采用土壤接种法，即直接将液体菌剂喷洒或将以细土稀释的固体菌剂与播种沟的土壤混匀，能确保接种根瘤菌直接与向下生长的根系接触，使之在与土著根瘤菌竞争时可以形成更多的根瘤以提高增产效果。由于采用本法需要较大的工作量，一般宜在采用机器播种时，专门设计特殊的菌剂喷洒或混合装置来完成。

在出苗后15～20天，应及时检查接种植株的出菌与结瘤状况，若发现未结瘤时，可采用菌剂兑水泼施补接种。有条件的地方也可在播种出苗后1～2个月，进行二次接种，同样可以提高接种菌的占瘤率与固氮效率。

2. *固氮菌菌剂*　这是以自生或联合固氮的细菌为接种菌的微生物活体制剂。我国曾在20世纪50年代和70年代进行过大量的试验研究，发现其增产效果随作物种类、土壤类型和肥力水平而异，一般对蔬菜作物和在有机质含量较高的肥沃土壤中表现较好的增产效果。新近的研究结果表明，其促生作用机制并不局限于固氮作用，也与接种菌产生的植物生长刺激素和抗菌物质有关。

自生与联合固氮菌主要定殖于植物根圈和根表，有些联合固氮菌也能在根系表皮和皮层细胞间定殖。由于未能形成类似于根瘤的特化共生体系，其固氮活性大多受碳源供应、化合态氮、通气性和温度等环境因素的影响，固氮效率明显低于根瘤菌。

该菌剂也主要采用以草炭为吸附剂的生产工艺，除生产菌种和培养基配方与根瘤菌剂不同外，其生产工艺基本相同。在应用技术方面，可以采用拌种、粘秧根和兑水泼浇等多种方法，接种量和次数也比根瘤菌剂高。

3. *解磷微生物菌剂*　这是以能将土壤中难溶性磷转化为植物能利用的有效磷的微生物为接种剂的活体制剂。在20世纪50年代，曾推广过以巨大芽孢杆菌（*Bacillus megaterium*）为代表的磷细菌剂，该菌可将土壤中的难溶性有机磷转化为可溶性有效磷，促进植物生长。我国在20世纪70年代还研制过以黑曲霉（*Aspergillus niger*）产酸来转化土壤难溶性矿物磷和磷矿粉的解磷霉菌剂。上述解磷微生物菌剂虽然也表现出一定的应用效果，但因其转化效率受到土壤、气候和植物等多种因素的综合影响，尚未能在农业生产上普遍推广。

4. *硅酸盐微生物菌剂*　这是以能将土壤中的难溶性的含钾的铝硅酸盐转化为有效钾，并分泌有益代谢产物的微生物为接种剂的活体制剂。20世纪50年代，曾推广应用过以胶质芽孢杆菌（*Bacillus mucilaginosus*）为代表的硅酸盐细菌肥料。近年来的研究进一步证实，其应用效果主要来源于微生物的促生和抗病作用，它们对甘薯、马铃薯和烟草等喜钾作物，以及蔬菜、水稻和小麦等均表现出一定的增产效果。

5. *复合微生物菌剂*　这是指含有两种或两种以上互不拮抗的微生物，或一种以上微生物与无机营养元素复配的活体微生物制剂。由于不同微生物的特性与生长的环境条件各异，在生产工艺上应将上述微生物分开，各自培养。经检验合格后，再按一定的比例混合，加入灭菌的草炭等吸附剂中。成品所含微生物的活菌数均应达到国家有关复合微生物菌剂质量标准，才能上市销售和推广应用。

考虑到微生物之间及其在土壤中与植物相互作用的复杂性，有关复合微生物制剂的生产工艺、产品质量控制与应用方法等，尚需做深入的比较研究，才有可能达到理想的、相互促进的增产效果。

（二）微生物杀虫剂

这是指以杀虫微生物为生产菌制备的微生物接种剂。微生物杀虫剂既能直接杀死危害农作物和森林的害虫，又不伤害能控制害虫的天敌，也不像化学杀虫剂那样污染环境，可在农林业的可持续发展中起重要的作用。其生产规模与应用范围逐年递增，已形成一个新的微生物农药产业。微生物杀虫剂主要包括细菌杀虫剂、病毒杀虫剂和真菌杀虫剂 3 种。

1. 细菌杀虫剂　从 19 世纪晚期发现家蚕和蜜蜂的细菌病害以来，已报道的昆虫病原细菌分属于 90 多种和亚种，大多来源于芽孢杆菌科、假单胞菌科和肠杆菌科。其中，苏云金芽孢杆菌（*Bacillus thuringiensis*）、日本甲虫类芽孢杆菌（*Paenibacillus popilliae*）和缓死芽孢杆菌（*B. lentimorbus*）等已开发为商品杀虫剂，在农业生产上大面积推广应用，取得了明显的防治效果和经济及环保效益。在 21 世纪初期，全世界商品化的微生物杀虫剂已达 45 余种，市场销售额近 10 亿美元。

苏云金芽孢杆菌能在细胞内形成杀虫的伴孢晶体和水溶性的外毒素（苏云金素）。伴孢晶体被敏感性昆虫的幼虫吞食后，在其碱性的中肠溶解成原毒素，并进而在昆虫肠道被蛋白酶水解激活，产生 60kDa 的毒素核心片段（δ-内毒素）。它与中肠上皮细胞膜上的特异受体结合，能快速并不可逆地插入细胞质膜，形成孔洞，从而破坏细胞的膜结构与渗透吸收特性，使中肠上皮细胞裂解崩溃，最终导致昆虫的死亡。

随着研究工作的深入，已报道的苏云金芽孢杆菌已达到 71 个血清型，超过 94 个血清型亚种。杀虫范围也从鳞翅目、双翅目扩展到鞘翅目和螨类等节肢动物，有些亚种还对植物寄生线虫、原生动物和扁形动物有特异性的杀虫活性。随着对杀虫基因的定位、表达与调节研究的深入，目前克隆并命名的杀虫晶体蛋白基因超过 807 个，被分为 77 个主要亚群，并已采用基因工程技术构建出多个高毒力、广谱的新型重组菌杀虫剂进入商业化生产。此外，还相继成功地将苏云金芽孢杆菌的毒素蛋白基因克隆到棉花、大豆、玉米和马铃薯中表达，而且抗虫的转基因作物已先后在美国、欧洲和我国推广。

自 1938 年世界上第一个苏云金芽孢杆菌商品制剂（Sporeine）在法国问世以来，由于具有杀虫特异性强，对人、畜和非目标昆虫无毒副作用和不污染环境等优点，该杀虫剂目前已成为世界上产销量最大的生物农药。但与化学杀虫剂相比，苏云金芽孢杆菌杀虫剂的杀虫谱较窄、致死速度较慢，同时还存在敏感昆虫因突变而产生抗性的可能。

苏云金芽孢杆菌杀虫剂的工业生产均采用液体深层通气培养。发酵培养基主要包括玉米浆、黄豆饼粉、玉米粉、蛋白胨和酵母粉等农副产品，以及 $CaCO_3$、KH_2PO_4、$(NH_4)_2SO_4$ 和 $MgSO_4$ 等无机盐，其发酵温度为 28～32℃，培养时间为 16～24h，发酵液的活菌数可达 30 亿～60 亿个/mL。发酵液的后处理方法随产品剂型而异。多数工厂在发酵液中加入适量的碳酸钙和滑石粉等填充剂，经板框过滤后制成匀浆，再经喷雾干燥，制成粉剂或可湿性粉剂。为了满足大面积喷雾的需要，也可按要求将发酵液经减压薄膜浓缩，制成水剂，或将发酵液离心收集的芽孢和伴孢晶体加入乳化剂，制成乳剂或油乳剂。

大面积推广应用的试验结果表明，苏云金芽孢杆菌杀虫剂可用于有效防治小菜蛾、菜青虫、菜粉蝶、玉米螟、黏虫、稻苞虫、稻纵卷叶螟、高粱条螟、棉铃虫、棉小造桥虫、甘薯天蛾、豆天蛾、茶毛虫、烟青虫、苹果巢蛾、柑橘尺蠖、松毛虫、枯叶蛾和蚊幼虫等500余种昆虫的危害。但在应用时，应注意菌剂的杀虫活性随所用的生产菌株而异，并仔细参阅产品说明书推荐的防治范围与使用方法。

2. *病毒杀虫剂* 早在20世纪40年代初，以杆状病毒（baculovirus）为代表的病毒杀虫剂就应用于欧洲云杉叶蜂的生物防治。迄今，全世界已有50余种病毒杀虫剂成功地用于防治棉铃虫、松叶蜂、粉纹夜蛾、松毛虫和黏虫等农林害虫。

杆状病毒是具有包膜的双链DNA病毒，能感染以鳞翅目为主的600多种昆虫和某些甲壳类的无脊椎动物，可以在被感染的幼虫体内形成大量的颗粒或包涵体，继续在水平与垂直方向扩散传播，但不感染人、畜等脊椎动物和植物。杆状病毒在分类上属于杆状病毒科，下设核多角体病毒和颗粒体病毒两个属。前者在寄主细胞核内形成多角形的包涵体，内含多个成熟的病毒粒子和多角体基质蛋白。后者则形成只含有一个病毒粒子的颗粒状包涵体。

虽然杆状病毒能通过虫卵传递或经气孔入侵，但其感染的主要途径仍为受感幼虫取食后经中肠溶解释放的病毒粒子，后者穿过昆虫肠道的保护性围食膜后，经与中肠上皮细胞的微绒毛膜融合，进入细胞质，再进一步穿过核孔进入细胞核，才释放出病毒DNA进行复制、表达与装配。成熟的病毒粒子能以出芽方式穿过中肠细胞，形成的芽生型病毒，能继续感染血淋巴与其他昆虫组织，并在病毒感染后期，在核内形成大量的多角体。感染病毒的幼虫初期动作迟钝、食欲减退或停止取食，继而虫体肿胀，表皮变黄发白，一般在4～7天死亡。

目前，国际上已有棉铃虫核多角体病毒、甜菜夜蛾多角体病毒和芹菜夜蛾多角体病毒等8种杆状病毒杀虫剂进入商品化生产。巴西利用杆状病毒防治大豆害虫已经成为病毒农药应用的一个范例。我国研究者发现了200多种昆虫杆状病毒，已有20余种进入大田应用试验和生产示范，其中棉铃虫多角体病毒、斜纹夜蛾多角体病毒和草原毛虫多角体病毒等10种杀虫剂已获准登记。病毒杀虫剂的生产主要依靠大量饲养寄主昆虫来增殖病毒，采用感染组织培养的敏感昆虫细胞来生产病毒杀虫剂。

由于病毒杀虫剂的杀虫速度较慢和杀虫谱过于专一，因而影响了病毒杀虫剂在农业上的应用。近年来，随着分子生物学技术和杆状病毒表达系统研究的发展，一批新的能同时表达苏云金芽孢杆菌杀虫蛋白、蝎子致死神经毒素、昆虫生长激素、反义mRNA或酶的重组杆状病毒杀虫剂正在加紧研制，有望在短期内投产一批高效、广谱的新型病毒杀虫剂。

3. *真菌杀虫剂* 世界范围内所发现的由致病真菌引起各类昆虫疾病约占总量的60%，其中白僵菌引起的占21%，以球孢白僵菌（*Beauveria bassiana*）为代表的真菌杀虫剂也在国内外广泛用于农业害虫的生物防治。白僵菌是一种广谱寄生的真菌，能侵染鳞翅目、鞘翅目、直翅目、膜翅目和同翅目等6目15科200多种昆虫与螨类。在分类上属于半知菌的丝孢霉目，包括球孢白僵菌、卵孢白僵菌（*B. tenalla*）和小球孢白僵菌（*B. globulifera*）3种。其无性繁殖形成花瓶状的分生孢子梗，顶端着生球状的分生孢子。当白僵菌的分生孢子接触到昆虫虫体后，在适宜条件下萌发长出芽管，并能分泌出几丁质酶溶解表皮，使菌丝进入体内生长繁殖，并产生称为白僵菌素的毒素和草酸钙结晶，从而使昆虫因细胞组织破坏和代谢功能紊乱而死亡。死亡的虫体内部充满菌丝，表面长出白色絮状的气生菌丝和分生孢子，并因严重脱水而成为白色僵虫。

白僵菌在以黄豆饼粉或玉米粉为主的固体发酵培养基上生长良好，营养生长期的最适温度为 22～26℃，孢子形成期（4 天以后）为 28℃。发酵完成后的物料经气流干燥粉碎，即可包装出厂，成品制剂的活孢子数应达（50～100）×10^8 个/g。也可采用深层液体通气培养进行规模化生产，其生产工艺和剂型均与苏云金芽孢杆菌相似，但产品以抗逆性较低的芽生孢子为主。我国已将白僵菌杀虫剂用于防治松毛虫、玉米螟、大豆食心虫、稻叶蝉、稻虱、高粱条螟、甘薯象鼻虫、马铃薯甲虫、果树红蜘蛛、黏虫和茶毒蛾等农业害虫，均取得了较显著的防治效果。

绿僵菌（*Metarrhizium anisopliae*）的杀虫谱、致病机理和生产方式均与白僵菌相似，对斜纹夜蛾、棉铃虫、地老虎和金龟子等害虫的防治效果较好。拟青霉（*Paecilomyces varioti*）、座壳孢菌（*Aschersonia* spp.）和轮枝菌（*Lecanicillium lecanii*）也是常见的真菌杀虫剂。

（三）植物促生微生物菌剂

根际是指受植物根系活动的影响范围距根表 1mm 作用的土壤层，定殖在根际能够促进植物生长、防治病害、增加作物产量的微生物称为植物根际促生菌（plant growth-promoting rhizobacteria，PGPR），这类微生物可以对有害病原微生物起到生物防治作用，促进植物矿物质营养的吸收和利用，可产生利于植物生长的代谢产物，从而促进植物的生长。PGPR 已经成为农业生产过程中广泛使用的微生物制剂类型。常见的 PGPR 菌株有固氮菌、固氮螺菌、假单胞菌、芽孢杆菌及一些木霉属的微生物菌株。PGPR 菌株促进植物生长的机制包括：①产生铁载体。铁是植物生长的必需元素，铁载体能够络合土壤中不溶性铁元素为植物提供铁素营养。②为植物生长提供营养元素。自生固氮菌及溶磷微生物是常见的 PGPR 微生物，能够通过在植物根际定殖后固氮及溶磷作用为植物提供氮素和磷素营养。③产生植物生长调节剂。部分 PGPR 微生物能够分泌植物生长素（IAA）及分解乙烯合成前体减少乙烯的合成，从而调剂植物的生长。④诱导植物抗病。PGPR 菌株可以分泌具有抗菌作用的次级代谢产物，并能诱导植物体内抗病相关基因的表达，提高植物抵抗病害的能力。

荧光假单胞菌是已经商业化应用的 PGPR 微生物，该菌能够产生嗜铁素帮助作物吸收铁元素，具有较高 1-氨基环丙烷-1-羧酸（ACC）脱氨酶活性，分解乙烯合成前体，减少乙烯的合成，增强植物抗逆能力。荧光假单胞菌可以产生吩嗪-1-羧酸（PCA）抗生素，对病原真菌具有广谱抗性。

二、农用抗生素

随着抗生素产生菌的选育和产素基因的克隆改造，以及发酵与提取工艺的改进，已使抗生素的产量不断提高，生产成本大幅度下降，从而有可能使抗生素除在医疗保健上为人类健康服务外，也在植物保护、畜牧业生产和食品加工等农业领域得到广泛应用。全世界农用抗生素的产量已达到医用抗生素产量的 2 倍以上，美国近 80%的抗生素被用于农业生产。近年来，随着人类对食品安全和环境保护的关注，农用抗生素的研究、生产和推广应用已迈入一个新的阶段。

在农业上作为杀菌剂应用的抗生素主要有灭瘟素 S（blasticidin）、春雷霉素（kasugamycin）、庆丰霉素（qingfengmycin）、多氧霉素（polyoxins）、井冈霉素（validamycin）、放线菌酮（actidione）和灭粉霉素（mildiomycin）等。作为杀螨剂及杀虫应用的主要有阿维菌素、多杀菌素、浏阳霉素（四抗菌素）等，作为畜禽饲料添加剂的主要有泰乐霉素（tylosin）、莫能菌素（monensin）和阿维菌素（avermectin）等。其产生菌和防治范围见表 13-1。

表 13-1 主要农用抗生素简介

名称	产生菌	防治范围
灭瘟素 S	灰产色链霉菌（*Streptomyces griseochromogenes*）	稻瘟病
春雷霉素	春日链霉菌（*S. kasugaensis*）	稻瘟病、黄瓜角斑病、菜豆萎蔫病、马铃薯软腐病、苹果、桃和烟草白粉病等
庆丰霉素	庆丰链霉菌（*S. qingfengmyceticus*）	稻瘟病、小麦白粉病
多氧霉素	可可链霉菌阿苏变种（*S. cacaoi* var. *asoensis*）	水稻纹枯病、梨黑斑病、果树蔬菜白粉病
井冈霉素	吸水链霉菌井冈变种（*S. hygroscopicus* var. *jinggangensis*）	水稻纹枯病、棉苗立枯病、黄瓜猝倒病、马铃薯丝核菌病
放线霉酮	奈良链霉菌（*S. naraensis*）	茶云纹枯病、甘薯黑斑病、洋葱霜霉病、樱桃叶斑病
灭粉霉素	生裂链轮丝菌（*Streptoverticillium rimofaciens*）	麦类、烟草、瓜类、苹果、葡萄等的白粉病
四抗菌素	金色链霉菌（*S. aureus*）	杀螨剂
浏阳霉素	链霉菌 S12（*Streptomyces* sp. S12）	杀螨剂
泰乐菌素	弗氏链霉菌（*S. fradiae*）	抗畜禽支原体、G^+细菌和钩端螺旋体感染
莫能菌素	肉桂地链霉菌（*S. cinnamonensis*）	抗畜禽球虫病与 G^+细菌、分枝杆菌
阿维菌素	除虫链霉菌（*S. avermitilis*）	家畜、线虫、钩虫、蛔虫等寄生虫病，杀螨剂和防治多种农业害虫

农用抗生素的工业发酵生产工艺与医用抗生素相似。为了降低产品成本，农用抗生素产品多为粗制品，因而其后处理工艺一般可以省去离子交换、萃取和结晶等精制工艺。有些农用抗生素还可以采用固体发酵法生产，如我国在 20 世纪 50 年代筛选出的泾阳链霉菌（*Streptomyces jingyangensis*）G4 和细黄链霉菌（*Streptomyces microflavus*）5406 两株放线菌，既能抗棉花苗期病害，又能刺激植物生长，可采用以棉籽饼和肥土配制的固体培养基发酵，生产出抗生菌肥料，尤其适用于农村基层的土法生产，并就地推广应用。

三、单细胞蛋白

随着全球人口的快速增长，粮食与蛋白质食品的供需矛盾日益明显。传统农业的动植物生产受到耕地面积与载畜量的制约，再加上气候和土壤等环境因素变化的影响，单产的提高已很难满足人口增长的需要。德国的研究者早在第一、第二次世界大战期间，就用糖蜜、木材水解液和造纸废液培养的酵母菌作为微生物来源的蛋白质，添加到食品中。20 世纪 70 年代以来，苏联大力发展以微生物为主的单细胞蛋白，1987 年的产量已达到 150 万吨。美国、英国和法国等也注重开发以石油和天然气为原料的单细胞蛋白，主要作为饲料添加剂使用。我国也从 20 世纪 80 年代开始，注重发展单细胞蛋白，但与国外的研究和生产水平相比，仍有较大的差距。到目前为止，单细胞蛋白（single cell protein，SCP）仍然是饲料及食品中蛋白质的重要来源。

以微生物为产生菌生产的单细胞蛋白生长速率快，蛋白质含量高，能进行工厂化生产，原材料来源广泛和成本低廉等优点。不少 SCP 的生产厂家以工业废液和农副产品为主要原料，还有利于环境保护和工农业的可持续发展。

目前，国内外用于 SCP 工业化生产的微生物主要有酵母、小球藻、螺旋藻和丝状真菌等。酵母菌由于对营养的要求低，适应性强，蛋白质含量高（占到干物质的近 50%），氨基酸的种类齐全，富含维生素与微量元素，并能在动物体内表现较高的酶活性，因此广泛应用于 SCP

生产。其主要原料包括农副产品（玉米粉、饼粉、麸皮和米糠等）、工业废液（糖厂、纸厂、淀粉厂、酒厂和其他微生物发酵工厂废液等）和石油化工产品（石蜡、烷烃和醇类等）。我国目前以利用农副产品和工厂废液为主，生产以酵母菌为主的低纯度单细胞蛋白。发达国家则多以石化产品为原料，进行大规模的液体发酵，生产高纯度的酵母单细胞蛋白。

小球藻和螺旋藻由于细胞内含有丰富的蛋白质、脂肪、叶绿素和叶黄素等成分，除可作为食品与饲料添加剂外，还具有一定的医疗保健功能。由于人和动物的消化酶难以完全分解藻类的细胞壁，因此在生产工艺中应增加破细胞壁的设备。藻类工业化生产过去多采用含适量氮、磷、钾和微量元素的矿质盐培养基，在玻璃发酵罐或露天藻池中进行光照培养，前者的容量受光照条件的限制而难以加大，培养藻细胞的密度也不高，后者易为杂藻等其他微生物的污染而难以保证产品纯度。近年来研究者已发现，若在藻类的培养基中添加葡萄糖等有机碳源，它们也能像多数微生物一样进行异养生长。而且在优化培养基和培养条件后，用工业发酵罐培养的小球藻产量已高达每升培养液 48g 干藻，比开放性的藻池培养方式高近 100 倍，并同时使细胞的叶黄素含量提高了 20%～30%。

四、污染物的微生物降解与转化

地球的自然生态环境是在地球生成后，经过数十亿年的时间，在多种物理、化学和生物学因素长期综合作用下的产物。19 世纪以来，随着人类工业化进程的不断加速，地球的自然生态环境的破坏日益加剧。虽然化学农药的广泛使用在提高农作物产量上发挥了重要作用，但也严重地污染和破坏了土壤、河流和湖泊等生态环境。在采矿、冶炼、电镀、染料、制革和造纸等生产的工业废水中，许多含有过量的汞、镉、铅、砷和硒等有毒元素，或过量的酸碱等化学物质。城镇人口的粪尿、洗涤和生活污水若不经处理而直接排放，均会造成严重的环境污染。

（一）微生物与化学农药的生物降解

已有的研究结果表明，化学农药在土壤中的滞留时间取决于农药本身的特性与土壤、气候等环境条件。一般有机氯类农药的残留时间长，有机磷类农药的残留时间短，常用几种化学杀虫剂和除草剂的滞留时间见表 13-2。

表 13-2　常用几种杀虫剂和除草剂的土壤滞留时间（引自 Madigan et al.，2003）

化学农药种类与名称	消失 75%～100%所需时间
有机氯杀虫剂	
DDT	4 年
艾氏剂	3 年
氯丹	5 年
七氯	2 年
林丹（六六六）	3 年
有机磷杀虫剂	
二嗪农	12 周
马拉硫磷	1 周
对硫磷	1 周

续表

化学农药种类与名称	消失 75%～100%所需时间
除草剂	20 周
2, 4, 5-T	20 周
2, 4-D	4 周
茅草枯	8 周
西玛津	48 周
莠去津	40 周
扑灭津	1 年

注：DDT、艾氏剂、林丹（六六六）、对硫磷已禁用

农业生产中使用的化学农药包括有机氯、有机磷、有机氮、拟除虫菊酯等几大类数百个品种。农药的使用造成的环境问题无法估量，以有机氯农药为例，有机氯农药 DDT 是最早开发生产的农药品种，虽然 DDT 在许多国家于 20 世纪 70 年代就已禁止使用，但由于其化学性质的稳定性，并且其在生态系统中有迁移的特性，目前在许多地方仍可检出 DDT。中国在 20 世纪 80 年代初开始停止 DDT 的生产和使用，但现在许多土壤及农产品中仍可检出 DDT 残留。

多数农药是天然化合物的类似物，因而可以作为微生物的代谢底物被分解利用，最终生成无机物、CO_2 和 H_2O。已有大量的能够降解农药的微生物被分离，它们代谢农药的生化途径被阐明和相关的降解基因被克隆，为农药污染残留的微生物修复奠定了良好的基础。参与农药降解的微生物种类繁多，但假单胞菌属、红球菌属、鞘氨醇单胞菌属及鞘杆菌属的微生物是主要的农药降解微生物。某些人工合成的化学农药难以被微生物直接作为代谢底物而降解，但若存在另一种可作为微生物碳源和能源的辅助营养物时，也可以被部分降解，这一作用又称为共代谢作用（cometabolism）。氢单胞菌在降解二苯甲烷作为碳源进行生长的同时能够共代谢降解农药 DDT 的脱氯衍生物 DDM，但 DDM 的存在并不促进菌的生长，也就意味着 DDM 的降解并不能为菌株提供碳源和能源。能够完全矿化农药的微生物在污染修复中具有更大优势，可以保证彻底的消除污染。农药 2, 4-D 作为研究污染微生物代谢机制的模式，其微生物代谢途径及机制已被清晰地阐述（图 13-2）。

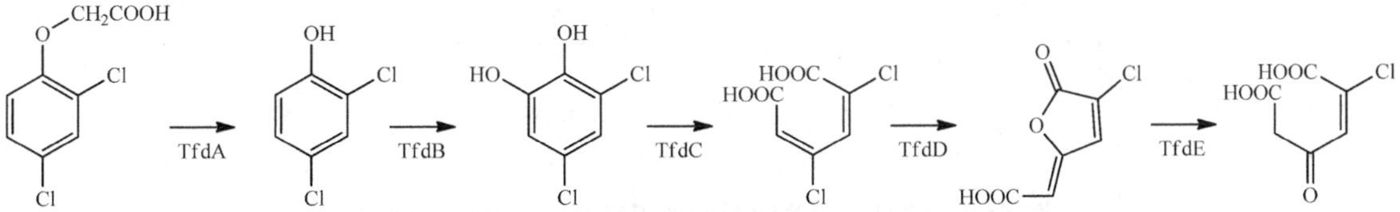

2,4-D　2,4-二氯酚　3,5-二氯邻苯酚　2,4-二氯-顺、顺-黏康酸　顺-2 氯二烯内酯　2-氯马来酰乙酸

图 13-2　真养产碱杆菌代谢 2, 4-D 的途径

（二）有毒重（类）金属元素的微生物转化

土壤和水体等环境的有毒元素的污染主要来自工业废水、废渣和垃圾。其中，对人畜毒害最严重的元素有汞、镉、铅、砷和硒 5 种元素，过量的铬、镍、钼和锌等金属元素也具中等毒性。它们引发中毒的浓度一般为 1～10mg/mL，但汞和镉在 0.01～0.001mg/mL 时，即可

发生毒害作用。值得注意的是，每次通过食物等少量吸入生物体内的微量有毒元素，能在体内积累，最终造成其慢性中毒而死亡。

1. 汞的环境污染及其微生物转化　在土壤和水体等自然生境中，汞的浓度一般不超过 1ng/L。有机汞作为农药和消毒卫生制剂，曾普遍应用于农业和日常生活，而且大量含汞的废电池也随垃圾进入环境。由于全球汞矿的开采，以及煤和石油燃烧，每年约向环境释放 4 万吨的汞，从而形成了对生态环境的严重威胁。

自然界的汞矿为硫化汞（HgS），其溶解性很低。在通气条件下，能被硫杆菌属的微生物转化为毒性很高的可溶性的 Hg^{2+}，并能进一步还原为元素汞（Hg）。许多芽孢杆菌、分枝杆菌、假单胞菌属的细菌，以及曲霉、脉孢菌和酵母等真菌，能通过甲基化作用，将来自维生素 B_{12} 的甲基与 Hg^{2+} 结合，形成可溶性的甲基汞（CH_3-Hg^+）和二甲基汞（CH_3-Hg-CH_3）。甲基汞是一种神经毒素，其毒性比 Hg^+ 或 Hg^{2+} 大 100 倍，可富集于水生鱼类和贝类的脂肪中，如人类食用含甲基汞的鱼类或贝类，可导致肝、肾和脑细胞破坏而死亡。二甲基汞和元素汞均可以挥发，进入大气造成空气污染，并可经叶片吸收而进入植物体内。

许多微生物含有汞还原酶，能将进入细胞内的 Hg^{2+} 还原为 Hg，从而大大减轻其毒害作用。研究结果表明，铜绿色假单胞菌的抗性质粒上含有编码和调节汞还原酶表达的基因 *merRBTPCAD*，它们组成为一个操纵子。MerR 为调节蛋白，在无 Hg^{2+} 时对该操纵子起抑制作用，而在与 Hg^{2+} 结合后，能激活其后面基因的表达。MerD 是一个次级调控蛋白，能够与 MerR 协同进行操纵子的调控。MerB 可以催化 C-Hg 键的断裂，与有机汞抗性有关。MerP 为壁膜间隙结合蛋白，可通过其组氨酸与 Hg^{2+} 结合。MerT 为膜上定位的转运蛋白，MerA 为汞还原酶，能最终将 Hg^{2+} 还原为 Hg。Hg 再转运到细胞外，以解除其毒害作用（图 13-3）。

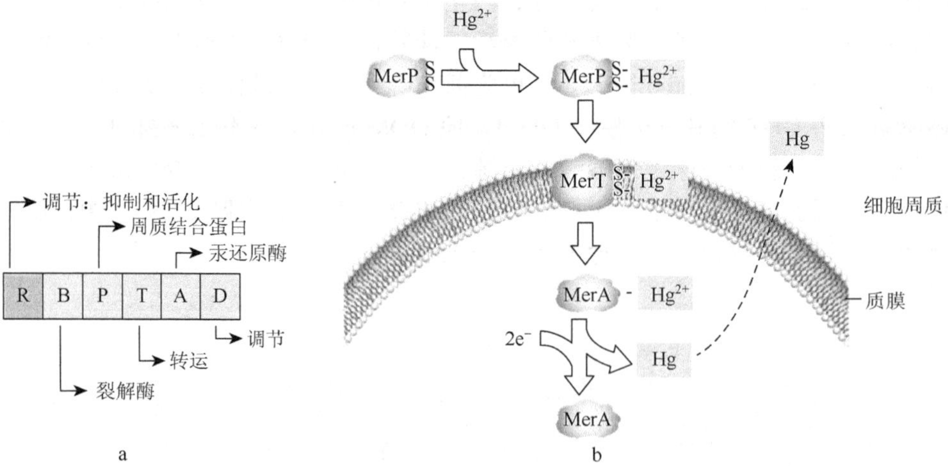

图 13-3　铜绿色假单胞菌的抗汞操纵子及其作用机理

a. *mer* 操纵子结构；b. Hg^{2+} 在细胞内的转运与还原，Hg^{2+} 与 Mer P 和 Mer T 的组氨酸相结合

2. 砷污染及其微生物转化　自然界的砷主要以氧化物（如 As_2O_3）和硫化物（As_4S_4 和 As_2S_3）的形态存在。As_2O_3 俗称砒霜，是人所共知的剧毒化合物，它微溶于水，生成的亚砷酸（H_3AsO_3）比砷酸（H_3AsO_4）更具毒性。砷可以与巯基结合使酶变性，增加活性氧引起细胞损伤，引起基因调控紊乱。

亚砷酸盐和有机砷化物曾用于生产农药和染料，在某些含磷洗涤剂中也含有少量砷，从而造成土壤和水体的砷污染。已知许多细菌、真菌和酵母菌能将砷甲基化，依次生成单甲基砷、二甲基砷和三甲基砷，并可在砷酸和亚砷酸的相互转化中起重要作用。

3. 微生物的抗性质粒及其对重金属的抗性　在污染环境中生活的微生物已进化出一套特殊的适应机制，研究者已从许多革兰氏阳性和革兰氏阴性细菌的细胞中分离到特殊的抗性质粒，其上携带有对多种抗生素和重金属离子表现抗性的基因。例如，有人从金黄色葡萄球菌的抗性质粒上鉴定出抗汞、镉和砷的基因。研究结果也表明，多数微生物的抗镍和钴的基因也定位在同一抗性质粒上，它们大多分布在该金属矿区或加工厂的工业污水中，很少出现在土壤或其他生态环境中。近年来，不少研究者采用基因工程技术，组合多种微生物的抗性基因于同一抗性质粒，并用于构建能降解多种有毒元素以净化其污染环境的“超级”微生物。这一目标在理论与实践中均是可行的，但在操作过程中应严格控制受体菌的生存范围，并防止其向病原微生物转移。

已知不同微生物抗重金属元素毒害的作用机理各异。例如，微生物抗汞的机理在于将毒性高的 Hg^{2+} 还原为 Hg 后排至细胞外，而一些微生物抗砷的毒害作用则部分归因于它们具有砷氧化酶，可以 As^{3+} 氧化为 As^{5+}，后者的毒性比前者低 100 倍。

（三）持久性有机污染物的微生物降解

持久性有机污染物（persistent organic pollutant，POP）是指人工合成的能持久存在于环境中、耐受理化及生物降解，能通过生物食物链（网）累积，并对人类健康造成有害影响的化学物质，包括艾氏剂（aldrin）、氯丹（chlordane）、灭蚁灵（mirex）、狄氏剂（dieldrin）和六氯苯（HCB）等农药在内的 12 种化合物，被《斯德哥尔摩公约》列为禁用的持久性有机污染物。氯联苯（polychloroinated biphenyl，PCB）也是持久性有机污染之一，高度氯代作用是这类化合物在环境中持久性的一个重要原因。由于多氯联苯良好的化学特性而被广泛用作增塑剂和电器绝缘润滑剂等，理论上来讲可能有 210 种异构物。多氯联苯对人和动物有很强的毒性，日本在 1968 年由于泄漏的热交换器引起食用米糠油的 PCB 污染，导致近千人中毒（米糠油事件），甚至死亡。由于 PCB 难以生物降解，因而成为持久性有机污染微生物代谢的典型代表。已分离到多株能够降解转化 PCB 的微生物，如白腐真菌（*Phanerochaete*）、无色杆菌（*Achromobacter*）、不动杆菌（*Acinetobacter*）、假单胞菌（*Pseudomonas*）和产碱杆菌（*Alcaligenes*）等能够好氧降解 PCB。*Alcaligenes eutrophus* H850 能够降解氯代程度比较低的 PCB，并通过共代谢作用进行降解高氯代 PCB。

二噁英（多氯二苯并二噁英和多氯二苯并呋喃）是在含氯有机废弃物燃烧过程中产生的一类剧毒化合物，污染后引起广泛的生化和毒性反应，包括免疫抑制、肝中毒、毒害发育和生殖、诱发癌症等。鞘氨醇单胞菌（*Sphingomonas*）RW1 能够降解和转化多种二噁英类污染物。

五、污染环境的微生物治理与修复

（一）微生物与污水的生物净化处理

工业和生活污水在排放前，需要进行净化处理。只有经过环保监测部门认定达到国家规定的标准后，才能向江河排放或作为灌溉水利用。工业废水在处理后，还可以循环使用以减少水资源的浪费。

工业废水随工厂类型而异，主要包括发酵、制药、制革、造纸、染料、冶炼、塑料、电镀、农药和炼焦等工业污水。其主要成分差异很大，其中所含的淀粉、蛋白质、脂肪、有机醇、醛、酸和碳氢化合物等易于为微生物降解。城镇人口的生活污水大多含有微生物可降解的有机质和其他营养原料，容易为微生物转化分解。但是木质素和纤维素等大分子化合物的分解较慢，部分有毒化学物质的分解较困难，而多数重金属离子也可以用微生物方法除去。

1. 测定水污染程度的指标　生化需氧量（biochemical oxygen demand，BOD）和化学需氧量（chemical oxygen demand，COD）是指示水体污染与净化程度的重要指标。BOD 是指在 20℃和足够供氧的条件下，测定一定体积污水在 5 天或 20 天培养过程中的耗氧量，测定结果分别以 BOD_5 或 BOD_{20} 表示。当污水中含有抑制微生物生长的有毒元素或由于其营养元素单一而不利于微生物生长时，BOD 反映的是水体中易被微生物利用的污染物的含量，对于污水的真实污染状况应改用 COD 法测定。COD 是指用强氧化剂（$K_2Cr_2O_7$ 或 $KMnO_4$）氧化一定体积污水中污染物时需要的耗氧量，被氧化的包括有机物和还原态无机物，测定结果分别以 COD_{Cr} 或 COD_{Mn} 表示。由于 $K_2Cr_2O_7$ 的氧化能力强于 $KMnO_4$，因此通常用 COD_{Cr} 测定值表示污水的总耗氧量。BOD 与 COD 的比值越高，表示污水中可以生物降解的有机物所占的比例越大。

2. 污水的生物处理

（1）活性污泥法（activated sludge）　本法自 1914 年采用以来，一直是国内外污水生物处理的主要方法。其处理装置主要由曝气池和沉淀池两部分组成（图 13-4a）。曝气池是一个不断通入空气，利用池中活性污泥所含的微生物，快速降解污水中的各类有机质。活性污泥是以好氧性细菌为主的微生物和水中的胶体与悬浮物质混杂在一起，形成肉眼可见的絮状颗粒，大小为 0.05～0.5mm，表面积为 20～100cm²/mL，相对密度为 1.002～1.006，在静置时，能相互凝聚形成较大的颗粒而沉降。活性污泥多呈黄褐色，也可随水质变化而呈现深灰、灰白和灰褐等颜色。活性污泥具有很强的吸附力、pH 缓冲力和氧化降解有机质的能力，在污水处理中除能降解有机质以外，也能通过离子吸附或形成有机络合物的方式，沉淀污水中的金属离子或某些有机物。经过曝气处理的上层污水和其中所含的活性污泥，一道进入沉淀池，进一步彻底氧化分解。由于沉淀池不再通空气，其中下层经过厌氧微生物的分解作用，活性污泥将因相互凝聚而沉降到池底。上部的清水经检验达标后，可向环境排放或循环利用。沉降于池底的活性污泥，小部分将回流至曝气池再利用，大部分则被排至污泥池，以供进一步

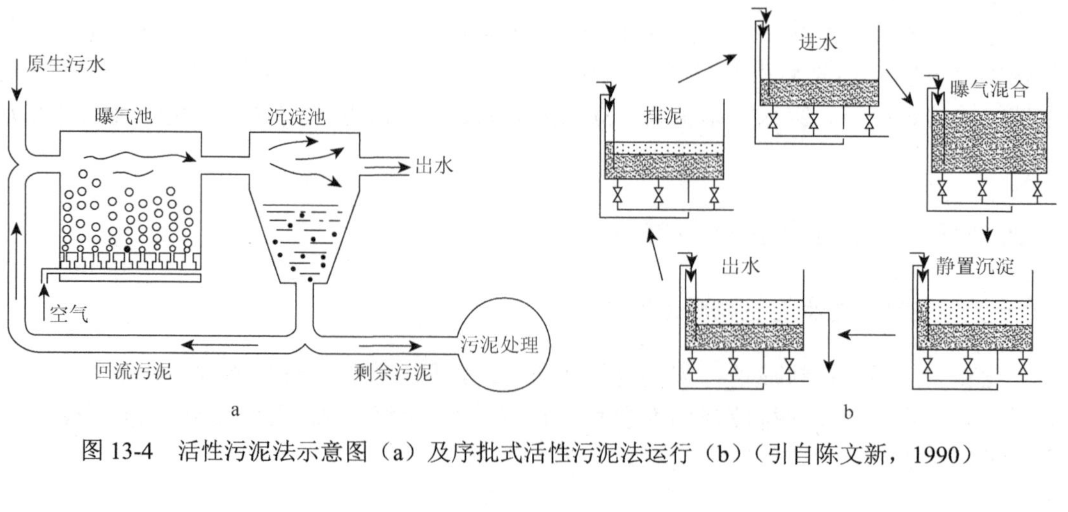

图 13-4　活性污泥法示意图（a）及序批式活性污泥法运行（b）（引自陈文新，1990）

处理。序批式活性污泥法（图 13-4b）是传统活性污泥处理工艺的发展，其操作按照进水、曝气、沉淀、出水和排泥 5 个程序进行操作，所有处理过程在一个反应器中进行，省却了二沉池和污泥回流系统，并在一个系统中实现了好氧和厌氧过程，可以进行废水的除磷脱氮。

污水在曝气池中停留时间一般为 5～10h，其液体的 BOD 值可下降 75%～90%，但全池的整体（包括液体和污泥）BOD 值下降不多。因为此时多数有机质仅处于被活性污泥吸附的状态，其降解主要在沉淀池中完成。活性污泥对金属离子的去除率各异，如铅的去除率可高达 78%，但镍只有 1%。而其他金属离子的去除率则在两者之间。

（2）生物膜法　本法是使微生物附着在载体表面上，污水在流经载体表面过程中，通过有机营养物的吸附、氧向生物膜内部的扩散及在膜中所发生的生物氧化等作用，对污染物进行降解去除，包括生物滤池、生物流化床、生物转盘或生物接触氧化法等处理污水的方法。生物滤池，是一个厚度为 2m、由大小为 2.5～10cm 的碎石构成的滤床。污水由顶部洒入，沿碎石块表面缓慢下流，其中所含的微生物在滤床的适宜生境条件下，附着于碎石表面，生长繁殖形成生物膜。初期的生物膜是好氧的，但随着厚度的增加，膜下层逐渐形成厌氧环境。污水中的有机质多分布在生物膜表面的好氧区，为细菌所分解。它们作为养料为原生动物吞食，后者又进一步成为多细胞动物的食物，从而在生物膜上形成一个特殊的降解污水有机质的食物链。随着处理时间的增加，附着于石块上的生物膜厚度也不断加大，其厌氧区也随之而增加，过厚的生物膜最终因其基部附着力的减弱，与岩石分离脱落，并从下部暗渠排出，以重新开始形成新的生物膜。生物滤池法的处理效果较活性污泥法低，其 BOD 值虽然也可以降至一定的水平，但对非生物降解的污染物的去除效果较差。一般需要辅以与活性炭过滤或通氯气消毒等方法，经过进一步处理后才能达标排放。现代曝气生物滤池在传统生物滤池的基础上引入曝气处理，提高了系统的处理效率。曝气生物滤池的剖面结构见图 13-5。

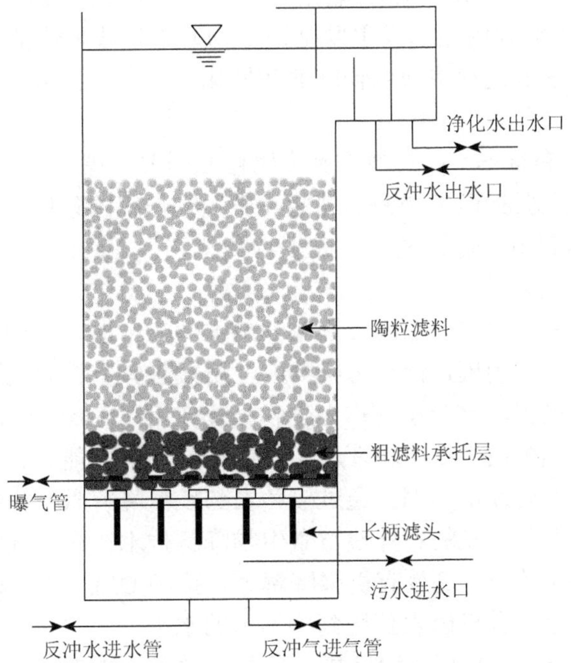

图 13-5　曝气生物滤池的剖面结构图

（3）厌氧处理法　本法适于处理有机质和纤维素含量高的发酵工业、屠宰场污水或粪便等，所用的装置为沼气发酵池，其结构见图 13-6。在进入厌氧处理池的污水中，其有机质经过 15～30 天的厌氧降解，产生的沼气由顶部排出再利用。处理后的清水从右部出口排出，而形成的污泥则从底部移走。上流式厌氧污泥床反应器是（up-flow anaerobic sludge bed/blanket，UASB）常见的厌氧水处理装置，污水自下而上通过 UASB。反应器底部有一个高浓度、高活性的污泥床，污水中的大部分有机污染物在此间经过厌氧发酵降解为甲烷和二氧化碳。

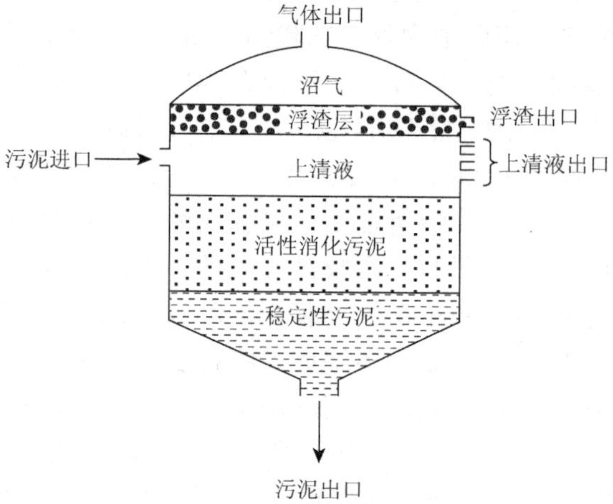

图 13-6　厌氧污水处理池示意图（引自陈文新，1990）

（二）土壤环境污染物的微生物治理

土壤是生态系统和现代农业的基础，由于现代工业的快速发展和大量农业化学品的投入导致土壤环境污染严重。虽然生态环境有一定的自净能力，但其作用缓慢。生物修复（bioremediation）是指人们利用生物（主要是微生物）强化或加快消除土壤环境中的污染物和有毒物质的过程。其核心是利用微生物降解和转化原理，发挥微生物的生物降解作用，以达到净化环境的目的。

1. *生物修复的要素和措施*　有效实施生物修复需要考虑三个方面，即污染物的种类和性质、相关生物（这里主要指微生物）的功能及微生物作用的条件，据此而采取相应措施。要根据污染物的性质来利用合适的生物（微生物和植物），并创造良好的生物作用条件，以得到最佳治理效果。

（1）生物强化和生物刺激　当污染土壤（或水体）中原有污染物降解微生物的种类和数量不足以达到治理所需的规模，针对污染物的性质接入具有特定代谢能力的微生物可以加快环境中污染物的降解过程，这一措施称为生物强化作用（bioaugmentaion）。可用于生物治理的微生物多种多样，细菌由于在土壤环境中扩散性好、代谢能力强而受到了广泛的关注。以导致农业环境破坏的农药残留为例，通过接种农药残留降解微生物可以有效地消除土壤中的农药残留。南京农业大学开发的农药残留微生物降解技术在农业环境保护中取得了丰硕的成果。假单胞菌 DLL-E4 是一株高效有机磷降解菌，接种 DLL-E4 菌株可以消减土壤中 60%以上的农药残留，使韭菜中有机磷农药达到检不出的水平。

生物刺激（biostimulation）是生物修复的另外一种有效措施，它通过向处理场地加入营养物质（如氮与磷）或增氧剂，以刺激功能微生物的生长繁殖。20 世纪 90 年代发生在阿拉斯加的 Exxon 公司 Valdez 油轮原油泄漏事件中，通过补充氮磷营养物刺激土著碳氢化合物降解菌，取得了良好的泄漏原油修复效果。

（2）改善微生物生存环境　　生物修复是依靠微生物去降解污染物，这首先就要求微生物能大量生长繁殖，并旺盛地进行分解代谢，持续地进行作用，才能产生预期的效果。因此必须创造条件，使各项环境因子都能满足微生物需求，以促进它们的发展。通气状况、养分状况、温度、湿度、pH 等都是重要的环境因子。根据实施生物治理工程的经验，通气状况和养分状况两项尤为重要。

2. 生物修复的类型　　污染土壤的生物治理不是单纯的生物学问题，它涉及多个学科，包括化学、物理学、生物和地质等，也需要一定的工程技术。污染对象的生物治理可以原地进行，称为原位生物治理（*in situ* bioremediation）；对于高浓度、严重污染的局部土壤区域可以将处理对象转移到就近场所或置于专门装置中进行，称为离位生物治理（*ex situ* bioremediation）。采用何种方式因处理对象和效果的需要而定。

第二节　微生物工业发酵

利用发酵与后处理设备进行微生物的规模化生产，以获得微生物细胞或其代谢产物的过程称为微生物工业发酵。在发酵工业，发酵的含义比较广泛，它是指利用好氧或厌氧微生物来生产有益代谢产物的生产方式。

微生物工业发酵的方式随产品而异，其基本工艺流程见图 13-7。用于工业发酵的微生物一般应具有以下特性：①具有稳定的遗传特性，能在大规模工业发酵条件下生长，并形成人类需要的产品；②能形成孢子或其他繁殖细胞，以利于发酵罐接种；③生长速率快，并能在较短时间内产生需要的生物产品；④可以在成本低廉的培养基上生长；⑤对人类、畜禽动物

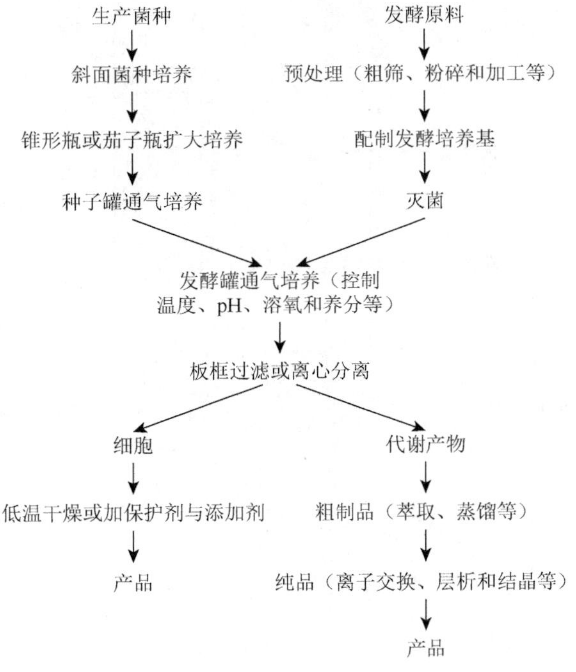

图 13-7　微生物工业发酵的基本工艺流程

和环境无毒害作用；⑥易于通过遗传改造以提高生产水平；⑦发酵液中的代谢产物含量高，后处理分离技术简单。

与实验室的小型发酵设备相比，微生物工业发酵的设备具有规模大、单位产品成本低和生产效率高的优点。工业发酵与后处理装置虽然因产品不同而有较大的差异，但发酵系统主要分为通风型发酵罐和厌氧型发酵罐两大类。后处理设备则主要包括过滤与分离设备，浓缩、结晶与离子交换设备，蒸馏、干燥和萃取设备等。

一、通风型发酵罐

通风型发酵罐适用于好氧性微生物发酵，常用于生产抗生素、氨基酸、酶制剂、味精和酵母单细胞蛋白等产品。其容量大小包括实验室用的 1.2～10L、中型的 10～90L 和工业生产用的 50L、1000L、5000L 直至数百到上千吨级的超大型发酵罐。依通风方式可分为通风型机械搅拌式、气升式和自吸式等多种类型，目的是将经过滤除菌的空气导入发酵罐，并以微气泡的方式加大气体与培养液的接触面，满足微生物生长需要的氧气，也可使微生物细胞保持悬浮状态，均匀地获得营养。

由于通风型机械搅拌式发酵罐具有气泡与物料分散均匀等优点，广泛应用于微生物工业发酵，典型的大型通风型机械搅拌式工业发酵罐结构见图 13-8。其罐体用适宜厚度的碳素钢或不锈钢板制成，高径比一般为 2.5～4，应能承受不低于 0.2MPa/cm^2 的压力。在培养基和消泡剂

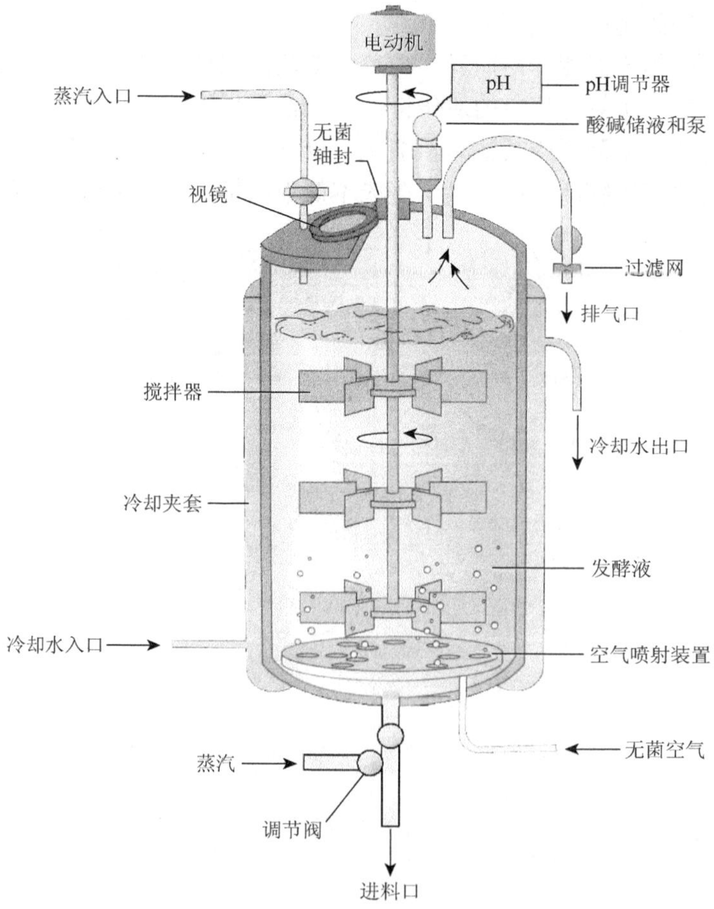

图 13-8　大型通风型机械搅拌式工业发酵罐的结构示意图（引自沈萍，2000）

（如甘油聚醚）加入罐内后直接通蒸汽灭菌，并经通入夹层或蛇形盘管的冷却水降温，然后由种子罐接种。空气经空气过滤器去除杂菌后由罐底进入发酵罐，在搅拌叶轮的作用下分散为微气泡，以满足微生物好氧性呼吸的需要。在搅拌器上装有2～3层搅拌叶轮，由可调速电机驱动，并经变速齿轮传动减速，在罐体上还焊有挡板以利于培养基与空气的充分混合。培养时的发酵温度由温度计或专用温度传感器测定并可经电磁阀自动向夹层或盘管导入热水升温或冷却水降温。pH和溶氧也可经专用检测与控制装置测定、记录与调节。发酵过程可以从观察孔直接观察并能经取样管随时取样化验。在发酵完成后，发酵液经放料管压出到后处理装置。

现代工业发酵罐能通过计算机，按设计的工艺过程要求控制发酵温度、pH、溶氧、搅拌速度和发酵泡沫，并能适时补充必要的营养物质。可以通过适时地在线监测与调控，满足微生物的最佳发酵条件，确保获得优质、高产和低成本的产品。

二、厌氧型发酵罐

与通风型发酵罐相比，厌氧型发酵因不需要通入无菌空气和搅拌而简化了发酵罐结构。适用于酵母菌酒精发酵的厌氧型发酵罐结构见图13-9。罐体为圆柱形，底盖和顶盖呈碟形或锥形。顶盖上有压力表、接种管、人孔、视镜和罐外控温用的喷淋水入口等，底盖上有发酵液和清洗水排出口。罐身上装有上、下两组测温装置，能适时检测罐内的发酵温度，并可通过与罐外喷淋装置配合的罐内蛇形冷却盘管，进行快速调节。

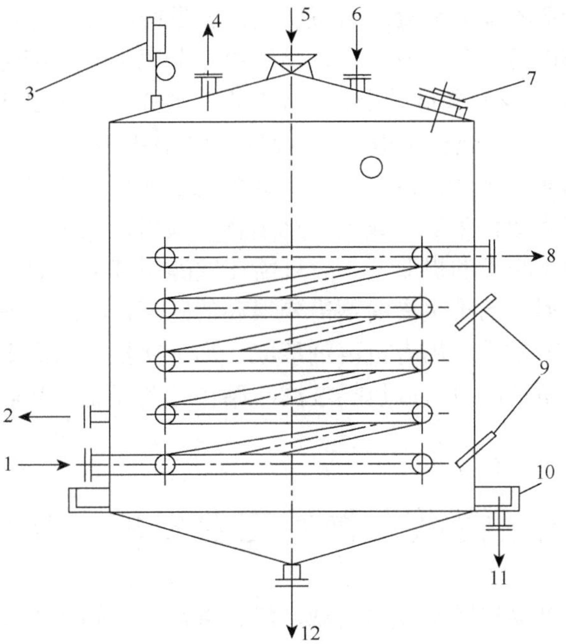

图13-9　酒精发酵罐的结构示意图（引自高孔荣，1991）

1. 冷却水入口；2. 取样口；3. 压力表；4. CO_2气体出口；5. 喷淋水入口；6. 料液及酒母入口；7. 人孔；8. 冷却水出口；9. 温度计；10. 喷淋水收集槽；11. 喷淋水出口；12. 发酵液及污水排出口

三、空气过滤系统

好氧性与兼性厌氧微生物的工业发酵需要向发酵罐通入无菌空气，制备无菌空气的空气过滤系统，包括高效前置过滤器、空压机或贮气罐、冷却器、油水分离器、加热器和主过滤器等（图 13-10）。由于高空的微生物较少，一般应从高空进气。高效前置过滤器以泡沫塑料（静电除菌）和超细玻璃纤维为过滤介质，能去除 90%以上的空气杂菌。进入空压机的空气温度较高并含有较多油雾与水汽，需经冷却降温，并分离掉油与水汽，再经升温后进入已提前灭菌处理并吹干的主过滤器，彻底滤除杂菌。为进一步防止杂菌污染，由空气过滤系统输出的无菌空气在进入发酵罐前，还需经过以超细玻璃纤维为介质的分过滤器进一步过滤除菌。在分过滤器与投料后的发酵罐同步灭菌后，应及时通入无菌空气保压降温，经过接种（或由种子罐移种）后即可开始发酵培养。

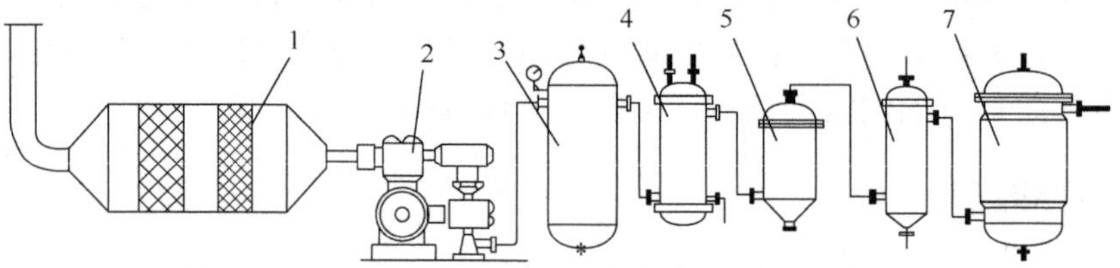

图 13-10　空气过滤系统的示意图

1. 高效前置过滤器；2. 空压机；3. 贮气罐；4. 冷却器；5. 油水分离器；6. 加热器；7. 主过滤器

四、发酵后处理的工艺

微生物工业发酵的后处理工艺和装置随产品性质及质量要求而异，直接以微生物活细胞为产品的微生物肥料一般不需要后处理装置，只需将发酵培养液分装到灭菌的草炭等吸附剂中即可。用作面包发酵的酵母菌在发酵后，需经离心分离出酵母细胞，可以直接压块包装，或经 55℃左右的低温烘干成干酵母粉出售。常用的杀虫苏云金芽孢杆菌制剂需在发酵完成后加适量 $CaCO_3$，用板框过滤器获得芽孢和伴孢晶体，然后用喷雾塔在高温下快速干燥成菌粉。井冈霉素等农用抗生素多将发酵液经离心分离或板框过滤后，获得无细胞上清液或滤液，再经薄膜浓缩至规定的产品效价后加工成乳化剂出售。医用抗生素中的口服片剂对抗生素原料药的纯度要求较低，如土霉素的提取，一般只需在发酵滤液中加 $CaCO_3$，将土霉素以钙盐形式沉淀后干燥即可。注射用的抗生素粉剂需要很高的纯度，其后处理工艺经过滤或离心分离除去微生物细胞，分离液常需要用有机溶剂萃取、离子交换和结晶等工艺多次纯化分离，才能提取出抗生素纯品。所需的设备应包括过滤与菌体分离设备、萃取与分离设备、离子交换设备和结晶干燥设备等。

第三节　代表性微生物的工业发酵产品和工艺简介

传统的微生物发酵产品以酿造业的白酒、醋、酱油、酸奶和乳酪为代表，现代工业微生物产品以抗生素、啤酒、葡萄酒、氨基酸、柠檬酸、免疫制剂、微生物农药和微生物肥料等为主。主要微生物发酵产品见表 13-3。

表 13-3　主要的微生物发酵产品

类别	代表性产品
食品饮料类	酒精、啤酒、醋、酱油、酸奶、乳酪、味精、柠檬酸和食用菌等
医药和免疫制品	抗生素、甾体激素、诊断试剂、菌苗和疫苗等

续表

类别	代表性产品
酶制剂、有机溶剂和添加剂	酶制剂、丙酮、丁醇、丁二醇、维生素和氨基酸等
农业和环境保护	农用抗生素、微生物杀虫剂、微生物肥料、植物生长调节剂、沼气、酵母单细胞蛋白和降解微生物等
其他	微生物勘探与冶金、石油酵母蛋白、PHB和黄原胶等

一、酵母菌的酒精发酵与含酒精饮料的制备

用酵母菌接种进行的酒精发酵已有上千年的历史，葡萄等果汁不需要接种，也能通过其果皮上附生的酵母菌进行酒精发酵。目前人类通过酒精发酵生产的上市产品，主要有蒸馏酒、啤酒和葡萄酒等。

（一）蒸馏酒的酿造

凡以水果、乳类、糖类和谷物为原料，经过酵母菌发酵后蒸馏得到无色透明的液体，再经陈酿和调配，制成透明的、乙醇含量大于20%的酒精性饮料，称为蒸馏酒（distilled liquors）。我国传统的白酒、西方的威士忌（whiskey）与白兰地（brandy）、俄国的伏特加（vodka）、中东的阿拉克（Arrack）和日本的烧酒均属此类饮料。

我国的白酒采用传统的窖式固态发酵和蒸馏工艺。高粱、麦类、玉米和大米等原料经过粗破碎后，加入谷壳和固态酒糟等填充料。经过常压蒸煮（糊化）后冷却，并接种以糖化霉和酵母为主的酒曲，控制含水量在55%左右，在密封的半地下式窖池中同时进行糖化和酒精发酵。入窖温度控制在15～20℃，发酵温度不超过33℃，发酵时间为30～60天。待品温降至25℃左右时，出料蒸馏，馏出的含有较多低沸点物质的酒头和含有较少酒精的酒尾均应单独存放。中段的馏出物称为大渣酒，经1～3年入缸存放，使之老熟为陈酿。出厂前经专门的调酒师将各类陈酿勾兑，掺和为基础酒，再经调味后即可分装上市销售。

英、美等国的威士忌以大麦、玉米、小麦和黑麦为原料，以泥炭燃烧的烟道气熏烤的麦芽为糖化剂。在原料粉碎后，加水于120～145℃下加压蒸煮、糊化和液化后，再按原料用量的15%～20%，加入粉碎的麦芽。在木制或不锈钢制的糖化锅中经过60～65℃糖化后，接种两种专用的酿酒酵母（压榨酵母和卡尔酵母），在22～34℃下发酵40～60h。发酵完成后的乙醇含量可达7.5%～8.0%，经用传统的铜制长鹅颈蒸馏器两次蒸馏后可使蒸馏酒的乙醇含量增加到63%～70%，分装于橡木桶，陈放3年后，才能调制成酒精度为40%～43%的威士忌，分装上市销售。

（二）啤酒的酿造

啤酒是世界上产量最高、饮用人数最多的酒种，其世界年产量可达近2亿吨。啤酒以麦芽为主料，大米和玉米为辅料，并配以含有苦味和防腐作用的葎草酮（又名α-酸）和蛇麻酮（β-酸）的啤酒花（hop），在液体条件下接种酵母进行酒精发酵而成。其生产工艺如下：①麦芽的制备。精选优质大麦，经过浸麦、发芽（13～18℃）、干燥和去根后，制成具有特色风味的干麦芽。②麦芽汁的制备。将干麦芽与大米、玉米等辅料粉碎，加水适量混合。在45℃、65℃和80℃逐级升温，使淀粉糖化，立即快速过滤，即得到麦芽汁。③麦芽汁的煮沸与啤酒

花的添加。过滤后的麦芽汁在煮沸浓缩时，分 3～5 次，逐步按麦芽汁量添加 0.18%～0.20% 的啤酒花，煮沸的麦芽汁经过去除酒花糟，快速冷却至 10～12℃，并将麦芽汁定型到 11～12°Bé。④啤酒发酵。主要采用酿酒酵母和卡尔酵母（*S. carlsbergensis*）进行啤酒发酵。前者因在发酵终止时多随 CO_2 一起上升至液面，形成酵母泡盖，称为上层发酵酵母。后者在发酵终止时大多絮凝成致密的沉淀，沉降于底部，故称为下层酵母。酵母菌经从斜面菌种→20mL 富氏瓶培养→1L 巴氏瓶培养→20L 卡氏罐培养→250L 汉森罐培养合格后，在工厂经酵母繁殖槽（1.5t 和 16t）两级扩大培养后，即可按 1∶1 的量，用于接种定型麦芽汁。在 100～150t 主发酵罐中进行啤酒发酵时，为了避免酵母在 20℃以上自溶而使啤酒带有酵母味，主发酵应控制在低温下进行。经过主发酵的啤酒需要移至后酵罐，在 0～3℃条件下贮存 1～3 个月，并经过滤和巴氏消毒（60℃，20min）后，才能分装销售。

（三）葡萄酒的酿造

葡萄酒可分为红葡萄酒和白葡萄酒两大类，其酿造过程见图 13-11。红葡萄酒直接以带果皮、部分果核和种子的葡萄汁为原料发酵，而白葡萄酒则将葡萄汁滤除果皮、果核和种子后再接种酵母菌发酵。因此两者在色泽和风味上有着明显的区别。由于红葡萄酒需要 2 年以上的后熟期，因而其风味较强，并含有更多的来自果皮的单宁化合物。生产规模的不同，葡萄酒的发酵罐容积从 200L 到 220t，由栎木、橡木、石料或有玻璃内衬的钢材制成，其顶部应装有可使发酵气体排出，但禁止外部空气进入的单向阀。葡萄榨汁时通入 SO_2，其目的在于杀死葡萄果皮表面附生的酵母，此后的葡萄汁一般仍含有 100mg/kg 的亚硫酸盐。常用于发酵的椭圆酵母（*S. cerevisiae* var. *elipsodeus*）对上述浓度的亚硫酸盐有抗性，接种后可进行正常的酒精发酵。红葡萄酒接种发酵 3～5 天后常将上部发酵液移至另一发酵罐中继续发酵 1～2 周。此后将经过滤的发酵液分装在容量为 160L 的桶中，于较低的温度下后熟 2 年以上，其间每年需换容器 3 次，以去除沉淀物。最后将发酵后熟的葡萄酒转入沉淀罐，同时加入乳酪素、单宁和膨润土等絮凝剂，并以过滤的食用酒精调节好酒精含量，即可分装上市，或进一步贮藏半年后上市销售。

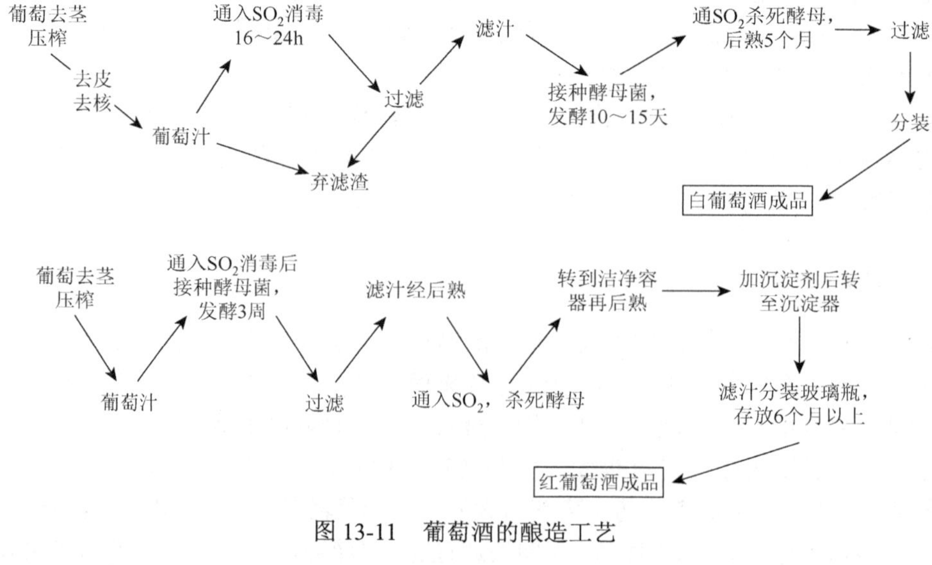

图 13-11　葡萄酒的酿造工艺

二、抗生素的工业发酵

目前，已报道的抗生素在数量上超过了 8000 种，并以每年发现上百种新抗生素的速度不断上升。已知的抗生素大多来自链霉菌属、青霉属和芽孢杆菌属等少数类群的微生物。可以认为，随着检测类群的扩大与遗传工程技术、计算机模拟技术在新抗生素筛选中的应用，大批新抗生素将不断得以开发和利用。常用抗生素及其作用机理见表 13-4。由于青霉素是最早发现、迄今一直在临床上广泛应用的一种高效低毒的抗生素，因此下面以青霉素为代表来介绍抗生素的工业发酵、提取与化学改造的主要工艺流程。

青霉素（penicillin）、头孢霉素（cephalosporins）、诺卡杀菌素（nocardicin）、棒酸（clavulanic acid）和噻烯霉素（thienamycin）等均属于 β-内酰胺类抗生素。它们都含有 β-已内酰胺的基本结构，该结构是此类抗生素产生抗菌活性的必要成分。某些细菌能产生 β-已内酰胺酶分解 β-已内酰胺类抗生素，从而具有抗药性。本类抗生素中的棒酸虽然不具有明显的杀菌活性，但却因为能抑制 β-已内酰胺酶的活性，在与青霉素或头孢霉素等抗生素配合使用时，能明显地提高其杀菌活性。

青霉素主要由产黄青霉（*Penicillium chrysogenum*）分泌产生。若在其发酵后期，加入前体物苯乙酸或苯乙酰胺，其产物几乎全部为青霉素 G。青霉素 G 由苯乙酸和 6-氨基青霉烷酸（6-APA）缩合而成，后者是所有青霉素类抗生素的基本结构，是 β-已内酰胺与四氢噻唑的缩合物。

表 13-4　常用抗生素及其作用机理简介

名称	作用基因	主要产生菌	作用病原微生物	作用机制
青霉素	β-内酰胺	产黄青霉（*Penicillium chrysogenum*）	革兰氏阳性菌	抑制细胞壁（肽聚糖）合成
头孢霉素	β-内酰胺	顶头孢（*Cephalosporium acremonium*）	革兰氏阳性和阴性菌	抑制细胞壁（肽聚糖）合成
红霉素	大环内脂	*Streptomyces crytuerus*	革兰氏阳性菌	抑制 5S 核糖体的功能
链霉素	氨基糖苷	灰色链霉菌（*Streptomyces griseus*）	革兰氏阳性和阴性菌	抑制 5S 核糖体的功能
新霉素	氨基糖苷	弗氏链霉菌（*Streptomyces fradiae*）	革兰氏阳性和阴性菌	抑制 5S 核糖体的功能
金霉素	四环素族	金霉素链霉菌（*Streptomyces aureofaciens*）	革兰氏阳性、阴性菌与立克次氏体	抑制氨酰-tRNA 的连接
杆菌肽	多肽类	枯草芽孢杆菌（*Bacillus subtillis*）	革兰氏阳性菌	抑制细胞壁（肽聚糖）合成
多黏菌素 B	多肽类	多黏类芽孢杆菌（*Paenibacillus polymyxa*）	革兰氏阴性菌	破坏细胞膜结构
制霉菌素	多烯族	诺尔斯氏链霉菌（*Streptomyces noursei*）	真菌	与固醇结合，破坏膜结构

青霉素的工业发酵一般采用 40～200t 的大型通风型发酵罐，其发酵培养基主要以乳糖为碳源，玉米浆为氮源，并含有生长因子，另加硫代硫酸钠、磷酸氢二钾等无机盐和少量前体物苯乙酸。青霉素工业发酵的动力学过程见图 13-12。由图 13-12 可见，在营养生长阶段（前 40h），只有很少量的青霉素产生。一旦培养基的碳、氮源快速消耗后，即转入产素阶段。此时应分次适量补加葡萄糖和氮源，以维持菌株的代谢与缓慢增长，维持青霉素的产生和向外分泌，直至 140h 左右停止发酵。由于研究者不断地筛选高产菌株和改进发酵工艺，目前国内外的青霉素发酵效价已高达 6 万～10 万单位/mL 或以上。在发酵终止后，用高速离心机或板框过滤器分离掉菌丝体，滤液降温至 10℃以下后，调 pH 至 4.5～5.5，并加少量表面活化

剂溴代十五烷吡啶（PPB），以降低表面张力。调 pH 至 2.0～2.2，乙酸丁酯萃取两次，萃取液经活性炭脱色后，调 pH 至 4.0，让青霉素 G 结晶。再经过离心，分离出结晶，经丁醇洗涤两次，真空干燥粉碎后即获得青霉素成品。

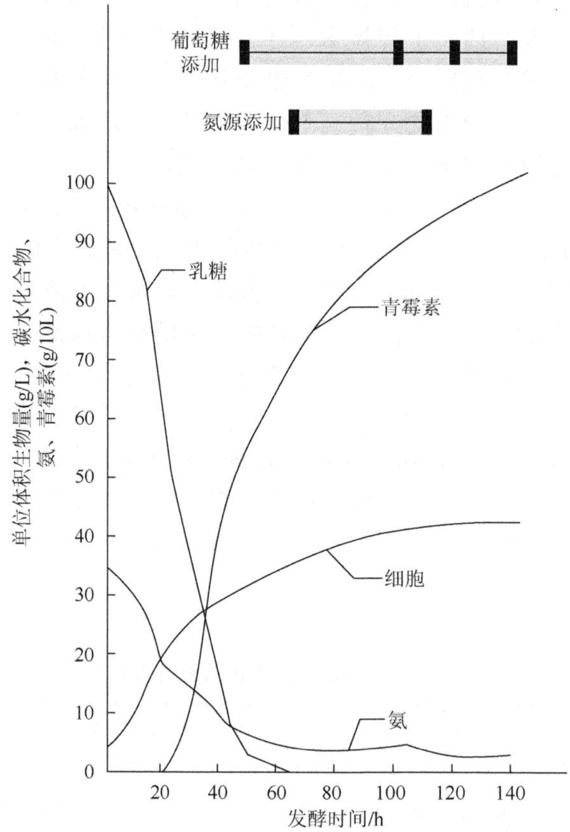

图 13-12　青霉素工业发酵的动力学过程（引自 Madigan et al.，2003）

由于青霉素 G 的抗菌谱较窄，而且在长期的临床应用中，已不断有抗药性细菌出现。为了拓宽其抗菌谱和避开细菌的抗药性，研究者发现在保持青霉素的 β-内酰胺环的条件下，可以采用化学合成法，改造青霉素 G 的侧链酰基而制成广谱、耐抗药性菌株的新型半合成青霉素。常用的有氨苄青霉素（ampicillin）和羧苄青霉素（carbenecillin），以及耐青霉素酶（可以口服）的二甲氧基苯青霉素（methicillin）、乙氧萘青霉素（nafcillin）和苯唑青霉素（oxacillin）等。

三、柠檬酸的工业发酵

柠檬酸的用途广泛，在食品工业中用作酸味添加剂和油脂抗氧化剂，在医药工业中用作补血和输血剂，在化学工业中用作洗涤剂和防锈剂并广泛用于增塑剂合成等。柠檬酸虽然普遍存在于植物果实和叶内，但提取的成本高。在 19 世纪晚期，研究者发现曲霉、青霉、毛霉和假丝酵母等多种微生物能产生柠檬酸。目前用于工业生产的主要是黑曲霉（*Aspergillus niger*），经多次筛选的生产菌株由于具有较高的柠檬酸合成酶活性，以及低的顺乌头酸水合酶和异柠檬酸脱氢酶活性，从而可以在三羧酸循环过程中积累柠檬酸。为了维持柠檬酸合成所需的草酰乙酸，则可通过糖酵解的中间产物磷酸烯醇丙酮酸与CO_2结合羧化而形成。由于Fe^{3+}可与柠檬酸结合而形成柠檬酸三铁的螯合物，因此发酵培养基应不含Fe^{3+}，并只能采用不锈钢制成的发酵罐。用于柠檬酸工业发酵的原料主要包括糖蜜、淀粉质原料（如甘薯、马铃薯、玉米、小麦和木薯等）和液体石蜡等。后者是石油冶炼过程中的含14～18碳的直链烷烃混合物，其发酵微生物为假丝酵母。黑曲霉能产生淀粉酶，可直接利用淀粉质原料，其发酵过程需要消耗大量的氧气，并使发酵液的pH迅速下降。其发酵温度为31℃，pH为2.0～2.5。以糖蜜为原料的柠檬酸工业发酵动力学过程见图13-13。由图13-13可见，糖蜜在发酵第4天时，全部转化为葡萄糖和果糖，柠檬酸产量从第5天起快速增加，全部发酵过程在第8天结束。发酵液经100℃杀菌处理后，采用板框过滤去除菌丝体等固形物。滤液用碳酸钙中和，沉淀出柠檬酸钙，再用硫酸酸解出柠檬酸。经过活性炭和树脂法脱色，并除去少量杂质与金属离子后，浓缩结晶，即获得纯品柠檬酸。

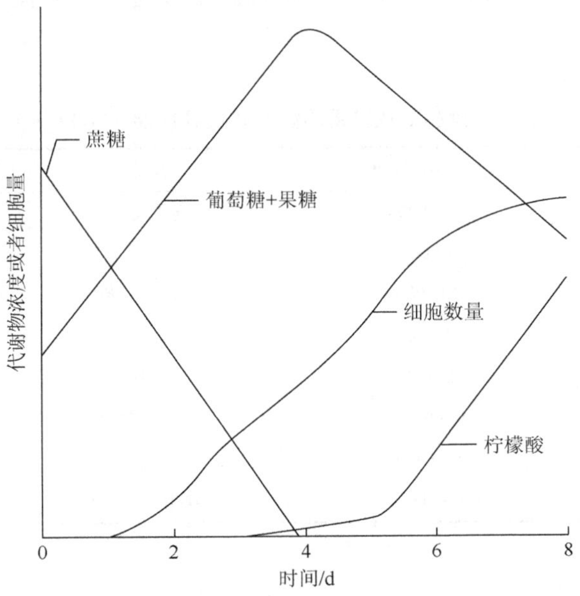

图13-13 柠檬酸工业发酵的动力学过程（引自Madigan et al.，2003）

四、氨基酸的工业发酵

氨基酸作为蛋白质的组成单元，在医药、保健、食品、饲料和化妆品等方面有着广泛的用途。例如，谷氨酸钠（味精）广泛用作食品增鲜剂，天冬氨酸和苯丙氨酸是合成人工甜味剂阿斯巴甜的主要原料，在保健食品和饮料中，广泛用作非糖甜味剂。赖氨酸是人类和某些家畜不能自己合成的必需氨基酸，也可采用微生物发酵生产，并用作食品和饲料添加剂。虽然大多数氨基酸目前已不难用化学法合成，均为D型和L型混合物，但是微生物发酵生产的氨基酸因全部为具生物活性的L型，仍具有其独特的优势。目前主要用发酵法生产的氨基酸及其功能见表13-5。当前氨基酸的世界总产量已达600多万吨，并以每年10%以上的速度递增，我国已经成为世界最大氨基酸生产国。用于氨基酸工业发酵的微生物主要有谷氨酸棒杆菌（*Corynebacterium glutamicum*）、北京棒杆菌（*C. pekinese*）、钝齿棒杆菌（*C. crenatum*）和黄色短杆菌（*Brevibacterium flavum*）等。生产方法有直接发酵、加前体物和酶法转化3种。发酵微生物应选用解除了相应氨基酸合成途径终产物（氨基酸）反馈抑制的突变菌株，如黄色短杆菌的赖氨酸合成水平主要取决于天冬氨酸激酶，该酶的活性受赖氨酸的反馈抑制，一旦筛选到解除该反馈抑制的突变株，其赖氨酸就可以超水平地合成。在筛选时，可以用赖氨酸的类似物 *S*-氨乙基半胱氨酸（*S*-aminoethylcysteine，AEC）代替赖氨酸与天冬氨酸激酶的变构位点结合，使之失去活性，从中筛选出抗 AEC 的突变株。由于其天冬氨酸激酶的变构位点已发生改变，因此不再受赖氨酸的反馈抑制，从而可用于发酵生产赖氨酸。氨基酸工业发酵还有另一个重要条件，是要促使发酵微生物过量合成的氨基酸向细胞外分泌，方法是控制特殊的营养条件，以增加产生菌细胞膜的通透性，从而加快小分子产物氨基酸向外分泌。常用于氨基酸工业发酵的碳源主要有糖蜜、淀粉、葡萄糖和石蜡等，氮源为玉米浆、蚕蛹粉、麸皮和无机氮。在采用大型通风型发酵罐生产时，应该按生产菌株的需要控制好前期的营养生长，以及后期次生代谢产物氨基酸的合成条件，有些还需要添加其合成代谢的前体物，以提高氨基酸产量。发酵液经过离心或板框过滤，分离掉菌体等固体杂质，然后通过脱色、浓缩、调等电点、沉淀离心和进一步纯化结晶等方法，得到氨基酸成品。

表 13-5　食品工业常用的氨基酸及其功能（2009 年）

氨基酸	世界年产量/t	用途	作用
L-谷氨酸钠	2 000 000	各类食品	增鲜剂、肉制品软化
L-天冬氨酸和丙氨酸	23 000	果汁	调味剂
L-苏氨酸	200 000	食品、饲料	营养强化剂
L-半胱氨酸	4 000	面包	改进品质
L-苯丙氨酸	20 000	饮料	低糖甜味剂阿斯巴甜合成前体
L-赖氨酸	1 300 000	面包、饲料	营养添加剂
L-甲硫氨酸	600 000	大豆制品、饲料	营养添加剂
L-色氨酸和 L-组氨酸	5 500	各类食品、饮料	抗氧化剂、防腐剂、营养添加剂

五、酶制剂

酶制剂是指从生物（植物、动物和微生物）中提取的具有催化特性的一类蛋白质，广泛用于食品加工、饲料、生物化工及科学研究等各个行业。微生物是酶制剂生产的主力军。微生物为了降解利用环境中的纤维素、果胶、淀粉和蛋白质等大分子聚合物，需要向细胞外分泌相应的酶，先将其分解成小分子化合物，然后才能吸收利用。同时来源于特殊环境如高温中微生物能够产生一些可以在极端环境条件下应用的酶制剂。通过诱变筛选，已获得一大批可用于工业发酵生产各种胞外酶的微生物。常用的微生物酶制剂的种类与用途见表 13-6。

由于微生物酶制剂具有特异性高、作用条件温和、产物均一和不污染环境等优点，其产量与市场需求逐年增长，目前已广泛应用于食品加工、洗涤剂、医药、纺织、造纸和制革工业和人类的日常生活。例如，淀粉酶除直接用于将淀粉降解为葡萄糖外，还可用于面包烤制、纺织、造纸、饮料、消化类药物和洗涤剂。在高果糖浆的生产工艺中，第一步用 α-淀粉酶将淀粉液化为小分子，第二步用葡萄糖淀粉酶将其转化为葡萄糖，第三步用葡萄糖异构酶将葡萄糖转化为果糖。蛋白酶也广泛用于制革、肉类嫩化、纺织、消化类药物和洗涤剂等。纤维素酶能够转化纤维素为葡萄糖，是现在生物能源产业中使用的主力酶品种。

由极端环境微生物产生的嗜热、嗜冷、耐热、耐碱和耐酸性的水解酶和 DNA 聚合酶等也有着广泛的应用前景。从最适生长温度为 100℃的沃氏热球菌（*Pyrococcus woesei*）分离的支链淀粉酶（pullulanase），能在 90℃保持 100%的酶活性，而在有 Ca^{2+}存在时，在 110℃下仍可维持 90%的酶活性，在 120℃下也有较明显的酶活性。国外已将耐酸纤维素水解酶作为添加剂，开发出一种商品名为 Avizyme 的鸟类饲料，能在鸟类胃的强酸性条件下消化纤维质物料，提高饲料的营养价值和加快鸟类的生长。来自水生栖热菌（*Thermus aquaticus*）的 *Taq* DNA 聚合酶和激烈热球菌（*Pyrococcus furiosus*）的 *Pfu* DNA 聚合酶等已广泛用于聚合酶链反应（PCR）技术，进行 DNA 片段的扩增。该酶能在 DNA 变性解链的 92～96℃高温下保持活性，并在 72℃条件下催化 DNA 片段的合成。

由微生物产生的各种限制性内切酶能在识别的特定碱基序列处结合，并切开双链 DNA，形成具有特定末端结构（短单链头的黏性末端或平头的钝末端）的 DNA 片段，从而为 20 世纪 70 年代以来出现的基因工程创造了条件。现已广泛用作基因克隆表达的工具酶，在重组 DNA 技术中有着广泛的应用前景。

表 13-6　微生物酶制剂的种类与用途（改自沈萍，2000）

种类	主要的产酶微生物	用途
α-淀粉酶	米曲霉、黑曲霉、芽孢杆菌	淀粉液化、助消化、果汁澄清、织物去浆
β-淀粉酶	米曲霉、芽孢杆菌	淀粉降解、制麦芽糖、织物去浆
葡萄糖淀粉酶	根霉、曲霉、拟内胞霉	制葡萄糖、食品加工
异淀粉酶	产气杆菌、链球菌、假单胞菌	淀粉糖生产
酸性蛋白酶	曲霉、毛霉、芽孢杆菌	食品加工、软化剂
中性蛋白酶	曲霉、芽孢杆菌	食品加工、软化剂、二肽甜味素
碱性蛋白酶	曲霉、毛霉、芽孢杆菌、链霉菌	洗涤剂、肉嫩化、脱胶、制革
脂肪酶	根霉、曲霉、假丝酵母	制备甘油与低脂肪食品、洗涤剂、生物柴油
凝乳酶	毛霉、酵母、芽孢杆菌	干酪制造
纤维素酶	木霉、青霉、芽孢杆菌	纺织纤维软化、饲料、酿酒、生物能源
果胶酶	曲霉、青霉、芽孢杆菌	棉麻精制、果汁澄清与过滤、酿酒
葡萄糖异构酶	假单胞菌、链霉菌、节杆菌	制果糖、饮料
DNA 聚合酶	细菌、嗜热菌	基因克隆、PCR 反应

第四节　微生物基因工程

基因工程是 20 世纪 70 年代以来在分子遗传学、生物化学与微生物学的基础上建立起来的一项新型的生物技术。该技术是采取类似工程设计的方式，按照人们预先设计的蓝图，把我们所需要的某一供体生物的遗传物质（DNA）提取出来，在离体条件下进行剪切，获得我们所需要的目的基因。然后，把它和载体连接起来，再导入相应的受体细胞，并使外源基因复制、扩增、转录和翻译，从而实现供体基因在受体细胞中的高效表达。基因工程的特点是：①基因重组不在细胞内，而是在体外人工条件下进行，然后再导入受体细胞中，因而是分子水平上的操作和细胞水平上的表达。②外源基因一般不整合到染色体上，而是克隆在称为载体的复制子上。由于载体能独立复制，其重组又不受生物同源性的限制，产物也能成倍地增加。③能突破生物的进化屏障，按照人类的需要，有目的地改造现有生物，并创造新的生物类型。

一、基因工程的基本要素

（一）工具酶

Weiss 等于 1967 年发现，由 T_4 噬菌体编码的 DNA 连接酶在一定条件下，可连接断开的 DNA 链。1970 年，Smith 等发现了能将 DNA 在特定的位点切开的限制性内切酶。1972 年，Berg 等将病毒 SV40 的 DNA 与 λDNA 分别切开，再拼接成杂种 DNA 分子，完成了首次基因工程的操作。此后，又陆继发现了由细菌等产生的数十种限制性内切酶，从而为基因工程的广泛开展创造了条件。目前，基因工程中常用的工具酶主要有以下几种。

1. 限制性内切酶　　在工具酶中，种类较多、并广泛使用的是一类水解 DNA 的磷酸二酯酶，能在双链 DNA 的特殊位点上切开。不同的限制性内切酶作用时识别的核苷序列各不相同。常用限制性内切酶的识别位点见表 13-7。

表 13-7　常用的几种限制性内切酶的性质

名称	识别顺序	缓冲液	作用温度/℃
Alu I	AG↓CT（平头）	中盐	37
Ava II	G↓G（A/T）CC	中盐	37
*Bam*H I	G↓GATCC	中盐	37
Bcl I	T↓GATCA	中盐	50
Bgl II	A↓GATCT	低盐	37
Dpn I	GA↓TC（平头）	中盐	37
*Eco*R I	G↓AATTC	高盐	37
Hind III	A↓AGCTT	中盐	37
Hpa II	C↓CGG	低盐	37
Pst I	CTGCA↓G	中盐	37
*Sau*3A	↓GATC	中盐	37
Sma I	CCC↓GGG（平头）	低盐	25

2. DNA 聚合酶　　主要有以下 4 种。

（1）DNA 聚合酶 I　　是细胞中与 DNA 复制、重组和修复等功能有关的聚合酶，它能在模板和 Mg^{2+}作用下，催化 DNA 链从 5′→3′方向的聚合反应。同时也具有从 5′→3′（其小片段）和从 3′→5′（大片段）的外切核酸酶活性。

（2）T_4 DNA 聚合酶　　具有与 DNA 聚合酶 I 相同的聚合酶活性和从 3′→5′外切核酸酶活性，除能代替 DNA 聚合酶 I 大片段的作用外，还可利用其很强的 3′→5′外切酶活性，只将克隆 DNA 的一条链进行特异性标记。

（3）DNA 末端转移酶（TdT）　　其聚合反应不需要模板，能在单链 DNA 的 3′端或双链的 3′-黏性末端进行脱氧核苷三磷酸的聚合的反应，加上 1 到多个核苷酸。

（4）逆转录酶　逆转录酶也称为依赖于 RNA 的 DNA 多聚酶，可用于以 RNA 为模板，合成对应的 DNA 或称 cDNA，有时也可用于以 DNA 为模板，合成 DNA。常用于从真核生物某一基因转录的 mRNA 合成其 cDNA，再进行基因克隆。

3. 核酸酶类　主要有以下 3 种。

（1）核酸酶 S1　又称为单链特异性核酸酶，能特异性地降解单链 DNA 和 RNA。主要用于将黏性末端切平。

（2）核酸酶 BAL31　是一种多功能的核酸酶，作用于单链 DNA 和 RNA 时表现出与核酸酶 S1 相同的内切酶活性。当作用于双链 DNA 时，能同时从 3′端和 5′端降解 DNA，使之缩短到 25%左右。

（3）外切核酸酶III　能从双链 DNA 的 3′端起降解并依次切下单核苷酸，形成有 5′端单链的 DNA 分子。当分解到双链的 40%～50%时，即不再降解。

4. 连接酶类　主要有以下 2 种。

（1）DNA 连接酶　用于将 DNA 链中两个相邻核苷酸的 3′-OH 与 5′-P 结合起来，反应时需要 NAD 辅酶和 ATP。

（2）RNA 连接酶　主要是 T_4 RNA 连接酶，其连接机制与 T_4 DNA 连接酶相同。

（二）载体

在基因工程中常用的载体主要有两种：一是质粒，二是改造后的病毒或噬菌体载体。载体的作用是作为媒介，将外源 DNA 分子导入受体细胞，并使之能在受体细胞内复制和表达。基因工程载体必须具备以下条件：①在受体细胞内有自主复制能力；②对于限制性内切酶来说，最好只具备单一的酶切位点；③载体的分子质量要尽可能小；④带有抗性或其他可以快速检测的基因标记，易于筛选重组子；⑤易于通过转化或接合等方式导入受体菌，并在受体细胞中有较多拷贝数；⑥要利于外源基因在受体细胞内的表达，最好含有一个强的启动子；⑦不能向其他非受体细胞自主转移，安全性能好。从生物体内分离的质粒或病毒 DNA，一般难以完全符合上述要求，必须加以改造。质粒的改造一般包括以下 4 个方面。

1. 限制酶切位点的改造　利用限制性内切酶，切除质粒的除复制和抗性基因以外的非必要的片段，既可减少载体的分子质量，又能减少和改变酶切位点，并有利于插入外源 DNA。插入一小段人工合成的多酶切位点常能使载体获得理想的多种限制性内切酶的单一切点。

2. 便于检出的改造　为了便于检出重组子，载体的标记一般以抗药性基因为主。例如，质粒 ColE Ⅰ为松弛型但没有标记，而质粒 pSC101 虽是严谨型的，但带有 Tc^r 标记。两者经 *Eco*R Ⅰ酶分别酶切后，取 ColE Ⅰ的复制区和 pSC101 的抗性部分，可以组成既有抗性标记又属于松弛型的嵌合质粒 pSC134。

3. 利于外源基因表达的改造　插入的外源基因需要一个强的启动子，才能转录并进一步在受体细胞中表达。目前用于改造载体所用的启动子主要来自 *lac*、λP_L、T_3、T_7、SV40 和 SP6 操纵子等。例如，利用含有 *lac* 启动子的表达性质粒 pUC19 与 λ 噬菌体的左臂启动子 P_L，可改造成两个很有用的质粒载体 pHVB2 和 pHVB4。

4. 关于安全性能的改造　作为载体的质粒，应当只能在特定的宿主细胞内复制，以免抗性基因的扩散。一个有效的方法是使质粒不能在受体菌中复制，迫使导入的外源 DNA 通过同源双交换，整合到受体的染色体上。另一个方法是使载体不能自主转移，只有在带有转移基因的协助质粒帮助下，才能诱动转移。

噬菌体也具备作载体的条件，并可用于原核细胞之间、真核到原核细胞及原核到真核细胞的基因转移。例如，固氮基因从肺炎克雷伯氏杆菌转移到大肠杆菌就是以 P1 噬菌体为载体。目前，使用最多的是 λ 噬菌体，用于作载体前也需进行必要的改造，其中段 18～20kb 的 DNA 可在酶切后被外源基因构成的填充段插入或取代，酶切时破坏的免疫基因（*imm*）、阻遏蛋白基因（*cI*）和 β-半乳糖苷酶基因（*lacZ*）可作为筛选标记。采用 λ 系列载体时，重组 DNA 的大小应为 λDNA 的 75%～105%（即 37～53kb），否则就不能被噬菌体的外壳蛋白包装，也难以转染形成噬菌斑。

常用的代表性基因工程载体见表 13-8。

表 13-8　常用的代表性基因工程载体

载体	类型	大小/kb	外源基因插入位点	主要特性
pBR322	质粒	4.36	*Eco*R Ⅰ，*Bam*H Ⅰ，*Hind* Ⅲ，*Pst* Ⅰ，*Sal* Ⅰ 和 *Pvu* Ⅰ	Ap^r 和 Tc^r（插入失活）
pUC18	质粒	2.69	多酶切位点	Ap^r 和 *lacZ*（插入失活）
pBluescript SK	f1 噬菌体	2.96	多酶切位点	Ap^r 和 *lacZ*（插入失活）
Charon 35	λ 噬菌体	45.77	多酶切位点	能以取代方式克隆 9.0～21.0kb 外源 DNA
pJB8	柯斯质粒	5.40	*Eco*R Ⅰ，*Bam*H Ⅰ，*Sal*Ⅰ，*Cla* Ⅰ 和 *Hind* Ⅱ	Ap^r，能用于在细菌中克隆 33～46.5kb 外源 DNA

（三）外源 DNA

外源 DNA 即目的基因，分离的外源基因一般应满足以下条件：①具有全部正确表达的碱基顺序；②如果载体没有可利用的启动子，它应具有自己的启动子；③没有多余无关的碱基序列。绝大多数的外源基因都是从供体生物细胞中通过 PCR 扩增获得并改造的 DNA 片段，随着基因人工合成技术的发展我们可以根据需要对基因进行任意改造。

二、基因工程的工艺流程

基因工程包括以下 5 个主要步骤（图 13-14）。

（一）目的基因的分离

对于原核生物来说，可以直接从基因文库中分离目的基因。其方法是把供体菌的染色体酶切成一定大小的 DNA 片段，然后与载体 DNA 重组，再用重组 DNA 转化受体大肠杆菌，形成的转化细胞含有供体菌的不同 DNA 片段，一定数量的转化子能代表供体细胞的基因组，并构成供体菌的基因文库。以已知的基因为探针或采用其他方法，不难从供体菌的基因文库中选出带有该目的基因的阳性克隆，如在固氮微生物中，可以利用固氮酶基因（*nif*）的高度保守性，用来自肺炎克雷伯氏菌的 *nifHDK* 基因作探针，通过与基因文库的分子杂交从中鉴定出其他固氮微生物的固氮基因。若要获得一个高度保守的同源基因（16S rRNA 基因），也可不采用基因文库，直接根据该基因序列设计 5′端和 3′端引物，通过 PCR 扩增获得目的基因。对于真核生物，则应采用间接法，一般先分离该基因转录的 mRNA，再以 mRNA 作模板，用逆转录酶合成互补的 cDNA，再复制成双链 DNA。也可以先分离到该基因的产物（蛋白质），然后根据该蛋白质的氨基酸顺序，人工合成相应的双链 DNA。

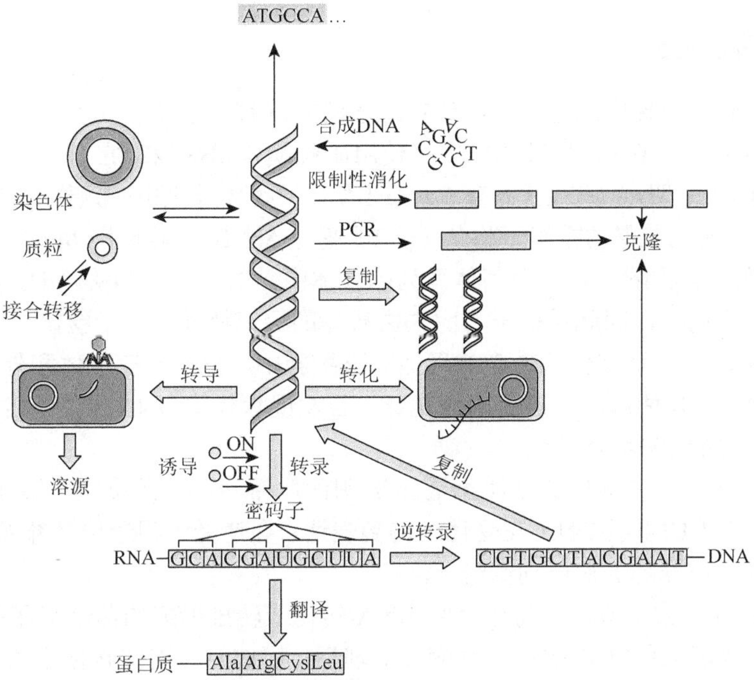

图 13-14　基因工程流程图

（二）载体的分离

以质粒载体为例，目前用作载体的质粒主要来自于大肠杆菌。其分离步骤是：①用加热法或表面活性剂（如十二烷基硫酸钠等）处理，再加少量溶菌酶或蛋白酶处理使细胞裂解，释放出染色体和质粒 DNA。经碱变性后，离心使质粒与染色体 DNA、细胞碎片和蛋白质分离。②用有机溶剂如苯酚、氯仿和异戊醇反复抽提纯化，残存的 RNA 可用适量的 RNA 酶降解。③用乙醇等沉淀质粒 DNA。

（三）体外重组与转化

体外重组一般选择相同的限制性内切酶，分别对外源 DNA 和载体 DNA 进行酶切，以获得带有相同的黏端或平头末端的 DNA。在没有相同的内切酶位点时，也应做进一步处理，使之形成相同的黏端或平头末端。然后将外源和载体DNA酶切片段按一定比例混合，在 T_4 DNA 连接酶的作用下，于含有 ATP、Mg^{2+}和 DTT（二硫苏糖醇）等的连接缓冲液中，置 12℃过夜，即可连接成重组 DNA。为了防止和减少载体 DNA 的自我连接，在体外重组时一般应先用碱性磷酸酶处理载体 DNA，除去 5′端的磷酸基以避免自连；也可以采用高量的外源 DNA 和少量的载体 DNA，以提高重组比例。

在基因工程中，黏粒（cosmid）是带有 λ 的 *cos* 位点、能被 λ 噬菌体的外壳蛋白包装并转染受体细胞的特殊质粒。在使用黏粒、噬菌体或病毒 DNA 作载体时，由于酶连的重组 DNA 较大，难以直接转化受体细胞。为了提高重组 DNA 进入受体细胞的频率，一般需要先提取噬菌体或病毒的外壳蛋白，在体外将重组 DNA 包装成类噬菌体或病毒颗粒，再用于转染受体细胞。重组 DNA 分子无论通过转化还是转染的方法进入受体细胞时，受体细胞均应处于感受态状态。

（四）重组子的检出

从受体菌的转化或转染细胞群中筛选重组子的方法有以下 5 种。

1. *插入失活法*　在基因工程中，广泛使用质粒载体 pBR322，它有 Ap^r 和 Tc^r 抗性标记，而且在 Ap^r 上有 *Pst* Ⅰ切点，在 Tc^r 上有 *Bam*HⅠ切点。在体外重组时，若用 *Pst* Ⅰ酶切并与外源 DNA 连接后，转化获得的重组子将从 $Ap^r\ Tc^r$ 变为 $Ap^s\ Tc^r$。若选用 *Bam*HⅠ酶切时，重组子将从 $Ap^r\ Tc^r$ 变为 $Ap^r\ Tc^s$。在 λ 噬菌体系列的载体中，由于外源 DNA 可以取代载体填充段上的标记基因和启动子，因此重组子将因失去载体的标记特性而易于检出。

2. *电泳检测法*　从转化或转染的受体克隆细胞中，提取含有载体和外源 DNA 的重组质粒，经过限制性内切酶降解后进行凝胶电泳。若发现除载体 DNA 外，还含有外源 DNA 谱带，则证实为重组的 DNA 分子。

3. *遗传互补法*　若选择的受体菌是营养缺陷型，而插入的外源基因又正好能弥补该缺陷的基因，一旦引入的重组 DNA 在受体中得到表达，会使受体因遗传互补而转变为野生型，因而很容易从基本培养基上筛选到重组子。

4. *菌落原位分子杂交法*　将用重组 DNA 转化或转染形成的菌落影印在硝酸纤维素或尼龙膜上，再原位溶菌释放出 DNA。经变性处理后，用放射性同位素标记的基因作探针，进行菌落原位杂交。再用 X 光片作自显影图，从图上放射点的位置可找出相应的阳性克隆。也可以采用非放射形探针杂交法，其一是将过氧化物酶与 DNA 探针连接，并把杂交后的膜浸入含有该酶的发光底物鲁米诺（Luminol）中反应，阳性克隆将能发光而可用胶片曝光检测；另一种方法是让探针 DNA 与生物素结合，后者再通过抗生朊（avidin）与碱性磷酸酶相连接，再加入其相应底物后即可检测出蓝色的阳性克隆。

5. *免疫化学法*　在缺少可供选择的表型特征，又无基因探针的情况下，可以通过血清学方法制备并筛选出针对该外源基因产物的特异性抗体。本法的主要程序如下，先将在琼脂平板上长出的受体菌菌落影印，培养保存，然后用饱和氯仿气体处理使细胞裂解。将涂有特异性抗体的聚乙烯薄膜覆盖在平板上，薄膜上的抗体将与阳性菌落的抗原发生反应，形成抗原-抗体复合物，再用 ^{125}I 标记的 IgG 处理。它将与上述抗原抗体复合物结合，然后洗去多余未结合的 ^{125}I-IgG，最后经过放射自显影，选出阳性重组克隆。除了放射免疫测定法以外，还可以采用荧光免疫法、酶联免疫法和化学发光免疫法等。

（五）外源基因的表达

外源基因在受体细胞中的表达与供体和受体之间的亲缘关系有关，主要取决于转录水平上的启动子与受体细胞 RNA 聚合酶的相互识别水平，翻译水平上的 mRNA 与受体细胞核糖体的结合能力，外源片段插入方向对表达的影响，转录和翻译后的修饰和表达产物向胞外的分泌能力等。

在已知基因的功能和产物时，外源基因的表达可以通过蛋白质电泳、免疫化学测定等方法直接鉴定，也可以通过功能互补作用测定产物的酶或生物活性。

三、微生物的遗传工程设计

微生物基因工程是通过遗传操作对微生物进行单个基因或基因簇进行改变，而代谢工程（metabolic engineering）是利用多基因操作技术有目的地对细胞代谢途径进行修饰、改造，改变细胞特性，并与细胞基因调控、代谢调控及生化工程相结合，实现构建新的代谢途径生产特定目的产物，是现代生物技术的一个新的学科领域。

（一）微生物基因组编辑

基因组编辑是在基因组尺度对细胞进行设计和改造，简单的基因组编辑可以利用同源重组手段进行，利用自杀性载体（进入宿主细胞不能独立复制）介导，利用人工设计的 DNA 对基因组上目标基因进行敲除、插入或突变。利用温敏型质粒结合 *sacB*（果聚糖蔗糖酶）可以实现对目标菌株基因组的修饰。近年来基因组操作技术发展迅速，高效、快速的操作系统可以让科学家对基因组进行理性设计。

1. Red/ET 重组系统　Red/ET 重组系统是来源于 λ 噬菌体的重组系统，由 *exo*、*bet* 和 *gam* 三个基因组成。*exo* 基因的产物是 λ 核酸外切酶，它可将 dsDNA 5′端切开，产生 3′端突出，*bet* 基因编码的 β 单链结合蛋白介导 DNA 链退火和交换反应，*gam* 基因的产物是一个分子质量为 16 000Da 的多肽，可以与宿主的 RecBCD 蛋白结合，抑制其外切酶活性。Red 系统的 *bet* 基因作用下可以启动 *E. coli* 染色体和短的单链寡核苷酸序列间发生重组，导致基因的敲除或置换，被广泛用于原核生物的基因敲除。pKD46 温敏质粒是常用的 RED 重组载体，RED 重组系统的表达在阿拉伯糖操纵子的控制下诱导表达，进行基因组修饰时，先将 pKD46 载体导入宿主菌中，然后采用 PCR 技术将根据拟敲除的基因设计的同源臂与抗性基因融合，融合片段电击转化含有 pKD46 的宿主菌，在阿拉伯糖诱导下进行重组。筛选到重组子后 pKD46 可以通过高温孵育予以消除，从而实现对目标基因的敲除。

2. Cre-lox 重组系统　本系统是基于来源于 P1 噬菌体 Cre（Cyclization recombinase）重组酶构建的一套基因组编辑系统，Cre 可以识别特异靶位点即 loxP 位点并在其上催化断裂和重组从而产生精确的 DNA 重组的一类酶。它是一种位点特异性重组酶，能介导两个 loxP 位点（序列）之间的特异性重组，使 loxP 位点间的基因序列被删除或重组。loxP 序列是有两个 13bp 反向重复序列和中间间隔的 8bp 序列共同组成，8bp 的间隔序列同时也确定了 loxP 的方向。Cre-lox 系统可以利用 50bp 长的同源臂实现重组，效率很高。本编辑系统在基因组编辑中使用的 loxP 位点被进行了人工改造，使得两个 loxP 位点重组后形成的 loxP 位点不再被 Cre 酶识别，从而实现在菌株中进行多次编辑。

3. CRISPR/Cas9 重组系统　人工核酸酶是近年来基于 DNA 结合蛋白设计的一类可以特异性切割基因组的人工酶。CRISPR（clustered regularly interspaced short palindromic repeats）/ CRISPR-associated(Cas)9 系统是发现于细菌和古菌中的一种防御外源 DNA（噬菌体等）入侵的原核生物免疫系统，CRISPR RNA（crRNA）能够识别外源 DNA，利用 Cas 核酸酶将其切割。细菌的Ⅱ型 CRISPR/Cas9 系统仅含有单个基因编码的 Cas 核酸酶 Cas9，该蛋白质同时具备了 crRNA 的成熟、特异位点的识别和 DNA 双链切割的功能，而被改造为基因组编辑工具。在人工构建的 CRISPR/Cas9 系统中，crRNA 与 tracrRNA 形成的双链被人工设计的 gRNA（Guide RNA）取代，gRNA 自主折叠形成 Cas9 可识别的双链 RNA，简化了 CRISPR/Cas9 系统。CRISPR/Cas 系统已被成功应用于细菌、酵母、植物、线虫、石斑鱼、老鼠、家畜及人的细胞基因组编辑，CRISPR/Cas9 作为第三代人工核酸酶在基础理论研究、临床治疗和农牧渔业等领域将有越来越有广阔的应用前景。详见第九章“拓展阅读”部分。

（二）代谢途径重建

代谢工程是指有目的地对生物体的代谢途径进行修饰，以更好地理解和利用细胞代谢过程，为实现产物化学转化、细胞能量传输和大分子组装服务。将会有目标地优化细胞的酶、运输和调控功能，用重组 DNA 技术，改善细胞合成特定化合物能力。代谢工程发源于 1990 年，科学家分析微生物的代谢过程，确定过程中的限制因子及其对产物产量的影响，然后采用基因工程的方法消除限制因子，提高目标化合物的产量。其区别于基因工程特点是：①代谢工程是基于细胞代谢网络的系统研究，更多地强调了多个酶反应的“整合”作用；②在完成代谢途径的遗传改造后，还要对细胞的生理变化、代谢通量进行详细分析，以此来决定下一步遗传改造的靶点。通过多个循环，不断地提高细胞的生理性能。在过去的 20 多年里，代谢过程成为一个新的学术领域，并被大量用于微生物发酵工业，在有机酸、生物柴油（乙醇）、维生素 C、甘油、氨基酸和抗生素等重要发酵产品、新药开发方面广泛应用。

（三）合成生物学

合成生物学（synthetic biology）是综合了化学、工程、信息科学、物理学和生物学等多学科的一门崭新学科，是生物学研究的一个崭新领域。合成生物学是最先在微生物中获得发展和应用的，随着合成生物学技术的发展，其应用不断向植物和动物拓展。

合成生物学不同于对天然基因克隆改造的基因工程和对代谢途径模拟加工的代谢工程，而是在以基因组解析和生物分子化学合成为核心的现代生物技术基础上，以系统生物学思想和知识为指导，综合生物化学、生物物理和生物信息技术与知识，建立基于基因和基因组、蛋白质和蛋白质组的基本要素（模块）及其组合的工程化的资源库和技术平台，旨在设计、改造、重建或制造生物分子、生物部件、生物系统、代谢途径与发育分化过程，以及具有生命活动能力的生物部件、体系及人造细胞和生物个体。

目前，合成生物学的研究主要集中在 3 个方面：①生物元件标准化及生物模块的设计与构建；②最小基因组研究；③基因组的设计、合成与组装。合成生物学已经成功地应用于工业微生物、医药等领域。在现代分子生物学发展的初期，科学家就发现，生物尤其是微生物基因组原件是以类似于电器中的回路方式相链接的，随着 DNA 合成技术的发展，科学家期望根据生物体内的代谢过程进行人工设计、合成标准化的部件用于不同生物过程改造。微生物体内存在大量对其生产非必需的基因，这些基因的存在使微生物在生产过程中需要付出能量来维持它们的表达，科学家设想将微生物基因组中的非必需基因敲除，构建最小基因组微生物，使微生物充分利用基质来生产目标产物。2010 年，美国科学家 J. Craig Venter 领导的合成基因组学研究小组在 *Science* 发表了他们的最新成果——合成蕈状支原体（*Mycoplasma mycoides*）细胞，该细胞由一个完全化学合成的 1.08Mb 的基因组所控制，并能在实验室条件下正常生长。这项突破性研究预示着合成生物学发展到了一个新的阶段。

四、基因工程的应用前景、风险与对策

以基因工程为代表的重组 DNA 技术具有两面性，一方面在生物学基础理论研究、工业、

农业、医药卫生和环境保护等领域均有重要的应用前景，能直接为人类的生产、生活与健康服务。另一方面如果滥用重组 DNA 技术，也将导致较大的危害与风险。

（一）应用前景

1. *在生物学基础理论研究方面*　运用基因工程技术能大批量地克隆目的基因，以开展基因结构分析和调控机理的研究。采用 DNA 分子杂交和限制性酶切图谱分析，可以比较研究基因的结构和分析基因的不连续性、缺失、重叠和易位等特征。基因结构分析、调控机理的研究和生物全套基因图谱分析的进展对于遗传密码、细胞分化、肿瘤发生和生物进化等重大基础理论问题的阐明具有促进作用，并有可能利用人工方法合成基因和通过基因工程技术改造缺陷型基因。

2. *在生产领域中的应用*　基因工程技术能定向地改变生物的遗传特性，选育新的具有优良生产特性的新型物种。基因工程微生物的代谢底物是可再生的资源，其作用条件温和，能大大节约能源和材料，缩短生产周期，而且不污染环境。与其他新技术相比，基因工程技术具有投资少、效益大的特点。它不仅可以改造现有的医药、食品、轻工、农业、化工和能源等产业的面貌，而且将形成许多新的重要产业，因此可以认为，以基因工程为核心的生物技术将是人类第四次产业革命的核心。

（1）医药上的应用　利用基因工程技术开发新型治疗、诊断药物和疫苗，一直是国内外生物技术的主要目标。自 1982 年美国 Eli Lill 公司首次成功地采用基因工程技术生产出人工胰岛素以来，国内外已陆续上市的基因工程药物主要有人生长激素（1985）、干扰素（1986）、免疫抑制因子（1986）、α-Epoefin（1989，用于增加白细胞数目）和用于预防的乙肝病毒疫苗（1986）。目前，已投入中间试验将在近期上市的有治疗血友病的血凝因子、超氧化物歧化酶、β-内啡肽、人胸腺素、促红细胞生成素，还有用于抗癌治疗的集落刺激因子、人的生长因子、新的人生长激素、白细胞介素和新型干扰素等。抗艾滋病病毒疫苗、疱疹病毒疫苗、黑色素瘤疫苗、疟疾疫苗和新型乙肝病毒疫苗等也已进入临床试验。目前，已上市用于诊断和临床治疗的单克隆抗体试剂已达到数十种。一大批新型药物、疫苗和单克隆抗体也正在研制或临床试验阶段。随着对人类基因图谱研究的深入，许多基因性疾病（如镰形细胞贫血和地中海贫血症等）将有可能采用基因工程技术进行基因治疗。近年来青蒿素、紫杉醇的微生物合成也取得了长足的发展。

（2）在工业上的应用　通过基因工程技术已成功地将人和其他高等动植物的基因克隆到原核生物（如大肠杆菌）或真核微生物（如酵母菌）细胞中高效表达，从而使胰岛素、干扰素和生长激素等生物药品不再依赖于从天然动植物材料中提取，可通过工业发酵大批量、低成本地生产出需要的各类生物药品。

采用基因工程技术能大大提高传统发酵微生物生产菌株的生产性能，如提高链霉菌产生抗生素的效价和谷氨酸棒杆菌产生谷氨酸的能力。遗传工程在食品工业上的应用主要有以下几个方面：①改进传统的微生物发酵工艺的产量和质量（如啤酒、乳酪和面包生产）；②通过基因工程技术在动植物育种的应用，改进用于食品生产的原材料的品质和质量；③构建新的基因工程抗生素，产生新的发酵食品或改进原有产品的质量。不难预计，基因工程技术在酶制剂、氨基酸、有机酸、维生素和食品添加剂的单细胞蛋白等产品的生产和开发中将发挥越来越大的作用。

（3）在农业上的应用　基因工程在抗病农作物新品种的选育、家畜医疗产品、生物杀虫剂、生物降解和重组动物生长激素的应用中有很大的潜力。1987 年，研究人员发现可通过基因工程技术将病毒的壳体蛋白基因导入植物体内表达，以免受病毒的危害。目前，已将某些病毒的壳体蛋白基因成功地导入烟草、番茄、苜蓿、马铃薯和甘薯等作物中，正在进行转基因植物的小区和扩大试验。为了提高番茄的保鲜期，美国的 Calgene 公司和 Agritope 公司早在 1993 年采用遗传工程技术，阻遏了自身乙烯产生能力的转基因番茄，其保鲜期可达 5 个月以上。比利时的科学家把雄性花药的绒毡层基因与淀粉液化芽孢杆菌（*Bacillus amyloliguefaciens*）的分解蛋白质的 *barnase* 基因拼接在一起后导入油菜，获得了新的雄性不育材料。并采用同一路线，先后成功地培育出雄性不育的玉米、番茄和棉花等新品系。1987 年该公司又通过将苏云金芽孢杆菌的内毒素基因与卡那霉素基因融合首次培育出抗虫的烟草植株。近年来，国内外许多研究室已陆继将内毒素基因导入番茄、马铃薯和棉花，并表现出抗虫特性。例如，将自农杆菌分离的抗除草剂草甘膦（glyphosate）的 5-烯醇丙酮莽草酸-3-磷酸合成酶（EPSPs）基因经 Ti 质粒导入烟草，已成功地获得了抗除草剂的转基因植物，并相继育成了抗除草剂的棉花和玉米，利用转基因玉米和大豆来生产单克隆抗体和用植物生产口服疫苗的技术也相继研制成功。目前在美国农业的种植面积中，一半以上是抗除草剂、含低饱和脂肪酸的转基因大豆，1/3 的玉米和大面积推广的棉花是抗除草剂及抗虫的转基因植物。在转基因动物方面，国内外的许多研究者已成功地把家畜的生长激素基因克隆，并用受精卵注射法导入胚胎细胞中，获得了提高产奶量或瘦肉率的转基因动物。一些研究还表明，转基因动物可以用来生产人类的治疗性药物，如已开发出用转基因绵羊生产人的血凝因子的技术。用转基因山羊生产的人组织纤维蛋白溶原酶活化因子（TPA）在羊奶中的含量已高达 3g/L，TPA 能加快血栓溶解，可用于心脏病的治疗。

此外，基因工程技术在水产养殖、农副产品加工、海洋开发和环境保护等方面也有重要的应用前景。利用基因工程技术开发新的高产优质抗病的动植物新品种、新型生物肥料和生物农药等，将把农业推向一个技术革命的新纪元。

（二）风险与对策

采用人为的方法改变现有生物在长期进化过程中形成的遗传特性，有可能产生许多科学与哲理学的问题，并面临以下风险：①带有抗性基因和其他危险外源基因的遗传改造微生物（GEMs）有从控制的实验环境逃逸或将相关基因转移给病原微生物的风险。②重组 DNA 技术除能用于基因治疗外，有可能被某些人滥用于改变人的智力、身高和吸引力等目的。近年来，国内外成功实现的动物干细胞克隆技术也存在被滥用于克隆人的风险，已引发一系列有关种族和伦理道德学的争论。③遗传改造的植物、动物和微生物在环境中的大规模应用存在着破坏现有生态平衡和生态体系的风险。一旦环境中原来对除草剂、杀虫剂和抗生素敏感的杂草、害虫和病原微生物从重组生物获得相应的抗性基因，将给人类造成严重的生态安全危机。④有可能被支持恐怖活动的政府、社会团体和个人用于制造生化武器，进而严重威胁到世界和平和人类的生存。

为了确保使重组 DNA 技术为人类造福，避免其对生态、环境、社会和人类可能存在的风险，理性的政府和有关国际组织应制定重组 DNA 技术的安全性体制，严格管理和评估遗传改造生物的实验室研究、小区实验、环境释放和商品化，禁止未经批准的重组 DNA 产品的种植、销售与应用。目前，绝大多数国家均已制订并遵循了相关的安全性评估体系，签署了禁止研制大规模杀伤的核武器和生化武器的国际公约。在全世界爱好和平的国家、政府、社会团体和相关研究人员的共同努力下，我们有理由认为，重组DNA技术必将在回避和减少风险的同时，进一步促进生命科学技术的发展。随着世界新技术革命的到来，以基因工程为核心的重组DNA技术将有广阔的、不可估量的发展前景，人类将在实现有目的改造现有生物、防治人类和动植物病害与揭示生命科学奥秘的研究中创造出更多惊人的奇迹。

复习思考题

1. 简述微生物工业发酵设备与基本工艺流程。
2. 简述蒸馏酒、啤酒和葡萄酒的生产工艺与特点。
3. 以青霉素为例，简述其生产工艺过程。
4. 以柠檬酸为例，简述其生产工艺过程。
5. 简述用微生物生产的氨基酸与酶制剂。
6. 什么是微生物接种剂？简述微生物菌剂的类型与特点。
7. 简述微生物杀虫剂的类型与作用特点。
8. 简述农用抗生素的类型与特点。
9. 简述微生物在净化污染环境中的作用。
10. 什么是BOD和COD？简述污水生物处理的装置与方法？
11. 什么是微生物基因工程？简述其原理、方法、应用前景、风险和对策。
12. 微生物与转基因作物关系密切，目前成功的转基因作物其功能基因均来源于微生物，根据你的生物学知识，分析转基因植物的安全性与可靠性。

拓展阅读

微生物在现代农业及工业转化中的应用前景

微生物在农业上应用广泛，除了微生物作为制剂可以用来为植物提供营养元素、提高植物抗性及改善植物的健康状况外，微生物来源的功能基因正在成为转基因作物培育的重要基因来源。目前产业化种植最为广泛的抗虫、抗除草剂转基因作物，所用外源基因苏云金芽孢杆菌伴孢晶体蛋白基因及草甘膦抗性基因——5-烯醇丙酮莽草酸-3-磷酸合成酶（EPSPs）基因均来源于微生物。由于微生物具有丰富的多样性，微生物来源的重要功能基因将在转基因作物培育中发挥越来越重要的作用。同时利用微生物细胞作为反应器进行高值医药化工产品生物转化也越来越受到关注，合成生物学的发展为优良生物转化微生物的构建提供了重要途径。微生物在工业、农业及医药等领域的应用将变得越来越广泛。相关内容还可参阅以下文献。

de Stear H，Blancquaert D，Strobbe S，et al. 2015. Status and market potential of transgenic biofortified crops. Nature Biotechnology，33：25-29.

Gamerou DE，Bashor CJ，Collins JJ. 2014. A brief history of synthetic biology. Nature Reviews Microbiology，12：381-390.

Nikel PI，Martinez-Garcia E，de Lorenzo V. 2014. Biotechnological domestication of pseudomonads using synthetic biology. Nature Reviews Microbiology，12：368-379.

Tester M，Langridge P. 2010. Breeding technologies to increase crop production in a changing world. Science，327（5967）：818-822.

Way JC，Collins JJ，Keasling JD，et al. 2014. Integrating biological redesign：Where synthetic biology came from and where it needs to go. Cell，157（1）：151-161.

主要参考文献

阿喀莫 IE. 2002. 微生物学，全美经典学习指导系列. 林稚兰译. 北京：科学出版社.
阿历索•保罗. 2002. 菌物学概论. 4 版. 姚一建，李玉译. 北京：中国农业出版社.
曹雪涛. 2013. 医学免疫学. 6 版. 北京：人民卫生出版社.
陈三凤，刘德虎. 2008. 现代微生物遗传学. 北京：化学工业出版社.
陈文新. 1990. 土壤和环境微生物学. 北京：北京农业大学出版社.
崔中利，崔利霞，黄彦，等. 2012. 农药污染微生物降解研究及应用进展. 南京农业大学学报，35(05)：93-102.
李季伦. 1993. 微生物生理学. 北京：科学出版社.
李颖，关国华. 2013. 微生物生理学. 北京：科学出版社.
刘鹏，刘训理. 2013. 中国微生物肥料的研究现状及前景展望，农学学报，3（03）：26-31.
马迪根 MT，马丁克 JM. 2009. Brock 微生物生物学. 11 版. 李明春，杨文博译. 北京：科学出版社.
尼克林 J. 2004. 微生物学. 2 版. 林稚兰译. 北京：科学出版社.
邱德文. 2015. 生物农药的发展现状与趋势分析. 中国生物防治学报，31（05）：679-684.
沈萍. 2016. 微生物学. 8 版. 北京：高等教育出版社.
沈萍，陈向东. 2006. 微生物学. 2 版. 北京：高等教育出版社.
沈萍，彭珍荣. 2003. 微生物学. 北京：高等教育出版社.
沈寅初. 2011. 我国微生物源杀菌抗生素的研究开发. 世界农药，33（04）：1-3.
盛祖嘉. 2007. 微生物遗传学. 3 版. 北京：科学出版社.
隋新华. 2015. 原核生物进化与系统分类学实验教程. 北京：科学出版社.
万建民. 2011. 我国转基因植物研发形势及发展战略. 生命科学，23（02）：157-167.
微生物系统名词审定委员会. 2012. 微生物学名词. 2 版. 北京：科学出版社.
武临专，洪斌. 2013. 微生物药物合成生物学研究进展. 药学学报，48（02）：155-160.
邢来君. 2010. 普通真菌学. 2 版. 北京：高等教育出版社.
杨苏声，周俊初. 2004. 微生物生物学. 北京：科学出版社.
袁善奎，王以燕，农向群，等. 2015. 我国生物农药发展的新契机. 农药，54（08）：547-550.
赵斌. 2011. 微生物学. 北京：高等教育出版社.
赵斌. 2013. 微生物学实验教程. 北京：高等教育出版社.
郑世军. 2015. 动物分子免疫学. 北京：中国农业出版社.
周德庆. 2011. 微生物学教程. 3 版. 北京：高等教育出版社.
周际海，袁颖红，朱志保，等. 2015. 土壤有机污染物生物修复技术研究进展. 生态环境学报，24(02)：343-351.
Agrios GN. 2005. Plant Pathology. 5th ed. New York：Academic Press.
Albers SV，Meyer BH. 2011. The archaeal cell envelope. Nat Rev Microbiol，9（6）：414-426.
Alcami A，Koszinowski UH. 2000. Viral mechanisms of immune evasion. Immunol Today，21：447-455.
Aderem A. 1999. Mechanisms of phagocytosis in macrophages. Annu Rev Immunol，17：593-623.
Baker S，Nickun J，Griffiths C. 2011. BIOS Instant Notes in Microbiology. New York：Taylor & Francis Group.
Baker S. 2010. 微生物学. 3 版. 李明春，杨文博译. 北京：科学出版社.
Barka EA，Vatsa P，Sanchez L，et al. 2015. Taxonomy，Physiology，and Natural Products of Actinobacteria. Microbiol Mol Biol Rev，80（1）：1-43.
Basler CF，Garciasastre A. 2002. Viruses and the type I interferon antiviral system：induction and evasion. Int Rev Immunol，21：305-337.

Batista FD，Harwood NE. 2009. The who，how and where of antigen presentation to B cells. Nat Rev Immunol，9：15-27.

Belay ED，Schonberger LB. 2005. The public health impact of prion diseases. Annu Rev Public Health，26：191-212.

Bhardwaj D，Ansari MW，Sahoo RK，et al. 2014. Biofertilizers function as key player in sustainable agriculture by improving soil fertility，plant tolerance and crop productivity. Microb Cell Fact，13：66.

Black JG. 2005. Microbiology：Principles and Explorations. 6th ed. Manhattan：John Wiley & Sons.

Black JG. 2008. 微生物学：原理与探索. 蔡谨译. 北京：化学工业出版社.

Black JG. 2014. Microbiology：Principles and Explorations. 9th ed. Manhattan：John Wiley & Sons.

Bogdan C，Röllinghoff M，Diefenbach A. 2000. Reactive oxygen and reactive nitrogen intermediates in innate and specifc immunity. Curr Opin Immunol，12：64-76.

Brochier-Armanet C，Boussau B，Gribaldo S，et al. 2008. Crenarchaeota：proposal for a third archaeal phylum，the Thaumarchaeota. Nat Rev Microbiol，6（3）：245-252.

Burghardt T，Näther DJ，Junglas B，et al. 2007. The dominating outer membrane protein of the hyperthermophilic Archaeum Ignicoccus hospitalis：a novel pore-forming complex. Mol Microbiol，63：166-176.

Cai X，Chiu YH，Chen ZJ. 2014. The cGAS-cGAMP-STING pathway of cytosolic DNA sensing and signaling. Mol Cell，54：289-296.

Cann AJ. 2005. Principles of Molecular Virology. 4th ed. California：Elsevier Academic Press.

Caporale LH. 2003. Darwin In the Genome：Molecular Strategies in Biological Evolution. New York：McGraw-Hill.

Carter J，Saunders VA. 2007. Virology：Principles and Applications. Manhattan：John Wiley & Sons.

Chen L，Flies DB. 2013. Molecular mechanisms of T cell co-stimulation and co-inhibition. Nat Rev Immunol，13：227-242.

Chen S，Oldham ML，Davidson AL，et al. 2013. Carbon catabolite repression of the maltose transporter revealed by X-ray crystallography. Nature，499：364-368.

Cinamon G，Iachariah MA，Lam OM，et al. 2008. Follicular shuttling of marginal zone B cells facilitates antigen transport. Nat Immunol，9：54-62.

Colwell RR，Brayton PR，Grimes DJ，et al. 1985. Viable but non-culturable vibrio cholerae and related pathogens in the environment：Implications for release of genetically engineered microorganisms. Nature Biotechnology，3（9）：817-820.

Colwell RR. 2009. Viable but Not Cultivable Bacteria. Berlin：Springer Berlin Heidelberg.

Crotty S. 2014. T follicular helper cell differentiation，function，and roles in disease. Immunity，41：529-542.

Dahlgren C，Karlsson A. 1999. Respiratory burst in human neutrophils. J Immunol Methods，232：3-14.

Darnell J. 2004. Molecular Cell Biology. 5th ed. New York：Addison-Wesley Publ. Co.

Davies DR，Metzger H. 1983. Structural basis of antibody function. Annu Rev Immunol，1：87-117.

Davis BM，Rall GF，Schnell MJ. 2015. Everything you always wanted to know about rabies virus（but were afraid to ask）. Annual Review of Virology，2：451-471.

Davis MM，Bjorkman PJ. 1988. T-cell antigen receptor genes and T-cell recognition. Nature，334：395-402.

Dunn G. 1982. An Introduction to Mathematical Taxonomy. New York：Dover Publications.

Finlay BB，Mcfadden G. 2006. Anti-immunology：evasion of the host immune system by bacterial and viral pathogens. Cell，124：767-782.

Flint SJ，Racaniello VR，Enquist LW，et al. 2009. Principles of Virology. Washington：ASM Press.

Francis CA，Beman JM，Kuypers MMM. 2007. New processes and players in the nitrogen cycle：the microbial ecology of anaerobic and archaeal ammonia oxidation. The ISME Journal，1：19-27.

Fredericks DN，Relman DA. 1996. Sequence-based identification of microbial pathogens：a reconsideration of Koch's postulates. Clinical Microbiology Reviews，9（1），18-33.

Fujita T. 2002. Evolution of the lectin-complement pathway and its role in innate immunity. Nat Rev Immunol，2:

346-353.
Gallo RL，Hooper LV. 2012. Epithelial antimicrobial defense of the skin and intestine. Nat Rev Immunol，12：503-516.
Ganz T. 2003. Defensins：antimicrobial peptides of innate immunity. Nat Rev Immunol，3：710-720.
Gasque P. 2004. Complement：a unique innate immune sensor for danger signals. Mol Immunol，41：1089-1098.
Gauss GH，Lieber MR. 1996. Mechanistic constraints on diversity in human V（D）J recombination. Mol Cell Biol，16：258-269.
Gitlin AD，Shulman Z，Nussenzweig MC. 2014. Clonal selection in the germinal centre by regulated proliferation and hypermutation. Nature，509：637-640.
Gorbach SL. 2003. Infectious Diseases. 3rd ed. Philadelphia：Lippincott Williams & Wilkins.
Gros P，Milder FJ，Janssen BJ. 2008. Complement driven by conformational changes. Nat Rev Immunol，8：48-58.
Guermonprez P，Valladeau J，Zitvogel L，et al. 2002. Antigen presentation and T cell stimulation by dendritic cells. Annu Rev Immunol，20：621-667.
Hartl DL. 2008. Genetics：Analysis of Genes and Genomes. 7th ed. Woods Hole：Jones and Bartlett Learning.
Hatzenpichler R. 2008. A moderately thermophilic ammonia-oxidizing crenarchaeote from a hot spring. Proc Natl Acad Sci USA，105（6）：2134-2139.
Heath WR，Carbone FR. 2009. Dendritic cell subsets in primary and secondary T cell responses at body surfaces. Nat Immunol，10：1237-1244.
Holgate ST. 2012. Innate and adaptive immune responses in asthma. Nat Med，18：673-683.
Hornef MW，Wick MJ，Rhen M，et al. 2002. Bacterial strategies for overcoming host innate and adaptive immune responses. Nat Immunol，3：1033-1040.
Huber H. 2002. A new phylum of Archaea represented by a nanosized hyperthermophilic symbiont. Nature，417（6884）：63-67.
Jacquemet A. 2009. Archaeal tetraether bipolar lipids：Structures，functions and applications. Biochimie，91（6）：711-717.
Jeon JR，Murugesan K，Baldrian P，et al. 2016. Aerobic bacterial catabolism of persistent organic pollutants—potential impact of biotic and abiotic interaction. Current Opinion in Biotechnology，38：71-78.
Johansson SG. 2003. Revised nomenclature for allergy for global use：report of the Nomenclature Review Committee of the World Allergy Organization. J Allergy Clin Immunol，113：832-836.
Jung D，Giallourakis C，Mostoslavsky R，et al. 2006. Mechanism and control of V（D）J recombination at the immunoglobulin heavy chain locus. Annu Rev Immunol，24：541-570.
Kato H，Takeuchi O，Sato S，et al. 2006. Differential roles of MDA5 and RIG-I helicases in the recognition of RNA viruses. Nature，441：101-105.
Kauffmann SHE. 2002. Immunology of Infectious Diseases. Washington：ASM Press.
Kawai T，Akira S. 2006. Innate immune recognition of viral infection. Nat Immunol，7：131-137.
Kay AB. 2001. Allergy and allergic diseases. N Engl J Med，344：109-113.
Kirk PM. 2008. Dictionary of the Fungi. 10th ed. London：CABI Europe.
Könneke M. 2005. Isolation of an autotrophic ammonia-oxidizing marine archaeon. Nature，437（7058）：543-546.
Künzel A. 2003. Aharon oren：Halophilic microorganisms and their environments. International Microbiology，6（2）：151-152.
Lappinscott H，Burton S，Stoodley P. 2014. Revealing a world of biofilms [mdash] the pioneering research of Bill Costerton，Nature Reviews Microbiology，12（11）：781-787.
Lewin B. 2000. Genes Ⅶ. Oxford：Oxford University Press.
Lipkin W. 2008. Microbe hunting in the 21st century. Proceedings of the National Academy of Sciences，106（1）：6-7.
Madigan MT. 2003. Brock's Biology of Microorganism. 10th ed. New Jersey：Prentice Hall.

Madigan MT. 2009. Brock's Biology of Microorganism. 12th ed. New Jersey：Prentice Hall.
Madigan MT. 2012. Brock's Biology of Microorganism. 13th ed. New Jersey：Prentice Hall.
Madigan MT. 2015. Brock's Biology of Microorganism. 14th ed. New Jersey：Prentice Hall.
Mahy BWJ，van Regenmortel MHV. 2008. Encyclopedia of Virology. Cambridge：Academic Press.
Marchalonis JJ，Jensen I，Schluter SF. 2002. Structural，antigenic and evolutionary analyses of immunoglobulins and T cell receptors. J Mol Recog，15：260-271.
Martinon F. 2009. The infl ammasomes：guardians of the body. Annu Rev Immunol，27：229-265.
Matthews REF. 2013. Plant virology. Cambridge：Academic Press.
Mcdougald D，Rice SA，Barraud N，et al. 2011. Should we stay or should we go：mechanisms and ecological consequences for biofilm dispersal. Nature Reviews Microbiology，10（1）：39.
Mclennan A. 2012. BIOS Instant Notes in Molecular Biology. 4th ed. Hoboken：Taylor and Francis.
Meyer BH，Albers S V. 2014. Archaeal Cell Walls. Manhattan：John Wiley & Sons.
Miransari M. 2011. Soil microbes and plant fertilization. Appl Microbiol Biotechnol，92（5）：875-885.
Moat AG. 2002. Microbial Physiology. 4th ed. New York：Wiley-Liss Inc.
Moissl-Eichinger C，Huber H. 2011. Archaeal symbionts and parasites. Current Opinion in Microbiology，14：364-370.
Moller G. 1995. Origin of major histocompatibility complex diversity. Immunol Rev，143：5-292.
Murphy K. 2016. Janeway's Immunobiology. 9th ed. Oxford：Taylor &Francis Group Ltd.
Nicklin J. 1999. Instant Notes in Microbiology. Milton Park：Bios Scientific Publishers.
Nimmerjahn F，Ravetch JV. 2007. Fc-receptors as regulators of immunity. Adv Immunol，96：179-204.
Nurieva RI，Chung Y. 2010. Understanding the development and function of T follicular helper cells. Cell Mol Immunol，7：190-197.
Pahm B，Cmj P，Lcoan L. 2007. Induced Systemic Resistance by Fluorescent *Pseudomonas* spp. Phytopathology，97：239-243.
Paul WE. 2012. Fundamental Immunology. 7th ed. New York：Lippincott Williams & Wilkins.
Porter RR. 1991. Structural studies of immunoglobulins. Scand J Immunol，34：382-389.
Prescott LM. 2002. Microbiology. 5th ed. New York：McGraw-Hill Higher Education.
Rachel R，Wyschkony I，Riehl S，et al. 2002. The ultrastructure of Ignicoccus：evidence for a novel outer membrane and for intracellular vesicle budding in an archaeon. Archaea，1（1）：9-18.
Rajewsky K. 1996. Clonal selection and learning in the antibody system. Nature，381：751-758.
Rudolph MG，Stanfield RL，Wilson IA. 2006. How TCRs bind MHCs，peptides，and coreceptors. Annu Rev Immunol，24：419-466.
Saravanakumar D，Samiyappan R. 2007. ACC deaminase from *Pseudomonas fluorescens* mediated saline resistance in groundnut（*Arachis hypogea*）plants. Journal of Applied Microbiology，102：1283-1292.
Schatz DG，Swanson PC. 2011. V（D）J recombination：mechanisms of initiation. Annu Rev Genet，45：167-202.
Seidman JG，Leder P. 1978. The arrangement and rearrangement of antibody genes. Nature，276：790-795.
Shaw MH，Reimer TY，Gunez G. 2008. NOD-like receptors（NLRs）：bona fde intracellular microbial sensors. Curr Opin Immunol，20：377-382.
Siddiqui Z. 2006. PGPR：Prospective Biocontrol Agents of Plant Pathogens. Berlin：Springer Netherlands.
Slonczewski JL. 2017. Microbiology：An Evolving Science. 4th ed. New York：W. W. Norton & Company.
Steinsbu BO，Thorseth IH，Nakagawa S，et al. 2010. *Archaeoglobus sulfaticallidus* sp. nov.，a thermophilic and facultatively lithoautotrophic sulfate-reducer isolated from black rust exposed to hot ridge flank crustal fluids. Int J Syst Evol Microbiol，60（12）：2745-2752.
Tabrah FL. 2011. Koch's Postulates，Carnivorous Cows，and Tuberculosis Today. Hawaii medical journal，70：144-148.
Takeda K，Kaisho T，Akira S. 2003. Toll-like receptors. Annu Rev Immunol，21：335-376.

Taubenberger JK，Kash JC. 2010. Influenza virus evolution，host adaptation，and pandemic formation. Cell host & microbe，7（6）：440-451.

Thery C，Amigorena S. 2001. The cell biology of antigen presentation in dendritic cells. Curr Opin Immunol，13：45-51.

Tourna M，Stieglmeier M，Spang A，et al. 2011. Nitrososphaera viennensis，an ammonia oxidizing archaeon from soil. Proc Natl Acad Sci USA，108（20）：8420-8425.

Valenta R. 2015. Food Allergies：the basics. Gastroenterology，148：1120-1131.

Vivier E. 2008. Functions of natural killer cells. Nat Immunol，9：503-510.

Ward ES. 1995. The effector functions of immunoglobulins：implications for therapy. Ther Immunol，2：77-94.

Willey JM，et al. 2008. Prescott's Microbiology. 7th ed. New York：McGraw-Hill Higher Education.

Willey JM，et al. 2009. Prescott's Principles of Microbiology. 8th ed. New York：McGraw-Hill Higher Education.

Xu HS. 1982. Survival and viability of nonculturable *Escherichia coli* and *Vibrio cholerae* in the estuarine and marine environment.，Microbial Ecology，8（4）：313-323.

Xu JY. 2015. Sources and remediation techniques for mercury contaminated soil. Environment International，74：42-53.

Xu XN，Screaton GR，McMichael AJ. 2001. Virus infections：escape，resistance，and counterattack. Immunity，15：867-870.

Yan T，Zhu JR，Di D，et al. 2015. Characterization of the complete genome of Barley yellow striate mosaic virus reveals a nested gene encoding a small hydrophobic protein. Virology，478：112-122.

Zhu YG. 2014. Annual review of earth and planetary. Sciences，42：443-467.

彩　图

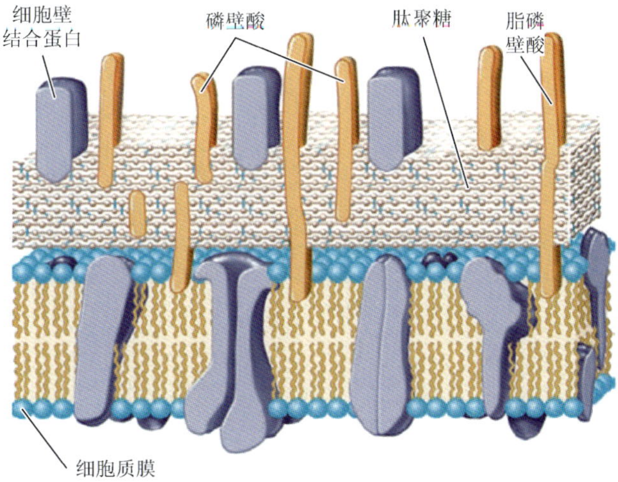

图 2-11　G⁺细菌的细胞壁结构（引自 Madigan et al.，2015）

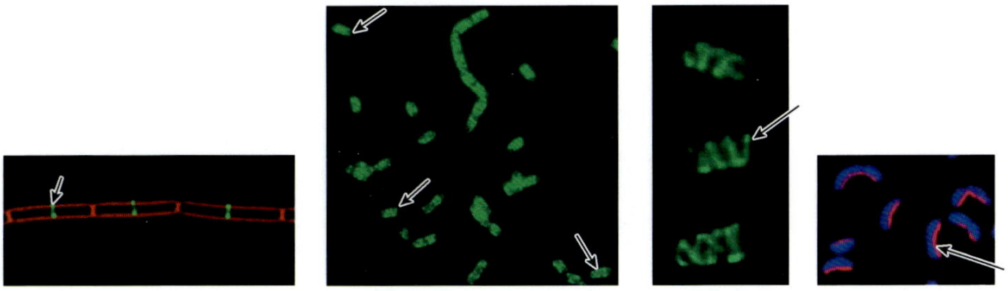

a　　b　　c

图 2-27　细菌的细胞骨架（引自 Prescott et al.，2014）

a. FtsZ；b. MreB；c. CreS

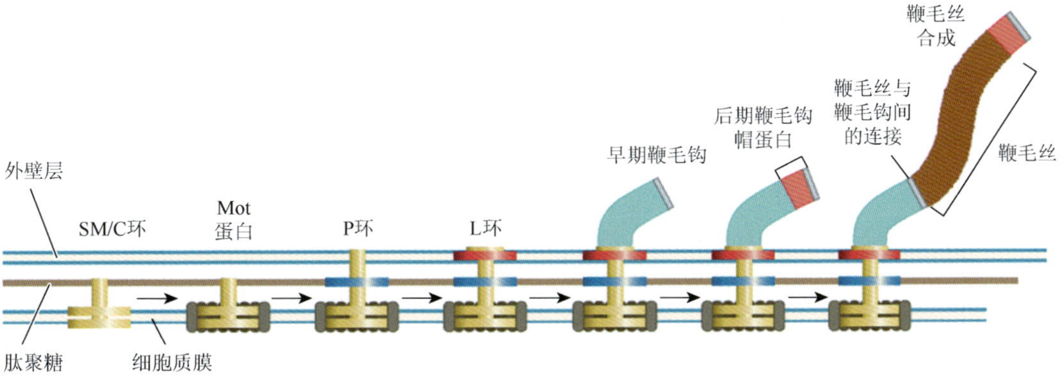

图 2-32　鞭毛的合成过程（引自 Madigan et al.，2015）

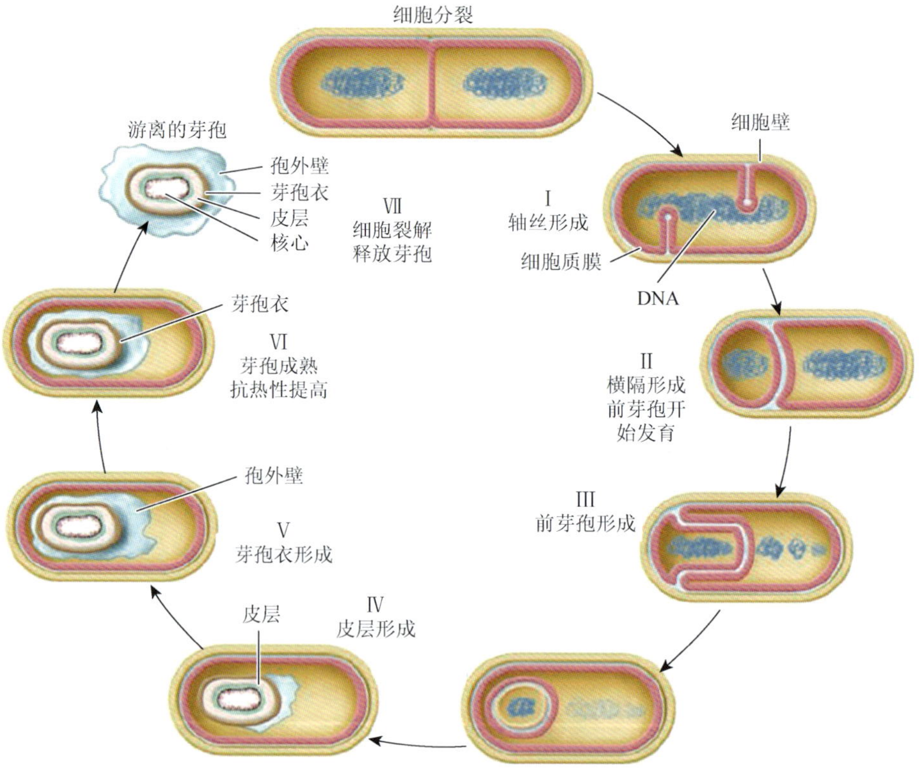

图 2-37 芽孢的形成过程（引自 Willey et al.，2014）

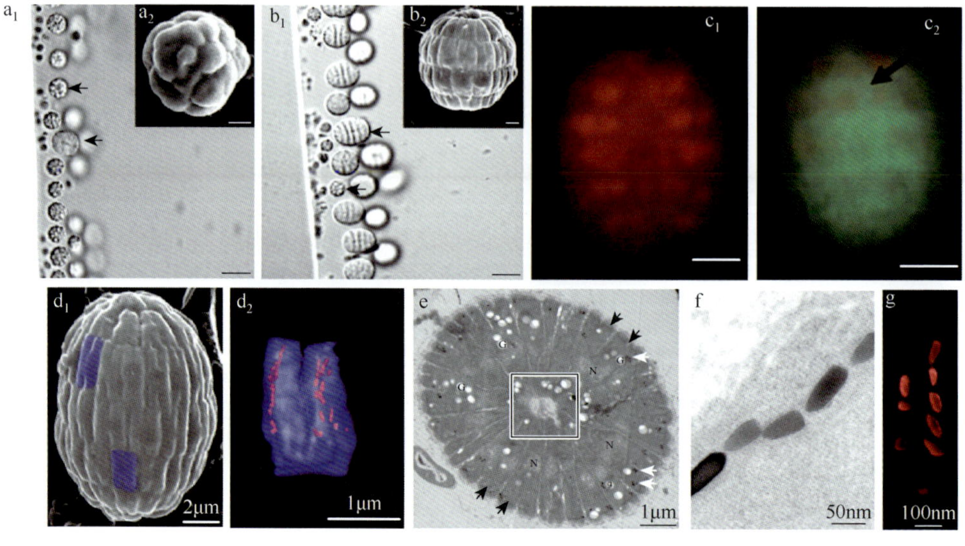

图 2-51 多细胞趋磁细菌形态及结构（引自 Zhou et al.，2012，2013；Du et al.，2015；Leão et al.，2017）

（该图片由肖天研究员、吴龙飞教授和张维佳副研究员提供资料，由王旭博士制作组合图）

a，b. 不同形态多细胞趋磁细菌。a_1. 球形（黑色箭头）；b_1. 椭球形（白色箭头）。标尺：10μm。a_2，b_2. 两种菌扫描电镜图片。标尺：a_2. 0.5μm；b_2. 1μm。c. 椭球形多细胞趋磁细菌 DAPI 及 Nile red 染色后在不同激发光下显色图片，其中：c_1. 菌体脂性颗粒及外表层；c_2. 细胞间槽（箭头）处的网状结构。标尺：2μm。d. 椭球形多细胞趋磁细菌中 H 型细胞。d_1. 扫描电镜图片；d_2. H 型细胞 3D 重建侧视图。蓝色为细胞膜，红色为磁小体。e. *Ca*. Magnetananas rongchenensis 多细胞趋磁细菌超薄切片透射电镜图片。方框. 中部非细胞区域；黑色箭头. 丝状结构；白色箭头. 磁小体；N. 拟核区；G. 颗粒物。f，g. 磁小体透射电镜及干断层重建（STEM tomographic reconstruction）图片

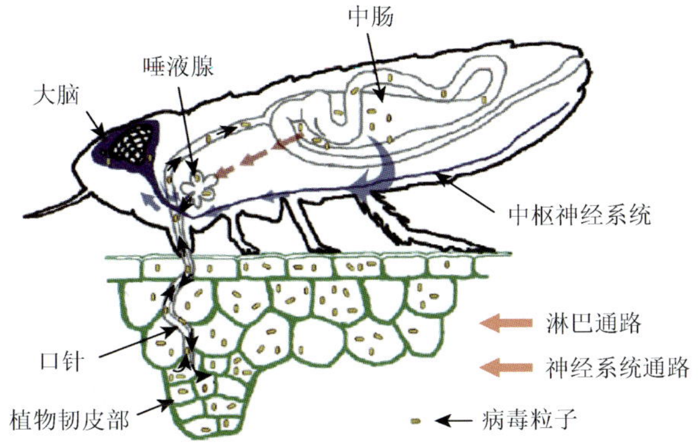

图 5-11　植物弹状病毒在叶蝉昆虫介体内的侵染循回过程（引自 Mahy and Regenmortel，2008）

叶蝉昆虫介体口针（stylet）刺吸寄主植物韧皮部（phloem）取食时，弹状病毒的病毒粒子（rhabdovirus particle）随着植物汁液进入食道，然后进入中肠（midgut），在中肠上皮细胞内进行增殖，再进一步通过中肠基底膜屏障，到达血淋巴。病毒粒子通过血淋巴通路（hemolymph route）或者神经系统通路（nervous system route）分别到达唾液腺（salivary gland）。最后，通过随着唾液沿着口针进入下一个健康寄主植物的体内，完成侵染循回过程

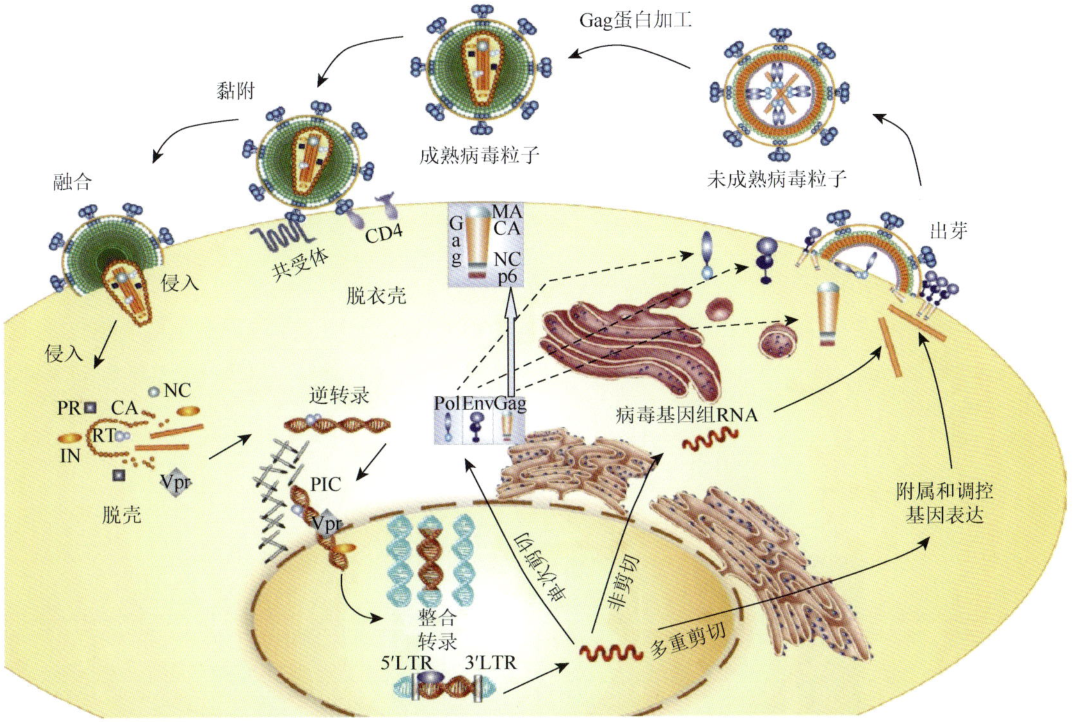

图 5-16　HIV 的复制循环不同阶段的侵染模式（引自 Mahy and Regenmortel，2008）

HIV 病毒粒子通过细胞受体（CD4）和共受体（co-receptors）吸附（attachment）到细胞表面，然后通过膜融合（fusion）释放核衣壳侵入（entry）细胞质中进行脱衣壳过程（uncoating）。然后，利用寄主的酶进行逆转录过程（reverse transcription）产生双链 DNA 进入细胞核中，整合（integration）到寄主基因组中。潜伏期过后，利用寄主的转录酶进行转录产生病毒 RNA 形式。这些 RNA 通过单次剪切（single spliced）翻译产生病毒酶组分和结构蛋白组分；或通过多次剪切，翻译产生一些调节功能的附属蛋白（accessory and regulatory proteins）；或者不剪切直接运输到细胞质中成为病毒基因组 RNA。上述的蛋白质通过修饰和组装，以出芽（budding）的方式释放未成熟病毒粒子（immature virus），最后经过 Gag 蛋白加工形成成熟病毒粒子（mature virus）

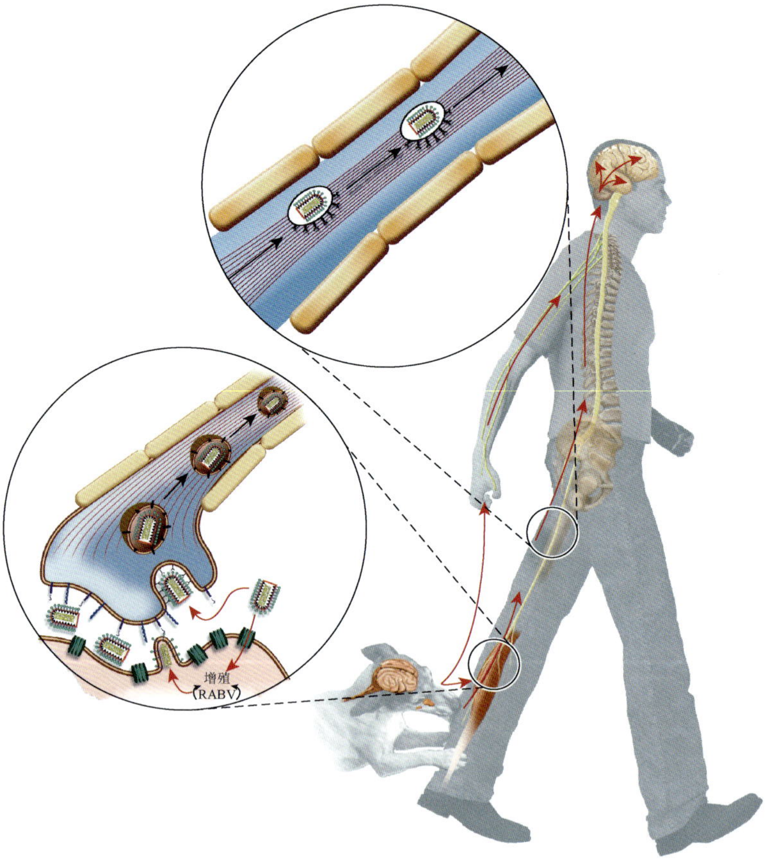

图 5-19　狂犬病病毒在人体内的侵染路径（引自 Davis et al.，2015）

一些动物咬伤或者刮伤会造成狂犬病病毒粒子侵入肌肉组织，然后通过神经肌肉接头逐渐扩散到周边神经系统（下边黑色圈）。病毒粒子以具有包膜的囊泡形式，利用动力蛋白介导的逆行轴突运输在突触神经元之间进行扩散（上边的黑色圈），最后到达中枢神经系统

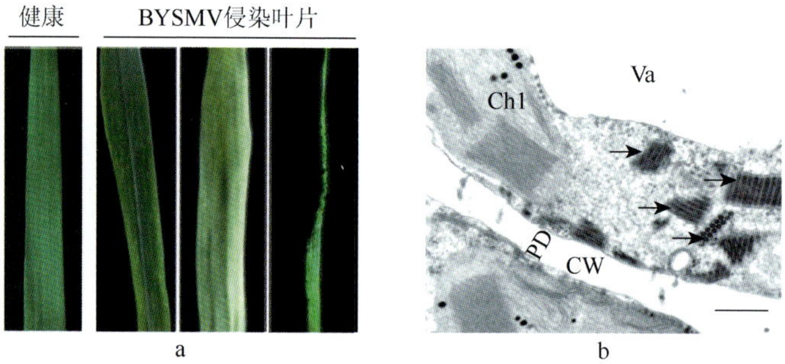

图 5-20　大麦黄条点花叶病毒在小麦上的症状及植物体内电镜照片（引自 Yan et al.，2013）

a. 侵染小麦三周后的症状，左一为健康植株，右边三个为发病植株，症状包括黄条点（发病前期）及黄条纹、花叶和扭曲（发病后期）等。b. 发病叶片中病毒粒子的电镜观察，在发病叶片细胞的细胞质中发现一些成簇的棒状病毒粒子（黑色箭头）。CW. 细胞壁；Chl. 叶绿体；Va. 液泡；PD. 胞间连丝。黑色的标尺 = 500nm

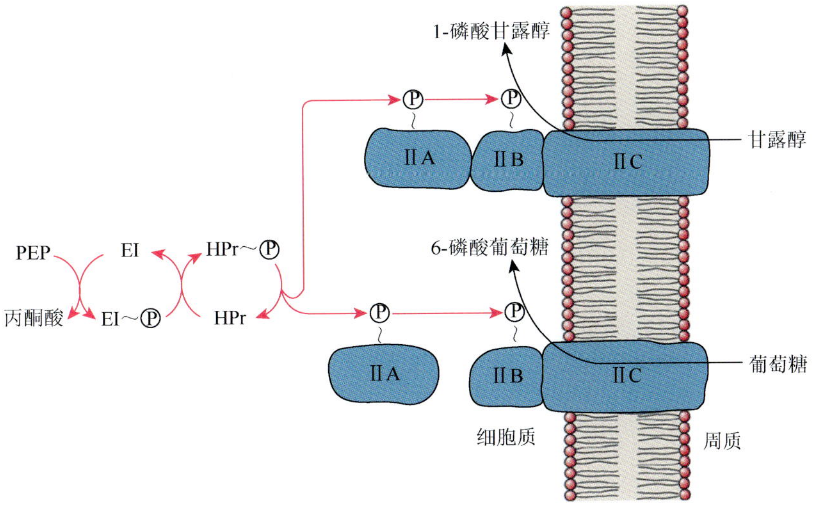

图 6-5　糖的基团转移运输机制示意图（引自 Willey et al.，2008）

葡萄糖的运输需要 5 种蛋白质的参与：酶Ⅰ（EⅠ）、酶ⅡA、ⅡB、ⅡC 和热稳定性蛋白（HPr）。磷酸基团从 PEP 被顺次转移，最终传递给ⅡC，后者转运和磷酸化糖。蛋白质 HPr 和酶Ⅰ是非特异性，而酶Ⅱ组分是特异性的

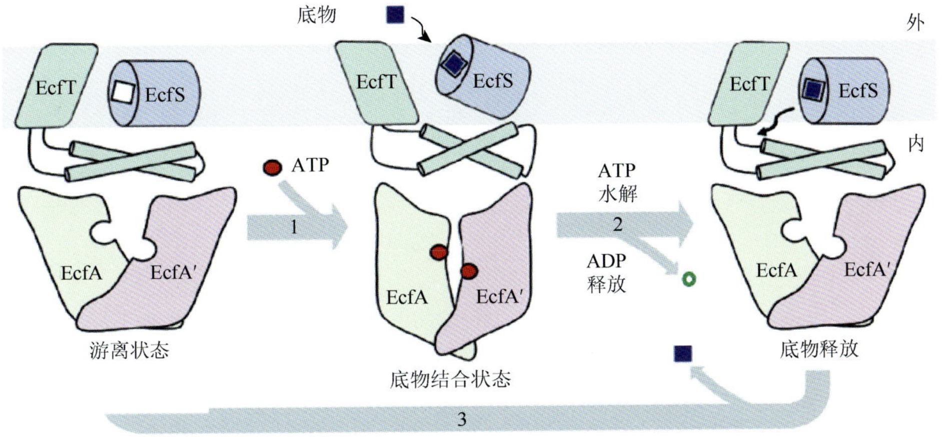

图 6-9　ECF 转运蛋白工作模式（引自 Shi，2013）

游离状态的 ECF 转运蛋白，EcfA 和 EcfA′形成一个开放的二聚体，ATP 结合位点未被占用。当 ATP 与 EcfA 和 EcfA′结合后，转变为关闭状态的二聚体（步骤 1）。EcfA 和 EcfA′构象变化通过 EcfT 两个耦合模块传递给 EcfS，推动向内开放的 EcfS 翻转朝向细胞外，从而使细胞外底物结合（步骤 1），随后 ATP 水解，释放 ADP 和磷酸重建转运蛋白进入游离状态，并使结合底物释放（步骤 2 和 3）

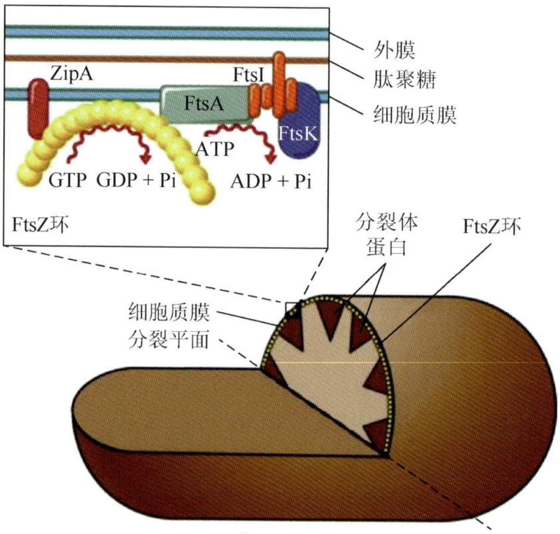

图 8-3 FtsZ 蛋白与细胞分裂（引自 Madigan et al.，2009）

杆状细胞里显示围绕分裂平面形成的 FtsZ 蛋白环，扩大部分显示出单个分裂体蛋白的排列。ZipA 是一个固定凹槽，将 FtsZ 蛋白吸附到细胞膜上，因此它是 FtsZ 的锚定物。FtsI 是一种肽聚糖合成酶。FtsK 的功能是协助染色体分离，FtsA 是一种 ATP 酶，为许多蛋白的组装到分裂提供能量

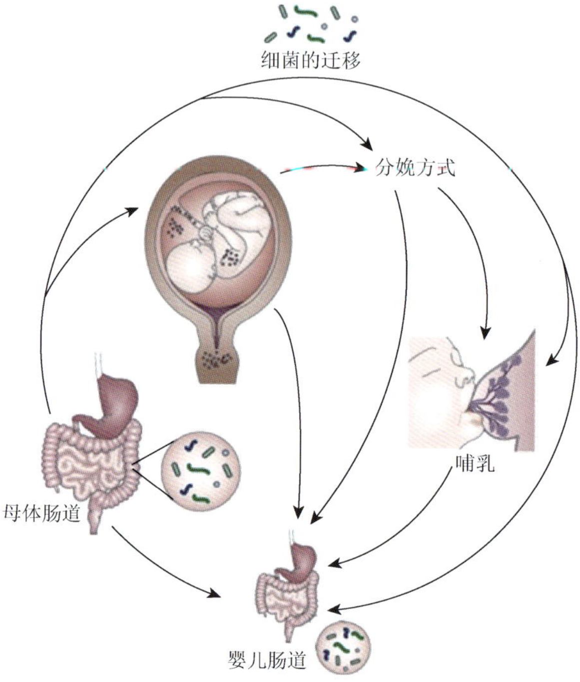

图 10-38 婴儿肠道微生物菌群的建立（引自 Rautava et al.，2012）

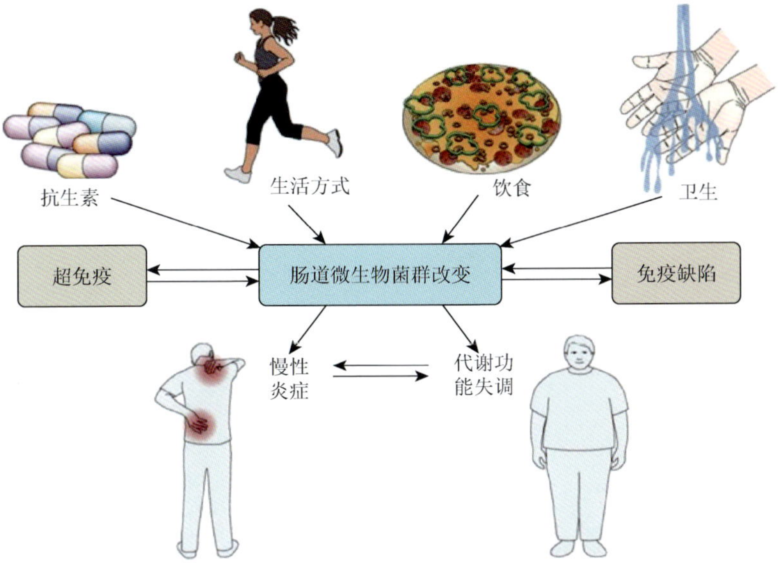

图 10-40　肠道微生物组成的影响因素（引自 Sommer et al.，2013）

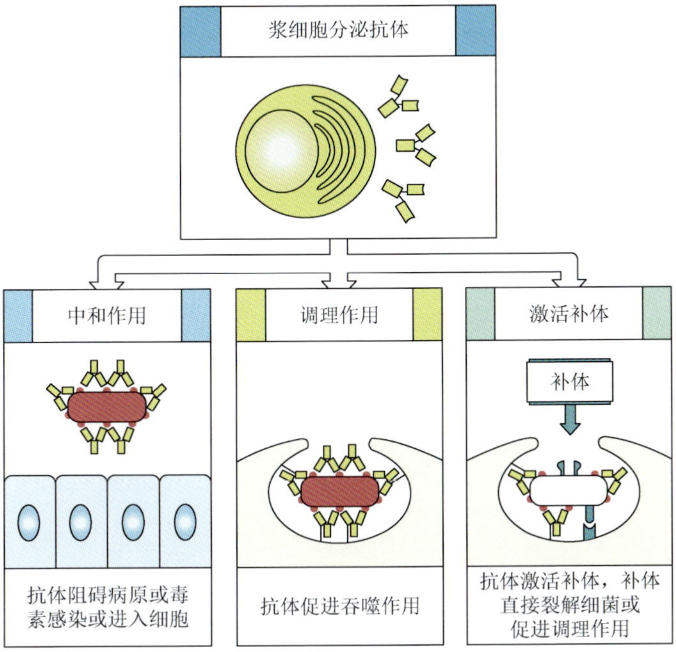

图 11-6　抗体发挥功能的主要方式（改自 Murphy and Weaver，2011）